方立天文集

第五卷

中国佛教哲学要义

上

中国人民大学出版社

·北京·

2000年，与任继愈老师合影。

1998年10月30日，在台中市与印顺法师合影。

1995年9月，参加庆祝少林寺建寺1500周年活动时与石公（峻）合影。

1998年北大百年校庆，返校时与部分同班同学合影。

1997年，摄于无锡梅园。自右二始为舒乙、孔繁、李家振、黄心川、戴康生。

2007年9月，游览武夷山。

2000年5月，与哲学系同仁赴承德游览时摄于外八庙。后排左五起为葛荣晋、李毓璋、孙中原、张立文（左十），右七起为王旭晓、宋希仁、赵总宽，前排右二起为郭湛、张法、肖群忠（右五）、牛宏宝（右六）。

1993年10月，在家乡永康方岩参加首届陈亮学术会议时合影。前排右二潘富恩、右七沈善洪，第二排左九应加登，第三排左八吴光。

总序

这部集子的缘起是，今年（2011）9月17日在中国人民大学举行的一次学术研讨会茶歇期间，中国人民大学校长助理、出版社社长贺耀敏教授和我面谈，约我重新编一部个人文集出版。自上世纪80年代以来，中国人民大学出版社先后出版了我的五部专著和六卷本文集，现在又约我重编一部文集出版，对于人大出版社的这种盛情雅意，我极为感动，深为感激。

五年前出版的六卷本《方立天文集》，约结集了我的一半著述；现在这部文集，收集了迄今为止我撰写的绝大部分作品，并根据著作的性质，分别按中国佛教、魏晋南北朝佛教、法藏与《金师子章》、佛教哲学、中国佛教哲学、中国佛教与传统文化、中国佛教文化、中国文化与中国宗教、中国古代哲学以及杂著等不同内容，统编为十卷十二册，约五百万言。十卷本比六卷本增加了约一倍的篇幅，新增内容是《中国佛教哲学要义》一卷二册，中国佛教和中国佛教文化新增的文章较多，各成一卷，关于中国文化和中国宗教的著述则合成一卷，杂著一卷包括多年来撰写的序言、前言、创刊词、书评、追念前贤、治学等内容。

自上世纪80年代以来，我先后为《简明不列颠百科全书》（中国大百科全书出版社，1986）、《中国大百科全书·哲学卷》（中国大百科全书出版社，1987)、《哲学大辞典》(上海辞书出版社，1992)、《哲学大辞书》(辅仁大学出版社，1993年后陆续出版)、《孔子大辞典》(上海辞书出版社，1993)、《中国哲学大辞典》(中国社会科学出版社，1994)、《中国哲学大辞典》(上海辞书出版社，2010)等，撰写过中国哲学和中国佛教的条目。《中国哲学通史》第二卷(中国人民大学出版社，1988)中的魏晋玄学和隋唐佛学部分为我所写，《中华的智慧——中国古代哲学思想精粹》(上海人民出版社，1989)一书，我撰写了葛洪、僧肇、法藏、慧能、韩愈、柳宗元、刘禹锡七篇。这些为集体著作撰写的稿子，均不收入本文集中。此外，有一些与他人合作而非我执笔的文章也未予收入。

新编十卷本文集的内容，反映了我半个世纪以来学术探索的方方面面，记录了我漫长学术生涯的前进足迹，也从一个小小的侧面展示了中华文化的丰富多彩，折射出了社会和时代的变迁、进步。借此作序的机缘，回顾和总结个人学术生命的历史因素、生涯规划、耕耘布局、治学方法、主要收获、经验教训以及人生体悟等，是我十分有兴趣的。

1949年我初中毕业。不久，家乡(浙江永康)解放。1950年春，我到上海，在华东税务学校(后与华东粮食学校合并，更名为华东财政学校)学习，随后留校工作。约在1953年，我由从事行政工作转为政治理论课的教学工作，先后讲授或辅导过中共党史、联共(布)党史、政治经济学和哲学(辩证唯物主义与历史唯物主义)。在教学过程中，我逐渐对哲学的思辨性、抽象性产生了兴趣，幻想日后能遨游在自由的思维天地之间。1956年党中央号召向科学进军，鼓励年轻在职干部报考高校，我考取了北京大学哲学系，从此我的生命开始真正和哲学结缘。学习期间，我又对中国哲学最为喜好，内心默默地许下心愿，期盼毕业后能从事中国哲学的教学和研究工作。

1961年北京大学毕业后，我被分配到中国人民大学哲学系中国哲学史教研室工作，这为我实现从事中国哲学教学和研究的夙愿提供了最佳的舞台。此后，我又想中国哲学历史很长，必须确立一个时段作为研究重点。经过反复思考，我确定以魏晋南北朝隋唐时期的哲学为学术研究的重心。这一时期的哲学广泛涉及儒家、道家、道教和佛教等多个领域，我又选定其中的佛教哲学作为研究重点。我之所以这样选择，一是深感佛教哲学内涵丰富，与中国文化、哲学的关系密切；二是受家乡、家庭传统佛教信仰的影响，对佛教有一种自然的亲和感；三是在治学取向上，个人比较偏爱冷门，好攻难点，不畏艰苦。也就是说，理智的判断、情结的作用和性格的特征，决定了我开始研究当时被喻为“险学”的佛学，且是勇往直前，义无反顾，永不走回头路了。

经过上世纪60年代初数年间的探索、运思、实践，我确定了个案研究与整体研究、微观研究与宏观研究交叉结合、互动互补的佛教学术研究方案，并粗略地制定了近期、中期研究规划和长期目标。个案研究主要是佛教代表人物的研究。我认为，一部佛教史就是佛教代表人物和广大信徒的信仰修持史，一部佛教思想史主要是佛教代表人物的思想成果史。研究历史上的佛教代表人物，就能展示佛教尤其是佛教思想演变、发展的途径和内容。根据这一思路，我从魏晋南北朝时期的佛教代表人物如道安、支道林、慧远、僧肇、道生、梁武帝萧衍等着手开展佛教的研究。在日后的研究中，也始终倾心于对不同佛教代表人物如华严宗创始人法藏、禅宗创始人慧能等的关注和研究。

佛教文献是佛教思想研究的基础，把握佛教文献的文字、结构、内涵、实质，对于佛教思想的研究具有关键性的意义。在整个佛教研究工作过程中，我比较重视资料的积累，参加了《中国佛教思想资料选编》（中华书局，1983—1992）的整理工作，并对部分佛教文献做了标点、校勘、注释、今译，有的已整理成书出版。

在若干个案微观研究和一定资料积累的基础上，上世纪80年代，我又开展了对佛教的宏观研究。重点工作从两个方面展开：一是佛教哲学的整体研究，也可以说是佛教哲学的现代化研究。我撰写了《佛教哲学》一书，在书中我着重论述了佛教的人生价值论、宇宙论（要素论、结构论、生成论和本体论）和认识论的丰富内涵，力求用现代语言表述佛教哲学理念，运用现代的多元方法进行分析研究，并力图立足当代社会背景，发掘和评判佛教的价值与弊端，贡献与缺陷。二是佛教文化的比较研究，也可以说是佛教文化的中国化研究。在《中国佛教与传统文化》专书和《佛教中国化与中国化佛教》等有关论文中，我把佛教中国化界定为“三化”，即民族化、本土化和时代化，并叙述了佛教中国化的不同阶段、途径和方式，还通过与中国的政治理念、哲学思想、伦理道德、文学艺术、民间信仰、社会习俗等的互动关系，揭示出佛教中国化的实质，总结出有别于印度佛教的中国佛教的六个重要特点：重自性、重现实、重禅修、重顿悟、重简易、重圆融。

我研究佛教秉持的是“中国本位”立场，我认为中国人是以先前本国文化结构去理解佛教的，是以中国人的实际需要和精神需求去对待佛教的，是以中国儒、道本土文化去改造佛教的。也就是说，我是在中国文化、思想、哲学的演变、发展的历史背景下，研究中国佛教文化、思想、哲学的流传、兴衰。因此，在我的学术生涯中，也分外重视对中国哲学的研探，在上世纪 80 年代后期撰写了《中国古代哲学问题发展史》（上、下册），由中华书局出版。我研究中国哲学的重要目的，其一是为了阐扬中华智慧，其二就是为了更好地研究中国佛教哲学。

在以上微观和宏观的学术研究取得相应成果的基础上，我开始全力专攻自己学术生命中的“重点工程”，开展对中国佛教哲学思想的系统、整体研究。我从中国僧人的佛教著作出发，在与中国儒道思想、印度佛教思想的互动、比照中，千淘万漉，吹沙觅金，历时十五年，先后撰写百余篇文章，尔后形成了九十余万言的《中国佛教哲学要义》（上、下卷）一书。全书设为绪论、总论、人生论、心性论、宇宙论、实践论（修持论）和结语七个部分，除绪论和结语外的五编三十二章为全书的主体，心性论与直觉论为中国佛教哲学思想的两大要点，由此而初步构筑了中国佛教哲学思想体系。在该书的“绪论”中，我分述了研究中国佛教哲学思想的具体方法：结合现代哲学发展的要求，筛选、归结中国佛教的重大哲学问题，构筑中国佛教哲学的思想体系；运用现代语言，诠释中国佛教哲学的概念、范畴；寻究中国佛教哲学思想的原来意义；体会中国佛教某些哲学语言的言外之意；探索中国佛教哲学思想的发展规律；总结中国佛教哲学理论思维成果；进行比较研究，以把握中国佛教哲学的思想特色；阐发中国佛教哲学的现代价值与意义。这八条是我的中国佛教哲学问题研究方法的初步归纳和总结。

从上述可见，我对佛教的研究主要从五个方面展开：中国佛教思想家的个案研究、中国佛教典籍的整理、佛教哲学的现代化研究、佛教文化的中国化探索、中国佛教哲学思想体系的构筑。这五个方面的研究，大体上体现了我的佛教研究轨迹，构成了我迄今为止学术生涯的基本内容。

20 世纪 90 年代以来，随着社会发展和时代前进，我的学术视野有所扩大，研究领域也有所延伸。在中国佛教和中国哲学“双耕”的基础上，我对中华文化精神和中国宗教理论产生了兴趣，并结合实际工作需要，做了一些探求性和探讨性的研究。

探求中华文化精神，是为了弘扬中国优秀传统文化，提高国民素质，建设中华民族共有的精神家园。为此我撰文探求中华文化的传统和核心问题，提出了中华文化三大传统（儒家的人本主义、道家的自然主义、佛家的解脱主义）的看法，并认为人生价值观是中华传统文化的核心，人文精神即关于人的精神生活的方式、态度、思想、观点是中国国学之魂，自强不息是中华民族的主要精神，还强调思维方式对一个民族思考问题和推动社会进步的重要意义。

在中国宗教理论领域，我近年来一直在思考，正确研究和总结中国传统宗教观、马克思主义宗教观和中国化马克思主义宗教观，有着特殊的重要的现实意义。我把中国化马克思主义宗教观归结为宗教本质观、宗教价值观、宗教历史观和宗教适应观。我认为，对宗教的本质和功能缺乏科学认识，会导致宗教学和宗教工作得不到应有的重视。长期以来在宗教领域里流行的是“鸦片论”和“斗争论”，而毛泽东主席生前多次指出宗教是文化，后来中国共产党人又积极倡导宗教与社会主义社会相适应，提出要“积极引导宗教与社会主义社会相适应”的新命题。中国化马克思主义宗教观的主要脉络，就是从“鸦片论”、“斗争论”发展为“文化论”、“适应论”、“引导论”，这是中国共产党人在马克思主义宗教观领域的最伟大的理论创新，最重大的理论贡献；这对于发挥宗教界人士和信教群众在促进经济社会的发展、和谐社会的构建和社会主义文化大繁荣大发展中的积极作用，具有巨大的指导意义和推动作用。

清代散文家姚鼐说："天下学问之事，有义理、文章、考证三者之分。""义理"，指的是研求经义、探究名理的学问。回眸以往岁月，我在中国国学这块丰腴的田野里默默耕耘，主要是走探索义理之路，也就是着力探索中国哲学思想，尤其是中国佛教哲学思想。这是一个探索真理、追求真理的求真过程，也是一个体悟智慧、增长智慧的求智过程。每当回忆起驰骋独立思考、直抒胸臆的心路历程；每当回想起爬梳剔抉、笔耕凝道、学思有得、开心明目的收获时刻；每当联想起漫漫人生征途，深涧、峻岭，大川、坦途，独木小桥，阳光大道……此时此刻，不免心潮澎湃，难以自已！

光阴荏苒，人生无常。虽然如今我已近耄耋之年，但是"莫道桑榆晚，为霞尚满天"，今后我仍将在力所能及的前提下，尽自己的能力和努力，争取有所撰述，从而为我们伟大祖国的文化大繁荣大发展，做出自己绵薄的贡献。

在即将结束序文时，我要再次感谢中国人民大学出版社社长贺耀敏教授的盛情约稿，我还应该深深地感谢中国人民大学出版社杨宗元、李红、符爱霞、吴冰华、吕鹏军、许微微、胡明峰诸同志，感谢他（她）们认真、细致、严肃的编辑工作态度。没有他（她）们的辛勤劳动，这部文集在半年时间里出版问世，是不可想象、绝无可能的。

方立天

2011 年 12 月 8 日初稿，19 日定稿

目录

下

绪　论

一、对象与任务

关于佛教在中国思想史上的地位，历史上有两次名人的重要对话与议论，值得我们重视。

史载，北宋著名士大夫张方平[①]（1007—1091）与当时的政治家、文学家、思想家王安石（1021—1086）曾有一段对话：

> 世传王荆公尝问张文定公曰："孔子去世百年，生孟子，亚圣后绝无人，何也？"文定公曰："岂无，只有过孔子上者。"公曰："谁？"文定曰："江西马大师、汾阳无业禅师、雪峰、岩头、丹霞、云门是也。"公暂闻，意不甚解，乃问曰："何谓也？"文定曰："儒门淡薄，收拾不住，皆归释氏耳。"荆公欣然叹服。其后说与张天觉[②]，天觉抚几叹赏曰："达人之论也。"遂记于案间。[③]

张方平把马祖道一等禅师视为超过孔子的人，这种评论虽有欠公允，但却是对唐五代年间理论思想界儒衰释盛的一个重要评论，值得我们

① 张方平，河南商丘人，卒谥文定，著有《乐全集》。

② 张天觉，即张商英（1043—1122），四川人，原主张排佛，后转为奉佛，著有《禅辩集》。

③ 陈善：《儒释迭为盛衰》，《扪虱新话》上册卷10，据儒学警悟本校印，上海，上海商务印书馆，1920。

认真思考。

大约在上述对话九百年后，当代史学家陈寅恪（1890—1969）与比较文学专家吴宓也有一段纵论中、西、印文化的谈话。据吴宓追忆，陈氏谓：

> 汉晋以还，佛教输入，而以唐为盛。唐之文治武功，交通西域，佛教流布，实为世界文明史上，大可研究者。佛教于性理之学 metaphysics，独有深造，足救中国之缺失，而为常人所欢迎。惟其中之规律，多不合于中国之风俗习惯，如祀祖、娶妻等，故昌黎等攻辟之。然辟之而另无以济其乏，则终难遏之，于是佛教大盛。宋儒若程若朱，皆深通佛教者，既喜其义理之高见详尽，足以救中国之缺失，而又忧其用夷复夏也。乃求得而两全之法，避其名而居其实，取其珠而还其椟。采佛理之精粹以之注解四书五经，名为阐明古学，实则吸取异教。声言尊孔辟佛，实则佛之义理，已浸渍濡染，与儒教之传宗，合而为一。此先儒爱国济世之苦心，至可尊敬而曲谅之者也。故佛教实有功于中国甚大。……自得佛教之裨助，而中国之学问，立时增长元气，别开生面。①

陈氏这一段话，论述了佛教在中国流传的原因、佛教在理论思维上的优长，以及佛教对程朱理学深刻而重大的影响。② 在陈氏看来，宋明理学的创立及其成就，实应归功于对佛学精粹义理的主动吸纳，或者说，佛教对中国哲学的最大贡献就是促进了宋明理学的产生与传衍。这种看法在陈氏为冯友兰《中国哲学史》下册所作的审查报告中说得更为明确："佛教经典言：'佛为一大事因缘出现于世。'中国自秦以后，迄于今日，其思想之演变历程，至繁至久。要之，只为一大事因缘，即新儒学之产生，及其传衍而已。"③ 陈氏的这一论断，通过对

---

① 吴学昭：《吴宓与陈寅恪》，10～11 页，北京，清华大学出版社，1992。

② 这是指佛教对性理之学，也就是对理学探讨伦理道德的最终根源与实践伦理道德的方法、途径，即对理学的"本体"与"工夫"两个方面有重要的启发与助益。

③ 《冯友兰中国哲学史下册审查报告》，《陈寅恪史学论文选集》，510 页，上海，上海古籍出版社，1992。

“一大事因缘”的新解，从一个侧面表明了中国佛教哲学与宋明理学的因缘关系，及中国佛教在中国哲学史、思想史上的重要地位。

对上述两段史料中有关中国佛教在中国历史上重要性的具体估价，人们可能持有不同的看法，但是中国佛教在中国传统文化中地位之重要是毫无疑问、毋庸置疑的。上述两段对话所论及的是禅门杰出人物的精英佛教和阐述佛教义理的经典佛教。本书研究和论述的对象就是中国佛教精英人物和经典佛教的哲学思想，就是中国佛教学者提出或阐发的富有哲学性和思想性的概念、术语、范畴、命题、观点、方法及问题等。笔者认为，佛教有不同类型，如精英佛教与大众佛教、经典佛教与民俗佛教，其间有着很大的差异。由于大众佛教受精英佛教的支配，民俗佛教受经典佛教的主导，因此对精英佛教和经典佛教的哲学思想进行研究是极为重要的，同时也有助于深入了解和体察大众佛教和民俗佛教的信仰观念与实践活动的思想实质。

本书所依据的基本资料是中国佛教学者的著作，尤其是富有哲学意蕴的理论性著作，包括专著、论文、语录、注疏等。其次是中国佛教史籍，主要有僧传和史传，包括有关中国佛教史与宗派史的著作。再次是中国佛教的游记、笔记一类的资料。此外，佛教以外的有关历史记载、诗文著作等，也是颇有价值的资料。至于新发现的佛教考古资料，则及时关注、吸取和引用之。

有的古代佛教文献资料具有多重涵义，或具有深远影响，而本书着重叙述的是中国佛教哲学各方面重要问题的基本要义及其源流演变，因此为了保持对有些哲学问题叙述的历史性及完整性，我们在论述不同佛教哲学问题时引用了少量具有多层重要哲学涵义或具有深远影响的同一资料。如龙树在《中论·观四谛品》说的“三是偈”（“三谛偈”）：“众因缘生法，我说即是无（空），亦为是假名，亦是中道义。”[①] 系中观学派有关“中观”典籍的总义，对中国佛教各派的思想影响至深且巨。又如僧肇在《不真空论》中所说：“不动真际为诸

① 《大正藏》第30卷，33页中。本书引文中圆括号内文字除序号和特别注明的之外，一般为引者注，特此说明。

法立处。非离真而立处，立处即真也。然则道远乎哉？触事而真！圣远乎哉？体之即神！”① 实为中国化佛教宗派的重要理论基石。又如竺道生是中国佛教哲学史上的重要人物，撰有大量佛教哲学著作，可惜这些著作基本上佚失了。但在《高僧传》本传等有关著作中还保存有他本人的一些言论，不仅重要，且涵义丰富，我们就把这些言论分别引用到论述不同哲学问题的有关章节之中，并从不同角度加以诠释。

正确运用资料，直接关系到研究成果的可靠性、科学性，因此考察、辨别资料的来源、真伪、演变十分重要，也可说是开展研究的前提。古代中国，有一种隐没作者真名，而假托前人之名以提高自己著述权威性的风气。在古代中国的佛教学术界，也有或为迎合中国儒家的传统思想，或为配合当时统治者的需要，或为宣扬某种教义信仰，或为适应祈福、治病、延寿的需求，而撰写的大量所谓的佛教典籍。自东汉以来迄至唐代，据智升《开元录》所载，此类典籍竟达四百多部。佛教经录家与有关学者及时发现了这种现象，对此类典籍，加以审核、辨别，把其中非译自梵策而为中国学者伪托佛说的经典定为“伪经”；而把历来可疑、一时难以断定、需要进行核实的那一类经典定为“疑经”。伪疑经涉及佛教与教外学说、印度佛教与中国佛教的思想区别，伪经虽伪，却绝对不能贬斥其学术价值，有些伪经恰恰是中国佛教学者为适应弘法需要而撰写的重要作品，集中地反映了异于印度佛教的中国佛教思想，我们充分运用这类著作来阐明中国佛教哲学思想的特点。至于疑经，在运用时则对其疑点加以必要的说明。除了伪疑经外，还有后人出于托名古德以强化立说根据，或为阐发古德思想，而将自己的作品标为前人所作，或将自己的言论混入前人的著作之中。如标明僧肇所撰的《宝藏论》（载《大正藏》第45卷），实系后人伪作。又，慧能《坛经》有不同版本，如契嵩本和宗宝本，其中有的内容就并非慧能所说。这就需要把僧肇、慧能与其后学作品、言论加以区别，以利于说明佛教思想的源流演变。此外，如禅宗的

① 《大正藏》第45卷，153页上。

“拈花微笑”公案，把中国禅宗思想追溯至印度佛教创始时期，显然是与历史事实不符的，但这类作品所包含的变革思想和文化意义，极为深刻，同样值得我们认真研究。

中国佛教哲学是中国佛教学者的精神产品、智慧结晶。中国佛教学者大都受过中国固有的儒、道思想的熏陶、濡染，为了在中国弘扬佛法，为了提升中国信众的品格，他们自发或自觉地立足于中华民族的传统，尽力会通华梵，阐发佛教义理，撰写了大量著作，在佛教哲学领域，发前人之所未发，提出了一系列富有创新性的思想。

中国佛教哲学是在中国社会的政治、经济、文化、生活环境中形成的，是中国佛教学者把印度佛教哲学思想与中国社会实际、中国固有的哲学思想、思维方式、民族心理相结合的产物。中国佛教哲学的形成、演变和发展过程，就是印度佛教哲学的中国化过程。

中国佛教哲学是对印度佛教哲学的继承与发展，更为重要的，它是中国哲学的一个重要环节、方面、内容，是中国哲学史的重要组成部分。

基于此，从中国哲学史发展的脉络来解读、诠释中国佛教哲学思想，便是本书的基本任务。

中国佛教哲学反映了中国著名佛教学者、学派和宗派的代表人物对宇宙人生的看法，以及修持实践的主张。自汉代以来，不同历史阶段的佛教上层精英的哲学著作、思想、学说，反映了中国佛教哲学的思想面貌、精神气象和历史演变。为了实现上面所讲的基本任务，本书将着重对东晋时代的佛教哲学家、南北朝佛教学派的代表人物、隋唐佛教宗派，尤其是天台、华严、禅等宗派创始人以及尔后的重要佛教学者，直至近代著名的佛教学者的哲学思想观点，进行探讨寻究，提要钩玄，有重点地总结、论述中国佛教哲学思想的基本内容。

中国佛教哲学在形成、发展和演变的过程中，与诸多因素发生联系，如与中国社会政治、经济的联系，与同时代和前后时代的思想联系，与中国哲学自身发展的思想联系，以及与印度佛教哲学思想的联系等。从哲学思想相互关联角度来看，在诸多联系中，以中国佛教哲学与印度佛教哲学和中国固有哲学[①]的思想联系最为重要。

印度佛教哲学无疑是中国佛教哲学的源头之一，它对中国佛教哲学思想的影响是直接的、巨大的、深远的。印度佛教哲学在不断变化，这些变化也给中国佛教哲学以重大的影响；同时，中国佛教哲学在接受印度佛教哲学影响的过程中，又与印度佛教哲学保持了一定的甚至是很大的距离。探讨中国佛教哲学与印度佛教哲学的异同，尤其是了解两者之间的不同，有利于把握中国佛教哲学的实质与特征，这也是本书的一项重要任务。

中国固有文化是中国佛教哲学得以形成、发展的土壤。与印度宗教性文化不同，富有世俗人文色彩的中国的固有哲学、民间信仰、思维方式、民族心理是中国佛教哲学的又一个重要源头。因此，在中国佛教哲学思想与中国固有哲学思想，尤其是与儒、道哲学思想的互动中，探讨中国佛教哲学的思想及其发展，显然具有特殊的意义。在中国佛教学者酝酿哲学观念、构筑哲学体系时，中国的固有哲学与思维方式，对他们所关注的问题、运用的思路和方法以及所确立的观点，都产生了极为深刻的影响，可以说，中国的固有哲学与思维方式决定了中国佛教学者的文化取向、学术取向、思维取向和价值取向。同时，中国佛教哲学又在终极关怀、果报、心性、直觉等诸多方面充实与丰富了中国哲学思想，并融入中国传统哲学之中，成为中国传统哲学的重要组成部分。阐明儒、道、佛的互动关系，有利于反思中华民族哲学思维的形成过程及其结构层次，有利于把握和剖析民族灵魂，这是本书的又一项重要任务。

二、态度与方法

研究中国佛教哲学，我们采取的是客观的、理性的学术立场。这种立场要求我们尊重事实，坚持实事求是的根本原则。具体说，就是要从中国佛教哲学的文献资料出发，不持成见和客观公允地加以理解

---

① 通常我们把儒、佛、道视为中国古代传统文化的三大组成部分。本书把儒、道视为中国固有文化，把儒、道的哲学视为中国固有哲学，以与外来的印度佛教及其哲学相区别，而对中国佛教及其哲学则以中国传统文化与传统哲学来定位。其实，“固有”与“传统”的涵义虽有差别，但也是相互交叉的。

分析，从中探寻哲学观点的内涵、根据和特色，发现哲学思想之间的内在联系和规律性，进而总结出哲学思想的重要原理，并力求作出符合实际的论述和评判。

关于研究佛教的态度，汤用彤先生有这样一段极富启发性的话："佛法[①]，亦宗教，亦哲学。宗教情绪，深存人心，往往以莫须有之史实为象征，发挥神妙之作用。故如仅凭陈迹之搜讨，而无同情之默应，必不能得其真。哲学精微，悟入实相，古哲慧发天真，慎思明辨，往往言约旨远，取譬虽近，而见道深弘。故如徒于文字考证上寻求，而乏心性之体会，则所获者其糟粕而已。"[②] 这是汤先生致力于研究中国佛教史的心得体会，包含了以下几方面丰富而精深的内涵：

（1）佛法包含宗教与哲学两个方面的内容。佛法就是宗教，佛法自身一般并非以哲学形态呈现于世，但是佛法包含了极其丰富的哲学思想，佛教哲学正是构成佛教信仰体系的理论基础，由此也可以说，佛法就是哲学。汤氏的论断，实际上是不赞成佛法非宗教非哲学的说法，也排斥了佛法只是宗教而非哲学或只是哲学而非宗教的判断。汤氏的论断反映出佛法内容的本质特征，即佛法是宗教与哲学的统一体。作为宗教，佛法具有深邃的哲学思想；作为哲学，佛法具有强烈的宗教情绪。这也表明，佛法义理虽有表现为理论、学说的一面，同时也有超越于理论、学说的一面，不能把佛法单纯地视为知识、学问，视为如同一般哲学社会科学的研究对象。

（2）对佛法的宗教方面研究，必须有"同情之默应"。这是因为宗教是一种精神现象、信仰生活，它往往通过无证据可考的"史实"而发挥神奇的妙用。所以要求有同情的默应，即与佛经撰著者的心灵相通，与教内修学信众的心默然相应，体会、感受信徒的宗教需要、宗教心理、宗教情结、宗教情绪，只有这样才能体察到佛教的真谛。这绝不是简单地搜集、研究过去的史实所能达到的。

---

① 佛法，指佛教佛、法、僧"三宝"的"法"。佛法包含教法、理法、行法、果法四种，也就是佛教关于人生解脱的理论与实践、原因与结果的内容。

② 《汉魏两晋南北朝佛教史·跋》，《汤用彤全集》第1卷，655页，石家庄，河北人民出版社，2000。

（3）对佛法的哲学方面研究，必须有“心性之体会”。这是因为佛教哲学精深微妙，言约旨远，道法弘深。所以要求研究者有心性的磨炼和体认，通过内在心性的修养，生命智慧的升华，精神品格的净化，去体会佛教哲学，感悟人生的真实，只有这样才能探骊得珠，真正得到佛教哲学的精华，提升人生境界和生命品质。否则，只做文字考证，舍本逐末，徒得其表，所得的只能是佛教哲学的一些糟粕。这里还涉及佛教语言的意义，以及文字考证与心性体会的关系问题。佛法“言约旨远”，佛教语言固然具有字面意义，但更重要的是字面背后的道德意义、心性意义、象征意义、崇高意义、实践意义等，若只从字面上解读佛法的意义，就会见指忘月，难以了解语言背后的佛教生命智慧底蕴，不能把握语言背后的深远意旨。由此可见，只有文字的考证，而缺乏对文字背后超验意义的心性体会、心性内省，也是难以真正获得佛教哲学精华的。

从汤用彤先生的论断还可以推导出中国佛教哲学研究必须注意的三个关系：

一是研究与体验的关系。佛教哲学是宗教哲学，有着与一般哲学不同的特殊性，要求我们在研究时必须对它进行内在的、深透的心性体会。这里强调心性体会的重要，也肯定心性体会的可能。我以为这对教外的研究者来说是有重要意义的。记得吾师张岱年先生也曾点化过我：“你研究佛教，可要进去啊。”只有设身处地，虚心体察，深契冥觉，体会贯通，才能理解佛教哲学的真谛和精义。当然，作为学术研究者来说，既要入乎其内，又要出乎其外，才能确保成果的科学性与深刻性。如果只是“进得去”而“出不来”，则似乎难有科学研究可言。

二是研究与信仰的关系。与上述论断相一致，汤用彤先生在《汉魏两晋南北朝佛教史·重印后记》中还说：“我过去反对以盲目信仰的态度来研究佛教史，因为这样必然会看不清楚佛教思想的真相。”①盲目信仰并不能看清佛教思想，汤先生是主张从学术的理性态度去研

① 汤用彤：《汉魏两晋南北朝佛教史》下册，653页，北京，中华书局，1983。

究佛教，以求看清佛教思想，这与“同情之默应”、“心性之体会”的要求是完全一致的。我们的研究态度应该是，既反对盲目信仰，又尊重信仰，我们“同情默应”佛教信仰，“心性体会”佛教哲学思想，以求获得理解佛教宗教信仰的真谛和佛教哲学思想的真相。可以说，盲目信仰和敌视信仰两种态度都难以看清佛教思想，都不可取，只有冷静客观，实事求是，深入体察，同情理解，才能真正看清和把握佛教思想。历史表明，由于主观情感因素的作用，对佛教研究持冷静的、理性的态度是十分困难的，但也正因为如此，我们应当力求在研究时保持客观的、中立的态度。

三是研究与批判的关系。从汤用彤先生的话语中，我们还可以看到，汤先生主张学者（不是宗教徒）在研究中，要贯彻批判精神，这里所讲的批判不是讨伐宗教，不是党同伐异，不是政治斗争，而是学术研究的必然要求，是学术性的探讨、商榷、分析、评论。没有这种理性的学术批判，学术研究就没有生气，没有活力，没有发展；没有这种理性的学术批判，就难以走出盲目信仰或排斥信仰的沼泽，难以明辨精华与糟粕的界限。这种学术批判，不能只是外在的，更应当是内在的。所谓内在批判是要求深入研究对象，以平等心态对待研究对象，运用普遍的学术准则和共同语言，与研究对象进行思想碰撞、“对话”，实事求是地分析研究对象，肯定它的合理的看法、论点、思想，揭示它在理论上的问题、矛盾、困难，乃至错误，以利于推动学术思想的发展。当然，这种批判应当是说理的、与人为善的，不能伤害宗教徒的情感与信仰。历史也告诉我们，在佛教内部，不同派别、学者之间，也长期存在着互相商榷、批判的事实。在一定意义上说，一部佛教哲学史也就是佛教学者不断通过内部批判进而推动佛教哲学思想不断发展的历史。

态度与方法是相联系的，态度影响方法。正确的态度有助于研究方法的正确运用。

就研究方法的角度而言，中国近百年以来，研究佛教大致有文献学、历史学、哲学、文化学、思想史以及社会学、考古学、心理学等方法。这是对同一对象——佛教，从不同切入点进行研究。一般来说，上述方法各有其自身的优点与局限，可谓春兰秋菊，各显异彩。它们之间并无高低之别。历代学者运用不同的研究方法，已分别取得了相应的研究成果；尊重包容不同方法，有利于学术研究的繁荣。正是研究方法的多样化，推动了佛教研究的深入开展。

本书是从哲学的层面研究中国佛教，或者说是以中国佛教为对象所进行的哲学反思，是运用哲学的方法，对中国佛教著作及其思想进行客观的描述、分析、综合、探究、总结。在哲学方法的具体运用上，我们侧重于以下几个方面：

（1）结合现代的人学、宇宙论、认识—实践论等方法，从中国佛教典籍中筛选出具有深厚哲学意蕴的若干问题，并归结为人生论、心性论、宇宙论和实践论等几个大问题，进行哲学的诠释与研究。

（2）运用现代语言诠释佛教哲学的术语、概念和范畴，界定其意义，解说其思想。比如，佛教哲学的核心性范畴“空”，就有二空、三空、四空、六空、七空、十空、十一空、十二空、十四空、十六空、十八空、十九空、二十空等多种说法，如何界定“空”的意义，实在并非易事。笔者经过多年反复的体会与思考，认为佛教讲的“空”有多层次的意义，并用现代的表述方法就其主要意义概括为四层：第一，空性。从存在论上说，一切由原因条件构成的存在都是无自性、无实体的，其实质是性空。第二，空理。从认识论上说，“空”反映了一切由原因、条件构成的存在的本质，空是真理，认识空理，就是认识了存在的真实本质，把握了佛教的根本真理。第三，空境。从境界论上说，修持者体悟空性，契合空理，也就进入了生命的澄明之境——空境。在一些佛教学者来看，空境就是佛教的最高境界。第四，空观。从方法论上讲，“空”既然是万有的本性，宇宙的真理，生命的澄明境界，也就应转化为一种修持方法——空观，要求观空的实相，不把存在和见解执为实有。关于“空”的这四种界说，大体上表述了中国佛教学者在不同语境中使用这一概念的多重意义。

（3）寻究中国佛教思想的原来意义。这是说，要深入细致地咀嚼中国佛教哲学原著的本来意义，把握其立论的精神实质，体会其立论的动机、目的，考量其立论的社会效果。这是一个较为艰苦的过程，必须尽心去做才能得出客观公允的结论。比如，对佛教的因果报应论思想，我们往往容易斥之为迷信，然而如果我们仔细去分析，则会了解：就其理论原理而不是某些具体论述和事例来说，因果报应论实是为佛教修持者乃至其他社会成员的道德自律和人格提升提供了深厚的思想基础。由于因果报应论把人的生命自然律和行为规范道德律结合起来，因此能够使接受这种理论的人自觉地严于律己，除恶行善。事实表明，因果报应论原理迄今仍然是规范人们的行为，提升人们人心向善精神品格的有效理论之一。

（4）体会中国佛教某些哲学语言的言外之意。中国佛教哲学著作的内容并非完全是关于经验事实和日常知识的记录，其间含有一些莫须有的“史实”、超验超常的话语、直觉体验的感受，等等，这些都是难以用通常的经验方法和理解标准说明的。如，某些富有哲学意蕴的禅宗著作的内容，就要求研究者超越日常逻辑，转换视角，反复体会，才能得鱼忘筌，接近领会和把握其言外的真意。

（5）探索中国佛教哲学思想的发展规律。中国佛教思想有其内在的历史演变过程，中国佛教的重大哲学问题在不同的历史阶段有其独自的特点。研究中国佛教发展史中不同阶段的哲学思想演变、重大哲学问题的理论创见，以及佛教哲学思潮的发展趋势等，有助于揭示中国佛教哲学思想的前进过程和嬗变规律，也有助于了解中国佛教信徒的心理素质、思维方式、理论兴趣和宗教诉求。

（6）总结中国佛教哲学理论思维成果。中国佛教学者在构筑中国哲学理论体系时，是如何把宗教实践的经验提升为理论认识的，是如何提出概念与运用概念的，是如何把看法、观念进行逻辑组织并使之条理化、系统化，形成为原理的，对这其间丰富的经验教训进行恰当的总结是富有哲学价值与理论意义的。

（7）比较研究对于把握中国佛教哲学的思想特色有着重要的意义。探索中国佛教哲学与印度佛教哲学以及与中国儒、道哲学的联系和区别，从而凸现中国佛教哲学思想的特色与异彩，既是研究中国佛教哲学的重要任务之一，也是研究中国佛教哲学不可或缺的方法之一。

（8）阐发中国佛教哲学的现代价值与意义。从社会学角度来看，佛教哲学思想也是人类文明智慧的总结，包含了维护人类生存和发展的智慧结晶。为了缓和、化解人类社会的三大基本矛盾——人与自我、人与社会、人与自然的矛盾，充分阐发、彰显中国佛教哲学的道德修持、心理调适、社会稳定和环境保护等功能，显然也是十分重要的。

三、体裁与结构

本书采用问题解析体来展现中国佛教哲学的内容，也就是以问题为纲来叙述中国佛教哲学各个方面的重要问题，分析、阐明哲学问题的基本涵义及其源流演变。

本书所选的中国佛教哲学问题，既是历来中国佛教学者所关注的富有哲学、理论思维意义的重大问题，也是现代人所关注的具有理论意义和实践意义的重大问题。依此标准，中国佛教哲学问题大体分属于人生论、宇宙论和实践论三大方面，其中人生论和实践论是中国佛教哲学的主要部分，而二者相较，人生论又是中国佛教哲学的基础部分，实践论则是中国佛教哲学最富创造性的部分。这两部分内涵丰富多彩，独具特色，其意义不能低估。

以人生论来说，中国佛教人生哲学思想包含了十分广泛的内容：人的构成、人的本质、人的本原、人的本性、人的定位、人生价值、人生法则、人生感悟、人生理想（境界）和人生修持等，这是一个庞大的思想体系。对这些问题，中国佛教学者都有所论述，其中尤以人生因果报应法则问题，人的形神关系问题，人生的成佛理想问题，人修行成佛的根据即人的心性、本性问题，以及修行成佛的途径、方法问题，阐述和争论最多，内容也最为丰富。缘此，本书人生论部分所要着重论述的是中国佛教学者关于果报法则、形神关系、人生理想、心性学说和修持方法等多方面的问题。

关于人生论，中国佛教主流学者论述最多的是人的成佛根据或本原问题，并把这种根据或本原归结为人的心性、本性，认为提升、回归、呈现、显示本心、本性，是修行成佛的根本途径。据此，我们又把心性论从人生论中分列出来，并以较大篇幅展开论述。其中，在简述印度佛教心性思想和综述中国佛教心性论哲学范畴后，接着论述了南北朝时期三大心性论思潮，隋唐时代以来天台、华严、三论、唯识、密诸宗的心性论，而对禅宗更是分为六章论述慧能前、慧能，以及荷泽、石头、洪州、临济四宗的心性思想，最后设两章专论佛与儒、佛与道在心性思想上的互动。心性论是中国佛教哲学的重点内容之一，了解中国佛教的心性思想也就把握了中国佛教哲学的中心一环。

中国历代佛教学者都十分重视探寻解脱的途径和总结设计周密的实践方法，并与其他实践思想共同形成了一套内涵丰富、独具特色的中国佛教实践哲学。据此，我们也把人生修持实践的方法与思想从人生论中分列出来，归入实践论，并以佛教的戒、定、慧三学为纲，从伦理实践、禅法修持和智慧修学三个方面展开论述。重点是探讨和分析伦理道德实践的方式与方法，直觉思维的内容与特点，言诠与体悟、理性与信仰、体验与知解等关系，以及真理的层次性与实践性、真理的相对性与绝对性等问题。由于实践论论及对宇宙万物的现象与本质的看法，因此置于宇宙论之后。

全书设若干专题分述中国佛教哲学的人生论、心性论、宇宙论和实践论四个方面的内容。通过对中国佛教哲学重要问题的论述，以求比较清楚地阐明某一哲学问题的滥觞、争论、演变与发展的历史过程，比较明确地显示某一哲学问题的若干观点之间的肯定、否定与否定之否定的互动进程，以期准确地揭示某一哲学问题的若干思想轨迹与发展规律。我们想，这种体裁不仅易于体现历史与逻辑相统一的原则，也比较有利于人们对中国佛教哲学思想重要问题的了解和把握。

全书共设五编，下分三十二章。

中国佛教历史悠久，内涵丰富。为便于对中国佛教哲学有一个整体的了解，我们设总论为第一编，对中国佛教哲学的形成、历史演变和思想体系，分别作了简要的论述。中国佛教哲学的根本旨趣是追求人生的解脱，也就是以超脱烦恼和痛苦，超越生死流转为终极归宿。中国佛教主流派别认为，人的清净、觉悟本性是人生解脱的根源，对心性问题的论述也相应地成为了中国佛教哲学的重点内容。这样，我们在设人生论为第二编后，又特设心性论为第三编。人是广袤宇宙中的一类生命体，与宇宙有着极为密切的关系，如何面对宇宙、认识宇宙，在佛教看来，这对人生的解脱是至关重要的。为此，我们把中国佛教学者对宇宙的看法，归结到第四编宇宙论中来论述。佛教是重实践的宗教，对人生、宇宙的探究，归根到底是为了修持实践，只有通过实践才能真正地提高觉悟，成就正果。因此我们设立了第五编，把中国佛教学者对修持实践的大量论述，归属于实践论，从哲学理论思维角度加以论述。

每编设章的多寡，主要是根据中国佛教学者的有关论述内容而定，编内各章排列的先后，则主要是结合逻辑与历史两方面来确定。比如，中国佛教的宇宙论编的四章，先后为宇宙结构论、现象论和本体论（上、下），大体上反映了中国佛教学者对宇宙认识的不断深化过程，比较符合人们认识的发展规律，而且也与中国佛教哲学发展史相一致。又如，中国佛教实践论编的六章，先后为伦理观、禅修论（上、下）、直觉论、语言观和真理观，这是基于佛教的戒、定、慧三学的总框架而排定的。禅修论、直觉论、语言观和真理观数章实属同一问题，直觉论、语言观和真理观基本上都可归入禅修论，而禅修论、语言观和真理观，从实质上来说，又可归入直觉论，考虑到各章篇幅的相对平衡，特予分别单独论列。

至于章内各节的设置、结构和组织，则根据不同哲学专题的内容和特点而定。全书约三分之二章，是按某一哲学问题的特定思想观点的历史演变来分节叙述；约三分之一章，则由于分别是概述、综论、体系剖析、专著评论、思想比较的专题，因此以逻辑要求为主，同时也尽量结合历史顺序的要求来排列节序。

这里还要顺便讲一下书名问题。在中国佛教哲学史上，佛教学者对成佛根据的心性问题和如何修持成佛的途径、方法问题，着力最勤，阐发最多。相应地，在中国佛教哲学思想中，最富创新、最富特色的也是心性论和实践论，此两论构成了本书两个重点。中国佛教实践论的本质是直觉论，直觉论典型地反映了中国佛教学者锐利、独特的思维方式。由此也可说，心性与直觉是中国佛教哲学思想的两大要点。但是，中国佛教哲学思想是一个整体，心性论、实践论与人生论以及与宇宙论的思想，都彼此相待相渗而融聚成恢宏庞大的哲学体系。为全面彰显中国佛教哲学体系的思想内容，本书定名为《中国佛教哲学要义》。中国佛教，按教义语言系统分为汉传佛教、藏传佛教和南传上座部佛教。一般又特指内地的汉传佛教。本书所讲中国佛教哲学要义，主要是指汉传佛教哲学要义而言。

第一编　总　论

小　引

这一编论述的是中国佛教哲学的形成及其演变，以及中国佛教哲学的思想体系，也就是从历史与理论两个方面，对中国佛教哲学作一总论性的说明，以便读者对中国佛教哲学有一个总体的、历史的、概念性的了解。

在中国佛教学术史上，对佛教理论是否是哲学，有没有中国佛教哲学，是存在分歧、有过争论的。本编尤其是第一章，拟对这两个问题及与之相关问题作一说明。中国佛教哲学内容广博宏富，本书又是采用问题解析体的表述形式，为此，本编第二、三章将分别对中国佛教哲学的历史演变过程和中国佛教哲学的整体理论结构这两个问题作一总体论述。

全编首先从哲学学说不同特质的角度界说中国佛教哲学，并从文化发生学的角度考察中国佛教哲学的形成途径与产生根源。中国佛教哲学是印度佛教文化与中国固有文化冲突与融合的产物。中国古代佛教学者通过译经、讲习、编撰佛典和判教立宗等途径使印度佛教传入中国，并且结合中国古代社会政治、经济、文化、地理等特定的“哲学生态环境”进行加工取舍，使印度佛教逐渐中国化，并形成了一种既不同于儒、道等中国固有哲学，也区别于印度佛教哲学的相对独立的中国佛教哲学体系。中国佛教哲学的形成，是中国本土文化和异域文化交流与融合的成功模式。

其次，我们通过历史的纵向考察，着重叙述中国佛教哲学的思想演变过程。按照历史的顺序，我们分别简要地追述汉魏西晋时代的“格义”哲学、东晋十六国时代的玄学化的哲学、南北朝时代兴起的学派哲学、隋唐盛世高度繁荣的宗派哲学，以及唐代以后与儒、道合流的心性哲学，从而凸现中国佛教哲学在不同历史阶段的热点问题与时代特点，以利于把握中国佛教哲学思想发展的内在逻辑和必然规律。

再次，我们着重从三个方面考察中国佛教哲学的思想体系。一是把中国佛教哲学思想体系分解为人生论、宇宙论和实践论三大类别，进而分别指出不同类别所包含的思想元素。二是探讨中国佛教哲学基本思想元素之间的相互联系方式。三是论述中国佛教哲学体系的内外作用，即中国佛教哲学对中国佛教其他文化形态，如对佛教的文学、艺术、民间信仰观念与习俗等的作用，以及中国佛教哲学对中国其他哲学形态、文化领域乃至社会政治的作用。

第一章

中国佛教哲学的形成

在中国历史上究竟有没有形成中国佛教哲学，是近百年来在学术界一直存在争论的问题。这个问题涉及中印文化的冲突与融合、中印佛教哲学的联系与区别，如何理论与实际相结合地加以探讨、阐明，实有其必要。下面试从文化发生学的角度，就中国佛教哲学的界说、中国佛教哲学形成的途径和根源三个方面加以论述。

第一节　中国佛教哲学的界说

中国佛教哲学的形成是东方文化史上的重大现象，也是中国哲学史上的重要一页。印度佛教代表着印度古代文明和精神价值，它与中国固有的哲学风格、宗教观念、价值取向存在着巨大的反差。印度佛教哲学在与中国固有文化和哲学的相互碰撞、激荡、冲突、融合中，逐步转型，日趋中国化，形成了中国佛教哲学的新学说。这是古代东方中印两大文明古国的价值观念、思维方式的系统交流，是两种异质文化互相接触、影响、作用的成功模式。印度佛教的传入，给中国文化注入了新的血液，带来了新的活力和创造力。中国佛教学者吸收印度佛教哲学的养料，适应中国古代政治、经济的需要，依据中国固有哲学智慧的方向、理路，创造出不同于印度的新的佛教哲学学说。中国佛教哲学不仅是隋唐哲学的重镇，而且也深刻地影响了宋明哲学的发展，丰富了中国古代哲学思想。在东亚佛教文化圈中，中国佛教哲学内容最丰富、最深刻，足以与印度佛教哲学相媲美。

中国佛教哲学是中国佛教学者阐发的哲学思想，属于中国哲学。在魏晋南北朝时代，中国佛教学者独立阐发的本无论、不真空论、神不灭论、佛性论、顿悟论等学说，构成了当时哲学思潮的重要内容。在隋唐时代形成的佛教宗派，如天台、华严和禅诸宗的一系列哲学思想，更是一度成为时代哲学的主流。这些宗派哲学，不论其发展势头，还是思想规模、内涵深度都超过了当时的儒家和道家的哲学思想，在中国哲学史上占有不可忽视的地位。中国古代思想主流不断转型，先后形成了先秦子学、汉代经学、魏晋玄学、隋唐佛学、宋明理学和清代朴学。这些不同的学术形态，都包含了哲学思想；这些哲学思想又反映了中国哲学史的演变过程，构成了中国哲学史的基本内容。如果无视魏晋至隋唐佛教哲学中国化的性质和地位，中国哲学史在隋唐时代几乎就会出现断层，难以说明当时哲学发展的实际情况。

中国佛教哲学是中国古代最庞大、最复杂的宗教哲学体系，它是印度佛教传入中国以后形成的，是印度佛教与中国古代社会实际相结合的产物，也是中国历代佛教学者双向选择和自我组织的结果，是他们的思想创造和智慧的结晶。中国佛教哲学既是中国哲学的一部分，又是佛教哲学的一部分，然而它既不同于中国的固有哲学，也不是印度佛教哲学的翻版。

佛教是为追求人生解脱而创立的宗教，佛教思想的总出发点和归宿是为了成佛，达到解脱的境地。佛教哲学是为求得人生解脱所作的论证，是出世的哲学、超越的哲学，它着重论述人生的痛苦、现实的矛盾、世间的污秽，探讨摆脱烦恼、排除苦难的途径和方法，否定现实的人生和世界，追求永恒的、幸福的彼岸世界，或者说是理想的、自由的精神境界。一般说来，中国儒、道两个系统的哲学家都肯定现实，认为现实是真实的，他们重视在现实世界和经验生活中寻找精神家园，塑造理想人格。可见，佛教哲学和中国固有哲学在精神旨趣方面是有很大区别的。中国化的佛教哲学深受中国固有的传统思维的影响，甚至大量吸取儒、道两家的哲学思想，表现为更加重视圆融、顿悟，强调返归本性，主张在现实生活中求得精神解脱。印度佛教在修持上重视考察现实的心灵活动，重视渐悟，又强调超越现实的人生和世界，争取在来世进入彼岸的佛国世界。这就表明，中国佛教哲学显然是不同于中国的固有哲学，也不同于印度佛教哲学的一种相对独立的哲学形态。

中国佛教哲学有其特定的对象和范围。中国佛教哲学是整个佛教哲学的一个分支，也是中国哲学的一个分支。研究中国佛教哲学的基本使命是，以历代中国佛教学者与宗派的重要著作和哲学思想为对象，阐明中国佛教哲学思想的重要命题、基本内容、源流演变和发展规律，以及理论思维的经验教训。中国佛教哲学的构成，是以著名佛教学者个人思想，尤其是以宗派学说的形式出现的。隋唐时中国佛教形成了天台、三论、唯识、华严、律、净土、禅和密八宗，其中的天台、三论、唯识、华严和禅五个宗派有着丰富的哲学思想，五个宗派中最富有中国人的创造性、与印度佛教哲学距离较大的是天台、华严和禅三个宗派。东晋南北朝的著名佛教学者和隋唐以来的天台、华严和禅诸宗，是中国佛教哲学研究的主要对象，其他一些佛教学者和宗派的具有鲜明中国色彩的哲学思想也是中国佛教哲学研究的重要对象。中国佛教哲学的特定研究对象，决定了它与印度佛教哲学的区别，也决定了它与中国固有哲学的区别。

中国佛教哲学讨论的重大哲学问题，构成了研究、论述中国佛教哲学的基本范围。佛教是一种解脱论学说，着重阐明解脱人生苦难和成就佛果的根据、道路和方法，其中所包括的哲学思想是解脱论的理论基础。中国佛教哲学学者也是围绕追求人生解脱这个佛教主题，将印度佛教哲学理论与中国具体情况，尤其是与中国固有文化及其哲学相结合，阐发了一系列的哲学问题。第一是对人生主体的论述，第二是对人生所处环境的论述，第三是如何根据前面两个问题的理论成果进行实践、修行成佛的问题。以上三个问题也就是人生论、宇宙论和实践论，它们构成了中国佛教哲学的体系框架。而每一个问题又包含了若干不同侧面、多重内容。人生论包括人生本原、因果、价值、形神、心性、佛性、道德伦理、理想境界等；宇宙论涉及结构论、现象论和本体论；实践论则主要是修持的方法、方式、步骤、时间、直觉思维、真理论等问题。上述三个问题是密切相关不可分割的，对于这些问题加以厘别，只能是相对的，也是困难的。我们对中国佛教哲学问题加以分解，其主要目的只是为了论定中国佛教哲学的范围和为叙述的方便而已。

有一种观点认为，只有印度佛教哲学，没有中国佛教哲学。其理由主要是，中国佛学的根本问题、运思方法都是从印度来的，不是由中国哲学传统中来的，中国固有文化和哲学对中国佛学没有发生重大的影响，佛教并未因中国化而有所质变。中国佛学虽然是中国人的佛学，但其义理是纯粹佛教的，只是印度佛学的继续发展，而不是属于中国哲学传统的佛学。[①] 还有的学者或许是传统儒学的情结太深，甚至带有以儒排佛的色彩，否定中国佛教哲学的存在和地位。我们认为这种观点只看到中国佛学和印度佛学的联系，而没有看到两者的巨大差别。我们说，正是在中国固有文化和哲学的强大影响力的作用下，印度佛学在中国流传过程中，在体用观念、心性理论、伦理学说、修持方法和思维方式等一系列重大问题上的确发生了偏离，乃至发生性质的改变，有的甚至是与印度佛教教义完全相反的。这种情况分别在天台宗、华严宗、净土宗和禅宗几个中国化的宗派上有着程度不同的表现。我们认为，凡是中国佛教学者撰写的与印度佛学完全相同的哲学内容，不应作为中国佛教哲学思想，而凡是与印度佛学内容不同的部分，包括继承后的发展、发挥、改造，以及离开印度佛学的独立创造，即印度佛学在中国的一切变异，都应视为中国佛教哲学。佛教在两千多年的流传过程中，主要形成了印度和中国两大系，这是佛教界公认的事实。佛教哲学的中印两大系的历史存在，也得到越来越多的佛教研究学者的肯定。

---

① 参见牟宗三：《佛性与般若》（修订版），序言，4～5页，台湾，学生书局，1989。

第二节　中国佛教哲学形成的途径

中国佛教哲学是怎样形成的？是怎样表现出自己的特殊精神面貌和中华民族哲学精神的？要了解中国佛教哲学的形成，就要考察在佛教中国化的历史进程中特定的媒介机制、接受机制和扩散机制，考察传播者、接受者所采取的途径和运用的方法，也就是要分析、总结佛教中国化的创造主体在客观条件的制约、决定下是如何接受，如何改造，又如何创造的。概括地说，中国佛教学者主要是通过编撰佛典、判教立宗而使佛教哲学中国化的，同时也和翻译佛典、讲习经义密切相关。因为只有经过译经、讲习，全面深入地了解佛教各种典籍，亦即经过消化、理解，才能有所开拓、创造，建立起中国的独特的佛教哲学体系。从佛教中国化的艰难、复杂的历程来看，翻译经典、讲习经义、编撰佛典和判教立宗，就是中国佛教哲学得以形成的基本途径和基本方式。从这些途径和方式中，我们可以清楚地看到佛教哲学的创建者是怎样以中华民族固有的思想为本位，去接受和改造印度佛教哲学思想，创立和构筑中国佛教哲学体系的。

一、翻译经典

佛教经典的翻译，长期以来成为中国佛教传播运动的中心事业。这是建设中国佛教的基础工程，也是中国佛教哲学形成的一个特殊条件。它确定了中国佛教哲学的重要思想来源，也决定了中国佛教哲学的重要思想倾向。

佛教经典的翻译，自汉以来，迄至宋代，前后长达千年之久。译事先是以西域和印度的僧人为主。后来，中国僧人西行求法取经，回国后也从事翻译，并逐渐成为译经的主导力量。译事极为严肃认真，有一整套严格的程序。通常译场设置译官，分别担任九职：译主、证义、证文、书字梵学僧、笔受、缀文、证梵语（参译）、刊定和润文。由于翻译难度很大，为了提高质量或是其他原因，有的佛经重译多次。大量佛经被译成极为优雅的汉文，从而使佛教在中国文化系统中获得了立足之地，在中国文化土壤中生了根，并转化为中国文化的一部分。这是佛教中国化的一种重要表现。

佛教经典的翻译过程，也是佛教中某些思想中国化的过程。因为佛典的翻译受到佛典传入的特殊情况，如语言文字的不同，译者知识结构和社会文化背景的差别等条件的制约，从而不仅导致了文字形式上的变化，而且也涉及某些思想内容的改变。

佛教创立于公元前6世纪至公元前5世纪，约在公元1世纪前后传入中国内地，其间相隔了五百多年。佛教不同教派的佛典又因种种不同的机缘，交相混杂传入中国。这样，佛典翻译就反映不出佛学思想的演变轨迹，也增加了阅读、理解和翻译上的困难。同时也为翻译时偏离印度佛教思想本义、渗入中国思想提供了契机。

佛教最初是经过西域地区传入的。这些地方的胡语使印度佛教传到西域就已经发生变化，再传到中国汉语地区，又发生进一步的变化。由于西域的胡语经典和后来直接从印度传入的梵文经典在语言文字等方面与中国语言、文化和哲学存在着巨大的差异，这就给翻译带来种种困难。早在东晋时代，当时著名的佛教领袖道安就在《摩诃钵罗若波罗蜜经抄序》中，总结了翻译佛典有“五失本三不易”①，即汉译佛典有五种情况容易丧失本来原义，有三种不易翻译的情况。“五失本”为：一是由于梵、汉文法不同，不得不使原文语词颠倒，以符合汉语语法；二是原典的文体质朴，修辞语较少，而汉语则好文饰；三是原典常有重复相同的语句，不嫌其烦，汉译则多删去此类重复语句；四是有的原典经文中夹杂注解，汉译则多删去此类夹杂注解；五是原典在说完一事再接着叙说另一事时，常常重复前述文词，汉译则多略去重复的部分。“三不易”为：一是佛典系依当时印度的语言、风俗而立，而要适合后代的语言、时俗，就会给翻译带来困难；二是圣人（佛）与凡人本来就距离很大，在翻译中，要使远昔圣人的玄妙思想适合后世凡人的时俗，是很不容易的；三是佛典流传久远，后人若以平凡浅识从事翻译，即使万分谨慎，也难免有误。道安总结的这八种情况，表明了佛典翻译，尤其是早期翻译失去印度佛典

① 简称“五失三难”，详见《大正藏》第55卷，52页中、下。

原义的必然性与严重性，揭示了在佛典翻译中中外古今的矛盾，这种矛盾就决定了译文内容必须作出适应当时中国语言与时俗的调整。这就给佛教中国化带来了必要性与可能性。事实上，当时的译经者为了使中国人能够看懂佛典，译经时不得不采取中国固有的，尤其是道家、儒家和阴阳家的名词、概念、术语，作出相应的翻译，从而导致原义的某些变异。更有甚者，译经者为了和中国儒家伦理道德相协调，常常通过选、删、节、增等方法，对佛典描述的人际关系进行调整，尤其是删去了论述父子、夫妇、主仆平等和性生活混乱的原文，从而背离了印度佛典的本义。

译者的语言条件、知识结构和文化素质等主观因素，对翻译质量的高低具有决定意义。早期译经以西域和印度僧人为主。西域和印度僧人多数不通或者半通汉语，译经时，需有中国人襄助。这样，语言文字的沟通问题，始终是困扰翻译工作的一大难题。后来，中国僧人担任主译，他们一般都是汉梵兼通的，但精通梵语的程度毕竟有所不同，这也就不可避免地会影响对原文的理解。同样极为重要的是，参与译事的中国僧人的知识结构和文化素质，在翻译过程中也起了无形的然而又是十分重要的作用。中国佛教知识分子，通常在皈依佛门以前，都受过儒学和道学的教育，有着固有文化的深刻影响，他们原有的传统思想、价值观念和思维方式极大地左右着对外来佛教的理解和翻译，以致有时导致了印度佛教哲学思想的某些根本性变化。

因翻译而带来的佛教哲学中国化的典型例子之一，就是吕澂先生列举的对“如性”概念的翻译。这个例子突出地反映了中国固有的哲学术语、思想方法和世界观对印度佛教哲学观念的理解和改造。这个概念十分重要且不易把握，特引说于此。吕先生说：

> 例如，关于“如性”这一概念，当初译为“本无”。现在考究起来，这是经过一番斟酌的。“如性”这个概念来自《奥义书》，并非佛家所独创，表示“就是那样”，只能用直观来体认。印度人已习惯地使用了这一概念，可是从中国的词汇中根本找不到与此相应的词。因为我国古代的思想家比较看重实在，要求概

念都含有具体的内容，所以没有这类抽象涵义的词。所谓“如性”即“如实在那样”，而现实的事物常是以“不如实在那样”地被理解，因而这一概念就有否定的意思：否定不如实在的那一部分。印度人的思想方法要求，并不必否定了不实在的那部分以表示否定，只要概念具有否定的可能性时就表示出来了。所以佛家进一步把这一概念叫做“自性空”，“当体空”。从这个意义上说，译成“本无”原不算错。而且“无”字也是中国道家现成的用语。要是了解“本无”的来历，本来不会产生误解。但这种用意只有译者本人了解，译出以后，读者望文生义，就产生了很大的错误。最初把这一概念同老子说的“无”混为一谈，以后联系到宇宙发生论，把“本”字理解为“本末”的“本”，认为万物是从无而产生。这一误解并未因它的译名重新订正而有所改变。例如，以后“本无”改译成“如如”、“真如”等，反而错上加错，以至于认为是真如生一切。……总之，我们不能把中国佛学看成是印度佛学的单纯“移植”，恰当地说，乃是“嫁接”。两者是有一定的距离的。这就是说，中国佛学的根子在中国而不在印度。①

二、讲习经义

为了广泛传播佛教，使之根植于中国社会的土壤之中，中国佛教学者还采取讲习经义的方式。讲习经义和翻译佛经一样，是中国佛教不同于印度佛教的独特的专业化活动，不仅构成中国佛教活动的特色，而且也成为中国佛教哲学形成的途径之一。

据史载，南北朝时，讲经活动已十分盛行，规模也很庞大。为了使佛教深入人心，扎根社会，讲经不仅有明确的分工，还有一整套程式。如擅长歌赞（梵呗）和咏经（转读）、善于阐释佛教义理的僧侣，称为“经师”。讲解佛教经典的僧侣，称为“讲师”。协助讲师讲经，在讲师讲经时和讲师对话，使听者更加易于明白经义的人，称为“都

① 吕澂：《中国佛学源流略讲》，《吕澂佛学论著选集》，2438～2440页，济南，齐鲁书社，1991。

讲”。随着讲经的进一步发展，还出现了“宣唱法理，开导众心”的僧人，他们用美妙动听的声音向信徒传教，这些人称为“唱导师”。这种专业性的分工，表明佛教宣传的正规化，它有助于提高佛教传播的效果，使之根植中土。

讲经人对经文的理解直接受个人的文化水平、传承关系及其原有的思想倾向的影响，他们都是根据自己的所学所知讲解的。而听经人也多半受过中国固有文化的熏陶，是借助于自己原有的中国文化思想素养去理解和接受经义的。可以说，讲经和听经，实际上是中国文化思想与印度佛教教义的比较对照、融合会通的过程。中国僧侣讲习经义，对于中国佛教哲学的形成具有直接的影响。

东晋初期，讲习经义主要采用固定格义和自由发挥两种不同的方式。[①] 康法朗、竺法雅等人，为了解释佛典中的“事数”，创造了“格义”的方法。事数，又作名数、法数，即名相，是带有数字的佛教名词，如四谛、五蕴、六度等。所谓“格义”，是“以经中事数，拟配外书，为生解之例”[②]。也就是把佛典中的事数和中国《老》、《庄》、《易》等典籍的相关概念进行比配，把相近的固定下来，作为理解、讲习佛教事数的规范。这样，就把佛教的名词、概念、范畴判定成为中国固有的与之近似的名词、概念、范畴，形成了统一的格式。格义方法的运用，常常导致人们对经义的理解与印度佛典义理相违：“然凡谕之者，考文以征其理者，昏其趣者也；察句以验其义者，迷其旨者也。何则？考文则异同每为辞，寻句则触类每为旨。为辞则丧其卒成之致，为旨则忽其始拟之义矣。”[③] 意思是说，佛经文句不同，不具体把握其旨趣，一味执著格义的方法，拘泥于文字，以章句是务，就会造成迷误混乱。格义必然歪曲佛典原义。而我们认为，这种歪曲实际上恰恰也就是佛教义理包括佛教哲学中国化的朴素表现和

---

① 僧叡在《毗摩罗诘提经义疏序》中说：“自慧风东扇，法言流泳以来，虽曰讲肆，格义迂而乖本，六家偏而不即。”（《大正藏》第55卷，59页上）格义和六家是讲肆的两种不同方式。

② 《梁高僧传》卷3《竺法雅传》，《大正藏》第50卷，347页上。

③ 《道行经序》，《大正藏》第55卷，47页中。

初级形式。

采用自由发挥方法的是东晋时期的般若学派。由于此派是自由讲论，又分裂为六七个支派。这些派别的思想分歧，此处不论。这里只举例介绍他们自由发挥的程度和引起佛教哲学转型的后果。据载，般若学派的代表人物之一支敏度，在往江东之前，曾与一伧道人商量到南方以后怎样讲般若的问题，伧道人说："用旧义往江东，恐不办得食"①，于是决定"共立心无义"。支敏度单独到了江东，大讲心无义。尔后，道人又写信提醒他说："治此计权救饥尔，无为遂负如来也。"② 支敏度为了博得江南名士的欢心，以解决吃饭问题，自由发挥经义，不惜随意附和清谈玄学，于印度般若学外另立新论。再如，当时般若学派又一重要代表人物道安，长年讲《放光般若经》，并注意和《光赞般若经》作对比研究，他在《合放光光赞略解序》中说：

> 其为经也，以如为始，以法身为宗也。如者，尔也，本末等尔，无能令不尔也。佛之兴灭，绵绵常存，悠然无寄，故曰如也。法身者，一也，常净也，有无均净，未始有名。③

道安在这里是以魏晋玄学的本末思维方式来理解《般若经》，他把"如"、"法身"视为根本、本体，是不符合印度佛教本义的。《般若经》提倡空观，是破除现象和本体的实有，是否定实有本体存在的，或者说主张本体是空的。而道安则提倡"以无为本"的学说，把破除本体实有的般若学改造为本体是根本，本体是实有的本无说，从而极大地改变了印度佛教哲学的方向，改造了印度佛教哲学的内容，构成了具有中国特色的佛教本体论。

三、编撰佛典

随着佛教的长期流传，中国佛教学者由单纯的翻译转向进行独立

---

① 《世说新语·假谲第二十七》，《诸子集成》（八），226～227页，北京，中华书局，1986。

② 同上。

③ 《出三藏记集》卷7，266页，北京，中华书局，1995。

研究，融会贯通，撰写了大量的著作。据统计，中国僧人的汉文佛典撰述共约600部，近4 200卷。这些著述不仅具有汉民族的思想形式，而且也程度不同地具有汉民族的思想内容，涉及宗教、哲学、伦理、文学、历史等诸多方面，表现了与印度思想不同的风格、色彩、特征。中国佛教学者的撰述是中国佛教哲学形成的重要途径和基本标志，历代中国佛教撰述记载着中国佛教哲学思想形成和发展的历程，成为我们探寻、开掘、研究中国佛教哲学的主要资源。

中国佛教撰述，有以下多种类型：

（1）章疏。中国佛教学者尊奉印度佛教经典，持诵研习，坚持不懈，同时在讲经时加以解释，阐扬和发挥佛典的思想。也有的佛教学者模仿中国传统的注经形式，热心于撰写章疏。这类著作在中国僧人全部撰述中数量最多，居第一位。章疏往往引用中国古典著作的语句和固有思想来注解原文，作出中国化的诠释，借以阐发独立的哲学思想。例如，唐代华严宗四祖澄观撰写多卷本《华严经疏钞》，阐发《华严经》的圆融观念，发展了中国华严宗人的“四法界”说（后详），“四法界”说是中国古代佛教哲学中极为重要的宇宙结构论、现象论和本体论的学说。

（2）论著。中国佛教学者重视创作，勤于写作，撰写了许多极其重要的论著。这些论著或为阐发总结佛经要义而作，或为发表独特见解而作，也有不少是在与儒、道两家争论中为“护法”而写的，包含着最丰富的中国佛教哲学思想，有的就是中国哲学的重要著作。如东晋时南方的佛教领袖慧远，与时人争论沙门应否礼敬王者的问题，撰写了《沙门不敬王者论》，其中有专章结合中国古代灵魂不灭的观念，论述形尽神不灭思想，强调人的形体虽然有生有死，而人的灵魂是不朽不灭的。慧远这种形尽神不灭的观点，可以说，恰恰相当于释迦牟尼所抨击、拒斥的婆罗门教的观点——认为不灭的灵魂可以寄寓于不同的躯体之中。早期佛教认为人的精神是不断变化的意识状态之流，没有永恒不变的实体性的灵魂存在，而慧远则是在中国固有的灵魂观念和实体性思想的支配下，去理解人的形神关系问题，从而导致了与印度早期佛教思想的背离，同时也丰富和发展了中国古代的神不灭论。

（3）经典。中国僧人还撰写了不少佛经。禅宗创始人慧能的《坛经》是中国僧人唯一公开称“经”的著作。这部著作是吸取佛教某些信仰因素，在中国儒、道固有文化的土壤中产生的。它在中国佛教史和中国思想史上占有极其重要的地位，其影响之大是众所公认的。此外，还有另一类伪疑经，是指断定或怀疑由中国汉族僧人编撰、选抄的佛经，不是译自胡语、梵文的汉文佛经。伪疑经的内容往往与儒、道、佛三教斗争有关，有的是为了迎合社会需要吸取儒、道思想编成的。伪疑经实是佛教中国化的产物，其中包含了鲜明的中国化的哲学思想。比如《提谓波利经》是中国僧人为在家信徒撰写的，着重宣扬因果报应思想和持戒修行。此经把中国固有的阴阳五行学说、伦理纲常等与佛教教义结合起来，虽然这种结合不免生硬勉强，但却表现了中国佛教宇宙论哲学和道德哲学的某种特色。

（4）灯录。又称传灯录，系禅宗人创造的一种独特文体，记载禅宗历代传法机缘的著作，内容以记录言论的“语录”为主，也记载传承关系。重要的灯录有二三十种，其中包含禅师语录不下三百余则。语录大都为禅师口语，由亲随左右的禅门弟子笔录编集而成。语录中记述的是师徒传法心要、参悟验证、方便施行、参学所得等，集中地表现了禅宗的人生理想境界、心性思想、直觉思维，构成了中国佛教哲学的重要内容。

（5）善书。指宣传伦理道德、劝人为善的书。佛教善书往往糅进儒家道德观念，宣扬儒佛两家的伦理目标和生活规范。如明代名僧云栖袾宏的《自知录》，把人生的行为分为善、过两门，劝人去过从善，积累功德，以获得好报。这种通俗易懂的说教，比正规经典更易为民众所接受，所以影响很大。佛教善书，反映了中国僧人在重建适应国情的佛教伦理道德学说方面所作的努力和普及中国佛教伦理道德哲学的成就。

（6）史书。佛教史书记载了佛教历史的发展演变，是研究中国佛教史的基本资料之一。史书，尤其是为中国佛教僧侣列传的纪传体史书，有总传、类传和别传等不同类型，记述了佛教代表人物的活动和思想，反映了历代佛教哲学家思想的产生和发展过程，对于我们了解佛教哲学家的思想内涵和特色，以及从整体上把握中国佛教哲学思想的形成和变化，都有着十分重要的史料价值。

四、判教创宗

隋唐时代，由于佛典的大量翻译，佛教研究成果的长期积累，佛教人才的普遍成长，中国佛教的创造力空前高涨。国家的政治统一、经济繁荣，国力强大，为中国佛教学者的思想创造提供了良好的客观环境。随着这种种主客观条件的成熟，佛教各宗派相继成立。在隋唐佛教宗派中，有的适应国情，结合中国固有文化，形成了不同的传承关系和教理主张，也就是偏离乃至背离印度佛教教义而创立的。这些宗派领袖在创宗过程中，各自阐发了具有民族特色和民族精神的哲学思想。

中国佛教各宗派创宗所依据的经典，基本上来自印度。印度佛教不同派别的不同教义、不同经典的不同教理，一方面为理解、阐释佛教义理带来了某些困惑，另一方面，也为创立宗派带来了方便。为了解决困惑，创立宗派，中国佛教学者对印度佛教各类经典进行了统一安排，确定次序的先后和教理的深浅，并且把本宗所尊奉的经典置于最高的位置。这就是判教。中国佛教不同宗派的创始人，依据中国深厚的历史意识和价值观念，采取不同的标准、尺度，引导门徒去学习、研究自己所推崇的经典，推动本宗的发展。中国佛教的判教反映了中国人对印度佛教的思考的过程与选择的结果，体现了中国固有的历史哲学和价值观念。

第三节　中国佛教哲学形成的根源

上面我们论述了中国佛教哲学形成的途径、方式，现在要分析的是中国佛教哲学形成的根源。所谓中国佛教哲学形成的根源，就是中国佛教哲学产生的根本原因，这种根本原因缘自中国佛教哲学形成的“哲学生态环境”——地理、经济、政治和文化等环境。只有深入地考察中国佛教哲学形成的“哲学生态环境”，才能真正了解中国佛教哲学产生的根由、源头和必然性，进而也有助于把握中国佛教哲学的内容和特色。

印度佛教传入中国后，作为一种在主题、主导思想方面与中国固有文化根本不同的异质文化，必然与中国固有文化发生碰撞、冲突，这就要求佛教传播者必须根据中国的客观环境，作出必要的反应。中国是一个土地广袤、人口众多的大国，又是一个历史悠久、具有高度文明的大国。当佛教由西向东，经过千山万水、流沙荒漠，传入中原一带时，面对的是和印度同样伟大、先进的文明古国。当时的中国社会是以关怀现实生活、重视道德实践的儒家学说为主导思想的。当时中国官方和文人中还广泛存在着华夏中心主义、中国中心观的思想，更增强了接受佛教的心理障碍。但是，中印两国文化的发展态势和达到的水平是相当的，两国文化的主题差异又为文化互补提供了机遇和条件，两国的不同价值观念对于一定历史时期的不同社会人群都具有相应的主导意义。这就是说，印度佛教文化和哲学与中国固有文化和哲学既有不相容性，又有相容性，也即存在着把印度佛教文化与哲学加以改铸以适应中国实际需要的可能性。

中国佛教学者从事的佛教学术活动，就是在中印两种文化和哲学思想的冲突融合中进行调适。他们一方面受印度佛教文化的规范，另一方面又选择印度佛教文化。所谓选择，包含着排拒和吸纳两个方面，即排拒那些不适应中国国情的思想文化，吸纳那些适应中国国情的思想文化。也就是说，选择是有条件的，是受中国的种种复杂的因素制约的。选择的结果，就常常出现“郢书燕说”、“种瓜得豆”的现象，以致背离了佛教思想的原义。中国佛教学者在对印度佛教哲学的选择过程中还进行整合工作，竭力把经过选择的和自己创造的佛教哲学思想，组织成为一个结构严密的、相对完整的哲学体系。因此，这种整合构筑，最充分地表现了中国佛教学者的创造力，而这种创造力也是受中国的固有文化和社会需要的制约，并受中国佛教学者的主观条件规定的。

从思想渊源和思想特色来看，隋唐佛教宗派大体上可以分为两类：一类是依据印度佛典立宗，在教理上，几乎没有或很少发展，如三论宗、唯识宗、律宗、密宗就是如此。三论、唯识两宗也有一定的创造，但多属于原有理论的推论性发展。另一类是将印度佛教经典和中国固有思想文化结合起来，或者是以中国固有思想为主结合印度佛教的某些信仰而创立的，这是通过多方选择、融合重构而综合创造的宗派，如天台宗、华严宗和禅宗就是如此。天台宗奉《法华经》为宗经，根据《法华经·方便品》，倡导方便法门，吸收道教的丹田、炼气等说法，宣扬先成神仙再成佛，从而和道教信仰相融合。天台宗人还吸取儒家的人性善恶观念，宣扬去恶从善，把佛教修持说成类似儒家的道德实践。华严宗奉《华严经》为宗经，此宗以《华严经》的圆融观念为依据，与融中国固有的诸说于一炉的包容思维相协调，提出宇宙万物之间、现象与本体之间圆融无碍的宇宙观。此宗还直接把儒学和道家、道教思想纳入佛教思想体系，并在一定意义上沟通了儒、道、佛三家的人生理想境界和儒、佛两家的道德规范。至于禅宗，这是在中国固有儒、道文化的熏陶和影响下，受佛教解脱思想的启发，吸取佛教外壳、打着佛教旗号而创立的宗派。禅宗以性净自悟为宗旨，主张不立文字，教外别传，见性自悟，顿悟成佛，认为佛性本有，觉悟不假外求，不读经，不拜佛，不坐禅，行住坐卧，挑水烧柴，都可以悟道。后来一度发展为呵祖骂佛，提倡超祖越佛。可以说，禅宗是中国儒家的性善论、良知说、人皆可为尧舜的观念和道家的任运自然的人生态度的宗教化。十分明显，在天台、华严、禅诸宗中，都蕴含着丰富的中国佛教哲学思想，需要我们去开掘、整理、研究和总结。此外，净土宗的教义，可以说是与儒家思想和道教主张相呼应。儒家强调诚心、崇奉经典，为净土宗人的修持提供示范。道教所说的美好仙境，给净土宗人以巨大鼓舞，他们极力宣扬和追求西方极乐世界。

中国佛教哲学形成的根源，深究起来，主要有四个方面，下面分述之。

一、地理环境

不同的地理环境对于中国佛教哲学不同派别的形成是有一定影响的。首先，交通地理在中国佛教哲学形成方面起了一定的作用。佛教沿丝绸之路自西向东传播，沿线的重要都市成为了佛教僧侣聚居之地，也是佛教哲学思想最早产生之地。如道安、僧肇等人的佛教哲学思想在长安形成，就是一个突出的实例。其次，政治地理作用也是不容忽视的，如南北朝时代，主要是由于政治地理的隔离，致使南北两地佛教分别形成了重实践修持和重理论玄思的鲜明特点，表现为两地佛教不同学派的不同哲学思想色彩。又如，作为政治、文化中心的首都及其周围地区，往往是佛刹林立、高僧聚集之地，也是佛教宗派创立较多之地。在这些地区形成中国佛教哲学也是极为自然的事，如唯识宗、华严宗、净土宗、律宗和密宗，就是在唐代京都长安形成的。再次，都市与山林都是佛教寺院集中的地方，都市佛教多接近社会上层人士，山林佛教则多与下层平民为邻，前者重视义理，后者偏于修行。禅宗哲学思想的产生与山林环境相关，反映了平民百姓追求解脱的愿望，表现出素朴、简易的风格，只是后来一些禅师与士大夫交往而愈来愈偏离了原来的思想轨道。

二、自然经济

佛教的发展必须凭借一定的经济助力，也必须与一定的经济基础相适应，经济是佛教赖以生存和发展的基础，也是佛教哲学形成的重要根源。中国佛教哲学是在中国古代自然经济基础上形成，换句话说，中国古代自然经济决定了中国佛教哲学的发展趋势和思想性格。尤其值得注意的是寺院经济对中国佛教哲学的巨大影响。寺院经济主要有两种类型，一是庄园经济，二是自耕经济，这是导致形成两类不同宗派哲学的重要因素。

佛教寺院经济在东晋十六国时期逐渐形成，并在南北朝时期获得进一步的发展。一直到唐代中叶，一些大的佛教寺院，基本上就是一座封建庄园。这些寺院既是宗教组织，也是社会的和经济的组织。寺院庄园经济，包括农田、园林、果菜、畜牧、碾硙、手工业等多种内容，构成一种综合经营的自然经济体系。如北魏时昙鸾在山西创建玄中寺，孝文帝赐予寺庄；至唐代，德宗和宪宗也敕赐寺庄，以致共有方圆一百五十余里的区域。又如，南朝梁时郭祖深说："都下佛寺五百余所，穷极宏丽。僧尼十余万，资产丰沃。所在郡县，不可胜言。”[①] 这实际上是南北朝寺院经济的真实写照。这里讲的丰沃资产包括田地、园林、资财、商业贸易。在唐代初期，如长安清禅寺，“竹树森繁，园圃周绕，水陆庄田，仓廪碾硙，库藏盈满”[②]。长安西明寺仅由唐高宗敕赐田园就有百顷，净人百房，车五十辆。[③] 到了武则天时期，更是出现了寺院“膏腴美业，倍取其多；水碾庄园，数亦非少”[④]，有的寺院所在地方“公私田宅，多为僧有”[⑤] 的局面。寺院经济的高度发达，为隋唐佛教宗派的创立提供了充足的物质条件，使一些佛教大师有富裕的物质保证，有充裕时间去注释经典、阐发义理，组织、创造庞大的佛教思想体系，也推动这些佛教大师竭力缩小并调和佛教思想与中国固有文化、佛国世界与现实社会的距离和矛盾。如天台宗、华严宗的佛教哲学体系就表现出这种思想特征。

唐中叶以来，中国社会经济结构和阶级结构逐渐发生了深刻变化，上层僧侣地主的各种特权渐次丧失，寺院庄园经济渐趋衰落。又经唐武宗的灭佛事件，寺院经济遭受沉重打击。一些僧侣转向开垦土地，尤其是禅宗寺院，有的虽仍有田庄、山林等寺院领地，但禅宗僧徒奉行“一日不作，一日不食”的原则，不断在南方山区开垦耕地，自垦自耕成为禅宗丛林经济的基本特征，农禅结合成为禅宗僧徒生活的基本方式。禅宗寺院的自垦自耕、自给自足的农业经济生产方式，决定了禅师追求自我满足的精神境界：禅师重视个体切身体验，强调自我的开拓奋斗，并将宗教生活与现实生活相结合，从现实生活中求得自我精神解脱。

三、政治结构

中国封建社会结构，尤其是社会政治结构具有与印度社会政治结

① 《循吏·郭祖深传》，《南史》卷70，第6册，1721页，北京，中华书局，1975。

② 《慧胄传》，《续高僧传》卷29，《大正藏》第50卷，697页下。

③ 苏颋：《唐长安西明寺塔碑》，《全唐文》卷257，2597页，北京，中华书局，1983。

④ 《狄仁杰传》，《旧唐书》卷89，2893页，北京，中华书局，1975。

⑤ 《资治通鉴》（7）卷205，6498页，北京，中华书局，1976。

构显著不同的特征。印度是实行种姓制度的国家，人们按职业分为四大种姓，依次为：婆罗门，是专门从事祭祀和文化教育的僧侣，为最高等级；刹帝利，即武士、王公贵族，从事政治和军事活动；吠舍，是从事商业贸易的平民；首陀罗，即苦力，从事各种繁重劳动，为最低种姓。后来各种姓又分化出三千多种亚种姓。此外，还有“不可接触者”或“贱民”。不同种姓世代相袭，互不通婚，互不交往。印度又是一个长期处于割据状态的国家，五六百个大小王国互相争霸，相持不下，长期分裂。印度部派佛教的分裂、大小乘佛教的斗争、大乘佛教内部空有两宗的对立，以及密教与显教的差异，都是和这种政治结构相关的。中国封建社会政治结构的特点，主要表现为君主专制的中央集权制，并通过郡县制、官僚制和宗法制等来贯彻。君主专制的中央集权制是中国封建政权组织形式，君主即皇帝，为国家元首，是世袭和终身制的，并被奉为神的化身。在长期的统一政治局面中，这种君主专制越来越强化，在明代达到登峰造极的程度。直到清朝被推翻，君主专制存在了两千多年。自秦至隋唐，君主还通过郡县地方政权组织来控制全国的统治。郡县制成为君主专制中央集权政权组织的一部分。为了配合郡县制，又实行以察举、科举方式产生政府官员的官僚制。为了维护封建政权、族权和夫权，在国家政权顶端皇室和社会基层实行由父系家长制演变而成的宗法制。君权主义的绝对性，要求将宗教事务置于国家管辖之下。自北魏和后秦以来，国家实行僧官制度，设置官吏、机构，管理全国佛教事务，如制定寺院建制、僧尼定额，发放度牒，编制僧尼户籍，任命下属僧官以及重要寺庙住持，还主持重要佛事活动，以及管理僧人日常生活等。

这就是说，中国的封建政治结构，是佛教赖以存在的政治环境。这种政治结构要求在意识形态领域里论证、美化、神化君权，要求全国臣民绝对忠君。对于佛教，也同样强调君权高于神权，佛教要服从政治，僧侣应向君主跪拜。封建宗法制还要求崇奉孝道。由此自然而然地导致中国佛教哲学重视论证现实，调和世俗现实和出世理想，在伦理观念上提倡忠孝，从而形成了与印度佛教显著不同的哲学内容。

四、文化环境

中国佛教哲学是印度佛教哲学的继承和发展，也是中国僧人在中国文化环境、氛围中的建树和创造。在佛教传入之前，中国文化与哲学已经有了高度的发展，中国先哲的哲学体系及其理论思辨足以与印度佛教思想相匹敌。中华文化的悠久传统渗透了中华民族的生活方式和思维方式，成为吸取外来文化的母本。与印度佛教风貌极不相同的中国文化与哲学，极大地制约了中国佛教文化及其哲学的具体发展方向，影响了中国佛教哲学的主题、内容和特点。中国文化环境制约中国佛教哲学的因素主要有：中国文化的基本工具和重要载体——语言，中国文化的重要构成要素——儒学、道学和宗教观念等。

（1）语言文字的差异。语言是人类最重要的交际工具。汉语和印度梵语不同，梵文是拼音文字，由字母拼成，有 13 个元音，33 个辅音，书写以音节为最小单位。汉语则是单音节，不由字母拼成，缺乏语尾变化，也无所谓语格、文法上各种形式的变化。这样就难以通过单独的词来判断词本身的确切涵义，而必须通过前后文的相关意思来判断其真实意义。又因为语言同思维有着密切的联系，它是思维的工具，是思想的直接现实。所以，语法的组织结构不同，直接影响了思维方式、方法；思维方法的不同，又大大影响文字的表达和思想的交流。这样，印度佛教经典经过汉语的翻译传播，佛教思想就被消融于古代汉语的思维形式之中，某些印度佛教思想的本来面貌也就变得面目全非了。

（2）儒学的正统地位。儒学是春秋末期由孔子创立的，随着封建社会的发展经历了长期的历史演变。儒学的基本特点是宗师孔子，以孔子言行为最高标准；提倡仁义道德，维护君臣、父子、夫妇、兄弟等伦常关系。由于儒学符合封建统治阶级整体的、长远的、根本的利益，儒家创始人孔子被封建统治者尊为圣人；儒学的人文本位思想和道德伦理，成为中国传统思想文化的主要部分。自汉武帝采纳董仲舒的对策，罢黜百家，独尊儒术，直至五四运动以前的两千多年，儒家思想一直统治着中国的思想界，影响极为深远。儒家学者对佛教徒不向皇帝行跪拜礼的超俗立场作了猛烈抨击，强烈地指责与中国家庭伦理和祖先崇拜相抵触的佛教徒的独身生活方式，批判佛教否定现世的出世思想。儒家学者还批评佛教的有神论，这反映了无神论与有神论的不同哲学立场。在这种情况下，为了求得自身的生存和发展，佛教不得不这样那样地和儒家思想妥协、调和。如，寺院采取儒家提倡的家庭仪礼来祭拜已故的祖师，建立如父子相传一样的传法系统。在哲学上则竭力与儒家的心性论、道德观、境界说相协调，这都是受儒学的强烈影响所致。

（3）道家思想的深刻影响。道家是春秋末期老子创立的学派。战国中期，道家开始发生分化，庄子发展了道家学说，形成为庄学。同时，齐稷下学者又倡黄老道德之术，形成了黄老之学，后在西汉初年盛极一时。魏晋时，又出现崇尚老庄思想，发展黄老之学的玄学。老子的基本思想，是在哲学上以虚无无形的“道”为宇宙的本根，以柔弱因循为“道”的作用；在政治上主张实行无为而治，强调只有无为才能无不为。庄子进一步提出“道”是“虚无”的本体，是生成天地万物的根源，并由此推演出“万物皆一”的论断。庄子还主张人生的最后归宿，是游心于物外，不为世俗所累，即达到绝对自由的逍遥境界。黄老之学融合道家和儒、墨、名、法诸家的学说，以推行无为政治。在哲学上，黄老学派中有的以“道”为阴阳二气的统一物，有的则仍把“道”视为“虚无”的本体。魏晋玄学着重探究宇宙本体问题，以辩论“有无”问题为中心。玄学贵无派把“无”视为“有”的存在根据，提出“以无为本”的本体论命题。玄学家还强调在探讨问题、认识事物时，应着重把握思想义理，反对执著于语言、物象，提出“得象忘言”、“得意忘象”的方法论命题。汉初的黄老之学，成为官方哲学。魏晋玄学则是魏晋时的主导思想。道家思想在中国历史上的地位和作用仅次于儒学，它的宇宙论、本体论的思想影响，在相当长时期则超过了儒家。道学对于整个中国古代思想尤其是哲学思想的发展，影响极为深远。道家哲学深刻地影响了道教和佛教两大宗教思想的发展。汉魏晋时期的佛教，往往沿用道家思想来解释印度佛典，如用道家的“道”来表达“菩提”。两晋时期的佛教般若学，则更是佛教与魏晋玄学相结合的产物。隋唐时期的天台、华严、禅诸宗的思维路向和方式，一个重要源头就是道家思想。

（4）传统宗教思想的作用。印度是个多宗教的国家，绝大多数人都笃信宗教，人们认为信仰宗教是天经地义的，不信仰宗教倒是不可思议的。而中国的情况则不同，基本上没有国教，也没有出现全国性的宗教狂热。在佛教传入以前，中国形成的是以自然崇拜、祖先崇拜和天帝崇拜为特征的多神教。中国早期宗教是和巫术结合在一起的，掌握这种通神的巫术，就掌握了祭祀大权，进而也就掌握了氏族部落的大权。中国宗教的神灵世界是现实世界的理想化，神灵是现实世界、现实秩序的守护者。人们往往有了现实问题，才去求神灵保佑。这种实用主义的功利态度，决定了古代宗教发展的实用道路和理性道路。历史表明，中国早期宗教的上述特征，对于佛教在中国的传播和发展是不无重要影响的。与中国早期宗教的神异观念相适应，佛教传入之初，能够吸引中国人的就是它的神通、咒术，这种神通、咒术与人们追求自由与永恒的愿望具有交相感应的魅力。中国早期宗教的祖先崇拜、维护现实社会和功利性倾向等特征，也都深刻地影响了中国僧人对佛教思想的重建，这突出地表现在典型的中国化了的佛教宗派——禅宗的宗教思想和宗教实践之中。

中国最重要的本土宗教是以“道”为最高信仰的道教。道教源于古代的巫术，并沿袭方仙道、黄老道的某些宗教观念和修持方法而于东汉时形成。道教的基本教义是，相信人经过一定的修炼可以长生不死，羽化成仙。“道”是造化之本，神明之根，天地之元。“道”是神异之物，被人格化了的神。道“因修而得”，人们只要认真修道，就能与道相合而得道，得道而成仙，为此还提出了一系列道功和道术，如服食、行气、守一、外丹、内丹等神秘方术，以求得长生不死，度世成仙。在一定意义上也可说，道教是为了抵制、反对佛教而成立的宗教，道教依仗民族本位、传统和情感等优势，竭力排斥佛教。它很早就提出老子入夷狄为浮屠的传说，后来还撰写《老子化胡经》。道教以华夏的宗教文化排斥外来的佛教文化。佛教则反对夷夏论，竭力为自身辩护。佛教一面与道教斗争，一面也融合道教的某些教义。如天台宗人智颉就吸取道教内丹的说法。道教长生不死的愿望和对超凡能耐的热切追求，也深刻地影响了佛教宗派。禅宗和净土宗的理想境界可以说是和道教的成仙心理及理想境界相吻合的，只是在形式上有所不同。

文化环境对于文化特性的变迁有着重要的影响，中国文化环境对于印度佛教哲学的改变和中国佛教哲学的形成也具有同样重要的影响。这种重要影响又是通过中国佛教上层知识分子，尤其是中国佛教思想家而发生作用的。中国佛教思想家是佛教哲学创造的主角，是把印度佛教与中国固有文化结合起来的代表。从形成中国佛教哲学的角度考察中国佛教学者，他们一般都有这些特点：第一，绝大多数中国佛教学者在出家以前，是先受儒家学说的洗礼，再经道家思想的熏化，然后再接触、学习、钻研佛教理论，这种知识背景的层次、程序和结构，必然深刻地左右他们对佛学的理解和接受。也就是说，中国传统文化的价值取向、思维方式，必然深刻地影响他们对佛学的研究和创造。第二，约在唐代以前，绝大多数佛教学者是名门大族出身，原有的社会地位很高，一般是因战乱频仍、政局动荡、官场失意、家境衰落而遁入空门的。他们在出家以后，多数仍与社会名士、官宦往来，交流学问。如晋代，名僧、名士往往并称。这种身世和社会背景，推动他们自觉不自觉地反映社会上层人士的特殊精神需要，创造出一种特殊的哲学。第三，一些富有创造性的佛教学者，往往是具有强烈的民族本位观念的人。他们不忘固有文化传统，思想敏锐，具有理论勇气，善于结合中国实际。他们根植于传统，又容纳外来文化。印度佛教本身不断开合演变，从而具有了圆融性和调和性，为中国佛教学者阐发、创造新的佛教哲学思想提供了前提。

第二章

中国佛教哲学的历史演变

中国佛教哲学思想的历史演变过程，在东汉以来的思想发展史上是颇为独特的。我们拟通过纵向考察，着重论述这一过程，并揭示各个历史阶段的争论焦点、中心问题和不同特征，以利于把握中国佛教哲学思想发展的内在逻辑和必然规律。

第一节 “格义”式哲学的产生

东汉、三国、西晋是佛教在我国内地流传的早期阶段。这一时期，社会动荡不安，反映当时社会状况的文化思潮也处于不断调整和发展过程中。继西汉的黄老之学和儒家经学之后，东汉时谶纬神学兴起，随后玄学又成为魏晋时代思潮的主旋律。儒学独尊的文化模式崩解，文化向生动活泼的多元方向发展，为佛教思想的流传提供了一片沃土，也为早期中国佛教哲学的产生确定了方向、重点和风貌。

这个阶段佛教的传播活动主要是翻译印度佛经，所译经典主要是与时代思潮相呼应的禅学与般若学两类著作。由于历史条件和主观条件的限制，当时用以表达中国佛教哲学的方法主要是“格义”。所谓“格义”，就是量度（格）经文，正明义理，也就是用中国固有哲学的概念、词汇和观念来比附和解释印度佛教经典及其思想，由此也就形成了“格义”式的佛教哲学。

东汉、三国、西晋时代，带有鲜明的“格义”色彩的中国佛教哲学思想，主要表现在以下七个方面：

（1）佛是帝王、神仙。《理惑论》[①] 说：“佛者，谥号也。犹名三皇神、五帝圣也。”[②] 把佛视为传说中的中国远古帝王。又说：

> 佛乃道德之元祖，神明之宗绪。佛之言觉也，恍惚变化，分身散体，或存或亡，能小能大，能圆能方，能老能少，能隐能彰，蹈火不烧，履刃不伤，在污不染，在祸无殃，欲行则飞，坐则扬光，故号为佛也。[③]

这显然是与道家的理想人格相比附，并径直把佛等同于神仙。“佛”，意译为“觉者”。所谓觉有三义，指自觉、觉他（使众生觉悟）、觉行圆满，是佛教修行的最高果位。而《理惑论》所说“觉”的内涵和“佛”的涵义与印度佛教原义是大相径庭的，实际上是中国儒、道两家理想人格的一种变相。

（2）佛教为黄老道术。《后汉书·襄楷传》载襄楷奏议云：

> 又闻宫中立黄老、浮屠之祠。此道清虚，贵尚无为，好生恶杀，省欲去奢。今陛下嗜欲不去，杀罚过理，既乖其道，岂获其祚哉！或言老子入夷狄为浮屠。[④]

这反映了东汉后期社会上层对佛教的普遍看法。他们把佛教教义归结为“清虚无为”，和黄老之学相提并论，甚至以道融佛，视佛为老子的化身。

（3）禅法与清静无为。禅是佛教修持的重要方法之一，它通过静坐敛心，专注一境，以使身心轻安，观照明净，进而获得精神解脱。

---

① 僧祐编：《弘明集》卷1，题为汉牟融作，题名下又注：“一云苍梧太守牟子博传。”关于此书的真伪问题，国内外学者一直存在着两种不同的看法。从版本流传和有关著录来看，我们认为是汉魏时代的旧帙。

② 石峻等编：《中国佛教思想资料选编》第1卷，3页，北京，中华书局，1981。

③ 同上书，3～4页。

④ 《后汉书》卷30下，1082页，北京，中华书局，1965。

佛教宣传实践禅法可以获得神通——神异的智慧，这些首先引起了中国佛教信徒的兴趣。与道家、神仙家的静心养气、胎息吐纳的修炼方法相互应和，东汉末年小乘禅法开始盛行。安世高译出小乘禅法书《安般守意经》，他袭用道家的术语，把小乘禅法归结为“清静无为”，还把佛教禅定译为“守一”[①]。康僧会（？—280）作《安般守意经序》，对小乘禅学的义旨和方法又作了要目式的发挥，强调“心”的作用与转化；指出“心的溢荡”是情欲的表现、痛苦的根源，应当通过修持息念的禅法，“摄心还念，诸阴[②]皆灭”，“秽欲寂尽，其心无想”[③]，使心复归于本然状态——清净无为，即达到心外无法的无为境界，获得不可思议的神通妙用。这种与道家方术相通的禅法，是以冥想为特征的精神现象学，反映了人类追求永恒和自由的美好愿望，对尔后佛教的实践哲学有着重要的影响。

（4）灵魂不灭、祸福报应观念与生死轮回说。印度佛教从缘起论出发，否定人的实体存在，即既无肉身的“我”，也无灵魂的“我”，称为“无我”。认为人将根据自身的善恶行为，而受到报应，在过去、现在和未来三世中轮回。汉代有人对佛教的三世轮回说表示怀疑，《理惑论》为此特意用中国传统思想作了解释：“魂神固不灭矣，但身自朽烂耳。身譬如五谷之根叶，魂神如五谷之种实。根叶生必当死，种实岂有终亡，得道身灭耳。《老子》曰：‘吾所以有大患，以吾有身也。若吾无身，吾有何患！’”[④] 用植物的种子、根叶的比喻和老子的“无身”观念，去肯定灵魂的存在和生死轮回的必然。康僧会编译的《六度集经》说：“魂灵与元气相合，终而复始，轮转无际，信有生死殃福所趣。”[⑤] 更是用中国的灵魂、元气和祸福报应观念去解释佛教的轮回报应学说，这些成为了中国佛教人生哲学思想的重要内容。

---

① “守一”的涵义之一是，通过静心养神和节制情欲的修炼，达到长寿的目的。

② “诸阴”，即“五阴”，指色、受、想、行、识，佛教认为是构成人的五种因素和现象。

③ 《出三藏记集》卷6，243页，北京，中华书局，1995。

④ 石峻等编：《中国佛教思想资料选编》第1卷，7页。

⑤ 《明度无极章》，《六度集经》卷8，《大正藏》第3卷，51页下。

（5）宣扬“仁道”的政治伦理观。康僧会在编译《六度集经》时，还吸取儒家的仁和仁政学说，宣扬佛教仁道论。他说：“为天牧民，当以仁道。”① “诸佛以仁为三界上宝，吾宁殒躯命，不去仁道也。”② 仁道被视为佛道的同义语，成为佛教的社会政治伦理的基本内容。为了配合仁道政治，康僧会还把“孝悌”、“孝亲”纳入佛教戒律之中，强调尽孝的重要性，要求人们做孝子、孝妇。康僧会在佛教初传时期将儒家社会政治伦理哲学融入佛教，此后这就一直成为中国佛教伦理哲学的重要特色。

（6）“诸法本无”的本体论观念。东汉支娄迦谶译出的小品般若《道行般若经》，把“空”译成“无”，“性空”译为“本无”，“诸法性空”译成“诸法本无”。“缘起性空”是大乘佛学的思想基础，认为一切事物都是因缘和合而生起的，因而是没有自性，是本性空寂的。而“本无”是道家的观念，“无”被佛家译为“有”的本体，成为本体论的范畴。“诸法本无”被理解为世界万事万物都是“本无”的体现，“本无”的产物。显然，这是由于译语困难和误解等原因而导致的哲学选择。“诸法本无”的译文，实际上标志了中国佛教本体论雏形的形成。

（7）调和佛与儒、道的宗旨。佛教传入，逐渐与儒、道形成冲突，西晋时道士王浮甚至作《老子化胡经》，谓老子西游教化胡人，以佛陀为老子弟子，遭到佛教的猛烈回击，并引起长期的争论。但从总体来看，东汉至西晋的佛教学者，不仅在宗教、哲学观念方面与道家思想相调和，在政治伦理方面与儒家思想相协调，而且强调三家经典的基本精神是一致的。《理惑论》说：

> 吾既睹佛经之说，览《老子》之要，守恬淡之性，观无为之行，还视世事，犹临天井而窥溪谷；登嵩岱而见丘垤矣。《五经》则五味，佛道则五谷矣。吾自闻道已来，如开云见白日，炬火入冥室焉。③

---

① 《明度无极章》，《六度集经》卷8，《大正藏》第3卷，47页上。

② 同上书，18页下。

③ 石峻等编：《中国佛教思想资料选编》第1卷，12页。

这里，将佛、道并列，同比作五谷，又视儒家经典为五谷产生的五味，强调三者精神的一致。

从以上论述可见，东汉至西晋阶段的中国佛教哲学思想内容是零散的、不成系统的，这种状况正表明了中国佛教哲学起步的艰难。但是这些哲学思想已经触及人生和宇宙的根本问题，涉及儒、道、佛三者的关系，它不仅体现了中国佛教哲学思想的主要性格，而且还规范了尔后中国佛教哲学发展的基本方向，其哲学起点的意义是十分重要的。

第二节　玄学化哲学的流行

东晋十六国时代，南北对立，战争连绵，政局混乱。社会大动荡所形成的生命危机感，犹如达摩克利斯剑高悬在人们的心头，强烈的生命忧患意识促使人们从不同角度去寻求个体生命生存的意义和价值。正是适应时代的这种需要，中国佛教形成了第一个信仰高潮。此时，中国佛教思想从禅学疾速地转向阐扬宇宙万物本性空寂的般若学，般若性空学说成为佛教哲学的热点。围绕着性空思想，中国佛教学者根据魏晋玄学的思路，发挥了各种不同的哲学见解。同时，随着佛教思想与中国固有观念冲突的激化，以及佛教内部争辩与对外争论的展开，一些佛教学者就争论的问题作出了各自的回答。由此，当时中国佛教哲学形成了多彩而又富有特色的内容。

（1）对“空”的玄学化理解。大乘佛教般若学认为，宇宙万事万物都是因缘和合而成的，因而是没有自性，没有实体，是空的。从哲学上讲，这是对客观事物有没有真实性、永恒性的看法问题，是对本体和现象的关系的看法问题，是宇宙论和本体论的根本问题。东晋初年，佛教学者纷纷就自己的认识、体会，自由阐发对“空”的理解，从而形成了六家七宗的不同学说。这些学说中最重要的是三家：一是本无说，认为无（空）为万化之始，万物之本；二是即色说，主张“即色是空”，物质现象本身就是空的；三是心无说，强调主观的心不能执著外物，外物不一定是空无的。这些学说的共同特点是以“无”

来解“空”，显然，这些学说深受魏晋玄学的影响，这是一种佛玄合流的思潮。僧肇曾撰《不真空论》，批评上述观点不符合般若性空理论，认为“空”是指不真实而言，强调“不真”即空、“不真”故空的般若空论。应当说僧肇的观点是符合佛教般若学原义的，但是他在论证时所说的“审一气以观化”①，则是源于《庄子·大宗师》“彼方且与造物者为人，而游乎天地之一气”的说法。论中批评“人以此为此，以彼为彼；彼亦以此为彼，以彼为此。此彼莫定乎一名，而惑者怀必然之志”，并进一步要求人们“悟彼此之非有”②，这显然是受《庄子·齐物论》的齐彼此之说的影响，反映了吸取道家的语言、思想以论证般若学“空”义的时代色彩。

（2）具有中国色彩的因果报应说。印度佛教思想传入中国，对一般人来说，最重要的是提供了一种使人耳目一新的生死观——因果报应、三世轮回说。史载，“王公大人，观死生报应之际，莫不矍然自失”③。同时，这种学说也引起一些人的怀疑、反对。对此，当时的佛教领袖慧远特作《明报应论》和《三报论》专文给予回答，在家奉佛的士族孙绰作《喻道论》，郗超撰《奉法要》，也都积极肯定轮回报应说。他们把佛教的因果报应说与中国传统所谓“积善之家必有余庆，积不善之家必有余殃”的祸福报应观念、儒家的道德修养相协调，形成一种颇具中国特色的轮回报应说。这种人生哲学又转化为普遍的社会心理，在民间影响很大，并在历史上产生了多重的功能和作用。

（3）神不灭论的新论证。与因果报应说紧密相连的是神不灭论。早期佛教宣传因果报应、轮回转世理论，但反对神不灭论，否定灵魂永恒说。这种理论上的矛盾，导致有的佛教派别提出“有我”说，实质上等于肯定灵魂的永恒存在，以作为承负因果报应的主体。这种“有我”理论后来又受到大乘佛教空宗的批评。中国佛教宣传神不灭论，也受到一些儒家学者的批评。针对这种批评，慧远在《沙门不敬

① 《肇论·不真空论》，《大正藏》第45卷，152页上。

② 同上书，152页下。

③ 《后汉纪》卷10，5页，1879年江西蔡学苏重刊本。

王者论》中设专章《形尽神不灭》，罗含作《更生论》，郑鲜之（364—427）作《神不灭论》，进行反驳。他们运用历来的薪火之喻，强调“薪”生灭无常，“火”则永恒不灭，以论证人死而神永恒存在。慧远还引用道家的言论来论证：“庄子发玄音于《大宗》曰：‘大块劳我以生，息我以死。’又，以生为人羁，死为反真。此所谓知生为大患，以无生为反本者也。《文子》称黄帝之言曰：‘形有靡而神不化，以不化乘化，其变无穷。’”① “形尽神不灭”也是道家“形有靡而神不化”观念的翻版。

（4）神格化的“法身”理念。佛教徒信仰佛教，归根到底，最关心的是成佛问题。佛的存在是怎样的？成佛的意义何在？这是涉及最高理想的问题。小乘佛教说释迦牟尼佛肉身灭而法身不灭。大乘佛教通常认为佛有三身：佛法、佛教真理的显现是法身，智慧、悲愿和功德的所成是报身，应物现身是应身。这里，法身是最令人困惑不解的。就法身的生成、真假、性质、形状等问题，慧远向鸠摩罗什讨教。鸠摩罗什认为，所谓佛身的一切相状都是因缘和合而生，是没有自性、毕竟空寂的。在慧远看来，法身应是证得佛法的实有的人格神，鸠摩罗什的解说很难理解。他们之间关于法身等问题的讨论十分详细，后人汇编成《大乘大义章》一书，这部书集中表现了中印佛教理想人格观念的重大差异。

（5）佛教与伦理纲常。佛教舍弃家庭，否定现世，在儒家看来信仰佛教是“无君无父”的悖逆行为。东晋王朝曾一度诏令“沙门应尽敬王者”，其后太尉桓玄又重申“礼敬王者”之议；慧远为此撰《沙门不敬王者论》，首先强调了在家奉佛与出家修道的区别，认为前者应奉上尊亲，后者则“不顺化以求宗”；再从根本上说，沙门是“不违其孝”，“不失其敬”② 的，佛教道德与儒家伦理纲常是一致的。《喻道论》和《奉法要》③ 的作者站在居士的立场，也强调佛教的道

① 《沙门不敬王者论·形尽神不灭》，石峻等编：《中国佛教思想资料选编》第1卷，86页。

② 《答桓太尉书》，石峻等编：《中国佛教思想资料选编》第1卷，99页。

③ 两文见石峻等编：《中国佛教思想资料选编》第1卷，16～29页。

德戒条与儒家伦理的一致性，并突出强调佛教的修持与儒家孝道的统一性。佛教这种与儒家伦理道德相结合的倾向，构成了中国佛教道德哲学的根本特点。

（6）佛教与儒家。慧远提出“内外之道可合而明”的重要方法论原则，并确立了佛教与儒家“出处诚异，终期则同”① 的根本立场。孙绰从“体道”的角度，提出“周孔即佛”，“佛即周孔”② 的命题，认为佛与周孔分别是治本（内）、治表（外）的觉者，内外名称虽有不同，救度众人，治理天下的目的是一样的。和魏晋玄学主要是用老庄思想糅合儒家经义的思路相一致，慧远调和佛、儒两家的原则和立场，标志了东汉以来佛教义理由主要和道家结合转向主要和儒家结合的重大思想转折，并成为后来中国佛教主流所遵循的根本宗旨之一。

与东汉、三国、西晋时代的中国佛教相比，可以看出，东晋十六国时代的佛教哲学，已由比附义理转为自由发挥思想，而这种自由发挥又受到魏晋玄学思维的体用模式的深刻影响。同时，佛教内外的思想争论日益增多并趋于激化，如六家七宗不同学说是佛教内部的争论，因果报应、神灭神不灭以及佛教与儒家伦理纲常的关系等问题是当时佛教与教外学者的一些争论焦点。在争论中，佛教和玄学一样，表现出了与儒家伦理调和的鲜明倾向。此外，在扩展哲学领域和深化哲学思想方面也大大向前推进了一步。当时对宇宙论、本体论、果报论、神不灭论、法身论等问题的探索，都表明中国佛教哲学在向广度和深度开拓。

第三节　学派哲学的兴起

南北朝是中国秦汉以后政局分裂持续时间最长的时期，也是中国佛教第二个信仰高潮时期。此时译出的佛经越来越多，讲习经论之风

---

① 《沙门不敬王者论·体极不兼应》，石峻等编：《中国佛教思想资料选编》第1卷，84页。

② 《喻道论》，石峻等编：《中国佛教思想资料选编》第1卷，27页。

也越来越盛。不同经师、论师各立门户，重视师传，形成了涅槃、三论、成实、地论、摄论等诸多不同的学派。各派都着力宣传本派的哲学，并由此而产生了教内外不同观点的争论。

南北朝佛教学派哲学涉及的内容是多方面的，而其中心问题则是心性论。心性论学说在南北两地侧重点有所不同，在南朝为佛性论。佛性论阐述的是人有没有成佛的内在根据和成佛的可能，是否人人都有佛性，人性是善是恶及如何去恶从善、成就佛果等问题。在北朝心性论的重点为阿赖耶识说。阿赖耶识是梵语的音译，意译为“藏识”，可称为一种更深层的潜意识。大乘佛教瑜伽行派认为，阿赖耶识是宇宙万有的根本，变现万物的根源。阿赖耶识是净是染、是真是妄，成为南北朝佛教争论的重大问题。

南北朝佛教学说重心的转移不是偶然的。晋代以来流行的般若学，宣扬万物皆空，教人不要执著，强调离开执著是佛教的根本出发点。这种学说与中国固有哲学思维并不合拍，中国佛教学者总是赋予“空”以这样那样的实体意义，肯定人死后有永恒的神或灵魂存在。这种看法，在宣传佛性说的《涅槃经》传入之后，更加得到强化。涅槃学认为人人都具有天生的佛的本性，人人都能成佛，所以都应本着这种自觉，精进不懈。中国佛教学者更据此建立成佛的主体性立场。当时的夷夏之争和神灭神不灭之争，也推动了佛教进一步向中国固有的哲学思维、观念靠拢。一方面维护神不灭论立场，一方面又超越形神关系的论辩，直说心性问题，从更深的层次，即不只是从形体与精神的关系，而且是从人的内在本质去阐述成佛的主体性，以维护神不灭论，巩固佛教的核心理论基础。这种人人都有佛性，通过修持可以求得死后成佛的学说，也更符合深受战乱痛苦的广大人民的迫切愿望。这种种情况，决定了佛教学说重心的转移。

南北朝佛教学派围绕心性论而展开的哲学理论以及其他富有哲学意义的思想，重要的有：

（1）关于佛性论和顿悟论的新解。南朝晋宋之际竺道生根据对《般若经》和《涅槃经》精神实质的领悟，就成佛的根据、方法、目的和境界等问题提出一系列新见解，形成了富有创新性的佛教思想体系。其中最具影响力的是佛性论和顿悟论。竺道生认为，佛性是众生成就佛果的本性（根据），是人人具有的。当时传入的佛经并没有一阐提①成佛之说，他独具慧眼，首先提出一阐提也有佛性，也能成佛的观点。他还提出顿悟渐修说，认为成佛是一个以不二的智慧冥契不可分的真理而豁然贯通的顿悟过程。谢灵运的《辩宗论》② 结合夷夏之别和儒家学说对此说给予补充说明，支持竺道生的观点。

（2）“神”与“佛性”的沟通。东晋以来，神灭与神不灭的争论仍在激化。在中国佛教学者看来，只有主张众生神明相续，才能成为佛，因此，他们都对神灭论思想不遗余力地给以反驳。他们强调神与物不同，它另有来源和去处，成就佛的法身就是成就神的独立存在形式。梁武帝还立“神明成佛”论，强调“神明”即精神或灵魂，既是轮回报应的承担者，又是众生的佛性和成佛的主体，这就把神与佛性沟通起来，为鼓励众生信教成佛提供了论据。

（3）对于阿赖耶识的歧解。大乘佛教瑜伽行派的根本理念阿赖耶识传入我国以后，引起了南北朝一些论师的极大关注，并产生了种种不同的理解。摄论师认为阿赖耶识是妄识，但其中也有一部分净识，强调发展净识，对治妄识，以成就佛果。地论师分为南北两道，南道认为阿赖耶识就是“自性清净心”、“佛性”；北道则认为阿赖耶识是妄识，因此而与摄论师的看法合流。

（4）真心本觉说和真如缘起说的提出。《大乘起信论》把成佛的基础安顿在众生的共有本性上，并把这种共同本性称为“真心”。真心是离开妄念而有其体的，是原来觉悟的。这种众生普遍具有的真心，也是宇宙万物的本体，是万物生成的根据。与此相关，该论还宣扬“真如缘起”说，这是以宇宙的心来统一阐明成佛论和宇宙论以及两者相关联的新学说，其影响甚为巨大和深远。

（5）关于二谛义的争论。二谛指真谛和俗谛。谛，谓真实不虚之理。真、俗二谛是佛教认识论、真理观的根本问题。南朝成实师和三

① 一阐提，梵语音译，意指断绝一切善根、不信佛法的人。

② 石峻等编：《中国佛教思想资料选编》第1卷，220～224页。

论师都大谈二谛，认为这是对成佛有决定意义的问题。成实师主张二谛相即，三论师认为真谛离有离无，俗谛即有即无，只有综合两者才是中道。梁昭明太子萧统也曾与道俗二十二家反复议论二谛问题。

（6）佛教冥想实践的发展。冥想是佛教实践的根本内容，包括坐禅、念佛等多种方法。佛教初传中国，它的冥想法被视为神仙方术的同类。大乘般若学传入中国后，又把佛教冥想从神异的实践提升为般若的观照。著名僧人昙鸾在研究般若思想的基础上，由信仰长生不老的方术转为虔诚的念佛修行，信奉弥陀净土，祈求永生西方极乐世界，体现了中国佛教的重要追求，它对民间乃至上层知识界产生了广泛的影响。

（7）佛教与儒、道。儒、道、佛三家的关系问题，仍然是南北朝思想领域的重大问题。儒、佛思想斗争的重点是神灭神不灭之争；此外，儒家指责佛教不忠不孝，紊乱纲纪，祸国殃民，受到佛教的抵制。佛、道两教的斗争也甚为激烈。道士打着夷夏之别的大旗，猛烈攻击佛教，指责佛教入国破国，入家破家，入身破身，佛家也大力给以反击。一些佛教学者则强调道家的虚无和佛教的修空一揆，并提出三教同源、三教一致的观点，竭力调和三教的矛盾。

从中国佛教哲学发展的轨迹来看，南北朝时佛教的学风、方法和思想重心都发生了变化。讲经风气代替了清谈。“得意忘言”、“彻悟言外”的思维方法，一度又让位于寻章摘句、注释解读。深研经义，自立门户，创建学派，成为佛教的时尚。佛教学者的兴趣转向探求成佛的主体性，从宇宙的心或个体的心去寻求解脱之道。这就带来了修持方法、理想人格和最高境界等一系列重大的变化，并标志着中国佛教和中国哲学由探讨宇宙本体变为探究人类本体、人类本质的历史性转折。

第四节　宗派哲学的繁荣

隋唐盛世是军事强大、政治统一、经济发达、文化灿烂的时代，也是中国佛教信仰鼎盛的时代，中国佛教哲学进入了繁荣的时期。此时，佛教人才济济，自隋初迄至武则天时，可以说全国第一流的思想家绝大多数都集中在佛学界。这些佛教学者适应国家统一的需要，也循着组织异说、求同求通的趋势，纷纷创建佛教宗派。自隋代直至唐玄宗时，就形成了天台、三论、法相唯识（慈恩）、华严、律、净土、禅、密诸宗，八宗争鸣，竞放异彩。宗派与南北朝的学派不同，“是有创始，有传授，有信徒，有教义，有教规的一个宗教集团”①。隋唐佛教宗派的形成是中国佛教成熟、兴盛的集中表现，也是佛教中国化的重要标志。

隋唐时代佛教理论的中心也是心性问题。当时一些富于理论色彩的宗派都重视对心性问题，尤其是佛性问题的论述。天台宗十分重视“心”即主体的作用，并对人性的善恶问题给予特殊的关注。法相唯识、华严和禅三宗，都主张从主体活动、主观心性入路，以求成就主体的理想境界。但三宗对心性的论述又有重大区别，法相唯识宗侧重于对个体现实生命的解剖和心理现象的分析，从经验的分解入路，以求转变意识，成就智慧，进入佛境；华严宗和禅宗则突出成佛的内在根据，肯定生命的本质是真心或佛心，并强调真心或佛心既能成就佛果，也能开出一切理想的存在。真心是宇宙的心，与法相唯识宗的个体的心不同，表现出两种不同的唯心路线和修持方法。

下面着重简述中国化的佛教宗派哲学思想的要点，以窥见隋唐佛教哲学的主要特征。

（1）天台宗的止观哲学。天台宗创始人智顗建立了止（定）和观（慧）双修，即大乘佛教“空”的哲学与实践相结合的体系。他以空论哲学智慧为基础，把佛教实践系统化，并揭示了通过在哲学指导下的实践进而跃入深邃境界的途径。这就纠正了以往佛教学者对般若思想空泛理解的偏颇，推动了信仰实践的主体化，使佛教成为真正的中国宗教，因而具有划时代的意义。在哲学上，天台宗的中心思想是阐述宇宙万物实际相状的实相论。“一念三千”和“三谛圆融”两个命

① 汤用彤：《论中国佛教无“十宗”》，《汤用彤全集》第2卷，372页，石家庄，河北人民出版社，2000。

题是构成实相论的两个主要层面。“三千”指三千种世间，表示宇宙万物。所谓一念三千是说三千种世间，宇宙万物，具在微细一念心中。又，表现每一现象的原理是圆融三谛（空、假、中），空、假、中同时具于一念。空、假、中都是真实的，故称为三谛。三即一、一即三，三一圆通，无障无碍，是为三谛圆融。一念中呈现宇宙万物并同时观照每一事物的空、假、中，构成为天台宗观法修行的基础。天台宗的实相论具有鲜明的宗教认识论的内容，也具有宇宙论的意义。唐代天台宗人又吸取《大乘起信论》的真如说，以为真如即佛性，由此提出了无情有性说，强调一切无情的草木、山石、砾尘，皆有真如佛性。这与当时佛教心性论思潮相呼应，而把天台学重心转到心性论上来，并对以后天台宗思想的发展有着重大影响。

（2）华严宗的圆融哲学。华严宗主要在陕西终南山一带形成，真正创始人为法藏，着重于建立庞大的华严学哲学体系。[①] 法藏华严宗哲学体系的中心是阐述佛所在的境界，强调佛境原为众生心地所具有，并指出观照佛境的方法。法藏的师父智俨首先以一与多（一切）相即相入的观点阐发成佛的境界——觉证的世界。法藏继承与发展师说，用“十玄”[②]、“六相”[③] 等法门，系统、全面地阐发了华严宗独特的世界观体系。后来澄观又明确提出理（本体、性空）、事（现象）、理事无碍、事事无碍的四法界说，阐明宇宙万物，相依相待，相即相入，圆融无碍，重重无尽，即世界万事万物大圆融、大调和、大统一的情景。澄观还把华严宗终南山系和五台山系的学风结合起来，并开创了融合华严与禅的新风。他在智俨、法藏的唯心说基础上

---

① 法藏的同代人、华严学者李通玄（635—730）在山西五台山一带阐发经义，应用《周易》来解释《华严》，并主张从自己的身心中找佛，着意追求成佛的实践方法，在法藏一系之外，别树一帜。

② “十玄”，指阐明佛教的十个玄妙法门。法藏认为这些法门是彼此互相关联、互相摄入而又周遍圆融的，进而说明宇宙万物之间也是互为条件、互相依存、相即相入、圆融无碍的错综复杂的统一关系。

③ “六相”，指事物的总相和别相、同相和异相、成相和坏相六种相状。法藏认为六相之间也是相即相入的圆融关系，以说明一切事物虽有自性，但又是融合无间、没有差别的。

进一步强调万有即是一心，一心容万有，推进了华严的唯心学说。宗密继承澄观的思想和学风，更加强调禅教的一致，并调和佛与儒、道的关系。他还提出以灵知之心为宇宙万物本原的观点，给宋明理学以重大的影响。唐代华严宗哲学广泛地涉及了宇宙生成论、现象圆融论、认识论和主客体关系论等内容，思想丰富、深刻，形成了中国佛教理论思维的一座高峰。

（3）禅宗的顿悟哲学。禅宗尊奉相传在北魏时来华传授禅法的菩提达摩为初祖，传至五祖弘忍后，分为慧能南宗和神秀北宗两系。后来北宗衰败，南宗特盛，南宗实为禅宗的主流。慧能禅宗的思想纲领是性净自悟，就是说，人人本性清净，只因被妄念的浮云所盖而不能自悟；一旦妄念俱灭，顿见真如本性，自成佛道。这也就是慧能《坛经》的核心思想。慧能还提出“无念为宗，无相为体，无住为本”的悟道途径，要求排除一切杂念，不执著外界事物的相状，不在任何事物上定住，执为实有，从而灭除妄念，顿悟成佛。慧能的众生心性论和成佛方法论对尔后的整个中国思想界都发生了重大的影响。此后的禅宗南岳和青原两系都循此道路前进，在悟道实践上作出多姿多彩的发挥。南岳一系偏于倡导“触类是道”的禅法，强调人在禅修生活中的任何行为都是佛道的自然流露。青原一系则偏于提倡“即事而真”的禅法，主张在禅修时从个别的事象中去体悟真理。前者是从理看事，后者是从事看理，通过不同途径，达到理事圆融的境界。

从上述介绍可知，隋唐佛教哲学是中国佛教哲学的巅峰，与以前佛教相比，其特点是：第一，佛教哲学体系化。隋唐一些重要的宗派都建立了博大的哲学体系，与以前多数佛教哲学家的学派缺乏哲学思想体系形成鲜明的对照。以前也有形成哲学体系的，如僧肇、道生等人，但他们的体系只是由一些论文组成，规模不大。隋唐佛教宗派（除早期禅宗）都有相当数量的著作，内容涉及哲学的各个方面，而且十分系统，对于人生的本质、价值、解脱方法、理想境界以及相应地如何认识人类社会和自然界，都提出了一整套系统的学说。隋唐佛教宗派还吸取南北朝两地佛教之长，构成理论与实践相统一的哲学体系，这也显示出隋唐佛教哲学体系全面性的优点。第二，佛教哲学中国化。隋唐佛教宗派以我为主评判印度佛教经典的高下，禅宗甚至还在相当程度上贬低印度佛教思想。隋唐佛教宗派根据中国文化的总方向，吸取儒、道思想观念；又独立于儒、道之外，自主地创建佛教哲学体系，其哲学所表现出来的独立性、自主性和创造性，正是佛教哲学中国化的突出表现。第三，佛教哲学深刻化。隋唐佛教宗派哲学不仅具有结构体系和内容中国化的特点，而且还具有思想深刻化的特点。如天台宗的直观认识论、华严宗的圆融世界观和禅宗的心性论及直觉论，都具有相当的理论思维深度，反映了我国古代哲学家思维的深邃和智慧的精湛。

第五节　心性哲学的合流

自唐代中叶以来，中国封建社会开始向后期转变。从五代至近代一千多年历史的总体来看，统治阶级着重提倡的是儒学，对于佛、道两教则时而扶植时而限制。经过对三教的长期比较和深刻反思，新儒学——理学被确定为社会正统的主导意识形态。理学家们吸取佛教的心性理论，援佛入儒，更加内倾于心性的探求与修养，着意建构一种新型的主体人格理想，以适应维护社会纲常秩序的需要。

五代是中国佛教由盛变衰的转折期，其后直至近代是佛教的延续期。主客观条件的变化，引起了佛教宗风、学风的历史性转变。在佛教内部，由繁芜转入简易，由义理与修持并重转为侧重修持，由分歧、争辩趋于融会、调和。在佛教的外部关系上，则更自觉、全面地融摄儒、道。在这种学风的推动下，佛教理论的兴奋点越来越集中于阐述心性问题，并归结为与儒、道合一的心性论。佛教学者在所谓“不昧本心”的共同思想基础上，阐扬儒、道、佛“三家一道”的理论，把佛教与儒、道合一的心性论以及三教合一论推衍到极致，从而确立与儒、道合流的佛教道德精神境界论，这成为五代以来佛教哲学思想的中心论题。

五代以来的佛教哲学思想，比较重要的是：

（1）文字禅与看话禅。禅宗思想在宋代的重要发展表现为出现文字禅与看话禅。在禅教一致思想和文人学士的影响下，宋代禅师走上从文字上追求禅意的路子。禅师们既要用文字解说禅意，又要避免直截了当地道破语中真意，于是创造了所谓“绕路说禅”的方法，即竭力在文字语言技巧上下工夫来解说禅法，这就是文字禅。看话禅是把祖师语录中的某些语句作为“话头”（题目）来参究，以求真解。这是矫正文字禅只从文字中求理解的方法，倾向于自发地产生觉悟的非理性主义。当时还有一种反对看话禅的默照禅，主张静坐看心，求得心地的解脱。

（2）两种“观心”法门的对立。宋代天台宗分裂为山家和山外两派，其原因主要是在“观心”问题上的理论分歧所致。山外派受华严宗的影响，认为事物的实相就是真心，观照实相就是观心，是真观心；离开实相去观心，是妄观心，是不对的。山家派则认为，观心是把所要观的道理集中到心上来观，也就是以无明妄心为对象，来观照佛教妙理，即主张妄心观。两派笔战不休，波澜起伏，后来山家派影响超过了山外派，成了天台的正宗。

（3）三教同心说。儒、道、佛三教合一说流行甚久，并形成了多种不同的说法。大约在唐代以前，多是从所谓不同功能的角度，即儒治世、道治身、佛治心来立论的，或是从培养理想人格——成圣、成仙、成佛可以相通来立论的。唐代以来，儒、道、佛三家各自为了重建新的理论，在心性学说上的交流、交融日益增多。宋、明时代，佛教学者不仅重视与《周易》、《老子》、《庄子》三玄的融通，而且特别注意与论及心性问题的《中庸》、《大学》等“四书”的沟通。他们还进一步在同心的基础上统一了儒、道、佛三教，真可说：

> 学儒而能得孔氏之心，学佛而能得释氏之心，学老而能得老氏之心，……且儒也、释也、老也，皆名焉而也，非实也。实也者，心也。心也者，所以能儒能佛能老者也。……知此乃可与言三家一道也。而有不同者，名也，非心也。①

① 《长松茹退》，《紫柏老人集》卷 9，31 页，钱塘许灵虚重刊本，1878。

如上所言，儒、道、佛三家所不同的是名称，相同的是心，是本心。心是成就儒、佛、道理想的共同根据，三家都以“不昧本心”为宗旨，以“直指本心”为同道。由此看来，所谓三教合一的“一”就是指“本心”。把三教最后归结为本心的同一，的确是从根本上调和了三教，真可谓消除了三教的实质性差异。

（4）唯识新论。由于一批散失了的唯识学典籍重见于世的推动，以及将佛学与自然科学相比附思潮的影响，唯识学在近代得到复兴，并成为一代佛教学者和研究者探研与争论的热点。欧阳渐把大乘有宗的唯识和法相加以区别，得到章太炎的赞赏，却受到太虚法师的批评。章太炎作自视“一字千金”的《齐物论释》，以唯识释齐物，以齐物明唯识，遭到了熊十力的批评。熊氏提出“新唯识论”，援儒入释，又受到欧阳渐等人的否定。太虚也欲建与熊氏不同的“新唯识论”，以调和唯识学与现代科学理论。十分有趣的是，谭嗣同竟论定儒家典籍《大学》是“唯识之宗”，把唯识学的八识与《大学》的致知、诚意、修身、正心等一套主张比附融合，成为沟通儒、佛的典型论述。

小　结

综上所述，我们可以就中国佛教哲学思想的历史演变得出以下一些看法：

（1）中国佛教哲学思想的历史演变，经历了形成、鼎盛和衰落三大阶段，凸现出一种博大的哲学体系由低潮到高潮再退潮的普遍发展历程，也反映了宗教哲学在古代中国——中央集权的封建大帝国所经历的曲折道路。

（2）中国佛教哲学思想的历史演变，决定于深刻、多元的内在原因，其中最重要的是，中国的文化环境和价值取向决定了中国佛教哲学思想的构造原则、发展方向、民族风貌和时代特色。中国佛教哲学思想无疑是中国佛教学者经过长时期消化，真正把握印度佛教的基本精神之后的巨大创造，但其所以能够超越外来的佛教，重构哲学思想，创造出中国化的宗教哲学理论，其内驱力则在于中国历史的需要，其根源在于中国社会的土壤。

（3）中国佛教哲学思想的主旋律和真精神，在于成就人生最高的价值理想。印度佛教哲学的基调是宣传一切皆空，否定存在（包括个人生命在内）的客观性、真实性。这种思想与中国固有哲学的基调——承认存在的客观性、真实性是旨趣迥异的。天台、华严和禅诸宗的大师们，自觉地吸取了中国固有的思维方式，运用圆融的思想方法，把理想世界和现实世界统一起来，强调理想寓于现实之中，主张回归现实，从现实中实现理想；也就是立足现实，消解对立，超越现实，成就理想。这也正是中国佛教哲学思想的发展轨迹。

（4）要成就人生的最高理想境界，关键在于认识、重塑和完善主体世界，也就是认识、改造和提升人心、人心的本质（本性）。这样，心性论就日益成为中国佛教哲学思想的重心。在中国佛教史上，先后展开争论的重大理论问题大体是因果报应之辩、神灭神不灭之争、佛性问题的纷争、真心说与妄心说的对峙、性善论与性恶论的对立，最后统一为主张与儒、道两家同一本心的三教心性合一论。这基本上是围绕心性问题而展开的。

（5）中国佛教心性论是阐述心的本性（自性）的理论，它的重心不是论述心的本性是净还是染的心理和生理问题，而是阐明成佛的可能性和开悟人心的理论根据。因此，天台、华严和禅诸宗都重视“观心”、“见性”，或观真心，或观妄心，或明本心，复本性，尽管法门不一，但贯穿其间的共同点是较多直接的感悟，也就是直觉方法。可以说，富有理智的直觉思维是中国佛教在心性论基础上构筑主体理想价值世界的基本方法。

第三章

中国佛教哲学的思想体系

把中国佛教哲学作为整个体系来考察，它是一个包含着丰富而复杂的内容，表现出特定思想功能、作用的有机结构体，是一个既区别于印度佛教思想体系，又区别于中国儒、道两家思想体系，具有自身特殊结构的独特思想体系。这里，我们对中国佛教哲学体系的基本思想元素、结构层次、思想核心、多重联系、功能、作用诸问题，作一简要的论述。

第一节　中国佛教哲学体系的思想元素

中国佛教哲学的中心问题是人生解脱论，是关于把握生命方式的学说。人生问题的解决是与周围环境相关的，由此中国佛教哲学又论及宇宙问题。对于人生和宇宙还有一个认识方式问题，也就是主体如何实践以达到解脱的方式问题。因此，中国佛教哲学体系大体上可以从人生论哲学、宇宙论哲学和实践论哲学三大方面去考察和阐述，而这三大方面又各自包含了丰富的思想元素。

一、人生论哲学

中国佛教学者在其著作中系统地阐发了人生法则、灵与肉的关系、人的本性和人的理想境界等问题，对印度佛教人生哲学有巨大的发展，这些新思想的内容极为丰富，其要点可以归结为：

（1）因果报应论。其主要内容是宣传人生的命运是自身思想行为的报应，自作善恶，自受苦乐，个人承担自身思想行为的后果。今世的贫富寿夭是前世思想行为的结果，今世的思想行为又决定了来世的命运。这是佛教用来说明世界存在和生命的基本理论，是支配人生命运的铁的法则。佛教因果报应理论影响极大，给中国佛教信仰者的心灵带来强烈的震荡，同时也最早引起了教外人士的疑惑，甚至反对。东晋后期，思想界曾就这个问题展开过激烈的辩论。慧远等人还撰写了重要的论文，宣扬个人的任何思想行为必然导致相应的后果；过去、现在和未来三世存在着因果转化的法则。后来，一些在家的知识分子居士为维护佛法，也撰写了大量论证因果报应论的文章。有的佛教学者还提出感应说，认为感应现象就是因果报应的体现。直至近现代，梁启超还著文强调佛教业报理论，并以此确定人生行为的基本准则。

（2）神不灭论。形神关系，即肉体与灵魂的关系是中国佛教学者着重阐述的又一重大哲学问题。佛教的形尽神不灭，存在永恒不灭的精神、灵魂的理论，是因果报应说的理论基石。佛教的神不灭论遭到儒家学者的反对，引起了双方的论战。早期佛教反对灵魂永恒不灭说，含有神灭论的思想因素，持这种观点的佛教学者也反对神不灭的说法，由此又引起了佛教内部的纷争，然终究以主张神不灭论的居优势。中国佛教学者起初是把灵魂与元气相结合，或者以薪灭火不灭的薪火之喻，或者以“火理”是火之本，在无火之前即已存在“火理”的“理先火后”说，来论证神不灭论。后来又转向与佛性或法身结合，提出神明、神识、妙神就是佛性，神还体现在佛的法身上，从而转移视角，把不灭的神作为成佛的内在本性和外在超越形态，或者说神不灭论转化为心性论，深化了神不灭论学说。

（3）心性学说。中国佛教哲学著作中阐发最多、最集中的课题是心性论，心性问题成为中国佛教人生哲学的重心。佛教追求人生解脱，最终归结为心的转化和超越，所以，最为重视心的作用。“心”是指与物（色）相对而言的人的精神、意识。中国佛教学者对于心大体上有三种看法：真心、妄心、真妄和合心。多数佛教学者认为“万法归于一心”，有的甚至把真心视为人类和万物的本原。宋代以来的佛教学者还把心作为儒、道、佛三教合一的理论基石，提出三教同心说。“性”，指人的本性、本质。中国佛教学者既有把心与性等同，认心为性的；也有把心与性加以区别的；还有通常是把心性作为一个概念，指心的本性的。与对心的看法相应，中国佛教学者对性也有善（净、觉）、恶（染、迷）和善恶相混三种基本看法，但多数学者主张人的本性是善的，也就是所谓佛性。佛性问题可以说是中国佛教心性论的核心和主题，不同学者就何谓佛性，佛性是本有还是后天而有，佛性与情欲、妄念的关系等问题，阐发了种种观点，极大地丰富了人类对自我本性的认识。中国佛教还就无情识的草木瓦石是否有佛性问题展开了持久的论辩，表现出中国佛教哲学的某种特定走向。

（4）人格理想。佛教徒的最高理想是通过修持成就佛果，佛就是佛教的理想人格。中国佛教哲学的人格理想虽和印度佛教的主张有共同之处，但也有显著的差别。早期中国佛教视佛如同中国古代的圣明帝王、圣人，也视为法术无边、长生不死的神仙。后来净土宗提倡人死后成佛，进入西方极乐世界。天台宗宣传“心、佛、众生”三无差别，而禅宗更转向提倡“即心即佛”，这就改变了追求摆脱现实生活、进入彼岸佛国世界的成佛路线，从而把成佛说成自我心性、心理、精神的内在转换，把彼岸世界移至自我心中，由外在超越变为内在超越。

（5）最高境界。与人格理想密切相关的是解脱的真境，即成就佛果的最高境界问题。中国佛教学者对于佛境的描述也各具特色。例如，有的佛教学者喜好通过阐发庄子《逍遥游》，来表达自己慕求精神自由的理想境界；又如，天台宗人以“一念三千”，即整体地把握宇宙万有为觉悟的境界，反映了传统整体思维对中国佛教哲人的深刻影响，也表现了中国佛教哲人的广阔视野；又如，华严宗以津津乐道的现象与本体、现象与现象的相资相存、相即相入、圆融无碍的境界为佛的悟境，构成了典型的圆融哲学和境界哲学，也具有独特新颖的哲学意义。

二、宇宙论哲学

中国佛教学者对于宇宙万物是怎样生成的，万物是怎样生灭变化的，宇宙的结构如何，怎样认识宇宙现象，万物本身有没有终极本体，本体与现象关系如何等问题，都作了创造性的论述，内容丰富而深刻。

（1）宇宙结构论。中国佛教学者按照印度佛经的说法，系统地论述了宇宙生成的次第，阐发了宇宙的结构图式，为人们认识宇宙结构提供了独特的视角。他们还揭示宇宙万法的生起、安住、变化、破灭的过程，并提出了独特的时间观。

（2）宇宙现象论。中国佛教哲学重视对事物与现象的考察、分析和说明，提出了一系列独特的观点。重要的有：1）不真空论。僧肇撰专文阐明万物由因缘和合而生，没有自性，只是名号（假号），是不真的，所以是空的。这个论说，为尔后中国佛教界所普遍接受，影响极大。2）诸法即实相说。天台宗人认为诸法与实相相即不离，现象即真理之所在，真理不离现象。3）三自性说与三类境说。这是法相唯识宗人的学说，前者是关于诸法的三种存在形态的理论，后者是对认识对象三种不同性质的分类。4）事事无碍论。华严宗人认为事物与事物、现象与现象之间是圆融的，无矛盾的，彼此互为因果，互为依存，互相渗透。

（3）宇宙本体论。中国佛教哲学也重视对宇宙万物本原、本体的探究和论述，形成了丰富的本体论学说。重要的有：1）气本原说。此说视气为本原。2）道体说。此说引道家的道为本原。3）本无说。认为宇宙万有以无为本，无在有前，有归结为无。4）法性实在论。东晋慧远认为法性是实在的，他的说法受到鸠摩罗什的批评。5）理本体说。普遍原理或最高真理被一些中国佛教学者视为本体，由此而有理佛说、理具说、理事无碍说和理事不二说等诸多论说。6）心本原说。中国佛教学者对心的有无以及染净有持久的争论，然自《大乘起信论》的“一心二门”说流行以来，中国佛教的重要宗派，如天台宗持心本说，华严宗倡真心本原说，禅宗主自心本原说，心本原说日益成为中国佛教心性本体论的基调。

三、实践论哲学

中国佛教信徒的修持实践，是在印度佛教戒、定、慧三学的基础上，结合中国的具体情况加以发展而成，表现出了不同于印度佛教的特殊实践风格。

（1）伦理观。中国佛教的戒学实践主要是伦理学问题，它涉及伦理的目标与理想、准则与德目、理论机制与哲学基础，以及佛教伦理与儒家伦理的关系等问题。中国佛教学者不断地以佛教的戒条和理想精神境界与儒家的道德规范和理想人格境界相比附，强调两者的一致性。宋代以来，佛教还日益重视与儒家伦理道德观念尤其是忠孝观念的融合，充分体现了中国佛教伦理道德的中国色彩。

（2）修禅论、直觉论、语言观。定学是佛教修持的重要方面，禅定的思想和方法一直为中国佛教信徒所尊崇和奉行。禅宗更是依据印度佛教思想和中国文化传统加以综合和创造，把以定为重心的印度禅转化为定慧一体的中国禅，形成一套特有的禅法、禅风。中国佛教的禅定实践，从哲学视角言，主要是证悟论，是以佛教智慧的直觉契合真理，它涉及证悟的主体与对象、根据与内容、方式与方法、直觉与语言等一系列问题，包含了丰富的认识论思想。

（3）真理观。佛教慧学实践的内涵极为丰富，包含对真理的追求。在对真理的认识问题上，中国佛教学者争论和阐述最多的是真理的层次性、局限性、真理的相对性与绝对性的问题。东晋以来，鸠摩罗什及其弟子僧肇和竺道生就重视探讨真理问题，南北朝时代三论系和成论系还就真理问题展开争辩，隋唐时代的天台、三论、法相唯识和华严诸宗也都阐发了真理问题，开成了独特的中国佛教真理观。

第二节　中国佛教哲学体系的多重联系

上述中国佛教哲学的基本思想元素之间的相互联系，形成中国佛教哲学的体系结构。中国佛教哲学的内在体系结构，又和外部思想文化，主要是和儒、道发生相互联系、相互作用。中国佛教哲学体系内部和外部的多重联系之间的相互作用直接地推动了中国佛教哲学思想的发展和变化。

一、层次和核心

在论述中国佛教哲学体系的内外部联系方式之前，我们有必要先考察一下中国佛教哲学各门类在整个体系结构中的等次和地位。中国佛教哲学的人生论、宇宙论和实践论三大门类，虽然在佛教学者的著作中往往以浑然一体的面貌出现，但是从它们的逻辑发展和时间顺序看，大体上是循着先是人生论、次是宇宙论、再是实践论的脉络发展。佛教学者是为了探究人生问题，而涉及宇宙问题，然后形成一套认识原理与稳定的思维和修持方式。这就是说，人生哲学在中国佛教哲学体系中居于起点的层次，也可以说是属于体系结构中的基础层次。人生哲学既是中国佛教哲学体系的起点，也是重心。居中国佛教哲学著作第一位的是人生问题的论述，其内容也最多、最丰富。这就是说，人生哲学居于中国佛教哲学体系结构的中心地位。

中国佛教人生哲学的根本内涵是讲人生的价值观。中国佛教哲学思想的主调，在于追求成就人生最高的理想境界。价值观是中国佛教人生哲学思想中的主导观念，在人生哲学中居于主导地位，属于主导层次。

中国佛教主流认为，要成就人生的最高理想境界，最根本的途径在于认识、改造、提升或复归人类的本性。南北朝以来，心性问题日益成为佛教学者研究、阐述和争论的中心问题，各种心性学说相继出台。立足于心性，从人的心性出发，阐述成就理想人格、最高境界的根据、可能、途径、方法，成为中国佛教价值观的核心内容，也是整个中国佛教哲学的主要内容。心性论居于中国佛教人生价值观的核心层面。抓住心性学说，也就抓住了中国佛教哲学体系的中心环节；了解心性学说，也就了解了中国佛教哲学体系的内在实质。

二、内部联系

中国佛教哲学体系包含着不同学者、学派和宗派的不同学说、观念、命题，而且又处在不断的演变过程中，形成不同的发展阶段。不同阶段的佛教哲学思想，往往具有继承和创新的关系，呈现出既同又异的色调。中国佛教哲学思想是一个庞大复杂的体系，是内部诸思想元素相互联系、相互制约的有机整体，是多元并存、多样统一的矛盾综合体。中国佛教哲学体系的内部联系，主要有相容与排斥（不相容）、相离与相即（不相离）四种形式，其中相容和相即的关系是大量的；排斥，尤其是相离的关系是少量的。

（1）相容的关系。中国佛教哲学的理想境界论，最为典型的是净土宗的西方极乐世界说和禅宗的“即心即佛”说，这两种主张是明显地对立的，但又是相容的，中国后期佛教学者提倡的禅净合一，就表明了两者的相容性。又如，本无论和性空论是两种不同的本体论，前者主张有一个“无”作为宇宙万有的本体，后者则强调宇宙万有及其本质都是空性的，是破除本体实有的本体论，但两者在否定宇宙万有的客观真实性的基础上又是相容的。至于佛教的不同实践方式，如持戒、念佛和禅修等，虽为不同宗派所提倡和偏重，但其间的相容性是不言自明的。

（2）相即的关系。中国佛教哲学思想元素之间普遍具有不相离的关系，彼此依附，相辅相成。例如，因果报应论与神不灭论，在中国佛教学者看来，灵魂不灭是因果报应论的理论前提和根据，因果报应、三世轮回则是神不灭的实际表现和证明，两者具有内在的联系。又如佛性论与佛果论，也具有逻辑的必然联系，没有佛性论则佛果论失去根据，没有佛果论则佛性论失去目标。再如，言教与直觉的关系，从中国佛教哲学思想发展史来看，言教与直觉确有不可分离的关系：离开言教，难以形成直觉能力；离开直觉仅是言教，则难以体悟成佛。虽然有的佛教学者曾一度将两者对立起来，但后来越来越多的佛教学者主张两者统一，这绝不是偶然的。

（3）排斥的关系。中国佛教学者通常把人类和世界的本原归结为“一心”，但对于心的内涵和性质其说不一，有的说是主观的心（阿赖耶识），有的认为是客观的心（如来藏、自性清净心），各持己说，难以相容。后来，相对而言，阿赖耶识说销声匿迹，如来藏说长盛不衰，就是这种不相容性的表现。又如，天台宗内部真心说与妄心说长期争论不休，不同宗派的性善论与性恶论长期对立，这些都是难以相容的理论分歧。这些互相排斥的思想元素共存，构成了中国佛教哲学体系矛盾和庞杂的性格。也有的佛教学者力图调和上述的思想矛盾，但是都不可能作出理论上彻底的说明。

（4）相离的关系。中国佛教宗派中，有的主张一部分人不能成佛，多数宗派则主张人人都能成佛，这两种不同的观点，虽非绝对排斥，但实处于分离状态之中。禅宗一度主张呵祖骂佛，这与多数宗派的尊祖奉佛也是迥然不同的，是相互离异的关系。禅宗的"离经叛道"，实有转变印度佛教性质的明显倾向。禅宗成为区别于印度佛教的中国佛教的典型代表，也绝不是偶然的。

中国佛教哲学思想元素之间相容、相即的关系，不仅突出了佛教哲学内容的丰富性、广博性，而且也增强了佛教哲学体系的保守性、稳定性。至于中国佛教哲学思想元素之间排斥、相离的关系，则表明佛教哲学的开放性、多元性。应当强调指出，正是由于佛教哲学体系内部的矛盾、对立、分歧、斗争，最直接、最有力地推动了其自身思想的发展，从而不断地开拓、深化了这一哲学体系的内容，这为一部中国佛教哲学史所证明。

三、外部联系

中国佛教哲学体系不是孤立独存的，也不是封闭隔绝的，它和其他哲学体系（主要是儒家、道家和道教的哲学）相互冲突、融合、交流、影响，形成了多种外部思想联系。这些联系表现为相通与相隔、相容与排斥、互补与互拒的关系，主要是相通、互补和排斥三种关系。

（1）相通与相隔的关系。佛教舍弃家庭，否定现世，即在对待国和家的问题上，被儒家认为是无君无父，不忠不孝，这与儒家注重人伦关系，提倡忠孝道德，是一种相隔乃至相斥的关系。但中国佛教学者又逐渐地利用和改造印度佛教的道德观念，转而主张孝敬父母、效忠君主，和儒家伦理道德相沟通。佛教与道家相通之处颇多，如道家"以虚无为本"的观念与佛教的空观可以比附、贯通。道家抨击现实政治，批评儒家、墨家的道德和功利观念，这种批判意识也是和佛教的出世哲学相通的。

（2）相容与排斥的关系。在人生价值观和生死观问题上，佛教与儒家、道教存在着鲜明的对立。佛教认为人生是苦，儒家主张人生要“自乐其乐”，“乐知天命”。苦与乐是不相容的人生价值判断。又，佛教不重生而重死，宣传轮回转世观念，道教则珍惜人生，注重养生，并且主张长生不死，羽化登仙。儒家是不重死而重生，不讲来世而讲现世。这表现了佛教与儒家、道教又一重大的思想对立。但就佛教成佛和道教成仙的理想境界而言，它们又有相容之处。佛教天台宗就主张以成仙为成佛的先行阶段，把道教的神仙纳入佛国世界之中。

（3）互补与互拒的关系。佛教和道教作为宗教，存在着较多的互补性。首先是在宗教实践方式上，道教吸收了佛教的修持形式，佛教也吸取了道教养生修炼的经验，以至两教的宗教实践活动颇多相似乃至相同之处。其次在神灵世界的组合上，佛、道两教的神灵往往是你中有我，我中有你，互补共存，和睦相处。再次在思想方面，佛教与儒、道两家的互补关系，则集中表现在心性学说上。佛教倡说“一切众生悉有佛性”、“明心见性”，有着广博宏富的心性理论体系。儒家也强调心性修养，力主“存天理，灭人欲”。唐代以后道教也逐渐走上“修心”的道路，提倡“性命双修”，有的教派甚至不言羽化登仙之说，集中提倡道德性命之学。儒、道、佛三家在心性问题上互相汲取，互相渗透，以至形成了近于一致的心性学说。儒家还学习佛教的禅定方法，并改造和发展为“主静”、“主敬”的心性修养方法。但是，儒家学者强烈反对佛教的灵魂不灭、因果报应和鬼神世界等重要思想，形成儒、佛两家在这些哲学思想上的根本对立和长期的互相排拒。

中国佛教哲学体系的外部联系是错综复杂的，它深刻地影响并推动了中国佛教哲学思想的发展和变化。相通、相容和互补的关系，一方面巩固、稳定了中国佛教哲学思想在中国思想史上的地位；另一方面，儒、道的思维模式又制约了中国佛教哲学思想的发展轨迹。相隔、排斥和互拒的关系，一方面使佛教强化自身的某些思想、立场，保持自身的独特宗教色彩；另一方面，由于在伦理道德观念上的互相排斥不利于佛教在中国的生存和发展，因此，相隔、排斥和互拒的关系又导致了佛教必须迎合处于主流地位的儒、道思想而日益中国化。

第三节　中国佛教哲学体系的内外作用

中国佛教哲学的作用可以分为内部作用和外部作用两个方面。内部作用是指中国佛教哲学体系对整个中国佛教及其文化体系的作用；外部作用是指中国佛教哲学体系对中国社会及其思想文化的作用。研究中国佛教哲学体系的内外作用和研究中国佛教哲学体系的内外联系，是密切相关的两个问题，同为探索中国佛教哲学体系及其发展规律的基本环节和重要途径。

一、内部作用

中国佛教哲学体系对于中国佛教及其文化体系具有巨大的、多方面的作用，以下从四个方面作简略的说明。

（1）成为中国佛教文化体系的核心。中国佛教哲学凝聚着佛教学者的最高智慧，体现了佛教的最高理论思维，它决定中国佛教的信仰观念，指导佛教的修持实践，影响佛教的文学、艺术等创作，是整个佛教的思想基础，是中国佛教文化体系的核心，在中国佛教文化体系中占有特殊的、重要的地位。

（2）决定中国佛教的信仰观念。中国佛教的因果报应论、神不灭论和心性论等哲学思想，是真正决定中国佛教信仰观念的内在思想基础。四圣（佛、菩萨、声闻、缘觉）六凡（天、人、阿修罗、畜生、饿鬼、地狱）的宇宙生命结构说，六道（六凡）轮回和由凡转圣说，佛国（理想境界）和地狱（苦难世界）的两极对立说等基本信仰学说的流行，以及对佛、菩萨、罗汉（包含声闻、缘觉）的敬仰崇拜和对鬼、地狱的恐怖畏惧等信仰观念的流传，与其中蕴含着丰富的佛教哲学思想是分不开的。

（3）指导中国佛教的修持实践。中国佛教修持实践的变化、不同宗派的不同修持实践，都是佛教哲学思想作用的结果。中国佛教逐渐提倡对君主效忠，对父母尽孝，这是印度佛教传入中国后在宗教实践上的重大变革，这种变革就是在儒家道德哲学的强大制约下佛教道德哲学发生变异的结果。又如，净土宗主念佛，禅宗倡自悟，在宗教修持实践上表现出巨大的差异。净土宗奉行依靠阿弥陀佛的外力帮助以求死后升入西方极乐世界的哲学，与此相应，它在修持上专持念佛法门，一心念佛，以期阿弥陀佛前来迎接自己进入佛国净土，享受永生。禅宗则不同，它奉行“明心见性”的心性论哲学，强调“即心即佛”，在宗教实践上不求外力帮助，而是专心寻找自我本性，自我觉悟。为了求得自我开悟，禅宗采用了多种多样的教学方法和修持方法，如壁观、无念、棒喝等等，大大地丰富了佛教的修持内容。中国佛教还普遍重视修持中观照的作用。观照就是要观察事物的本性空寂，或是观察自我的本性清净，这是在空论和心性论哲学指导下的直觉体悟活动。

（4）影响中国佛教文学、艺术的创作。中国佛教文学、艺术可以说是中国佛教哲学思想的形象化表现，其中蕴含着深邃的哲学思想。在文学上，例如，中国佛教学者的诗歌，不仅受到般若思想的影响，自唐以来，更受到禅宗思想的浸染，以禅入诗，为唐诗注入了特有的禅趣，成为中国诗歌史上极负盛名的一页。又如，中国佛教的顿悟说、妙悟说、境界说等理论，对佛教文学的理论和创作，影响极为深刻。在艺术上，宣传因果报应思想，成为中国佛教绘画的主题之一，神灵崇拜构成佛教雕塑的主要内容和佛教音乐的基调。至于寺院殿堂的建筑，更是佛教理想境界在人间的物化形式。

二、外部作用

中国佛教哲学体系的外部作用是十分广泛的，它对中国其他哲学形态、文化领域乃至社会政治都发生了程度不同的作用。下面主要略述中国佛教哲学对中国其他哲学思想的作用，兼及其他方面的作用。

（1）推动其他哲学思想的发展。自汉魏以来，中国佛教哲学一方面受儒、道哲学的深刻影响，一方面也强烈地影响着儒、道哲学思想的发展。魏晋时代，玄学流行，中国佛教般若学依傍玄学而得到发展。到了东晋后期，以僧肇为代表的般若学家，把佛教般若学说和道家学说相结合，在《不真空论》等哲学著作中，阐发了非有非无，亦有亦无，有无统一，不落两边，不偏不倚的世界观，这不仅对以往的中国佛教般若学流派作了批判性的总结，而且也对魏晋玄学作了某种批判总结，把魏晋玄学推向新的阶段。同时，中国佛教般若学的流传，对于推动中国固有哲学转向抽象思辨，也产生了巨大的促进作用。

隋唐时代中国佛教哲学的重心是心性论，一些重要的宗派纷纷从不同视角阐发人的内在本性，形成了强大的哲学思潮。这一思潮直接推动了儒家学术旨趣的转移，并强化了儒、道哲学的内省路线。也正是在这种背景下，宋明理学应运而生。理学是中国哲学发展史上的一个重大转型，其在转变过程中深受佛教哲学的影响。这种影响具体表现为问题的启发、哲学理念、命题的吸取、思维方式等诸多方面。例如，在心性论上，佛教的“知为心体”、“知觉是性”、“中道佛性”的观念，直接启导了理学和心学的主旨的确立。在本体论上，佛教哲学的理事关系说、“三界唯心”说，直接推动了理学世界观的构成。在思想方法上，理学家们十分注重体用范畴，以探讨本体与现象的关系；在修养方法上，理学家们的“主敬”、“主静”方法的实行，也都与中国佛教哲学思想的影响分不开。

（2）影响社会神秘心理的形成。社会心理是社会群体一种普遍存在的认知、情绪、情感。佛教对中国社会心理影响最大的是因果报应和鬼神观念。由于佛教在这方面的长期宣传，经过历史的积淀，这些思想泛化为一种普遍的社会神秘心理。如前所述，因果报应被认为是支配社会、人生的神秘主义铁律。这种思想在社会各阶层中引起强烈反响，在人们心中形成一种异常顽固的命运观念，并成为为人处世的重要原则。佛教宣传的鬼神观念，以及佛国和地狱的两极形象结构，也在人们的心理上引起强烈的震荡，念经吃斋，求神拜佛，祈求消灾延寿，来世解脱，成为俗文化层民众的普遍心理结构，并深刻地支配了人们的价值取向。

（3）对社会政治的多重作用。佛教的因果报应，业报轮回；诸善奉行，诸恶莫作；一切皆空，反对执著；一切现成，圆融无碍等哲学思想，长期以来起到了规范道德实践、维护封建统治、稳定社会秩序的作用，这也是佛教哲学对中国社会政治作用的主要方面。同时，在社会大变革时代，一些先进的人物也多从佛教哲学思想中吸取营养，作为从事改良、变革的思想武器。在这方面最典型的事例是，近代一些改革家如康有为、谭嗣同、梁启超、章太炎等人，或把佛教众生平等的教义、常乐我净的涅槃境界作为理想社会的目标，或用佛教慈悲救世、舍己救人的思想去激励人们的勇敢精神，鼓舞人们的斗争意志。这都反映了佛教哲学思想的庞杂性及其在不同历史条件下复杂的社会作用。

第二编　人生论

小 引

印度佛教传入中国后，很快引起中国知识界关注的是因果报应学说，对于这种外来学说，赞成、信奉者有之，怀疑、反对者有之，一时掀起了巨大的思想波澜。

佛教的因果报应学说对于深受儒、道思想影响的中国人而言，无疑是一种新型的人生观、世界观和价值观，一种独特的生命哲学，一种超越的人生哲学。其内容涉及人生的命运与支配命运的法则，道德修持与生命转化，生命的过去、连续与未来，以及凡夫与“三途”（地狱、恶鬼与畜生）、凡夫与“四圣”（声闻、缘觉、菩萨、佛）的关联等问题，蕴含着人本论、因果论、善恶观、生死观、来世观、天神观等丰富思想，成为一种新的人生哲学和人生准则。

佛教把因果报应视作支配人生命运的绝对不可抗拒的法则，强调众生的报应有两种不同方向，不同结果：行善，向上的报应；作恶，向下的报应。也就是说，因果报应法则为众生自身生命形态带来向上提升或向下堕落的截然相反的转化。对因果报应带来的思想冲击，中国佛教学者最为关注的理论问题，一是如何论证因果报应是一条支配人生命运的普遍法则；二是如何阐明人死后承受因果报应的主体；三是如何说明向上成佛的理想境界、成佛的根据以及成佛的道路。

中国佛教学者的上述理论关怀，是与佛教传入后中国思想界的争论分不开的。佛教传入中国后，尤其是东晋南北朝时代，因果报应是不是支配人生命运的普遍法则，这一问题首先成为争论最为激烈、最富有哲学意蕴的理论问题。当时一些人，包括持有一定佛教信仰的士人，有感于恶人享受荣华富贵，善人却备受煎熬困厄的现象，提出了对果报论的质疑，一些佛教学者对此类现象纷纷作出理论的说明。其次，一般来说，因果报应论逻辑地包含了果报转化的承受主体问题，中国佛教学者认为，这个主体是不灭的精神、永恒的灵魂，而印度早期佛教和般若学者，还有中国儒家学者则主张人死后精神与形体俱灭，由此又引发了神灭与神不灭的持久论战，迄至南北朝末，这一争论才淡出论坛。再次，按照佛教理论推论，众生因果报应的承受主体与成佛主体是相通的，而信奉佛教归根到底以成佛为最终归宿和最高理想，由此在神灭与神不灭的争论中，成佛的主体与根据问题也日益受到中国佛教学者的关注，并展开了初步的探讨、争论。此外，在古代中国，“心”被认为是思维器官，主宰思想情感，具有精神方面的作用，于此心与神也有相通的一面。中国佛教学者把不灭的神视为未来成佛的主体，并随着这种看法逐渐与修持理论相结合，进而由探讨精神、灵魂问题转向对众生成佛的根据——心的本性、佛性的探讨，也就是把佛教理论热点转移到成佛的根据、可能性、道路与境界上来。这种转移始于南北朝时代，进入隋唐佛教创宗时期，心性、佛性则成为探讨、争论与阐发佛教理论的重心之一了。

本编根据上述中国佛教学者论述和探讨的人生哲学重点问题，设五章，着重论述因果报应论、神不灭论和人生理想论。其中人生理想部分理应包括心性论和修持实践，但由于心性论和实践论的内容极为丰富，特另立两编加以集中论述，而人生理想论部分，则侧重于论述中国佛教学者关于成佛理论的基本观念。

本编第四章是对中国因果报应论的论述，我们着重从中印佛教思想文化交涉的视角，揭示因果报应论所包含的丰富哲学内涵。全章通过与中国固有的报应观念和印度佛教因果报应论两方面的比较，指出中国佛教因果报应论既受中国本土的分命说、天命论、神话、传说、泰山崇拜、儒家伦理道德思想和心性学说的影响，同时又对中国固有报应观念乃至宗教观念产生重大冲击；又指出中国佛教因果报应论是带有自身民族思想色彩的独特学说，它既继承又有别于印度佛教的因果报应学说。我们也强调这样的观点：佛教因果报应论把众生生命的自然律与行善去恶的道德律结合起来，作为一种社会行为准则为广大佛教信徒所接受，成为中国古代儒、道以外的别树一帜的人生理论，发挥了补充儒、道思想的作用。

本编第五章着重从中国固有文化出发，总结东晋南北朝时中国佛教的神不灭学说。在指出佛教在神灭还是神不灭这个令时人困惑的重大哲学问题上的主张以后，本章系统地回顾了中国思想史上的神灭与神不灭的争论，并揭示中国佛教学者所论述的“神”这一概念的多重意蕴，分析中国佛教对神不灭论的论证。本章还阐述了中国佛教神不灭论与中国固有思想文化的关联，认为中国佛教竭力吸收中国固有的灵魂、鬼神观念，以抵制神灭思想，批判道教的形不灭说，同时又将自身的理论建设重心逐渐地由神不灭论转移到心性论的轨道上来。

本编人生理想论部分主要是以涅槃、佛、净土三个概念为中心来展开，为此我们设三章（第六、七、八章）分别加以论述。先分别简要介绍印度佛教的涅槃学说、佛身论和净土说，接着着重探讨上述三种学说传入中国以后，在中国固有思想文化的强大制约与影响下，其内涵和侧重点的深刻变化与重大发展。在涅槃观念的演变与发展方面，我们认为，汉魏晋时代的中国佛教学者侧重以黄老的无为观念与中国固有的神不灭观念等去比附和阐发涅槃观念，南北朝时代则转向了涅槃学说与心性学说的结合，到了隋唐时代，更是大力宣扬涅槃佛性——自性学说，甚至宣扬自心解脱即是涅槃的观念。中国佛教学者十分重视对佛的涵义的解释，这种解释大体上经历了三个阶段：汉魏时，着重以儒、道有关观念与“佛”进行比附；南北朝隋唐时代，又回归于以佛教原典论述来平实地表示佛的涵义；唐中叶以来，禅宗日益以自我心性去沟通、缩小众生和佛的界限与距离，“即心即佛”成为禅门的共识，众生主体本性清净实质上等同于佛的说法也在禅门中渐趋定型。中国佛教对佛的涵义的转换与拓展，鲜明地表现出佛教中国化的色彩。中国佛教学者还非常重视对净土观念的阐扬。我们着重分析和论述了中国佛教净土观念的类别与转型，指出：最初盛行的是弥勒净土信仰；后来，弥陀净土信仰与弥勒净土信仰发生争论，弥陀净土信仰取而代之逐渐成为主流信仰。由于天台、禅等宗派与弥陀信仰结合，约自中唐以来，宣扬心净则国土净，净土是一心的呈现，即唯心净土观念日益流行，并成为此后中国佛教的基本信仰。迄至近代，则更衍化出人间净土思想，并成为当代中国人间佛教理想追求的主导观念，具有重大的现实意义。

第四章

中国佛教的因果报应论

因果报应论是佛教用以说明世界一切关系的基本理论。它认为世间一切事物都由因果关系支配，强调每个人的善恶行为必定会给自身的命运带来影响，产生相应的回报，善因必生善果，恶因必得恶果。由此引起人在前世、现世和来世三世间轮回，相继在前生世界、现世世界和死后世界生活。实际上这是阐发道德与生命的关系的理论，是一种强调由行为来改变自我命运和未来生命的理论。

佛教创始人释迦牟尼提出因果报应论的目的，是为了解释人生何以会有生死流转，是为了点拨执迷众生，使其获得解脱。为此，他主要阐扬的是十二因缘说。《佛说缘起经》云："云何名缘起？初谓依此有故彼有，此生故彼生。所谓无明缘行，行缘识，识缘名色，名色缘六处，六处缘触，触缘受，受缘爱，爱缘取，取缘有，有缘生，生缘老死。起愁叹苦忧恼，是名为纯大苦蕴集。如是名为缘起初义。"①"无明"，愚昧无知。"行"，意志活动。"识"，心识，精神活动。"名色"，精神和形体。"六处"，眼、耳、鼻、舌、身、意。"触"，触觉。"受"，感受。"爱"，爱欲、贪欲。"取"，执取。"有"，思想行为。"生"指来世之生。这是说，众生是按照上述十二个环节所组成的因

---

① 《大正藏》第2卷，547页中。

果相续的链条而“生生于老死，轮回周无穷”，处于生死轮回不已的苦海之中。众生应当灭除产生生死苦果的原因，以求了生脱死，消除痛苦，获得自在。

佛教传入中国后，因果报应论成为东汉至南北朝时代中国思想界的热门话题和中国佛教的理论重心。中国佛教学者根据历代的有关争论，结合中国固有思想文化，对因果报应、生死轮回作出了新的论证和新的阐述，从而表现出了中国佛教因果报应论的特色。

第一节　惊世骇俗的新型人生哲学

如前所述，佛教最初传入中国时，对中国人产生最大的心理冲击、引起最强烈的心灵震撼的是其因果报应学说。“王公大人观死生报应之际，莫不瞿然自失。”[①] 人既有享受生命的欢乐，又有面对死亡的痛苦。死亡，对人既是森然的恐惧，也是难以超越的归宿。“千古艰难唯一死”，死亡关对于每个人来说都是严峻的考验。面对死亡的恐惧，一些士大夫纷纷作“来生之计”，认为“沈冥之趣，岂得不以佛理为先”[②]。于是这些人就由服膺儒、道转而认同佛教因果报应论了。

佛教因果报应论，对中国人来说，是一种崭新而又神秘的人生理论，这种新型的人生哲学，论及人的道德观、生命观、生死观、命运观和来世观，体现人对现世的关切和终极的关怀，并从理论上把因果律、自然律和道德律统一起来，在中国固有的儒、道、墨等人生哲学理论以外，别树一帜。这种新型的人生哲学，为中国人提供了一种观察人生命运、价值、意义的新视角，以及对待人生行为、活动的新方式，成为一种别具一格的人生和社会的基本准则。可以说，在中国思想文化史上，因果报应是最早从国外输入，并产生广泛而巨大反响的

① 《后汉纪》卷 10，5 页。

② 慧远：《与隐士刘遗民等书》，石峻等编：《中国佛教思想资料选编》第 1 卷，118 页。

宗教人生理论。

一、“实理”与“根要”

在中国佛教徒看来，因果报应论是佛教的“实理”和“根要”。东晋王谧说：

> 夫神道设教，诚难以言辩，意以为大设灵奇，示以报应，此最影响之实理，佛教之根要。今若谓三世为虚诞，罪福为畏惧，则释迦之所明，殆将无寄矣。①

“三世”，即前世、现世、来世。“罪福”，即报应。“实理”，真实道理。“根要”，根本要旨。意思是说，排除因果报应学说，也就排除了佛教的真实理论和根本要义。近人梁启超也说：“佛教说的‘业’和‘报’”是“宇宙间唯一真理”，并强调说：“我笃信佛教，就在此点，七千卷《大藏经》也只说明这点道理。”② 作为佛教的根本理论和要旨，因果报应论触及了人们的神经和灵魂，具有强烈的威慑作用和鲜明的导向作用，在取得社会从上至下的信仰方面，其作用之巨大，实是佛教其他任何理论所不能比拟的。史载，东晋慧远（334—416）曾率弟子刘遗民、周续之等 123 人，在江西庐山之阴般若云台精舍阿弥陀佛像前，建斋立誓，发愿往生西方净土，刘遗民著立誓文有云：

> 夫缘化之理既明，则三世之传显矣；迁感之数既符，则善恶之报必矣。推交臂之潜沦，悟无常之期切；审三报之相催，知险趣之难拔。此其同志诸贤，所以夕惕宵勤，仰思攸济者也。③

这表明慧远等人内心确实充满了对死亡的畏惧和对超越生死的向往。晚唐白居易也重视作来生之计，他作《答客问》诗云：“吾学空门非学仙，恐君此说是虚传。海山不是吾归处，归即应归兜率天。”④ 他还曾劝人结上生会，行弥勒净土业，反映了信奉佛教因果报应论的虔诚和追求死后转生净土的热情。

---

① 王谧：《答桓太尉》，《弘明集》卷 12，四部丛刊影印本。
② 《与梁令娴等书》，《梁启超年谱长编》，1046 页，上海，上海人民出版社，1983。
③ 《释慧远传》，《高僧传》卷 6，《大正藏》第 50 卷，358 页下～359 页上。
④ 《全唐诗》第 14 册，5234 页，北京，中华书局，1960。

二、质疑与挑战

因果报应是一个非常复杂的问题，在一定范围和条件下，的确存在善因得善果、恶因得恶果的现象。如现实生活中，助人即助己，害人即害己，就反映了这种因果关系。但是，它是否能够成为人生的普遍规律呢？这就有不同的看法了。中国传入佛教以前，也曾流行过“福善祸淫”的报应观念，但受到一些学者的怀疑，如西汉司马迁就伯夷、叔齐饿死和颜回早夭的事例在《史记》卷61《伯夷列传》中质问道：

> 或曰：“天道无亲，常与善人。”若伯夷、叔齐，可谓善人者非邪？积仁絜行如此而饿死！……回（颜回）也屡空，糟糠不厌，而卒蚤夭。天之报施善人，其何如哉？①

司马迁从道德和寿命的关系对上天赏善罚恶的说法提出了质疑，表明善良的人们并不一定得到圆满的结局，社会的发展也并不以人们的道德观念为准绳。佛教因果报应说的流传，更引起了思想界的关注，尤其是招致儒家学者的怀疑、反对和批判。南朝梁释僧祐（445—518）辑录从东汉到梁赞扬佛教和反对佛教的论著，编成《弘明集》。他在该书《后序》中总结了反对佛教的六大问题，第一是“疑经说迂诞，大而无征”，第二是“疑人死神灭，无有三世”②。第一个问题是从总体上怀疑佛经的义理，第二个问题则是集中怀疑佛教神不灭论和因果报应说的。史载，东晋以来的何承天、范缜、刘峻、韩愈、李翱、欧阳修、程颢、程颐、朱熹等人，都先后著文抨击因果报应论。少数有佛教信仰的学者，如戴逵（安公）、慧琳、杨度（1875—1931）等人，也对因果报应说持怀疑甚至否定的态度。归结起来，他们怀疑、反对因果报应的论点主要是：

（1）人由气构成，气聚则生，气散则灭。人死气散，上归下沈，何处有天宫？何处为地狱？③

---

① 《史记》第7册，2124～2125页，北京，中华书局，1959。

② 石峻等编：《中国佛教思想资料选编》第1卷，292～293页。

③ 参见释彦琮：《通极论并序》，《广弘明集》卷4，四部丛刊影印本。

（2）“五情六欲，人心所常”，爱欲情虑，是一种自然的现象。如果由于情惑而有报应，那么，人的自然需求又如何实现呢？人都重生、恋生，对于迷滞于这种情惑的人，也应当晓以道理，而不能以报应给予惩罚。①

（3）一切都是自然的造化，“至于生必有死，形毙神散，犹春荣秋落，四时代换，奚有于更受形哉？”②“……首足之方圆，翔潜之鳞羽，命分修短，身名宠辱，莫非自然之造化，讵是宿业之能为？”③

（4）与自然造化说密切相关的，一是命定论：“修短穷达，自有定分，积善积恶之谈，盖是劝教之言耳。”④ 二是偶然说：“善恶祸福，或有一见，斯自遇与事会，非冥司之真验也。”⑤ 范缜也认为，人生犹如树上的花朵，风吹花落，有的飘进厅堂，有的落到茅厕，纯属偶然，“贵贱虽复殊途，因果竟在何处？”⑥

（5）杀生不应受恶报。猛兽伤人，毒虫伤物，夏天灭虫，秋天打猎，是合乎天道的。自然界燕子啄虫为食，就未见报应，至于用猪牛羊肉作为祭品，或招待嘉宾，也是很自然的。佛教以为杀生应当受恶报，是有所蔽，是偏见。⑦

（6）信佛并不得好报，如《旧唐书》作者刘昫等人在评论佞佛十分突出的唐懿宗时说：“佛骨才入于应门，龙輴已泣于苍野，报应无必，斯其验欤！”⑧ 这不仅抨击了懿宗亲近僧人和迎佛骨事件，还从懿宗在佞佛中死亡，得出否定因果报应的结论。

---

① 参见慧远：《明报应论并问》，石峻等编：《中国佛教思想资料选编》第 1 卷，89 页。

② 何承天：《达性论》，《弘明集》卷 4，四部丛刊影印本。

③ 《通极论并序》，《广弘明集》卷 4。

④ 戴安公：《与远法师书》，《广弘明集》卷 18，四部丛刊影印本。

⑤ 戴安公：《答周居士难释疑论》，《广弘明集》卷 18。

⑥ 《范缜传》，《梁书》卷 48，第 3 册，665 页，北京，中华书局，1973。又，范缜的偶然论，虽在反对高官必是善人的观念方面有积极意义，但它取消了因果关系，否定了人生的客观规律，又易于通向宿命论。

⑦ 参见何承天：《报应问》，《广弘明集》卷 18；又见释彦琮：《通极论并序》，《广弘明集》卷 4。

⑧ 《懿宗本纪》，《旧唐书》卷 19 上，第 3 册，685 页，北京，中华书局，1975。

（7）历史上一些公认的善人，竟夭身世而婴祸，一些公认的恶人，却尽天年而享福，因果报应说得不到验证。欧阳修更说：“佛者善施无验不实之事。”①

（8）近人杨度②在自述学佛次第及其原因、结果时，曾特别关注“究竟灵魂有无”的问题，强调“此事必须明决”。对于灵魂问题，他认为应当进行多层次的研究，尤其是要着重探讨灵魂的轮回问题。他说：

> （甲）问灵魂究竟有无，世人皆无死之经验，谁能确答？今既未得死人报告，但据生人代表立言，其何能信？（乙）问灵魂即有，是否展转轮回，世又无人能记前生，证明转世。（丙）问轮回若有，是必物理自然，人不能逃，佛与菩萨有何能力，独能违反物理？如曰能之，凭何为据？理既不通，事尤无证。（丁）问灵魂轮转之事，究为动物所同，抑为人类所独？或同或独，理由何在？事证何在？（戊）问灵魂所至之净土、地狱，如其果有，设在何处？到者何人？此五问者，若以科学眼光观之，皆如梦呓。神鬼之说亦然。古宗教家设教愚民，既欲骗其生前行善去恶，必须诳以死后得福免祸。此大诳语，虽至人类绝种之日，必无死尸说话之时，永无对证证明，亦无反证证倒，故可迷多数人，历数千载，为大宗教。③

杨度受近代科学的影响，重视实证，他就灵魂轮回说理论自身提出五点质疑，指出灵魂轮回说不合乎佛法。

从上可知，中国学者主要是从四个方面反对因果报应：一是从人的形体构造，情欲的自然性质，精神对形体的依赖关系来否定因果报应说；二是强调人生的寿夭、贤愚、祸福、穷达的不同命运，都是自然造化，自然命定，或偶然决定；三是杀生受恶报说与自然现象不

---

① 转引自张商英：《护法论》，《护法遗教心印门》，6页，天宁寺刻经处，1915。

② 杨度，号虎禅师，湖南湘潭人。早年主张君主立宪，在袁世凯复辟帝制失败后，遁入空门，潜心学佛，信奉禅宗，提倡“无我宗”的新佛教，晚年转而支持进步事业。

③ 《新佛教论答梅光羲》，《杨度集》，718页，长沙，湖南人民出版社，1986。

符，也不符合人类的生活和利益，立论不合常理；四是报应说无法解释一些历史人物的德行和命运的关系，轮回说无法对证验明，没有真凭实据。

为了回应对因果报应说的质疑和挑战，维护佛教的“实理”和“根要”，东晋以来，中国佛教学者一直针对批评因果报应的观点，吸取和结合中国固有的报应观念，阐发带有中国特色的因果报应学说。东晋时慧远等人曾与怀疑因果报应说的戴逵反复论辩。南朝时宗炳和颜延之为维护灵魂不灭说和因果报应说而跟持反对意见的何承天往返争论。佛教徒甚至还撰述“疑经”，宣传因果报应思想，如北魏时撰述的《妙好宝车经》[①] 就宣传中国的泰山信仰与佛教地狱报应相结合的思想。隋唐以来，徐同卿、灵裕、阳尚善、道世、彦琮、李师政（正）、刘谧、袾宏、宋濂、真可、德清、梁启超等人，也相继撰述阐发因果报应的论著。同时，一些僧人还热衷于撰述感应传、灵验传一类著作，一些文人也创作宣传佛教的小说，如颜之推撰《冤魂记》，引经史以证报应，客观上也推动了因果报应观念的流传。

第二节　报应说的新论证

中国佛教学者对于因果报应论的论述，着重于阐明有没有因果报应，为什么有因果报应，谁在承受因果报应，又是怎样受因果报应等问题。也就是对因果报应的有无问题作辩护性的证明，同时着力就因果报应的根源、主体、性质和方式等一些根本问题作了论证。

一、报应的根源

初唐诗僧王梵志有诗云：

> 世间日月明，皎皎照众生。
> 贵者乘车马，贱者膊担行。

① 又称《宝车经》、《妙好宝车菩萨经》，见《大正藏》第85卷。

富者前身种，贫者悭贪生。
贫富有殊别，业报自相迎。
闻强造功德，吃着自身荣。
智者天上去，愚者入深坑。①

这首诗运用通俗语言和对比手法，通过描绘人世间贫富不均、贵贱悬殊的社会现象，表达了佛教的因果报应思想。诗文强调贫富贵贱是“业报”，是人们作“业”的结果，并突出“富者”和“贫者”、“智者”和“愚者”在来世的不同果报。

“业”是古代印度流行的观念，佛教加以继承，并成为自身哲学体系的重要范畴。业，是造作的意思，指众生的身心活动。佛教认为，这种活动和因果关系相结合，会形成产生不同结果的力量，是为“业力”，这是一种潜在的功能，是创造未来生命的动力。业有多种分类，一般从形态上分，有身业（身体的行动）、口业（言语，也称语业）和意业（内心欲做某事的意念、意志）。从性质上分，有善业、恶业和无记业三类，善恶二业招不同的果报，非善非恶的无记业则不招果报。业是人类向上努力或向下堕落的根据。在王梵志看来，人在现实生活中的富贵贫贱，就是不同业因所得的不同业报。

佛教认为，从整体来看，人类是尚未获得生死解脱的生类，人类只有超越自我，超越人生，超越生死，转化成佛，才能摆脱烦恼和痛苦，实现永恒的幸福、自由。由此，中国佛教也特别重视论述因果报应过程中形成人生痛苦的原因，东晋慧远对此有非常重要的论述，他在《明报应论》中说：

夫因缘之所感，变化之所生，岂不由其道哉？无明为惑网之渊，贪爱为众累之府，二理俱游，冥为神用，吉凶悔吝，唯此之动。无明掩其照，故情想凝滞于外物；贪爱流其性，故四大结而成形。形结则彼我有封，情滞则善恶有主。有封于彼我，则私其身而身不忘；有主于善恶，则恋其生而生不绝。于是甘寝大梦，

① 《王梵志诗校辑》卷2，48页，北京，中华书局，1983。

昏于同迷；抱疑长夜，所存唯著。是故失得相推，祸福相袭，恶积而天殃自至，罪成则地狱斯罚。此乃必然之数，无所容疑矣。①

“无明”，愚痴无知。“贪爱”，贪恋爱欲。这段话是说，无明和贪爱是人生烦恼、迷惑和祸患的原因。人由于对佛法愚痴无知，就不能有正确的认识，认识不正确，就会使自己的思想感情对外界事物发生凝滞执著，对外界事物发生贪爱、迷恋，也就使善恶果报有了主体，从而人就因贪恋生命而导致生命不断的轮回流转。贪爱使人的本性流荡，进而使地、水、火、风“四大”结合成人的形体。人有形体，就有了彼此的界限，人对于自己也就特别偏爱而不能超脱；有了善恶果报的主体，人就会贪恋生命而使生命连续不绝。人就像在大梦中一样，昏沉迷惑，在漫漫长夜中，守持疑惑，贪爱执著。这样就使人的得失互相推移，祸福相继而来，积了恶就有殃祸，有了罪就要进地狱受惩罚。这是必然的定数，是不容置疑的。

无明和贪爱同为人生苦难和受报应的根源，两者相比，无明更是首要的根源。佛教认为，无明即愚痴无知，是把虚幻的世界执著为实有，从而产生种种妄虚分别。这种认识上的颠倒，使人生出强烈的贪恋和欲望，从而陷入种种痛苦之中。所以，人生痛苦的最根本原因是无明、愚痴。而人生要从痛苦中解脱出来，最关键、最首要的也就是要消除无明、愚痴，学习佛教理论，增加佛教智慧。王梵志诗句“智者天上去，愚者入深坑”，就是以愚智之别作为人生能否解脱苦难的分界。

佛教所谓的智愚即认识上的是非正邪，是与道德上的善恶分不开的，两者是统一的。所谓智慧，是既能明察一切事物的是非、真假，又能正确取舍、断除烦恼、解除痛苦的能力。而愚痴恰恰相反。真正的智者必奉善行，而愚者必作恶事。佛教的因果报应，是说善因必产生善果，称为善因善果；恶因必产生恶果，称为恶因恶果。由此因果报应又称作善恶业报。东晋郗超在《奉法要》中说：“全五戒则人相

① 石峻等编：《中国佛教思想资料选编》第1卷，90页。

备，具十善则生天堂。……反十善者，谓之十恶，十恶毕犯，则入地狱。”① 又说：“彼以恶来，我以善应。”②“说人之善，善心便生；说人之恶，便起忿意。”③ 强调要行“十善”，要以“善应”对“恶来”。“十善”与“十恶”相对。“十恶”指：（1）杀生；（2）偷盗；（3）邪淫；（4）妄语；（5）两舌即说离间语，破语；（6）恶口，即恶语，恶骂；（7）绮语，即杂秽语；（8）贪欲；（9）瞋恚；（10）邪见。离以上十恶，则为十善。十恶和十善，依照顺序，一至三属身业，四至七属口业，后三者属意业，通称为“身三，口四，意三”。从内容来看，十恶、十善是重在讲对待人际关系，对待动物的态度，以及排除个人欲望和错误见解等，基本上是道德修养问题。佛教因果报应论认为道德的高下是决定人的地位、命运和未来的根本要素。可见，善业恶业就是果报的根源，行善行恶，一者向上逐渐求得解脱，一者向下堕入更加痛苦的深渊，这是因果报应的两类根源，两种结果，两个方向。

二、报应的方式

因果报应是怎样实现的？其方式如何？这是因果报应说的一个根本问题。中国原有的报应观念多是限于人自身一世的，如古代三命说，一为受命，即年寿长短；二为遭命，谓行善而遭遇不幸的报应；三为随命，顺随善恶而受报；都是就现世而言的。又如俗语说的：“善有善报，恶有恶报，不是不报，时辰未到，时辰一到，马上就报。”近似于一世因果论。佛教不同，它讲三世因果，强调因果报应体现在生命形态不断轮回转化的过程中。慧远曾专门作《三报论》，文章开宗明义说报应有三种方式，三种类别：

> 经说业有三报：一曰现报，二曰生报，三曰后报。现报者，善恶始于此身，即此身受。生报者，来生便受。后报者，或经二生三生，百生千生，然后乃受。④

① 石峻等编：《中国佛教思想资料选编》第1卷，18页。
② 同上书，20页。
③ 同上书，19页。
④ 同上书，87页。

"经说"，系指《阿毗昙心论》卷1所说："若业现法报，次受于生报，后报亦复然，余则说不定。"① 慧远认为，现报是现世所作的行为，在现世中就召感果报，不待来生。生报是业力因缘不如现报的强大，但也不软弱，今生所作善恶业，来生即受善恶果报。后报是业力软弱，时作时悔，未酬报前，业因不失，遇缘即报。即过去无量生中所作的善恶业，于今生受善恶报，或于未来无量生中受善恶报。这是根据受报时间的不同，将果报分为三种。人有三业，业有三报，生有三世。生命之流，继往开来，变化不息，贯通过去、现在和未来三世。尊卑贫富，强弱苦乐，美丑寿夭，或人或畜，品类不殊，都是过去业因的报应。众生的现实生活，是前生的作业结果。众生现在的思想行为，又留下新的业力，在生命结束时，推动新的生命的流转。

慧远又从报应承受主体的角度说明报应有先后快慢之分，他说：

> 受之无主，必由于心；心无定司，感事而应；应有迟速，故报有先后。②

这是说，人是通过心来受报应的，心并无固定的职责，它对事物有所感受而有反应，而感应有快慢之分，报应也有先后的不同。这就是所谓"因情致报，乘感生应"③。慧远十分重视"感"在报应中的作用，这可能与他认为《周易》是"以感为体"④ 有关。

慧远对于报应为什么有轻重的问题，也做了说明。他说报应"先后虽异，咸随所遇而为对；对有强弱，故轻重不同"⑤。认为人所受的报应，都是随人的际遇而产生的一种应对，应对有强有弱，所得报应也就有轻重的不同。

---

① 《大正藏》第28卷，814页中。

② 《三报论》，石峻等编：《中国佛教思想资料选编》第1卷，87页。

③ 《明报应论》，石峻等编：《中国佛教思想资料选编》第1卷，89页。"感"字原为"惑"，今改。

④ 《世说新语·文学》载："殷荆州曾问远公：'《易》以何为体?'答曰：'《易》以感为体'。殷曰：'铜山西崩，灵锺东应，便是"易"耶?'远公笑而不答。"《世说新语》卷2，《诸子集成》(八)，62页。

⑤ 《三报论》，石峻等编：《中国佛教思想资料选编》第1卷，87页。

至于如何解释现实生活中仁者不寿、富者不仁，恶人丰衣足食、荣华富贵，善人穷困潦倒、忧郁而死等现象，慧远特意用“三报”的理论，加以说明：

> 谓积善之无庆，积恶之无殃，感神明而悲所遇，慨天殃之于善人。咸谓名教之书，无宗于上，遂使大道翳于小成，以正言为善诱，应心求实，必至理之无此。原其所由，由世典以一生为限，不明其外。其外未明，故寻理者自毕于视听之内，此先王即民心而通其分，以耳目为关键（界限）者也。如今合内外之道，以求弘教之情，则知理会之必同，不惑众涂而骇其异。①

这是说，积善集殃，积恶致庆，善人受祸，恶人得福，是所受者前世行为的报应，今世行为所得的报应还没有显现出来。世俗典籍只讲今生，只以耳听目见为认识的界限，不明了今生以外和视听以外的事理，不懂得今生作业将在来生受报应的道理。必须把佛典和世典、内道和外道结合起来，才能通观一切。这样，慧远就把人们现实生活的境遇归结为前世的业因，又把现世生活的思想行为与来生的命运结合起来，从而如同郗超所说：“归诸宿缘，推之来世”②，在理论上摆脱了一世因果论的困境。

从理论思维来看，三报说最重要的是提出了生报和后报的观念，以及相应的来世观念。来生观或来世观，在因果报应理论乃至整个佛教理论中都有重要意义。一是克服了一世因果论的理论困难。虽然对于现实生活中善人遭祸、恶人得福的现象，人们可以援引中国遭命论来说明，也能以灭佛的唐武宗在位仅 6 年，寿止 33，而奉佛的梁武帝在位长达 48 年，寿至 86 等现象来解释③，但缺乏理论的论证。而三世因果论则能对现实生活中难以解说的种种矛盾报应现象给以圆满的说明。二是三世因果论立足现世，着眼来世，引导人们把幸福寄托于来生。虽然佛教内部也有个别僧侣，如南朝宋人慧琳作《白黑论》，

① 《三报论》，石峻等编：《中国佛教思想资料选编》第 1 卷，88 页。
② 郗超：《奉法要》，石峻等编：《中国佛教思想资料选编》第 1 卷，20 页。
③ 参见刘谧：《三教平心论》卷上，《大正藏》第 52 卷，785 页下。

文说："若不示以来生之欲，何以权其当生之滞。物情不能顿至，故积渐以诱之。"[①] 对来生说多有讥评。儒家学者认为佛教"来生之化"的说法，于事实无证，而给予猛烈的抨击。但是，来生说既避免了今生只是前生作业的结果这种简单而又带有宿命论因素的理论缺陷，又满足了人的内在要求和期待：度过痛苦的今生之后，能在来生享受幸福；经历短暂的今生之后，能在死后永生。这就使来生说不仅得到大量佛教信徒的认同，而且推动信徒去恶从善，严格自律，从而成为中国佛教的重要理论支柱。三是古代中国人祈求生命的永恒、避免生命的消亡、崇拜不朽的思想，既表现为追求个人的长生不死，也表现为祈盼子孙万代的永兴昌盛，即生命的绵延不绝。佛教的因果报应理论，强调由因生果，前能启后，前前影响后后，把人生归结为过去、现在和未来三世，并融入循环往复的系统之中，这种生命意识与中国固有文化的生生不息观念相吻合，这也是佛教因果报应说得以长期流传的重要原因。

三、报应的主体

上面已论述中国佛教学者因果报应的根源在于作业的善恶，方式有现、生、后三报的思想，现在要进一步论述的是，究竟是谁决定因果报应？又是谁在承受因果报应？尤其是人死后承受生前报应的主体是什么？这是一个涉及佛教理论全局的大问题。

对于这个问题，中国佛教学者一直强调，行为者个人尤其是个人的"心"，即心理活动或精神活动是因果报应的决定因素。在佛教的身、口、意三业说中，特别重视"意"即"心"的关键作用。东晋郗超援引《般泥洹经》的话并加以发挥说：

> 经云："心作天，心作人，心作地狱，心作畜生，乃至得道者，亦心也。"凡虑发乎心，皆念念受报。虽事未及形，而幽对冥构。……罪福形道，靡不由之，吉凶悔吝，定于俄顷。是以行道之人，每慎独于心。[②]

---

① 《天竺迦毗黎国传》，《宋书》第8册，2390页，北京，中华书局，1974。

② 《奉法要》，石峻等编：《中国佛教思想资料选编》第1卷，18页。

这里强调心理活动、内心想法，即使没有成为行为、事实，也都构成不同报应的根据，是报应的决定者。信佛行道之人，特别要慎独于心。“慎独”语出《礼记·中庸》，这是结合儒家的修养方法，强调佛教道德理性的修养。

随着佛教“万法唯心”观念的流行，佛教内部出现了这样的情况：

> 错会者，谓无心则无因无果，故不患有业，唯患有心，有业无心，阎老子其奈我何？遂安意造业，无复顾忌。①

这是明末四大名僧之一袾宏（1535—1615）对佛教内部将业与心割裂开来所作的批评。他强调有业就是有心，造业后强制使心归于无，仍是有心。看来，袾宏是批评禅宗的某些做法，但是这种做法在奉行顿悟说的禅师中间，仍然继续流行。直至近代，如自号为虎禅师的杨度认为：“心中无事，事中无心，一切随缘，即为了义。古今诸佛，无不如是。”② “离心说佛，无有是处；生死灵魂，管他做甚！放下此心，轮回立尽。”③ 强调放下自心，一念能空，即超脱果报轮回，当下成佛。这种说法实际上也是强调心在因果报应中的决定作用。

中国固有的报应思想是建立在“天道观”基础上的，所谓“天道福善祸淫”（《尚书·汤诰》）。“惟上帝不常，作善降之百祥，作不善降之百殃。”（《尚书·伊训》）天道或上帝主宰人事，决定人间善淫者的祸福。《周易·坤·文言》说：“积善之家，必有余庆；积不善之家，必有余殃。”认为人的所作所为将给自身、家庭、家族带来报应，给子孙后代带来祸福。早期道教发展了这一思想，提出“承负”说。所谓“承负”是“承者为前，负者为后；承者，乃谓先人本承天心而行，小小失之，不自知，用日积久，相聚为多，今后生人反无辜蒙其过谪，连传被其灾，故前为承，后为负也。负者，流灾亦不由一人之

---

① 袾宏：《果报一》，《云栖法彙·竹窗随笔》，金陵刻经处本，1899。

②③ 《轮回偈序》，《杨度集》，672页。

治，比连不平，前后更相负，故名之为负。负者，乃先人负于后生者也”①。“后生”，指后人，即子孙。意思是先人做善恶之事，不仅本人连其子孙也要负担责任，要受报应。郗超在《奉法要》中批评了上述说法，他援引《泥洹经》文说：“父作不善，子不代受；子作不善，父亦不受。善自获福，恶自受殃。”② 强调个人的善恶决定自身的祸福报应，人应对自己的行为负责。近人梁启超在《余之死生观》中则认为“个人之羯磨③，则个人食其报；一家之羯磨，则全家食其报；一族一国乃至一世界之羯磨，则全族全国全世界食其报。由此言之，则言家族之余庆余殃者，于佛说岂有违异乎？”④ 这是分作个体和群体立论，强调各自作业各自食报，集体作业，集体受报，从而把中国与印度佛教的报应观念协调起来。

人生今世，自受果报，那么，人死以后又是什么在承受呢？中国佛教学者认为人死后来世依然存在的精神，即灵魂是报应的承受主体。东晋郗超说：

> 识者，经历累劫，犹萌之于怀。虽昧其所由，而滞于根。潜结始自毫厘，终成渊岳，是以学者务慎所习。⑤

“识”是累劫不灭、潜伏于心的灵魂，是承负因果报应的主体。由此，郗超也特别强调心识的道德修养。北齐颜之推著文肯定形死神存，并引社会传说给以证明：

> 形体虽死，精神犹存。人生在世，望于后身，似不相属，及其殁后，则与前身犹老少朝夕耳。世有魂神，亦现梦想，或降僮妾，或感妻孥，求索饮食，征须福佑，亦为不少矣。今人贫贱疾苦，莫不怨尤前世不修功业。⑥

---

① 《太平经·解师策书诀》，《太平经合校》，2 版，70 页，北京，中华书局，1979。
② 石峻等编：《中国佛教思想资料选编》第 1 卷，19 页。
③ 羯磨，意译作“业”，梁启超又解释为遗传性。
④ 《饮冰室文集之十七》，《饮冰室合集》（2），7 页，北京，中华书局，1989。
⑤ 《奉法要》，石峻等编：《中国佛教思想资料选编》第 1 卷，18 页。
⑥ 《颜氏家训·归心篇》，《诸子集成》（八），31 页。

颜氏还说，具有天眼神通，就可以看见人的前生、今生、后生是一体的，“凡夫蒙蔽，不见未来，故言彼生与今非一体尔。若有天眼，鉴其念念随灭，生生不断，岂可不怖畏耶?”① 这都是以人的精神和死后的灵魂作为承受报应的载体。形神关系问题，实际上成为中国佛教因果报应论乃至整个教义的理论核心问题，我们将在下一章集中地详加论述。

四、报应的性质

如果说，对于因果报应的内容，中国佛教学者较多地坚持了印度佛教的具体主张，那么，对于因果报应的性质，中国佛教学者则结合中国固有的“自然”、“气数”、“分命”、“天命”观念，作出了颇富中国思想文化色彩的说明。

慧远强调因果报应是“自然的赏罚”，把因果报应说成是人生的自然规律，他说：

> 故心以善恶为形声，报以罪福为影响。本以情感而应自来，岂有幽司？由御失其道也。然则罪福之应，唯其所感，感之而然，故谓之自然。自然者，即我之影响耳。②

慧远认为，如同有形就有影、有声就有响一样，有人心的善恶为因，必有所受的福祸为果。人有了善德恶行，由于心的感召，必有福祸的报应，有感必应，谓之报应。他认为，这是自然的，不是另有主宰，从外面来掌管报应，既然如此，人也就不能逃避自己行为所造成的报应。梁启超也说：“凡自己造过的‘业’，无论为善为恶，自己总要受‘报’，一斤报一斤，一两报一两，丝毫不能躲闪，而且善和恶是不准抵消的。”③

中国佛教学者还宣扬因果报应是人的“气数”。慧远把因果报应说成是“无所容疑”的“必然之数”。他还说：“倚伏之契，定于在昔，冥府告命，潜相回换。故令祸福之气，交谢于六府；善恶之报，舛互而两行。”④ 古代中国人有一种说法，认为人生的祸福是生时禀

---

① 《颜氏家训·归心篇》，《诸子集成》（八），31页。
② 《明报应论并问》，石峻等编：《中国佛教思想资料选编》第1卷，90页。
③ 《与梁令娴等书》，《梁启超年谱长编》，1046页。
④ 《三报论》，石峻等编：《中国佛教思想资料选编》第1卷，88页。

受元气不同的结果。慧远也特地讲“祸福之气”，认为祸福本身就是气，祸福之气交相代谢于六道轮回之中，从而赋予人生的祸福和报应以自然的性质和外观。南朝宋代奉佛文人颜延之说：“凡气数之内，无不感对，施报之道，必然之符。”① 更是把“气数”和“报应”直接沟通起来。

中国古代还流行“分命”论，东晋戴逵就以分命论为武器，和因果报应论相抗衡。所谓分命，是说人们的“穷达、善恶、愚智、寿夭，无非分命。分命玄定于冥初”②。分命就是先天决定的宿命。宿命论和佛教因果报应论的过去世作业来世受报应的思想相通，而被中国佛教学者纳入佛教因果报应说的体系之中。慧远就说：“分命穷达，非常智所测，然依傍大宗，似有定检。”③ 人生分命穷达，不是一般智慧所能度测的，只有依靠佛教教义才能有所定检。慧远机巧地调和了分命论和因果报应论的矛盾，并把分命论作为因果报应论的一个内容。

佛教的因果报应论与中国的天命论是不同的，甚至是对立的。如前所述，汉代以来佛教学者对于天命予人以祸福的说法多有批评。但自元代以来，一些佛教学者则转而强调报应论与天命论的一致性。如元代刘谧在《三教平心论》中说：“莫之为而为者天，莫之致而致者命。儒言天命，佛言定业，盖不可逃之数也。”④ 把天命和定业都说成是必然的，绝对的，而忽视了佛教报应论强调作业的主体性、自律性，即与天命论的差异性。明末佛教四大师之一真可（1543—1603）更明确地说：

吾读《洪范》，乃知箕子圣人也。……箕谓五福⑤六极⑥，唯敬天爱民者，天以五福应之，反是则以六极应之。由是而观，

① 《释达性论》，《弘明集》卷4。

② 戴逵：《答周居士难释疑论》，《广弘明集》卷18。

③ 《答戴处士书》，石峻等编：《中国佛教思想资料选编》第1卷，120页。

④ 《大正藏》第52卷，790页下。

⑤ 五福，指寿、富、康宁、攸好德、考终命。

⑥ 六极，六种极不幸的事，指凶短折、疾、忧、贫、恶、弱。

> 则报复之理，因果之条，释氏未东之日，而中国有欲治天下者，未始不严于此也。今谓因果之谈，报复之唱，乃释氏鼓惑愚者之技，岂君子所当道哉?①

看来，为了缓和人们对佛教因果报应说的批评，佛教学者越来越肯定儒家天命论，并把它引为佛教因果报应论的同道了。

第三节　轮回说的新阐发

佛教轮回说是在因果报应论的基础上形成的生命转化学说，谓众生由惑业的因而招感生死流转，犹如车轮的回转，永无止尽。佛教强调，陷于生死轮回是痛苦的，只有超越生死轮回才能最终获得“解脱”。轮回说是佛教因果报应论的重要内容和解脱论的必要前提。中国佛教学者着重结合中国固有的相关观念阐发了六道轮回的种种形态，轮回与主体、轮回与心性道德的关系，并对儒家学者否定生死轮回说的种种非难，作出回应。

一、六道轮回与魂归泰山

> 君不见，东家妇，健如虎，腹孕常将年月数，昨宵犹自倚门间，今朝命已归黄土。又不见，西家子，猛如龙，黄昏饱饭睡正浓，游魂一去不复返，五更命已属阎翁。目前人，尚如此，远地他方那可指！闲将亲友细推寻，年去月来多少死。……昨日街头犹走马，今朝棺里已眠尸。……钻马腹，入牛胎，地狱心酸实可哀。②

这是明末佛教四大家之一袾宏撰写的出家前告别夫人的歌诀。它表明，正是佛教的生死轮回观念促使袾宏出家信佛，追求超脱生死流转、实现永生无死的终极理想。

轮回原是古印度婆罗门教的主要教义之一，认为四种姓③在生死

---

① 《法语·长松茹退》，《紫柏老人集》卷9，25页。

② 袾宏：《出家别室人汤》，《云栖法彙·山房杂录卷二·诗歌附》，金陵刻经处本，1899。

③ 四种姓，依等级分别为婆罗门、刹帝利、吠舍和首陀罗，是印度古代社会职业世袭，同一种姓内部通婚，不与外人交往的不同等级。

相续、轮回转生中，生生世世，永袭不变。佛教吸取这一观念，并加以改造和发展，主张众生在业报之前，一律平等，即都以自身善德恶行决定来世的转生。在没有解脱以前，众生各依作业的善恶而趣往的世界，有五道（五趣）或六道（六趣）之说，早期讲六道，也讲五道，后专讲六道。六道指：

（1）地狱。地下牢狱，是受恶报最重的苦难深渊，有“八热”、“八寒”、“无间”等名。

（2）饿鬼。是一种孤贫潦倒的鬼，四处游荡而求食不得，饥渴难忍，苦无休止。

（3）畜生（傍生）。人类以外的一切动物，如禽兽鱼虫，牛羊猪马等，多受自然环境支配，或依附人类生活。动物之间，弱肉强食，互相残杀；又有人类对它们的奴役、鞭挞、屠杀。

（4）阿修罗（修罗）。住于海中，是一种大力鬼神，有神通威力而无德行，嫉妒心极强。

（5）人。指人类众生。苦乐参半或苦多乐少，是六道升沉的枢纽，修善得生天道；作恶，如杀、盗、淫，则堕入畜生、饿鬼、地狱三恶道。然人富有智慧，易于知苦修道，转凡成圣。

（6）天。指天界众生。共有三界二十八重天，从人间往上有六重天，因有男女情欲，名“欲界天”。欲界以上有十八天，因没有男女情欲，只有色相庄严，名“色界天”。色界以上有四重天，因没有色身形相，只有精神心识，名“无色界天”。天界内部虽有区别，但都重享乐，时享胜乐，并未超脱生死，若作恶也还要堕入恶道。

上述六道中，印度佛教有的部派删除阿修罗道，只说五道。六道的前三道称为三恶道，后三道称为三善道。六道的群生，通称众生。众生由于未尽之业，在六道中受生死轮回无穷流转之苦，称为六道轮回。因为六道都处在生死轮回的痛苦之中，所以，佛教又称六道众生共在一大狱中。

从信仰观念来说，在佛教传入之前，中国已经形成天上、人间和地下三种不同空间的观念。天上是上帝（天帝）所居，称为“帝所”，上帝是天上最高的神，他有许多属神，一些权威的祖先神也客居在帝所。地下，是鬼所居住的阴间世界。人死变鬼，鬼的容貌、性情与生前一样，能报答恩情，复仇雪耻，给活人以祸福。《楚辞·招魂》说："魂兮归来，君无上天些。""魂兮归来，君无下此幽都些。""幽都"，即地下世界。魂既可上天，也可入地。1972年发现的长沙马王堆汉墓一号和三号都有帛画。一号帛画画面分为三部分，上部是天上世界，中间是人间世界，下部是地下世界。画面墓主轪侯利苍的妻子，作"灵魂升天"状。① 相对人间来说，天上世界是天堂，地下世界是阴间（人间世也称阳间）。中国三种世界说与佛教六道轮回的天、人、饿鬼和地狱，意义并不相同，但也有相通之处。中国人对于六道轮回说，最感恐怖、畏惧的是地狱道。"生人既死，阴府收其精神，校平生行事罪福之。坐罪者刑，狱皆怪险。"② "夹殿宏廊，悉图其状（指地狱情状），人未熟见者，莫不毛立神骇。"③ 佛教的人死入地狱说和佛寺地狱图景，令人毛骨悚然，心神惧骇。一些宣扬佛教的小说也极力张扬地狱之苦，如《冥祥记》载，晋人赵泰中年患心痛猝死，十日后苏活，谓曾遍历地狱："所至诸狱，楚毒各殊。或针贯其舌，流血竟体。或被头露发，裸形徒跣，相牵而行，有持大杖，从后催促。铁床铜柱，烧之洞然，驱迫此人，抱卧其上，赴即焦烂，寻复还生。或炎炉巨锅，焚煮罪人，身首碎坠，随沸翻转，有鬼持叉，倚于其侧。有三四百人，立于一面，次当入锅，相抱悲泣。"④ 佛教的地狱说成为佛教影响中国人信仰的最重要观念之一。

中国自秦汉以来，已有人死后灵魂归泰山之说，汉魏间又盛行泰山治鬼之说。为了便于中国人接受佛教信仰，中国佛教学者还把中国的泰山崇拜和佛教的地狱报应结合起来，如疑经《佛说妙好宝车经》就说："将我何所至，送至东太山。"⑤ "太山"，即泰山，为我国五岳

① 参见《长沙马王堆一号汉墓》上集，北京，文物出版社，1973。又见《座谈长沙马王堆一号汉墓》，载《考古》，1972（9）；《马王堆一号汉墓帛画并无"嫦娥奔月"》，载《考古》，1979（3）。

②③ 杜牧：《杭州新造南亭子记》，《全唐文》卷753，第8册，7809页，中华书局影印本。

④ 《赵泰》，《太平广记》卷377，第8册，2996～2997页，北京，中华书局，1961。

⑤ 《大正藏》第85卷，1334页中。

中的东岳，系传说中专司招魂的太山府君所住地。佛教把太山府君说成是阎魔王的书记官，专门暗访、记录众生的善恶行为。泰山成为中国人承受地狱报应的场所，并被佛教徒奉为灵山。

怎样解救六道轮回中受苦的众生呢？中国佛教告诉人们要信仰六观音和六地藏，他们能救苦救难。天台宗创始人智𫖮（538—597）在《摩诃止观》卷 2 上指出，大悲、大慈、师子无畏、大光普照、天人丈夫和大梵深远六尊观世音菩萨，能分别依次破除地狱、饿鬼、畜生、阿修罗、人和天的转趋圣道的障碍。① 六地藏是大定智悲、大德清净、大光明、清净无垢、大清净和大坚固六尊地藏菩萨，也能依次分别化导地狱、饿鬼、畜生、阿修罗、人和天六道众生。中国佛教热烈地尊奉六观音和六地藏为六道能化的神主。这也是中国佛教出现信仰观音菩萨热和地藏菩萨热，对观音菩萨和地藏菩萨的信仰超过对释迦牟尼佛的信仰的一个重要原因。

二、十界互具与刻刻轮回

中国佛教学者还运用传统的整体思维和辩证思维，结合佛教《法华经》的十法界众生悉皆成佛的思想，提出“十界互具”说，为众生解脱生死独辟蹊径。

六道也称为“凡夫”，处于“迷”的世界；已获解脱生死的，称为“圣者”，处于悟的世界。佛教认为，由凡转圣，由迷入悟，是众生实现最高价值理想的根本途径。智𫖮在《摩诃止观》卷 5 上称，迷与悟的世界共有十类，迷的世界是六类，即六道，悟的世界是四类，为声闻、缘觉、菩萨和佛四圣。声闻是听闻佛说法而证悟者，缘觉是观因缘而觉悟者，菩萨是为度他人悉皆成佛而修行者，佛则是自悟且能悟他与觉行圆满者。六凡和四圣，合称为十界。智𫖮认为，从地狱界至佛界，十界中的任何一界，都具足十界，都是互相具备其他境界的，如地狱也具从饿鬼到佛的各界，佛也具从地狱到菩萨的各界。一心能造十界的因果，也就具足了十界。② 这种理论强调众生主体心性

---

① 详见《大正藏》第 46 卷，15 页中。

② 同上书，54 页上。

活动的多样性和统一性，强调上自佛界下至地狱界的十界，都是众生一心所作，没有差别。这就在主体精神的深层活动中克服了十界的固有畛域，在世俗世界和神圣世界之间架起一座便捷的桥梁，为众生主观世界的转变，进而实现超凡入圣提供重要的理论根据。

明末袾宏作《六道互具》，认为“六道之中，复有六道”。文章以人为例说：

> 有人而天者，诸国王大臣之类是也。有人而人者，诸小臣及平民衣食饶足、处世安然之类是也。有人而修罗者，诸狱吏、屠儿、刽子之类是也。有人而畜生者，诸负重力役、恒受鞭挞之类是也。有人而饿鬼者，诸贫穷乞人、啼饥号寒之类是也。有人而地狱者，诸刑戮剐割之类是也。①

袾宏认为这是“各随其心，感报不一”，是人前生持戒修福不同所致。而这些现象的存在在客观上正曲折地揭示了封建社会的不平等。

有的学者还根据佛教的“自业自得”和“随作随受”的思想，提出刻刻轮回说，它与十界互具说既有区别，又有某些共同点。梁启超说：

> 善和恶是不准抵消的。……恶业受完了报，才算善业的账，若使正在享善业的报的时候，又做些恶业，善报受完了，又算恶业的账。……曾经造过的恶业，并不因忏悔而灭，是要寻报完了才灭。……他（佛）说的六道轮回等等，不过为一般浅人说法，说些有形的天堂地狱，其实我们刻刻在轮回中，一生不知道要经过多少天堂地狱。②

意思是说，善有善报，恶有恶报，善恶业的报应并不互相抵消，作恶业必受恶报，并不因忏悔就能灭除恶报。作善业后又作了恶业，则先受善报，再受恶报。总之，一般人往往既作善业也作恶业，那么，就会时而往升天堂，时而堕入地狱，不断地在六道中轮回往复。刻刻轮

---

① 《云栖法彙·竹窗随笔》。

② 《与梁令娴等书》，《梁启超年谱长编》，1046页。

回说，客观上把轮回报应加以现实化，成为人生不同的心理感受：一方面强调人在现实生活中随时受报，这在一定意义上淡化了来世受报应的观念；另一方面认为精神苦闷即是地狱，精神愉快即是天堂，强调多作善业，保持“心地清凉”，在现实生活中就能达到涅槃境界，从而也就把佛教最高价值理想归结为心性修养境界。

三、轮回与持戒，轮回与心念

佛教学者在论述因果报应根源的时候，其实已经论述了六道轮回的根源。值得注意的是，中国佛教学者又特别重视以是否持戒和是否行十恶来说明六道轮回的根源，并且以心即主体的心理活动作为决定轮回的主导因素。

佛教认为众生是由惑业的因而招感六道的生死轮回。所谓惑业的因，即苦因，具体是指贪、瞋、痴。贪，贪欲，即贪著爱乐五欲。五欲指色、声、香、味、触五境所引起的五种情欲。瞋，瞋恚，瞋怒，是一种对众生的怨恨心理与仇恨活动。痴，愚痴，愚昧无知，不明事理，不了悟宇宙人生的真实。贪，瞋，痴，也称为“三毒”，是毒害众生，使之长期受苦不得出离生死的三种根本因素，是决定众生在六道中受无穷流转之苦的根源。佛教认为只有灭除贪、瞋、痴，才能消除苦因，获得解脱。这是从人的欲望、情感和认识三个方面来探求人生痛苦的根源，强调只有灭除五欲，增长智慧，才是超越生死轮回的解脱之路。

中国佛教学者对于轮回的因果关系有着具体的说明。郗超在《奉法要》中说：

> 三界[①]之内，凡有五道。一曰天，二曰人，三曰畜生，四曰饿鬼，五曰地狱。全五戒则人相备，具十善则生天堂。全一戒者，则亦得为人。人有高卑，或寿夭不同，皆由戒有多少。反十善者，谓之十恶，十恶毕犯，则入地狱。抵揬强梁，不受忠谏，及毒心内盛，徇私欺绐，则或堕畜生，或生蛇虺。悭贪专利，常

① 指众生所居住的欲界、色界和无色界。

苦不足，则堕饿鬼。其罪差轻少，而多阴私，情不公亮，皆堕鬼神。虽受微福，不免苦痛。①

这是具体阐明天、人、畜生、饿鬼、地狱这五道的成因。这里，郗超以是否持戒、持戒的多少、行恶行善来决定五道的区别，认为人是前世持五戒的结果，而不同人持戒的多少又决定其尊卑寿夭的差别。这就把人的命运与佛教戒律即宗教道德实践紧密联系起来，为劝导人们信佛持戒提供了依据。

中国佛教学者除了从戒律实践揭示众生轮回的原因以外，还越来越强调心（精神）的主体作用，从心的思维活动和本原意义来阐明众生轮回的根源。

早期中国佛教学者如郗超就根据佛教心作六道轮回的思想，强调"凡虑发乎心，皆念念受报"②。后期中国佛教学者进一步认为心的念头生起即入轮回中的不同种类。如云："一心未生，凡圣皆不可得，……一心既生，则圣凡判然，……凡念头起处，当知自己所入所堕之界。"③ 又如："一切圣凡，善恶因果，依正庄严，皆由一心之所造。然此一心非别，乃吾人日用现前，分别了知之心也。"④ 这里所说的心是指思维作用、认识作用。人心一念的善恶，直接决定了生死流转的不同方向。

极端重视心在轮回中的决定作用，导致了双重结果：一是在佛教修持过程中，重视行为动机的纯正，道德意识的修养；二是以为心不起思维、认识、了别的作用，就不会有轮回。杨度作偈曰：

前偈：心心复心心，一心幻万轮。轮轮似生灭，非灭亦非生。

后偈：无前亦无后，无去亦无来。本无生灭心，何自有轮回。⑤

---

① 石峻等编：《中国佛教思想资料选编》第1卷，17～18页。
② 《奉法要》，石峻等编：《中国佛教思想资料选编》第1卷，18页。
③ 《法语·示法灯》，《紫柏老人集》卷4，10页，钱塘许灵虚重刊本，1878。
④ 《法语·示徐清之》，《憨山老人梦游集》卷10，江北刻经处本，1879。
⑤ 《轮回偈序》，《杨度集》，672页。

这是运用体用一如的观念，把心分为体和用两个方面，从心的用来看，似有生灭心相，故有轮回；从心的体来看，本来无生灭心、无心也就无轮回。心的本体、体性是空无的，是无生灭、无轮回的，所以，如前所引，他认为“放下此心，轮回立尽”①。这实际上是以追求主观心体的空寂为超脱轮回的境界。

四、对儒家反轮回说的回应

佛教传入中国以来，儒家学者一直对佛教因果报应论包括轮回说持否定态度，其直接反对轮回说的论点主要有：

（1）批评人与其他动物“并为众生”说。晋宋之际何承天根据儒家的“天地之性人为贵”的观点，在《达性论》中指出，“人非天地不生，天地非人不灵”②，认为人为万物之灵，人与天地“相须而成”，人能够广泛利用自然物，加工制作，为人类生活服务，而和其他动物不同。又说：“人以仁义立”，人具有其他动物没有的仁义道德。由此他突出人在宇宙中的地位，指出人“安得与夫飞沈蠉蠕并为众生哉?”“飞沈蠉蠕”，指禽兽虫鱼之类。认为怎么能将人与禽兽虫鱼并称为“众生”呢？人既不能和其他动物并称“众生”，也不可能轮回转生为其他动物：“生必有死，……奚有于更受形哉?”何氏坚持儒家关于人的崇高地位的价值观念，抨击“众生”说，并依据宇宙万物的自然规律，否定“轮回”说。

（2）反对轮回转生的“鬼神”论。宋代理学家张载说：“浮屠明鬼，谓有识之死受生循环，遂厌苦求免，可谓知鬼乎？以人生为妄[见]，可谓知人乎?”③ 张载从气本论出发，认为鬼神是气运动变化的形态，气聚显而成物为神，气散隐而为鬼。又说阳气主伸为神，阴气主屈为鬼，这既否定了鬼神的人格神的性质，又否定了鬼神灵魂的永恒存在。他据此批评佛教把人生视为苦命，因厌苦而力求避免死后轮回转生为鬼，是既非知鬼，也非知人。

---

① 《轮回偈序》，《杨度集》，672页。
② 《弘明集》卷4。
③ 《正蒙·乾称》，《张载集》，64页，北京，中华书局，1978。

（3）指斥轮回说是“怖”、“诱”之术。儒家认为：“且要天堂以就善，曷若服义而蹈道，惧地狱以敕身，孰与从理以端心。”① 佛教的天堂地狱说教不如儒家的义理道德实践，是“近欲未弭，远利又兴，……永开利竞之俗”②。又说：“佛经怪诞，大而无征。怖以地狱，则使怯者寒心；诱以天堂，则令愚者虚企。”③ 程颢也说：“佛学只是以生死恐动人。”④ 这都是指责地狱天堂说是对怯者的恫吓，对愚者的诱惑，使前者战栗畏惧，令后者产生虚幻的企望。

（4）抨击轮回说是鼓动“买福卖罪”式的交易。晚唐文学家杜牧指出，官吏巧取豪夺，工商百般敛财，自知有罪，于是“奉佛以求救”，竞相布施财物，建寺塑像，祈求“有罪罪灭，无福福至”，是一种“买福卖罪”⑤ 的交易行为。朱熹也说佛教“以其有生死轮回之说，而自谓可以不沦于罪苦也，则世之傭奴爨婢、黥髡盗贼，亦匍匐而归之。”⑥

佛教对儒家学者反轮回说的挑战作出了回应。它强调轮回是众生行为必然带来的生命转化，是道德和自然相结合的法则。中国佛教学者应用以子之矛攻子之盾的方法，着重援引儒家等典籍的有关记载，以论证生死轮回的确凿存在。如元代刘谧作《三教平心论》，其卷下有两大段话是专门回应张载和程颢反轮回说的，文云：

> 《南史》载，梁武帝梦眇目僧执手炉入宫内，欲托生王宫，觉而后宫生子绎。幼即病目，医疗不效，竟眇一目，是为元帝。《名臣言行录》载，范祖禹将生，其母梦一伟丈夫立于侧曰：“我汉将军邓禹也。”觉而产儿，遂名祖禹，以邓禹内行淳备，遂字之曰淳夫。以是证之，则儒家之书，因有轮回之说矣。……《隋史》载，开皇中，大府丞赵文昌死而复活，云：“于冥间见周武帝受罪。帝谓文昌曰：既还家，卿为吾向隋皇帝说，吾灭佛法罪

①② 慧琳：《白黑论》，《宋书》第8册，2390页。

③ 道安：《二教论·教指通局十一》，《广弘明集》卷8。

④ 《河南程氏遗书卷第一》，《二程集》，3页，北京，中华书局，1981。

⑤ 《杭州新造南亭子记》，《全唐文》卷753，第8册，7810页。

⑥ 转引自刘谧：《三教平心论》卷上，《大正藏》第52卷，787页上。

重，为营功德，俾出地狱。”文昌奏其事，文帝遂敕天下僧尼为周武帝诵《金刚经》。《名臣言行录》载，王荆公子名雱，所为不善，凡荆公悖理伤道之事，皆出于雱。及雱死后，荆公仿佛见雱荷铁枷立于门侧。于是舍所居之半山为钟山寺，为其追冥福。以是证之，则儒家之书，固有地狱之说矣。乃谓释氏地狱之说为无有，何其未及思也。①

地狱之说，前既言之矣，至于死而变为畜生，见于儒家之所纪者非一。鲧为黄能，彭生为豕，载于《左传》；褒君为龙，载于《史记》；赵王如意为犬，载于《前汉书》，是中国未有佛教之前，记载于儒书者如此，非释氏创为此说也。②

刘氏引证的例子，多系说梦和传说，他据此得出儒家也早有地狱畜生轮回之说，自然是儒家学者所不能同意的。但这些有关记载确也有利于论证佛教轮回说，因此仍被佛教学者利用为构筑儒、佛调和论的素材。儒家反对佛教轮回说，而佛教学者则尽力沟通儒、佛的对立思想，这也从一个侧面反映了中国佛教与中国固有观念由冲突而转向融合的思想发展轨迹，体现了中国佛教思想的发展趋势。

第四节　中国佛教因果报应论的特色

以上我们论述了中国佛教因果报应论的内容，这里，我们将进一步分析佛教因果报应论的哲学内涵和社会功能，并揭示中国佛教因果报应论的基本特色。

一、因果报应论的哲学内涵

从理论思维的层面考察，因果报应论所蕴含的哲学内涵是十分丰富的，也是非常重要的。就其要点来说，主要有以下四个方面：

（1）人生本原论。佛教因果报应论认为，人是生死无常的、不自由的、痛苦的，而痛苦的原因在于人的无明和贪爱，在于人自身的思

① 《大正藏》第52卷，791页中、下。

② 同上书，794页上。

想和行为，即认为人的思想和行为是决定人自身命运的根源。这是佛教对人、人生、人类的一个基本看法。因果报应论强调人的一切都取决于人们自身的思想和行为，既非上帝的主宰，也非天命的安排。人是自作自受，自己掌握自己的命运，自己对自己的行为负责。从而原则上确立了人的主体地位，排除了神造论和天命论。与此相联系，佛教认为“万类纷纭，唯人最灵”①。六道之中，天，贪图享乐；阿修罗，脾性不好；畜生，太愚蠢；饿鬼和地狱，罪恶过于深重；唯有人最富有智慧和灵性，能够修行成佛，最终摆脱轮回之苦，是六道众生升沉的枢纽，实际上，六道轮回说是以人为中心的升沉学说。

（2）因果论。佛教因果报应论，是一种因果理论，也可称为道德因果论。佛教因果报应论的中心内容是论述主体的思想行为和生命再塑造的关系问题，强调道德在生命转化长流中的作用，恶因结恶果，善因生善果，道德是自我塑造未来生命的决定因素。这就从理论上把生命自然律和行为道德律统一起来，把因果报应定位为支配人类社会的铁律，把佛教的戒律等道德规范定位为人生行为的基本准则。

（3）生死观。佛教因果报应论也是一种生死观，包含了生命哲学与死亡哲学的内容。我们认为，人类的自觉，不仅表现为重视自身的生命存在，而且也表现为关怀自身的死亡安顿，生与死是涉及人类现实关怀和终极关怀的大课题。佛教因果报应论强调人有生必有死，死后将根据生前的行为而转化为其他生命形态，如此不断流转轮回，向上升和下沉两个相反方向转生。这是佛教以一种特殊的生死观回答生命的有限性与无限性，死亡的终极性与非终极性，生死转化的必然性与主体选择的自由性等重大的哲学问题，具有重要的理论思维价值。

（4）来世观。佛教因果报应论宣扬三世轮回，其思想重心是劝告人们虔诚行善修道，以赎前生的罪业，祈求来生的富贵和幸运，也就是要人们把对幸福的渴望寄托于来世，为了未来的幸福，应作出巨大的努力。这就把人们的希望、理想引向死后的未来，从而为“解除”人们的生命忧患奉献了一种绝妙的方案。

---

① 真可：《法语·勉马大之》，《紫柏老人集》卷4，20页。

二、因果报应论的社会功能

从实际作用的层面考察，因果报应论的社会功能是复杂的、多重的。就其重要社会功能来看，有以下三个方面：

（1）平衡心理。人们普遍存在忧生之患，需要寻求立身安命之所。佛教因果报应论把人定位为六道中偏于中上的一道，一方面指出作恶将堕入更低的层次，一方面又提供了上升到更高层次的可操作的规范，从而使人成为在现实生活中可升可沉的特定角色。佛教运用地狱与佛国的强烈对比，给人以巨大的威慑作用和美好的诱导作用，使人从强烈的反差中认清两种相反的道路和前途，由此而形成两种不同的心理，即对未来的恐惧和对未来的希望。这两种心理的共存和互相制约，使人们的不安心灵得到抚慰，骚动情绪大为缓解，也使佛教信仰成为一些人的心理需要、生活方式和最终归宿。

（2）道德导向。佛教因果报应说强调善得善报，恶得恶报，来世的命运由今世的善恶行为决定，结合人们的性命大事、切身利害，引导人们去恶从善，这样使一些“贪婪之吏，稍息侵渔；尸禄之官，自当廉谨”[①]。因果报应说重视本体“心”在报应过程中的作用，重视行为动机的纯正，这又与儒家的“慎独”观念相通，从而推动了个人的道德修养。而佛教善恶道德规范的独特内容又产生了独特的社会效应。

（3）稳定社会。佛教因果报应说把造成人生苦难的社会的复杂原因完全归之于主体自身，归之前生作业的报应。它要人们把幸福寄托于来生，为来世的幸福而信佛修道，要人们修持佛教道德规范，去恶行善，慈悲平等，自觉觉他。这就在客观上承认了现实生活的合理性，社会不平等的必然性，把造成苦难的社会原因排除在视野之外，从而发挥了稳定现实社会秩序和结构的特殊功能。中国佛教学者十分重视这一社会功能，指出，“西方圣人历陈因果轮回之说，使暴强闻之，赤颈汗背，逡巡畏缩，虽蝼蚁不敢践履，岂不有补治化之不足？”[②]

---

① 《敦煌写本王梵志诗集原序》，《王梵志诗校辑》。

② 宋濂：《重刻护法论题辞》，《护法遗教心印门·护法论》，2页。

“若使天下之人，事无大小，以有因果之故，皆不敢自欺其心，善护众生之念，若无侵凌争夺之风，则岂不刑措而为极治之世乎！”① 历史表明，有助于社会稳定，有利于治世，确是佛教因果报应说的一大社会功能。

三、中国佛教因果报应论的思想特色

中国佛教因果报应论的思想特色，只有通过两方面的比较才能凸现出来，一方面是与中国固有的报应观念相比较，一方面是与印度佛教因果报应说相比较，而与后者的比较尤为重要。

（1）中国佛教因果报应说和中国固有报应观念的不同，主要表现有三点：

第一，和中国固有的“天”主宰报应的观念不同，中国佛教从人的“心”，即从人的思想意识、感情欲望方面建立报应说，即不认为赏罚报应是由于天神、天命，而是由于人自身的思想和活动，这就排除外力，强调内因，把因果报应说建立在内因论的基础之上。

第二，与上一点相关，中国佛教因果报应说把受报的主体规定为作业者自身，强调自作自受，而不是像儒、道典籍所说的由子孙承受，也就是反对将作因和受果相割裂，排除了受报主体问题上的家族本位，排除了他人受报。

第三，中国固有报应观念把作业与受报分开，自我作因，他人受报，这实际上是一世报应说。佛教不同，它批评世典是“谈遗过去，辩略未来；事尽一生，未论三世”②。认为众生有过去、现在、未来三世，众生根据自身的作业不断地在六道中生死轮回。应当承认，从理论思维来说，三世说为因果报应论提供了更“圆满”的时间性概念，“圆满”地说明了报应问题，以至有的学者宣扬儒家学说中也含有三世因果思想。如隋代徐同卿作《通命论》，“以为儒教亦有三世因果之义，但以文言隐密，理致幽微，先贤由来未所辩立。卿今备引经

① 张商英：《护法论》，《护法遗教心印门》，32页。

② 道安：《二教论·教指通局十一》，石峻等编：《中国佛教思想资料选编》第1卷，358页。

史正文，会通运命，归于因果。意欲发显儒教旨宗，助佛宣扬，导达群品，咸奔一趣”①。

上述三方面，是佛教因果报应说对中国固有报应观念乃至宗教观念的重大冲击。

（2）中国佛教因果报应论与印度佛教因果报应论的差异，主要表现有六点：

第一，与分命说相融合。中国古代学者十分重视如何对待人生的吉凶祸福、寿夭富贵等问题，孔子主张“知命”，墨子则主张“非命”，反对听任命运，孟子提出“立命”，认为应努力尽人的本分，庄子则强调“安命”，“知其不可奈何而安之若命，德之至也。”（《庄子·人间世》）此外，还有“分命”说。分命说是一种宿命论，强调今生命运是先天决定的。佛教因果报应说认为人的今生是前生作业的报应。在中国各种命论说中，因果报应说与分命说相通之处最多。虽然分命说所讲的决定今生命运的先天是指资性（阴阳）禀气（精粗），是“自然”的“气数”，而佛教因果报应说所讲的报应的依据是前世的业，重在主体自身的思想、行为。但是中国佛教学者淡化了两者的差别，把分命说纳入佛教因果报应说体系之中，从而部分地改变了印度佛教因果报应说的性质。

第二，与天命论相贯通。佛教因果报应说与天命论是对立的，中国前期佛教学者也否定天命论，强调主宰报应的是众生自身的作为，从而与中国固有的报应观念相区别。但是元代以来，有些中国佛教学者转而强调儒家天命与佛家定业的一致性，以缓和对佛教因果报应说的批评，从而进一步改变了印度佛教因果报应说的特质。

第三，与神话、传说相比附。中国古代典籍中时有精灵投胎、人变畜生、死而复活等记载，中国佛教学者对此极其重视，引作因果报应、生死轮回的例证，以增强因果报应说的可信性，扩大因果报应说的影响。

第四，与本土崇拜相合一。如前所述，中国佛教把泰山崇拜和地

① 《大唐内典录》卷5，《大正藏》第55卷，279页中。

狱报应合而为一，把泰山视作鬼府、地狱，是业报轮回说与中国本土崇拜相合一的突出表现。

第五，与儒家伦理道德思想相协调。中国佛教学者几乎无一例外地都强调因果报应说与儒家典籍中的报应观念是相通的，并且有助于封建社会的治理教化。与儒家伦理道德思想相协调，为佛教因果报应说增添了中国化的色彩。

第六，与儒家心性论相呼应。中国佛教学者继承并发展了印度佛教思想，进一步强调心在因果报应中的作用，认为一心即具六道，一心随作随受，刻刻轮回，无心即无轮回。中国传统思想的主导流派儒家，一直重视心性的作用和修养，自唐代以来，心性论更成为儒学的主题。中国佛教对儒学思想的演变作出回应，更为突出地以心性论为教义的重心，并以心性论阐释因果报应论。

总之，中国佛教因果报应说，既与中国固有的报应观念有联系，又继承了印度佛教因果报应说；既区别于中国固有的报应观念，又不同于印度佛教因果报应说，是一种带有自身思想特色的报应学说。

第五章

中国佛教的神不灭论

中国佛教学者围绕因果报应学说进行论述的同时，还进一步探讨了业报轮回与由凡转圣的主体问题。他们根据中国固有的灵魂不灭等观念，阐发了神不灭论。这一理论关系到神与形、灵与肉、生与死、今生与来世、人与鬼神等一系列哲学问题，是中国佛教因果报应说的思想基础和整个中国佛学的中心命题。神不灭论既和印度佛教无我论相悖，又和中国固有的神灭论冲突，由此在佛教内外引发了歧解和纷争。中国佛教学者在神灭与神不灭的论争中，充分阐发了神不灭论的丰富意蕴，成为极富特色的中国佛教哲学思想的重要内容。

第一节　令人困惑的重大哲学问题

佛教是神灭论还是神不灭论？是无神论还是有神论？这两个问题在印度佛教内部和学术界一直存在着不同的看法。前一个问题中的“神”是指精神，后一个问题中的“神”是指神灵。这两个问题有着紧密的内在联系，前一个问题是后一个问题的理论前提和逻辑根据，具有更为重要的哲学意义。简要叙述中国佛教对这两个问题的不同观点，尤其是对前一个问题的看法，对于了解中国历史上神灭与神不灭的论争以及中国佛教的神不灭论，都是很有意义的。

一、两个问题的对立见解

关于印度佛教是神灭论还是神不灭论的问题，一种看法认为，佛教尤其是早期佛教是否定精神不灭、灵魂存在的。这可称为佛教神灭论说。这种看法的具体理由是，早期佛教是在反对当时印度流行的灵魂不灭说、个人精神本体“神我”的常住独存说的斗争中形成的。早期佛教认为，人是由五蕴和合而成，并没有一个恒常自在、联结生死的实体存在，也没有超乎形体和精神之上的另一种东西——“我”，也就是说“人无我”，或“人空”。“人无我”是一种反对人的精神、灵魂不灭的独特表述。

和上述看法不同的另一种见解是，认为佛教肯定了变相灵魂的存在。早期佛教十二因缘说的“识”，是托胎时的心识、精神的活动，也就是轮回报应的主体。“行缘识”，“行”，潜在的意志活动；“行缘识”是表示由潜在的意志活动产生具有分别作用的识。“识缘名色”，“名”指心、精神；“色”，指色质、肉体；“名色”就是指胎中的精神和形体；“识缘名色”是表示由识进而形成有生命的个体。后来有的部派佛教，如说一切有部为了进一步解释轮回报应的主体问题，提出“中有”（“中阴”、“中蕴”）的理念。“有”，生存；“中有”，指前世死亡的瞬间（“死有”）与次世受生的刹那（“生有”）中间过渡时期所受的身，这实际上是变相的灵魂。但是，大众部、说出世部等则不承认“中有”的存在。后来大乘佛教又主张“中有”为有无不定的两可说。与“中有”的有无问题相联系，部派佛教犊子部、正量部和经量部还承认“补特伽罗”实有。“补特伽罗”，梵语 pudgala 的音译，意译为“数取趣”，意思是数度往返五趣（五道）的轮回者，也就是轮回转生的主体，自我存在。后来大乘佛教瑜伽行派进一步认为有情众生的根本识“阿赖耶识”（ālaya-vijñāna）是轮回转生中的执持识，是众生转迷开悟，从凡夫直至成佛的生命主宰，也就是因果报应的主体。这种主体被认为是不灭的灵魂，从而肯定佛教是神不灭论。神不灭论是佛教有神论的理论基础。

关于佛教是有神论还是无神论的问题，也有两种看法。一种坚持佛教是无神论，另一种看法认为佛教是有神论。

认为佛教是无神论的理由是佛教并不信仰绝对的神。释迦牟尼本人就反对当时婆罗门教的梵天创造宇宙万物和主宰一切的说法，否定世界上有万物创造者和最高主宰者的存在。早期佛教认为释迦牟尼佛也不是造物主和救世主，不是万能的绝对的神，而是一位觉者、尊师、教主。释迦牟尼也从不希望弟子及信徒对他盲目崇拜，他遗言嘱咐弟子要“依法不依人”，强调佛教信仰要以“法”即教义为归依。

认为佛教是有神论的根据是，早期佛教容纳了印度神话诸神，这些神虽被定位为生灭众生的一部分，并不居于绝对的地位，但毕竟是高居于人类之上的天神。又，释迦牟尼虽遗言依法不依人，然释迦牟尼作为佛、法、僧三宝之一，也是归依对象之一，而受信徒的礼拜。部派佛教时期，佛教信徒追慕释迦牟尼的人格和功德，更形成“永远释尊”与“久远佛”的观念，有的部派提出了“超人间佛陀”或“超自然佛陀”的说法，把释迦牟尼看成是神圣的人格神。这就导致了信奉对象（本尊）究竟是法还是佛的重大争论。后来，大乘佛教又进一步强调依靠阿弥陀佛的愿力和他力得救，并由早期佛教时期只限于释迦牟尼一个佛，进而提出了十方三世有无量无数的诸佛，并把佛奉为全智全能的最高人格神，神格化的救世主，从而使佛教成为典型的有神论宗教。

以上简要论述了关于印度佛教主神灭还是神不灭，是无神论还是有神论的两种对立见解及其论据，对这两个问题的不同见解，中国佛教学者极为关注，并结合中国相关的固有观念从理论上作出了回应。

二、中国佛教的一般回应

佛教传入中国之初，在中国人看来，它的因果报应和修持成佛的理论，理所当然地承认有神，是逻辑地肯定人死精神不灭和佛为神灵的。袁宏《后汉纪》云：

> 又以为人死精神不灭，随复受形。生时所行善恶，皆有报应。故所贵行善修道，以炼精神而不已，以至无为，而得为佛也。①

① 《后汉纪》卷10，5页。

神明受报，修道为佛，从汉代以来就被中国人认为是佛教的要义。早期佛教讲的因果报应的主体，是指十二因缘中的“识”，中国人以为是“神”，这个“神”是指精神、灵魂，与“识”的心识活动原义是有区别的，而中国人把它们混淆为同一概念了。在佛教传入中国的前期，中国人认为神不灭论是佛教理论的核心思想。

与上述看法相联系，中国人也把佛视为神，如《后汉书·楚王英传》载：“楚王诵黄、老之微言，尚浮屠之仁祠，洁斋三月，与神为誓。”① “浮屠”，即佛。东汉初年，上层社会把佛与黄、老同样作为崇奉的对象，洁斋祭祠，祈求福祥。后来汉桓帝也“设华盖以祠浮图、老子”，以“听于神”②，把佛当作天神祭祀。

但是，在中国的历史上，认为佛教是神不灭论和有神论的看法，也曾受到过批评。后秦著名佛经翻译家、般若学者鸠摩罗什就指出了“阿罗汉住寿命”、“菩萨可住寿一劫有余”等住寿之说，是与佛理相牴牾的妄传。直至近代，章太炎还发表《无神论》、《建立宗教论》、《人无我论》等数篇论文，宣称佛教为无神论。杨度也说：“悟灵魂说为外道，而非佛法。”③ 梁漱溟也声称“佛法为明确之无神论”④。围绕佛教是否主张神不灭、佛教是否主张崇拜神灵，中国长期以来也存在着分歧和争论。

三、形成分歧的深刻原因

从佛教哲学发展史来看，形成上述的分歧和争论，是有着佛教的内在理论发展逻辑和历史演变的深刻原因的。早期佛教在哲学理论上主要是反对当时流行的断、常二见，提出缘起论，宣扬无常、无我和因果报应说。所谓断、常二见，“见”即见解、观点；“断见”是认为人和事物的内在主宰者“我”死灭后就断了，“我”并不受因果报应的支配；“常见”是认为“我”即人和事物的内在主宰者是常住不断、永恒不变的，就人来说也就是人的灵魂是不灭的。早期佛教反对这两

---

① 《楚王英传》，《后汉书》卷42，第3册，1428页，北京，中华书局，1965。
② 《孝桓帝纪》，《后汉书》卷7，第1册，320页，北京，中华书局，1965。
③ 《新佛教论答梅光羲》，《杨度集》，718页。
④ 梁漱溟：《印度哲学概论》，115页，上海，商务印书馆，1919。

种看法。但是，在形式逻辑范围内，非断即常，非常即断，否定断见，就会导致灵魂不灭论。主张“无我”，生死轮回的主体就失去着落。肯定“无常”，对永恒的涅槃境界说，就易生疑惑。这些理论上的矛盾、困难，势必导致后继者在观点上的分歧，也势必导致对佛教报应主体的不同评述。而后来部派佛教、大乘佛教在报应主体问题上的不同观点，无疑更加深了人们在佛教的神灭和神不灭问题上的观点的对立。我们认为，从佛教的理论结构来说，神不灭论是其因果报应说的逻辑要求，中国佛教学者的神不灭论学说正是对佛教因果报应主体说的重大发展。

第二节　神灭与神不灭的论争

人的形体死亡以后，人的精神是随之消灭还是继续存在，即“神灭”还是“神不灭”的问题，是先秦以来中国哲学不断探讨、争论的重要论题。佛教传入中国以后，中国佛教学者着重结合佛教的因果报应论、成佛论、佛性论、法身论等思想，阐发了神不灭论。

东汉时中国佛教的神不灭论学说就开始引起了人们，尤其是儒家学者的怀疑。东晋后期，慧远为了答复人们的质疑而作《形尽神不灭》专文。南朝宋初，出现了激烈反对神不灭论的意见，儒、佛两家相互诘难，彼此开展论战。到了齐梁时代，神灭神不灭的论争更是达到了高潮，书写了中国佛教思想史和中国哲学史的重要篇章。梁代以后，神灭与神不灭的论争走向低潮，相应地，这一争论在此后的佛教思想史上也退居于次要的地位。

一、论争的开展

神灵不灭，因果报应，是汉代佛教的主要学说。记述中国早期佛教思想状况的重要著作牟子《理惑论》，最早记录了当时人们对佛教神灵不灭、因果报应的非难和牟子的回答。文载：“问曰：孔子云：‘未能事人，焉能事鬼？未知生，焉知死？’此圣人之所纪也。今佛家辄说生死之事，鬼神之务，此殆非圣哲之语也。”① 又，“问曰：佛道言人死当复更生，仆不信此言之审也。”牟子答曰：“魂神固不灭矣，但身自朽烂耳。身譬如五谷之根叶，魂神如五谷之种实；根叶生必当死，种实岂有终亡？得道身灭耳。”② 问者站在儒家立场上非难佛教生死轮回之说，牟子答以人死是身体朽烂，魂神是不死的。这也是现存中国佛教著作中最早的形尽神存的神不灭说。

二、论争的激化

东晋后期，随着神不灭论思想的广泛流行，更兴起了神形关系的辩论之风。孙盛（字安国）致书罗含（字君章），谓“形既粉散，知亦如之”③，认为精神（知）如同形质一样，都可粉散而化为异物，反对神明“更生”的说法。罗含作《答孙安国书》④ 回复。他在《更生论》中，强调“今生之生，为即昔生”⑤。认为万物是不断“更生”的，天地变化无穷，万物必然会不断“更生”；只有天地有终，万物才不更生。又有庾阐作《神不更受形论》，已佚。他作吊贾谊辞有曰：“夫心非死灰，智必存形，形托神王，故能全生。”⑥ 据此来看，他反对神能更生受形，主张神灭论。僧人竺僧敷为了反对“异学之徒”的“心神有形”说而作《神无形论》，以形的有尽来证明神的无形。文说有形者就有数，有数就有尽。神是无尽的，所以也是无形的。⑦ 还有郑鲜之（字道子）著《神不灭论》，认为形与神是平行的，两者是不同的。形神的不同，是指形是有始有终的，神是无始无终的。该文还提出了新的论证，说：“夫火因薪则有火，无薪则无火。薪虽所以生火，而非火之本。火本自在，因薪为用耳。若待薪然后有火，则燧人之前，其无火理乎？火本至阳，阳为火极，故薪是火所寄，非其本也。神形相资，亦犹此矣。”⑧ 这是以火理即火之为火的理才是火的

---

①② 石峻等编：《中国佛教思想资料选编》第1卷，7页。

③ 《与罗君章书》，《弘明集》卷5，四部丛刊影印本。

④⑤ 《弘明集》卷5。

⑥ 《庾阐传》，《晋书》卷92，第8册，2386页，北京，中华书局，1974。

⑦ 详见《竺僧敷传》，《高僧传》卷5，《大正藏》第50卷，355页中。

⑧ 《弘明集》卷5。

根本、无火之前就有火理的观点，来论证和发挥神不灭论。

慧远所作《沙门不敬王者论》的第五篇论文《形尽神不灭》，是东晋后期阐发神不灭论的最具代表性的著作，也是中国佛教史上最重要的神不灭论著作。这篇论文是当时神灭与神不灭辩论的产物。慧远针对“神之处形，犹火之在木，其生必存，其毁必灭。形离则神散而罔寄，木朽则火寂而靡托”① 的问难，进行两方面的答辩：一是强调神与形的区别，认为神不是物质，也不是一般的情识，是“精极而为灵者”。因为“精极”，所以具有“上智”的人，也不能确定它的体状，穷尽它的幽致。因为是神灵，所以“有冥移之功”，“物化而不灭”，“数尽而不穷”②。二是用“冥移”和“传异形”的观念解释薪火之喻：“火之传于薪，犹神之传于形；火之传异薪，犹神之传异形。”③ 神有暗中转移的妙用，不随形尽而灭，传于异形而不灭。

南朝宋初，不同学者围绕神灭神不灭的问题，以书函论著，交相攻伐，争论迭起。时有“黑衣和尚”之称的沙门慧琳于宋元帝元嘉十年（公元433年）前后所撰《白黑论》（又称《均善论》、《均圣论》）一文，是当时引发神灭与神不灭论争的导火线。论文假设白学（儒）黑学（佛）双方，较论两者的优劣异同，认为儒、佛学说各有长处，“均善”；儒、佛创始人都是圣人，“均圣”。又认为佛教讲幽冥和来生，并“无征验”，“示来生者，蔽亏于道、释不得已”④，实际上否定了神不灭论。此论一出，震撼了佛教界，为众僧所摈斥。但慧琳颇得宋文帝的宠幸，他的论文更为衡阳内史何承天所激赏，何氏把论文送给慧远的忠实门徒宗炳评论。宗炳作《难白黑论》、《明佛论》（又名《神不灭论》）、《答何衡阳书》（一、二），反对慧琳的观点，与何承天往复辩难。宗炳作文的中心论旨是神不灭论。他强调人之所以能够成佛，就因为有不灭的神。形神不同，形质至粗，神明实妙，两者归宿也不一样，形有尽而神不灭。神不灭有两种涵义：一是生死轮回

①② 石峻等编：《中国佛教思想资料选编》第1卷，85页。

③ 同上书，86页。

④ 《天竺迦毗黎传》，《宋书》卷97，第8册，2391页。

的神识不灭；二是成佛法身的神识常住，也就是佛性永在。人在轮回中若能逐渐断除情欲、烦恼，轮回的神识就能归于法身的神识，一旦唯有法身神识时，人即成佛。何承天作《答宗居士书》、《达性论》、《报应问》等，反对神不灭之说。他认为“形神相资，古人譬以薪火，薪弊火微，薪尽火灭，虽有其妙，岂能独传?”[①] 强调“生必有死，形毙神散”[②] 是自然现象，死后神即散灭，不可能转移到另一形体上去。颜延之又作《释何衡阳达性论》、《重答何衡阳》，与何承天辩《达性论》。他说：“神理存没，傥异于枯荄变谢。”[③] 他认为人与草木不同，死后“精灵必在”，必当再“受形”，肯定了神不灭之说。何承天作《答颜光禄》予以批驳。同时有刘少府也作《答何衡阳书》，与何承天的《报应问》展开争论。[④] 此外，时有任城彭丞作《无三世论》，僧含法师特撰《神不灭论》与之抗衡。[⑤] 以上足见晋末宋初神的存灭之争，已蔚成学坛论辩之大观。

三、论争的高潮

齐梁时代，范缜（子真）继承先辈《后汉书》作者范晔的无神论传统，同佛教神不灭论者展开了两次公开的大论战，使神灭与神不灭的论争达到了高潮。第一次是齐竟陵王萧子良当宰相时，召集名僧贵客，宣扬佛教，范缜则“盛称无佛”，并就因果报应问题与萧子良进行了针锋相对的争论。在这场论战之后，范缜“退论其理，著《神灭论》”[⑥]。此论一出，朝野哗然。萧子良召集众僧反击，一些笃信佛教的人士也纷纷撰文批驳，如范缜的外弟萧琛作《难神灭论》，曹思文作《难神灭义》，沈约作《神不灭义》、《难范缜神灭义》等。可见《神灭论》的发表，确是震动一时，引发了一场大论战。

第二次神灭与神不灭的大规模论战更为激烈。梁武帝即位后，亲

---

① 《释均善难》(《答宗居士书》)，《弘明集》卷3，四部丛刊影印本。

② 《达性论》，《弘明集》卷4。

③ 《释何衡阳达性论》，《弘明集》卷4。

④ 《广弘明集》卷18。

⑤ 《释僧含传》，《高僧传》卷7，《大正藏》第50卷，370页中。

⑥ 《范缜传》，《梁书》卷48，第3册，665页。

自撰写了《敕答臣下神灭论》，批评范缜的理论是“违经背亲”的。他又通过大僧正法云发动王公朝贵62人，先后发表75篇文章，一致赞扬他的批评，反驳范缜的理论。但范缜始终不屈，又撰《答曹舍人》（《答曹思文难神灭论》），予以回应。形成了神灭与神不灭论战的新高潮。

范缜反对神不灭论的主要论点，是他在《神灭论》中提出的“形质神用”命题。他说：“形者神之质，神者形之用，是则形称其质，神言其用，形之与神，不得相异也。”① “质”，形质，实体；“用”，作用，功用，包含有派生或从属的意思。范缜以“质”和“用”这对范畴，说明人的形体和精神不是两个互相独立的东西，而是不可分离的统一体的两方面；说明人的形体和精神不是两个不同东西的机械拼凑或简单组合，不是互相并立的，而是精神从属于形体，形体是精神赖以生存的实体，精神是形体的作用。形与神的关系，犹如刃（刀刃、实体）与利（锋利、作用）的关系，“舍利无刀，舍刀无利”②，因此，人的形体死亡了，人的精神也就必然随之消亡，精神绝不可能脱离形体而独立存在，是神灭而不是神不灭。

当时反对范缜神灭论的文章，如梁武帝臣下作答《神灭论》的文章大多缺乏新意。只有梁武帝本人为立神不灭义而作的《立神明成佛义记》，颇富理论色彩。文说：

> 源神明以不断为精，精神必归妙果。……夫心为用本，本一而用殊，殊用自有兴废，一本之性不移。……而无明体上有生有灭，生灭是其异用，无明心义不改。……以其用本不断，故成佛之理皎然。③

“神明”，指佛性，也称为“心”。“精神”，此指一切心理现象，也称为“识”。意思是说，神明的本性不断、常住，这使精神必然得到妙果（佛果）。神明在人身之内，与愚惑相俱，称为“无明神明”。神明

① 《范缜传》，《梁书》卷48，第3册，665～666页。

② 同上书，666页。又，范缜原文，“刀”字作“刃”。

③ 《弘明集》卷9，四部丛刊影印本。

有本（体）有用，神明为“无明”（惑）所覆，而有生灭现象（“用”），但它的本体、本性是不移、不断的，只要经过修持，使“无明”转变为“明”，就有可能成为佛。也就是说，神明，即心的本体、本性是成佛的根据。这是运用玄学的体用观念，把中国传统的灵魂观念与佛教的佛性论结合起来，以论证生死轮回的主体，尤其是得道成佛的根据。

此外，曹思文在其所作《难神灭论》和《重难神灭论》中，就范缜的“形神相即”命题提出了质难，说：“形非即神也，神非即形也，是合而为用者也，而合非即矣。生则合而为用，死则形留而神逝也。”① 认为形和神是二者相合为用，把形和神看成相即的一体是不正确的。萧琛和沈约分别撰写的《难神灭论》，也都是着重就范缜的“形神相即”、“形神不得相异”的命题提出问难。范缜对于“相即”的解说不够准确，他以刃利譬喻“形神相即”，只是类比推理，只能得到或然的结论，而不能得到必然的结论。范缜对形神的区分也不够明确，他所论的形体与知觉、思维的关系，以及凡圣分别的观点，也是不正确的。他在《答曹舍人》中还不仅肯定了曹思文的形神合而为用的观点，而且又提出“蛩驱相资”的比喻，“蛩驱”，传为相依为命的两种不同动物，两者不能相离。范缜意在以此证明神不灭，结果是适得其反，恰恰背离了他自己的形质神用观念，留下了形神两本的理论缺陷。

应当说，范缜的《神灭论》是对佛教神不灭论的巨大挑战，他的形质神用观念动摇了佛教神不灭论的基本理论。但是他也没有完全驳倒佛教神不灭论，这一方面是由于范缜的理论本身还有不周全之处，而且范缜对一些与佛教神不灭论相关的理论命题，如对人的生命的超越追求，精神活动的本质和现象的关系，人成佛的根据、可能等问题，也没有涉及。另一方面，更重要的是，很多中国佛教学者认为佛教的业报轮回说也不是绝对需要预设不灭的神的存在，而且随着中国佛教学者对“无我”（空）思想认识的加深，神不灭思想也日益与佛

① 曹思文：《难神灭论》，《弘明集》卷9。

性思想相融合。约在南北朝中期又传入瑜伽行派的教义，以唯识理论来阐明业报轮回说。这样，经过这场大论战之后，约在南北朝末年，佛教理论争论的重心，就确定地由形神关系转移到心性、佛性，即心佛、性佛关系问题上了。

第三节　“神”的意蕴与神不灭的论证

一、“神”的多重意蕴

为了叙述中国佛教对神不灭的论证，有必要先说明一下神不灭论的“神”的意蕴。中国佛教所讲的与“神”相同、相近或相通的名词、观念，有精神、神明、神识、识神、心识、心神、精灵、魂神、识灵、魂灵、灵魂、真神、真神性、神灵等。这里我们所要论述的是，除崇拜的对象神灵，也即人格化的神以外，中国佛教的“神”的意蕴，重要的还有以下数义：

（1）精神。中国佛教所说的精神，通常泛指一切心理现象。精神的功能，一是识别作用，即对事物的区分、认识作用，也指对道理的深刻理解、领悟；二是“神为情之根”①，神是情的根本，神也是识的依附处。情有清浊之分，识有精粗之别。情识有灭，神是不灭的。此外，中国佛教所说的“神”，多指人内在主宰的“个体精神”，有时也作为宇宙万物本体的“宇宙精神”。

（2）灵魂。指人死后不灭的精神，是寓于人体之中而在人死后就离开身体的非物质存在。所谓“人死精神不灭，随复受形”②、“精灵起灭，因报相寻”③，就是视灵魂为生死轮回、因果报应的本体。梁启超肯定“人死而有不死者存”，他把“不死之物”不名为灵魂而名为精神，又说这种精神存在于因果报应的过程中④，实际上，他所谓

---

① 《沙门不敬王者论·形尽神不灭》，石峻等编：《中国佛教思想资料选编》第1卷，86页。

② 《后汉纪》卷10，5页。

③ 《西域传论》，《后汉书》卷88，第5册，2932页，北京，中华书局，1965。

④ 以上参见《余之死生观》，《饮冰室文集之十七》，《饮冰室合集》（2）。

的精神也还是灵魂的别名。

（3）佛性。元晓《涅槃宗要》说："第四师云：心有神灵不失之性，如是心神已在身内，即异木石等非情物。由此能成大觉之果，故说心神为正因体。……此是梁武萧焉（应为萧衍）天子义也。"① 梁武帝认为异于木石的"神灵不失之性"，是人成就佛果的根源。这种心的"神灵不失之性"，就是佛性。梁武帝作《立神明成佛义记》，立"神明"，标志了神不灭论与佛性论两种学说的合流。与梁武帝同时代的沈约也曾撰《佛知不异众生知义》，认为"凡夫之知与佛之知不异"，"众生之为佛性，实在其知性常传也"②。众生的知性就是佛性。明末真可进一步说，有的人"但知日用昭昭灵灵之识神便为佛性，殊不知唯见性者，识神即佛性也，而未见性者，佛性即识神也。即此观之，识神与佛性，固非两物。若未见性，则识神是识神，佛性是佛性，断不可侊侗而混说也"③。他认为识神是佛性，但这是有条件的，只有见性后，识神才是佛性。

（4）法身。印度佛教所谓法身是指成就佛法的身体，是精神意义的身体。在中国佛教学者看来，和法身相关的有"神明住寿"义。长期以来中国佛教学者以"神明住寿"为"神"的要义，以为"神"是"住寿命"的，神明在住寿中成道，成道后的神明住寿时间极长。④ 慧远也曾写信给鸠摩罗什，询问菩萨是否可以住寿一劫有余，鸠摩罗什回答说："若言住寿一劫有余者，无有此说，传之者妄。"⑤ 慧远等人了解佛教"识神性空"的学说以后，才明白住寿的说法和法身的理论是矛盾的。又，慧远对法身的理解也偏离了原义。印度大乘佛教认为，佛灭度后仍有法身存在，而所谓法身是指佛

① 《大正藏》第38卷，249页上、中。

② 《广弘明集》卷22，四部丛刊影印本。

③ 《法语》，《紫柏老人集》卷1，15页，钱塘许灵虚重刊本，1878。

④ 如康僧会在《安般守意经序》中谓达到很高的禅定境界者，能"制天地住寿命"（《大正藏》第55卷，43页中）。又，道安在《阴持入经序》中也有"拔三结住寿成道"的话（《大正藏》第55卷，44页下～45页上）。

⑤ 《鸠摩罗什法师大义》（《大乘大义章》），《大正藏》第45卷，142页中、下。又，"妄"，原为"生"，今改。

所说的正法而言。中国佛教学者往往把“法身”视为获得全部佛法的神格化身。慧远说：“不以情累其生，则生可灭；不以生累其神，则神可冥。冥神绝境，故谓之泥洹。”① “冥神”，是神处于一种冥然无形的神秘境界，这种神的独自存在就是法身。慧远的门徒宗炳更明确地提出法身就是神的观念。他说：“无形而神存，法身常住之谓也。”② “无生则无身，无身而有神，法身之谓也。”③ 认为人经过修持得道，无身无形，而独自存在的神就是法身，法身就是神的体现、载体。真可就人问“三世一身有是事乎”，回答说：“有。良以身一而世三。如人行路，路有千里，而行惟一人。谓路千里，而人亦有千，此愚痴之说也。然此身非形骸生死聚散之身也，乃法身也。夫法身者，千古一瞬，万劫一息，岂但三世一身而已乎？”④ 意思是说，法身与形骸相对，是神明。法身存在于三世、千古、乃至万劫之中，是永恒的。

中国佛教学者从探寻生死轮回和修道成佛的主体这两个方面去阐释“神”的意蕴。这些意蕴既有区别又有交叉，涉及人的形体与精神的关系、人的心理的本质与现象，心性的本体与作用、道德的善与恶等重大问题。这些问题的展开，构成了中国佛教哲学思想的重要内容。

二、神不灭的系统论证

从上述“神”的意蕴来看，中国佛教的神不灭论包含有精神（灵魂）不灭、佛性本有、法身常住等内涵。在这三项内涵中，精神不灭是最具关键意义的一项，后两项都是这一项的展开，这样，形神关系问题也就成为中国佛教论证神不灭理论的重点。

中国佛教学者论证神不灭的论据，归结起来，重要的有以下六点：

---

① 《沙门不敬王者论·求宗不顺化》，石峻等编：《中国佛教思想资料选编》第 1 卷，83 页。

② 《答何衡阳难释白黑论》，《弘明集》卷 3，四部丛刊影印本。

③ 《明佛论》，《弘明集》卷 2，四部丛刊影印本。

④ 《法语·义井笔录》，《紫柏老人集》卷 9，39 页。

（1）形神异本。郑鲜之在《神不灭论》中说："所谓神形不相资，明其异本耳。"① 形神异本，即是形神异源，指形和神是两种不同的本原、实体。郑氏发挥说：

> 夫形也，五脏六腑，四肢七窍，相与为一，故所以为生。当受其生，则五常殊授，是以肢体偏病，耳目互缺，无夺其为生。一形之内，其犹如兹，况神体灵照，妙统众形。形与气息俱运，神与妙觉同流，虽动静相资，而精粗异源，岂非各有其本，相因为用者邪？②

这是说，人的形体由五脏六腑等组成，各部分各有不同的功用，某一部分出了毛病，也不致影响人的生命。形体各部分对人的生命尚且如此，那么，统帅形体的灵妙的精神对生命就更是如此了。形体与气一起变化，精神与灵妙觉性一起流转，两者各有本原，是不同的实体。宗炳在《明佛论》中也说："神也者，妙万物而为言矣。若资形以造，随形以灭，则以形为本，何妙以言乎？夫精神四达，并流无极，上际于天，下盘于地。"③ "神也者，妙万物而为言者也"，语出《周易大传·说卦》，意谓"神"是微妙变化之义。宗炳加以吸取引申，认为"神"既然是"妙万物而为言"的，那就不是由形体造成，不是以形体为载体，也是不随形体的死亡而消灭的。

慧远也就"神"和"形"的关系说："贪爱流其性，故四大结而成形。"④ "四大之结，是主之所感也。"⑤ "四大"，指地、水、火、风四大要素，"主"指"神"。由于人对生命的贪爱，就使本性不断流荡，从而由"神"感应"四大"而结成形体。这是说，"神"和"形"是二本，然没有"神"感应"四大"就没有人的形体，形神相较，"神"是主要的。

（2）形神偶合。和上述形神异本的心身平行二元论相关，中国佛

---

①② 《弘明集》卷5。
③ 《弘明集》卷2。
④⑤ 《明报应论》，石峻等编：《中国佛教思想资料选编》第1卷，90页。

教学者还宣扬“形”和“神”是自然的偶合，“神之与质，自然之偶也。偶有离合，死生之变也。质有聚散，往复之势也”①。“神”与“形”（质）是奇妙的结合，两者有合有离，人活着是“形”与“神”相合，人死亡是“形”与“神”分离。形体死亡而精神并不断灭。曹思文反对范缜《神灭论》，其主要理论观点也是以形神相合对抗形神相即，认为不能把两者看为相即的一体，而只是两者相合为用。形神偶合、相合，是神不灭论的又一理论支柱。

（3）形粗神妙。慧远在《沙门不敬王者论·形尽神不灭》中有一段关于神的定义性的话：

> 神者何耶？精极而为灵者也。精极则非卦象之所图，故圣人以妙物而为言，虽有上智，犹不能定其体状，穷其幽致。……神也者，圆应无生（“生”应为“主”），妙尽无名，感物而动，假数而行。感物而非物，故物化而不灭；假数而非数，故数尽而不穷。②

意思是说，“神”是精明之极、非常精灵的东西。它没有任何具体形象，是不可能像具体事物那样以形象来表现的。圣人只是说“神”是神妙的东西，即使具有上等智慧的人也不能明确它的体状，穷尽它的精微。“神”运变不穷，感应万物，而自身并无主体，微妙到极点而无以命名。它感召外物而显示出自己的运动，凭借于如“四大”等“名数”而运行。它感召外物而本身不是物，凭借于“名数”而本身不是“名数”。神是无主无名，非物非数，是不灭不穷的。慧远强调形体是粗笨的东西，“神”是异于物质（如气、形体）的精灵（精神），是极微妙的东西，两者本质不同，“形”是断灭的，“神”是不灭的。沈约在《神不灭论》中还发挥说：“神妙形粗，较然有辩。养形可至不朽，养神安得有穷？”③ 道教认为人通过养形可以长生不死，沈约认为，既然粗形都可以通过调养修炼而不朽，怎么妙神就不可以

① 罗含：《更生论》，《弘明集》卷5。

② 石峻等编：《中国佛教思想资料选编》第1卷，85页。

③ 《广弘明集》卷22。

通过调养修炼而达到不穷呢？

（4）形静神驰。萧琛为了反驳范缜的《神灭论》还提出了一个论据。他说：

> 予今据梦以验形神不得共体。当人寝时，其形是无知之物，而有见焉，此神游之所接也。神不孤立，必凭形器，犹人不露处，须有居室。……夫人或梦上腾玄虚，远适万里，若非神行，便是形往耶？形既不往，神又弗离，复焉得如此？……此即形静神驰，断可知矣。①

对梦境的迷惑是原始人萌生灵魂不灭观念的一个重要原因，如人们在梦境中与死去的亲人相见，的确令古人难以解释。萧琛也根据梦境的形静神驰现象，来论证形神的分离和形尽神不灭。

（5）神本不断。宗炳在《明佛论》中说：

> 群生之神，其极虽齐，而随缘迁流，成粗妙之识，而与本不灭矣。今虽舜生于瞽，舜之神也，必非瞽之所生，则商均之神，又非舜之所育；生育之前，素有粗妙矣。既本立于未生之先，则知不灭于既死之后矣。又不灭则不（“不”系衍文）同，愚圣则异，知愚圣生死不革不灭之分矣。②

意思是说，众生神识的根本是一样的，由于各自因缘变化的不同，就形成了精妙愚粗不同的神识，而作为根本的神识是不灭的。瞽叟生舜，舜又生商均，他们所生的只是形体而不是神识。他们愚圣之不同③是生前禀赋粗妙不同的神识之故。既然神识在未生之前已经存在，那就可知人死后它也是不灭的。人的愚圣虽有不同，人的神识不灭是相同的。前文在论述“神灭与神不灭的论争”时，曾引述梁武帝萧衍《立神明成佛义记》所说神明有本和用两方面，神明的“用”即

① 《难神灭论并序》，《弘明集》卷 9。

② 《弘明集》卷 2。

③ 《史记·五帝本纪》卷 1 称：舜父“瞽叟顽”，“常欲杀舜”；舜子商均不肖。此处指舜和瞽叟、商均有愚圣之别。详见《史记》第 1 册，32、44 页，北京，中华书局，1959。

精神现象是有生有灭的，神明的“本”即体性是不移不断的。这都是运用中国玄学的体用观念和儒学的性情观念，来分析心神的体、用两个方面，进而强调“神”的本体、本性是不灭的。

（6）薪火之喻。在中国古代哲学史上，不少学者常以烛火或薪火喻形神关系，但他们得出的结论却并不相同。如桓谭、王充、戴逵等以“烛（或薪）尽火灭”为喻，论证“形尽神亦尽”。又如庄子、葛洪等则以“烛（或薪）尽火传”为喻，论证“形尽神不灭”。前引郑鲜之《神不灭论》，就以体用关系来说明薪火关系，进而论证“神不待形”，“形尽神不灭”的观点。慧远也运用薪火之喻来证明“形尽神不灭”，他说：

> 火之传于薪，犹神之传于形；火之传异薪，犹神之传异形。前薪非后薪，则知指穷之术妙；前形非后形，则悟情数之感深。惑者见形朽于一生，便以为神情俱丧，犹睹火穷于一木，谓终期都尽耳。此由从养生之谈，非远寻其类者也。①

意思是说，不同的薪传同一的火，就如同不同的形体传同一的神一样。同是那个火，不同的薪把它传下去，就如同同是那个神，不同的形把它传下去。前面的薪不是后面的薪，而是由人把后面的薪添上去。前面的形不是后面的形，而神则继续下去，并传于异形。迷惑的人看见人死了，就以为“神”也随之而灭了，就像看见一块薪烧完了，便认为火也灭了一样。养生论者企图通过修真炼养，以期形神俱存，长生不死，成为神仙，是不懂得“形”与“神”的区别，不了解形亡神不灭的道理。

此外，主张神不灭论者还经常引用儒家典籍和宗庙祭祀来维护自身的观点。如梁武帝萧衍批评范缜《神灭论》说：“《祭义》云：‘唯孝子为能飨亲’。《礼运》云：‘三日斋，必见所祭。’若谓飨非所飨，见非所见，违经背亲，言语可息。”② 但这只是政治伦理性的反驳，

① 《沙门不敬王者论·形尽神不灭》，石峻等编：《中国佛教思想资料选编》第1卷，86页。

② 《敕答臣下神灭论》，《弘明集》卷10，四部丛刊影印本。

而不是思想理论性的论证了。

第四节 佛教神不灭论与中国固有思想文化

神灭神不灭的问题，是关系人生的有限性与无限性，死亡的终极性与非终极性，即灵魂的有灭性与不灭性的问题，是涉及人类的心灵、民俗和文化而需要长期探索的课题。中国思想文化史上，一直存在着神灭与神不灭两种对立的主张和传统。中国古代思想家，如先秦诸子绝大多数是不承认有鬼神的，他们强调“天地之大德曰生”，“重生”、“尊生”，不侈谈人的死亡和人的死后世界，只有墨子是公开宣称有鬼神的。先秦的神灭论传统，一直为尔后儒家和多数道家学者所继承，成为形神关系理论学说的主流派。同时，在民间和上层统治阶层中则普遍地流行鬼神观念，神不灭论成为一些统治者的统治需要和平民百姓的精神支柱。中国佛教学者在这种文化背景下，一方面吸取中国固有的灵魂观念、鬼神观念、祖先崇拜以及儒家、道家典籍的某些观念，借以阐发和宣传神不灭论；一方面顽强地抵制神灭理论，并批判道教的形不灭说。

中国佛教神不灭论思想，虽然和印度佛教十二因缘中“识”的观念以及犊子部《三法度论》有“我”的主张①等相关，但它主要是渊源于中国固有的灵魂不灭等思想。中国佛教的神不灭论，是中国佛教学者体认印度佛教的因果报应和生死轮回的学说，根据中国固有的“神”的观念加以独特阐发，而构建的业报轮回和修炼成佛的主体学说。

佛教神不灭论与中国固有思想文化的渊源关系，重要的有以下几个方面：

（1）佛教神不灭论与灵魂鬼神观念。古代中国人以为人的精神是能离开形体而存在的，这种精神叫做“魂”。《周易大传·系辞上》

---

① 参见吕澂：《中国佛教源流略讲》第四讲，《吕澂佛学论著选集》（五），2536～2550页，济南，齐鲁书社，1991。

说："精气为物，游魂为变。"精气是灵物，是为神。游魂离去人身，是为鬼。认为人死后灵魂是不灭的，这个不灭的灵魂也称为鬼。《说文解字》谓："鬼，人所归为鬼。"《礼记·祭义》称："众生必死，死必归土，此之谓鬼。"墨子也说："有人死而为鬼者。"（《墨子·明鬼下》）元代刘谧在《三教平心论》卷下引古代典籍说："若曰：死则永灭，不复有知，则《系辞》云：'游魂为变'，《孝经》云：'以鬼享之'，《左传》云：'鬼犹求食'，张睢阳云：'死当为厉鬼以杀贼'，则是既死之后，固有见闻觉知之性也"①。这都是说，人的形体死亡后还存在不死的灵魂——鬼。中国古代还说人有魂魄，死后魄随形体而灭，魂则离开形体而变为鬼。又有人说死后魂归天为神，魄归地为鬼。也有说人死后魂魄一起离开形体变为鬼。灵魂在活人体内是精神，在人死后就是鬼，即鬼神、鬼魂。认为鬼神是有意志的，能给人以祸福。中国古代的灵魂观念、鬼神观念与印度佛教的"识"、"我"、"饿鬼"等观念涵义均不相同，而中国佛教学者却是以灵魂不灭观念去理解佛教所说的生死轮回的主体，他们也以中国古代人死为鬼的传说去论证佛教的生死轮回说。

（2）佛教神不灭论与祖先崇拜。中国古代祖先崇拜是原始社会鬼魂崇拜的产物，约产生于氏族公社母权制时期，是为追念氏族的生存繁衍之本的崇拜形式。后随父权制的确立，又萌生了父系祖先的灵魂庇佑本族成员的观念，祖先鬼魂被视作本族的神秘保护力量而受崇拜。祖宗是对始祖及先世中有功有德者的尊称，认为其功绩值得永远纪念，其鬼魂是后代永久的崇拜对象。在阶级社会里，特别是在封建宗法制度下，祖先崇拜成为维护以血缘为基础的家族内部团结、巩固父权统治的有效因素。正因为祖先崇拜的这种特殊功效，中国古代统治阶级都特别重视宗庙祭祀，借以巩固其统治地位。中国佛教学者，尤其是身居统治地位的佛教学者也都十分重视宗庙祭祀，这既有利于自身的政治统治，又用以论证神不灭论。王琰著论讥讽范缜说："呜呼范子！曾不知其先祖神灵所在。"范缜针锋相对回答说："呜呼王

① 《大正藏》第52卷，793页下～794页上。

子！知其祖先神灵所在，而不能杀身以从之。”① 围绕祖先崇拜，论争极为激烈。梁武帝引《礼记》中《祭义》和《礼运》的话指责范缜的《神灭论》违背了祖先崇拜的习俗。曹思文批评范缜神灭论，列举了两条理由，一是说形神相即不合实际；二是违背宗庙祭祀。范缜认为，宗庙祭祀只是圣人为教育人们，提倡孝心之举，并非真的有鬼承受祭礼。曹思文强烈反对范缜“以无鬼为义”的说法，认为宗庙祭祀如果只是为了圣人说教的方便，不是成了既欺天又欺人之谈？由此看来，祖先崇拜既是中国佛教学者神不灭论的思想渊源，也是神不灭论的直接论据。

（3）佛教神不灭论与《周易大传》。《周易大传》是对《易经》所作的解释，在中国思想史上影响极其深广。该书多处用“神”这个词，其涵义有三：一是指事物变化的神妙莫测，如书中《系辞上》说的“阴阳不测之谓神”，《说卦》说的“神也者，妙万物而为言者也”，都是这层意义。二是指神灵，如《系辞上》说的“天生神物，圣人则之”，“精气为物，游魂为变，是故知鬼神之情状”，《说卦》说的“幽赞于神明而生蓍”，其中的“神”都有神灵义。三是指对道理有深刻领会，如“神而明之，存乎其人”（《周易大传·系辞上》）。中国佛教学者吸取前两个涵义，来表述神的性质、功能、特点。如宗炳说：“今（《周易大传》）称‘一阴一阳之谓道，阴阳不测之谓神’者，盖谓至无为道，阴阳两浑，故曰‘一阴一阳’也；自道而降，便入精神。常有于阴阳之表，非二仪所究，故曰‘阴阳不测’耳。”② 认为阴阳未分的“至无”状态是道，道的运行，首先出现“精神”，精神超乎阴阳之上，是阴阳之所不测的。宗炳进而发挥说：“夫五岳四渎，谓无灵也，则未可断矣。……夫精神四达，并流无极，上际于天，下盘于地。”③ 精神通达无极，遍于宇宙，无所不在，是一种普遍的宇

① 《范云传附从兄范缜传》，《南史》卷57，第5册，1421页，北京，中华书局，1975。

② 《明佛论》，《弘明集》卷2。

③ 同上。又，“五岳”，指东岳泰山、南岳衡山、西岳华山、北岳恒山和中岳嵩山。四渎指长江、黄河、淮河和济水。

宙精神。

（4）佛教神不灭论与道家思想。慧远在《沙门不敬王者论·形尽神不灭》中说：

> 庄子发玄音于《大宗》曰："大块劳我以生，息我以死。"又以生为羁，死为反真。此所谓知生为大患，以无生为反本者也。文子称黄帝之言曰："形有靡而神不化，以不化乘化，其变无穷。"庄子亦云："持犯人之形，而犹喜［之］。若人之形［者］，万化而未始有极［也］。"此所谓知生不尽于一化，方逐物而不反者也。二子之论，虽未究其实，亦尝傍宗而有闻焉。①

慧远引用庄子以生命为大患、形体为寄托的观点和《文子》的形灭神不化的观点，来论证佛教的神不灭论，由此可以看出，道家的生死观和形神观的一些观点也是中国佛教神不灭论的重要思想来源之一。

（5）佛教神不灭论与古代气论。中国古代哲学认为，气是构成一切有形事物的原始材料，是宇宙万物的物质基础。后来随着历史的演变，气论和佛教神不灭论发生了复杂的理论纠葛。《管子·内业篇》提出"精气"的概念，说："精也者，气之精者也。""凡物之精，此则为生，下生五谷，上为列星，流于天地之间，谓之鬼神，藏于胸中，谓之圣人。"认为精气是一种最细微的物质，并把鬼神和精神现象都归结为这种物质。《鹖冠子·泰录篇》说："故天地成于元气，万物乘于天地。"以元气为天地的本原。王充在《论衡·言毒篇》说："万物之生，皆禀元气。"认为元气是生成万物的原始物质。同书《论死篇》说："或说鬼神，阴阳之名也。阴气逆物而归，故谓之鬼。阳气导物而生，故谓之神。神者，伸也。申复无已，终而复始，人用神气生，其死复归神气。"王充以鬼神为阴阳二气的别名，来破斥人格化的鬼神观念，但是，他的人死复归神气和元气永存的观念，又可以引申出精神不灭的推论，而一度为佛教引为同调。三国吴国僧人康僧

---

① 石峻等编：《中国佛教思想资料选编》第1卷，86页。文中引《庄子·大宗师》的"之"、"者"、"也"三字，据郭庆藩《庄子集释》本补。

会编译的《六度集经》，其中的《察微王经》有云：“魂灵与元气相合，终而复始，轮转无际，信有生死殃福所趣。”① 就用灵魂和元气的相合来阐明佛教的因果报应和生死轮回说。后来，慧远为了厘定神与形的区别，又特意批评了先秦以来那种认为神与形都是气，两者同时变化，同归于尽，返回于气的观点，说：“论者不寻无方生死之说，而惑聚散于一化；不思神道有妙物之灵，而谓精粗同尽，不亦悲乎？”② “无方”，以神无方所代指神。“无方生死”，神无生死。意思是，有的论者妄谈气的聚散变化，精（神）粗（形）同尽，不明白神无生死，神为精灵的道理，是可悲的。这反映了中国佛教神不灭论与气论由合流到分流的思维进路。

（6）佛教神不灭论与中国固有的人性论和体用观念。古代人性论，尤其是性善论及其主张人人都可以成尧舜的观点，对于梁武帝等人提出“心有神灵不失之性”（见前引），把精神与佛性沟通，把人性神性化，无疑是有启迪作用的。魏晋玄学的体用观念，作为一种方法论，也为慧远、郑道子、梁武帝等人所借鉴，或用以说明形神的联系与区别，把神说为体，把形说成用，或把神分解为体、用两个方面，强调神的本性不变，从而为论证神不灭提供了思维路向。

中国佛教神不灭论的对立面是儒家的神灭论和道教的形不灭论。中国佛教学者坚决反对神灭论的观点，已如前述。佛教与道教在神不灭问题上是一致的，两教的主要分歧是形灭还是形不灭，以下就这个问题作一简要论述。

佛、道两教在形神问题上的分歧，是与两教所追求的人生最高理想境界的差别分不开的。佛教追求涅槃境界，涅槃是超越生死、常恒清凉的寂灭境界。佛教是重在阐说人死后的安顿，即死后世界的问题。道教则以仙化为理想目标。仙化是形神不离，一道飞升，成为神

---

① 《大正藏》第3卷，51页下。

② 《沙门不敬王者论·形尽神不灭》，石峻等编：《中国佛教思想资料选编》第1卷，86页。

仙。道教重在阐明人如何不死，即养生成仙的问题。由于对人生最高理想境界的看法不同，导致了两教在人的生死问题上看法的对立。佛教侧重讲死，道教注重讲生。正如北周道安所说："佛法以有生为空幻，故忘身以济物；道法以吾我为真实，故服饵以养生。"① 对生死问题的对立看法，又引发了佛、道两教在形神问题上的分歧。佛教主张，超越生死、求得解脱只能是灵魂离开形体之后才能达到，这样在理论上也就必然主张"形尽神不灭"。道教强调人体不死，精神永居于人体之内而长生，这样在理论上也就必然主张"形神俱不灭"。形神问题实为佛道两教理论分歧的核心内容。由此我们又可以说，形神问题是阐述人的生死和理想境界的根本理论问题，具有最重要的理论意义。

南朝梁代道士陶弘景说："凡质象所结，不过形神。形神合时，则是人是物；形神若离，则是灵是鬼。其非离非合，佛法所摄；亦离亦合，仙道所依。"② 这是调和佛教与道教的形神理论，认为形神的离合，有灵魂的存在，也有神仙的存在。人的精神是不灭的，通过养神和炼形，可以使精神和肉体都长存不灭，成为神仙。

在形神关系问题上，佛、道两教的分歧，在理论上表现为同本论与异本论的对立。道教认为形神是同本的，人由气生，形和神同为气，"夫人本生混沌之气，气生精，精生神，神生明"③。"精"，指精气。神明（精神）是精气所生成。精神既然是精气所生成，也就是物质性的东西；既然是物质性的东西，就是可以炼养、保持的。若能使精气与混沌之气、精神与形体恒常合一，人就可长生。"人有一身，与精神常合并也。……常合则为一，可以长存也。常患精神离散，不聚于身中，反令使随人念而游行也。故圣人教其守一，言当守一身也。念而不休，精神自来，莫不相应，百病自除，此即长生久视之符也。"④ 如何"守一"呢？就是要"守气"，"苟能令正气不衰，形神

① 《二教论·仙异涅槃五》，石峻等编：《中国佛教思想资料选编》第1卷，351页。
② 《答朝士访仙佛两法体相书》，《华阳陶隐居集》，《正统道藏》第39册，31476页。
③ 《太平经佚文》，《太平经合校》，2版，739页。
④ 《太平经》卷137～153，《太平经合校》，2版，716页。

相卫，莫能伤也”①。认为只要炼好“养气”、“守气”的工夫，就能使形不衰，神不散。精气固守在形体之中，形神不离，人就可以永生成仙。佛教认为形神是异本的，两者有不同的本原和本质。人的形体是由地、水、火、风四大要素构成，是有生有灭的。如前所述，人的精神是“精极而为灵者”，是与物质现象根本不同的。它能依附于形体上而又能离开形体，它是不穷不灭的。慧远等佛教学者就批评道教视“精神”为精气，“形神常合”、“形神俱不灭”等观点，也反对道教的“养生之谈”。以精神为精气，是道教整个修炼成仙教义的理论前提，是一个极其重要的观点。应当承认，佛教区别形体与精神的不同是一个重要的理论贡献，但又由此强调精神可以离开形体而独立存在、永恒不灭，则缺乏令人信服的深刻论证。

① 葛洪：《抱朴子内篇·极言》，《抱朴子内篇校释》，222页，北京，中华书局，1980。

第六章

中国佛教涅槃观念的演变与发展

佛教是富于理想主义和超越精神的宗教。中国佛教的最高目标是，通过佛教道德和禅定等修持实践，实现超越生死的痛苦，获得人生的解脱，成就自由自在的理想境界。

唐代著名诗人、画家王维的《叹白发》诗云："一生几许伤心事，不向空门何处销?"[①] 佛教的解脱在于脱却人世的烦恼、悲伤、羁束、痛苦，进入自在的境界。所谓解脱，就是从痛苦中解放出来；所谓自在，就是自觉、自得、自由。表示佛教解脱境界的概念有涅槃、佛、如来、法身、净土、佛土、真如、实相、自性、无位真人等。这些概念的内涵有的是相互交叉的，如，如来与法身、真如与实相等。这里要着重论述的是涅槃、佛和佛土这三个概念。从解脱论的内在结构和逻辑发展来看，佛教首先是把涅槃作为熄灭烦恼，消除痛苦的理想境界。释迦牟尼逝世后，为了说明他所阐扬的教理的恒久性，他的门徒又提出法身说，也就是佛身说。后来，大乘佛教提倡多佛说，由此又相应地提出佛所在的理想空间——净土说。涅槃、佛、净土，是最典型、最集中、最形象地表述佛教理想的核心概念，也是统摄其他相关内容的关键性的概念。相应地我们将分三章依次论述涅槃、佛、净土

① 《王右丞集》第6卷，四部丛刊影印本。

三个概念在中国的演变，并总结其思想特点。

第一节　印度佛教涅槃学说略述

涅槃，梵语 nirvāna 音译，又音译为泥曰、泥洹，意译为灭、灭度、寂灭、圆寂，是指灭除了烦恼、痛苦及其产生原因的境地。此外，释迦牟尼在现世成道即由人成就为佛后，其肉体死亡，也称涅槃、般涅槃、大般涅槃。

在印度，随着佛教的发展，不同的教派和经典对涅槃有不同的诠释，其中最重要的是部派佛教、大乘中观学派、《大般涅槃经》，以及大乘唯识学派的涅槃观。

一、部派佛教的两种涅槃说

部派佛教通常视涅槃为灭除烦恼痛苦的状态、境界。如《杂阿含经》卷 18 云："涅槃者，贪欲永尽，瞋恚永尽，愚痴永尽，一切诸烦恼永尽，是名涅槃。"① 那时把涅槃分为有余（依）涅槃与无余（依）涅槃，认为后者是人生的最高理想境界。《中阿含经》卷 40 云："涅槃者，无所依住，但涅槃灭讫，涅槃为最。"② 有余涅槃虽断除烦恼，但仍有肉体残存，肉体是残余的身。这是说，有余涅槃既已灭除了烦恼，又灭除了以后生死流转的因，但作为过去世业报造成的果报身即肉体还残存着，活在世间，且还有思维活动，因而这种涅槃是不彻底的。而在无余涅槃境界中，不仅灭除了烦恼、生死的因，也灭除了烦恼、生死的果，是灰身（焚骨扬灰）灭智（灭除思维），死后不独肉体不复存在，连思维也没有了，生死的因果一起灭尽，一切归于寂灭的状态，获得彻底的解脱，这是最高的理想境界。一般认为，释迦牟尼在菩提树下悟道成佛只是达到有余涅槃境界，直至八十来岁逝世时，才是真正进入了无余涅槃境界。

二、中观学派的涅槃与世间无差别论

部派佛教各派虽都以虚无寂灭为涅槃的主要内涵，提倡厌弃身

① 《大正藏》第 2 卷，126 页中。

② 《大正藏》第 1 卷，682 页中。

世，厌恶世俗，厌离世间，但对涅槃有无实体的问题却存在着不同的看法。后来大乘中观学派提出以实相为涅槃，而实相就是空性，这空性也是生死世间的实相，这样在实相同为性空的理论基础上，把涅槃与世间统一起来了。《中论·观涅槃品》云：

> 涅槃与世间，无有少分别，世间与涅槃，亦无少分别。……涅槃之实际，及与世间际，如是二际者，无毫厘差别。①

这是说，涅槃的实际与世间的实际，即两者的本来面目、状态，都是性空，并无丝毫的差别。也就是说，世间事物的实相即是涅槃的内容。中观学派以实相为涅槃，称为“实相涅槃”。这种涅槃观否定了有的部派视涅槃为实体的看法，强调涅槃的真相也是空性，不能执著；同时否定部派佛教离开世间另行追求涅槃境界的主张，认为不能离开世间去追求涅槃，把涅槃与世间对立起来，并不能真正达到涅槃境界。中观学派的观点，在佛教人生理想论方面引发了四个转变：一是把修持所追求的目标定位在把握世间事物的实相即空性上，也就是说，体悟实相，直悟性空，就是涅槃，就是人生理想境界。二是把修持实践的重心转向对事物实相的认识，这是一种特殊的认识，是否定性的认识，是超越语言、思维的直觉体认。这也是一种特殊的智慧——般若观照。三是彻底地、全面地确立空观，强调不仅世间是空的，涅槃境界也是空的，对理想境界也不能执著。四是确立涅槃与世间无差别论，这不仅填平了现实世界与理想世界的鸿沟，拉近了人与佛的距离，而且使佛教转向贴近世间，关怀人生，因而又使涅槃成为具有现实生活内容的人生理想理论。

三、《大般涅槃经》的涅槃四德说

《大般涅槃经》在般若空论的基础上，又发展了部派佛教的涅槃思想，提出“常、乐、我、净”四种属性的理想境界说。

《大般涅槃经》指出，声闻和缘觉二乘所得的涅槃不是大涅槃，

① 《大正藏》第30卷，36页上。

“二乘所得非大涅槃，何以故？无常、乐、我、净故，常、乐、我、净乃得名为大涅槃也。”① 这是说常、乐、我、净是大涅槃的特性，而大涅槃唯有佛、菩萨才能得。所以称为大，是表示不可思议、大自在的意思。“常”是永恒、永久，“乐”是安乐、幸福，“我”是自我、自由，“净”是清净、高洁。此经认为，常、乐、我、净有两种：一是凡夫以无常为常，苦为乐，无我为我，不净为净，是四种颠倒的邪见；一是诸佛的常、乐、我、净，也称作大常、大乐、大我、大净。如经文说：“乐有两种：一者凡夫，二者诸佛。凡夫之乐无常败坏，是故无乐，诸佛常乐无有变异，故名大乐。”② 又说：“涅槃之性是大寂静，何以故？远离一切愦闹法故，以大寂［静］③ 故，名大涅槃。”④ 还说：“有大我故，名大涅槃。涅槃无我，大自在故，名为大我。”⑤ “身若无常则名不净，如来身常故名大净，以大净故名大涅槃。”⑥ 此经还强调：“涅槃实非是有，诸佛如来随世俗故说涅槃有。……随世俗故说言诸佛有大涅槃。”⑦ 意思是涅槃是非常纯净的，纯净就是非有，是超越世俗的有无，而涅槃有无是世俗的观念，所以说有是随世俗而讲的。同样，常、乐、我、净也是超越有无、生灭的，是不可思议的德行和境界，是不能以世俗的有无论之的。

四、唯识学派的涅槃即真如离障说

大乘佛教还从与最高真理真如的关系角度切入，来界定涅槃的意义。唯识学派就是这样阐述的。《佛地经论》云：“涅槃即是真如体上障永灭义。”⑧ 《成唯识论》卷 10 云：“此（大涅槃）虽本来自性清净，而由客障覆令不显真圣道生，断彼障故，令其相显名得涅槃。此依真如离障施设，故体即是清净法界。”⑨ 这都是说，真如即最高真

① 《大般涅槃经》卷 23，《大正藏》第 12 卷，502 页中。

② 同上书，503 页中。

③ “静”字，据文义加。

④ 《大般涅槃经》卷 23，《大正藏》第 12 卷，503 页中。

⑤ 同上书，502 页下。

⑥⑦ 同上书，503 页下。

⑧ 《大正藏》第 26 卷，312 页中。

⑨ 《大正藏》第 31 卷，55 页中。

理，它的体性是清净的，真如如实显现其本来相状，就是涅槃，而真如的显现又要通过离障的工夫，也就是说，要从主观上努力灭尽障蔽真如的烦恼，在离障灭障的努力中，真如就能自然显现，从而达到涅槃的境界。唯识学派还把涅槃分为四种：本来自性清净、有余依、无余依、无住处。① 其中有余依和无余依两种涅槃的意义和部派佛教所讲的没有什么不同，这里不加论述。本来自性清净涅槃，就是上面所讲的真如，真如的本性是清净的，是一切众生所平等共有的，只是凡夫的真如本性为客尘所覆障，圣者因内证而显现其真如本性。无住处涅槃，也称“无住涅槃”。这是大乘菩萨为了利乐有情，即使自己的觉悟达到成佛的水准，可以进入涅槃境界，而不进住，坚持弘法，普度众生。如相传地藏菩萨就发大愿：一定要先度尽六道轮回中的所有众生，自己才最后一个进入涅槃境界。

印度佛教对涅槃的意义、类别、本性、属性作了充分的论述，涉及涅槃与烦恼、人身、实相、真理、世间、众生等诸多关系，拓宽了人类理想境界的空间。上述大乘中观学派、《大般涅槃经》和唯识学派的学说，都从不同角度为佛教人生理想的实现展现了新途径和新天地，影响至为深远。

第二节　汉、魏、晋时代的涅槃思想

印度佛教的涅槃学说传入中国以后，在中国传统思想的强大制约和影响下，其侧重点和内涵都发生了深刻的变化。汉、魏、晋时代，中国佛教学者对涅槃概念侧重以黄老的“无为”观念去比附、阐扬。东晋时，南方的慧远是以神不灭观念去阐释，北方的僧肇则用般若中观学说来贯通。南北朝时代则转向涅槃学说与心性论的结合，到了隋唐时代，又大力阐扬涅槃佛性——自性的学说。

汉以来，黄老道家的“无为”思想极为盛行。东汉的佛经汉译创始人安世高就以“无为”译涅槃，他译的《阴持入经》卷下云：“欲

① 《大正藏》第31卷，55页中。

度世，是为尚有余无为未度；已无为竟，命已竟毕，便为苦尽，令后无苦。”① “尚有余无为未度”，即有余涅槃。意思说，因有肉身存在，涅槃还不完全彻底，仍需要“度世”。“已无为”即无余涅槃，“已无为竟……令后无苦”，是说肉体灭尽，没有生死，也就彻底消除痛苦了。牟子《理惑论》第一章也以“无为”指涅槃。直至东晋时代，郗超在《奉法要》中还说：“泥洹者，汉曰无为，亦曰灭度。”② 袁宏在《后汉纪》中说：“沙门者，汉言息心，盖息意去欲，而归于无为也。”③ 也把无为视为僧人的人生理想目标。道家所讲的无为是顺其自然的意思，与佛教涅槃的涵义并不相同。佛教学者以无为来理解、比附涅槃，就为涅槃学说涂上了一层浓重的道家思想色彩。

东晋时，南方佛教领袖慧远法师，在出家前就具有深厚的中国传统文化的思想素养，传统的神灵不灭观直接影响了他对涅槃的独特理解。《高僧传》卷6《释慧远传》载：“先是中土未有泥洹常住之说，但言寿命长远而已。远乃叹曰：‘佛是至极，至极则无变，无变之理，岂有穷耶？’因著《法性论》曰：‘至极以不变为性，得性以体极为宗。’”④ “至极”、“极”，即涅槃。“性”，法性，本性。“宗”，究极本原。这就是说，涅槃以不变为本性，而要得到这种不变的本性，又必须以体证终极为本原，也就是要“反本求宗”。慧远在《沙门不敬王者论·求宗不顺化》中说：

> 反本求宗者，不以生累其神；超落尘封者，不以情累其生。不以情累其生，则生可灭；不以生累其神，则神可冥。冥神绝境，故谓之泥洹。⑤

这是说，返归终极本原者，不以生命牵累自己的精神；超脱世间束缚者，不以爱憎的情感牵累自己的生命。如此，不仅形体生命可以消

① 《大正藏》第15卷，176页中。
② 石峻等编：《中国佛教思想资料选编》第1卷，23页。
③ 《后汉纪》卷10，5页。
④ 《大正藏》第50卷，360页上。
⑤ 石峻等编：《中国佛教思想资料选编》第1卷，83页。

灭，进而精神活动也可以停止。这样就处于一种冥然无形的不可知的超然状态（“冥神”），处于对外界无所爱憎，无境可对（“绝境”）的超越境界，也就是最高的涅槃境界。慧远把涅槃理解作生灭神冥，形尽神存的境界，这和印度早期佛教以灰身灭智，永灭生死为涅槃是颇异旨趣的。

东晋僧肇的《肇论》中收有《涅槃无名论》一文，有的学者怀疑不是僧肇所作，迄今仍无定论。《涅槃无名论》云：“泥曰、泥洹、涅槃，此三名前后异出，盖是楚夏不同耳。云涅槃，音正也。……秦言无为，亦名灭度。无为者，取乎虚无寂寞，妙绝于有为。灭度者，言其大患永灭，超度四流。”① 此论以无生死、潜神玄默与虚空合德为涅槃，认为涅槃既无生死，寂寥虚旷，也绝非名言所能表述，是无名相的，谓之“涅槃无名”。值得注意的是，《高僧传》第六卷《释僧肇传》中详引了《涅槃无名论》的“开宗第一”部分，另外，僧肇撰的《注维摩诘经》中有关涅槃思想也与《涅槃无名论》颇有相似之处，而且对后来影响很大。由此可以说，《涅槃无名论》即使不是僧肇所作，也含有他的思想观点。

僧肇运用佛教的不二法门来解释涅槃，他说：“缚然，生死之别名；解灭，涅槃之异称。”② “缚”，烦恼；“解灭”，解脱、灭除烦恼。这是说，烦恼即生死的别名；而烦恼的解脱就是涅槃。又说：“断淫怒痴，声闻也；淫怒痴俱，凡夫也；大士观淫怒痴即是涅槃，故不断不俱。”③ “大士”，菩萨的通称。这是说声闻乘已断除淫事、瞋怒与愚痴；凡夫还在执迷；而菩萨既悟缘起性空的真理，又达到了即有即空的境界。在僧肇看来，淫怒痴即是涅槃，涅槃并非是脱离烦恼所取得的境界，涅槃与烦恼是不即不离，不断不俱的关系。僧肇还说：“因背涅槃，故名吾我，以舍吾我，故名涅槃。”④ 意思是说，众生都

---

① 《大正藏》第45卷，157页中、下。又“四流”，也称“四暴流”，暴流为烦恼的异称。四流，指欲、有、见、无明四类烦恼。

② 《注维摩诘经》卷8，《大正藏》第38卷，397页下。

③ 《注维摩诘经》卷3，《大正藏》第38卷，350页上。

④ 《注维摩诘经》卷5，《大正藏》第38卷，377页上。

是由因缘和合而成，本无自我实体，然众生违背涅槃，妄执为我，若舍离妄执，即是涅槃。总之，僧肇认为涅槃是不离烦恼，不离生死，不离自我的境界，又是消除烦恼，解脱生死，舍弃自我的境界。

《涅槃无名论》中也有一段相同的论述：

> 《净名》曰："不离烦恼，而得涅槃。"《天女》曰："不出魔界而入佛界。"然则玄道在于妙悟，妙悟在于即真；即真即有无齐观，齐观即彼己莫二。所以天地与我同根，万物与我一体。同我则非复有无，异我则乖于会通。所以不出不在，而道存乎其间矣。……然则，法无有无之相，圣无有无之知。圣无有无之知，则无心于内；法无有无之相，则无数于外。于外无数，于内无心，彼此寂灭，物我冥一，泊尔无朕，乃曰涅槃。①

这是说要不离烦恼、不离魔界去得涅槃，入佛界的关键就在于"妙悟"佛教玄理。妙悟就是要"即真"，即真就是要在主体内心世界里，消除外在世界的有无界限，并由"无有齐观"进而泯灭主客体的对立，达到"彼己莫二"的境界。这也就是"天地与我同根，万物与我一体"的境界。要达到这种境界必须"同我"，即同于主体自我心灵的妙悟，而不能"异我"，与这种自我妙悟相异。《涅槃无名论》突出强调主体的冥想与观照作用，以求主体与天地万物合为一体。我与天地万物合一，万物就没有有无的差别相状，圣者也就没有有无的分别知见，这样，主客合一，内外皆无，彼此寂灭，也就进入了涅槃境界。

僧肇还进一步从普度众生的角度，强调证得涅槃佛果后，还应不住涅槃。他说菩萨就是这样的："观无常不厌离者，菩萨也。"② 菩萨"不厌生死，不乐涅槃"③。"大士观生死同涅槃，故能不舍"④。僧肇认为，菩萨既看到了世间事物的生灭变化，而又不厌生恶死，视生死与涅槃不一不异，能自觉地不耽乐于涅槃。僧肇还强调菩萨不舍离生

---

① 《大正藏》第45卷，159页中、下。又，文中"泊"字原为其本字"怕"。

② 《注维摩诘经》卷5，《大正藏》第38卷，374页下。

③④ 《注维摩诘经》卷5，《大正藏》第38卷，374页下。

死，也不为污行；住于涅槃而永不灭度：“欲言在生死，生死不能污。欲言住涅槃，而复不灭度。是以处中道而行者，非在生死，非住涅槃。”① 由此看来，僧肇是以舍离“断”、“常”、“生死”之见的中道立场来展开其涅槃思想的。在他看来，大乘行者虽生死流转，然不受烦恼污染；虽已证得涅槃，然不为安乐所缚。入于涅槃，又不舍生死，“非在生死，非住涅槃”，不舍生死，不住涅槃，不落两边，合乎中道。正是在这种生死与涅槃不异的思想影响下，中国佛教特别重视生命的净化，提倡在不舍杂染的情况下，转染为净，转迷为悟。

第三节　南北朝的涅槃师说

涅槃师是研习、弘传《大般涅槃经》的佛教学者。东晋的法显在建康（今南京）译出《大般涅槃经》的初分，在此前后，昙无谶在北凉又相继译出同经的初、中、后三分并传播到南方。由于该经的前后说法不一，造成佛教学者对经文的理解产生分歧，各种见解脱颖而出，以至众说纷纭，形成了涅槃说空前繁荣的局面。

在涅槃诸师中，最富理论造诣，思想影响也最大的，当首推被尊为“涅槃圣”的竺道生（355—434）。竺道生把般若学和涅槃学结合起来，着重阐发涅槃佛性说，开创了佛教的一代新风，深刻地影响了后来佛教思想的发展。从究极境界的内容来说，竺道生涅槃说的主要内容有以下两点：

（1）涅槃生死不二。涅槃是本性之学。在竺道生看来，佛性是一切众生先天具有的本性，基于这一点，众生与佛，生死与涅槃，烦恼与菩提虽然有所不同，但其区别只在众生是否见性。众生不见佛性，则涅槃为生死，菩提为烦恼；众生若见佛性，则生死即涅槃，烦恼即菩提。从众生具有佛性这层意义上说，涅槃与生死本无二致。竺道生在《注维摩诘经》中说：“夫大乘之悟，本不近舍生死远更求之也。”②

---

① 《注维摩诘经》卷 5，《大正藏》第 38 卷，380 页上。

② 《注维摩诘经》卷 7，《大正藏》第 38 卷，392 页上。

“一切众生毕竟寂灭，即涅槃相不复更灭。”① 在《妙法莲华经疏》中也说：“一切众生莫不是佛，亦皆泥洹。”② 这都是强调，对众生来说，涅槃佛性就是众生本性，众生不应舍离生死另求解脱。一切众生都是佛，也都是涅槃。

（2）得性便是涅槃。佛性是众生的本性，众生若返本得性，也就是涅槃。竺道生说：“苟能涉求，便返迷归极，归极得本。”③ “涅槃惑灭，得本称性。”④ 这里说的“归极”，就是去迷除惑，悟见本性。“归极”即“得本”，“得本”也就是得见本性，显现佛性。“成佛得大涅槃，是佛性也。”⑤ 佛性的显现就是成佛，就是得大涅槃。竺道生还强调得涅槃又不执著涅槃，他说：“既观理得性，便应缚尽泥洹，若必以泥洹为贵而欲取之，即复为泥洹所缚。若不断烦恼即是入泥洹者，是则不见泥洹异于烦恼，则无缚矣。”⑥ 这是运用般若学中观理论来论述涅槃与烦恼的不一不异，认为若以涅槃为贵而刻意追求，即是把涅槃与烦恼视为对立而为涅槃所缚，从而导致出现新的烦恼。只有视涅槃与烦恼互不相异，不断烦恼而入涅槃，才是真正入于涅槃境界。竺道生作为鸠摩罗什的弟子，他和同窗僧肇同样具有般若中道思想，同样强调涅槃与生死不异，也同样对尔后中国佛教思想的发展产生了重大影响。

此外，又有北朝名僧道安曾作《二教论》十二篇（见《广弘明集》卷8），其中的《仙异涅槃》篇，比较了成仙和涅槃的不同，认为道教所讲的神仙只是延长寿命，并不能真正地长生不老，而佛教所说的涅槃则是永恒长住的境界，绝非仙化所能比拟。

第四节　隋唐佛教宗派的涅槃论

隋唐时代，由于天台宗、三论宗等也兼讲《涅槃经》，且影响日

① 《注维摩诘经》卷4，《大正藏》第38卷，362页中。
② 《续藏经》第1辑第2编乙第23套第4册，408页。
③ 《大般涅槃经集解》卷1，《大正藏》第37卷，377页中。
④ 《大般涅槃经集解》卷51，《大正藏》第37卷，532页中。
⑤ 《大般涅槃经集解》卷54，《大正藏》第37卷，547页下。
⑥ 《注维摩诘经》卷2，《大正藏》第38卷，345页中。

大，导致涅槃师说渐趋衰微。隋唐佛教的重要宗派都重视阐发涅槃佛性说，极大地推动了佛性思想的发展。就涅槃境界理论来说，各宗中最富理论创造、最具典型意义的是天台宗的论说。

天台宗重视阐说“诸法实相论”，认为一切事物的当体即是实相，而实相具有各种不同层面的意义，就其寂灭的意义来说，也就是涅槃。此宗学者还喜用三分法来阐述与实相论有关的各种理论。他们以法身、般若、解脱“三德”来说明《涅槃经》的涅槃思想。智𫖮的《金光明经玄义》和灌顶的《大般涅槃经玄义》都以不生不灭来论涅槃，并强调大涅槃具有法身、般若、解脱三种德相。法身指真如之理，般若指觉悟之智，解脱即脱离烦恼之谓。这三德是非三非一，非纵非横，具有无限性的特征。由此又可配以三菩提、三佛性、三宝、三道、三识、三般若、三大乘、三身、三涅槃。智𫖮说：“三德不生不灭即是三涅槃。”① 他还进一步展开说：

> 云何涅槃？性净、圆净、方便净是为三，不生不灭名涅槃。诸法实相不可染不可净，不染即不生，不净即不灭，不生不灭名性净涅槃；修因契理，惑毕竟不生，智毕竟不灭，不生不灭名圆净涅槃；寂而常照，机感即生，此生非生，缘谢即灭，此灭非灭，不生不灭，名方便净涅槃，当知此三涅槃。不生不灭即是常，常故名乐，乐故名我，我故名净。涅槃即常乐我净，即是三德可尊可重故。②

这就是说，不生不灭就是常住，就是涅槃。一切事物生灭无常，而一切事物的实相或本性是不生不灭常住的。这种不生不灭也就是涅槃状态。与法身、般若、解脱“三德”相应，涅槃也有三种：（1）性净涅槃，是指一切事物的实相（本性、本体），是不可染不可净，不生不灭的，此实相即本性清净涅槃。这相当于真如理体，相当于三德和三身中的法身。（2）圆净涅槃，智慧极致是“圆”，妄惑灭尽是“净”。

---

① 《金光明经玄义》卷上，《大正藏》第39卷，2页下。

② 同上书，3页中、下。

众生经过努力修持，达到妄惑不生，智慧不灭，此惑不生，智不灭，即为圆净涅槃。这相当于三德中的般若，也相当于三身中的报身。（3）方便净涅槃，谓以契合理的智，寂静地观照众生，众生感应后，佛则随机示现假身，以度众生。此生非生，机缘既尽，应化之身即灭，而此灭又非灭，如此不生不灭，为方便净涅槃。这相当于三德中的解脱，三身中的应身。天台宗的三种涅槃说，从体（理）、相（智）和用（应化）三个方面揭示了涅槃的类别与层次，是对涅槃学理论的重大发展。

天台宗人还批评地论师和摄论师的性净涅槃与方便净涅槃（相当于天台宗的圆净涅槃）说，认为他们的涅槃说是不完整的，同时也指出，若以为性净、圆净、方便净三种涅槃互不相关，也是不全面的。

此外，其他宗派也都论及涅槃说，如华严宗法藏、澄观，着重以“圆寂”来界定涅槃的意义，并以功德全备称“圆”，以烦恼断尽名“寂”。再如禅宗，最为重视自心的解脱，反对在自心之外另求清净境界。慧能说：“善知识，即烦恼是菩提。前念迷即凡，后念悟即佛。”① 认为菩提生于烦恼，众生与佛的区别在于迷悟的一念之差。也就是说，涅槃是从烦恼、迷妄中脱却出来的内在自由境界。黄檗希运禅师在《传法心要》中说：“前际无去，今际无住，后际无来，安然端坐，任运不拘，方名解脱。”② 这里的“解脱”，也就是涅槃。他的意思是说，真心本性能超越一切时空，保持自身的绝对不变，而又能随缘任运，自由自在，是为解脱，即涅槃境界。也就是说，涅槃实际上是心性本净的状态。从这种涅槃理念出发，临济宗人义玄说：“道流，取山僧见处，坐断报化佛头，十地满心犹如客作儿，等妙二觉担枷锁汉，罗汉辟支犹如厕秽，菩提涅槃如系驴橛。”③ 在这一段呵祖骂佛的话语中，义玄把涅槃喻为拴驴的木桩，意在否定执著。他

① 《南宗顿教最上大乘摩诃般若波罗蜜经六祖慧能大师于韶州大梵寺施法坛经》（即敦煌写本《坛经》，以下均简称《坛经》）［26］。本书所引为敦煌本《坛经》，均据石峻等编：《中国佛教思想资料选编》第2卷第4册，以下不再注明。

② 《大正藏》第48卷，384页上。

③ 《镇州临济慧照禅师语录》，《大正藏》第47卷，497页下。

指斥超越众生的涅槃境界是束缚自心的桎梏，强调自心解脱就是涅槃。

隋唐以后，中国佛教学者对涅槃说再无新的创造，一般都以常、乐、我、净四德论涅槃。迄至近代，还有人以涅槃四德性去描述未来的大同世界，从而也反映出涅槃学说对后人设计社会理想的思想影响之深。

第七章

中国佛教对于“佛”的涵义的转换与拓展

第一节　印度佛教佛身论略述

大乘佛教的最高追求是成就佛果。佛是梵语、巴利语 buddha 的音译，意指觉悟了真理的人，也就是具足自觉、觉他、觉行圆满三者的佛教圣者。大乘佛教认为，唯有佛才完全具备这三者，菩萨具有自觉、觉他二者，声闻、缘觉二乘仅具自觉，凡夫一无所具。所谓佛身是指佛的身体。在佛身问题上，部派佛教时期产生了不同的主张，大众部崇尚理想，肯定佛身是无烦恼的，上座部则坚持传统立场加以反对。后来大乘佛教兴起，盛行菩萨成佛之说，同时也对佛身问题进行深入的考察和阐述，其理论的基本趋势是从一身说到多身说。与佛身论相关，还有佛是一个还是多个的问题，这个问题的理论趋势是从一佛说到多佛说。这些论述后来都成为佛教信仰理论的重要内容。

一、从一身说到多身说

随着佛教的不断演变和发展，佛教对佛身的论说也在逐渐发生变化。早期佛教持一身说，部派佛教则有二身说，大乘佛教阐扬三身说，甚至还有四身说。其中最重要的是大乘佛教的三身说。早期佛教时期，释迦牟尼被其虔诚的信徒尊为导师，公认他是佛教教义的创始者。他和一般人的不同之处是觉悟了人生的解脱之道，并成就为佛——觉者。此外他还常转法轮，宣扬佛法，传播教义。释迦牟尼否认人是全知全能的，也否认人的灵魂不灭。可以说，释迦牟尼本人及其门徒都认为释迦牟尼佛只有生身（肉身），而生身也是有死亡的，并不能永恒存在，此可谓佛一身说。

释迦牟尼逝世后，信徒们出于对他的敬仰和怀念，普遍认为他是超越常人的教主，部派佛教更明确地提出佛二身说，认为佛不仅有生身，还有法身，只是不同派别对二身的涵义所持看法不一。大众部主张佛身“无漏”说。“漏”，指烦恼。认为释迦牟尼的生身是无烦恼的，而且其寿命和威力也是无限的。说一切有部则强调释迦牟尼的生身也是烦恼之果，是“有漏”的。同时，又认为佛的特殊智力、崇高功德以及精湛教义是“无漏”的，称为法身。说一切有部还称戒、定、慧、解脱、解脱知见五者为五分法身。认为法身是非肉眼所能见到的法佛，以法佛为佛，把法身看成是佛之所以为佛的根据。这种说法具有鲜明的宗教理论意义。

大乘佛教兴起后，死后成佛成为佛教信徒的最高追求和终极目标，于是佛身论也随之深入展开。从《般若经》始，《法华经》、《华严经》、《涅槃经》、《维摩诘经》和《大智度论》、《摄大乘论》等重要的大乘典籍，都纷纷阐述佛身的问题，但名称和解释各异，内容颇为复杂。多数典籍是在部派佛教的法身和生身的二身说基础上，将生身称为应身，并在法身和应身之间又别立报身，从而把佛身分为三个要素、方面，其中法身的异称有真身、自性身、法性身等。法身以外的二身是报身和应身。在不同的典籍中，这二身的名称还有化身、受用身、变化身等，这些名称往往交叉使用，以致所指内容颇不相同，特别是应身，有的佛典是和报身同义，有的佛典又和化身同义。梁译《摄大乘论》卷13在解释自性身、受用身、变化身时说：

> 如来身亦有二种得：一自性得，是法身；二人功得，是应化两身。为显异人功所得故，立自性身。依止自性身，起福德智慧二行。二行所得之果，谓净土清净及大法乐。能受用二果故，名

受用身。于他修行地中，由佛本愿自在力故，彼识似众生变异显现故，名变化身。①

这是大乘佛教关于佛三身的形成、涵义及其相互关系的重要论述，代表了由唯识学派完成的比较定型的三种佛身说。

唯识学派认为，佛身的形成与获得来自两方面：一是“自性得”，即本性具有，自然天成的，这是自性身，也称法身。二是“人功得”，这是依靠本性具有的法身，后经修习无量的福德和智慧，并产生净土清净和广大法乐两种结果，享受这两种果的佛身，称为受用身。受用身是在佛净土中只能为菩萨所见到的佛身，一般凡夫是见不到的。另有佛的愿力，为了教化众生，随类化身，变现的各种人格身，这种佛身称为变化身，如历史上的佛陀，是一般众生都能见到的。这里受用身相当于报身，变化身则相当于化身或应身。

三身中最重要的是关于法身即自性身的诠释。部派佛教以佛所说法和佛所得的功德法为法身，而大乘佛教则不限于这种说法，并从其他角度论述法身，强调法身是本有之身，并非依后天人为而得的。如唯识学派认为，法身是佛的自性的体现。这里的“自性”是指佛对宇宙人生绝对本体（法界、法性）的觉悟，是超越于世俗世界之上，周遍于整个宇宙之间的，这种智慧是觉悟者即佛的永恒之身。又，大乘佛教继承部派佛教以佛法为法身的思想，并进一步以真如理体即真理及其体性为法身，认为法身就是真理之身。强调真理是常住真实、普遍平等的，既遍于宇宙一切事物，又是事物的共同本质，由此，体现真理及其体性的法身也是无所不在的，是内在于自然又超越于自然的理念力量。再联系到报身和化身都是依止于法身，由法身派生出来，能随机应变，变现出各种人神，这又表明法身是一种异乎寻常的神秘力量。如果从哲学思维的角度来考察，佛三身的关系，可以说是一种特殊的本体与现象的关系。自性身作为佛智慧的化身，真理的化身，是一种不可见的抽象原理，属于本体界。受用身和变化身是可见的具

① 《大正藏》第31卷，249页下。

体形象，是自性身即原理的显示，属于现象界。这二身又各有不同，受用身是自性身的直接的、具体的显现，既非永恒的真理之身，也非变化的人格之身；而变化身，如历史上的佛陀，是由受用身生起的。也就是说，三身以自性身为本，依自性身而起受用身，依受用身而起变化身。由此又可以说，三身是有层次的佛身结构。此外，大乘佛教还有四身说，其名称和解释也各不相同。如有的把受用身分为自受用和他受用两种，连同自性身和变化身合称四身。又如把报身、应身和化身分列，视报身为修行无量功德而得的庄严身，应身则如佛陀出现于王宫的应机示现之身，化身是由应身佛变现的佛、人、天、鬼、畜等身，以随众度化。此三身连同法身共为四身。实际上，四身说的涵义并没有超出三身说的范围。另外，《华严经》还有佛十身之说，这是三身、四身说的进一步展开。从哲学思维的角度来看，以法身为核心的三身说、四身说，是大乘佛教为寻求和奠定佛身乃至世界统一的原理所作的努力，它为说明世界万物的本体和统一性提供了别树一帜的独特学说。

二、从一佛说到多佛说

早期佛教时期，佛是指释迦牟尼而言，这是历史上的佛，只此一个，再没有其他的佛了。部派佛教时期，大众部认为，世界非常广大，每一个三千大千世界，都有佛的存在，这就是“一界一佛，多界多佛”说。大众部的说法是从空间上开拓多佛说的先声。说一切有部不赞成大众部的说法，而主张“多界一佛”说。此外又出现七佛说，认为过去世先后出现了七个佛，进而认为过去、现在、将来三世都有无量数的佛存在。在现实世界，过去有燃灯佛，现在是释迦牟尼佛，未来也会出现另一个佛（弥勒佛），这又从时间上拓展了多佛说。但小乘佛教强调不可能二佛并存。如果说，有的部派佛教倾向于主张“一界一佛”或“一世一佛”的话，大乘佛教则主张一世中有多佛并存，认为过去、现在、未来三世有亿万个佛，或者说十方世界有如恒河沙的无量数佛存在。从一佛说到多佛说，反映了佛教势力的日益扩大，佛教学者视野的不断拓宽，也体现了佛教以佛法涵盖时空，佛力遍布宇宙的心愿。

第二节 中国佛教对于“佛”的涵义的中国化诠释

“佛”是佛教觉悟圆满的理想人格、崇高象征、庄严代表，追求成佛是中国佛教徒的最高终极目标。什么是佛？佛的特性、本质、功能、形象如何？佛如何定性、定位？这是佛教传入中国后首先遇到，也是备受关注的问题。中国佛教学者历来比较注重对“佛”、“佛身”两个问题的解释、探究和阐发。由于儒道固有文化的影响等原因，中国佛教学者对这两个问题所作的论述也颇富中国特色。

中国佛教学者对“佛”的诠释，大体上经历了三个阶段：汉魏晋时代，着重以儒、道有关观念与“佛”进行比附；南北朝隋唐时代，又回归于以佛教原典平实地表述佛的涵义；唐代中叶以来，禅宗日益以自我心性去沟通、缩小众生和佛的界限与距离，“即心即佛”、“见性成佛”几乎成为禅门的共识，主体本性清净实质上等同于佛的说法日渐定型。

与此相关，中国佛教学者也十分重视对于佛身尤其是法身的界说、阐明。初始他们对法身的解释感到困惑，后来佛教各派对于佛的法、报、应三身的解释也各有不同，其中天台宗人宣扬三身相即说，华严宗人提出二种十佛（十身）说，禅宗则偏重于从自性上去阐述佛的三身结构。

在中国佛教思想史上，对于“佛”的解释，最富中国特色的典型说法有以下诸项：

一、体道者是佛

牟子《理惑论》就“何以正言佛，佛为何谓乎”问题回答说：“佛乃道德之元祖，神明之宗绪。佛之言觉也，恍惚变化，分身散体，或存或亡，能小能大，能圆能方，能老能少，能隐能彰，蹈火不烧，履刃不伤，在污不染，在祸无殃，欲行则飞，坐则扬光，故号为佛也。”① 这段话不仅对佛作了界说，而且描绘了佛的形态和功能。意

① 石峻等编：《中国佛教思想资料选编》第1卷，3、4页。

思是说，佛是道德的始祖，神明绪业的体现，也就是觉者。佛的形态恍惚不定，聚散、存亡、大小、方圆、老少、隐显，随意变化，且具有奇异的神通，刀火不能入，污祸不会沾，这显然是受当时的黄老神仙家思想的影响，也是按照道家无为无不为的思维逻辑来规定佛的特性，实际上这是把佛与神仙等同起来了。值得注意的是，"佛乃道德之元祖"一语中"道"的涵义，《理惑论》说："道之言导也。导人致于无为。牵之无前，引之无后，举之无上，抑之无下，视之无形，听之无声，四表为大，綩綖其外，毫厘为细，间关其内，故谓之道。"① "四表"，四方极远的地方。这是说道是引导人入涅槃（无为），入涅槃就是得道。这个道无声无形，没有四方上下的约束，充斥整个宇宙，与佛的特性毫无二致，成佛也就是与道合为一体。这个道的内涵与特征是"虚无恍惚"②，"虚无"的道就是本体。佛就是体证道本体的觉者，神明。支谦所译的《大明度经》中也说："夫体道为菩萨，是空虚也。斯道为菩萨，亦空虚也。"③ 以虚无、虚空为道，这与道家所言的道颇相类，而与大乘中观学说虽可比附，但从整体来说，是与作为整个佛教教义的佛道之道相悖的。由此可见，所谓体道的佛、菩萨实质上是具有道家理论色彩的中国化的神明。

二、"周孔即佛，佛即周孔"

东晋时期奉佛的代表人物孙绰从儒佛比较的角度来解释"佛"，他在《喻道论》中说："周孔即佛，佛即周孔，盖外内名耳。……佛者梵语，晋训觉也。觉之为义，悟物之谓。犹孟轲以圣人为先觉④，其旨一也，应世轨物，盖亦随时。周孔救极弊，佛教明其本耳。共为首尾，其致不殊。"⑤ 孙绰认为，周公、孔子与释迦牟尼佛在本质上没有什么不同，他们同是觉者、先觉者，只是教内外的名分不同、社会功能不同罢了。儒家是"救时弊"，重在社会的治理，佛教是"明其本"，偏于内心的教化。这是从治国安民的社会作用的角度，肯定

①② 石峻等编：《中国佛教思想资料选编》第1卷，4页。
③ 《大明度经》卷1《行品第一》，《大正藏》第8卷，478页下。
④ 《孟子·万章下》中以伊尹为先觉者。
⑤ 石峻等编：《中国佛教思想资料选编》第1卷，27页。

儒佛的出发点和目的的一致性、共同性，从而推动了儒佛思想的合流。但另一方面，由于孙绰将佛等同于周孔，也就模糊了佛教与儒家的区别，削弱了佛教超越世俗的神圣性。

三、佛是人格神

东晋时，南方佛教领袖慧远，在继承中国传统的形尽神不灭观念的基础上，结合佛教的解脱成佛理论，认为“冥神绝境，故谓之涅槃”①，把解脱境界归结为“神”处于冥然不可知，又不为外境所影响的超然状态。他曾在庐山之阴、般若台精舍阿弥陀佛像前，率弟子123人建斋立誓，发愿共同往生西方极乐世界，其弟子刘遗民执笔的《发愿文》中就有“其有惊出绝伦，首登神界”② 的话。这里慧远把西方极乐世界称为“神界”，神界就是涅槃境界，也就是佛教所说经过修持所达到的死后往生的境界。在这个境界里，永恒主体“神”获得了解脱，人得到了永生。在慧远看来，所谓成佛，就是“神”最终的舍离情识的妄惑，摆脱形体的枷锁所达到的清净境界，“神”是永恒的真实存在，是成佛的主体，佛是神的升华，是最高的理想人格，是人格神。

慧远对“佛”的解释不同于早期佛教，早期佛教反对灵魂不灭说，主张无我说；也不同于牟子《理惑论》以体现本体的“道”为佛的说法，而是以“神”的超越为佛，强调的是永恒的主体精神、灵魂的存在和神圣。

四、“法即佛”和“理者是佛”

东晋宋间的著名佛教学者竺道生，运用中国传统的得意忘象的思维方式，把般若实相说和涅槃佛性学说结合起来，认为体认宇宙本体（实相）和显现众生本性（佛性）就是佛。竺道生对“佛”的解释既富中国民族特色，又是综合印度大乘佛教空有两宗思想的结果。

---

① 《沙门不敬王者论·求宗不顺化》，石峻等编：《中国佛教思想资料选编》第1卷，83页。

② 《释慧远传》，《高僧传》卷6，《大正藏》第50卷，359页上。

竺道生说：“以体法为佛，不可离法有佛也。若不离法，有佛是法也。然则佛亦法矣。”① 这是说，体认法为佛，不是离开法另有佛，从这层意义上说，佛即是法。那么什么是法呢？“法者，无非法义也。无非法义者，即无相实也。”② “法者，理实之名也。”③ 所谓法就是“无非法”，宇宙间无一不是法，法囊括了宇宙的一切，由此，法也是无相状的。法就是“理实”，就是“理”，也就是真理。可见法是遍于一切的本体，是普遍的真理。所以竺道生又说：“体法为佛，法即佛矣。”④ 法是反映宇宙本体、真理的普遍概念，是成佛的原因、根据，佛离不开法；佛是体认本体、真理，即“体法”的结果。由此一方面说“佛是法”，一方面又说“法即佛”。竺道生还就“体法”的意义这样说：“一念无不知者，始乎大悟时也。以向诸行终得此事，故以名焉。以直心为行初，义极一念知一切法，不亦是得佛之处乎？”⑤ 意思是说，在一念之间直下感知一切法，也就是“得佛之处”。

法是“理实”，由此竺道生又说：“佛以穷理为主”⑥，“佛为悟理之体”⑦，佛就是“穷理”、“悟理”的结果、体现。“理者是佛，乖则凡夫。”⑧ 成佛是体认本体实相的“理”，从这层意义上说，理就是佛，而违背理就是凡夫。

竺道生还强调宇宙本体的法、理也体现在众生的心性之中，众生的本性、佛性，就是成佛的内在根据。他说：“夫体法者，冥合自然，一切诸佛莫不皆然，所以法为佛性也。”⑨ 意思是“体法”即“冥合自性”，而“法”就是佛性。由此又可以说，显现佛性也就是冥合自然。竺道生又说：“不偏见者，佛性体也。……不偏则无不真矣。”⑩

① 《注维摩诘经》卷8，《大正藏》第38卷，398页中。
② 《注维摩诘经》卷2，《大正藏》第38卷，343页上。
③④ 《大般涅槃经集解》卷54，《大正藏》第37卷，549页上。
⑤ 《注维摩诘经》卷4，《大正藏》第38卷，365页上。
⑥ 《注维摩诘经》卷3，《大正藏》第38卷，353页下。
⑦ 同上书，360页上。
⑧ 《大般涅槃经集解》卷21，《大正藏》第37卷，464页上。
⑨ 《大般涅槃经集解》卷54，《大正藏》第37卷，549页上、中。
⑩ 同上书，544页下。

"偏"，偏离，不正。"不偏"，不偏离正道，也就是无不真实。这是说，不偏，无不真，是佛性体，法与自然也是不偏，无不真的，在不偏、无不真这层意义上说，佛性、法和自然这三者是相同的。竺道生认为，众生若能显发佛性，冥合自然，直觉宇宙真相，也就成就为佛了。

五、天台宗的"六即佛"说

"六即佛"说的"六"是修行的六个不同阶位（行位），"六即"是说六个修行的阶位彼此相即，互为一体。"六即佛"就是分设为彼此相即的六个修行阶位的佛。智𫖮《摩诃止观》卷1下和知礼的《观无量寿佛经疏妙宗钞》卷1、2①，对此均有详细论述，具体说是：

（一）理即佛

智𫖮说："理即者，一念心即如来藏理，如故即空，藏故即假，理故即中，三智一心中具不可思议。如上说三谛一谛，非三非一。一色一香，一切法，一切心，亦复如是，是名理即是菩提心。"② 文中说"一念心即如来藏理"和"菩提心"，就是指众生本有佛性而言，就是"即空即假即中"三智中道，也就是佛的不可思议境界。而如来藏理和佛性是相即的，也就是说，这里讲的理，是就如来藏或佛性上讲的理，这个理就是一切众生都具有的如来藏或佛性，也就是空、假、中三谛之理。这个理在本质上与诸佛如来无二无别，从这层意义上说，理即是佛，称"理即佛"。理即佛又作"理佛"，是从理上说一切众生即是佛。

（二）名字即佛

智𫖮说："名字即者，理虽即是，日用不知，以未闻三谛，全不识佛法，如牛羊眼不解方隅，或从知识，或从经卷，闻上所说一实菩提，于名字中通达解了，知一切法皆是佛法，是为名字即菩提。"③"名字"，即名言概念。"知识"，此指善知识，即善于教导佛法正道的人。这是说"理"很难了知，如果从善知识处，或经卷中，也就是从名言概念中去闻知，也能通达了解"一切法皆是佛法"。从这种意义

① 详见《大正藏》第37卷，200页上～205页上。

②③ 《摩诃止观》卷1下，《大正藏》第46卷，10页中。

上说，名字即佛。这是就闻知上，从名字与佛法的相即关系方面而立的行位。

（三）观行即佛

“观行”即实际修行，天台宗人指五品观行，即随喜、读诵、讲说、兼行六度①和正行六度五种修行方法和过程。天台宗人认为，既已了知名字即佛，进一步就要听闻佛教经论所说而生起随喜之心，再配合以诵读，讲经说法，导利众生，进而还要辅修六度，最后转为以六度的实践为主，以上五项修持，如此层层转深递进，就能使智与理，即智慧与佛性相应，制伏烦恼。这样的修行阶位，称为观行即佛。

（四）相似即佛

天台宗人说，经过五品观行后，不只是能制伏烦恼，而且要进一步断除烦恼，制伏无明，进而达到六根②清净。在这种阶位上，虽还没有真正证得理，但已与理相去不远，与理相仿佛，有如真证；这样的修持者，虽不是圣者，但犹如圣者，这是相似佛位，称相似即佛。

（五）分证即佛，也称分真即佛

“分证”是分断无明而证得法身、般若、解脱“三德”的意思。相似即佛只是制伏无明惑；分证即佛，是指不仅断灭了无明惑并证得了“三德”。天台宗认为无明惑有四十二品，断一品无明则证得一分中道。从初住位一直到等觉位，要断四十一品无明惑，并分证中道之位，是属于分证即佛阶位。

（六）究竟即佛

“究竟”，至高无上的境界。这是指断除第四十二品无明，显发究竟圆满的觉智，证得究竟解脱而入妙觉的佛位。

以上六佛虽因智情悟迷的深浅而有阶位的差别，但从体性上来看，六佛阶位又是不二不异，彼此相即的。如理即佛，也是名字即佛，乃至是究竟即佛，其他五种也是如此。天台宗人认为，六即佛以“六”表示阶位高下有序，可供修行者不生贡高我慢之心，以“即”

① 六度，即布施、持戒、忍辱、精进、禅定、智慧。

② 六根，指眼、耳、鼻、舌、身五种感觉器官和思维器官（意根）。

表示六种阶位的体性完全相同，可令修行者不生自卑后屈之心，如此鼓舞修行者生发愿心、信心，依次修证，坚持不懈，即可终成正果。

六即佛说是天台宗的成佛理论，这种理论既把佛看作与众生不二的，又把成佛看成是个过程。值得注意的是，六即佛说的理即佛，不仅把理与佛打通，而且把理、佛性与佛打通，进而再把众生与佛打通，这就从佛与理、佛性以及众生的关系方面丰富了佛的涵义。还值得注意的是，六即佛说把成佛分解为依次渐进的过程，并强调六种阶位的相即关系，这可以说，修持者从修持成佛起点至最后修持功德圆满前都含有佛的因素、成分，这些因素、成分又是相互渗透、交叠的，这就启示人们从动态上去把握佛的意义。

六、禅宗的“如何是佛”说

如果说天台、华严等宗比较热衷于对佛身的阐述，那么禅宗则热心关注“如何是佛”的问题。打开禅宗的各种语录，师徒们关于“如何是佛”问题的问答比比皆是，具体说法数以百计，真是五花八门，令人眼花缭乱，茫然莫解。“如何是佛”的问题，包含什么是佛和怎样成佛两重意义，下面就第一重意义的若干说法，加以归纳概括，梳理成四种典型说法，并揭示其共同实质。

（一）心即佛

禅宗人对“如何是佛”的基本回答是心即佛。“心”，有的侧重指主体的现实心灵，有的则偏于指主体的清净心，即心的本性。“佛”，有的指佛性、佛心，有的指佛果。心与佛的关系，有的强调两者互不相离，有的则认定两者是相等的、无差别的。心即佛的典型说法有：

是心是佛。被奉为禅宗二祖的慧可在回答什么是佛的问题时，对弟子说：“是心是佛”①，认为众生的心就是佛。后来马祖的弟子大珠慧海也说：“是心是佛，是心作佛。”②

即心即佛。史载：“马祖因大梅问如何是佛，祖云：‘即心是佛’”③。

---

① 《景德传灯录》卷3，《大正藏》第51卷，220页下。

② 《景德传灯录》卷28，《大正藏》第51卷，443页下～444页上。

③ 《无门关》[30]，《大正藏》第48卷，296页下。

又有大珠慧海解释“即心即佛，那个是佛”的记载：“有行者问：‘即心即佛，那个是佛?’师（慧海）云：‘汝疑那个不是佛？指出看。’无对。师云：‘达即遍境是，不悟永乖疏。’”① 也是强调众生的自心即是佛。

心即是佛。黄檗希运说：“诸佛与一切众生，唯是一心。……唯此一心即是佛……此心即是佛，佛即是众生。”② 希运认为心是佛与众生共同的主宰，心是众生，心也是佛。

以上三种说法的表述虽略有不同，其思想实质是一致的，都是肯定无论是众生心，还是佛心，其心的体性是与佛无异的，此心即是佛。

禅师们对于“此心即是佛”的“此心”，也有不同的表述，重要的有：

念佛心是佛。被奉为禅宗四祖的道信宣扬“念佛心是佛，妄念是凡夫”③，把念佛心与妄念相对立，认为排除妄念，专心念佛，即能心中见佛，从这一意义上说，念佛心也就是佛。

自心是佛。禅宗六祖慧能大力倡导自心是佛说。他说：“我心自有佛，自佛是真佛；自若无佛心，向何处求佛?”④ 慧能讲的自心，也就是自心具有的自性，他说：“自性迷，佛即众生；自性悟，众生即是佛。”⑤ “自心是佛”是指自心悟、自性悟而言，处于迷妄状态的自心、自性，不是佛而是众生。

清净心是佛。黄檗希运提出了“本源清净心”的概念，以及“此心是本源清净佛”⑥ 的命题，强调此心是本源之心，是心本体，众生若能直下体悟此心，当即是佛。⑦ 希运弟子、临济宗创始人义玄进一

① 《景德传灯录》卷 6，《大正藏》第 51 卷，247 页上。
② 《黄檗山断际禅师传心法要》，《大正藏》第 48 卷，379 页下。
③ 《入道安心要方便法门》，转引自《楞伽师资记》，《大正藏》第 85 卷，1286 页下。
④ 《坛经》[52]。
⑤ 《坛经》[35]。
⑥ 《指月录》卷 10，《续藏经》第 1 辑第 2 编乙第 16 套第 2 册，117 页。
⑦ 详见《黄檗山断际禅师传心法要》，《大正藏》第 48 卷，380 页中、下。

步说，一念心上清净即是佛①，如此每一念心上都清净不染，“心心不异，名之活祖”②。这是强调众生日常的清净心，就是真正的祖师、真正的佛，从而最充分地肯定了人类的主体价值。

“汝自是佛”与“我即是佛”。当弟子向师父请教“如何是佛”问题时，有的禅师往往回答问者说，你本人就是佛。“师（福州大安）上堂云：‘汝诸人总来就安求觅什么？若欲作佛，汝自是佛。’”③ 又如“僧问：‘如何是佛？’师（大龙山智洪）曰：‘即汝是’”④。又“裴一日托一尊佛于师（黄檗希运）前，跪曰：‘请师安名。’师召曰：‘裴休！’公应诺。师曰：‘与汝安名竟。’公礼拜。”⑤ 这是说，佛的名字就是裴休，你裴休就是佛。又如“庐山归宗寺法施禅师策真，曹州人也。姓魏氏，本名慧超，升净慧之堂，问：‘如何是佛？’净慧曰：‘汝是慧超’。师从此信入’”⑥。这里回答的意思是：你慧超就是佛。近代自称虎禅师的杨度也高唱“我即是佛”，称“一旦此心豁然，我即是佛。死去活来，大彻大悟”⑦。所谓“汝自是佛”与“我即是佛”，都是在心、佛、众生三无差别的思想基础上，强调心外无佛，由此，你我是佛，一切众生都是佛。

（二）无心是佛

禅宗继承印度唯心一系的思想，也吸取般若空宗一系的学说，强调禅悟解脱是“离一切相”的。史载：“问曰：‘诸经说，佛常住；或即说，佛灭度。常即不灭，灭即非常，岂不相违？’答：‘离一切相即名诸佛，何有出世入灭之实乎？见出没者，在乎机缘。’”⑧ 这是圭峰禅师宗密对佛的生灭出没问题的回答，认为佛是离开一切相的，从本质上说，并无出世入灭。所谓出世入灭的相状是随机缘而定，并非佛

---

① 详见《镇州临济慧照禅师语录》，《大正藏》第 47 卷，497 页中。
② 同上书，499 页下。
③ 《景德传灯录》卷 9，《大正藏》第 51 卷，267 页下。
④ 《景德传灯录》卷 23，《大正藏》第 51 卷，394 页上。
⑤ 《指月录》卷 10，《续藏经》第 1 辑第 2 编乙第 16 套第 2 册，115 页。
⑥ 《景德传灯录》卷 25，《大正藏》第 51 卷，417 页上。
⑦ 《〈我佛偈序〉赠美国贝博士》，《杨度集》，657 页。
⑧ 《景德传灯录》卷 13，《大正藏》第 51 卷，307 页中。

身真正具有的。临济义玄也说："古人云，如来举身相，为顺世间情。恐人生断见，权且立虚名。假言三十二，八十也空声。有身非觉体，无相乃真形。"① 意思是说，所谓佛身体的三十二相、八十种好都是为顺应众生的世俗之见而讲的，实际上并不存在，佛的真形是无相的。禅宗认为，佛是离一切相的，因此禅修者也应无求无著。黄檗希运说："学道人只怕一念有，即与道隔矣。念念无相，念念无为，即是佛。学道人若欲得成佛，一切佛法总不用学，惟学无求无著，无求则心不生，无著则心不染，不生不染即是佛。"② 无求无著，就是心不生不染，这也就是佛。"心不生"就是"无心"，无心就是佛。史载："常州僧灵觉问曰：'发心出家本拟求佛，未审如何用心即得?'师（南阳慧忠）曰：'无心可用，即得成佛。'曰：'无心可用，阿谁成佛?'师曰：'无心自成，佛亦无心。'"③ 南阳慧忠认为"无心"成佛，佛也"无心"。进一步，他还认为"无即佛"。常州僧灵觉"问曰：'如何是一念相应?'师曰：'忆智俱忘，即是相应'。曰：'忆智俱忘，谁见诸佛?'师曰：'忘即无，无即佛。'曰：'无即言无，何得唤作佛?'师曰：'无亦空，佛亦空，故曰无即佛，佛即无'"④。这是说忘却记忆智慧就是无，无也是空。忘却忆智即是无，即是空，也即是佛，因为佛是空无一切相的。

"心即佛"与"无心是佛"两个命题，实际上是统一的，两者都是从不同角度讲心与佛的关系。"心即佛"是说众生都有佛心、佛性，肯定心与佛不相离，直至认定心等同于佛。"无心是佛"则是强调学道修禅者对于佛身形相不要执著和追求，这样的"无心"就是佛。可以说，"无心"是对主体"心"的活动内涵的进一步规定，"无心是佛"是对"心即佛"的进一步说明。正如马祖道一禅师时而说"即心即佛"，时而又说"非心非佛"⑤ 一样，两者并不矛盾。非心非佛是

① 《指月录》卷 14，《续藏经》第 1 辑第 2 编乙第 16 套第 2 册，166 页。
② 《景德传灯录》卷 9，《大正藏》第 51 卷，271 页下。
③ 《景德传灯录》卷 28，《大正藏》第 51 卷，439 页上。
④ 同上书，439 页中。
⑤ 《古尊宿语录》卷 1，5 页，北京，中华书局，1994。

破除对心与佛的执著，以避免将心觅心，将佛觅佛而不得解脱，这是对即心即佛的特定意义的否定，也是对即心即佛的更深层意义的肯定。

（三）“理事不二，即如如佛”

沩山灵祐说：“实际理地，不受一尘；万行门中，不舍一法。若也单刀直入，则凡圣情尽，体露真常。理事不二，即如如佛。”① “如如佛”，即法身佛，意思是说，真理不受一尘污染，无数修行法门中，不舍任何一种法门。若果直指人心，一切情想俱尽，心体就显露出真常状态。由此理与事圆融不二，也就是如如佛，或法身佛了。这是在自心觉悟的基础上，实现理事相即无碍的境界，这样的禅境也就是佛的境界。

（四）其他种种回答的背后

对“如何是佛”的问题，禅师们除了上述正面的回答以外，还有种种意在言外的回答，这些回答意在触动问者的灵性，令人十分费解。然而仔细体会，也仍有思路可寻，有真意可求。下面我们加以简要的分类评述。

形象喻说。不少禅师在回答“如何是佛”的问题时，往往是以各种不同形象的事物来回答，如答“麻三斤”②、“土块”③、“殿里底”④、“白额大虫”⑤、“干屎橛”⑥、“洞庭无盖”⑦、“金沙照影”⑧ 等等。“麻三斤”、“殿里底”、“土块”，是指佛殿里麻缠泥塑的佛像，意思是殿里的佛像只有象征意义，学道者不要执著佛相，向外追求。“白额大虫”即老虎，“干屎橛”乃擦拭人粪的东西，是污秽的，意在表明执著佛的名字是毒害、污染自心清净本性的，

① 《指月录》卷 12，《续藏经》第 1 辑第 2 编乙第 16 套第 2 册，137 页。
② 洞山守初语，《碧岩录》[12]，《大正藏》第 48 卷，152 页下。
③ 《严阳尊者》，《景德传灯录》卷 11，《大正藏》第 51 卷，287 页上。
④ 《赵州从谂禅师》，《景德传灯录》卷 10，《大正藏》第 51 卷，277 页下。
⑤ 《法轮彦孜禅师》，《五灯会元》卷 12，中册，770 页，北京，中华书局，1984。
⑥ 《无门关》[21]，《大正藏》第 48 卷，295 页下。
⑦ 《道吾悟真禅师》，《五灯会元》卷 12，中册，733 页。
⑧ 《凉蜂洞渊禅师》，《五灯会元》卷 12，中册，741 页。

应当打破向外对佛名字的执著，而转向对内追求自心的清净。至于“洞庭无盖”、“金沙照影”，是说佛法现成，大地万物无一不是佛的当体。

以问答问。有些禅师在回答“如何是佛”的问题时，还采取反问的方式，向问者提出各种问题，如“问：‘如何是佛?’师（崇寿契稠）曰：‘如何是佛?’”① 又如答：“汝是什么人?”② “问谁?”③ “如何是上坐?”④ “更是阿谁?”⑤ “自屈作么?”⑥ “更是什么!”⑦ 等等。这里，有的是答语即是问语，有的是避开所问而反问对方，这两种回答的目的，是启发问者从回答中认识到，佛不是离开自心而独立存在的，自心就是佛，自己就是佛，不必向外寻求。

此外还有其他形形色色的回答，如以不答作答，当人问“如何是佛”时，答曰：“老僧并不知。”⑧ 有的则干脆予以否定，当人问“如何是佛”时，答曰：“错。”⑨ 还有当人问“如何是佛”时，答者“当面便唾”⑩。也有答者动手便打问者的，即以动作来回答。⑪ 这些回答和动作，也都在于启发问者明白提出问题本身就是错误的，成佛应当向内追求，佛就在学道者的心中。

从以上的叙述中可见，禅宗是从心性上论佛的，认为众生的自心、本性就是佛，离开自心本性去论佛、求佛、成佛都是错误的；自心本性是空寂清净的，执著自心、本性，执著佛，也是不对的。心性论是禅宗成佛理论的基础，也是了解禅宗思想实质和禅修实践的切入点。

---

① 《景德传灯录》卷 25，《大正藏》第 51 卷，416 页上。
② 《清化志超禅师》，《五灯会元》卷 10，中册，631 页。
③ 《百丈净悟禅师》，《五灯会元》卷 16，下册，1054 页，北京，中华书局，1984。
④ 《丹霞义安禅师》，《景德传灯录》卷 14，《大正藏》第 51 卷，313 页下。
⑤ 《灵峰志恩禅师》，《景德传灯录》卷 24，《大正藏》第 51 卷，402 页上。
⑥ 《仙岩怀义禅师》，《五灯会元》卷 16，下册，1087 页。
⑦ 《兴阳道钦禅师》，《五灯会元》卷 8，中册，510 页。
⑧ 《齐耸禅师》，《五灯会元》卷 11，中册，659 页。
⑨ 《天王院和尚》，《景德传灯录》卷 20，《大正藏》第 51 卷，368 页中。
⑩ 《福严文演禅师》，《五灯会元》卷 18，下册，1166 页。
⑪ 《霍山景通禅师》，《景德传灯录》卷 12，《大正藏》第 51 卷，293 页下。

第三节　中国佛教对于佛身的创造性阐述

中国佛教学者对于佛身的阐述，大体上经历了两个阶段：隋唐前是着重对于法身的理解和认识，此时《大乘起信论》也对三身理论作了完整的论述，并起了承上启下的作用；隋唐佛教各宗派则依据本宗宗奉的经典和基本理论，着重阐发各有不同特色的三身说。

一、隋唐前的法身观

佛教传入中国以后，佛身问题引起了中国佛教学者的关注。在理论上，佛的生身、报身都是比较容易理解的，而最富理论特色的法身则不然，一时成为佛学界共同瞩目的理论焦点，并推动人们去思考、研究、辩论。根据现有的史料，慧远、鸠摩罗什、僧肇、竺道生对法身问题都有所论述，这些论述构成了隋唐前中国佛教法身观的基本思想。

早在东晋时，南方佛教领袖慧远就已十分关注法身问题，他和当时在北方长安的佛学理论大家鸠摩罗什曾共同讨论过这一问题①，并根据自己的理解将鸠摩罗什对法身的看法归纳为三层意思："一谓法身实相，无来无去，与泥洹同像；二谓法身同化，无四大②五根，如水月镜像之类；三谓法性生身是真法身，能久住于世，犹如日现。此三各异，统以一名，故总谓法身。"③ 这是从三种角度来论述法身，一是说法身的实际相状，是"无来无去"，即无所从来，也无所去，也就是法身本性空寂，与涅槃一样都是无为无作，都归结于空无；二是说法身同样变化，因此也没有构成身体的"四大五根"的种种要素，犹如水中月，镜中像一样，是非真实的幻相，这是强调法身是非肉身（色身）的；三是说由于无量功德妙行，"法性生身"经过修行，提高了觉悟，体悟了"法性"，但为了超度众生而又不住涅槃，继续受生，此身为"真法身"，如同太阳遍满十方，光明普照无量国土一

① 慧远和鸠摩罗什就包括法身在内的大乘教义往来问答，其文疏在隋代前就已编纂成书，书名多种，有《鸠摩罗什法师大义》、《大乘大义章》、《大乘义章》等。

② "四大"，指地、水、火、风。

③ 《鸠摩罗什法师大义·初问答真法身》，《大正藏》第45卷，123页上。

样，久住于世，永恒不灭。

慧远对法身的产生、相状、寿量、感应等都提出过疑问，对于“真法身”和“变化身”的区别也极为重视。从慧远对这些问题的论述来看，他认为真法身是一种真实存在的实体，有其产生，也有其相状和寿量的，认为真法身以神通感应众生。变化身就是真法身为超度众生而显现的幻相。也就是说，真法身佛是神灵的体现，是真正存在的人格神，佛为教化众生而变现的如帝王、圣贤等，都是其幻相。显然，慧远是从神不灭的立场去理解法身的，是从真与假、有与无二元对立的思维方式去看待法身的。

鸠摩罗什（343—413）站在中观学派的立场，运用般若性空理论来回答慧远的问题，他说：“法身可以假名说，不可以取相求。”① 认为法身也是名言假说，是无相状可求、无真实实体的。为什么这样说呢？“诸佛所见之佛，亦从众缘和合而生，虚妄非实，毕竟性空，同如法性。”② 佛也是由多种原因、条件和合而成，是性空非实的。“不须戏论有无之实也。”③ 硬要区分有无之实，是违背佛教义理的戏论。在鸠摩罗什看来，包括佛在内的一切都是因缘和合而生的，而因缘所生也就是性空，就是空的。所以佛并没有真正的实体存在。佛及其法身只是佛的神圣理论、伟大功德的体现，只是世俗人们的假立名言。法身和变化身只是为了适应世俗的需要，分别设立的名言而已。慧远深受中国传统的神灵观念以及真假、有无对立观念的影响，在理解法身问题上难免存在隔阂。慧远和鸠摩罗什的往来问答，反映了神不灭论和般若性空论的显著对立，反映了中国佛教与印度佛教在神灵问题上的不同观点。

在法身问题上，鸠摩罗什的学生僧肇（384，一说374—414）和竺道生也都持般若性空的主张，否定法身真实实体说。僧肇说：“法身者，虚空身也。”④ “法身如空，非四大所起造也。”⑤ 法身是虚空

① 《鸠摩罗什法师大义·次问修三十二相并答》，《大正藏》第45卷，127页上。
② 同上书，129页上。
③ 《鸠摩罗什法师大义·问法身感应并答》，《大正藏》第45卷，130页中。
④ 《注维摩诘经》卷2，《大正藏》第38卷，343页上。
⑤ 《注维摩诘经》卷9，《大正藏》第38卷，410页上。

而非实有的佛身，并非像人一样是由地、火、水、风“四大”而生成的。由于虚空身，因此又是“无生而无不生，无形而无不形”①，“在天而天，在人而人”②。“无生”，是从根本上说不再生；“无不生”，是指为了教化众生的需要又显迹于天、人乃至畜生、饿鬼、地狱“五道”。这也就是说，法身既是无形又是无不形的，具有随着普度众生的需要而千变万化的神通力。

竺道生撰《法身无色论》，专论法身与色的关系，也即佛与四大的关系，原文已佚。他在《注维摩诘经》中说：

> 人佛者，五阴合成耳。若有便应色即是佛，若色不即是佛，便应色外有佛也。色外有佛，又有三种：佛在色中，色在佛中，色属佛也。若色即是佛，不应待四也。若色外有佛，不应待色也。若色中有佛，佛无常矣。若佛中有色，佛有分矣。若色属佛，色不可变矣。③

这里的“人佛”，是指有人体形象的佛。这段话是针对“色即是佛”、“色不即是佛”、“色外有佛”的片面性说法，强调佛一方面是无形象，不能用语言表述的，是性空的；一方面又是能应化接机，济度众生，随缘而显，示现佛身。佛是无色的，又非色外有佛，所以他又说：“夫佛身者，丈六体也。丈六体者，从法身出也。以从出名之故，曰即法身也。……法身真实，丈六应假。”④ 认为佛的丈六体躯是有形质的色身，是法身因感应而显现的形象，法身与丈六体相即不二，二者谈真导俗，各不相违。这也是大乘佛教般若学中道不二思想的具体体现。

南朝梁武帝长子萧统（昭明太子）撰《令旨解法身义并问答》，广泛地解说了当时关于法身的种种问题，指出：“法身虚寂，远离有无之境，独脱因果之外，不可以智知，不可以识识，岂是称谓所能论辩？将欲显理，不容默然，故随从言说，致有法身之称。”⑤ 强调法

①② 《注维摩诘经》卷2，《大正藏》第38卷，343页上。
③ 《注维摩诘经》卷9，《大正藏》第38卷，410页中。
④ 《注维摩诘经》卷2，《大正藏》第38卷，343页上。
⑤ 《广弘明集》卷21，四部丛刊影印本。

身是离有离无，虚寂无相的，不可以智慧了知，不可以意识识别，只是为了显示佛理，随从言说，而有法身之称。

二、《大乘起信论》的三身理论

《大乘起信论》从真如心尤其是真如心的功用方面来阐述三身理论，形成了一套比较完整的理论形态。此论提出一心的本体、相状、功用三者无限广大的说法，说真如心的体性是平等无差，离一切相，且恒常不变，是为"体大"。真如心的相状具足大智慧光明等无量功德，是为"相大"。真如心的功用能产生一切世间、出世间善的因果，是为"用大"。此论认为真如心的体相就是如来法身，又以其真如心的功用广大来突现法身的意义，并进而说明应身和报身的意义。文说：

> 真如用者，所谓诸佛如来本在因地，发大慈悲，修诸波罗蜜，摄化众生，立大誓愿，尽欲度脱等众生界，亦不限劫数，尽于未来。以取一切众生如己身故，而亦不取众生相。此以何义？谓如实知一切众生及与己身，真如平等无别异故。以有如是大方便智，除灭无明，见本法身，自然而有不思议业种种之用，即与真如等遍一切处，又亦无有用相可得。何以故？谓诸佛如来唯是法身智相之身，第一义谛，无有世谛境界，离于施作，但随众生见闻得益，故说为用。此用有二种，云何为二？一者依分别事识，凡夫、二乘心所见者名为应身。……二者依于业识，谓诸菩萨从初发意乃至菩萨究竟地心所见者，名为报身。①

文中的"分别事识"，即意识。《大乘起信论》以眼、耳、鼻、舌、身、意六识为意识，因能生起分别事物的认识作用，故又称"分别事识"。"业识"，即众生流转的根本识，各种心灵活动、思想活动和生理活动都藉业识被唤醒。这段话的内容十分丰富，其中关于法身的思想要点有：一是讲诸佛如来处于修习阶位时，能够如实了悟一切众生与己身的真如心是平等无差别的这一真理。二是了悟上述真理，也就具有了宏大的方便智慧，产生出不可思议的功用。法身遍于一切处，而又无

① 《大正藏》第32卷，579页中。

相状可寻，只是随应于众生机缘的见闻，令其了悟，得化导之益。这是在真如心的基础上，强调法身是真理、智慧的化身，而且具有不可思议的妙用。三是把真如的功用归结为两种，进而论定应身与报身的区别。真如依分别事相的认识（“分别事识”）而生起功用，是凡夫、二乘所见的佛身，称为“应身”，应身也就是适应特定众生而显现的佛身。真如依根本识（“业识”）而生起功用，就是菩萨从发心求佛到修习菩萨十地完满的阶位中所见到的佛身，称为“报身”。在《大乘起信论》看来，应身是依分别事识而起，凡夫、二乘把自己真如心的变现看成心外的现象，这在认识上是不完善的。报身是菩萨修持善行的结果，是对真如有甚深的信仰所得。菩萨见到报身无限美好，但还没有离开业识，依然有自心分别，这样就只能见到报身的一部分，而没有悟入真如法身。法身是净心，菩萨只有十地终了，只有离开业识，见佛之念完全消失，没有可见的形象，才能契合法身，证得法身，成就为佛。

《大乘起信论》奠基于真如心的佛三身理论，尤其是法身说，影响深远，成为了天台、华严诸宗佛身论的立论根柢。

三、天台、华严、净土、禅诸宗的佛身说

隋唐时代，佛教各派结合自身的判教学说，就佛身的结构、各种佛身的关系及优劣比较，展开了论述。其中以天台、华严、净土和禅诸宗的学说比较系统或富有特色。

（一）天台宗的佛三身相即说

天台宗人智顗的“三身相即”等新说，颇具宗教哲学色彩。智顗说：“一身即是三身，不一不异。”①认为法身不仅指遍于一切处的如来，而且也就是报身、应身，报身、应身就是法身。这是天台宗三身相即的佛身观。这种佛身观强调三身都是本来自然，不假任何造作的原来佛，也称“无作三身”。智顗说，这种三身相即说是“秘密藏”，对一般修行者是秘而不传的，“秘密者，一身即三身名为秘，三身即一身名为密。又昔所不说名为秘，唯佛自知名为密”②。这是天台圆

① 《妙法莲华经文句》卷9下，《大正藏》第34卷，129页上。
② 同上书，129页下。

教的说法，即不只是从纵横两个方面解说佛身，而且还从不纵不横的相即关系来说明佛身："若但性德三如来者是横，但修德三如来者是纵，先法次报后应亦是纵，今经圆说不纵不横三如来也。"① 意思是说，只从真如法性的角度，以究尽实相、所得智慧和名称普闻来分别说法身、报身和应身，是横的说法；只从修持功德的角度，依于法身得有报身，再依于报身得有应身，是纵的说法。圆教是不纵不横，不分先后，也非并列，不偏一方，圆融相即。天台宗认为这是最圆满的说法。

天台宗人把佛教经典从教法内容的角度，由低到高分为藏、通、别、圆四类，称"化法四教"。由此又根据四教的差别而立三藏佛、通佛、别佛、圆佛四种佛。此宗宣称，信奉四教的众生由于根机的不同，所见的佛身、佛的形相也是不同的。藏教人见的是佛的"劣应身"，佛现丈六卑小之身，住于凡圣同居的国土。通教人见的是佛的"胜应身"，又称"带劣胜应身"，此身虽也丈六，但具有种种神通，变现自在。在这里，天台宗人把应身分为两种。胜应身又称"尊特身"，意为尊崇奇特之身。天台宗人又视胜应身为报身中的"他受用身"。此宗就报身的受用情况分为"自受用报身"和"他受用报身"两种。前者是指如来修习无量福慧，而受用广大法乐之身，后者指的是如来以平等智慧示现清净功德身和弘扬佛法之身。别教的人，观他受用报身之佛，至于天台宗圆教的人则是观清净法身之佛，这是法、报、应三身相即的佛，其相状最为庄严美好。天台宗人知礼（960—1028）和其门下仁岳还就阿弥陀佛、释迦牟尼以及毗卢遮那佛形相优劣等问题展开辩论，构成了佛身说丰富而生动的一页。②

（二）华严宗的解境十佛说和行境十佛说

华严宗人十分重视从整体思维上观想宇宙，观想佛的功德、佛境、佛身。智俨（602—668）提出了解境和行境二种十佛说："此之三位（按指法身、报身和化身），若一乘义，所有功德，皆不离二种

① 《妙法莲华经文句》卷9下，《大正藏》第34卷，128页中。

② 详见《观无量寿佛经疏妙宗钞》，《大正藏》第37卷，221～223页。

十佛：一行境十佛，谓无著佛等，如《离世间品》说。二解境十佛，谓第八地三世间中佛身、众生身等。"[1] 认为按照一乘佛教的究极教理，佛的全部功德可以分为二种十佛来说明。这又称二种十身说。其后，法藏、澄观又相继加以发挥，从而形成了富有哲学内涵的佛身说。

行境十佛说。"行境"，指修行的境界。华严宗人从十个方面来说明菩萨修行所达到的佛果和所成就的佛身。这佛身指毗卢遮那佛，也称周遍法界身，具足了十德或十身，澄观称之为"佛上自有十身"[2]。根据旧译《华严经》卷 42《离世间品》载，十佛（十身）是：（1）无著佛，谓已完成真实的觉悟，不执著于生死（迷）、涅槃（悟），而安住于世间，也称正觉佛。（2）愿佛，生有宏大的誓愿力。（3）业报佛，由庄严修行而得果报。（4）持佛，以精神主体"净识"维持善根，以成就正觉。（5）涅槃佛，常住于涅槃。（6）法界佛，佛身遍满一切法界。（7）心佛，一切唯心现，心是佛，心即佛。（8）三昧佛，常住于深沉的禅定状态之中。（9）性佛，以不变的真理为本性。（10）如意佛，具有如意自在的神通力，能对众生如愿施以教化。[3] 十佛的名称，旧译《华严经》卷 37 所载略有不同，与新译《华严经》卷 53、57 所载也略有小异。十佛中的无著佛表示如来的总德，其他九佛表示如来的别德。行境十佛是表示佛的功德、特性和功能，强调一佛具有十身，十身集中于一佛上。

解境十佛说。"解境"，指解悟照了的境界。华严宗人认为，菩萨以真实的智慧解悟照了法界时所见的万事万物，无不是佛，都是佛身。大略加以区分，可分为十类，称解境十佛，或解境十身。据旧译《华严经》卷 26 的《十地品》载，十身是：（1）众生身，一切众生身即是佛身。（2）国土身，指一切山河大地草木国土，即是佛身。（3）业报身，众生前世业报即是佛身。（4）声闻身，声闻的果位即是佛身。

---

① 《向生成佛德差别义章》，《华严经内章门等杂孔目章》卷 3，《大正藏》第 45 卷，559 页下～560 页上。

② 详见《华严经疏钞玄谈》卷 3，《续藏经》第 1 辑第 8 套第 3 册，208、211 页。

③ 详见《大正藏》第 9 卷，663 页中。

（5）辟支佛身，缘觉的果位即是佛身。（6）菩萨身，菩萨之身即是佛身。（7）如来身，完成佛果的佛自身。（8）智身，具足完全智慧的佛身。（9）法身，佛自身的精神主体。（10）虚空身，虚空是无形、无相、无名、无碍而无所不在，此即是毗卢遮那佛的身相。① 华严宗人还认为，菩萨了知众生心的喜怒哀乐，而以众生身等十身为自身。澄观认为，这十身是融通三世间的，故又称“融三世间十身”②。三世间指众生世间（有情世间）、国土世间（器世间）和智正觉世间。十身中的众生身、业报身为众生世间，国土身为国土世间，此后从声闻起乃至法身和虚空身为智正觉世间。十身与三世间相互对应，融通无碍。十身融摄三世间而为毗卢遮那佛的觉体，又以十身为解悟毗卢遮那佛的觉体所知的境，称解境十身。解境十佛说体现了华严宗人的染净相融性和佛身多重性，以及对世间和出世间的融摄性等思想特征，颇富有哲学思维的理论意义。

（三）净土宗的阿弥陀佛“是报非化（应）”论

阿弥陀佛即无量寿佛，是西方极乐世界的教主，中国净土宗尊奉的主要对象。阿弥陀佛是什么身？是报身还是化身？这是关乎阿弥陀佛佛格的大问题。隋代时一度流行的阿弥陀佛化身论的说法，曾引起净土宗人的深切关注和强烈反驳，他们强调阿弥陀佛是报身而不是化身。

隋代佛学大师慧远、智𫖮、吉藏等人都重视净土经典的研究，都把阿弥陀佛解释为应身（化身）。如净影寺慧远就说：

> 此佛从其寿命彰名，寿有真应，真即常住，性同虚空，应寿不定，或长或短。今此所论，是应非真。于应寿中，此佛寿长，凡夫、二乘不能测度知其限算，故曰无量，命限称寿。云何得知是应非真？如《观世音及大势至授记经》说，无量寿佛寿虽长远，亦有终尽，彼佛灭后，观音、大势至次第作佛，故知是应。③

① 详见《大正藏》第9卷，565页中。

② 《华严经疏钞玄谈》卷3，《续藏经》第1辑第8套第3册，208～213页。

③ 《无量寿经义疏》卷上，《大正藏》第37卷，92页上。又，慧远在《观无量寿经义疏》卷末云：“佛具三身，一者真身，谓法与报。二者应身，八相现成。三者化身，随机现起。”（《大正藏》第37卷，183页下）

“应”，应身，此指为化导众生而示现的佛身。“真”，真身，此指法身与报身。慧远认为，无量寿佛（阿弥陀佛）是以寿命来标佛名的。寿命有两种，真身的寿命是永恒无量的，应身的寿命则长短不定。无量寿佛是应身而不是真身，他在应身中寿命很长，但也有极限。在他入涅槃以后，就由观世音菩萨和大势至菩萨依次接替作佛了。

净土宗人道绰、善导反对上述的解说。道绰（562—645）在《安乐集》云：

> 问曰：“今现在阿弥陀佛是何身？极乐之国是何土？”答曰：“现在弥陀是报佛，极乐宝庄严国是报土。然古旧相传皆云，阿弥陀佛是化身，土亦是化土，此为大失也。若尔者，秽土亦化身所居，净土亦化身所居者，未审如来报身更依何土也。今依《大乘同性经》辨定报化净秽者，经云：净土中成佛者悉是报身，秽土中成佛者悉是化身。彼经云：阿弥陀如来、莲花开敷星王如来、龙主王如来、宝德如来等诸如来，清净佛刹，现得道者，当得道者，如是一切，皆是报身佛也。”①

这段话强调了在净土或秽土中所成就的佛是不同的，并以此为论据，批评以往那种阿弥陀佛及其净土是化身化土的说法，强调阿弥陀佛不是在秽土中成佛的化身佛，而是在清净佛刹中成佛的报身佛。

善导（613—681）在《观无量寿佛经疏》卷1中也说：“问曰：‘弥陀净国为当是报是化也？答曰：‘是报非化。’”② 这里所说的“是报非化”，就是对慧远等人的“是应非真”说法的否定。善导还说：

> 又《观经》中上辈三人临命终时，皆言阿弥陀佛及与化佛来迎此人，然报身兼化，共来授手，故名为与。以此文证，故知是报。然报应二身者，眼目之异名，前翻报作应，后翻应作报。凡言报者，因行不虚，定招来果，以果应因，故名为报。又三大僧祇所修万行，必定应得菩提。今即道成，即是应身。斯乃过现诸

① 《安乐集》卷上，《大正藏》第47卷，5页下。

② 《大正藏》第37卷，250页中。

> 佛辨立三身，除斯已外，更无别体，纵使无穷八相名号尘沙，剋体而论，众归化摄，今彼弥陀，现是报也。①

这是根据《观无量寿经》的说法，进一步明确“报身兼化”，认为报身阿弥陀佛兼有化身。又说报身和化身是同实而异名，只因翻译不同而有别。从修行的结果来看，报身和化身是统一的，但从根本上说，今在西方极乐世界的阿弥陀佛是报身佛。善导还回应了阿弥陀佛的入涅槃问题，说：“入不入义者，唯是诸佛境界”②，强调阿弥陀佛的佛境界是永恒的。

（四）禅宗的一体三身自性佛说

禅宗慧能（638—713）从人的自性上立论，也以自性来解释佛三身。他提出了一体三身自性佛的思想，说：

> 令善知识兼自三身佛：于自色身归依清净法身佛，于自色身归依千百亿化身佛，于自色身归依当来圆满报身佛。色身者是舍宅，不可言归。向者三身在自法性，世人尽有，为迷不见，外觅三身如来，不见自色身三身佛。……此三身佛从性上生。何名清净法身佛？善知识，世人性本自净，万法在自性。思量一切恶事，即行于恶，思量一切善事，便修于善行，如是一切法，尽在自性。……于自性中，万法皆见，一切法自在性，名为清净法身。……何名千百亿化身？不思量性即空寂，思量即是自化。思量恶法化为地狱，思量善法化为天堂，毒害化为畜生，慈悲化为菩萨，知惠（智慧）化为上界，愚痴化为下方，自性变化甚多，迷人自不知见。一念善知惠即生，次名自性化身。何名圆满报身？一灯能除千年暗，一智惠能灭万年愚，莫思向前，常思于后，常后念善，名为报身。一念恶报却千年善亡，一念善报却千年恶灭，无常已来后念善，名为报身。从法身思量，即是化身。念念善即是报身。③

---

① 《大正藏》第 37 卷，250 页中。

② 同上书，250 页下。

③ 《坛经》[20]。

意思说，众生自身即是三身佛，三身佛是众生自性派生的。众生自性本来清净，能生出一切诸法，这是法身佛。众生自性变化多端，不断思量，善心即向上化，恶心即向下化，此是化身佛。众生念念都善，就能荡尽欲望，灭除愚痴，即是报身佛。慧能把三身统一于众生自身，这是自性即佛和众生即佛思想的必然逻辑，也是对印度佛教三身说的重大发展。

慧能以后，禅宗学人又吸取法相唯识学的思想，运用八识说来阐述佛三身观念："……转灭三心得三身：一根本心，即第八识转得法身；二依本心，即第七识转得报身；三起事心，即前六识转得化身。"① 这是把八识分为三类心，以与三身相应，进而强调三身是三心所转得的。禅宗学人还从佛果位的视角来说明三身观念。《佛性论》卷2讲佛果位具有三种德相：断德、智德、恩德，禅宗也以三德配于三身，说："一断德，断一切烦恼，即法身；二智德，总四智为报身；三恩德，恩怜悲育一切有情为化身。"② "四智"，此指法相唯识宗所立的佛果四智，指由八种识转变成的四种智慧，即大圆镜智、平等性智、妙观察智、成所作智。认为灭一切烦恼惑业即是法身；具有大圆镜智等四种智慧是报身；由于救度众生的愿力，而予众生以恩惠之德的是化身。禅宗以众生的八识三心和佛果的四智三德来配合说明三身，体现了唯识所变和转识成智的思想，反映了法相唯识学对后来禅宗的影响。

①② 《宗镜录》卷89，《大正藏》第48卷，900页中。

第八章

中国佛教净土观念的类别与转型

第一节　印度佛教净土说略述

净土，“净”是清净、洁净的意思，净土是指被净化的国土，也就是净化众生，远离污染、秽垢与恶道的世界，是佛、菩萨和佛弟子所居住的地方，是众生仰望和追求的理想世界。净土和佛土（佛国、佛界、佛刹）是两个既有联系又有区别的概念。首先，佛土有两层意义，一是佛所居住的地方，一是佛教化的国土——凡夫居住的世界（秽土），只有第一层意义的佛土才是净土。其次，净土并不就是佛土，如佛典上讲的弥勒菩萨的兜率天、观音菩萨的补陀洛山（在中国有以补陀洛命名的普陀山）等都是净土，但不是佛土。

净土思想是涅槃学说的必然发展。涅槃作为佛教的人生理想，重在解脱对生命的执迷与贪恋，净土则是众生解脱后的一个去处，是一个来生享受幸福安乐的理想空间。净土思想也和大乘佛教佛身说的演变、多佛观念以及菩萨信仰直接相关，这种关联推动了不同派别、不同经典提出各自的净土、佛土的思想，其中重要的有极乐净土、弥勒净土、净琉璃净土、华藏世界和三种佛土等学说。

（1）极乐净土。大乘佛教宣说，西方有无数的净土，极乐净土是其中最重要的一个，也称西方净土。这是阿弥陀佛教化的国土，据说是本于过去世的法藏比丘所发的誓愿而建立的，因位于我们所在的西方，中间相隔十万亿佛国土，故称。“极乐”是安乐、安养、快乐的意思，极乐净土是充满安乐、祥和的清净世界。《阿弥陀经》和《无量寿经》宣扬，极乐世界的自然环境优越非凡，理想宜人。这个世界以七重护栏、七宝行树、七重罗网围绕四周，坚固无比。到处是闪光耀眼的金、银、琉璃、水晶这四种宝石，又有由这四宝和珊瑚、玛瑙、琥珀即七宝砌成的七宝水池。池中荡漾着清净、甘美的功德水，里面的荷花闪耀出青、黄、赤、白等各种华光。殿堂、楼阁、精舍也都用七宝建成，庄严而华贵。天上有由阿弥陀佛化作的百鸟，啾啾而鸣，发出弘扬佛法的声音。地上的树木随风摇曳，也发出美妙的沙沙声，大家闻听此声就会生起念佛、法、僧三宝的愿望。往生在极乐世界的佛弟子享受这种种快乐，外表形相如佛一般美好且具神通，心中清凉愉悦，闻法即得开悟。极乐净土信仰对于北传佛教影响很大，极乐世界成为中国、日本等国民间信仰的普遍归趣。

（2）弥勒净土。《弥勒上生经》和《弥勒下生经》阐扬弥勒信仰，谓弥勒菩萨的住处为弥勒净土。经称，弥勒出生于婆罗门家庭，后皈依释迦牟尼，先于释尊逝世，以菩萨身为天人说法，住于兜率天。弥勒菩萨将秉承释尊的嘱托，于寿四千岁（约人间五十七亿六千万年）尽时，下降人间在龙华树下成佛，并代释迦牟尼说法。兜率天即弥勒净土，为欲界六天①中的第四天。兜率是梵语 Tuṣita 的译音，意译为满足、妙足。此天有内外两院，外院属欲界天，为天众所居。兜率的内院是即将成佛的菩萨的住所，过去释迦牟尼身为菩萨时，也是从此天下降人间而成佛的，现在是弥勒菩萨住此宣说佛法。随着弥勒菩萨成佛观念的流传，印度古代兜率信仰也日益盛行。

（3）净琉璃净土。与西方极乐世界相对应，同样庄严美妙的东方琉璃世界也是佛教徒向往的理想国土。据《药师如来本愿功德经》载，净琉璃净土是药师佛居住教化的国土，这里所有的地面都由琉璃

---

① 欲界六天为：四大王天、忉利天 、焰摩天、兜率天、化自在天和他自在天。

铺成，而城阙、梁柱、斗拱、周匝罗网则都以金、银等七宝所成。药师的身体也如琉璃一样，内外明彻，光明广大。在这国土里没有女人形，也没有贪欲、恶道，清净而无秽。据经载，药师佛在过去世行菩萨道时，曾发十二大愿，愿为众生解除疾苦，引导众生获得解脱，后依此愿而成佛，住琉璃世界。又载，药师佛的誓愿是不可思议的，若有人身患重病，将临死亡，其眷属在病人临终时昼夜尽心供养礼拜药师佛，念诵《药师如来本愿功德经》四十九遍，点燃四十九盏灯，供奉四十九天的五色彩幡，病人就会起死回生。若众生平日经常持诵《药师如来本愿功德经》，不断称念药师佛名号并广修善行，死后就可往生净琉璃净土。

（4）华藏世界。《华严经》宣扬，毗卢遮那佛修菩萨行时所成就的净土为华藏世界，简称“华藏”，全称“莲华藏世界”。因其是自莲花中生出或含藏于莲花中的世界，也即莲花所象征的世界，故称。据载，华严世界是由无数风轮所支撑，最上面的风轮能持香水海，海中有大莲花，莲花中就含藏着华藏世界。华藏世界的四周有金刚轮山环绕，大地由金刚所成，坚固、清净、平坦。大地中又有无数香水海，每一香水海中又有无数世界。华藏世界中央的香水海中又有大莲花，莲花上有无数世界，佛就居于其中，众生也住在里面。《华严经》称，由于整个华严世界庄严美妙，光明灿烂，所有居住在里面的人都有佛性，只要勤于修习，一旦张显本性（佛性），就会成佛。

（5）三种佛土。如上所述，唯识学派主张佛有自性身、受用身、变化身三身，相应地佛身也各有所居：法性土、受用土、变化土，是为三种佛土。法性土，指法身所住的真如法性土，“法性”就是理，真理，也就是以真如理为佛土，真如理或理就是土。自性身以真如自性为身，法性土以真如理为土，实际上法性土和自性身的体性毫无差别，都是非物质、非实体的，也是无处所、无形量的，同时又是遍于一切，无所不在的。自性身与法性土的区别是，前者是指佛能体证的觉悟，后者是指体证的内容，两者的角度不同，佛的觉悟与觉悟的内容不可分离，并非自性身以外另有法性土。受用土指的是受用身所居之土，也就是佛或菩萨受用法乐的净土，也称为报土、报地。佛变化身所居之土，称为变化土，略称化土。这是佛以大慈悲力随诸菩萨、声闻、缘觉和六道众生的机宜，化为或大或小，或净或秽等的各种佛土。

印度佛教的净土说，描绘了诸佛、菩萨所在的庄严美妙的清净世界，与众生所在的现实世界构成了巨大的反差，形成鲜明的对比，成为一种超越现实的理想世界的典范。从人类的本性来考察，人总是祈求幸福、渴望永生的，与早期涅槃说的灰身灭智的寂灭境界不同，净土说为人们描绘了未来的幸福美景，点燃了生命的希望之火。净土世界成为人们内心渴盼的对象、追求的目标，从而也成为了民间佛教信仰的基本内容。

第二节　弥勒净土信仰的兴衰

如上所述，净土观念与佛身观念有着密切的联系，中国佛教学者的净土观念也是随着佛身观念的不断发展而发展的。最初盛行的是弥勒信仰，后来弥陀信仰与弥勒信仰发生论争，并取而代之，逐渐成为主流。由于天台、禅等宗派与弥陀信仰结合，约自中唐以来，唯心净土观念又日益流行，并成为此后中国佛教净土思想的主导观念。迄至近代，则衍化出人间净土的思想。

中国佛教的弥勒净土信仰始于晋代有关佛典的传译。南北朝时，弥勒信仰就在上层社会和民间流传开来，弥勒菩萨成为先于阿弥陀佛的信奉对象。弥勒净土信仰广泛流传的原因之一，是弥勒身份及其境界所产生的强大吸引力。弥勒具有两重身份，一是现今还在兜率天宫说法的弥勒菩萨，一是将来下生人间的弥勒佛。与这两种身份相应也有两种胜境，一是上生兜率天的天上胜境，一是下生成佛的人间胜境。

如前所述，弥勒菩萨居住的妙圣而庄严的兜率天，是早期中国佛教学者追求的理想境界。据载，最早提倡弥勒上生信仰的典型人物是东晋名僧释道安（312—385），在他的倡导下至少有包括昙戒在内的八位弟子也都专修弥勒兜率净土。此后在北方地区和江南一带，又都相继有不少追随者。迄至隋唐时代，天台宗人智𫖮、灌顶，法相唯识宗人玄奘、窥基等著名佛教学者也仍然奉持死后上生弥勒兜率净土的信仰。

《佛说弥勒大成佛经》就弥勒下生的人间净土描绘说：

> 其地平净如琉璃镜。……大金叶华、七宝叶华、白银叶华，华须柔软，状如天缯。生吉祥果，香味具足，软如天绵。丛林树华，干果美妙，极大茂盛。……城邑次比，鸡飞相及。……智慧威德，五欲众具，快乐安隐（稳），亦无寒热风火等病，无九恼苦（即九种灾难），寿命具足八万四千岁，无有中夭。人身悉长一十六丈，日日常受极妙安乐，游深禅定以为乐器。①

这是说，弥勒未来降生的人间世界，大地平整，花果飘香，人们健康长寿，快乐安稳。没有水火、刀兵、饥馑等各种天灾人祸。该经还说，当弥勒佛从兜率天下生人间时，大地一派光明，处处五谷丰登，百姓康乐幸福。弥勒将在华严树下三次说法，使广大民众得以解脱。弥勒下生信仰给人们带来了福音，不仅在佛教界，而且还在统治者和下层民众中引发出强烈的反响。如武则天就利用这种信仰，俨然以弥勒化身自居，在改唐为周时，自称"慈氏越古金轮圣神皇帝"。"慈氏"就是弥勒。下层民众则利用弥勒下生信仰来造统治阶级的反，他们打着"弥勒下生"的旗号反对隋唐王朝。弥勒信仰的特殊魅力使它得以在当时兴盛一时。弥勒信仰的发展，也使最高统治者敏锐地感觉到了它对自身统治的负面影响，引起了他们的高度警觉和关注。唐玄宗就颁发了《禁断妖讹敕》，明令禁止"假托弥勒下生"的名义从事各种不利于王朝统治的活动。这一举措给了弥勒下生信仰以沉重的打击。此外，弥勒信仰还遭到佛教内部弥陀信仰思想的不断冲击，在这内外双重压力之下，弥勒信仰也就渐趋衰落了。

---

① 《大正藏》第14卷，429页上。

第三节　弥陀净土思想的歧解

随着弥陀信仰经典的译出，弥陀净土学说在中国逐渐流行起来，同时在解释说明上也出现了不同的观点。据史载，东晋慧远与其师释道安不同，他转而信奉阿弥陀佛，他曾率弟子、同道多人发愿往生西方极乐世界。然同时代的僧肇、竺道生因深受鸠摩罗什传授的般若学说等影响，却不讲远在西方的极乐世界。僧肇说："夫如来所修净土，以无方为体，故令杂行众生同视异见。异见，故净秽所以生；无方，故真土所以形。若夫取其净秽，众生之报也；本其无方，佛土之真也。岂曰殊域异处，凡圣二土，然后辨其净秽哉？"① "无方"，无确定的方所。"杂行"，泛指修习三学、六度等善行。"异见"，指因烦恼而生起的见解。僧肇在这里说，佛的净土是无确定方所的，众生因修习的结果不同而有净秽的区别，净秽是众生的不同报应，是心的不同影响，并不是真正有净秽二土或凡圣二土的对立和区别。僧肇又说："夫行净则众生净，众生净则佛土净。"② "净土盖是心之影响耳。"③ 这都是说他不赞成离开众生的修持去另求佛国净土。竺道生著《佛无净土论》更明确地宣布佛无净土。为什么这样说？如前所述，竺道生认为法身是无色的，既然法身无色无形，自然也是无土的："无秽之净，乃是无土之义。寄土言无，故言净土。无土之净，岂非法身之所托哉？"④ 意思是说，净就是无土，是无所谓净土。就土来讲，姑且称为净土。其实法身并不是寄托在净土上面的。竺道生认为，佛经上讲净土，完全是为了教化众生的需要："净土不毁且令（原作'今'，改）人情欣美尚好。若闻净土不毁，则生企慕意深。借事通玄，所益多矣。"⑤ 净土说只是一种教化众生的方便说法，并不是真正的佛理。

隋代的慧远、智𫖮、吉藏也都在佛身观的基础上，纷纷提出对净

---

① 《佛国品第一》，《注维摩诘经》卷1，《大正藏》第38卷，334页中。

② 同上书，335页中。

③ 同上书，337页中。

④⑤ 《妙法莲华经疏》，《续藏经》第1辑第2编乙第23套第4册，410页。

土的具体看法。慧远在《大乘义章》卷19《净土义》中解释说，净土里住有佛，也住有众生，他把净土分为事净土、相净土、真净土三种。事净土为凡夫所住，相净土为声闻、缘觉、菩萨所住，真净土是初地以上的菩萨和诸佛所住。慧远又把真净土分为真土和应土两种，真土又分为法性土和实报土两种，应土则又称为圆应土。他认为法性土、实报土和圆应土分别与佛的法、报、应三身对应。慧远认为阿弥陀佛并不是寿命无量，而是应身佛。阿弥陀佛的净土，一方面是凡夫于烦恼中发菩提心，藉修行感得的世界，是事净土；一方面是佛藉大悲愿力及其修行而得的世界，是真净土。①

天台宗创始者智觊进一步提出四净土说：一是法身土，是常寂光土，又作寂光土，是成佛者所住的国土；二是报身土，是实报无碍土，又作实报土，是初地以上的菩萨所生的国土；三是有余方便土，是应身土的一种，为声闻、缘觉及菩萨方便道者所住；四是凡圣同居土，也是应身土的一种，它又分为秽土和净土两种，秽土是娑婆世界，净土是极乐世界，这二者都是凡夫和声闻、缘觉、菩萨三乘圣者居住的国土。② 智觊与慧远的观点相同，也认为阿弥陀佛是法、报、应三身中的应身，阿弥陀佛净土是凡圣同居土。三论宗的创始人吉藏（549—623）与慧远、智觊的净土思想一致，认为阿弥陀佛净土，既是修行后得的报土，又是为众生而应现的应土，是凡圣同居的净土。③

自北魏昙鸾（476—542），经隋代的道绰到唐代的善导，净土一系都把阿弥陀佛看作是法、报、应三身中的报身，视净土为超越世俗世界的报土。道绰和善导不仅强烈反对阿弥陀佛净土是应土（化土）的说法，甚至还主张弥陀净土优于弥勒净土。这都构成为净土宗哲学思想的重要内容。

关于阿弥陀佛净土，道绰是这样说的：“今此无量寿国是其报净

---

① 详见《大正藏》第44卷，834页上～837页下。

② 详见《维摩经略疏》卷1，《大正藏》第38卷，564页中。

③ 详见《观无量寿经义疏·明净土第五》，《大正藏》第37卷，235页。

土，由佛愿故，乃该通上下，致令凡夫之善并得往生。……问曰：‘弥陀净国既云位该上下，无问凡圣，皆通往者，未知唯修无相得生，为当凡夫有相亦得生也？’答曰：‘凡夫智浅，多依相求，决得往生。然以相善力微，但生相土，唯睹报化佛也。’”① “上下”，指圣人凡夫。道绰认为，阿弥陀佛净土是报土，由于阿弥陀佛愿力之强大，圣人凡夫都得以往生，尤其是凡夫往生报土更离不开佛的愿力。凡夫智慧浅薄，是求有相净土而得往生的。

善导继承道绰的思想，其《观无量寿佛经疏》载文："问曰：‘彼佛及土既言报者，报法高妙，小圣难阶，垢障凡夫云何得入？’答曰：‘若论众生垢障，实难欣趣，正由托佛愿以作强缘，致使五乘齐入。’”② “五乘”，人、天、声闻、缘觉、菩萨。这是说，阿弥陀佛报土是很难得入的，凡夫所以得入，完全是靠佛愿力这一强大外缘。善导认为，指明西方极乐世界为凡夫的最终归宿，这对凡夫的修持是极其重要的。他说：

> 或有行者，将此一门之义作唯识法身之观，或作自性清净佛性观者，其意甚错，绝无少分相似也。既言想象假立三十二相者，真如法界身岂有相而可缘，有身而可取也！然法身无色，绝于眼对，更无类可方，故取虚空以喻法身之体也。又今此观门等，唯指方立相，住心而取境，总不明无相离念也。如来悬知末代罪浊凡夫，立相住心尚不能得，何况离相而求事者！如似无术通人居空立舍也。③

“方”，方位，此指西方。这是对《观无量寿佛经》第八想象观中“是心作佛，是心是佛”④ 意义的解释。善导批评说，用“唯识法身之观”（唯心论）或“自性清净佛性观”（观念论）解释阿弥陀佛及其净土是极其错误的。他说既然法身无色，凡夫就无法直观，这就必须依

① 《安乐集》卷上，《大正藏》第47卷，6页中、下。
② 《观无量寿佛经疏·玄义分》，《大正藏》第37卷，251页上。
③ 《观无量寿佛经疏·正宗分定善义》，《大正藏》第37卷，267页中。
④ 《大正藏》第12卷，343页上。

靠使凡夫能够集中注意力的形相，也就是要“指方立相”，为凡夫指明方位（西方净土），树立形相（弥陀相好），以使凡夫“住心而取境”，集中心力修持往生西方极乐净土。那种离开具体形相的修持实践，犹如没有神通力的人，想在空中建造楼阁一样，完全是一种空想。道绰和善导都强调阿弥陀佛净土是报土，而众生只有依持阿弥陀佛的愿力才能得以往生。

道绰和善导还宣扬极乐之胜与兜率之劣的观念，如道绰在《安乐集》卷上就比较了弥陀净土与弥勒净土的优劣，文说：

> 一、弥勒世尊为其天众转不退法轮，闻法生信者获益，名为信同；著乐无信者，其数非一。又来虽生兜率，位是退处，是故经云：“三界无安，犹如火宅”。二、往生兜率，正得寿命四千岁，命终之后，不免退落。三、兜率天上虽有水鸟树林和鸣哀雅，但与诸天生乐为缘，顺于五欲，不资圣道。若向弥陀净国，一得生者，悉是阿毗跋致，更无退人与其杂居。又复位是无漏，出过三界，不复轮回。论其寿命，即与佛齐，非算数能知。其有水鸟树林，皆能说法，令人悟解，证会无生。四、据大经，且以一种音乐比校者，经赞言：“从世帝王至六天，音乐转妙有八重，展转胜前亿万倍，宝树音丽倍亦然。复有自然妙伎乐，法音清和悦心神，哀婉雅亮超十方，是故稽首清净勋。”①

“阿毗跋致”，意为不退转。这是强调往生弥勒净土，不仅寿命有限，且会退转，而往生弥陀净土，则寿命就与佛一样无量，绝无退转。因而，弥陀净土是远远超过弥勒净土的。同时，还有迦才撰写的《净土论》（见《大正藏》第 47 卷）更是宣扬极乐净土是实，兜率净土是虚；极乐净土是净，兜率天宫是秽。又举出两者的十种差别来加以论证。经过净土宗人的阐扬，阿弥陀佛是报土，且优于弥勒净土的思想得到了普遍的认同。

① 《大正藏》第 47 卷，9 页中、下。

第四节 唯心净土观念的流传

唯心净土思想的阐扬与流传，是佛教净土观念在中国发生转型的重大标志。所谓唯心净土，是指心为一切的根源，净土是心的显现，是唯心所变，净土实存在于众生心中。也就是主张从心上体悟佛与净土，即观自心以显自性之弥陀与净土。因谓阿弥陀佛与极乐净土俱在自己心中，又连称“己心弥陀，唯心净土”。

大力提倡“唯心净土”说的是禅宗大师。他们根据《维摩诘所说经》的“随其心净，则佛土净”① 的思想，批评了念佛往生西方净土的修行方式，宣扬即心即净土的主张。如禅宗四祖道信说：“若知心本来不生不灭，究竟清净，即是净佛国土，更不须向西方。”② 认为众生的本心就是佛国净土，不必向外追求。慧能在回答常念阿弥陀佛能否往生西方极乐世界的问题时说：“迷人念佛生彼，悟者自净其心，所以佛言，随其心净则佛土净。”③ 这是批评说，期望念佛往生是糊涂人，明白的人不同，是求自心清净，而心净则佛土净。大珠慧海禅师更发挥说：

> 经云，欲得净土，当净其心，随其心净，即佛土净。若心清净，所在之处，皆为净土。……其心若不净，在所生处，皆是秽土。净秽在心，不在国土。④

这里，大珠慧海禅师把净秽之别，完全归结为心的净秽，更鲜明地表述了唯心净土的思想，客观上否定了存在于心外的西方极乐净土。到了宋代，继承唯心净土思想的延寿禅师（904—975）又说：“唯心念佛，以唯心观，遍该万法，既了境唯心，了心即佛，故随所念无非佛矣。”⑤ 他认

① 《大正藏》第 14 卷，538 页下。

② 《入道安心要方便法门》，转引自《楞伽师资记》，《大正藏》第 85 卷，1287 页下。

③ 《坛经》[35]。

④ 《大珠禅师语录》卷下，石峻等编：《中国佛教思想资料选编》第 2 卷第 4 册，200、201 页。

⑤ 《万善同归集》卷上，《大正藏》第 48 卷，967 页上。

为，唯心念佛是以唯心观照万事万物，了悟一切境都是唯心所作，这了悟之心就是佛，所以唯心所念就是佛。由唯心所念无非是佛，他进而主张“唯心净土，周遍十方”①。即唯心所作的净土，周遍十方世界，无限广大。同时，延寿又否定了禅师舍弃西方极乐净土的说法，认为唯心净土与修持往生西方净土是一致的。他提倡能力强者习禅，能力差者修行诸善，同时高声念佛，宣扬禅净兼行，禅净一致的主张。自此以后，禅净双修就逐渐成为禅门的普遍修持方式。

禅宗的唯心净土思想，在思维格局上与天台宗的“一念三千”、唯识宗的“唯识所变”以及华严宗的唯心回转思想有着共同之处，所以，唯心净土说也成为禅、天台、华严诸宗一时的盛谈。例如，天台宗人知礼在其所作的《观无量寿经疏妙宗钞》就主张唯心净土说，只是在说法上略有区别。知礼提出了“约心观佛”说，即在心上观佛。这种观佛既不是把佛收进心中观想，也不是把心全部放入佛内观想；既不是只观想心，也不是只观想佛。这里知礼是强调“全心是佛，全佛是心”②，也就是在“心佛同体”、“心外无佛”的思想基础上观佛。知礼既突出心的作用，强调通过自己的心观佛，又重视观想佛，肯定佛存在于自心中，实是唯心净土思想的发展。

唯心净土思想也在净土宗内部产生了反响，得到回应。如善导的弟子怀感，因受唯识说的影响，也接受了唯心净土说，主张净土是人心所作。他说：“依彼如来无漏土上，自心变现作有漏土，而生其中，……虽有漏，以托如来无漏之土而变现故，极似佛无漏，亦无众恶过患。”③ 认为一般凡夫凭借佛的愿力所生的净土，并不是佛无烦恼垢秽（“无漏”）的清净国土，而只是依托佛的清净国土由自心显现出的类似的净土。也就是说，一般凡夫所生的净土，是自心的变现，并不是真正生于佛的净土。再如，唐代慈愍三藏慧日（680—748）撰文对禅宗批评念佛往生净土的主张，加以论难，强调念佛读

① 《万善同归集》卷上，《大正藏》第48卷，966页中。

② 《观无量寿经疏妙宗钞》卷1，《大正藏》第37卷，197页下。

③ 《释净土群疑论》卷1，《大正藏》第47卷，32页中。

经等一切净土修行都是禅，提倡禅与念佛并修。又如，明末袾宏评论说："有谓唯心净土，无复十万亿刹外更有极乐净土。此唯心之说，原出经语，真实非谬。但引而据之者错会其旨。夫即心即境，终无心外之境；即境即心，亦无境外之心。即境全是心，何须定执心而斥境？拨境言心，未为达心者矣。"① 这是说，禅宗以唯心净土说否定西方极乐净土的存在，是不符合经典精神的。心与境是相即的关系，不能互相排斥，以执著心而排斥境，以唯心而否定西方净土，这并不是真正了通达心。袾宏还把禅净双修统一于念佛上，强调持名念佛是往生净土的首要法门。

宋代律宗元照（1048—1116）也主张唯心净土说。元照本来是受天台宗的影响，但他不赞成知礼的约心观佛说，他强调不是观心，而是观阿弥陀佛，认为观阿弥陀佛而悟对象与心一体时，佛就是心。可以说，元照是在观佛的基础上理解心与佛的关系，进而肯定唯心净土说的。

由上可见，自宋代以来，唯心净土、禅净一致的主张，大体上已成为中国佛教各宗派的共识，只是在具体解说和修持方法上，还存在着一些差别。

第五节　人间净土思想的倡导

近代以来，西学东渐，中国社会面临着巨大的冲击，历史不断发生变迁。时局动荡，战乱迭起，风雨如晦，乌云漫空。整个汉地佛教处在萎缩、颓危的势态之中。正是在中国历史大转变，中国佛教日趋衰落，面对时代挑战的严重时刻，被誉为近世新佛教领袖的太虚大师（1890—1947）敏锐地觉察到中国社会的发展趋势和时代脉搏，倡导"人间净土"说，并相应地提出了"人生佛教"、"人间佛教"的理念。太虚的主张，又经印顺等人的继承和发挥，成为主导当代中国佛教实践追求的新理想和中国佛教现代化的新道路。

---

① 《手著·竹窗二笔·净土不可言无》，《云栖法彙》第24册。

太虚所作《建设人间净土论》，在广泛陈述弥勒净土和弥陀净土之后，直接倡导“人间净土”的主张，他说：

> 近之修净土者，多以此土非净，必须脱离此恶浊之世，而另求往生一良好之净土。然此为一部分人小乘自了之修行方法，非大乘的净土行。……今此人间虽非良好庄严，然可凭各人一片清静之心，去修集许多净善的因缘，逐步进行，久而久之，此浊恶之人间便可一变而为庄严之净土，不必于人间之外另求净土，故名为人间净土。①

认为离开人间另求净土不是大乘净土修行的目的，他强调要凭借每个人的清静之心，共同努力，逐步地转变恶浊世界为人间净土。在太虚看来，净土就是良好的社会，是人心清静的善果，浊土就是丑恶的社会，是人心不正的恶果。他认为大家只要以良好的心智、纯正的思想，去建设一切正常的事业，就不难把恶浊的中国建设成为一片净土的中国。

为了配合人间净土理想的提出、推行和实现，太虚又着意于改造佛教，使之人生化，人间化，提倡“人生佛教”和“人间佛教”。所谓人生佛教，是指佛教要以人类为中心，以人生为基础，也就是对人类以外的其他众生，如天神、鬼神等存而不论；再是重视现实的人生，不重视“人死”，他认为人生重于人死，生活重于生死。人生佛教内涵的核心是重在做一个好人，成就人格，并进到成佛的境地。“仰止唯佛陀，完成在人格；人成佛即成，是名真现实。”② 太虚的著名诗句准确地表达了人生佛教的真谛。

太虚还在偏重于“僧人本位”的人生佛教的基础上，进一步提出面向“社会全体”的人间佛教的理念。他在《怎样来建设人间佛教》一文中说：“人间佛教，是表明并非教人离开人类去做神做鬼，或皆出家到寺院、山林里去做和尚的佛教，乃是以佛教的道理来改良社

---

① 《附录·创造人间净土》，《太虚大师全书》第 47 册，[79]，427 页，上海，上海大法轮书局，1948。

② 《即人成佛的真现实论》，《太虚大师全书》第 47 册，[1]，457 页。

会，使人类进步，把世界改善的佛教。”① 人间佛教的理念突出了用佛教义理化导、改良、完善社会的意义、功能，扩大了人生佛教的实行范围，使佛教进一步贴近社会现实。

太虚弟子印顺，也提倡一种基于人生佛教而又超越人生佛教的人间佛教。② 他认为为了对治偏于死亡与鬼和偏于神与永生的佛教，必须高扬“人间佛教”，强调：“真正的佛教，是人间的，唯有人间的佛教，才能表现出佛法的真义。”③ 赵朴初也汲取太虚的思想，提倡“发扬人间佛教的优越性”④。他说：“人间佛教主要内容就是：五戒、十善。”⑤ 把人间佛教的主要内容归结为佛教的基本道德规范。他还认为，人间佛教的意义在于，使人们能够自觉地建立起高尚的道德品行，建设起助人为乐的精神文明，有助于国家社会，进而以此净化人间，建设人间净土。⑥

太虚提出人间净土、人生佛教和人间佛教的理念，除了有其深刻的历史背景以外，还有多重的复杂的思想渊源：第一，人间净土思想是以人们都有清净心为出发点的，认为除去妄心，实践德行，无须离开现实人间，就能把人间变成道德高尚、精神文明的净土，变成彼此互助、人际和谐的乐园。可见《维摩诘经》说的“心净则国土净”正是人间净土说的主要理论基础。第二，人生佛教和人间佛教的提倡，是和中国儒家的人学思想分不开的，关于这一点，太虚在许多著作中也都有明确的论述。儒家重人事，远鬼神，强调“入世济民”、“经世致用”，重视伦理道德教化和修养，提倡君子人格，对人生佛教和人间佛教的内涵的界定，以及实践方法的选择，有着直接的重大影响。第三，太虚勇于突破传统佛教的某些界限，也是基于他对当时新思潮的一种热情反映与敏锐感受。他先后阅读过康有为的《大同书》、梁启超的《新民说》、章太炎的《告佛弟子书》、严复译的《天演论》、

① 《太虚大师全书》第 47 册，[1]，431 页。
② 详见印顺：《妙云集》下编《佛在人间》，台北，正闻出版社，1992。
③ 同上书，22 页。
④⑤ 赵朴初：《佛教常识问答》，110 页，《法音》文库，中国佛教协会，1990。
⑥ 参见上书，113 页。

谭嗣同的《仁学》，以及孙中山的《三民主义》、邹容的《革命军》等，从而扩大了眼界，增强了使命感，直接推动他提倡新佛教理念，开展新佛教运动。由此可以说，人间净土以及相关的人生佛教、人间佛教理念，虽然也含有印度佛教思想，但主要是中国佛教思想，严格地说，更是中国近代的佛教思想。

太虚等人的人间净土、人生佛教和人间佛教的理念，就其实质来说，是强调人们道德素质的提高，精神境界的升华，从而使人间社会日益净化、文明、和谐、美好。这些理念与早期佛教的出世精神、佛教的泛众生论并不一致，但由于结合了中国的传统文化和中国民情实际，适应时代发展的需要，因此成为当代中国佛教实践活动的指针，并显示出强大的生命力。

综上所述，中国佛教人生理想论的内容十分丰富，且富民族特色。中国佛教学者经过接受、理解、消化，直至创造，一方面适应中国人对长生不死的强烈欲望，对神秘境界的热切期待，大力宣扬西方净土思想；一方面又提出了自心即涅槃、自性即佛和人间净土的理念，表现出重人心、重人生、重人间、重现实的思维特征。这是对印度佛教思想的转换，也是对印度佛教思想的发展。

第三编　心性论

小　引

佛教心性论是着重论述人心的本质，心性的作用、意义以及心与性的关系的学说。从根本上说，就是探讨人存在的根本原理——人是什么，人的生存状态应该是怎样的理论。换句话说，这种探讨人的本来状态和应有状态的理论的最根本之点，在于完善和显现人的生命本性，开发和实现生命的内在价值，由此可归结为关于人的本性的理论，即人性论——人的心性论。

佛教教义最关切的问题是寻找人类受苦的根源以及解脱痛苦的方法和途径，而对解脱生死痛苦问题的探讨，又始终是与主体的精神世界（知、情、意）的本性即心性问题相关联的，一直是与升华人的本性、提高人生价值的精神境界相关联的。由此，佛教对心性的意义，不仅仅只从它与烦恼的关系上去立论，而且更从具备所谓成佛的因素方面去阐发。一般地说，佛教心性论具有心理自然、道德修养、宗教情感、宗教实践和众生乃至万物本原等多个层面的涵义，涉及了心理学、生理学、伦理学、主体论、价值论、实践论、境界论和本体论等广泛领域，是佛教学说，尤其是佛教主体价值论的根本内容。

从人类文明发展史的角度看，佛教心性论实质上是一种人在主客观世界互动中追求自觉和自由的学说。这种学说在特定的历史、地理和宗教、文化等因素制约下具有鲜明的特色，而其中所反映出来的人在宇宙中的自觉作用，人的主观能动性，人对主观世界的开拓和完善，对主客观世界的认知和觉悟等方面的思维成果，蕴含着人类的深邃智慧，值得我们开发、借鉴。

中国佛教心性论是佛教哲学与中国固有思想文化旨趣的最为契合之处，也是中国佛教理论的核心内容，在中国佛教哲学中占有非常重要的地位。

本编以十四章，约为全书五分之二的篇幅对中国佛教的心性论进行比较详细的论述。全编内容由四个部分组成，即印度佛教心性论思想、中国佛教心性论哲学范畴、自南北朝以来历代佛教重要派别的心性论，以及佛教与儒家、道家在心性论思想上的互动互补。全编论述的中心是南北朝以来历代佛教重要派别的心性思想，共设十章，同时也重视佛与儒、道心性思想互动的探讨。关于本编的中心内容，即南北朝以来中国佛教心性论，其重点是论述禅宗的心性论，尤其是禅宗的实际创始人慧能的心性论和慧能以后的荷泽禅、石头禅与洪州禅三系的心性思想，之所以如此，是由禅宗是典型的中国化佛教宗派所决定的。同时，本编也重视对天台宗和华严宗的心性思想的论述，尽力揭示两宗的丰富而有特色的心性论内涵。

中国佛教心性论是印度佛教心性思想的继承、调适和发展，在论述中国佛教心性论前，有必要简要地追溯一下印度佛教心性论思想。本编开篇即设“印度佛教心性论思想概述”专章，论述了印度小乘佛教和大乘佛教如来藏系与瑜伽行派的心性思想，着重简介心识、心性、菩提心、如来藏、佛性和种性等概念的意蕴，以及整个心性思想的历史演变，并指出：印度佛教心性思想的主流是心性清净说，此说自小乘佛教倡导以来，后经大乘佛教，更发展为如来藏说和佛性说，始终是印度佛教心性论的主导思想。

笔者认为，要从整体上把握中国佛教心性论思想，一个重要的途径即是找出心性论体系的范畴，论述其内涵与实质，并揭示范畴之间的相互关系。同时，又因中国佛教心性论的内涵十分丰富，本书采用的又是以历史为线索，依次论述佛教各重要流派心性论的方式，为此，我们先从总体上论述中国佛教心性论哲学范畴体系，而设“中国佛教心性论哲学范畴网络”专章。此章在界定心与性的关系之后，着重从心与性两方面分别作内在与外在的展开。在心的方面，着重论述真心与妄心、心与意识、心与神、心与物、心与理、心与佛的思想关联。在性的方面，着重论述心性与法性，凡性与佛性，性净与性觉，性善与性恶，性有与性无，性本有与性始有，性的体、相、用，性与情，性与理的思想关联。本章还指出中国佛教心性论范畴体系是一个庞大的结构功能系统，并尽力总结这一范畴体系的特性以及不同范畴之间关系的类型。

关于南北朝以来中国佛教心性论的内容，本编分三个部分来论述：一是南北朝时代的心性论，二是天台、华严、三论、唯识和密诸宗的心性论，三是禅宗的心性论。南北朝时代，随着中国佛教学者对成佛主体问题的日益关切，心性问题也相应地被提到佛学研究的首要地位，并形成了佛性论、阿赖耶识说和真心本觉说三大心性论思潮。在佛性论方面，主要是探讨佛性的意义，众生是否都有佛性，佛性是先天而有还是后天始有三个问题。与佛性问题探讨相关，关于阿赖耶识是真识还是妄识的问题，也成为地论师和摄论师争论的焦点。最后，本书认为《大乘起信论》从禅观的角度总结了有关心性异说，提出了众生成佛根源的真心本觉说，和径直以发明、显现真心本觉为修持成佛的途径，影响极为深广。

天台宗人沿着万法与真理不分离、万法与心性不分离的理路，把法性、真理与佛性三者等同起来，提出了“三法无差”、“三因佛性”、“性具善恶”、“中道佛性”以及“无情有性”等一系列心性论命题，构成了广博丰富的心性论思想体系。本编设专章论述了天台宗的心性论思想，在比较全面地论述相关心性问题时，又着重从多方面论述该宗的性具善恶说。笔者认为，从心性论的视角而言，“性恶”、“性毒”之说，是天台宗的极具特色也是颇具理论意义的心性思想。

本编设专章介绍华严宗以佛性为众生本来具有的自我本性的心性论，着重分析和论述此宗心性论的主要思想“自性—佛性”说的基本特点：清净性和圆明性。清净性指佛性是至纯至善的，无染无恶的；圆明性指佛性的本性遍照一切，无不光明。此说构成为华严宗有别于其他宗派心性论的重要思想特色。

本编以一章的篇幅，简要叙述三论宗、唯识宗和密宗的心性论的主要论点。先是介绍三论宗人在总结和批判以往学者的种种佛性论观点的基础上，所阐扬的中道佛性论；次是简述法相唯识宗的三类阐提说和佛性说；再是简述密宗的“本不生即心实际”说。

如上述所指出的，本编的重点是论述禅宗的心性论，为此我们以慧能为界碑，设两章分别追述慧能前禅宗的心性思想和慧能的心性思想，随后设四章着重论述慧能以后衍化出来的禅宗重要流派的心性思想。

在追述慧能前禅师的心性思想之前，我们又特设一节来说明心性论是禅宗的理论要旨。文中从禅宗以参究的方法来彻见心性本原的主旨、禅师们的大量禅法著作都以见性成佛为目的，以及禅宗思想实质是从人的心性方面探求生命自觉、理想人格和精神自由，进而凸现出心性论是禅修方法的理论基础。由此还认为，不了解禅宗的心性论，就无法了解禅师的禅法，也就无从了解禅宗本身。随后依次简述菩提达摩、慧可和僧璨的真性与自觉说，道信和弘忍的念佛心与本真心思想，牛头法融的无心与妄情说，以及神秀的染净二心说，从而为论述慧能的心性论提供重要的思想背景。

对于慧能的心性论，笔者着重通过对《坛经》的心与性的两个基本概念以及相关命题来研析。文中分别对心、自心、本心与自本心，对性、自性、本性与自本性相互关系作了比较详密的分析，并指出《坛经》是主张心与性同一、自心与自性同一、本心与本性同一的。最后论述了《坛经》怎样把自心、自性与佛性的关系打通，进而又与佛的关系打通，并在自心是佛的基础上，提出本性顿悟成佛的学说。

荷泽宗的心性论主要是灵知说，本编设专章加以论述。文中着重揭示荷泽宗灵知说的三层涵义：空寂之知——空寂之心的觉知作用；自然之知——不藉功用、自然而有的智慧；无住之知——无所依托的自由活动的心灵。灵知也称为众生的本原清净心，灵知说是对人类的心性本体的深入探究。此外，还论述了荷泽宗人的这样说法：灵知就是佛智，而佛智作为众生的本性，就是佛性。并指出，宗密以心性说为基准，全面地分析了禅宗三大流派的心性思想，极富有总结性的意义。

本编设专章对石头宗系统的心性思想，尤其是其核心心性思想和重要的心性命题作一集中论述。此宗的中心思想是以“灵源”即心源为众生和万物的根源，认为灵源是皎洁圆满的，是不同于日常行为动作，排除一切妄念偏见的；又以此灵源去统一理与事，本与末的关系，进而把握宇宙与人生的真实，见道而觉悟。文中还分析了石头宗宣扬的“无心合道”说，此说主张排除分别心，无心于物，不执著物，强调只有无心才能契合道；有的禅师还反对禅门中的非心非佛、非理非事的说法，表现出与洪州宗门风的某些不同。

本编设两章论述洪州宗以及由其衍化而出的临济宗的心性思想。洪州宗心性论的主要命题是“平常心是道”，所谓平常心即众生本来具有的不矫揉造作、不作分别的本心，也即众生的日常现实心。在此宗人看来，如此的平常心就是佛道。这是强调众生的日常行事都是真心的体现和表露，见闻觉知虽不是真心，但真心又不离见闻觉知，众生必须从见闻觉知体悟本心，其他途径是没有的。由此也表现出了此宗重视发挥主体意识的能动作用，以及更为主体化、生活化和行为化的思想特征。洪州宗人很重视心与佛的关系，提出了即心即佛与非心非佛说，此两说表面看来对立，实则是以表诠和遮诠的不同方式来说明不同的开导方法和禅修境界，其思想实质是完全一致的。此宗也是一面宣扬“心即是佛”说，反对向外追求；一面又大力宣传“无心是道”说，并把二者统一起来，强调“无心”是灭尽一切分别情识，对凡圣不作分别取舍，由此真心本体显露，也就进入悟境。此外，文中还指出，洪州宗人对有情与无情、有性与无性的意义也作出了新的诠释，从而使以往关于有情与无情、有无佛性的意义有了新的发展。

关于临济宗的心性论，我们着重论述的是临济宗人在平常心是道和无心是道等思想基础上，进一步否定外在于生命、外在于心的超越理想，大力肯定现实的人和人心的无限价值，强调禅的真正旨趣内在于众生的生命之中，必须向内自省，开发“活泼泼地”创造精神，在现实生活中实现精神超越，表现出一种新的人文主义思想。文中指出，临济宗高扬一念心清净就是佛，并强调众生要有高度的自信心，坚信自身就是佛。还分析了临济宗提出的“无事是贵人”的命题，临济宗认为，“无事”也即没有人间造作的事是人的真正本质，“无事人”就是贵人，就是佛。临济宗杨岐派传人大慧宗杲提出的菩提心即忠义心的说法，如果结合南宋时代抗金派与投降派斗争的背景来看，此说的时代气息是尤为浓厚的。

本编重视论述佛教与儒家、道家以心性论为中心的互动关系，故设两章论述之。在“儒、佛心性思想的互动”专章中，认为儒、佛的思想主旨决定了心性论必然成为两者成就理想人格的思想基础，儒、佛心性论内涵的差异又为双方的互动提供了可能，而儒、佛心性论内涵的局限又决定了两者各自思想发展的需要，并且强调指出，儒、佛在互相碰撞、冲突、贯通、融会的过程中，在心性思想上寻觅到了主要契合点。本章在简述儒家的心性思想的历史演变后，着重论述儒、佛心性论互动的四个基本方面：儒、佛的学术思想重心分别向性命之学或佛性论推进的轨迹；促进佛教突出自心的地位、作用和儒家确立心性本体论；广泛地调整、补充、丰富两者心性论的思想内涵，且都增添了新的内容；彼此互相吸取、融摄对方的心性修养方式方法。由此儒、佛心性论在历史上一度共同成为人文思想的基石，并在伦理道德和人格培养方面发挥了重大的作用。

在“道、佛心性思想互动”专章里，我们着重从道家的道、自然、无为而无不为、静观、得意忘言思想对佛教的影响角度，强调道家为佛教尤其是为禅宗提供了本体论、方法论和认识论的理论借鉴；又从佛教的轮回果报、万法皆空、心生万法、明心见性思想对道教的影响角度，强调佛教对道教在转变对人的形体、生命、人生理想的看法上起了巨大的推动作用，使之转向心性修养。

本编还设“余论”两篇，其一是“心性论：中印佛教思想的重要同异点”，着重归纳、论述中印佛教在心性论上的共同点和差异点，强调弘扬如来藏思想和佛性说是两者的最大共同点，而提倡“平常心是道”、“本觉”说和返本归源修持方式是在心性论上中国佛教区别于印度佛教的重大差异点。其二是从儒、佛、道三教在心性思想上的整体互动的角度，提出了“心性论：儒、道、佛三教哲学的主要契合点”的论说，并对形成这种契合的文化根据与历史根据作了纵向横向结合的论证。

第九章

印度佛教心性论思想概述

印度佛教心性论的理论架构是与佛教的缘起论、业报论、解脱论紧密相连的。佛教哲学的基本学说缘起论认为，一切存在都是按缘起方式而生的。早期佛教缘起论的“十二因缘”说阐述了构成众生生存的十二个条件，如其中的“无明”和“识”就属于心的范畴，也就是把心识归结为缘起论的重要因素。佛教还认为，众生的心常为烦恼所染污，这就会导致恶行，带来恶报，人生的痛苦也就不得解脱。同时，众生要获得善报，得到解脱，也离不开心，要开发心的清净性，经过修持，以成就正果。这就是说，众生的轮回流转和成就正果的因果关系，都离不开众生的心，都围绕着心的活动而展开。众生的心性有染净之别①，染性是生死轮回的根源，净性是成就正果的根据。心性问题是印度佛教论证众生修持由凡转圣的重大问题。

在长期的历史发展过程中，印度佛教的心性论出现了多种观点，众多歧义，表现了心性思想演变的阶段性。

---

① 印度佛教以染净论心性，中国儒家等以善恶论心性。染，染污，染著（执著），充塞着烦恼；净，清净，不执著，远离烦恼。烦恼是身心的苦恼与混乱，基本上是一种心理作用，也称作惑。惑、染与恶相通，净与善相通。染净包含了善恶，而善恶的道德色彩则较染净鲜明。

第一节　小乘佛教的心性说

一、心识说

早期佛教在阐述人生的痛苦及其解脱理论时，论及了心的意义、作用，概括地说，约有三个方面：

心是众生个体身心生命的构成要素。早期佛教认为众生自身生命是由“五蕴”，即由色（肉体、物质）、受（感受）、想（知觉）、行（意志等作用）、识（认识分别作用）集积而成的，其中除物质性的“色”以外，其他四蕴都是精神性的因素，是心的不同作用。佛教强调众生个体存在以至周围环境都是由“五蕴”即五种要素构成，因此众生是恒常变化（“无常”）的，没有实有性、实体性（“无我”）的，强调不要执著，以避免和消除烦恼。早期佛教在这种解脱论的论证中，肯定了心在构成众生个体生命中的地位与意义。

心是构成认识关系的重要条件。为了说明和追求人生的解脱，早期佛教十分重视人的认识及其分类，有“十二处”、“十八界”之说。“十二处”即把认识关系分为主观认识能力——眼、耳、鼻、舌、身、意“内六处”（“六根”），客观认识对象——色、声、香、味、触、法“外六处”（“六境”）。具有六根六境，再加上注意作用等认识活动，就会产生眼识、耳识乃至意识即六识的认识作用。六识也就是“心”的作用。十二处加六识，为“十八界”，是认识成立的诸种条件。十二处和十八界之说表明，人们的认识、观念、经验，都是受多种条件影响、不断变化的。早期佛教认为，把握认识关系及其类别，对于端正主观的认识，修道以成正果，是十分重要的。

心是“十二缘起”的重要环节。早期佛教十二缘起说，是论述无明、行、识、名色、六处、触、受、爱、取、有、生、老死十二环节连续变化，相互引生果报的过程，揭示了人生种种烦恼与痛苦的根源。其中无明、行、识、触、受、爱、取等都属于或涉及心的范畴。特别值得注意的是，在十二缘起说中“心”意义的开展。首先，“识”不仅是心的认识作用，而且作为十二缘起的一个环节，是前连潜在的意志活动（“行”），后生认识对象（“名色”）的主体精神活动，具有心主体的意义。其次，从动态变化角度论述心识的状态。如“无明”是对人生、社会、宇宙的无知，后者引起了意志活动（“行”），又由“行”引生“识”，“识”再转生“名色”。其间“无明”和“识”在引生果以前，是一种处于潜在状态的精神力量，而且作为一种残余的潜势力含留在“行”或“名色”之中，继续发挥作用。再次，心与业报相关，果报的善恶决定于作业的善恶，而善恶业又以心为主。《中阿含经》卷45《心经》载：“比丘，心将世间去，心为染著，心起自在。”① 《杂阿含经》卷10云：“比丘，心恼故众生恼，心净故众生净。”② “恼”，杂染、染污。这里强调心有染净两种不同的性质，心的不同性质决定了人们的精神活动、道德品行和人格风貌的差异。

早期佛教从追求人生痛苦的解脱、人格理想的完成出发，把人生向下堕落或向上发展的不同命运归结为心的活动的结果，进而对心的作用、状态、性质作了初步的论述，形成了富有宗教伦理和人格色彩的心理学说。虽然早期佛教还没有鲜明的心性论思想，但是它对心的染净两种性质的判断，深刻地影响了尔后佛教心性论思想的发展。

部派佛教在早期佛教的认识分类基础上，进一步从存在论的立场，对宇宙一切存在加以分类，并对心理、精神现象展开了深入、细致的分析，提出了如下一些重要思想：

区分心与心所的主从关系。“心”指心的主体，“心所”指心的作用、状态。如早期佛教“五蕴”中并列的受、想、行、识，都是心的独立作用，部派佛教则视识为主体，而受、想、行是从属于识的、不能单独发生的心理作用，从而突出了识的主导地位。

肯定不同于表层心的潜在心的存在。人们的心理活动是十分复杂的，心理的表层活动也有断绝的时候，如人在睡眠、禅定乃至死亡时，失去意识，此时此刻过去的记忆、经验、知能、性格是否还存在于内心深处呢？它们与心是什么关系呢？一些部派纷纷就此提出了种

① 《大正藏》第1卷，709页上。
② 《大正藏》第2卷，69页下。

种说法。其中比较重要的说法是“细意识”（“细心”）说，认为众生从无始以来就存在一种非常微细的心识，这种微细的心识在任何情况下都保持着同一状态，持续而无间断。如上座部对禅定中的心性表现、心理过程作了非常细密的观察、研究和分析，指出存在一种“有分识”，它在生命最初形成的刹那称为“结生心”，生命完结的刹那称为“死心”。从“结生心”到“死心”之间，“有分识”相续不断。有分识还推动前生的“死心”向后生的“结生心”过渡，形成以后新的轮回。“有分识”是人的全部行为和经验的潜在保持者，是形成轮回流转的一种推动力。“有分识”既呈现为表面的心理活动，又作为表面心理活动经验的积淀而潜藏存在着，这种识也就是一种“细意识”，是众生在三界中生死轮回的根本原因。又如大众部所说的“根本识”，化地部所说的“穷生死蕴”，经量部所说的“一味蕴”，正量部所说的“果报识”，也都是细意识。一般认为，细意识是众生生死轮回流转的主体，这种看法也是后来大乘佛教瑜伽行派的阿赖耶识思想的先驱。

再如，犊子部提出关于人的生命存在的“补特伽罗”（Pudgala）说：“补特伽罗非即蕴离蕴，依蕴处界，假施设名。……诸法若离补特伽罗，无从前世转至后世。”[①]“蕴”，五蕴，即身。意思是说，“补特伽罗”不是人身本身，但也不异于人身，是依于身等而立的假名，是众生从前世转生后世的轮回相续的主体“我”。这个“我”是记忆、业力和经验的保持者，是经常变化、存续不断的，实际上和其他部派的细意识说没有本质的不同。可以说，犊子部的“补特伽罗”是一种细意识的变相；其他部派的细意识则是一种变相的“我”。部派佛教提出细意识、“补特伽罗”等说法，是早期佛教心识说深化的表现，也是进一步阐明早期佛教轮回主体思想的逻辑必然。

二、心性染净说

如上所说，心性问题是佛教关于众生解脱、能否解脱和怎样解脱的重大理论问题。心的本性是净还是染？如何理解净与染？烦恼与心

① 《异部宗轮论》，《大正藏》第49卷，16页下。“补特伽罗”，意译为“我”，指轮回转生的主体。

是什么关系？这些也是早期佛教未及深论的问题，部派佛教对这些问题展开了探讨与争论。

部派佛教对心的本性主要有两种说法：心性本净和性本不净，也即对心的本性作净染两种不同的心理价值判断。

《异部宗轮论》把大众一系的大众部、一说部、说出世部、鸡胤部视为“本宗同义者”，并说这些部派在心性问题上的主张是：

> 心性本净，客尘随烦恼之所杂染，说为不净。①

代表从上座部分化出来的说一切有部理论立场的《阿毗达磨顺正理论》②，批评了上座系“分别论者”即“分别说部”的心性论，文说：

> 分别论者作如是言：唯有贪心今得解脱，如有垢器后除其垢。……如是净心贪等所染，名有贪等后还解脱。圣教亦说心本性净，有时客尘烦恼所染。此不应理。③

说一切有部认为分别说部的心性本净说是“不应理”即不符合佛教真理。又，大乘佛教著作《佛性论》，为破除小乘佛教否认众生悉有佛性的主张，曾追溯部派佛教对佛性看法的分歧，这里所讲的佛性实是指清净本性，文说：

> 小乘诸部解执不同：若依分别部说，一切凡圣众生并以空为其本，所以凡圣众生皆从空出，故空是佛性，佛性者即大涅槃。若依毗昙萨婆多等诸部说者，则一切众生无有性得佛性，但有修得佛性。④

“毗昙萨婆多部”即说一切有部。从这些引文来看，大众一系很多部派都主张心性本净，上座一系的分别说部也持心性本净说，说一切有部则主性本不净说。由此也可见，心性本净说是部派佛教心性说

① 《大正藏》第49卷，15页下。

② 本书中一些佛教术语、人名和书名，如“达摩”、“波罗蜜”、“狮子”、“种性”等，在行文中用字力求统一，但涉及引用典籍中原文，则遵从原书，特此说明。

③ 《大正藏》第29卷，733页上。

④ 《大正藏》第31卷，787页下。

的主流。

那么，心性本净和性本不净的涵义及其区别是什么呢？

心性本净命题的完整表述是“心性本净，客尘所染”。“客尘”，即烦恼，也作“客尘烦恼”。因不是心性固有的，是非主体的，外来的，故称为“客”；又烦恼能污染人的心性，如尘埃之污染万物，故称为“尘”。从上述引文的内容来看，大众部认为人的心性本来是清净的，只是由于客尘的杂染，才有不净。只要去掉客尘，恢复清净本性，就可解脱。分别说部认为心本来是净的，后为客尘所染而成了“贪心”，这犹如器具由本来无垢后来变为有垢，除了垢器具就恢复原貌，洁净如初一样，心除去贪等烦恼也就得以解脱。从“心性本净，客尘所染”命题的思想结构来说，包含了两层意义：先是心的自性本来清净，后是为客尘烦恼所染污而不净。前一层意义肯定了心本是清净的，是可以解脱的，存在着解脱的内在根据；后一层意义是强调众生必须解脱，并指出了解脱的方法，即去掉客尘烦恼。

说一切有部反对分别说部的这种心性本净说，他们认为心性本来就是染污的，只有彻底去掉染心，成就净心，才是心性清净。他们认为，以有垢之器为比喻来说明心性问题是不对的，“器与垢非互为因，容可计为垢除器在。贪心相望必互为因，如何从贪心可解脱？”① 说器具和污垢是外在关系，器具可以由净变垢，再除垢变净。贪与心是互为因的关系，两者相应而生，心不可能是本来就清净的。他们认为清净性是众生经过修持以后得到的。可见，说一切有部主张众生的解脱是由染心到净心的转化，是由净心代替染心的过程。前后的心是不同的，是两个心，不是一个心。说一切有部的性本不净说，也就是染心说。他们强调众生要得到解脱，必须离开染心，排除染心。

部派佛教在心的本性问题上的分歧，与其对烦恼与心的关系看法不同直接相关。《成实论》卷 3《心性品》在总结部派佛教的心性论分歧时说：

① 《阿毗达磨顺正理论》卷 72，《大正藏》第 29 卷，733 页上。

有人说，心性本净，以客尘故不净。又说，不然。问曰："何因缘故说本净？何因缘故说不然？"答曰："不然者，心性非本净，客尘故不净。所以者何？烦恼与心常相应生，非是客相。又三种心：善、不善、无记。善、无记心是则非垢，若不善心，本自不净，不以客故。复次是心念念生灭，不待烦恼，若烦恼共生，不名为客。"①

这段话的中心意思是说，主张心性非本净的理由是"烦恼与心常相应生"，即两者"共生"，烦恼不是"客相"，而是主体心的内在本质，是心的本体。又，心除了"无记"（中性，不分善恶）以外，还有善和不善之分，如是不善心，即是心性本不净。从这段论述也可看出，主张心性本净者正是持相反的看法，认为"烦恼与心不相应"，不"共生"。

持心性本净论者是如何说明烦恼与心不相应、不共生的呢？佛教所谓烦恼也称作"惑"，是泛指使众生的身心发生苦恼与混乱的总称。贪（贪欲）、瞋（瞋恚）、痴（愚痴）是三种根本性的烦恼。烦恼也就是妨碍修持达到觉悟的种种精神作用、心理作用。持心性本净论者把烦恼分为两个方面：一是"缠"，缠缚，指烦恼的现行，因显现于表面，是与心相应的。一是"随眠"，指烦恼的习气，如人处于睡眠状态一样，是一种潜在力，眠伏状态的种子，与心是不相应的。例如，据《异部宗轮论》载，大众、一说、说出世、鸡胤四派就主张："随眠非心，非心所法，亦无所缘。随眠异缠，缠异随眠。应说随眠与心不相应，缠与心相应。"② 又如，据《阿毗达磨大毗婆沙论》卷60，在论及分别论者关于阿罗汉果位是否会退转的问题时说："分别论者又说，随眠是缠种子，随眠自性心不相应，诸缠自性与心相应。缠从随眠生，缠现前故退，诸阿罗汉已断随眠，缠即不生，彼如何退？故说无退。"③ 这都是说，随眠与缠不同，与心也有不相应和相应之别。

① 《大正藏》第32卷，258页中。
② 《大正藏》第49卷，15页下～16页上。
③ 《大正藏》第27卷，313页上。

又，缠从随眠而生，随眠已断，缠也不生。阿罗汉已断随眠，也就不会退转而失去所证的果位。

持心性本不净论者对随眠的体性也持有异说，说一切有部认为随眠就是烦恼。《阿毗达磨顺正理论》卷12说："复有诸师，于此种子，处处随义，建立别名，或名随界，或名熏习，或名功能，或名不失，或名增长。"① "种子"就是"熏习"，"功能"，是紧随着众生，经常存在，密不可分，与心相应的。这也就是说，说一切有部不把随眠与缠作习气与现行的区别，认为并无现行与习气之分。他们认为有七种根本烦恼，即欲贪、有贪、瞋、痴（无明）、慢、见（恶见）、疑，并称为"七随眠"。"七随眠"与心相应，表明心并非本净，而是杂染的，是染心。众生的心染，说明有修持的必要性、紧迫性，一旦众生经过修持获得解脱，就是除掉染心，转为离染心了。离染心是净心，净心是染心去掉后才有，而不是本有。只有净心的本性才是清净的。

持心性本净论者还认为："心名但觉色等，然后取相，从相生诸烦恼，与心作垢，故说本净。"② 意思是说，心是一种认识觉知作用，在取得形相以后，由形相产生烦恼，再染垢心，而心本性是清净的。持反对立场的则认为："不然，是心心时即灭，未有垢相，心时灭已，垢何所染?"③ 这如同上引"心念念生灭，不待烦恼"一样，是说心一发生作用也就随即消灭，既然生时即灭，不待烦恼对它发生作用，又如何形成垢相？说一切有部强调不是烦恼在心取相之后产生，而是心与烦恼俱时而生："若心与惑（烦恼）俱时而生，则不应言心本性净，有时客尘烦恼所染。"④ 心与烦恼既然互为因，同时而生，就不应说心本性原来是清净的。说一切有部还进一步强调："非贪势力令不染心转成染污，但有自性染污心起与贪相应。……心性是染本不由贪，故不染心本性清净，诸染污心本性染污，此义决定不可倾动。"⑤

---

① 《大正藏》第29卷，398页中。

②③ 《心性品》，《成实论》卷3，《大正藏》第32卷，258页中。

④ 《阿毗达磨顺正理论》卷72，《大正藏》第29卷，733页中。

⑤ 同上书，733页下。

这是说，心性染净是内在的本质规定，不染心的本性是清净的，染心的本性是染污的，两种心的内在本质不同。

心性，人性，是染还是净？这是一个非常复杂的问题，也是关于佛教解脱论的根本问题。《成实论·心性品》还说过这样一段话：

> 心性非是本净，客尘故不净。但佛为众生谓心常在，故说客尘所染，则心不净；又佛为懈怠众生若闻心本不净，便谓性不可改，则不发净心，故说本净。①

这是十分有趣、耐人深思的说法，透露出了部派佛教心性论以心性本净说为基调的奥秘。

第二节　大乘佛教如来藏系的“一性皆成”说

印度大乘佛教是以在家信徒为主体的佛教，它的兴起是一种新倾向、新思潮、新运动，是对早期佛教、部派佛教的一种反动。大乘佛教与早期佛教、部派佛教的最大不同，是它把佛陀超人化、神格化；提倡效法佛陀的慈悲精神，拯救那些不能出家的大众，由此还产生实践慈悲行，以救济众生为目的的崇高的菩萨理想。随着这一新运动的发展，大乘佛教也日益表现出其独自的崭新思想。起初，它以考察人生和宇宙的一切现象为重点，全面地确立“空”的思想，后来又在这种思想基础上，进一步把“空”作为主体方面的问题，转而着重探究众生心的现象与本质，尤其是心与佛的关系问题。由此形成了两种理论方向、两种新思潮：一是继承与发展部派佛教的心性说，着重探讨心的本性，即从心与佛共通的理想方面进行阐扬的“如来藏—佛性”说；二是继承和发展部派佛教的心相说，着重探讨心的现象，即从心的现实机能及其转变方面进行阐发的“唯识”说。前者的主要经典有《如来藏经》、《胜鬘经》和《涅槃经》等，后者的主要典籍是《解深密经》和《瑜伽师地论》。以下我们要着重论述的是大乘佛教关于心

① 《大正藏》第32卷，258页中。

本净的学说——如来藏说和佛性论，也即一切众生皆有佛性，一切众生皆能成佛的“一性皆成”说。随后是简略论述倾向于心本染的阿赖耶识说及在此基础上形成的“五性各别”说，即众生有可成佛或不可成佛之说。再后简略介绍把上面染净二说加以调和、综合的晚起的心性思想。

大乘佛教关于佛陀观的阐扬带来了心性本净说的重大变化。在部派佛教本性清净说的基础上，大乘佛教进一步结合佛“法身”的普遍性观念和佛陀的慈悲精神发展了心性思想。如前所述，法身的“身”是聚集的意思，法身的涵义，在部派佛教时期通常是指佛所推行的教法和所成就的教法的聚集，即佛之所以为佛的佛法根据。大乘佛教的兴起，使法身的内容发生重大变化，强调佛的真实自性、内在本质是法身，而且这种自性、本质也就是支配宇宙万物的“法性”，是清净的、遍在的、无生无灭的。按照这种观念推导下去，必然得出众生都含有清净自性的说法，也就是说，法身遍在观念为众生的心性本净与成就佛身提供了又一重要的理论支撑点。大乘佛教还高扬慈悲精神，提倡慈爱众生并给予安乐，怜悯众生并拔除其痛苦。这种慈悲思想的演绎，必然要求肯定众生之苦可拔，众生之乐可得，也就是众生可以拯救，可以获得解脱，可以成就佛果；进而就要求阐扬众生能够拔苦得乐的根据，即心性本净的思想。大乘佛教的法身观念和慈悲思想为众生的心性本净说提供了必然性的论证，从而进一步强化了心性本净思想在佛教心性论中的主导地位。同时，也使心性的意义发生变化，部派佛教论心性的染净是侧重于心理方面，大乘佛教心性论则转为论证众生成佛的可能、开悟之心以及佛陀本质等问题了。

继承部派佛教的心性本净思想，大乘佛教进一步阐发了菩提心、如来藏和佛性诸说，尤其是后两者，更是大乘佛教心性论的基本内容。

一、菩提心

菩提，一般指断绝世间烦恼成就涅槃的智慧。菩提心是指求无上菩提的心，是一切诸佛的种子。大乘佛教认为，众生如果发菩提心，努力修持，就能速成无上菩提。由此大乘佛教十分强调发菩提心的重要性，认为发菩提心是信仰佛教、修持实践的始点，只有发菩提心，才能成就菩提，获得正果。

值得注意的是，大乘佛教对菩提心的体性的说法，如《大毗卢遮那成佛神变加持经》卷1《入真言门住心品》云："佛言，菩提心为因，悲为根本，方便为究竟。……云何菩提？谓如实知自心。"① 又云："自心寻求菩提及一切智，何以故？本性清净故。"② 这就是说，如实知自心，就是菩提。自心的本性是清净的，是自性清净心。如实知自心，即如实知自性清净心，就是菩提。由此，自心，自性清净心也就是菩提心，心即菩提，菩提即心。这样把菩提心归结为自心，就逻辑地肯定了一切众生本有清净菩提心。中国佛教华严宗实际创始人法藏（643—712）在评论小乘佛教时说："于此教中，除佛一人，余一切众生，皆不说有大菩提性。"③ "大菩提性"，相当于佛性，也即菩提心性。小乘佛教认为除佛以外，其余一切众生都无菩提心性，大乘佛教则视菩提心为众生本心，主张一切众生皆有菩提心。在心性本净论上，这是大乘佛教区别于部派佛教的一个重要思想。

二、如来藏

如来藏是"如来"和"藏"的复合词。"如来"是"如"实法而"来"，即由真理而来（如实而来）而成正觉的意思。"藏"，是胎（儿）藏，是借用哺乳动物先在母胎里孕育之意。如来藏的意思是说，如来之所以成为如来，是因为原来就在胎里孕育着，后来功德圆满，而成就为如来。也就是说，如来藏是指，于一切众生的烦恼身中，隐藏着的自性清净的如来法身，是成就如来人格的可能基础。如来藏也称如来藏心，是众生超越地本来平等具有的成佛可能——自性清净心、真实心。

---

① 《大正藏》第18卷，1页中、下。

② 同上书，1页下。

③ 《华严一乘教义分齐章》卷2，《大正藏》第45卷，485页下。

首开印度大乘佛教如来藏思想的代表性经典是《大方等如来藏经》、《佛说不增不减经》和《胜鬘师子吼一乘大方便方广经》。这三部经继承部派佛教的心性本净思想，并吸收有关大乘佛教经典的学说，阐释了如来藏的构造、性质和功能等学说。

《大方等如来藏经》依据《华严经·性起品》的佛智周遍圆满和法身遍在思想，强调一切众生都为"如来"所摄，都有如来的胎儿（如来藏）。经称佛言："我以佛眼观一切众生，贪欲恚痴诸烦恼中，有如来智、如来眼、如来身，结跏趺坐，俨然不动。善男子，一切众生虽在诸趣烦恼身中，有如来藏常无染污，德相备足，如我无异。……一切众生如来之藏常住不变。"① 这段话有三层意思：(1) 如来藏是具有如来的智、眼、身的真实存在，是带有形体的存在，且是"德相备足"的存在；(2) 如来藏虽在诸种烦恼中，但不会被染污；(3) 如来藏是常住不变的。

《佛说不增不减经》主要说明众生与佛是"一界"这一"甚深义"："此甚深义乃是如来智慧境界，亦是如来心所行处。……甚深义者即是第一义谛，第一义谛者即是众生界，众生界者即是如来藏，如来藏者即是法身。"② 这是说，所谓甚为深邃的义理（"甚深义"）是诸佛如来的智慧才能察知的最高真理，按照这种真理，众生、如来藏和法身三者是不异的，是同为"一界"的。经中也以自性清净心，客尘烦恼所染的"不可思议法"来论证三者同一说。值得注意的是，法身是果位，此经通过如来藏说而把众生和法身等同起来，强化了众生必能成就佛果的意识。

《胜鬘师子吼一乘大方便方广经》继承《华严经》的"三界唯心"观念，宣扬人人都有如来藏心。又吸取《法华经》的三乘归于一乘的思想，暗示包括断绝了善根，缺乏成佛条件的"一阐提"（icchantika）人在内的一切众生，都有如来藏，都可以成佛。此经对如来藏作了充分的论述。文中就如来藏作了定义性的界说："如来法身不离烦恼藏，

① 《大方等如来藏经》，《大正藏》第16卷，457页中、下。

② 同上书，467页上。

名为如来藏。”[1] 又展开说：

> 如来藏者，是法界藏，法身藏，出世间上上藏，自性清净藏。此性清净如来藏，而客尘烦恼上烦恼所染，不思议如来境界。何以故？刹那善心非烦恼所染，刹那不善心亦非烦恼所染。烦恼不触心，心不触烦恼。……然有烦恼，有烦恼染心，自性清净心而有染者，难可了知。[2]

“上烦恼”，指强盛的根本烦恼。意思是说，如来藏既是自性清净，又不离烦恼，为烦恼所染，这是一种不可思议的如来境界。心与烦恼互不相触，怎么会有染心？然又由于有烦恼，为烦恼所染而有染心。既是自性清净心，又有染污，这其间的道理是难以理解的，只有如来智慧才能了知。这些话的实质是：所谓“心性本净，客尘所染”思想的密意，即隐藏的旨意是指的“如来藏心”，亦即众生烦恼身中存在有如来藏心。经文强调这是理解清净心又有染污的意义的奥秘所在。

此经还设《空义隐覆真实章》，强调运用如来藏智来了知如来藏，即了知自性清净心。文说：“如来藏智是如来空智”[3]，“有二种如来藏空智”[4]。用空智对如来藏进行观察，把如来藏分为两种：（1）“空如来藏，若离若脱若异一切烦恼藏。”[5] 意思是说，如来藏是超越烦恼，不同于烦恼的，即使生起烦恼，如来藏智也能把它断除，也就是于如来藏中烦恼为空，是为空如来藏。（2）“不空如来藏，过于恒沙，不离不脱不异不思议佛法。”[6] 这是说，如来藏永远不脱离也不异于佛法，具有佛的各种功德，从这方面看，又是不空如来藏。综合如来藏的“空”与“不空”两层意义，就为众生的修行成佛提供根据和途径。由此同经《法身章》还把如来藏分为“所缠”与“出缠”两类，前者指被烦恼所缠缚的状态，包含空与不空二如来藏，后者指断除烦恼缠缚的状态。后来，那烂陀寺僧人坚慧撰《法界无差别论》和《究竟一乘宝性论》，大力发挥般若空智和如来藏关系的学说，提出以如

---

① 《大正藏》第 12 卷，221 页下。

② 同上书，222 页中。

③④⑤⑥ 《大正藏》第 12 卷，221 页下。

来藏借助于般若空智来成就功德，作为佛教实践的基本方法，还以菩提心代表如来藏，这都对后来佛教思想的发展产生了深远影响。

总之，上述经典所论如来藏，都不是从心的实体而是从心的本性、本质角度立论，肯定如来藏的清净性、不变性和功德性，虽为客尘所染，但又是与一切烦恼对立的。这是在部派佛教的“心性本净，客尘所染”的思想基础上，进一步提出自性清净心是众生成佛的内因，肯定众生都有成佛的胎藏，把成佛的因由定位为如来藏，即归结为众生之心的本性，从而更突出人类心的本质的纯洁性，和人类实现更高理想人格（佛）的现实可能性。这是对部派佛教心性本净说的重大发展。

三、佛性

随着如来藏思想的流行，印度大乘佛教又出现《涅槃经》，把如来藏与佛的本质统一起来，强调两者的一致性，称为“佛性”，以阐扬众生成佛的可能性及超越根据。《涅槃经》和上述阐发如来藏思想的三部经典同属如来藏系统，三部经典的如来藏观念系从自性清净心发展而来，而《涅槃经》则把如来藏发展为佛性观念。① 涅槃经类中，最重要的是《大般涅槃经》(《北本涅槃经》)，此经“以至极妙有为指南，常住佛性为宗致”②，着重阐述佛性问题，即众生成佛的先天性根据和原动力问题。本经前分③用如来藏说明佛性，后分则对佛性的说法有了变化，把佛性归之于“法性”、“胜义空”，反映出对如来藏观念的继承与发展。下面以《大般涅槃经》为中心，简要介绍佛性的字义、涵义、类别、特性、普遍性以及见性诸问题。

佛性与如来藏意义相通，但“佛性”系译自“佛界”。“界”，据《阿毗达磨俱舍论》解说：“法种族义是界义。……界声表种类义。”④

---

① 《涅槃经》最早使用“佛性”一词。东晋时佛驮跋陀罗译出的《大方等如来藏经》载：“除灭烦恼，显现佛性”(《大正藏》第 16 卷，457 页下)，有“佛性”一语，但同经梵文本此语为 Prakrti，是本性、自性的意思，而不是佛性。

② 《大般涅槃经集解》卷 1《序经题・智秀序》,《大正藏》第 37 卷，379 页中。

③ 经文共二万五千颂，前分四千颂，后分二万多颂。40 卷本《大般涅槃经》的前 10 卷相当于前分，11 卷至 40 卷为后分。

④ 《阿毗达磨俱舍论》卷 1,《大正藏》第 29 卷，5 页上。

又，《瑜伽师地论》载："问：'何等是界义？'答：'因义，种子义，本性义，种性（姓）义，微细义，住持义，是界义。'"① 总起来说，"界"有种类、种族、种性的意义，又有因素、要素、种子、根基、基础的意义，还有本性的意义。佛界含有二义：一是佛的法性，即佛的体性；二是佛的因，即佛的因性。也就是说佛性原指佛的体性和因性两方面的意义。随着佛教的发展，"界"义也不断变化，"佛界"、"佛性"义也不断被引申，涵义更为丰富，以致佛性在不同派别、不同经典中又有种种异名：第一义空、胜义空、智慧、中道、涅槃、法性、真如、实际、般若、如来藏、自性清净心、八识、首楞严三昧、师子吼三昧、法界等。这些不同名称所指示的意义并不完全相同，但都和佛性或基本相等，或相通，或在某种意义上相合，而成为或被认为是佛性的异名。

从如此众多的佛性异名中，也可见佛性的繁杂的内涵。若就不同异名的意义侧重点加以归纳的话，似有以下几个方面的意义：

（1）清净心性。如来藏、自性清净心侧重于这层涵义。如来藏、自性清净心既排除烦恼染心，又含有成佛的功德。

（2）万物体性。如《大般涅槃经·师子吼品》就把"佛性"说成"法性"。法性是指包含众生在内的一切万物的本性，而这本性与佛性又是吻合的，从这方面说，法性就是佛性；或者说一切事物为佛法所摄，从这方面说，佛性即万物体性。把佛性等同于法性，也就把佛性的意义扩展了。

（3）真实本体。"佛性者，即是人法二空所显真如。"② "人法二空"，是指一切事物的真实本相，也就是上面所讲的"法性"。"真如"，是遍布于宇宙万物的真实本体。也这是说，佛性是通过一切事物实相"空性"所显现的真实本体，是超越主客、能所二元存在的真如境界。佛性与"空性"，与"真如"是相通、相等的，由此也可说佛性就是真实本体。

① 《瑜伽师地论》卷56，《大正藏》第30卷，610页上。
② 《佛性论》卷1，《大正藏》第31卷，787页中。

（4）空性智慧。“第一义空名为智慧。……智者见空及与不空。……见一切空不见不空不名中道，……中道者名为佛性。”① 这是和《般若经》的思想相沟通，把了解空性的般若智慧也包括在佛性之中，视智慧为佛性。又，“中道”是远离空不空二边的中正境界，也是最高真理。以中道为佛性，也就是把中道这一最高真理与佛性等同起来。可见佛性就众生主体的品性结构来说，既包含有功德性，又包含有智慧性，还包含有真理性。

（5）殊胜禅定。《大般涅槃经》卷 27 称“首楞严三昧”有五种名②，其中一种名为佛性，认为佛性即首楞严三昧。首楞严三昧是梵文音译。“首楞”，意思是一切毕竟；“严”，意思是坚；“三昧”是指心安住于一境的寂静状态。首楞严三昧不是修持到“九地”的菩萨，更不是众生所能达到的禅定，而是只有诸佛和修持进入“十地”的菩萨才能达到的禅定。由于这种禅定能坚固地摄持诸法，分别各种禅定的深浅，一切魔恼都不能破坏，因此也名为佛性。由此又可见，佛性具有境界的意义，也有工夫的意义。

（6）佛果境界。佛性中功德的显现，空性智慧的证知，就是一种成就佛果的境界，由此又可以说，见佛性就是得涅槃。《大般涅槃经》卷 27《师子吼品》云：“佛性者即第一义空，第一义空名为中道，中道者即名为佛，佛者名为涅槃。”③ 这是说，佛性与第一义空、中道、佛、涅槃实质上是无差别的，了见佛性就是成就佛果的涅槃境界。

从上可知，佛性是个多义词，它通过不同称谓表现出心性、本性、本体、智慧、真理、工夫、境界等多重意义。在大乘佛教，尤其是中国佛教的成佛理论中，佛性实是一个基础性、关键性的概念。

与佛性的多重涵义密切相关，印度大乘佛教还把佛性分为不同种类，如《大般涅槃经》卷 27 说：

> 佛性者，有因，有因因，有果，有果果。有因者，即十二因

① 《师子吼品》，《大般涅槃经》卷 27，《大正藏》第 12 卷，523 页中。
② 详见《大正藏》第 12 卷，524 页下。
③ 同上书，524 页中。

缘；因因者，即是智慧；有果者，即是阿耨多罗三藐三菩提；果果者，即是无上大般涅槃。①

“阿耨多罗三藐三菩提”，指果位上所得的觉智。这是把佛性分为四类：因佛性，即以十二因缘为佛性，这是因中说果，认为十二因缘中含有成佛的因缘要素。因因佛性，指智慧。十二因缘是佛因，还需要智慧观照、悟解，观因缘的智慧是因位之因，佛因之因。果佛性，即阿耨多罗三藐三菩提，是佛的无上菩提，是前观智所生而在果位上所得的智慧、觉智。果果佛性，指无上大般涅槃。涅槃是依无上菩提的觉证而得的果之果，是果位上的果，它与因因佛性（智慧）相对应，称果果佛性。后来《佛性论》也详尽阐述佛性的体相，把佛性分为三种：一是“住自性性”，众生生来本具的佛性；二是“引出性”，为经过修行所引生、显现的佛性；三是“至得性”，达到佛果始所具有的佛性。上述分类都着重于从因与果两方面论述，并把佛性看成为动态的修持、显现的过程，强调要认识佛性，不断修习，以使佛性逐步显现，从而成就佛身（法身）。

佛性是佛所独有，还是一切众生所共有？是一切众生普遍具有，还是部分众生具有？这个佛性的普遍性问题，是佛性理论中最大的问题。对这个问题的看法，在大小乘佛教之间、大乘佛教内部一直存在着分歧，但就整个佛教的主流思想而言，是肯定一切众生都有佛性的。

一般地说，早期佛教和部派佛教认为：众生修行的最高果位是阿罗汉，自然也就没有论及佛性的问题。但据《佛性论》卷1称，诸部派佛教对佛性的有无已持不同的看法，分别说部认为众生具有佛性，说一切有部等部派则认为众生没有先天的“性得佛性”，而有后天依修行而得的“修得佛性”，并进而把众生分为三类：定无佛性、不定有无和定有佛性。②

大乘佛教阐述佛性思想的最重要经典《大般涅槃经》，继承“一

① 《大正藏》第12卷，524页上。

② 详见《大正藏》第31卷，787页下。

切众生如来之藏常住不变”的主张，进而衍成“一切众生皆有佛性”的学说。如前所述，此经非一时而出，其前后二分，阐说如来常住、众生皆有佛性的主旨虽然相同，但是具体解说却有差异。

《大般涅槃经》从反对印度种姓制度出发，主张任何种姓的人都可以加入佛教，也都具有相同的佛性。此经前分认为，众生的种姓虽有不同，但从佛性看来，是平等的、相同的，同属“佛界”范围，肯定了一切众生都有“如来藏”，也就是肯定众生皆有佛性，不过它又作了一个限制，即“一阐提”人应当除外：“一切众生皆有佛性。……除一阐提。”① 所谓“一阐提”是指断除善根，世欲深重，不信甚至毁谤佛教的人，这种人不能成佛，自然也没有佛性。实际上“一阐提”是指社会上和小乘佛教中反对大乘佛教的人，此经认为这些人是没有佛性的。

《大般涅槃经》后分对佛性的说法发生了变化。如对于佛性，不再固定在“佛界”的范围，也不再常以有形体的“如来藏”比喻佛性，而是把佛性说成“法性”、“胜义空”，即把佛性视为包括众生在内的一切事物的本性，又把了解空性的智慧也纳入佛性意义之中。这就扩大了佛性的涵义和范围。同时，以有形的“如来藏”比喻佛性，实难与有些派别主张有形的“神我”说划清界限，后分的这种说法也是力求分清这种界限的一种努力。《大般涅槃经》后分强调：“一切众生悉有佛性，佛法众僧无有差别。”② 对于“一阐提”，后分说：“一阐提等悉有佛性，何以故？一阐提等定当得成阿耨多罗三藐三菩提故。”③ 这是说一阐提能在果位上获得觉智，也即能成就为佛。后分还就一阐提之所以能够成佛，展开论证说：

> 善男子，一阐提者亦不决定。若决定者，是一阐提终不能得阿耨多罗三藐三菩提，以不决定是故能得，如汝所言佛性不断。云何一阐提断善根者？善男子，善根有二种：一者内，二者外，

① 《大正藏》第12卷，404页下。
② 同上书，487页上。
③ 同上书，524页下。

佛性非内非外，以是义故佛性不断；复有二种：一者有漏，二者无漏，佛性非有漏非无漏，是故不断；复有二种：一者常，二者无常，佛性非常非无常，是故不断。若是断者，则应还得；若不还得，则名不断；若断已得，名一阐提。①

意思是说，一阐提并非是决然不能成佛，而是虽断善根但没断佛性的“不决定”者，因此有可能成佛。“善根”是指产生一切善法的根本，有内外、有漏无漏、常无常之分，而佛性不同，它是超越内外、有漏无漏、常无常的，所以是不断的。这是吸收般若中观的思维来阐释佛性，视佛性为中道，是非有非无，亦有亦无的，是不断的。一阐提既然不断佛性，当然也就能成佛了。这是把佛性描述为超越对立、分别的“中道”存在，或“第一义空”，从而为一阐提也具有佛性、也能成佛提供论据。

《大般涅槃经》后分还认为，一阐提人虽断了善根，但却能断而复得，经文云：“一阐提者复有二种：一者利根，二者中根。利根之人于现在世能得善根，中根之人后世则得。”② 这是说，一阐提的断根是相对而言的，是能在现世或后世再得的。这与前分谓一阐提断灭一切诸善根本，不能复生的说法不同。它也是一阐提能够成佛的又一理论支柱。

《佛性论》继承《大般涅槃经》后分的说法，也认为“一切众生，皆悉本有清净佛性。若永不得般涅槃者，无有是处，是故佛性决定本有，离有离无故”③。这是说，不仅一切众生皆有佛性，而且是佛性本有。其所以如此，是因为佛性“离有离无”。这里也同样强调佛性是超越于有和无的，既不可执其有，也不可执其无。所谓佛性“本有”，也并不是与“无”相对的“有”，而是指众生本来具有的成佛潜能，是说众生都有成佛的属性、可能性。

---

① 《光明遍照高贵德王菩萨品》，《大般涅槃经》卷 22，《大正藏》第 12 卷，493 页下～494 页上。

② 《梵行品》，《大般涅槃经》卷 20，《大正藏》第 12 卷，482 页中。

③ 《佛性论》卷 1，《大正藏》第 31 卷，788 页下。又，关于《佛性论》的作者，学界有不同的看法，此处不论。

关于了见佛性的问题，《大般涅槃经》也作了论述。前分卷8《如来性品》云："一切众生悉有佛性，……常为无量烦恼所覆，是故众生不能得见。"① 强调众生心性本净，本有佛性，只为客尘烦恼所杂染，不能了见。后分卷21《光明遍照高贵德王菩萨品之三》云："声闻、缘觉至十住菩萨不见佛性，名为涅槃，非大涅槃。若能了了见于佛性，则得名为大涅槃也。"② 声闻、缘觉直至十住菩萨都不见佛性，只是达到一般的解脱境地，称为涅槃。如果了见佛性，则是达到完全的解脱境地，称为大涅槃。这种见性思想对中国禅宗的明心见性说显然是有启迪意义的。

第三节　大乘佛教瑜伽行派的"五性各别"说

瑜伽行派排斥如来藏说，主张阿赖耶识为宇宙万物的根本，众生的本性也由阿赖耶识生起，并提出了五种种性的说法，成为佛教心性论的新论说。下面拟通过五性成立的根源，即五性与阿赖耶识种子的关系，五性说成立的经过及其与佛性思想的关联问题的论述，来阐明"五性各别"说。

一、种性与阿赖耶识种子

种性又作种姓。种性是梵语gotra的译文，本义是种子姓类、种属或族姓。《瑜伽师地论》卷20载："问：此种姓名有何差别？答：或名为种子，或名为界，或名为性。"③ "种子"是产生、生长万物的因种，"界"此是因的意思，"性"是体性、不改的意思，种姓与种子、界、性是同义异名。窥基在《成唯识论述记》卷9末说："性者体也，性者类也，谓本性来住此菩萨种子姓类差别。"④ 认为性与姓是有区别的，本性决定姓类的差别。属于某种姓的人必具有某种姓的性质，种姓和种性是相通的。译成汉语，种姓和种性，由于义近、形

① 《大正藏》第12卷，648页中。
② 同上书，746页中。
③ 《大正藏》第30卷，395页下。
④ 《大正藏》第43卷，556页上。

似、音同，因此常写作种性。我们是在种性与种姓相同的意义上使用这两个概念的。

瑜伽行派通常把种性的形成分为先天具有和后天修持而得两种，《瑜伽师地论》卷35载：

> 云何种姓？谓略有二种：一本性住种姓，二习所成种姓。本性住种姓者，谓诸菩萨六处殊胜，有如是相，从无始世展转传来，法尔所得，是名本性住种姓。习所成种性者，谓先串习善根所得，是名习所成种姓。此中义意二种皆取。①

种性有“本性住种性”，略称“性种性”，即本有种子；“习所成种性”，略称“习种性”，即新熏种子。这两种种性都是证得涅槃的无漏②种子——断除烦恼的殊胜种子，这种无漏种子作为一种潜势力，遇到殊胜因缘，就能证得涅槃。

众生为什么有五种种性的差别呢？为什么有成佛不成佛的分野呢？瑜伽行派根据众生无漏种子的种别及其有无等理论来论证说明。《瑜伽师地论》卷52有一段非常重要的话，集中地阐述了这些问题：

> 复次，我当略说安立种子。云何略说安立种子？谓于阿赖耶识中，一切诸法遍计自性，妄执习气，是名安立种子。然此习气是实物有，是世俗有，望彼诸法不可定说异不异相，犹如真如，即此亦名遍行粗重。问：“若此习气摄一切种子，复名遍行粗重者，诸出世间法从何种子生？若言粗重自性种子为种子生，不应道理。”答：“诸出世间法从真如所缘缘种子生，非彼习气积集种子所生。”问：“若非习气积集种子所生者，何因缘故建立三种般涅槃法种性差别补特伽罗，及建立不般涅槃法种性补特伽罗？所以者何？一切皆有真如所缘缘故。”答：“由有障无障差别故。若于通达真如所缘缘中，有毕竟障种子者，建立为不般涅槃法种性补特伽罗，若不尔者，建立为般涅槃法种性补特伽罗。若有毕竟

① 《大正藏》第30卷，478页下。

② 漏，意为流注漏泄，有缺失，是染污、烦恼的异称。无漏，即无烦恼。

所知障种子布在所依，非烦恼障种子者，于彼一分建立声闻种性补特伽罗，一分建立独觉种性补特伽罗，若不尔者，建立如来种性补特伽罗，是故无过。若出世间诸法生已即便随转，当知由转依力所任持故。然此转依与阿赖耶识互相违反，对治阿赖耶识，名无漏界，离诸戏论。”①

“安立”，谓用语言名相加以区别。“遍计自性”，也作“遍计所执性”，指普遍分别计度心外另有实体存在的妄执性。“习气”，此指含藏于阿赖耶识中的习性、气分，具有产生思想、行为等的能力，也即种子的异名。“遍行”，指认识作用发生时具有普遍性的心理活动。“粗重”，指习气“已习成果”的存续状态。“所缘缘”，即所缘的缘。前一缘是认识，后一缘是条件。所缘是认识作用和功能，所缘缘即指认识对象。对象也是认识发生的前提条件之一，故称“缘”。“般涅槃”，“般”，梵语音译，“般涅槃”即完全的涅槃，意为完全的寂灭。“障”，障碍，烦恼的异名。有烦恼障与所知障两大类。“转依”，转舍染法，依止净法。这段话有四层意思：一是立阿赖耶识为“种子识”，谓种子是阿赖耶识普遍计度一切事物为实有后所形成的粗重习气。二是说明一切从生死烦恼中解脱出来的修持法门，都非上述习气种子所生，而是真如种子所生。三是由上一层意思派生出来的问题——既然出世间法都由真如种子所生，为什么还有不同涅槃种性的差别，甚至还有缺少涅槃种性的众生呢？回答是由于有无烦恼障碍种子而形成的：若在心理上有极端严重的迷执，且始终依附于阿赖耶识，有这种障碍解脱的烦恼种子，是不能证涅槃的种性；若没有烦恼障种子，只有在知解上迷执的所知障种子，是声闻种性和独觉种性；若所知障种子也没有，是如来种性。四是说修行一切从生死烦恼中解脱出来的法门，都具有转舍染法，依止净法的作用，是和阿赖耶识相反的。总之，这四层意思的中心思想是强调阿赖耶识种子和真如种子在染净性质上的根本对立；认定种子的类别、真如种子的有无，以及烦恼、所知两障的

① 《大正藏》第30卷，589页上、中。

有无与存断，是形成众生种性差异的根源。

二、五种性说

在叙述瑜伽行派的五种性说之前，我们先简要地介绍一下《大般若波罗密多经》和《法华经》的有关异说。《大般若波罗密多经》卷593，把有情类分为“声闻乘性决定者”、“独觉乘性决定者”、“无上乘性决定者”以及“虽未已入正性离生而于三乘性不定者”①。“无上乘性”，相当于如来种性。其余的三乘决定者与不定者两大类共有四性，连同无性者共为五性。《法华经》卷3《药草喻品》以草木的大小比喻众生根性的不同，文说：

> 或处人天，转轮圣王、释梵诸王，是小药草；知无漏法，能得涅槃，起六神通，及得三明，独处山林，常行禅定，得缘觉证，是中药草；求世尊处，我当作佛，行精进定，是上药草。又诸佛子，专心佛道，常行慈悲，自知作佛，决定无疑，是名小树；安住神通，转不退轮，度无量亿，百千众生，如是菩萨，名为大树。②

这是著名的“三草二木”比喻，以小草喻人天二乘，以中草喻声闻、缘觉二乘，以大（上）草、小树、大树喻菩萨乘。以此喻区别三乘五乘，意在说明“一乘教”。经云：“佛所说法，譬如大云，以一味雨，润于人华，各得成实。”③ 佛教化众生，如同雨水滋润三草二木而得成长一样，佛以智慧方便演说一相一味的佛法（如一味雨），平等地化润众生，众生因其根性所受不同，而得不同的道果。《法华经》由此进而说：“唯有一乘法，无二亦无三。”④ “无数诸法门，其实为一乘。”⑤ 佛虽设三乘五乘以教化众生，但佛也以同一法雨润益众生，佛的教说是究极的真理（一乘）。因真理遍在，故佛性也遍在。这也就是说，一切众生都有佛性，都能成佛，这是真实的教说。这种强调

---

① 《大正藏》第7卷，1066页上、中。
② 《大正藏》第9卷，20页上、中。
③ 《大正藏》第9卷，20页中。
④ 《方便品》，《法华经》卷1，《大正藏》第9卷，8页上。
⑤ 《大正藏》第9卷，9页中。

一切众生都能成佛的真实教说，称为一乘教。

瑜伽行派的代表性典籍《解深密经》和《瑜伽师地论》对种性都有明确的论述，《解深密经》卷2《无自性相品》云：“一切声闻、独觉、菩萨皆共此一妙清净道，皆同此一究竟清净，更无第二。我依此故，密意说言唯有一乘，非于一切有情界中无有种种有情种性，或钝根性，或中根性，或利根性有情差别。”① 这是说，声闻、独觉、菩萨三乘都是不执著万物，不以万物为实有，即合乎“妙清净道”，故说唯有一乘，但并非说有情众生没有种性的差别。此经把声闻分为二种：一向趣寂声闻和回向菩提声闻。一向趣寂声闻是追求个人的灰身灭智，归于空无，被认为是定性的声闻。回向菩提声闻是已解脱烦恼障，进而转向菩提，求得解脱所知障，其实现要视因缘条件而定，即带有不确定性，称为不定性的声闻。总之，此经认为除无性者以外，分为三乘决定者与不定者四性。《瑜伽师地论》卷37载文：“谓所成熟补特伽罗略有四种：一者住声闻种姓，于声闻乘应可成熟补特伽罗；二者住独觉种姓，于独觉乘应可成熟补特伽罗；三者住佛种姓，于无上乘应可成熟补特伽罗；四者住无种姓，于住善趣应可成熟补特伽罗。”② 这是把众生的种性分为三乘与无性者四性。

把五性——决定性的三乘、不定性与无性汇集起来说的经论有《楞伽经》、《佛地经论》和《庄严经论》。如《入楞伽经》卷2称五种性为：声闻乘种性、缘觉乘种性、如来乘种性、不定种性和无种性。③《佛地经论》卷2也说：

> 无始时来，一切有情有五种性：一声闻种性，二独觉种性，三如来种性，四不定种性，五无有出世功德种性。如余经论广说其相，分别建立前四种性，虽无时限，然有毕竟得灭度期，诸佛慈悲巧方便故。第五种性无有出世功德因故，毕竟无有得灭度期。④

---

① 《大正藏》第16卷，695页上。

② 《大正藏》第30卷，496页上。

③ 详见《大正藏》第16卷，525页下～527页中。

④ 《大正藏》第26卷，298页上。

这是说，前四种性都有出世的功德因，都能获得灭度，进入不同的涅槃境界，而第五种性则没有出世功德因，不得灭度，不得解脱。具体说，五种性的区别是：

声闻种性。闻佛声教而得觉悟名为声闻。声闻具有可证阿罗汉果的没有烦恼所污的无漏种子；又只专门修习声闻因，只断烦恼障，观我空之理，求证阿罗汉果，而不是进一步追求佛道，故名声闻种性。

独觉种性，也称缘觉种性。由于独自观察佛教十二因缘的道理而悟道，名为独觉或缘觉。独觉具有无始自悟、可证辟支佛①果的无漏种子；又只专门修习独觉因，只断烦恼障，观我空之理，求证独觉果，不进求佛道，故名独觉种性。

如来种性，即如来乘种性，又因如来乘也名菩萨乘，故还称菩萨乘种性。菩萨具有可证佛果的无漏种子，断烦恼、所知二障，证我法二空妙理，悲智双运，冤亲等观，自利利他，从而定能证得菩萨乘或佛果。

不定种性，也称三乘不定性。不像上述三乘种性，具有一定的种子，而是具声闻、独觉、菩萨三乘的无漏种子，且又修行不定，没有三乘的确定类别。他们是因若近声闻，就修习声闻法；若近独觉，则修习独觉法；若近菩萨，又修行菩萨法，究竟达到何种果位，尚不能确定，故名不定种性。

无种性，即无有出世功德种性，简称无性。“无种”指无善根种子，即缺三乘无漏种子。此种性不具无漏种子，不信佛法，不受化度，不断烦恼、所知二障，不求解脱，甘溺生死轮回，虽能修习世间的善业，证得人或天的有漏果报，但永远不能成佛，故名无种性，也名一阐提，又称为无性阐提或人天乘性。

在瑜伽行派看来，声闻种性和独觉种性是出于深厌个人生死之苦，而修习自我解脱之道，这只是独善其身而不是拯救众生。此两种性都不具佛种，不能成佛，称为“二乘定性”。声闻乘、独觉乘和菩萨乘合称为“三乘”，因此三乘定能相应地达到罗汉、辟支佛、菩萨

① 辟支佛，梵语音译，原义为“孤独的佛”，汉译作独觉、缘觉。

（或佛）的果位，称为“三乘定性”。五种性之中，定性声闻、定性独觉和无性三者，都因无佛种，不能成佛，称为“三无”。定性菩萨和不定种性中具有佛种者，因有佛种而定能成佛，称为“二有”。也就是说，三乘种性是先天决定了的，不定种性是在变化之中，而无性则是既非已定又非不定，而是确定了的无出世功德种性。在五种性中，相对于无种性而言，前四性称为有种性。又，具有佛性而能成就佛果的，是只有如来种性和不定种性中一部分具有佛种者两类，只有这两类才有佛性，其他则均无佛性，不能成佛。

瑜伽行派典籍还把阐提加以分类，通常区分为大悲阐提与无性阐提两类。所谓大悲阐提是指，有的众生立下大悲的宏愿，要使一切众生都成佛，由此投身于永恒的救度事业，而自己有意不入涅槃，不成佛。所谓无性阐提是指不具无漏种子，唯具有漏种子的无佛性者。10卷本《入楞伽经》卷2关于有性阐提又分为二①：断善阐提，即断除善根的众生难以成佛，但若得佛的威力和加被，发菩提心，也能达到涅槃解脱境界；再是大悲阐提，具有菩萨的种子，怜悯一切众生，发愿要帮助一切众生进入涅槃，一切众生不入涅槃，自己也不入涅槃，这一类实是菩萨定性或不定种性。

瑜伽行派不赞成如来藏一系的“一性皆成”说，主张“五性各别”说，后人概括为“一性五性异”，这是印度大乘佛教内部在心性学说上的重大分歧。从人性论的视角看，“一性皆成”说肯定人类的本性相同，都有佛性，都能成佛，这是高扬人的善良、尊严，体现了对人类的博爱、尊重。这种深厚的人道主义思想，如果加以正确的发扬，必将有助于培养人们相互尊重、敬爱、团结、合作的精神，推动人们共同提升人生价值和人格境界。如果说，“一性皆成”说是肯定人类的统一善良本性而颇富理想主义色彩的话，那么，“五性各别”说则直面现实，观察人类，强调人与人的外在差异，进而肯定人类的本性差异，由此而更加突出了修行实践，改造自我，提升自我的重要性。

① 详见《大正藏》第16卷，527页中。

第四节　如来藏说与阿赖耶识说的调和

如来藏说与阿赖耶识说原是分别以清净心性或杂染心性为本的两种对立的心性学说，后来出现了调和两说的主张，认为阿赖耶识既有染也有净，如来藏与阿赖耶识只是名称的不同，实质上是没有区别的，把染净两说加以综合、融通。《楞伽经》和《密严经》就是把如来藏和阿赖耶识等同视之的代表作。瑜伽行派还吸收如来藏思想，在唯识说的框架中加以论述，从而使如来藏思想日益失去存在的独立性。

《楞伽经》汉译本有四，今存三本，即南朝宋代求那跋陀罗译的4卷本《楞伽阿跋多罗宝经》、北魏菩提流支译的10卷本《入楞伽经》和唐代实叉难陀译的7卷本《大乘入楞伽经》。《楞伽经》着重宣扬“境界是无，惟自心见。我说不觉，惟是自心。见诸外物，以为有无，是故智慧不见境界”①。认为世界万物都是由心所造，人们认识的对象不在外界而在内心。众生迷妄的根源在于不懂得世界万物是自心显现，若能悟解自心的本性与作用，排除能取（主体）所取（客体）的对立，就能达到无所分别的境界。此经还统一了如来藏和阿赖耶识，但不同译本说法有异。4卷本《楞伽经》把如来藏和识藏（阿赖耶识的异译）看成是同实异名的心识，且多处如来藏识藏连用。经云：“如来之藏是善不善因，能遍兴造一切趣生。……为无始虚伪恶习所熏，名为识藏。”② “趣生”，指众生以自己所作的因而导趋来生。这是说，如来藏是产生众生的内因，为恶习所熏，也名为识藏。又云：“若无识藏名如来藏者则无生灭。”③ “自性无垢，毕竟清净，其诸余识有生有灭。”④ “此如来藏识藏，……虽自性清净，客尘所覆故，犹见不净。”⑤ 这是说，如来藏藏识是本性清净、无生灭的，但为客尘所染，而有生灭，而有不净。也就是说，从人心的本性说是如

① 《佛心品》，《入楞伽经》卷5，《大正藏》第16卷，546页下。

②③④ 《楞伽阿跋多罗宝经》卷4，《大正藏》第16卷，510页中。

⑤ 同上书，510页下。

来藏，从人心的现实而言是识藏，前者是指本性未被熏习，未被尘染而说，后者是就本性被恶习所熏、为客尘所染而言，两者实是一样的。10 卷本《入楞伽经》译本的说法有所不同，该经卷 7《佛性品》一方面说："如来之藏是善不善因，故能与六道作生死因缘。……阿梨耶识者名如来藏，而与无明七识共俱。"① 认为如来藏是众生的生死因缘，阿梨耶识与无明七识共俱，由此可说如来藏与阿梨耶识相通，阿梨耶识名为如来藏。一方面又说："如来藏识不在阿梨耶识中，是故七种识有生有灭，如来藏识不生不灭。"② "若如来藏阿梨耶识名为无者，离阿梨耶识无生无灭，一切凡夫及诸圣人，依彼阿梨耶识故有生有灭。"③ 这是说，如来藏和阿梨耶识又是不同的，如来藏不生不灭，依于阿梨耶识则有生有灭，所以"如来藏不在阿梨耶识中"。此经还强调"如来藏识阿梨耶识境界"是"二种法"，这两种识的境界只有佛和菩萨才能了别，其他凡圣都不能了知。由此 10 卷本《入楞伽经》认为有染净二心，而与 4 卷本《楞伽经》只说一心——自性清净心不同。

《大乘密严经》译本有二，分别为唐代日照（地婆诃罗）和不空三藏所译，今流通的为日照译本。经文的要旨是阐发一切现象都是心识所变的原理，其中既强调如来藏不生不灭，又突出阿赖耶识有染净二分，随着迷悟的不同因缘而有凡圣的区别。关于如来藏心，《大乘密严经》说："如来常住，恒不变易。是修念佛观行之境，名如来藏。犹如虚空，不可坏灭。名涅槃界，亦名法界。"④ 这是说如来藏是修持念佛观行的境，是恒常的、不变的、不灭的，即坚固不动的。《大乘密严经》也非常重视心和阿赖耶识的作用，经文说："内外境界，心之所行。……一切皆是意识境界，依阿赖耶如是分别。譬如有人置珠日中，或因钻燧而生于火，此火非是珠燧所生，亦非人作。心、意、识亦复如是，根境作意，和合而生。"⑤ 这是说，众生主体的内

① 《大正藏》第 16 卷，556 页中、下。
② 同上书，556 页下。
③ 《大正藏》第 16 卷，556 页下～557 页上。
④ 同上书，724 页下。
⑤ 同上书，737 页下。

外境界，都是意识的境界，是依据阿赖耶识而有的分别。譬如太阳下宝珠聚光或因钻木或因击燧石而生火，这火是因缘和合而生的。心、意、识也是这样，也是因缘和合而生，归根到底都是阿赖耶识的变现。经文又说："一切众生阿赖耶识，本来而有，圆满清净，出过于世，同于涅槃。譬如明月现众国土，世间之人见有亏盈，而月体性未尝增减。藏识亦尔，普现一切众生界中，性常圆洁，不增不减。……阿赖耶识恒与一切染净之法而作所依。"① 这是说，如月亮在云中时圆时缺，但月亮本身的体性并无增减一样，阿赖耶识的体性是清净的，不增不减的，阿赖耶识是净法和染法的共同依据。也就是说，阿赖耶识有染净二分，这就为调和如来藏与阿赖耶识提供了理论根据。

《大乘密严经》从众生的本性与修持两个方面来统一如来藏与阿赖耶识，经文说：

> 心性本净不可思议，是诸如来微妙之藏，如金在矿。……阿赖耶识，虽与能熏及诸心法，乃至一切染净种子而同止住，性恒明洁。如来种性应知亦然。定不定别，体常清净，如海常住，波潮转移。阿赖耶识亦复如是。诸地渐修，下中上别，舍诸杂染，而得明现。②

这是说，众生的心性本净，犹如矿藏中含的金一样。阿赖耶识虽与其他心识以至染净种子同止住，但其本性依然恒常明洁。如来藏（如来种性）也是这样，虽有决定种性或不定种性的差别，但体性是恒常清净的。众生经过逐步修持，阿赖耶识舍去杂染，就能呈现出明净本性。《大乘密严经》就这样把如来藏说和阿赖耶识说统一起来了。《密严经》和《楞伽经》的调和如来藏与阿赖耶识，标志着印度佛教心性本净与心性本不净两大心性学说的融合，而印度佛教心性思想的发展至此也就基本上终止了。

综上所述，我们可以把印度佛教心性论的思想要点归结为：

---

① 《大正藏》第16卷，737页下～738页上。

② 同上书，727页中。

第一，印度佛教心性思想的出发点和目的是为了确立人生解脱的依据。佛教创立的宗旨是为了探求人生解脱之道，佛教认为人生所以充满烦恼和痛苦，其原因不是别的，而是众生主体的贪欲和无知，而贪欲与无知首先表现于众生的内心活动上，若要解脱就需从心理活动方面去克服、消除此二者。同时，众生也内在地具有获得解脱的可能，因为其心理当中具有克服、消除贪欲和无知的潜力和因素，即另有不同于贪欲和无知的属性、本质。这种清净的心性本质就是解脱的依据。

第二，印度佛教心性思想的演变轨迹大体上经历了两大阶段。一是小乘阶段，主要是从构成众生生命的要素和认识的条件去探讨心理活动；从与烦恼的相互关系的角度，去阐述人心的性质问题，同时又力图通过揭示与烦恼相异的内心本性即心性本净，为人生解脱提供依据。二是大乘阶段，大乘佛教把解脱的理想由小乘佛教的消灭烦恼超越生死进一步提高为成就佛果，并从成佛的角度去探讨心性问题，由此而形成了论述成佛的质地和根据的如来藏与佛性思想，以及阐述众生含藏着发生一切行为的潜在功能——“阿赖耶识”思想，这两种思想都是为了说明与成佛的关系的。

第三，印度佛教心性思想的主流是心性清净说。众生自心存在着不与烦恼同类的清净本性。这一思想自小乘佛教倡说以来，始终没有改变。它后来为大乘佛教的如来藏说、佛性说所继承和发展，成为整个佛教心性论的主导思想，佛教正以此作为众生解脱成佛的内在依据。

第四，佛性与众生的关系，即佛性的普遍性问题，是印度佛教心性思想中有争论的一大问题。多数流派主张一切众生都具有清净的本性或佛性，只有少数流派认为部分众生不具清净的本性或佛性。这实际上反映了佛教不同派别对现实众生的不同看法，以及他们对成佛理想的不同看法。

印度佛教心性思想是中国佛教心性思想的直接来源，社会、历史、文化的背景的差异，导致了中国佛教学者在心性学说上的新创造，从而又推动了印度佛教心性思想的新发展。

第十章

中国佛教心性论哲学范畴网络

中国佛教学者继承了印度佛教心性论的概念、范畴、命题和思想，并加以发展，进而构成了带有鲜明民族特色的复杂而庞大的佛教心性论体系。要从整体上剖析和把握中国佛教心性论思想，最根本的途径之一是找出心性论体系的范畴，论述其涵义与实质，并揭示范畴之间的相互关系。也就是要通过研究心性论体系的思想因素及其相互关系，来把握整个体系的结构与内容。

中国佛教心性论是以心和性两大范畴为基点，向多方面展开的：心的内在外在展开，性的内在外在展开，以及心性的联结展开。这种辐射式的展开涉及了心性论的各个方面，从而交织成心性论不同层次的范畴网络结构。

心与性是一，还是二？这是佛教内部长期探讨争论的问题之一。归纳起来大致有两种说法：一种认为心与性是既有区别又有联系的两种概念，心为性的载体，性是心的本质。另一种认为，心与性相通，心指本心，性指本性，本心与本性是一而二，二而一的概念，同指众生本有的不变的真实心性。所以“明心”和“见性”是一回事。讲心就是讲性，讲性也就是讲心。这两种说法也有共同之处，就是心性连说。至于心性是指心的本性，还是指心即是本性，需要精细的察别。为了叙述的方便，我们先将难以分开的心性姑且分为心和性两个方面来论述，然后再加以综合论述，以展现心性论范畴体系的基本面貌。

第一节 “心”范畴的展开与关联

在中国佛教哲学中，“心"是一个极为重要的范畴，是主体性的标志，成就佛果的关键。多数中国佛教学者认为，心虽有认识区别事物的功能和作用，但心既不是一块白板，也不是一面镜子，而是人性（尤其是佛性）的真正承担者。因此，心也就是性，心性合一。人们应当返回自己的心灵世界求得自我觉悟，实现自我内在超越，成就自身的理想人格。下面我们将通过心范畴的展开来展示心的涵义、性质、类别、价值和功能。

佛教通常所讲的“心”大约有以下一些不同的意义、指谓：(1)“肉团心”，即物质的心，心脏。(2) 相对于肉体（肉身）而言的“缘虑心”，即具有思考作用的心，主要是指精神活动中的意识功能。(3)“集起心”，指积集种子生起现行的第八识。(4)“如来藏心”，即众生乃至宇宙万物中具有真实本性的真心。[①] 一些教派认为，众生就具有这种能开显自己佛身的自性真实心。此外“心”有时也指核心、中心的意思。佛教重要经典《般若心经》所标的“心”，就是取般若皆空的心髓精要之意。以上心的前四项意义中的第一项不具哲学意义，也是佛教较少使用的。后三项则都具有哲学意义，与佛教心性论直接相关。又，上述第一、二项的区别是相对的，佛教通常视心为心理和生理两种成分组成的复合体，是意识及其“根”亦即相当于现在所说的心脑细胞的合成体。佛教论心，其目的之一是为了对治众生视心为永恒的实体，以揭示心无独立的实体，从而破除神我观念。然而它又强调心的功能和作用可以扩展到无尽的方面，且能延展到人的寿命终了之后，这又使心带有实体性的意义了。

印度佛教通常把“心”的结构分为两个方面：心王和心所（心数）。“心王”是指六识或八识的识体而言，“心所”指从属于心王的

① 详见《禅源诸诠集都序》卷上1，《大正藏》第48卷，401页下。

种种复杂作用。前者是精神主体，后者是精神作用；前者从总体把握对象，是具有综合性的精神主体活动，后者则取对象的整体或部分，是比较细微的精神作用。心王与心所的关系是，心所从属于心王，其作用也与心王相应而同时存在，至于二者如何相应，以及异同关系，大小乘佛教各有异说。中国梁武帝萧衍则把心分为体用两个方面，认为心的体是不变的、不迁的，而心的用是变化的、有生灭的。①

印度佛教还根据不同情况对心进行不同的分类，如分为二心、三心、四心、五心、八心乃至六十心等。其中有的又从不同角度再作出不同的分类。但最重要、最常见的是将心分为真心与妄心，这也是中国佛教学者所最重视的分类。真心与妄心也称为净心与染心、清净心与烦恼心。所谓真心是自性清净而又恒常不变的心，妄心则是虚妄不实而又生灭变化的心。中国佛教不同派别对真妄二心的说法也不尽相同。如地论师以第八阿赖耶识为真识（真心），而摄论师则以前八识为妄心，另立第九识阿摩罗识为真心，楞伽师又会通上述对立的二说。又如《大乘起信论》提出一心而有染净二分的说法。也有持人心或真或妄一分说的。对于真心与妄心，佛教不同派别也赋予不同的内涵，如说真心是无烦恼，或说是不贪执，或说是不谋划等。对妄心说是烦恼，或说是贪执，或说是谋划等。真心与妄心直接关系着能否“成佛”，以及如何成佛，因此佛教学者都极为关注这一问题。

真心除清净心外，还有菩提心、如来藏等同义的名称。菩提，是指断绝世间烦恼而成就涅槃的智慧，菩提心即是成佛的种子。如来藏，是指一切众生的烦恼身中，所含藏的自体本来清净的如来（佛）。如来藏虽含在烦恼中，但又不为烦恼所污染，具有本来清净和永恒不变的本性。中国佛教学者多半认为，真心即人心，是成佛的根据，万有的本原，因此最为重视真心。如禅宗的自心、本心、平常心和佛心诸说就是佛教真心说的变相。所谓自心，即众生自身的心。所谓本心，是说众生的自心是本来如此，本来清净的。平常心是说众生当前的心本来就是觉悟的，这种具体而平俗闲常的心就是佛心。佛心是指

① 详见《立神明成佛义记》，《弘明集》卷9。

即心是佛。可以说，禅宗的这种思想是佛教心性论的重大变革与发展。

以上是就心本身的内涵而展开的一些重要范畴。根据佛典所述，由心向外展开的关系主要有四个方面：一是精神领域内部，心与意、识、神的关系；二是心与外界万物，即心与物的关系；三是心与万物的理（本质、本性）的关系；四是心与佛的关系。

心与意、识。上面提到小乘佛教说一切有部认为心、意、识三者是同义而异名，并没有本质区别。后来提倡八识说的大乘唯识宗则加以区分，认为“心”是第八识（阿赖耶识），是产生一切万物的根本识，“识”指前六识，“意”专指第七识，心与意、识并不相同。心与意、识的关系是，心为精神的主体，意、识为精神的两种不同作用。意、识都从属于心主体。意与识的区别是，意是思维度量的作用，侧重于记忆、计量、执著，以我执为特征；识是了知识别的作用，通过分析、分类，对外境对象具有认知的作用，即以了别为特征。此外，识又有广义狭义之别，有专指前六识的，或指第八识的，也有泛指全部心理活动的，如“万法唯识”的识即是广义的。

心与神。中国佛教学者一直主张神不灭论，尤其是东晋以来发生神灭神不灭之争以后，更为明确坚定。他们还认为精神与心不能分离，因此也经常是心神连用的，如若分开用，则心与神同义，神为心的别名。如说“妙神”、“妙识”、“神识”、“识神”，都是指微妙的心。又如《宗镜录》说的“识精”即识知精明，就是指众生的真心①。在中国佛教学者看来，不灭的“神”即神妙的心，是众生成佛的主体。

心与物。一般地说印度佛教根据缘起论认为，心与物即意识与物质是相辅相成的关系，任何一方都不能单独存在，而且心与物都是空无自性的，表现了二元论与空论的倾向。大乘佛教唯识宗转而强调“唯识所变”，认为物质是意识的变现。所谓“唯识”有两重意义：一是不离，即万物都不离识而存在；二是所生，人们所见的种种万物都

---

① 《宗镜录》卷 3 云：“无始菩提涅槃元清净体，则汝今者，识精元明能生诸缘。”（《大正藏》第 48 卷，430 页中）

是由于主观妄念所产生的种种差别、种种境相，表现出唯心论的立场。此外，佛教虽然并不主张心或意识是唯一的存在，但是由于佛教的宗教实践的需要和方法论的特征，总是特别强调心的主体性、根源性和决定性的意义，而往往倾向于唯心论。

中国佛教主流学者一般都强调人心、真心是万有的本原，突出心的作用。如天台宗人有“心具三千”说①。“三千”即泛指宇宙万物，认为于众生日常的刹那心中得以呈现宇宙万物，强调万物摄于自心，高扬心的主体性、包容性的功能。禅门也说心是“物我同根”的根，无限广大的万物都不能置于自心之外，从这层意义上看，可谓“心外无物”，或者说“心即世界”。中国佛教主流派所讲的心既具有万物本体的意义，又指个人自心的觉性、灵明、道德意识。并认为，万物不能离开这样的心而存在，而这样的心离开万物也不能存在，突出地强调“物我一如”、“物我无差”的心物一体性。

心与理。“理”，指万物的本质、本体、道理、真理。从思考心的本质出发，就会推演出心与理，即心与万物的本质是否同一的问题。中国唯识宗认为心与万物本质并不相同，心不完全等同于理。心与理是不一不异的关系，就是说二者既有区别又互相关联。天台、华严和禅诸宗认为，众生的心和宇宙万物都含有如实本性、本质，从而主张心与理是等同的，进而提倡众生应返本归源，以求得解脱。这也是天台、华严和禅三宗与唯识宗的主要分歧所在，是中国佛教心性学说中的重大争论问题。

心与佛。一般来说，印度佛教认为众生心的本质是清净的，具有成佛的可能，并有依心成佛的说法。但大乘唯识宗认为有一部分人（一阐提）断了善根，永不能成佛。中国佛教多数派别则认为众生都能成佛，热心宣扬《华严经》的“心、佛及众生，是三无差别”② 的观念。如天台、华严和禅诸宗就提倡这种思想，强调佛心与凡心为一，主张即身成佛。禅宗主张“即心即佛”，认为无论众生心，佛心，

---

① 详见本书第二十六章第三节第五部分。

② 《大方广佛华严经》卷10，《大正藏》第9卷，465页下。

其心体无异，心即是佛，若不了解即心即佛的道理，不识自心是佛，就犹如骑驴而觅驴，难以成佛。宋代以来，中国佛教学者还以心去沟通儒、佛、道三教，强调心是能佛、能儒、能老的基础，是三家同道的根据。①

第二节 “性”范畴的展开与关联

佛教言“性”，多系体的意思，指本来具有的无所谓变化的实体、本质。如“法性”为事物的实体、本质，“心性”为心的实体、本性。“性”通常与“相”（形相）相对，有时性与相也可以互用，如“诸法实相”，即诸法实性。所谓性通常有三种意义：一是不变不改的性质，也就是本来具有、不依因缘而起灭的自存本性；二是各类事物所具有的性，“性分”；三是指绝对的真理，真实无妄的理性。此外，佛典中所讲的性，有时是指德的意思。如善、恶和无记三性的性字就是德的意思，即指德性而言。性还指男女的爱欲。佛教认为这是妨碍修持的行为，所以出家信徒有“淫戒”之制，在家信徒有“不邪淫戒”的规定。我们这里所讲的性，是佛教通常所指的“体”的意义。上面提到，在佛教哲学中，心与性是紧密联系在一起的，这里讲的性主要是指心的性，心的本性、本质。在中国佛教尤其是禅宗看来，众生的本性是生命真正的主体，是众生的真正自我。心性既离不开众生而存在，又被视为独立的绝对的实体；心性是人之为人的根据，又是人之成佛的真因。下面我们以众生的本性为中心来展开论述性范畴。

心性与法性。性，作为万物的自体本性，首先是指法性而言，如前所述，法性是指事物恒常不变的本质。心性是众生心的本性，实际上也可以说是法性的一种。心性虽以法性为基础，但又有所不同：法性是万物的本性、本原，心性是众生的本性、本体，也就是成佛的真因（佛性）。佛教着重论述的是心性，但也时常论及法性，有的佛教学者还以心性代法性。

---

① 参见《长松茹退》，《紫柏老人集》卷9，31页。

凡性与佛性。佛教认为宇宙间存在着凡圣两大生类，他们的本性各有不同。凡，凡庸，指凡夫，佛教通常用来指六道轮回中尚未得佛法的有情众生。圣即圣者，指以佛为代表的得道者。凡性是指使众生之所以成为凡夫的本性。对于凡性的内涵规定，印度部派佛教内部说法不一，大乘瑜伽行派以烦恼、邪见而未证真理为凡性，认为只有永断烦恼、邪见才可成为圣者。佛性有两种意义，一是指佛陀的本性，二是指众生成佛的可能性、质地、原因、种子，在这层意义上，佛性被视同孕育如来（佛）的胎藏，所以也称“如来藏”。佛性、如来藏还被视为遍于宇宙的本体和万物的本原，又具有本体论和本原论的意义。中国佛教诸宗派曾就佛性的内涵与分类问题所进行的论辩，构成了心性论体系的重要内容。北本《涅槃经》卷7称，一切众生悉有佛性，凡夫以烦恼覆盖而不显，如若断除烦恼即显佛性。天台宗人还根据北本《涅槃经》卷28所说，谓一切众生无不具有三因佛性①：正因佛性——事物实相的理体；了因佛性——照了的智慧；缘因佛性——功德善根，内外的条件。与此相关，中国佛教主流派十分重视“凡圣一如”即“佛凡一体”的观念，认为凡圣的本性、生命的本质并无区别，仅由于意识活动的迷悟而有不同罢了。此外，中国唯识宗则主二佛性说②，一是以众生所依的理体为理佛性；二是以众生第八识中的无漏种子为行佛性，此佛性有的众生具有，有的众生则无，不具者永不成佛。

性净与性觉。佛教对于众生的心性有净、觉二说，印度佛教倾向于性净说，中国佛教则倾向于性觉说。心性本净，是指人的心体本来是寂静、寂灭的，后起的烦恼虽能覆蔽心性，但不是心的本性。性净通常又分为两种：一是心性原本寂静，没有杂染；二是经过努力修持，远离一切烦恼而得寂静。性净说始于早期佛教，然而大力倡说的是部派佛教中的大众部，后来成为大乘佛教佛性说与如来藏说的源头。心性本觉，是指人的心体本来智慧光明、真实觉知，没有迷惑妄

---

① 详见本书第十二章第二节。

② 详见本书第十四章第二节。

念。此说，《大乘起信论》有系统的阐述。性净相对于烦恼而言，觉性则相对于愚痴而言，且直接与觉悟成佛相联系，由性净说到性觉说，带来了在成佛问题上一系列重大的新说。

性善与性恶。也作性净与性染。这是佛教对心性所作的又一道德价值判断。佛教认为扰乱身心不得安宁的烦恼是恶，要求得解脱，就应当断尽烦恼，证得菩提。烦恼与菩提是众生内心的一大矛盾。中国佛教多数派别持众生性善说，而天台宗人则主张众生和佛同具善恶，善恶是天然的性德，佛也不断性恶，一阐提也不断性善，天台宗人还把善恶各分为两类，性善修善和性恶修恶，性善性恶指众生固有的本性，修善修恶是后天思想行为的善恶。性恶说成为此宗的重要思想特色。

性有与性无。性，指佛性。性有，指有佛性。性无，即无佛性。这是关于佛性的范围问题，曾引起佛教，尤其是中国佛教内部的长期争论。争论的焦点：一是众生是否都有佛性？一般是持肯定立场的，也有一种观点认为一部分人是没有佛性的。二是无情识的木石是否也有佛性？有的主张万物有性，有的则反对“无情有性”说。

性本有与性始有。这是关于佛性的形成问题，也是主张一切众生悉有佛性的教派内部长期争论的一个重大问题。本有说强调佛性是众生与生俱有，本来固有，常住不变的。始有说则认为佛性是众生经过修持而后有的，是后天修成而始有的。这种争论不仅直接涉及众生佛性的形成问题，而且也涉及对成佛原因、修持方法和成佛境界等一系列问题的分歧。

性的体、相、用。佛教通常将性分为体与用两个方面，而《大乘起信论》对众生心性的内在结构与功能提出新说，认为众生自心包含三个方面：一本体（体），二所显现的相状、功德与特征（相），三作用（用）。该书称此三者无限广大，故有体大、相大、用大的“三大”之说。①

性与情。情，指情绪、情感，是人与外界接触，有感于事物而生

① 详见《大正藏》第32卷，575页下～576页上。

起的带有冲动性的心理反应，通常指七情。佛教对七情有多种解释，一般来说，多指喜、怒、哀、乐、爱、恶、欲。七情中包括欲，即指欲望，其实情与欲应是并立的两个概念。欲有四欲，五欲，或六欲之说。如五欲指“财、色、名、食、睡”，即金钱欲、性欲、名誉欲、饮食欲和睡眠欲。性与情是两大心理现象，是心性论的两个重要范畴。佛教认为，性是本性，是本来寂静或本来觉悟的。情是心因所感而起的表现，是是非之主，利害之根。性与情既有区别又有联系。中国佛教学者有的以已发为情，未发为性，认为情是性阻塞不通的心理表现，并不是性的本质流露。佛教认为，如何调节感情，统御情绪，控制欲望，不仅是一种生活艺术和心理平衡术，而且也是直接关系到修持成佛的大问题。佛教一般都主张减少欲望、节制情欲甚至彻底灭除情欲，强调拔断情根，闻道见性。

性与理。这是与上文所述的“心与理”的问题密切相关的。理，是指法性、本质而言。亦即指合乎本性，顺通无阻，不为万物所累的真理、理性、理智。从心的本性来讲，性与理异同的问题是中国佛教各宗派讨论的大问题，也是儒学所探讨的大问题。竺道生早就提出众生见理与心性流露是一致的说法。中国佛教学者还以情与理分别为性的阻塞或顺通的两端，并称作天理与人情的对立、理与情构成了心性中的深层矛盾。有些中国佛教学者也和儒家学者一样，强调“穷理尽性”①，主张以天理胜人情（欲）。

性具。性，指人的真实本性。具，具有、具足。前面所述天台宗的“心具三千”说和佛与众生同具善恶（“性具善恶”）说，即是“性具”思想。天台宗人认为，人心的本性圆满具足一切，包括因果、迷悟、善恶等等，彼此互不混淆，是为“性具”。所以此宗也认为，在修行中众生本性互具六凡四圣，既具有佛界的善法，也具有其他九界的恶法，佛与众生并无根本区别。

性起。性，真实本性，指佛的本性。起，生起。华严宗人从佛果的境界说性起，认为在成佛境界上，一切事物都从性而起，也就是一

---

① 《注维摩诘经》卷5，《大正藏》第38卷，375页上。

切事物随顺佛的真实本性而显现，并顺应众生的条件、能力而起作用。又，众生心中本来具足悟的本性，而当下显现万象，也称性起。

性具说和性起说分别是天台宗和华严宗的独特学说，着重讲的是心性的功能、作用，偏属于宇宙论、境界论和认识论的内容。

第三节　合　论

综上所述，佛教把心性视为存在范畴，并作出系统的展开与论述，具有巨大的理论意义。它阐发了什么是人的本质，什么是成佛的根源问题，从而为佛教的成佛理论奠定了基础。心性理论还为佛教确立了道德主体论的立场，提倡众生返回自己的心灵世界，以成就其最高理想人格，这又具有宗教实践意义。

佛教对于心范畴的论述，主要是从三个方面展开的。一是从地位、功能、作用和结构的角度，把心分为心王和心所两个方面，并从理论上概括出心的体、用两个层次，或体、相、用三个层次。二是从性质上对心实体作出价值判断和价值分类，把心分为真心与妄心两类，或作净分与染分两分。真心与净心、清净心、菩提心、如来藏相应，是所取角度不同而实质相同的概念。由真心又衍生出自心、本心、平常心的概念，并给佛教思想带来深刻的变化。至于阿赖耶识的真妄问题，即是与真心、妄心相关联的问题，在佛教内部也有长期的争论。三是从心与精神现象、客观事物、佛三者的关系展开。心与意、识二者的关系被视为体与用的关系。在中国佛教学者看来，神与心是同义范畴，并喜用妙神、妙识、神识、识神、识精的概念，以表述微妙的心。关于心与物的关系，主要有心物不二和唯心所变的命题。由心物关系进而又衍出心与物理，即物所含的道理的关系，中国佛教学者多倾向于心与理等同说。心作为成佛的主体与佛果、佛境的关系是非常重要的问题，中国佛教主流派持心佛不二、即心即佛的观点。

佛教对心性的性范畴所作的阐述更加丰富多彩。在类别上，把性分为凡性与佛性，并着重就佛性进行多方面的详尽的阐述。佛性不仅被视为众生成佛的内在质地，而且被升华为宇宙万物的本原。在性质上，把性分为善、恶、无记（中性）三类，并着重论述性善与性恶的对立。从总体上说，佛教肯定人的本性是善的，因而有心性本净与心性本觉，即性净（寂）与性觉之说，并成为佛教心性论的基调。中国佛教天台宗人对性恶思想有所发展，提出了性具善恶说。佛教各派对佛性的存在范畴与形成问题分歧颇大，争论的焦点是众生是否都有佛性，动物以外的事物，如木石之类是否也存在佛性，佛性是怎样具有的，并由此又出现了性有与性无、本有与始有的对立概念。中国佛教学者不仅确定了性的体、相、用三要素的内在结构，还就性与情、性与理的关系作出民族化的阐述，出现天理人情和穷理尽性的说法。中国佛教宗派非常重视性的功能、作用。天台宗和华严宗联系佛教理想境界论和宇宙论，分别提出了性具说和性起说，禅宗则提出见性以成就佛境说，这都表现出了中国佛教心性论的理论特色。

根据上面对中国佛教心性范畴的论述，可列图以展示心性范畴体系网络。图中的符号：直线表示直接展衍，曲线表示直接联系，箭头表示两者相通或相同。（图见下页）

在中国佛教心性论体系网络中，心、性、真心、妄心、阿赖耶识、平常心、佛性、善、恶、染、净、觉、情、理都是重要的范畴，也可称为基本范畴。所谓基本范畴是指在哲学思想系统中具有决定性乃至终极性的地位，并且是其他概念、范畴、命题、思想的依据和支点。抓住上述基本范畴，无疑对于把握整个佛教心性论体系具有关键性的意义。

上述基本范畴和其他一些范畴作为构成佛教心性论体系的要素，是众生修持得道获得解脱所必须把握的重要环节，因而都有独特的价值规定和功能作用，即和一般哲学范畴不同而有其自身的特殊性格。这些范畴具有以下的某一特性或几重特性：(1) 道德性。心性是讲人的心和性的关系问题，道德是关于人的行为规范问题，两者不同。而佛教心性范畴都有鲜明的道德主义倾向，它以善恶道德观念作为判断心性的标准，以去恶从善的道德主义方法作为心性修养的途径。佛教对于心所作的真心与妄心的基本分类，其真妄即善恶，净染也指善恶。

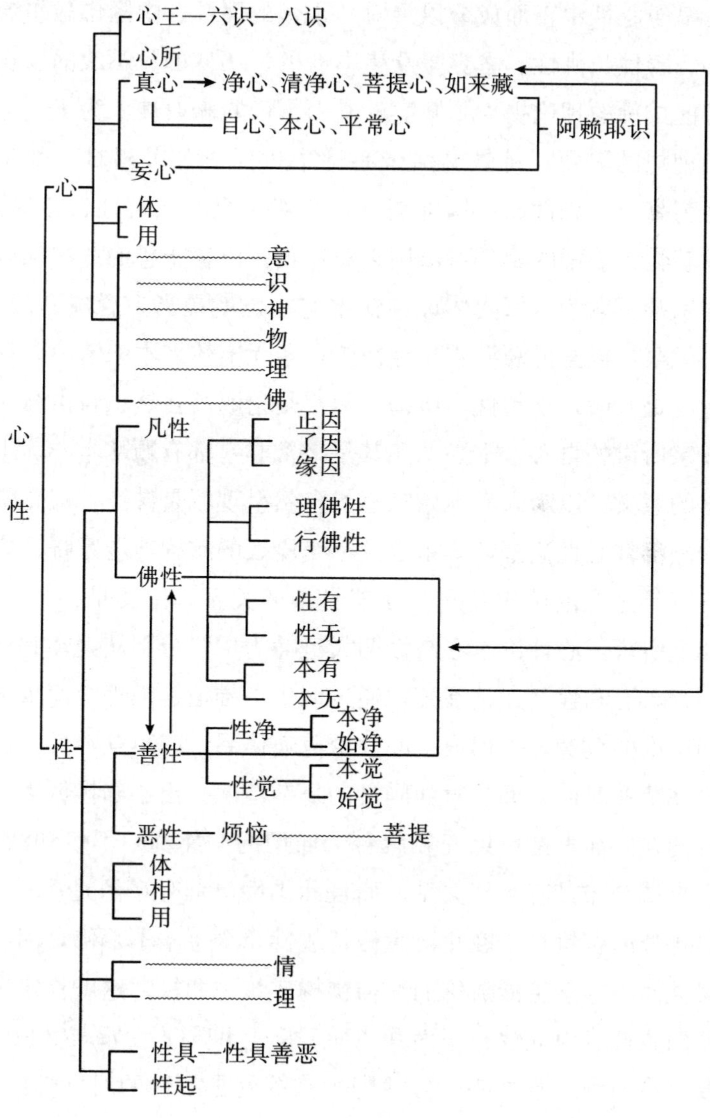
心性
心
心王—六识—八识
心所
真心
净心、清净心、菩提心、如来藏
自心、本心、平常心
阿赖耶识
妄心
体
用
意
识
神
物
理
佛
性
凡性
正因
了因
缘因
理佛性
行佛性
佛性
性有
性无
本有
本无
善性
性净
本净
始净
性觉
本觉
始觉
恶性
烦恼
菩提
体
相
用
情
理
性具—性具善恶
性起

真妄、染净、善恶，都指价值而言。佛教以性善性恶为基本分类，并在此基础上派生出若干重要范畴。至于佛性，其实就是善性的一种形象化、理想化的表述。(2) 绝对性。佛教为了论证和实现成佛理想的需要，赋予心性中正面成分以绝对、永恒的属性。中国佛教主流派强调真心、善性、佛性、本觉是众生本有的、不变的、不改的，从而为众生都能成佛的理论提供了坚实的基石。(3) 相对性。为了论证和实现成佛理想的需要，佛教又赋予心性中负面成分以相对、可变的属性。认为妄心、恶性、烦恼都是分别相对于真心、善性、菩提而言，是可以转化、消融的，是可以用以正克负、以善止恶的方法加以克服的。禅宗甚至认为，只要体证烦恼本空，也就是当一念烦恼产生时，能及时觉察，以正见观照它从缘而生，本无实体，本来清净，烦恼也就转为菩提。(4) 自然性。所谓自然性是指顺其自然、自由自在的意思。禅宗所讲的自心、本心，尤其是平常心，都有顺从本心、本性自然发露的意义，以为人心本始状态的自然呈现就是佛性，就是佛。

中国佛教心性论范畴体系也是一个庞大的结构功能系统。它的基本范畴以及其他范畴相互间存在着复杂的关系，主要是：(1) 逻辑性。如上所说，心性论以心与性两大范畴为主，分别从内在和外在两方面展开，心和性又连结展开，通过派生、推衍、推理等逻辑地展示出不同层次的范畴，并构成了心性论范畴体系。(2) 互释性。由于心和性存在范畴时而异义、时而同义的复杂情况，由心和性派生出的范畴，有的在内涵上是可以互相解释、通用的。如真心不仅和清净心、菩提心、如来藏具有互释关系，而且和佛性也具有互释关系。(3) 对立性。佛教的宗旨在于教化众生修持成佛，众生本不是佛，因而与佛构成对立两极；众生能成佛而又与佛构成统一两极，这就决定了众生心性的两重性、对立性：正面和负面、向上和向下。如众生心性中的真与妄、染与净、善与恶、自性与烦恼等就是心性的对立性的展现。(4) 圆融性。如上所述，佛教肯定众生与佛的统一性，而中国佛教尤其是禅宗更把这种统一性推向极致，主张即心即佛，实质上消融了对立范畴的矛盾，为众生的顿悟成佛、现身成佛提供了心性论的根据。

第十一章

南北朝时代佛教三大心性论思潮

南北朝时代，中国佛教学者关心成佛主体问题的同时，相应地心性问题也被提到佛学研究的首要地位，并且形成了佛性论、阿赖耶识说和真心本觉说三大心性论思潮。

第一节　佛性学说的探索与分歧

印度佛教的《大般涅槃经》是一部阐述佛性思想的主要经典，但在该经传入中国以前，东晋后期一些信奉般若学的重要佛教学者已经自发地产生了佛性思想。慧远的涅槃常住观念就和印度佛性常住思想相似。① 鸠摩罗什的弟子僧叡在所作《喻疑》中说，他曾在长安亲自听过鸠摩罗什的答辩，鸠摩罗什也肯定一切众生都有佛性，只是没有见到经文的根据，未能畅述。②

① 参见《释慧远传》，《高僧传》卷6，《大正藏》第50卷，360页上。

② 《喻疑》云："什公时虽未有《大般泥洹文》，已有《法身经》，明佛法身而是泥洹，与今所出，若合符契。此公若得闻此，佛有真我，一切众生，皆有佛性，便当应如白日朗其胸襟，甘露润其四体，无所疑也。何以知之？每至苦问：'佛之真主亦复虚妄，积功累德，谁为不惑之本？'或时有言：'佛若虚妄，谁为真者？若是虚妄，积功累德，谁为其主？如其所探，今言佛有真业，众生有真性，虽未见其经证，明评量意，便为不乖。而亦曾问：'此土先有经言，一切众生皆当作佛，此当云何？'答言：'《法华》开佛知见，一切亦可皆有为佛性。若有佛性，复何为不得皆作佛耶？但此《法华》所明，明其唯有佛乘，无二无三，不明一切众生皆当作佛。皆当作佛，我未见之，亦不抑言无也。'若得闻此正言，真是会其心府，故知闻之必深信受。"（《出三藏记集》，236页，北京，中华书局，1995）

鸠摩罗什的弟子竺道生，天资聪颖，悟性极高，他着重阐发了涅槃佛性说，开创了佛教一代新风。随着《大般涅槃经》的译出和竺道生的倡导，南北朝时代出现了众多的涅槃师说。这些师说都以“佛性”理论为重心，对于成佛的原因和根据进行广泛、深入的探讨，形成了佛性理论空前繁荣的局面。对佛性的探讨主要围绕这样三个问题：(1) 什么是佛性义？即佛性的意义是什么？(2) 众生是否都具有佛性？(3) 佛性是本来具有，还是后天始有？以下将探讨的情况略加叙述。

一、佛性的意义

隋代吉藏在《大乘玄论》卷 3 中称，隋前论及佛性的有十一家，又吉藏的同门慧均在《大乘四论玄义》卷 7 则称论佛性有根本说三家、枝末说十家，合为十三家。① 此外还有三家说、六师说等。这些说法虽有出入，但大同小异。今以吉藏归纳的说法为主②，分别给予评介。

(1) 以众生为正因佛性。“正因”指具有决定作用的因，相当于主因。因据《大般涅槃经》说一切众生都有佛性，所以说众生是正因佛性。吉藏所说的佛性都指正因佛性。相对于正因的是缘因，缘因即次要原因，外在条件、助因。《涅槃经》认为，众生的布施、持戒等种种修持都是缘因。

(2) 以六法为佛性。六法是指色、受、想、行、识五阴（实）及由其构成的假名之人（假）。实际上六法就是指众生中的人。以六法为佛性也就是以人为佛性。

(3) 以心（识）为佛性。《涅槃经》认为，“心识”是“异乎木石无情之物”，凡有心（识）的，必能得无上菩提。所以说心（识）即佛性。众生和无情识的木石不同，是有心（识）的，众生的精神实体及其作用是成佛的主因。

(4) 以冥传不朽为佛性。“冥传不朽”指“识神”而言。识神就

① 详见《续藏经》第 1 辑第 74 套第 1 册，46～47 页。

② 吉藏所说，见《大正藏》第 45 卷，35 页中、下。

是众生不灭的精神、灵魂。识神是轮回的主体，是不灭的。这种不灭的识神也就是成佛的正因，就是佛性。

（5）以避苦求乐为佛性。这是由心（识）为佛性的思想而来。心有避苦求乐的本性和作用。心在轮回流转中不断产生厌恶痛苦，乐求涅槃的作用，这种追求就是佛性。

（6）以真神为佛性。真神是指识神的本体而言，真神即成佛的基础。

（7）以阿赖耶识自性清净心为佛性。自性清净心同如来藏。此说认为众生欲求出世解脱，证得涅槃，必须依靠阿赖耶识自性清净心，所以自性清净心便是佛性。

（8）以当果为佛性。当，当来，当有。当果即当有佛果的意思。这是从众生将来可以成佛的角度讲佛性。

（9）以得佛之理为佛性。这是认为一切众生本有得佛之理，是为佛性。

（10）以真如为佛性。真如亦即真如佛理，是众生具有的本性清净的理体。

（11）以第一义空为佛性。第一义是相对于世俗常识而言，是指最殊胜的义理。第一义空是以事物的实相，乃至终极的涅槃为空。此为北地摩诃衍师的主张。

吉藏还把上述十一家分为三类：一、二两家是以众生或人为佛性。第三至第七家是以心识为佛性。第八至第十一家是以理为佛性。这三类佛性说的立论、视角显然不同，第一类说法除与无情识的木石加以区别外，是直接以成佛的主体为佛性，失之空泛；但以众生或人为佛性的观点反映了中国佛教学者高扬人的主体地位的传统文化立场，对后来佛教思想发展有重要影响。第二类和第三类的说法是分别从主观（心）和客观（理，即外境方面）立论，反映了中国佛教学者在探究佛性问题上的分歧和困惑。佛性究竟是指众生，还是指心体，或是指理，这三种说法实有很大差异。这些不同的说法也给后来中国佛教宗派的分野带来了直接的影响。

值得注意的是，后两类说法中所表现出来的中国佛教学者的创造性及其与中国固有思想文化的密切关联。这可分别以竺道生和梁武帝萧衍的佛性义为代表。

竺道生是中国佛教史上率先阐扬佛性论者。他在中国传统的天人合一思维方式和魏晋玄学的体用观念影响下，把佛教般若实相本体论和涅槃佛性心性论结合起来，强调实相本体就是佛身，众生体证返归实相就是佛；而实相本体也存在于众生的心性（本性）之中，此即佛性，是众生冥符实相、成就佛果的内在根据。道生所讲佛性的主要涵义有三：一是善性、本性。他说："善性者，理妙为善，反本为性也。"[①] 意思是说，理妙返本就是善性。这种善性又不同于通常所讲的善，而是一种所谓了知照见（神秘直觉）一切事物实相的智慧。这种善性也是本性，是本来具有的。二是理。"理"即所谓符合事物实相的真理，亦即常住不灭的法性本体。道生说："从理故成佛果，理为佛因也。"[②] 佛因也即佛性。三是法，自然。道生说："夫体法者，冥合自然。一切诸佛，莫不皆然，所以法为佛性也。"[③] 法，事物。体悟一切事物的真实本相，冥合无生无灭的自然状态，就是佛，所以法是佛性，自然是佛性。所谓成佛，就是要达到自我与万物等同忘却，万有与空无齐一无别的境界。竺道生说："大乘之悟，本不近舍生死远更求之也。"[④]"以体法为佛，不可离法有佛也。"[⑤]认为真理湛然不变，众生若悟见真理，人心真性也就自然流畅，如此在生死中当下就可以觉悟成佛，所以涅槃生死不二，两者并无二致，佛无净土，众生是佛，从而客观上把涅槃定位为众生的主观理想精神境界，破除了对彼岸世界的追求。

由上可见，竺道生所谓的佛性是以"主""客"相结合的角度界说的，佛性既是宇宙万物的实相本体，又是众生悟证实相本体的善性、慧解。在中国思想史上，竺道生的佛性论既否定了以般若学的

---

① 《大般涅槃经集解》卷 51，《大正藏》第 37 卷，531 页下。
② 《大般涅槃经集解》卷 54，《大正藏》第 37 卷，547 页下。
③ 同上书，549 页上、中。
④ 《注维摩诘经》卷 7，《大正藏》第 38 卷，392 页上。
⑤ 《注维摩诘经》卷 8，《大正藏》第 38 卷，398 页上。

“空”怀疑涅槃学的“有”的观点，也否定了把佛性常住与灵魂不灭相混同的观点。尤为重要的是，竺道生的佛性论既和般若实相本体相结合，又吸取中国固有哲学的本体观念，把心性论和本体论相结合而纳入了中国传统哲学思想的框架之中，为从心性论向佛性论打开思想通道；又将佛教心性论、佛性论植根于中国哲学的土壤之中，从而产生了巨大的影响。

在吉藏所列的十一家佛性论中，最具中国民族特色的是第六家，即由梁武帝主唱的真神佛性说。梁武帝撰有《立神明成佛义记》（见《弘明集》卷9）等文，集中阐发此说。所谓真神，也称神明，是众生异于木石的本性，也就是精神。梁武帝运用玄学的体用观念来阐释精神，认为精神具有性和用两个方面，神的作用是有兴有废的，神的本性是恒常不灭的。这个不灭的神的本性，就是佛性，就是成佛的主因和主体。十分明显，梁武帝所讲的佛性，实际上就是不灭的灵魂。可以说，梁武帝是用中国固有的灵魂观念，去阐明佛教的成佛学说，是把中国的神不灭论观念纳入于成佛学说的思维框架之中，并与大乘佛教的佛性论相融合，从而深刻地改变了印度早期佛教的面目。梁武帝所讲的神，既是众生报应轮回的主体，又是超越轮回成佛的主体，也就是用不灭的神把众生来世的两种不同趋势、归向给以统一的主体性说明。应当说，这为中国佛教的众生主体转化说提供了较鲜明而周密的理论解说，因而一直成为中国佛教的重要理论支柱。

二、佛性的有无

佛性是众生普遍具有，还是仅部分众生具有，这在佛教史上被归纳为性有还是性无的问题，亦即佛性的普遍性问题。在佛教内部，它引起的争论是长时期的。竺道生时，法显（？—约422）译出6卷本《大般泥洹经》。经中认为“一阐提”即是不具信心、断了善根、没有佛性的人，不能成佛。这种观点成为当时佛教界的共识。竺道生根据中国人得意忘象忘言的思想方法，批评了当时的佛教教条主义者，并且不拘文句，孤明先发，大胆提出“一阐提”人也有佛性、也能成佛的观点。竺道生的说法独见忤众，当即遭到僧众的诘难，并受到逐出所住寺庙的处分。及至后来，昙无谶译出大本40卷《大般涅槃经》，果然称“一阐提”人也有佛性，也能成佛。竺道生的主张又受到僧众的普遍赞扬。

竺道生提出“一阐提”人也有佛性，即一切众生无一例外地具有佛性的观点，是他的佛性理论的彻底性的表现。他根据对般若实相学和涅槃佛性学的深入研究，独创性地提出了“佛性我”的观念，强调一切众生都有“佛性”这种实在自体。值得注意的是，他还善于运用中国固有文化观念来论证和支持自己的观点。据日本沙门宗法师撰《一乘佛性慧日抄》引《名僧传》云：

> 生（竺道生）曰：“禀气二仪者，皆是涅槃正因。三界受生，盖惟惑果。阐提是含生之类，何得独无佛性？盖此经度未尽耳。”①

“二仪”，阴阳，“禀气二仪者”，指众生。“此经”，指6卷《大般泥洹经》。竺道生吸取中国的禀气论来支持佛性论和“一阐提”人也有佛性的观点，公开批评《大般泥洹经》理论的不彻底性，反映了中印异质思想文化的摩擦和交汇。在竺道生看来，凡是含生之类，即“禀气二仪”的一切众生都有佛性，都具有成就理想人格的根据。“一阐提者，不具信根，虽断善犹有佛性事。”② 认为即使是断了善根善行的人，也还存在成佛的深层根据，也能修持成佛。“一切众生，莫不是佛，亦皆泥洹。”③

竺道生基于对中国固有文化的深厚素养和对印度佛教文化的独到理解，提出“一阐提”人也有佛性，即一切众生都具有佛性的观点在中国佛教哲学史上具有重大的理论意义。它关系到人的本性是否同一，也关系到恶人能否转化成佛的问题。对此，竺道生都予以肯定的说明，强调人人都有同一的佛性，恶人同样可以成佛。这种观点不仅符合佛教的发展需要和根本利益，也符合世俗社会不同人群的心理需

① 《大正藏》第70卷，173页下。
② 《名僧传抄》附《名僧传说处》，《续藏经》第1辑第2编乙第7套第1册，15页。
③ 《妙法莲华经疏》，《续藏经》第1辑第2编乙第23套第4册，408页。

要和宗教愿望。正是竺道生的佛性论，极大地推动了外来的佛教在中国走上以心性论为重心的新途径，并在尔后的佛教心性论发展史上始终居于主导地位，一直成为影响最大的佛教主流的基本观点。

三、佛性的本有始有

自大本《大般涅槃经》流传以来，佛教界普遍认同“一切众生悉有佛性”的思想。此后，又出现了佛性本有、始有之争。本有是说众生本来就有佛性，始有是说众生经过修持当有佛性，也称“当果”，意谓因有当果。这一关于佛性形成的争论涉及了佛性的释名定义、先后时限以及由此产生的修持方法、途径步骤等一系列问题，被认为是非常重要的问题。争论持续数百年，迄至唐代仍无定说。玄奘西行印度求法的主要动机之一，也就是为了寻求这一疑难问题的答案。

佛性本有始有的对立，也和竺道生的《佛性当有论》直接相关。有的学者引申此论，立因有当果之说。此说主张由因推定将来有可能成佛的当果佛性。至于佛性是本有，还是始有，并没有直接论及。后人又据当果佛性说立佛性始有义，并把竺道生的主张归结为始有说。竺道生的《佛性当有论》已佚失，此处“当有”两字究竟作何解释也难以考辨。根据竺道生把佛性等同于善性、理、法、自然等范畴，认为佛性常存不灭，以及强调“一阐提”人虽断善根仍有佛性的思想来看，应当说，竺道生是佛性本有论者。再联系竺道生的思想体系来分析。“当有”似乎是针对那种认为一部分人不具有佛性的观点，而强调一切众生都当有佛性，都必能成佛，并非是就成就佛果的时间而言始有。

南北朝时期持本有说或始有说的佛教代表人物，史载不一。这里我们只着重论述两说的基本内涵和主要区别。本有说的重要立论有三：一是生死中本有真神之性，二是众生本有成佛之理，三是众生具有的本性。此三者都具有实体、本体的意义，其特征是天然的，非造作的，常住不断的。佛典常以贫女宝藏和雪山香药等比喻，说贫女家有黄金宝藏，雪山里有香药，只是是否被发掘或发现，来说明众生本来具有佛性。

始有说的重要立论是当果说，是从成就佛果的角度说佛性。具体地说，一是众生本来杂染不净，具有清净佛性是后来的事，此为始所具有。二是与上一点密切相关，认为众生毕竟还不是佛，还没有成就佛果，只是就未来必得佛果说有佛性，众生的佛性是始有的。持始有论者常以“卖骍值，不索驹值”（卖雌马不索将来可能下驹的价钱）和麻非是油等比喻来说明因不同于果，佛性是始有。可以这样说，本有始有两说对于佛性范畴内涵的界说上并无实质性的差别，所不同的是两者对于佛性的立论角度。本有论侧重从众生成佛的内因角度立论，强调众生悉具正因佛性。而始有论侧重从众生成佛的正果角度立论，强调众生只有达到成佛果位时才有佛性。本有始有两说的对立也和对众生本体、本性的看法不同有关。凡以净识为众生本体的多持本有说，凡以染净合识为本体的，则多持始有说。本有论与始有论的对立，不仅表现出对佛性与众生关系的不同看法，而且也引发出修持实践方式的重大差异。

佛性是本有还是始有，大乘经典历来说法不一，甚至同一部《涅槃经》的说法也颇多出入。南北朝时，有的佛教学者为了弥合两种说法的矛盾，变换分析角度，运用调和手段将两者统一起来。如成实论师就提出“本有于当”的说法，认为就众生必能成佛之理来说，佛性是本有，就成佛是在当来而非现在来说，佛性是始有。地论师内部因对阿赖耶识看法不同，对佛性的本有始有的看法也产生分歧。后来有的地论师学者则把佛性分为理性和行性两种。“理”，指妙理，本体。“行”，指修行，实践。认为理佛性是非造作的，是本有；行佛性是依靠修行而成的，是始有。以上都是佛性既本有又始有，亦本有亦始有的调和说法。

佛性本有始有之争，从哲学思维来考察，其实质主要是关于人性、人的本性、人的善性是先天具有还是后天才有等问题的分歧。这也是思想界长期争论不休的老大难问题。由于着眼的角度、对象的不同，一部人类文明史就这个问题进行了长时间的探讨，异说纷纭。佛教关于这个人性问题的争论，正是思想界在这个问题上争论的重要组成部分。

第二节　关于阿赖耶识[①]的歧解与争论

南北朝时代译出了大乘瑜伽行派的大量典籍，其中以真谛译的无著撰《摄大乘论》和世亲撰《论释》，对佛教义学影响最大。《摄大乘论》借助于解释古印度《大乘阿毗达磨经·摄大乘品》来阐发瑜伽行派的观点，宣扬阿赖耶识能变现万有，即一切万有都缘起于阿赖耶识的思想。又如菩提流支等译的《十地经论》，是世亲对《华严经·十地品》的注释。译出后的影响也甚为深广。该品主张"三界虚妄，但是一心作"[②]。"心"，指眼、耳、鼻、舌、身、意六识，而世亲把"心"解释为人们的根本意识——阿赖耶识，强调第八阿赖耶识是众生获得解脱的关键环节，应从阿赖耶识处而不是其他的识去求得解脱。阿赖耶识作为瑜伽行派的根本观念和基本范畴，受到中国学者尤其是地论师和摄论师的重视，并且对阿赖耶识究竟是清净的真识，还是染污的妄识，展开了争论。这一争论又与佛性问题的探讨密切联系在一起，成为佛教思想界辩论的重大问题。

一、阿赖耶识真妄辨

吉藏在评论地论师和摄论师的心识论时说：

> 又旧地论师以七识为虚妄，八识为真实。摄大乘师（即摄论师）以八识为妄，九识为真实。又云：八识有二义：一妄，二真。有解性义是真，有果报识是妄用。《起信论》生灭无生灭合作梨耶体。《楞伽经》亦有二文：一云梨耶是如来藏，二云如来藏非阿梨耶。[③]

意思是说，地论师以世亲的《十地经论》为主要根据，认为阿赖耶识是真常净识，如同佛性、如来藏。它是不为烦恼所染污的、常住不变

① 南北朝时译文多用"阿梨（黎）耶识"，为统一起见，除引文外，一律用"阿赖耶识"。

② 《大方广佛华严经·十地品》，《大正藏》第9卷，558页下。

③ 《中观论疏》卷7，《大正藏》第42卷，104页下。

的精神本体，而前七识则是虚妄的、生灭变化的。为了说明阿赖耶识产生前七识的问题，地论师又说阿赖耶识是一个真妄和合的心体。即清净、真实的阿赖耶识为染污、虚妄的无明、烦恼所覆盖。其中清净、真实的本性是产生前七识和万法的根据，而无明、烦恼只是辅助条件。后来地论师内部又出现两种观点，分裂成两派：一派主张阿赖耶识的真识本质部分（真如、法性）生起前七识和万法，史称南道地论师；一派主张真妄和合的阿赖耶识全体生起前七识和万法，史称北道地论师。摄论师的看法是，以阿赖耶识为妄，并在八识外另建立第九阿摩罗识为真，为如来藏。地论师以真如为事物现象的生因，阿赖耶识为众生成佛的根据。

摄论师则以第九识为一切事物现象的本原，以第八识为一切烦恼的根据。这是同样主张唯识学说的两派在阿赖耶识问题上的重要区别。

摄论师所立第九阿摩罗识，即无垢识或净识，也就是真如佛性。第九识是以阿赖耶识中纯净的识分出而立的。第九识是真如和能观真如的正智的结合。摄论师认为，众生若能不断发展阿赖耶识中纯净的识，对治阿赖耶识中的妄染识，就可证入阿摩罗识而成为佛，即转阿赖耶识之迷而回归觉悟的清净阶位。由此摄论师又说一切众生都有佛性，没有永不成佛的众生。

摄论师还受《起信论》和《楞伽经》的影响，把阿赖耶识视为真妄的统一体，主张真妄和合说。所谓真是指“解性义”，解性，指解脱的本性，是一种产生佛法、善性、佛果的因子。所谓妄是指“果报识”，果报识是指众生轮回的主体。摄论师认为，阿赖耶是由生死轮回和成就佛果的两种因素构成。这也就是说，阿赖耶识虽是妄识，但妄识中也有一份纯净的识存在。地论师肯定阿赖耶识的本质是真实的，虚妄的烦恼是后天的；摄论师认为阿赖耶识的本质是虚妄的，其纯净的识是由第九识（如来藏）的流变而残存下来的。这是两派的又一重要区别。但是，北道地论师也视真妄和合的阿赖耶识全体为万法生起的因，这和摄论师的主张颇为相近。到了唐初，北道派和摄论师也就合流了。

二、阿赖耶识与佛性

中国佛教学者由于对阿赖耶识的性质、作用持有不同的看法，因此也导致了对众生佛性看法的分歧，形成当常说和现常说的对立。“常”是佛性的异名，“当”是当果，未来果，“现”是现果，现世果。“当常”即说未来有佛性，“现常”即是现在就具有佛性。“当常”与“现常”的争辩，即佛性始有和本有的争辩，是地论师内部南北两道派别理论争辩的焦点。

当常说是北道地论师的主张。如上文所讲，此派认为阿赖耶识是前七识和万法的依持，是产生前七识和万法的本原。阿赖耶识是真妄的合识，它的本质虽和佛性、如来藏没有什么区别，但是并不具足成就佛果的各种功德，这种功德是后天修持才有的，众生的佛性是众生具足一切功德成佛之后才有的，是当果而现，后天始有。

南道地论师主张现常说，反对当常说。此派也认为阿赖耶识本性即真如本性，是前七识和万法的依持，也是产生前七识和万法的本原。但又认为，阿赖耶识本性即真如本性本来就具足成就佛果的一切功德，不是众生后天修持才有的。众生的佛性是与生俱有，现果而有，即先天而本有的。

由上也可见，阿赖耶识作为众生的根本识，究竟是净是染，它与一切现象是什么关系，和佛性又是什么关系，和烦恼又是什么关系，确是不易圆满说清的问题，在不同派别甚至同一派别内部发生看法的分歧是必然的。阿赖耶识观念的流行，也标志着中国佛教学者不只是直接从众生成佛的根据（佛性）去探讨成佛的问题，而且也从众生的根本意识去探究成佛的问题。这是两个有所区别的角度，它们是互补的。如果说前者侧重于阐述众生成佛的可能性的话，后者则是侧重于阐发众生成就为佛的关键——如何调整、改造或显示主体的深层意识。这确是一个大问题，阿赖耶识说在当时和后世，对中国佛教思想的影响是不小的。

第三节　真心本觉的提出与阐扬

真心本觉系由《大乘起信论》一书提出，该书题为印度马鸣菩萨造，真谛译。然对于该书的作者，历来有不同的说法。从内容来看，论中所谈的“如来藏缘起”等重要思想，和马鸣主空、无我的思想并不相类；《马鸣菩萨传》中也没有说他造《大乘起信论》的记载。又论中译语和真谛译的《摄大乘论》、《佛性论》等用语并不一致，译出的时间和地点，记载混乱。据此，隋代以来不断有人提出疑问，有的学者并论定为中国人所作，我们也倾向于赞同这一说法。

《大乘起信论》的出现和流传并不是偶然的。如前所述，南北朝时涅槃师宣扬佛性说，地论师主张如来藏说，摄论师提倡阿赖耶识（藏识）说，此外还有楞伽师根据《楞伽经》主张会通如来藏和藏识两说的对立。① 这些说法都充分表明，当时中国佛教学者对众生的心性、本性的染净、真实缺乏统一的看法，这无疑是关系到佛教统一义理和流传发展的大问题。《大乘起信论》就是要调和各派尤其是地论师和摄论师的矛盾，要解决如来藏和藏识的异同问题。它从禅观的角度总结有关的心性异说，阐扬一心生万法的“一心二门”说和众生成佛根源的真心本觉说，进而自成一套理论与实践相结合的心性论体系。全书涉及的内容相当广泛，下面只着重论述其真心本觉思想，至于一心二门说则留在宇宙论部分叙述。

《大乘起信论》作者一反千百年来的陈陈相因、渐次修持的慢工夫路子，径直从“佛者其义为觉”的“觉”字上深入，向心性层次用功，提出了真心本觉说。

《大乘起信论》宣扬阿梨（赖）耶识有觉与不觉两方面，“觉”是指“心性不生不灭”方面，与之对立的“不觉”是指“心生灭”方面。觉又分为本觉和始觉两种。“心性不生不灭”即人心本来的状态，心真如，如来藏心。心真如，或如来藏心是超越差别的绝对存在，原来并无本觉和始觉之分，但从生灭门来看，由于心受无知妄念的污染，而产生了各种差别现象，因此在阿赖耶识中又有本觉和始觉的区

① 《楞伽经》认为“阿梨耶识名如来藏”，又提出阿梨耶识有染有净两面，由净的方面立真实的无差别的本体界，由染的方面立虚妄分别的现象界。见《大正藏》第16卷，510～512页，599页中、下。

别。同时，心虽由于无知妄念而生起种种差别现象，但是心的觉体——远离世俗差别心念的清净体并无损坏，始终保持着本来觉悟、觉性，即本觉。本觉是阿赖耶识中如来藏心（真如心）的体性，即真心的自性，本觉实指真心本觉。真心本觉说是《大乘起信论》的根本思想之一。

“觉”，通常是觉察、觉悟的意思。《大乘起信论》所讲的本觉是指本来觉知的清净心体。此觉体远离妄念而作用朗然。文说：

> 所言觉义者，谓心体离念。离念相者，等虚空界，无所不遍，法界一相，即是如来平等法身；依此法身，说名本觉。①

意思是说，“觉”是一切众生的自性清净心体，远离妄念，同于虚空界而无所不遍，一切现象都等同一相，这也就是“如来平等法身”。“法身”以佛法为体，佛法是真如的“理”，理是智慧的结晶，这种智慧结晶也叫做“觉”。这是由法身说名为“本觉”。从这一界定来看，“觉”是智慧直觉，就是“离念”，也就是“无念”。“念”是“心动”，“离念”就是心不起动。本觉就是众生本来离念的、觉悟的本性、功能、境界，就是指成就佛果的智慧、心境。

《大乘起信论》从作用和体性，即随染和性净的角度，还把本觉分为两种：随染本觉和性净本觉。

随染本觉是依妄染的污秽而显示本觉的体相。这种相又有两种：智净相和不思议业相。智净相是本觉随染还净的相，具有破除妄染显现清净的功能，是一种能“显现法身”的纯净智慧。不思议业相，是显示本觉业用的相，能依智净相而作不可思议的“一切胜妙境界”。

性净本觉，即本觉的性德，指远离一切心念、杂染，本自清净，能显现无限作用，表现出众生一心的本体、相状和作用三者的无限广大。《大乘起信论》以镜喻觉，借用四面镜子来彰显性净本觉的四种

① 《大正藏》第32卷，576页中。

大义①：一是如实空镜。谓如空净的镜面，不映现任何外物；性净本觉的心体远离任何心念，也必定远离任何与心相应境界的事相，绝对清净无垢。二是因熏习镜。“因”，内因。“熏习”，指经验、势力熏附残留在人心识上的作用。这个比喻是说，犹如镜面不空，如实映现境界的事相；性净本觉的心体常住、真实，又具足远离烦恼的清净法（“无漏”），以之为“因”而可熏习众生，这种内作用，能使众生厌生死，乐涅槃。也就是说，本觉是众生成佛的内在驱动力。三是法出离境。谓如拂拭尘垢，而令镜面明净；性净本觉从妄念、烦恼的障碍中了脱而出，远离染净和合的事相，而清纯净明。四是缘熏习镜。是说如镜面已经拂拭干净，便可映照万象而为人受用；觉体已不受烦恼等障碍的覆蔽，清纯净明，可以照遍众生的心而随时示现，即成为劝导众生勤修善根，生起始觉之智的外缘熏力。

以上四镜中的前两镜是显示隐没在烦恼缠缚之中（“在缠”）的本觉，其自性始终清净无染。后二镜是显示从烦恼缠缚中解脱出来（“出缠”）的本觉，远离烦恼垢染而清纯净明，与前面所述随染本觉的智净相、不思议业相同义。四镜中的二、四镜，讲因熏和缘熏，是指回归本觉智体的内因和外缘，也就是说，本觉内在的净熏是因，能生起始觉，同时本觉也是生起始觉的外缘熏力。由此可见，本觉应是众生本有的、含摄一切世间境界的本原，也是众生由染转净，出离生死，解脱成佛的内因和外缘。

与本觉相对称的是始觉。所谓始觉，是指众生经过后天的修持，逐渐破除无始以来的妄念杂染，而觉知先天具有的心源，是一种开始返归清净体性的智慧。若能断尽妄染，始觉与本觉相合为一，便成就了“始本不二”的大觉，也就进入所谓成佛的境界了。

本觉与始觉合称为觉，与觉相对称的是不觉。如前所述，在本觉与始觉的关系中，实际上已逻辑地存在着不觉，因为有不觉才有始觉。为配合大乘菩萨修行的不同阶段，《大乘起信论》又把始觉分为多种，第一种就是不觉。不觉指的是“谓不如实知真如法一致，不觉

① 详见《大正藏》第32卷，576页下。

心起，而有其念”[1]。意思是不觉就是迷失了真如，从而不能知觉万法的本体，其表现是有“念”，即心存妄念。“念”就是“不觉”，就是“无明”，念、不觉、无明三者是同等意义的概念。不觉的表现有三：一是“心动”，心的起动，即有“念”，念即造业而产生痛苦；二是“能见”，即分别境界的功能；三是依能见而妄现“境界”。在此基础上又有多种粗劣的表现，以致众生轮回不已。不觉又分二种，迷失真如的无明（无知），是根本不觉。由根本不觉生起的虚妄执著，是枝末不觉。《大乘起信论》说，众生依枝末不觉而起造惑业，从而蒙受生死流转之苦。若能依靠本觉的内因与外缘的作用，消除无明，无念无相，即由不觉转为觉，从而获得解脱。众生之所以有这两种不同命运，涉及“真如”与“无明”互熏的理论，《大乘起信论》说：

> 真如净法，实无于染，但以无明而熏习故，则有净用。[2]

意思是，真如因受无明的熏习而有杂染的形相，这是众生生死流转的原因；无明受真如的熏习而有清净的功用，是众生出离生死的原因。众生超凡成圣，就是真如熏习无明，泯除不觉显现本觉的转化过程。

综上所述，《大乘起信论》真心本觉说的中心是阐述众生心性的本质（本觉）及其与众生成佛的关系。它强调人心作为万法的本原、本体，其本性为“本觉”。此心在众生未成佛时，为妄念烦恼所覆蔽不显，但其觉性并不受任何损害，妄念烦恼一旦消除，也就恢复了真心本觉的原来面貌，进入成佛境界。这里，《大乘起信论》提出了一种新的心论——真心本觉说，而且这种学说又建立在宇宙万法本原论、本体论的基础上，更是包含了多重的哲学意义。

真心本觉说的提出，标志着中国佛教思想的独创性与成熟性，并成为中印佛学在心性论上的根本分歧点。[3] 印度佛学多持心性本净说，并且侧重于从消除烦恼的嚣动来论心性本净，认为本净就是寂

---

① 《大正藏》第32卷，577页上。

② 同上书，578页上。

③ 吕澂先生首先提出并非常强调这一点，参见所作《试论中国佛学有关心性的基本思想》，见《吕澂佛学论著选集》（三），1413～1424页，济南，齐鲁书社，1991。

灭、寂净。性净说也可称为“性寂”说。《大乘起信论》用真心本觉解说心性本净，可称“性觉”说。性寂说偏于消除烦恼、痛苦，性觉说则重视开发智慧、觉知；性寂说注重日积月累的修持，性觉说则强调返归心性本原，性寂说为众生成佛提供了可能性、当然性，性觉说则为众生成佛论证了现实性、已然性，这都显示出对众生修持成佛的根源和途径的不同看法与主张。

《大乘起信论》是对隋唐佛教主流宗派影响较为广泛而深远的佛学著作，它的真心本觉说不仅与中国固有的“反求诸己”思想相一致，而且成为了天台宗、华严宗、禅等诸宗的理论基石之一，也为净土宗人所弘传，形成为唐代以来中国化佛教思想的核心理论，影响了中国佛学的演进。真心本觉说后来又获得不断的发展，如衍化为圆觉说、无情有性说、即心即佛说等，成为中国佛教哲学思想的重要内容。

第十二章

天台宗的性具善恶说

天台宗综合了南朝和北朝佛教的不同学风，提倡理论与实践并重。其学说的重心是实相论，着重探讨宇宙万物的如实相状、本来状态。此论认为一切现象就是实在的理体，一切现象当体就是实相，万物的不同形状就是显示万物自性的体相。天台宗自居于圆教，认为一切现象都本来圆满具足所有的性能，每一现象都具有对立的本性，彼此完全具足又互不混淆。天台宗所立的“圆融三谛”和“一念三千”说，就是具体说明实相涵义的（后详述）。

天台宗人在实相论的基础上，又进而探讨了如何认识实相，体证实相的问题，提出了一条新思路，认为万法与真理不分离，真理与心性不分离，万物与心性不分离，并把万法的法性、真理的中道、心性的佛性三者等同起来，进而强调佛性既是众生的本性，也是万法的本性，强调佛性与真理同样具足万法，强调心（佛性）即理（真理），心（佛法）即法（万法），论述了心性的内涵、性质与范围等一系列问题，形成了“三法无差”、“三因佛性”、“性具善恶”、“佛性中道”和“无情有性”等学说。这些学说有一个共同特点：都重视佛教实践主体的自觉体悟，重视主体心性的现证。在创立和发展天台宗心性论的学术活动中，慧思、智𫖮、灌顶、湛然、智圆和知礼等天台学者都作出了突出的贡献，其中尤以该宗实际创始人智𫖮的贡献最大。智𫖮所首创的性具善恶论和佛性中道论也是该宗心性论学说中最具匠心的内容。佛性中道亦作“中道佛性”，内容涉及教化论、修证论、存有论、真理论和境界论等，尤富有真理论的特征，为减少重复，我们将在“中国佛教的真理观”一章中结合“三谛圆融”说加以论述。

第一节　三法无差

“三法”，指的是心法、众生法和佛法。“三法无差”是说心、众生和佛的关系问题，认为三者的体性都具足宇宙万有，且互摄互融，并无根本的差异。也就是说，每一法都融通其他二法，彼此没有本质差别。

一、心无差

是指一念的心体能融通各种因果关系，容摄一切事物，具足宇宙一切生命界——“十界”，即佛、菩萨、缘觉、声闻、天上、人间、修罗、畜生、饿鬼、地狱。同时，一念心体也具足一切事物的本来相状——“十如是”，即相、性、体、力、作、因、缘、果、报、本末究竟等。心的这种体性和佛、众生二者的体性无有差别，是为心无差。天台宗人强调心具足一切事物，还用“三道”与“三轨”相融通的理论来论证。智𫖮说：“夫有心者，皆有三道性相，即是三轨性相。”① “三道”，谓众生生死流转的因果，具体指的是：苦道，即以惑和业为因，招感六道轮回的果；惑道，也称烦恼道，指迷惑恼乱事理的妄心；业道，由妄心所发的身、口、意三业。“三轨”，指三种轨范。即智𫖮在解释《妙法莲华经》经题的“妙”字时，提出十妙说，其中的三法妙即为三轨：真性轨，即真实不变的理性，也就是真如实相（“谛”）；观照轨，即破除迷妄显现真理的智慧作用（“智”）；资成轨，助成观照作用的行持（“行”）。三道和三轨相即，彼此相通，圆妙自在。如，真性轨即是苦道，是说众生心因迷于苦道，也就迷于法身；若出离苦道，也就不得有法身了。观照轨即惑道，是说众生心因

① 《妙法莲华经玄义》卷5下，《大正藏》第33卷，744页上。

迷于明（般若）而生无明（无知）；若已了解无明即明，也就不得有明了。资成轨即业道，是说众生心有恶才有善（解脱），离开恶也就无所谓善。总之，三道即三轨，是说众生的生死流转与佛教的修持规范相即不离，融通无碍。智颢强调，三道即三轨这一妙旨为十界中的每一界所具足，而十界又悉具于众生心的一念之中。也就是说，包括佛和众生在内的十界同在一心之中，一心可知十界，因此心与佛、众生是没有根本差别的。

二、众生无差

这是说，与佛相对的众生各具足十界、十如是，众生的这种情况和诸佛的所悟，本心的所具，在体性方面无有差别。智颢就众生法中的心法说："明一法摄一切法，谓心是三界无别法，唯是一心作。"①"一法"即一心。这是说一心摄一切法。此处所言的一心，乃就众生心的意识形态而言。一心摄一切法，就是众生的意识融摄了一切法（十界、十如是）。而众生法就是一心，除此一心外别无他法。所以众生法就是心法。关于众生法中的佛法，智颢说："如经为令众生开示悟入佛（觉）之知见。若众生无佛知见，何所论开？当知佛之知见蕴在众生也。"②"佛之知见"，即佛的智能、觉性、佛性，意思是，众生经过开示而能悟入"佛之知见"，表明了众生法中藏有"佛之知见"。由此也可说，众生法就是佛法。

三、佛无差

佛了悟十界、十如是而成就正觉，也就是既觉悟了自心的本性，又融通了众生的迷妄。迷和悟虽然不同，而真体并无差别。智颢说："广明佛法者，佛岂有别法？只百界千如是佛境界，唯佛与佛究竟斯理。"③"百界千如"，指佛等十界又各各相具，为"百界"。百界的每一界又各具十种事理（"十如是"），共有"千如"，即宇宙整体，是为佛的境界。智颢认为，众生的一念心体，若由迷转悟，在悟的境界就

---

① 《妙法莲华经玄义》卷2上，《大正藏》第33卷，693页中。

② 同上书，693页上。

③ 同上书，696页上。

同样具足了百界千如。因此，佛与众生、心的体性实无差别。

天台宗的“三法无差”说，阐扬了心、众生和佛的平等性、统一性原理——三者各各具足十界十如是、百界千如是，也就是说，对宇宙生命、宇宙万物体相的觉悟内容都是相同的。“三法无差”说又强调了迷悟的相对性原理，认为迷悟二者是相对而言，一体两面，彼此融通的。“三法无差”说还突出心、众生、佛三类主体的证悟作用，其中的心法作用尤为重要，也可以说，心法是沟通、融摄众生与佛的基础。可知天台宗人对心的主体作用的重视是异常突出的。

第二节　三因佛性

智𫖮根据北本《大般涅槃经》卷28的三因佛性思想，大力阐扬成佛有三个种因，佛性所具的因有三种：正因、了因、缘因；强调一切众生无不具此三因佛性。[①] “正”，中正，离于边邪之理。智𫖮就众生本具宇宙万有之正理而建立正因佛性。“了”，照了。此就观悟佛理所得智慧，智与理相应，立了因佛性。“缘”，缘助。就能生起智慧的一切善行，资助了因，开发正因之性，立缘因佛性。三因佛性可作这样一个比喻来说明，正因是埋在地下不会被破坏的金矿，了因是知道地下有金矿，缘因是将金矿开采出来。三因佛性各有区别，其中正因是先天本有的，称为“性”。了因和缘因作为智慧与善行是后天修行而得的，称为“修”。性与修的关系是，“由修照性，由性发修。存性则全修成性，起修则全性成修。”因此“修性不二”[②]，统称佛性，又，了因和缘因各自包含两种成分，一种是先天而有的“种子”，称为“性德”，一种是后天的修行，称为“修德”。所以了、缘二因佛性也都含有先天本具的因素。这也就是说，一切众生都具有三因佛性。天台宗人还说三种性德在“因”位时是一种“不纵不横”的交互关

---

① 详见《金光明经玄义》卷上，《大正藏》第39卷，4页上；《摩诃止观》卷9下，《大正藏》第46卷，126页下。

② 《十不二门》，《大正藏》第46卷，703页中。

系，在“果”位时，则分别为法身、解脱、般若，合称为“涅槃三德”。

天台宗人说，实相的理是无自性的，所以，正因佛性是不染不净、非善非恶的。而了、缘二因佛性则有染净，具善恶。《观音玄义》卷上载：“问：缘、了既有性德善，亦有性德恶否？答：具。”① 可见了、缘二因是有恶性的，而了、缘二因与正因又不是孤立存在的，怀则说：

> 若尔九界三因，性染了因，性恶缘因，染恶不二是恶正因，岂唯局修；佛界三因，性善缘因，性净了因，善净不二即善正因。②

这是说，了、缘二因不二，就是正因，染恶不二是恶正因，善净不二是善正因。“言缘必具了、正，言了必具正、缘，言正必具缘、了。一必具三，三即是一，毋得守语害圆，诬罔圣意。”③ 三因互相交渗，互相具有，即三因同具染净、善恶。在这里，天台宗人也以三因互具来论证性具善恶，论证一切众生同具三因佛性。

第三节　相对种与同类种

智𫖮还把佛性（佛种）分为两类：相对的和同类的，他说：

> 种者，三道是三德种。净名云：“一切烦恼之俦为如来种”，此明由烦恼道即有般若也。又云：“五无间皆生解脱相”，此由不善即有善法解脱也。“一切众生即涅槃相，不可覆灭”，此即生死为法身也。此就相对论种，若就类论种，一切低头举手悉是解脱种，一切世智三乘解心即般若种，夫有心者皆当作佛，即法身种。④

① 《大正藏》第34卷，882页下。
②③ 《天台传佛心印记》，《大正藏》第46卷，934页中。
④ 《妙法莲华经文句》卷7上，《大正藏》第34卷，94页中、下。

“种”，因，成佛的因，也称“佛种”或“佛性”。“三道”，如前所述，指苦道、惑道、业道。“三德”，指法身、般若、解脱。“五无间”，最苦的阿鼻地狱。意思是说，佛性有两类，一类是相对种，对立的因，相即转化为佛果，如一切烦恼（惑道）即般若，一切苦即解脱，一切众生即涅槃（或法身）。一类是同类种，指成就佛果的佛种。如低头举手的日常动作是种下解脱的因，世间智慧因与般若智慧相应不离，是般若的因，众生有心开显觉性是成就法身的因。智𫖮所说的同类因是指众生善性开发显现，种种善因终将得到善果的报应，也就是说这种佛性与佛果是同类的。最值得注意的是，智𫖮在这段话中，明确提出了“相对种”的概念。把苦、惑、业三道确定为佛种即成佛的原因。在智𫖮看来，一切烦恼虽会使众生趋于向下轮回，但也可使众生向上超升。烦恼是轮回或超升的契机，若能当下排除，即显般若之光。对于五无间苦，若能了悟它的空性，当下即获得解脱。众生处于生灭相中，若能从中体悟不生不灭，是为生死即是涅槃。相对种大体上是指恶性，而恶不离善，善不离恶，恶可转化为善；没有恶，没有恶的转化，就没有善。从这个意义上说，善恶是相即的。这是以相对种为成佛的必要条件，在善恶两极的开展中实现转化、统一。

后来，宋代知礼进一步把相对种改称为“敌对种”，他这样说：

> 夫言种者，凡有二义：一敌对论种，如三道是三德种：二类例论种，如缘、了是智断种，性德法身为修德法身种，此二皆取能生之义也。若以二空为种即类例义，若以二执为种即敌对义。①

观人、法二空为“缘、了种”，“二执”指人执、法执。知礼认为，作为三德种的三道是敌对种。敌对种与同类种的区别在于，一者是以二执为种，一者是以二空为种。知礼批评那种“偏指清净真如为佛性”的观点，是“只知类种，全不识敌对种”②。在知礼看来，这不仅是

① 《观音玄义记》卷1，《大正藏》第34卷，898页中。
② 《四明十义书》卷上，《大正藏》第46卷，835页中。

片面的，而且也不可能真正了解烦恼即菩提、生死即涅槃的涵义。天台宗人强调除了由善因生善果之外，还应从染法恶性角度论佛性，阐发了恶与善、染与净、因与果相对（敌对）相即，相互转化，相反相成的原理，这就突破了以往只从净法善性角度论佛性的传统模式，具有重要的辩证思维意义，并且也使本宗的性具善恶说增添了现实性的品格。

第四节　性具善恶

性具善恶论是天台宗心性学说的主要内容。性，指法性，或称真性、自性，本性、理性、体性；具，指具有，具足。性具，就是一切事物既非自生也非他生，而是自性具足，自然存在的；一切事物又非孤立存在，而是互相联系作为一个整体存在的。性具也就是一切事物的真实相状，“性具实相”是性具的根本内容。宇宙整体容摄、包含存在于各种有情（四圣、六凡）的一念心中，即前已提及的所谓“一念三千”说，也就是此宗的中心理论“性具实相”说。性具实相说的重心是强调本觉之真性具足佛界的善法和菩萨界以下九界的恶法，即总具十界的三千善恶诸法。由此，六凡道中具四圣道，四圣道中具六凡道，众生界摄佛界，佛界摄众生界。也就是说，四圣六凡都具迷悟之法，善恶之性。① 性善、性恶是天然德性，永不丧失，这称为“性具善恶”。“性具善恶”是“性具实相”的重要方面，或者说是性具说的一个重要内容，是天台宗心性论的主要内容。下面简要论述性具善恶说的涵义以及与其密切相关的贪欲即道、理毒性毒等问题。

一、善性恶性本具不断

在天台宗思想史上，《大乘止观法门》② 卷1首先标明性具善恶

---

① 佛教认为众生的思想行为有善、恶和无记三种性质，此三性是就价值意义上讲的，善是正面价值，恶是负面价值，无记是中性，即非正负价值。所谓善的正面价值是指依佛法修持，以有利于解脱，所谓恶的负面价值则是指违背佛法，不利于解脱，这都是从宗教意义上判别的。同时，佛教的修持实践也涉及人与人的关系，以及人与自然的关系，佛教以破坏人伦秩序和人与自然的和谐为恶，反之，则为善，这里的善恶具有道德意义。

② 此书题为慧思作，然有人存疑，今姑且从前说。

之说，文说："一一众生，一一诸佛，悉具染净二性。法界法尔，未曾不有。"① 染净即是善恶。意思是，从众生到诸佛都有善恶二性。智顗在《观音玄义》卷上也说："性之善恶但是善恶之法门，性不可改，历三世无谁能毁，复不可断坏。"② 强调善恶具有经过去、现在和未来三世也不能断尽和改变的原有性质。智顗还把性具善恶的关系解说为由恶而有善，善在恶中；强调善恶是相对的，如果了达性恶，真正认清性恶，恶也就成了善。他说："凡夫心一念，即具十界，悉有恶业性相，只恶性相即善性相，由恶有善，离恶无善，翻于诸恶，即善资成。"③ "凡夫心一念"，指"无明"，无明相当于"恶"。因为无明是迷于"明"而起的，如果了达无明，即成为明。凡夫心一念即具十界，悉有恶性，由恶而有善，翻恶即善，善成破恶，恶全是善。智顗又把善恶各分为两种：性善和修善，性恶和修恶。性善和性恶是指众生本来具有的性德。修善（应修善行）和修恶（如生死、烦恼、妄染等）是指后天行为所生的善恶。性善性恶分别是修善修恶的理体，是不可改变、不可断坏的。修中善恶是由性中善恶而生起，是可改变、可断坏的。智顗说：

> 阐提既不达性善，以不达故，还为善所染，修善得起，广治诸恶。佛虽不断性恶，而能达于恶，以达恶故，于恶自在，故不为恶所染，修恶不得起，故佛永无复恶。④

他认为阐提不断善性也不通达性善，而为恶所染，但阐提也可受善的影响而修善治恶。佛与阐提的差异在于达或染。佛虽不断性恶，但能通达性恶，故佛对恶已能自在，不会受恶的影响而生恶（无修恶），佛永远不会恢复恶。这也就是说，阐提也不断性善，只是缺乏修善；诸佛也不断性恶，但已断尽修恶。或者说，由于佛有如此的自在，以致反而能用恶法门来教化拯救人类，又因为使用恶法门也很自在，所

① 《大正藏》46卷，646页下。

② 《大正藏》34卷，882页下。

③ 《妙法莲华经玄义》卷5下，《大正藏》第33卷，743页下。

④ 《观音玄义》卷上，《大正藏》第34卷，882页下。

以也不会染恶。由此又可说，佛与阐提的差异在达或染，佛虽不断性恶，而能通达于性恶，不为恶所染；阐提染且不通达，因不达性恶，也就不断性善。

明代天台学者传灯著《性恶善论》6卷，对善恶作了新的解释，他说：

> 盖台宗之言性也，则善恶具；言修也，而后善恶分。乃以本具佛界为性善，本具九界为性恶；修成佛界为修善，修成九界为修恶。①

这是以体用言性修，性善性恶是真如不变之体，修善修恶则是随缘差别之用。“九界”，指佛以外的菩萨等九界。传灯以具十界中的佛界或其他九界为标志来区分善恶，从而把菩萨、声闻、缘觉“三圣”界笼统地归于恶，带有归入凡界的倾向，又把人与畜生、饿鬼、地狱同列为性恶，带有贬低人的地位的倾向。传灯认为，十界中佛界是全性善以起修善，九界是全性恶以起修恶。如果众生能观修恶即性恶，则九界冥伏，佛界现起，从而也就摄得性善。

二、“性具之功，功在性恶”

天台宗性具善恶论的重点是性恶论。天台宗六祖湛然（711—782）认为“性恶若断，普现色身从何而立?”② 若果断绝性恶，就难以说明各种色身的存在，从而也难以说明一念三千的道理。性恶说被视为一念三千理论的支柱。湛然还特别强调性恶与实恶的区别，认为以通达恶为善也必须离恶。宋代知礼进一步阐扬性恶说，并强调性恶说是天台宗义的特点。他说：“只一具字，弥显今宗。以性具善，诸师亦知。具恶缘、了，他皆莫测。……若知善恶皆是性具，性无不融，则十界百界，一千三千，故得意者，以此所谈，望《止观》文，不多不少。”③ 此说更明显地把性具善恶、恶性说和一念三千说连结起来论述天台宗的基本思想。后来，元代怀则在《天台传佛心印记》

① 《性善恶论》卷1，《续藏经》第1辑第2编第6套第5册，420页。
② 《止观义例》卷上，《大正藏》第46卷，450页下。
③ 《观音玄义记》卷2，《大正藏》第34卷，905页上。

中又总结性地说：

> 诸宗既不知性具恶法，若论九界，唯云性起，纵有说云，圆家以性具为宗者，只知性具善也。不知性具恶故，虽云烦恼即菩提，生死即涅槃，鼠唧鸟空，有言无旨，必须翻九界修恶，证佛界性善，以至直指人心，见性成佛，即心是佛果，乃指真心成佛，非指妄心。①

显然这是在批评华严和禅等宗派不知性也是恶，不了解性恶即佛性异名，不懂妄心也作佛，以为必须翻九界修恶，证佛界性善，才能成佛。怀则认为这都不是圆满的说法。他强调性不只具善，而且也具恶，成佛非仅指真心，妄心也能成佛。怀则又说："今家性具之功，功在性恶。"② 意思是，天台宗性具说的理论贡献就在于提出了性恶说，肯定性恶是一切众生和诸佛的本性，而了达性恶，恶即成善，就能不为恶所染。这一性恶说是天台宗心性学说的主要特征，是区别于其他佛教宗派思想的重要标志。

三、贪欲即是道

天台宗人基于所立的性恶法门，以恶为众生本来具有的性德，进而鼓吹"贪欲即是道"的思想。贪欲，也作贪毒，指主体由于对所爱好的事物产生喜乐的念头，而生起爱著之心和占有欲望。贪欲与无明同被佛教视为导致生死轮回之苦的根本烦恼。天台宗人认为贪欲虽恶，但众生内心也同时具有善性，具有佛道，这样众生又可以就贪欲而反观佛道。智顗在《摩诃止观》卷10下说：

> 行恶者，执大乘中贪欲即是道，三毒③中具一切佛法，如此实语，本灭烦恼，而僻取著，还生结业。④

意思是说，贪欲就是佛道，三毒中就具足了佛法，行恶者不能离开贪欲另求佛道，也不能离开三毒另求佛法，而是要从贪欲中去求佛道

---

① 《大正藏》第46卷，935页下。
② 同上书，934页上。
③ 三毒，指贪欲、瞋恚、愚痴三种烦恼。
④ 《大正藏》第46卷，136页中。

（泯灭贪欲），从三毒中去求佛法（消除烦恼），这样就能获得解脱，成就佛果。这也就是“即修恶达性恶”的重要理论，即要在恶中修观，了达恶的本质，使其破坏，以成就佛道；如果在恶中不修观，就只能增长非道，妨碍乃至不得解脱。

天台宗学者根据空、假、中三谛圆融的理论来观察一切事物，把事物的对立两极归结为实相相即平等（无差别）。由此进而说贪欲即道，恶法即佛种，三毒即佛法，烦恼即菩提，生死即涅槃。因为运用即空即假即中的三观，了达一念修恶之心即是“三千”妙境，那就情消理显，而修恶也就不属所破而属所显了。如此既了达性恶，也可说无修恶可论了。他们还认为，这种说法也是便于教化众生的需要，是为了开导愚钝薄福的众生，帮助他们树立信心，令他们能在恶中修道。对不宜于在恶中修道的聪颖厚福的众生，则说诸善为道，提倡善中修道。并不是不分善恶，混淆善恶。

贪欲即道，烦恼即菩提等命题，在佛经和其他一些宗派论著中已早有论述，天台宗人阐述此类命题又有什么特殊之处呢？让我们来看看怀则的评述：

> 故知诸师言“即”，指真即真，非指妄即真，是则合云菩提即菩提，涅槃即涅槃也。……又复不了性恶即佛性异名，烦恼心，生死色，皆无佛性。烦恼心无佛性，故相宗谓定性二乘①，极恶阐提不成佛。生死色无佛性故，彼性宗谓墙壁瓦砾不成佛，须破九界烦恼生死修恶，显佛界性善佛性故。但知果地通融，不了因心本具。若尔非但无情无性，有情亦无。何者？须约真如心，说唯心则成遮那有佛性真常色，说唯色则成寂光有佛性，何关有情烦恼心无情生死色耶？②

怀则在此着重强调了是否承认恶性说，是天台宗与其他宗派的根本区别，由此进而导出在阐述贪欲即道等命题上的理论分野：其他宗派所

① 这是指法相宗的主张：声闻定性，缘觉定性，即成声闻、缘觉的众生，能入涅槃，但因没有佛种，不能成佛。

② 《天台传佛心印记》，《大正藏》第46卷，935页下～936页上。

讲的烦恼即菩提，生死即涅槃是在性善论基础上立论的，实质上是指真即真，菩提即菩提，涅槃即涅槃；天台宗讲烦恼即菩提，生死即涅槃，是基于认为性恶即佛性，是指妄即真。两者立论的理论基础——心性论学说是不同的。

四、理毒性毒之争

北宋以来，天台宗内部发生了变化，一部分学者受到华严宗和唯识宗等学说的影响，逐渐从“性具”说中分离出来，被称为山外派，代表人物为晤恩、源清、智圆、庆昭。持天台宗正统立场的，自称为山家派，代表人物是知礼、遵式。两派争论的问题很多，其中的一个问题是关于真如理性（众生的本性）与恶性的关系——理毒与性毒之争。

理毒又作理性毒害。理，理体、真如。性，本性。毒，毒害，相当于恶。山家山外两派就智𫖮在《请观音经疏》中所说的理毒是否是“性毒”（性恶）问题发生争论。智𫖮在书中就陀罗尼①具有能持能遮的作用说：“用即为三：一事、二行、三理。事者，虎狼刀剑等也；行者，五住烦恼②也；理者，法界无阂（碍），无染而染，即理性之毒也。”③ 文中的法界即一心，众生与佛互融，故无碍。自性清净心不为烦恼所染，而又生起种种现象，是无染而染（迷）。对智𫖮的这一段话，智圆（976—1022）在《请观音经疏义钞》卷7之1中解释说，遇到虎狼狮子，面对毒药刀剑，临当刑戮，称名诵咒而获得解脱，是事的消伏。于一心中圆修空、假、中三谛，而破五住烦恼，是行的消伏。今观一切事物唯心所现，染体悉净，是神咒治理性之毒。④ 智圆认为，真如以无明为缘而生起一切现象，现象是无染而染，全理性成毒，称为“理性之毒”。换句话说，理性自体是无染，

① 陀罗尼，梵语音译，指能总摄忆持无量佛法，而不忘失的念慧力，也即记忆术。佛教称陀罗尼能摄持各种善法，遮掩各种恶法。

② 五住烦恼，又称五住地烦恼、五住地惑。指见、思（分欲界的、色界的和无色界的三种思）和无明五者是使众生执著于三界九地的生死的惑（烦恼），故称住地。

③ 《大正藏》第39卷，968页上。

④ 详见《大正藏》第39卷，978页上。

因无明之迷，生起一切现象而成毒（恶）。理毒并不是真如性德本来具有的，故理毒可灭；性毒即性恶，性恶法门不能破，性恶无法灭除，故理毒非性恶。

知礼作《对〈阐义钞〉辨三用》，对智圆的上述说法详加诘难。①其基本思想是，认为智圆的观点是别教②的说法，不是圆教的观点。知礼说，圆教是强调理毒即性毒，智圆那种以为所迷的真如理性不具有"三障"（烦恼、业、果报）的污染，而是因无明之迷而另有三障，是别教的说法，由此圆融相即的"即"字的意义也就不能成立了。而圆教不同，它认为所迷的真如理性原来本具三障染污，所以现出三障，复还原本而成就"三德"（法身、般若、解脱）时，染毒仍在，三障与三德互具互融，这样才合乎圆融相即的"即"字的意义。

将上述内容综合起来看，性具善恶说既非性善论，又非性恶论，而是近似于善恶二元论，但又不是二元的对立，而是二元圆融的人性论。其特色是，大胆地阐发了性恶说，从而自觉地确立了使善恶乃至一切矛盾同一展开的理路。也就是说，众生既有善性，又有恶性，有肯定方面，也有否定方面，众生要通过内在矛盾的同一展开，即内在转化工作的展开，了达性恶，恶转而成善，以实现自己的理想境界。这样，天台宗就为人们提供了一条崭新而广阔的宗教实践之路。

第五节　无情有性

天台宗创始人智顗认为，佛与众生相即，佛与众生的本性同其恶。湛然则进一步阐发佛性与世间法相即的义理，泯除佛性与法性的

① 详见《四明尊者教行录》卷2，《大正藏》第46卷，873～874页。

② 天台宗立化法四教——藏、通、别、圆。藏教指小乘教，是以生灭的观点来看苦、乐、灭、道四谛，主张灰身灭智为出世理想。通教主要是指般若思想，以空为真理，主张对现实的生死烦恼，当下体悟其本性是空，而不染著。别教是指如来藏系统的经典言教，只为菩萨说法，在空、假二谛之外别立中谛，三谛不圆融相即。圆教的教义是圆满究竟，空、假、中三谛圆融相即。它教人就当前意识的一念中，显现佛性，显现真理。

区隔，并第一个系统地论证了“无情有性”说。“无情”，指动物以外无情识的东西，如草木瓦石、山河大地等。“性”，佛性。湛然主张无情识的草木瓦石、山河大地都具有佛性，也都有成佛的可能。

湛然无情有性说是针对华严宗的无情无性说而发的。华严宗人只承认有情才有佛性，无情则无佛性，为此湛然撰写了《金刚錍》等文批判华严宗的学说。金刚錍本是印度医生做眼膜手术所使用的一种锋利的手术刀，湛然以此为喻来讥讽华严宗人，说他们为无明所蒙蔽，两眼昏昧不清，需用金刚錍来刮治。

湛然是怎样论证无情有性说的呢？他依据色（色法，物质现象）心（心法，心识）不二（无分别，超越分别）的道理，提出众生成佛时，依正二报①也同时成佛的观点，并从本体论的角度把佛性与法性、真如、中道统一起来，以论证佛性周遍于宇宙一切事物，不会因有情无情的区别而有所间隔，主张一草一木、一瓦一石皆有佛性。

湛然吸取《大乘起信论》的真如缘起说和色心不二说②的思维成果，在其重要著作《十不二门》的第一门中，论证了“色心不二”的思想。文云：“色心不二门者，且十如境，乃至无谛，一一皆可总别二意。总在一念，别分色心。……既知别已，摄别入总。一切诸法无非心性。一性无性，三千宛然。”③“十如”，即“十如是”，此指“十如是”中的相、报是色，性、因、果是心，其他兼为色心。“一性”，心性。“三千”，宇宙万法。意思是说，般若智慧所观照的境，总的来说是一念，分别来说则是色法和心法。色法和心法即一切诸法都是一念，都是心性。色法、心法各自具足三千法，所以二者不二。这是从色法与心法都是“一念”和各具“三千”来论证色心不二。《金刚錍》也说：“若不立唯心，一切大教全为无用。若不许心具圆顿之理，乃

---

① “依报”是指众生生命存在所依的环境，“正报”是指由宿业所召感而得的众生生命存在。

② 《大乘起信论》以佛三身来说色心不二，谓法身是色体，是“心”，应身、报身是色相，是“色”，三身是统一的，色心是不二的。详见《大正藏》第32卷，579页下。

③ 《大正藏》第46卷，703页上。

成徒施，信唯心具复疑有无，则疑己心之有无也。故知一尘一心即一切生佛之心性，何独自心之有无耶?”① 这是从心具一切的立场强调一切唯心，“一尘”同“一心”一样，也是“生佛之心性”。这是说草木瓦石也具佛性，也能成佛。

湛然在《金刚錍》中还进一步从依正二报同时成佛的角度，论证无情有性说。文云：“我心，彼彼众生，一一刹那，无不与彼遮那果德身心依正，自他互融，互入齐等。我及众生皆有此性，故名佛性。其性遍造、遍变、遍摄，世人不了大教之体，唯云无情，不云有性，是故须云无情有性。”② “遮那”，毗卢遮那佛的略称。毗卢遮那原义是太阳，象征佛的智慧广大无边。天台宗人视之为佛的法身。“遮那果德”，毗卢遮那佛所具足的绝对的崇高德性。这段话的意思是说，毗卢遮那佛的法身与报身、报土是不二的，众生成佛时，依正二报，即众生生命与其所居的山河国土以至整个环境世界，也都同时成佛。据此推导，众生一人成佛，连带草木瓦石、山河大地也都成佛。由此又进一步说明了，无情也是有性的。

以上色心不二说的论证要点有二：一是宇宙万法分为色法与心法二类，但色法摄入一心之中；二是任何色法，即使是一微尘也同一心一样，圆满具足宇宙万法。再是提出众生成佛时，依正二报同时成佛的理论。这都是湛然无情有性说的重要论证。可是，对于无情有性说的立论来说，要有说服力地论证一尘也圆满具足宇宙的一切，具有佛性，并非易事。为此湛然还从本体论的角度将宇宙万有的本性即法性与众生的心性等同起来，以宇宙万物同具真如之体来论证草木瓦石也具佛性。华严宗认为，草木瓦石等无情识之物虽具有“正因佛性”——一切事物从本以来所具足的真如之理，但这种佛性应称为法性，而不是智慧性，不是作为成佛可能的佛性。湛然则认为：“法性本清净，如空无有相。……一切法无相，是则真佛体。……故真如随缘即佛性随缘，佛之一字即法佛也。故法佛与真如体一名异。故《佛

① 《大正藏》第46卷，782页下。

② 同上书，784页下。

性论》第一云：‘佛性者，即人法二空所显真如。’当知真如即佛性异名。”① 法性的异名是真如，而真如的异名是佛性，所以法性也就是佛性，法佛（法身）也就是佛。湛然指出，华严宗人“真如在无情中但名法性，在有情内方名佛性”的说法，是“迷名而不知义”②。针对“无情无佛性”说湛然还反驳道：“故子应知：万法是真如，由不变故；真如是万法，由随缘故。子信无情无佛性者，岂非万法无真如耶？故万法之称，宁隔于纤尘；真如之体，何专于彼我？”③ 这是通过解释《大乘起信论》的真如随缘不变说，强调真如的不变与随缘是一致的，这样不变的真如与真如随缘而起的万法也是相即的，宇宙间哪怕是一粒微尘也是真如的体现，怎么能说真如只是我有情动物所专有的呢？湛然以真如的本质存在、普遍存在来论证“无情”之物与佛性的本体是共同的，进而论证无情有性说。

天台宗人还批评华严宗人仅以正因为佛性，是不懂得正、缘、了三因互具的道理。天台宗以空、假、中三谛，喻正、缘、了三因，认为既然一切假名设施（一切事物）都是缘因，而缘因是佛性，那么草木瓦石自然也是有佛性的。

法身是体证真如、成就佛法的精神体。与真如遍在性的论证相应，湛然还以法身的遍在性来论证无情有性说。他说：

> 一者约身，言佛性者应具三身，不可独云有应身性。若具三身，法身许遍，何隔无情？二者从体，三身相即，无暂离时。既许法身遍一切处，报应未尝离于法身，况法身处二身常在，故知三身遍于诸法，何独法身？法身若遍，尚具三身，何独法身？④

这是说，佛法具有法身性、应身性和报身性。既然法身遍于一切，为什么说无情无佛性呢？再是法、应、报三身相即不离，法身既然

① 《大正藏》第46卷，783页上、中。

② 同上书，783页上。

③ 同上书，782页下。

④ 《止观辅行传弘决》卷1之2，《大正藏》第46卷，151页下、152页上。

遍于一切，那么，应身、报身也同样遍于一切，无情也应具有佛性。

天台宗智𫖮视真理与心是一，而佛性既为中道之理，又为心，是中道之理与心的合一。湛然也把中道与佛性等同起来，以论证无情有性说。“中道”通常是指远离两个事物的对立状态，远离断常二见，远离有无两边，而合乎不偏不倚的本来真实之境。智𫖮说过这样的话：“系缘法界，一念法界，一色一香，无非中道。”① “一色一香”是指一草一花，泛指世界上任何一个平凡的事物。这句话是说，世界上任何一个微小的事物都具有中道实相之理，含有中道实相之体。这是以空、假、中三观去观照一切事物以后所显现的悟境，是天台宗人追求的境界。湛然对智𫖮的话作了新的解释，认为所谓中道是指离开断见（一切事物是断灭的）和常见（一切事物是恒常的）而言。而别教、圆教所说的佛性就是这种中道。一色一香虽是“无情”，但无情也是离开断见常见两边的，也是中道，而中道即佛性，所以一色一香，即无情之物，也有佛性。②

湛然的无情有性说采取了本体论的论证。他强调真如本体的普遍性、绝对性和永恒性，把真如与佛性等同起来，佛性同样被当作无所不在的世界本原，因而也为草木瓦石所具有。山河大地、微尘细沙都有佛性，都有灵性、觉性，都能成佛。这也就从真如本体论流向了自然神论或泛神论。

无情有性说虽非湛然的独家说法，但经过湛然的系统阐发却获得了广泛的流传，显示了佛性说的进一步开展。在中国佛教史上，竺道生首次提出的“一阐提”即断了善根的众生也有佛性说，可看作是佛性说的第一次开展。湛然的无情有性说突破了唯有众生才有佛性的传统说法，最大限度地扩大了佛性的存在和成佛的范围，这可说是佛性说的第二次大开展。湛然的无情有性说，突破了有情之物与无情之物的界限，改变和发展了印度佛教成佛范围的理论，推动了成佛的根

① 《摩诃止观》卷1上，《大正藏》第46卷，1页下。

② 详见《止观辅行传弘决》卷1之2，《大正藏》第46卷，151页下、152页上。

据、条件、标准等理论的变化。这实是一次重要的思想解放，一个重要的理论创造，其间渗透着中国传统的“天人合一”、“万物一体”和自然神论观念的影响，并构成为中国佛教区别于印度佛教的一项重要内容。在天台宗史上，由于湛然无情有性说的提出及其产生的影响，原已衰落的天台宗一度又进入了复兴阶段。

第十三章

华严宗的自性清净圆明说

华严宗人重视追求体证宇宙万法圆融无碍的理想境界，强调众生只要努力修持而有同于佛的自证自悟，就能拥有这样的理想境界。华严宗人认为，宇宙万法的生起，依于作为最高主体性的真心，依此真心而现起宇宙万法。这是华严宗的中心理论“性起说”。所谓“性”指如来性、佛性、本性、法性。“性起”即“体性现起”，是随顺真如实性而显现，也就是无须等待其他因缘条件，真如实性一旦起动就显现为作用，呈现为迷妄与觉悟、有情与无情、净土与秽土等一切诸法。华严宗认为这是一种很高的境界，是只有佛的觉悟才能达到的境界。性起说是从佛果的境界说事物的现起，它包含境界论、宇宙论、证悟论和心性论等多重意义。

这里，我们要着重论述的是华严宗从性起说出发开展的心性论学说，其中重要的有：法藏的明佛种性说、智俨和法藏的自性清净说、澄观和宗密的心性即灵知说与真心即性说，此外兼及智俨、法藏一系以外的华严学者李通玄的自心即不动智说。

第一节 明佛种性

法藏运用圆融思维，以性起说为基础，结合判教①学说，论述了五教的种性说，从而一方面以本宗的判教为标准，把五教的种性说加以整理，并给予统一的会通；一方面又把本宗主张的一切众生皆有佛性，众生修善即可为佛的思想，奉为最高的学说，以将本宗学说置于其他各宗之上。

法藏在其最重要的著作《华严一乘教义分齐章》（《五教章》）卷2中，有“第九明诸教所诠差别”的“二明佛种性”一节，集中阐明五教的佛种性问题。关于小乘教，他说：

> 虽于此中说佛一人有佛种性，然非是彼大菩提性。……此教中除佛一人，余一切众生皆不说有大菩提性。②

大乘佛教认为佛性就是大菩提性，小乘佛教则认为两者不同，佛性是成佛的根据，大菩提性是佛的智慧。这里，小乘教认为只有一人（释迦牟尼）具有佛性，其他一切众生都没有佛性，都不能成佛，也没有大菩提性。

法藏又说：

> 约始教，即就有为无常法中立种性故，即不能遍一切有情故，五种性中即有一分无性众生。③

这是指法相唯识宗，此宗以无漏种子为种性。无漏种子是一种能产生

---

① 判教，详称“教相判释”，意为判别、解释佛所说教法的相状差别。中国佛教各宗派为了调和佛教内部的不同说法，树立本宗的正宗和权威，对先后所出的经典或以时间顺序加以配列，或从教理深浅加以组织，或从应机教化不同方式加以组合安置，即从形式和内容两方面进行分类和安排，加以组织体系化，并判定其价值。法藏按佛法深浅次序判为五教：小乘教（指《阿含经》、《俱舍论》等的重于说人空，未尽法空之理）、大乘始教（指中观与唯识的学说，阐述万法无自性空与一切现象依识缘起而有的学说）、终教（指如来藏系的真如随缘说）、顿教（指《维摩诘经》与禅，主张言语道断、空有双泯之说）和圆教（指《华严经》和《法华经》等，一面肯定空有两边相夺而双泯，一面又强调空有两边相摄而圆融，相即相入，重重无尽）。

②③ 《大正藏》第45卷，485页下。

菩提的精神作用，是属于因缘和合所造成的、处于生灭变化中的东西（“有为法”）。凡是“有为”的就是“无常”的，也就不是所有众生所普遍具有的，即有一部分众生不具无漏种子。这种没有佛性的众生，永远不能成佛。

法藏又说：

> 约终教，即就真如性中立种性故，则遍一切众生皆悉有性。……一切众生有涅槃性。①

终教指《楞伽》、《胜鬘》等经和《起信》、《宝性》等论，法藏认为，这些佛典主张“真如”为佛种性，真如恒常不变，无所不在，存在于一切众生中，因此一切有情众生也都有佛性，并强调一切有情众生都当成佛，方尽大乘至极之说。

对于终教的真如佛性，法藏还说：

> 问：“夫论种性，必是有为，如何此教约真如为种性耶?”答：“以真如随缘与染和合成本识时，即彼真中有本觉无漏，内熏众生，为返流因，得为有种性?”②

这是说，真如佛性的“本觉无漏”，不仅是一切众生无不具有，而且能够“内熏众生”，即能动地熏习、影响众生去染趋净，成就佛果。这是法藏吸取《大乘起信论》“真如熏无明”思想的重要表现。

法藏又说：

> 约顿教，明者唯一真如，离言说相，名内种性，而亦不分性、习之异，以一切法由无二相故。③

顿教，如《维摩经》所说，强调真如种性是离言扫相的，不作“性本有”（“性种”）与“性习成”（“习种”）的区别。一切事物也无有二相，离言说相，顿现顿成。众生只要离开言说文字，一念不生，显现真如本性，就能成佛。

---

① 《大正藏》第45卷，486页中。

② 同上书，487页中、下。

③ 同上书，487页下。

最后，关于圆教，法藏说：

> 约一乘有二说：一、摄前诸教所明种性，并皆具足，主伴成宗，以同教故，摄方便故：二、据别教，种性甚深，因果无二，通依及正，尽三世间，该收一切理事解行等诸法门，本来满足已成就讫。故大经（《华严经·十地品》）云："菩萨种性甚深广大，与法界虚空等。"此之谓也。若随门显现，即五位之中，位位内六决定义等，名为种性。①

法藏把圆教分为同教一乘和别教一乘二说。所谓同教一乘，是随应小乘、始、终、顿诸教，说圆教一乘教义，使诸教归入圆教境界。就种性来说，同教一乘是统摄前四教所说的种性，给以融通说明。所谓别教一乘，是指区别于小乘、始、终、顿诸教的华严宗的独特教义。就种性来说，别教一乘的种性说与前四教所说不同，它主张因果不二，众生不仅成佛的因种具足，而且果德也具足，又融通依（国土世间）正（众生世间），穷尽三世间（国土世间、众生世间和三身十佛的智正觉世间），全收一切法门，圆满具足。也就是说，别教一乘所讲的种性是圆满的、广泛的，本来完美成就的。若就众生来说，在信、行、向、地、果的"五位"之中，勤奋修行菩萨的六种善法（"六决定"），才是别教一乘的种性。

法藏的五教种性顺序体现了由浅到深、由偏到全、由低到高的系列层次，其间是既互为差别又互为融通的。先是小乘教主张众生无佛性，次是始教立一部分众生有佛性，再终教强调一切众生都有佛性，再进而顿教提倡众生一念不生即成就佛果，最后是圆教的主张众生圆满具足因种果德，众生即佛，佛即众生。在这五教种性说中，始教是从心识中立种性，而终、顿、圆诸教则都是从真如性中立种性，其中圆教更是从真如性起讲种性，从而把佛性说推向了极致。

法藏的五教种性说是为了回答这样的问题：为什么各教对种性有不同的说法？众生无性、一部分众生无性和众生有性的不同说法又如

① 《大正藏》第45卷，487页下～488页上。

何融通？法藏对此作了解说。如，对于始教的一种人没有佛性的说法，法藏是这样会通的：首先，他也主张种性分先天具有与后天习成两种，但又认为修习所成的种性更重要，“是故有习常恒有，无习自恒无”①。只要修习佛法就有佛性，反之就没有佛性。再就是说，众生的根机，也就是条件、素质不同，需要根据不同对象进行教化，始教立一部分众生无佛性说，也是为了警告反对佛教的人，使他们改变诽谤佛教的立场。法藏还说，依道理讲，是一切众生悉有清净佛性，但是按此说法推论，一切众生最终都将成佛，佛和菩萨也就没有教化的对象了，这和佛、菩萨以建立利他功德、化度众生为特性是矛盾的，所以需立一部分众生无佛性说。法藏认为五教的种性论有圆满不圆满、根本不根本的区别，前四教的种性说，并非错误，而是一种“方便”的非究竟的说法，这些方便法门之间以及五教之间，都是互相圆融的。至于圆教的种性说，是圆满的根本的教义，可以统摄圆融其他各教，或者说，其他各教最终要以圆教的种性说为依归。

第二节 自性清净圆明

华严宗人智俨，尤其是法藏对佛性作了系统的论述，强调佛性的清净性和圆明性，后来澄观和宗密则进一步强调佛性的灵知性。

华严宗先驱智俨说：“佛性者是一切凡圣因，一切凡圣皆从佛性而得生长。”② 又说，如来藏“是一切诸佛、菩萨、声闻、缘觉，乃至六道众生等体”③。这是说，佛性、如来藏是四圣六凡即宇宙间一切生类的共同本体、体性。法藏就佛性也展开了论述：

> 《涅槃经》云：“佛性者，名第一义空，第一义空，名为智慧。”此等并就本觉性智说为性种。④

① 《大正藏》第45卷，486页中。
②③ 《华严五十要问答》卷下，《大正藏》第45卷，532页中。
④ 《华严一乘教义分齐章》卷2，《大正藏》第45卷，487页下。

显一体者，谓自性清净圆明体，然此即是如来藏中法性之体，从本以来，性自满足。①

离佛心外无所化众生，况所说教？是故唯是佛心所现。此义云何？谓诸众生无别自体，揽如来藏以成众生。然此如来藏即是佛智证为自体，是故众生举体总在佛智心中。②

这里，佛性、本觉性智、自性清净圆明体、如来藏、佛心、佛智心，都是相通的概念。从法藏关于佛性的表述来看，其内涵为：（1）自性，佛性是众生本来具有的自我本性；（2）智慧，觉性，这种智慧能真正观照宇宙万物的真空；（3）清净，佛性处染不垢，始终是清净的，善的；（4）圆明，佛性的体性遍照一切，无不光明。在法藏看来，佛性是众生一种非常神秘的内在本性、本体，它具有先天性、觉悟性、清净性、光明性和遍在性的特征。

法藏认为，众生的佛性永恒存在，不会消失。他说：

虽复随缘成于染净，而恒不失自性清净，只由不失自性清净，故能随缘成染净也。③

非直不动性净，成于染净，亦乃由成染净，方显性净。④

这是说，众生的佛心随缘而表现为染或净，但是其中净性是恒常不失的。同时，染与净也是不即不离、圆融无碍的。净性只有成于染净，才能成其为清净，离了染净，也就无所谓清净。强调性净是处于动态中的，是在染净中成就自性清净。

法藏的论述表明，佛性与众生的关系表现为两个方面：一是众生为佛心所现，众生由如来藏而成；二是众生都在佛智心中，即众生都具有佛性。既然佛性为众生本来圆满具足，由此法藏又推论出众生即佛，佛即众生的生佛相即论，他说：

总在众生心中，以离众生心无别佛德故。此义云何？佛证众

① 《修华严奥旨妄尽还源观》，《大正藏》第45卷，637页中。

② 《华严经探玄记》卷1，《大正藏》第35卷，118页下。

③ 《华严一乘教义分齐章》卷4，《大正藏》第45卷，499页上、中。

④ 同上书，499页中。

生心中真如成佛，亦以始觉同本觉故，是故总在众生心中。从体起用，应化身时即是众生心中真如用大，更无别佛。①

法藏还说："见诸佛于众生身，观众生于佛体。"② 这都是说，佛的功德在众生心中，众生心中的真如发挥作用，成就为佛的应化身，佛是众生证悟心的真如而成。众生和佛本来一体，众生和佛有别的关键在于是否存在妄念："唯依妄念，而有差别，若离妄念，唯一真如。"③ 众生有妄念，而佛无妄念，如若舍离妄念，众生本来就是真如佛。

华严宗与天台宗都讲一切众生皆有佛性，都视佛性为众生成佛的根据，但两宗对于佛性的涵义和范围却存在重大的分歧。与天台宗宣传佛心中具有善恶净染的说法不同，华严宗认为佛性是纯净至善的，无染无恶的。又与天台宗湛然的无情有性说不同，华严宗人认为有情众生圆满具足成佛的可能性，即佛性，而无情识的草木瓦石等万物只具有真如本体的理性，即法性。佛性与法性是有区别的，佛性仅为有情众生所具有，法性则为无情识万物所具有。无情识万物不具有佛性，也不能成佛。

华严宗与天台宗也都依据《华严经》的"心、佛及众生，是三无差别"④ 的思想，说心、佛与众生三者无有差别，但两宗的解释并不相同。一讲相即，一讲互具。华严宗讲三位一体，心、佛与众生同是自性清净圆明体，原无差别。天台宗则认为三者是同格互具，有一即有其二：心具众生与佛，佛具心与众生，众生具心与佛。此外，两宗所讲的心的内涵也不一致，华严宗所讲的心是指真心、清净心、本觉真心、如来藏自性清净心。天台宗也主真心说，但所讲的真心，不排斥妄心，也即心具真妄两种性质，这与此宗主张众生乃至佛的本性同具善恶两性是一致的。

---

① 《华严经探玄记》卷1，《大正藏》第35卷，118页下。

② 《华严策林》，《大正藏》第45卷，597页下。

③ 《修华严奥旨妄尽还源观》，《大正藏》第45卷，637页中。

④ 《大方广佛华严经》卷10，《大正藏》第9卷，465页下。

第三节　无住心体

华严宗四祖澄观（737—838，一说738—839）广泛地学习了华严、天台、禅、三论、律各宗的教义，并研究佛教以外的各家学说，学识渊博。他对《大乘起信论》领契尤深，偏向唯心，强调唯心，着重论述一心的性质与作用，以发扬华严性起的教义。他吸取禅宗荷泽一系的“灵知之心”的说法，依禅的体验来昭示华严宗心性思想——“无住心体，灵知不昧”说，发展了佛教心性论。

澄观在《答顺宗心要法门》中说：

> 至道本乎其心，心性本无住。无住心体，灵知不昧，性相寂默，包含德用，该摄内外，能广能深，非有非空，不生不灭。①
>
> 心心作佛，无一心而非佛心。处处证真，无一尘而非佛国。②

这是两段回答顺宗李诵关于佛法心要的纲领性论述，主要意思是，众生在灵知不昧的禅定中，只要把握华严学的“三界唯心”的心，把华严性起思想与禅定实践相结合，直索心原，直证真性，就可以达到即心即佛，成就佛果的境界。这里包含了两个重要思想，一是强调心的本原作用；二是突出心体即心性的灵知特性。

澄观认为诸佛和众生都是从心所造的，他在《大方广佛华严经疏》卷21中说：

> 心是总相，悟之名佛，成净缘起；迷作众生，成染缘起。缘起虽有染净，心体不殊。③

这是说，心同是佛和众生的本原，心是能造，佛和众生是所造。众生和佛对心有迷和悟的区别。悟于净就成佛，迷于染则是众生。心的迷

---

① 《续藏经》第1辑第2编第8套第4册，303页。

② 同上书，304页。

③ 《大正藏》第35卷，658页下。

悟是众生与佛的分界。心的缘起虽有染净，但心体是没有殊异的。那么，心体有什么特点呢？上面所引澄观《答顺宗心要法门》的第一段话就集中地回答了这个问题，这里我们再略加解说。

引文说一心是“至道”即最高佛道的所本，而心性本来是“无住”的。所谓无住，是指心并不执著于一定对象，是随缘而起，无所住著的。无住心体又有什么特点呢？

“灵知不昧”。灵知指灵妙知见，灵知不昧意为灵妙的知见澄明不暗。这是主体的最高认识——“真知”，是心性的究极自觉的状态。这种灵知为佛与众生所共有，因为灵知的本体是如来藏心，而如来藏心是佛与众生所共有的。灵知与日常的分别了知不同，澄观说：“了别即非真知，故非识所识。”① 认为分别了知是心识的一种认识活动，不是真知。真知是无念的，即无分别的。“起心看心，是即妄想，故非真知，是以真知必忘心遗照，言思道断矣。”② 由此可见，所谓灵知，真知，实质上就是禅定中的一种直觉认知；认知觉悟，是心体或心性的特性、功能。

“性相寂默”。这是指心性处于灵知不昧状态时，心常寂静而又觉知一切事物，性（本性）相（现象）又都寂然不现，也即心不生起事物的性相及其区别。

“该摄内外，能广能深”。这是由心性的“灵知不昧”，“性相寂默”而导出的又一特点。因“灵知不昧”，“性相寂默”，心体无限广大，故能超越空间，能融摄内外一切，也就是既能广纳一切，又能深入一切。

“非有非空，不生不灭”。这是从存在状态描述心性特点。澄观以否定语表达心性的存在，强调心体是超越有无（空），超越生灭的终极性存在。

上述心性特点中，最主要的是“灵知不昧”，集中地体现了华严心性思想的本色。宗密也说：“剋体直指灵知，即是心性，余皆虚妄。”③

---

① 《大方广佛华严经疏》卷15，《大正藏》第35卷，612页中。

② 《大方广佛华严经随疏演义钞》卷34，《大正藏》第36卷，261页中。

③ 《禅源诸诠集都序》卷上2，《大正藏》第48卷，405页下。

这种“灵知即心性”思想，强调灵知是显露了的清净心性，心性是灵知的依托。这种以认知、真知、觉悟论佛性，发展了法藏以自性清净圆明为特征的佛性论。

澄观曾从天台学者荆溪湛然学天台止观及《法华》、《维摩》等经，他在阐述华严宗理事无碍、真妄交彻的教义上，也采用天台宗的性恶说。他还用天台宗的性具说来解释性起论，但这样又偏离了法藏的佛性纯善说和净心性起说了。澄观说：

> 言交彻者，谓真该妄末，妄彻真源。……亦合言即圣心而见凡心，如湿中见波。故如来不断性恶，又佛心中有众生等。①
>
> 无尽即是无别之相。应云：心、佛与众生，体性皆无尽，以妄体本真故亦无尽，是以如来不断性恶，亦犹阐提不断性善。②

意思是说，妄体本真，真妄交彻，由此而“无尽”，即圆融无碍，无分别相。心、佛与众生三者的体性都是融通无碍而了无矛盾的，凡圣、善恶、染净、真妄，相互交渗，你中有我，我中有你。佛也有性恶，一阐提也不断性善。看来，澄观容纳天台宗学说的意图，是用来克服法藏心性论在阐述染与净、迷与悟等关系上的某些理论困难的。

第四节　真心即性

华严宗五祖、澄观的高足圭峰禅师宗密（780—841），早年曾治儒学，至 28 岁，时将参加贡举考试，偶然造谒禅宗荷泽神会系下的道圆禅师，言下相契，便从他出家。一日读《圆觉经》有悟，并获道圆禅师印可，道圆称他当大弘圆顿之教。不久，外出游方，遇澄观弟子灵峰，得澄观所撰《华严经疏》和《随疏演义钞》，昼夜披寻，认为该疏辞源流畅，幽赜焕然。后又随侍澄观二年，深得华严义理的奥秘。此后，宗密着力融会教禅，盛倡教禅一致。

---

① 《大方广佛华严经随疏演义钞》卷 1，《大正藏》第 36 卷，8 页上、中。
② 《大方广佛华严经疏》卷 21，《大正藏》第 35 卷，658 页下。

在中国佛教心性思想史上，宗密进一步扩展了心性学说。他除了运用《大乘起信论》以外，还特别援引了《圆觉经》来阐发心性学说。《圆觉经》的主要内容是宣说如来圆觉的义理和观行方法。圆觉指圆满的灵觉，圆满的觉性。众生的灵知本觉，就其体方面言，是一心；就因方面言，是如来藏；就果方面言则称为圆觉。宗密吸取了上述经论的思想，全面地阐发了绝对真心和“真心即性”说，强调真心就是佛性；并以圆觉为思想基点，统一了当时所有的禅与教以及固有的儒、道学说，为佛教内部各派以及儒、道、佛三教的融合奠定了理论基础，在中国佛教哲学史和中国哲学史上都具有重要的意义。

宗密为了说明心与世间现象以及与宗教解脱的关系，对“心”的范畴作了四个层次的分疏[①]：一是“肉团心”，即众生肉体的心脏。二是“缘虑心”，指具有思维功能的心。三是“集起心”，指深层的第八阿赖耶识，是具有“积集种子，生起现行”，即收藏经验积淀而成的“识”（种子）和生起世界现象作用的心。四是“真实心”，此心分觉与不觉两层。心若和妄想和合，称为“藏识”；若不和合，则称为“真如”。这两层又都统一在“如来藏”之内。这四种心的关系是：

> 然虽同体，真妄义别，本来亦殊。前三是相，后一是性。依性起相，盖有因由。会相归性，非无所以。性相无碍，都是一心。[②]

意思是四种心虽然同体，但是有真妄、本末之别。肉团、缘虑和集起三种心是“相”，属于现象范畴，只有真实心是“性”，即绝对的本体。相是由性而起，因此前三种心都是依靠真实心而生起的。在解脱实践上要“会相归性”，以把握绝对本体。做到这一点，也就达到性相圆融而无矛盾，体悟到“都是一心”的真谛。可见，在宗密看来，真实心是四种心中最高层次的心，尤其是真实心中的觉心，作为一切现象的本体、人的本原和众生解脱的根据，是宗密的心性哲学乃至整

① 《禅源诸诠集都序》卷上1，《大正藏》第48卷，401页下～402页上。

② 同上书，402页上。

个哲学的最高范畴。

真实心，简称真心，又称“圆觉妙心”、“清净真心”、“本觉真心”、“空寂真心”、“灵知之心”、“佛性”、“如来藏”等，反映了宗密对真心多重特性的不同概括和表述，然而，就其本质意义来说又是相同的。真心的特性很多，其典型特性是：

> 一切有情皆有本觉真心，无始以来，常住清净，昭昭不昧，了了常知，亦名佛性，亦名如来藏。①

这里揭示了本觉真心的三大特性：常住清净、昭昭不昧和了了常知。

“常住清净”。这里包含了常住和清净两重特性，宗密说：

> 自性清净常住真心者，不待会色归空，不因断惑成净，自心本净，故云自性清净。此性无始来，乃至尽未来际，有佛无佛，常不灭坏，故云常住心也。②

常住，即恒常久住，不灭坏。这是说，真心是超越时间、超越外在条件（有佛无佛）、超越生死变化、永恒存在的。清净，此指自性清净③，是真心的又一重要特性。所谓自性清净，是说自心（真心）本来就清净无垢，远离烦恼，并不要等待把物质现象会归于空性，或因断灭了妄惑之后才成为清净（离垢清净）。真心会在现象世界中发生种种作用，但它的清净本性是始终不会改变的。众生因受无明的障蔽，看不到自性清净的内在特质，而为烦恼所困扰。若一旦觉悟，清除无明和烦恼，心回到本来状态——自性清净，也就超越世间，而与真如相应，进入了解脱的境界。

“昭昭不昧”。昭昭，明辨事理。不昧，明白不暗。昭昭不昧，是形容知的，相当于“灵知”。禅宗荷泽神会一系主张“心以知为体，”犹如水以湿为体一样。这里的“体”，指体性。“心以知为体”，即“心以知为性”，知是心的本性、本质。宗密极力推崇神会的知为心性

---

① 《原人论·直显真源第三》，《大正藏》第45卷，710页上。

② 《圆觉经大疏钞》，《续藏经》第1辑第1编第14套第3册，257页。

③ 宗密援引了《宝性论》，把清净分为“自性清净”和“离垢清净”两种，详见上注。

的思想：

> 诸法如梦，诸圣同说。故妄念本寂，坐境本空。空寂云心，灵知不昧。即此空寂之知。是如真性。任迷任悟，心本自知。不藉缘生，不因境起。知之一字，众妙之门。①

意思是说，一切事物，如梦如幻，世间境界，空性不实，众生一旦体悟到这一点，就不会对现象世界产生种种妄念。这样，众生和“空寂之心”，就显现出原有的灵妙知见，而对一切事物明晓不暗。这种空寂之心所具有的灵妙知见，就是众生的真实本性。“知”是先天的、绝对的真性、觉性，“知”这一字，是修持成佛的最佳法门。

“了了常知”。“了了”，毕竟。“知”指“识知”，即本觉的意思。“了了”和“常”是形容“知”的。了了常知，即毕竟恒常识知，也就是本觉。昭昭不昧是讲真心具有灵知，了了常知则是称真心具有本觉。灵知是指主体心的思维性功能，本觉则是指主体心的觉悟性特质。两者既有联系又有区别。

宗密认为，众生的本觉真心也就是佛性，如来藏，既是人生的本原，也是众生成佛的根源。

第五节　自心为不动智

李通玄（635—730）是与法藏同辈的华严学者。他长期在山西五台山一带弘扬华严学说，在智俨、法藏一系外，别树一帜。他提倡“自心为不动智”的心性学说，主张从自己身心中找佛。

李通玄所讲的“自心”，指众生的无明，即愚昧无知，暗昧事物，不通达真理的意识状态。“不动智"，指坚定的菩提智慧，即悟解无性妙理的智慧。“无性妙理有自在分别，无性可动，名不动智佛。”② 无性，即无自性。一切事物无性是佛教的妙理，通达无性可动之理，为

① 《禅源诸诠集都序》卷上之2，《大正藏》第48卷，402页下～403页上。

② 《新华严经论》卷8，《大正藏》第36卷，768页中。

不动智，成就此种智慧者为不动智佛。

“自心为不动智”的命题，是着重阐扬众生无明与成佛智慧的关系。李通玄从无明无性和凡圣同具不动智两个方面展开论证，认为两者是无差异的。他说：“无明本无性”①，无明本空。从体用两个方面看，无明虽表现为无知，但其体性是空寂的。无明既无自性，即与不动智相即。又说：“达悟心境，一切无明，便成大智。”② 真正了达自我的心境，一切无明也就成为大智慧。“智无成坏”，“智无故新”，但有“迷悟不同”。众生和佛同具不动智，“不动智佛者，即理中智也。一切凡圣身等共有之故”③。众生和佛心体清净不异，“凡圣心自体清净无异，但有迷悟不隔分毫。但一念妄念不生，得心境荡然，性自无生，无得、无证，即成正觉”④。“佛心，众生心乃至于自心，三心无差别。”⑤ 三心的本质是统一的。李通玄认为，众生运用自心无明的体用观，观照不动智与佛及众生同一体性，同一智慧，同一境界，就是发愿求无上菩提之心，而且在发心时，当下即于十方世界现身成佛。⑥

李通玄的“自心为不动智”说，侧重于追求成佛的实践，李氏把众生无明与佛智慧相沟通，与后来的澄观、宗密的本觉观念颇相近似，虽然彼此的论证和思路不同。

① 《略释新华严经修行次第决疑论》卷1之上，《大正藏》第36卷，1015页下。
② 同上书，1012页中。
③ 《新华严经论》卷8，《大正藏》第36卷，768页中。
④ 《新华严经论》卷32，《大正藏》第36卷，941页中。
⑤ 《略释新华严经修行次第决疑论》卷1之上，《大正藏》第36卷，1014页下。
⑥ 详见《新华严经论》卷31，《大正藏》第36卷，937页中、下。

第十四章

三论、唯识和密诸宗的心性论

第一节　三论宗的中道佛性论

三论宗是隋代形成的佛教宗派，实际创始人是吉藏。此宗因以佛教大乘空宗的《中论》、《百论》、《十二门论》三部论为立论依据，故称。三论宗学说的中心，是阐扬世界万物当体性空而又无碍于缘起，即性空与缘起互不矛盾的中道之理。这种思想着重于对世界现象的解释、说明，强调众生必须具有既不偏于性空也不偏于缘起的中道认识，才能产生智慧，并通过修持，由染转净，达到“无依无得”的最高思想认识境界。三论宗在理论建树上，偏重于认识理论的建设，佛性论并不是它的重点。但是，佛性毕竟是佛教理论的根本问题之一，自南北朝迄至隋代都盛行佛性论思潮，作为一个新创立的宗派不能不对此作出回应。吉藏运用本宗“无所得”的方法论和基本学说，严厉地批评了佛教其他各派的佛性理论，提出和阐发了“中道佛性”的新学说，在中国佛教心性论史上具有某种承前启后的意义。

一、对以往佛性论的总结和批判

隋初，文帝杨坚为了弘扬佛教，曾敕选各有专精之学的高僧，组织不同的教化团体，称为“众”。每众各设众主一名，负责宣传本众的学说。当时成立了“五众”，即《涅槃》、《地论》、《大论》（《大智度论》）、律、禅。吉藏崇奉的学说不在五众之内。他为了能使自己占有一席之地，以高昂的批判精神，锋芒毕露地和五众的众主展开辩论，力挫众主。从现有吉藏著作的内容来看，涅槃师的佛性论、摄论师和地论师的心识说，无不在吉藏的抨击之列。

吉藏在《大乘玄论》卷3中，曾总结南北朝时代十一家佛性论的观点，并逐一予以批判。① 十一家佛性论的主张，我们在前面第十一章“南北朝时代佛教三大心性论思潮”的第一节中已作过介绍，这里要叙述的是吉藏批判的理由和方法。吉藏说：

> 通论十一家，皆计得佛之理。今总破得佛之理，义通十一解。事既广，宜作三重破之。第一，作有无破。……第二，作三时破。……第三，即离破。②

吉藏认为十一家佛性论的共同错误是，都执著于“得佛之理”，“理”，指真理。“得佛之理”，即成佛的理体、理性。十一家都认为“得佛之理”是实有的，以“得佛之体”为众生的佛性。对此，吉藏设立三难进行破斥。三难是：一难“得佛之理”，究竟是有还是无？二难“得佛之理”存在于过去、未来、现在三时中的哪一时？三难“得佛之理”是不离“空”呢，还是离开“空”？关于第一难，吉藏认为，说有“得佛之理”是不对的，因为有只能是指事而不能指抽象的理；说“得佛之理”是无，既然是无，也就堕入有无两边的无的偏见。因此，对于“得佛之理”不论是讲有，还是讲无，都是偏见，都是站不住的。关于第二难，吉藏说，过去已经过去，未来尚未到来，既然过去和未来都是不真实的，那么相对于过去、未来的现在也是不真实的。既然过去、未来、现在三时都不真实，那么，依附于时间而存在的“得佛之理”自然也就不存在了。关于第三难，吉藏认为，“得佛之理”若和空相即，“得佛之理”也就是空了；“得佛之理”若

① 详见《大正藏》第45卷，35页中～37页上。

② 《大乘玄论》卷3，《大正藏》第45卷，36页下～37页上。

离开空而独立存在，那是不可能的。因为空是万物的本性，离开空就不会有“得佛之理”的存在。

从吉藏的持论来看，他所破斥的主要是任何“有所得”的观念，着眼于确立“无所得”。因此，对十一家立“得佛之理”的佛性说，自然是大力破斥的。在吉藏看来，主张有“得佛之理”，就是“有所得”，而“有所得”，便是执著，便是烦恼，也就必然妨碍解脱成佛。另外值得注意的是吉藏的方法论特征。他破斥“得佛之理”是从空间、时间和本性多方面展开的。他彻底地否定了理的独立实有性。

吉藏还破除从因果论佛性的主张。他把以往佛教学者对佛性的解说总结为三种：一是指果名。佛性的“佛”名觉者，“性”以不改为义，佛性是佛果的果体。二是指因中。佛性是指众生因中有觉义（即佛），有必当不改之理（即性）。三是佛是果名，性是因名。这都是从因果论佛性。吉藏反对这些说法，认为从因果讲佛性就是迷执。他依据般若学中观学派的无我性空的无所得思想，否定众生固有的佛性。他认为非因非果是中道，称非因非果的无所得中道为佛性。

吉藏对地论师和摄论师的佛性本有始有之辩也持否定态度，并且批判了与之相关的阿赖耶识说。吉藏认为，佛性是不可言诠的，是既非本有，也非始有，甚至也不是非本有、非始有的。① 他质难说，如果佛性是本有的，为什么还要经过不同阶段的渐修过程呢？② 如果说佛性本有，众生烦恼后有，那么，佛性离开众生又如何存在呢？是属于谁的佛性呢？吉藏认为，如果说佛性是本有，众生也就应是本有了。如果说有众生才有佛性，这样众生既然是始有，佛性也应是始有了。③ 总之，在吉藏看来，佛性的本有始有说都存在着理论上的矛盾和窘困，是不能成立的。

吉藏猛烈批评地论师的佛性本有说：“地论师有乘真起妄之来，息妄归真之去。如此来去，悉同外道。”④ “真”，佛性。“妄”，指烦

① 详见《大乘玄论》卷3，《大正藏》第45卷，39页中、下。
② 详见《中观论疏》卷3末，《大正藏》第42卷，47页中。
③ 详见《中观论疏》卷6本，《大正藏》第42卷，93页上。
④ 《中观论疏》卷3本，《大正藏》第42卷，38页中。

恼的众生。他谴责地论师执著于来去的虚妄见解，实与小乘佛教的“有我”论（众生有永恒的绝对的实体）相同①，都如同外道。吉藏也严厉地批判了摄论师的阿赖耶识（本识）说。此说认为，阿赖耶识的潜力（“种子”）一旦时机成熟，就会生起天、人、畜生等六道众生及其所住世间；众生在听闻佛教各类经典之后，会在阿赖耶识中留下清净无染的潜力（“无漏种子”），这种潜力逐渐增加，最终必然导致由染转净，成就佛果。② 吉藏认为，这和地论师一样也是执著于虚妄的来、去的说法，同样违背“无所得”的观念，也应当摒弃。

二、中道佛性论的提出与开展

印度中观学派奠基人龙树，运用中观学说来说明佛性问题，他以一切事物都无自性来否定众生固有的佛性，但同时又承认众生可能有的佛性。吉藏在批判佛性旧说的同时，又吸取了龙树的思想，并独树一帜地提出了中道佛性论，即以中道为佛性，或者说视中道即佛性，成为佛性论的另一种新说法。

“中道”，是指离开二边的极端、邪执而形成的一种不偏不倚的中正之道，即中正的观点、方法。释迦牟尼就提倡远离快乐主义与苦行主义的中道生活。佛教大乘空宗以远离一切分别、执著而无所得为中道。该宗的首要代表作《中论》的《观四谛品》给“中道”下了经典性的定义：“众因缘生法，我说即是无（空），亦为是假名，亦是中道义。”③ 这就是著名的“三是偈”，意思是说，世间一切事物都是由各种因缘而生成的，既是自性空无，也是人们主观设施的名言概念；能同时见到事物的性空和假名两个方面，就是中道。吉藏在阐释“三是偈”时，谓缘起和性空都是假名，即缘起的有和性空的无，都是名言概念，把二者合起来看，就是中道。吉藏还十分重视联系“八不”来表示“中道”。“八不”就是观察事物时要破除八种邪见，体悟不生、

① 详见《中观论疏》卷8末，《大正藏》第42卷，126页下。

② 详见《中观论疏》卷4本，《大正藏》第42卷，54页上。

③ 《大正藏》第30卷，33页中。

不灭、不断、不常、不一、不异、不去、不来，从而住于无碍正观。吉藏由“八不”进而再通过真俗二谛讲“中道”，又将此种中道分为三种。如以生、灭范畴为例，主张有生灭是俗谛，从道理上讲实是无生灭，如此非生非灭，是为“俗谛中道”。但若执非生非灭为实不生实不灭，也是偏见，应予否定，如此非不生非不灭，是为“真谛中道”。以上两种中道是从俗谛和真谛两个方面讲的，不应各持一边，而应当将二者结合起来看，即离开两边，超越两边，这又构成了“二谛合明中道”。

吉藏进而又把中道和佛性等同起来，以中道为佛性：

> 离断常二见，行于圣中道，见于佛性。①
>
> 非真非俗中道，为正因佛性。②
>
> 中道佛性，不生不灭，不常不断，即是八不。③
>
> 智见空及以不空，亦名佛性。以众生横起百非，竖生四见，隐覆实相故，名为佛性。若知百非本空，四句常寂，即佛性显，称为法身。④

“百非”，“百”，泛指多数；“非”，否定；“百非”，即种种否定，意谓一切语言文字均非实在。“四见”如执世间事物为常、无常、亦常亦无常、亦非常亦非无常四种见解。“四句”，指有、无、亦有亦无、非有非无四句。⑤ 从以上引文来看，吉藏认为，离开两边对立的见解如“八不”，以及非真非俗非空非不空等，就是中道，也就是佛性。悟知“百非”本空，不执著“四句”，也就是佛性。由此看来，吉藏所谓的佛性实质上是主体的一种所谓正确认知和最高智慧，也是主体的一种所谓正确认识宇宙万物真相的思想境界。

在吉藏看来，主体的中正之道与万物的真实本相是统一的，佛性就

---

① 《二谛义》卷上，《大正藏》第45卷，86页上。

② 《大乘玄论》卷3，《大正藏》第45卷，37页上。

③ 《中观论疏》卷2本，《大正藏》第42卷，21页中。

④ 《中观论疏》卷10末，《大正藏》第42卷，160页上。

⑤ “四句”的另一表述是实、非实、亦实亦非实、非实非非实，和有、无、亦有亦无、非有非无四句的内容和意义是相同的。

是这种统一的体现。这里还需注意三论宗表述中道佛性的特点。这就是中道否定一切认识，包括佛教真理（真谛）和世俗常识（俗谛），认为佛性是超越了真俗二谛的，是难以言诠的概念，是超越任何两相矛盾对立的概念。佛性是“知百非本空，四句常寂”，即一切肯定性和否定性的语言文字都是空寂不实的，佛性是超越任何判断的“无所得”境界。

由于吉藏的佛性具有智慧与境界，即主客体两方面的意义，因此他又把一系列相关的概念归结为佛性的同义词，如中道、正道、一乘、法性、真如（如、如如）、实际、法界、法身、如来藏自性清净心、八识（阿赖耶识）、首楞严三昧、一道、般若、无住、涅槃、常住、真性、实相、自性等，都被看作是佛性的不同表述。由此看来，吉藏是把各类佛经所讲的宇宙万物的实相、本原、人的整体意识、人心的本性、主体的智慧、中正（正确）的修持之道，乃至特定的禅定、成佛的境界等，都视为佛性。这样，佛性的涵义就大大拓宽了。上面提到，吉藏曾批判过地论师和摄论师的阿赖耶识说，他为什么又把阿赖耶识也视为佛性的同义词呢？这是因为，在吉藏看来，真理不可言诠，佛性超越了各种认识，阿赖耶识的说法是一种执著，应当破除。但是，为了教化众生的方便，又说阿赖耶识是佛性，以树立众生奉佛的信念和成佛的信心。同样道理，吉藏认为其他一些与佛性同义的概念，也都是假名设施，都是教化众生的方便，是不能执著为实有的。

吉藏还探讨了“佛性内外有无义”①，这是关于什么事物有佛性，什么条件下有佛性的佛性范围问题。吉藏认为这是最不易说清的难题。他的基本看法是：“或可理外有佛性，理内无佛性；或可理内有佛性，理外无佛性”②。这个“理内”、“理外”的佛性论是吉藏的又一新论点。

吉藏运用不同的经典来论证他的观点。他援引唯识宗的典籍说：“《唯识论》云：‘唯识无境界。’明山河草木皆是心想，心外无别法。……以此义故，不但众生有佛性，草木亦有佛性也。”③ 他

①② 《大乘玄论》卷3，《大正藏》第45卷，40页上。

③ 《大正藏》第45卷，40页下

认为既然万物离不开众生的心识，那么，不仅众生有佛性，甚至连不离开众生心识的草木也都有佛性。这就是“理内有佛性，理外无佛性。”此“理”实是指心，即就主体精神而言。吉藏又说：“众生有心，迷故，得有觉悟之理。草木无心，故不迷，宁得有觉悟之义？……以是义故，云众生有佛性，故成佛；草木无佛性，故不成佛也。”① 这是深一层就众生与草木作比较，言前者有精神，后者无精神，因而就有有觉悟之理与无觉悟之理的区别，进而也就有有无佛性的不同了。此处讲的“理”与上面讲的“理”不同，乃指觉悟之理，这是属于众生所独有的，所以就觉悟不觉悟而言，当是众生有佛性，草木无佛性了。这是“理内有佛性，理外无佛性”的另一种意义。

吉藏又援引《般若经》和《华严经》的说法，来说明“理外有佛性，理内无佛性”的论点。他说：“如《般若经》云：‘如是灭度无量众生，实无众生得灭度者。’《华严》亦云：‘平等真法界，一切众生入，真实无所入。……此至理内实无众生得灭度者’，当知，理内既无众生，亦无佛性。理外有众生可度，故言理外众生有佛性也。”② 这里讲的“理”是就成佛的境界而言，在这种最高境界里，众生既已得灭度，也就没有众生了。没有众生，当然也就没有佛性。从这个意义上说是“理内无佛性”。相反，在这种境界之外，还有众生，有众生就有佛性。从这个意义上说是“理外有佛性”。

从以上吉藏对“理内”、“理外”佛性论的论述来看，其目的似乎是为了协调从心亦即主体的角度和从境亦即客体的角度去论说佛性的矛盾。他通过“理”的不同界说来规范佛性的范围，对佛性的有无作出多层次的说明，为佛教心性论增添了新的内容。

吉藏和竺道生一样，也力图把般若空论和涅槃佛性论结合起来。但是，竺道生是由般若学转向涅槃学，着重阐发众生实有佛性的理论，而吉藏则是用大乘中观学派的“无所得”观点去审视佛性学说，

① 《大正藏》第45卷，40页下。

② 同上书，41页上。

批判包括竺道生在内的南北朝各派的佛性论，以中观学派的中道来取代、改造佛性。由此可见，三论宗的中道佛性论既是对佛性论的冲击，又是对佛性论的发展。

第二节　法相唯识宗的一分无性说

一、三类阐提

由玄奘（600—664）和窥基（632—682）创立的法相唯识宗，主要是继承印度佛教瑜伽行派的万法唯识的思想，认为宇宙万物都是主体心识所映现的表象。围绕着这个主旨，此宗对心理意识作了极细密的分析，对于心识的内在结构、心识与外物的关系、心识如何显现为外物、主观心识如何改造并转变为智慧，以及众生成佛的内在根据等问题都有详尽的阐述。根据这些学说的不同性质，有的可归属于宇宙论和实践论。这里要着重论述的是，与心性关系最为直接的三类阐提说以及理、行二佛性说。法相唯识宗的这两种学说可以归结为一部分众生无佛性说，这是与主张一切众生都有佛性的其他宗派的重大理论分歧。

种性是某种族群具有共同的血统、习俗、习性。佛教把印度社会的种姓概念，用来说明各种人由于内在素质不同，在学佛修持的成就上也因之而有差别。佛教瑜伽行派把众生分为五种种性，以确定众生能够成佛或不能成佛的类别。五种性说认为一阐提人无种性，永不能成佛。玄奘在临离印度回国前，曾和印度佛教学者讨论过一阐提人有无佛性的问题。一些印度学者建议玄奘回国后，不讲一阐提无佛性的话，但遭到玄奘师父戒贤法师的严厉呵斥，强调不得增减义理。玄奘回国后，不违师说，也宣传五种性说。五种性说为窥基所独得之秘传。此说因与主张一切众生皆有佛性的天台、华严、禅诸宗思想相悖，而成为本宗的重要教义和中心思想之一。

五种性即声闻乘种性、缘觉乘种性、如来乘种性、不定种性和无种性。五种性中的无种性是直接关涉到一切众生是否无一例外地都有佛性的大问题。

《入楞伽经》卷2云：

> 大慧，何者无性乘？谓一阐提。大慧，一阐提者无涅槃性，何以故？于解脱中不生信心，不入涅槃。大慧，一阐提者有二种，何等为二？一者焚烧一切善根，二者怜悯一切众生，作尽一切众生界愿。大慧，云何焚烧一切善根？谓谤菩萨藏，作如是言。彼非随顺修多罗毗尼解脱，说舍诸善根，是故不得涅槃。大慧，怜悯众生，作尽众生界愿者，是为菩萨。大慧，菩萨方便作愿，若诸众生不入涅槃者，我亦不入涅槃，是故菩萨摩诃萨不入涅槃。①

"修多罗"，契经，佛陀所说的教法。"毗尼"，律，即比丘、比丘尼所须遵守的有关生活规范的禁戒。这是明确地以一阐提为无种性者，同时又称一阐提有两种：一种是诽谤佛法，不依据佛典和戒律修持，焚烧了一切善根，故不得涅槃。又一种是菩萨，则是为了普度众生，众生不入涅槃，我也不入涅槃。

在《楞伽》等经的阐提无性说基础上，窥基提出了三类阐提说：

> 阐提有三：一断善根，二大悲，三无性。……一因成果不成，谓大悲阐提，二果成因不成，谓有性断善阐提，三因果俱不成，谓无性阐提。②

窥基把阐提分为三类：一是断善阐提，指断绝善根的无性阐提，这种阐提缺乏解脱成佛的因由，即在修行佛因的阶位（因位）上没有成佛的可能。若佛显示威力，发菩提心，而使阐提断了的善根又能相续，也可能达到解脱的境界，即在果位上仍可成佛，这叫做因不成果成。二是大悲阐提，又称菩萨阐提。大悲菩萨本着大悲心，发愿度尽一切众生，但众生无量无边，众生中有的又无佛性不能成佛，以致自己永远停留在因位，终无成佛之期，故称为阐提，如观音、地藏、文殊等菩萨就是大悲阐提。这类阐提是果位不能成佛，而因位则有其可能。

① 《大正藏》第16卷，527页上、中。

② 《成唯识论掌中枢要》卷上本，《大正藏》第43卷，611页上。

以上二类也称有性阐提。三是无性阐提，这是不论在因位还是在果位上都无成佛的可能，与成佛彻底无关，是毕竟无性的种性。

窥基的三类阐提说，虽然对部分阐提的佛性问题作出了灵活的解说，但毕竟明确坚持有一部分众生不具佛性，永不能成佛。为此，他又通过对“一切”的分类，来会通《大般涅槃经》所说的“一切众生悉有佛性”的命题。“一切”是总括万有的词，窥基却把它分为全分和少分两种。全分即是全部，少分是限于一定范围的部分。他说《大般涅槃经》中所说“一切众生”的“一切”是指“少分的一切”，是将一阐提排除在外的一切众生。窥基把一切众生限定为众生中的特定部分，使一切成了部分。部分等于一切，这在无穷数范围内是可以成立的，但在有限的众生范围内却难以成立。一切众生当指众生的全部，其范围是固定的。因此窥基的说法一直受到天台、华严和禅诸宗学者的批评。

在流行涅槃佛性思想的中国，法相唯识宗人却坚持五种性说，坚持无性阐提说，这也不是偶然的。从现象上来说，众生对于佛教持有不同态度，有的不信佛教，而信仰其他宗教，有的虽接受佛教学说，但信奉程度也有深浅不同，如何从理论上说明这种种差别呢？五种性说提供了一种解释，由于众生原来所属的种性类别（族类）不同，因此有五类不同的根机。法相唯识宗人认为五种性的差别是有其内在的原因、根据的，即他们先天本有的“种子”不同。这又联系到此宗的世界观，是以唯识所现来解释世界，认为一切现象都由根本识“阿赖耶识”所变现，阿赖耶识中蕴藏着变现各种现象的潜在功能，即所谓种子。种子的性质分有漏（染）无漏（净）两类。有漏种子是世间的因，无漏种子是出世间的因。有的众生具有有漏种子，有的众生则具有无漏种子，从而导致了是否具有佛性的差别。可见，一分无性说是法相唯识宗的世界观在众生本性问题上的体现。

二、理佛性与行佛性

为了疏通“一切众生悉有佛性”的疑难，窥基不仅提出了三类阐提的说法，而且也讲理佛性和行佛性。[1] 并强调《大般涅槃经》所谓

---

① 详见《成唯识论掌中枢要》卷上本，《大正藏》第43卷，611页上。

一切众生悉有佛性，是就涅槃佛性而言的。窥基门下慧沼（650—714）的《能显中边慧日论》是一部总结性的种性论专著，书中更是阐扬了二佛性说，着重论证理佛性与行佛性的区别与非相应的关系。

慧沼说："总论佛性，理事两门。理而真如，法界，名因，名性等，一切众生皆悉同也。事即三十二相、十力等种，一切有情有无不同。"① "事"，指事佛性，即行佛性。理佛性的理，指真如本体，也可称理体、理性。理佛性指众生所依的本体（真如），是不生不灭的妙理，也是一切众生普遍具有的本性。行佛性的行，指有漏、无漏的践行、修行。行佛性，是说部分众生阿赖耶识中具有得以成就佛果的无漏种子。理佛性是抽象的本体呈现出来的佛性，行佛性是具体的修行呈现出来的佛性，如三十二相、十力等。慧沼认为，不具有行佛性中无漏种子的众生，则虽有理佛性，也永不能成佛。慧沼强调理佛性与行佛性的区别，强调两种佛性的不相应关系，认为众生阿赖耶识中的本有种子就是行佛性，正佛性。行佛性又分为有漏与无漏两种，众生阿赖耶识中若是只有有漏种子，没有无漏种子则不能成佛，若有无漏种子，则能断除烦恼与无明，以行证理，有可能成佛。众生因具有种子的不同，便有了五种性的差别。十分明显，如果只承认理佛性，就会得出一切众生皆有佛性的结论，只有同时承认行佛性为佛性，才能确立五种性说。

窥基等人的理行二佛性说，不仅遭到其他宗派的反对，而且在本宗内部也有学者持不同的看法。如玄奘门人法宝就撰写《一乘佛性究竟论》，批评二佛性说，否定行佛性的说法。围绕理佛性与行佛性问题的争论，是中国佛教关于众生是否一律都有佛性问题争论的深化表现，也是对众生佛性问题的理论根据的深入探讨。佛性问题理论根据的深刻分歧在于，对人的心性本体与人的心识的关系的看法不同，也就是对"理"与"心"的异同关系的看法不一致。

如上所述，法相唯识宗所讲的理佛性，是指一切事物的真实本体

① 《能显中边慧日论》卷1，《大正藏》第45卷，420页中。又"三十二相"，佛身体的三十二种子殊胜的相状，"十力"，佛所特有的十种智慧力量。

"真如"，真如是真理、理体，同时又是众生行为的规范、准则。法相唯识宗所讲的行佛性，是指众生阿赖耶识的种子。真如属于"理"的范畴，阿赖耶识种子属于"心"的范畴。法相唯识宗人强调，众生要获得解脱，应从两个方面努力：一是体证真如理性，在境界（认识）上由迷转悟；一是改变阿赖耶识，在心识上由染转净。众生应在修持实践上力求两者相应提高，以成就佛果。这两个方面也称为"理事"，而与性相、体用相对应。

关于理与心的关系，法相唯识宗与持一切众生都有佛性观点的、影响最大的中国佛教主流派——天台、华严和禅诸宗的分歧，主要是：

其一，理与心是否同一。法相唯识宗强调理佛性与行佛性的区别，认为两种佛性之间没有必然联系，有理佛性的不一定有行佛性，主张理与心是不同的。而主流派则认为理佛性与行佛性两者存在必然的联系，有前者必然有后者，视理与心为同一的。在中国佛教主流派看来，宇宙万物的本体即众生的本体，众生的本体即众生的心，众生的心即众生的本性，也就是说众生的本体与众生的本性是同一的，这个观点也是建立一切众生都有佛性学说的理论基石。

其二，理与心能否转化。与上一分歧密切相联，法相唯识宗人认为真如是不生不灭、绝对不变的"无为法"，众生种性是"有为法"，无为法不能生起有为法，真如也不能因为众生经过修持积累功德而转化成为无漏种子；无漏种子也是本来具有的，不是通过"熏习"而能获得的。中国佛教主流派根据《大乘起信论》的"一心二门"和真如有不变和随缘两种属性的理论，认为真如会随着一定条件而变化为阿赖耶识，这种阿赖耶识中就含有觉与不觉两种因素，其中的本觉无漏种子，即佛种性。这说明，双方对于真如理体性质的看法存在着根本性的差异。

还应指出的是，法相唯识宗与天台、华严和禅诸宗对于理与心的侧重也是不同的。法相唯识宗肯定理佛性，谈真如理性，其目的一是为了会通一切众生都有佛性的说法，二是强调真如理性的规范意义，要求无漏种子顺应真如，与真如相契合。实际上，他们重视的是阿赖耶识种子，是行佛性。该宗有的学者就认为，真如作为无为法是不能用来说明有为法的种性的，并明确地反对以真如理性为佛性。天台、华严和禅诸宗则主张以真如理性为佛性，他们只是为了会通佛典上所说的一阐提无佛性的观点而容纳阿赖耶识种子说的。

法相唯识宗提出理佛性与行佛性说，同时在理论上也带来了困难，如理佛性作为众生所依的本体，显然在佛性中占有重要地位。一切众生既有理佛性，为什么一部分众生没有佛性，不能成佛呢？众生由无漏种子的作用而得解脱，这是由有为法生无为法，它又如何与无为法不能生有为法相协调呢？阿赖耶识种子与真如没有内在联系，不能转化，阿赖耶识无漏种子又是怎样具有的呢？这些问题都是难以圆满论述的。大概正是这种种理论上的困难，使法相唯识宗内部发生了分化，如上所言，法宝等人就另立异说，以求摆脱和克服在佛性问题上的矛盾，就是一例。

第三节　密宗的本不生即心实际说

唐玄宗开元年间（713—741），印度密教大师善无畏（637—735）和金刚智相继来唐，传播密教。随后经中国佛教学者一行（683，一说673—727）和自印度来唐的不空（705—774）的阐发，进而创立了密宗。其中一行在密宗的理论创建上贡献颇为突出。一行广采经论，吸收中观学派和瑜伽行派的基本思想，以及《大乘起信论》的理论，来阐释密教的重要经典《大日经》。他在笔录《大毗卢遮那成佛经疏》（《大日经疏》）中，论述了既与天台、华严等宗派相近似，又有自身特色的心性论，从而为“即身成佛”说提供了理论基础。

一、三界无二无别

一行认为心、众生和佛性三界是无差别的，他说：

> 界有三种，所谓法界、心界、众生界。离法界无别众生界，众生界即是法界；离心界无别法界，法界即是心界。当知此三种

无二无别。①

这里所讲的法界，是指“一真法界”，即真如、佛性。心界，即自心。一行认为，心、众生、佛性三者相即不离，没有差异。这与天台、华严两宗所推崇的心、众生和佛三无差别的思想是完全一致的。密宗在此基础上又形成心、众生、佛“三平等观”，以观照心、众生、佛三者无差别，把它作为重要的修持方式。

密宗还宣扬心、虚空、菩提三无差别的思想，一行说：

> 今复结言虚空无垢即是心，心即是菩提，相本同一相，而有三名耳。即此一法界心，虽因缘毕竟不生，而不坏因缘实相。以不生故，则无能所之异；以不坏故，亦得悲为根本，方便波罗密满足，即是究竟不思议中道义也。②

“虚空无垢”，即虚空清净，无所得。心既是虚空无垢，也就是菩提智慧。心、虚空和菩提三者同一相。这心也称为“一法界心”，是不生、不坏的，即是绝对的、永恒的存在。显然，这心是众生成佛的根据，是人类和宇宙的本原、本体。

二、本不生即心实际

一行以心的“本不生”来阐述自性清净心，他说：

> 观一切染净诸法，乃至少分，犹如邻虚，无不从缘生者。若从缘生，即无自性。若无自性，即是本不生。本不生即是心实际。③
>
> 本不生际者，即是自性清净心。自性清净心即是“阿字门”。④

“本”，是根本、元初的意思。“际”，实际。“本际”，原本实际。“本不生际”，意为不生不灭的本际，不生际是万物之本。这两段话的意

---

① 《大毗卢遮那成佛经疏》卷3，《大正藏》第39卷，610页下。
② 《大毗卢遮那成佛经疏》卷1，《大正藏》第39卷，589页上。
③ 《大毗卢遮那成佛经疏》卷2，《大正藏》第39卷，604页上。
④ 《大毗卢遮那成佛经疏》卷1，《大正藏》第39卷，589页下。

思，一是一切事物都从缘而生，从缘而生即无自性。这种无自性就是“本不生”；二是本不生就是自性清净心，也就是心的实相；三是自性清净心就是“阿字门”。在一行看来，心是本不生的，无自性的，自性清净的，也就是超越生与不生、相与无相、前际与后际的绝对精神性实体。

本不生，也是“阿字门”，又称“阿字本不生”。阿字是梵文字母中最初元音 A（a），《大日经》用以象征元初、原始、本原的意义，并视作宇宙人生的根本。一行发挥说：“阿字是一切法教之本，凡最初开口之音皆有阿声，若离阿声则无一切言说，故为众声之母。”①阿字作为众声之母、众字之母，一切法都由它所生，从而含有非同寻常的涵义。一行说：“阿字自有三义，谓不生义、空义、有义。如梵本阿字有本初声，若有本初则是因缘之法，故名为有。又阿者是无生义，若法揽因缘成，则自无有性，是故为空。又不生者，即是一实境界，即是中道。”②

这是运用中观学派的假（有）、空、中的三谛来阐述阿字的意义，从而把阿字本不生说归结为一种中道境界。在阿字的多重意义中，最根本、最具代表性的意义是本不生。阿字是万物的本原、万物体性的本初，而阿字自体本不生，是为万物实相的根本原理。所谓阿字门，是在“观察时则知本不生际是万法之本，犹如闻一切语言时即是闻阿声。如是见一切法生时，即是见本不生际”③。“若见本不生际者，即是如实知自心；如实知自心，即是一切智智。”④ “一切智智”，指一切智慧中的最高智慧，即佛智。这是说，事物从众缘生，而能生的缘又从众缘生，如此辗转从缘，则可懂得本不生际是万物之本，犹如阿声是一切语言之本一样。由此见一切事物时，若能体悟阿字本不生之理，也就悟见本不生际。如此众生也就能了知自心的本原，得佛的智慧，而自身也与佛无二无别。这个作为万物之本的本不生也就是众生

---

① 《大毗卢遮那成佛经疏》卷 7，《大正藏》第 39 卷，651 页下。

② 同上书，649 页中。

③④ 同上书，651 页下。

的自性清净心，就是中道境界。也就是说，在密宗看来，众生的清净本性与万物的本原以及理想的境界是统一的。

三、心自觉心

众生心的实相是本不生，是自性清净，也是菩提智慧。一行说："心实相者，即是无相菩提，亦名一切智智。"① "无相"是指心虚空相，虚空是离一切分别，无固定相状，是普遍存在，毕竟清净。"无相菩提"即心具有虚空相的智慧。心的实相既然是菩提，那么，成佛的关键就在于觉证自心。一行说：

> 所谓众生自心，即是一切智智，如实了知，名为一切智者。是故此教诸菩萨，真语为门，自心发菩提，即心具万行，见心正等觉，证心大涅槃，发起心方便，严净心佛国，从因至果，皆以无所住而住其心。②

意思是说，众生自心即是佛的最高智慧，因此，密教主张真言门，强调自发菩提心，至严净心佛国，都要不住于各种杂心，而住于菩提心。住于菩提心，返心自证、自觉，就能得悟。这也就是"心自证心，心自觉心"③。

密宗认为，成佛的关键是觉证自心，而"菩萨初发心时即名佛"④，"初发心时便成正觉"⑤。"初发心"指发菩提心，众生、菩萨当发菩提心时即成为佛。由此密宗又提出"即身成佛"说。即身成佛又作现身成佛、现生成佛。它强调发菩提心后，无须经过长时期的修行历程即可成佛，亦即以现在由父母所生的肉身，就可登上佛究极的果位。密宗特别强调即身成佛，与即心作佛不同，它是在人的色身（肉身）上论定当体即是佛。一行说："若行者能了达如是不动之轮，而布诸明。……即同毗卢遮那。"⑥ "不动"，指阿字菩提心。"轮"，

---

① 《大毗卢遮那成佛经疏》卷1，《大正藏》第39卷，588页上。
② 同上书，579页中。
③ 同上书，587页下。
④ 同上书，591页上。
⑤ 同上书，587页中。
⑥ 《大毗卢遮那成佛经疏》卷14，《大正藏》第39卷，725页上。

是转生的意思，此指字轮，意为从一梵语文字而轮转生出多字，故称。“不动之轮”，是指阿字菩提心。以本不生之故而无动无退。能生一切字轮而轮转不穷。毗卢遮那又作大日如来，为密宗供奉的本尊与最上根本佛。这是说，众生如能彻底了达不动之轮，即阿字菩提心，通过特定的修行，自身即与毗卢遮那佛融为一体，而成为佛。

此外，密宗还认为，众生乃至草木国土，都是毗卢遮那佛即大日如来的法身。又认为地、水、火、风、空、识“六大”是一切事物的体性，佛、众生及其所住的环境都由六大所造，互不妨碍，相融相渗；六大是佛性，众生和草木国土的自体即是本来佛，因此，从这个意义上说，有情与无情都能发心成佛。

第十五章

禅宗的理论要旨与慧能前禅师的心性思想

第一节　禅宗的理论要旨——心性论

禅宗是最为典型的中国化佛教宗派，因重于禅，主参禅，故名。禅宗的禅法是多种多样的，有的禅师主张坐禅，有的禅师则反对打坐。又因主张“以心传心”，直传佛的心印，而称佛心宗。禅宗宣扬释迦牟尼在灵山拈花，其弟子迦叶微笑，心心相印，以心传心，是为嗣法方式。“以心传心”的心，指佛心，自心。意思是师父与弟子本着同一的佛心，以心领神会而完成授受。这也叫做传佛心印。弟子为师父当下直接认可而得到的心印称为“正法眼藏”，即是得佛教正法。被师父直接印可的徒弟可以相承嗣法，为嗣法弟子。如此由师父传弟子，弟子传徒孙，一代一代内证传承，构成禅宗的“法脉”。禅宗的特征通常被概括为“教外别传、不立文字、直指人心、见性成佛”①。“不立文字”，即不执著文字，不依据经书。三论宗吉藏也有“不立文字”的说法，而“教外别传”却是唐代中期以后禅宗的特色。“教外

① 《临济慧照玄公大宗师语录序》，《大正藏》第47卷，495页中。

别传”是“不立文字”说的发展，它并不是与经教完全绝缘，而是强调在传授上不依文字、言教，即另有“心印”。故禅宗又称作别传宗。“直指人心，见性成佛”，指探究、彻见心性本原，以成就佛果。可见禅宗是以参究的方法彻见心性的本原为主旨的。

从历代禅师的著作来看，禅宗并不关注如何认识世界，以满足外在需要的问题，不关注世界观、宇宙论的问题，它在这方面的理论贡献较小。唯有对禅修方法极为重视，探讨、辩论和创造甚多，棒喝、机锋、公案、古则、话头、默照，甚至呵祖骂佛等教学方法和参禅法门，令人目不暇接，而这形形色色的禅法，都是从心性思想发挥出来的种种机用。禅宗的种种接化，修行方法，不同的途径，也都是以达到见性成佛为目的的。由此，禅宗对于心性的内涵、本质，心性与成佛的关系等问题，也作了极富特色的论述。我们只有结合禅宗心性思想才能理解其禅法的真意。

禅宗作为佛教的一个流派，归根到底也是讲如何了生死，如何解脱，如何成佛的问题。人既是自然的一部分，又是从自然中分裂出来的独立主体。向往与自然同样具有永恒性、无限性，向往与自然的同一，是人的最深沉、最强烈的内在愿望之一。而现实与这种愿望是对立的。禅宗的禅法作为一种生命的智慧和艺术，正是力图为人们实现这种向往提供方案。禅宗在中国古代占主导地位的儒家思想的强大影响下，转向重视人的现世，重视此岸，并着重从人的心性方面去探求实现生命自觉、理想人格和精神自由的问题。禅宗视心为人性的主体承担者。禅师们既重视心，也重视性，并把心性结合起来，从而也就把心看作存在的范畴。他们把实现自我觉悟，开发自己心灵世界，作为人生的主要任务和最大追求。强调要自识本心，自见本性，实现自我超越，解脱烦恼、痛苦和生死，成就为佛，即在有限、短暂、相对的现实中实现无限永恒、绝对。

由上可见，禅宗的心性论是禅修方法的理论基础，是禅宗哲学思想的核心内容，也是禅宗的全部理论的主要旨趣。

禅宗的心性论是在不断变化、发展过程中丰富起来的，而这种情况又是和禅法的演变、流派的分化直接相关的。从中国禅学、禅宗思想发展史来看，大体上可以分为三大阶段：一是从印度禅法传入，尤其是菩提达摩推行“理入”和“行入”，亦即理论和实践相结合的禅法以来，一直到弘忍时代，提倡凭借经典，重视整体佛法，以求参禅成佛，可以说是准备时期①；二是从慧能开始提倡自性清净，超越文字义解，直下彻悟心源，顿悟成佛，可以说标志了中国化禅宗的形成。随后并分衍出五家七宗，门叶繁茂，兰菊争艳，禅宗臻于鼎盛，可以说是兴盛期；三是从宋代以后，禅宗思想，包括心性思想趋于停滞，由守成渐至衰退，可以说是守成期。对于禅宗的心性论，我们主要是论述准备期和兴盛期，特别是兴盛期的思想内容。

考察禅宗的准备期和兴盛期的心性论，首先是可以了解到，佛性，如来藏心或真心是这两个时期禅师心性论共同的思想内核。他们都认定众生具有如来藏心或真心，由此也都提倡通过这样或那样的心性修持，以求证悟成佛。这其间最主要的区别是：在准备期，禅师多偏于真心与妄心的对立，强调去妄求真，灭妄存真；而兴盛期的禅师则强调真心和妄心的统一，甚至不讲妄心，主张直指本心（真心），顿悟成佛。这是在慧能，尤其是在马祖道一、石头希迁以后，与慧能以前的禅师的心性论乃至整个禅学教义的主要分歧所在。其次是在预备期有牛头法融“无心为道”说与道信、弘忍等人“即心是佛”说的对立，而马祖和石头二系，尤其是石头系则把两种说法调和起来，融合为一种有别于以前的新的心性论。正是在继承、扬弃和发展以往心性论的基础上，正是强调众生本有真心的决定作用，慧能及其门下得以相应地运用简易直捷的法门，而在传播禅法上取得巨大的胜利和成功。慧能禅宗之成为晚唐以来禅宗乃至整个佛教的主流，不是偶然的。

至于慧能一系把真心与妄心统一起来，在禅宗思想发展史上的作

---

① 这样的分期并不排斥称达摩为禅宗的初祖，也不排斥通常称神秀一系为禅宗北宗，慧能一系为禅宗南宗的传统说法。我们认为，从主张性净自觉，顿悟成佛等方面考察，彻底中国化的禅宗是自慧能始。在禅宗史上，禅宗这一名称是在慧能百年后即 9 世纪才开始出现的。

用也是复杂的，它一方面有助于禅师从现实活动中提升心灵境界，一方面又易于使禅修活动流俗化，从而失去心性道德修持的榜样作用，这也是历史事实所昭示我们的。

第二节 达摩、慧可、僧璨的真性与自觉说

菩提达摩（生年不详，卒于536，一说528）、慧可（487—593）、僧璨（？—606）这三位禅师的事迹都没有详细的记载，有的记载甚至还很混乱。但现有的记载都表明一个共同点：三代禅师都崇奉4卷本《楞伽经》①，并以之作为禅修的指导和印证；也都着重实践一衣一钵、一坐一食、随缘而住的头陀行。他们的思想和宗风是一脉相承的，所以都被称为楞伽师。4卷本《楞伽经》对他们的影响主要有两方面，一是方法上重“宗通”。该经云：“谓我二种通，宗通及言通。说者授童蒙，宗为修行者。”② “通”，通达。通达佛教的方法被归结为两种，一是“言通”，也称为“说通”，即运用语言文字，安立名相进行说法教化，这是对初学者的启蒙。一是“宗通”，“宗”，宗旨、宗要。宗通指离开语言文字，直接通达佛教堂奥的宗旨，亦指修行者的自证自悟。禅师强调把言（教）与宗区分开来，提倡“藉教悟宗”，并着重于宗的趣入。也就是通过经教的学习形成信仰后，便不能再凭借言教了。这也是后来“宗门”和“教下”区分之所本。《楞伽经》对上述禅师影响的又一方面是思想上重视如来藏说。③ 该经认为一切众生的烦恼身中都藏有自性清净（本来清净）的如来法身，而一切众生的自性都含藏如来的功德。如来藏思想一直成为禅宗的主要思想基础，是禅宗心性论的核心观念。这也说明，自菩提达摩始，中国禅师已经超越了单纯坐禅和冥想的领域，进而关注本体性的心的探讨，重视心性本原的寻求、体悟。

---

① 求那跋陀罗译，全称为《楞伽阿跋多罗宝经》，见《大正藏》第16卷。

② 《大正藏》第16卷，503页上、中。又，文中“言通”，原为“言言”，改。

③ 详见《楞伽经》卷1、卷4，《大正藏》第16卷，489、510页。

上述三位楞伽禅师的著作已难以详考。后人曾编有《少室六门集》①，挂在菩提达摩名下。学术界一般认为《楞伽师资记·达摩传》中载有的《略辨大乘入道四行》是代表达摩思想的比较可信的著述。慧可的撰述今几已不存。题为僧璨所作的《信心铭》，虽不完全可信，却为后世禅师所喜诵，因而具有了禅宗根本典据的意义。

一、同一真性与安心法门

菩提达摩禅师心性论的基本思想，是认为一切众生都有"同一真性"。《略辨大乘入道四行》说："深信含生，凡圣同一真性，但为客尘妄覆，不能显了"，强调必须"舍妄归真"②。这里说的真性即是佛性，同一真性即是同一佛性。这是认为众生都有同一佛性，只因妄念覆盖，没有显现出来而已。这种思想是根据4卷本《楞伽经》所讲众生都有"如来藏"的说法，并结合《涅槃经》的"一切众生皆有佛性"说而提出的。4卷本《楞伽经》云："虽自性净，客尘所覆故，犹见不净。"③ 这属于如来藏自性清净心说。菩提达摩所传的禅法，实际上就是如来藏法门。

在菩提达摩看来，真性或佛性也就是人心。人人都本有一心即自性清净心。4卷本《楞伽经》视佛性和人心为一事，把两者合称为"如来藏识藏"④。"如来藏"即佛性，"识藏"即人心。人心即佛性的心，也即自性清净心。所以经文又说："如来藏自性清净，转三十二相入于一切众生身中。"⑤ 这是说，一切众生身中本来具足三十二相的如来，自性清净，犹如胎藏一样。达摩北上入魏时，菩提流支译的10卷本《入楞伽经》已经开始流传，但达摩却宗奉在南方译出的4卷本《楞伽经》。两个译本在佛性及其与人心的关系问题上存在着重大分歧。10卷本视佛性与人心的性质不同，强调"如来藏识不在阿

① 见《大正藏》第48卷。
② 《楞伽师资记》，《大正藏》第85卷，1285页上。
③ 《大正藏》第16卷，510页下。
④ 《楞伽经》卷4，《大正藏》第16卷，510页下。
⑤ 《楞伽经》卷2，《大正藏》第16卷，489页上。

黎耶识中”[1]，“阿黎耶识”即识藏，如来藏识在识藏之外，二者不同，如来藏识是净心，识藏是染心。也就是说有二心：佛心是净心，是自性清净心；人心是染心，是自性染污心。达摩选择如来藏说，表明他并不赞赏阿赖耶识说，因为阿赖耶识说与“宗通”说并不协调。又，相传达摩是南印度人，时南印度流行如来藏说，北印度则重阿赖耶识说。达摩选择如来藏说，也可能与印度南北不同地区的不同佛教文化背景有关。

菩提达摩把成就佛道的方法归结为悟理和修行两个方面。悟理是悟证“性净之理”。所谓“性净之理”，是无染无著、无此无彼的真理。达摩强调只有“深信含生同一真性，但为客尘所覆，不能显了”的意义，才能显发真性，灭除妄念，和“性净之理”相契合，并进而为修行提供智慧的根据和可靠的保证。[2] 如何显发同一真性，悟证性净之理呢？达摩特别重视“安心”，所谓安心就是将心安住于一处，使之达到安定寂静的境界，和“住心”、“宅心”的意思相同。为了安心，就不能对事物作彼此的分别，也不能执著于善恶。可见，安心也可说是不起分别心，没有分别的心。相传有这样一个故事：慧可初次见到达摩，说自己内心很不安宁，乞求帮助“安心”。达摩立即回答说，你把不安的心拿来，我使你安心。慧可说，不安的心找不到。达摩说我已经给你安心了。[3] 这是讲不要把心加以区别，不要以为有与安心相对立的不安的心，如此破除了分别，合乎无相之理，也就是安心的意义。由此看来，安心又可说是无心。《少室六门·第四门安心法门》还提出“即心无心，是为通达佛道”[4] 的命题，认为“佛道”的要义是“即心无心”，也就是心不起分别心。中国传统无心而任物的心理结构与思维方式的影

---

① 《入楞伽经》卷7，《大正藏》第16卷，556页下。

② 延寿《宗镜录》卷100云：“跋陀三藏云：理心者，心非理外，理非心外；心即是理，理即是心。心理平等，名之为理；理照能明，名之为心。觉心理平等，名之为佛心。”(《大正藏》第48卷，953页上)“跋陀”即求那跋陀罗，为4卷本《楞伽经》译主。他所说的心与理平等无差别的理心论，对达摩应是有影响的。

③ 详见《景德传灯录》卷3，《大正藏》第51卷，219页中。

④ 《大正藏》第48卷，370页中。

响，在这里表现得十分明显。

二、自觉圣智与是心是佛

据道宣《续高僧传》卷16《慧可传》① 载，慧可门下发生了分流，一派是口说玄理，不出文记的禅师，一派是注重疏释文义，阐辨名相的经师。该传还说，慧可是“专附玄理”、不拘文字的自由解经方法的倡导者。慧可所“专附”的玄理是指《楞伽经》学说，即关于人生终极关怀和成就解脱境界的禅门根本义理，特别是众生心性的根本问题。现存的慧可《答向居士来书》中的一首偈，基本上体现了他“专附玄理”的思想风貌，偈云：

> 说此真法皆如实，与真幽理竟不殊。
> 本迷摩尼谓瓦砾，豁然自觉是真珠。
> 无明智慧等无异，当知万法即皆如。
> 愍此二见之徒辈，申词措笔作斯书。
> 观身与佛不差别，何须更觅彼无余?②

“摩尼”，指宝珠。“无余”，指无余涅槃，是一种断除烦恼和灭尽生死因果的解脱境界。此偈包含了自觉圣智和即心是佛的心性论思想。

楞伽师重如来藏说，以得自觉圣智为目标。所谓自觉圣智是通过自觉观察，排除妄见，进而升到成佛境地的一种智慧。自觉圣智与如来藏有相通之处。上引偈文中“本迷摩尼谓瓦砾，豁然自觉是真珠”两句是说，犹如众生迷惑时，会视真珠为瓦砾，不知摩尼是真珠一样，众生一旦觉悟，离开迷妄，也就立即明白本性是觉性、佛性。这是一种本性觉悟说，即把自觉解释为自性觉悟，认为主体自我本来就有佛性，是觉悟的。第五、六两句偈文又肯定无明（无知）与智慧无异，当知“万法皆如”。“万法”，指包括善恶愚智在内的一切存在。“如”，是不异，是本来的真实的相状。意思是应当亲证一切存在都是没有差别的实相。这是进一步发挥自性本觉的意义。然而《楞伽经》

---

① 《大正藏》第50卷，552页。

② 《续高僧传·慧可传》，《大正藏》第50卷，552页中。

所讲的自觉圣智的“觉”字是指触觉，也就是见闻觉知的觉，“自觉”即是一种自我的内证，现证。而慧可把自觉解释为无须依靠别的因缘的自我觉悟、自性觉悟、本有觉悟[①]，自觉圣智被解释为自性觉悟的绝对智慧。慧可的这种自由解经方法和自性本觉说，对后世禅宗的思想发展有着重大的影响。

慧可还从众生自性觉悟，进一步肯定众生的心即是佛。上述偈文末尾两句说的就是“即心是佛”的意思，强调不必另求无余涅槃境界。据《景德传灯录》卷3载，慧可回答弟子问什么是佛法时曾说：“是心是佛，是心是法。法佛无二，僧宝亦然。”[②] 意思是说，心是佛，也是法，也是僧。佛、法、僧“三宝”都是心，都是以心为根本。由于三宝同是心，因此佛、法、僧三者可谓没有差别。慧可以心来贯通佛、法、僧，把心提高到至关重要的地位。慧可视心为佛的根据，是认为心的自性是觉悟的。这种心佛观念对后世禅宗乃至整个佛教思想发展的影响也是深远的。

三、一心不生与任性合道

禅宗三祖僧璨的史料极少。现就托名僧璨所作的《信心铭》略作介绍。该文“不心”与“任性”的心性论思想，是禅宗思想史上的重要环节。

《信心铭》是在继承达摩、慧可的清净心思想基础上，进一步吸取道家尤其是《庄子》的“齐物”、“逍遥”思想而成的。全文以“真如法界不二”即以宇宙万物本体同一的思想为宗旨，强调万物之间相即齐一，又以修持者契合如此的“至道”为禅修的最高境地。契合“至道”的最高境界，也就是人的心地的本真状态。为此，《信心铭》提出“息见”、“不心”、“任性”的自然主义心性论。

“至道无难，唯嫌拣择”[③]，这是《信心铭》全文开宗明义的总论性的话。拣择，即选择，区别。这句话是说，把握“至道”的最根本

---

① 参见吕澂：《禅学述原》，见《吕澂佛学论著选集》（一），400页，济南，齐鲁书社，1991。

② 《大正藏》第51卷，220页下。

③ 《信心铭》，《大正藏》第48卷，376页中。

之点就是不作分别。也就是既不作“有”的分别，也不作“空”的分别。“系念乖真”①，任何执持对立的一端都是不符合“不二”原则的妄念、妄见，都必须消灭。消灭二端对立的妄见，也就是显发出真实的心性。这就是“不用求真，唯须息见”②。要做到“息见”，就是要不生执心，“一心不生，万法无咎。无咎无法，不生不心”③。“将心用心，岂非大错!”④ “心若不异，万法一如。”⑤ “不心”，就是不生心。如果“生心”、“用心”、“心异”，就会形成分别，产生是非，执著取舍，有所得失，从而违背“真如法界不二”的宗旨，也就无从契合“至道”的境界。要做到“息见”、“不心”，也就是要“任性”。文中说：“放之自然，体无去住。任性合道，逍遥绝恼。”⑥ “性”，指众生的本性、真性。“任性”就是随任性的自然，就是“归复自然”⑦，这是不作分别，非有非空，无去无来的心性本然，是人心冥合至道，断绝烦恼的理想境地。这种追求心的原初状态、心性的自然表露，以及任运自在的自然主义的禅修生活准则，越来越为后世大多数禅师所奉行。

第三节　道信和弘忍的念佛心与本真心思想

一、心心念佛与念佛净心

达摩禅传至道信、弘忍时，历史已进入了隋唐大统一的时代。道信（580—651）、弘忍（601—674）分别住在蕲州黄梅（今湖北省黄梅县）的破头山（双峰山）和冯茂山（东山）弘法。黄梅地处长江中游，东西南北，往来称便。历史的良机和环境的优越，推动了道信、弘忍经过50多年的努力，使门徒分别多达500人乃至700人。道信和弘忍这一系史称“东山宗”，成为当时禅法的重要中心和尔后禅宗的直接源头。

道信、弘忍的禅法，史称“东山法门”。这一法门的核心是“一行三昧”。所谓“一行”，意思是定、正定，即将心定于一处或一境，

①②③④⑤⑥⑦ 《信心铭》，《大正藏》第48卷，376页下。

不使散乱，保持宁静、安定的状态。“一行三昧”就是指心专于修习一事的正定，或者说是借一种修行，使心安定下来。通常有两种，一是一心念佛的念佛三昧；二是一心观照万事万物无差别相的三昧。道信在《入道安心要方便法门》中论述了他的法要：“我此法要，依《楞伽经》诸佛心第一。又依《文殊说般若经》一行三昧，即念佛心是佛，妄念是凡夫。”① 可以说这是东山法门禅法的纲要，其中包含了心性理论和修行实践两个方面。这里我们先论述他的“一行三昧”修持法门，即一心念佛的念佛三昧。《文殊说般若经》对于念佛三昧如是说：

> 善男子，善女人，欲入一行三昧，应处空闲，舍诸乱意，不取相貌，系心一佛，专称名字；随佛方所，端身正向，能于一佛念念相续，即是念中，能见过去、未来、现在诸佛。②

这里的“相貌”指形相，如佛的三十二相，八十种好。“不取相貌”，是根据般若的思想，不执取形相差别，而归于无差别相。经文主张入一行三昧的方法是静坐、定心、不取相，专念一佛名，如此坚持不懈，就会使心安定、清净，也就能由念一佛而见一切佛。这种一行三昧是般若无相学说与唯心念佛相合的修持方法。

弘忍在继承道信法门的同时，又比道信更鲜明地倾向《大乘起信论》的一行三昧。《大乘起信论》主张以离念（念，指无明）即远离无明归趣于无相的修持工夫，求得心灵返归原初的清净状态，所以也很重视一行三昧。此论的一行三昧，就是念念离念，“念念”指时时刻刻。意思是时时刻刻专注于排除离开无知妄念，也是更重视原初一心的修持与寻求。

《续高僧传》卷 20《玄奘传》描述了道信的禅法是“唯存摄念，长坐不卧，系念在前”③。《楞伽师资记》载弘忍的禅法是“萧然净

---

① 转引自《楞伽师资记》，《大正藏》第 85 卷，1286 页下。

② 此经全称为《文殊师利所说摩诃般若波罗蜜经》，引文见该经卷下，《大正藏》第 8 卷，731 页中。

③ 《大正藏》第 50 卷，600 页上。

坐，不出文记，口说玄理，默授与人”①。从总体上看，道信、弘忍师徒禅法的基本路数是一致的。他们的法门，一言以蔽之，就是静态渐修的坐禅、念佛和观心、守心。

伴随着东山法门的弘扬，道信、弘忍在达摩禅演变史上树立了新的家风。主要表现为：一是定居山林。达摩、慧可修持的头陀行规定，不得留恋久居一地，而要过随缘而住的云水生活。道信、弘忍改变了这一传统，“择地开居，营宇立象”，长期定居于黄梅。他们开创道场，建造寺院，弘法传道，聚徒数以百计，形成一个庞大的教团。由于久居山林，潜修山中，不仅形成了山林佛教的禅风，而且在禅修的同时开展生产劳动，采用经济上的自给自足方法解决了僧众的生活问题。二是法门洞开。在弘忍以前，禅师不轻易传授禅法，只是有选择地个别秘密传授。自弘忍始，法门大启，根机不择，不分学徒条件的优劣，一律实行普遍而公开的传授。三是传菩萨戒。据《楞伽师资记》载，道信撰有《菩萨戒本》，说明他在教导禅法的同时又传大乘戒。这种禅戒结合的做法为弘忍所继承。四是重在念佛。与以往凝神壁观不同，道信转而引用念佛三昧，提倡“心心念佛”，依念佛而成佛。弘忍同样主张“念佛净心”，认为通过念佛名，能使人心清净。

道信撰写的《菩萨戒本》和《入道安心要方便法门》二书均已佚失，然《楞伽师资记》全书约一半是讲道信禅法的，《入道安心要方便法门》一书的内容已为引录，故可作论述道信禅法及其思想的根据。现题为弘忍述的著作，有《最上乘论》一卷，此书与敦煌本《导凡趣圣悟解脱宗修心要论》一卷为同一种作品，但《楞伽师资记》断定为伪撰。由于《最上乘论》所述的内容，与弘忍的思想比较一致，似可作论述弘忍思想的重要参考资料。

二、明净心与念佛心

道信、弘忍的东山法门是奠基于心性理论基础上的。《入道安心

① 《大正藏》第85卷，1289页中。

要方便法门》引古训说："古时智敏[1]禅师训曰：学道之法，必须解行相扶，先知心之根原及诸体用，见理分明无惑，然后功业可成。一解千从，一迷万惑。失之毫厘，差之千里。"[2] 这段话强调了理论与实践相结合的修持原则。在解知方面，特别重视知心的根源及其体用的意义。又说："坐时当觉识心初动，运运流注，随其来去，皆令知之。"[3] 这是说，坐禅时要觉察自己原初心灵的冲动，知其来去变化。也就是超越单纯的坐禅冥想，而着意关心探索本原性的一心。道信主张以心为原，教人向内心用功，为此他还特别用"依《楞伽经》诸佛心第一"话来强调"心"的重要作用。这里道信是引用 4 卷本《楞伽经》的品名"一切佛语心第一"，而《楞伽经》品名的"心"字是核心、中心的意思，该品名标示了佛教核心思想在《楞伽经》中都具备了。道信则断以己意，把"一切佛语心第一"发挥为"诸佛心第一"，把"心"说成是人心的心，强调"心"的重要，强调要重视"心"的修持，以此强化向内用功的禅修路线。

道信除了依据《楞伽经》和《文殊说般若经》以外，还广泛地吸收了其他佛教经典思想，以致他对心内涵的论述也比较庞杂。从《入道安心要方便法门》来看，心的涵义有两个层面：一是从众生原初本有的角度界定心是明净心（清净心），二是从众生现实修持角度提出的心是念佛心。对于明净心，道信又通过融合《楞伽》和《般若》两经，来肯定如来藏性与寂灭性两方面统一的特质。《楞伽经》是讲如来藏的，《文殊说般若经》是讲空的。然而《文殊说般若经》又认为真空与妙有不二，从空寂中显示真性，所以说："如来界及我界，即不二相。"[4] "如来界"，是如来性、如来藏、佛性的别名。"我界"即

① 近人印顺法师认为"智敏禅师大致为智𫖮禅师的误写"，见其所著《中国禅宗史》，57 页，南昌，江西人民出版社，1990。若如此，则道信的禅法颇受天台宗止观学说的影响。

② 转引自《楞伽师资记》，《大正藏》第 85 卷，1288 页上。

③ 同上书，1287 页中。

④ 《大正藏》第 8 卷，729 页下。

众生。这是说如来藏与众生，平等不二，众生都具有如来藏性。在道信看来，上述两经是互融互补的，如来藏性与空寂性是无异无别的。他说，若能做到“观察分明，内外空净，即心性寂灭，如其寂灭，则圣心显矣”①。这也就是说，清净与空寂本是一回事。

道信还分析了明净心的体用两个方面。心体是指心的体性，“体性清净，体与佛同”②，人心本有的体性是清净无染的，与佛是一样的，即众生心性的本质与佛无异。这是一种众生都有佛性的思想。在道信看来，这也是众生信佛入道的前提，如果众生没有清净体，没有佛性，入道成佛又从何谈起？心用是指明净心的作用，“用生法宝，起作恒寂，万法（原作‘惑’）皆如”③。“法宝”是佛、法、僧三宝之一的佛法。“万法”，一切存在。明净心的作用是产生与佛法相符合的觉悟，同时这种心的作用又表现为无所波动的“恒寂”状态，即不对万物作出高下分别，而是“万法皆如”，一体平等。如果对万物作出种种区别，就违背佛法，不符万物的实相，就是妄念。

道信在体用观念基础上，阐发了明净心的体性与作用，为念佛心成佛提供了理论根据和修持规范，为引导人们追求内心世界的明净空灵提供了方便法门。

道信提出了“念佛心”的概念，并加以阐释，宣扬“念佛心是佛，妄念是凡夫”的命题。这既是把念佛心与妄念、佛与凡夫对立起来，也是把念佛心与佛、妄念与凡夫统一起来，具有重要的宗教理论意义和实践意义。

那么，什么是念佛心呢？为什么说念佛心是佛呢？所谓念佛心，就是前文所引的“系心一佛，专称佛名”。意思是排除一切妄念，专于念佛，心心相续，以求心中见佛。这实际上是主张念佛与念心的同一。道信的念佛是称名、观想等多种念佛活动，念心就是观心。也就是一方面以念佛生无量无边功德，一方面以观心灭尽妄念，求得心地

---

① 《入道安心要方便法门》，转引自《楞伽师资记》，《大正藏》第85卷，1289页上。
②③ 同上书，1288页上。

清净。这两方面是同步的，甚至是同一的。这样，念佛心也就是“名无所念”[①]，是不作区别、无所执著的心，是心的本然。念佛心排除妄念、烦恼，不执著对象形相，就会“忽然澄寂，更无所缘念”[②]。念佛心的佛是无形相的，念佛心的心也是无形相的，从修持的更高意义上说，念佛实是无所念，连念佛心也不生起，只保持原本的净心，才是真念佛。这种无所念的念佛心，是禅修成佛的基础：“身心方寸，举足下足，常在道场；施为举动，皆是菩提。”[③]“方寸”，心。“道场”，成佛的依处。“菩提”，觉悟。身心活动，不外乎自心，一切活动，都是成佛的道场，都体现了成佛的觉悟。所以，“离心无别有佛，离佛无别有心”[④]，“念佛心是佛”。真念佛时，佛与心的形相俱泯，佛与心相融无别，佛就是心，心就是佛。这也就是“念佛即是念心，求心即是求佛”[⑤]。

道信对念佛心的功能作了多角度的揭示。首先，他认为念佛能知诸佛的无差别境界。“念一佛功德无量无边，亦与无量诸佛功德无二，不思议佛法等无分别，皆乘一如，成最正觉，悉具无量功德，无量辨才。如是入一行三昧者，尽知恒沙诸佛法界，无差别相。”[⑥] 念佛时观想一佛的无量无边的功德，佛佛是相通的，由念一佛就能见一切佛显现面前。其次，念佛能使心净。《传法宝记》描述了弘忍等禅师的法门是“念佛名，令净心”，这是继承道信的禅法。念佛使心专一，集中，单纯，安定，也就会进一步使心清净。而心清净也就是佛性、本觉。再次，由念佛进而体悟到所见诸佛都由自心活动，即都是唯心所现。佛从心生，要求成佛，念佛心实具有关键性的作用。这也就进一步开拓了“是心作佛，是心是佛”[⑦] 的法门，以求达到即心即佛的体悟。

道信以念佛与念心相合而一构成念佛心的观念，把众生的现实心灵与原本清净的心灵沟通起来，从而也就为从念佛过渡到成佛提供了桥梁，并以此与具有妄念的凡夫区别开来。

---

①②③④⑤⑥ 转引自《楞伽师资记》，《大正藏》第85卷，1287页上。

⑦ 《观无量寿佛经》，《大正藏》第12卷，343页上。

三、自心与本真心

《入道安心要方便法门》把禅修要领归结为“守一不移”，《最上乘论》继承了这种观点，进一步强调“守心第一”，并认为所守的心是“守本真心”。

道信说：“守一不移者，以此空净眼注意看一物，无问昼夜时，专精常不动。其心欲驰散，急手还摄来。如绳系鸟足，欲飞还掣取。终日看不已，泯然心自定。”① 又说：“守一不移，动静常住，能令学者明见佛性，早入定门。”② 所谓“守一不移”是首先观照众生的自身只是“四大”、“五蕴”和合的假名，空净而了无一物可得。然后以这种“看净”的观点与方法去审视一物，如此摄守不移，以进入自心寂静的境地。这样，学禅者也就能够不需要通过什么中介而“明见佛性”，即直接体证自身的内在佛性，从而得定发慧。《最上乘论》在此基础上说：“此守心者，乃是涅槃之根本，入道之要门，十二部经之宗，三世诸佛之祖。”③ “十二部经”，即各类佛经。这是把守心的重要性提到学佛和成佛的高度，甚至认为是佛的本师，这也就最大限度地突出了心的作用。

《最上乘论》对守心的心作了这样的说明：

> 夫修道之本体，须识当身心本来清净，不生不灭，无有分别。自性圆满，清净之心，此是本师，乃胜念十方诸佛。④

认为心是“自性圆满清净心”。此心的规定性有三：本来清净，不生不灭和无有分别。《十地经》曾有这样的比喻，说众生身中都有佛性，犹如太阳，圆满光明，但为云雾遮覆而使天下阴暗。《最上乘论》引用这一比喻说，清净心是为妄念烦恼所盖覆而不得显现，只要凝然守心，妄念不生，清净心就会自然显现。这是通过云雾遮住太阳的比喻来说明心的“本来清净”，把需要论证的论点视为不证自明的。关于

① 《入道安心要方便法门》，转引自《楞伽师资记》，《大正藏》第85卷，1288页中。
② 同上书，1288页上。
③ 《大正藏》第48卷，377页下。
④ 同上书，377页上。

心的“不生不灭”，该论说：

> 《维摩经》云：如，无有生；如，无有灭。如者，真如佛性，自性清净。清净者，心之原也。真如本有，不从缘生。又云：一切众生皆如也，众贤圣亦如也。一切众生者，即我等是也；众贤圣者，即诸佛是也。名相虽别，身中真如法性并同。不生不灭故，言皆如也。①

“如”，即真如，指一切事物的本来实相。这段话的意思是，真如是自性清净的，不是由因缘和合而生的。既然是不生的，那么，也就是不灭的。所以，也可说不生不灭就是如，真如。真如佛性是清净的，这是心的本原，也是众生和佛同样具有的。由于心是本来清净，不生不灭的，因此也是“无有分别”的。心的这三种规定性是从不同侧面说明心的原本性质、状态，即“自性圆满清净”。或者说，由心的本来清净，而不生不灭，而无有分别，三者具有前后的推导关系。总之，这是强调心具有清净性、永恒性、绝对性的特质，是众生和诸佛的共同本原、本体。

守心的心，《最上乘论》也称作“自心”、“本心”、“真心”、“本真心”。该论援引了《华严经》经文来说明“守本真心”的意义。说：“三界虚幻，唯是一心作。……但于行住坐卧中常了然守本真心。”②这是从认识论和宇宙论的角度，强调要在日常生活和修持中，了解“守本真心”对于认识世界虚幻的重要性。又说：“三世诸佛皆从心性中生。先守真心，妄念不生，我所心灭，后得成佛。”③“我所”，指为我所有之观念。这是从心性与成佛的关系，即心性生佛的角度强调众生要先摄守真心，以使妄念不生，灭除执著外物为我所有的观念，然后就得以成佛。“守本真心”是众生成佛的起点、根据和关键。在《最上乘论》看来，众生转化成佛，就是守住真心，不使驰散，不起妄念，不生我执的工夫。众生一旦了悟心原，真心不失，妄念不起，

---

① 《大正藏》第48卷，377页中。

② 同上书，378页中。

③ 同上书，378页上。

也就解脱成佛了。对自性或真心的迷悟是为众生与佛的分水岭。

道信和弘忍树立的东山法门有着共同的禅法、禅风。相比较而言，两人又各有所重。道信信奉《楞伽经》与《文殊说般若经》，尤为侧重于后者而倡导“念佛”、“看净”（空无一物）。弘忍则侧重于《楞伽经》和依魏译《楞伽经》所作的《大乘起信论》，更推崇“看心”、“守心”。道信和弘忍的法门及其变化，反映出他们心性理论的共同性和差异性。共同之点是他们都信奉《楞伽经》，都以众生同具如来藏或佛性为理论基石，都以心性为本，倡导“即心是佛”说。不同的是，弘忍比道信更强调“守本真心”，即把“守心”的心明确地落实到《大乘起信论》的心真如门，从而更鲜明地在心性论上表现出返本归源的倾向。这也就游离了菩提达摩通过壁观而与道冥合的禅法，转而通过看心而守心，强调在摄守人类心灵本原上着力用功，即更注重主体内在精神世界的转换与超越，从而淡化了对佛教经典的信奉和对宇宙万物空性的体认。

道信和弘忍的心性论对后世的影响是深远的，尤其是弘忍从一心说转而采用《大乘起信论》的染净二心说，阐扬妄心不起、真心不失的思想，为后来禅师们所继承、运用。由于侧重点不同，有的后继者偏于息灭妄心，有的后继者重在直指真心，从而形成不同的流派。由于弘忍注重摄守本心，从而为不立文字，教外别传，特重法统传承的典型中国化的慧能禅宗南宗一系开辟了道路。

第四节　牛头法融的无心与忘情说

稍晚于道信又略早于弘忍的法融（594—657）是江苏丹阳人。他早年饱读各类典籍，认为“儒道俗文，信同糠秕；般若止观，实可舟航”①。于是，19岁时入句容茅山，从三论宗僧炅法师剃度，并潜心钻研“三论”和其他经论，深有造诣。后又以为“慧发乱纵，定开心府”②，认为全凭文字知解并不能获得心灵的解脱，因而再入静林，

①② 《法融传》，《续高僧传》卷20，《大正藏》第50卷，603页下。

凝心默坐，修持习定20年。最后入牛头山，建茅茨禅室，日夜参究，不再离开。法融是一位由般若三论而入禅门、禅教并重而又更侧重于禅悟的学者，著有《心铭》和《绝观论》[①] 等。他祖述般若三论，主张心性空寂，以寂静虚明为理想的精神家园。与此相应，他在禅法上提倡无心绝观，认为没有心可守，也没有什么可观，表现出了与道信、弘忍一系截然不同的禅风，因此，后世一些禅宗学人把他的禅法称为"泯绝无寄宗"，他本人则被称为"东夏之达摩"。

一、"无心"合"道"

法融心性论的核心思想是无心说，这一学说，涉及了心的涵义和状态、无心的意义、无心合道的命题以及否定安心说等比较丰富而独特的心性论哲学内容。

据延寿《宗镜录》卷97引《绝观论》说："问云：'何者是心？'答：'六根所观，并悉是心。'"[②] "六根"，指五种感觉、认识器官和内在意识。法融认为人的心理活动、精神作用，总称为心。又说："问：'心若为？'答：'心寂灭'。"[③] 心的本性是空寂的。心性本寂就是"无心"。"心性寂灭为定，常解寂灭为慧。"[④] 这是说，心理活动归于寂静是"定"，日常见解归于息灭是"慧"。定和慧是佛教修持的基本内容，达到心性寂灭和常解寂灭是佛教空宗的根本要求。《绝观论》认为智慧的作用是对境界产生见解，而智慧的境界是主体自身的心性。[⑤] 由此真正的智慧就是要对心性有正确的见解，即要把握心性空寂的道理。法融还认为心有两种形态："舒"，照用，活动；"卷"，寂灭，静止。"舒则弥游法界，卷则定（疑为'踪'字之误）迹难寻。"[⑥] 认为心发生照用时，能远游无边法界，心处于静止时则无来去，无踪迹。心寂静时无踪迹可寻，这说明心和万物都是空的、不可

① 《绝观论》又名《达摩和尚绝观论》、《入理缘门论》和《观行法》（无名上士集）等，全书为问答体，共107番问答。见任继愈主编：《中国佛教丛书·禅宗编》（一），245～254页，南京，江苏古籍出版社，1993。

②③④ 《大正藏》第48卷，941页上。

⑤⑥ 同上书，941页中。

得的。“目前无物，无物宛然”[①]。明白了万物皆无，心也就空寂了。这也就是所谓“心境本寂”的思想。《心铭》说：“开目见相，心随境起。心外无境，境外无心。……心寂境如，不遣不拘。境随心灭，心随境无。两处不生，寂静虚明。菩提影现，心水常清。”[②] 这也是从心与境的关系上，强调心随境而起，而实际上心并没有境，境也没有心。心是空寂的，境应随心而灭，同时心也随境而无。如此两者不生，同时寂灭，境灭心无，而得菩提觉悟。

《宗镜录》卷45所引的法融的话，集中地表述了法融的“无心”观念，文说：

> 融大师云。镜像本无心，说镜像无心，从无心中说无心。人说（“说”字，衍文）有心，说人无心，从有心中说无心。有心中说无心，是末观，无心中说无心，是本观。众生计有身心，说镜像破身心。众生著镜像，说毕竟空破镜像。若知镜像毕竟空，即身心毕竟空。假名毕竟空，亦无毕竟空。若身心本无，佛道亦本无，一切法亦本无，本无亦本无。若知本无亦假名，假名佛道。佛道非天生，亦不从地出，直是空心性，照世间如日。[③]

这段话是从价值判断和修持境界两个层次上阐述“无心”意义的。法融运用般若学的“无所得”和“本无”观念，以镜像为喻，从镜像毕竟空论证身心毕竟空，即身心本无，也即无心。这里法融还联系一切事物乃至佛道都是本无、假名来强调身心的本无，表现出般若空宗彻底反对执著的思想，体现出对身心的否定性价值判断。同时，上述引文的末后两句“直是空心性，照世间如日”又肯定了心性空寂，有如日照世间，是一种极高的悟证境界。《心铭》说：“慧日寂寂，定光明明，照无相苑，朗涅槃城。”[④] 是说众生若果修持得心性空寂，也即具有“灵知”、“妙智”，慧和定同时发生作用，洞照万物无相，也就

---

①② 《心铭》，《景德传灯录》卷30，《大正藏》第51卷，457页下。

③ 《大正藏》第48卷，681页中。

④ 《景德传灯录》卷30，《大正藏》第51卷，458页上。

成就了涅槃境界。这种空寂之心即无心之心，被认为是禅修成佛的根本。《绝观论》说："心为体"，"心为宗"，"心为本"①。这里的体、宗、本三者分别是指修持成佛的体性、宗要、根本，这三者都归结为寂灭之心。也就是说，无心是成佛的关键。这其间还包含着无心的另一层意义——修持工夫和方法，并表现了离心无佛、即心是佛的思想倾向。

法融讲"无心"以成佛，而成佛也就是"合道"。"无心合道"是法融禅学的基本命题。"道"是什么呢？敦煌本《绝观论》说："大道冲虚，幽微寂寞"②，"虚空为道本"③。《宗镜录》卷 9 也引法融的话说："牛头初祖云：夫道者，若一人得之，道即不遍。若众人得之，道即有穷。若各各有之，道即有数。若总共有之，方便即空。若修行得之，造作非真。若本自有之，万行虚设。何以故？离一切限量分别故。"④ 这是说"道"具有虚空性、无分别性、无限性和无所不在性的特征，而最根本的特征是虚空性。法融从佛教修持的角度出发，依据般若空观，吸取并改造了先秦道家和魏晋玄学的"道"的范畴，把道作为契悟的根本内容、觉证的精神境界，也即作为成佛的最高目标。这个"道"实是对宇宙本质、万物本性的总概括，是最高存在、世界本体。"道"作为一种绝对观念，又可称为"理"。法融讲"无心合道"，也讲"冥心入理"⑤。无心即冥心，合道即入理。道或理的基本涵义就是虚空、本无。"无心合道"就是主体无心而悟达宇宙万物的虚空，本无。《绝观论》说："无心即无物，无物即天真，天真即大道。"⑥ "天真"，语出《庄子·渔父》，是自然不可变易的意思。此句是说，主体的心空无，外物也就空无，外物空无也就自然纯真，自然纯真就是大道。由此也可推论说，无心即大道。或者说，由无心而无

① 《宗镜录》卷 97，《大正藏》第 48 卷，941 页上。
② 转引自任继愈主编：《中国佛教丛书·禅宗编》(一)，245 页。
③ 同上书，247 页。
④ 《大正藏》第 48 卷，463 页中。
⑤ 《心铭》，《景德传灯录》卷 30，《大正藏》第 51 卷，457 页下。
⑥ 转引自任继愈主编：《中国佛教丛书·禅宗编》(一)，245 页。

物而大道而成佛。这中间无物具有重要的关联意义。所以法融在回答“云何名为佛”时又说：“觉了无物，谓之佛。”① 认为体悟无物，无心无物，通达一切（“道”），谓之佛。

法融不赞成东山法门的“安心方便”，强调“不须立心，亦不须强安心”②。“一切莫顾，安心无处。无处安心，虚明自露。”③ 即是不要着意去安心，也无处可安心，如此修行，就可自然显露“虚明”，从而获得解脱。法融还说：“心性不生，何须知见；本无一法，谁论熏炼?”④ 又说：“菩提本有，不须用守；烦恼本无，不须用除。”⑤ 意思是说，须知见的心性不生，须熏炼的事法本空，须追求的菩提本有，须灭除的烦恼本无，既然如此，那么也就无须安心，无须摄心，只要“绝观忘守”，“无心用功”就是了。这种思想实际上与慧能南宗的顿悟说以及后来禅宗的五家七宗思想是相通的。

二、丧己忘情

法融认为，要达到“无心合道”即心境本空的悟境，必须破除众生的迷妄，特别是众生的爱恶一类的情感、欲望，必须泯除。宗密在《中华传心地禅门师资承袭图》中叙及法融牛头宗“本无事而忘情”的禅法时说了这样一段话：

> 牛头宗意者，体诸法如梦，本来无事，心境本寂，非今始空。迷之为有，即见荣枯贵贱等事。事迹既有，相违相顺故，生爱恶等情，情生则诸苦所系，梦作梦受，何损何益？有此能了之智亦如梦心，乃至设有一法过于涅槃，亦如梦如幻。既达本来无事，理宜丧己忘情。情忘即绝苦困，无度一切苦厄，此以忘情为修也。⑥

这是说，法融牛头宗认为，爱恶等情欲的产生，是主观迷妄的表现，是把本来空寂的事物，即心境本空（“本来无事”）执为实有，并着意

① 转引自任继愈主编：《中国佛教丛书·禅宗编》（一），251页。

② 同上书，245页。

③ 《心铭》，《景德传灯录》卷30，《大正藏》第51卷，458页上。

④ 同上书，457页中。

⑤ 同上书，457页下。

⑥ 《续藏经》第1辑第2编第15套第5册，436页。

区分为荣枯贵贱，表现出相违相顺的不同态度。这是形成人生痛苦的根源。应当明达“本来无事”，人生的枯荣贵贱都是虚幻的，应当“丧己忘情”，即应当认识到自己也是空的，是无我，由此泯除情欲，不为情感所动。做到了这一点，也就能灭绝造成人生痛苦的根由，根由消除了，痛苦也就不存在了。这就是“忘情”的修持方法。

法融牛头宗心性论的思想逻辑，是由“无心”而“忘情”。“无心”最终落实到“忘情”上，也就是说禅修的方法归根到底是在“无心”的基础上泯除情欲，超越爱恶，使心灵回归空寂。宗密评论牛头宗的主张是“休心不起”①。我们认为，这确是一种带有禁欲主义和虚无色彩，又带有自然主义倾向的心性论。

三、无情有性

法融从“道”的普遍性观念出发，认为无情的草木也有佛性，也能成佛。《绝观论》说：“于是缘门复起问曰：‘道者独在于形器（一本作“灵”）之中耶？亦在草木之中耶？’入理曰：‘道无所不遍也。’”② 又说：“问曰：‘若草木久来合道，经中何故不记草木成佛，偏记人也？’答曰：‘非独记人，亦记草木。’”③ 在法融看来，道作为一种虚空性、理性，是万物成佛的根据，从这个意义上说，也就是佛性，它是普遍地、广泛地存在于一切事物之中的，或者说一切有情和无情的事物都能合道，都能成佛。所以，法融牛头宗人有“青青翠竹，尽是法身；郁郁黄花，无非般若”④ 的说法，将青竹黄花同于法身般若。此宗从无情有性说又推导出“无情说法”，认为无情识的山川草木等也住于各自本分，也在说法。南阳慧忠禅师的思想与牛头法融思想一致，也主张无情有性说。他认为墙壁瓦砾就是佛心，就是佛性。无情常在说法，“炽然常说，无有间歇”⑤。后来苏轼更作偈云：

① 《圆觉经大疏钞》卷3之下，《续藏经》第1辑第14套第3册，279页。

② 转引自任继愈主编：《中国佛教丛书·禅宗编》（一），247页。

③ 同上书，248页。

④ 转引自《荷泽神会禅师语录》，见石峻等编：《中国佛教思想资料选编》第2卷第4册，91页，北京，中华书局，1983。

⑤ 《景德传灯录》卷28，《大正藏》第51卷，438页上。

“溪声便是广长舌，山色岂非清净身！夜来八万四千偈，他日如何举似人?”① 形象地描述了无情说法的情景。

法融没有展开论述无情的草木有没有心识以及如何修持成佛的问题，而是从道即宇宙的本质、本性的存在方面推出“无情有性”的命题。这和道家的本体论思维方式是完全吻合的。法融从宇宙本体论的视角来论证佛性。他把心性论和宇宙论结合起来，给佛性论以宇宙本体论的根据。法融消除了有情与无情的区别，一方面强调有情众生的心性本空，另一方面又强调无情的草木也有佛性，也能成佛。这就推动了成佛内涵规定的重大改变，也推动泛神论倾向的流行。

我们可以看到，法融牛头宗的心性论是极富特色的。如果和当时道信、弘忍的东山法门作比较的话，这一特色就更为鲜明了。这主要表现在两个方面：在理论上，道信、弘忍的心性论，奠基于本心的基础上，重视本心自性的作用。法融则讲无心、心寂、心空，即心性本空，又以“空为道本”，将宇宙本体性的“道”置于超越心物的最高地位，把心性论与本体论结合起来，并使心性论从属于本体论。这与达摩以来的重视自性妙用的禅法，颇不一致。在实践上，道信讲观心、摄心、安心、守一，法融则重在无心、绝观、忘情，两者也是颇不相同的。

法融的心性本空和无情有性的心性思想，虽然也受到后世某些禅师的非议诋毁，但是他富有道学—玄学色彩的“空为道本”、“无心合道”的思想，却深深地渗透到慧能门下，为洪州石头两系，尤其是石头希迁所兼融摄取②，从而极大地丰富了带有自然主义倾向的禅风。

第五节　神秀的染净二心说

神秀（606—706），早年博览经史，后出家学佛。约50岁时随弘忍学禅，成为弘忍禅师门下的上首弟子。史载，弘忍禅师曾叹曰：

---

① 《赠东林总长圭》，《苏东坡全集》上册卷13，193页，北京，中国书店，1986。

② 牛头宗也由此而归于消失。

"东山之法，尽在秀矣!"① 神秀尊奉《楞伽经》的思想传统，又以《大乘起信论》为先要，弘扬心净尘染，离念净心的观心禅法。因神秀与慧能、神会禅法的歧异，弘忍门下发生了分裂，形成了南北之争，以致有"南能北秀"之称和"南顿北渐"之说。神秀实为当时北方禅学首座，也是中国禅学史上的重要人物。关于神秀的著作，史载不一。《楞伽师资记》谓神秀"不出文记"，似乎没有著作；可传世的有《北宗五方便门》，晚近又在敦煌发现写本《观心论》一卷，这些可能是神秀门下记述神秀说法整理而成的作品。据现有史料来看，神秀心性论的中心思想是染净二心说。

神秀禅修的终极目标是成就佛果，而成佛的关键，在神秀看来是"心"。他说："心是众善之源，是万恶之主。……常乐由自心生，三界轮回亦从心起。"② 意思是心是善法恶法等一切诸法的根本，佛法和众生的善恶行为及其结果，都是由心决定、由心产生的。又说："佛者，觉也，所谓觉察心源，勿令起恶。"③ 所谓觉悟成佛就是觉察自心的本原，不生起恶念。又据载，神秀还说："一切佛法，自心本有；将心外求，舍父逃走。"④ 认为自心本有佛法，不应向外求佛。这是继承道信以来的东山法门，着意追求自心的觉悟，也就是超越了单纯的坐禅、冥想，转而深入探索带有形而上性和绝对性的自心，探索自心的体用及其相互关系和转化，以成就佛果。《观心论》有一段很重要的话，文说：

> 菩萨摩诃萨行深般若波罗蜜多时，了于四大五蕴，于空无我中，了见自心有二种差别，云何为二？一者净心，二者染心。其净心者，即是无漏真如之心；其染心者，即是有漏无明之心。二种之心，法尔自然，本来俱有。虽假缘和合，本不相生。净心恒乐善因，染体常思恶业。若真如自觉，不受所染，则称之为圣，

① 张说：《唐玉泉寺大通禅师碑铭并序》，《全唐文》卷231，2334～2335页，北京，中华书局影印本，1982。

②③ 《观心论》，《大正藏》第85卷，1273页上。

④ 《景德传灯录》卷4，《大正藏》第51卷，231页中。

遂能远离诸苦，证涅槃乐。若随染造业，受其缠覆，则名之为凡。于是沉沦三界，受种种苦。何以故？由彼染心障真如体故。《十地经》云："众生身中有金刚佛性，犹如日轮，体明圆满，广大无边。心为五阴黑云所覆，如瓶内灯光，不能显了。"又《涅槃经》云："一切众生皆有佛性，无明覆故，故不得解脱。"佛性者，即觉性也。但自觉觉他，智惠明了，离其所覆，则名解脱。故知一切诸善，以觉为根。因其觉根，遂显现诸功德树，涅槃之果，因此而成。①

"菩萨摩诃萨"，指求无上菩提的大乘修行者。"深般若"，指深妙的真如之理。"波罗蜜多"，是从生死的此岸渡至解脱的彼岸。"四大五蕴"指的是人身。"三界"，指众生所居的欲界、色界、无色界。这一段话是神秀心性论思想的基调，其思想要点有二：

其一，自心的体用关系。神秀认为，自心是体，自心体的用为净心与染心二心。又认为，用由体起，但体与用不可混同。犹如明镜，它的体是本有清净性，它的用是一视同仁地把清净东西和污染东西都映现出来。明镜映现出污染东西并不说明镜的体也是染污的，两者是有区别的。这也就是说，在神秀看来，净心是自心心体的作用，净心与自心二者是统一的。染心对心体则有覆障作用，若心体为染心所覆，就不能显现出来，因而也不能得到解脱。心体虽受染心覆障，但其清净本性并不受渗透、污染，并不发生变化。心体若离开染心的覆障，也就显现功德，而得解脱。前面我们论及道信的《入道安心要方便法门》，文中讲了心体心用，其心用是指心的恒寂作用，是完全与清净体性一致的。神秀则继承《大乘起信论》和弘忍的染净二心论，讲净染两种对立的作用，也就是由一心而展开为二心了，这种心的二元论倾向是禅学心性论思想的重要观念。

其二，染净二心的相互关系。神秀认为二心性质不同，互不相生，二者是独自共存，而不是互相派生的关系。二心同是自心的作

① 此处引用《观心论》，所据版本为（伯4646）《敦煌宝藏》第134册，217～218页，台湾，新文丰出版公司，1986。

用，因而都是本来具有的。染心会造恶业，若随着染心造作恶业，就是凡夫，就会陷入生死轮回的种种苦难之中。净心喜造善业，若随着净心造作善业，就是圣人，就能超脱苦难而进入涅槃境界。“心为出世之门户，心是解脱之开津。”① 神秀认为，依染心而受苦难，依净心而得解脱，二心性质不同，所带来的结果也不同。

神秀着重运用《大乘起信论》的染净二心说来建构其心性论的思想体系。上述引文表明，神秀把净心、真如心、真如体、金刚佛性、佛性、觉都视为同一层次，甚至是同一意义的概念，也就是把道德清净、智慧觉悟视为人类最深层的本质，从而为众生成佛提供了形而上的主体性根据。同时，神秀又十分重视对染心的内涵、表现、体性和危害的阐述。《观心论》述及由染心生起八万四千烦恼和如恒河沙数无量无边的情欲、恶念。这些烦恼、情欲、恶念，归结起来，就是贪、瞋、痴“三毒”。而三毒又和“六贼”相连相通，三毒“若应现六根，亦名六贼。其六贼者，则名六识。出入诸根，贪著万境，能成恶业，损真如体，故名六贼”②。“六根”，指眼、耳等感官和思维器官及其认识能力。“六识”是指六根的认识作用、内容。“六贼”，本指产生烦恼根源的色、声、香、味、触、法“六尘”。因六尘以眼等六根为媒介，能劫夺善法，产生恶法，故譬喻为贼。由此也进而以“六识”为“六贼”。在神秀看来，人的见闻觉知都是贪著外境，犹如是贼，危害极大：“一切众生由此三毒及以六贼，惑乱身心，沉没生死，轮回六道，受诸苦恼。……求解脱者，除其三毒及以六贼，自能除一切诸苦。”③ 据此，灭除三毒，清净六根也成为神秀禅修的根本内容。又，染心是用，是以自心为体的。这也就是说，三毒、六识都是众生本有心灵偶然妄动所导致的结果，其根源在于自心。染心是一种作用，一种现象，它本身并非自体。《大乘起信论》和《观心论》都称，三毒、六识如同狂风，激起海面千重浪。认为三毒、六识如同

① 《观心论》，《大正藏》第 85 卷，1273 页上。
② 同上书，1270 页下。
③ 《观心论》，《大正藏》第 85 卷，1270 页下。

以海水为自体的波浪，若能观照波浪本来是海水，那么也就认识到狂风空无自性了。同样，若能洞彻三毒、六识只是自心的作用，那么也就明了三毒、六识本无自性，而不能独立自存了。由此，排除三毒、六识，追求觉悟原本自心，成为神秀禅修的基本方法。

第十六章

慧能《坛经》的性净自悟说

慧能是一位文化不高的禅师，与自菩提达摩以来几代多是知识分子的禅师们不同，他给已流传百余年的禅法带来了十分明显的变化。菩提达摩本以《楞伽经》为印证，到道信时开始采用《金刚》等多种经典为依据，而慧能更重视文句简单且又透彻地发挥无相、无住思想的《金刚经》，摆脱繁琐名相的束缚，提倡单刀直入的顿教。

现在研究慧能思想的主要根据是《坛经》，此经是经过后人不断改订的，并不完全代表慧能的思想。但是，它大体上体现了慧能提倡的舍离文字义解，径直彻悟心原，以期一举断除人生迷惑的根本主张。《坛经》后来成为南宗传法的根据，并与尔后的禅宗各家思想一脉相通，影响极大。现存有代表性的《坛经》有四种版本①，其中以敦煌本成书最早，相对而言，以敦煌本《坛经》为根据来分析慧能思想也许是比较可靠的。《坛经》全书的内容主要是阐述心性论，着重宣扬性净自悟的思想。它针对个体之外的外在成佛轨迹，把佛转换为个体自身的本性显现；又针对以义理思辨淹没了感性体悟的传统，以

① 《坛经》本子，一是《南宗顿教最上大乘摩诃般若波罗蜜经六祖慧能大师于韶州大梵寺施法坛经》，即敦煌写本《坛经》，二是唐僧惠昕编的《六祖坛经》，为第二个古本，三是宋初契嵩编的《六祖大师法宝坛经曹溪原本》，四是元代宗宝编的《六祖大师法宝坛经》，此本流行最广。

自悟体证取而代之；还针对佛教繁杂的修持仪式，提倡简易的顿悟法门。中唐以来，"凡言禅皆本曹溪"①。"曹溪"即指慧能。慧能以广东韶州曹溪宝林寺为中心开展教化活动，世称之为"曹溪古佛"，其禅法也被称为"曹溪法门"。慧能《坛经》在中国佛教史和禅宗史上的意义，是无论怎样估计也不会过高的。下面，以敦煌本《坛经》②为主要依据，重点揭示和分析慧能心性论思想的范畴、内涵、结构和特点，借以窥视其心性论体系的全貌与实质。③

第一节　心、自心、本心与自本心

《坛经》在论述有关心的学说时，运用的概念有心、自心、本心、自本心、妄心（邪心、毒心、迷心）和直心。揭示这些概念的内涵、结构与相互关系，是研究慧能心性论的重要环节。

"心"在《坛经》中使用相当频繁，主要是指人的心理活动、精神现象、个人的内在生命主体。"自心"和"心"是内涵相同的两个概念。但在使用上，自心更显示出重视自我精神主体的语言色彩。《坛经》认为，人心的本来的原始状态是清净的，而人心的当下现状虽有时清净，但往往是迷妄的。这也就是说，在一定的意义上，"心"的范畴包含了"本心"和"妄心"的对立，也可以说心的内涵具有本心和妄心两层结构。与此相联系，"心"的内涵还具有体和用的两层结构。

"本心"的"本"是本来具有、本来状态、本来如此、本来清净的意思。本心是指众生自己本来的心性，原初的心态，即与当前现实人心不同的原本心灵。"本心"也就是"净心"。所谓净即清净，所谓

① 柳宗元：《曹溪第六祖赐谥大鉴禅师碑并序》，《全唐文》卷587，5933页，北京，中华书局影印本，1982。

② 据日本1934年森江书店铃木真太郎、公田连太郎校订本，见石峻等编：《中国佛教思想资料选编》第2卷第4册，4～31页。

③ 禅宗主张不立文字、教外别传。认为语言文字，术语概念都只是方便教化的工具，强调要得意忘言，从语言文字中体悟精神实质。我们在研究禅宗思想时，自然必须通过禅宗典籍的文字叙述来把握其真意。在这方面，对于禅宗重要术语、概念、范畴、命题等的研究分析，越是深入，越有助于了解它的精神实质。

清净是指佛教菩提般若的智慧，“菩提般若之知，世人本自有之，即缘心迷，不能自悟，须求大善知识示道见性”①。这就是说，佛教的菩提、智慧、觉悟，就是众生的本心，就是众生的心的本质。慧能十分强调“本心”的重要性，说“不识本心，学法无益；识心见性，即悟大意”②。本心是佛教智慧、觉悟的本体，是众生成佛的可能性、根据。“识心”，就是体悟本心。他还反复强调要“还得本心”、“契本心”③，也就是提倡人心的自我回归，还原于本心，契合本心。慧能认为，契合本心，也就是净心的完满显现，众生若能做到这一点，也就获得解脱，成就为佛了。由此看来，《坛经》所说的本心是心（自心）的深层内涵，是心的内在的本质；自本心是本心基础上与自心的统一，强调的是自心的本质清净性。从本质意义上说，心、自心，主要都是指本心而言。而本心又是包括人在内的、所有有情识的众生乃至菩萨、佛普遍具有的，可称为宇宙的心。慧能是把众生普遍的心，即宇宙之心与众生个体的心相合为一的。可以说，这也是慧能提倡的识心见性、顿悟成佛的理论前提。

《坛经》认为，众生的心理活动、精神作用有两种不同的性质、方向和结果。“世人性本自净，……思量一切恶事，即行于恶；思量一切善事，便修于善行。”④ 这是说，众生的心有善恶即净妄、智愚、悟迷之别。《坛经》强调众生应当“自净其心”⑤，并指出众生的迷惑是由于有“妄心”、“迷心”、“邪心”、“毒心”。在慧能看来，这些心是虚幻的，是对外境执著的结果，是“不思本源空寂”⑥ 的表现，也是人未悟本心以前的现象，而不是人心内在本质的反映。正因如此，众生有可能在极短暂的时间内实现心理转变，祛除妄心。《坛经》还多次提到“直心”这一概念⑦。直心是指真直无虚假的心，这被认为

① 《坛经》[12]。
② 《坛经》[8]。
③ 《坛经》[19]、[40]。
④ 《坛经》[20]。
⑤ 《坛经》[35]。
⑥ 《坛经》[42]。
⑦ 《坛经》[14]、[34]、[35]。

是佛教修行之本，进入道场之路。慧能提倡行直心，以自净其心，回归本心。他的“但行直心，于一切法，无有执著”① 的说法，促使后世禅师把禅法融会在日常生活中，进而形成一种任运自然的禅风。

根据以上的论述可见，《坛经》还从体用关系的视角来表述心的内在结构。它认为本心是心之体，现实在活动的心是心之用。用又表现为善心和恶心两类，善心与本心是一致的，恶心与本心是相违的。这就是说，心的体与用，既有一致性，又有非一致性，严格地说，恶心及其行为不是众生本心的真实作用。但是，慧能又比以往任何禅师都更加强调本心就在众生当前现实心中，就在自心之中，也就是强调净心就在妄心之中。《坛经》说：“何不从于自心顿现真如本性。”② 又说：“自色身中，邪见烦恼，愚痴迷妄，自有本觉性。”③ 甚至更明确地说：“净性在妄中”④，“淫性本是清净因”⑤。慧能认为本心与现实心，真心与妄心，虽然层次和性质都有所不同，但彼此又是体用一如的关系，众生不应离妄另去求真，而是要即妄求真，或者说是即妄显真。这也就是“呈自本心”⑥ 的禅法。“自本心”即众生自家的心，自家的本心，是众生自心与本心的统一体。慧能认为，呈自本心，即悟证佛法，也就可以成佛了。

第二节　性、自性、本性与自本性

与心密切相连的“性”，在《坛经》中出现的频率最高，是全书的中心概念。“性”包含法和众生两方面，其性质一是讲“法性”、“自法性”，一是讲“本性”、“自本性”、“真如本性”、“本觉性”、“菩

① 《坛经》[14]。
② 《坛经》[30]。
③ 《坛经》[21]。
④ 《坛经》[36]。
⑤ 《坛经》[53]。
⑥ 《坛经》[8]。

提性”、“佛性”、“净性”。“法性”与“本性”又在众生成佛的根源上统一了起来。

“性”，指一切事物不变的性质、本质。就众生来说，性是指生命的本质、主宰。性也称“自性”，“性含万法是大，万法尽是自性见”①，性含一切事物，或者说，一切事物都是自性的显现，这里讲的性就是自性。自性是《坛经》频繁使用的概念，是全书的主题词。

与自性密切相关的“本性”，也是《坛经》中经常使用的重要概念。按字义来说，本性即固有的德性。从《坛经》的论述来看，所谓本性主要是指本来具有的般若智慧，如说：“有智惠（慧）者，自取本性般若之知”②，“本性自有般若之智”③，“菩提般若之知，世人本自有之”④。《坛经》又说：“无住者，为人本性。”⑤ “住”，系缚。“无住”是指心不执著于一定的对象，思想不受任何束缚，自由无碍，实质上这是般若智慧的体现。《坛经》强调所谓禅就是不执著外界事物的形相，以保持内在本性纯一、不乱。“见本性不乱为禅，……外离相曰禅，……外若著相，内心即乱，外若离相，内性不乱。”⑥ 慧能提倡“自见本性”⑦，而“见自本性，即得出世”⑧。强调众生若证见自我本性，也就获得解脱成就佛果了。

《坛经》[17] [30] [31] 都讲到“真如本性”，[53] 讲“真如净性”。所谓真如本性或真如净性是指真实不变的本性，是强调本性的真实不变，实际上与本性是同一概念。和本性、真如本性相应的概念还有“本觉性”⑨，本觉是指众生先天具有的般若智慧。王维的《六祖慧能禅师碑铭》在叙述慧能的定慧思想时说：“本觉超于三世”⑩，

① 《坛经》[25]。
② 《坛经》[4]。
③ 《坛经》[28]。
④ 《坛经》[12]。
⑤ 《坛经》[17]。
⑥ 《坛经》[19]。
⑦ 《坛经》[18]。
⑧ 《坛经》[42]。
⑨⑩ 《坛经》[21]。

"超于三世"就是顿悟，意思是众生具有般若之智，只要一念相应，就会实现顿悟。再是"菩提性"①，菩提，就是觉悟、智慧、觉智，菩提性就是觉性、本觉性，也就是真如本性。

上面曾引《坛经》"见自本性，即得出世"的话，此经还说："但于自心，令自本性常起正见，烦恼尘劳众生，当时尽悟。"② 这两段话的意思是一致的。文中的"自本性"是指众生自我的清净本性，它强调的是本性，同时又统一了自性和本性，即强调自性的固有清净本性。与自本性相关的还有"自法性"的概念，自法性即法的自性，也称法性。慧能认为"自法性有功德"③，众生身上的自法性就有三身佛（法身佛、化身佛、报身佛），"向者三身在自法性，世人尽有"④。这里说的众生自法性也就是"自本性"，即众生本有的清净自性。

《坛经》也多次出现"佛性"这一重要概念。所谓佛性即"佛种性"⑤，指众生成佛的可能性、因性、种子。慧能强调佛性本质的永恒清净，谓"佛性常清净"⑥，又强调佛性的普遍存在。《坛经》记载着一个著名的故事：慧能初见弘忍大师，大师说："汝是岭南人，又是獦獠，若为堪作佛?"慧能回答说："人即有南北，佛性即无南北，獦獠身与和尚不同，佛性有何差别?"⑦ "獦獠"是当时对岭南土著人的侮称。慧能认为，人有南北之分而佛性绝无差别。慧能强调"自法性有功德，平直是德，内见佛性，外行恭敬"⑧。这里说的"自法性"即佛性，也即人的内在本质。慧能主张众生当使内在的本性显现为超越的佛性，以成就功德。显而易见，慧能所讲的佛性就是众生的本性，也就是生命的本然。由此又可见，《坛经》也是用中国固有的自然主义思想传统来创造性阐释"佛性"的，它把佛性界说为人的本

---

① 《坛经》[31]、[36]。
② 《坛经》[29]。
③ 《坛经》[34]。
④ 《坛经》[20]。
⑤ 《坛经》[32]。
⑥ 《坛经》[8]。
⑦ 《坛经》[3]。
⑧ 《坛经》[34]。

性，人的生命本然状态、本来面目。这也就减弱了佛教的宗教精神，增加了人本的精神，从而引发了佛教的面貌乃至实质的深刻变化。

在简要评价上述概念之后，我们还要对《坛经》的“自性”概念的涵义、性质和功用作一比较集中、全面的论述，以便进一步把握慧能心性论的实质和特色。

一、《坛经》“自性”概念的性质

从《坛经》“自性" 概念的性质方面看，归结起来有以下五点：

（1）自性是清净性。《坛经》说：“自性本净”①、“自性常清净”②。清净是相对污染、烦恼、妄念、迷惑而言，清净性是清净、洁净的性，是无污染、无烦恼的性。

（2）自性是真如性。《坛经》称自性“即自是真如性”③。所谓真如性就是真实如此的本性。这是强调众生本来就具有真实如此的清净本性。

（3）自性是智慧性。《坛经》说：“本性自有般若之智”④，这是认为众生的自性或本性是一种高级智慧，由此而能“心开悟解”，觉悟成佛。

（4）自性是空寂性。《坛经》认为众生应当“本源空寂，离却邪见”⑤，这里讲的本源，也就是自性。自性是空寂的，离却如生灭、来去等多种邪见的。“性本无生无灭，无去无来”⑥，“性”是无生灭、无去来的超越时空的绝对本性。慧能针对神秀的“身是菩提树，心如明镜台；时时勤拂拭，莫使有尘埃”的偈语，作“菩提本无树，明镜亦无台；佛性常清净，何处有尘埃”⑦ 的偈语，就是认为，比喻佛性（自性）的菩提树和明镜台，本来是无物的，是空的，佛性的空无一物就是清净性。这也就是说，清净性和空寂性是一回事。所以《坛

① 《坛经》[18]。
② 《坛经》[20]。
③ 《坛经》[27]。
④ 《坛经》[28]。
⑤ 《坛经》[42]。
⑥ 《坛经》[48]。
⑦ 《坛经》[6]、[8]。

经》又说："净无形相，却立净相，言是功夫，作此见者，障自本性，却被净缚。"① 清净是无形相，如果以净为相，把自性当作一种可以追求的具有形象的对象，就是一种执著，也就失去了清净性。由此也可知，所谓空寂性，就是确认自性是无生无灭、无去无来、无形无相的非物质的心灵体性，是主体的一种价值判断，众生如果认为自性是有生灭、有来去、有形相的实物，那就是一种执著、一种邪见。

（5）自性是含藏性。《坛经》说："自性含万法，名为含藏识。"② 自性具有含藏万事万物的性质和功能，从这方面说，自性是含藏识，是包容万事万物的心识实体。

二、《坛经》"自性"概念的功能

从《坛经》"自性"概念的功能方面看，归结起来，有以下四点：

（1）含容万法。《坛经》说：

> 心量广大，犹如虚空。……虚空能含日月星辰，大地山河，一切草木，恶人善人，恶法善法，天堂地狱，尽在空中。世人性空，亦复如是。③
>
> 性含万法是大，万法尽是自性见。④

这是说，心或性如同虚空一样广大无边，能够含藏万事万物。从上述引文来看，慧能所讲的"万法"包容四个内容：一是佛法，二是人的善恶行为，三是人转生后的不同境界，四是自然界。即包括人间、地狱、佛境和自然界等整个宇宙。"万法尽是自性见"，"见"同现。是说宇宙整体都是自性的显现。这表明众生的心性是无限广大的，能含容宇宙整体。这种心是圆满具足宇宙一切的心，也就是又一层意义的宇宙心。在慧能看来，众生的自性既能含藏也能显现宇宙万事万物，这里的含藏主要是就众生对万事万物的认知意义来说的，这里的显现是就众生觉悟时的境界意义上说的。而这两种意义的提升，无疑也可

---

① 《坛经》[18]。
② 《坛经》[45]。
③ 《坛经》[24]。
④ 《坛经》[25]。

以归结出以自性为宇宙万事万物本体的世界观意义。

(2) 观照万法。《坛经》说:“自性心地,以智惠(慧)观照,内外明彻。”① 意思是说,自性具有的智慧能观照一切,使内外都明莹透彻。众生“自性不能明”,是由于“妄念浮云盖覆”②。为了灭除妄念,当起自性智慧进行观照,“汝若不得自悟,当起般若观照,刹那间妄念俱灭”③。自性般若智慧观照的结果,也就是上面所说的在自性中显现万法。这又一次表述了自性的巨大认知功能。

(3) 思量自化。《坛经》说:

> 不思量性即空寂,思量即是自化。思量恶法化为地狱,思量善法化为天堂,毒害化为畜生,慈悲化为菩萨,知惠(慧)化为上界,愚痴化为下方,自性变化甚多,迷人自不知见。④

“思量”,思念度量,也就是意识活动。慧能认为,众生的思量活动就是自性的变化。这种变化沿两个相反方向进行,思量恶法就变为畜生,甚至堕入地狱;思量善法就上升到天堂,甚至成为佛。这种种不同变化和不同结果,都是自性的作用。

(4) 生三身佛。《坛经》说:“向者三身在自法性,世人尽有。……见自法性有三身佛,此三身佛从性上生。”⑤ “三身”指法身、化身、报身三身佛。慧能认为三身佛就在众生的自性中,或者说三身佛是从自性生出的。他又说:“三世诸佛,十二部经,亦在人性中,本自具有。”⑥ “三世”指过去、现在、未来,“三世诸佛”泛指一切佛。“十二部经”,指所有佛经。这是进一步讲所有佛、所有佛法都是人的自性本来具有的。所以,慧能进一步总结性地说:“佛是自性作,莫向身外求。自性迷佛即众生,自性悟众生即是佛。”⑦ 意思是,自性是众生成佛的根据,它具有生作佛的功能,关键是自性的迷悟,众生对

① 《坛经》[31]。
② 《坛经》[20]。
③ 《坛经》[31]。
④⑤ 《坛经》[20]。
⑥ 《坛经》[31]。
⑦ 《坛经》[35]。

本有自性的迷悟是众生或佛的分界。

从以上两方面分析来看，《坛经》所讲的“自性”是一种具有清净智慧和功德、超越各种具体规定而又圆满具足的宗教智慧道德实体，也是内在生命主体，还是显示万事万物的本体。换句话说，自性不仅是众生的意识、行为和命运的支配者，还是众生成佛的内在根据，而且具有显现一切现象的本体意义。可以说，以自性为核心的《坛经》心性论，具有心理、道德、宗教、哲学等多重的意义。

从上述《坛经》给自性所作的本质规定来看，慧能是把理想人格和人类的原始本性，把应然和当然，把未来和现实统一起来，这样，自性作为人心内在的完美的心性实体、道德实体，带有一种抽象的本体论形态，而其实质是一种先验的性善论。慧能认为众生的恶行是对自性的迷妄，并非自性的本质表现，他突破了以往禅学中的人性善恶二元论，突出了人性的本净即至善的性质，进而把自性与佛视为等同意义的概念，自性悟即佛，佛即自性的人格体现。正如唐代柳宗元所指出的，慧能的禅法是“其教人始以性善，终以性善，不假耘锄，本其静矣”①。慧能禅法由始到终都是教人以性善，本其寂静，不另造作。这是对人类、对人性的最充分、最热情、最完美的肯定。

《坛经》说：“一切万法，本元不有，故知万法本因人兴。”②“故知一切万法，尽在自身中，何不从于自心顿现真如本性。”③这是从人及其自心与万法的关系，从人及其自心为万法的本体论角度，强调自我显现自性的意义。也就是以宇宙本体论为基础，进而为众生提供心性觉悟、解脱成佛的实体根据。自性既是宇宙的本体，又是人类的本体。作为宇宙与人类共同体的自性，是众生成佛的唯一依据，自性的迷悟是凡夫或佛的分界，觉悟自性是众生的理想目标，由此慧能把成佛定位于众生内在主体世界的开发，排斥任何与人性相分离的异己力量的作用。十分明显，这是明确地以人自身为宗教实践的主体、依据、准则和理想，是对人的主体性的高扬，对人的主观能动性的肯

---

① 柳宗元：《曹溪第六祖赐谥大鉴禅师碑并序》，《全唐文》卷587，5933页。

②③《坛经》[30]。

定，对人的深层意识的开掘。总之，《坛经》自性说是对大写的人的高度赞美。

第三节 心地性王与心性同一

作为慧能《坛经》主要思想范畴的心与性，两者的关系是多方面的，归结起来，有对立、统摄、依存和同一的多重关系。这种关系，《坛经》譬之以“心地性王”：

> 世人自色身是城，眼耳鼻舌身即是城门，外有五门，内有意门。心即是地，性即是王。性在王在，性去王无。性在身心存，性去身心坏。①

这是以城喻人身体，城地喻心，城王喻性。意思是王是全城的主宰、主导，性是身心生命的绝对精神主体。心犹如地，所以名为“心地”。慧能认为性是王，是心的主宰、主导，心是被性所统摄的。性是身和心即身体和心灵两个方面的维系者，性若离去，身心也就坏灭。这就是说，众生的身、心与性具有三重关系：一是身、心与性三者是对立的；二是性对心具有统摄的关系；三是身、心对性具有依存的关系。“性在身心存，性去身心坏”，性可离开身心而去，可在身心坏灭的情况下独立永存，这里涉及了形神关系问题。联系“法身即是离色身”② 等说法，实是一种形灭神不灭的思想变相。再从心地性王的比喻看，性无地也不成其为王，所以，性与心又有互相依存的关系。

慧能在强调心对性的依存关系的同时，也十分重视从心地开发本性，他说：“自心地上，觉性如来。”③ “心地无非自性戒，心地无乱自性定，心地无痴自性惠（慧）。”④ 又说：“吾常愿一切世人，心地

---

① 《坛经》[35]。
② 《坛经》[17]。
③ 《坛经》[35]。
④ 《坛经》[41]。

常自开佛知见，莫开众生知见。”① “知见”，见解。“佛知见”，即佛的智慧。“众生知见”，是众生的世俗见解。这些话的意思是，性就是觉性、自性，性在心中。众生要在自心中做到无非、无乱、无痴、觉证本性、开显佛智。慧能这种心性论思想与如来藏说颇为一致。如来藏说认为，一切众生身心中都隐藏着永远不变的自性清净性如来法身；慧能也认为众生身心中有觉性如来。如来法身与觉性如来，如来藏与性、自性，实质上是相同的，而且两种说法的运思路数也是相同的。

由性对心的统摄、心对性的依存关系又可以过渡到心性的同一关系。从《坛经》的思想内容来看，它也经常是将心与性的概念等同使用的。这种心性同一的思想是在两种意义上说的：一是就众生的证悟解脱来说，心与性是同一的。《坛经》说：“识心见性，即悟大意。”②“识心见性，自成佛道。”③ 所谓“识心”是不向外寻求，而直观自心。所谓“见性”，是无须分析思虑，而觉知自心具有的自性（佛性）。这里的直观自心和觉知自性实际上是同一修持工夫，同样能进入成佛的境界。王维的《六祖能禅师碑铭》把慧能的禅法思想归结为“举足下足，长在道场；是心是情，同归性海”④。“性海”，指本性深广如海，即成佛之境。后两句是说，不管是识心还是见性，都会归于本性之海。这和上引《坛经》的话是一致的。由此可见，就众生成就佛道来说，心就是性，性就是心，心与性是同一意义的东西。二是就含容万物的功能来说，心与性也是同一的。上引《坛经》关于含容万法的两段话，就是从一定意义上强调，万事万物都是心或性所变现的。这里，心性两者和万事万物的关系是相同的，两者实为同一精神实体。心性同一，也就是自心与自性同一，本心与本性同一，由此《坛经》第［53］节就有“自心自性真佛”之说，同经第［16］节又有“自识本心，自见本性”之论。

---

① 《坛经》［42］。
② 《坛经》［8］。
③ 《坛经》［30］。
④ 石峻等编：《中国佛教思想资料选编》第2卷第4册，75页。

第四节　自心是佛与本性顿悟

《坛经》心性论的思想旨趣是论述成佛的根据、途径和方法，主要是阐扬自心是佛与本性顿悟的理念，即单刀直入的顿教。

关于自心是佛，上面已经论及，这里再集中地加以简述。《坛经》第［52］节说："我心自有佛，自佛是真佛；自若无佛心，向何处求佛？"① 同书第［42］节说："见自本性，即得出世。"② 这就是说，众生的自心、本性就是成佛的内在根由，就是佛的本体。成佛并不是另有一种佛身，众生的自心、本性就是佛。众生只要认识自我，回归本性，当即成佛。在慧能看来，佛就是众生原始心灵、内在本性的人格体现，就是本心、本性的觉悟者，而并不是外在于众生的具有无边法力的人格神。

《坛经》还宣扬"自心顿现真如本性"③，"言下便悟，即契本心"④，也就是"当起般若观照，刹那间妄念俱灭，即是自真正善知识，一悟即知佛也"⑤。这称作"本性顿悟"。"本性顿悟"的要义有二：一是"但于自心，令自本性常起正见，烦恼尘劳众生，当时尽悟。犹如大海，纳于众流，小水大水，合为一体，即是见性"⑥。这里是讲见性的内容和意义，强调见性是本性生起正确的见解，使个体与宇宙整体合而为一，犹如小水大水，同归于大海，合为一体一样。二是讲见性的时间问题，认为众生运用般若直观，在一刹那间，灭除妄念，显现真如本性，契合本心，当即顿悟成佛。犹如乌云尽扫，日月自现，光明智慧，无所不照，没有内外彼此的区分。这说明众生对本心本性的把握是在当下妄念俱灭的一刹那间完成的，即所谓顿悟。

① 《坛经》［52］。
② 《坛经》［42］。
③ 《坛经》［30］。
④ 《坛经》［40］。
⑤ 《坛经》［31］。
⑥ 《坛经》［29］。

因为众生先天具有“本觉”智慧，本觉是众生固有的本性，是一种绝对的完整的本性，不需积累，也不受限制，只要一念相应就得以呈现即顿悟的。这都说明，慧能特别重视直下把握当前的一念，以顿现内在的超越，进入当下与本初、瞬间与永恒、个体与整体统一的精神境界。

在中国禅宗心性思想发展史上，《坛经》心性论思想占有最重要的地位。《坛经》提出定慧相等，即定即慧的思想，宣扬自性清净，不假外求。众生只要现起般若智慧，一旦妄念俱灭，顿见清净自性，就能自成佛道。《坛经》着重把成佛的根据、方法、途径和境界都设置在现实的人心之中，成佛在自心中实现，在现实生活中发现（不是创造）超越的意义，现实性即超越性。这也就是把对死后生命的追求转变为对内心的回归，把彼岸世界转移到现实世界。这就极大地提高了人的生命主体的地位，从而为超越消极封闭的“守一”、“守心”，提倡豁达洒脱的“无念”、“无住”，为冥思遐想、发挥主观能动性开辟了广阔道路，也为禅宗在中国的大发展奠定了坚实的思想基础。

《坛经》的心性合一、心境合一、体用合一、形上形下打成一片的理论与实践，实质上是高扬一种宗教道德形上学的道路。这就为宋代理学的形成提供了先行的思想素材。理学开出道德形上学的路子，就是强调人心的仁义是与生俱来的生命自然，这种生命本然的仁义之心，是义理之性、道德理性，是内在的；同时它又是价值源头，是超越的。在人的生命本然中，内在性即超越性。因此，对心性本体的追求，在日常生活和道德修养中即可实现。这既是慧能对以往禅法的继承，又是对以往禅法的超越；既是理学对禅学的继承，又是对禅学的超越。

第十七章

荷泽宗的灵知心体说

荷泽宗是以慧能弟子神会（668—760，一说686—760）为宗祖的禅宗派系，因神会曾住洛阳荷泽寺而得名。此宗的另一重要代表人物是宗密。神会曾在滑台（今河南省滑县）大云寺设无遮大会，与神秀北宗一系的崇远禅师展开辩论，指斥北宗“师承是傍，法门是渐”①，强调达摩禅的真髓存于南宗的顿教，推崇慧能为达摩一宗的正统。唐德宗时，神会被尊为南宗第七祖，其法统称为荷泽宗。宗密是融合华严宗思想和荷泽宗禅法的一代大师，是华严禅的创导者，自称为神会的第四代法嗣，世称圭峰禅师，又被称为华严五祖。宗密以后，荷泽宗也就渐趋衰落了。

神会的著作有《荷泽神会禅师语录》、《菩提达摩南宗定是非论》、《答崇远法师问》和《显宗记》（《顿悟无生般若颂》）等。宗密的著作很多，关于禅法方面的，有《圆觉经大疏钞》、《圆觉经略疏钞》、《禅源诸诠集都序》、《中华传心地禅门师资承袭图（并附说）》等。神会和宗密著作的哲学思想重心是心性论，而心性论的核心内容是灵知心体说。宗密认为，当时禅宗“六家”② 皆未指出灵心，“今第七剋体

① 《中华传心地禅门师资承袭图》，《续藏经》第1辑第2编第15套第5册，434页。

② “六家”指神秀、智诜、老安、道一、慧融（法融）、宣什所立禅宗派系。

直指寂知”①。“第七”，指荷泽宗，“寂知”，即灵知。灵知说为荷泽宗心性论的主要特色。“灵知”是指灵明、灵妙的识知、智慧，非所谓世俗的知识。此宗以灵明真智为心的体性、本质，把智慧与真心结合起来，并由此而展开对智慧、认知、人性、佛性、佛心、烦恼、众生心、无念和顿悟，以及禅门三宗心说等一系列禅修成佛问题的阐述，在思想上显示出了与北宗、牛头宗、洪州宗等的重要差异，颇富特色。②

第一节　灵　知

宗密曾就神会荷泽宗的禅法作了如下的重要概括：

> 万法既空，心体本寂，寂即法身。即寂而知，知即真智，亦名菩提、涅槃。……此是众生本源清净心也，是自然本有之法。③
>
> 诸法如梦，诸圣同说。故妄念本寂，尘境本空；空寂之心，灵知不昧。即此空寂之知是汝真性。任迷任悟，心本自知；不藉缘生，不因境起。知之一字，众妙之门。由无始迷之故，妄执身心为我，起贪著念。若得善友开示，顿悟空寂之知。知且无念无形，谁为我相人相？觉诸相空，心自无念；念起即觉，觉之即无。修行妙门，唯在此也。故虽备修万行，唯以无念为宗。但得无念知见，则爱恶自然淡泊，悲智自然增明，罪业自然断除，功行自然增进。既了诸相非相，自然无修之修，烦恼尽时，生死即绝。生灭灭已，寂照现前，应用无穷，名之为佛。④

这是总结荷泽宗的禅法宗要，意思是说，达摩禅宗以来所讲的以心传

① 《圆觉经大疏钞》卷3之下，《续藏经》第1辑第14套第3册，279页。

② 宗密的心性论思想在前面“华严宗的自性清净圆明说”章中已有论及，此处则侧重于从禅宗的角度论述其心性思想。

③ 《圆觉经大疏钞》卷3之下，《续藏经》第1辑第14套第3册，279页。

④ 《禅源诸诠集都序》卷上之2，《大正藏》第48卷，402页下～403页上。

心，所传的是“空寂之心”。空寂之心即“灵知”，也称为“知”，是一种明白不暗的灵妙智慧，是众生本有的真性。认识灵知这一心的体性，是众生解决身心问题、获得解脱的门径。也就是所谓“知之一字”是“众妙之门”。而众生不明白这种道理，就会生起我相，执身心为自我，视外境为我所有，不能脱离人我、善恶、有无等相对的世界，不能觉悟自我和万物的性空。如果以“无念为宗”，了悟“空寂之知”，就会断除烦恼，增进功德，超越生死，成就为佛。在宗密看来，“寂知指体，无念为宗”① 就是荷泽宗哲理和禅法的两大要点。下面，我们将重点评介灵知的涵义、特点及其与本性、本心的关系。

灵知是荷泽宗心性哲学的核心范畴，从神会和宗密所作的论述来看，其涵义主要是空寂之知、自然之知和无住之知。

空寂之知。简称“寂知”，指“空寂之心”的知。何谓空寂？神会说：“我心本空寂”②，“本自性空寂”③。宗密说：“空者，空却诸相，犹是遮遣之言；唯寂是实性，不变动义，不同空无也。”④ 从神会和宗密的说法来看，空是指远离一切事物的形相，寂是指寂静不动的实性。空寂就是超越一切事物形相区别的寂静本性。空寂之心就是处于空寂状态的心灵。荷泽宗认为，这种空寂心灵并不是纯然的无觉知、无意识状态，而是有认知、有觉知的，它的体性、本质就是知，就是觉知。换言之，灵知就是空寂之心的特性、作用。所谓“寂知指体”，是说众生原来具有的空寂灵知便是心体。宗密说：“知是当体表显义，不同分别也，唯此方为真心本体。”⑤ 意思是说，灵知具有特定的涵义，即表现显示的意义，不同于对执著事物形相的分别，是真心（即空寂之心）的本然状态。在荷泽宗看来，就众生心性的本质而言，众生对万物的分别认识是妄念，若果众生认识现象世界空幻不实，不产生妄念，就是空寂之心，也就是心灵进入灵知不昧的状态。

宗密就寂和知说：“寂是知寂，知是寂知。寂是知之自性体，知

---

① 《圆觉经大疏钞》卷 3 之下，《续藏经》第 1 辑第 14 套第 3 册，279 页。

②③ 《荷泽神会禅师语录》，石峻等编：《中国佛教思想资料选编》第 2 卷第 4 册，84 页。

④⑤ 《中华传心地禅门师资承袭图》，《续藏经》第 1 辑第 2 编第 15 套第 5 册，437 页。

是寂之自性用。”① 这里是以寂为体，以知为用，强调体用一致，“即体之用”，如前引宗密所说“寂照现前，应用无穷”，寂知（觉知）的作用是无穷的，寂知与只限于体的性寂不同，它沟通体用关系，并体现主体觉悟智慧的作用。可见宗密重视的还是“知”。这里也涉及了性寂、性觉之辨，对性觉说作了明确的肯定。

宗密还认为空寂之心的用有两种：自性用和随缘应用。自性用是无须有相对的因缘条件就可以自知自觉，随缘应用则须有相对的因缘条件才能发生作用。寂知的知是自性用，是空寂之心的自知自觉，这是对心性本觉说的重要论述。宗密强调众生修持成佛，就是要直指本有的寂知，以求主体意识的自觉，不必向心外求佛。他要求修行者“以空寂为自体，勿认色身，以灵知为自心，勿认妄念”②。认为空寂是自体，灵知是自心，修行者要勿认色身，勿认妄念，直指灵知，必成佛果。

自然之知。神会曾批评佛家只讲因缘，不讲自然，道家只讲自然，不讲因缘，都是片面的，主张把两者结合起来。他认为因缘是说明万物生成演变的，自然是说明万物产生本原的。讲自然才能说明众生成就为佛的根据。这个根据就是众生的本性，即佛性，自然智。他说：“僧家自然者，众生本性也。又经文所说：‘众生有自然智、无师智。’此是自然义。”③ 又说：“众生承自然智，得成于佛。”④ “众生虽有自然佛性，为迷故不觉，被烦恼所覆，流浪生死，不得成佛。”⑤“经”指《法华经》，经文所讲的自然智是指不藉功用、自然而有的自然之智，即自然智慧。神会认为，所谓自然就是众生的本性，就是众生的自然智、无师智。自然智慧或自然本性（佛性）是众生成佛的根本，众生之所以没有成佛，是因为自然智慧或自然本性被烦恼所覆盖，若一旦排除烦恼，即可成佛。神会所讲的自然，显然是吸取道家

---

① 《圆觉经大疏钞》卷1之上，《续藏经》第1辑第14套第3册，213页。

② 续法：《五祖圭峰大师传》，石峻等编：《中国佛教思想资料选编》第2卷第2册，477页，北京，中华书局，1983。

③ 《荷泽神会禅师语录》，石峻等编：《中国佛教思想资料选编》第2卷第4册，93页。

④⑤ 同上书，95页。

的基本观念和用语，其涵义是指存在的自然而然的本来状态，是既非造物主造作，也无任何目的性的事物自身的状态。这里显然是指众生最原始、最纯然的本色，即所谓“本来面目”——内在的精神、本性、智慧。这也就是说，神会所谓的自然是对自然人性的确认，既有深层本体的意义，又有精神自由的意义。自然之知是对人的主体性原理的确认，它强调在众生的原始的空寂心灵中，本来就有自然之知，这种自然之知存在于形成迷悟、凡圣的相互对立之前，是成佛的因由、根据。成佛并不是要先经历排除妄念、烦恼的长期修持，然后再成就本觉智慧这样两个阶段，而是一旦排除妄念、烦恼，显示本来面目，众生便成为佛。

无住之知。神会还从无住心的角度提出“无住之知”的概念来阐述灵知的特质。他认为“得无住心，即得解脱”①。“无住”，出于《维摩经》，其原义是指无所住，即主体心不执著于一定的对象，不失去任运自在的作用。神会改变了《维摩经》关于无住是没有实体性的宗教涵义，认为“无住”是众生本来的知，或者是说，无所住处的自由活动的实体性心灵，就是“无住”。神会引用《金刚般若经》来说明“无住心”，《金刚经》云：“应如是生清净心，不［应］住色生心，不应住声香味触法生心，应无所住而生其心。”② 这是说，无住心即清净心，也就是对各种物质现象不产生执著的心。神会非常重视“应无所住而生其心”这句话，并加以阐释说：“应无所住，本寂之体；而生其心，本智之用。”③ 又说：“无住体上，自有本智，以本智能知，常令本智而生其心。”④ 意思是说，无所住是体，是本寂之体，此体具有本智，本智发生作用而生其心，此心也即清净心。本智为无住体所本有，具有能知的作用，这是在无住处立知，是无住之知。本智既在无住体上，又有能知之用。能知无住心体，知心空寂，这就是“无所住而生其心”。神会认为，众生若能做到这一点，也就得到解脱

①② 《荷泽神会禅师语录》，石峻等编：《中国佛教思想资料选编》第2卷第4册，85页。

③ 同上书，107页。

④ 同上书，85页。

了。神会强调无住之体能起知的作用，“湛然常寂，应用无方；用而常空，空而常用”[①]。这种体用一元论思想的特点是，在认识论上突出发挥无住之知的功用去认知、体验无住之知的本来状态，是以无住心体的能知去证悟无住心体的所知，是体用两者的相契相合。就无住之知的体而言是空寂的，就无住之知的用而言是直觉的，是超常态的运作，即超越语言、逻辑、理性和情感的直下把握的自我体证，是对自我内在本性的冥想回归。众生一旦以无住之知的用，来证悟本来相契合的无住之知的体，自知本体寂静，空无所有，无所住处，等同虚空，无所不遍，也就顿然觉悟而成就为佛。这是在佛教修持理论上对中国传统的体用观念的继承和发展，为顿悟成佛说提供了新的理论基础。

综上所言，荷泽宗人所讲的灵知，其内涵具有空寂、自然和无住的规定性。这是众生主体性的本知，是一种对本心的原初状态、最初运作的觉知，这种觉知被认为是对人心的初相、人生的实相、生命的真相的觉悟，这种觉悟被认为是成佛的根据和成佛的标志。由此出发，荷泽宗人又提倡“无念”的宗教修持方法。宗密解释说：“无念为宗者，既悟此法本寂本知，理须称本用心，不可遂起妄念，但无妄念，即是修行。”[②] 这就是说，首先要自知本体空寂，空无所有，也无住著，进而开发灵知以归向绝对的空寂本体。这也就是无念（思念），或者是“虽有见闻觉知，而常空寂”[③]，即上面引的“念起即觉，觉之即无”，称为“无念为宗”。

第二节　佛性与佛心

如上所述，灵知是一种众生获得解脱的智慧、知见，也就是佛智。这种佛智作为众生的本性，也就是佛性，而佛性又与佛心相通。

① 《顿悟无生般若颂》，石峻等编：《中国佛教思想资料选编》第2卷第4册，117页。
② 《圆觉经大疏钞》卷3之下，《续藏经》第1辑第14套第3册，279页。
③ 《荷泽神会禅师语录》，石峻等编：《中国佛教思想资料选编》第2卷第4册，87页。

由此，神会和宗密还论述了佛性与佛心的时空定位以及和众生心性的关系问题，对后世心性论思想的影响颇大。

前引宗密《禅源诸诠集都序》称“空寂之知是汝真性”，真性即本性、佛性，也就是说灵知是众生的佛性，是众生得以成佛的根据。上面还提到，神会提出“自然佛性”的概念，强调佛性是自然本有的。他还提出“佛性本有今无”说：“据《涅槃经》义，本有者，本有佛性；今无者，今无佛性。”① 为什么说佛性本有呢？“佛性体常故，非是生灭法。”② 这是说，佛性是恒常存在的，永存的，没有产生，也没有灭亡，没有来，也没有去。佛性是众生的体性，是与生俱有的。为什么又说佛性今无呢？“今言无佛性者，为被烦恼盖覆不见，所以言无。”③ 所谓无佛性并非说没有佛性存在，而是指佛性被烦恼所覆蔽，未能显露而已。既然众生本有自然佛性，烦恼又是从何而生呢？神会说：“烦恼与佛性，一时而有”④。烦恼又称“无明”，所以也说：“无明与佛性俱是自然而生。无明依佛性，佛性依无明。两相依，有则一时有，觉了者则佛性，不觉了即无明。”⑤ 就众生来说，佛性与烦恼（无明）是自然而生的自然性，两者俱时而生，相依而存。两者的区别在于觉或不觉。神会常以金和金矿为喻说：“譬如金之与矿，俱时而生。得遇金师炉冶烹炼。金之与矿，当各自别。金即百炼百精；矿若再炼，变成灰土。”⑥ 神会强调如果不逢金师，就是“只名金矿，不得金用”⑦。同样，一切众生，如果没有诸佛菩萨善知识方便指授是终不得见佛性，即是“今无佛性”的。佛性本有，说明众生具有成佛的可能性；佛性今无，表明众生未成为佛的现实性。所以，当有人提出众生的佛性与佛的佛性的同异问题时，神会回答说：

---

① 《荷泽神会禅师语录》，石峻等编：《中国佛教思想资料选编》第 2 卷第 4 册，78 页。

② 同上书，79 页

③ 同上书，78 页。

④ 同上书，95 页。

⑤ 同上书，106 页。

⑥ 同上书，79 页。

⑦ 同上书，95 页。

"亦同亦异"，"言其同者犹如金，言其异者犹为椀盏等器"①。他认为众生的佛性与佛的佛性，比如都是金，这是相同的，但众生佛性是椀盏器皿，金被盖覆了，这是相异的。当时还有人问，若人死后入地狱，佛性是否也同时入地狱，神会说："性不离妄"，"妄自迷真，性元无受"②。认为佛性也随入地狱，但它无所受而保持本性不变。神会还用般若空宗的中道观来说明佛性的有无，他认为佛性"不有不无"，说其"不有者，不言于所有；不无者，不言于所无"③。认为佛性是不能从有无两边来说的，它是超越有无，难以言说的。从空观视角来说，佛性是无所住的，超在性的。神会认为，众生若能体悟佛性"有无双遣，中道亦亡"④，这也就是"无念"，也就是最高智慧。

神会认为一切众生（主要是指人类）都有佛性，而无情识的非众生是无佛性的，他反对"无情有性"说。《荷泽神会禅师语录》载：

> 牛头山袁禅师问："佛性遍一切处否？"答曰："佛性遍一切有情，不遍一切无情。"问曰："先辈大德皆言道，'青青翠竹，尽是法身；郁郁黄花，无非般若。'今禅师何故言道，佛性独遍一切有情，不遍一切无情？"答曰："岂将青青翠竹同于功德法身，岂将郁郁黄花等般若之智？若青竹黄花同于法身般若者，如来于何经中，说与青竹黄花授菩提记？若是将青竹黄花同于法身般若者，此即外道说也。"⑤

神会认为，青竹黄花之类的无情识之物，是不可能具有理想道德和崇高智慧的，它们是没有佛性，不会成佛的。他把成佛的范围限定于有情众生，把佛性定位于众生的本性，强调人与植物等的区别，这是对人的主体意识和本性的充分肯定，是对人类的尊严和价值的热情赞扬。

神会和宗密对于灵知、佛性与心的关系给予高度的关注，并就本

① 《荷泽神会禅师语录》，石峻等编：《中国佛教思想资料选编》第2卷第4册，91页。
② 同上书，97页。
③④ 同上书，96页。
⑤ 同上书，91页。

心、佛心、众生心和妄心的关系问题作出了明确的界定。神会受《大乘起信论》的影响，认为“真如之性，即是本心”[①]。真如，此指众生心的本体。真如有体（性）相两个方面，就其体而言是远离迷心而空，就其相而言则是不空的。本心指众生本来的空寂之心。神会认为，众生心的真如本体的空寂体性，就是空寂的本心。这是从众生心的体性立论，以阐明成佛的根据。宗密更进一步提出“知即是心”的命题，他说：

> 设有人问：“每闻诸经云，迷之即垢，悟之即净，纵之即凡，修之即圣，能生世间、出世间一切诸法，此是何物?”答云：“是心。愚者认名，便谓已识。智者应更问：何者是心？答：知即是心。”[②]

意思是说，佛经常讲“心”是生起世间和出世间一切诸法的根源，一般人只从名言上认心，真正的智者应当了解“知即是心”。在宗密看来，众生只有认识知即是心，才是真正掌握了由凡转圣大门的钥匙。

神会在本心说的基础上，又提出“众生心即是佛心，佛心即是众生心”[③] 的说法。他认为本心是众生心中本来具有的清净真如心，佛心与本心相应，众生心本净，所以众生心即是佛心。众生心即是佛心，是就众生心的本质而言，犹如众生的佛性与佛的佛性有同有异一样，“若约不了人论，有众生有佛；若其了者，众生心与佛心，元不别”[④]。这里是说，众生对本心有一个是否了悟的问题，不了悟，就有众生与佛的分别；若了悟，众生心与佛心本无分别。怎样了悟呢?神会提倡直指佛心，见性成佛。他不赞成北宗的“凝心取定”、“住心看净”、“起心外照”、“摄心内证”[⑤] 的四种冥想方法，他说：“众生本自心净，若更欲起心有修，即是妄心，不可得解脱。”[⑥] 神会认为，

---

① 《荷泽神会禅师语录》，石峻等编：《中国佛教思想资料选编》第2卷第4册，89页。

② 《禅源诸诠集都序》卷下之1，《大正藏》第48卷，406页下。

③④ 《荷泽神会禅师语录》，石峻等编：《中国佛教思想资料选编》第2卷第4册，85页。

⑤ 同上书，86页。

⑥ 同上书，90页。

生起一种为追求解脱而修行的心，就是妄心。有这种妄心的人，不去直指清净的佛心，而在修行上主张先修定，得定以后再发慧。这种人是不懂得“若定慧等者，名为见佛性”① 的道理。“等”，是等同。神会认为，只有定和慧统一，才是见佛性。“言定者，体不可得；所言慧者，能见不可得体。湛然常寂，有恒沙巧用，即是定慧等学。”②定与慧各有不同的功能作用，只有定慧等，才是既得体又能见，也才能直指湛然常寂的心体，见性成佛。在神会看来，北宗把定和慧分割为两截，先定后慧，从“离念”实践（禅定）再发展到本觉智慧，而不是直接体悟众生空寂心灵本体中本有的灵知，其结果只能增长执著、无明，是不足取的。神会认为“妄念”是真性与因缘相接触后所生的现象，是无自性的、本空的，即不独立存在的。因此“离念" 不仅是不必要的，而且还会使人误入歧途。神会反对由定发慧，主张以慧摄定，反映出北宗重行和南宗重知的不同修持方法。

第三节　禅门三宗心说

宗密在《禅源诸诠集都序》中，为了调和禅教，分别以北宗、牛头宗和南宗为禅门的代表，以唯识、般若和华严为禅外其他教派的代表，将其互相参照、比附，以示禅与教的对应性、一致性。宗密在调和禅教与排比禅门各派时，以心性修持为尺度，把禅门分为三大类，提出禅门三宗心说③：

息妄修心。这是指神秀北宗一系等的主张，此宗认为众生本来就具有佛性，但是一直受无明烦恼的盖覆，而不知不见。众生必须依师言教，勤持修心，背境观心，以息灭妄念，直至妄念灭尽，即是觉悟，也即进入无所不知的境地。

泯绝无寄。这是牛头（法融）宗、石头（希迁）一系等的主张，

①② 《荷泽神会禅师语录》，石峻等编：《中国佛教思想资料选编》第 2 卷第 4 册，91 页。

③　详见《禅源诸诠集都序》·卷上之 2，《大正藏》第 48 卷，402 页中。

认为一切事物都是因缘和合而生，都是空的。众生、菩萨和佛，也犹如梦幻一般，都无所有，本来空寂，而且悟解这种空寂的智慧，也是不可得的。总之，没有任何东西可以执著，既无众生，也无佛，无法可拘，也无佛可作。凡有所作，都是迷妄。如此明白本来无事，心亦不有，心无所寄，才能免于颠倒，得到解脱。

直显心性。这是建立在真性基础上的主张，认为一切事物都只是真性的显现，真性是一切事物的本体。作为本体，是非凡非圣，非因非果，非善非恶，即无相无为的。然而即体之用，真性又能呈现出种种现象，能凡能圣。

宗密又把直显心性宗分为两类，即神会荷泽禅和马祖道一洪州禅。荷泽禅的特色，前已引。关于洪州禅的特色，宗密概括道：

> 即今能语言动作，贪瞋慈忍，造善恶受苦乐等，即汝佛性。即此本来是佛，除此无别佛也。了此天真自然，故不可起心修道。道即是心，不可将心还修于心；恶亦是心，不可将心还断于心。不断不修，任运自在，方名解脱。性如虚空，不增不减，何假添补。但随时随处息业养神，圣胎增长，显发自然神妙。此即是为真悟真修真证也。①

洪州宗认为众生本有佛性，一切语言行为都是佛性的自然显发。道就是心，恶也是心，所以不必起心修道断恶，只要任运自在，就能真悟真证。宗密认为荷泽禅和洪州禅的共同点是都承认真性（佛性）是众生的本体，也都承认真性的作用，但是两宗对形而上的真心及其现实的作用存在着不同的看法。宗密就此两宗心性思想的分歧说：

> 真心本体有二种用：一者自性本用，二者随缘应用。犹如铜镜，铜之质是自性体，铜之明是自性用，明所现影是随缘用。影即对缘方现，现有千差，明即自性常明。明唯一味，以喻心常寂是自性体，心常知是自性用，此能语言能分别动作等是随缘应

① 《禅源诸诠集都序》卷上之2，《大正藏》第48卷，402页下。

用。今洪州指示能语言等，但是随缘用，缺自性用也。①

宗密认为，真心本体有两种作用，一是自性的本来作用，二是随缘而表现为语言动作。在宗密看来，洪州宗重用，荷泽宗重体。洪州宗只重随缘应用，而随缘应用表现的语言动作又缺乏深层的主体性格；荷泽宗则重自性本用，并以此为本知、灵知，突出灵知的主体性格。这里宗密在客观上暴露了洪州禅的一大矛盾，即把佛性的作用归结为日常的语言动作，为此势必把人的烦恼、过失、错误等，都说成佛性的体现，这就难免表现出自然主义和行为主义的某些缺陷，从而削弱宗教的人文道德的精神价值。至于宗密以铜镜作比喻来说明真心本体的作用，不失为机智，但是众生为什么有本知即灵知的存在？自性本用和随缘应用又是什么关系？如何用常理来说明这些问题并非易事，所以后来荷泽禅受到洪州禅师的抨击，就不是偶然的了。

还令人感兴趣的是，宗密以摩尼宝珠为比喻来说明禅门各派思维方式的区别，并评判其得失，文字通晓明白，引文如下：

如一摩尼珠，唯圆净明，都无一切差别色相。以体明故，对外物时，能现一切差别色相。色相自有差别，明珠不曾变易。然珠所现色，虽百千般，今且取与明珠相违者之黑色，以况灵明知见，与黑暗无明，虽即相违，而是一体。谓如珠现黑色时，彻体全黑，都不见明。如痴孩子，或村野人见之，直是黑珠。有人语云：此是明珠。灼然不信，却瞋前人，谓为欺诳。任说种种道理，终不听览。纵有肯信是明珠者，缘自睹其黑，亦谓言被黑色缠裹覆障，拟待磨拭揩洗，去却黑暗，方得明相出现，始名亲见明珠。

复有一类人，指示云：即此黑暗便是明珠。明珠之体，永不可见。欲得识者，即黑便是明珠，乃至即青黄种种皆是。致令愚者的信此言，专记黑相或认种种相为明珠。或于异时，见黑子珠、米吹青珠、碧珠，乃至赤珠，琥珀、白石英等珠，皆云是摩

① 《中华传心地禅门师资承袭图》，《续藏经》第1辑第2编第15套第5册，437页。

尼。或于异时，见摩尼珠都不对色时，但有明净之相，却不认之，以不可见有诸色可识认故，疑恐局于一明珠相故。

复有一类人，闻说珠中种种色皆是虚妄，彻体全空，即计此一颗明珠都是其空，便云都无所得方是达人，认为有一法，便是未了。不悟色相皆空之处，乃是不空之珠。①

宗密这一段话有三层意思。第一层是，以摩尼宝珠比喻真心，以明净本性比喻灵知。说宝珠因本性明净而能显现出周围事物的各种色彩。如宝珠被置于黑暗处就呈黑色。无知的人见了，就认定是黑珠。有人指出这是明珠，他认为是欺骗。即使他肯信是明珠，也要去掉黑色。显示明净相状，才算是亲见明珠。这一层是评论神秀北宗禅。文中黑色喻指妄念。北宗主张"离念"求觉悟，在宗密看来，这是不了解黑色是妄，明珠是真，妄念本空，真心本净。禅修要求离迷妄，是多此一举，浪费时日。第二层是评论洪州禅。此宗的主张是"即此黑暗便是明珠"，因此要识明珠只有从黑色里面去找。宗密认为，这样的结果，一是会把各种黑色球形的东西，都视为宝珠；二是见到真正的宝珠时，又因不是黑色的而认为不是宝珠。宗密认为这是洪州宗"一切皆真"宗旨的流弊。第三层是评论牛头宗。认为该宗虽知明珠种种色彩全空，但不悟明珠本身是不空的道理。

宗密认为，北宗是离黑求珠，洪州宗是以黑为珠，牛头宗是黑与珠皆空，三家各有缺陷，最佳的禅法乃是荷泽禅：

何如直云唯莹净圆明，方是珠体。其黑色……悉是虚妄。正见黑色时，黑元不黑，但是其明，……即于诸色相处，一一但见莹净圆明，即于珠不惑。②

荷泽宗认为宝珠的珠体是晶莹透明的，宝珠的色相是虚妄的。应当从宝珠的各种色相中见到明净的本性。这就是说，心性的现象与本体是

---

① 《中华传心地禅门师资承袭图》，《续藏经》第1辑第2编第15套第5册，436～437页。

② 同上书，437页。

有区别的，又是统一的，也应当是统一的。在宗密看来，其他各派或者是割裂了现象与本体的统一，或者是忽视现象与本体的区别，或者是把现象与本体都归结为空，这些看法都是不正确的。

宗密还以真心本觉为参照系，依据心性论的不同思想，把禅门和其他教派分别归纳为对应的三类，如上所述，禅的三宗是“息妄修心宗，泯绝无寄宗，直显心性宗”①。教的三教是：“密意依性说相教，密意破相显性教，显示真心即性教”②。宗密把三宗与三教相对应，并以“直显心性宗”和“显示真心即性教”为最高阶段。实质上，也就是以宗密所提倡的华严禅或荷泽禅的心性思想来统一禅教的学说。

宗密归纳的三教之一“密意依性说相教”，指的是人天因果教、小乘教和大乘法相唯识宗。宗密认为，这些教的共同点是，都认为众生由于对真性的迷惑而生起妄执，妄执障碍修道成佛，因此，这些教也都主张息灭我执的妄念，重视修心。而和“息妄修心宗”相一致。“密意破相显性教”，相当于大乘空宗、三论宗。此教所讲的性指无性，即以无性为性。宗密认为，此教主张主体的识和所变的境，即主客观世界同属虚妄，心性只是空寂，而和“泯绝无寄宗”相合。“显示真心即性教”，指华严宗和天台宗。宗密认为，此教说一切众生都有本觉真心，真心即众生本性，心性既空寂又常知，主张返归真心，而和“直显心性宗”相合。

宗密在把三教与三宗相配对后说：

> 三教三宗是一味法，故须先约三种佛教证三宗禅心，然后禅教双忘，心佛俱寂。俱寂即念念皆佛，无一念而非佛心；双忘即句句皆禅，无一句而非禅教。③

这是宗密以心性思想为基础的禅教统一论的总结性话语。“一味”是平等无差别的意思。这段话是说，从根本上讲，三教和三宗是思想一致、彼此融通的，因此在修持上，先要分别约三种教理来悟证三宗禅

①② 《禅源诸诠集都序》卷上之2，《大正藏》第48卷，402页中。

③ 《禅源诸诠集都序》卷下之1，《大正藏》第48卷，407页中。

心，然后达到禅与教双双忘却，心与佛俱为寂灭的境界。如此心佛俱寂，也就念念都是佛，每一念都是佛心；如此禅教双忘，也就是教所讲的句句都是禅，无一句不是禅教。这样，各教各宗也就殊途同归，最后都达到成佛的境界。

第十八章

石头宗的灵源皎洁说

慧能以后，禅宗主要衍化为青原和南岳两系。青原行思（？—740）主张“即今语言即是汝心，此心是佛”①。其弟子石头希迁（700—790）继承行思，超过行思，在开辟有别于南岳一系洪州宗的门风方面，发挥了决定性的作用。在希迁的思想基础上，青原一系石头宗后来又分化出曹洞、云门和法眼三宗，一度形成与洪州宗势均力敌之势，影响颇大。

石头宗和洪州宗同样是继承了慧能禅宗的心性论学说，都主张从生命现象上去体认自我的本心、本性，也就是在把握本心、本性的基础上去克服主体与客体、有限与无限、短暂与永恒的对立，超越烦恼、痛苦、生死，以建立精神家园，获得解脱。但是和洪州宗人又有所不同。相对说来，石头宗人偏重于吸取华严宗和禅门牛头宗的思想，主张调和顿渐法门；也重视阐述心灵自体的皎洁圆满，并从心性上去统一理与事、本与末的矛盾关系，安置主体与客体、一心与万物的关系，以把握宇宙与人生的真实，求得觉悟。由此又形成了以绵密、高古门风与洪州宗凌厉、快捷门风争奇斗艳的禅门文化景观。

---

① 《宗镜录》卷97，《大正藏》第48卷，940页中。

第一节 心灵湛圆

据《祖堂集》卷4载，石头希迁因读《肇论·涅槃无名论》中的“会万物以成己者①，其唯圣人乎!”这句话而深受启迪，并感叹道：“圣人无己，靡所不己。法身无量，谁云自他？圆镜虚鉴于其间，万像体玄而自现。境智真一，孰为去来？”② 于是撰写代表了石头宗基本思想的《参同契》一文。《涅槃无名论》③ 这句话是讲圣人（佛）的境界的，希迁从中体会到圣人是无己（无我）的，法身是无量的，万物是一体的，人若与万物合为一体，境智合一，就是圣人即佛的境界。由此，希迁重视合万物为一体的主体心灵本性的探讨。

石头希迁在向弟子介绍自己的法门时，说过这样一段重要的话：

> 汝等当知：自己心灵，体离断常，性非垢净；湛然圆满，凡圣齐同；应用无方，离心、意、识。三界六道，唯自心现；水月镜像，岂有生灭？汝能知之，无所不备。④

这段话阐明了自心即自己心灵的体、性、功能和特征。希迁认为，自心之体是脱离断灭与恒常的，自心之性是非污染非清净的；意思是自心的体性是超越断常和净垢而湛然圆满的。同时自心又是一切凡夫与圣者普遍具有的。

自心的功能周遍无方，离开了一般的心、意、识的活动，自心能显现三界六道，无所不备。于此可见，希迁所说的这种自心就是众生的妙灵，诸佛的本觉。也就是一切凡圣生类共同具有的真心。

希迁以后，石头宗人还通过对什么是真心、真心与妄心、睡眠与真心等问题的阐发，来论证自心的湛然圆满。希迁和他的法嗣潮州大

---

① 此句《高丽大藏经》本作“览万像以成己者”，今据《肇论中吴集解》本改。

② 见《高丽大藏经·补遗》第45卷，257页中；又见《祖堂集》卷4，77页，全国图书馆文献缩微复制中心，1993。

③ 此论是否为僧肇所作，学界有不同看法。

④ 《南岳石头希迁大师》，《景德传灯录》卷14，《大正藏》第51卷，309页中。

颠和尚曾讨论过心（本来面目）与扬眉动目的关系，后来大颠在上堂开示时就真心（本心）作出了明确的界定：

> 夫学道人须识自家本心，将心相示，方可见道。多见时辈，只认扬眉动目，一语一默，蓦头印可，以为心要，此实未了。吾今为汝诸人分明说出，各须听受，但除却一切妄运想念见量，即汝真心。此心与尘境及守认静默时全无交涉，即心是佛，不待修治。何以故？应机随照，冷冷自用，穷其用处，了不可得，唤作妙用，乃是本心。①

在这段话中，大颠和尚首先批判了洪州宗人的观点，指出他们以扬眉动目为佛性（真心）的表现，实是没有了达禅法的真谛，强调“除却一切妄运想念见量”才是真心。也就是说，真心是排除一切虚妄的知觉、忆念、见解、认识的，真心是无须修治的。为什么这样说呢？因为真心能随不同情况观照一切，具有无限妙用，了达而又不可得。这就是说，在大颠和尚看来，真心是众生本来具有、绝对纯真、作用神妙的精神主体，成佛的内在根据，或者说，此心就是佛心，就是佛。清凉文益禅师弟子、法眼宗人绍岩禅师认为，讲心要同时反对两种见解：一种是以为语言谈笑、凝然杜默、参寻探访、观山玩水等就是本心的表现；一种是离开心中妄想，另外追求一种能周遍十方世界（包含日、月、太虚）的心灵为本来真心。② 他认为这两种看法都是不正确的。在绍岩禅师看来，真心与日常表现、真心与外部世界是一种不即不离的关系。

那么，人在睡眠时通常停止了知觉活动，此时人的真心、本性是否还存在呢？如何认识睡眠时的真心、本性，这是石头宗禅师们热衷探讨的一个话题。如唐末五代著名禅师玄沙师备（835—908）在批评有的禅师只会举手投足，扬眉瞬目之后，着重根据睡眠现象来评论人心聪灵的局限性，并对人身的主宰提出新见解，他说：

---

① 《景德传灯录》卷14《潮州大颠和尚》，《大正藏》第51卷，313页上。

② 详见《杭州真身宝塔寺绍岩禅师》，《景德传灯录》卷25，《大正藏》第51卷，415页中、下。

> 更有一般便说，昭昭灵灵，灵台智性，能见能闻，向五蕴身田里作主宰。恁么为善知识？大赚人知么？我今问汝，汝若认昭昭灵灵是汝真实，为什么瞌睡时又不成昭昭灵灵？若瞌睡时不是，为什么有昭昭时？……我向汝道，昭昭灵灵，只因前尘色、声、香等法而有分别，便道此是昭昭灵灵，若无前尘，汝此昭昭灵灵同于龟毛兔角。仁者，真实在什么处？汝今欲得出他五蕴身田主宰，但识取汝秘密金刚体。①

“昭昭灵灵”，明白聪灵。“灵台”，心。“五蕴身田”，人身。“善知识”，指有道德学问、能传授佛法的人。“赚”，骗。“尘”，境、境界，通常指色、声、香、味、触、法六尘或六境。“前尘”，显现于前的对象。“金刚体”，喻金刚般坚固的身体，此指佛身的功德。这段话是从人睡眠时失去知觉来论证，认为那种以人心昭昭灵灵为人的主宰和众生的真实的说法是欺人之谈，指出人们所讲的昭昭灵灵只是对外境等事物的分别而已，实际上众生的真实和主宰不是别的而是自己的“秘密金刚体”，即自身的功德。在师备禅师看来，众生心灵的真实和主宰不是认知活动及其特性，而是佛教的功德。只有佛教的功德才是支配与决定众生命运的主宰。

宋代法眼宗本先禅师也探讨了人在睡眠与醒觉时的本性存在问题，他说：

> 尔等诸人夜间眠熟不知一切，既不知一切，且问：尔等那时有本来性？若道那时有本来性，那时又不知一切，与死无异；若道那时无本来性，那时睡眠忽醒觉知如故。……如是等时是个什么？若也不会，各自体究取。②

本先禅师以人在睡眠时“不知一切”，醒觉时“知如故”来考察人的本性（实指知觉）是否一直存在的问题。我们知道，睡眠是一种与觉

① 《福州玄沙师备禅师》，《景德传灯录》卷18，《大正藏》第51卷，345页上。

② 《温州瑞鹿寺本先禅师》，《景德传灯录》卷26，《大正藏》第51卷，427页上、中。

醒状态周期性交替出现的机体状态，当今运用脑电图还可以观测出睡眠过程中的不同相状。人在睡眠时会失去知觉。从生理学和心理学角度看，本先禅师在这里提出的问题是一个知觉作用的机制问题。他把知觉归结为人的本性，并要求门下对这样的本性进行体察探究，作为求得精神解脱的重要门径。这里也使我们联想起印度部派佛教，他们探讨人们处于熟睡，失去感觉、知觉的情况下，众生是否还有其他识存在的问题，他们认为是有的，并提出了细心、细意识、"补特伽罗"（依附于身体的内在心识、本性）等说法，触及了人的深层意识结构，确立了众生轮回果报的本体。

本先禅师提出的问题也涉及了人心，即人的精神主体是有生有灭的，还是不生不灭的问题，法眼宗创始人文益禅师（885—958）与门人对这个问题有如下一段对话：

> 问："如何是不生不灭底心?"师（即文益）曰："那个是生灭底心?"僧曰："争奈学人不见。"师曰："汝若不见，不生不灭底也不是!"①

这段话的意思是说，众生若见自己的心，那人心既是生灭的，又是不生不灭的；若不见，则既不是生灭的，也不是不生不灭的。这是在强调人心是生灭与不生灭的统一，或者说是超越生灭与不生不灭的，并认为重要的是众生要自见自心。

石头宗人在主张众生本具湛圆自心，佛性本有的基础上，进而提倡直下承当，悟入禅境。希迁初见行思时有一段对话：

> 师问曰："子何方而来?"迁曰："曹溪"。师曰："将得什么来?"曰："未到曹溪亦不失。"师曰："恁么用去曹溪作什么?"曰："若不到曹溪，争（怎）知不失?"②

希迁在回答行思问从曹溪参学得到什么时，说在没有去曹溪前也并不缺什么；又回答既然如此为什么要去曹溪的问题时，希迁反问说不到

---

① 《大法眼文益禅师语》，《景德传灯录》卷 28，《大正藏》第 51 卷，448 页中。

② 《吉州青原山行思禅师》，《景德传灯录》卷 5，《大正藏》第 51 卷，240 页中。

曹溪怎么知道自己不缺失什么呢？希迁的这种自信本心，自知本心，无所不备，湛然圆满，正是石头宗禅学思想的基点，也是此宗开导学人，直指自心，体悟自心，成就佛果的要义。希迁对门下慧朗、大颠的启发、点拨，也是这方面的两个典型例子，史载：

> （慧朗）往虔州龚公山谒大寂（马祖道一），大寂问曰："汝来何求？"师（慧朗）曰："求佛知见。"曰："佛无知见，知见乃魔界。汝从南岳来，似未见石头曹溪心要尔，汝应却归。"师承命回岳造于石头，问："如何是佛？"石头曰："汝无佛性。"曰："蠢动含灵又作么生？"石头曰："蠢动含灵却有佛性。"曰："慧朗为什么却无？"石头曰："为汝不肯承当。"师于言下信入。①

"蠢动含灵"，指一切众生。希迁首先告诉慧朗，佛性为一切众生所有，是人人都有的，只因为慧朗"不肯承当"，才有如何是佛的问题。慧朗不明白佛就在自己心中，佛性本有。所以希迁对尚不明自心，缺乏自信的慧朗给以当头一棒，说他无佛性，促他猛醒，体悟自心，肯于承当。又，史载：

> 潮州大颠和尚初参石头，石头问师曰："那个是汝心？"师曰："言语者是。"便被喝出。经旬日，师却问曰："前者既不是，除此外何者是心？"石头曰："除却扬眉动目，将心来。"师曰："无心可将来。"石头曰："元来有心，何言无心？无心尽同谤。"师言下大悟。②

希迁为考验大颠对本有自心的信念是否坚定，故意对其所说有心和无心都不予认可，实际上是强调众生的现实心灵就是自己的真心，就是成佛的根本。他要门人不要追问，探究何者是心，而应是直下自心，觉悟成佛。大颠经此开导而大悟。

从众生本心是湛然圆满的基本观点出发，石头宗人还高唱"即心

---

① 《潭州招提寺慧朗禅师》，《景德传灯录》卷14，《大正藏》第51卷，311页中。

② 《潮州大颠和尚》，《景德传灯录》卷14，《大正藏》第51卷，312页下～313页上。

即佛”说，希迁说：

> 吾之法门，先佛传授。不论禅定精进，唯达佛之知见，即心即佛。心佛众生。菩提烦恼，名异体一。[1]

希迁认为，能达佛的知见，亦即众生具有了达事物实相的真知灼见，众生心便是佛。所谓心佛相即，是指两者的体性相同。这是强调众生的心体无所不备，若能自知，则就是佛。众生主体的心具有无限功能，包括佛的境界在内的各种境界都是心的显现作用。文益禅师就说：“古圣所见诸境，唯见自心。”[2] 禅宗先圣们的修持，是从所见自心中见诸境界，这也就是石头宗人普遍奉行的“明心”、“识心”。如绍岩禅师就说：“只图诸仁者明心，此外别无道理。”[3] 丹霞禅师（728—824）也说：“识心心则佛，何佛更堪成？”[4] 曹洞宗人天童正觉（1091—1157）认为心是诸佛的本觉，众生的妙灵，由于被妄念所迷惑蒙蔽，就需要静坐默究，排除妄缘幻习，以显现心灵的清白圆明。由此他又相应地提倡“默照禅”，以与临济宗人大慧宗杲倡导的“看话禅”相对立。

石头宗人十分强调众生自性清净的至上性，主张即心是佛，由此也强烈反对心外求佛的说法和做法。在这方面希迁的三传弟子德山宣鉴禅师（780—865）的言论是十分典型的，他说：

> 达磨是老臊胡，释迦老子是干屎橛，文殊、普贤是担屎汉。等觉、妙觉是破执凡夫，菩提、涅槃是系驴橛，十二分教是鬼神簿、拭疮疣纸。四果三贤、初心十地是守古冢鬼，自救不了。[5]

宣鉴禅师从痛骂禅宗祖师达磨开始，一路骂下去，释迦佛、菩萨、佛教境界、佛教经典、直至众生发心求道和修持阶段等等，统统骂遍、

---

① 《南岳石头希迁大师》，《景德传灯录》卷 14，《大正藏》第 51 卷，309 页中。

② 《大法眼文益禅师语》，《景德传灯录》卷 28，《大正藏》第 51 卷，448 页中。

③ 《杭州宝塔寺绍岩禅师》，《景德传灯录》卷 25，《大正藏》第 51 卷，415 页中。

④ 《丹霞和尚玩珠吟二首·其二》，《景德传灯录》卷 30，《大正藏》第 51 卷，463 页下。

⑤ 《德山宣鉴禅师》，《五灯会元》卷 7，中册，374 页，北京，中华书局，1984。

骂倒，彻底否定心外的佛教和心外的佛。希迁弟子丹霞天然禅师根据希迁只教他“切须自护”即只须切实保护自心纯净的教导，在上堂时直接对门徒说：“禅可是尔解底物，岂有佛可成？佛之一字，永不喜闻。”① 强调追求禅法正解，排除“佛”这一字的意义和价值。《宋高僧传》卷11《唐南阳丹霞山天然传》还记载着丹霞天然禅师的一个著名故事。丹霞天然禅师住在慧林寺时，遇天奇寒，他就取来木佛焚烧取暖。别的僧人见状纷纷批评讥讽他，他回答说这是烧取舍利（佛的遗骨），僧人说木头里哪有什么舍利，他顺势又回答说，既然如此为什么还要责备我呢？这个故事充分地表现了丹霞天然禅师目无偶像崇拜的鲜明立场。

总之，在石头宗多数禅师看来，众生的心灵不同于日常行为动作，也排除一切妄念偏见，它是超越染与净（或绝对清净），超越睡眠与觉醒，超越生与灭，是本来先天具有，无所不备、湛然圆满的。即心即佛，众生的心灵是成佛的根据，向外求佛、盲目崇拜都是不符合禅法的。

第二节　心地自然

石头宗人常论心与法的关系，“法”包含外界事物和佛法等多重涵义。心与外物、心与佛法的关系如何，是佛教心性论的重大问题，心与外物是主体与客体的关系，心与佛法是主体与修持准则的关系，二者都直接涉及心性的性质和功能问题。石头宗人通过对这两方面的论述，进一步突出了人心的自然之性，强调众生心地自然，心无取舍，不附于物，自由自在，具足佛法，一切现成。

石头希迁在《参同契》中说：“灵源明皎洁，枝派暗流注。”② “灵源”，即心源，为一切事物、现象的根源。灵源皎洁清净，也就是自性清净心，就是佛性。“枝派”，指物。万物是灵源所派生，是灵源

① 《邓州丹霞山天然禅师》，《景德传灯录》卷14，《大正藏》第51卷，311页上。
② 《参同契》，《景德传灯录》卷30，《大正藏》第51卷，459页中。

所显现的。由此也可说，心与万物是一体，心与物是贯通的，然而物犹如暗地里流注一般，心物一体的这种贯通关系又不是豁然明朗的。从心源派生万物的关系出发，《参同契》宣传心与物具有本末、显隐、交互流注的关系。

对于心与物的这种复杂关系，法眼宗人尤为热衷探讨。文益禅师的门人慧明禅师就常以这类问题质询别人，以了解对方的禅修造诣。一次，有二禅客到慧明住处大梅山，慧明就提出了这样富有哲理性的问题：

> 师（慧明）问曰："上座离什么处？"曰："都城。"师曰："上座离都城到此山，则都城少上座，此山剩上座。剩则心外有法，少则心法不周。说得道理即住，不会即去。"其二禅客不能对。①

"剩"，多。二禅客离开都城到大梅山，都城少二人，大梅山多二人。多是表示主体心外另有法，少是表明主体心不周全。一多一少涉及心法与外界都城、大梅山的关系如何贯通说明，是禅修的一大问题。二位禅客不能从心生万物和心物一体贯通的思想来回答问题。后来慧明禅师住天台山，时有博学强记的朋彦来访讨论禅理，也有一段对话：

> 师（慧明）曰："言多去道远矣，今有事借问：只如从上诸圣及诸先德，还有不悟者也无？"朋彦曰："若是诸圣先德岂不有悟者哉？"师曰："一人发真归源，十方虚空，悉皆消殒，今天台山嶷然，如何得消殒去？"朋彦不知所措。②

这是说，按照心生万法、心物一体的禅理，只要以前有一位禅师发明真心回归心源，就会导致十方空虚，外界全都消殒，而今天台山依然高耸而立，并未消殒，这应如何说明呢？慧明禅师的真意是在提倡以"见色（物）便见心"的禅悟来消除心物的对立，体会心物一体。在法眼宗人看来，一般的人都是把心与物割裂开来，不能从物上见心

①② 《杭州报恩寺慧明禅师》，《景德传灯录》卷25，《大正藏》第51卷，410页中。

（本心），若能从物上见心，心物打成一片，就不会有“心外有法”和“心法不周”的问题了，也没有心外的天台山嶷然耸立的问题了。

法眼宗人又进一步深究“见色便见心”的“心”是什么心，此心与物是同是异？文益的弟子清耸禅师就提出了这个问题，他说：

> 见色便见心，且唤什么作心？山河大地，万象森罗，青黄赤白，男女等相，是心不是心？若是心，为什么却成物象去？若不是心，又道见色便见心？还会么？只为迷此而成颠倒种种不同，于无同异中强生同异。且如今直下承当，顿豁本心，皎然无一物可作见闻。若离心别求解脱者，古人唤作迷波讨源，卒难晓悟。①

这是说，一方面外界林林总总的事物并不就是心，一方面禅法要求“见色便见心”。究竟如何认识心、认识心与事物的关系呢？清耸禅师认为，若从众生的一般的见解来看，本来是无同异的心与物就会产生出同异的分别来；众生若能顿豁本心，本心皎然清净，就无一物可见可闻了，就无心物同异、心物对立的问题了。如此在体悟本心基础上，“见色便见心”，实现心物一体，才是真正的解脱之道和解脱境界。

本先禅师也就什么是“唯心所现”的涵义提出问题：

> 诸法所生，唯心所现，如是言语好个入底门户。且问：“尔等诸人眼见一切色，耳闻一切声，鼻嗅一切香，舌知一切味，身触一切软滑，意分别一切诸法，只如眼、耳、鼻、舌、身、意所对之物，为复唯是尔等心？为复非是尔等心？若道唯是尔等心，何不与尔等身都作一块了休？为什么所对之物却在尔等眼、耳、鼻、舌、身、意外？尔等若道眼、耳、鼻、舌、身、意所对之物非是尔等心，又焉奈诸法所生，唯心所现？”②

这是问：人们所感觉认识的一切事物，是人们的心呢，或者不是人们

① 《杭州灵隐清耸禅师》，《景德传灯录》卷25，《大正藏》第51卷，413页上。

② 《温州瑞鹿寺本先禅师》，《景德传灯录》卷26，《大正藏》第51卷，427页中。

的心？若说是人们的心，万物为什么不随着人们的身亡而俱灭，却仍然在人身之外存在着呢？若是万物不是人们的心，佛典上又为什么说万物是“唯心所现”呢？这是一个矛盾，在本先禅师看来，这就要求从“见色便见心”上求悟解。

对于心与物、见心、唯心的问题，讲得最形象、最生动、最典型的是地藏桂琛和文益三番对话的一段公案。一次文益结伴外出参学，为风雪所阻，暂住彰州城西地藏院，参谒桂琛，两人有这样的对话：

> 藏（桂琛）问：“此行何之？”师（文益）曰：“行脚去。”藏曰：“作么生是行脚事？”师曰：“不知。”藏曰：“不知最亲切。”又同三人举《肇论》至“天地与我同根”处，藏曰：“山河大地，与上座自己是同是别？”师曰：“别。”藏竖起两指，师曰：“同。”藏又竖起两指，便起去。雪霁辞去，藏门送之。问曰：“上座寻常说三界唯心，万法唯识”，乃指庭下片石曰：“且道此石在心内？在心外？”师曰：“在心内。”藏曰：“行脚人著什么来由，安片石在心头？”师窘无以对，即放包依席下求决择。近一月余，日呈见解，说道理。藏语之曰：“佛法不恁么。”师曰：“某甲词穷理绝也。”藏曰：“若论佛法，一切见（现）成。”师于言下大悟。①

这段话共有三问三答，一问什么是行脚，文益答不知。所谓不知，是不执著求知，也不执著有所知，即行其自然。这个回答桂琛认为最为亲切。二问人与山河大地以及人的两只手指是同是异？桂琛问这一问题的意思是，万物与已同根同体，无所谓同还是异，本来如此，本来自然。只有生起分别之心才有同异之别。三问石头是在心内还是在心外，这也是困惑许多禅师的一个大问题。桂琛认为，就心来说，一切都是自然而然地存在着的，心里有块石头是自然存在的，并不加重人的负担，心里没有石头，也是自然的，也并不减轻人的负担。这也就

① 《清凉文益禅师》，《五灯会元》卷10，中册，560～561页。

是所谓“若论佛法，一切现成”。这段公案的中心是阐扬心性自然的思想，主张主体了悟自心，以主体包容客体，消融客体，消除人与物的对立，超越人与自然的界限。也就是在修行上要心不附物，心无取舍，在主观精神上没有任何执著、束缚、负担，轻松自如，自由自在，就获得了解脱。

法眼宗人大力提倡心性自然，一切现成，心是一切的思想。前引文益就说，以往古圣人所见诸境界，是唯见自心。他认为，若直见自心，那就“一切声是佛声，一切色是佛色”①。一切都是禅境、佛境了。这是进一步阐发了自心是一切，不假外求的主张。文益弟子德韶写了一首偈：“通玄峰顶，不是人间；心外无法，满目青山。”② “通玄”，指禅修。“青山”，喻禅境。意思是禅师修持达到登峰造极时也就心外无法了，对他而言人间也就随处都是禅境了。德韶还说：

> 佛法现成，一切具足。古人道：“圆同太虚，无欠无余。”③
>
> 大道廓然，讵齐今古，无名无相，是法是修。良由法界无边，心亦无际；无事不彰，无言不显；如是会得，唤作般若。现前理极同真际，一切山河大地、森罗万象、墙壁瓦砾，并无丝毫可得亏缺。④

这是说，人的本心具足佛法，一切现成，一切自然，心与外界一切事物相会应，也就随处彰显禅境；般若智慧显发，世界一切事物也就毫不亏缺地自然存在。这是更加鲜明地强调不离开现实世界去求禅悟和禅境，强调禅境和现实世界是融通一体的。

从以上论述可知，石头宗人通过对心物异同、见色见心、唯心现物等问题的辨析，强调众生要开发自心，以显现万物，包容万物，达到泯除心物的界限、对立，即心物一体的境界。就是说，众生只要保持灵源皎洁、心地自然，也就具足佛法，成就为佛了。

---

① 《大法眼文益禅师语》，《景德传灯录》卷28，《大正藏》第51卷，448页下。

② 《天台山德韶国师》，《景德传灯录》卷25，《大正藏》第51卷，408页中。

③ 同上书，409页上。

④ 同上书，409页下。

第三节 性理归宗

石头宗人讲心灵湛圆、心地自然，并非不讲理性，相反，恰恰是以认知理性和道德理性为重要内涵的。石头宗人要求禅师在参玄时，不仅要保持心地不受污染，道德纯净，而且要对宇宙和人生的实质有真切的体认和证悟。在这方面石头希迁还吸取华严宗人提出的理事范畴和理事圆融理论，创造了“执事元是迷，契理亦非悟”① 的禅法，强调执著于事是迷，只合于理也不是觉，正确的应该是把事理两边统一起来，以求禅境。这也就是理事“回互”的禅修方法。石头一系曹洞宗人对这种方法作了详尽细密的阐述，云门法眼两宗的禅修也与希迁提出的方法一脉相通。

值得我们注意的是，希迁在《参同契》中把理又进一步分为性理（灵源）和物理（色质相）两类，并从性理上统一理与事的关系。②理和事原是中国哲学的范畴，中国佛教哲学吸取理和事这对范畴，通常是把两者视为与体用、本末对应的范畴，并进一步视为与心物对应的范畴，也就是说，理指体、本、心，事指用、末、物。希迁从体性上论“理”，又注意到主体与客体的不同体性，提示了外在的物质世界和内在的精神世界的不同体性，提出两类理：心性的理（性理或心理）和事物的理（物理，即一事物区别于其他事物的体性）。根据《参同契》所论，作为心性的理，在内涵上包含着两个方面：对理事关系的统一有正确了解的认识理性，和正确分别清浊的道德理性。在表现形式上有明暗之别：明指明白、直接的语言文字，暗指隐晦、间接的语言文字；明的语言文字又有清浊善恶之分，暗的语言文字则有上中的等级区分。这是说，禅宗的各派在表述禅境的语言文字上虽有明暗的不同，但这种不同又都可会归于性理，进而达到理事圆融。

那么，如何在性理的基础上归宗——归于理事融通呢？希迁吸取

① 《参同契》，《景德传灯录》卷30，《大正藏》第51卷，459页中。

② 参见吕澂：《中国佛学源流略讲》，239页，北京，中华书局，1979。

华严宗人的“十玄门”[①] 思想，提出了“回互”的思维模式，说：“门门一切境，回互不回互，回而更相涉，不尔依位住。”[②] 意思是说，参玄的门类很多，每一门都含一切境，这种境界含有回互不回互两个方面，所谓“回互”就是“更相涉”，也就是互相涉入、含摄、融通；所谓“不回互”就是“依位住”，即各住本位，互相区别，不相杂乱。这就是说，既要认识理与事的统一方面，又要认识理与事的对立方面。由此希迁进而强调“本末须归宗”[③]，本末即心物必须归于理事圆融的宗旨；“承言须会宗”[④]，在语言上也必须归于理事圆融的宗旨。“事存函盖合，理应箭锋拄”[⑤]。“事”如同各种容器上的盖子，是千差万别的，而“理”则应不执著事物的种种差别，如同射箭，箭箭相顶，一以贯之。也就是要从性理上去认识、体悟理与事的统一性原理。

希迁还认为，参玄者要领会事理圆融的宗旨，必须在日常行事上随时体验，专心证悟，以求灵照不昧，也就是要从个别的事上体悟出一般的理。据《参同契》所述，这方面有两个要点：一是“四大性自复，如子得其母”[⑥]。“四大”，构成事物的四大要素，此泛指一切事物。这句话的意思是说，万物自复其性，如子得母，也就是会末归本，以事见理。二是“万物自有功，当言用及处”[⑦]。这是说万物的功用有动态的（“用”）和静态的（“处”），两者兼具，彼此依存，互相转化。由用到处，由动转静，也就从事中见理。如此认识事物，体悟事物，回复自性，就能事存理应，由事显理，从而达到“即事而真”的境界。

希迁以后的石头宗人又进一步发展了“即事而真”的思想，有这样一个非常典型的例子。曹洞宗创始人之一洞山良价（807—869）问师父云岩昙晟：“和尚百年后，忽有人问还貌（一作邈）得师真不？如何祇对？”云岩说：“即遮（这）个是。”[⑧] 良价心存疑惑，后因过河看见水中的影子，遂悟云岩的意旨，并作一偈：“切忌从他觅，迢迢与我疏；我今独自往，处处得逢渠。渠今正是我，我今不是渠；应须

① “十玄门”，是华严宗人从十个方面说明本体与现象、现象与现象的圆融无碍关系的法门。

②③④⑤⑥⑦ 《参同契》，《景德传灯录》卷30，《大正藏》第51卷，459页中。

⑧ 《筠州洞山良价禅师》，《景德传灯录》卷15，《大正藏》第51卷，321页下。

恁么会，方得契如如。”① “真”，指真仪、真像。“渠”，指影子。意思是说，水中是影子，水上是我形，影子正是我，我不是影子，如此形影相睹，即事而真，从个别上显现出一般的理。良价从此一再宣扬“即遮个是”的法门，他的门徒、曹洞宗另一创始人曹山本寂（840—901）也相随提倡“即相即真”②，认为所触的事相皆真，也即主张从形相见本质，从现象显本性，形相即本质，现象即本体。

石头宗人继承华严思想，提倡理事圆融，但又强调“渠今正是我，我今不是渠”，强调事是理，而理不是事，要从事见理，显示理不同于事，从而又表现出与华严宗人的思想差异。

第四节　无心合道

石头宗人还重视吸取般若空宗和牛头宗的理论，并结合中国传统的道家学说宣扬无心合道的思想。

“道"，禅宗是指禅道，佛道。道既是宇宙万物本质、体性的总概括，也是禅修的终极境界。希迁提倡“触目会道”，即通过直感与道合一。为此他十分重视破除一切执著，破除众生知见。如有僧人问如何是解脱，他回答：“谁缚汝?”又问如何是净土世界，他答道：“谁垢汝?”再问如何是涅槃，他答：“谁将生死与汝?”③ 门人大颠和尚向他请教：“古人云：‘道有道无是二谤’，请师除。”他说：“一物亦无，除个什么?”他接着对大颠说：“并却咽喉唇吻道将来。”大颠说：“无遮个。”他说：“若恁么即汝得入门。"④ 希迁强调破除对佛境以及对道有道无等的种种执著，强调“一物亦无”，实质上也就是主张主体无心，心无所寄，提倡无心合道的禅修。

希迁以后，石头宗人也纷纷宣扬无心合道的思想，如德山宣鉴说：“于己无事则勿妄求，妄求而得亦非得也。汝但无事于心，无心

① 《筠州洞山良价禅师》，《景德传灯录》卷 15，《大正藏》第 51 卷，321 页下。
② 《抚州曹山本寂禅师》，《景德传灯录》卷 17，《大正藏》第 51 卷，336 页上。
③ 《南岳石头希迁禅师》，《景德传灯录》卷 14，《大正藏》第 51 卷，309 页中。
④ 同上书，309 页中、下。

于事，则虚而灵空而妙。”① 妄求是有心，无心是勿妄求，也就是要做到心上无事，事上无心，这样也就达到虚空灵妙的境界。石头宗人中最积极宣扬无心合道思想的是洞山良价，他有一首著名的《无心合道颂》，文云：“道无心合人，人无心合道。欲识个中意，一老一不老。”②“道”，此指宇宙万物的体性。这是以道和人相对，讲合道和合人的不同特点。“道无心合人”是说，道体以其无所不在的特性（全体性、整体性）而自然地合人，即遍于人的身心。“人无心合道”的无心，是针对人有心（分别心）而特意强调的修持要求。良价说过这样的话：“直须心心不触物，步步无处所。”③ “夫出家之人，心不附物，是真修行。”④ 众生不觉悟，心心触物，附物，真正的修行就是要不触物、不附物，这就是无心。也就是说，无心是无心于物，不追求物，不执著物。人只有无心于物才能契合道，即只有超脱物的束缚才能体认道体。人体认道，人与道契合，也就是人合道。道合人，不等于人合道。这里的原因是人老道不老。老是指的人身相续变异，而道则是不老，是无变异的，永恒的。生命短暂的人，契合永恒的道，人归属于道；永恒的道遍于短暂的人之中，但永恒不同于短暂，道不同于人。

良价的“道无心合人，人无心合道”的颂句，在禅林里产生了重大的影响。他的弟子龙牙居遁禅师作颂十八首，阐发了无心合道的思想。先引三首颂文如下：

寻牛须访迹，学道访无心。迹在牛还在，无心道易寻。⑤

夫人学道莫贪求，万事无心道合头。无心始体无心道，体得无心道亦休。⑥

心空不及道空安，道与心空状一般。参玄不是道空士，一乍相逢不易看。⑦

---

① 《朗州德山宣鉴禅师》，《景德传灯录》卷15，《大正藏》第51卷，317页下。

② 《景德传灯录》卷29，《大正藏》第51卷，452页下。

③ 《筠州洞山良价禅师》，《景德传灯录》卷15，《大正藏》第51卷，322页上。

④ 同上书，323页中。

⑤ 《景德传灯录》卷29，《大正藏》第51卷，453页中。

⑥⑦ 同上书，453页上。

这三首颂文的思想要点有三个：其一，无心是学道的根本途径；其二，无心也就是心空，其内涵是不贪求，对万事万物都不贪求；其三，心空与道空状同一般，但参玄者应当由无心而合道，达到道空即“道亦休”的境界。居遁禅师还发展良价的思想，进一步打通人心与道的思想界限，认为人心与道是无异的，史载：

> 问：“如何是道？”师（居遁）曰：“无异人心是。”又曰：“若人体得道无异人心，始是道人。若是言说，则勿交涉。道者，汝知打底道人否？十二时中，除却著衣吃饭，无丝发异于人心，无诳人心，此个始是道人。若道我得我会，则勿交涉，大不容易。”①

这里讲的“道无异人心”的人心是指人的本心，真心，也就是无心。② 人的真心、无心就是道，能体悟到道与人心的一致，就是禅修成功的道人。要达到这种境界，需要在日常行事中随时注意保护真心，不损害真心，否则是难以得道的。

无心合道与即事见理是一致的，两者是石头宗人禅修的途径和所达到境界的不同表述。居遁十八首颂中还有一首颂云：

> 眉间毫相焰光身，事见争（怎）如理见亲。事有只因于理有，理权方便化天人。一朝大悟俱消却，方得名为无事人。③

这是说理比事更根本，理见比事见更重要。见理是修持的根本，一旦体悟事理圆融，就是获得解脱的“无事人”。匡逸禅师也说：“不见先德云：‘人无心合道，道无心合人。’人道既合是名无事人。”④ 即事见理和无心合道都同为“无事人”。理和道是相通的，见理和合道是一回事。在禅修实践上无心与见事是统一的。这就是无心于事，万事无心，如此才能见理合道。

---

① 《湖南龙牙山居遁禅师》，《景德传灯录》卷17，《大正藏》第51卷，337页下。

② 居遁有颂云：“唯念门前树，能容鸟泊飞。来者无心唤，腾身不慕归。若人心似树，与道不相违。”见《景德传灯录》卷29，《大正藏》第51卷，452页下。

③ 《景德传灯录》卷29，《大正藏》第51卷，453页上。

④ 《金陵报恩匡逸禅师》，《景德传灯录》卷25，《大正藏》第51卷，411页中。

如前所述，牛头山法融禅师反对道信、弘忍的东山法门“安心方便”说，提倡“无心合道”说。法融所讲的“无心”是指心性本空，“道”是指具有虚空性、无分别性、无限性和无所不在性特征的宇宙本质。“无心合道”就是主体无心而悟达宇宙万物的虚空、本无。法融讲的道，也称为理，“无心合道”也可以说是“冥心入理”。牛头禅的无心合道思想对石头宗人的影响颇大，以致成为石头宗区别于洪州宗和荷泽宗禅法的重要特征。宗密在《禅源诸诠集都序》卷上之2就将石头、牛头并举，共列为“泯绝无寄宗”，文说：

> 泯绝无寄宗者，说凡圣等法，皆如梦幻，都无所有。本来空寂，非今始无。即此达无之智亦不可得。平等法界，无佛无众生，法界亦是假名。心既不有，谁言法界？无修不修，无佛不佛。设有一法胜过涅槃，我说亦如梦幻。无法可拘，无佛可作。凡有所作，皆是迷妄。如此了达本来无事，心无所寄，方免颠倒，始名解脱。石头、牛头下至径山，皆示此理。①

在此，宗密揭示了石头和牛头两宗“无心合道”思想的空寂性质，应当说，这是符合史实的。但是宗密作为华严禅的倡导者，没有指出华严宗理事圆融思想对石头宗人的影响以及由此带来的石头宗与牛头宗的思想差异，这又是令人费解的。

第五节　无情说法

禅宗里最早讲山河大地、花草树木等无情之物也有佛性，无情也可成佛的，是牛头宗法融。后来慧能弟子南阳慧忠国师更进一步认为：不仅无情有性，而且无情也在说法。无情说法只有无情才能听得到，人是无法听到的。石头宗人受这种思想的影响，也同唱无情有性

① 《大正藏》第48卷，402页下。

和无情说法的论说。

石头希迁在回答门徒的问题时，有这样的话：

> 问：“如何是禅?”师曰：“碌砖。”又问“如何是道?”师曰：“木头。”①

这是为了截断提问者向外追求所作的回答，这种回答明确地表示了希迁将道与禅视为一事，也就是以道论禅。而且他认为道与禅遍于一切、无所不在。连无情之物的碌砖、木头也是禅，也是道。实质上这是无情有性说的一种变相。

洞山良价因对慧忠国师的无情说法未究其竟，曾向洪州宗人沩山灵祐请问，灵祐又介绍他到云岩昙晟那里去讨教：

> 既到，云岩问：“无情说法，什么人得闻?”云岩曰：“无情说法，无情得闻。”师曰：“和尚闻否?”云岩曰：“我若闻，汝即不得闻吾说法也。”曰：“若恁么即良价不闻和尚说法也?”云岩曰：“我说法汝尚不闻，何况无情说法也。”师乃述偈呈云岩曰：“也大奇，也大奇，无情说法不思议；若将耳听声不现，眼处闻声方可知。”②

云岩和慧忠的观点一样，也认为无情说法只有无情得闻。良价通过参究，领悟到无情说法是不可思议的，是人们感官难以直接感知的，也是难以用语言文字表述的。人们通常是耳听声，眼观色，而对于无情说法则是“眼处闻声方可知”，言外之意是只有自心才能直接体悟到。我们也许可以这样讲，良价因涉水睹影而悟云岩“即遮个是”的意旨是得闻无情说法的结果吧!

从佛教理论思维来看，有两条理路通向主张无情有性、无情说法：其一是吸取中国传统的道无所不在的理念，结合佛教的真如遍在的思想，强调道、真如遍于无情，由此无情也有佛性，也能成佛，甚至也在说法；另一条是按照佛教的万法由心造，即万物不离心而存在

---

① 《南岳石头希迁禅师》，《景德传灯录》卷14，《大正藏》第51卷，309页下。

② 《筠州洞山良价禅师》，《景德传灯录》卷15，《大正藏》第51卷，321页下。

的理论，无情之物也是不离心，心物一体，而心是有知的，有佛性的，无情之物也由此而有知、有佛性。这是分别从宇宙本体和主体本体，即客观和主观两方面推论出无情有性和无情说法的命题。但这些命题并不是佛教各派都赞成的，在禅宗内部，荷泽宗就持相反的立场。

第六节　一心为宗

五代宋初的延寿是法眼宗文益的再传弟子，他对当时的禅风深为不满，说："如今多重非心非佛、非理非事、泯绝之言，以为玄妙，不知但是遮诠治病之文，执此方便，认为标的，却不信表诠直指之教，顿遗实地，昧却真心。"① 认为当时一些禅师②一味讲非心非佛，非理非事，不懂这种泯绝一切的说法只是参禅的方便而已。如此不相信和否定佛典言教的作用，势必会流于空疏、放荡、昏昧，埋没真心。延寿根据法眼宗的"禅尊达摩，教尊贤首"的传统，吸取宗密华严禅的思路，把禅宗南宗的顿悟和华严宗的圆修结合起来，提倡"直入顿悟圆修"，力主禅教统一；又积极调和各教教义，宣传禅净合一，为禅宗开拓了新的走向，影响极为深远。

为了整合禅宗和其他宗派的义理，统一佛教的思想，延寿在其所编撰的百卷巨制《宗镜录》中提出以"一心为宗"的命题，竭力以"心宗"来统一佛教各宗各派的学说。他所阐发的一心思想与华严禅的心性论颇为相近。延寿拟通过整合各宗派，打通与南岳洪州宗的界限，但实际上仍表现出与洪州宗心性论，尤其是禅修方法的对立。

延寿在为《宗镜录》释名时说："举一心为宗，照万物如镜。"③"宗"，指正宗、宗旨。"举一心为宗"即是以一心为宗，心即是宗，

① 《万善同归集》卷上，《大正藏》第48卷，959页上。
② 实指洪州宗和石头宗中的曹洞宗等禅师。
③ 《宗镜录》，《大正藏》第48卷，417页上。

即是佛教的正宗、宗旨。实际上，心宗也就是禅法、禅宗。“照万物如镜”，是说观照万物如同镜子一般明彻。在延寿看来，心在佛教教义中居于首要的、中心的地位，一切法唯心所造，“一切法中，心为上首”①，“一切明中，心明为上”②。那么，延寿是怎样论述心的内涵、功能的呢？

延寿主要是从揭示众生成佛之原的角度来阐述心的，他说：“约今学人随见心性发明之处，立心为宗。”③ 他重视发明心性，他所讲的心是指真心、本心，也称真如心、自性清净心、如来藏，他说：

> 一乘法者，一心是。但守一心，即心真如门。……心无形［无］色，无根无住，无生无灭，亦无觉观可行。若有可观行者，即是受想行识，非是本心，皆是有为功用。诸祖只是以心传心，达者印可，更无别法。……从心所生，皆同幻化，但直了真心，自然真实。④

“觉观”，指寻求推度和思维作用。这是说，佛化导众生成佛的教法，是讲传一心，也即教人要守真如妙心。禅宗诸师就是以心传心，对直达本心者给予印可，此外并无他法。凡是由一般心识活动所产生的，都如同幻化一般，是不真实的，但若直接了悟真心，则是自然真实的。在延寿看来这一真心才是众生成佛的基础。

在把心性定为真心的同时，延寿还阐发了心的内涵、结构。《宗镜录》卷34载：

> 设有人问：“每闻诸经云，迷之即垢，悟之即净，纵之即凡，修之即圣，能生世出世间一切诸法，此是何物？（此举功能义用问也）”答云：“是心。（举名答也）愚者认名，便为已识，智者应更问：何者是心？（征其体也）答：知即是心，（指其体也）⑤

①② 《宗镜录》卷2，《大正藏》第48卷，423页中。
③ 《宗镜录》卷1，《大正藏》第48卷，417页中。
④ 《宗镜录》卷2，《大正藏》第48卷，426页上。
⑤ 以上四处括号内的文字，有的版本作为本文，有的作为注释，似应为注释。

此一言最亲最的。”①

这段话涉及心的名、体、用。延寿认为心是名字，能生世间和出世间一切事物是心的功用，从体上说，“知即是心”，知是心之体，即心之所以为心的体性。那么，这里的知指什么呢？作为真心的本有体性，知是了了常知。延寿在阐释知的涵义时说：

问：“既云性自了了常知，何须诸佛开示？”答：“此言知者，不是证知，意说真性，不同虚空、木石，故云知也。非如缘境分别之识，非如照体了达之智，直是真如之性，自然常知。”②

延寿所讲的知，是指真如之性，即心的本有体性，它既不同于对外界事物进行主观分别的“识”，也不是圣者独具的悟照体性了达实相的“智”。延寿认为，这种知是一种解知，不是证知（“智”）。众生自体的解知需要教义的印证，他引南阳慧忠的话：“禅宗法者，应依佛语一乘了义，契取本原心地，转相传授，与佛道同。”③ 强调要以教义来契取本原心地，即发明心性，达到解悟，以与佛道同。延寿认为在解知、解悟的基础上还应继续修习，以求真知、证悟，即能如实体验而证悟佛教真理，显现真性，进入佛境。

延寿认为心具有性与相即体与用两个层次，他说：

性相二门，是自心之体用。若具用而失恒常之体，如无水有波；若得体而缺妙用之门，似无波有水。且未有无波之水，曾无不湿之波。以波澈水源，水穷波末，如性穷相表，相达性源。④

这是说，心的性相体用，犹如水与波一样，是相成共存的关系，也是本与末、本原与现象的互显关系。延寿还把心的性相体用与心的空有、理事、真俗沟通对应起来，他说：

此空有二门，亦是理事二门，亦是性相二门，亦是体用二

① 《大正藏》第48卷，616页下。
② 同上书，615页上。
③ 《宗镜录》卷1，《大正藏》第48卷，418页下。
④ 同上书，416页中。

门，亦是真俗二门，……或相资相摄，相是相非，相遍相成，相害相夺，相即相在，相覆相违，一一如是，各各融通。今以一心无性之门。一时收尽，名义双绝，境观俱融，契旨忘言，咸归宗镜。①

“无性”即相空。这是说，空有、理事、性相等不同二门，都是相融相通的。今以“一心无性”的法门，收尽空有、理事、性相等二门，名义绝灭，主客相融，忘言契理，同归于禅旨。

这里值得注意的是，延寿不仅把理事与性相、体用、真俗、空有打通，而且对理事尤为重视，他在回答“云何唯立一心，以为宗镜”的问题时说：“此一心法，理事圆备。”② 强调心中理事圆融是立一心为宗镜的根本原因。他在《万善同归集》卷上开宗明义就指出，万法唯心，而修行须依理事，并就理事关系展开论述。他说：

若论理事，幽旨难明。细而推之，非一非异。是以性实之理，相虚之事、力用交彻，舒卷同时。……事因理立，……理因事彰。……若离事而推理，堕声闻之愚；若离理而行事，同凡夫之执。……同尘无阂，自在随缘。一切施为，无非佛事。③

这是说，理与事是不一不异的关系，应以理事圆融思想指导修持，如此则自由自在，随缘任运，一切修行都是佛事了。

延寿认为，具有上述内涵的真心是遍于凡圣的：“一切法界，十方诸佛、诸大菩萨、缘觉、声闻、一切众生，皆同此心。”④ 这一心法“是大悲父，般若母，法宝藏，万行原”⑤。众生若了悟真心则顿成佛慧。延寿总结性地强调真心是众生成佛的根源。

石头宗内部各派对于心性论的具体观点虽有所不同，但基本主张是一致的。从以上我们对石头宗的心性论的简要论述来看，其间最值得注意的是：第一，石头宗的心性论的基石是真心（本心）说，这种

① 《宗镜录》卷 8，《大正藏》第 48 卷，458 页下。
② 《宗镜录》卷 2，《大正藏》第 48 卷，424 页下。
③ 《大正藏》第 48 卷，958 页中。
④⑤ 《宗镜录》卷 2，《大正藏》第 48 卷，424 页下。

真心说不仅和南宗荷泽宗一系的心性论同出一辙，而且和南宗洪州宗一系的心性论也并无二致，研究、了解和把握真心说，是打开慧能一系禅宗乃至全部禅学理论的钥匙。第二，石头宗一系的曹洞、云门和法眼三宗都继承了希迁的灵源与枝派、理与事、本与末的思想，重视开发内在心性，突出事理圆融，从事见理，即事而真。但三宗也有一定的区别，相对而言，曹洞最重视理事圆融，重视心的本觉，云门强调一切现成，法眼宗突出“尽由心造”，也讲事理圆融。第三，石头宗人吸取华严禅和牛头禅的思想，既以知为心体，讲理事圆融，又提倡无心合道。其间，解知与无心如何协调，理事圆融与无心合道如何统一，禅师们虽在理论上作了沟通，但把解知与无心都定为不执著外物，把理与道对应等同起来，似乎尚有理论上的某些难点。第四，石头宗人继承了佛教的“尽由心造”的基本思想，然外物究竟如何由心造，是一个令不少禅师感到困惑的大问题；同时石头宗人又吸取道家的最高的范畴“道”，强调会道、合道，如此作为万物本原的心，和作为万物最高终极存在的道，就同为心性论的最基本范畴，心与道究竟如何在哲学思维上贯通起来，禅师们在论述时，似乎也有困惑。第五，石头宗的心性论，由于重视理事关系和心物关系的阐述，因此对宋明理学和心学所产生的影响是至深且巨的。

第十九章

洪州宗的平常心是道说

洪州宗是南岳怀让门下马祖道一（709—788）开创的门派。因马祖住洪州（今江西南昌市一带）大扬禅风，故名。继承马祖道一禅法的沩仰宗、临济宗以及从临济宗演化出的杨岐派和黄龙派，均属洪州法系。此系被后世公认为禅宗之正系。为了叙述的方便，这里仅论述马祖道一及其门徒百丈怀海、大珠慧海、怀海的门徒黄檗希运、沩山灵祐以及灵祐门徒仰山慧寂等人的心性思想，至于临济宗的心性思想则独立成章另行论述。

自马祖以来，洪州禅沿着慧能、怀让的性净自悟的方向，进一步突出禅的鲜明而强烈的生活意味，认为众生的日常生活中，时时处处都是真理的体现，众生的起心动念，扬眉瞬目等一切活动和表现，都是佛性的显现，都具有真实的价值和意义。洪州禅提倡“顺乎自然”，休息心思，对善恶也不作思量，进而逐渐构成为“平常心是道”的心性论新体系。“平常心是道”这一心性论命题是洪州宗推行生活禅的理论基石。“平常心是道”就是“即心即佛”，又表述为“非心非佛”，后来又有“无心是道”等说法。洪州宗的心性论和宗风，与北宗的以日常分别动作为虚妄，牛头宗的一切皆如梦幻、本来无事的观点，有较大的不同；与荷泽宗的立言说和重智慧的风格也颇有殊异。

第一节 平常心是道与触类是道

洪州宗人为了追求生死不染、去住自由的境界，继续探寻众生觉悟的源头和成佛的根源，提出了“平常心是道”的命题，把平常心看作众生成佛的根源。何谓平常心？何谓“平常心是道”？马祖道一如是说：

> 道不用修，但莫污染。何为污染？但有生死心，造作趣向，皆是污染。若欲直会其道，平常心是道，谓平常心无造作，无是非，无取舍，无断常，无凡无圣。……只如今行住坐卧，应机接物，尽是道。道即是法界，乃至河沙妙用，不出法界。①

马祖道一的门徒南泉普愿（748—834）在接化赵州从谂（778—897）时，也以此作开导，史载：

> 南泉因赵州问如何是道，泉云：“平常心是道。”州云：“还可趣向否？”泉云：“拟向即乖。”州云：“不拟争知是道？”泉云：“道不属知，不属不知；知是妄觉，不知是无记。若真达不拟之道，犹如太虚，廓然洞豁，岂可强是非也！”州于言下顿悟。②

文后又有颂曰：

> 春有百花秋有月，夏有凉风冬有雪；若无闲事挂心头，便是人间好时节。③

所谓“平常心”是指“无造作、无是非、无取舍、无断常、无凡无圣”的心，是“无闲事挂心头”的心。就是众生具有的不有意造作，不作分别的本心、圣心；就是包括迷与悟，而不偏颇任何一方的整体的心；也就是众生日常现实的心。平常心具有天然性、整体性和现实性的特征，平常心见于日常的行住坐卧等起居动作。如上所引，所谓

---

① 《景德传灯录》卷28，《大正藏》第51卷，440页上。

②③ 《无门关》，《大正藏》第48卷，295页中。

“道”，“道即是法界”，此处“法界”即指佛法的境界。道一又说：“道非色相”①，道是无质碍无形相的。又认为，“道即是心，不可将心还修于心”②。这是说，道就是心，心自身无法修于心，这样，道也不属修持而只能体会，所以又说要“体会大道”③。也就是说，道是一种体会（直觉）的对象境界。普愿也说，道“犹如太虚，廓然洞豁”，“道不属知，不属不知”，在知和不知的二元相对模式中兜圈子，是悟道的严重障碍。可见这里说的“道”即是佛道，是超越现象、超越形相、超越时空、超越认识的成佛境界。这种境界犹如太虚，广大、空阔、寂静、透彻。道是超越的，离一切相的；又是内在的，不异于心的。“道即是心”，这个心不是别的心而是平常心。众生随顺现实之心，无有取舍，无所执著，不别是非，如此自然动作便体现了“道”，也就是“道”。这就是“平常心是道”。这样说来，洪州宗人是把现实人心和佛道联系、沟通了起来，把两者视为相通、相等的，从而为成佛的根源、途径提供了新学说。

洪州宗人对“平常心是道”的命题进行了论证。论证有两个层次：一是认为心是万法之本；二是强调心的活动即是佛性的作用。后者是论证的重点。

慧能、怀让一直宣扬心生万法的思想，如怀让“示徒云：‘一切万法，皆从心生’”④。道一也说：“一切法皆是心法，一切名皆是心名，万法皆从心生，心为万法之根本。”⑤ 道一的再传弟子黄檗希运（？—850）也说：“此法即心，心外无法；此心即法，法外无心。”⑥ 这里所说的“法”主要是指佛法。南宗禅师认为佛法乃至其他存在都是从心所生，不在心外，以心为本，由此强调心是众生修行成佛的根本，宗教实践的枢纽，最具关键性的意义。但是，只是一般地说心的

---

① 《古尊宿语录》卷1上册，2页，北京，中华书局，1994。
② 《圆觉经大疏钞》卷3之下，《续藏经》第1辑第14套第3册，279页。
③ 《古尊宿语录》卷1上册，5页。
④ 同上书，2页。
⑤ 《景德传灯录》卷28，《大正藏》第51卷，440页上。
⑥ 《黄檗山断际禅师传心法要》，《大正藏》第48卷，380页中。

作用还比较空泛，于是洪州宗人进而又从心的活动、表现方面来论证。

在论证心的活动就是佛性的作用方面，洪州宗人又从现象（“立处”）与真如，心与性的关系两个相关方面展开。道一禅师说：

> 种种成立，皆由一心也。建立亦得，扫荡亦得，尽是妙用，妙用尽是自家。非离真而有立处，立处即真。尽是自家体。若不然者，更是何人？一切法皆是佛法，诸法即解脱，解脱者即真如。诸法不出于真如，行住坐卧，悉是不思议用，不待时节。①

意思是说，一切现象、事象都是自家心的妙用，并不是离开心的真实（真如）而另有现象，现象即是心真如。一切现象都是佛法的显现，一切现象都出于真如，众生的行住坐卧都是心真如的不可思议的妙用。“非离真而有立处，立处即真”是僧肇《不真空论》的名句，是说明真理的世界与现实的存在间的不离相即的关系，这是在中国固有的理想与现实相连相即思维影响下形成的非常重要的理念，对于后来佛教学者理解、把握宇宙的现象与本质的关系、众生与佛的关系，乃至现实行为与本原真心的关系等，都发生了深远的影响。道一引用僧肇这句话，并引申为众生的现实心灵全体都是真实，众生的日常行为都是心真如的作用，把非宗教修持范畴的寻常世俗行为，都归结为佛性的表现了。

对洪州宗的认为人的一切动作都是佛性的作用的论据，宗密总结说：

> 四大、骨肉、舌、齿、眼、耳、手、足，并不能自语言见闻动作。如一念今终，全身都未变坏，即便口能不语，眼能不见，耳不能闻，脚不能行，手不能作，故知语言作者，必是佛性。②

这是说，在洪州宗人看来，人的肉体自身不能语言动作，之所以能语

① 《景德传灯录》卷 28，《大正藏》第 51 卷，440 页上。
② 《圆觉经大疏钞》卷 3 之下，《续藏经》第 1 辑第 14 套第 3 册，279 页。

言动作，是佛性支配的结果。这是从现象和本体的关系的角度强调现象本身是受本体支配的。“佛性非一切差别种种，而能作一切差别种种。”① 就是说，佛性不是现象而是产生现象的根源，而现象是本体的显现，从这一意义上说，现象与其产生的根源并无区别。洪州宗认为，众生现实行为的全部表现都是整个佛性的作用，众生的平常心整个或全体都直接发挥佛性作用。宗密对此评论说，洪州宗只是“随缘用”而缺乏“自性用”。也就是说，只是随缘纵任心性活动，不是心性内在灵知的作用，不分真妄，不利于佛教修持。

洪州宗的主张也被南阳慧忠禅师（弘法年代为722—769）归结为“身无常而心性是常”的观点，并斥之为外道的“形灭神不灭”思想。史载：

> 南阳慧忠国师问禅客：“从何方来？”对曰：“南方来”。师曰：“南方有何知识？”曰：“知识颇多。”师曰：“如何示人？”曰：“彼方知识直下示学人：即心是佛，佛是觉义。汝今悉具见闻觉知之性，此性善能扬眉瞬目，去来运用，遍于身中。挃头头知，挃脚脚知，故名正遍知。离此之外，更无别佛。此身即有生灭，心性无始以来未曾生灭。身生灭者，如龙换骨，蛇脱皮，人出故宅。即身是无常，其性常也。南方所说大约如此。”师曰：“若然者，与彼先尼外道无有差别。彼云：我此身中有一神性，此性能知痛痒。身坏之时神则出去，如舍被烧，舍主出去，舍即无常，舍主常矣。审如此者，邪正莫辨，孰为是乎？吾比游方，多见此色，近尤盛矣！聚却三五百众，目视云汉，云是南方宗旨。把他《坛经》改换，添糅鄙谭，削除圣意，惑乱后徒，岂成言教？苦哉！吾宗丧矣！若以见闻觉知是佛性者，《净名》不应云：法离见闻觉知，若行见闻觉知，是则见闻觉知，非求法也。”②

---

① 《圆觉经大疏钞》卷3之下，《续藏经》第1辑第14套第3册，279页。

② 《景德传灯录》卷28，《大正藏》第51卷，437页下、438页上。又，洪州宗一系的主张后来也受到宋明理学家的批评，他们指责那种主张是泛论见闻觉知，不分别当为当不为，是只讲心而不明性，有损佛教的道德性、纯正性和庄严性。

文中把洪州宗自视的南方宗旨，归结为身有生灭，性无生灭，即身无常，性是常。在慧忠看来，性（心性、佛性、灵知）不灭说等于灵魂不灭说，实质上也是一种形灭神不灭的外道邪说。慧忠认为，南方宗旨篡改了《坛经》思想，使禅宗精神沦丧。这也是禅宗内部的一次神灭神不灭的争论。

为了回应宗密和慧忠等人的批评，后来有的洪州宗禅师便说，众生日常行事不但是心的作用，而且是性的显现。他们引的论据是传说印度异见王（菩提达摩的叔父）和波罗提尊者（印度第二十七祖般若多罗门的弟子）的问答。波罗提主张“见性是佛”，并强调见性就表现在众生的日常行为之中。这段问答现保存在《景德传灯录》卷3“第二十八祖菩提达磨”传中，据说那是根据《宝林传》的记载，看来有可能是洪州门下自身的见地。文说：

> 问曰：“何者是佛?”答曰：“见性是佛。”……王曰：“性在何处?”答曰：“性在作用。”王曰：“是何作用?”……波罗提即说偈曰：“在胎为身，处世名人，在眼曰见，在耳曰闻，在鼻辨香，在口谈论，在手执捉，在足运奔。遍现俱该沙界，收摄在一微尘，识者知是佛性，不识唤作精魂。”①

这里讲的性的作用，就是指肉胎人身及其见闻觉知的活动，认为佛性与众生见闻觉知没有什么区别。“见性是佛”，是说若果悟知众生日常的见闻觉知与佛性无异，就是佛性的显现，这样也就见性而是佛了。

宋代理学家朱熹屡屡批评洪州宗人的“作用是性”说，他也批评荷泽宗人的“知之一字，众妙之门”说，并把这两种批评联结起来，认为二者都是无视“体”而只重视“用”。实际上这两种论说是不同的。正如宗密虽把荷泽宗和洪州宗同归于“直显心性宗”，但又激烈地批评了洪州禅缺乏“自性用”，不同于荷泽禅。在朱熹看来，“性”即“体”，“知”即“用”，这样就把上述两种论说都归结为以“用”为“体”，从而抹去了荷泽宗的“知”的心体意义。

① 《景德传灯录》卷3，《大正藏》第51卷，218页中。

洪州宗人的“平常心是道”的命题，在禅宗史上具有重要的理论意义和实践意义。马祖强调无需向外寻求，而直观自心，即“直指人心”。马祖后继者进而强调无需分析思虑，只要透彻觉知自身具有的佛性，即是成就佛的境界。这也就是进而明确地提出了“直指人心，见性成佛”① 的主张。同时它又强调从现实生活，日常表现中去觉知自身具有的佛性和彻悟佛境，从而在心性的体用关系问题上由过去重视对心体的自觉回归，转为强调心用的彻悟价值。荷泽宗人重视心体即灵知的作用，认为“知之一字，众妙之门”。洪州宗人不同，他们以直指自心为佛性，认为整个自心的作用都是佛性的表现，强调“知之一字，众祸之门”②。荷泽宗和洪州宗在心性论上的对立，主要就表现为前者突出形而上的灵知作用，后者则突出整个心灵的现实作用；前者重视对心性本体的探讨，后者重视对心性现实作用的肯定。显然洪州宗的主张具有更加感性化，经验化、生活化、行为化的特征，更为南宗所欢迎、接受，并取代了荷泽宗的地位。

荷泽宗的灵知说，强调众生本来具有般若智慧、绝对觉悟，这无疑是对人的主体性的确认和赞美，同样洪州宗的“平常心是道”说也是一种彻底的主体化理论。它不去分析心灵中迷妄与觉悟的区别，而是说整个平常心就是道，整个心的作用就是佛性的体现，这是洪州宗人对现实人生的肯定，对人的感性存在的肯定。在中印佛教史上，这种对世间现象的前所未有的大胆而广泛的肯定，是对人的主体性的新的挖掘和开拓，是对人的主体性的充分、彻底的确认和颂扬。

洪州宗的“平常心是道”的主张，把禅引向了生活化、行为化。既然行住坐卧等日常生活和行为都是佛性的体现，那么，佛性、佛道、真理并不存在于众生自身的外部世界，也并不是有待修行或借助自心本有的觉知而得，而是已经完全寓于众生的日常生活和行为实践之中的东西。这样也就可以说，日常生活就是禅修，就是禅。洪州宗

① “直指人心，见性成佛”的明确表述，最早见于黄檗希运所说，见《黄檗山断际禅师传心法要》，《大正藏》第48卷，384页上。

② 《大慧普觉禅师语录》卷16，《大正藏》第47卷，879页中。

赋予寻常生活实践以新的意义，同时也把禅修转移到了日常生活、日常行为轨道上来，这是一种生活化的禅，行为化的禅，是生活化的佛教，行为化的佛教。这种强调在最平常的世俗行为中体现了佛性作用和洋溢着禅味的主张，为佛教实践开辟了新天地、新途径，使禅在日常行事的自然运作中充分表现出生动、活泼、自然、质朴、灵活、幽默、娴静、奇峭等多姿多态的风采。

“平常心是道”，也就是“触类是道”。宗密在《圆觉经大疏钞》卷3之下把洪州宗禅法总结为“触类是道而任心”①。“触类是道”是思想主张，“任心”是禅修实践。宗密解释触类是道说：

> 起心动念，弹指、謦咳、扬眉，固所作所为，皆是佛性全体之用，更无第二主宰。如面作多般饮食，一一皆面，佛性亦尔。全体贪、瞋、痴，造善恶，受苦乐故，一一皆性。②

这里，“触类”是指人们的各种日常行为，包括善恶苦乐，甚至包括贪、瞋、痴，即人类的一切行为动作。“道”即佛道，也即佛性，佛事（佛之所作）。认为人们的一切动作行为都是佛性，都是佛性全体的作用。在洪州宗人看来，人们的行为动作是平常心的体现，所以，“触类是道”，“平常心”也是“道”。两个命题的意义是相同的。

“触类是道”的表述形式，显然是受僧肇《不真空论》的“触事而真”观念的直接影响。僧肇说：“道远乎哉？触事而真！圣远乎哉？体之即神！”③“道”是佛道，佛理。“事”是事象，现象。“真”是真实，真理。“触事而真”是说，千差万别的事象即是常住真实的真理的体现，这也就是“道”，就是佛道。禅宗人喜用“触”字，如“触物指明”，“触类是道”，“触目皆是佛性”等，这是强调不要专向内心去观察体念，而是从一切事象去领会体悟，从当前事象中把握真实，求得解脱。

关于“任心”，宗密解释说：

---

①② 《续藏经》第1辑第14套第3册，279页。

③ 《肇论》，《大正藏》第45卷，153页上。

言任心者，彼息业养神之行门也。谓不起心造恶修善，亦不修道。道即是心，不可将心还修于心；恶亦是心，不可以心断心。不断不造，任运自在，名为解脱人，亦名过量人。无法可拘，无佛可作。何以故？心性之外，无一法可得，故云但任心即为修也。①

这是解说“任心”的方法、内容和理由。因为心性之外无佛法，众生的心即是佛性，所以要任心。任心而不起心，不刻意去做修善断恶等佛事，纵任心性，让心自然而为，如此就可以达到精神解脱了。

第二节　清净本心与见闻觉知

上面曾经讲到，有的洪州宗人认为，众生的日常行事不仅是心的作用，而且是性的显现。怀海和希运师徒也对心性的体用关系作了颇富理论色彩的论述。

怀海（720—814）有一段显示禅宗心要而常为门人引用的话：

灵光独耀，迥脱根尘，体露真常，不拘文字；心性无染，本自圆成，但离妄缘，即如如佛。②

“灵光独耀”，“体露真常”，“心性无染”都是形容心性本体的。这段话非常著名，意思是说，心性清净圆成，具有寂然照亮一切的功能。它随事而生起作用，就作用而显示本体。心性一旦离开迷妄因缘，当即如佛。这是怀海论述心性体用与成佛关系问题的总纲。怀海还进一步强调众生要不为心性的作用——见闻觉知所束缚，他说：“只如今于一一境法都无受染，亦莫依住知解，便是自由人。”③ 又说：“不被见闻知觉所缚，不被诸境所惑，自然具足神通妙用，是解脱人。”④“知解”，指依众生的思虑分别而立的见解。“见闻觉知”，指心识接触

① 《圆觉经大疏钞》卷3之下，《续藏经》第1辑第14套第3册，279页。

② 《古尊宿语录》卷1上册，8页。

③ 同上书，16页。

④ 《景德传灯录》卷6，《大正藏》第51卷，250页上。

外境的作用。眼识的作用是见，耳识的作用是闻，鼻、舌、身三识的作用是觉，意识的作用是知。见闻觉知是心体的显现、作用，如果局限于见闻觉知，就被束缚住了。如果众生不受见闻觉知的束缚，那就是自由人，解脱人。

希运进一步发挥了怀海的观点，他说：

> 即此本源清净心，与众生诸佛，世界山河，有相无相，遍十方界，一切平等，无彼我相。此本源清净心，常自圆明遍照。世人不悟，只认见闻觉知为心，为见闻觉知所覆，所以不睹精明本体。但直下无心，本体自现。如大日轮升于虚空，遍照十方，更无障碍。故学道人唯认见闻觉知施为动作，空却见闻觉知，即心路绝无入处。但于见闻觉知处认本心，然本心不属见闻觉知，亦不离见闻觉知。但莫于见闻觉知上起见解，亦莫于见闻觉知上动念，亦莫离见闻觉知觅心，亦莫离见闻觉知取法。不即不离，不住不著，纵横自在，无非道场。①

这是洪州宗人对本心与觉知关系的最全面论述，其要点有几个方面：（1）“本源清净心”是一种与众生、诸佛、山河，乃至整个世界都无差别的心本体；（2）“本源清净心”是精明本体，具有圆明遍照的功能，但众生不悟，以见闻觉知为心，不见真正的本体心；（3）众生要直下无心，即直接深入体悟本心，无心执著见闻觉知，就能显现本体，那就“灵光独耀迥脱根尘”；（4）众生必须从见闻觉知体悟本心，否则“心路绝无入处”；（5）见闻觉知不是本心，本心又不离见闻觉知，两者是不即不离的关系，所以既不能在见闻觉知上动念，生起见解，也不能离开见闻觉知去寻本心，求佛法。这些思想要点归结起来有两方面的要义：一是本原之心，清净圆明，遍照一切，不同于见闻觉知，众生不能以见闻觉知覆盖本心；二是本心也不离见闻觉知而孤立存在，众生也不能离开见闻觉知，即不能离开自己的生命现象去体悟本心。这是确认本心与见闻觉知的区别，同时又强调无见闻觉知即

---

① 《黄檗山断际禅师传心法要》，《大正藏》第48卷，380页中、下。

无本心，离开见闻觉知即无从体悟本心，主张在见闻觉知中见其本体。这是一种心性体用不二论，是一种重在从用见体的心性论。

第三节 即心即佛与非心非佛

“平常心是道”的命题是说，众生的“自家宝藏”——心本身就是佛心，就是道，就是佛。马祖道一在这一命题的基础之上，又从表遮两方面来说明众生心与佛心无异的思想。马祖说：

> 汝等诸人，各信自心是佛，此心即是佛心。达摩大师从南天竺国来，躬至中华，传上乘一心之法，令汝等开悟，又引《楞伽经》文，以印众生心地。恐汝颠倒，不自信此心之法各各有之，故《楞伽经》云，佛语心为宗，无门为法门。又云，夫求诸法者，应无所求，心外无别佛，佛外无别心。①

马祖弟子大珠慧海向马祖请教禅法，马祖给以当头一棒，说：

> 我这里一物也无，求什么佛法？自家宝藏不顾，抛家散走作么！②

慧海又问：“阿那个是慧海宝藏？”马祖答道：

> 即今问我者，是汝宝藏。一切具足，更无欠少，使用自在，何假外求？③

后来黄檗希运也发挥说：

> 达摩从西天来，唯传一心法，直指一切众生本来是佛，不假修行。但如今识取自心，见自本性，更莫别求。云何识自心？即如今言语者，正是汝心。④

大珠慧海曾对“即心是佛”的“那个是佛”作过解说。史载“有行者

---

① 《景德传灯录》卷6，《大正藏》第51卷，246页上。

②③ 《大珠慧海禅师》，《五灯会元》卷3，上册，154页，北京，中华书局，1984。

④ 《黄檗断际禅师宛陵录》，《大正藏》第48卷，386页中。

问：‘即心即佛，那个是佛？’师（慧海）云：‘汝疑那个不是佛？指出看。’无对。师曰：‘达即遍境是，不悟永乖疏’”①。在大珠慧海看来，众生如果觉悟了自己的心体，即都是佛，如果觉悟不到，即无一处是佛。他强调“离心求佛者外道，执心是佛者为魔”②。自心是佛，离心和执心都是错误的。“离心”无从成佛，“执心是佛”则是一种执著而不是解脱。赵州从谂也说：“金佛不度炉，木佛不度火，泥佛不度水，真佛内里坐。”③ 上引几位禅师的话值得注意者有三：一是强调达摩祖师传的是“心法”，要求在“心”上开悟。二是认为自心是佛，此心即是佛心，这也就是“即心即佛”。“即心”，此心，当前的现实心；“即佛”，不离佛心，即是佛心。三是由众生现实心就是佛心，进而要求“求法者，应无所求”，也就是黄檗希运更明确地指出的直指本心，不假修行。虽然马祖是继承慧能以来的自心有佛、自心是佛的思想，但是马祖以前禅师多是强调众生本有的真心是佛，真心是心的本质，现实的心因受污染呈现为妄心状态，须待妄心排除才是佛。马祖不同，他讲的“即心”的心是指平常心，而“平常心是道”，也就是说，众生的现实的整个的心即是佛道，即是佛心，也即是佛。

后来马祖又倡导“非心非佛”，他说：

> 问：“如何是佛？”师云：“即心是佛。”……问：“和尚为什么说即心即佛？”师曰：“为止小儿啼。”曰：“啼止时如何？”师曰：“非心非佛。”曰：“除此二种人来，如何指示？”师曰：“向伊道，不是物。”曰：“忽遇其中人来时如何？”师曰：“且教伊体会大道。”④

“非心非佛”的两个“非”字都是否定的意思，这是对即心即佛的否定。心和佛的观念都要否定，其目的是为了破除学人对“即心即佛”的执著，强调不能执著此心即是佛的观念，有这种观念，就会将心觅

① 《景德传灯录》卷 6，《大正藏》第 51 卷，247 页上。
② 同上书，248 页上。
③ 净慧重编：《赵州禅师语录》卷中［209］，42 页，河北省佛教协会，1993。
④ 《古尊宿语录》卷 1 上册，4、5 页。

心，将佛觅佛，也就要陷入知解的窠臼，心被束缚而不得解脱。非心非佛是超脱即心即佛的观念，也即当下直取佛心的一种更高解脱境界。

那么，即心即佛与非心非佛是什么关系呢？这是一个比较复杂的问题，需要作全面深入的探讨。我们认为以下几点是值得注意的：

（1）不同的开导方法和禅修境界。从上述引文来看，马祖讲“即心是佛”是“为止小儿啼”，也就是为了防止禅修者向外追求，把人们引向自心开悟，而一旦禅修者停止向外追求，就应当讲“非心非佛”，连心、佛也不能执著了。由此可见，即心即佛和非心非佛是根据不同参修对象的两种不同的开导方法，也是两种高低不同的境界。道一弟子伊阙伏牛山自在禅师也说：“即心即佛，是无病求病句；非心非佛，是药病对治句。”① 这是说，针对那种不明白自心本来圆满具足佛性，而一味向外追求，即对无病求病的人讲即心即佛；针对已了解自心本来已圆满具足佛性，不再向外追求，即对已药病对治的人讲非心非佛。自在禅师也是讲的两种方法和两种境界。

（2）表诠遮诠，相容互补。这可以大梅法常禅师（752—839）的有趣故事来说明。法常因听马祖道一说的“即心即佛”一句话，当即大悟，于是就到浙江余姚南七十里大梅山居住。道一想考验他的领悟程度，就派人去见法常：

> 问云：“和尚见马师得个什么便住此山？”师云：“马师向我道即心是佛，我便向遮里住。”僧云：“马师近日佛法又别。”师云：“作么生别？”僧云：“近日又道，非心非佛。”师云：“遮老汉惑乱人未有了日，任汝非心非佛，我只管即心即佛。”其僧回举似马祖，祖云：“大众，梅子熟也！”②

这段话，从文字上看，是法常坚持“即心即佛”说，马祖又给予认可；从实质上看，是马祖肯定法常已不生“即心即佛”和“非心非

① 《景德传灯录》卷7，《大正藏》第51卷，253页中。
② 同上书，254页下。

佛”的分别心，不受语言文字的限制，不片面固执，动辄滞碍，心已自由自在，坚持当下直取佛心，一门深入而透彻佛道。这里，也透露出马祖和法常师徒的共同看法：即心即佛和非心非佛，是关于众生心性和佛性关系的两种语言文字表达方式——表诠和遮诠。表诠是从正面作肯定的表述，以显示事物的属性和意义；遮诠是从反面作否定的表述，以排除事物本不具有的属性和意义。在马祖师徒看来，即心即佛是表诠，非心非佛是遮诠，这是从表遮两个方面说明众生心性与佛性是无差异的思想，在当下直指佛心上得以会通。两个命题作为语言文字的表述方式，相通相容，共存互补，并不是互不相容，绝对排斥的。这也就是上引马祖说的："一切法皆是心法，……种种成立，皆由一心也。建立亦得，扫荡亦得，尽是妙用，妙用尽是自家。"① 表诠遮诠都是自心的妙用，关键是要真正懂得、把握和体悟自家的平常心。关于这一层意义，也得到佛教以外学者的回应。元代道士牧常晁所撰《玄宗直指万法同归》卷 4 有云："或曰：'佛教有曰即心即佛，又曰非心非佛，其言得无反耶？'答云：'即心即佛是得鱼得兔也；非心非佛是忘筌忘蹄也。"② 表诠与遮诠，肯定与否定，是相反相成的。

（3）超越语言，体会大道。上引马祖在回答"如何是佛"问题时的四种不同说法，依次是"即心是佛"→"非心非佛"→"不是物"→"体会大道"。这是一个层层递进的启导禅僧深入禅悟的过程，表明即心即佛和非心非佛都是非究竟的，不仅是执著即心即佛，而且连执著非心非佛同样是一种系缚，不是真正解脱。真正解脱就是要体会大道。这也就是"平常心是道"或"触类是道"的内在而深刻的真谛。马祖弟子百丈怀海也强调不能停留在语言文字上，"若说文字，皆是诽谤"③。他认为"即心即佛"是"不遮语"，"非心非佛"是"遮语"，若执著前者就属"自然外道"，执著后者就属"空见外

① 《景德传灯录》卷 28，《大正藏》第 51 卷，440 页上。

② 《正统道藏》第 40 册，31913 页，台湾，艺文印书馆，1977。以下凡引《正统道藏》均同此版本。

③ 《古尊宿语录》卷 1 上册，18 页。

道”，因此都需要“割断”，只有纵任心性，才能体会大道，达到佛境。

第四节　心即是佛与无心是道

前第十五章第二节所引《小室六门·第四门安心法门》已有“即心无心，是为通达佛道”① 的思想。马祖道一以后，希运禅师等人还把马祖的“即心即佛”和“平常心是道”的命题，进一步发展为“心即是佛”和“无心是道”的命题。

关于“心即是佛”，希运说：

> 诸佛与一切众生，唯是一心，更无别法。此心无始以来，不曾生，不曾灭，不青不黄，无形无相，不属有无，不计新旧，非长非短，非大非小，超过一切限量，名言，纵迹，对待，当体便是，动念即乖。犹如虚空，无有边际，不可测度。惟此一心即是佛，佛与众生更无别异。但是众生著相外求，求之转失，使佛觅佛，将心捉心，穷劫尽形，终不能得。不知息念妄虑，佛自现前。此心即是佛，佛即是众生。为众生时，此心不减；为诸佛时，此心不添。②

这是说，众生和诸佛一样“唯是一心”。这个心是超越生灭的，即永恒的；是不增不减，即不变的；是超越形相和对待，即绝对的；是为虚空不可测度，即无限的。这是一个宇宙真心，即所谓的诸佛和众生共同具有的本原清净心。众生若能息念妄虑，当即体悟本原清净心，佛也自然显前，也就成为佛了。佛不是别的，“佛即是心”，即是本原清净心。换句话说，“心即是佛”，众生的心即是佛。所以希运又说：“汝心是佛，佛即是心，心佛不异，故云即心是佛。”③ 这是继承马祖道一“即心即佛”的命题，进一步发挥了心佛一如的思想，强调众生

① 《大正藏》第48卷，370页中。

② 《黄檗山断际禅师传心法要》，《大正藏》第48卷，379页下。

③ 《黄檗断际禅师宛陵录》，《大正藏》第48卷，385页中。

的“唯此一心”即宇宙真心或本原清净心就是佛。既然心即是佛，那么，也可说“此法即心。……此心即法”①。“法”，指佛法。真心与佛法无异。希运还以棒打、吆喝等为开导门徒直下本心的方便，开启了尔后临济宗宗风的先河。

关于“无心是道”，我们需先介绍马祖道一对“无门为法门”的解说。马祖认为，自心是佛的意境“唯是默契得，这一门名为无为法门，若欲会得，但知无心，忽悟即得”②。他又展开说：

> 《楞伽经》云：佛语心为宗，无门为法门。何故佛语心为宗？佛语心者，即心即佛。今语即是心语，故云佛语心为宗。无门为法门者，达本性空，更无一法，性自是门，性无有相，亦无有门，故云无门为法门。③

这是说，菩提达摩禅师传的就是心法，《楞伽经》就是说佛教教义以心为宗要，也就是强调“即心即佛”的意思。无门为法门，是要求明达包括佛法在内的一切法都是本性空寂的，这个空寂的本性就是法门，所以称为“无门”。“无门”也就是“无为法门”，是只知无心而默契悟达的法门。“佛语心为宗”，是讲理论，“无门为法门”是讲实践，这两者是完全统一的。众生若能以“无门为法门”，悟达一切法本性空寂，绝不执著，也就能使本原清净心呈现，即心即佛，而成就佛果了。这里，以“无门为法门”的思想以及马祖的“平常心是道”的命题，成为了尔后禅师的“无心是道”思想的张本。

大珠慧海继承马祖道一的思想，又进一步倡导“无心”。他一方面说：“自家宝藏一切具足，使用自在，不假外求”④，一方面又强调“老僧无心可用，无道可修”⑤。慧海既肯定“自家宝藏”（如来藏，本心），又强调“无心”，他所讲的“无心”是指不感受、不执著事物。

① 《黄檗山断际禅师传心法要》，《大正藏》第48卷，380页中。
② 《黄檗断际禅师宛陵录》，《大正藏》第48卷，385页中。
③ 《宗镜录》，《大正藏》第48卷，418页中。
④ 《景德传灯录》卷28，《大正藏》第51卷，440页下。
⑤ 同上书，441页中。

他认为，主体处于无思虑、无分别状态，如此空寂清净，也就获得精神解脱。史载：“问：‘和尚（指慧海）修道还用功否?’师曰：‘用功’。曰：‘如何用功?’师曰：‘饥来吃饭，困来即眠。’曰：‘一切人总如是同师用功否?’师曰：‘不同。’曰：‘何故不同?’师曰：‘他吃饭时不肯吃饭，百种须索，睡时不肯睡，千般计较，所以不同也。”①这是说，无心而不须索，不计较，一切顺其自然，就是用功修道的法门。

怀海的两大弟子灵祐（771—853）和希运也都提倡“无心”修行。灵祐主张“无心是道”。所谓“无心是道”，就是“情不附物即得”②，也就是“凡圣情尽，体露真常，理事不二，即如如佛”③。“情”，指情识。“无心”就是对凡与圣的分别情识一概灭尽，如此对凡圣不作分别取舍，真心本体显露，现象和本体相融合辙，也就达到悟境而是佛了。所以，灵祐也经常这样开示大众：

> 从上诸圣，只是说浊边过患，若无如许多恶觉、情见、想习之事，譬如秋水澄渟、清净无为，澹泞无碍，唤他作道人，亦名无事之人。④

灵祐认为，众生如若没有恶觉、情见、想习之事，也就是真正做到了“无事”，“清净无为”，那就是合乎“道”，就是获得解脱的“道人”了。灵祐所谓的道人，也就是“无事人”。从灵祐的言论来看，“无心”就是“无事”，就是无情见、想习之事。做到“无心”、“无事”，就是“无事人”。

对于“无心是道”的命题，论述颇详的是希运禅师。希运非常强调“无心”的重要性，他认为：

> 供养十方诸佛，不如供养一个无心道人。⑤
>
> 直下无心，本体自现。⑥

① 《景德传灯录》卷6，《大正藏》第51卷，247页下。

② 《景德传灯录》卷9，《大正藏》第51卷，264页下。

③ 同上书，265页上。

④ 同上书，264页下。又，“见”原作“是”，改。

⑤ 《黄檗山断际禅师传心法要》，《大正藏》第48卷，380页上。

⑥ 同上书，384页中。

但能无心，便是究竟。学道人若不直下无心，累劫修行，终不成道，被三乘功行拘系，不得解脱。①

这是说，众生若能直下无心，真心本体自现，便是达到究竟的境界，而获得解脱；不能直下无心，只是长期修行，就会被各种功行所束缚，而不能成道，不得解脱。在希运看来，"无心"是众生获得解脱的唯一法门。

那么，什么是"无心"呢？希运的看法是：

无心者，无一切心也。②

此心即无心之心，离一切相，众生诸佛更无差别。③

此法即心，心外无法；此心即法，法外无心。心自无心，亦无无心者。④

当时有人问："若心相传，云何言心亦无？"希运答："不得一法，名为传心；若了此心，即是无心无法。"⑤ 希运所言的无心，就是无任何思虑、分别的作用，是离一切形相，离一切差别的心。无心也可称无心的心，它是众生的心，众生的本心。无心并不是全无心的存在，而是指远离凡圣、善恶、美丑等一切分别情识的真心，这也是处于不执著、不滞碍的一种自由境界。

《黄檗山断际禅师传心法要》和《黄檗断际禅师宛陵录》中分别记载了希运关于如来藏的说法。他认为如来藏也是本性空寂的，称之为"空如来藏"。这个"空如来藏"与"无心"在内涵上是一致的，甚至是相同的，实质上也就是"无心"。希运说："如来藏者，更无纤尘可有，即是破有法王出现世间。"⑥ "如来藏本自空寂，并不停留一法。"⑦ 这是说如来藏是清净、空寂的，并不执著世间任何存在。又

① 《黄檗山断际禅师传心法要》，《大正藏》第48卷，380页中。
② 同上书，380页上。
③④ 同上书，380页中。
⑤ 同上书，383页上。
⑥ 同上书，382页下。
⑦ 《黄檗断际禅师宛陵录》，《大正藏》第48卷，385页中。

说："从前所有一切解处，尽须并却令空，更无分别，即是空如来藏。"① "道场者，只是不起诸见，悟法本空，唤作空如来藏。"② 这都是强调排除一切情见，不产生一切情见，没有分别，体悟性空，就是"空如来藏"。在希运看来，如来藏就是空如来藏，所以他既讲如来藏，又讲空如来藏，既讲本原清净心，又讲无心。所谓空如来藏和无心，都是指众生的精神主体不作分别，不起情见，不生执著，远离事物，远离形相，远离差别而言。由此也可以说，"无心"具有精神本原、修持工夫（方法）和觉悟境界三个层次的意义。

作为修持工夫，如何实现"当下无心"呢？希运说：

> 当下无心，决定知一切法本无所有，亦无所得，无依无住，无能无所，不动妄念，便证菩提。③

这是说，要达到无心，就是要真正了知一切存在都是空无所有的，对主体来说也是一无所得的，如此无主客之分，不起妄念，也就证悟菩提了。希运把"无心"的要诀总结为"莫于心上著一物"④，他还生动地说：

> 终日吃饭，未曾咬着一粒米；终日行，未曾踏着一片地。与么时，无人我等相，终日不离一切事，不被诸境惑，方名自在人。⑤

这一段话的意思是说，比如每天吃饭未曾咬着米，每天走路未曾踏着地。不离一切事物，又不被事物所迷惑，这就是"无心"，就是"自在人"。

为了达到无心，证悟菩提，希运特别反对知解，他强调"第一不得作知解"⑥，说："我此禅宗，从上相承以来，不曾教人求知求

① 《黄檗山断际禅师传心法要》，《大正藏》第48卷，382页下。
② 《黄檗断际禅师宛陵录》，《大正藏》第48卷，385页中。
③ 《黄檗山断际禅师传心法要》，《大正藏》第48卷，380页下。
④ 同上书，381页上。
⑤ 同上书，384页上。
⑥ 同上书，382页下。

解，只云学道，早是接引之词，然道亦不可学。情存学解，却成迷道。”① 认为分别知解和知解的工具语言文字都是得道的壅塞，解脱的障碍，若果存在学道的见解，那也是迷道。为了排除知解，“百种多知，不如无求，最第一也”②，无所求是防止产生知解，坚持学道修行的第一法要。希运甚至认为产生破除妄心的想法和相应的努力也是有害的。“起妄遣妄亦成妄。妄本无根，只因分别而有，尔但于凡圣两处情尽，自然无妄。”③ 这是说，要想“遣妄”，本身就是有所求，就是妄心在起作用，这也是应当排除的。

希运有一段描绘修学无心的话，十分生动、形象：

> 如今但一切时中，行住坐卧，但学无心，亦无分别，亦无依倚，亦无住著。终日任运腾腾，如痴人相似。世人尽不识尔，尔亦不用教人识不识。心如顽石头，都无缝罅，一切法透汝心不入，兀然无著，如此始有少分相应，透得三界境过，名为佛出世。④

希运认为，“学无心”就是要形如痴人，心如顽石，在日常生活中，对一切都无所分别，无所依倚，无所住著，如此才能与无心相应，进而成就为佛。

希运还论述了无心与道的关系，认为无心是道。“此道天真，本无名字，只为世人不识迷在情中，所以诸佛出来说破此事。恐汝诸人不了，权立道名，不可守名而生解，故云，得鱼忘筌，身心自然，达道识心。”⑤ “道”，指佛道，即解脱之道。希运认为，大道天真无名，“道”是权立的名，只是为了达道而权且加以描述，不可执著，必须排除知解，才能明达大道。他说：“道无方所，名大乘心。此心不在内外、中间，实无方所。”⑥ 又说：“身心俱无，是

---

① 《黄檗山断际禅师传心法要》，《大正藏》第48卷，382页下。
② 同上书，383页中。
③ 同上书，383页上。
④ 《黄檗断际禅师宛陵录》，《大正藏》第48卷，386页下。
⑤⑥ 《黄檗山断际禅师传心法要》，《大正藏》第48卷，382页下。

名大道。”① 这是说，“道”是“无方所”的，它就是心（大乘心），也就是无心（身心俱无）。众生若能直下无心，就与“道”相默契。在希运看来，直下无心与悟道是一回事。他带有总结性地说：“即心是佛，无心是道。但无生心动念有无、长短、彼我、能所等心。心本是佛，佛本是心，心如虚空。……但识自心，无我无人，本来是佛。”② 心本来就是佛，心犹如虚空。无心，即不作种种分别心，就是道。众生若悟自心，不生分别，无我无人，如同虚空，就是佛了。

提倡“无心”，是中国禅宗思想的一大主张。在印度，“无心”是般若空宗修行体悟的出发点与归宿点，它要求修行主体无自我意识，无思虑，无分别，以达到无我无法（事物）的境界。中国禅宗的“无心是道”说，无疑是继承了印度佛教般若空观和如来藏学说，同时又吸取中国道家有关“道”的学说，并加以重构而成的。

第五节　有情无佛性与无情有佛性

众生有无佛性，始终是禅师们关注的一个重要问题。自马祖以来，洪州宗人对有情与无情、有性与无性的意义作出了新的诠释，从而使原来有情与无情、有无佛性的意义也有了新的发展。此外，有的禅师还将有情无情有无佛性问题的不同说法，视为对于不同对象的不同开导法门，从而又成为留给后人参悟的话题。

《黄檗断际禅师宛陵录》载：

> 问：“佛性与众生性为同为别?”师云：“性无同异，若约三乘教，即说有佛性有众生性，遂有三乘因果，即有同异。若约佛乘及祖师相传，即不说如是事，唯有一心，非同非异，非因非果。所以云，唯此一乘道，无二亦无三，除佛方便说。”③

“三乘教”是佛教就众生各自条件的不同，而说声闻乘、缘觉乘、菩

---

①② 《黄檗山断际禅师传心法要》，《大正藏》第 48 卷，384 页中。

③ 《大正藏》第 48 卷，384 页下～385 页上。

萨乘的三种教法。希运禅师认为，就三乘教来说，是有佛性与众生性同异的问题；若不分三乘，而只说唯一成佛之法（佛乘）和禅宗祖师相传，是不说佛性与众生性的同异，而只说唯有一心，佛与众生都同此心，心是成佛的根本。可以说，希运是不倾向于讲佛性与众生性的同异的。

马祖的法嗣大珠慧海是赞成“无情无性”说的，同时，他又把无情有无佛性问题与主体的见性（真如本性）功能及其彻悟境界联系起来。史载：

> 问：“禅师何故不许青青翠竹尽是法身，郁郁黄花无非般若?”师曰：“法身无象，应翠竹以成形；般若无知，对黄花而显相。非彼黄花翠竹而有般若法身。故经云：佛真法身，犹若虚空；应物现形，如水中月。黄花若是般若，般若即同无情；翠竹若是法身，翠竹还能应用。……若见性，人道是亦得，道不是亦得，随用而说，不滞是非。若不见性，人说翠竹著翠竹，说黄花著黄花，说法身滞法身，说般若不识般若，所以皆成争论。”①

这是说，般若智慧，法身无象，如同虚空，能应物现形。迷人不懂得这一点，就称翠竹是法身，黄花是般若，其实这还是着了迹象，视法身般若为无情识的草木。真正悟达的人，纵横自在，随处都能显现法身，并不是局限于翠竹黄花。也就是说，若是真正悟见真如本性，达到解脱境界的人，说翠竹是法身，黄花是般若也可，说翠竹不是法身，黄花不是般若也可，因为那都是随缘显现法身，超越分别，不为是非所滞碍的。若是没有悟见真如本性，没有达到解脱境界的人，则会局限于分别，说什么，执著什么，对这种人说翠竹是法身，黄花是般若，势必滞于是非，形成争论。

这里涉及了禅宗的境界与达到境界的方法问题。在洪州宗人看来，彻悟境界应具有三种德性：一是主观的般若智慧，二是客观的法身显现，三是主观客观交涉的结果为解脱自在。真正禅的生活，就是

① 《景德传灯录》卷28，《大正藏》第51卷，441页中、下。

要在日常生活行事当中随时随地体现出上述三种境界。洪州宗人认为，要达到这样的境界，在方法上就是要从清净心源或佛性的整体显现出日常行事，也就是从全体（理）表现出个别（事）。① 洪州宗人正是以法身（理）随时随处显现的见解，反对把法身的显现局限于翠竹黄花的观点。

《古尊宿语录》卷 1 又载：

> 问："如何是有情无佛性，无情有佛性?"师云："从人至佛是圣情执，从人至地狱是凡情执。只如今但于凡圣二境有染爱心，是名有情无佛性；只如今但于凡圣二境及一切有无诸法都无取舍心，亦无无取舍知解，是名无情有佛性。只是无其情系，故名无情。不同木石太虚、黄叶翠竹之无情，将为［无情］有佛性。若言有者，何故经中不见受记而得成佛者？只如今鉴觉，但不被有情改变，喻如翠竹；无不应机，无不知时，喻如黄华。"又云："若踏佛阶梯，无情有佛性；若未踏佛阶梯，有情无佛性。"②

这是百丈怀海禅师对"有情无佛性，无情有佛性"命题的论证和解说。文中的"情"是指情执，染爱心。"有情"是有情执，非指有情识的众生。"无情"是无情执，非指无情识的事物。所谓"有情无佛性"是说，因有情执，有分别，有取舍，就无佛性；所谓"无情有佛性"是说，因无情执、无分别、无取舍，就有佛性。这是从众生主体有无情执的角度来讲有无佛性，与把宇宙万类区分为有情识和无情识两类而论其有无佛性，其概念的涵义、论证的角度、命题的内容都是不同的。所谓"青青翠竹尽是法身，郁郁黄花无非般若"，若就主体的无情执、无分别、无取舍的悟境而言，作为主体的一种心灵感悟现象，可以翠竹比喻不为情执改变，以黄花比喻应机知时。但这并不是说，翠竹黄花等无情识事物本身具有佛性。

---

① 参见吕澂：《中国佛学源流略讲》，379 页。

② 《古尊宿语录》卷 1 上册，18～19 页。

马祖的传授嫡孙赵州从谂对有情无情是否有佛性的问题，又根据不同情况，采取灵活的说法。据载：

问："狗子还有佛性也无?"师云："无。"学云："上至诸佛，下至蛭子，皆有佛性，狗子为什么无?"师云："为伊有业识性在。"①

一般地说，大乘佛教通常多持一切众生都有佛性的看法，自慧能以来禅宗也持同样的说法，但从谂却认为作为众生狗子一类的没有佛性，并提出了理由：狗子有业和识（分别）。可能在他看来，业和识是与佛性相反的，既然有业和识也就没有佛性。但是，赵州从谂也有相反的看法：

僧问赵州："狗子还有佛性也无?"州云："有。"僧云："既有，为什么都撞入这个皮袋?"州云："为他知而故犯。"②

这是肯定狗子也有佛性，其理由是狗子也有知。还值得注意的是：当有学僧问赵州："如何是祖师西来意"，他答："庭前柏树子。"③ 有学僧又问："柏树子还有佛性也无?"他答："有。"④ 这是说无情识的树木也有佛性。如此矛盾的说法，其真意何在？看来这些回答都是开导学僧的方便教法，是引导学僧的自悟。有与无是一种分别，赵州从谂是借狗子、柏树子有无佛性来打破学僧对有无的执著。在彻悟境界里，是超越分别的，所讲的有无也是超越分别存在的。在赵州从谂看来，佛性也是超越有无，超越分别存在的。

小　结

综上所述可见，洪州宗人的心性论的内容相当丰富，它以"平常心是道"为思想内核，构成了一种心性论的新体系。在这个体系

① 《赵州真际禅师语录》，《古尊宿语录》卷13上册，222页。
② 《万松老人评唱天童觉和尚颂古从容庵录》卷2，《大正藏》第48卷，238页中。
③ 《赵州真际禅师语录》，《古尊宿语录》卷13上册，213页。
④ 《赵州真际禅师语录之余》，《古尊宿语录》卷14上册，234页。

里，涉及了平常心、本心、即心、非心、无心、佛性等内涵，论述了心与道、无心与道、心与佛、非心与佛、无心与佛、心与见闻觉知、佛性的有与无等各种关系或问题，提出了平常心是道、非心非佛、无心是道等新理念，对于清净本心与见闻知觉，有情无佛性与无情有佛性的关系进行了新阐发，从而发展了佛教的心性论、佛性论。

洪州宗人在颇富特色的心性论基础上，形成了禅修的新的思想原则、运作模式和格调风貌。其突出之点有：

主体的自主性精神。洪州宗人进一步强调修行主体是禅修的决定因素，主体的意识（心）是禅修的内在根据。由此主张直指人心，纵任心性，充分地发挥主体意识的能动作用。

修行的自然主义原则。洪州宗人认为众生的日常行为运作都是内在佛性的全体示现，一切皆真，由此特别强调养神存性，任运自然，在自然运作中实现自我超越。

生活的世俗化倾向。洪州宗人提倡随顺自然的生活禅，主张在现实生活中实现超越现实的目的。这是一种精神超越，它并非追求彼岸世界，而是实现超越又回到现实之中，由此而表现出强烈的世俗化倾向。

方法上的反知解特征。洪州宗人提倡直指人心，见性成佛，由此强调直觉的体悟，反对知解，轻视语言文字对学道悟道的作用。还进而采用不定型、无规范的修行形式，发展出诸如隐语、动作、棒喝和种种“机锋”。从而又表现出与后来南宗中重视语言文字作用一派的对立。

洪州宗的心性论是在继承慧能以来的性净自悟这一思想基础上，进一步融合佛教与道家、儒家的思想并加以改造和发展的结果。在佛教内部，洪州宗主要是把讲如来藏思想的《楞伽经》和讲性空思想的《金刚经》加以调和、融合、会通，从这方面来看，也可说洪州宗的心性论是对菩提达摩以来有关禅思想的一种总结。从整体思想背景来看，洪州宗心性论更重要的是融合中国道家、儒家，尤其是道家思想的产物。道家的道、道法自然、齐万物、齐是非、无为、无知、无欲、无心[①]等概念、命题、思维方式，儒家的“极高明而道中庸”的思想框架，可以说是改造佛教思想、形成洪州宗心性论的重要思想因素，因此，似乎也可以说，洪州宗的心性论思想主要是渊源于中国固有的文化观念。

① “无心”，多见于郭象：《庄子内篇注》。

第二十章

临济宗的一念心清净与无事是贵人说

唐代末期，禅师义玄（？—867）创立了临济宗。临济宗人忠实地继承了马祖、希运等禅师的心性思想，在平常心是道、无心是道的思想基础上，进一步提出一念心清净即是佛和无事是贵人等心性命题。临济宗人的心性命题，一方面着重否定外在于生命，外在于心的超越理想，否定念念向外驰求，力主超佛越祖，肯定现实的人和人心的无限价值，强调禅的真正理趣内在于众生的生命之中，必须向内自省，重视开发现实人的“活泼泼地”创造精神；一方面又注重超越经教，独立穷究人生的奥秘，直观体认宇宙的真实，在禅修中普遍运用棒喝方式，甚至呵祖骂佛等种种在一般人看来是超常、反常的做法。这是佛教内部涌现出来的一种新的人文主义人生观，其核心思想是对主体内在个性和外在行为的充分尊重。富有特色的临济宗的心性理论是对禅宗心性学说的发展。论述临济宗人的心性理论有助于深入认识临济宗人的禅修实践。

临济宗的主要代表人物是创始人义玄，后来此宗又分演出不同的派别，并产生出了黄龙派创始人慧南（1002—1069）和杨岐派创始人方会（992—1049），以及杨岐派的传人大慧宗杲和无门慧开等人物。我们的论述就以这些人的言行为主要依据。

第一节　心清净与自信心

禅修毕竟是为了成佛，怎样才能成佛呢？临济宗人也同样注意从心性方面去寻找成佛的根源，义玄说：

尔欲得作佛，莫随万物。心生种种法生，心灭种种法灭。一心不生，万法无咎。世与出世，无佛无法，亦不现前，亦不曾失。①

“法”，此指佛法。这是说，佛和佛法都是随心而生，随心而灭的。一心不生，也就无佛无法。若要作佛，只能从心上去寻找解脱的根源。一个人能否成佛，关键是心。又史载：

问：“如何是真佛、真法、真道？乞垂开示。”师曰：“佛者，心清净是，法者，心光明是，道者，处处无碍净光是。三即一，皆是空名，而无实有。”②

这里进一步说心清净是佛，心光明是佛法，处处无碍净光是佛道。“佛者，心清净”，这是义玄对佛的界定。他认为佛不是别的，就是心清净。什么是心清净呢？从思想渊源关系来说，义玄讲的心清净实际上和义玄老师希运的“本源清净心”，以及洪州宗禅师的如来藏佛性说是一脉相承的。其实质都是指本原性的清净心而非迷妄之心。义玄对心清净也有自己独特的论述，在这方面，他的“心心不异”和“心如幻化”的说法是特别值得注意的。义玄说：

唯有听法无依道人，是诸佛之母。所以佛从无依生。若悟无依，佛亦无得。若如是见得者，是真正见解。③

古人云：平常心是道。大德，觅什么物？现今目前听法无依道人，历历地分明④，未曾欠少。尔若欲得与祖佛不别，但如是

① 《镇州临济慧照禅师语录》，《大正藏》第47卷，502页中。

② 同上书，501页下～502页上。

③ 同上书，498页下。

④ 义玄常用“历历分明”、“孤明历历”等语，“孤明”，即“精明”，指心，清净心，无分别心；“历历”，洞察分明，明了一切。“孤明历历”是既无分别，又能分别一切。

见，不用疑误。尔心心不异，名之活祖。①

这里所讲的“无依”是指不攀缘任何对象，无所依托，无所依恃，具体指不依菩提，不依涅槃，不依佛，不依各种内外条件。义玄认为，无依是佛法的精髓，成佛的原因，佛从无依而生。众生若真正悟解无依的意义，就会明白：佛无依无待，不依恃任何条件，是空无所得的，修佛修禅者便不应依恃或追求菩提、涅槃，以至成佛这样的实有目标。义玄认为，懂得这个道理的人，便是真正“无依道人”。这个“无依道人”，不依于任何事物，包括凡圣、染净等。可见这里讲的“无依”实质上也就是清净。无所依托，无所依恃，也就是心清净。“无依道人”就是心清净，就是体现众生此心本来面目的人。所谓“心心不异”，就是修持者始终保持心清净，不生变异。也就是众生现实的心无有间断，始终清净，不变不异，历历分明。具有这种活生生的平常心、清净心才是活祖佛，才是真正的佛。可见在义玄看来，人的现实的心性本质就是人的理想人格，“心心不异”的人，即无有间断地始终保持心清净的人，就是理想人格的体现者。

心清净的又一层意义是“心如幻化”。义玄说：

尔若达得万法无生，心如幻化，更无一尘一法，处处清净是佛。②

义玄认为，一切事物和佛法都是随心而生，随心而灭，心变即有，不变即无，即本身都是无生、无自性的。也就是说，从本质上看都是空的，都是空相。心如幻如化，心显现万物犹如魔术师的化作，所作并非真实的东西，不过是如梦如幻的假相，心本来不存在任何事物，甚至不存一切佛法，是处处清净的。众生若能具有这种见解，懂得万物和佛法是无生的、空的，懂得“心如幻化”，这就是佛了。可见，心清净就是从主观上排除执著万物和佛法为实有的观念，排除把心视为

① 《镇州临济慧照禅师语录》，《大正藏》第47卷，499页下。

② 同上书，498页中。

能实生万物和佛法的实有心的观念，如果不能做到这点，心就不清净，当然也就不能获得解脱了。

心清净是众生作佛的根据，由此义玄进一步提出一念心上清净就是佛的思想，他说：

> 尔要与佛祖不别，但莫外求。尔一念心上清净光，是尔屋里法身佛；尔一念心上无分别光，是尔屋里报身佛；尔一念心上无差别光，是尔屋里化身佛。此三种身，是尔即今目前听法底人，只为不向外驰求，有此功用。①

“祖”，祖师，指开创宗派的人（开祖），或传承开创者教法的人（列祖）。“一念”，极短的时间，一瞬间。“一念心”，即一瞬间的心态。“无分别”，指主体对外界不作任何分别。“无差别”，指客观事物的平等一如，没有任何差异区别。这段话的意思是说，人要想作佛、作祖，切莫刻意向外追求佛果、佛境，而要向内开掘自心功用。只要一念心清净、无分别、无差别，这就是法身佛、报身佛和化身佛三身佛了。三身佛也就是现实的一念心清净的人。义玄认为，人们之所以在六道中轮回，受种种苦难，就是由于受世俗情智的阻隔而不得解脱。人们如果停止向外追求而转向内求，回光返照，当即就与佛祖没有区别。这就是“一念心上清净即是佛”，也就是临济宗的基本命题和根本思想。临济宗的各种教学方法和禅修实践以及呵祖骂佛等超常行为，都是这一基本命题和根本思想的具体表现。

在一念心清净即是佛的思想基础上，义玄又强调人要有高度的自信心，坚信人自身就是祖，就是佛。他认为人们所以没有成为祖、佛，关键是缺乏自信心。

> 如山僧指示人处，只要尔不受人惑，要用便用，更莫迟疑。如今学者不得病在甚处，病在不自信处。尔若自信不及，即便茫茫地徇一切境转，被他万境回换，不得自由。尔若能歇得念念驰

① 《镇州临济慧照禅师语录》，《大正藏》第47卷，497页中。

求心，便与祖佛不别。尔欲得识祖佛么？只尔面前听法底是。学人信不及，便向外驰求。①

“山僧”，山野之僧，禅师自谦之称。义玄认为，人们没有成为祖、成为佛，根本问题是在于没有自信。所以强调自信，是因为人们自身本来就是祖、佛。听法的每一位都是祖、佛。义玄鼓励、号召人们要有充分的自信。所谓自信，就是断除怀疑、疑惑，自立自主，不依他人，不受人惑，不向外驰求。据此他又公开宣称：“如大器者，直要不受人惑，随处作主，立处皆真。”② “不受人惑”，就是坚信自己，独立自主，不依靠他人，不崇拜权威。“不受人惑”的人，也就是祖、佛了。在义玄看来，人的命运是掌握在自己手里的。人们要自我主宰命运，也就是不仅不要迷信他人，盲从权威，而且还要胜过他人，超越佛祖。自怀海、希运以来，禅宗人就提出超过祖师的主张，到了义玄时代，更是明确地主张“超佛越祖”，强调禅修主体应该也能够高于佛祖权威，从而把主体自立自信的思想推向了极致。

第二节　见闻觉知与全体大用

上面讲的众生主体的清净心，是无心，空心，是无生无死，无形无相的，是达一切相空的无分别心，这是心的一个方面。心的另一个方面，在临济宗人看来，又是本自具足，即自身就具有各种功能、作用，是能分别一切的，而这种分别的能动作用，又是落实在无分别的基础之上，是认识事物的实相——空相，是无分别的分别。临济宗人阐述了心的能动作用及其与心的内在体性的关系，这就进一步强调了人们的见闻觉知都是佛性的作用，这种作用是佛性的整体作用，也称“全体大用”；作为佛性全体作用的见闻觉知，就是众生解脱成佛的契机。关于这一方面，义玄有一段非常典型的语录：

---

① 《镇州临济慧照禅师语录》，《大正藏》第47卷，497页中。

② 同上书，499页上。

道流，心法无形，通贯十方。在眼曰见，在耳曰闻，在鼻嗅香，在口谈论，在手执捉，在足运奔。本是一精明，分为六和合。一心既无，随处解脱。山僧与么说，意在什么处？只为道流一切驰求心不能歇，上他古人闲机境。道流，取山僧见处，坐断报化佛头，十地满心犹如客作儿，等妙二觉担枷锁汉，罗汉辟支犹如厕秽，菩提涅槃如系驴橛。何以如此？只为道流不达三祇劫空，所以有此障碍。若是真正道人，终不如是。但能随缘消旧业，任运着衣裳，要行即行，要坐即坐，无一念心希求佛果。缘何如此？古人云：若欲作业求佛，佛是生死大兆。①

“道流”，指从事禅道的修持者。“十地满心”，即“十地心”、“十地”，指修持的十种心。“等妙二觉”，“等觉”，意为对于平等一如的真如理的觉悟，是菩萨修行到极位的觉悟境界。“妙觉”，指佛的觉行圆满的绝妙无上的觉悟境界。“三祇劫”，“三祇”即三僧祇。“僧祇”，意为无数。“劫”，时间名称。三祇劫为极其漫长的时间。义玄的这段话有这样几层意思：一是说心是无形的，它通贯感官四肢而表现出见闻知觉等功用。心既然是无形的，空的，清净的，那么见闻知觉也就随处都是自由解脱的表现。二是说“十地满心”、“等妙二觉”、“罗汉辟支”和“菩提涅槃”都是不能执著的。禅修者向外追求作祖成佛，是由于不懂得空的道理所带来的一种障碍。三是说真正的道人是无一念心希求佛果，既不作业，也不求佛，这也就是保全佛性的本来作用而随缘任运。现实人生由于受前世所作业（旧业）的支配，因此陷于烦恼悲苦之中，没有真正的自由。这就要求求道人顺随各种现实生活，深入生命的现实活动，充分发挥佛性的整体作用，使痛苦窘困的现实生活变得生机勃勃，活泼自在。这也就是在“要行即行，要坐即坐”的自然运作中，在见闻觉知中消除旧业，获得解脱。我们可以看到，这也是最充分地肯定日常现实生活，并在日常现实生活中体悟人生的真实，实现主体的高度自由。

① 《镇州临济慧照禅师语录》，《大正藏》第47卷，497页下。

临济宗人还继承和发挥了洪州马祖道一的“平常心是道”或“触类是道”思想，进一步提出“随处作主，立处皆真”、“当处发生，随处解脱”的命题，大力提倡主体的随时随地自觉、自悟。义玄说：

道流，佛法无用功处。只是平常无事，屙屎送尿，著衣吃饭，困来即卧。愚人笑我，智乃知焉。古人云：向外作工夫，总是痴顽汉。尔且随处作主，立处皆真，境来回换不得。纵有从来习气，五无间业，自为解脱大海。①

大德，尔且识取弄光影底人，是诸佛之本原，一切处是道流归舍处。是尔四大色身不解说法听说，脾胃肝胆不解说法听法，虚空不解说法听法，是什么解说法听法？是尔目前历历底，勿一个形段孤明，是这个解说法听法。若如是见得，便与祖佛不别。但一切时中，更莫间断，触目皆是。只为情生智隔，想变体殊，所以，轮回三界受种种苦。②

“五无间”，即五无间狱。在此地狱中，要经受一轮轮永无休止的折磨，是地狱中最惨烈之处。“弄光影底人”，指只见表面而不彻见真理的愚痴者。义玄认为佛法并无用功处，只是平平常常的事，不必去刻意追求。即使是愚痴者，也有成佛的本原。弄光影的人实际上也是“孤明历历”的。具有清净心而能明了一切的众生，实与佛祖没有区别。佛法就在现实日常生活之中，“触目皆是”，只要随顺自然就能获得解脱。修道者要“随处作主”，把事事处处都视为道场，随时随地自我作主，不受外在的束缚，这样，在自主之处就都包含了并体现着常住真实的真理。日常行事都洋溢着佛法、真理，都是解脱成佛的契机。不懂这个道理而一味向外作工夫的人，就永远在轮回三界之中流转而不得解脱。

杨岐派创始人方会也说：

诸供养中，法供养最胜。若据祖宗令下，祖佛潜踪，天下黯

① 《镇州临济慧照禅师语录》，《大正藏》第47卷，498页上。

② 同上书，497页中、下。

> 黑，岂容诸人在者里立地，更待山僧开两片皮。虽然如是，且向第二机中，说些葛藤。繁兴大用，举步全真。既立名真，非离真而立，立处即真。者里须会，当处发生，随处解脱。此唤作闹市里上竿子，是人总见。①

这里说的“第二机”与上等的“大机”相对，约指一般的众生、修道者。杨岐方会这段话的意思与义玄所说有共同之处。他同样强调佛法无处不在，各种各样的现象都是全部真理的体现。真理与存在紧紧相连，人们的自主之处也就是真理之所在。这便是他所说的“繁兴大用，举步全真”。修道者应当由此领悟，“当处发生，随处解脱”，即在自主自立之处当即解脱。也就是说，修道者在日常生活中，若能直指人心，自主自立，如此当处发生也就是解脱之处。既然佛法无处不在，为什么还要宣传佛法呢？杨岐方会认为，这只是为引导众生、修道者趣向得道成佛的权宜做法。佛法只能亲自体证，是难以言表的。

黄龙派创始人慧南说得更为形象、简洁：

> “道远乎哉？触事而真！圣远乎哉？体之即神！”……道之于圣，总在归宗拄杖头上，汝等诸人何不识取！若也识得，十方刹土不行而至，百千三昧无作而成。②

“归宗”，指当时慧南所住的庐山归宗寺。“拄杖”，为僧人行脚、师父劝戒或上堂说法时所用的器具，有的在杖头上还安上大小环数个，摇动发声，以示警觉作用。慧南强调说，“道”和“圣”并不遥远，并不神秘，它们就在听法人触目得见的慧南手持的拄杖头上。他启发学人在拄杖头上即在眼前体悟真理之所在。学人若能识得，也就成就了修持工夫，进入解脱境界了。

以上义玄、方会、慧南诸禅师言论的中心意思是，佛道、真理并不是求之于外界的，并不需要经过有目的的修行去获得，它蕴藏在人们日常生活之中，众生的见闻觉知就是佛性的全体作用。佛道、真理

① 《杨岐方会和尚语录》，《大正藏》第 47 卷，641 页中。
② 《黄龙慧南禅师语录》，《大正藏》第 47 卷，637 页上。

在人们的日常生活中自然发挥着积极的作用，人们也无需刻意去发挥它的作用，只要随缘任运，顺应自然，它就会生机盎然地显现出来。禅师的禅修生活，时时、处处、事事都有禅，都有快乐幸福，都有真实而完美的生命的喜悦情趣。这无疑是充分地肯定了人们全部活动的合理性，肯定了人们按本来面目行事，即不加造作的日常行为、情感欲望的合理性。如此把宗教生活和日常生活完全融为一体，实为宗教生活开辟了新天地。

临济宗人强调“随处作主”，“随处解脱”，比早期洪州宗更加突出了主体的自主作用，也更加突出了在生活中随处体悟的现实性格，从而使禅宗更为大众化和生活化了。由此导致在教学方法和禅修方式上也就更凌厉了，在方法上更灵活了，空间也更广阔了，同时也由于无规矩可循，漫无边际，而埋下了后来出现纵情任性、放荡不羁的狂禅风潮的隐患。

第三节 “无事”与“无”字

临济宗创始人义玄还进一步提出了“无事是贵人”的命题，认为“无事人”就是佛，“无事”是人的真正本质。他说：

道流，切要求取真正见解。……无事是贵人，但莫造作，只是平常。①

尔诸方言道，有修有证。莫错，设有修得者，皆是生死业。尔言六度万行齐修，我见皆是造业。求佛求法，即是造地狱业，求菩萨亦是造业，看经看教亦是造业。佛与祖师是无事人。所以有漏有为，无漏无为，为清净业。有一般瞎秃子，饱吃饭了，便坐禅观行，把捉念漏，不令放起，厌喧求静，是外道法。祖师云：尔若住心看静，举心外照，摄心内澄，凝心入定，如是之流，皆是造作。是尔如今与么听法底人，作么生拟修他证他庄严

① 《镇州临济慧照禅师语录》，《大正藏》第47卷，497页下。

他！渠且不是修底物，不是庄严得底物。若教他庄严，一切物即庄严得。①

概括起来，这两段话的意思有三点：一是抨击了佛教各种各样的修证行为，认为一切修证行为都是在“造业”，一切佛法也都是造作，求佛求法就是造地狱业，是违背自由解脱要求的。二是提出无事人就是祖、佛，清净业就包括有烦恼无烦恼，有造作无造作的一切活动。三是批判神秀北宗一系不懂得心即是佛、不懂得现实人具有无限价值的道理，而一味在心上用工夫，如“住心看静，举心外照，摄心内澄，凝心入定”，这实际上是在向外求取价值，与成佛目标是背道而驰的。义玄在这里所讲的“无事”，当然不是说什么事都不做，而是说不要有人为造作的事，即不向外追求。这种没有外在的造作，也包括不特意向内用功，不求佛，不求法。换句话说，“无事”就是在日常行为中体悟平常无事的道理，在现实生活中保持“平常心”，顺随日常生活，饥来食，睏来睡，无住无念，无思无虑，任运自在。在义玄看来，“无事”是人的真正本质——本来面目。“无事是贵人”的命题是对“平常心是道”思想的进一步发展。

与此相联系，义玄还提出“无位真人”来表述临济禅的理想人格或最高主体性，他说：

上堂云：“赤肉团上有一无位真人，常从汝等诸人面门出入，未证据者看看。”时有僧出问：“如何是无位真人？”师下禅床把住云：“道，道。”其僧拟议，师托开云：“无位真人是什么干屎橛？”便归方丈。②

义玄还这样描述无位真人的境界：“入火不烧，入水不溺，入三涂地狱如游园观，入饿鬼畜生而不受报。”③“无位真人”是彻见自己本来面目的、超越种种相对差别相的、无所滞碍的、无限自由的人。无位

① 《镇州临济慧照禅师语录》，《大正藏》第47卷，499页中。
② 同上书，496页下。
③ 同上书，500页上。

真人是并不离肉身，又神通广大，变化莫测，超越报应的人。无位真人具有绝对普遍性，当下就显现于众生身上，显现于众生的现实生活中，如若另外远求就大错特错了。所以义玄又说："无位真人是什么干屎橛?"干屎橛是擦拭不净之物，非不净就不必用它。意思是众生自心清净，就不必另求无位真人。义玄的话就是为了打破人们对外在于自身的佛的追求。在我们看来，无位真人是无限自由的精神主体，或者说是精神主体的无限自由境界。义玄的无位真人说显然与道家的人格理想"真人"观念有思想上的渊源关系。

黄龙慧南在阐扬义玄的"心清净"和"无事"的思想时提出了"息心"的主张。他说：

> 道不假修，但莫污染；禅不假学，贵在息心。心息故心心无虑，不修故步步道场。无虑则无三界可出，不修则无菩提可求。①

"息心"的"息"是止息的意思。"三界"，指众生所居的欲界、色界和无色界。慧南所说的"息心"是止息向外追求的心念，也是提倡不要特意修行，不去作凡圣的分别，主张"步步是道场"，没有三界可超脱，没有菩提可追求，强调在日常生活中随缘任运，直下体悟。

杨岐一系在阐扬临济义玄思想时，还着重引向反对知解，并以"无"字为参学悟道、直指成佛本原的重要法门。据日本学者柳田圣山的看法②，在距赵州从谂禅师 200 年后有杨岐一派的五祖法演（？—1104），在他的《法演禅师语录》中最早出现了关于"赵州无字"的公案，文云：

> 上堂举僧问赵州："狗子还有佛性也无?"州云："无。"僧云："一切众生皆有佛性，狗子为什么却无?"州云："为伊有业识在。"师（五祖法演）云："大众，尔诸人寻常作么生会?

---

① 《黄龙慧南禅师语录》，《大正藏》第 47 卷，632 页下。

② 参见［日］柳田圣山：《禅与中国》，172 页，北京，三联书店，1988。

老僧寻常只举‘无’字便休。尔若透得这一个字，天下人不奈尔何。”①

这是说，赵州从谂认为狗子还有业和识（分别）存在，所以没有佛性。五祖法演利用这个说法进一步举出“无”字，认为参透这个“无”字也就达到了解脱生死的禅悟境界。

大慧宗杲（1089—1163）也十分重视参究“无”字，他说：

僧问赵州：“狗子还有佛性也无?”州云：“无。”此一字子，乃是摧许多恶知恶觉底器仗也。②

如僧问赵州：“狗子还有佛性也无?”州云：“无。”只管提撕举觉，左来也不是，右来也不是；又不得将心等悟，又不得向举起处承当，又不得作玄妙领略，又不得作有无商量，又不得作真无之无卜度，又不得坐在无事甲里，又不得向击石火闪电光处会。直得无所用心，心无所之时，莫怕落空，这里却是好处。③

“提撕”，此指对公案的专心参究。“举觉”，指运用、强化自身的直觉。这两段话都是说，“无”字是打碎恶知恶觉的有力手段和工具。参禅人要精神高度集中，全身心地投入对“无”字的参究领会，要运用直觉反复体悟，排斥一切分别，绝断理性思维，直到无所用心，心无所往，进入一种空寂（空无）的境界。在宗杲看来，若参透了“狗子还有佛性也无”的公案，破除情尘，就进入无差别境界，此时甚至也就能放下屠刀，立地便成佛了。④

宗杲为了提倡直觉，十分强调超越知解分别的障碍，他说：

泉（南泉）云：“道不属知，不属不知。知是妄觉，不知是无记。”……圭峰谓之“灵知”，荷泽谓之“知之一字，众妙之门。”黄龙死心云：“知之一字，众祸之门。”要见圭峰、荷泽则

---

① 《大正藏》第47卷，665页中、下。

② 《答富枢密（季申）》，《大慧普觉禅师语录》卷26，《大正藏》第47卷，921页下。

③ 《答张舍人状元（安国）》，《大慧普觉禅师语录》卷30，《大正藏》第47卷，941页中。

④ 详见《大慧普觉禅师语录》卷28，《大正藏》第47卷，933页中。

易，要见死心则难，到这里须是具超方眼，说似人不得，传于人不得。①

这是在批评荷泽神会和圭峰宗密强调知的思想。宗杲强烈反对执著语言文字，主张打破知觉的困扰，摆脱经典的束缚。他也同样认为“知之一字”是“众祸之门”。

继法演、宗杲之后，无门慧开（1183—1260）禅师，为适应当时禅门广泛流行的参究“无”字工夫的趋势，精选出各种禅录的著名公案四十八则，另加评唱（解说）与诗颂，编撰成《无门关》一书，并盛行一时。此书第一则就是赵州从谂禅师的“赵州狗子”公案，文云：

赵州和尚因僧问：“狗子还有佛性也无?”州云：“无。”无门曰：“参禅须透祖师关，妙悟要穷心路绝。祖关不透，心路不绝，尽是依草附木精灵。且道，如何是祖师关？只者一个‘无’字，乃宗门一关也。”②

无门慧开强调要参透祖关，阻绝心路，并标举“无”字为祖师关，同时又对如何参究“无”字作了生动而形象的叙述：

将三百六十骨节，八万四千毫窍，通身起个疑团，参个“无”字。昼夜提撕，莫作虚无会，莫作有无会。如吞了个热铁丸相似，吐又吐不出，荡尽从前恶知恶觉。久久纯熟，自然内外打成一片。如哑子得梦，只许自知；蓦然打发，惊天动地。如夺得关将军大刀入手，逢佛杀佛，逢祖杀祖，于生死岸头得大自在，向六道四生中游戏三昧。③

对于怎样参究“无”字，无门慧开强调，首先要使尽全身的解数生起一个疑团，并集中全部的意志和注意力，引导起伏流注的意识流专注于“无”字，荡尽以前的一切恶知恶觉，彻底破除各种执著，泯灭思

① 《大慧普觉禅师语录》卷16，《大正藏》第47卷，879页中。
② 《大正藏》第48卷，292页下。
③ 同上书，293页上。

虑分别。这样坚持下去，久而久之，工夫一到，便能体悟“无”的精神，豁然开悟，心花怒放，主客合一，悠游自在，显示出主体的无限自由，获得彻底解脱。

杨岐一派所展示的参究“无”字的独特方法，表明了禅宗学人对“无”字的热烈歌颂，也使“无”的思想获得淋漓尽致的发展。这里应当指出三点，第一，“无”字公案的“无”字本身不是思想，而是一种禅修的方法。正如《无门关》所说，参究“无”字，不能把“无”字当作虚无或有无的无来理会，如果把“无”字作为哲学思想来思考、分析，就陷入“恶知恶觉”的困境，而不得解脱。第二，禅宗学人选择“无”字作为参究的方法，并不是偶然的，而是有其深刻的哲学思想基础的。其一是禅宗学人普遍认同般若学一切皆空的思想，即认为世界万物的本性、本质是空，而空也就是无。这个空或无又不是一般所说的非存在，而是超越存在和非存在的绝对本性。其二是中国传统的天地同根、天人合一、万物一体的思想深刻地支配了禅师的思维方式。看来禅宗学人意在通过参究“无”字以体悟人生与宇宙的本性，把握主客体的真实，内外打成一片，以获得精神自由。这也是见性成佛思想的新发展。似乎可以这样说，禅宗学人的内在心路是在万物本性空无的基础上实现主客合一，并通过对“无”字的参究来实现这样的宗教体验，以达到自由的理想境界。第三，从方法上看，参究“无”字与道家的无为是相通的，与佛教专心于修习一行的一行三昧似乎也是同一个路数。

第四节　菩提心与忠义心

杨岐派传人大慧宗杲在禅宗史上享有“百世之师”、“临济中兴”的盛誉。他生活在南宋抗金派和投降派激烈斗争的年代，以强烈的爱国忧民意识同情抗金派的政见。他曾被朝廷高高捧起，御赐紫衣，号封大师，也曾被朝廷狠狠地摔下，褫夺僧籍，流放湖广瘴疠之地。在顺逆无常的人生中，他以出家僧侣的身份坚持中国传统道德观念，提出了“菩提心则忠义心”的命题，在禅宗心性思想史上放射出耀眼的光芒。

宗杲在《示成机宜（季恭）》中说：

> 菩提心则忠义心也，名异而体同。但此心与义相遇，则世出世间一网打就，无少无剩矣。[①]

“则”，犹即。菩提心属智慧心，忠义心属道德心，宗杲认为佛家的智慧与儒家的道德是统一的。所谓“一网打就”是说菩提心一旦与忠义心相结合，则世间的善心、道德和出世间的发心、佛法便都囊括无遗了。宗杲进而认为儒佛两家也是相即相通的。他在《答汪状元（圣锡）》中说：“若透得狗子无佛性话，……儒即释，释即儒；僧即俗，俗即僧；凡即圣，圣即凡。”[②] 他认为儒佛相即、僧俗相即、凡圣相即，实际上是在当时特殊的社会环境下强调僧人不能背离世俗，佛家应当与儒家伦理道德相协调，忠君报国，保卫宋朝江山。这也就是他自白的：“予虽学佛者，然爱君忧国之心，与忠义士大夫等。”[③] 应当承认，宗杲的立场是正义的，思想是进步的。

宗杲还富有时代针对性地将忠义和奸邪鲜明地对立起来，并认为这是不同本性决定的。他说：

> 忠义、奸邪与生俱生。忠义者处奸邪中，如清净摩尼宝珠置在淤泥之内，虽百千岁不能染污，何以故？本性清净故。奸邪者处忠义中，如杂毒置于净器，虽百千岁亦不能变改，何以故？本性浊秽故。前所云差别在人不在法，便是这个道理也。如奸邪、忠义二人，同读圣人之书，圣人之书是法，元无差别，而奸邪、忠义读之，随类而领解，则有差别矣。[④]

这是说，忠义者所以忠义，奸邪者所以奸邪，不在教法的不同，而是人有善恶不同的本性。这种差异完全取决于前世业力不同，是先天的；后天又是善者行善，恶者行恶，再形成新的业力。这样，众生的

---

① 《大慧普觉禅师语录》卷 24，《大正藏》第 47 卷，912 页下。
② 《大慧普觉禅师语录》卷 28，《大正藏》第 47 卷，932 页中。
③④ 《大慧普觉禅师语录》卷 24，《大正藏》第 47 卷，912 页下。

善恶本性是永远不可改变的。奸邪者只有改变所做的恶业，才能产生善性。宗杲是以这种人类本性相异的理论来说明当时抗金派与投降派尖锐对立的心性根源。

第五节　清净心与一心法界

与上述忠义与奸邪两种本性说相应，宗杲还论述了真心与妄心的区别，并对众生如何修道，把心提升为宇宙真心的问题，阐发了自己独特的看法。宗杲把心分为四类：本体心（心体）、真心、妄心、修行心。关于本体心，他说："此心无有实体"①，"此心不在内外中间，实无方所，第一不得作知解，只是说汝而今情量处为道，情量若尽，心无方所"②。他认为，作为本体的心是一种非实体性的作用，它是不受内外中间空间限制的。众生如果以常识凡情来衡量，心就被局限在固定的范围之内，若能排尽常识凡情，心的潜能、作用就会充分地发挥出来。宗杲认为，本体心纯属一种精神的活动、能力、作用，它本身不是实体，也不带善恶的色彩。众生和佛的本体心是相同的，但作用不同，迷时为妄想心，悟时就是菩提心。他说："佛言'有心者皆得作佛。'此心非世间尘劳妄想心，谓发无上大菩提心。若有是心，无不成佛者。"③ 就是说，"心"若在尘劳妄想中打滚，就是妄心，就是凡夫；"心"若能发为求无上菩提，就是真心，就得成佛。妄心与真心来自同一颗心的心体，但两者是对立的："祖师曰：'境缘无好丑，好丑起于心。心若不强名，妄情从何起？妄情既不起，真心任遍知'。"④ 宗杲认为外境无美丑之分，美丑只是人主观心的作用。如能不生妄情，真心就可随处呈现。妄心就是颠倒分别的妄情，真心就是原始天真素朴的心灵。宗杲还强调众生应当运用修行心，即以用工禅修求悟的修道心去清除妄心，并转化、升华为真心。

---

① 《大慧普觉禅师语录》卷 26，《大正藏》第 47 卷，924 页下。
② 《大慧普觉禅师语录》卷 25，《大正藏》第 47 卷，918 页中。
③ 《大慧普觉禅师语录》卷 26，《大正藏》第 47 卷，923 页下～924 页上。
④ 《大慧普觉禅师语录》卷 30，《大正藏》第 47 卷，939 页下。

值得我们注意的是，宗杲在论述众生的修行是要使平凡的心提升为真心时，吸取了华严宗的法界真心说，以华严宇宙真心说来充实禅宗清净心的内涵，建构新的理想境界。自马祖道一以来，大珠慧海、临济义玄、杨岐方会等人都受过《华严经》的思想影响，尤其是受心、佛及众生三无差别、相即相入、理事圆融等观念的影响更深。在这方面，大慧宗杲更是第一位将禅宗的平常心、清净心归引为华严一心法界的拓展者。宗杲说："华严重重法界，断非虚语"①，十分赞同华严宗的法界说。"法界"，通常指一切现象与本体。华严宗人把法界区分为不同种类，并最终归结为"一真法界"。所谓"一真法界"就是众生和诸佛的本原清净心，也称一心法界、一真无碍法界。这个"一心"，真实不二，一多无碍，大小相容，玄妙莫测，具有总赅万物、周遍含容的作用，其实就是宇宙终极本体。心灵回归到这样的本体，也就进入了真实清净、交摄融通的精神境界。宗杲对心的作用如是说：

心心不触物，念念绝攀缘。观法界于一微尘之中，见一微尘遍法界之内。②

真如净境地界，一泯未尝存，能随染净缘，遂成十法界。③

这是吸取华严学的思想，认为心心念念不接触攀缘外物，而直观微尘和法界交渗互遍，这就是极高的精神境界。这种境界，大小相容，染净相即，自由自在，圆融无碍。宗杲认为，通过参究"无"字的禅修达到"一切皆空"的境界后，还要继续修持，以推进到"真空妙有"的境界，最后还要扩充心量和心用进入到"周遍含容"的境界，他说：

显得自心明妙，受用究竟，安乐如实，清净解脱，变化之妙。④

---

① 《大慧普觉禅师语录》卷28，《大正藏》第47卷，933页下。
② 《大慧普觉禅师语录》卷2，《大正藏》第47卷，818页上。
③ 《大慧普觉禅师语录》卷9，《大正藏》第47卷，847页下。
④ 《大慧普觉禅师语录》卷26，《大正藏》第47卷，923页中。

于中一为无量，无量为一。小中现大，大中现小。不动道场，遍十方界，身含十方，无尽虚空。①

心花发明，照十方刹，便能于一毛端现宝王刹，坐微尘里转大法轮。②

这是华严境界，华严禅的境界，也是宗杲临济禅的境界。达到这种境界的心灵是充实的丰富的，一多相即，大小互现，避免了虚空枯寂的倾向。宗杲把清净心归结为一心法界，把临济禅与华严学统一起来，体现了他的圆融一切的情怀和关怀世俗的爱心。

宗杲曾两度住持径山能仁寺，法席极盛。因其思想颇富创造性、甚有特色而被称为径山派的创始人。宗杲确以其独特的思想丰富了禅宗的心性论、本体论和境界论。

综上所述，我们可以明显地看出临济宗人继承和发展了洪州宗的心性论，并进一步强化了以下的特点：一是更加肯定人类的原本价值和无限价值，提倡自信自主，进一步突出了主体意识的意义。二是更加关注人间的现实，充分肯定人的富有生活气息的现实活动，开发了无限的个性和自由的天地。三是推进禅修的方法更加简捷实用、活泼奇峭。

对于荷泽宗人重视“知”的思想，临济宗人几乎都持反对态度。他们强调直指人心，求得心悟，同时又程度不同地吸取华严圆融思维和圆融情怀来塑造人心的觉悟世界，即人生最高理想境界。这一点以大慧宗杲最为突出。

临济宗的心性理论体现了佛教中国化进程的不断发展，在这方面值得注意的新因素有：一是继承道家的万物一体的直观思维，空前地突出了“无”字的参究功用。二是把菩提心等同于忠义心，进一步推动了儒佛在心性道德上的合流。三是进一步蔑视佛圣祖师的权威，突破佛经戒律的束缚，大力提倡自我为主，充分显示人的至尊品位与崇高价值，从而也在一定意义上超出了宗教的神圣界域。

---

① 《大慧普觉禅师语录》卷21，《大正藏》第47卷，901页中。

② 《大慧普觉禅师语录》卷18，《大正藏》第47卷，886页上。

第二十一章

儒、佛心性思想的互动

在论述了中国佛教的心性论思想以后，我们想就儒、道心性论与佛教心性论的关系，也就是从佛与儒、道心性论互动的角度作一简要的论述。本章先论述儒、佛心性思想的互动。

从文化学的视角来看，佛与儒、道心性论的交涉、交汇与互动、互补，实际上是中国古代一种人文思想的深入选择。当两种异质人文思想相遇、相撞时，就发生了文化选择的问题。文化选择往往是双向互动的历史过程，是原生文化不断改变、调整自身以适应新环境的过程。文化选择延续、发展的机制，为新文化的不断产生开辟道路。

文化选择的基本形态，或以遗传为主，或以变异为主。从中国佛教宗派的情况来看，变异小的是三论、唯识、密、律诸宗，变异较小的是净土宗，变异较大的是天台宗和华严宗，变异大的是禅宗。中国佛教宗派流传史表明，佛教宗派的思想文化变异越大，流传越久；变异越小，流传越短。这也说明中国的时空背景、文化传统对佛教的制约、影响是何等强大有力。禅宗就是佛教适应中国需要的定向选择的结果与典型。同时，中国固有思想也通过吸取佛教思想实行稳定选择而形成了宋明理学和全真道，这又体现了佛教对传统儒学和道教的巨大影响力。

两种异质文化之间、不同派别之间的思想影响是十分复杂的，既有层次高下的区别，又有程度深浅的不同。就思想影响的内容来说，有思想旨趣、思想内涵、思维方式、命题、范畴、概念、术语等不同层面的影响，其间又有实质性的影响与形式性的影响两种不同情况，如儒、道、佛都运用“道”这一概念，一般说来，主要是语言文字的形式上相同，而在内容意义上则有很大的差别。就思想影响的方式来说，有直接与间接、自觉与不自觉、有形与无形的区别。至于两者思想的吻合，理论的同构，是否属于影响关系，应当加以说明、区别，以利于确定和把握思想文化的源流演变。同时，指出原来没有影响关系的两者思想的吻合，理论的同构，这对了解不同文化的相近旨趣和思想色彩，也是有意义的。

第一节　儒家心性思想的历史演变

儒家在中国古代传统文化中居主导地位，儒家思想对佛教的政治观念、伦理、道德和心性等领域的影响是强烈而巨大的。这里我们要着重论述的是，儒、佛心性思想的互动，包含了儒家心性学说对中国佛教心性论的影响，为此，有必要先简要地回顾一下儒家心性思想的历史演变，然后再从儒、佛心性思想的地位、结构、内涵以及修养方法方面，论述双方的互动势态和互补关系。

儒家学说是突出以“人”为中心的人文主义思想。在儒家看来，人是什么，人的本质是什么，人的理想价值又是什么，这是最值得关心、最需要解决的哲学问题。儒家认为，人不仅是感性动物，也不只是理性动物，主要是具有道德理性的精神主体。也就是说，人之所以为人者，不仅不只在于生理需要（如食、色之类），也不只在于能思的理智能力，重要的是在于情感意识和道德理性。由此又可以说，人之所以为人者，主要在于对人的内在本性的自我认识。儒家认为，心是人性的真正承担者，人之所以为人，其本性离不开心，而性又是心的本质。人要实现理想价值，其根本途径就是返回自身，认识自己的心和性，若果自己的心是道德之心，自己的性是道德理性，这也就是人之所以为人者，进而也就是人的理想价值之所在了。儒家思想是从心性出发，在人心中寻求真善和幸福的学说，心性论正是儒家哲学的基础理论。

孔子发现“人”而提出仁学，重视对人与人之间关系的探讨，把人们的思想视野从“天”转向“人”。孔子在论述伦理道德时，论及人性问题，提出了“性相近”的命题。后来孟子阐扬性善说，他提出“仁，人心也”（《孟子·告子上》）和“君子所性，仁义理智根于心”（《孟子·尽心上》）的心性合一论命题，由此仁义就作为君子的内在本性或本质的要求而存在，变成了道德自律。他还提出“尽心知性知天”（同上）的命题，初步设计了自我超越的天人合一学说。荀子高唱性恶论，同时又说：“凡以知，人之性也。”（《荀子·解蔽》）强调“以知人之性，求可以知物之理”（同上）。把人的知性视为人性的重要内涵，并充分肯定其重要作用，这具有重要的理论意义。《周易大传·系辞上》讲“一阴一阳之谓道，继之者善也，成之者性也。”《周易大传·说卦》还提出“穷理尽性以至于命”的命题。“穷理”是为了“尽性”，“尽性”就能“至于命”。这个命是天人合一的性命之命。孟子把天命与人性统一起来①，《周易大传》更提出了天、地与人之道同归于“性命之理”，认为三者同源于形而上之道。② 《大学》讲“修身在正其心”，《中庸》讲“自诚明，谓之性”。可见心性之学是先秦儒家天人学说的重要内容，其思想主流是性善说，而孟荀的性善和性恶二元对峙又引发和推动了对人性看法的长期争论。自汉代至南北朝时，儒家心性论学说处于相对停滞的阶段，只是到了中唐，韩愈、李翱分别作《原性》与《复性书》，重新探索人的本质，出现新的人文主义思潮。而继之者宋明儒学则更把心性理论推向高峰，由侧重于心理情感进一步建立了心性本体论和工夫论。

宋代以来，儒家主要有程朱理学和陆王心学两大派，这两大派在

---

① 《孟子·尽心下》说：“口之于味也，目之于色也，耳之于声也，鼻之于臭也，四肢之于安佚也，性也，有命焉，君子不谓性也。仁之于父子也，义之于君臣也，礼之于宾主也，知之于贤者也，圣人之于天道也，命也，有性焉，君子不谓命也。”

② 《周易大传·说卦》说：“昔者圣人之作《易》也，将以顺性命之理，是以立天之道曰阴与阳，立地之道曰柔与刚，立人之道曰仁与义。”

理想价值和终极关怀的问题上都与佛教不同，对佛教都持批评立场。他们或者批评佛教不知天命、天理，讲佛教“心生法生”，“心灭法灭”是以小（心）缘大（天地）、以末缘本；或指斥佛教只见心空而无视万理的存在；或抨击佛教徒是为蝇头私利而出世，落入虚寂等等。虽然如此，宋代儒学吸取佛学思想也是十分明显的历史事实，这种吸取鲜明地表现在心性论思想上。佛教心性论促使宋明儒学的学术思想重心转移到心性之学上来，推动儒家心性本体论的确定，并影响儒家心性内涵的调整和心性修养方式的充实。理学家朱熹（1130—1200）曾指责心学“全是禅学”①，这指责虽带有明显的夸张色彩，但如果没有禅学的充分发展和长期流传，没有禅宗提供的思想资源和实践经验，没有禅宗创造的学术风气和文化氛围，似乎较难形成特定的陆王心学，或者心学的面貌将有所不同，正是在这样的意义上，我们也许可以说，没有禅学就没有心学。

总之，儒家心性论的曲折发展与佛教心性论有着重大的关系，可以这样说，先秦儒家心性论对佛教心性论的发展趋向、理论重心、思想内容和学说旨趣，即对适应中国化需要的佛教心性论的重构发生了重大影响；在吸取儒家、道家的心性论之后而形成的中国佛教心性论又反过来深刻地影响了李翱和宋明儒家的心性学说；宋明儒学的心性学说形成后，同样也影响了宋以来佛教心性思想的演变，从而表现了儒、佛两家心性论的历史纵向的互动势态。

第二节　学术思想重心的共同转轨

儒、佛心性论的互动，首先表现为儒家人性论思想推动了佛教学术思想由般若学向佛性论的转变，随后佛教的佛性论思潮又反过来影响儒学的转轨，推动儒学定位于性命之学。儒、佛学术思想重心转变的原因是复杂的，其中彼此心性论的互动是一个重要原因。

---

① 《答吕子约》，《朱熹集》卷 417，第 4 册，2293 页，成都，四川教育出版社，1996。下引《朱熹集》均同此版本。

一、儒家人性论与佛教学术思想重心的转移

儒家亲向社会，关怀现世，热心人事，不敬鬼神，体现出一种重现世轻来世、重此岸轻彼岸的现实的人文精神。与这种精神相一致，儒家心性论是与现实的社会政治生活密切相联系着的，儒家讲人性，是为了探讨伦理道德和治国之道的根据。儒家的现实的人文精神与心性论，作为中国的固有传统文化与佛教的外在文化力量，无形中又强大地推动了中国佛教及时确立其心性理论重心，并影响其心性理论的发展轨迹。正是由于孟子性善论和“人皆可为尧舜”思想的影响，以及儒家学者对灵魂不灭论的批判，晋末宋初，竺道生在佛教般若学风行之际及时进行理论转轨，大力阐扬佛性论，并一反当时译出的佛典所讲有一部分人不能成佛的说法，鼓吹人人都有佛性，一切众生都能成佛，这其间可以明显地看出儒家心性论思想背景的影响。又印度佛教经典多讲众生的心性、讲佛性，虽然讲众生心性、佛性，实质上是指人性，但很少直接讲人性，而慧能的《坛经》则径直用人性这一术语，宣扬“人性本净”，实有以人性代替众生心性和佛性的思想倾向，从而使禅宗更鲜明地以人的心性问题为自身的理论要旨。这也是以儒家为代表的中国文化重视人、重视人性的传统观念对慧能思想发生作用的结果。

二、佛教心性论与儒家学术思想重心的定位

佛教对儒家心性论的影响，是与儒家的天人合一说、价值理想论，尤其是心性论思想的内在发展势态直接相关的。如前所述，儒家心性论尤其是先秦时期儒家心性论的内容是比较丰富的，不同派别的儒家学者提出了种种观点，标志着中国学者对人的本性的认真探索。但不可讳言，儒家心性论也存在重大的理论缺陷：一是缺乏心性论体系结构，论点多，论证少，实例多，分析少，片段论述多，系统阐明少。二是对心性论缺乏深刻严谨的本体论论证。印度佛教心性论具有庞大的思想体系，传入中国后，又援引儒家等中国传统的心性思想来调整、改造、充实自身，在理论上更博大精深又富于中国化特色，其优势构成对儒家学说，尤其是对儒家心性论的强烈冲击和巨大挑战。正是在这种历史和文化的背景下，儒家典籍中涉及心性论思想较多的

《孟子》、《大学》、《中庸》被表彰出来，与《论语》并列合称《四书》，形成儒家新的经典结构。同时宋代理学家们也把学术思想重心转移到心性论上，提倡“道德性命”之学，并自觉地从本体论的高度，探讨心性与人生问题，探讨伦理道德的终极根源与践履伦理道德的修养工夫。由于心性思想是宋代理学的核心问题，因此宋代理学也称为“心性之学”或“性理之学”。

第三节　自心地位的突出与心性本体的确立

印度大乘佛教有一系以真心（如来藏、佛性）为成佛的根据，中国佛教的一些宗派则在儒家的重视现实人心的思想影响下，转而把真心与现实心统一起来，从而突出了人的自心地位，有的甚至强调“自心即佛”。同时，佛教从真心出发展开的理事说、本心说和中道佛性说也刺激了宋明儒学，推动它克服了长期以来缺乏本体论论证的理论缺陷，建立了心性本体论。

一、重视现实人心与自心地位的突出

印度佛教对心有相当细密而深入的论述，其重点是分析两类心：缘虑心和真心。缘虑心是对事物进行分别、认识的精神作用；真心是讲本有的真实清净心灵，是众生的心性本体和成佛根据。中国佛教宗派大多数继承了印度佛教，也以真心作为众生成就佛果的内在根源；同时又在中国固有的包括儒家的心性论的影响下，发展了印度佛教的真心说。

儒家讲心有多重意义：一是以心为思维器官，如《孟子·告子上》说：“心之官则思。”由此，心在后来又沿用为脑的代称。二是指思想、意念、感情，如《周易大传·系辞上》谓“二人同心，其利断金。”三是性情、本性，如《周易·复》：“《复》，其见天地之心乎。”“天地之心”即天地的本性。就人心来说，儒家通常是指人的主观意识，中国固有哲学讲人心，讲现实心，不讲真心，不讲脱离具体人心的本体真心，儒家这种重视现实的思维指向，对中国佛教心性论是有影响的。《大乘起信论》就提出“一心二门”的命题，认为一心有心

真如门和心生灭门，真如心（真心）和生灭心（现实心）的和合成为阿赖耶识，该论更侧重于对生灭心的分析研究。这些都体现了儒、佛心性论的融合。天台宗人讲善恶同具的心，这样的心也带有鲜明的现实性，可说是吸收儒家思想而加以改造过的真心。华严宗人喜谈“各唯心现”、“随心回转”，而这个心虽指真心，但也确有现实心的涵义在。[①] 至于禅宗慧能等人更是突出自心、人心，强调自心即是佛，这不能不说是深受儒家重视现实人心的思想传统影响所致。

二、真心本体说与心性本体的确立

儒家的哲学思想及其核心价值理想，长期以来一直缺乏本体论的论证。作为儒家思想的理论基石天人合一论，虽然也能论及道德本体，如《周易大传》把立天、立地、立人之道，同归于“性命之理”，但对天地之道与人之道如何贯通，缺乏严谨的说明。又如《中庸》说人道源于天道，人类社会道德是天道的自然体现[②]，但是此论不仅带有天人二元的色彩，而且用“天”（天神、天命、天道或天体）来说明人、人道、人世间，有其局限性，即缺乏对宇宙和人生的统一的、整体的终极说明。融合儒、道的魏晋玄学，运用体用、本末的哲学范畴论证了名教与自然的关系，把儒家的社会理想提升到哲学本体论的高度。后来，吸取佛、道思想的宋明理学又以天人一体的哲学模式阐发心性论学说，为儒家的人格理想和伦理道德作出了本体论的调整论述，建立起道德形上学，从而完成了儒家价值理想结构的建造，并在后期中国封建社会中发挥了巨大的作用。儒家天人合一说发展到宋代出现了重大变化，著名儒家学者纷纷批评把天人视为二元、天人是二合为一的思想，强调“天人本无二”，“天人非二”。程颐（1032—1085）在其重要著作《易传序》中说：“至微者理也，至著者象也。体用一源，显微无间。”[③] “体”，本体、本原。“用”，显现、作用。

---

① 参见方立天：《华严金师子章校释》，27 页，北京，中华书局，1983。

② 《中庸》：“天命之谓性，率性之谓道，修道之谓教。”认为人的本性是天之所命，顺着这种天赋本性去做就是人道，修治推广人道，使人人都能实行，谓之教化。

③ 《河南程氏文集》卷 8《伊川先生文四》，《二程集》第 2 册，582 页，北京，中华书局，1981。

意思是说，隐微的理与显著的象，二者统一，无有间隙。物象本于隐微的理，理以其物象显示其意义。所谓一源，即源于理，理为根本。朱熹继承这一思想并更严密地在以理为本的基础上阐发体用显微的关系。明代王阳明（1472—1529）则以心来讲“体用一源”，强调心是体，是根本。这就是说，天与人、天道与人性本是一体，都是作为统一本体的“理”或“心”的体现。宋明儒家的本体论思维模式和用本体论来阐述心性论，显然受到了佛教理事学说和本心（真心）论的影响。程颐讲的理和象，与中国化的佛教宗派天台、华严和禅讲的理与事，其概念的逻辑结构是一致的①，这里我们先看佛教心性论对儒家心性本体确定的启迪与借鉴作用。

中国佛教的一些重要宗派普遍地建立了本原化、本体化的心性学说。天台宗创始人智顗说：“心是诸法之本”②，把心视为一切现象的根本、本体。华严宗人宣扬世间和出世间一切都是“一心”（清净心）随着各种因缘条件而显现的，是“各唯心现”。禅宗也提倡“自心显万法”的思想，如《坛经》[20]和[25]就说：“于自性中，万法皆见（现）”。“性含万法是大，万法尽是自性”。融合华严和禅两家思想的荷泽宗还主张以灵知为心体。在中国佛教宗派看来，心是众生轮回流转或修道成佛的本原，也是一切现象的本体。佛教的这种心性论思维框架，尤其是禅宗的心性合一、体用合一、形上形下统一的理路，对于宋明儒学开出道德形上学的路子，追求在生命本然中体现内在性与超越性相统一的心性本体，都有重要的影响。如程颐就说：“在天为命，在义为理，在人为性，主于身为心，其实一也。”③ “命”、“理”、“性”、“心”是同一本体，天和人的性、心都统一于“理”本

① 理学家程颢、程颐与中国佛教一些宗派一样，在中国儒学史上第一次把理作为最高本体，但就其理的内涵来说，则主要是以社会伦理道德为核心的精神本体，这是和中国佛教思想有所不同的。中国佛教所讲的与“事”即现象相对的本体“理”，是指真理，也即觉悟的境界，而事是迷妄的世界，所以理往往是就心性而言，多从心性上论理，甚至径直以理为佛性。这也是程朱理学家们一边吸取佛教思想，一边又斥指佛教的原因之一。而陆九渊、王阳明心学家也提倡心即理说，这与天台、三论诸宗的中道佛性说是一致的。

② 《妙法莲华经玄义》卷1上，《大正藏》第33卷，685页下。

③ 《河南程氏遗书》卷18，《二程集》第1册，204页，北京，中华书局，1981。

体，都是理的不同显现。朱熹在为《中庸》的“博厚配地，高明配天，悠久无疆”文作注说：“此言圣人与天地同体”（《四书集注》），认为圣人与天地是同体的，强调“理”是既内在于又超越于宇宙大化的本体，也是圣人的本体的存在，鲜明地确立了心性本体。

又如与朱熹大体同时代的陆九渊（1139—1193），把程朱所讲的理与心打通，提出“心理本体”论。他说：“人皆有是心，心皆具是理，心即理也。”① 为什么呢？他说，因为“心，一心也；理，一理也。至当归一，精义无二。此心此理，实不容有二”②。这是说，众人的心只是同一个“心”，万物的理，只是同一个“理”。从根本上说心与理是同一个东西，不能把二者分割开来，所以心就是理。这个心，陆九渊称为“本心”，而“本心”即人的内在善性。这样，陆九渊就把具有外在超越性质的“天理”内化为“本心”之理了。本心又是不受时空限制的，“万物森然于方寸之间，满心而发，充塞宇宙，无非此理”③。心既是内在的善性，又是超越的本体，由此理也既是内在的又是超越的，陆九渊讲的心，既是认识范畴，又是本体范畴。这也就把孟子讲的人心上升为宇宙的本体，把儒家主张的“本天”转为“本心”，发展了儒家的心性哲学思想。这里值得注意的是，早于陆九渊七百多年的求那跋陀罗（394—468）就有“理即是心”④ 的思想。隋唐时代天台宗和三论宗提出和阐发“中道佛性”论⑤，把作为理的中道与作为心的佛性结合起来，形成中国佛教式的心即理的思想模式。早于陆九渊一百多年前的云门宗禅师契嵩（1007—1072）在中国的心、理、气传统观念的影响下，于《原论·治心》中也说：“夫心即理也。”“理至也，心至也，气次也。气乘心，心乘气，故心动而气以之趋。”“治心以全理，……全理以正人道。”⑥ 契嵩强调理和心

① 《与孝宰》[2]，《陆九渊集》卷 11，149 页，北京，中华书局，1980。下引《陆九渊集》均同此版本。

② 《与曾宅之》，《陆九渊集》卷 1，4～5 页。

③ 《语录上》，《陆九渊集》卷 34，423 页。

④ 《楞伽师资记》，《大正藏》第 85 卷，1284 页中。

⑤ 参见本书第十四章第一节和第三十二章第五节。

⑥ 均见《镡津文集》卷 7，《大正藏》第 52 卷，680 页下。

的至上性与统一性，既源于先前的儒家又影响了后来的儒家。

继陆九渊之后，王阳明倡导“心外无理”①，并把“心外无理”归结为“心外无善”②。王阳明认为，“良知”既是心的“灵明”，又是心的“本体”，建立了道德形上学的“良知”本体论。他说：“良知是天理之昭明灵觉处，故良知即是天理”③。良知既是主观的，又是客观的，是统一主观与客观的认识主体。又说：“良知只是个是非之心，是非只是个好恶。只好恶就尽了是非，只是非就尽了万事万变。”④ 良知既是“知是知非”的知识心，又是“知善知恶”的道德心，而是非只是好恶，可见良知主要是至善的道德本体。王阳明认为，一个人只要把握住“良知”这个内在的道德本体，就能穷通万事，明白变化，实现超越，成就为贤人圣人。

建立心性本体和宇宙本体的学说，是宋明儒家对儒学发展的最大理论贡献。宋明儒学心性本体论与佛教心性本体论，虽然在具体内涵、价值取向和终极目的上都有重大的差别，但是，在理论建构、思维框架某些内涵方面的一致，是非常明显的事实。这个事实表明：华严宗和禅宗石头宗基于从真心出发展开的理事关系说，对程朱以理为核心的心性本体论是有参照、借鉴作用的；天台宗、三论宗的中道佛性说、禅宗的理与心相即说和本心说，对陆九渊心本体论影响是比较大的；荷泽华严禅的灵知心体说与王阳明良知本体论的思想渊源关系是尤为密切的。正如明代儒家刘宗周一方面说：“吾儒自心而推之意与知，其工夫实地却在格物，所以心与天通。释氏言心便言觉，合下遗却意，无意则无知，无知则无物。其所谓觉亦只是虚空圆寂之觉，与吾儒体物之知不同”⑤，一方面又说：“释氏之学本心，吾儒之学亦本心”⑥。这里刘氏是就儒、佛两家的心性论举例而言，但也说明了

---

① 《与王纯甫二》，《王阳明全集》卷4上册，156页，上海，上海古籍出版社，1992。下引《王阳明全集》均同此版本。

② 《与王纯甫二》，《王阳明全集》卷4上册，156页。

③ 《传习录中·答欧阳崇一》，《王阳明全集》卷2上册，72页。

④ 《传习录下》，《王阳明全集》卷3上册，111页。

⑤⑥ 《学言上》，《刘子全书》卷10，1835年浙江萧山王宗炎等刊。

儒、佛两家本心之学既有差别又有一致之处，这其间儒家受佛教的影响往往是多数儒家学者所回避的，但却又是一个不能不承认的事实。

第四节　心性思想内涵的调整互补

儒、佛互动也丰富了彼此心性论的思想内涵。中国佛教深受儒家以善、恶、静寂、觉知论心性的影响，从而由印度佛教着重以染净论性，转向较多地以善、恶、静、觉论性，使心性的价值判断发生一定的变异。同时，在佛教心有真妄，性有染净的思维框架影响下，理学家如张载、二程和朱熹及其门下也都主张心和性可各分为两种，由心和性的一元论转向二元论。又有些心学家受禅宗空无思想的影响，也主张无心无著，为儒家心性论增添了新鲜内容。

一、性善恶之辨与性有善恶论

性善性恶是儒家人性学说的两大主张，对中国佛教心性论都产生了影响。儒家的心性思想主流性善论，是从人与其他动物的区别立论的，并强调人与其他动物的不同是先天地具有同情心、羞耻心、恭敬心和是非心的萌芽，具有性善的天赋资质。印度小乘佛教讲心性本净，后来大乘佛教讲包括各种动物在内的一切众生都有佛性，也有的派别主张并非一切众生都具有佛性。佛教论性净是指无烦恼，无痛苦，是指空寂性，与儒家以先天道德意识为性善有所不同。但是佛教的性净论、佛性论与儒家的性善论在对人性的价值判断上又有共似性，都突出了人性的正面价值，肯定人性本具的完美性。如宋代云门宗禅师契嵩就说："佛之为者，既类夫仁义，而仁义乌得不谓之情乎？……仁义乃情之善者也。"① 径直以儒家仁义为善，并以之说明佛的品性。又如杨时（龟山先生）晚年信佛，曾说："总老言，经中说十识，第八庵摩罗识，唐言白净无垢。第九阿赖耶识，唐言善恶种子。白净无垢，即孟子之言性善。"② 特别应当指出的是，儒家的

---

① 《辅教篇上·原教》，《镡津文集》卷1，《大正藏》第52卷，649页下。

② 《龟山学案》，《宋元学案》卷25，第2册，951页，北京，中华书局，1986。

性善论为中国佛教强调人人都有佛性，强调现实人心在成佛上的作用，提供了借鉴。佛教的佛性论和儒家的性善论成为中国古代并行不悖的两大心性论学说。

儒家荀子的性恶论对天台宗心性思想颇具启发作用。荀子与孟子不同，他从自然与人为的区别立论，强调“性”、“伪”的区别。性是人的天然的生理素质，人生而具有的性质和本能反应，是先天的，与后天的人为（“伪”）不同。荀子认为：“性伪合，然后圣人之名一，天下之功于是就也。”（《荀子·礼论》）本性和人为相合，人为对本性进行加工、改造，而后成圣人之名。圣人本来也是性恶的，只是经过人为努力才成就为圣人的。同时荀子也说：“涂之人可以为禹”（《荀子·性恶》）。认为路上的人，即普通之人经过主观努力都可以成为圣人（禹）。汉代儒家学者中出现了调和、综合善恶两性的人性论。如董仲舒在《春秋繁露·深察名号》中说：“人之诚，有贪有仁。仁贪之气，两在于身。身之名，取诸天。天两有阴阳之施，身亦两有贪仁之性。”认为天有阴阳两气，施之于人有贪仁两性，即善恶两性。扬雄在《法言·修身》中也说：“人之性也，善恶混。”强调人性中既有善又有恶，是二重的。应当说，荀子、董仲舒、扬雄的心性理论思维对天台宗的“性具善恶”、“佛也不断性恶”的观念是有启示作用的。荀子立性恶说，董仲舒、扬雄立人有善恶两性说是为突出人性改造的必要性，天台宗讲性具善恶是为强调佛教修持的重要性，这里也许可以说是“心有灵犀一点通”吧！

中国儒家学者论述心性问题的中心是善恶的道德价值判断问题。与儒家的这种价值观念、思维方式相适应，佛教瑜伽行派的阿赖耶识学说传入中国以后，中国佛教学者最为关注的也是阿赖耶识的染净真妄问题，以及与此直接相关的成佛根据问题。如南北朝时代的地论师就由于翻译困难、理解不同等原因，对阿赖耶识的染净真妄的看法产生分歧而分裂为相州南道与北道两系。南道地论师认为阿赖耶识即真如佛性，具足一切功德，也即如来藏，强调众生本来就先天地具有成佛的根据，北道地论师则主张阿赖耶识是真妄和合，同是染净之识，由此也强调佛性是修持成佛后始得的。

二、生静心知与性静性觉

如上所述，印度佛教讲心性本净，而值得注意的是，中国佛教把性净加以新的阐释：一是以静止、静寂释净，一是以觉知、觉悟代净。这种心净思想在中国的变化是与儒家的思想影响直接相关的。印度佛教讲心性清净，相对于污染、患累、烦恼，目的是摆脱各种烦恼、排除各种欲念，也就是达到心性空寂。中国佛教学者往往把心净转化为心静，以静止、静寂为清净。姚秦僧肇是主张动静一体的，但他也说："心犹水也，静则有照，动则无鉴。"① "照"，观照、智慧。这是以水喻心，水静则有智慧观照，水动则无智慧观照，提倡心静。梁武帝萧衍更明确地以心静释心净，他说：

> 《礼》云："人生而静，天之性也；感物而动，性之欲也。"有动则心垢，有静则心净。外动既止，内心亦明。始自觉悟，患累无所由生也。②

这就是说，静是人生的本性，动是人的欲望。心静就心净，心动就心垢。停止外在的活动，内心也就明净了。由此烦恼患累也就没有了。简言之，心静是心净的原因，或者说，心静就是心净。《大乘起信论》也说：

> 如大海水，因风波动，水相风相，不相舍离，而水非动性；若风止灭，动相则灭，湿性不坏故。如是众生自性清净心，因无明风动，心与无明俱无形相，不相舍离，而心非动性。若无明灭，相续则灭，智性不坏故。③

又说：

> 若心有动，非真识知，无有自性，非常非乐，非我非净，热

---

① 《注维摩诘经》卷6"无住为本"注语，《大正藏》第38卷，386页下。

② 《净业赋》，见《广弘明集》卷29，四部丛刊影印本。又，"感物而动"，原文为"感于物而动"。

③ 《大正藏》第32卷，576页下。

恼衰变则不自在，乃至具有过恒沙等妄染之义。对此义故，心性无动，则有过恒沙等诸净功德相义示现。①

这又是以水为喻，水无动性，水因风而动，风止则水不动，而水的湿性不变。意思是以水喻心，说众生的自性清净心也是不动的，心动是因无明（无知）而起，由此而有无量的妄染烦恼，而心性不动，智性不坏，则有无量的清净功德。这都是以心的动静论心的染净，心性动则染，心性静则净。中国佛教以性静释性净，除受道家主静思想影响外，还受儒家思想的影响，上述梁武帝引《礼记·乐记》的话，强调"人生而静"即以静为人的本性就是证明。此外《周易·坤》载："《文言》曰：《坤》至柔而动也刚，至静而德方。"坤是地，所以称至静。认为极静而坤德是方正的。《论语·雍也》说："子曰：'知者乐水，仁者乐山。知者动，仁者静。'"智者是有智慧者，仁者是有德行者。水动（流）山静，有智慧的人活跃，有德行的人沉静。这些思想对于熟稔儒家典籍的中国佛教学者显然发生了作用。

关于性觉，"觉"，梵语、巴利语音译为菩提，旧译为道，后译为觉，是指证悟涅槃妙理的特殊智慧。又印度大乘佛教认为，声闻、缘觉只具有自觉，菩萨能自觉，也能觉他，只有佛才是自觉、觉他，且又觉行圆满者。至于凡人则是不觉的、未觉的、无觉性。中国佛教重视以觉与不觉相对性论心性，提出以心性远离妄念而照用朗然为觉，以无明为不觉，从而用心性本觉说取代心性本净说。印度佛教的心性学说强调性净与性染相对，着重从排除烦恼、贪欲方面立论。中国佛教的心性学说强调性觉与无明相对，着重从排除无知、妄念方面立论。二者立论的角度、内涵的侧重点是有所不同的。如前所述，《大乘起信论》就用"觉"与"不觉"来表述出世间与世间的差别，强调众生的本性是本来觉悟、众生本有清净的觉体（本觉）的。沈绩在《大梁皇帝〈立神明成佛义记〉序》中语："莫能精求，互起偏执，乃使天然觉性自没浮谈。"② 众生具有天然觉性，是成佛的根据。沈约

① 《大正藏》第32卷，579页中。

② 《弘明集》卷9。

在《众生佛不相异义》(《佛知不异众生知义》) 中说:“佛者觉也,觉者知也。……凡夫得正路之知,与佛之知不异也。……此众生之为佛性,实在其知性常传也。”① 觉是知的意思,佛知与众生知不异。唐代宗密更在《原人论》中宣布“一切有情皆有本觉真心”②,强调一切众生都有本来觉悟的真实心。中国佛教学者提出“本觉”、“觉性”、“本觉真心”的观念绝不是偶然的,是深受儒家等中国传统哲学影响的结果。儒家重视伦理道德修养,为此也重视开发人的认知智慧。孔子就说:“不逆诈,不亿不信,抑亦先觉者,是贤乎!”(《论语·宪问》)“亿”,同“肊”。这里的觉是察知、发觉的意思。孔子认为,不事先怀疑别人的欺诈,也不无根据地猜测别人的不诚实,却又能及时发觉,这样是贤人吧!孟子也说:“是非之心,智之端也。”(《孟子·公孙丑上》)认为人具有天赋的区分是非的智慧萌芽。他还明确地提出“先知先觉”与“后知后觉”的区别,强调“天之生此民也,使先知觉后知,使先觉觉后觉也”(《孟子·万章上》)。“知”,认知;“觉”,觉悟。先知先觉,指对事理的认识、觉悟比一般人早的人。意思是天生百姓是要使先知先觉的人去唤醒、觉悟后知后觉的人。我们认为,孟子把先知先觉与后知后觉相对立的说法,在思维框架上对《大乘起信论》的作者有着一定的启示,看来是可能的。荀子认为具有认识客观事理的能力是人的本性,说:“凡以知,人之性也。”(《荀子·解蔽》)荀子也重视觉醒说:“不觉悟,不知苦,迷惑失指易上下。”(《荀子·成相》)意思是说,一个君主不觉悟,不知苦,迷惑地作出失当的指示,就会使上下颠倒。《礼记·乐记》说:“夫民有血气心知之性,而无哀乐喜怒之常。”“知”同“智”。心知即心智。人本有心智之性,即本来就具有聪明智慧。儒家对人的认识能力、聪明智慧的肯定,无疑对中国佛教学者在探索人的心性内涵方面是有影响的。

三、真妄净染与心性二元

在北宋以前,绝大多数的儒家学者认为人心是一,人性是一,心

---

① 《广弘明集》卷22。

② 《原人论·直显真源第三》,《大正藏》第45卷,710页上。

和性是统一不可分的。而宋代的张载、二程和朱熹及其门徒则主张人性有两种，有的还认为人心也可以分为两种。如张载从其气本论的宇宙观出发，创建了“天地之性”和“气质之性”的性二元论体系，认为“天地之性”是人有形体前本来具有的、湛然存一的、不偏不倚的善性，“气质之性”则是在人有了形体之后才有的、互相攻取的、偏驳的性，是有善有恶的性。张载此说与以往的性善、性恶论不同，较能自圆其说地阐明以往一直难以说明的善恶产生的根源问题，由此也受到朱熹等人的高度赞扬。二程和张载所持的观点基本相同，也把人性分为“天命之谓性”和“生之谓性”两种，同时强调两种不同的性是分别由理或气派生的。

朱熹综合了张载、二程的思想，对“天命之性”和“气质之性”作了系统的论述，尤其是对“气质之性”的论述更为详尽。此外，朱熹还从心有体有用的思想出发，把心分为“道心”与“人心”两种，所谓道心是本体的心，是天理的体现；所谓人心是发用的心，有善与不善之分，不善是由于受物欲的引诱或牵累而发用的结果。我们认为宋代这些理学大家，从儒家心和性的一元论转轨到心和性的二元论（或近于二元论）是有其儒家心性思想演变发展的内在逻辑原因的，同时也不能不说是受了佛教心性论思想启发的结果。佛教心性论的一个著名论点就是心分为真与妄，性分为染与净两种。《大乘起信论》就以一心二门为纲，把心分为真如心与生灭心两种，相应地，性也有觉与不觉两种。此论作为中国大乘佛教的基本著作和入门书，不仅对中国佛教宗派发生了深远的影响，而且也对唐以来儒家心性论的重建发生了影响，应当说，这样说是比较符合历史实际的。

四、忘心无境与无心无著

一般说来，宋代以前，儒家多遵循孟子的“尽心知性知天”的理路，主张尽量发挥人心对主体和客体的认识作用。但是，自宋代以来，尤其是南宋有的心学家们转而提倡人心空灵，无思无著，作为人生修养的境界。这是儒家深受佛教心性思想影响的又一突出表现。

北宋中叶的程颢在《答横渠张子厚先生书》中有一段重要论断：

"与其非外而是内，不若内外之两忘也。两忘则澄然无事矣。"① 唐代黄檗希运禅师说："若欲无境，当忘其心。心忘即境空，境空即心灭。若不忘心，而但除境，境不可除，只益纷扰。"② 两者何等相似！可以说不仅思路一致，语言也颇为近似。

曾对陆九渊的思想形成发生过重要影响的程颐高弟王蘋（字信伯），在回答弟子问及"孔颜乐处"时说："心上一毫不留。若有所乐，则有所倚。功名富贵固无足乐，道德性命亦无可乐。"③ "孔颜乐处"是北宋理学家所追求的最高精神境界。程颐认为，孔颜之乐是与道合一的精神喜悦，不是"乐道"，不是以道为乐的对象。④ 王信伯也以这种观念来阐发程颐思想，强调"心上一毫不留"，反对心有执著，认为不能对外界、对追求的对象有任何执著。这显然是受佛教无我、无心、无著思想影响的结果。陆九渊也同样接受了这种思想的影响，他说：

> 内无所累，外无所累，自然自在，才有一些子意便沉重了。彻骨彻髓，见得超然，于一身自然轻清，自然灵。⑤

"意"，指意念。这是说，一个人"有意"便心头沉重，应当无意，即要内外无累，自然自在，轻清灵明，如此才是达到了超然境界。后来杨慈湖又发展了陆九渊的思想，进一步主张以"心不起意"为宗旨，认为人性本善，性恶的根源在于"意之起"，他说："但不起意，自然静定，是非贤否自明"⑥。一个人只要不起意念，无思无为，心境自然保持静定，是非贤否也就历历分明，从而也就会达到去恶存善，由动归静的理想境界。这也是杨慈湖吸取佛教的保守本心、不起妄念思想的鲜明例证。

---

① 《河南程氏文集》卷 2，《二程集》第 2 册，461 页。

② 《黄檗山断际禅师传心法要》，《大正藏》第 48 卷，381 页中。

③ 《震泽学案》，《宋元学案》卷 29，第 2 册，1049 页。

④ 《朱熹集》卷 70《杂著·记疑》载："问：'伊川先生答鲜于之问曰："若颜子而乐道，则不足为颜子"如何？'曰：'心上一毫不留。若有心乐道，即有著矣。'" 见《朱熹集》第 6 册，3681 页。

⑤ 《语录下》，《陆九渊集》卷 35，468 页。

⑥ 《慈湖学案》，《宋元学案》卷 74，第 3 册，2467 页，北京，中华书局，1986。

第五节　心性修养方式方法的吸取容摄

在心性修养方式方法上，儒、佛两家的互相影响是广泛而深刻的。在儒家重要修养方式方法——“极高明而道中庸”和“尽心知性”的传统思想影响下，禅师提出“平常心是道”和“明心见性”的心性修养命题；而佛教的一套性净情染理论和灭除情欲呈现本性的修持方法，也为有的儒家学者所吸取，转而成为儒家的道德修养方法。

一、“极高明而道中庸”与“平常心是道”

心性理论与人生理想是紧密相联系的，心性理论的差异直接影响人生理想的实现途径、操作方式和内涵规定。相对而言，印度佛教，尤其是小乘佛教基于心性本净的学说，强调灭除人生的现实烦恼、痛苦，主张由烦恼心转化为清净心，由人转化为罗汉、菩萨或佛，并把理想的实现寄托于来世，极富外在超越的色彩。中国佛教有所不同，天台宗鼓吹众生和佛的本性一样，都具足宇宙万有，互摄互融，并无差异的思想，“性具善恶”，善性恶性本具不断的思想，以及“贪欲即是道”的说法，为理想与现实的沟通提供心性论的基础。华严宗强调佛和众生同由心造以及一切圆融无碍的思想，为佛与众生、理想与现实的圆融确立了充分的理论和逻辑的前提。至于慧能禅宗也和天台宗、华严宗一样，而且更鲜明地主张发现、返归、证悟众生心性的本来面目、原始状态，以求自在解脱，也就是在现实生活中实现理想，在现世中成就佛果。马祖道一的“平常心是道”① 和临济义玄的“无事是贵人”② 两个命题最集中最典型地体现了这种思想。禅宗的这种思想，显然与印度佛教视人的现实生活为苦难，现实世界为秽土，强调超俗出世，转生超升彼岸世界的主张是迥异其趣的。禅宗与印度佛教在佛教终极旨趣上的巨大反差，是中印两国传统思想文化背景的不

① 《景德传灯录》卷 28，《大正藏》第 51 卷，440 页上。

② 《镇州临济慧照禅师语录》，《大正藏》第 47 卷，497 页下。

同所致。这方面，我们认为《中庸》所说的“君子尊德性而道问学，致广大而尽精微，极高明而道中庸”的哲学思想影响是至深且巨的。“高明”，广大精微的境界。“中庸”，平庸，平常。意思是说，君子尊崇天赋的性理，同时讲求学问而致知，使德性和学问臻于博大精微的境界，而又遵循平常的中庸之道。这里包含着强调在日常生活中实现境界提升的意义。这是一种严酷的现实世界中的安身立命之道，是成就人生理想人格的重要模式，成为了中国古代士大夫为人处世的基本原则。由此形成的思维定势，必然影响轻视印度佛教经典，重视自我心性修养的禅宗人的修持生活轨迹，这也就是在平常心态中实现内在超越，在平常生活中实现精神境界的飞跃。

二、尽心知性与明心见性

儒家“极高明而道中庸”的思想给中国佛教宗派修持轨道以影响，而儒家的“尽心知性”说则给中国佛教宗派心性修养方法以启示。儒家重视伦理道德，提倡“反求诸己”，向内用功。孟子倡导的“尽心知性”就是一种反省内心的认识途径和道德修养方法。他说：“尽其心者，知其性也；知其性，则知天矣。”（《孟子・尽心上》）这里讲的心是恻隐、羞恶、辞让、是非之心，孟子认为这是仁、义、礼、智之端，而仁、义、礼、智是苍天赋予人的本性。这话的意思是说，一个人能尽量发挥心中的仁、义、礼、智诸善端，就能了解自己的“性”，并进而认识到“天”。与孟子思想相近似，《中庸》强调尽性，即充分发挥自己以及事物的本性。文说：“唯天下至诚，为能尽其性；能尽其性，则能尽人之性；能尽人之性，则能尽物之性。”《中庸》认为，人和物之性包含着“天理”；只有至诚的人才能尽量发挥自己的本性，并进而发挥他人的本性，再进而发挥万物的本性。儒家这种修养方法对中国佛教的影响是深刻的。

中国佛教天台宗人智𫖮就作《观心论》①，所谓观心就是观照己心以明心之本性。智𫖮说：“前所明法，岂得异心？但众生法太广，

① 《大正藏》第46卷。

佛法太高，于初学为难。然心、佛及众生，是三无差别者，但自观己心则为易。”① 认为观自己的心是一个比较容易修持的法门，提倡观心修持。华严宗人提倡“妄尽还源观”，主张在修持中，使妄念灭尽，内心澄莹，还复清净圆明的自性、本原，以得解脱。禅宗又称佛心宗，尤为重视心的修持。如前所述，菩提达摩讲安心，慧可、僧璨重自性觉悟，道信、弘忍主张守心、守本真心，神秀认为心有染净之分，提倡“看净”，即观看心净。慧能提倡性净顿悟，主张径直彻悟心源，一举断尽妄惑。慧能后的南岳怀让和青原行思两系更是明确提出“直指人心，见性成佛”② 的明心见性思想，长期以来一直成为禅修的基本原则和方法。中国佛教宗派的心性修养方法与儒家尽心知性的修养方法，在内涵界定、具体操作、价值取向和终极关怀等方面都是有所不同的，但是儒、佛两家都重视发明心或善心，都重视认知或体证人的本性，都重视反省内心（内省），这是一致的。也就是说，在心性修养问题的思维方式和思维方法上是一致的。这种一致性绝非出于偶然，这里，问题的答案只能是说，这是长期以来中国佛教学者受儒家经典的熏陶，以及积淀在民族心理深层的传统道德修养方法的影响的结果。

三、情染性净与灭情复性

唐代反佛旗手之一的李翱（772—841），其实也深受佛教的思想影响。他的《复性书》虽以阐扬《中庸》思想相标榜，而实质上不过是佛教心性论的基本思想——情染性净说的翻版。《复性书》宣扬人人本性是善的，由于心“动”而有“情”，有“情”而生“惑”。《复性书·中》说：

> 情者妄也，邪也。邪与妄则无所因矣。妄情灭息，本性清明，周流六虚③，所以谓之能复其性也。

---

① 《妙法莲华经玄义》卷2上，《大正藏》第33卷，696页上。

② 转引自《黄檗山断际禅师传法心要》，《大正藏》第48卷，384页上。

③ “周流六虚”，语出《周易大传·系辞下》。“六虚”，指《周易》六爻之位。因六位无体，因爻而见，故称六虚。谓阴阳周遍流动在六位之虚。

这是主张灭息妄情，以恢复清明本性。为了灭情，《复性书》还强调“弗虑弗思”，认为若能“弗虑弗思”，“情”就不生，就能回复到“心寂不动”的境界。《大乘起信论》讲一心二门，真如门和生灭门。生灭门的性是“动”，一心由“静”到“动”，就是由“本觉”到“不觉”的众生流转之路。相反，一心由“动”到“静”，就是由“始觉”到“究竟觉”的众生解脱之途。这几乎可以说是《复性书》关于人生本原和人生境界的直接思想源头。至于灭情复性的方法——“弗思弗虑”，实同于禅宗的“无念”；灭情复性的境界——“心寂不动”，实也是禅宗理想的空寂境界。此外，李翱灭情复性说与华严宗人的“妄尽还源”修行方式也是相当接近的。事实上，李翱对佛教义理是赞赏的，他说：“天下之人以佛理证心者寡矣，惟土木铜铁周于四海，残害生人，为逋逃之薮泽。”① 认为佛理对人的心性修养是有益的，只是大兴寺庙于社会有害。李翱的反佛实是反对建庙造像，劳民伤财，以及寺庙成为逃亡者的聚集之地，这与他吸取佛教思想，甚至如《复性书》实质上宣扬佛教心性思想，并不完全是矛盾的。

四、识得本心与发明本心

如前所述，陆九渊的心性哲学特别提倡和重视“本心”说。“本心”，具体讲就是仁、义、礼、智四善端。本心人人皆有、本无少欠，不必他求。由此他进而主张“学问之要，得其本心而已”②。在陆九渊看来，一个人只要发明本心，就是去欲尽性，就是排遣蒙蔽人心的各种私欲、杂念，恢复人心澄明的本来面目。这和视人心为罪恶之源，强调心外求道的主张不同，而和禅宗所倡导的“识得本心”、“明心见性”、“不假外求”、“自悟成佛”的修养之路，起码在形式上是相同的。

五、顿悟与神悟

宋代心学家还在心性修养工夫上提倡“神悟”，如王信伯就说：“到恍然神悟处，不是智力求底道理，学者安能免得不用力？”③ 认为达

① 《与本使杨尚书请停率修寺观钱状》，《李文公集》卷10，上海涵芬楼借江南图书馆藏明成化乙未刊本影印，商务印书馆，1919。

② 《袁燮序》，《陆九渊集》附录1，536页。

③ 转引自《记疑》，《朱熹集》卷70，第6册，3682页。

到真正了悟，是在恍然之间，靠神秘的直觉体悟，而不是靠智力求得的。朱熹对此说不以为然，他批评说："恍然神悟，乃异学之语。儒者则惟有穷理之功，积习之人，触类贯通而默有以自信耳。"① 这里所说的异学，自然包括佛学在内。朱熹反对神悟说而主张格物穷理，触类贯通。陆九渊则批评朱熹的修养工夫是"支离事业"，费神劳力，收效甚微，他称自己提倡的发明本心是"易简工夫"。他打比喻说："铢铢而称，至石必谬；寸寸而度，至丈必差。"而"石称丈量"，则"径而寡失"②。强调易简工夫能收到"一是即皆是，一明即皆明"③ 之效。王阳明也宣扬良知本体工夫是"一悟尽透"。应当说，儒学本没有恍然神悟之说，宋明心学家的这一说法是吸取佛教顿悟思想的表现。佛教，尤其是慧能禅宗不赞成神秀的渐悟主张，提倡顿悟，认为"一了一切了，一悟一切悟"，后来甚至有"放下屠刀，立地成佛"的说法。佛教内部一直存在顿渐之争，南宋儒家中出现的顿与渐的紧张，在思想上与佛教是有关联的。

六、禅定与静坐

宋明理学开创者周敦颐（1017—1073）提出"主静"说作为道德品质修养的基本原则。周敦颐所讲的"静"不是动静的静，而是"无欲"，"无欲故静"④。后来有些理学家把"静"引向"静坐"。正如明代理学家陈献章所说：

> 伊川见人静坐，便叹其善学。此"静"字发源濂溪，程门更相授受。晦翁恐人差入禅去，故少说静，只说敬。学者须自量度何如，若不至为禅所诱，仍多静方有入处。⑤

可知程颐是主张静坐的，朱熹则恐与禅划不清界线，少说"静"而说

---

① 《记疑》，《朱熹集》卷70，第6册，3682页。

② 《与詹子南》，《陆九渊集》卷10，140页。

③ 《语录下》，《陆九渊集》卷35，469页。

④ 《太极图说》自注，见张伯行辑：《太极图详解》卷1，2页，北京，学苑出版社，1990。

⑤ 湛若水：《白沙子古诗教解》引，见《陈献章集》（下），702页，北京，中华书局，1987。

"敬"。心学家与朱熹主张不同，认为静坐是求悟的重要途径和方式。陆九渊有的门人就专门打坐，据詹阜民的描述，陆九渊的教学方式是：

> 先生谓曰："学者能常闭目亦佳。"某因此无事则安坐瞑目，用力操存，夜以继日。如此者半月，一日下楼，忽觉此心已复澄莹中立。窃异之，遂见先生。先生目逆而视之曰："此理已显也。"①

这是讲通过较长时间的静坐而达到心体"澄莹"的境界，也就是通过静坐获得一种神秘的心理体验和心灵飞跃。

杨慈湖也主张静坐得悟，他还把这种方式称为"反观"，说："尝反观，觉天地万物通为一体"②，"吾性澄然清明而非物，吾性洞然无际而非量，天者，吾性之中象，地者，吾性中之形"③。这就是说，在反观中产生出万物通为一体的神秘体验——自性澄然清明，洞然无际，非物非量，天与地都成为自性中的象或形，而天象地形都是"我之所为"。也就是说，自心无体，清明无际，与天地万物同范围，无内外之别。心学家的静坐、反观与佛教的宗教实践方式十分相似。静坐是佛教禅定的重要方式之一，反观和止观的观心近似。至于天地万物通为一体，与禅宗的会万物为一的精神境界，即在自心的禅修了悟中达到消除主体与客体、此物与他物、部分与整体的差异、对立，两者实在没有本质的区别。虽然在历史上有一些儒者"坐在禅床上骂禅"的现象，但是，应当说，心学的确受到了佛教尤其是禅宗的不小影响。

明代黄绾（1477—1551）就宋代大儒与禅的关系说过这样的话：

> 宋儒之学，其入门皆由于禅：濂溪、明道、横渠、象山则由于上乘；伊川、晦庵则由于下乘。④

"上乘"、"下乘"是指禅法的上下高低区别。黄绾一语道出宋代最有代表性的儒家周敦颐、二程、张载、朱熹、陆九渊都是由禅入门的。这种文化交相渗透的现象是很值得深思的。

---

① 《语录下》，《陆九渊集》卷35，471页。
② 《慈湖学案》，《宋元学案》卷74，第3册，2466页。
③ 同上书，2468页。
④ 《明道篇》卷1，12页，北京，中华书局，1959。

第二十二章

道、佛心性思想的互动

在中国哲学思想发展史上，老庄道家和魏晋时代崇尚老庄思潮的玄学，展示了人类社会的矛盾和人类精神的危机，而和佛教视现实人生与世俗社会为苦难、苦海的思想相通，并与佛教形成思想互动的势态。道家（此处包含魏晋玄学）① 在宇宙论、本体论、认识论和心性论方面都对中国佛教的思想演变产生过重大影响，就其哲学思想影响的广度和深度来说，实际上超过了儒家对佛教的影响，而佛教对道家的影响则很小。后来，佛教尤其是禅宗的思想又影响了道教，而道教思想对佛教理论方面则影响不大，只是在佛、道两教都趋于相对衰落时，道教才在形式上较多地影响了佛教。根据这种道、佛互动的历史情况，我们将先论述道家对佛教心性论的影响，后论述佛教对道教心性论的影响。

第一节　道家对佛教心性论的影响

为了论述道家在心性论方面对佛教的影响，有必要先追溯一下道家主要代表人物——老子、庄子和魏晋玄学家王弼、郭象的心性论思想基

---

① 先秦道家、魏晋玄学和道教是三个不同的流派，有重要的区别；但三派也有思想渊源关系，这里为叙述的方便，把先秦道家和魏晋玄学两派，有时也包括道教，都统称为广义的“道家”。

调，以便比照，然后再阐明道家对中国佛教心性论影响的方方面面。

道家思想创始人老子提出“道”本原论，以无为的“道”为宇宙本原，对宇宙理论作出了突出的贡献。同时，他又从宇宙论衍生出人生论，强调人应当效法“道”，虚静无为，顺其自然，无知无欲，“见素抱朴”，以符合人的“素朴”本性。老子认为五色、五音、五形等，都是有损于人的身心健全的，强调反对放纵情欲。在老子看来，纵欲不符合人性，而是伤害人性的。《庄子》曾明确地就“性”及与其相关的概念作出界定。该书外篇说：“道者，德之钦也；生者，德之光也；性者，生之质也。”（《庄子·庚桑楚》）“物得以生，谓之德；未形者有分，且然无间，谓之命；留动而生物，物成生理，谓之形；形体保神，各有仪则，谓之性。”（《庄子·天地》）“钦”，本。“光”，显发。“未形者”，指“道”。“仪则”，形式，特性。“性”是天生的素质，是“得以生”者，“德”生而有形后所表现出来的形体仪则。《庄子》认为宇宙万物的本根是“道”，人和万物所得于道以生者是“德”，德表现在形体方面是“性”。“性”作为“德”的显现是素朴的、自然的。庄子称人的本性为“性命之情”（《庄子·徐无鬼》、《庄子·骈拇》），“情”，真实。“性命之情”，即性命的真实状态。《庄子·骈拇》还提出“任其性命之情”、“不失其性命之情”的命题。认为最纯真的人性应该是顺从人性的自然发展，无知无欲，不人为调教，不矫揉造作，不戕贼人性，如此就能保全本性，在心灵世界中开掘出人的生命意义，实现生命的绝对自由（“逍遥”）。也就是在精神领域里摆脱情感欲望的煎熬，人际关系的困扰，患得患失的痛苦，实现主体内在的自我超越。由此看来老庄的人性论是一种反对作善恶区分的无善恶论，或者说是超善恶论。三国时魏国的玄学家王弼继承了先秦道家的性“无善无恶”论，主张“因性”即顺应自然本性。同时又运用本末范畴来调和儒、道的性情说，认为圣人也有与常人一样的喜怒哀乐之情，只是圣人是有情而又不累于情，即“应物而无累于物”①。这

---

① 《魏书·锺会传》注引何劭《王弼传》，《三国志》卷28，第3册，795页，北京，中华书局，1959。下引《三国志》均同此版本。

种在与外物接触时能够不受诱惑、干扰、影响的情况，王弼称之为“性其情”①，即以性来统率情。“性其情”，王弼也称之为“以情从理”②，即人的感情应受理智（主要是道德理智）的支配。西晋时玄学家郭象作《庄子注》，则进一步综合、高扬儒、道两家的人性学说，他既认为人性是“自然”，是“天性”，主张“各安其性”③；又认为，“仁义”是“人之性”④。

老庄道家和魏晋玄学家以自然本性为中心的心性思想对中国佛教，尤其是禅宗的心性论产生了深刻的影响。道家对佛教心性论产生影响的还有它的宇宙论、本体论、思维方式等。在道家中，对中国佛教心性思想发生影响最大的当属庄子。庄子的思想深刻地影响了慧能禅宗一系，尤其是到了五家七宗时影响更大，此时的禅宗更趋向于和庄子思想结合。道家对中国佛教心性思想的影响，我们归纳为以下四个方面来论述。

一、道与禅

在道家哲学中，“道”是最高的范畴，其主要意义是万有的本原，宇宙的实体或世界的本体。老子首先提出与阐发“道”的上述哲学意蕴，但是老子一方面说道为“天地之始”，“万物之母”，一方面又说道本无名，道本自然，表现出理论上的某些困惑。庄子沿着老子的自然主义道路前进，打破本体（“道”）与现象的对立，认为“道”既是自本自根，又是周遍含容的，并进一步提出道“无所不在”的论题，说道“在蝼蚁”，“在稊稗”，“在瓦甓”，“在屎溺”（《庄子·知北游》）。强调作为宇宙万物的最后根源的“道”既是普遍的、绝对的，又是不离具体事物而存在的、相对的。“道”出于万事万物和日常生活，或者说，在万事万物和日常生活中，就能开显出“道”的意义和

① 《周易注·上经·乾》，转引自楼宇烈：《王弼集校释》上册，217页，北京，中华书局，1980，以下凡引《王弼集校释》均同此版本。

② 《魏书·锺会传》注引何劭《王弼传》，《三国志》卷28，第3册，796页。

③ 《庄子·逍遥游注》，见《诸子集成》（三），郭庆藩：《庄子集释》，10页，北京，中华书局，1986。下引《庄子集释》均同此版本。

④ 《庄子·天运注》，《庄子集释》，229页。

境界。庄子还突出“道”作为人的生命自觉和精神境界的意义，并认为这是通过体悟而得到的。① 魏晋玄学家王弼和郭象分别发展了老子和庄子的“道”的思想。王弼说：“道者，无之称也，无不通也，无不由也，况之曰道。”② 认为“无”是“道”的别名，并提出“以无为本”和“圣人体无”③ 的重要命题。郭象标榜“独化”论，反对以无或以有为万物之本，认为万物的自性是万物存在的内在根据，万物是自然自化，“率性而动，故谓之无为也”④。任性而为，就达到无为境界。

中国佛教，尤其是禅宗吸取了道家“道”的概念，运用“道”这一语言形式，而对“道”的内涵加以改造、发展，把它作为自家的本体范畴、内在佛性、绝对真理、最高境界，为心性论奠定了哲学基础。

中国佛教学者是怎样吸取道家“道”的概念来为心性论奠定哲学基础的呢？我们按照历史顺序，选择几个典型例子来加以说明。

东晋十六国时青年佛教哲学家僧肇这样说：

> 不动真际，为诸法立处。非离真而立处，立处即真也。然则道远乎哉？触事而真！圣远乎哉？体之即神！⑤

“真际”，实际，其具体涵义是指“法”性空，即万物原本为空，是自虚。“道”，指佛道。意思是说，真际与诸法（事）相即不离，佛道与真际相合一致，这样，“道”也并不远，是“触事而真”。“道”与“真”相通，也就是“道”与“空”相通。这里包含着以体悟空为“道”的思想，是与印度佛教传入后通常视“道”为“菩提”（觉）和修炼道路、方法这两层意义很不一致的。僧肇说：“圣人乘真心而理顺，则无滞而不通。”⑥ 这里讲的圣人（佛）的“真心”，也是和

① 《庄子·天运》云：“苟得于道，无自而不可。”见《庄子集释》，131页。

② 《论语释疑·述而》，《王弼集校释》下册，624页。

③ 《魏书·钟会传》注引何劭《王弼传》，《三国志》卷28，第3册，795页。

④ 《庄子·天道篇注》，见《诸子集成》（三），《庄子集释》，208页。

⑤ 《肇论·不真空论》，《大正藏》第45卷，153页上。

⑥ 同上书，152页上。

“道”、“真”（空）相通的，由于“真心”合乎“道”，“触事而真”，而理顺无所不通，由此“真际”（真、空）、“道”和“真心”就是同一层次的相关范畴，是彼此相通的。就主体获得解脱成就佛道来说，“真心”是与“道”即“触事而真”的主观条件，而合“道”，“触事而真”是成为圣人（佛）的标志、境界。僧肇这种以真心体悟万物本空是“道”的思想，实际上是吸取了道家最高哲学范畴“道”的思维成果，使“道”成为具有最高真理、终极价值、圆满境界等意义的中国佛教哲学范畴。僧肇的万物本空、触事而真的思想，也即有关“道”的思想，对后来中国佛教，尤其是禅宗影响非常巨大。

和僧肇同时代的竺道生也是一位注重于把道家思想与佛教相融合的佛教哲学家。如前所述，他根据庄子和阴阳家的气的观念，一反时人的观点，强调“禀气二仪”的一切众生都有佛性，肯定所谓不具信心，断了善根的“一阐提”人也有佛性，鲜明地体现了中国佛教思想的特色。他还吸收了道家和玄学家的“理”与“自然”的观念，来阐述佛性的意义。关于“理”，竺道生是指佛理、真理，他讲的“佛性即理”是吸取中国传统的“理”的概念来确定佛性具有内在的真理性。佛性即佛理，而“如来理圆无缺，道无不在。”① “理”或“道”是周遍圆满，无所不在的。他还说：

> 夫称顿者，明理不可分，悟语照极，以不二之悟，符不分之理，理智恚（此字意义不明）释，谓之顿悟。②

“顿”，顿悟。这是在“理”不可分割的原则上建立的顿悟说，这一学说给禅宗的创立以重大的启示与影响。竺道生的“理”为佛性以及顿悟的学说，与印度佛教的义理以及当时的佛教潮流并不一致，显然是受道家一系思想影响的结果。《庄子·秋水》篇就讲“万物之理”，“知道者必达于理”。《庄子·刻意》篇也说圣人要“循天之理”。王弼

① 《法华经疏·序品》，《续藏经》第1辑第2编乙第23套第4册，398页。

② 转引自《肇论疏》，《续藏经》第1辑第2编乙第23套第4册，524页。

更明确地把“理”规定为“所以然”者，说：“夫识物之动，则其所以然之理，皆可知也。”① 又说：“事有宗而物有主，途虽殊而其归同也，虑虽百而其致一也。道有大常，理有大致。”②“道”和“理”是事物的“宗主”，是形而上者，就是事物的“所以然者”。“所以然者”是决定事物所以如此的一般原则、普遍规律。显然，竺道生正是参照、融合庄子、王弼的“理”和“道”的思想，进而沟通了“理”和佛性的相即关系，并奠定了心性思想的形而上的理论基石。这对后来禅宗的心性论思想也发生了巨大的影响。

如果说上述僧肇的《不真空论》已把“空”与“道”沟通起来，含有以“空”为“道”的思想倾向的话，那么，与禅宗四祖道信同时的牛头宗法融禅师则非常明确地提出了“空为道本”的本体论命题，并与心性思想相结合，形成了极富中国思想特色的禅修理论。如前所述，法融认为“大道冲虚幽寂”，“虚空为道本”，由此他反对道信的“安心”法门，强调“不须立心，亦不须强安”。法融讲的“道”是道家的世界本体“道”，所谓“道本”，即道本原、道本体。法融所讲的“冲虚幽寂”，“虚空”，作为“道本”，是说“虚空”为万有的本原，这和佛教般若空宗以宇宙万物乃至如来法身毕竟寂灭虚空的思想虽有一定联系，但其立论的角度、论证的重心和阐明的观点都是不同的。法融吸取道家的“道”作为佛法的基本观念，修行悟证的内容、目标，又以虚空为“道本”，把道家的“道”和佛学的“空”融为一体，构成玄学化的佛教本体论。法融根据道家的“道”的无所不在的思想，宣扬无情草木也有佛性，也能成佛，但这种观点后来受到神会等禅师的批评。法融还在“空为道本”的思想基础上阐发“无心合道”的心性论思想，对于道信、弘忍的东山法门造成了巨大冲击，并极大地影响了慧能禅宗，尤其是青原石头一系的思想轨迹。

道家的“道”观念影响中国佛教学者对禅的理解的又一突出例子是南朝梁代慧皎（497—554），他在《高僧传》卷11《习禅篇》中对

① 《周易注·上经·乾》，《王弼集校释》上册，216页。
② 《老子·四十七章注》，《王弼集校释》上册，126页。

禅作了这样的诠释：“禅也者，妙万物而为言，故能无法不缘，无境不察。然缘法察境，唯寂乃明。其犹渊池息浪，则彻见鱼石；心水既澄，则凝照无隐。”① 意思是说，禅是“妙万物”，也即以直觉透视万物的本质。这样禅就与一切事物都有关系，一切对象也无不被洞察。然而这只有在寂静的状态中才能显明、体现，就犹如渊池静止，才能彻见鱼石一样，人的心澄明方可以凝照一切。慧皎的禅就是由定生慧、定慧结合，而偏重于慧的意境。这种对禅的意义理解的变化，显然与道家把握“道”的方式相关，也和《老子》描绘的“道”是“有物混成，先天地生，寂漠！独立不改，周行不殆。可以为天下母”（《老子·二十五章》）的思想相关。

道家的“道”观念对慧能一系禅宗的影响是巨大而深远的，“道”几乎是和“佛”、“禅”在同一意义上使用的、出现频率极高的词。禅师们还称“道”为“真道”、“大道”，称禅宗以外的流派为“外道",致力于禅修的人称为“道流”，佛性也称为“道性”②，依禅修而得的识见、眼光，称为“道眼”，禅宗的古则也称为“道话”，等等。道家“道”的观念深刻地影响了禅宗的世界观、人生观、心性论和修持方式，这里我们以慧能一系禅宗中势力最大的、流传最久的洪州宗为例，着重从哲学思想的角度作一简要的论述。

洪州宗禅师对“道”的意义的重要论断可以归纳为：

“道即法界”。马祖道一说：“只如今行住坐卧，应机接物尽是道，乃至河沙妙用，不出法界。”③ 这里的“法界”，是指佛法的境界，包含行住坐卧，应机接物，乃至无量妙用；就修行言，是指众生的一切日常行为和禅修实践；就世界言，指一切现象。“道即法界”，也就是说“道”是囊括众生一切行为和世界一切现象的总称。

“大道天真平等”。黄檗希运说：“此道天真，本无名字。……恐

① 《大正藏》第50卷，400页中。

② 《景德传灯录》卷5：“强立佛道二名，此是二乘人见解，师乃说无修无作。偈曰：‘见道方修道，不见复何修？道性如虚空，虚空何所修？’”（《大正藏》第51卷，243页上）这里“道性”即指佛性，偈的意思是，道性是众生本来具足的本性，是众生的主体性。

③ 《景德传灯录》卷28，《大正藏》第51卷，440页上。

你诸人不了，权立道名，不可守名而生解。”[1] 又说：“大道本来平等。”[2] “天真”，天然、纯真，自然如此。“平等”，无差别。这里的“道”指宇宙的真实、本质，希运强调包含宇宙万物、世界一切的“道”是自然、真实、无差别的，真理是普遍存在的。

“道如虚空”。南泉普愿说：“若是真达不疑之道，犹如太虚，廓然虚豁，岂可强是非邪?”[3] 这里是讲悟道，也讲到“道”的意义、内涵。是说“道”犹如浩大的空间，广阔空寂，既不是非，也不是是，既不属知，也不属不知，是一种圆满的绝对真理、最高的究极境界。

“平常心是道”。这是洪州宗人最重要的禅学命题，认为平常的自然的心中就有真理在，真理离不开日常的心。这个命题强调真理即在主体内在的心中，主体生命的内在自觉即体现真理，既鲜明地突出了超越的道的内在性，又突出了主体意识及其价值，实际上把平常心和佛心、佛性等同了起来，由此也可以说“佛性是道”。

“触类是道”。如前所述，“触类”是指人们的一举一动，一切的日常行为，“道”，指佛道、佛性。意思是人们的一切行为都是佛道、佛性的体现。这里，洪州宗人非常明确地把人们的各种日常行为，包括起心、动念、弹指、謦咳、扬眉、瞬目等等，都归属于“道”的范畴。

从洪州宗人对“道”的论述来看，他们是用“道”来统一说明佛道、佛境、佛理（真理）、佛性，也就是用“道”来统率禅学的基本理论，从一定意义上说，他们认为道与禅是具有同样意义、内涵的概念，可以互换互用，或重叠使用（“禅道”）。虽然道家和洪州宗所讲的“道”的内涵有所不同，但是我们可以说，洪州宗人是运用道家的哲学范畴“道”来构筑其禅学思想体系的，也就是吸取道家“道”的抽象意义和思维方式来全面阐明其禅学解脱理论的。

---

① 《古尊宿语录》卷 2 上册，33 页。

② 《古尊宿语录》卷 3 上册，39 页。

③ 《景德传灯录》卷 10，《大正藏》第 51 卷，276 页下。

“道”是道家哲学的最高范畴，“道”所具有的万物本体、终极存在的意义，和“道”的无限性、永恒性的特征，被洪州宗禅师吸取、调整、改造成为宇宙真实、佛教真理、最高境界和众生佛性。道家讲“法道”、“学道”、“体道”、“得道”，洪州宗讲“会道”、“达道”、“修道”、“悟道”，也讲“学道”、“体道”、“得道”，在追求人生不同的最高境界方面，显现出运思的鲜明的类似性，表明道家“道”的观念对洪州宗的深刻影响。洪州宗人的“会道”、“达道”，其实质是在主体心灵世界消除灵与肉、心与物、主体与客体、本性与行为、现实与理想的差别、对立，以实现主体性的无限发挥，精神的绝对自由。可以说，这种思想在一定意义上是奠立在庄子的“万物皆一”（《庄子·德充符》）、“道通为一”（《庄子·齐物论》）的自然观和本体论哲学基础上的。也就是奠立在“天人合一”思想基础上的。《庄子·天地》说：“夫道，覆载万物者也。”“道”包含万物。万物从现象看有彼此的不同，“以道观之，物无贵贱”（《庄子·秋水》），从道的角度看，都是不分彼此、没有差别的，是等同的，这称为“万物皆一”、“道通为一”。庄子还就人类与其他万物的关系说：“天地与我并生，而万物与我为一。”（《庄子·齐物论》）天地万物和我都同生于“无”，都同为一体。庄子的“万物皆一”、“道通为一”的命题，是一种宇宙万物的统一观念、整体观念，认为从道上看，万物是平等、统一、无界限差别的，或者说彼此一切界限差别都是虚假不真实的。这也就是从本体论角度揭示了千差万别的事物的同一性。人与万物也是一体的，没有真正的差别对立，这种“物我一体”的境界，就是“道”的境界，就是禅师追求的境界，这也就是道、禅、儒共同追求而具体涵义并不相同的“天人合一”境界。《庄子·人间世》说：“唯道集虚。虚者，心斋也。”意思是说只有“道”才能集结在空虚中，因为“道”本身也是虚的。就主体来说，这个虚就是心斋（心中无欲念），虚才能容纳万物，才能得“道”。由此庄子强调一切任其自然，反对人为。十分明显，《庄子》的这些论述正是洪州宗“道即法界”、“大道天真平等”、“道如虚空”命题的思想来源之一。《庄子》“万物皆一”、“道通为一”、“物我一体”的“道”的遍在性、平等性观念也可以逻辑地推导出“平常心是道”、“触类是道”的命题。可以说，洪州宗这些禅学思想与庄子思想具有极为密切、深刻的内在联系，而和印度佛教思想则是大相径庭的。

二、自然与自性

在说明什么是“道”这一问题时，与“道”概念紧密相关，道家还创造了“自然”概念。老子的“道法自然”命题，是“道”本“自然”的意思，“自然”即本然，本然状态，“道”是本然的，这是以“自然”来说明“道”的存在和状态、性质和功能。道家的自然论是和儒家的目的论、墨家的意志论相对立的。

道家“自然”概念有两层基本涵义：

（1）内在本性。这是“自然”的最基本最重要的涵义。《老子·五十一章》说：“万物莫不尊道而贵德，道之尊，德之贵，夫莫之命而常自然。”认为道、德之所以尊贵就在于万物以自然之道为常，即“常自然”。“常自然”就是万物和人的“常性”。如前所述，庄子认为万物本性是得于本根“道”而生的“德”的显现，是天生的本质。这性是天性，自然本性，庄子也称为“真性”、“常性”。道家把“自然”规定为万物的本质、本性，是说万物的本性是不假人为，自然而然，本来如此的。也就是说“自然”是万物内在的真实的存在，是万物和人的本性的存在。魏晋玄学家认为，“自然”就是“道”①，“万物以自然为性”②。他们讨论名教与自然的关系问题时，认为“名教”是外在的，是人为的教化，“自然”是内在的，是人的本性。在道家看来，“自然”作为内在本性必须加以珍视、保护和发展。

（2）精神境界。老子从自然之道开发出社会和个人的理想境界，他以自然无为状态为理想状态，说：“天下多忌讳，而人弥贫；人多利器，国家滋昏；人多技巧，奇物滋起；法物滋彰，盗贼多有。”（《老子·五十七章》）又说：“我无为，人自化；我好静，人自正；我

---

① 张湛《列子·仲尼注》引夏侯玄语云：“天地以自然运，圣人以自然用。自然者，道也。”见杨伯峻撰：《列子集释》卷4，121页，北京，中华书局，1979。

② 《老子·二十九章注》，《王弼集校释》上册，77页。

无事，人自富；我无欲，人自朴。”（《老子·五十七章》）意思是智巧人为是社会的危害，自然无为是理想社会。他强调“自然”是人法天贵真的本然状态，对人生原本意义作了充分肯定。庄子更以人处于自然状态为理想人格，把处于自然状态的人称为“真人”、“至人”，高扬“自然”意识，强调“自然”意识是人们内在的真正精神。道家“自然”概念的提出，一方面反映了一种超越现实、超越凡俗的精神，体现着一种对崇高精神境界的追求；另一方面也反映了偏执于原始，偏执于“无”的倾向。

道家的“自然”概念对竺道生和慧能一系禅宗心性论的界定、性质和特点有着重大的影响，实际上成为竺道生和慧能禅宗心性论的核心概念和基本观念。

如前所述，竺道生是最早把道家“自然”概念融入“佛性”内涵的佛教学者。佛教《大般涅槃经》有一种观点，就是从非因非果的恒常不变性来界定佛性，而竺道生却运用道家“自然”观念予以解释，认为不生不灭非因非果是万物的本性。由此并进而说：“夫体法者，冥合自然，一切诸佛莫不皆然，所以法为佛性也。”① “法”，指佛法。这是说，体悟佛法就是冥合自然本性，“法”、“自然”和“佛性”三者是同等意义的概念。这里“法”、“自然”是佛性，而“冥合自然”是修行的方法和境界。

慧能《坛经》是禅宗奠基性的经典著作。《坛经》的核心理论是心性论，心性论的基本观点是性净自悟，文说：“三世诸佛，十二部经，亦在人性中，本自是有。……若识本心，即是解脱。”② 由此提倡“令自本性顿悟”③。《坛经》讲的“人性”、“本性”的涵义，如前所述，从根本上说是一致的，是指人自身本来具有的属性，也就是相当于道家所讲的“自然”。《坛经》的“本性”说既渊源于印度佛教的“如来藏自性清净心”观念，又渊源于中国道家的“自然本性”观念，联系“本性顿悟”的说法，应当说，对慧能《坛经》的思想影响，中

① 《师子吼品》，《大般涅槃经集解》卷54，《大正藏》第37卷，549页上、中。
②③ 敦煌本《坛经》[31]。

国的道家超过了印度佛教。这种看法也可以从慧能门人的有关言论中得到佐证。如慧能弟子神会就明确地用“自然”诠释“本性”、“佛性”。他不仅说：“僧家自然者，众生本性也。”① 还说：“佛性与无明俱自然。何以故？一切万法皆依佛性力故，所以一切法皆属自然。”② 神会认为，“自然”就是众生本性、就是佛性。神会还把“无明”乃至“一切法”都归属于“自然”，即都是自然本有，自然如此。应当说，神会的这些思想是继承中国道家、竺道生和慧能的观念的产物。虽然华严禅著名学者宗密批评了道家“人畜等类皆是虚无大道生成养育”③ 的说法，但是上述神会的说法却得到了宗密的肯定。④

慧能一系用“自然”界定“本性”，并且和道家、玄学家一样也反对人为造作。史载：

> 雪峰因入山采得一枝木，其形似蛇，于背上题曰：“本自天然，不假雕琢”，寄与师（大安禅师）。师曰：“本色住山人，且无刀斧痕。”⑤

“自然”，就是天然，就是不假雕琢的本然原生状态。人的自然本性就是心性的本然状态，是不受任何意念、欲望、情绪影响而保持本色的原始心境。王弼说：“自然之质，各定其分，短者不为不足，长者不为有余，损益将何加焉？”⑥ 禅宗的自然本性观念和王弼这种万物都自然具足自性，既非不足，亦非有余，无须损益的思想是一致的。

竺道生和禅宗吸取道家的自然观念而形成的自性说，启动了佛教理论的深刻变化和思想的重大转轨。第一，把“自然”归结为众生的自性、本性，这就否定了人的外加性、外在性，肯定了人的内在性；

---

① 《荷泽神会禅师语录》，石峻等编：《中国佛教思想资料选编》第2卷第4册，93页。

② 同上书，106页。

③ 《原人论》，《大正藏》第45卷，708页上。

④ 详见《禅源诸诠集都序》卷上之2，《大正藏》第48卷，402页下～403页上。

⑤ 《百丈海禅师法嗣·长庆大安大禅师》，《五灯会元》卷4，上册，192页。

⑥ 《周易注·下经·损》，《王弼集校释》下册，421页。

而对人性的内在性的肯定，也就必然要突出人的主体性；对人的主体性的突出，也就会进而高扬人的个性，引发人的个性解放和对自由的追求。第二，道生和禅宗用“自然”来诠释佛性，一方面是把佛性界定为本来自足的心性本然状态，一方面又赋予心性本然状态以超越性，为众生成佛提供了根据。这就在心性理论上把人的个性与超越性、现实性与理想性结合起来，也在一定意义上调和了人的自然本性与社会属性的基本矛盾，从而提供了在日常生活中实现超越的新归宿。第三，对自然本性的肯定和颂扬，导致禅修即极富中国特色的宗教实践的方式方法的形成。这就是以对人的自性即自然状态的整体直观、内在体验、自我复归为禅修生活的内容和要求，由此也必然强调在“自然”生活即平常生活中发现自性的神圣意义，并产生顿悟自性的方便法门——形形色色、千姿百态、生动活泼的禅法。

三、无为而无不为与无修而修

与“道法自然”命题相应，老子还提出“无为而无不为”的重要命题。《老子·三十七章》云：“道常无为而无不为”，认为作为宇宙的本体，道是自然而然地生成天地万物的，就道的自然言是“无为”，就道的生成天地万物言是“无不为”。无为和无不为是道的一体两面，也是包括人在内的万物的自然与作为的两面。庄子发展了老子的思想，《庄子》书云：“万物职职，皆从无为殖”（《庄子·至乐》）。又云：“天地有大美而不言，四时有明法而不议，万物有成理而不说。”（《庄子·知北游》）“天地无为也，而无不为也。”（《庄子·至乐》）这是把无为而无不为视为天地万物的生成方式、存在方式 。《庄子·知北游》又云：“圣人者，原天地之美而达万物之理，是故至人无为，大圣不作，观于天地之谓也。”这是说，至人的无为是根据天地万物的本性，即来自宇宙的自然根源。人作为万物之一，人的本性和天地万物的本性是一样的，据此，人的无为也来自人的本性根源。庄子认为，只有无为才能符合天地万物的本性，也才能保护人自身的本性。“性者，生之质也。性之动谓之为；性之伪谓之失。”（《庄子·庚桑楚》）人性是人的素质、本质，其本然状态是静的。性的动谓之行为，行为是增加了人为的作用，人为作用与人的天性相违背，就是失，就是丧失天性。为了保持人的本性，《庄子·庚桑楚》提出："四六者不荡胸中则正，正则静，静则明，明则虚，虚则无为而无不为也。""四六者"指四个方面的六项，即贵、富、显、严（威严）、名、利，容、动、色、理（情理）、气、意，恶、欲、喜、怒、哀、乐，去、就（依从）、取、与、知、能。意思是知、情、意的任何一种心理活动和与其相应的行为都是失性的，只有正静明虚，无心于功名得失，无有意作为才是无为而无不为，才能保持人的本性。魏晋玄学家推崇并发展了老庄的自然无为思想，如郭象等人就竭力调和道家"自然"与儒家"名教"的矛盾，他说："夫理有至极，外内相冥，未有极游外之致而不冥于内者也，未有能冥于内而不游于外者也，故圣人常游外以宏（疑为冥字）内，无心以顺有，故虽终日挥形而神气无变，俯仰万机，而淡然自若。"① 郭象讲的"至极之理"，是包含一切，超越对立的，他用"理"把有无、内外统一起来，强调通过"无心以顺有"的途径，达到"游外冥内"，即所谓"圣人虽在庙堂之上，然其心无异于山林之中"② 的精神境界。老庄和郭象的这种思想对于慧能禅宗一系的禅修方式都产生了直接的影响。

据王维《六祖能禅师碑铭》载，慧能曾说：

> 七宝布施，等恒河沙；亿劫修行，尽大地墨，不如无为之运，无碍之慈，宏济四生，大庇三有。③

"七宝"，金、银等七种珍宝。"四生"，指有情众生生成的四种类别，即卵生、胎生、湿生、化生。"三有"，指众生居住的欲界、色界、无色界三界。这是说，供养布施和持久修行，不如无为无碍，济度众生。"无为"是顺其自然，无所用心，不作人为的意志努力。"无碍"是无拘无束，自由自在，不作人为的约束规范。刘禹锡在《曹溪六祖大鉴禅师第二碑》文中也是这样评论慧能禅法的：

---

① 《庄子·大宗师注》，《诸子集成》（三），《庄子集释》，121页。

② 《庄子·逍遥游注》，《诸子集成》（三），《庄子集释》，14页。

③ 《全唐文》卷327，3313页，北京，中华书局，1983。

无修而修，无得而得。能使学者还其天识，如黑而迷，仰见斗极。得之自然，竟不可传。①

“无修”是不作有意识的修行。“无修而修”是“无修”的修行。“无修而修”必然是“无得而得”，不是为了得而有所得。这种得是“得之自然”，是顺众生自然本性的结果。于此可见，慧能有异于其他佛教宗派修持的禅法，并不是印度佛教的传统思想，而是渊源于道家的自然主义的思想，是直接运用“无为无不为”的思想模式的鲜明表现。

宗密把禅分为息妄修心宗、泯绝无寄宗、直显心性宗三宗。他还将直显心性宗分为两派，第一派是洪州宗，主张“即今能语言动作，贪瞋慈忍，造善恶受苦乐等，即汝佛性；即此本来是佛，除此无别佛也。了此天真自然，故不可起心修道。……不断不修，任运自在，方名解脱”②。第二派是荷泽宗，主张“空寂之知是汝真性。任迷任悟，心本自知。……但得无念知见，则爱恶自然淡泊，悲智自然增明，罪业自然断除，功行自然增进，即了诸相非相，自然无修之修，烦恼尽时，生死即绝”③。在宗密看来，这两派对心性的界说有所不同，前者以众生的一切言行为佛性，后者以空寂之智为佛性，但两者都认为“真性无相无为，体非一切，谓非凡非圣，非因非果，非善非恶”④，都主张“即体之用”⑤，“会相归性”⑥，又同属直显心性宗。从宗密的分析可以看出，慧能以后的洪州和荷泽两宗与道家珍视、保持、发展自然本性即追求人生理想价值的理路是一致的。两宗的运思结构和方式与道家的自然本性观念有着直接的内在思想联系，这两宗和道家一样，都是以直接显示天真自然的本性为基本要求，由此在禅修上或主张不断不修，任运自在；或主张无念无修，应用无穷。这种“不断不修”和“无修之修”，是基于众生的自然本性而确立的修行方式，

① 《全唐文》卷610，6162页，北京，中华书局，1983。

② 《禅源诸诠集都序》卷上之2，《大正藏》第48卷，402页下。

③ 同上书，402页下～403页上。

④⑤ 同上书，402页下。

⑥ 同上书，403页上。

是实现理想人格，成就佛果的基本途径。洪州宗和荷泽宗的禅修之路正是在“无为而无不为”的人生行为方式启发下形成的。洪州宗人宣扬“平常心是道”，强调一切日常行为都是佛性的体现，这和玄学家郭象的“游外冥内”学说也是有思想上的关联的。

四、静观、得意忘言与禅悟

静观是印度佛教修行解脱的方法，也是道家追求精神自由的方法。禅宗学人吸取佛、道的思想，其参禅的一个重要方法也是静观。从禅宗思想体系的整体来看，禅宗主流派更多地是按照道家的道→自然→无为而不无为的理路而采取修行的方法，也就是说，禅宗的静观更多地是来自中国的文化背景，尤其是道家思想的影响。从禅宗的演变来看，相对而言，道家的静观对慧能前的禅师影响较大，对慧能南宗一系则影响较小，静观是老子首先提倡，也是他着力提倡的，由此又可以说，老子的思想对慧能前的禅师有着较大的影响。

老子说：“致虚极，守静笃。万物并作，吾以观其复。夫物芸芸，各复归其根。归根曰静，静曰复命，复命曰常。”（《老子·十六章》）这是说，万物纷纭复杂，变化莫测，但各有其根，归根是“静”，这是“复命”，也是不可言说的“常道”。如何“观”万物的“复命”，也就是如何“观”不可言说的“常道”呢？这要“致虚”，即心中虚而无物，排除一切私见；“守静”即心中静而无虑，泯除一切思念。也就是要做到心虚静如镜。老子以静为动的根，是“主静”说的主要开创者。老子的“静观”方法，不是单纯的直观，而主要是内视反观的直觉，是自我的内在体验。这种静观既是对个体内心的体验，也是对本体“常道”的一种本体体验。也就是说，老子的静观是对自我个体与自然本体相统一的体验。老子“静观”思想对禅学的影响，正如梁慧皎《高僧传·禅论》中说：

> 《老子》云：“重为轻根，静为躁君”，故轻必以重为本，躁必以静为基。①

① 《高僧传》卷11，《大正藏》第50卷，400页中。

"躁"，动。老子这句话的意思是说，重是轻的根本，静是躁的基础。这表明了中国佛教学者明确地肯定了老子的主静观念为中国禅学的重要理论基础。后来，如道信的"看净"，弘忍的"看心"，神秀的"观心"，乃至正觉的"默照"都可以从老子的"静观"说中寻到某些思想源头。

佛教认为真理是不可言说的，言教只是教化众生的权宜方式。佛教主张"言语道断"，认为真正的悟境是"言亡虑绝"，无法以言语和思虑加以表述的。道家主张"得意忘言"，《庄子·外物篇》说："筌者所以在鱼，得鱼而忘筌；蹄者所以在兔，得兔而忘蹄；言者所以在意，得意而忘言。""筌"和"蹄"，分别为捕鱼和捕兔的工具，《庄子》以此比喻说明言词在于达意，既已得意就不再需要言词。后来魏晋玄学家更有"言意之辩"，形成"言尽意"、"言不尽意"和"得意忘言"三派，而以后一派最有代表性，影响也最大。"得意忘言"派王弼认为"意"是"超言绝象"的，这个"意"具有本体论意义。所谓"得意"就是对本体的体悟。从竺道生和禅僧的言论与思想来看，庄子和王弼的"得意忘言"说实际上成了他们佛学方法论的基础，其影响远比印度佛教的相关学说更直接，也更深刻。

如前所述，竺道生是中国第一位吸取道家学说来阐发佛性论的佛学家，他在当时之所以力排众议，发表新见，主张直指心性，正是吸取和运用庄子和王弼的"得意忘言"方法论学说所取得的理论成果。他说："夫象以尽意，得意则象忘；言以诠理，入理则言息。……若忘筌取鱼，始可与言道矣！"① 认为"得意忘言"方法是把握佛道的前提与关键。庄子、王弼的"得意忘言"说也一直是中国禅师参禅的主导思想。如慧可说："学人依文字语言为道者，如风中灯，不能破暗，焰焰谢灭。"② 僧璨也说："圣道幽通，言诠之所不逮。法身空寂，见闻之所不及。即文字语言，徒劳施设也。"③ 他们都强调语言

① 《高僧传》卷7，《大正藏》第50卷，366页中。
② 《楞伽师资记》，《大正藏》第85卷，1285页下。
③ 同上书，1286页中。

文字的局限，认为不能执著。道信更明确主张“亡言”以“得佛意”，他说：“法海虽无量，行之在一言。得意即亡言，一言亦不用。如此了了知，是为得佛意。”① 只有一言也不用，彻底“了了知”，才是真正得到佛意。《楞伽师资记》是这样描写弘忍禅师的：“其忍大师，萧然净坐，不出文记，口说玄理，默授与人。”② 由此可知弘忍也是奉行“得意忘言”的方法论原则的。到了慧能，尤其是慧能后学更认为佛陀所有的言教，佛教全部经典都只是教化众生的方便设施，并非佛法本质所存，更非佛教真理本身。佛法的本质在于心灵的开发，在于自性的开悟。而悟的内容也无法用语言文字传述，只能以心传心，由师心直接传予弟子心。由此，他们提出了摆脱印度佛教教义、教规的独特主张：不立文字，教外别传，“直指人心，见性成佛，不在言说”③。大力倡导直觉——顿悟说。后来进一步更有佛典是鬼神簿、拭疮疣纸之说。④ 于此可见，道家的“得意忘言”思想实是禅宗提出“见性成佛”说的逻辑起点和方法论依据，是禅宗之所以是禅宗，是禅宗之异于中国佛教其他派别，以及区别于印度佛教的认识论基础。由此又可见，“得意忘言”说在禅宗思想形成及发展史上具有何等重要的地位。

总之，道家思想对禅宗学者的影响是全面的、深刻的，它以对禅宗心性论影响为重心，同时还为禅宗提供了本体论、方法论和认识论的理论基础。当然，这不是说禅宗没有印度佛教和儒家思想的影响，禅宗作为佛教的一个派别，继承印度佛教思想也是必然的；禅宗作为中国佛教的一个主要派别，吸取儒家思想也是势在必行的。

第二节　佛教对道教心性论的影响

就佛、道两家心性论的互动关系来说，首先是老庄道家和魏晋玄

① 《楞伽师资记》，《大正藏》第 85 卷，1288 页下。

② 同上书，1289 页中。

③ 《黄檗山断际禅师传心法要》，《大正藏》第 48 卷，384 页上。

④ 详见《德山宣鉴禅师》，《五灯会元》卷 7，中册，374 页。

学影响了佛教尤其是禅宗的心性论。随后才是佛教特别是禅宗的思想反过来又影响了道教的心性论。道教的心性论是直接继承了道家修身养性的思想，也吸取了儒家的尽心知性学说，还深受佛教尤其是禅宗的心性论思想影响。就其影响的深度和广度来说，佛教尤其是禅宗超过了儒家对道教的影响。

道教是中国土生土长的宗教，它创立时期的基本教义，一是主张通过养生和炼性两方面的修炼达到与“道”相合，长生不死，成为神仙；二是信仰神仙具有超自然的神力，相信祈祷神仙就可以解决人生现实苦难以及死者灵魂得以超升。相应地，这两方面还各有一套炼养方术和祈祷方式。后来，道教很快地接受了佛教的影响，在南北朝时实行了改革，实现了宗教体制化、经教体系化，并吸取魏晋玄学和佛教般若学的崇尚精神超越的思想，调整了道教哲学的发展方向。到了隋唐时代，重玄之道成了道教思想的主流，着重阐扬以无遣有为玄、有无双遣为重玄的思想，其实质乃是通过对心性本体的体悟以求主体精神的超越，生命意义的升华。由此强调求仙只是修道的低级层次，体悟重玄才是修道的最高目标。随后道教更主张修性与修仙相结合的性命双修思想。中唐以降，儒、佛的人生理想追求进一步由外向转为内向，道教也步其后尘，日益转而向老庄归复，向自然本性归复。以向内反省、向内用工为思想特征的内丹道，就主张在自我身心内控制精气使其依阴阳消长法则运动周流。内丹又与禅相融合，进而推动了宋元道教的鼎革、兴盛，并形成了全真道。全真道突出了修性的重要性，主张“先性后命”，认为心性道德修养是身心修炼的前提、要务。他们甚至宣扬精神（心）重于生命（身），性为主，命为次，明显地表现出“重性轻命”的倾向。入明以来，道教继续沿着修心炼性的轨迹蹒跚而行，而在修道理论上也日益陷于枯寂沉默的状态了。

如前所述，中国佛教在南北朝时代就越来越把理论重心转到人的心性问题上来，到了隋唐时代，一些宗派更分别形成了各具特色的心灵哲学，尤其是禅宗，更以其“直指人心，见性成佛”的基本理论，紧紧地抓住佛教的根本义理，痛快淋漓地标举人的精神超越的方式方法，在思想界掀起层层涟漪。此后儒家和道教都这样那样、或多或少、自觉不自觉地接受了禅宗哲学的真谛，也以追求一种心灵世界的满足、愉悦为人生的最终归宿。

中国佛教，尤其是禅宗对道教心性论的影响有哪些方面呢？具体说，主要有以下几个方面。

一、轮回果报与形亡性存

佛教对道教发生影响最早的是轮回果报观念。佛教从自身的基本理论缘起论出发，强调善有善报，恶有恶报，众生依其善恶行为所得之报应在过去、现在、未来三世中生死轮回，或超越生死轮回而进入涅槃境界。由于因果报应是上推前生下伸来世，在理论上更为“精致”，在实践上又无从检验，也就为道教所接纳。道教学者修改了长生不死的说法，提出人的形体不可避免地要死亡，长生不死的当是人的神性、精神。这种说法为道教日后重视心性修养埋下了重大的理论契机。不仅如此，道教还发展了原有一套鬼神世界系统，如《云笈七签·天地部》① 模仿佛教说，上有三十六天，包括圣境、梵天、无色界、色界、欲界；下有地狱，地狱有十殿阎罗王。同时又突出了宗教伦理道德实践，并兴起斋戒义理和仪式规范的建设，仿照佛教法事使斋醮规戒更加规范化。这些变化都使道教更加走向民间，深入千家万户。

道教本有一种承负说，认为人们生前所做的善事或恶事，会使本人得到不同的报应，也会影响子孙后代的福殃，但并没有灵魂转生和作恶受罚下地狱之说。东晋以来，一些道教书吸取了佛教的六道轮回和来生受报的思想，例如，约成书于晋中后期的《太上洞渊神咒经》卷 3 上就说：“恶人死者入三途恶道，道士死者生天上、人间。……如此人等后有重罪，罪人赤连地狱水火之中，三千亿劫无有出期。”②《太极真人敷灵宝斋戒威仪诸经要诀》说：“恶恶相缘，善善相因，是曰命根。”③ 又说：学道人如果堕情欲，随流俗，就将“身没名灭，轮转死道”④。北魏嵩山道士寇谦之（365—448）改革道教，也引入

① 见《云笈七签》卷 21、22，《正统道藏》第 37 册，29373～29401 页。

② 《正统道藏》第 10 册，7510 页上、下。

③④ 《正统道藏》第 16 册，12793 页上。

佛教轮回果报说，在其《云中音诵新科之诫》中，宣扬作善业者在轮回中上升得道成仙，作恶业者在轮回中下堕地狱。又有《太真玉帝四极明科经》卷1①还发挥说，地狱遍设于中国的五岳②之中，又称仅鬼都酆都山的山上、山中、山下就各有八个地狱为死魂的处所。显然，这都表明道教学者将佛教的业报轮回思想和道教的承负说相融合，借以加强劝善惩恶的社会功能与效果。这种思想倾向一时成为道教学者撰写经书的风尚。在南北朝时期出现的道教经书中，佛教的因果报应、三世轮回、天堂地狱的思想可谓俯仰可拾，比比皆是，成为道教的思想基调之一。

随着佛教因果报应，三世轮回思想得到道教的普遍认同，道教学者也相应地调整了长生不死、羽化成仙的理论。唐代著名道士吴筠（？—778）在《玄纲论》第30章中说：

> 夫人所以死者形也，其不亡者性也。圣人所以不尚骸者，乃神之宅，性之具也。其所贵者神性尔。若以死为惧，形骸为真，是修身之道，非修真之妙矣。③

这是说，人的形体是要死的而神性不会死，应当重视神性的修炼。后来全真道实际上也放弃了对"肉体不死"的追求，唯求"真性"解脱和"阳神"升天。此派创始人王重阳（1112—1170）还抨击肉体不死说："离凡世者，非身离也，言心地也。……今之人欲永不死而离凡世者，大愚不达道理也。"④认为任何人都有一死，追求肉体长生而离开凡世是愚蠢的、不达道理的妄想。此派还宣扬了人的血肉之躯实际只是一具"臭皮囊"，是"臭肉"、"一团脓"、"骷髅"、"走骨尸"而已，强调只有人的"真灵一性"，才是"真我"，才是值得追求和提升的。

二、万法皆空与忘身无心

佛教大乘空宗学派从缘起论出发，阐扬一切事物都无自性，万法

① 《正统道藏》第5册，3533～3534页。

② 五岳指东岳泰山、南岳衡山、西岳华山、北岳恒山和中岳嵩山。

③ 《正统道藏》第39册，31527页下。

④ 《重阳主教十五论·第十五论离凡世》，《正统道藏》第53册，43159页上、下。

皆空，认为现象、本体、工夫、境界都是空无自性的。这种思想体现出佛教的脱俗出世、追求精神超越的基本立场，成为佛教的主导思想之一。道教认为宇宙万物皆由“道”演化而成，是真实的、实有的。但是随着万法皆空思想在东晋和南北朝时代获得流传，道教也受到了冲击和影响，导致了道教学者对道教原来的身心理论的重新调整和修改。

南朝齐梁时代著名道士陶弘景（456—536）热衷于融合道、佛思想，他吸取佛教的人生如幻的说法，称：“人生者如幻化耳，寄寓天地间少许时耳。”① 有些道经还论证了人的形体是“非我”，是“无形”：

> 我所以得生者，从虚无自然中来，因缘寄胎受化而生也。我受胎父母，亦非我始生父母也。我真父母不在此也。……今所生父母我寄附因缘，……故我受形亦非我形也。……附之以为形，示之以有无，故得道者无复有形也。②

道教在引入佛教大乘空观来观察人生、形体的同时，又进而提出了“忘身”的主张：

> 当知三界之中，三世皆空。知三世空，虽有我身，皆应归空。明归空理，便能忘身。③

上述“非我”、“无形”、“忘身”的思想是与道教的“贵形”、“重身”、“养生”的根本宗旨相悖的，显然，这是吸收了佛教性空思想后所发生的观念的重大变化。

道教还吸收佛教“空无自性”的学说来阐述一切事物的本性，强调人的心灵本性是空寂的。唐初道士孟安排在《道教义枢》卷8《自然义》中说：

> 义曰：“自然者，本无自性。既无自性，有何作者？作者既无，复有何法？此则无自无他，无物无我。”④

---

① 《真诰》卷6，《正统道藏》第34册，27383页下～27384页上。
② 《太上洞玄灵宝三元品戒功德轻重经》，《正统道藏》第11册，8815页下～8816页上。
③ 《太上洞玄灵宝智慧定志通微经》，《正统道藏》第9册，7348页下。
④ 《正统道藏》第41册，33197页上。

“无自性”是指无作者、无主宰，由此也是指无本性。这是说，自然本性是无自性，是空寂性。自（自然）与他（他然）、物与我因为都是无自性、空寂性的，所以是无差别的，都归结为空。由此引发开来，认为人的心性也是空灵明净的。对这种空灵明净的心性体验被认为是修道的重要境界。宋末元初道士李道纯说：“如道家炼精化气，炼气化神，炼神还虚，即抱本归虚，与释氏归空一理无差别也。……且如佛云真空，……道曰自然，皆抱本还元，与太虚同体也。”① 把“自然”与“真空”、“修道”与“归空”等同起来，从而使道教的修炼境界趋与佛家追求主体心灵空寂境界会通、一致起来。清代道士李西月也说：“炼丹至于空，已尽善矣。”② 把炼丹至于空寂视为尽善境界。

由于佛教万法皆空思想的影响，道教学者还阐发了“无滞”、“无心”的观念。唐初著名道士成玄英说：“玄者，深远之义，亦是不滞之名。……深远之玄，理归无滞。既不滞有，亦不滞无，二俱不滞，故谓之玄也。”③ 这是吸取大乘空宗的中道观，运用非有非无的思维模式来解说“玄”义，以强调“不滞”、“无滞”，也就是主张无任何执著，既不执著有，也不执著无。唐初著名道士王玄览说：“勿举心向有，勿举心向无，勿举心向有无，勿举心向无有。”④ 要求彻底排除内心深处的一切滞留、执著。后来又有一些道教学者阐发“无心”的主张，如明初全真道士何道全说：“若情忘念灭便是生门，意乱心狂便是死路。其心不与万法为侣，一性孤明，湛然独照，此乃出身之处。”⑤ 也同样是要求保持心性湛然不杂，不执著于万物。何道全对于“无心”，还有更为生动的说明：“师至静室，有僧聪都参师，问曰：‘假若有一女子迎面而来，看为女子，看为男子乎？’……师曰：

① 《问答语录》，《中和集》卷3第13，《正统道藏》第7册，5245页下～5246页上。

② 《无根树词注解》，见《张三丰先生全集》，《藏外道书》第5册，603页上，成都，巴蜀书社，1994。下引《藏外道书》均同此版本。

③ 《道法真经玄德纂疏》卷1，《正统道藏》第22册，17476页上。

④ 《玄珠灵》卷下，《正统道藏》第39册，31448页下。

⑤ 《随机应化录》卷上，《正统道藏》第40册，32148页下。

‘见如不见，焉知男女？心若无心，焉有罪福？大道不分男女，你别辨做甚？’”① “无心”就是不作任何分别，如见人就不作性别区分，见如不见。这也就是所谓从大道观之，一切事物都是无差别的。清代道士娄近垣说：

> 夫鉴觉之功不至于圆满者，心有所照也。欲泯照而觉圆，须无心而应运，故曰天地同归，物我一如。……是以世尊睹明星而起悟，太上跨青牛而观化，……皆灼知万物之备于我，而未尝有心于万物也。无心于物，故心心皆佛；无心于道，故处处是道。心心皆佛，无一念非佛心，处处是道，无一处非道体。②

这是说，能否做到“无心”是觉悟是否圆满的关键，而“无心”就是“灼知万物之备于我”，而又“未尝有心于万物”。这里所说的“无心”就是融合了道家、玄学和佛教相关思想的结果。

三、心生万法与心为道体

印度佛教唯心一系宣扬“三界唯心”、“万法唯心”、“唯心所变”，强调主体精神在把握世界、实现人生解脱理想上的决定作用。中国法相唯识宗也集中阐扬这一理论，天台、华严和禅诸宗也都接受了这一理论，唯心说与“一切皆空”说一样也成为中国佛教的重要理论基石。

道教认为，宇宙一切事物都是“道”的演化，“道”是永恒存在的；坚持修道——积累功德和修炼形体，就可安神固形，与“道”合一，长生久视。道教原本并没有宇宙一切事物生于“心”、灭于“心”之说，也没有以“明心见性”为修持根本法门之说。但是，从宗教内部的思想结构来看，离开对主体“心”现状的认识与转化，是很难建构起超越现实人生的思想体系的。道教创建以来的实践也表明，它企图通过养生修炼，达到长生不死、羽化成仙的目的，实际上除了在化学、医学、保健学等方面取得一定科学成果外，其成仙的理想完全是

① 《随机应化录》卷下，《正统道藏》第 40 册，32154 页下。

② 《阐真篇》，《龙虎山志》卷 11，《藏外道书》第 19 册，554 页上。

一种美好动人的幻想而已。这就迫使它不能不逐渐改弦更辙，调整神仙的内在涵义，转换修道的方式方法，把修炼的重点一点一点地转换到炼心上来，转向内在精神的追求上来。而这一转变又是与佛教唯心思想的影响密不可分的。

为了突出“心”在道教修炼中的重要作用，道教学者首先把“心”与“道”沟通起来，把“心”定为“道”的内涵，宣扬“心为道本”的思想。王玄览吸取佛教般若中观的唯心思想，把“道”归结为“四句”：“有、无、非有非无、非舍有无”①，并说：“一切万物各有四句，四句之中，各有其心。心心不异，通之为一，故名大一。”② 意思是说，一切万物的四句中都有心，心心是同一不异的，称为“大一”。“大一”也称“正一”、“真一”，实际上就是道的别名。这也就是说，“心”就是“道”，“道”就是“心”。王玄览还宣扬宇宙万物都是心识的感知、认知：“十方所有物，并是一识知。”③ “眼摇见物摇，其物实不摇；眼静见物静，其物实不静。为有二眼故，见物有动静；二眼既也无，动静亦不有。”④ 他把事物归结为个人的主观认识作用，把事物的动静不同状态归结为人的主观感觉，宣扬了万物唯心的思想。

北宋道教南宗祖师张伯端（987—1082）也说：

> 欲体夫至道，莫若明乎本心。故心者，道之体也；道者，心之用也。人能察心观性，则圆明之体自现，无为之用自成，不假施功，顿超彼岸。……此所谓无上至真之妙道也。……此道至妙至微，世人根性迷钝，执其有身而恶死悦生，故卒难了悟。⑤

这是一段十分重要的话，它所包含的思想有这样几层：一是说体悟至道的最佳方法是明察本心；二是说明心和道即是体（圆明）和用（无为）的关系；三是说世人若能察心观性，当可顿超彼岸；四是说世人

---

① 《玄珠录》卷上，《正统道藏》第 39 册，31441 页上。

② 同上书，31444 页上。

③ 《玄珠录》卷下，《正统道藏》第 39 册，31447 页上。

④ 同上书，31448 页上、下。

⑤ 《悟真篇后序》，《悟真篇浅解》，175 页，北京，中华书局，1990。

恶死悦生是彻底了悟的障碍。显然这些观点基本上是禅宗心性思想的翻版。金代道士王重阳强调："心本是道，道即是心；心外无道，道外无心。"① 南宋道士白玉蟾继续沿着追求内在精神超越的道路，宣扬"心即道"的思想，他说："推此心而与道合，此心即道也；体此道而与心会，此道即心也。道融于心，心融于道也。心外无别道，道外无别物也。"② "心"，指的是空灵寂静的心灵，"道"，指最高精神境界。这是说，所谓修道就是心与道契合，道与心融会，由此可以说，心就是道，道就是心。实际上，这是把道归结为心，把修道归结为在心上用工夫，所以他又说："心上工夫，不在吞津咽气"③，更是改炼气为修心了。

道教学者还论述了心与事、物、法、境的关系。老子认为道生万物，汉代道家又主张元气化生万物。道教融合了这两种说法，宣扬道就是元气，道生万物，也就是说元气化生万物。后来在佛教唯心思想的冲击下，道教学者对道生万物的说法又逐渐发生了变化，如署名通玄先生所述的唐初《道体论》，就说道是以有无、非有无、非有非无，亦有亦无为体，吸取佛教的"四句"式来阐明道体，由此对道是否化生万物的问题也作出"生，不生"的两重回答。《道体论》卷 6 也十分强调心的作用，文说：

> 万物之体，从业而感，净秽无恒，事从心转。譬如目有翳，见毛轮之在空。目翳既除，毛轮自灭。人业既净，则三界亦无。④

这是说，万物从业（身、口、意三业）感，万事从心转，只要心净，就三界皆无。实际上，这是肯定了心对事物的主导、决定作用。王玄览就人与物、心与境的关系也说："物体本无名，而人强立名。立名将作有，其物便为有。此有是人名，非是物自名。深观

---

① 《重阳真人授丹阳二十四诀》，《正统道藏》第 43 册，34571 页上。

② 《谢张紫阳书》，见《道藏精华》第 10 集之 2，《白玉蟾全集》卷 7，9 页，台湾，自由出版社，1980。

③ 《谢仙师寄书词》，《白玉蟾全集》卷 7，12 页。

④ 《正统道藏》第 38 册，30460 页上。

彼物体，实地本无名。何者？将言以言物，物处本无言。其物被人言，言外复无物。”① “将心对境，心境互起。境不摇心，是心妄起。心不自起，因境而起。无心之境，境不自起。无境之心，亦不自起。”② 这是说，事物的名称是人给立的，名称并非事物。心与境相对，互为因缘而起。若是无心之境和无境之心，就不会起境和起心。这里把事物视为人的名言，把境视为因心而起，都是在突出主体人心的主导作用。王玄览还说：“空见与有见，并在一心中，此心若也无，空有之见当何在?”③ 空有二种知见，都是心生心灭的，心无也就无知见。道教学者的这些说法，显然与佛教不无关系，他们把心无作为主体的最高境界也是脱胎于禅宗的。后来，张伯端所作《三界唯心颂》更与佛教观点别无二致，文云：“无一物非我心，无一物是我己。”④ 又作《见物便见心颂》云：“见物便见心，无物心不现，十方通塞中，真心无不遍。若生知识解，却成颠倒见。睹境能无心，始见菩提面。”⑤ 这几句话的意思是说，心物是不相离的，物不离我心，物是我心的所现。但物又并非我自己，没有物，心也不能显现。真心遍于一切。若视物不产生分别知解，视外境而能做到无心，也就是成就菩提智慧了。白玉蟾也说：“法法从心生，心外别无法。”⑥ 法，指事、物等。认为一切事、一切物都是从心而生，心外别无事无物。这是把道教的唯心思想推向了极端。

在修道问题上，道教学者也依照佛教把修持的重心转向提倡“识心”、“观心”、“灭心”、“虚心”、“炼心”、“治心”、“修心”诸方面来，强调在心上用功。史载，王玄览在修道过程中“叹长生之道无可共修，此身既乖，须取心证”⑦。从修长生之道转向求取心证，是修道方向、方式上的大转轨。他还说：“行人当须识心”⑧，以使“凡

① 《玄珠录》卷下，《正统道藏》第 39 册，31450 页下。
②③ 《玄珠录》卷上，《正统道藏》第 39 册，31440 页下。
④⑤ 《悟真篇》，《藏外道书》第 5 册，333 页下。
⑥ 《海琼白真人语录》卷 1，《正统道藏》第 55 册，44384 页下。
⑦ 王太霄：《玄珠录序》，《正统道藏》第 39 册，31435 页下。
⑧ 《玄珠录》卷下，《正统道藏》第 39 册，31452 页上。

心”转为“大心”。“大心”是能识一切所知，因而也是性空的心，“凡心”若能转换为“大心”，也就得到解脱了。据《道枢》卷10《华阳篇》载，唐末五代道士吕洞宾（798—?）谓“吾有观心之法，一念不生，如持盘水。”① 说“观心”时一念不生，一念不闪，就像手托一盘水，保持盘中之水纹丝不动，水平如镜一般。唐末五代道士杜光庭说：“一切世法，因心而灭，因心而生。习道之士，灭心则契道。”② 他所说的“灭心”就是“灭动心”，不执著有无。元代的全真道士牧常晁在回答“儒曰正心，佛曰明心，老曰虚心，此三者有同异否”的问题时说：“设曰三心，实一理也。”③ 肯定了道家“虚心”与佛教的“明心”是同为一理，其实就是对禅宗“明心见性”说的一种肯定。宋代道士萧应叟说：“三教皆由心地发明；儒曰存心，仙曰修心，佛曰明心。……无非令人淑此以复其善。”④ 道书《唱道真言》序文说，炼丹之法，“千言万语，亦不过只发明得炼心两字”⑤，更是明明白白地把炼丹归结为炼心了。

关于人心的性质，中国佛教通常把心开为真妄两面，这种真妄心论也为道教学者所吸取。明代道士陆西星（1520—1606）说：

> 夫人之一心本来无二，但以迷、觉而分真、妄。《金刚经》云：云何降伏其心。人生而静，天之性也；感于物而动，性之欲也。既有欲矣，则情随境转，真以妄迷，纷然而起欲作之心。⑥

这和佛教、儒家一样，也是从迷和觉、动和静、性和欲的对立来界定心的真妄。陆西星认为修道就是要“以真销妄，妄尽真存，正觉现前，方名见性”⑦。灭尽妄心，呈现真心，也就是正觉见性了。

---

① 《正统道藏》第34册，27586页下。

② 《道德真经广圣义》卷8第11，《正统道藏》第24册，18911页下。

③ 《玄宗直指万法同归》卷4，《正统道藏》第40册，31913页上。

④ 《元始无量度人上品妙经内义》卷4之24，《正统道藏》第3册，1928页下。

⑤ 《锺吕传道全集》，《道藏精华》第1集之3，4版，165页，台湾，自由出版社，1984。

⑥ 《方壶外史·纯阳吕公百字碑测疏》，《藏外道书》第5册，343页上、下，成都，巴蜀书社，1994。下引《藏外道书》均同此版本。

⑦ 同上书，343页下。

道教主张形神相合，形又分为精与气，如何通过修炼，使精、气、神三元对应而成为神仙是其根本教旨。道教后来又日益重视心性问题，重视修心，这样，如何阐明心与神的关系就成了一个重大的理论问题。有些道教学者倾向于以心代神，有些则强调心神之别。后者如唐初著名道士李荣提倡主静，强调动则有生有死，静则不死不生。他认为心使人不能安静而失去真性，陷入死地，不能成仙。他说："夫生我者神，杀我者心。我杀由心，心为死地。若能灰心息虑，不构有为，无死地也。"① 把神与心视为人生死的不同根源，也就是说心与神是根本对立的。在他看来，神是利生的，需要发扬，心是杀生的，定要息灭。唐代道士吴筠则说："夫心者，神灵之府，神栖于其间。苟心谋之，即神知之，神知之，则天地神明悉知之矣!"② 这是把心视为神所居的空间实体，亦即神的载体，神是居于心中的能洞察一切的主宰者，是与天地神明相通的。也就是说，神是心的内在的神灵，与心不等同。这是把神的作用视为正面的，把心的活动看为负面的，同时也含有把神视为心的内在本性而与心的外在活动相区别的意义。这样把心神加以区别，就大可显示出与佛教禅宗专于心上用工的不同，从而保持道教的精、气、神三关转化式的修炼模式，为"性命双修"提供理论根据。

四、明心见性与修心炼性

清代道士陶素耜说："儒曰存心养性，释曰明心见性，道曰修身炼性，三教圣人都教人从心性上超生死。"③ 又清代道士傅金铨将儒、释、道关于心性的言论汇编成《心学》3卷，并在标明三教一源的前言《心学论说》中开宗明义地说："儒曰存心养性，道曰修心炼性，释曰明心见性，教虽分三，理无二致。"④ 这两段话表明了儒释道三教在心性修养理路上的一致性。道教的修心炼性说有其内在的思想演变根据，同时也是受儒、佛两家心性论思想影响的结果。佛教，尤其是禅宗的明

---

① 《道德真经玄德纂疏》卷 14，《正统道藏》第 22 册，17645 页下。

② 《玄纲论·畏神道章》，《正统道藏》第 39 册，31526 页上。

③ 《悟真篇约注·杂义》，《藏外道书》第 10 册，72 页下。

④ 《心学·心学论说》，《藏外道书》第 11 册，675 页上。

心见性思想对道教修心炼性说的导引、启示作用是极为显著的。

如前所述，禅宗的解脱论思想要旨就是明心见性。“心”指自心，真心，“性”指本性，佛性。禅宗认为，众生要想超越生死求得解脱，唯一的途径就是彻见自心的佛性，实际上就是实现内在超越，获得一种内在心理的平衡和精神境界的升华。佛教的佛性论与禅宗明心见性说的阐扬，对道教的道性论与性命双修说的阐扬发生了直接的影响，进而推动了道教从贵生养身向修心炼性转轨。

南北朝时，中国佛教就成佛的根据即佛性问题展开了热烈的讨论。受这种佛性论思潮的影响，道教也从人性的角度讨论成仙的根据问题。道教将成仙的根据称为道性，也称真性、正性。人性与道性是什么关系？是否人人都有道性？这是道性论的核心问题。道教学者根据老子“道法自然”的思想，以“自然”为道与人的本质、本性，以不受增损的自然本性为真道性，由此认为道性即人性，进而认为人人都有道性。如有的道教学者说：“夫道者，圆通之妙称；圣者，玄觉之至名。一切有形皆含道性。”① 《唐玄宗御制道德真经疏》也说：“人受生，皆禀虚极妙本，是谓真性。及受形之后，六根爱染，五欲奔驰，则真性离散，失妙本矣。”② “虚极妙本”，即成仙的内在本性。“一切有形皆含道性”，人“皆禀虚极妙本”，都是强调人人皆有成仙的道性。这里说的和中国佛教所宣扬的“人人皆有佛性”实质上是一致的。

绝大多数道教学者都主张人人皆有道性，只有少数学者认为人的禀气不同，并不是人人都有道性。如吴筠在《玄纲论》中谓气无清浊之分，但有阴阳之别。阳在上，纯阳在九天之上，阴在下，纯阴在九地之下，中间是阴阳混蒸。禀纯阳之气而生的为圣哲，禀纯阴而生的是凶顽，禀阴阳二气的是大量的一般人。所谓修道就是以阳炼阴，直至阴气灭尽方可成仙。③ 吴筠特别强调人体的重要性，坚持肉体成仙

① 《道门经法相承次序》卷上第10，《正统道藏》第41册，33128页下～33129页上。

② 《唐玄宗御制道德真经疏》第16章，《正统道藏》第19册，15340页下。又，有谓该书实出于道士之手。

③ 参见《玄纲论》的《天禀章》、《以阳炼阴章》等，《正统道藏》第39册，31519、31523页。

说。他把人的本性与阴阳二气结合起来，以禀气论人性，这和东晋南朝之际竺道生以“禀气二仪”论佛性在理论上是一致的。但竺道生由此肯定人人皆有佛性，“一阐提人”也有佛性，而吴筠则据此主张并非人人都有道性，表现出在佛性或道性的普遍性问题上的不同观点。

伴随着道教对人性、道性的探讨，在理论上又引发出颇具全局性的一大问题，即人性与生命是什么关系？修心炼性如何能通向长生不死？修性与修命如何协调起来？可以说，自南北朝以来，道教学者就自觉不自觉地开始探讨这些问题，如南朝齐梁时代陶弘景著《养性延命录》就是讲如何通过心理调适以求身体健康，延年益寿。到了唐代，吴筠举起修性与修命相结合的旗帜，形成性命双修的思想。这种主张不仅符合道教原来的形神双修的思想特质，又吸取了儒、佛心性论加以补充、调整，在整体上与中国的天人合一思维模式相适应，以致性命双修一直成为尔后道教修持的基本模式。在坚持性命双修的原则下，有的道教学者主张先命后性，有的则主张先性后命，至于有的主张只修性不修命，则是脱离性命双修的轨道了。

道教认为，性和命是人的两种构成要素，也是内丹修炼的两个方面。一般地说，性，指人的本性，又称为真性、灵性、正性、真心、天心、道心、元神等；命，指人的生命，又称为元气、气。性与命相当于我们现在说的精神与肉体（物质）、心理与生理。道教内丹家们多数认为性命一体，互相依存，主张性命双修，安神固形，以求达到肉体长生、精神不死的生命永恒状态。据载，吕洞宾的《敲爻歌》说：

> 只修性，不修命，此是修行第一病。只修祖性，不修丹，万劫阴灵难入圣。达命宗，迷祖性，恰是鉴容无宝镜。寿同天地一愚夫，权握家财无主柄。①

这是批评说，性命偏修只能得到片面的修道效果：只修性，不修命，就不能由凡入圣，长生久视；只修命，不修性，虽寿同天地，但仅是

① “鉴”，原作“整”，据《敲爻歌直解》改。见《藏外道书》第6册，180页上。

一介愚夫，心无主宰，犹如要照面容却无宝镜一般。这也就是主张性命双修，形神两全，位证上仙。张伯端也说：

> 因为世之学仙者，十有八九，而达其真要者，未闻一二。仆即遇真诠，安敢隐默？罄所得成律诗九九八十一首，号曰《悟真篇》……及乎编集既成之后，又觉其中惟谈养命固形之术，而于本源真觉之性有所未究，遂玩佛书及《传灯录》，至于祖师有击竹而悟者，乃形于歌颂诗曲杂言三十二首，今附之卷末，庶几达本明性之道尽于此矣。①

张氏直言不讳地承认，仅讲“养命固形之术”是远远不够的，还必须深究“本源真觉之性”，这才是“达本明性之道”。他还把学道境界分为三层次：“先以神仙命脉诱其修炼，次以诸佛妙用广其神通，终以真如觉性遣其幻妄，而归于究竟空寂之本源矣。”② “本源真觉之性”即“真如觉性”，这是佛教《大乘起信论》和禅宗所阐扬的心性本觉思想。禅宗宣称，众生一旦明心见性，妄念俱灭，体证本觉之性，也就归趣于宇宙人生的空寂本源。张氏把佛教禅宗心性论的要旨奉为圭臬，置于比道教理论更高的层次，这不仅是公开提倡道、佛合流，道、禅合流，而且是视佛高于道，禅在道之上。张伯端还进一步提出先修命，后修性，“先命后性”的修道步骤和方法，影响相当久远。后来，一些道教学者也强调必须学习参禅，以明彻心性。清代道士白鬓老人王士端就说：“大修行人，必得学禅家参悟，……人不学禅家参悟，则心性不能明彻。”③ 也有道教学者反对那种认为佛教了性，道教了命的观点，如陆西星认为儒、道、佛三教是同一宗旨，即都以性命双修为大旨，认为佛教是要教人从性而立命，道教是教人即命而了性。“性者，万物一源；命者，己所自立”④，然而“性非命弗彰，命非性弗灵。性，命所主也；命，性所乘也”⑤。在陆西星看来，性

① 《悟真篇·序》，《藏外道书》第5册，318页下～319页上。

② 《悟真篇拾遗·禅宗歌颂诗曲杂言》，《正统道藏》第4册，2907页下。

③ 《养真集跋》，《藏外道书》第10册，839页上。

④⑤ 《玄肤论·性命论》，《藏外道书》第5册，363页上。

是命的主宰，命是性的载体，性与命是绝对不能分离的。

与张伯端南宗一系的“先命后性”主张不同，道教北宗全真道主张先性后命，此派的创始人王重阳否定道教传统的长生不死观念，认为“本来真性”不乱就是长生不死，修改了长生不死的涵义，强调内在精神的超越。有问“何者名为长生不死?”王重阳答曰：“是这真性不乱，万缘不挂，不去不来，此是长生不死也。”① 据此王氏认为修道要“先求明心”②，强调明心见性。如何明心见性？他吸取禅宗的“无念”为宗的思想，说：“内清静者，心不起杂念；外清静者，诸尘不染著。”③ 认为关键是心性清静，无念无著。他还说：“诸公如要真修行，饥来吃，睡来合眼，也莫打坐，也莫学道，只要尘冗事屏除，只要心中清净两个字，其余都不是修行。”④ 认为如同禅宗人一样，顺其自然，随缘任运，无所索求，摒除尘冗，才是真正的修行。全真道不仅讲“先性后命”，而且还有“重性轻命”的思想倾向。王重阳说：“宾者是命，主者是性。”⑤ 认为性与命是主与宾的关系，强调性之重要超过了命。

金代文学家元好问评论全真道说：“全真道有取于佛老之间，故其憔悴寒饿，痛自黥劓，若枯寂头陀然。及其有得也，树林水鸟、竹木瓦石之所感触，则能事颖脱，缚律自解，心光烨然，普照六合，亦与头陀得道者无异。”⑥ 认为全真道一如佛教的头陀行，形象地昭示了两者的共似性。元代道士牧常晁运用佛教的顿渐观念，把南北两宗先命先性的不同丹法分别称为渐修和顿修，从命入手是渐修，从性入手是顿修。又称从性入手的全真道为“金仙之道”，其修行理论与方法是和禅宗一致的。⑦ 牧常晁的说法可谓道出了全真道的实质和特色：最接近禅宗思想。

---

① 《重阳真人授丹阳二十四诀》，《正统道藏》第 43 册，34570 页上。
② 同上书，34571 页上。
③ 《重阳真人授丹阳二十四诀》，《正统道藏》第 43 册，34570 页上。
④ 《玉花社疏》，《全真集》卷 10 第 12，《正统道藏》第 43 册，34480 上。
⑤ 《重阳真人授丹阳二十四诀》，《正统道藏》第 43 册，34569 页下。
⑥ 《紫虚大师于公墓碑》，《遗山先生文集》卷 31，《四部丛刊》影印本。
⑦ 参见《玄宗直指万法同归》卷 3、4，《正统道藏》第 40 册，31896～31918 页。

从以上四个方面来看，佛教就道教在转变对人的形体、生命、人性、人生理想的看法上起了巨大的推动作用，使之转向于心性修养；佛教尤其是禅宗对道教所论述的心性内涵、心性与外境、心性与道、心性与空、心性与形体等之间的关系，以及心性修养及其境界等，也都发生了深刻的影响。佛教心性论中有道家的思想，道教心性论中有佛教，尤其是禅宗的思想，这是中国佛、道两家心性论思想互动互补、交融会通的重要现象。

余论一

心性论：中印佛教思想的重要同异点

心性论既是印度佛教的核心思想，也是中国佛教的核心思想。中国佛教是印度佛教的继承，又是印度佛教的发展。同样，中国佛教的心性思想是中国佛教学者普遍地认同、容受了印度佛教心性思想，并自觉地加以继承、吸纳的结果，这表现为中印佛教心性思想具有许多相同之处。中国佛教学者又是在中国的特定历史条件之下，根据中国人的思维方法和文化传统去认识、理解印度佛教心性思想的，这就不可避免地出现某些“误读”现象，偏离了印度佛教心性思想的本义；而且，中国佛教学者还往往根据弘法的实际需要，不断创造出新的思想，这又表现出中印佛教心性思想的差异。

一、中印佛教心性思想之同

从中国佛教心性思想发展全过程来看，中国佛教对印度佛教心性思想着重吸取的是：以心性说为解脱依据的思想、如来藏思想、众生都有佛性说，以及内省修持方法，这些是中印佛教心性思想的主要共同点。

（1）普遍重视心性问题。印度佛教十分重视众生主体心在生死轮回或得道解脱中的关键性作用，并以心性本净作为解脱的依托、根据。中国佛教与印度佛教一脉相承，也把“心”作为众生在世间和出世间赖以存在的基本原因，并依此来说明轮回流转或得道成佛的根据、方法等理论问题。中国佛教的重要典籍和重要宗派都不从外物、客体方面去立论，而是着意阐发众生主体心灵和心灵本性的染净、善恶、迷悟，强调追求心性的朗然无瑕，从而达到解脱的境界。中印佛教都以心性论为人生解脱关键，其基本思路是完全一致的。

（2）如来藏思想和佛性说是两个最大的共同点。印度大乘佛教如来藏系阐扬自性清净心——如来藏心——佛性思想，强调在一切众生的烦恼身中存在着本来清净、永恒不变的本性，是众生成佛的内在根据。这一思想深受中国佛教学者的欢迎和肯定。与之相应，印度的《涅槃》、《胜鬘》、《维摩》、《法华》、《华严》、《楞伽》诸经在中国也甚为盛行。《大般涅槃经》宣扬清净心、如来常住、一切众生悉有佛性乃至一阐提也能成佛的教义。《胜鬘经》结合胎藏、清净心、杂染心而形成“如来藏”说，强调众生虽被烦恼所缠，但本性清净，与如来同等，同样具有如来之性（如来藏、佛性），同样能获得涅槃，成就佛果。《维摩诘所说经·佛国品第一》称：“若菩萨欲得净土，当净其心，随其心净，则佛土净。”① 这些思想影响极为深广。早在晋宋之际，竺道生就高扬众生皆有佛性、人人都能成佛说。隋唐以来重要佛教宗派，如天台宗宣扬心、佛、众生“三法无差”，即一念心体与诸佛、众生之性无有差别的思想。华严宗高唱心心作佛，无一心而非佛心。② 禅宗也同样以如来藏心为禅修的源头和究竟，高唱“即心即佛”、“自性是佛”之说。可以说，印度佛教心性论中的如来藏思想和众生都有佛性思想，对中国佛教心性论学说的影响最为巨大。

（3）内省修持的一致性。中印佛教的这种一致性主要表现在两个方面：一是“见性”。印度佛教如来藏一系认为，众生的本性，虽为烦恼、妄念所蔽障，但本性自存不变，一旦烦恼、妄念息灭，本性就会恢复、呈现出来，因此在实践上也就提倡见性，强调悟见佛性是成就正果的根本途径和标志。中国佛教不少宗派，尤其是禅宗更是突出地强调“明心见性”的思想，认为觉知自心，彻见佛性，就可成佛作

---

① 《大正藏》第14卷，538页下。

② 详见《华严经探玄记》卷1，《大正藏》第35卷，118页。

祖。这是一种返本还源的方法，带有排斥实质性的变革，肯定人生的现实价值的倾向。二是“内省”。古代印度人普遍重视内省的价值与功用，他们体验瑜伽的沉思，以达到心灵寂静的境界。这可说是反省心理学。印度佛教也普遍重视内心省察，“见性”就是一种特殊的内省方法。此外，大乘佛教瑜伽行派对人的意志、情感和欲望等心理作用和状态的反省也非常细密，此派极为关注心理作用的伦理价值和实践价值，强调变革，去恶从善，转识成智。这套理路在中国佛教中虽不得势，但它重视心理的伦理意义与实践意义的精神，实也融合于中国佛教的思想与实践之中，构成为中国佛教心性论不可分割的思想内容。

二、中印佛教心性思想之异

中国佛教在继承印度佛教心性思想的同时，又在心性思想的重心、心和心性的内涵以及内省方式方面体现出与印度佛教心性思想的若干差异。

（1）心性思想重心的不同。印度佛教心性论思想始于早期佛教，中经部派佛教，再进入大乘佛教而臻至定型，其间各种心性思想竞相存在，没有形成一个突出的重心。中国佛教最初接受的印度佛教心性学说属大乘佛教瑜伽行派的心意识说和如来藏一系的如来藏——佛性说，后来在中国广为流传并成为重心的是佛性说。佛性说在中印佛教心性思想中的地位是不同的。印度早期佛教和部派佛教几乎都不讲佛性，大乘佛教中观学派和瑜伽行派不重视佛性学说，两大派不讲或很少讲佛性，至于如来藏一系的经典则讲佛性，讲众生都有佛性，然常受到其他派别的质疑、批评，在印度也并不兴盛。印度佛教主要是以自性本净、如来藏论心性，中国佛教则主要以如来藏，尤其是佛性论心性，中国佛教自晋宋之际兴起涅槃佛性说思潮后，佛性说就成为中国化佛教宗派天台、华严尤其是禅宗的心性思想的基本内容。

与佛性的地位问题相关，中印佛教对佛性内涵的解说也有某些差异。印度大乘佛教比较偏于从佛的本质、品格论佛性，也以成佛的原因、可能性论佛性；中国佛教则比较侧重于从众生的成佛根据，也就是从众生的本性论佛性，禅宗进而说心本来是佛，把佛性视为本来的佛，佛性就是佛。此外，印度佛教瑜伽行派主张“五种性说”，认为有的众生没有佛性，没有成佛的可能。中国的固有观念认为人皆可以为尧舜，在这种思想影响下，中国佛教的主流派也都强调“一切众生悉有佛性”，甚至还出现印度佛教没有阐扬的“无情有性”说，认为草木瓦石等无情之物也有佛性，这就与印度佛教佛性说相去更远了。

（2）对心涵义理解的变异。佛教讲的心有不同涵义和不同类别。印度佛教多从心识方面论心，且突出阿赖耶识的重要。再是从心性方面讲心，也讲如来藏心。阿赖耶识基本上属于妄心一类，而如来藏心则是净心一类。瑜伽行派论阿赖耶识的目的是要转识成智，即经过特定的修行，变阿赖耶识为智慧，以成就佛道。如来藏一系论如来藏心，是要众生经过长期的修持，排除烦恼，以显现本来清净的如来法身，成就为佛。如上所述，在中国，阿赖耶识说并不盛行，如来藏——佛性说则受到普遍的欢迎。中国天台、华严和禅诸宗实际上都以如来藏心即清净心为众生修持成佛的内在根据，但是，值得注意的是，这些宗派又程度不同地把如来藏心（清净心）与众生心、现实心，乃至一念心、平常心等同起来，把清净心落实到现实的当下的众生心上，淡化乃至取消一系列转变众生现实心灵的修持活动，改变为顺应众生现实的当下的心灵活动，以求从中显示佛性、佛理、佛道。如天台宗讲“一念心”，“介尔之一念”，就是至微至小的现前刹那的一念心。天台宗人宣扬的“一念三千”，就是说众生当下一念心中具足世间与出世间一切存在的性相。华严宗讲“一真法界”（真心），此宗还宣扬一切存在“各唯心现”、“随心回转”，从而模糊了真心与现实心的界限。至于禅宗更是高唱一念之心，一念之灵知，力主“自心是佛”，“即心是佛”，“识心见佛”，“平常心是道”，认为众生与佛无本质区别。印度佛教如来藏一系重清净心，中国佛教则拆除了清净心与众生现实心的间隔，往往以众生的现实心去代替清净心，从而令印度大乘佛教所说的“即心是佛”的涵义也发生变化，不是即清净心是佛，而是即现实心是佛。这种对成佛的心的内涵解说的差异，是中印佛教心性理论乃至整个佛教理论的最大差异之一。又，牛头禅一系深受老庄思想的影响，提倡“无心为道”，这种主张后来融入慧能门下，尤其是青原石头一系的禅法之中，也表现出与印度佛教心性之学的巨大差异。

（3）心性意义界定的分殊。如前所述，印度佛教心性思想的主流是心性本净说，从早期佛教，尤其是部派佛教大众部以来，一直到大乘佛教的如来藏和佛性说，其间心性本净思想是一脉相承的。心性本净说是强调心性本来是寂静、寂灭、明净的，和嚣动不安的烦恼不是同类的，心性虽为烦恼客尘覆蔽，但其明净本性不变，此正是成就正果的可能。中国佛教在继承心性本净思想的同时，又有所发展，提出了性觉说，认为不生不灭的如来藏，也即众生具有本原性的真心，就是“本觉”。真心的本性是真实识知，它的智慧光明遍照一切，是为最高主体性。中国佛教学者撰写的《大乘起信论》、《圆觉经》就宣传这种众生先天本有觉性的观点。《大乘起信论》的性觉思想对于天台、华严和禅诸宗的心性思想有着直接的重大的影响，成为了这些中国化佛教宗派心性论的思想基础。心性本净与心性本觉虽不是绝对排斥的，但两者的意义又是不同的。本净说着重就伦理、心理立论，本觉说则转而从智慧、智能（超越的主体能力）方面立论；本净是与烦恼相对，本觉则与烦恼中的“无明”对举；本净是就本性清净的可能性、当然性而言，而本觉则是具有觉悟智慧的现实性、已然性而言；本净说导致偏于心性道德修持，本觉说则重返本归源，由此也突出发挥主体思维的能动性。本觉说在禅宗的各类禅法中得到了最充分的体现。

（4）心性修养方法的差异。中印佛教的心性修养方法有其共同之处，都提倡内心反省，但是内省的类型又有所差别。印度大乘佛教为了追求彼岸永恒无限的存在，厌恶现实世界和官能享受，要求教徒静默沉思，进行内省。在内省中，通过分析、批判、认知、直观事物的实相，不仅不依恋而且要力图避开外部物质世界的刺激，无视、拒绝外在的影响，以求心灵的寂静、明净，从而为成就正果进入彼岸佛国世界奠定坚实的基础。中国佛教，尤其是禅宗不同，它遵循《大乘起信论》的“一心二门”说，心有体（真如心）用（生灭心）两个方面，真如心不离生灭心，又要超越生灭心。也就是说，绝对本体就在主体自身中存在，不在彼岸存在，是内在的，不是外在的；是内在的超越，不是外在的超越。或者说，佛，佛土，佛的境界就在众生的心中，不是在众生心之外，不是在彼岸世界。这样，最根本的修持就是净化自己的心，就是要追本溯源，返本归真。这种还原式的内心修持，又是在现实世界中进行的，是不离开外在影响的，是依靠众生智慧而求得的自悟。

余论二

心性论：儒、道、佛三教哲学的主要契合点

佛教哲学思想主要是倡导内在超越的一种宗教文化，是重视人的主体性思维的宗教哲学。它与同样重视内在超越和主体思维的中国固有的儒、道思想，在文化旨趣上有着共同之处。内在超越和主体思维离不开心性修养，佛教与儒、道两家都具有鲜明的心性旨趣，因而心性论逐渐成了佛教哲学与中国固有的儒、道哲学的主要契合点。这种契合对于佛教及其哲学在中国的命运具有举足轻重的作用，这种契合具有深厚的文化根据。

中国儒、道哲学的中心关怀和根本宗旨是什么呢？简而言之，是教人如何做人。儒家历来津津乐道如何成为君子、贤人、圣人，道家热衷于追求成为神人、至人、真人。儒家强调成就社会关怀与道德义务的境界，道家则注重内心宁静和平与超越自我的境界，两者所追求的理想人格和精神境界具体内容虽有不同，但都是为了获得人和人生的意义，也就是要在宇宙中求得“安身立命之地”。可以说，儒、道两家都主张人的本真生命的存在不应受外界的牵引、控制，都追求一种自觉地突破世俗利益的束缚而以冷静的理性眼光去正视人生、社会和宇宙的超越精神。那么，世俗性的人生世界与超越性的精神世界之间的鸿沟如何逾越呢？值得我们特别注意的是：中国的固有哲学思维强调在现实生命中去实现人生理想，追求

人生归宿，认为人生的“安身立命之地”既不在死后，也不在彼岸，就在自己的生命之中。如此，心性修养就至关重要，成为了人能否达到理想境界的起点和关键，理想人格的成就是人性即人的存在本质的完美显现与提升，也就是认知的飞跃，情感的升华，意志的实现，道德的完善。

佛教教义的中心关切和根本宗旨是教人成佛，所谓佛就是觉悟者。觉悟就是对人生和宇宙有了深切的觉醒、体悟。而获得这种觉悟的根本途径不是以外界的客观事物为对象进行考察、分析，从而求得对外界事物的具体看法，以成就理想人格。即使分析、认识外界事物，也是从内在的主体意识出发，按照主体意识的评价和取向来赋予世界以某种价值意义（如“空”）。随着印度佛教的发展，虽然也出现了阿弥陀佛信仰，在中国也形成了以信奉西方极乐世界阿弥陀佛为特征的净土宗，宣扬人可以在死后到彼岸世界求得永恒与幸福。但是印度早期佛教并不提倡彼岸超越的观念，中国佛教几个富有理论色彩的民族化大宗派——天台、华严和禅诸宗也都是侧重于心性修养，讲求内在超越的。而且与中国固有思想和旨趣相协调，晚唐以来中国佛教的主流派禅宗尤为重视内在越超。从思想文化的旨趣来看，可以说，儒、道、佛三家的学说都是生命哲学，都是强调人要在生命中进行向内磨砺、完善心性修养的学问。这便是佛教与儒、道能够共存、契合的前提和基础。

关于佛教与儒、道思想在文化旨归上的共似性，中国古代有些学者尤其是佛教学者早已发现了，而且后来在思想的沟通上也越来越深入。在佛教传入初期，佛教著作《理惑论》就从追求理想人格的角度，强调佛与儒、道的一致，后来东晋时的慧远等人则从佛教与儒家的伦理纲常和社会作用着眼，肯定两者的共同之处。宋代以来的佛教学者更直接从理想人格和伦理道德的理论基础即心性论入手，鼓吹三教同心说。本书第二章第五节引用的明代佛教学者真可的话，就极为明确地点明了“心”即思想意识是三教成就理想人格的共同根据，认为三教都以“不昧本心”为共同宗旨，都以“直指本心”为心性修养的共同途径。

儒家学者多数持反对佛教的立场，但也有少数人主张儒、佛是可以会通的。如史载："范泰、谢灵运每云，六经典文，本在济俗为治耳。必求性灵真奥，岂得不以佛经为指南邪？"① 认为佛教的心性论超过了儒家经典的论述。又如柳宗元、刘禹锡也认为佛教的内美胜过外形，其心性修养学说是值得肯定的。尤其值得注意的是，唐代儒家反佛名流韩愈和李翱，他们一面强烈地排斥佛教，一面又羞羞答答转弯抹角地承认甚至吸取佛教的心性学说。韩愈在高扬儒家道统的宣言书《原道》中，就十分明确地强调个人的正心诚意是修、齐、治、平的起点和基础，而批评"今也欲治其心而外天下国家"，即指责佛、老"外天下国家"，批评他们的超俗避世的生活方式，然而对于佛、老的"治心"则持肯定态度，这是从儒家的立场透露出这样的信息：心性论为儒、道、佛三家文化的基本契合点。李翱也说过，时人对于佛教"排之者不知其心"②，他又鉴于当时儒者"不足以穷性命之道"③，而在批判佛教的同时，吸取佛教的心性思想，以建立"复性"说。直至现代，如本书"绪论"所述，著名史学家陈寅恪还说："佛教于性理之学 Metaphysics 独有深造。足救中国之缺失，而为常人所欢迎。"④ 佛教在中国生根、开花、结果，与中国固有的宇宙观、人生观、价值观发生互补的作用，实与中国儒、道在人生、心性等方面理论结构的缺陷、局限相关。

如上所述，道家《庄子》继承和发展《老子》的"见素抱朴"思想，认为人性是自然的、纯真的、朴实的，情欲不是性，主张性不为外物所动，"任其性命之情"，保全本性。崇奉《老子》、《庄子》的道教讲究养生成仙，但在南宋以后，道教的新起派别则力图革新教义，主张道、儒、佛三教结合，并以道德性命之学为立教之本。如新起的最大道教派别"全真道"就是如此，史载：

① 何尚之：《答宋文皇帝赞扬佛教事》，《弘明集》卷 11，四部丛刊影印本。
② 《去佛斋》，《李文公集》卷 4。
③ 《复性书上》，《李公合集》卷 2。
④ 转引自吴学昭：《吴宓与陈寅恪》，10 页。

金大定初，重阳祖师出焉，以道德性命之学，唱为全真，洗百家流弊，绍千载之绝学，天下靡然从之。①

王重阳不尚符箓，不事黄白，不信羽化登仙之说，而力主道德性命之学，表明道教学者把教义宗旨定位于内在超越上面，以进一步取得与儒、佛文化指归的一致。以上情况表明，心性论实是佛教与儒、道两家共同关注的文化课题，也是佛教哲学与中国固有哲学相契合的思想要点。

佛教心性论与中国固有的哲学思想相契合也是历史的必然。这可以从三方面加以说明，首先我们从主导思想儒家学说的演变来看。古代中国是盛行宗法制的农业社会，人们提倡的是人与自然的和谐，人与等级社会的协调。因此强调的不是如何征服自然、改造社会，而是主体内心的修养。强调克服主体自身局限的儒家学说，成为了社会的正宗思想。如孟子讲“尽心知性”，《周易大传》强调“穷理尽性”，《大学》和《中庸》重视个人道德修养，提倡“慎独”，主张诚心恪守道德规范等，成为了人们生活、行为的准则。但自汉代以后，儒风发生了变化，偏离了心性之学。儒家名教又受到魏晋玄学的批判，其正宗主导的地位更加削弱了。正如韩愈所说：

周道衰，孔子没，火于秦，黄老于汉，佛于晋魏梁隋之间。其言道德仁义者，不入于杨，则入于墨；不入于老，则入于佛。②

这是对秦至隋间思想史的总结，表明了儒家仁义道德学说的失落，心性旨趣的缺失。西晋玄学家郭象就曾综合儒、道两家思想，强调游外（逍遥）与弘内（从事世俗事务）、内圣（到达内心最高精神境界的圣人）与外王（从事外部事务的帝王）的统一，以纠正儒家的偏颇。韩愈、李翱则站在儒家本位立场，高举仁义道德的大旗，重兴心性之

① 李鼎：《大元重修古楼观宗圣宫记》，朱象先：《古楼观紫云衍庆集》卷18，《正统道藏》第32册，26029页下。

② 《原道》，《韩愈全集校注》第5册，2662页，成都，四川大学出版社，1996。

学。迄至宋代，二程还说：

> 古亦有释氏，盛时尚只是崇设像教，其害至小。今日之风，便先言性命道德，先驱了知者，才愈高明，则陷溺愈深。①

二程敏锐地意识到佛教“言性命道德”夺取了儒家的地盘，对儒家构成了极大的威胁。因此宋儒都自觉地以重建心性之学为己任，并建立了理学体系。这从一个历史侧面表明，佛教心性学说大行中土是合乎中国固有文化旨趣的，也是一种历史的必然。

其次，从中国哲学主题思想的变化来看，先秦时代思想活跃，百家争鸣，各种哲学问题，如本体论、宇宙论、人生理想论和心性论等都有了发轫和展开，呈现出百花齐放的鼎盛局面。到了汉代，宇宙论成为热点，一些哲人热心于探讨宇宙万物的生成、结构和变化等问题。魏晋时，玄学盛行，其重心是本体论，着重从宏观方面深究宇宙万物的有无、本末、体用关系。在魏晋玄学思潮的推动和本体论思维方式的影响下，中国哲学的兴奋点从宇宙（天）转到人，着重透过人的生理、心理现象进而深入探究人的本质、本性，从而由宇宙本体论转入心性论，即人本体论。而着其先鞭，首先完成这一转变的便是佛教学者。南北朝时佛教的佛性论思潮，就是心性论成为了时代哲学主题的标志。后来，在佛教心性论的刺激下，儒家也更为系统地阐发了奠基在道德本体上的心性论，把社会伦理本体化、超越化，强调心的本性既是人的形上本体，又是宇宙的形上本体，从而又与佛教心性本体论相沟通。

再次，从中国佛教哲学发展逻辑来看，最早引起中国佛教学者兴趣和注意的是般若空论和因果报应论。早期，般若空论在教外知识界中并未引起强烈的反响，因果报应论还遭到了儒家学者的激烈反对，并由教内外的因果报应之辩发展为神灭神不灭之争。这种具有重大哲学意义的争论最终以双方坚持各自立场而告终。但经过这场争论后，正如前面第五章所指出的，中国佛教学者把理论建设的重点从形神关

① 《河南程氏遗书》卷2上，《二程集》第1册，23页。

系转为身心关系的内核心性问题，从论证灵魂不灭转向成佛主体性的开发，着重于对佛性、真心的阐扬，此后中国佛教哲学也就转到心性论轨道上来，并且由于与重视心性修养的中国固有文化旨趣相吻合而日益发展，以至在南北朝隋唐时代形成了众多派别的丰富多彩的心性论体系。

佛教和儒、道的内在超越的共同文化旨归，佛教和儒、道在心性论哲学上的互相契合，是佛教得以在中国流行的根本原因，也是佛教哲学与中国固有哲学相融合进而成为中国传统哲学内容一部分的重要原因。

方立天文集

第五卷

中国佛教哲学要义

下

中国人民大学出版社
·北京·

第四编　宇宙论

小　引

人类从自然中演化出来又生存于周围自然环境中，人的命运必然受制于客观环境；同时，也只有人才有需要和可能去思考生存空间，思考客观世界对自身的意义，思考宇宙的生成、结构、现象、本体、真相等问题，由此便产生了宇宙论哲学。佛教哲学的重心是人生论，但围绕着探讨人生解脱问题，佛教也同样具有宇宙论哲学。中国佛教宇宙论哲学继承和发展了印度佛教宇宙论学说，重视对宇宙现象、本体、真相的探讨，形成了颇富创造性的宇宙论哲学思想。这里，我们先简要地论述印度佛教宇宙（世界）概念的界说、宇宙论的形成和展开的理论基础与思维路径，以便于下面分章说明中国佛教的宇宙结构论、现象论和本体论。

佛教典籍中的“世界”和中国古代文献中的“宇宙”这两个概念的涵义是相同的，同是指时间和空间所含括的一切领域。《大佛顶如来密因修证了义诸菩萨万行首楞严经》卷4云：“世为迁流，界为方位。汝今当知东、南、西、北、东南、西南、东北、西北、上、下为界，过去、未来、现在为世。”① 这是说，“世”是不断迁流的时间，“界”是多种方位的空间。中国典籍《淮南子》的《齐俗训》篇说：

① 《大正藏》第19卷，122页下。

"往古来今谓之宙，四方上下谓之宇。"① 可见"宙"相当于"世"，"宇"相当于"界"，宇宙即佛教讲的世界。佛教典籍中与世界同义的概念还有"世间"，世间通常分为"有情世间"（人类社会等）和"器世间"（山河大地）两类。

佛教所讲的世界一词，随着信仰观念的变化和发展，其内涵也在扩展和演变。小乘佛教原指有情众生，即天、人、阿修罗、畜生、饿鬼和地狱"六道"所居的世间为世界。后来大乘佛教进一步把阿罗汉、菩萨和佛所居的国土，也称为世界，如西方极乐世界、莲华藏世界等，这样在众生所居的世界之外又另有诸佛等净土世界，也即不同于此岸世界的彼岸世界，超越相对世界的绝对世界。

佛教从对世界的界定出发，强调世界的特质，是在空间上的无限广大和在时间上的无始无终，古代印度以须弥山②中心说来勾画其世界结构，认为须弥山周围环绕着九山八海、四大洲、太阳、月亮，合称为一个"世界"。一千个如此的世界，称为一个"小千世界"。一千个小千世界，为一个"中千世界"。一千个中千世界为一个"大千世界"。因一个大千世界中含有小、中、大三种"千世界"，故大千世界又称为"三千大千世界"。世界即由无数个三千大千世界所构成，世界是广大无边，无有限量的。

缘起是佛教的最基本观点，缘起论是佛教最主要的教义，是全部佛教的核心。缘起偈云："诸法从缘生，是法缘及尽，我师大圣王，是义如是说。"③ 认为宇宙万法及其生灭都受缘起法则的支配，宇宙万法，包括物质性的外境和精神性的内识，都由原因和条件的集合而生起，缘集则生，缘散则灭。这是佛教对宇宙万事万物的总看法。缘起论是佛教阐明宇宙万法的基本原理，也是宇宙论的理论基石。

缘起是指事物间的因果关系、相对关系，重点是"缘"字，缘即原因或条件，"起"是表示缘的功能、作用。佛教讲因果通常有三种

---

① 《淮南子》卷 11，《诸子集成》第 7 册，178 页，北京，中华书局，1986。
② 须弥山，原为印度神话中的山名，佛教沿用为耸立于一小世界中央的高山。
③ 《大智度论》卷 18，《大正藏》第 25 卷，192 页中。

意义：一是众生的行为与其果报之间的必然关系，是道德的因果；二是客观事物的自然的、物理的因果关系；三是与“缘起”通用，泛指宇宙间万事万物的互相依存关系，互相间的必然关系。缘起论的典型表述被概括为：“此有故彼有，此生故彼生，此无故彼无，此灭故彼灭。”① 四句话中的一、三句是说事物空间上的有无，二、四句是说事物时间上的生灭。可见，缘起展现在空间和时间两个方面，从空间上看是一种有无状态，从时间上看是一种生灭过程。在佛教看来，宇宙一切现象的有与无、生与灭，都是因果规律作用的结果和体现。也就是说，一切现象都依一定的条件而存在，都因一定条件的离散而毁灭。宇宙间的纷纭万象都是由各种原因或条件的集合而生成的因缘之网，其间任何一个现象都是不能孤立独存的。

大乘佛教用缘起论的基本原理和方法说明宇宙万物的生灭有无问题，最终又把自然界和客体的问题落实到人生的意义和解脱的问题上来。例如，大乘中观学派创始人龙树说：“众因缘生法，我说即是无（空），亦为是假名，亦是中道义。”② 认为事物是缘起的，没有自身独立的实体存在，由此也就没有独立的自性，本性是空，即性空。这也就是著名的缘起性空说。这里，缘起是就存在的现象言，性空是就存在的本性言，前者是有，后者是无，是事物的一体两面；而体悟非有非无、亦有亦无的“中道”则是人生把握宇宙真实和获得解脱的思想前提。又如，大乘瑜伽行派倡导阿赖耶识说，认为细微潜在的阿赖耶识是众生的本原，阿赖耶识中藏有无数的染净种子，这些种子待缘现行，就由潜在状态变现为种种现象。这种“万法唯识”、“识有境无”的唯识观点，构成为与中观学派缘起性空论实质相同表述相异的缘起论，是佛教观察宇宙的重要观点。

就人来说，人有形体和精神，有自然本性和精神本性，有物质需要和精神需要，而佛教关注的不是物质生活和物质需求，而是心灵深层的抚慰和平衡。人心在佛教的人生论和宇宙论中占有突出的地位。

① 详见《杂阿含经》卷12，《大正藏》第2卷，79页上～86页下。

② 《中论》，《大正藏》第30卷，33页中。

在佛教看来，人的心识有认识作用，有的派别甚至还认为具有变现、决定外境的意义、价值和作用。佛教还普遍地认为心识活动是众生导致生死流转的决定因素，心性修持则是获得解脱、成就正果的关键性因素。因此，心在缘起中起枢纽作用。身心本为一体，而心为本，身为末；心物本是一体，而心为本，物为末。从总体来说，以主体心为基点去审视、直觉、把握世界，是佛教缘起论和宇宙论的基本理路。

佛教是一种人文思想，是一种主体性的哲学。它着重从人出发，以人为考察对象，它关注人的生命、心灵、意义和终极归宿，关注超越生命的终极意义——解脱生死痛苦的人生最高理想境界的实现。它不是把外部世界作为独立物进行分析，以求得相关的科学知识。也就是说，佛教是要解决人的问题，而不是客观对象的问题。它是要说明人依善恶之因招感苦乐之果，以生死轮回和解脱成佛的方式感受这无尽的因果之流，并在这样的意义上体悟这个存在的世界。它从主体人的解脱需要出发，涉及对外部世界的认识，而这种认识也是为了说明人生的问题。正是这种佛教哲学的对象性、目的性，决定了佛教往往不是在主体和客体的分离和对立中，而是在两者的统一和合一中，并以人为主导，来论述外部世界的问题。

中国佛教学者继承印度佛教的缘起论，并运用于说明人生、宇宙的问题。由于历史背景的差异，中国佛教的缘起论又有其不同的特色，中国古代的固有哲学思维与佛教的缘起性空论不同，比较看重现实，对万物的生成变化，对生命的延续存在，也持肯定的态度，既不把宇宙万物视为空，又不把宇宙万物视为唯识所变；也比较重视对宇宙万物的总的统一性的原理、规律、根源、根据的追求，如对“道”、“理”的探讨和寻求；还比较重视人与万物、主体与客体的协调、和谐，由此也比较重视主体人和人心作用的发挥。中国佛教学者是在印度佛教哲学思维和中国固有的哲学思维相融合的基础上阐发缘起论的，如《大乘起信论》宣扬真如缘起论，说超越的真常心与经验的生灭心相和合，随外缘而现起一切法，成为现象世界，强调世界万物是真心（统一的宇宙心）的显现。又如华严宗继承真如缘起论的理路，提出法界缘起论，说佛具足了纯净无染的德性，在定中随众生的愿欲而示现出种种互不相碍的事象。此外，天台宗、禅宗也都提出具有中国民族特色的缘起论，这些都是对印度佛教缘起论的发展。

中国佛教宇宙论学说是缘起论法则的演绎与运用的哲学成果。历代佛教学者循着缘起论这一基本理论线索，从不同的视角和思维方式去观察、认识宇宙，围绕着宇宙是什么，什么样，以及宇宙与人的关系如何，人的善恶之因如何招感苦乐之果而处于不同生存空间等问题，作出了种种答案，形成了形态各异的宇宙论。

相对而言，中国佛教学者在宇宙生成论方面的理论创造较少，他们比较重视对宇宙结构和现象的说明，更重视对宇宙本体的寻求，并把佛教的一些认识论问题转换为本体论问题。为此，本编设四章，就中国佛教的宇宙结构论和现象论各设一章，并以两章篇幅论述中国佛教的本体论。

本书根据中国佛教学者的《经律异相》、《法苑珠林》和《法界安立图》的相关资料，结合宇宙生成论来论述中国佛教的宇宙结构论，其中着重论述宇宙空间图式论和宇宙时间观两个问题。文中指出，中国佛教学者在介绍、论述佛教的宇宙结构论时，往往以中国传统的天地观念为框架来组织安排内容，并结合中国的有关著作与学说，如浑天说、盖天说等加以对照和比较，有的佛教学者还对中国的地理环境作了热情的描述，字里行间，洋溢着爱国主义情感。

关于中国佛教的现象论，本书着重论述中国佛教学者对宇宙现象的一些重要看法，主要是：僧肇的现象是假名不真论和动静不异论，以及后来镇澄对僧肇《物不迁论》的批评；天台宗的现象与本质、事物与真理相即不离的论说；法相唯识宗的存在三种形态和现象三种类别说；华严宗人视现象与现象之间无差别、无矛盾为最高思想境界的学说，这些论说是对宇宙现象的深入探讨，丰富了人们对宇宙现象的认识。

从宇宙缘起的现象，进一步深入考察其本体的，是宇宙本体论。现在我国学界所说本体论的本体是西方的哲学术语，一般是指关于世界本原或本性的学说。在中国古代哲学中，相当于本体论的是本根论，是探究宇宙万物生成、变化的根本原因和根本依据的学说。这里我们设两章讲本体论，是要论述中国佛教关于人类和宇宙万物的本性、本质、根源、根据的学说。

鉴于理解佛教本体论的困难与歧义，我们先简略介绍印度佛教本体论的概况，并申述中国佛教本体论形成的本土思想背景，分析中国佛教本体论形成的多种途径。接着是以较大篇幅叙述本体论部分的重点内容：中国佛教学者追寻人类与宇宙万物的本原的艰苦、曲折、漫长的思想历程。相应地，我们遵循历史顺序，着重论述了气本原说、道体说、本无说、法性实在论、理本体说和心本原说。中国佛教本体论最终归结为心本原说，或者说是心与理合一的本原说。故此，我们将“理”与“心”两说展开，叙述了历代各家各派的相关学说，从而以比较多的文字把中国佛教本体论的主流思想展示在读者面前。

第二十三章

中国佛教的宇宙结构论

佛教的宇宙结构论是佛教关于众生和佛等所居的空间、环境的学说，其间论及众生和佛等所居世界，即现实世界和神圣世界的构成、性质、特点以及相互关系，又论及世界的生成、坏灭，也即时间的变迁问题，体现了佛教对宇宙空间和时间的整体看法。在这方面，中国佛教学者的《经律异相》、《法苑珠林》和《法界安立图》等著作作了比较集中的介绍和阐发。

《经律异相》，凡 50 卷，庄严寺沙门宝唱等奉梁武帝之命而编集，于梁天监十五年（516）成书，收于《大正藏》第 53 卷。此书系将散见于经律中的希有异相，亦即佛教故事加以集录，分类编纂成为一部佛教故事总汇和大型佛教类书。全书以天、地、佛、菩萨、僧等为序，共分为 39 部，其中的《天部》和《地部》辑录了佛教对空间结构、时间变迁、地理区域、自然现象及其变化的看法，颇富宇宙结构论的哲学内涵。

《法苑珠林》，100 卷或 120 卷，西门寺沙门道世编撰，唐总章元年（668）成书，收于《大正藏》第 53 卷，全书 100 多万字，勒为 100 篇。此书分门别类地介绍了佛教的各项义理和一般知识，具有佛教百科全书的性质，书中第 1～4 卷的《劫量篇》、《三界篇》和《日月篇》，叙述了佛教的时空观和宇宙图式论等，构成本章论述的重要素材。

《法界安立图》，6卷，燕山沙门仁潮辑录，明神宗万历十二年（1584）成书。全书3卷7章，叙述的是世界建立的次第和结构，可谓中国佛教宇宙论的典型作品。

下面，我们将根据上述三书的有关资料，着重论述中国佛教的宇宙空间图式论和宇宙时间观两个问题。

第一节 宇宙图式论

一、《经律异相》的天地说

梁代宝唱等集的《经律异相》在1～3卷的《天地部》中，以中国的传统天地观念为纲，展现其宇宙观。

该书的《天地部》分《天部》和《地部》进行论述。在《天部》里集中论述了“三界诸天”即欲界、色界、无色界诸天的具体情况。①

一是欲界六天，因此界的众生有食欲、淫欲、睡眠欲等，故称欲界。六天是：（1）四天王天，居于须弥山周边的半腹，均高达四万二千由旬。② 四天王分别为东方的提头赖吒天王（持国），南方的毗娄勒天王（增长），西方的毗娄博叉天王（广目），北方的毗沙门天王（多闻）。据说这四天王的任务是守护佛法，护持四方天下，令诸恶鬼神不得侵害众生。（2）忉利天，居于须弥山顶，有三十三天宫，故又称三十三天。③ 忉利天王为释提桓因，即帝释天，位居中央，其四方各有八天，三十二大臣，合称为三十三天。（3）炎摩天，由风轮支撑，位于虚空中。（4）兜率天，也由风轮支撑，居于虚空中，有的菩萨就住于此。（5）化乐天，也由风轮支撑在虚空中，其主为善化天王，能由神通力自在变作五妙欲境而受用娱乐。（6）他化自在天，也

① 详见《大正藏》第53卷，1～4页上。

② 由旬，梵语音译，印度的距离单位，约相当于40里。

③ 明末四大名僧之一袾宏，世称云栖大师，曾撰《天说》，就天主教的传入作出回应，指出：“彼所称天主者，忉利天王也，一四天下，三十三天之主也。”把天主教的上帝等同于佛教的护法神忉利天王。并按照佛教的三千大千世界说，称天主有万亿个之多，表现出了对天主教教义的隔膜。详见《云栖法彙·手著》第5册。

为风轮支撑在虚空中，其主为自在天王，在欲界中独得自在，即于他所变化的欲境自在受乐。此外，还有居于欲界与色界中间的魔天，据说此天无有限数，飞来飞去，来去无碍，且能随意变现出不同的颜色。欲界六天，大体上是自四天王天起依次向上升高，且愈升愈高，是立体的层次结构。六天及其天众各有其特点和不同功能，如四天王天和帝释天是分工不同的守护神，兜率天有的地方是菩萨在成佛前的修持处。佛教以此显示它比立足于大地上的人类世界的优胜之处。

二是色界二十三天，“色”即物质现象。色界是指由清净的物质所构成的世界。居于色界的众生已离淫欲，也不附着秽恶的物质，然还为清净微细的物质所系缚。色界位于欲界之上无色界之下。关于色界诸天，有些佛教经典的说法不尽相同，《经律异相》根据《长阿含经》第20卷介绍了二十二天，又据《涅槃经》和《大智度论》以摩醯首罗天为第二十三天，并宣扬色界天众的特点已无男女的分别，衣服自然而至，以光明禅悦为食物。如大梵天，原为婆罗门教最尊崇的主神，自认为能造化万物统领大千世界，为一切众生的父母。佛教将此天置于色界之中，表明大梵天是信奉佛法，修得上等禅的果报，是受佛的嘱托，护持国土的护法神。

三是无色界四天，无色界是厌离物质的色想而修四无色定者死后所生的天界，是一种超越物质的精神世界，在色界二十三天之上。四天为空处智天（空无边处）、识处智天（识无边处）、无所有处智天（无所有处）和有想无想天（非想非非想处）。此四天中的天众较色界天众更进一步，已无物质、无场所、无空间高下的分别，这些天众都是依据禅修的不同果报而达到了相应的精神境界。

从以上天界的结构来看，佛教是以众生的欲望和修持程度为标尺来区分三界的高下，肯定有一种无物质的精神世界的存在，并强调精神世界高于物质世界。由此看来，三界是天界主体经过修持所达到的不同境界，这也表明，具有鲜明的信仰修持色彩是佛教宇宙图式论的重要特点。

《经律异相·天部》还介绍了日、月、星、雷、电、云、风、雨等天体运动和自然现象。① 文中认为日和月都有城郭，日的城郭是方正二千四十里，月的城郭是长高各一千九百六十里。日王的宝座方二十里，周围有无数天神。日王发出的光明，透过宫殿、城郭而普照大地。日城绕须弥山右旋，形成昼夜。一年中各有半年日行稍南或稍北，相应地南北方昼夜长短也稍有不同。月的城郭是方的，远看为圆。月王坐在方二十里的七宝宫殿中，也有无数天神随从。月内外清澈，光明远照。因有时在运行中被青色天所遮蔽，故有亏满现象。星宿城郭是天神的房舍，随日运行。雷是地、水、火、风四大互相触撞而发出的声音。电，分东、南、西、北四方，共四种，四方的电又互相触击，时而生起电光。云，有白、黑、赤、红四种。风，在世界坏灭时，有大风名为"坏散"，能吹毁大千世界的一切。但同时在大千世界以外又有风名为"障坏散"，能隔断风灾保护其余大千世界。雨，有雨师管降雨，但有时雨师放诞淫乱，且不降雨。又有龙王从自身心中放出雨水，以滋润大地，饶益众生。从《经律异相·天部》对自然现象的描绘与说明中可以看出，它既竭力从自然现象本身去论述，反映了古代的自然知识水平；又带有许多猜测成分，并把自然界神格化，以纳入其庞大的诸神系统之中。

《经律异相·地部》主要是论述阎浮提（南赡部洲）和郁单曰（北俱卢洲）的情况。② 关于阎浮提，文说，有十六大国，东有晋国，南有天竺国，西有大秦国，北有月支国，共有八万四千城。域内有六千四百种人，还有不同种类的鱼、鸟、兽、树、草、药、宝物等。海中国家更多，有二千五百国，每五百国有一国王。阎浮提的中心是昆仑山，漫山遍布宝石，周围有五百窟，窟都是由黄金构成，为五百罗汉栖居之所。大地还有雪山王、须弥山王等十大山王。在大雪山上，北有阿耨大池，为阎浮提四大河的发源地，河水分别从金象、银牛、琉璃马、颇梨③狮子的口中喷出，绕池一匝，流入东、南、西、北四

① 详见《大正藏》第53卷，6页中～7页上。

② 详见上书，10～14页下。

③ 颇梨，梵语音译，意为水玉，七宝之一，也作玻璃。

海。关于郁单曰，文说，周匝广长各四十万里，山河美妙，树花遍地，环境优美，人们生活富裕安乐，人寿均长千岁，死后生于欲界诸天。阎浮提是人类所居的现实世界，郁单曰是比人类世界美好的世界。这里的论述反映了古代中、印两国佛教学者对世界地理的认识和想象。

二、《法苑珠林》的三界说

道世《法苑珠林》的宇宙观主要集中在《三界篇》中，该篇的《述意部》总结和提示了《三界篇》的义旨：

> 夫三界定位，六道区分，粗妙异容，苦乐殊迹。观其源始，不离色心。检其会归，莫非生灭。生灭轮回，是曰无常。色心影幻，斯谓苦本。……寻世界立体，四大所成，业和缘合，与时而作。数盈灾起，复归于灭。……夫虚空不有，故厥量无边，世界无穷，故其状不一。于是大千为法王所统，小千为梵王所领，须弥为帝释所居，铁围为蕃墙之城，大海为八维之浸，日月为四方之烛，总总群生于兹是宅。①

这是道世对世界的总看法，归结起来，主要论点有三：一是认为三界、六道虽各有不同，究其根源都同为色心，即为物质精神两项而起，其归趣无非是生灭两个方面。二是认为世界由地、水、火、风四大所成，由众生的业力和因缘相和合，按时而成，并历经灾祸而灭。世界万物的生灭变化，归根到底是地、水、火、风四大的变化。三是说世界无穷，虚空无边，大千世界、小千世界各有统领，众生就以这样的世界为住宅。

接着道世指出，中国学者对宇宙的看法，如："《易》称玄天"，"《庄》说苍天"，只是说明了天的幽深或远色而已，没有说明宇宙的结构。他依据《长阿含经》等文，论述了宇宙的平面结构，说以须弥山为中心的四大洲是一国土，即一世界，如此一千个世界构成小千世界，一千个小千世界构成中千世界，一千个中千世界构成大千世界。

① 《法苑珠林》卷2，《大正藏》第53卷，277页下。

由小、中、大三种“千世界”，合名为“三千大千世界”。道世认为三千大千世界“是一化佛所统之处”，即是一个佛如释迦牟尼佛教化的域界。①

道世在论述了世界的平面结构以后，还依据《华严经》等佛典，论述了世界的立体结构。他说：“三千大千世界以无量因缘乃成，且如大地依水轮，水轮依风轮，风轮依空轮，空轮无所依。然众生业感世界安住。”② “轮”，含有转动的动态义。这是说大地以下的立体结构共有四个层次，世界最下面的为虚空，虚空之上是风轮，风轮之上是水轮，水轮之上是大地。空→风→水→地，逐层支撑，空无所依托，在最下面，地由水支撑，在上面。

道世在同书《劫量篇·成劫部》中，还引用《起世经》等佛典，就世界的生成过程作了论述。③ 文说，当经历无量久远、不可计数岁月的大劫之后，世界又生起重云，遍下洪雨，一片汪洋。后有大风名阿那毗罗，将雨水吹起，水沫飞向空中，形成了庄严美妙的梵天宫殿和许多其他宫殿，如此就造成他化自在天，乃至夜摩天，共成六天。洪水退后，水中四方的浮沫厚积六十八亿由旬。大风吹起浮沫又造成须弥山和三十三天，并在须弥山半腹之间造就日月天子宫殿。大风再向须弥山四面吹起浮沫，浮沫飘过四大洲八万小洲，形成大轮围山等群山。大风继续狂吹，开掘大地，由浅入深，以至形成了大海。这就是“器世间”，即众生所居的国土世界的形成。至于众生则是从光净天（光音天）辗转而来。色界的光净天寿八大劫，聚集过多后，居处迫迮，难以承载，于是有的转生其他天宫，后来又有的下生人间，再后更有的生为饿鬼、畜生，直至下生地狱。这就是不同众生的形成。从道世对器世间形成的论述来看，他认为在物质世界的形成过程中，风和水起了极大的作用，尤其是水，更是形成日月星辰、山河大地、天界宫殿等的重要根源。风也作为一种根本性的动力，不断推动物质

① 详见《法苑珠林》卷2，《大正藏》第53卷，278页上。

② 同上书，278页上、中。

③ 详见上书，275页下～277页上。

世界的形成。这也就是把物质世界的形成看做一个运动的过程，物质形态转化的过程，而且这一过程是有一定秩序的，它由上向下，由高到低，即先形成大梵天宫殿，再是他化自在天，一直到须弥山周围的群山大海。这里，道世既是从物质自身（水等），又是从运动过程来阐述物质世界的形成，强调物质世界形成的物质性、秩序性和运动性。这既是古代中国佛教学者对物质世界形成富有神秘色彩的描述，也是天才而朴素的猜测。

在《三界篇·诸天部》中，道世还依据《婆沙论》对天界作了介绍说："天有三十二种，欲界有十，色界有十八，无色界有四，合有三十二天也。"① 除无色界四天外，其他与《经律异相》所引略有不同。道世认为欲界十天中包含日月星宿天等，色界是按初禅、二禅、三禅和四禅而得的十八天。《诸天部》还对诸天众的业因、受生、住处范围、身长、衣服、饮食、生活习俗、贵贱、贫富、寿命等都作了详细说明，其间有许多描述是人间实际生活的折射。

道世在《法苑珠林·日月篇》中，还结合中国的有关学说，集中论述了日月星辰现象。文中首先依据佛典说二十八星宿都各有姓有名，他们是由种种因缘投胎所生的具有人格性的天神，有的是天上圣者的亲属，有的是仙人的子女后代。二十八宿，东南西北四方各七宿，是过去天仙所分布安置的，是为了"摄护国土，养育众生"②，负有神圣的使命。星宿是诸天宫宅，大小不一。据有的经典称，大星周围七百里，中星周围四百八十里，小星周围二十里。③ 道世还就陨星落石的现象作了说明，认为那是二龙相争而落下的如石一般的东西。日月星辰既不是石，也不是气，而是天宫，也是天神。他强调说，如果日月星辰是石，就不可能有光，日中也就不能有乌，月中也就不能有兔，也不能在气中独自运行；如果日月星辰是气，气体轻浮，就应当与天相合，往来环转，怎么会各有度数、移动不均呢？道

① 《大正藏》第53卷，282页中。
② 《法苑珠林》卷4，《大正藏》第53卷，295页上。
③ 详见上书，295页中。

世还指出浑天说、盖天说也都是站不住脚的，他并从认识论角度强调“凡人所信，惟耳与目”，而“遥天之物，非凡度量”，认为只有佛教圣者才能认清天体的构造。①

《日月篇》还对日天宫殿和月天宫殿的庄严结构，日与寒暑、昼夜的关系，月的阴晴圆缺，以及升云、震雷、击电、降雨、地动等都引经据典加以说明，其间既反映了佛教的宇宙观，也体现了古印度天文、地理等的自然知识水准。

在《日月篇》结尾部分，道世还辑录了中国的《河图》、《列子》、《春秋繁露》、《白虎通》、桓谭《新论》、《论衡》、《周易》、《左传》、《尔雅》等有关著作对“元气”、“太易”、“太初”、“太始”、“太素”的论述，以说明中国人关于“天地初分、阴阳变形”的思想②，表现了作者对中国宇宙学说的重视。

三、《法界安立图》的宇宙图式说

仁潮根据印度佛教的宇宙观，融合天台、华严和法相唯识诸宗的有关思想，并结合中国情况而编著了《法界安立图》。他从因果报应理论出发，说：“法界者，乃圣凡之依报，犹人之屋庐也。”③“依报”，指招感环境方面的果报。他认为法界是圣凡所居之处，即圣凡生存的空间。从这一意义看，法界即空间，即世界。法界安立，即世界安立。《法界安立图》的内容，就是关于宇宙空间结构的论说。

《法界安立图》配有多幅图解，说明宇宙空间。此书宇宙图式论说的主要进路是：中国→南洲→大地→三界→大千世界→佛刹，体现了由小到大，由有限到无限，由凡到圣的思维理路。下面分别依次加以简要的论述。

（一）中国与南洲

仁潮首先论述了中国（震旦）的历史与地理。他说中国在南

① 详见《法苑珠林》卷4，《大正藏》第53卷，285页下～296页上。

② 详见上书，299页中～301页上。

③ 《法界安立图·自序》，《续藏经》第1辑第2编乙第23套第4册，445页。

瞻部洲（简称南洲）的东部，并简述了上自帝喾、舜，下至唐、宋的州郡设置情况，指出汉代的疆域为东西九千里，南北一万三千里，并述及河、江、淮、济四水，泰、衡、华、恒、嵩五岳等，表现出作者对祖国山河的赞美与热爱，体现了爱国主义的崇高情怀。

《法界安立图》作者依据当时的地理知识，还着重论述了南瞻部洲的情况，认为此洲是在须弥山南部，为四大洲之一，而四大洲即为一世界。仁潮认为，南瞻部洲是释迦牟尼教化的世界，也称娑婆世界，是我们所居的现实世界。关于南洲的山水情况，说："天下诸山，皆自昆仑发脉而来，最极高广，群峰拱峙，周万余里，龙神所宅，非人力可登。"① "雪山之顶有大龙池，周千余里，为天下诸河之总源。"② 表现出当时人们的空间视野和地理知识的局限。仁潮还运用中国"气"的观念，说明佛教发源地印度"天地之气和"、"气得其中"、"夏不太热，冬不严寒，四序温和"③，显然与印度气候情况并不相符，实系出于宗教情感的主观表述。

（二）大地

在论述南瞻部洲之后，仁潮依据《长阿含经》等的叙述，又论述了世界大地的情况，他说："须弥山之外有七重金山、七重香水海，次第周匝。七金山外大咸水海中，有四大洲、八中洲及数万小洲，遍布安住咸水海，外有小轮围山周匝围绕。此四洲等皆一地所持，是为一世界舆地之图也。"④ 这是说，在须弥山之外有四大洲，此四大洲即为一世界大地。仁潮说，四大洲各有特色，东胜神州是东狭西广，形如半月；南瞻部洲是南狭北广；西牛货洲，形如满月；北俱卢洲，形状方正。各洲的人寿身长不同，风俗习惯各异，动植物的生长也不尽相同。仁潮还论述了九山八海，说："须弥山，其底平正，住金轮上，下狭上阔，渐渐宽大，四宝合成，金、银、琉璃、颇梨，生种种

①② 《法界安立图》卷1，《续藏经》第1辑第2编乙第23套第4册，449页。

③ 同上书，449页。

④ 《法界安立图》卷2，《续藏经》第1辑第2编乙第23套第4册，452页。

树，郁茂香远，多诸贤圣之所住处，高十六万八千由旬，出水上者，高八万四千由旬。”① 须弥山以外，依次为双持山、持轴山、檐水山、善见山、马耳山、障碍山、持地山、斫迦罗山。关于大海，书中特别就“何故潮汐”、“百川竞注，云何不溢”、“何故咸味”三个问题作了解说。② 然而这些解说多缺乏科学性，且并不一致，如称由于海中大鱼排泄等原因导致海水味咸，而不了解海水中氯化钠（盐）的形成及其作用。书中还就大地震动的原因归结为八点，如说：“地在水上，水止于风，风止于空。空中风大，有时自起，则大水扰大水，扰则普地动。”③ 这是从大地构造的角度论述，此外则多把地动的直接原因归结为佛教圣者神通力的显示。

仁潮还论述了阿修罗、地狱、畜生、饿鬼住处的情况，对地狱的描述尤其详细。他引用佛典说：“瞻部洲下有大地狱，洲上亦有边地狱及独地狱，或在谷中、山上，或在旷野、空中。余三洲唯有边、独地狱，无大地狱，有说北洲无狱。……地狱铜铁所成，亦有铁城、剑树、沸河、铁网等诸庄严。”④ 大地狱又分为八热地狱和八寒地狱。八热地狱受热气之苦，位于南瞻部洲下土泥和白善（各深五百由旬）处。从第一等活地狱至第七极热地狱共高一万九千由旬，各广一万由旬，第八无间地狱则高广各二万由旬。无间地狱，有多重铁城，罪人常为烧红了的铜铁器具灼烫而死，是无间断的极其痛苦的地狱。八寒地狱位于各个世界外边，日月光明所不能照，是极其黑暗、寒冷的地狱。

佛教吸取印度古代传说，认为须弥山是世界的中心，并以四大洲表示世界。这种宇宙观带有浓厚的神话色彩，表明了佛教与印度神话传说在思想上的深刻联系。此外，也反映了古代学者通过对山水大地等自然环境的直观与想象，来描述世界构成的思维特色。

（三）三界

仁潮说：“知下地已，应观上天。天有三界，曰欲界、色界、无

---

①②③ 《法界安立图》卷2，《续藏经》第1辑第2编乙第23套第4册，456页。
④ 同上书，458～459页。

色界。”[①] 在论述世界大地以后，仁潮又综合有关经典的论说，系统地说明了三界安立的次第和高度。[②] 文说，从须弥山根算起，上升一万由旬绕山纵广一万由旬为坚手天住处；再上一倍高度（二万由旬）绕山八千由旬是持华鬘天住处；再上一倍高度绕山四千由旬为常放逸天住处；再上一倍高度绕山四千由旬为日月星宿天住处；再上一倍高度绕山四千由旬为四天王住处。从四天王住处再上升四万由旬为须弥山顶，顶上纵广四万由旬，其中有善见城纵广万由旬，为三十三天住处。从须弥山顶再上升四万由旬是炎摩天住处。再上升一倍高度为兜率天住处。再依次各向上递升一倍高度为化乐天、他化自在天、梵辅天、无量光天（光音天）、无量净天（遍净天）、无想天（广果天）、色究竟天，这些天都“有地如云”。这是说，从四天王天至他化自在天为欲界六天[③]，自梵辅天至色究竟天为色界。色界以上分别为空无边处天、识无边处天、无所有处天、非想非非想处天，共四空天，为无色界。这是只有心灵没有物质的精神世界。那么，天总共有多高呢？文中比方说，从色究竟天（阿迦尼吒天）即色界最高境地往下放一大石山的话，要经过六万五千五百三十季才能到达地面，这就是佛教描绘的天界的大致高度。

以上所述的是一个世界的空间结构，佛教认为，如此世界是无限多地存在着的，这就是下面要说的大千世界说。

（四）大千世界与佛刹

仁潮就大千世界的结构说：

> 《长阿含经》云，一日月周行四天下，光明所照，是为一世界。如是千世界中有千日月、千须弥山王、四千天下、四千大海、四千恶道、千阎罗王、千四天王、千忉利天，至千梵天，是为小千世界。

---

① 《法界安立图》卷 3，《续藏经》第 1 辑第 2 编乙第 23 套第 5 册，464 页。

② 详见上书，470～471 页。

③ 仁潮引《大智度论》文云：“欲界众生有三种，以善根有上中下故，上者六欲天，中者人中富贵，下者人中卑贱。”（《法界安立图》卷 4，《续藏经》第 1 辑第 2 编乙第 23 套第 5 册，472 页）“天”为众生中最上等者，而人中富贵贫贱之别，被认为是中下等善根不同所致。

尔所小千千世界是为中千世界，尔所中千千世界是为大千世界。其中须弥、四洲、日月乃至梵天，各有万亿，通名一佛刹也。①

“佛刹”即佛土。这是说，一世界由一日月、须弥山、四天下、四洲、四大海等构成，如此一千个世界名小千世界，小千世界的千倍为中千世界，而千倍的中千世界即为大千世界。大千世界也通称为佛刹、佛土。

大千世界为佛刹，那么，佛刹是一还是多，是有尽还是无尽呢？仁潮说：“知有人天，不知有佛者，凡俗也。……信一佛其福虽胜，见量犹局，信多佛则其福量无边，其智量益广。”② 又说：“大千世界为一佛刹，如是娑婆之外，太虚空中，复有十方大千诸佛刹土。”③这是说若以娑婆世界教主释迦牟尼佛刹位居为中心的话，则其东、西、南、北、东北、东南、西南、西北、上、下十方都各有佛刹，称十方佛刹。“十方”，十个方向。十方佛刹，即十方佛的国土，也即整个宇宙。仁潮认为，大千世界是无限的，佛的国土也是遍布各个方向，是至广至大，无边无量的。

仁潮除绘有“十方佛刹图”外，还绘有“十方刹海图”，“刹”即国土、世界，“海”是广大的意思，刹海即广大无边的世界。他说在莲花藏庄严世界海的四周有十个世界海，也就是十个无边无际的世界，即十方刹海。这是说，整个宇宙是由许许多多的广大无边的世界构成的。莲华藏庄严世界，简称华藏世界。婆罗门教认为世间的一切都是从莲花中生出，故以莲花象征世界。继承这种观念，仁潮认为，现实世界的香水海中也有大莲华，莲华中也包藏着无量无数的世界，是为莲华藏世界。莲华藏世界海或十方刹海构成了整个世界图式，同样也表现了佛教的诸佛境界广大无边、无穷无尽的思想。

在论述法界安立图的次第后，仁潮进一步说明，如此法界的形成、分立又是与主体的心分不开的，宣扬心造法界说。在《法界安立图·自序》中，仁潮在说明法界是圣凡的依报时，又说：“因果者自

① 《法界安立图》卷4，《续藏经》第1辑第2编乙第23套第5册，476页。
② 《法界安立图》卷5，《续藏经》第1辑第2编乙第23套第5册，486页。
③ 同上书，487页。

心之影响耳。”① 认为业因和果报都来源于自心的影响和作用。这样就将法界与自心沟通了起来。他明确地说：“法界者，心之别目，盖心之体用深广，性相无碍，即是以心为法，以心为界。安立者，心之妙相分齐庄严，各各建立，不相杂乱也。”② 认为法界就是心，因为心的体与用既深且广，心的性与相圆融无碍，所以心是法，也是界。所谓法界安立就是心的妙相的有序建立。仁潮还吸取中国天台宗、唯识宗、华严宗、禅宗的唯心思想，强调“心生六道”、“色因识变”，并发挥说：“或问：一切世界因何而有？造者为谁？曰：因心而有，唯心所造。夫一切众生自无始来迷真合妄而成阿赖耶识，因此识故，变似根身器世界等。”③ 他认为一切世界，包括众生和外部世界都是阿赖耶识的变现，是心之所造。由此仁潮又绘“心造法界图”，阐发“心造法界”的思想。仁潮既视心为阿赖耶识，又视心为天台宗的“一念”，宣扬“一念三千”的思想。他还依据华严禅师宗密的说法，把心归结为本觉灵源，称心为一真法界。由此一真法界再分出理法界、事法界、理事无碍法界和事事无碍法界。这也就是说，以本觉真心为主，开出真、妄、染、净诸法，形成不同境界，或者是说，真、妄、染、净诸法，以及高下不同境界，全都是一心本觉的呈现。由此看来，仁潮把不同涵义的心分别与法界相沟通，表现出了融通各种唯心思想的鲜明特征。

综上所述，中国佛教学者是从横向和纵向两个方面来论述宇宙空间结构的。就横向来说，是以须弥山为中心向四周展开，以四大洲为一世界，进而说明小千世界乃至大千世界。就纵向来说，是从大地往下依次为水轮、风轮、空轮，大地往上依次为天上的欲界、色界、无色界。构成这种宇宙结构的思想根据有四个方面：一是果报论。宇宙空间的构成有上下、高低、优劣之别，这是适应众生的不同果报而确立的，是完全与不同的果报相对应的。如天与人所居的空间就不同。二是古代神话。如须弥山说，就构成为佛教宇宙观的重要内容。三是

---

① 《续藏经》第1辑第2编乙第23套第4册，445页。
② 《法界安立图》卷6，《续藏经》第1辑第2编乙第23套第5册，494页。
③ 同上书，500页。

直观性的推论。如大风吹起水沫而形成不同的物质世界，就是观察水、风、土的现象并运用因果律理论加以推论的结果。四是佛的威力。宇宙空间的无限广大，不同层次的安立，以及佛国净土如西方极乐世界的庄严存在，都是和佛的无比神圣威力分不开的。

从哲学思维的角度分析，上述的佛教宇宙结构论除了具有信仰特征以外，还具有以下一些重要的思维特色：

（1）主体性。如上所述，佛教是立足于众生的果报去构筑其宇宙空间的，也就是根据众生的不同果报安立世界，依不同的众生主体划分世界，强调世界以众生的业力和果报为转移，这就突出了主体在宇宙构成中的作用。

（2）超越性。佛教主张超越现实苦难世界，追求理想世界、神圣世界，由此强调有无物质的纯精神世界的存在，有无任何痛苦的极乐世界的存在，这表现出了佛教宇宙观的重大特色。

（3）无限性。佛教宇宙结构学说强调无论从横向看还是从纵向看，宇宙都是无边无际的，无限广大的；就世界的整体而言，是由无穷无尽的众多世界构成的，世界之多是无限无量的。

（4）素朴性。如上所述，构筑佛教宇宙论的思维方式多是直观的、想像的，且在由什么样的心造法界，以及在什么意义上说心造法界等问题上，都缺乏明晰的理论论定。

第二节　宇宙时间观

一、《经律异相》的三界成坏说

佛教认为，世界是一个不断运动、变化、循环的过程，从一世界的成立到次一世界的成立，中间要经过成、住、坏、空四个阶段，称为“四劫”。“劫”，梵语 kalpa 音译，是印度表示极其长久的时间单位[①]，通

① 劫，因是极长的时间，故佛典多以比喻说明之，如谓：“佛言：设方百由旬城，满中芥子，有长寿人百岁，取一芥子都尽，劫犹不尽。”（《经律异相》卷 1，《大正藏》第 53 卷，6 页上）

常是用来表示世界的时间，世界的成、住、坏、空的变迁称为劫，合称“四劫”。成劫，是世界的成立期，器世间（山河、大地、草木）与众生世间在此时成立；住劫，是世界的存续期，即处于安住稳定的时期；坏劫，是世界的破坏期；空劫，是世界破坏净尽的空漠期。世界经过空劫后，又重新经历成、住、坏、灭的过程，如此循环不已。佛教通过对世界变迁过程的论述，表述了它的时间观念。

《经律异相·天部》中的“三界成坏”和“劫之修短”两节论述了宇宙变迁观和时间观。依照佛教思想，宝唱把灾与劫视为相通概念。灾有大有小，小灾又名小劫、中劫，大灾又名大劫。文中宣扬世界成坏的过程历经三小灾和三大灾。所谓三小灾是：“劫初时，人寿四万岁，后转减促，止于百年，渐复不全，乃至十岁。……十岁之时谓三小劫：一刀兵，二饥饿，三疾病。”① 这是说，世界初成立时，人的寿命有四万岁，后来逐渐减少至百岁，乃至十岁，这时就出现三小灾。此时草木瓦石也成刀剑，众生互相劫持、残杀；田地颗粒无收，众生饥饿难熬；疾病流行，众生气力羸劣。所谓三大灾是火灾、水灾、风灾。“天地始终谓之一劫。劫尽坏时，火灾将起。”② 火灾即火劫，此时天久旱不雨，海水枯涸，厚六万八千由旬的大地遍处冒烟，须弥山也渐渐崩坏，地下的地狱和空中的欲界、色界诸天也都归于空寂。待火自动熄灭后，便风起云涌，大雨倾盆，三千大千世界一片汪洋，洪水成灾，这是水劫。又经数千亿万年，水势渐渐减小，随之又出现风灾即风劫。风灾过后，是地劫。地劫不是大劫。地劫初成，天地更始，大地涌出甘泉，又有粮食、宫舍，并有诸佛随俗教化众生，开始了一个新的世界历程。

《经律异相》的三界成坏说，意在说明世界是运动的，不断变迁的，是一个不断产生和消亡的过程。这种世界变化观又是和佛教世界构成说密不可分的。佛教认为世界是由地、水、火、风构成的，也同样由于火灾、水灾、风灾而坏灭。《经律异相》讲的三小灾主要是指

---

① 《经律异相》卷1，《大正藏》第53卷，4页中。

② 同上书，4页下。

人类社会的痛苦，是人祸，三大灾属于自然灾害，是天灾。文中对于灾害及其后果的描绘，也反映了古代人民对各种灾害，尤其是自然灾害的畏惧心理。这种心理是导致人们信仰佛教的一个重要的内在根源，而对这种心理的疏导、宣泄，则是佛教的一个重要社会功能。

二、《法苑珠林》的劫量说

道世《法苑珠林》的宇宙时间观，主要集中在《劫量篇》中论述。和《经律异相》一样，也以三小灾和三大灾为纲展开阐发，但引文更多，论述也更为详尽。

关于“劫”的界定，《劫量篇》说：“夫劫者，盖是纪时之名，犹年号耳。然则时无别体，约法而明。”① 认为劫只是记时的名称而已，时间本身并没有独立的自体，需要就事物的变化来说明。道世在文中还就劫、小劫、大劫诸概念的关系，引佛典说，一小劫、二十小劫、四十小劫、六十小劫各名为一劫，而八十小劫则名为一大劫。这是为什么呢？他解释说，天界众生的寿量不同，有的是一小劫寿量，有的是二十小劫寿量，乃至六十小劫寿量，这样就把天界不同众生的不同寿量同名为一劫，其实一劫的时间长短含量是不统一的。至于八十小劫，内含成、住、坏、灭各二十小劫，故为一大劫。

《劫量篇》宣扬，世界生成以后，在“住”的二十小劫中间，即存续期有三小灾：疫病、刀兵和饥馑。第一小灾起时，有大疾疫，种种疾病此时皆起，尤其是在劫末的七日中，无量众生几乎尽遭疾疫而死。只有一人集合了阎浮提（南瞻部洲）的男女一万人生存下来，作为未来的人种。七日过后，大疫病一时止息。人的寿命又由十岁逐渐增加，至二万岁，乃至八万岁。若众生作恶多端，又没有佛的教化，则寿命又将依百年减十岁的速度，逐渐减少，直至仅有十岁为止。住劫中的第二小灾，起在人寿十岁时，此时从家庭成员之间的互相斗争开始，直至四方诸国间的互相讨伐，刀兵横行，杀气冲天，尤其是在劫末最后七日中，众生横尸遍野，死亡无量。此时也有一人集合了阎浮提的男女万人，留为未来的人种。七日过后，刀兵一时停歇。众生又辗转行

① 《劫量篇》，《法苑珠林》卷1，《大正藏》第53卷，269页下。

善，从十岁至二万岁，乃至八万岁。住劫中第三小灾是大饥饿，与上面两小灾一样，也是在后七日中众生饿死无数，只留有一万人种，也是七日过后饥饿即时停止，众生又由十岁逐渐增至八万岁。关于三灾经历时间的长短，一些经典的说法不尽一致，有说三灾的高峰期都是七日，有说刀兵七日，疫病是七月又七日，饥馑则长达七年七月七日。

道世在《劫量篇》论述“坏劫”和“成劫”时说有三大灾，即火、水、风三灾。他还指出：“若火灾起时，至光音天为际；若水灾起时，至遍净天为际；若风灾起时，至果实天为际。”① 三大灾所波及的范围为什么不同呢？他说其原因是上述天的寿量不同。三大灾的先后顺序是火灾、水灾、风灾，而且是七度火灾后才起一度水灾，如此反复八次后，起一度风灾。② 由于三大灾发生有先后，且相隔时间极长，因此无量世界有的将坏，有的将成，有的正坏，有的已空，有的正成，有的已住，整个世界无间无断，无穷无尽。③

《劫量篇》在论“时量”时，援引《新婆沙论》解说了“中间劫”等三种劫的时间含量，文云：

> 劫有三种：一中间劫，二成坏劫，三大劫。中间劫复有三种：一减劫，二增劫，三增减劫。减者，从人寿无量岁减至十岁。增者，从人寿十岁增至八万岁，增减者，从人寿十岁增至八万岁，复从八万岁减至十岁。此中一减一增、十八增减，合二十中劫世间成，二十中劫成已住，此合名成劫。经二十中劫世间坏，二十中劫坏已空，此合名坏劫。总八十中劫合名大劫。成已住中二十中劫，初一唯减，后一唯增，中间十八亦增亦减。故“对法论”云，由此劫数，显色、无色界诸天寿量也。④

这是把劫分为由短到长的密切联系的三种，中间劫是减、增、增减劫共二十中劫的合称。由二十中劫世间成（“成”）和二十中劫成已住

① 《劫量篇》，《法苑珠林》卷1，《大正藏》第53卷，274页中。

②③ 详见上书，275页下。

④ 同上书，272页下～273页上。

(“住”)，合名成劫；二十中劫世间坏（“坏”）和二十中劫坏已空(“灭”)，合称坏劫。即成劫和坏劫各四十中劫，合成劫、坏劫为大劫。这里的中劫和前面讲的小劫是一样的，同为相对大劫而言，即八十中劫或八十小劫同为一大劫。《劫量篇》还强调色界、无色界诸天寿量可以通过世间的中间劫显示出来。这也就是说，世界的变迁由不同的劫表现之，世界的时间可用劫来度量。

《劫量篇》在论述“时量”时，是从宏观的角度，以极长的时间单位“劫”来表现世界的变迁和时间的含量，而在论述“时节”时，则从微观的角度，以极短的时间单位“刹那”（梵语kṣana音译）来表现世界的生灭无常和时节的构成。不同佛典对于表示时间单位的概念的解说并不完全一致，这里仅把道世所引加以论述，以见一斑。文说：“时极短者，谓之刹那也。”① “一弹指顷有三十二亿百千念。”②“一念有九十刹那，一刹那中复有九百生灭。”③ 可见，刹那是非常非常短暂的时间。又说：“一刹那者，翻为一念。百二十刹那为一怛刹那，翻为一瞬。六十怛刹那为一息。一息为一罗婆。三十罗婆为一摩睺罗，翻为一须臾。三十摩睺罗为一日夜，计有六百三十八万刹那。”④ 这里不是以九十刹那为一念，而是把一刹那译为一念，然后是由念→瞬→息→须臾→一日一夜。又说：“十五夜为半月，两半月为月，三月为一时，两时为一行，一行即半年六月也，两行为一年。”⑤ 这里的“时”相当于“季”，即三月为一季。时间推进是日夜→半月→月→时（季）→行（半年）→年。一年即一岁。随后文中又以岁为时间单位，描述小、中、大三劫，成、住、坏、灭四劫的时量。

道世还引《长阿含经》强调：“有四事长久，无量无限，不可以日月岁数而称计也。”⑥ 四事是：一是世间生起灾害，引发破坏，其过程之长久不可以日月岁数来称计；二是世间坏灭，一片虚空，其时间之长也难以计量；三是天地初起直至完全形成的漫长过程，也不可

① 《劫量篇》，《法苑珠林》卷1，《大正藏》第53卷，273页上。

②③④ 同上书，273页中。

⑤ 同上书，273页下。

⑥ 同上书，277页中。

以岁月称计；四是天地形成，长久不坏，其时间也难以计量。也就是说，世间的成、住、坏、灭所经历的时间是不能以岁月称计的，显然这是对时间无限性的朴素表述。

三、《法界安立图》的四大千劫量说

“四大千劫量”是指大千世界的成、住、坏、空（灭）四劫量。仁潮在《法界安立图·四大千劫量》中着重论述了大千世界四劫的情况。

仁潮就劫的涵义、类型和年数作了说明。他说：“劫者是大时之总名也。……此大时甚为久远，不可以岁月而计。”[①] 劫是不可以岁月计算的极为久远的时间的总名。因时间是通过世界的变迁来计算的，由此劫又有不同的分类，如分为四劫是别、成、坏、大，分为六劫是别、成、住、坏、空、大，三劫是小、中、大。通常是说大劫、小劫和成劫、坏劫。小劫即别劫，中劫即成劫或住劫，大劫是成、住、坏、空四劫的总称。仁潮引《庄椿集》来计算不同劫的时间，指出小劫是一千六百八十万年，中劫为小劫的二十倍，即三万三千六百万年，大劫是中劫的四倍，共十三万四千四百万年。大劫“是为天地成坏始终之极数，周而复始，运运无穷”[②]。这就是说，天地由成到坏，由始到终，一周期为十三亿四千四百万年。仁潮还评论了北宋哲学家邵雍的“一元之数”说。邵雍认为天地有生灭，宇宙无始终，时间是无限的循环。他把时间的历程分为元、会、运、世四个套子，说一“世”三十年，一“运”十二“世”，一“会”三十“运”，一“元”十二“会”，即十二万九千六百年。一“元”是天地由生到灭的时间，灭后又重新开天辟地，如此不断生灭，不断循环。[③] 仁潮依据佛教教义，肯定了邵雍的天地有生灭，时间有变化的观点，但认为所说一“元”十二“会”为十二万九千六百年时间和佛教讲的劫量不一致；再是认为邵雍说天地灭时，不仅天地坏了，人也没有了，这也是和佛教说法不符合的。

---

① 《法界安立图》卷4，《续藏经》第1辑第2编乙第23套第5册，477页。

② 同上书，485页。

③ 详见《皇极经世·观物内篇》，《百源学案上》，《宋元学案》卷9，第1册，372～373页，北京，中华书局，1986。

关于成、住、坏、空四劫，对成劫，仁潮说："成劫者，谓过去世界既磨灭已，空旷久时，众生业力复起，风雨依旧，造立诸器世界也。"① 世界之所以由坏灭而又重新生成，是由于众生的业力复起，又有了风雨的缘故。风有四种功能：一是能持大水，二是能消大水，三是建立一切诸处所，四是庄严。雨也有四种功能：一是能灭火灾，二是能起大水，三是能止大水，四是能成一切摩尼诸宝。由这样的风吹起雨水，再由雨水变成土地、山脉、大海等，形成为世界。

关于世界形成的顺序，仁潮说是"三千大千世界初始成时，先成色界诸天宫殿，次成欲界诸天宫殿，次成于人及众生之所住处"②。认为世界的成立是由高到低，最先是诸天所住的宫殿，最后是人和其余众生的住所。

关于住劫，仁潮说："住劫者，谓世界已成，能令有情安住受用也。"③ 住劫是世界形成以后的稳定持续期。此时从海水中涌出了日月，也有了昼夜、晦朔、春秋之分，人也开始有男女尊卑之别，也有了夫妇和胎生，还形成了不同种族，并有田地和田主，社会发生等级分化。

仁潮又说："坏劫者，谓住劫已满，世界万物尽皆坏灭也。"④ 坏劫是世界生命与自然环境的毁灭期，此时大火焚烧一切草原丛林，乃至大铁围山，无有遗余，狂风也吹坏三千大千世界铁围山，使之成为碎末。整个山河大地尽皆坏灭。"坏"又分二种：一是趣坏，二是界坏。"趣"指六趣，即六道众生。"界"指欲界、色界和无色界三界。先是众生坏灭为"趣坏"，器世间也随之坏灭为"界坏"。在坏劫初期，地狱中的有情首先命终，不复更生。随后是畜生、饿鬼、人和天等也渐次坏灭。六道众生坏灭后，世界出现火灾，色界初禅天以下都成灰烬；再起水灾，第二禅天以下漂荡殆尽；最后起风灾，第三禅天以下全部吹毁。⑤

坏劫后为空劫，仁潮说："空劫者，谓经大灾之后，天地万物皆悉无形，廓然空洞而已。"⑥ 空劫时，除色界的第四禅天外，其他都

---

①②③ 《法界安立图》卷 4，《续藏经》第 1 辑第 2 编乙第 23 套第 5 册，477 页。

④ 同上书，478 页。

⑤ 详见上书，478～479 页。

⑥ 同上书，479 页。

长期地处于空虚之中。“如是空空，亦经二十小劫，过此劫已，复入成劫。”① 空劫后再转为成劫，历经成、住、坏、空四劫为一大劫。如此“成而即住，住而续坏，坏而复空，空而又成，连环无尽”②。四劫循环不已，时间无限漫长。仁潮带有总结性地说：“观夫虚空无量，故世界无边；大化无穷，故劫运无已。”③ 虚空无有限量，故世界无边无际；大化流行无有穷尽，故大劫循环无穷。他比喻说：“其大劫者在大化之中其犹一年也，成住坏空者四季也。”④ 就宇宙大化流行来说，漫长的一大劫也只如短暂的一年而已，至于成、住、坏、空四劫更好比一年中的四季，时间更短了。

从以上中国佛教著作对世界生灭变迁及劫量的论述来看，其间论及时间的哲学思想是丰富的，这些思想的要点可概括为：

第一，时间和事物及其运动不可分离的思想。时间是通过世界的变迁、众生的寿量等来衡量其长短的，不存在脱离事物的时间，不存在离开事物变化的时间，这是对时间和事物及其运动不可分离的思想的重要猜测。

第二，时间的永恒观念。世界处在生、住、异、灭的不断变迁过程之中，这种过程永远不会终止，时间不会停顿在某一时刻上，而是永远向前推进。也就是说，世界是永恒的，时间也是永恒的。

第三，时间的无限观念。时间的永恒和无限是既有联系又有区别的概念，从时间的久远来说，永恒也就是无限。同时，佛教著作用“大劫”和“刹那”分别表示极长的时间和极短的时间，其间似含有时间的长远是无限的，时间的短暂也是无限的，即具有无限长远和无限短暂的时间观念。

第四，在劫难逃的思想。上述佛教著作认为时间的成、住、坏、空的劫量是固定的，三小灾、三大灾的发生和止息是定时的，世界的变迁是循环式的，人类的整体命运也是相对注定的。这是一种循环论思想，也是一种命定论思想。

---

①② 《法界安立图》卷4，《续藏经》第1辑第2编乙第23套第5册，479页。

③④ 同上书，485页。

第二十四章

中国佛教的现象论

现象是人们经验所提供的并依赖于感觉来把握的东西，是感性直观的对象；在哲学上现象是与本质、本体相对的范畴。佛教解脱论认为，众生要获得解脱，就必须正确地认识和对待外部世界。世界万事万物都是缘起的，并无自性、实体，众生绝不能执著外界事物，以外部事物为实有而为其所困。由此佛教还进一步认为，世界万物有现象与本体①两个层次，为了求得解脱，就不能被现象世界所迷惑，而要去体会、把握宇宙的真实本体。

一般来说，印度佛教用以表述现象与本体的术语是“性相”一词。“性”，指本性、本质、本体，是内在不可感知的。“相”，通常情况下是指呈现于感官面前的经验事象、种种形相。“相”字有时也并不指现象，而是表示状态的意思，如一般佛典所讲“诸法空相”，就是说万物空无自性这一状态。此外，“相”有时在字义上又与“性”字相通，如《心经》所讲“诸法空相”② 则是指诸法空性而言。“实相”也指一切事物的真实的、常住不变的本性，与本体同义。与性相直接相关，“法相”与“法体”也是印度佛教指称现象与本体的术语。

---

① 从佛教哲学思想来看，现象与假象相当，本体与实相相当。

② 《大正藏》第 8 卷，848 页下。

法相通常指现象层面的存在，但有时也作法性、法体讲，指的是本体。如《金刚仙论》卷10中讲的“菩萨不住法相”[①] 的法相就是指法体而言。《大智度论》称众生执著外界的境相有三种：一是“假名相”，意思是万物都是因缘和合而成，并无自性，名称只是人们起的假名而已，并不等于事物本身，万物是虚假不实的。二是“法相”，指五蕴、十二处、十八界诸法都是缘起的存在，并非实有。三是“无相相”，指诸法本来无相。以上三种境相均无实体，而众生却起实体之想。[②] 法体意指“诸法之体性”，即一切事物的本性、本质、本体。

对于现象与本体的真假问题，印度佛教各派的说法不一，多数认为现象是假象，是假有不真的。本体则是本性，是存在的。但本体或本性又不是实体，而是性空，不是实体化的存在，而是体性空的存在。

印度佛教中论述现象最富成果的当是瑜伽行派，此派的基本主张是，世界的一切都是由心识所映现出来的表象，是非实在的。也就是说，一切客观外境，都是主观心识的虚幻变现。再进一步说，识也是虚幻不实的，应当转识成智。据《成唯识论》卷8载，著名的唯识论师护法主张把一切事物分为三种情况，即三性：遍计所执性，系妄情所现，是空；依他起性，诸法都由因缘而起，是有；圆成实性，诸法的本性都是真实的，是真。这三性说实际上涉及了对现象的判断与分类等问题。

中国佛教学者也重视对现象世界的阐述，东晋十六国时期的僧肇撰《不真空论》，强调一切事物都是虚假不真的，他还撰写《物不迁论》，阐述了对事物的运动与静止的看法，然“物不迁”的论点，后来遭到明代佛教学者镇澄的批评。天台大师智𫖮和嘉祥大师吉藏，总结印度大小乘佛教的空观理论，提出了析空观与体空观之说。他们认为，小乘佛教是把存在加以分析，直至消弃，而观其

---

① 《大正藏》第25卷，869页下。

② 详见释一如：《三藏法数》，113页，杭州，浙江古籍出版社，1990。

空，是析空观。大乘佛教不同，是就存在的当体观其空，称体空观。两者的方法与目的均是不同的。天台宗还主张现象即实体说，认为森罗万象尽是实相，现象与本体无二无别。法相唯识宗人则继承了印度瑜伽行派的唯识说和三性说，并提出了三类境，发展了唯识现象论学说。

对于事与理的关注是中国佛教思想的一大内容。印度佛教通常视事为现象，理则指真理，如苦、集、灭、道四谛是理。唯识学家认为依他而起的种种事法是事，本来圆成如实的真如是理。事与理，一者有为一者无为，并非一体，是不即的关系；同时理作为事的真实本性，又使二者具有不离的关系。《大乘起信论》以真如本体为理，宇宙万法为事，认为真如（理）随着一定的因缘而展开为万法（事），由此主张理即事，事即理，也就是说，现象与本体是相即的。天台宗人视理事为本迹，认为理事相当于《法华经》的本迹二门，凡俗谛之事属迹门，真谛之理则属本门。“本”，本地、本原、本体，“迹”，垂迹、行迹。“本”实指佛的法身，是本原性的精神主体；“迹”是佛法身显示于现实世界济度众生的种种作为、行迹。从哲学角度来看，本迹实即本体与现象。以理事与本迹相配，表明天台宗人重视结合佛的教化实践来阐明理事观念，同时也反映了由本体显现现象的思想。华严宗人尤为重视理事观念，把理（普遍真理）事（差别事象）作为说明宇宙存在与构筑宇宙哲学体系的最高范畴。他们提出了四法界说——理法界、事法界、理事无碍法界和事事无碍法界。事法界即现象界，事事无碍法界则谓现象与现象之间是互不相碍的，这表明华严宗人不仅重视本体与现象的关系，而且也非常重视现象之间的关系，从而构成为一种重要的现象论说。

中国佛教学者对宇宙现象的论述，大约集中在三个问题上：一是现象的真假问题；二是现象与本体的关系问题；三是现象与现象之间的关系问题。鉴于在本体论部分将论述《大乘起信论》的一心二门说，天台宗的“理具三千”和“心本”说，以及华严宗的“理事无碍”说等论及现象与本体的关系问题，因此我们在现象论部分将着重论述中国佛教学者关于宇宙现象及现象与现象之间相互关系的学说。

这主要是：僧肇的假号不真论和物不迁论，天台宗的现象即实相说，法相唯识宗的三性说和三类境说，华严宗的事事无碍说，以及镇澄对《物不迁论》的批评。

第一节　僧肇的物不真论和物不迁论

一、“假号不真”的物不真论

僧肇是东晋十六国时代杰出的青年佛教哲学家，他撰写的《不真空论》是一篇阐发佛教认识论和世界观的重要哲学著作。文章的中心是用新命题“不真空”来解说般若性空思想。文章的运思是从事物现象的角度，论定诸法“假号不真”，从事物本质的角度，论定诸法自性“空”，统合“不真”与“空”为“不真空”，也就是说，事物的现象和本质是不真空。

什么是“不真”呢？为什么说事物的现象是不真呢？从《不真空论》和僧肇的其他著作来看，僧肇是从认识论和宇宙论两个方面来论述的。

一是“假号不真”。“不真”是指“假号”（“假名”）。《不真空论》引经文说：“诸法假号不真”①，“故知万物非真，假号久矣”②。“假号”即假名。“假”，是虚假、施设、权宜等意思。通常佛教讲假名有两层意义：一是指客观上没有实在的东西与之相应的虚假的名称，空名；二是施设名目来表示事物，而事物本身只是因缘和合，并无真实自性。佛教从名称与虚假不实事物两方面论假名，而这两层的意思是相通的，如《成实论》卷12所说：“诸法但假名字。”③ 万物都是人们施设假名来指述的虚假不实的东西。

僧肇就“假号不真”论证说：

---

① 《大正藏》第45卷，152页下。又《放光般若经》卷18云：“佛告须菩提，名字者不真，假号为名，假号为五阴，假名为人，为男，为女。”（《大正藏》第8卷，128页下～129页上）

② 同上书，152页下。

③ 《大正藏》第32卷，333页上。

以夫物物于物，则所物而可物；以物物非物，故虽物而非物。是以物不即名而就实，名不即物而履真。①

夫以名求物，物无当名之实。以物求名，名无得物之功。物无当名之实，非物也；名无得物之功，非名也。是以名不当实，实不当名，名实无当，万物安在？②

这是说，用物的名强加于物，则被定名的，都可称为物；用物的名加之于非物，则非物虽被冠以物名，实际上并不是物。可见，物并非因具有物的名就合乎物的实，同样，名也非因其加之于物而成为真名。僧肇认为，在认识论领域，以物的概念（名）去认识物，物并没有和名相符合的实，以物去求名，名也没有代表物的功用。“名”与“实”不相当，“实”与“名”也不相当。名实既互不相当，哪里还有真实的万物存在呢？僧肇通过揭示名（概念）的主观性以及名实之间的矛盾，来论证万物现象的虚假性。

与名实关系的论证相联系，《不真空论》还阐发了“万象不能自异”的论点：“万象虽殊，而不能自异。不能自异，故知象非真象；象非真象故，则虽象而非象。”③ 这是说，森罗万象，千差万别，宇宙现象虽有差异，但并非事物本身所固有的。由于事物本身都是无自性的，性空的，因此事物本身并无彼此之别。这样也就可知事物不是真象，是虽象非象，也即幻象。僧肇说：“故《中观》云：物无彼此，而人以此为此，以彼为彼。彼亦以此为彼，以彼为此，此彼莫定乎一名，而惑者怀必然之志。然则彼此初非有，惑者初非无。既悟彼此之非有，有何物而可有哉？”④ 这也是说，事物原来并无彼与此的差异，区分事物的彼此完全出自于人为，是人们强加在事物之上的。既然事物没有彼此的分别差异，又有什么事物是真正存在的呢？

二是“有非真生”。僧肇的这个命题是从宇宙万物生成的理论来

① 《不真空论》，《大正藏》第45卷，152页上。
② 同上书，152页下。
③ 同上书，152页上。
④ 同上书，152页下。

论证万有都不是真生，因而是不真的。在《不真空论》中，僧肇开宗明义地说："夫至虚无生者，盖是般若玄鉴之妙趣，有物之宗极者也。"① 这是说，"至虚无生"是般若观照的对象，万物的本体。也就是说，从本原、本体上看，万物是无生无灭的，空寂的。万物不是真有，而是待缘而后有。僧肇说：

> 夫有若真有，有自常有，岂待缘而后有哉？……若有不自有，待缘而后有者，故知有非真有。……夫无则湛然不动，可谓之无。万物若无，则不应起；起则非无，以明缘起，故不无也。②

"有"指存在，"无"指非存在。这是把"有"定为"常有"，"无"定为"湛然不动"，即被认为是脱离事物的具体运动变化的恒常存在或绝虚静止的存在。僧肇认为，万物若是"有"的话，就应是常有，而不应是依待其他条件而有。同样的道理，万物若是"无"，就应是"湛然不动"，而事实上是存在着缘起现象，也不是无。万物既"非真有"，又是"非无"。这里，僧肇是根据《中论》卷4《四谛品》的话："众因缘生法，我说即是空。何以故？众缘具足，和合而物生，是物属众因缘，故无自性，无自性故空。空亦复空，但为引导众生故，以假名说。离有无二边故，名为中道。"③ 事物由缘而生，故不能谓其是"有"，也不能谓其为"无"。事物是非有非无，离开有无二边，这是观照事物的中道观。僧肇又说："然则万物果有其所以不有，有其所以不无。有其所以不有，故虽有而非有；有其所以不无，故虽无而非无。虽无而非无，无者不绝虚；虽有而非有，有者非真有。若有不即真，无不夷迹，然则有无称异，其致一也。"④ 万物有其所以不存在的一面，也有其所以非不存在的一面。由此可以说，虽有而非有，虽无而非无；无不绝虚，有非真有。有无称号不同，但同是事物

① 《大正藏》第45卷，152页上。
② 同上书，152页下。
③ 《大正藏》第30卷，33页中。
④ 《不真空论》，《大正藏》第45卷，152页中。

一体的两面。僧肇进而总结地说：

> 欲言其有，有非真生；欲言其无，事象既形。象形不即无，非真非实有。然则不真空义，显于兹矣。故《放光》云：诸法假号不真。譬如幻化人，非无幻化人，幻化人非真人也。①

在僧肇看来，世界现象不是真实的存在，而是一种幻象；幻象不是不存在，而是非真实的存在。

在《注维摩诘经》卷 3 中，僧肇宣扬“无住则如幻”的观点，他说：“诸法如电，新新不停，一起一灭，不相待也。弹指顷有六十念过，诸法乃无一念顷住，况欲久停？无住则如幻，如幻则不实，不实则为空。”② 这是说，世界万物如电光火石，起灭不定。一瞬间已闪过六十个念头，万物迁流不息，无有一念的停留。万物既非常住不变，则如虚幻之相，是为“不实”，为“空”。这是从事物的生灭变化、念念不住，来论证事物的性空不实和虚幻不真。

在论述僧肇的万物“不真”的思想后，我们还要进一步阐明僧肇关于“不真”与“空”关系的论说。如上所述，“不真”是指“假名”，万物从假名看是不真，是假象。所谓“空”，是指执著假名勾画出来的万物自性是空，即自性空。不真与空，和有与无相对应。不真也可说是有，因“事象既形”，呈现出了现象。空也可说是无，因无是指事物的自性，自性是因假名所勾画而有，并非事物本身所固有。“言有是为假有，以明非无，借无以辨非有。此事一称二，其文有似不同。”③ 有是假有，不真，无是无有自性，空。僧肇认为，不真与空、有与无是同一体的两个不同方面，两者是统一的。

僧肇在回复刘遗民的书信时，特意强调了不真与空的统一关系。东晋著名净土行者刘遗民致书僧肇，问云：“谓宜先定圣心所以应会之道，为当唯照无相耶？为当咸睹其变耶？”④ “无相”指空而言。

① 《不真空论》，《大正藏》第 45 卷，152 页下。
② 《大正藏》第 38 卷，356 页中。
③ 《不真空论》，《大正藏》第 45 卷，152 页下。
④ 《刘遗民书问附》，《大正藏》第 45 卷，155 页中。

"变"，万物的变化，即"不真"。意思是，般若智慧是仅仅观照无相，还是要一并看到事物的变化？也就是说，般若智慧是否既观空又观不真？僧肇答复说：

> 谈者（指刘遗民）似谓无相与变，其旨不一，睹变则异乎无相，照无相则失于抚会。然则，即真之义或有滞也。经（《大品经》）云："色不异空，空不异色；色即是空，空即是色。"若如来旨，观色空时，应一心见色，一心见空。若一心见色，则唯色非空；若一心见空，则唯空非色。然则空色两陈，莫定其本也。①

"色不异空"，"空不异色"，色与空相即不离，是同一缘起法的两个方面。意思是说，刘遗民所问，似是把无相（空）与变（不真、现象）分割开来，以为在同一时间内，观照不真就看不到空，观照空就看不到不真，这是不了解"不真即空"的义理，不了解佛经讲的般若所观的境是空色两者统一的。

僧肇还进一步指出，不真空是说万物本空，并非由人们分析后才是空的。他说："圣人之于物也，即万物之自虚，岂待宰割以求通哉?"②"宰割"，分析，指小乘佛教分析事物系由极微积成，以见其空无的方法。这是说，万物自身就是虚的，空的，不是分析后才是空的。他还说：

> 故经③云：甚奇，世尊！不动真际，为诸法立处，非离真而立处，立处即真也。然则道远乎哉？触事而真！圣远乎哉？体之即神！④

"真际"，即实际。"诸法立处"，万物所在之处。"真"，空。这是说，不需要变动实际，万物建立之处即为空。换句话说，不是舍离空而另

---

① 《答刘遗民书》，《大正藏》第45卷，156页下。

② 《不真空论》，《大正藏》第45卷，152页中。

③ 《放光般若经》卷20云："是故须菩提，是为如来大士之所差特，不动于等觉法为诸法立处。须菩提言，世尊！如世尊于等觉不动耶。凡夫声闻辟支佛于等正觉亦复不动。"（《大正藏》第8卷，140页下）《摩诃般若波罗蜜经》卷25云："须菩提白佛言，世尊！若实际即是众生际，菩萨则为建立实际于实际；世尊！若建立实际于实际，则为建立自性于自性。"（《大正藏》第8卷，401页上）

④ 《不真空论》，《大正藏》第45卷，153页上。

有事物，事物即是空。这就是法性空，就是不真空。

僧肇撰写《不真空论》是为了纠正以往各家对般若性空的种种误解，他运用大乘佛教的中观哲学来评判各家关于空的学说，把有与无统一起来，强调从不真与空两方面的统一来讲法性空。

以往讲空的各家往往以无解空，并对“无”与现象之“有”的关系作出各种不同的解释。在《不真空论》中，僧肇举出流行于当时的具有代表性的三家，如心无宗对“有”作了绝对的肯定，本无宗又把“无”绝对化，即色宗则把有与无对立起来，这都是不符合中道观的。关于心无宗和本无宗，我们将在本体论部分加以论述，这里着重论述的是即色宗的观点及僧肇对它的批判，以进一步显示僧肇的不真空思想。

即色宗的主要代表人物是支遁（支道林），据《世说新语·文学》注引支遁编集的《妙观章》[①] 云：“夫色之性也，不自有色。色不自有，虽色而空，故曰色即为空，色复异空。”引文第一个“色”字指事物的现象，第二个“色”字指事物的本体。这段话的意思是说，事物的现象不来自事物的本体，事物没有自体，是“虽色而空”，由此也说明事物的现象与“空”是不同的。僧肇对此批判说：“夫言色者，但当色即色，岂待色色而后为色哉？此直语色不自色，未领色之非色也。”[②] 这是说，即色宗认为以色为色之色是空，只是说现象没有自体，在僧肇看来这是没有认识到现象本身就是空的。僧肇批评即色宗人把事物的现象与本体对立起来，没有看到两者是统一的，色与空是统一的。这里，僧肇是以体（空）用（色、不真）相即的观念去批评即色宗的偏而不即的思维方式。

僧肇还引用中观学派的典籍从真理论的角度来论证有无统一的学说：“《摩诃衍论》（《大智度论》）云：诸法亦非有相，亦非无相。《中论》云：诸法不有不无者，第一真谛也。寻夫不有不无者，岂谓涤出万物，杜塞视听，寂寥虚豁，然后为真谛者乎？”[③] 这是说，事物既

---

① 《妙观章》系支遁所编集，全文今已不存。

② 《不真空论》，《大正藏》第45卷，152页上。

③ 同上书，152页上、中。

无固定形象，也非没有固定形象。事物既非为有，也非为无，这是最终的真理。探寻事物的“不有不无”，难道是扫除万物，封闭感官，视世界空荡无物，才是最终真理吗？“不有不无”就是不真空。僧肇认为，只有既看到有，又看到无，也即既看到不真，又看到空，才是合乎最终真理。

应当肯定，僧肇的“不真空”论的主要渊源是印度大乘佛教中观学派的思想，是比较符合印度大乘佛教中观哲学的。但是僧肇也深受中国儒、道思想的影响。例如，《不真空论》说：“物我同根，是非一气”，“审一气以观化”①，就是本于道家的思想。《庄子·大宗师》云：“彼方且与造物者为人，而游乎天地之一气。”《庄子·至乐》云：“死生为昼夜，且吾与子观化。……”“人”，偶。“一气”，指道的作用。“观化”，观察事物的变化。原义是有人正要与造物者为偶，而游乎天地之一气，即顺着道的作用而游。又说死生是平常的自然变化，我与你要一起观察事物的变化。僧肇认为，是非同是“气”，要通过“气”来观察变化。这是庄子思想的翻版。又如，上引《不真空论》由“物无彼此”，以证明“万物非真，假号久矣”的思想，与《庄子·齐物论》的“物无非彼，物无非是（是，即此）”的观点也是一致的。此外，上引《不真空论》的点睛之笔：“道远乎哉？触事而真！圣远乎哉？体之即神！”与所引印度佛教经典原义并不一致，“触事而真”、“体之即神”与《庄子·知北游》道无所不在的观点，以及《论语·述而》“仁远乎哉？我欲仁，斯仁至矣”则是一致的。这是僧肇吸取中国固有文化所提倡的真理在具体事物与日用生活中的思维方式和实践原则，以塑造中国式的佛教理想人格的理论创新。正由于僧肇既根据印度佛教的中观学说，又结合中国儒、道的思想，阐发佛教的世界观、认识论和人生理想论，因此，其思想为三论宗、华严宗和禅宗所赞扬与继承，事实上《不真空论》是在总体上确立了尔后中国佛教修持实践的基本走向。

如果说，僧肇是继承中国儒、道思想进而发展佛教哲学的话，同

---

① 《不真空论》，《大正藏》第45卷，152页上。

样，他也吸取印度佛教思想来推进中国哲学，这便是他客观上对魏晋玄学所作的总结。从《不真空论》对当时佛教讲空的三家思想的评论来看，本无宗思想与何晏、王弼的贵无说是一致的；心无说则与裴頠的崇有论相通，两者都肯定万物的存在；即色宗的“色不自有”说又和郭象思想中的“明物物者，无物而物自物耳。……物物者，竟无物也”① 观点若合符节。僧肇深刻体会般若性空的宗旨，运用中观哲学的思辨方法，在有无、体用的问题上，批判总结了本无宗等三家般若思想的偏而不即的理论缺陷，从而在实质上也对魏晋玄学的有无、本末的学说作了批判性的总结，并以非有非无，亦有亦无，不落两边的富有辩证色彩的中道观念，推进和发展了魏晋玄学。

中国儒家学者对佛教讲“空”所持的态度基本上是否定的，他们往往以“气”来对抗“空”，强调万物之有、之实，表现了肯定客观存在的现实立场。然由于“空”是建立在对万物由因缘和合而成并处在不断变化中这一判断基础上，且人类存在着透过语言文字对事物加以观念化并不能显示终极真理这一巨大的困难，因此在理论上也难以彻底驳倒“空”说。看来综合儒、佛两方面的理论观点，有助于全面地接近和把握客观真理。

二、“动静未始异”的物不迁论

《物不迁论》为僧肇所撰，这是一篇阐述事物存在状态的重要论文。“迁”，迁流，流动，运动。全文的中心是论述运动与静止的关系。该文一方面强调“动静未始异”，一方面突出论证“物不迁”，认为“不迁”即物静止之说是佛教的真谛。这里，我们将依次论述僧肇撰写《物不迁论》的动机和目的、“动静未始异”的涵义，以及对“物不迁”的论证。

万物无常本是佛教的基本理论观念之一，那么，僧肇又为什么要特地撰文阐述“物不迁”的思想呢？

从论文的内容来看，僧肇撰写《物不迁论》的动机，包含着理论观念与宗教实践双重目的。在理论观念方面，僧肇是运用大乘佛教中

① 《庄子·知北游注》，《庄子集释》，328页。

观学派的中观学说反对小乘佛教偏重无常的倾向。文中引有这样的疑难："圣人有言曰：人命逝速，速如川流。是以声闻悟非常以成道，缘觉觉缘离以即真。苟万动而非化，岂寻化以阶道?"① "非常"，即无常。"化"，迁流，变化。意思说，圣人有言，人生的过程如逝川一样迅速，声闻、缘觉因觉悟无常而成道。假如万物流动却又无所变化，这岂能根据寻求的变化而得道？僧肇对此回应说："复寻圣言，微隐难测，若动而静，似去而留，可以神会，难以事求。是以言去不必去，闲人之常想；称住不必住，释人之所谓往耳。"② 这是说，佛经讲的道理，只能神会，难以从现象上去寻求。所以说"去"不必真是去，只是为防止人们的永恒常见；讲"住"不必真有住，只是为了消除人们对无常的执著。可见僧肇讲"物不迁"（住）是针对声闻、缘觉执著无常而言的。在僧肇看来这是一种片面性，是不懂得"常"与"无常"的统一。

在宗教实践方面，《物不迁论》说："成山假就于始篑，修途托至于初步，果以功业不可朽故也。"③ 又说："如来功流万世而常存，道通百劫而弥固。"④ 这是说，众生坚持修行，就能积累功德；佛成就功德，流传万世而常存。僧肇是通过"物不迁"来论证佛教修持的业力不失，功业不朽。可见，僧肇写作《物不迁论》的出发点，不是以不迁反对迁，不是只讲不迁，不讲迁。

那么，"动静未始异"是什么意思呢？又为什么说"动静"是"未始异"呢？

"动静未始异"的"异"是分离、分开、对立的意思，僧肇认为，动静是不分离的、相即的、一体的。从僧肇的有关论述来看，他论述"动静未始异"的论据主要有两点：其一，"动"和"静"是名号，僧肇说："夫去来相见，皆因缘假称耳。"⑤ 这是说，"去"和"来"是因缘和合的假名。"真谛独静于名教之外，岂曰文言之能辩哉?"⑥ 人

①② 《物不迁论》，《大正藏》第45卷，151页中。
③④ 同上书，151页下。
⑤ 《注维摩诘经》，《大正藏》第38卷，371页下。
⑥ 《不真空论》，《大正藏》第45卷，152页上。

们用语言加给事物存在形态以“动”、“静”的名号，其实真理在名号之外，是不能用语言文字辩明的。从“动”“静”只是人们主观的名号这层意义上说，动静是“未始异”的。其二，从动与静的关系来看，动静是不异的。僧肇说：“《放光》云：‘法无去来，无动转者。’寻夫不动之作，岂释动以求静，必求静于诸动。必求静于诸动，故虽动而常静；不释动以求静，故虽静而不离动。”① 《放光般若经》说，事物无去无来，也没有运动转变者。寻求不动的静，并不是离开动去求，而是必定要求静于动之中。一定要求静于动之中，所以虽动而常静；不离开动去求静，所以虽静而不离动。这是肯定动静有别，又通过必求静于动和不离动以求静这样求静于动的二层关系，说明“虽动而常静”、“虽静而不离动”，由此论证“动静未始异”。这里的论证既有哲学意义，也有宗教实践的方法论意义，即众生必须从变动中求寂静，不能离开变动去求寂静。

僧肇一面讲“动静未始异”，一面强调“若动而静，似去而留”②。“物不迁”是僧肇论述的重点，他从三个方面展开论证“物不迁”的命题：

一是“去者不至方”。《物不迁论》说：“《道行》云：‘诸法本无所从来，去亦无所至。’③《中观》云：‘观方知彼去，去者不至方。’④ 斯皆即动而求静，以知物不迁，明矣。”⑤ 意思是，《道行般若经》说：一切事物根本就没有从什么地方来，也没有到什么地方去。《中观论》说：从方位来看，知道某物正在迁去，但迁移者并没有从此一方位到另一方位。这是就运动中求静止来看，可以知道事物并没有变迁是明显的事了。这里，僧肇依据般若经论的万物无所来去之理，来论证运动本身就是假象，表面上是动，实质上是静。僧肇承

① 《物不迁论》，《大正藏》第45卷，151页上。

② 同上书，151页上、中。

③ 《道行般若经》卷9《萨陀波伦菩萨品》云：“空本无所从来，去亦无所至。”（《大正藏》第8卷，473页下）

④ 《中论·观去来品》第一偈云：“已去无有去，未去亦无去；离已去未去，去时亦无去。”（《大正藏》第30卷，3页下）

⑤ 《物不迁论》，《大正藏》第45卷，151页上。

认有“方位”即空间的存在，承认从空间看事物正在动，但事物的实体并不从一空间到另一空间，也就是说，从空间看，并无真正实质性的运动。

二是“昔物不至今”。僧肇说：“夫人之所谓动者，以昔物不至今，故曰动而非静；我之所谓静者，亦以昔物不至今，故曰静而非动。动而非静，以其不来；静而非动，以其不去。”① 这是说，根据“昔物不至今”的同样前提而得出或动或静两种截然相反的观点。应当指出，一般人并不是笼统地“以昔物不至今”（“不来”）为“动而非静”的论据，而“昔物不至今”则是有利于得出“静而非动”的前提。接着僧肇展开论证：

> 求向物于向，于向未尝无；责向物于今，于今未尝有。于今未尝有，以明物不来；于向未尝无，故知物不去。覆而求今，今亦不往。是谓昔物自在昔，不从今以至昔；今物自在今，不从昔以至今。②

这是对昔物和今物及其相互的关系作了四方面的分析：求昔物于昔、求昔物于今、求今物于昔、求今物于今，结果是昔物自在昔，不去；昔物不在今，不来；今物不在昔，不往；今物自在今，不去。这里是以时间中断性观念来看事物，从前的事物仍在从前，所以从前的事物不去；现在无从前的事物，所以从前的事物不来。不去不来，是谓不迁。事物的不去不来，不相往来，是僧肇论证物不迁的关键论据。

僧肇依据“不去不来”的观点，进一步说：“今若至古，古应有今；古若至今，今应有古。今而无古，以知不来；古而无今，以知不去。若古不至今，今亦不至古，事各性住于一世，有何物而可去来?”③ 这是说，现在的事物若是能追溯到往古，往古中应有现在的事物；往古的事物若是来到现在，现在应有往古的事物。现在既然没有往古的事物，可知往古的事物不曾来；往古既无现在的事物，可知

① 《物不迁论》，《大正藏》第45卷，151页上。

② 同上书，151页中。

③ 同上书，151页下。

现在的事物也未曾到过往古。“事各性住于一世”，事物各自停住于其所停住的时间，过去的事物仅存在于过去，现在的事物仅存在于现在，并无变迁。可见，“事各性住于一世”，又是“不去不来”的理论根据。由于“事各性住于一世”，在时间上也就有了古今之别。据此，僧肇还相应地以“古今常存”的观点论证“物不迁”：“既曰古今，而欲迁之者，何也？是以言往不必往，古今常存，以其不动；称去不必去，谓不从今至古，以其不来。不来，故不驰骋于古今；不动，故各性住于一世。”① 这是说，既然在时间上有古和今的不同，为什么又要说事物在时间上有迁流呢？“古今常存”，就说明事物是“不来”、“不动”的。僧肇以“事各性住于一世”、“古今常存”来论证“物不迁”，就是认为事物是随时间的流逝而新陈代谢的，过去的事物仅存于过去，而不能延续至现在，也就是说，事物虽不断变化，但并无流转往来。他举一个出家人的例子说：“梵志出家，白首而归。邻人见之曰：‘昔人尚存乎？’梵志曰：‘吾犹昔人，非昔人也。’邻人皆愕然，非其言也。”② 僧肇认为，邻居对梵志的话不以为然，是由于“人则谓少壮同体，百龄一质。徒知年往，不觉形随。”③ 人们以为一个人的少年和壮年是同一躯体，直至百岁还是同一体质。僧肇以人的少年、壮年和老年的区别是假象（因为一个处在不同时间的人是前后不相干的不同的人），不会有经历各个时段的同一身体（实体的人）。人在不同时期并无各住一世的同一身体，或者说一个人的各个时期的身体其实各不相关，其间没有同一性，没有延续性，从而否定迁移变化的实体的存在。

三是“因不灭不来”。僧肇还从因果的视角来论证“物不迁”：“果不俱因，因因而果。因因而果，因不昔灭；果不俱因，因不来今；不灭不来，则不迁之致明矣。复何惑于去留，踟蹰于动静之间哉！”④ 这是说，果时无因，由因生果。由因生果，所以因在昔而不灭；果时

---

① 《物不迁论》，《大正藏》第45卷，151页下。

②③ 同上书，151页中。

④ 同上书，151页下。

无因，所以因不来于今；因既不灭于昔，也不来于今，则事物不迁流的道理也就明白了，还有什么可疑惑于去留，犹豫于动静之间的？僧肇认为，有因时并无果，果成时，因即已成过去。因虽成过去，但却未泯灭。因自为因，果自为果，当为果时，因已不来。如此“因不灭不来”，就是不迁的道理。

根据以上的论证，僧肇说：“谈真有不迁之称，导俗有流动之说。虽复千途异唱，会归同致矣。”① 意思是说，谈论真实是讲物不迁，导化世俗是讲物流动。前者是真谛，后者是俗谛。说法虽有千万种，会归起来不外一个道理。这是从认识论、真理论的角度，肯定不迁是世界万物的真正本质，强调万物的流动只是假说，物不迁说才是真理。

僧肇关于动静关系的论证，应该说具有一定的合理性：第一，强调动静的不可分离，主张从动中求静，表现了本体与现象相统一的思想，从而否定了在动静问题上把本体与现象对立起来的观念。第二，与上相关，在客观上揭示了运动的内在矛盾在于：事物既是运动的，又是静止的。第三，从本体论、认识论和方法论相统一的角度展开论证，一方面肯定事物本身动静的相即性，一方面强调人们的认识和论证也必须从动静的互相联系中求得静的境地，表现出辩证思维的色彩。

当然，僧肇关于动静关系的论证也存在着明显的理论和逻辑的矛盾：其一，僧肇肯定动静相即，两者不可分离，但又以真谛、俗谛加以区别，“不迁”属于真谛，“流动”属于俗谛，从而在实质上肯定了静止，否定了运动，将本质与现象对立起来，表现出自身的观点缺乏一致性。其二，僧肇在《物不迁论》的开头依据般若经论来论证物不迁，后来又着重以“事各性住于一世”的思想来论证物不迁，前后不一，出现混乱。他讲的“昔物不至今”，否定时间的连续性，只承认时间的间断性，没有看到事物的运动变化正是时间的间断性与连续性的统一。他的“因不灭不来”的论点，是从因果的相对性割断因果联

① 《物不迁论》，《大正藏》第45卷，151页下。

系，否定因果的互相转化，也就是否定了因果的必然性。僧肇虽然讲动静相即，但他讲的真俗二谛，以讲流动为假，讲不迁为真，实际上由于真假的对立导致了对动静的割裂。

第二节 天台宗的诸法即实相说

天台宗人很重视探索、阐述、建构“诸法实相论”。“诸法”泛指一切现象、一切存在；“实相”，指真实的本相、无差别的实在、不变的真理。早期佛教以“诸行无常、诸法无我、涅槃寂静”三观念立“三法印”，作为佛教思想的根本标志。后来大乘佛教继承和发展早期佛教的思想，进一步提出“诸法实相”为根本概念。强调诸法实相是佛教的最高真理。天台宗创始人智𫖮继承和发扬大乘佛教的这一思想，说：“大乘经但有一法印，谓诸法实相，名了义经，能得大道。若无实相印，是魔所说。”① 也将诸法印统合于诸法实相一大法印中。值得注意的是天台宗的独特诠释，它认为诸法实相是诸法即实相，宣扬现象与本质、事物与真理相即不离的思想。天台宗的诸法实相说包含了本体论、现象论、真理论，以及工夫论、境界论的内容，这里将着重从现象论的角度来阐述天台宗人关于现象与本质的关系的学说。考虑到天台宗人多从实相即本质方面去阐明现象的理论特点，以下将依次先说明实相范畴，再重点论述诸法即实相的涵义及其论证逻辑。

一、实相的意义、内容与表述

追寻、探求和体悟宇宙人生实相是大乘佛教实践的基点，或者说，实相是大乘佛教实践的依据。宗教实践的要求，决定了大乘佛教的实相说始终是与缘起说、果报说联系在一起的。实相是从缘起的现象上作出的价值判断，与对现象的纯客观的事实判断不同。佛教的一些经典、派别对实相的判断各有所侧重，实相的涵义复杂而多样，下面我们就佛教，尤其是天台宗对实相的意义、内容与表述作一简要的论析。

---

① 《法华玄义》卷8上，《大正藏》第33卷，779页下。

就实相的意义来说，综合佛教所论，约有三个论点：

一是万物的体性。一般地说，佛教都以实相来表述一切事物的真实的、常住不变的体性、本性、本相、状态。智顗的《法华玄义》卷8上指出，“实相”是《法华经》乃至一切佛经的体，“于今经（指《法华经》）明乘体，正是实相”①，“实相为诸经作体”②。实相是体。“体”又是什么呢？“体字训礼，礼，法也。各亲其亲，各子其子，君臣撙节，若无礼者，则非法也。出世法体亦复如是，善恶凡圣菩萨佛。一切不出法性，正指实相，以为正体也。”③ 这是说，“体”如世间礼法一样，是支配社会以及人际关系的依据、准绳。同样，佛教的出世间法也有其“法性”，这法性即出世间法的依据，也就是“实相”。

二是万物的要理、真理。《法华玄义》卷8上云：“第二显体者，前释名总说，文义浩漫，今顿点要理，正显经体。”④ 这是说，“显体”即显示一切法之体，与“释名”密切相关，离开释名，难以显体。同时，显体主要是使人把握一切法的要理，道理。这种道理正是经体的显现。这也说明，实相的体、性与理的意义是相通的。天台宗人认为，这个实相“理”不是一般的“第一义谛”，而是“中道第一义谛”，即既不偏有也不偏无（空）的中道义。

三是“佛之知见”，即佛的智慧。《法华经·方便品》说，诸佛出现于世间的一大事因缘是为众生开、示、悟、入“佛知见”，使得清净。⑤ 而佛之知见就是诸法实相，所谓“唯佛与佛乃能究尽诸法实相”⑥，只有佛的智慧才能穷尽诸法实相，故又以佛知见称为实相。佛知见也是众生本来具有的一种超越智慧，众生若能充分显现这种智慧，也即成就为佛。

① 《大正藏》第33卷，779页下。
② 《法华玄义》卷9上，《大正藏》第33卷，792页下。
③ 《法华玄义》卷1上，《大正藏》第33卷，682页中。
④ 《大正藏》第33卷，779页上。
⑤ 详见《大正藏》第9卷，7页上。
⑥ 同上书，5页下。

以上所讲的万物的体性、最高真理与超越智慧，就是实相的基本意义。

与上述实相意义相关，佛教所讲实相的基本内容是什么呢？

就万物的体性来说，实相是空。虽然佛教各派对空的理解并不完全一致，但是，认为空或空性是所谓实相的根本内容，这是大乘佛教各派的共同观点。佛教的宇宙观缘起论认为，一切事物都是因缘和合而生，是无自性、无实体，是空的。空是事物的根本体性。智𫖮也视空为事物体性（实相）的内容，他说："若譬喻明义，如梁柱纲纪一屋，非梁非柱，即屋内之空。梁柱譬以因果，非梁非柱譬以实相。实相为体，非梁柱也。屋若无空，无所容受。因果无实相，无所成立。《释论》云：'若以无此空，一切无所作。'"① 以房屋譬喻来说明实相。如房屋需梁柱组合建筑而成，梁柱是因果，房屋并非梁柱而是空，空才有房屋的容受功用。一切缘起事物都是因果关系，实相是非因果，是空。正如《大智度论》所说，无空就无所作，空是事物的实相。

就宇宙人生的真理来说，早期佛教以"苦、集、灭、道"四谛为实相，大乘佛教或以真俗二谛为实相，或以"遍计"、"依他"、"圆成"三谛为实相。天台宗则进一步提出三重真理说：初重是因缘所生事物无自性，本质是空理，这即是实相。第二重是为排除把空实体化，执著空，再以空与有为诸法，并在空与有之上另立中道之理为实相。如智𫖮以"观心"来表示中道说："若观心空，从心所造，一切皆空。若观心有，从心所生，一切皆有。心若定有，不可令空。心若定空，不可令有。以不定空，空则非空。以不定有，有则非有。非空非有，双遮二边，名为中道。"② 中道之理就是以非空非有来排除对空有二边的执著。第三重是更深一层，将空、有（假）、中三谛综合起来，以即空即假即中为唯一真实之理。智𫖮说："一实谛即空即假即中，无异无二故，名一实谛。……若空假中异者，名颠倒，不异

① 《法华玄义》卷8上，《大正藏》第33卷，780页上。

② 《观音玄义》卷下，《大正藏》第34卷，887页中。

者，名不颠倒。……一实谛者，即是实相。实相者，即经之正体也。如是实相，即空假中。”① “无异”、“不异”，不相舍离。意思是空、假、中三者不相舍离。“即空即假即中”是唯一真实的绝对真理，是为万物的实相。也就是说空、假、中三者是相即互动的，人们对其中任何一边都不能偏颇执著。

此外，天台宗人在以中道为实相的同时，又把佛性与中道等同起来，智𫖮说：“佛性即中道。”② 这佛性是心，既具有功用，也具足诸法。中道佛性或佛性中道是一复合概念，它既是真理又具有能动作用，是为实相。智𫖮说：“二乘但空空，无智慧；菩萨得不但空，即中道慧，此慧寂而常照。二乘但得其寂，不得寂照，故非实相；菩萨得寂，又得寂照，即是实相。”③ “二乘”，声闻和缘觉。“但空”，偏于空寂的空。这是说小乘偏于空寂，趋于虚无，是无智慧；大乘主空是不但空，即能发挥功用，不离现实世间，寂照统一，是中道智慧，也是实相。

印度大乘佛教认为，实相是超越相对相之上的，也是超越思维与语言之上的。如《中论》说：“诸法实相者，心行言语断，无生亦无灭，寂灭如涅槃。”④ 所谓“诸法实相”，是止灭思维和语言的，实相像涅槃一样，无生无灭，是寂灭的。又说：“自知不随他，寂灭无戏论，无异无分别，是则名实相。”⑤ 实相不与其他东西发生条件性的联系，是寂灭无语言分别，也无分化差别的。基于这种看法，佛教通常以否定的方式来表示实相，如以“空”、“不生不灭”、“寂灭”、“无相”等来表示。同时，不同经典对实相也各有不同的名称，如真如、真谛、佛性、涅槃、法界、如来藏、自性清净心、般若、法性、无住、实际等。至于智𫖮，他在《法华玄义》卷8曾从不同角度详细论及了实相的异名，他说，从不可破坏的真实言，其相无相不相，不相无相，称为“实相”；从诸佛得法言，称为“妙有”；因诸佛能见妙

---

① 《法华玄义》卷8下，《大正藏》第33卷，781页中。
② 《法华玄义》卷6下，《大正藏》第33卷，761页中。
③ 《法华玄义》卷8下，《大正藏》第33卷，781页上。
④⑤ 《大正藏》第30卷，24页上。

有，又称“真善妙色”；就实相远离有无两边而言，称为“毕竟空”；就实相是空理湛然，非一非异言，称为“如如”；就实相寂灭言，称为“涅槃”；就其作为觉悟之本且不改易而言，称为“虚空佛性”；就其多所含受言，称为“如来藏”；就其寂照灵知的功用言，称为“中实理心”；就其不依于有也不附于无言，称为“中道”；实相最上无过失，就此而言称为“第一义谛”①。从以上智𫖮所解说与确定的实相的异名来看，实相的涵义既包含了丰富的哲学内容，又与宗教实践密切相连，是直接为佛教修持作理论论证的。

二、诸法即实相

分析了实相范畴的涵义后，我们再来论述天台宗的“诸法即实相”这一重要的命题。

诸法即实相是什么意思呢？从天台宗的论述来看，似有以下三个要点：

一是“诸法即实相”的“即”是不离、不违的意思，所谓诸法即实相是说诸法与实相相即不离，不相违背，也就是说，一切事物、世界现象与其本质、本体、本原是内在统一的，现象与本体并非相隔、对立，两者圆融无碍。展开来说，诸法即如如（真如），佛法即妙有，烦恼即菩提，生死即涅槃，如此等等，都是诸法即实相的具体表述。智𫖮说：“圆顿者，初缘实相，造境即中，无不真实。系缘法界，一念法界，一色一香，无非中道。”② “一色一香”，即一草一花。意思是如花草一类平凡事物也洋溢着中道真理，中道实相之理是普遍存在的。这也就是说，世俗世界与中道真理是圆融无碍的：“阴入皆如，无苦可舍；无明劳尘，即是菩提，无集可断；边邪皆中正，无道可修；生死即涅槃，无灭可证。无苦无集，故无世间；无道无灭，故无出世间。纯一实相，实相外更无别法。”③ 苦、集、灭、道皆无，世间与出世间也无，一切都同于实相，诸法即是实相，无须舍离凡俗另求神圣。

---

① 《大正藏》第33卷，783页下。

②③ 《摩诃止观》卷1上，《大正藏》第46卷，1页下。

二是天台宗人也认为，诸法是心造的幻像，心作的名字。从诸法为心所造这层意义上说，所谓诸法即实相也就是心即实相。智𫖮说："心如幻焰，但有名字，名之为心。适言其有，不见色质；适言其无，复起虑想。不可以有无思度故，故名心为妙。……心本无名，亦无无名。心名不生，亦复不灭。心即实相。"① "心"不有不无，不生不灭，非常微妙。"若观此一念无明之心，非空非假，一切诸法，亦非空假，而能知心空假，即照一切法空假，是则一心三观，圆照三谛之理。"② 若能观照心的非空非假，也就能观照到诸法的非空非假，能知心的空假，也就能圆照到空、假、中三谛之理，体悟实相。

三是不可思议的境界。如上所述，《法华经》卷1《方便品》强调唯有佛能证悟诸法实相，穷究其底蕴。佛自证究尽诸法实相，是超越名言的，是直接从诸法悟入实相，诸法与实相相即不离，这可说是极高的哲学境界、精神境界，不是一般众生所能体证的。天台宗所讲的诸法即实相是就一切事物、现象与其本性、真理不相分离，就主体心与诸法本性、真理不相离而言的，这也是一种不可思议的境界。

在天台宗的著述中，有若干分别表示诸法与实相的范畴，天台宗人往往通过阐发诸法与实相的对应范畴的关系，从多种角度表述诸法即实相的思想，比较全面地反映了诸法即实相的方方面面的内容。这主要有：

（1）用以显体。智𫖮解释体用范畴说："体即实相，无有分别；用即立一切法，差降不同。如大地一生种种芽，非地无以生，非生无以显。寻流得源，推用识体，用有显体之功故。"③ 这是以体为实相，用为诸法。体是内在根源、本性，用是外在形态、现象。认为无体即无用，无用则无以显体，用有显体之功。也就是说，诸法与实相是体

① 《法华玄义》卷1上，《大正藏》第33卷，685页下。

② 《维摩经玄疏》卷2，《大正藏》第38卷，529页上。

③ 《法华文句》卷3下，《大正藏》第34卷，38页上。

用关系，相即不离。诸法用以显体，诸法即实相，诸法是实相体的功用，外在的表现形态。智𫖮又说："诸法既是实相之异名，而实相当体；又实相亦是诸法之异名，而诸法当体。"① 诸法与实相互为异名，由此实相当体即是诸法，诸法当体即是实相。"随以一法当体，随用立称"②，"一法"，实相。诸法是随实相当体，随功用不同而立异称。可见，用从体生，诸法即实相。

（2）事以显理。智𫖮重视以理与事论实相与诸法，"诸法实相即是理，所谓诸法如是相者即是事"③。他还从生起的角度论事理的关系："生起者，从无住本立一切法。无住者，理也。一切法者，事也。……若非理无以立事，非事不能显理，事有显理之功，是故殷勤称叹方便。"④ "从无住本立一切法"是《维摩经》的重要观点。⑤"无住"是指无执著的心灵状态，以无住为本而确立一切法，为"无住本"。智𫖮认为，"无住"也就是理，一切法就是事。由理生起事，然理不能超然于事外而独立存在，它是通过事来显示自身的存在，事有显示理的功用。智𫖮又说："悟者障除体显，法界行明，事理融通，更无二趣。……入者事理既融，自在无碍，自在流注任运，从阿到荼入萨婆若海。"⑥ 佛教般若学以四十二个梵文字表示般若空观，称"四十二字门"。"阿"与"茶"（也作"荼"）分别为四十二字门中最先与最后的梵文字。天台宗人用四十二字配菩萨乘的四十二位，以阿字表示初住，荼字表示妙觉。"萨婆若"，一切智。智慧的广海，称"萨婆若海"。智𫖮认为，真正证悟实相，那就自在任运，从最初阿字门到最末的荼字门，都入于智慧的大海。也就是说，在智𫖮看来，真正觉悟者事理是圆融的，事理圆融就是诸法与实相相即，事以显理，就是诸法即实相。

（3）权即是实。智者大师还以理为实，以事为权，"理是真如，

①② 《法华玄义》卷8下，《大正藏》第33卷，783页中。

③ 《法华文句》卷3下，《大正藏》第34卷，38页中。

④ 同上书，37页下。

⑤ 详见《维摩诘所说经》卷中，《大正藏》第14卷，547页下。

⑥ 《法华文句》卷4上，《大正藏》第34卷，51页中。

真如本净，有佛无佛，常不变易故，名理为实。事是心意识等起净不净业，改动不定故，名事为权”①。又说：“权是权谋，暂用还废；实是实录，究竟旨归。”② “权”，是一时随机所说的教法，“实”是永恒不变的最后的教法。权法是非究竟的，实法是最后目标。智𫖮通过由事理过渡到权实，进而从教法的角度确立权实不二门，以阐明诸法即实相的思想。他说：“一切悉有权有实。……一一法中皆有权实，不得一向权一向实也。”③ 又说：“若双照者，权即是实，实即是权；虽二而不二，亦名究竟等也。”④ 这都是说，一一法中都有权实，权实是相即的，人们若能于权教中，当下观照实教的平等一如之理，即入权实不二之门。智𫖮还以众生法为例来说明权实相即之理：

今明权实者，以十如是约十法界，谓六道四圣也。皆称法界者，其意有三：十数皆依法界，法界外更无复法，能所合称，故言十法界也。二、此十种法，分齐不同，因果隔别，凡圣有异，故加之以界也。三、此十皆即法界，摄一切法。一切法趣地狱，是趣不过当体即理，更无所依，故名法界，乃佛法界亦复如是。若十数依法界者，能依从所依，即入空界也；十界界隔者，即假界也；十数皆法界者，即中界也。故令易解，如此分别。得意为言，空即假中。无一二三，如前云云。此一法界具十如是，十法界具百如是；又一法界具九法界，则有百法界千如是。束为五差：一恶、二善、三二乘、四菩萨、五佛。判为二法：前四是权法，后一是实法。细论各具权实，且依两义。然此权实不可思议，乃是三世诸佛二智之境。以此为境，何法不收？此境发智，何智不发？故文云诸法，诸法者是所照境广也。……当知众生之法不可思议，虽实而权，虽权而实，实权相即，不相妨碍。不可

① 《法华文句》卷3下，《大正藏》第34卷，37页下。
② 《摩诃止观》卷3下，《大正藏》第46卷，34页上。
③ 《法华文句》卷3下，《大正藏》第34卷，37页中。
④ 同上书，43页下。

以牛羊眼观视众生，不可以凡夫心评量众生。智如如来，乃能评量。何以故？众生法妙故。①

“十如是”指表示一切事物的普遍性相的十种范畴，具体指如是相、如是性、如是体等。“十法界”即六道四圣。智𫖮认为，以十如是约十法界，则十法界的任何一类众生都具有自身的性、相、体等，或者说，十如是的任何一种性相都蕴含在十法界中。十法界的各界虽不相同，但每一法界“当体即理”。对于十法界的认识，虽有空、假、中的区别，然空、假、中之别是权，即空即假即中的中道实相是实。一切法可以归结为由恶、善直至佛等，判为权实二法，但实际上众生法各具权实，而且“实权相即，不相妨碍”，不可思议，这是诸佛的智慧境界。

（4）俗即中道。天台宗人还从真理论角度论证诸法即实相说。智𫖮有七种二谛、二十一种二谛和五种三谛说②，他肯定圆教二谛说，尤其是圆教三谛说。圆教二谛指真谛和俗谛，圆教三谛指俗谛、真谛和中道谛，又指假谛、空谛和中谛。《法华玄义》卷2下云：“圆教二谛者，直说不思议二谛也。真即是俗，俗即是真。如如意珠，珠以譬真，用以譬俗，即珠是用，即用是珠，不二而二，分真俗耳。”③ 这是以珠为比喻，说明真俗二谛相即，是不可思议境。《摩诃止观》卷5上就圆教三谛说：“若法性无明合，有一切法阴界入等，即是俗谛；一切界入是一法界，即是真谛；非一非一切，即是中道第一义谛。”④这是就因缘所生法立俗谛，就一切法即一法（空）立真谛，就非一非一切，不偏俗也不偏真，立中谛。“圆三谛者，非但中道具足佛法，真俗亦然。三谛圆融，一三三一。”⑤ 这是说，三谛彼此圆融，三谛实是一谛，虽一谛也不妨开为三谛，说三而一，言一而三，不相妨碍。具足佛法即具足诸法，中道具足诸法，真俗二谛也各具足诸法。

① 《法华玄义》卷2上，《大正藏》第33卷，693页下～694页上。

② 详见《法华玄义》卷2下，《大正藏》第33卷，702页下～705页中。

③ 《大正藏》第33卷，703页中。

④ 《大正藏》第46卷，55页中。

⑤ 《法华玄义》卷2下，《大正藏》第33卷，705页上。

从同是具足诸法这一层意义上说，俗谛即中道谛，换句话说是诸法即实相。

（5）无量即一。天台宗人还从修持方法的角度，以数量概念的无量（多、一切）与一的关系，来说明诸法即实相。智顗就派生与归原的关系说：“无量义者，从一法生。其一法者，所谓无相，无相不相，名为实相。从此实相生无量法。”① 又说：“从一义处出无量法，得为无量法入一义处。”②“无量义”、“无量法”均指众多的修持方法、果位。无量法是从一法（实相）而生，无量法也归为一法。这就是“从一派诸，收诸归一”③。“无量法”是差别，“一”是无差别。智顗就差别与无差别的关系说：“一相一味，解脱离灭，若是二乘法体，犹是差别言宣，今作大乘究竟涅槃，终归于空，即通无差别。”④ 又说：“一相一味，解脱离灭等，为缘分别，即是一中无量，究竟涅槃，终归于空，即是无量中一。”⑤ 差别与无差别，不可分割，互相渗透，彼此蕴含。由此智顗进一步强调“无量”与“一”的相即关系。他以“四念处”为例，谓“所言四者，不可思议数，一即无量，无量即一”⑥。“四念处”是佛教的四种修持方法：“身念处”，念生命躯体的不净；“受念处”，念各种感受是苦；“心念处”，念心是无常；“法念处”，念法无我。智顗认为，这四种修持方法是不可思议数。因为一念处与其他三念处无二无别，又一念具一切法，一切法趣四念处，这样无量与一相即，无量即一。无量即一，就是诸法即实相。

以上从体与用、理与事、权与实、俗与中、一与多的对应范畴关系，论述了天台宗的诸法即实相说。天台宗人的论证，重在阐明现象与本体相即不离，强调现象是本体的显现，表现了肯定现象、肯定现实的理论倾向。万物因缘和合，无自性空，是大乘佛教的世界观。天台宗人坚持这一基本立场，同时又从体用相即的哲学高度，强调诸法即实相，肯定现象的意义与作用，表现出中国佛教学者重视现实的民族性格与求实精

---

①②③ 《法华文句》卷 2 下，《大正藏》第 34 卷，27 页下。

④⑤ 《法华文句》卷 7 上，《大正藏》第 34 卷，95 页上。

⑥ 《四念处》卷 4，《大正藏》第 46 卷，577 页下。

神。天台宗人重视从现象生活着手，强调在不脱离世俗生活的同时奉行佛法，成就佛果，从而为佛教实践生活开辟了新的道路。

第三节　法相唯识宗的三自性说与三类境说

印度佛教唯识学派在强调以识为诸法生起的根源的基础上，又重视对诸法的现象性探讨，此派的三自性说就是关于诸法的三种存在形态或三种存在层次的理论。玄奘在印度留学时曾作《会宗论》，就空宗理论与三自性说的关系，提出重要的见解。尤为重要的是，玄奘还创造性地运用唯识学的见分（认识主体，主观心理）、相分（认识客体，客观现象）的理论，提出“唯识三类境”说，发展了唯识学派的现象学说。

一、三自性说：存在的三种形态

三自性又作三性、三性相等，具体指遍计所执性、依他起性和圆成实性。关于遍计所执性，《成唯识论》卷 8 云：“周遍计度，故名遍计。……能遍计虚妄分别，即由彼彼虚妄分别，遍计种种所遍计物，谓所妄执蕴、处、界等，若法若我，自性差别。此所妄执自性差别，总名遍计所执自性。”① “计”，计度。“遍计”，以主观的构想对对象起周遍计度，生起种种妄见。意思是，对种种因缘和合的事物，计执为“实法”、“实我”，以为心外有实体存在。关于依他起性，《唯识三十论颂》云：“依他起自性，分别缘所生。”② 又《成唯识论》卷 8 云：“众缘所生心、心所体及相见分，有漏无漏，皆依他起，依他众缘而得起故。”③ “他”，因缘。这是说，万物都不是自然而起，而是依于其他因缘和合而起，是无独立自性的。关于圆成实性，《成唯实论》卷 8 又云：“二空所显，圆满成就诸法实性，名圆成实。……于彼依他起上，常远离前遍计所执，二空所显，真如为性。”④ “二空”，

① 《大正藏》第 31 卷，45 页下。

② 同上书，61 页上。

③④ 同上书，46 页中。

我空、法空。圆成实性是于依他起的因缘所生事物上，不周遍计度，不起执著，而直证我空、法空所显的诸法的空性、真实性，这也就是真如。三自性是心的三种层次（实是染净二层，依他起无染净之别）的活动，是心的染净活动而引生种种存在的不同表现。心识通过变现而贯彻于依他起中，从而使现象与本体相统一。同时，三自性说以圆成实性的真如为真实本性，以依他起的诸法为事相，从而又使现象与本体处于相互对立之中。

唯识学派的三自性说受到中观学派学者的质疑、批评。玄奘时有中观学派学者师子光，他认为《中论》、《百论》不仅破除遍计所执性，而且也破除依他起性与圆成实性，即否定三自性说。对此，玄奘在会通空有二宗矛盾的著作《会宗论》[1] 中作出回应。史载：

> 时戒贤论师遣法师为众讲《摄大乘论》、《唯识抉择论》。时大德师子光先为众讲《中》、《百》论，述其旨，破《瑜伽》义。法师妙闲《中》、《百》，又善《瑜伽》，以为圣人立教各随一意，不相违妨。惑者不能会通，谓为乖反，此乃失在传人，岂关于法也？愍其局狭，数往征诘，复不能酬答，由是学徒渐散，而宗附法师。法师又以《中》、《百》论旨唯破遍计所执，不言依他起性及圆成实性。师子光不能善悟，见论称一切无所得，谓《瑜伽》所立圆成实等亦皆须遣，所以每形于言。法师为和会二宗言不相违背，乃著《会宗论》三千颂。论成呈戒贤及大众，无不称善，并共宣行。[2]

戒贤是玄奘师父。这是说，师子光认为空宗的“无所得”观念与有宗的三自性说是乖反的，并以“无所得”观念否定三自性说。玄奘则认为佛教圣人是各随一意而立教，空有二宗的义理是互不相违的；空宗的《中论》、《百论》只是破斥遍计所执，并不破斥依他起性和圆成实

① 靖迈著《古今译经图记》谓作《会中论》三千颂，论已佚失。
② 《大慈恩寺三藏法师传》卷4，《大正藏》第50卷，244页中、下。

性，“无所得”思想与三自性学说是一致的。虽然《会宗论》已佚，我们难以了解玄奘的论证，但是从以上的记载中我们也可以看出：第一，玄奘虽系大乘有宗人，但并不否定大乘空宗的“无所得”思想；第二，玄奘认为，空宗破遍计所执，是对执著因缘和合而起的事物具有自性的实体存在的观念的否定，而不是对依他起性和圆成实性的否定；第三，玄奘的《会宗论》表现了中国佛教学者的圆融思维方式和不拘于一说的兼容与开拓精神。

玄奘批评师子光对三自性说的破斥，是坚持了大乘有宗三自性说；玄奘会同空有二宗的思想，强调空宗只是破斥遍计所执，并不破斥依他起性与圆成实性，这是发展了大乘有宗的三自性说。

二、三类境说：现象的三种类别

与坚持诸法有三种存在形态或层次的学说相联系，玄奘还提出三类境说，直接把认识对象或现象分为三类。

据慧沼《〈成唯识论〉了义灯》卷1末载，玄奘时代对唯识的见分和相分，即主观和客观的关系有三种不同的观点：一是“见相同种生”。“种”指种子。这种观点是说，见分和相分由相同的种子而生，相分是见分所缘的假相外境，客观现象完全依属于主观心理。二是“见相别种生”。认为相分种子不是见分种子，客观现象有时依属于主观心理，有时又为主观心理所依属。三是“见相二分随其所应种或同异”①。这是折中以上两说，认为如缘龟毛兔角等不存在的东西时，是见分和相分同种生；如缘眼耳等五根时则是别种生。玄奘不赞成上述观点，提出了一个非常重要的颂：

> 性境不随心，独影唯从见，带质通情本，性种等随应。②

这是说，认识对象虽都是八识所变现的相分，但由于种子本体的不同，性质也不同，可分为性境、独影境和带质境三类。

“性境不随心”。“性境”是指由实际的种子生起的具有实性的相

---

① 详见《大正藏》第43卷，677页上、中、下。

② 《大正藏》第43卷，678页上。

分境。《宗镜录》卷68说："性境者，'性'是实义，即实根、尘、四大及实定果色等相分境。"① 《〈成唯识论〉掌中枢要》卷上末云："诸真法体名为性境，色是真色，心是实心。"② 《〈成唯识论〉了义灯》卷1末也称："何名性境？从实种生，有实体用，能缘之心得彼自相，名为性境。"③ 可见性境有多种，诸如根身、器界、色、声、香、味、触，直至正常的心理状态，智慧所缘的真如等都是。"不随心"，"言'不随心'者，为此根尘等相分，皆自有实种生，不随能缘见分种生故"④。"不随心"是指性境相分与见分不同种。具体说，有五种不随：不随能缘同善染性，不随能缘同一种生，不随能缘同一界系，不随能缘同三科摄，不随能缘同异熟等。⑤ 例如，我们平常观赏山河大地时，山河大地并不会因为我们观赏时的心理的善染而改变它的本性，也不会随我们同受业力而招引果报。这就表明，性境并不是完全受人们主观心理支配的。

"独影唯从见"。"独影境"是指由见分的虚妄分别而假现的相分，因相分本身没有自己的种子，是纯属意识所变现的相状，完全依属于主观心理，故称"独影唯从见"。《宗镜录》卷68解释说："独影境者，谓相分与见分同种生，名'独影唯从见'。即如第六识缘空华兔角过未及变影，缘无为并缘地界法，或缘假定果极迥极略等，皆是假影像，此但从见分变生，自无其种，名为'从见'。"⑥ 又说："独影者，独者单也，单有影像而无本质，故相名独，如缘龟毛石女等相，或虽有质相分，不能熏彼质种，望质无能，但有假影，亦名为独，如分别心缘无为相及第八识心所相及，余准此知。"⑦ 独影境分为两种：一种是无质独影，就是不与前五识同时俱起的意识（"独头意识"）生起空花、石女、兔角、龟毛和过去、未来时的心理状态，因空花、石

---

① 《大正藏》第48卷，797页下。
② 《大正藏》第43卷，620页上。
③ 同上书，678页上。
④ 《宗镜录》卷68，《大正藏》第48卷，797页下。
⑤ 详见上书，798页上。
⑥ 同上书，798页上。
⑦ 同上书，798页下。

女等根本不存在，而过去已灭，未来未生，故称“无质独影”。又一种是有质独影，这是指见分缘“虚空无为”等无生法而言。“虚空无为”，是听说“虚空”一词后，在心理上变现出来的一种虚空状态。这种心理状态与实有的虚空本身并不发生关系，故称“有质独影”。无质独影和有质独影都是主观心识变现的影像，前者是空无，后者是幻有，两者实质是相同的。

“带质通情本”。“情”，指能缘心。“本”，指所缘境。“带质境”是介于性境与独影境之间的、是依实际的本质与非实际的妄情而变现的一种相分。《〈成唯实论〉了义灯》卷1末解释云：“能缘心缘所缘境，有所仗质而不得自性，此之相分判性不定，或从能缘心，或从所缘境。种亦不定，或质同种，或见同种，或复别种，名‘带质通情本’。”① 法相唯识宗认为，如第七识见分缘第八识见分，以及“独散意识”（精神错乱时的意识）缘五根、五境时的相分，都是认识对象虽具有本质，但不能如实描述本质的相分，近乎现在的所谓错觉。

“性种等随应”。这是总结性地说，相分与见分性种是同是别，是同种生还是别种生，要根据上面说的三类关系作具体分析，具体判别，不能一概而论，不能混淆不同的主观心理与客观现象之间的不同关系。

玄奘的唯识三类境说，是在坚持“唯识所变”的基础上，以主观心识为本原，强调心识有不同的情况，心识与变现现象之间也有不同关系，以至现象也有不同性质，有真实虚妄的区别。这是在唯识思想的框架内有限度地承认客观事物、外界存在的真实性，也是唯识本体哲学和现象学的重要发展。

第四节　华严宗的事事无碍论

一、事事无碍的界说

事事无碍论，由华严宗人提出，是最能代表该宗理论特征的学

① 《大正藏》第43卷，678页下。

说。从华严宗学者的有关论述来看，事事无碍的意义是：

第一，佛的殊胜境界。华严宗以事事无碍为法界缘起的境界。所谓法界缘起是指诸法相即相入的缘起，也即整个宇宙的诸法都浸没于相即相入的缘起关系之中，这也称为“大缘起陀罗尼法”。“大”，盛大，表示无所不包。“陀罗尼”，意为总持，表示能持不失的智慧力。“大缘起陀罗尼法”，被认为是华严宗人奉持法界缘起观时宇宙的整体面貌，其特征是事事无碍。华严宗人还说，毗卢遮那佛在“海印三昧”中应众生的愿望而示现的境界，就是法界缘起，也就是事事无碍的法界。“三昧”，即定。海印三昧也称“海印定”，被称为佛在说《华严经》时所入的三昧。华严宗人说，当佛入海印三昧时，过去、现在、未来一切法都同时在一心中印现，犹如深渊大海湛然映现一切景象一般，一切法都相即相入，相摄相容，圆融无碍。如此在海印定时客体化出现象世界、宇宙整体，是毗卢遮那佛的境界。

第二，宇宙的最高层次。华严宗人把宇宙全体归结为四类，称四重法界：事法界、理法界、理事无碍法界和事事无碍法界，强调众生在修持过程中要依次了解这四法界。事事无碍法界被置于最后，意味着是修持的最高境界，显然这是从价值意义上说的，然而，四法界说也包含了从不同角度对宇宙所作的分判，论及现象、本体、现象与本体的关系以及现象与现象的关系，并给予层次性的安排，从这一层意义上说，事事无碍法界是宇宙的最高层次。

第三，观法的最终目标。华严宗人提倡法界三观或四重法界观，作为证入法界的观法。法界三观的第三观“周遍含容观”，也就是四重法界观的最后一重事事无碍法界观。这一观法的对象，即现象界的一切存在，是一一都互相周遍地含容着，彼此都互不妨碍各自的存在，这是四法界的归依，也是观法修持的最高目标。

第四，真如本觉。法藏说：“言海印者，真如本觉也。妄尽心澄，万象齐现。犹如大海，因风起浪，若风止息，海水澄清，无象不现。”① 这是说，海印三昧所示现的事事无碍境界，就是真如本觉。

---

① 《修华严奥旨妄尽还源观》，《大正藏》第45卷，637页中。

真如是指这种境界的真理，本觉是能动主体性。真如与本觉、理与心的合一，就是佛的境界，就是事事无碍境界。

从上述事事无碍的界说来看，含有境界论、认识论、宇宙论、修持论的内容，这是华严宗人的重要理论创造。值得注意的是华严宗事事无碍论的特殊之处，即事事无碍法界是佛在海印三昧中所示现的种种无碍事象，是佛的圆明性德的呈现，称“性起”缘起（法界缘起）。法藏认为，这种佛境的缘起是出自“法性”（一心法界），是佛心本来具足一切功德，能不假修成而随缘示现。这是最圆满的缘起。法界缘起是佛的性德的起现，与其他缘起不同，它不论及生死流转的现象，它的每一法都具价值意义，法界中的一切存在都具有无比的价值。同时，这种存在是缘起性空的，是没有自性的，也就是说，是以性空之理作为通于一切的根据，从而避免了万物因有自性而势必互相妨碍的理论困难。

华严宗的事事无碍论，是一种缘起实相论。佛在海印三昧中印现的境界被认为是宇宙的真实本相、真实本质，是对无限差别的宇宙全部现象的最圆满、最究竟的映现。事事无碍法界是佛在海印定中，自心客体化出的现象世界，在华严宗看来，这是佛对现象界、对种种现象之间的关系的最真实、最正确的体悟与把握。这反映了华严宗人对宇宙现象界的基本看法，表现出了华严宗人从主观方面调和、消除一切差异、对立、矛盾，以摆脱、超越各种烦恼、困惑、痛苦的愿望。由此我们也可以从哲学的角度说，这是从佛教修持出发阐述的宇宙现象论，是一种现象圆融论。

二、事事无碍论的内容

华严宗人事事无碍论的内容包含两个理论要点：六相圆融和十玄无碍。

六相说是华严宗人继承并发展地论师的理论而创立的。《佛地经论》在解释《华严经·十地品》时立有一个凡例，即应用总、别、同、异、成、坏“六相”以说明经文每种十句的关系和理解每种十句的内容。智俨由此体会华严法界缘起的相状也不外乎这六个方面，于是就用来解释缘起现象。法藏由此更进一步联想和推论现象和现象之间的关系，也都是由六相体现的错综复杂的缘起关系，他对六相作了这样的界定：

> 总相者，一含多德故；别相者，多德非一故，别依比（止）总，满彼总故；同相者，多义不相违，同成一总故；异相者，多义相望，各各异故；成相者，由此诸缘起成故；坏相者，诸义各住自法，不移动故。①

又作颂文说：

> 一即具多名总相，多即非一是别相；多类自同成于总，各体别异现于同；一多缘起理妙成，坏住自法常不作。唯智境界非事识，以此方便会一乘。②

这是说，缘起事物的全体（一）是总相，事物的各部分（多）是别相。事物的各部分虽形相各别而和合同成一体，是同相。事物的各部分虽同成一体，然又各不相同，是异相。事物的各部分和合成一体，则此事物成，是成相。事物的各部分不和合，各部分的本质不变，是坏相。法藏在《华严金师子章》中以金狮子为比喻，说金狮子是总相，眼、耳等不同部分是别相，眼、耳等同一缘起形成狮子是同相，眼、耳等彼此各不相同是异相，眼、耳等和合成狮子是成相，眼、耳等各自独立而不和合为狮子是坏相。在《华严一乘教义分齐章》中则以房舍为比喻来说明六相，梁、柱、砖、瓦等总成一房舍，是总相。虽是同一房舍，梁、柱、砖、瓦等各为房舍的不同组成部分，是别相。梁、柱、砖、瓦等，形相有别，而和合同成一房舍，是同相。梁、柱、砖、瓦等虽同成一房舍，但叠互相望，各各相异，是异相。梁、柱、砖、瓦等彼此相依相成，和合成一房舍，是成相。梁、柱、砖、瓦等，本来各自独立，不作房舍，是坏相。以上总、同、成三相，是就无差别方面而言，指全体、整体，别、异、坏三相，是从差别方面说，指部分、片断。无差别与差别、整体与部分是自在相即，

---

① 《华严一乘教义分齐章》卷 4，《大正藏》第 45 卷，507 页下。
② 同上书，508 页下～509 页上。

圆融无碍的。

十玄门是华严宗人受《华严经》思想的启发构思出来的。《华严经·贤首品》在描述佛的境界时，说一粒微尘中有无量刹（世界），而这些世界又具有染净、广狭、有佛无佛等不同的情况，犹如“天帝网”一样。天帝网是古印度神话中的天神帝释天宫殿里的珠网，闪闪珠光，交相辉映，层叠无穷，重重无尽。《华严经》在阐发教理时，还常用教义、理事、境智、行位、因果、依正、体用、人法、逆顺、感应“十对”名目，来说明林林总总、纷繁复杂的宇宙万物之间的圆融无碍关系。智俨受此启发，撰《华严一乘十玄门》，创立十玄说①，宣传十玄妙法门。后来，法藏又发展了智俨的十玄说。为了区别二人立说的某些不同，称智俨所立为“古十玄”，法藏所立为“新十玄”。新十玄与古十玄的主要不同是，将古十玄的“诸藏纯杂具德门”改为“广狭自在无碍门”，“唯心回转善成门”改为“主伴圆明具德门”。其次是，两者的安排次序也不一致。根据法藏较后期的著作《华严经探玄记》卷1② 所论，并结合《华严一乘教义分齐章》卷4等的论述，新十玄的具体名目和涵义是：

“同时具足相应门”。“同时”，无时间先后之分。“具足”，无所遗漏。“相应”是不相妨碍。此门是说，因缘和合而起的每一事物，都一时圆满具足而又彼此互相照应，映现宇宙的最高真实。这是一个完整的、统一的，无时空差异的一体世界，或者说，宇宙万物同成一大缘起，全宇宙是万物和谐共存的统一体系。此门是事事无碍法界的总相，最为重要，以下九门都是此门的别义和发挥。

“广狭自在无碍门”。“广”，广大。“狭”，狭小。至大之物与极小尘毛，互相包容。广可入狭，狭可容广，广不碍狭，狭不妨广，广狭相即，任运俱现，自在无碍。这一门是从空间范围方面说的，意思是，无论事物的广狭、大小多么各不相同，但都相即相容，圆融无碍。

① 详见《大正藏》第45卷，515页中。

② 详见《大正藏》第35卷，123页上、中。

“一多相容不同门”。“一”指本体或个别事物，此处指个别事物。“多”，千差万别的种种事物。事物都是相对的，都能互为自他，任何一个事物都能总摄其他事物。就法界缘起来讲，一个事物与众多事物彼此有相容相摄的意义。“多”能容“一”，“一”也能容“多”。“多”中有“一”，“一”中有“多”，彼此相容。“一”能容“多”而不失“一”，“一”“多”历然，各不相同。“一”与“多”相容而不相混同。

“诸法相即自在门”。此门的相即有异体相即和同体相即两类。异体相即是说，因需待外缘而得果，由此而与外缘相即。如一月当空，万川印影，月非影，影非月，然月影不离，相即无碍。同体相即是因不待外缘，而自身具足果德，如众生初发心作佛与成就佛果，即为同体相即。如此两种相即，自在成立，无障无碍，为诸法相即自在门。

“隐密显了俱成门”。“隐密”，隐覆，是里。“显了”，表现，是表。这是说宇宙的一切事物是互相容摄的，若此物容受彼物，那此物是显而彼物是隐，若彼物摄受此物，彼物是显而此物是隐。由于此物与彼物互为隐显，同具隐显两种形相，因此能同时成就。

“微细相容安立门”。“微细”，指细如微尘不能再分割的事物。此门是说，任何一个事物都能容摄包含其他事物，即使是细微得不能再细微的事物，也能把极大的事物容摄进去，细微与极大相容安立，圆融无碍。法藏说：“小时正大，芥子纳于须弥；大时正小，海水纳于毛孔。”[①] 大小相对，小入于大，大入于小，彼此相容，不碍安立，秩序井然。

“因陀罗网法界门”。“因陀罗网”即帝释天宫中的宝珠网。此网中的任何一珠，都可显现出其他珠的影像，珠珠映照，彼此互为隐显，以至于重重无尽。法藏以此比喻万物之间相即相入重重无尽的关系，这是十玄门中对无尽缘起说——事事无碍论的形象比喻和生动说明。

“托事显法生解门”。“显法”，显现一切事法。“生解”，产生事事无碍的悟解。这是说，随托举一事，便显现一切事物互为缘起的道

① 《华严策林》，《大正藏》第45卷，597页下。

理，产生事事无碍的胜解，悟见重重无尽的法界。一枝一叶，一花一草，都是甚深微妙法门。深奥的道理，从平凡的事物中就能显现出来，并非是在所见的事物之外另显事事无碍之理。

“十事隔法异成门”。“十事”，指时间上的过去、现在、未来三世，三世又各有过去、现在、未来三世，合称“九世”。又九世相即相入，都不出当前一念，为一念所摄。一念为总相，九世为别相，总别相合为“十世”。“隔法”，指十世前后事物的相隔不同。这是说，此十世相即相入，前后相隔而又交渗互含，浑融一体，既同时具足显现，又隔法异成。

“主伴圆明具德门”。这门是说，一切法相互交织依存，如果以其中的一法为主，其他法就成其为伴随、从属；如果以其中的另一法为主，则其他的法又成其为伴随、从属。总之，以任何一法为主，此法以外的他法都处于伴随、从属的地位。每一法的主伴定位都是如此。为主的法，既以其余一切法为伴随、从属，也就涵摄其余一切法的功德于己身。由此可见，任举一法，当下即是主伴交辉，圆满具足一切功德，事事圆融，互不相碍。

以上是从时间、空间、数量、容积、形态等方面说明事物与事物之间的相即相入、重重无碍的关系。“然此十门，随一门中即摄余门，无不皆尽，应以六相方便而会通之。”① 十门之间，举一门即容摄其余九门，每门又都具有六相，六相遍于每一门。由此，十门与六相同时圆融，自在无碍，重重无尽，成为一大缘起，是为宇宙的真实图景。这是佛禅定时内心呈现出来的境界，众生若经过修持能悟此真实图景，也就达到了成佛的境界。

华严宗的六相圆融和十玄门说，具有宗教、社会和哲学等多方面的意义。

从宗教的层面看，事事无碍是直接为佛教修持实践服务的，它作为一种法门，为信徒提供重要的观法。人们应当以佛禅定时映现出的圆融图景为目标，修持六相观和十玄门，以求于一念中圆满悟解宇宙

① 《华严一乘教义分齐章》卷4，《大正藏》第45卷，507页上、中。

万物的真实本相，达到佛的境界。事事无碍论，也反映了华严宗人调和佛教各派、各种修持法门所作的一种努力，以为佛教众多的教派、法门都是相融无碍的，并以提倡这种圆融法门的华严思想为最究竟的教义。华严宗用十玄解释“性起”理论，强调此心本来圆满具足一切功德，不假修成而随缘显现，发挥了“一切现成”的思想，从而为中国佛教信徒提供一条返本归源的内心修持之道。

从社会学的层面来看，华严宗的事事无碍论反映了人类某种希望消除痛苦、追求理想以及协调自我与他人、个体与社会相互关系的深刻思想。华严宗以佛在禅定时所示现的事事无碍的统一世界为理想境界，这是对人类社会痛苦根源的反思的结果。华严学者直感到差异、对立、矛盾的存在，体悟到乐与苦、成与败、得与失、是与非、生与死等一系列的差异、对立、矛盾，是形成人类痛苦的根本原因。华严宗人把消除差异、对立、矛盾的理想境界归结为佛的境界，安置于人的内心，这就从主观上消除了现实与理想的矛盾，把现实提升为理想，给人的心灵以莫大的安慰与鼓舞。再从世界理想来看，佛呈现的圆融无碍世界，是一种整体世界，慈悲世界。在这样的世界里个人的独立存在既被肯定，同时又强调与他人的关联，强调个人是社会的一员；个人的自性既得以最大限度地发挥，同时又与他人、与社会处于相即相入的统一环境中。华严宗人这种包含于宗教理想中的美好社会理想，尤其是既重视个体的独立自性，又强调个体与社会的关联性思想，具有明显的现代价值。

至于华严宗事事无碍的哲学意义，下面我们将稍加展开论述。

三、事事无碍论的哲学底蕴与逻辑性格

事事无碍论是一种独特的宇宙现象论，表达了华严宗人对宇宙整体的基本看法，尤其是对事物与事物之间相互联系的基本看法。华严宗人所阐发的有关宇宙学说的现实、整体、圆融三个观念，有关事物与事物相即相入的两种相互联系形式，都表现出深邃的哲学思维与丰富的逻辑论证，具有重要的理论价值。

现实观念。印度佛教以佛在海印三昧中的景象来比喻最高的理想境界。中国华严宗人则以事事无碍为理想境界的内容，强调贯通事与

事即现象与现象的关系，是理想境界的实质。这种对客观对象的重视，对现实的重视，体现了真理即内在于现实事物之中，理想即在现实活动之中的中国传统思维方式，表现出对印度佛教理想境界内容的重要调适。

整体观念。华严宗人偏于从空间方面论缘起，认为性起缘起的宇宙图景是，一切万物“同时具足相应”，宇宙是一个万物互为因果、互为缘起、圆满具足、重重无尽的大系统。在这一互为缘起的大系统中，不论广狭、大小、一多、隐显、主伴，都相即相入，和合无碍，融为一体。宇宙是多样性的统一，是不可分割的整体。

圆融观念。华严宗讲成就“大缘起陀罗尼法”，成就事事无碍法界，相应地，圆融也成为此宗宇宙观的基本观念。就“大缘起陀罗尼法”，事事无碍法界来说，诸法都有缘成的作用，诸法相即相入，任何一法都不异、不离于其他诸法，彼此圆融，自在无碍。这是从缘起的角度肯定矛盾的融合论。

华严宗认为，在觉悟者看来，宇宙是一个统一的整体，事物与事物之间、一事物与其他一切事物之间都是圆融无碍的。这种事事无碍的具体表现形态是相即和相入，就是说，相即与相入是构成现象间普遍联系的两种形式，是法界缘起中诸法关系的逻辑形态。华严宗分别从体或力（用）两个不同方面来论述相即和相入，相即是相应于体，就缘起法自身的或空或有（幻有）说，相入则是相应于用，是就缘起法在表现上或为有力或为无力说。

相即，“即”，是不异、不离的意思，“相即”就是彼此不相异，密切不可分离，是表示“同一”的关系。也就是说，不异、不离是构成同一的可能的根据。从缘起法自身的或空或有说，“即”是一方的否定构成为他方的肯定的必要条件，“相即”就是以否定肯定两者构成为同一的必要条件。法藏说：

> 初中，由自若有时，他必无故，故他即自。何以故？由他无性，以自作故。二由自若空时，他必自有，故自即他。何以故？由自无性，用他作故。以二有二空各不俱故，无彼不相即。有无

无有无二故，是故常相即。①

这是透过空、有两个概念来说明相即，认为相即双方必是一方为空，另一方为有，只有一方是空一方是有，才能圆融无碍，同时都是空或同时都是有的情况是不能相即的。就自他两面的缘起来说，自有他无（空）是“他即自”，自无他有是“自即他”。也就是说，在自他的缘起法中，处于虚位、否定位、潜在位的一方，依顺于实位、肯定位、现在位的一方，也就是前者容让后者，以后者的存在为自己的存在，这种依顺就是“即”，由这种相即的关系而成就了事事无碍法界。

法藏在描述法界缘起时说：“初义者，圆融自在，一即一切，一切即一，不可说其相状耳。”②“一即一切，一切即一”是华严宗人表述相即观念的基本命题，此“一”是指一事物，“一切”是指其他一切事物。华严宗人有时也用“多”、“十”表示“一切”。这一命题的意思是，一事物与其他一切事物之间，不异不离，圆融无碍。每一事物都是缘，“大缘起陀罗尼法”就是由众多的缘和合而成。其间每一缘都与其他缘相即，其他缘也与任何一缘相即，一与一切，一切与一，相即相入，圆融无碍。这里需要注意的是，就“大缘起陀罗尼法”来说，事物之间的关系，不是逻辑上的排斥关系，而是共同互为缘起的关系，由此而能相即无碍。在“大缘起陀罗尼法”中，一即一切，一切即一的相即关系，是真如实相的呈现，是众多缘的空性的显现，而不是由具体时空所规范的决定关系，是无特定相状可言的。

华严宗认为，任何事物都是成就“大缘起陀罗尼法”的缘，而缘起法中的任何一个别法也都是自在相即，圆融无碍的。法藏《华严一乘教义分齐章》卷4中的房舍比喻，就总相别相相即关系，提出“椽即是舍”的重要论断：

问：“何者是总相?”答：“舍是。”问：“此但椽等诸缘，何者是舍耶?”答：“椽即是舍。何以故？为椽全自独能作舍故。若

① 《华严一乘教义分齐章》卷4，《大正藏》第45卷，503页中。

② 同上书，503页上。

离于椽，舍即不成。若得椽时，即得舍矣。”问：“若椽全自独作舍者，未有瓦等，亦应作舍？”答：“未有瓦等时不是椽，故不作，非谓是椽而不能作。今言能作者，但论椽能作，不说非椽作，何以故？椽是因缘，由未成舍时无因缘故，非是缘也。若是椽者，其毕全成；若不全成，不名为椽。”问：“若椽等诸缘，各出少力共作，不全作者，有何过失？”答：“有断常过，若不全成但少力者，诸缘各少力，此但多个少力，不成一全舍故，是断也。诸缘并少力皆无全成，执有全舍者，无因有故，是其常也。若不全成者，去却一椽时，舍应犹在，舍既不全成，故知非少力并全成也。”问：“无一椽时岂非舍耶？”答：“但是破舍，无好舍也，故知好舍全属一椽，既属一椽，故知椽即是舍也。”问：“舍既即是椽者，余板、瓦等应即是椽耶？”答：“总并是椽，何以故？去却椽即无舍故。所以然者，若无椽即舍坏，舍坏故不名板、瓦等，是故板、瓦等即是椽也。若不即椽者，舍即不成，椽、瓦等并皆不成。今既并成，故知相即耳。一椽既尔，余椽例然，是故一切缘起法不成则已，成则相即，镕融无碍，自在圆极。”①

这是以房舍喻缘起的世界，以椽、瓦等喻成就缘起世界的缘。按照六相圆融的义理，房舍是总相，椽、瓦等诸缘是别相。法藏在论述中强调“椽即是舍”，别相即是总相，别相与总相相即不异。这里的论证逻辑是，就缘起的义理而言，一切缘起法都是因缘和合而成。如以缘起而成就的房舍为例，椽是因缘，是建成房舍的必不可少的条件。没有椽，就不能建成房舍。法藏认为，椽是房舍建成时才称为椽，房舍未建成时，或未完全建成时，并不称为椽。就椽与建成的房舍来说，两者是不可分离的，正是从这意义上说，“椽即是舍”。文中还说“椽全自独能作舍”，强调椽自身即能成就房舍。这是说，椽作为缘必“全力”作舍，而不是“少力”作舍。全力是表示“全成”，整全，少

① 《大正藏》第45卷，507页下～508页上。

力则表示“不全成”，部分。由此也可说，没有椽就没有房舍；没有椽，此时的板、瓦等也都不名为板、瓦。有了椽成就房舍，此时板、瓦等也与椽不离不异，相即无碍，从这层意义上说，板、瓦等即是椽。由此也进一步说明“椽即是舍”。不言而明，华严宗的总相、别相等六相是一种非自性说，其所喻指的是事物，如房舍、椽、瓦等都不是有自性的东西，由此而有彼此相即、融合无间的实相境界。

相入，“入”，指事物之间的作用、影响。相入就是相摄、相容，也就是现实的东西把非现实的东西作为可能性而含容着。法藏就相入的涵义说：

> 二明力用中，自有全力故，所以能摄他。他全无力故，所以能入自。他有力，自无力（反上可知）。不据自体，故非相即；力用交彻，故成相入。又由二有力，二无力，各不俱故，无彼不相入。有力无力，无力有力，无二故，是故常相入。①

这是从缘起的力量、作用角度说，在缘起世界中，构成缘起结果的众因缘的力量、作用不同，有的是有、有力，有的则是空、无力。有力的发挥主导作用，无力的则随顺主导因素。无力者随顺有力者，以有力者的力为自身的力，这就是“入”。缘起事物的诸因缘同时都有力或都无力的情况是不存在的，总是一方有力一方无力，从而互相作用，互相容入，自在无碍。

“一中多”和“多中一”是华严宗相入观念的重要命题。“一”为有力能容“多”，“多”为无力能随顺“一”，被摄入于“一”中，由此“一”中容“多”，是“一中多”。又，“多”为有力，“一”为无力，则“多”容“一”，“一”入“多”，“多”中摄“一”，是“多中一”。一多关系的“一”，可指本体，也可指现象，此指现象，“多”是指现象。若“一”为本体，即本体与现象相即相入，圆融无碍。若“一”指现象，即现象与现象相容相入，圆融无碍。

如上所述，华严宗人的“六相圆融”、“十玄无碍”所涉及的概

① 《华严一乘教义分齐章》卷4，《大正藏》第45卷，503页中。

念，都是非决定的概念，如“相即”的“即”并非数学的等同义，同样，相入的“入”，也是无决定的时空相，“力用”也非物理学意义的力用。总之，一切概念在本质上都是空无自性的，非决定的，概念的意义只能在相互的依待中确定、成立。华严宗正是依据概念的空义，来阐明遍于整个法界的缘起现象的事事无碍关系。

四、事事无碍论的理论基础与中国特色

华严宗人吸取《摄论》的三性和种子六义的学说①，加以改铸，提出了三性同异和因门六义的理论，构成为事事无碍论的原理。华严宗的改铸，以及在这种理论基础上形成的事事无碍论的内容，都呈现出明显的中国思维特色。

印度瑜伽行派的三性——遍计所执性、依他起性和圆成实性理论，是一种显示唯识无境的学说。遍计所执性是表示境，依他起性表示识，圆成实性表示境识俱空的境界。三性说从境与识的关系角度，阐扬万法唯识、唯识无境的观点，为转识成智的修持奠定思想基础。法藏吸取了瑜伽行派的三性说，但又无视其原义，用本末范畴和“真妄交彻”的观念把它改变为“三性同一说”：

> 三性各有二义，真中二义者：一、不变义，二、随缘义；依他二义者：一、似有义，二、无性义；所执中二义者：一、情有义，二、理无义。由真中不变、依他无性、所执理无，由此三义故，三性一际，同无异也。此则不坏末而常本也。……又约真如随缘、依他似有、所执情有，由此三义，亦无异也。此则不动本而常末也。……是故真该妄末，妄彻真源，性相通融，无障无碍。②

“三性一际”即“三性同一”。这是说，三性的每一性都是相对的，其中包括了相反相成的二义，二义有本末之别。六义中的不变、无性、理无称为“本三性”，随缘、似有、情有称为“末三性”。本三性与末

① 详见《摄大乘论释》卷5，《大正藏》第31卷，181～190页；《摄大乘论本》卷上，《大正藏》第31卷，135页上。

② 《华严一乘教义分齐章》卷4，《大正藏》第45卷，499页上。

三性是对立统一的关系。本三性同一无差别，不坏世界末有而说真如之本，所以是三性一际，同而无异。又，末三性是不动真如之本而说世界末有，是真如随缘生起的现象，所以也是三性一际，同而无异的。本三性是表示宇宙万有即真如，末三性是表示真如即宇宙万有，如此，本三性与末三性也是相即一体的。法藏以本末真妄来统一一切缘起现象，并进而得出重要的结论：真包括了妄，从妄中可以透见真的源头，本质与现象即性与相①互通互融，真妄同一，性相同一，由此一切缘起现象之间也都是圆融无碍的。这里，我们可以看到，法藏是把瑜伽行派的三性还原为本质与现象、真实与虚妄两面，又把两面综合融通起来，改变了原来三性说的性相隔别、识有境无的理论结构，而成为一个真妄交彻、性相融通的法界整体，也即事事无碍法界。这是运用中国的本末范畴和相应思维方式改铸三性说的结果。

华严宗的因门六义是吸收和改变瑜伽行派种子六义说的产物。瑜伽行派所讲的种子是指藏匿于阿赖耶识中的潜在功能和精神力量。种子生起现象有一定的规律，这些规律是由种子的体性决定的，种子的体性有六个方面，称为“种子六义”：（1）“刹那灭”，种子不会暂住，而是不断变化的；（2）“果俱有”，种子生起现象后仍然存在，并支持现象的存在；（3）“恒随转”，种子随灭随转，永远与阿赖耶识共存；（4）“性决定”，种子的善恶性质始终不变；（5）“待众缘”，种子生起现象，必须具备其他条件，即只有众缘和合才有生起的作用；（6）“引自果”，种子只能引生自类的果。② 法藏采取了瑜伽行派种子六义的说法，又从体性的有无（空）、作用（力、用）的胜劣（即有力无力），依待（对其他条件的关系）的有无（即待缘不待缘）三个方面③加以区分，提出“因”有六种情况，称

① 性相，瑜伽行派以圆成实的真如理为性，依他起性的诸法为相，华严宗则以本质、本性指性，以现象、相状称相。

② 详见《摄大乘论本·所知依分》，《大正藏》第31卷，135页上。文云：“胜义诸种子，当知有六种：刹那灭俱有，恒随转应知，决定待众缘，唯能引自果。”

③ 详见《华严一乘教义分齐章》卷4，《大正藏》第45卷，502页中、下。

"因门六义"：(1)"刹那灭"是体空、有力、不待缘；(2)"果俱有"是体空、有力、待缘；(3)"待众缘"是体空、无力、有待；(4)"性决定"是体有、有力、不待；(5)"引自果"是体有、有力、有待；(6)"恒随转"是体有、有力、无待。① 法藏在阐述因门六义的内容后，又论述了因门六义的融摄问题，他用六相来融摄因门六义，进而以因门六义来说明一切事物之间的圆融关系。他说：

> 融摄者，然此六义，以六相融摄取之。谓融六义为一因是总相，开一因为六义是别相；六义齐名因是同相，六义各不相知是异相；由此六义因等得成是成相，六义各住自位义是坏相。②

这是把六相与六义沟通，将因门六义重新区分组合为总、别、同、异、成、坏六种相状，为六相圆融说提供理论基础。法藏进一步以因门六义来说明一切缘起事物的圆融关系：

> 由空有义故，有相即门也；由有力无力义故，有相入门也；由有待缘不待缘义故，有同体异体门也。由有此等义门故，得毛孔容刹海事也。③

这是说，由于因有六种特性，六种特性内部又有体、用、待三类不同情况，这种种错综复杂因素的交互作用决定了一切缘起事物的相即相入，构成为一小毛孔能容纳大刹海的圆融景象。

华严宗的三性同一和因门六义理论是印度佛教与中国固有思想相融合的成果。从华严宗的事事无碍论整个学说来看，它是华严学者综合印度大乘佛教与中国道家等思想并加以创造的结果。大乘佛教中观学派的性空论是华严宗人观察、体悟事物本质的基本思想，性空就是事物的理。万物性空之理是事物与事物之间得以融通无碍的理论前提。大乘佛教瑜伽行派的一切唯心、万物唯识的观点，也构成为华严宗事事无碍论的理论前提。瑜伽行派的三性说和种子六义说是唯识思

---

① 详见《华严一乘教义分齐章》卷4，《大正藏》第45卷，502页上。
② 同上书，502页下～503页上。
③ 同上书，503页上。

想的展开，是华严宗事事无碍理论前提的重要组成部分。

虽然华严宗的事事无碍论继承了印度大乘佛教的思想，但是，从主要方面看，事事无碍论还是中国佛教的思想命题，它的结构、内涵与旨趣都表现出与印度佛教迥然相异的中国思想风貌。事事无碍论所体现的中国传统思想，我们认为主要有以下几点：第一，“务实”思想。在儒家思想主导下，形成重视现实的务实精神，“大人不华，君子务实”①，反对浮华，主张求实，中国人的这种黜玄想而务实际的思想，不仅制约了宗教的盛行，而且也影响了外来宗教的改造，使中国佛教更加面向现实。华严宗人以事事无碍为最高境界，就是重视现实思想的曲折表现。第二，“齐同”思想。《庄子·齐物论》并不否定万物之间的客观差别，但主张主体在精神上逍遥自在，用“道”的观点平等观看万物，勘破一切事物在质上的对峙和量上的对立，否定是非、然否、美丑、善恶的差别，否定辩论的意义，否定世间的绝对客观的价值标准，强调齐是非，齐彼此，齐物我，认为万物是齐同的。《齐物论》以“天地一指，万物一马”来描述“齐物”的境界，这对华严宗的事事相即思想以及“一即一切，一切即一”命题的提出，是有启示作用的。第三，“本末”、“体用”思想。这是中国哲学固有的范畴。“本”指宇宙本体或本原，“末”指天地万物。华严宗人吸取这一范畴来沟通印度佛教瑜伽行派的三性关系，以此作为真妄交彻、三性同一说理论构架的支柱，并进而为事与事之间的圆融关系提供理论根据。“体用”指本体与现象，或指形体与功用。华严宗人从体性与力用的意义上使用体用范畴，并用以分析“因”的不同意义，以为六相圆融论的理论根据。从这些中国传统思想对构成事事无碍论的关系来看，我们可以说，华严宗的事事无碍论是中国佛教思想命题和中国思维方式，是先秦庄子以来“齐物”思想的发展，也是着重探讨本末体用关系的魏晋玄学的发展。

明末清初思想家王夫之在《周易外传·乾》中批评了华严宗的圆融论，他说：“释氏之言，销总、别、同、异、成、坏之六相，使之

① 王符：《叙录第三十六》，《潜夫论》卷10，549页，上海，上海古籍出版社，1978。

相参相入，而曰：‘一念缘起无生。’盖欲齐成败得失于一致，以立真空之宗。”① 王夫之认为，佛教把六相的相即相入归于“一念缘起”，抹杀成败得失的区别，确立以真空为理论最高宗旨，是“捐弃伦物之邪说”②，是否定了万物是有条理有差别的真实存在。

第五节　镇澄对僧肇《物不迁论》的批评

僧肇的《物不迁论》问世后，一直受到佛教学者的肯定，直至唐代有清凉国师澄观含蓄地批评了“不迁”说。受澄观评论的启发，明代五台山狮子窟沙门镇澄（1547—1617）撰《物不迁正量论》专文批驳《物不迁论》，在佛学界掀起了轩然大波。当时著名僧人云栖袾宏、憨山德清等人都参加了论辩，时间持续了数十年。这是中国佛教思想史上的一场大辩论，是关于事物存在形态，或者说是关于动静关系的重要论辩。这里我们先简述一下澄观对《物不迁论》的评价，之后再着重叙述镇澄的批评，至于维护《物不迁论》的观点，因多无新意，则一带而过。

在《大方广佛华严经随疏演义钞》卷31中，澄观有一段对僧肇《物不迁论》的重要解说和评论，文云：

> 此生此灭，不至余方，同“不迁”义。而有法体，是生是灭，故非大乘。大乘之法，缘生无性，生即不生，灭即不灭，故迁即不迁，则其理悬隔。然肇公论则含二意。显文所明，多同前义。故云：“伤夫！人情之惑久矣。目对真而莫觉，既知往物而不来，而谓今物而可往，往物既不来，今物何所往？何则？求向物于向，于向未尝无；责向物于今，于今未尝有，于今未尝有，以明物不来；于向未尝无，故知物不去。覆而求今，今亦不往。是谓昔物自在昔，不从今以至昔；今物自在今，不从昔以至今。故仲尼曰：回也，见新，交臂非故。如此则物不相往来明矣。既

① 王夫之：《周易外传》，5页，北京，中华书局，1977。
② 同上书，6页。

无往返之微朕，有何物而可动乎?”即云“然则旋岚”等。下文又云：“若古不至今，今亦不至古。事各性住于一世，有何物而可去来?”释曰：观肇公意，既以物各性住而为“不迁”，则滥小乘，无容从此转至余方。下论云：“故谈真有不迁之称，导物有流动之说。”此则以真谛为不迁，而不显真谛之相。若但用于物各性住为真谛相，宁非性空无可迁也。不真空义，方显性空义，约俗谛为“不迁”耳。①

这是说，僧肇《物不迁论》的论证文句，包含大、小乘二义，即大、小乘学说都包含在内。但从所引的论据来看，明显偏于小乘见解。既以性住为“不迁”，则滥同于小乘，事物不能由此转至其他方所了。这样又有谈真有不迁之称，导俗有流动之说。如此以真谛为不迁，并不能显示真谛之相。若但以性住为真谛，岂非性空就不可迁了。僧肇讲的不真空义，是真正显示性空义理。从澄观的评论来看，他认为小乘是主张有刹那生灭的法体，而大乘则主张缘生无性，生灭即不生灭，两者义理不同。僧肇讲的“性住”是属于小乘，而“不真空”义则是大乘义理。澄观认为，《物不迁论》中的这两层思想都是存在的。

镇澄俗姓李，别号空印，河北宛平（今属北京市）人。早年出家，36岁时应憨山德清等人之邀至山西五台山，从此长期栖居山上弘法，直至逝世。镇澄十分重视弘扬《华严》义理，并广泛涉猎诸宗经论。他勤奋著述，编撰《清凉山志》，著有《楞严正观》、《金刚正眼》、《般若照真论》等。他撰《物不迁正量论》，“正量”指“圣言量”，意为佛教圣者的权威言论。“正量论”即以佛教圣者的言论为依据的论说。镇澄依据大乘“缘起性空”的理论，运用因明方法，认为僧肇“物不迁”的论证理由是错误的。他抓住佛教的重大理论问题对《物不迁论》展开批评。

一、性空与性住

镇澄在《物不迁正量论·序》中说：

① 《大正藏》第36卷，239页中、下。

> 《般若》云："诸法无去来相，无动转者。"肇公本此为《物不迁论》，而其释义则物各性住而已矣。尝试思之，法无去来义，遍诸圣教，乃吾法之玄纲也。而性住之谈，果能尽之乎？窃自疑焉。①

"吾法"，佛法。意思是说，以"诸法无去来相"即"诸法性空"来诠释物不迁是正确的，而僧肇以"性住"来论证物不迁则是错误的。"修多罗（佛法）以诸法性空为不迁，肇公以物各性住为不迁。"② 据此，镇澄把性空与性住对立起来，进而说明性空是物不迁的论据，并把矛头指向性住说，指出以性住为物不迁的论据是违背佛法的。

镇澄在《物不迁正量论》中，开宗明义，引经据典来说明物不迁命题（"宗"）的涵义和物不迁的理由（"因"）。

关于"物不迁"的涵义，镇澄引《般若经》："'是诸法空相，长生不灭'③ 等，不生不灭即不迁宗也。"④ 又引《华严经》："'以此长流转，而无能转者'⑤，即不迁宗也。彼经又云：'云何说诸蕴？诸蕴有何性？蕴性不可灭，是故说无生。'蕴无生灭，即物不迁也。"⑥ 这是依据经文，以一切事物空无自相，不生不灭，无生无灭，虽不断流转而无能转者，来诠释、界定"不迁"，也就是从万物性空，无流转实体的意义上说"不迁"，并不是笼统地说"物不迁"。镇澄还进一步说，一切由因缘和合而成的事物（"有为法"）有两种不迁，或者说有为法的不迁有两种意义："一云缘生之物是有法决定不迁为宗，因云无有自性故，同喻如空花。空花无所有，空花不可迁。缘生性不有，缘生故不迁，此无物可迁也。二云无性之物是有法决定不迁为宗，因

① 《续藏经》第1辑第2编第2套第4册，364～365页。本节以下引文凡未注明书名者，均引自镇澄《物不迁正量论》。

② 同上书，365页。

③ 《大正藏》第8卷，848页下及849页中、下。

④ 《续藏经》第1辑第2编第2套第4册，365页。

⑤ 《大正藏》第10卷，66页中。

⑥ 《续藏经》第1辑第2编第2套第4册，365页。

云全体即真故，同喻如镜像。镜像体即镜，镜像不可迁。缘生体即真，缘生即不迁，此真实不迁也。"[①] "真"，指常住真心。这是运用因明学的宗、因、喻（喻例）三支推理，来说明一切由因缘和合而成的事物，一是因缘而生无自性，无自性故不迁，也可说是"无物可迁"，二是如镜像的像体即为镜，离开镜则无像，镜像是不可迁一样，一切自身无自性之物缘生而起，其体即真实，事物的全体即是常住真心，事物现象即是真心的显现，是为不迁，称"真实不迁"。这是说，从"全体即真"的视觉而言，"今物即昔物，昔物即今物。盖非灭有而为无，生无而为有，有无一质也。……亦非排今而入昔，迁昔而来今，今昔一念也，是之谓物不迁"[②]。事物不离真心，即同为一体，不去不来，不生不灭，从这层意义上说，有物与无物，昔物与今物同是一念，是谓"不迁"。

关于"物不迁"的理由，即为什么说物不迁，镇澄在《物不迁正量论》中也引经典说："言性空者，《大品》云：'色性自空，非色坏空。'又云：'色，前际不可得，中际、后际皆不可得。'又云：'色即是空'，此不迁因也。"[③] 这是说，现象的本质本身是无永恒实体的，并非现象坏灭了才成为"空"。现象于过去、现在、未来，都不可能有永恒不变的实体。一切现象皆不离空。如此"性空"就是"不迁"的原因、原由。镇澄还说："《华严》云：'身、意诸情根，一切空无自性'，此不迁因也。……'分别此诸蕴，其性本空寂，空故不可灭，此是无生义。'此等皆言物性空故不迁，非谓有物而不迁也。"[④] 这是引《大品般若经》、《华严经》经文来说明"物不迁"的根源、根据是"物性空"。

镇澄指出："肇师'不迁'之说，宗似而因非，有宗而无因。"[⑤] 所谓"宗似"是指《物不迁论》讲的"不释动以求静，必求静于诸动"，"江河竞注而不流，旋岚偃岳而常静"等即动而静，即迁而不迁的思想，与般若学、华严学的经典文句相似（"宗似"），但所论的理

---

① 《续藏经》第1辑第2编第2套第4册，370页。另在369页也有同样意义的表述。
② 同上书，366～367页。
③ 同上书，365页。
④⑤ 《续藏经》第1辑第2编第2套第4册，365页。

由是不同的（“因非”）。在镇澄看来，由于僧肇《物不迁论》论据的错误，因此也可说是“有宗无因”。镇澄在《物不迁正量论》一书中，紧紧抓住僧肇的性住说，对它展开全面、系统的批判。

就僧肇《物不迁论》的主要论旨，镇澄揭示说：“物各性住于一世，不相往来，此肇公《不迁》之本旨也。”① “言性住者，即彼所谓昔物住昔，不来于今，今物住今，不往于昔，乃至新故、老少、成坏、因果等物，各住自位，不相往来，皆若是也。”② 在镇澄看来，“性住”，即万物本性各住于一世，不相往来，是论述物不迁的根本论据。他还举了两个例子来说明“性住”观点：“如求周公于周时，于周未尝无，求周公于晋时，于晋未尝有，故知周公自住于周，不来于晋也。求羊祜于晋时，于晋未尝无，责羊祜于周时，于周未尝有，故知羊祜自住于晋，不往于周也。譬如二舟前后各行，前舟载鱼，后舟载笋，舟行千里，而鱼笋之物各住本舟，未尝动也。”③ 总之，昔物今物各住自位（一世），不相往来，是为性住，所以物为不迁。

镇澄认为性住说的根本错误是把事物视为“定法”，用现代语言说，就是分割时空概念。他说：“若谓物各性住于一世而不化者，是为定法，定法即有自性矣。”④ “定法”，固定不变化的事物。在镇澄看来，视事物固定不化，就是持事物具有自性说，是与佛法根本相违的。“凡有所住，即名有为；既堕有为，即属生灭，非不迁也。”⑤ 凡是有“住”的事物，就是“有为法”，即因缘和合而成的事物；既然是因缘和合而成的，就是无自性的，有生有灭的，“住”也是属于生灭的“住”，所以不是不迁而是迁。“若物向有今无，是无常法，非不迁也。……向有今无，不直不成不迁之宗，反成所遣迁灭宗也。”⑥ 譬如瓶子，本无今有，已有还无，是名无常。僧肇的向有今无说，不仅不能建立起不迁的命题，而且恰恰相反正是迁灭命题的论证。再

①② 《续藏经》第1辑第2编第2套第4册，366、365页。

③ 同上书，366页。

④ 同上书，370页。

⑤ 同上书，365页。

⑥ 同上书，366页。

者，先有今无也可名为“断”，“是则向有今无，非常则断，安得以成般若不迁之旨耶?”① 从先有今无的立论来说，只有两种定断：无常或断，都不能立不迁之说。

过去的事物住于过去，现在的事物住于现在，镇澄称为“异物异世”。他强调异物异世必是无常的观点。他说：“昔物住昔，今物住今，是异物异世。凡异物异世者，定是无常。”② 他还从时间与事物运动相联系的角度来论证：“时无别体，依物假立。物有流变，生住灭位，立三世名。今其言曰，昔物住昔，今物住今，是有为法，堕去来今，既堕三世，而曰不迁，未之有也。”③ 时间不离开事物，事物有流变，从而有过去、现在、未来三世时间。事物既历经三世，而说不迁，是完全不符合实情的。镇澄还批评僧肇以古今有别来否定迁流的观点。他说：“肇公云：‘既曰古今，而欲迁之者，何也?’意谓若可移今为古，易古为今，可说有迁，今既不可，何有迁乎?”④ 接着他又反诘并解释说：“既曰古今，而欲不迁者，何也? 谓古非定古，曾已称今，今不定今，将必为古，则念念迁流，曾无暂住矣。”⑤“古”由“今”而成，“今”必成“古”，古今时间的关联，表明事物在不断地迁流。

在《物不迁论》中，僧肇曾举梵志出家白首回归故里的例子，说人的过去和现在各住一世，以论证“物不迁”。镇澄对此评论说：“此中梵志、邻人、肇师三人所见不同，学者应知：其梵志谓昔人已化，不来于今，以有为法，前灭后生，相似相续，故曰：‘我犹昔人，非昔人也。’此固合圣教正因缘义也。邻人谓昔人不灭不化，可以迁到今日，故曰，昔人犹在。肇师谓昔人不灭不化，性住于昔，但不来今耳。今日之身原自住今，不从昔来，此二俱是常见。但邻人以今昔一质为常，故昔人之身可到今日；肇师以今昔异质，各住本世不动为常，是则肇师与邻人俱在梵志所破之中矣。”⑥ 镇澄揭示了邻人和僧肇说法的异同，批评了他们的错误，肯定了梵志的说法，应当说，镇

①②③ 《续藏经》第1辑第2编第2套第4册，366页。

④⑤ 同上书，372页。

⑥ 同上书，368页。

澄的评论是公允的。

镇澄激烈抨击《物不迁论》的“因不昔灭”、“因不来今”的观点：“愚谓若昔因不灭不化者，则众生永无成佛之理，修因永无得果之期，大小乘经俱无此说也。一切圣教皆言因灭果生，种子烂坏果方熟。”① 这是一面肯定因灭果生是自然的因果律，一面强调，若因不灭，则众生的“业”也就永不消除，也就不能进到成佛的境界了。虽然僧肇讲不迁是要强调众生修行的业力不失，功业不朽，但是，按照“因不昔灭”、“因不来今”的观点，确也可导致否定佛教的因果报应理论，否定佛教及其教义的意义，否定释迦牟尼本人由众生修行成佛的事实。

镇澄从澄观对《物不迁论》的评论受到启发，然也并不赞同澄观的评论。他说：“观国师以为滥同小乘者，然小乘以有为之法刹那灭故，不从此方迁至余方，不违大乘空义。肇公以昔物不灭，性住于昔，而说不迁，则于大乘性空之义背矣。”② 镇澄认为，僧肇的“物不迁”观点并不同于小乘，因小乘讲因缘和合的事物刹那灭，不从此方迁至他方，合乎大乘空义，而僧肇则讲过去的事物性住于过去，是不迁的，违背了大乘性空的义理。在镇澄看来，僧肇的性住物不迁的观点是违背佛法的“外道常见”。应当说，从佛法的角度看，镇澄的论证是合乎逻辑的，是符合大乘佛教教理的。

二、法住与性住

佛教讲无常，也讲常。《法华经》讲“法住法位”，《涅槃经》宣扬“常、乐、我、净”。一些佛教学者纷纷以此为据质问镇澄。由此，法住、常住应当如何解说，性住与法住、性空与法住、常与不迁以及般若学与涅槃学的关系究竟如何，成为镇澄论证的又一重点。

《妙法莲华经·方便品》云：“是法住法位，世间相常住。”③ 这是该经宣说诸法实相的名句，影响极大。意思是法住其位，在世间是不动常住的。也可以说，“法住”是佛法常住，佛法或真理常住不离世间，佛法或真理在世间不动不移。世间是佛法或真理的体现，而离开

①② 《续藏经》第1辑第2编第2套第4册，367页。

③ 《大正藏》第9卷，9页中。

世间就无处寻觅佛法或真理。镇澄以如来藏真心理论来诠释《法华经》的“法住法位”是“常住真心”，即真如：“或问：肇公‘物各性住’，岂非《法华》‘世相常住’耶？答曰：非也。彼言性住者，物各性住于一世，所谓‘昔物自在昔，今物自在今，如求向物于向，于向未尝无’，是以有物住于昔也。《法华》云：‘是法住法位，世间相常住’者，法位乃真如之异名。真如即诸法之正位。若见诸法有无、一异、生灭、去来，皆是妄想遍计，非见诸法之正位也。”① 镇澄认为，僧肇的“性住”是有物住于昔，而《法华经》“法住法位”是指真如，即无有无、一异等区别的真心的显现。镇澄接着用譬喻来说明：“彼恒河水，体常自若，曾无变异，诸法亦尔。有无、一异、生灭、去来，皆不可得。然众生妄见有无、一异、生灭、去来，而法住法位曷常变异哉？故曰：‘是法住法位，世间相常住。’”② 一切事物如恒河水一样，其真如之“体”恒常不变，由此而“世间相常住”。此为《法华经》的实相常住，体相一如，与僧肇的物各性住，物住于昔的说法是根本不同的。

当时有“近世异解师”也解释《法华经》的“法住法位”说：“法住法位者，天位在上，地位在下，水性自湿，火性自燥，甘蔗性甜，黄连性苦，乃至鹄白玄乌，花黄竹翠，法法自住自位，不可移易，是谓世间相常住。”③ 这种见解指出了事物的不同属性，看到了“各各物状互不相参”，镇澄认为，这只是表示“世间相”，并不能说是“世间相常住”。至于说“法法各住自位，不可移易，是谓世间相常住”更是情执妄计，是与《法华》实相说完全违背的。④

为了进一步说明“法住”或“常住”与“性住”的不同，镇澄还从圆觉心的角度说明不迁。他在回答“不迁正义”时说：“总则十方法界总为一大圆觉心，譬如清净摩尼，万象森罗，去来生灭，于中影现。诸愚痴者说，净摩尼实有如是去来之相（迁也）。智者了知，此去来相即是摩尼，实无一物可去来也（即不迁也）。”⑤ “摩尼”，宝

①② 《续藏经》第1辑第2编第2套第4册，369页。

③ 同上书，370页。

④ 详见上书，370页。

⑤ 同上书，369页。

珠。意思是，所谓不迁，总的说是指宇宙万物归结为一大圆觉心，万物的去来生灭相都是圆觉心的显现，实际上并没有一物去来生灭。分别展开来说，则有三项：一为“诸法无常义”。一切因缘和合而生的事物，都是无常的，刹那变异的，是非不迁。二为“常住不迁义”。不迁有两种意义，即如上所述的“性空故不迁”和“真实不迁”。这都是排斥性住不迁说的。与此相应，镇澄也在同书中把“常”归结为二义：“一凝然常，真如不迁之义也。……二相续常，业果不失之谓也。”① 镇澄认为，僧肇引经文“三灾弥纶，而行业湛然”来论证物不迁，正是误取“相续常”义，不了解事物虽常而时刻在变化的道理。② 三为无常与常住，或迁与不迁“二俱无碍义”。此项也分为二：一是“理事无碍”，“谓由不变之理能随缘故，其不生灭性全体遍在生灭法中，如湿遍波，则不迁而迁也”③。镇澄认为《法华经》所说的“是法住法位，世间相常住”，也属于理事无碍的诠释，即真如本体（法住法位）与现象（世间相常住）是圆融无碍的。二是“事事无碍”，“谓由三世诸法全真心故，若时若物即同真心，含容周遍。……不动一尘而充遍十方，不离刹那而涉入三世，一迁一切迁，无迁无不迁”④。由理事无碍即“三世诸法全真心”，而能事事无碍，即万物在时间和空间两方面各各含容周遍，这也就是“一迁一切迁，无迁无不迁”。镇澄认为，事事无碍是佛教迁与不迁理论的最高层次，是体悟万物存在形态的最高境界。

以上三项内容与僧肇性住不迁理论有着重大的区别：一是强调万物不断变迁而不是不迁；二是以性空与真实（真如、真心）界定不迁，否定以性住为不迁的根由；三是依据华严宗的理事无碍和事事无碍两说，认为迁与不迁的圆融无碍也有两层意义，而有别于僧肇的“动静未始异”的论说。

三、性空与实性（佛性）

佛教般若学讲“法无来去”，宣扬“性空”，涅槃学讲常、乐、

① 《续藏经》第1辑第2编第2套第4册，367页。

② 详见上书，369页。

③④ 同上书，369页。

我、净“四德”，讲“佛性是常”，宣扬“常住非因果”。当时有的佛教学者就提出问难：两者如何会通？对此，镇澄回答说：

> 《般若》荡相名空，故说法无去来。谓求去来相不可得故，非谓显常也。《涅槃》直示实性，故说“常住非因果”。故经云：无常者生死，常为大涅槃；空者生死，不空为大涅槃。此言有为因果是生死法，故皆无常。无常之法，无有自性，彻底唯空，是则无常即空，空即无常。无常与空一，有为法故，皆属生死，非涅槃佛性也。是则《涅槃》以因果为无常，即《般若》诸法空义；《般若》法无去来，即《涅槃》空者，谓生死也。其涅槃常住不空之体是如来藏，佛性真我，坚凝不变，则非无常；真实有体，则非空也。《般若经》中言未及此，昧者以《般若》法无去来类《涅槃》实性常住，则二宗皆失矣。①

这是一段很重要的话，下面我们先以列表的形式表示其逻辑推论，再提示其论点，分析其问题，总结其意义。

般若学	涅槃学
荡相空名	显示实性
↓	↓
非常，无去来	常住，非因果
↓	↓
无常—生死	常—大涅槃
↓	↓
空—生死	不空—大涅槃
↓	↓
空—无常—生死—因果—有为	非空（实性）—非无常—非生死—非因果—涅槃佛性

以上简表分别表示镇澄对般若学性空说与涅槃学常住说的逻辑推

① 《续藏经》第1辑第2编第2套第4册，368页。

论。引文的论点有：一是《般若》讲性空，《涅槃》显实性，两者理论重心不同；二是空即无常，也是因果，是“有为法”、生死法；三是《涅槃》的“因果无常”即《般若》的“诸法空义”，《般若》的“法无去来”即《涅槃》的“空者”、“生死”；四是《涅槃》的“常住不空之体”是佛性，佛性是非无常、非空；五是《般若》没有论及佛性非空、真我不变的义理，它的“法无去来”的思想是与《涅槃》的“实性常住”说不同的，即《般若》的性空与《涅槃》的实性（佛性）是有区别的。

从镇澄的论说来看，他是依据《涅槃经》以因果无常的思想来沟通《般若经》的性空观念，即视性空为无常，这样就在理论上导致如下结果：一是把《般若》的性空归结为生死因果的“有为法”，从而把《涅槃》的佛性置于《般若》的性空论之上；二是既说性空是“法无去来”，又说性空属于生死，其间在理论上并未真正沟通；三是以《般若》性空为无常，以《涅槃》实性为常，就势必削弱对僧肇“性住不迁”说的批评力度。

从哲学理论思维来说，镇澄会通般若学性空说与涅槃佛性说，从性空与真心两种角度诠释“不迁”的涵义，探索不迁的两重根源，开创了常住不迁的新说，有助于揭示事物本性与主体意识的关系和事物的运动与静止的关系，丰富了动静观。镇澄以《涅槃》佛性常住说为高于《般若》性空说的终极真理，反映了中国佛教学者以真如心、圆觉心为人生解脱枢纽的基本立场，也反映了从主体意识角度论述宇宙存在形态的中国佛教哲学的重要特色。

第二十五章

中国佛教的本体论（上）

印度佛教自部派佛教以来，尤其是大乘佛教，重视对宇宙万物的终极本质、一切存在的真实本性、众生的本原和成佛的根据等问题的探讨和阐发，形成了内涵丰富的本体论学说。中国佛教在吸取中国固有的本体观念基础上，继承印度佛教的本体思想，将二者加以融合创新，提出了富有中国民族特色的佛教本体论。为了突出说明中国佛教的本体论内涵及其形而上学性格，我们首先简要地叙述一下印度佛教的本体论思想。

第一节　印度佛教本体论略述

一般地说，印度佛教对现实世界或现实存在的基本看法是：一切事物和现象都是因缘和合而成，并没有决定其自身的独立的实体、自性，不存在创造性的、主宰性的、永恒性的、实体性的本体。同时，也这样那样地承认一切事物和现象又都具有终极的本性、最高的真实，这种终极本性、最高真实就是本体。印度佛教主要是在反对实体化的本体观念的斗争中，阐发了自身的本体哲学。印度佛教内部各派对宇宙万物本体的看法众说纷纭，甚至是互相对立的。印度佛教经历了漫长的演变过程，其本体哲学思想也随之不断发展，前后变化很大。

一、本体“实有”说

释迦牟尼创立佛教时，并不关心、也没有讨论作为实体的“我”是否存在的问题。他主张“无我”，要求“离我执”，是指不要执著“我”的观念，“我的东西”的观念，要从这种自我的观念中解脱出来。他主要是从宗教道德修持证悟的意义上讲“无我”，并没有说，作为实体的“我”不存在。

部派佛教时期，一些部派纷纷提出了不同的本体论哲学，其中最重要的是说一切有部的学说。

说一切有部是小乘佛教中最有势力的学派，它以貌似实在论的立场，提出“我空法有”说。何谓“我空”?“我空”也作“人空”、“人无我”。意思是说，人的生命存在是由色、受、想、行、识“五蕴”，即物质、心理和精神诸方面的五个要素和合而成，并没有真正实在的自我、自性。这也就是在早期佛教“无我”（离我执）说的基础上，进一步从哲学高度强调人作为实体的“我”是不存在的，没有永恒不变的人格主体的自我的存在。何谓“法有”?“法有”也作“诸法实有”，“法”，泛指万物，一切存在。“法有”是说由和合而生的一切现象都有其实在性，即存在是实有的，存在不仅现在是实有的，而且在过去和未来也永不消失。这也就是所谓“三世实有”说。

为什么说万物三世实有呢?说一切有部从本体论和认识论两个方面作了论证。该部派的一个重要论点是，认为一切存在可分解为本体和现象两个方面，把存在还原为若干种只有一种体性和一种功能的究极要素，如分别以坚、湿、热、动为性的地、水、火、风“四大”，这些究极要素就是恒常的“法体”，究极本体。而本来是恒常本体的多种要素同时发生作用，就呈现为现象。本体是永恒不变的，本体有时生起作用，有时不生起作用，由此而使存在有了形相和位置的不同。本体已起作用是“过去法”，正在起作用是“现在法”，将来起作用是“未来法”。在过去、现在和未来的三世中，本体普遍地无差别地存在着，只是形相、位置有所不同。本体在现在时表现为现象，在过去时和未来时则已表现过或将表现为现象。例如，火的本体热性具有燃烧的作用，在燃烧时（现在）就成为现象，同样，在过去和未来这能燃烧的火的本体也是存在着的。这就称为“三世实有”、“法体恒有”。[①] 说一切有部的又一重要论点是：认为直观和思维同属认识范畴，而认识不能以非存在为对象，也就是说，有认识就表明认识对象是实在的。说一切有部强调，人们不仅可以通过直观知觉肯定对象的实在性，而且也可以通过思维去认识有关过去和未来的对象的实在性。如果过去和未来的对象是非实在的，那么人们对过去或未来的认识就没有对象了，而没有对象又怎么会有认识呢？人们之所以能够思索过去和未来的事物，就表明这些思索的对象是实在的，也就是说，事物的本体是实有的、恒有的。

说一切有部对三世法体实有的论证，在理论上也存在一些问题和难点：(1) 说一切有部的三世实有是指生成一切事物的究极要素（地、水、火、风的坚、湿、热、动诸感觉属性）的恒有，而由诸要素和合而成的事物则是一种复合体，不同于诸要素本身，是刹那生灭，非实有的。说一切有部还认为要素是不能独立存在的，只有诸要素互相和合才能存在。要素与事物如此密切不可分离，又怎么说明要素是恒常、实有而事物是无常、非实有呢？这种把要素和事物割裂开来，肯定一者实有，一者非实有，在理论上是难以自圆其说的。(2) 说一切有部一面强调本体在三世的恒常实有，一面认为现象是刹那生灭的，那么，这两者之间如何保持统一呢？在刹那灭的刹那时间里，本体还能存在吗？对这个问题，说一切有部也并没有作出圆满的说明。(3) 按照说一切有部的观点，相对于现在来说，过去和未来的要素或已起作用，或将起作用，即在现在均不起作用，这样，本体不起作用时又如何证明本体自身的实有呢？(4) 在一般人看来，人们思维的对象是事物而不是要素，为什么思维对象的实在性不是指事物而是指构成事物的要素呢？(5) 说一切有部以本体为思维对象、思维世界，以现象为直观对象、事实世界，如此作为直观对象的现象被认为是非实有的，而人们思维对象的本体又怎么会是实有的呢？说一切有部对这些问题都没有作出圆满的说明，实质上，说一切

① 详见《阿毗达磨大毗婆沙论》卷77，《大正藏》第27卷，396页上、中。

有部的本体“实有”，是感觉实有，是以感性为体性、为本体的实有。

从说一切有部分化出来的经量部，对说一切有部的观点持批判的立场。认为只有心与地、水、火、风“四大”是实在的，如，由于心与“四大”相辅相成，因缘和合，而令众生主体生死流转，相续不断，但此中并没有保持同一的永续不断的自我本体。因为无论是心还是“四大”都在缘生起后的瞬间即归于消灭，众生以及一切事物都是一瞬间一瞬间地转生，每一瞬间都以不同的形态向前流转，恒常不变的本体是不存在的。经量部认为，本体只在现在存在，唯有现在是实在的，而过去那是属于曾经的实在者，未来则是将来才有的实在者，凡是现在不存在的，只是作为一种种子存在而已。经量部还认为，知觉的作用是瞬间的，只能认识现在瞬间的存在，那种认为同一知觉能认识不同瞬间的两个东西是不可能的，至于记忆、想象、推论也都不具有知觉所得的确实性。经量部否定了说一切有部的“三世实有，法体恒有”说。经量部的这种观点对后来大乘佛教的两大派别即中观学派和瑜伽行派的思想都有着重大的影响。

二、本体性空说

小乘佛教的本体论思想，到了大乘佛教时期发生了重大的变化。大乘佛教中观学派（空宗）不赞成说一切有部的“法有”说，认为不仅人空，法也是空的，主张人法二空。也就是说，一切存在，包括人和法，物质和精神，都是由因缘和合而生起，都无固定的自性、自体，这称为“空”。这里应当指出的是，中观学派讲空，但不排斥有（缘起而有，假有），而是以空即有，空有不离；中观学派的空论是否定说一切有部等派别的本体“实有”论的。

中观学派是如何阐明“空”的涵义的呢？为了探寻宇宙万物的真实，龙树从空的视觉进行反思，他在《中论》里为“空”下了这样的定义：“众因缘生法，我说即是无（空）。”[1] 这是说，空即是“众因缘生法”，或者说，众因缘所生的事物即是空。龙树认为，宇宙万物既然都是缘起的，那就是无自性、无自体，也就是空。空就是表示无

① 《中论》卷4，《大正藏》第30卷，33页中。

自性、无自体，表示自性、自体的非存在，这也是对宇宙万物真实界、本体界的定性描述。中观学派认为，空是缘起，本身不是一个实体，不是派生万物的本原。《中论》说："以有空义故。一切法得成；若无空义者，一切则不成。"① 这是说，由于是空无实体，才能缘起，才能成就一切事物；若不是空无实体，而有固定的实体，就不能因缘和合而起，也就不能成就一切缘起事物。空不是生起万物的实体，空与万物的关系是相即不离。玄奘译的《般若波罗蜜多心经》说："色不异空，空不异色；色即是空，空即是色。受、想、行、识亦复如是。"② "色"，物质现象。"受、想、行、识"，心理和精神现象。"不异"，不离。"即是"，相依。这是说，一切存在（有）包括物质现象和精神现象都不离空，同样，空也不离物质现象和精神现象；一切存在即空无自性，空无自性又离不开一切存在。色、受、想、行、识与空"不异"、"相即"的理论根据就是缘起说。由于缘起，色等现象得以成立，由于缘起，色等现象无自性，空得以成立，即是说色等现象和空都是立于缘起之上，色等现象与空互不相离，互相依待。可见，这里的"不异"、"相即"是指一切存在现象（有）和空的成立而言，并不是说彼此在内容意义上的相同、相等。

大乘空宗还阐明了一切事物的"空相"即空的体性。《般若波罗蜜多心经》说："是诸法空相，不生不灭，不垢不净，不增不减。"③《中论》也说："不生亦不灭，不常亦不断，不一亦不异，不来亦不出（去）。"④ 这里的生、灭、常、断是就自性的意义而言，所说的意思为，一切事物都处于不生、不灭、不常、不断等空无自性的状态，也就是说，生、灭、常、断等都是空无自性的。这是对万物具有自性、自体、实体的主张的否定，这种否定是通过空这一逻辑手段，运用否定的方法（遮诠），对一切事物的矛盾双方（两边）加以扬弃，以突现对主观执著的否定和合乎中道的肯定。

① 《中论》卷 4，《大正藏》第 30 卷，33 页上。
②③ 《大正藏》第 8 卷，848 页下。
④ 《中论》卷 1，《大正藏》第 30 卷，1 页下。

中观学派反对说一切有部的本体说，认为说一切有部所谓的本体不过是在语言意义上被实体化了的东西而已。中观学派批评了由恒常不变的本体可变现为刹那变化的现象的观点，指出，这是把事物区别为本体与现象两个方面，把本体与现象对立起来，是与宇宙万物的真实状况相矛盾的；强调宇宙万物是由多种因缘和合而生起的复合物，是不断生灭变化的流动物，万物的真实本性与那种独立不依，固定不变，且在过去、现在、未来三时永恒存在的本体，显然是矛盾的，那种本体是不存在的。

如此说来，中观学派是否就主张没有本体了呢？是否就没有提出与说一切有部相对立的本体论呢？不，中观学派继承了小乘佛教经量部的法无实体思想，在批判说一切有部的本体论的同时，也阐发了独具特色的本体学说——性空说或实相说。

《般若波罗蜜多心经》异译本《普遍智藏般若波罗蜜多心经》(法月译)，在“色不异空，空不异色；色即是空，空即是色”句之上还有一句“色性是空，空性是色”① 的经文，提出了色性与空性相对举的两个概念。这里的色性是指物质现象的本性，空性即是空的本性。经文的意思是说，物质现象的本性是空的，空的本性又落实到物质现象上，这和“色不异空，空不异色”等句的意思是一致的。重要的是，该经提出了色性与空性尤其是空性的概念，而且还有“诸法空相”的说法，空性与空相在短短的经文里同时出现，显然这里两个概念的意义是有区别的。空性作为空的本性，是否就是表示宇宙万物的真实本质、真实本性的概念呢？这是我们要特别关注的问题。

龙树在《中论》中有这样十分重要的论断：

> 一切法性空寂灭相。②
>
> 诸法实相者，心行言语断；无生亦无灭，寂灭如涅槃。③
>
> 自知不随他，寂灭无戏论；无异无分别，是则名实相。④

---

① 《大正藏》第 8 卷，849 页上。

② 《中论》卷 3，《大正藏》第 30 卷，25 页上。

③④ 同上书，24 页上。

从概念的运用上来看，这里的“性空”和“实相”是内容相同的两个概念，与《般若心经》的“空性”的意义相同。又从龙树对实相的描述“无生亦无灭”来看，与《般若心经》的“诸法空相，不生不灭”的内容相同，也就是说，《中论》与《般若心经》不同，在文字上对“空性”与“空相”不加以区别。从内容来看，上述《中论》引文表明，一切事物的真实本相就是“性空寂灭相”，展开来说，有三个密切相连的规定：一是“心行言语断”，“自知不随他”，“无戏论”。“心”，心识。“心行”，心之所作，识的作用，指在心上生起思想与概念。“心行言语断”，即“心行处灭，言语道断”①，意思是说一切事物的真相不是思虑与语言所能凑泊的，是没有言说分别的见解（戏论）的。也就是说，在龙树看来，一切事物的实相是超越思维和语言的，是为人们的思维和语言所捕捉、虚构以前的赤裸裸的本来的真实相状。二是“无生亦无灭”，“无异无分别”。无生无灭，即不生不灭，也即无异无分别。这是说，生灭是人们主观想象的形式分别和语言概念，只对现象的经验世界具有相对的意义，而实际上并没有相对应的实在物和本质；就一切事物的实相而言，是无所谓生灭的。这也就是通过否定生灭这一类思想上的概念，以超越生灭的神秘直观去直接体悟一切事物的实相。三是寂灭。这是停息一切思虑，消除一切烦恼的静寂境地，也是佛的觉悟的境界，所以说寂灭如涅槃，寂灭即涅槃。从上述规定看来，龙树认为一切事物的真实本相，非是人们的思虑和语言所能认知、表述的事物的本性、本质；它是一种无生无灭，乃至无任何差异的绝对境界；这种事物本相、绝对境界就是最高的真实，也就是最高真理。直觉事物本性、体悟绝对境界、把握最高真理，也就是寂静的涅槃。

由此可见，第一，中观学派所讲的诸法实相既是本体又是境界，也是真理。这种原来本相（本体）、绝对寂静（境界）、最高真实（真理）统一的学说即是中观学派本体论的重要特色，体现了中观学派宗

① 《大智度论》卷 2，《大正藏》第 25 卷，71 页下。又“心行处灭”亦即“心行路绝”。

教修持的要求。第二，本体、境界和真理三者统一的基础是空、空性。如上所述，在中观学派看来，诸法实相的真实状态、真实本性就是空、空性，也就是说，宇宙万物的本性是空、是空性。对于这样的本体不作生灭有无等主观的区别，而是通过直觉去体悟原本状态，进入寂静境地，即为境界。这种境界是以主体排除任何思虑，直觉事物本来空性为内涵的。龙树通过否定生灭等两极，以遮拨现象而显示性空，这是最高真实，这也就是真理。可见，空、空性是中观学派形而上学的理论基础，也是其修行成佛的理论基础。第三，中观学派所讲的本性并不是实体性的、本原性的实体，而是就万物无自性空的本质意义而言的本体。如此真实本质也是一种普遍的、必然的、不变的理则，是一种离思离言的真理。这种真理被认为是，只有在佛教的修持中才能体悟得到的。

这里，或许有人会问：中观学派讲空、空性，以空、空性为最高真实，不是否定本体的存在吗？不是掏空了本体的内容，消解了本体论的无本体之学吗？

实际上，中观学派视空、空性为离开人们思维和语言的直觉世界的真实本质，这就是排除思维、拒绝语言的人为区别，用以凸现世界本相、本性、本质的本体之学。中观学派所讲的空、空性是标示世界本质的哲学范畴，是有其特定内涵和丰富意蕴的，并不是通常讲的“无”。中观学派说的空、空性不是无本体，非本体；而是即本质，即本体。空、空性即是中观学派本体之学的核心思想。

和说一切有部的本体观念不同，中观学派反对通过语言把本体实体化、本原化，反对视本体为实有现象的本原，把本体和现象分离和对立起来。认为说一切有部的本体说是不符合宇宙万物的真实本性的。中观学派把说一切有部的实有本体视为是空性的，在此基础上又把说一切有部的本体与现象的关系加以逆转，认为现象不是本体呈现的影子，只要除掉虚构实体化本体的障蔽，现象即是显露其本相的世界。中观学派否定本体与现象两重世界说，认为两重世界是用语言加以虚构的结果，强调只有一个世界，这就是离开思维和语言虚构的真实世界，也即空的世界。空是世界的真实，空就是世界的本体。中观学派在以空消解了实有的本体之后，又逻辑地确立了空的本体意义。

从中观学派本体理论的思维逻辑来看，它否定语言的作用，但是为了宣传佛法理论，教化众生，中观学派也需要利用语言，在肯定语言的日常作用的意义上，此派也逻辑地蕴含了语言的世界与真实的世界相区别的两重世界说。

三、本体心识说

中观学派的本体学说，从佛教修持的角度来看，也有导致众生主体思维活动和心性修养失落的危险，有鉴于此，有的佛教学者又在万物性空的基础上，转而从不空的角度来探索主体与本体的关系，把本体纳入主体之中，甚至归结为主体。在这一理论转型中，出现了两种思维理路、两种派系：一是着重探究心的本性，为如来藏系；一是着重阐发心识活动，为唯识系（瑜伽行派）。从心的本性去考察，如来藏系提出了作为众生成佛的质地与根据的如来藏思想和佛性观念。此系还视佛性为空性，认为佛性不仅是众生成佛的根源，还是宇宙万物的本性，因而也具有宇宙万物的本体意义。从心识活动考察，唯识系等一般地是把世界还原为表象，把存在归结为认识，进而把心识作为包括众生在内的宇宙万物的根源、本体。众生必须通过把心识转换为智慧，才能成就佛果。此系学说直接论及心识与存在的关系，突出了心识为万物的本原思想。我们着重论述此系思想。在唯识系众多的派系中，我们将以无著、世亲所代表的唯识系的主流思想作为论述的重点。

大乘瑜伽行派（有宗）的唯识本体说，是一个多层次的复杂学说，是唯识学认识论体系的核心内容，其间涉及心识、阿赖耶识和种子诸说，厘清这些概念的思想脉络及其相互关系，对揭示唯识思想的实质，把握该派独特的本体学说，看来是很有必要的。

唯识学思想体系的基本命题是“万法唯识”、“一切唯识”、“唯识所变”、“唯识无境”。“唯”，仅，不离，“识”，心识。这些意义相近或相同的命题是说，心识是认识的前提，心识所分别的一切事物（“万法”）都是心识的变现，都不离心识。除了识的变现，此外没有任何实在性。也就是说，世界的一切，都是不实在的，都只是由心识映现出来的表象而已。《唯识三十论颂》云："是诸识转变，分别所分别；由此彼皆无，故一切唯识。"① "分别"，指能够分别，即主观的心识，"所分别"，指被分别，即客观的对象。这是说，由主观的心识和客观的对象两个方面形成的现象世界，都是唯识所变，都离不开识的变现，也就是万法唯识，一切唯识。《成唯识论》卷7云："一切有为无为，若实若假，皆不离识。唯言为遮离识实物。"② 说世界上的一切现象，无论是有为的还是无为的，也就是说若实的或若假的，都不离识的变现，都不是离开识的实在之物。瑜伽行派所讲的唯识，是针对境而说的，是着意以境与识相对比，强调一切客观的外境，外界的对象，都无实在性，无非是主观的心识的虚妄变现而已，这谓之唯识无境。就识境对比的相对意义而言，境无实在性，识有实在性。然就究极意义而言，识也是非实在的，因为由识生起的种种现象也都是虚妄的，都与烦恼相连，所以识也应舍掉。瑜伽行派认为，众生成佛的根本途径就在于转识成智，即舍弃心识转为智慧。

从哲学的角度考察，上述唯识的"识"无疑是存有论或本体意义的抽象本体，这一心识本体又是如何变现世界现象的呢？根据瑜伽行派的有关论述，大体上可以归纳出两种密切相关的思路，两种相辅相成的论证：识分化说和种子生现行说。

先说识分化说。识，作为本体，变化出现象，以显示、展开自身，这也就是识自身的分化。又，识是识别、了别作用，有认识论意义，但作为心理感受能力的情识而言，是与主观虚妄执著俱起的作用，主要是心理学意义，且是负面价值的意义。瑜伽行派把识分为八类，即：眼、耳、鼻、舌、身、意、末那、阿赖耶。前五种识是对具体对象的感性认识，第六种识是认识抽象概念。第七末那识是一种我执作用，它意识到自我，执取第八识见分为我，故称为我识，即自我意识。第八阿赖耶识，是八识中最主要的，它是生起前七识的基础，故称根本识；也是一切现行识种子的贮藏之处，又称藏识。它隐藏在

① 《大正藏》第31卷，61页上。

② 同上书，38页下。

心的最底层，是被覆蔽着的、潜在的意识，是为下意识。对于识变现为现象，《成唯识论》卷1说："变谓识体转似二分，相见俱依自证起故。依斯二分，施设我法。"① "二分"，即相分和见分。"相分"，客观的认识对象，"见分"，主观的认识主体。"自证"，自证分，是认识主体了别对象的自觉的功能。"我法"，自我与诸法，即主体和客体。这是说，八识的识体即自证分，变现为相分和见分，虚假地安置设立主体的自我和客体的对象，现象世界便由此生成。瑜伽行派强调，心识为了显现其自身，便变现为相见二分，并以见分的主体身份，去了别并执取作为客体的相分，将所执取相分的相似形状视为实有自性，其实这是心识的虚妄的变现作用。

由上可知，识体是指识的体，自体，即自证分，也作自体分。它能对见分认识相分作自觉的证知。《成唯识论》卷2云："相分是所缘，见分名行相，相见所依自体名事，即自证分。"② 作为相分与见分的"所依"，识体是较相分与见分更深一层，它是客观对象与主观心识两个方面，即现象世界生起的依据、根源。由此可见，识作为世界一切现象的形而上本体，是指识的自体，即自证分而言。含藏在识的深层的识自体是瑜伽行派本体观念重要意义之所在。

再论种子生现行说。瑜伽行派在阐述八识分别变现现象世界的同时，还特别强调第八识及贮藏在该识中的种子的独特作用。如上所述，阿赖耶识是七识的根本，是宇宙万物的依据。所谓万物唯识所变，实质上是唯阿赖耶识所变，具体说，前五识是依仗阿赖耶识相分中的器界（山河大地）为本质而变现其相分，如色、声、香、味等。第六识有时单独追忆、思虑过去或未来的影相而变现其相分，有时则或依仗阿赖耶识的相分中的器界而变现相分，呈现物质世界现象，或依仗阿赖耶识的见分而变现其相分，呈现自我。第七识依仗阿赖耶识的见分或种子为"我"，生起自我意识，并形成种种烦恼。至于阿赖耶识自身，则是变现器界并以其为对象而攀缘之。可见，除第六识变

① 《大正藏》第31卷，1页上、中。
② 同上书，10页中。

现过去或未来的事相外，七识都要依赖阿赖耶识的见分或相分，才能生起各自的相分，即生成世界现象。也就是说，阿赖耶识之所以是七识的根基，其原因在于它摄持着七识的种子，也即含藏着万物的种子。瑜伽行派认为，众生心识活动的影响力是永远不会消失的，它会作为种子贮藏在阿赖耶识中，并能引发尔后的心识活动，即生成现象，种子实是世界万物生成的根源。可以这样说，所谓唯识所变，实质是唯阿赖耶识所变，进一步说，所谓阿赖耶识所变，其核心是阿赖耶识中的种子所变。

《成唯识论》卷2说："何法名为种子？谓本识中亲生自果功能差别，此与本识及所生果不一不异。"① "本识"，根本识，即阿赖耶识。"功能"，具有能力。这是给种子作界定。认为种子是阿赖耶识能亲生自果的一种能力、原因，它与阿赖耶识本身以及所生自果既同又异。种子即功能，它是一种能力、力量。势用，作用，也称作习气、余习。所以称为种子，是借用植物种子的意思，但它不是实体，而是纯粹的精神作用、精神力量。

瑜伽行派又提出种子六义说②，认为种子有六个特性：(1) 刹那灭，即不断地生灭变化；(2) 果俱有，作为因的种子同时含有相应的果；(3) 恒随转，种子随着识起而不断转动；(4) 性决定，善种生善果，恶种生恶果，种子的体性决定了果的体性；(5) 待众缘，作为主要条件的种子必须有包括"所缘缘"（能使主观的心作用生起的客观对象）在内的其他辅助性的外缘才能生起万物；(6) 引自果，不同的种子只能生出不同的果，不能交互而生。这些有关种子的规定性，意在从不同方面说明种子生果的条件、内容、性质与规律，由此也全面地揭示了种子的意义和内涵。

从种子变现出不同现象的角度，瑜伽行派还把种子分为两大类：一是能生佛教智慧、觉悟的无污染、无烦恼的种子，称为"无漏种子"；二是能生众生界各种现象的污染、烦恼的种子，称为"有漏种

---

① 《大正藏》第31卷，8页上。

② 详见《成唯识论》卷2，《大正卷》第31卷，9页中。

子”。进一步又把有漏种子分成两类：一是能产生与种子同类现象的种子，称“名言种子”。名言，名字，名称，语言，概念，名言种子是由语言、概念作用在阿赖耶识中所熏成的种子。另一类是以善恶业而生果报的功能，它能协助无善恶之分的名言种子，招生未来果报，称“业种子”①。瑜伽行派认为，众生世界的诸现象是名言种子和业种子相结合而产生的，也即语言、概念和善恶行为的功能作用所生起的现象。其中名言种子是生起与种子同类现象的直接原因（“亲因缘”种子），名言种子又分为互相对说的两种：一为表义名言种子。“表义名言”是指名言、词句、文字等表现事物意义的名言。第六识攀缘表义名言，随语言声音、文字而变现出各种相应事物的相状，由此而熏成的种子为表义名言种子。二为显境名言种子，这是指攀缘前七识见分为境而熏成的种子。瑜伽行派又从受用的角度把名言种子分为共相和自相（不共相）两种。如为共同享用的山河大地等是共相，生起共相境界的种子为共相名言种子；仅供自身受用的个人身体是自相，生起自相境界的种子为自相名言种子。这两种种子是分别在相应的业种子的协助下招感共相或自相的。由此看来，瑜伽行派的种子说十分重视名言种子在形成世界种种现象中的重要意义，这是极富独特理论色彩的现象本原说。

瑜伽行派把种种变现现象的论说概括为“种子生现行”（“种生现”）的命题。《成唯识论》卷 2 云：“能熏生种，种起现行。”② “能熏”，能熏习阿赖耶识而形成种子的能力，也即七识的现行。“种”，种子。这是说，七识有熏生形成种子的作用，而种子作为原因又有生起现象世界的能力，种子由潜存状态转为现实状态，为现行，由种子现行而成现象世界，为“现行法”。由此也可以说，种子是现象世界（现行法）的潜在态，现象世界是种子的显现态。种子与现象世界是众生自身的阿赖耶识的两种不同形态。如前所述，识自身（自体分，

① 名言种子，又称名言习气、名言熏习、等流种子、等流习气；业种子，又称异熟种子、有支习气、异熟习气。

② 《大正藏》第 31 卷，10 页上。

自证分）转为见分与相分，此二分各有其潜在态和显现态，就是种子生现行的情景，也就是精神本体变现为现象世界的情景。

这里还应当强调指出的是，瑜伽行派认为心识也是有情众生的本体。按照瑜伽行派的理论，有情众生的阿赖耶识及其种子的不断活动，牵引众生不断轮回转生。众生死后，阿赖耶识内含藏的精神性的种子并不消失，且继续流转。可见，种子实是众生轮回的主体，也可说是不灭的灵魂。至于阿赖耶识中含藏的无漏种子，则是有情众生的终极价值的主体，是有情众生发心修持乃至成就佛果的根本。瑜伽行派这一层面的本体论涵义具有更鲜明的宗教意义。

从上述可知，心识→阿赖耶识→种子，既是世界现象的本体，也是主体众生的本体，也就是宇宙万物的本体。由此看来，瑜伽行派的本体有这样一些特质：一是精神性，本体是一种精神力量、功能、作用，而不是实体；二是多层次性，心识，阿赖耶识，种子，有种种层次差别，又同为本体；三是多样性，不同众生的阿赖耶识是不同的，种子不仅有不同的类别，而且还不断由现行熏生出新的种子；四是变化性，种子在不断生灭，不是永恒不变的；五是虚妄性，心识本体的变现活动是盲目的、染污的，应当转化为智慧。瑜伽行派对本体的这种种规定，在佛教内部曾引起了一些争论，如阿赖耶识是清净的真识还是染污的妄识？无漏种子与有漏种子的关系如何？可是始终没有取得一致的说法。

在揭示瑜伽行派本体观念的特质后，我们再来总结其本体论学说的思维进路：一是不从客观世界去寻找外在性的统一本体，而是转向人的自身，从主体精神活动中寻找内在性的各自的本体，以人的心识为本体，心识即本体，把主体与心识统一起来，从而极大地高扬了主体性。二是将心识本体活动展现为了别作用与变现现象两方面，而这两方面又是相即不离的，这就是说，主观的了别与客观的变现、认识与现象、心与物是统一在心识里头的，从而形而上地置心识于心物主客之先，并消融了心物主客的对立。三是认为识本体变现为现象（见分与相分）并体现在现象里；现象的影响力并不消失，也积淀在阿赖耶识中，形成为潜在的新种子，也就是即将变现为现象的新本体。现象是本体的现象，本体是现象的本体，本体与现象互相渗透，打成一片。可见，在心识说的基础上，突出本体与主体的统一，主体与客体的统一，主体与现象的统一，这是瑜伽行派本体论学说的基本特色。

瑜伽行派的唯识本体论，强调世界的一切存在只是由心识所映现出来的表象，都是非实在的，这正如此派所自我标示的是典型的唯心学说。然这种唯心说是在一定范围一定意义上讲的。瑜伽行派侧重从主观世界、从主体精神活动的角度去探求主体与客体的关系，探索客体的本质及其对于主体的意义，也就是从主体对世界的认识和世界对主体的价值视域，强调主体心识对客体的决定作用，宣扬唯识所变，唯识无境，显示出唯识唯心的理论立场。同时，瑜伽行派不仅强调心识的虚妄性必须舍离，而且也肯定认识的生起必须有客观对象（“所缘缘”），对于物质现象（“色”）只是说空无自性，并不是笼统否定。在一定意义上，也可以说，还有承认外在世界存在的一面。

综上所述，我们似可以对印度佛教的本体论哲学得出如下的基本看法：

（1）印度佛教为了追求解脱而探讨人生和宇宙万物的本性、本质，由此而有了自身的本体论学说。从印度佛教本体论发展理路来看，它是由探讨宇宙万物的本性、本质，进而探寻宇宙万物的根据、本原，并归结为“万法唯识”，从而为众生超凡转圣，成就为佛提供了本体根据。

（2）印度佛教为了引导众生修持佛法，体悟宇宙人生的真实，首先认定众生自我的空无自性，但不抽象地否定人以外事物的实在性，即不否认构成事物要素及感觉的实在性，随后又进一步认定构成事物要素及感觉的空无自性，从而形成一切皆空的思想，这成为大乘佛教的普遍共识。

（3）佛教的空无自性、一切皆空的思想，并不是一种无本体之学，而是否定实体性、本原性的本体之学，肯定空性是万物的本性、本质，是从事物的本性、本质的角度，以空性为本体，是一种空性本体之学。

（4）在佛教不同派别本体学说的前后变迁过程中，存在着旨趣相同的基本线索——人生、宇宙万物的缘起无自性（空）。自释迦牟尼提出无我说后，不久就出现了说一切有部肯定感觉、感性为实有本体的学说，此说经过经量部的批判，后来又形成大乘中观学派以空性为本体的学说，以后又有大乘瑜伽学派“唯识所变”学说的出现，也就是印度大乘佛教最终以众生的心识为宇宙万物的本原，此说不仅把主体与客体统一起来，为众生成佛提供了内在可能，而且也为众生转识成智，成就为佛，提供了切实的方向和可操作性。此外，佛教本体论虽具有鲜明的唯心色彩，但这不是说，它是笼统地、绝对地排斥外部世界存在的。

第二节　中国佛教本体论形成的本土思想背景

中国佛教本体论与印度佛教本体论相比较，其内涵既有相同的一面，也有差异的一面。这种差异的形成，主要是因两国文字、思想方法，以及时代和社会条件的不同所致。具体地说，更直接的原因是，中国固有的本体论价值取向和思维方式，以及时代思潮和地域文化（如南北朝时代的南北两地文化）影响的结果。这里我们先简要地叙述一下中国固有本体论哲学的要点与特色，以助于说明中国佛教本体论思想的形成与演变。

一、中国固有本体论思想概述

中国古代的先哲们十分重视直观和经验综合，通常是把人、社会和自然视为一个有机的整体，形成了整体系统的思维框架；并在这一思维框架中去思索、探寻、追逐什么是宇宙的最初原始者，什么是宇宙万物的总根源，又何为千差万殊事物的总统摄者，从而形成了阐述宇宙万物的本根、本原、根据的本体论哲学。

迄至隋唐佛教各宗派哲学创立以前，中国古代固有哲学一直把天、道、太极、气作为本体论的基本范畴，同时也作为代表宇宙整体（总体、全体）的基本范畴。魏晋玄学“以无为本”的本体“无”，实质上是“道”范畴的新表述，故不另单独论述。

现在我们就来看看中国古代先哲们是如何来论述天、道、太极和气的。

“天”在中国古代哲学中的涵义非常复杂，主要有以下几点：(1) 苍苍太空。太空能发出风、雨、雷、电，又能给人间带来光明和黑暗，使人有神秘莫测之感。(2) 至上神。《尚书》、《诗经》和《左传》等典籍中都有视天为最高存在、至上主宰的记载。认为天既能福佑人间，也能祸害社会，还能授予国命，这是把天视为具有权威意义的人格神。(3) 造物主。如《诗经·大雅·荡》云：“天生烝民，其命非谌。”“烝”，众多。“谌”，诚信。意思是，上天虽能生下众多的百姓，可是天命却不可信。这里虽是怀疑天命，但还是承认了百姓是上天所生。汉代董仲舒更说：“天者，群物之祖也。”(《天人对策·三》) 把天视为创造万物的祖先。(4) 德化之天。《诗经·周颂·维天之命》：“维天之命，于穆不已。”“穆”，肃静。意思是天命无穷无已。《墨子·天志上》宣扬天是有意志的上帝，同时还说：“然则天亦何欲何恶？天欲义而恶不义。”认为天最喜欢的是义，最憎恶的是不义。这是视天为道德之天，义理之天，是把天看做宇宙道德原则，看做人类道德的根源和范本。(5) 命运之天。《论语·颜渊》载：“子夏曰：‘商闻之矣：死生有命，富贵在天。’”认为人的生死听从命运的主宰，富贵由天来安排。《孟子·梁惠王下》：“苟为善，后世子孙必有王者矣。君子创业垂统，为可继也。若夫成功，则天也。”认为君主行善，其后代子孙一定能继续治理天下。君子开创的业绩传给子孙，可世代承袭。至于能否成就功业，那就完全决定于天意了。这都是在强调天是决定人间富贵功业的绝对权威。(6) 物质之天。如《左传·昭公三十二年》：“天有三辰，地有五行。”说天有日、月、星，地有金、木、水、火、土，天是自然之物。《荀子·天论》更说：“天行有常：不为尧存，不为桀亡。应之以治则吉，应之以乱则凶。”这是说，天的运行是有一定的客观规律的，它不依君主品德的好坏为转移。以合理的行动去对待规律，就有好的结果，反之就会遭到灾祸。

从以上天的涵义来看，至上神的天和造物主的天都具有宇宙主宰或本原的意义，至于德化之天和命运之天，则偏重于视天为人的本原。此外，还值得注意的是“天”的意义的演化。古时人们仰望苍苍太空而引生出神秘意义的天的观念，迄至春秋末期又演化出道德之天和自然之天的思想，此时老子又提出“道”的范畴，突破了奉天为宇宙万有最高主宰的观念，这都对尔后中国哲学和中国佛教哲学的发展产生了重大的影响。

“道”，原本的涵义是道路，后来逐渐发展为道理、规律、理想、本原等内涵极为宽泛的概念，具有宇宙论、本体论、认识论、社会政治论等多方面的意义。在中国哲学史上，使“道”成为哲学重要范畴的当是老子。老子说的道，既有宇宙论的意义，又有本体论的意义，我们这里要着重论述的是其本体论意义及其演变的情况。

《老子·二十五章》云：“有物混成，先天地生。寂漠！独立不改，周行不殆，可以为天下母。吾不知其名，字之曰道，吾强为之名曰大。”“大”读为“太”，意思是最究竟者、最根本者。这是否定以往以“天”为万物根源的论断。认为道生于天地之先，是一切事物之母，也就是说，道是产生宇宙万物的本原，道是最究竟者。所谓究竟，是指究竟所以，究竟规律，也就是最终的统一根源，普遍的根本规律。作为宇宙万物本原的道，还内含着普遍的根本规律的意义。《老子·十四章》还称“道”具有“视之不见”、“听之不闻”、“搏之不得”的超验性质。老子阐发道论以后，引发出了深刻的历史回响。如《管子·内业》载：“凡道，无根无茎，无叶无荣。万物以生，万物以成，命之曰道。”这是说，道没有根茎和花叶，虽视之无形，万物却由它得以生长完成。把道视为万物生长的根本。又，庄子也主张道是宇宙万物的本原，他说：“夫道，有情有信，无为无形；可传而不可受，可得而不可见；自本自根，未有天地，自古以固存；神鬼神帝，生天生地；在太极之先而不为高，在六极之下而不为深；先天地生而不为久，长于上古而不为老。”（《庄子·大宗师》）“道者，万物之所出。”（《庄子·渔父》）庄子强调道是一切万物的本根，而道本身却并无所本，并无所根，它自己就是本，就是根。庄子提出的本根即万物的究竟本原。庄子还突出道无所不在的思想：“东郭子问于庄子曰：‘所谓道，恶乎在？’庄子曰：‘无所不在’。……‘在蝼蚁’。……‘在稊稗’。……‘在瓦甓’。……‘在屎溺’。”（《庄子·知北游》）认为道周遍于一切事物，万物之中都有道。《周易·系辞传上》还以道器对举，说：“形而上者谓之道，形而下者谓之器。”把道视为无形的抽象规律，与有形的具体事物区别开来。至于同书所说的“一阴一阳谓之道”，把一阴一阳的相互转化视为道，则又是从宇宙意义上论道了。韩非子也阐发了老子的道论，并论述了道与理的关系：“道者，万物之所然也，万物之所稽也。理者，成物之文也。道者，万物之所以成也。故曰：‘道，理之者也。’物有理，不可以相薄。物有理，不可以相薄，故理之为物之制，万物各异理。万物各异理，而道尽稽万物之理。”（《韩非子·解老》篇）“所然”，存在的根据。“稽”，符合。“文”，条理。“理之”，使万物有条理。“薄”，迫。这是说，道是万物之所以形成的根据。理是事物的具体规律。万物各寻其理，万理又都依据道。统会万理的道也就是根本的原理与普遍的规律，归根到底，万物都遵循这一根本的原理与普遍的规律。

上述道的本体论思想，在中国思想文化史上的理论贡献是极其巨大的，如破除了天神主宰一切的迷信观念。但同时也不能不说，由于道本体思想忽视了对万物异理的探讨，又影响了科学的进步。在中国本体论哲学方面，道本体论对汉代以来道、佛、儒三家也都发生了深刻的影响，可以说，这种影响是带有支配性的。

“太极”是中国哲学说明宇宙万物本原的范畴。《周易·系辞上》云：“是故《易》有大极，是生两仪。两仪生四象。四象生八卦。八卦定吉凶，吉凶生大业。”“大极”，即太极。“易”是宇宙变化的历程，“太极”是宇宙变化的本始、始基，是天地万物衍生的根源。秦汉以来，对上引《周易·系辞上》的内容解释颇多，其中有的以元气未分的状态为太极，而魏晋玄学家王弼则排斥太极元气说，提出了以虚无本体为太极的主张。宋代理学家周敦颐撰《太极图说》，提出了“无极而太极”的命题，以阴阳混合未分为太极，“分阴分阳”形成天地为两仪。此说影响极大，使“太极”这一范畴在中国哲学史上占有重要的一席之地。此后的一些重要哲学家又或以数，或以理，或以气来解释太极，形成了对太极解说的三大流派。

“气”是中国思想文化史上极为重要的观念，其意义大别为二：一是人生修养方面养气说的气，是指精神状态、精神境界，即指精神现象而言；二是宇宙论方面气本原说的气，为万物的生成之所本，此处所讲的气相当于现代的物质概念，也是我们这里要论述的本体论范畴。

从气本原论的角度说，气，本指云气，后引申为一切气体的总称。中国古代思想家认为，世界上各种液体和固体都是气体凝结而成，气是极细微的流动的物质，是构成一切有形物质的原始材料。也就是说，气是标示一种能动的、占有空间的客观的物质存在。如《庄子·知北游》说：“人之生，气之聚也。聚则为生，散则为死。”同样，万物也都由气构成。《知北游》又说：“故万物一也”，“通天下一气耳”。认为人和万物都是气聚结而成，都是气的变化，气是宇宙万物的始基。又，《荀子·王制》说：“水火有气而无生，草木有生而无知，禽兽有知而无义；人有气有生有知亦且有义，故最为天下贵也。”这是在分析宇宙万物的不同类别及其特点，肯定其中都有气，气是构成各种物类的基本要素。在汉代，以气为天地万物本原的思想更为盛行，如《淮南子·天文训》在论世界的形成时说：“道始于虚霩，虚霩生宇宙，宇宙生气。气有涯垠，清阳者薄靡而为天，重浊者凝滞而为地。”认为气是从虚霩而来，气又演化为天地，视气为形成万物的原初材料。《淮南子·原道训》又说：“夫形者生之舍也，气者生之充也。”认为形体是生命的外壳，气是生命的内容。王充在《论衡·自然》中也说：“天地合气，万物自生。”说天地之间的万物，无一不是由天地之气互相结合而产生的。迄至宋代以来，还出现了以“理”为本和以“气”为本之争，张载、罗钦顺、王廷相、吕坤和王夫之等人高扬气的观念，肯定气是世界唯一的终极实体。张载提出“太虚即气”的命题，认为广袤的空间就是气的分散状态。王廷相和王夫之还针对理学家的“理为气本”的观念，分别提出“气者造化之实体”、“气为理本”和“气者理之依”的观念，形成了张、罗、王、吕、王等一系唯物主义的气本论传统。

从以上论述的中国固有本体论范畴的内涵及其演变来看，可以说它有以下一些特点：

（1）天和天神的观念逐渐退居于次要的地位。殷周时代，人们执著地认为天是宇宙中最高最大的神秘存在，万物都由天而生，天是宇宙万物的最终本原，从多神崇拜形成为天神崇拜，以为天神是生成一切、支配一切、统治一切的最高主宰。但是后来，这种观念不断受到挑战，尤其是老子提出的“道”的观念，更是对天和天神观念的沉重打击，使其日渐失去原有的权威，相应地，天在本体论哲学中的主导地位也就自然地宣告终结。而天神观念的相对淡化又成为中国宗教信仰较为淡薄的重要原因之一。

（2）寻求无形的本原。中国古代哲学家认为本原是无形的，即无形体无形状，或者说是“形而上”的，即超于形、未有形的。认为一切有形即有形体之物，都是有限的，不能说明千差万别的事物的统一性，不能构成为宇宙万物的本原，只有无形之物才能生出繁多的有形之物。上述的道、太极、气都具有无形的特征，都被视为有形万物的本原。根源性或本原性，与超验性或无形性，是中国固有本体观念的基本特性。至于无形本原的内涵，有的是指超越物质存在的精神观念、原理；有的则是指物质存在。对于无形的道与太极，不同哲学家所标示的内涵也是很不相同的。

（3）重视本体的实在性。中国古代哲学家认为万物是实在的，作为万物本原的本体同样也是实在的。也就是说，本体虽是无形的，但无形并不等于虚幻空无，而是实有，如道、太极、气都是真实不虚的无形存在。可以说，肯定万物和本体同样具有实在性，是中国古代哲学家本体论思想的一个特点。

（4）强调体用的统一。中国古代哲学家认为，事物的本体与现象是有区别的，然而又不是对立的，更不是本体真实与现象虚幻的对立。本体与现象的关系，就如同水的源头与支流，木的根本与枝末的关系，是互不相离，彼此统一的。

中国哲学家们论述本体思想从未离开人生问题，就其价值取向来看，主要是强调本体的实在性和体用的统一性，归根到底是为了提倡返归人的形上本体，返归宇宙的形上本体，以实现人生的理想境界。为什么这样说呢？因为从根本上说，中国古代哲学是为了说明人生问题，是为了实现人生理想境界，可以说是一种人学形而上学。中国古代哲学家普遍认为，人与天地自然是不可分离的，人的形而上存在是以自然界的形而上存在为前提的，由此还提倡返归宇宙的本原，复归自然的本性。《老子·十六章》云："夫物芸芸，各归其根。归根曰静，静曰复命。复命曰常。""物"，万物，主要是指人。"根"，根本，指人类原有的本性、德性。"命"，自然所赋予的天命、本性。这是说，万民各自回复他们的原有本性，称为平静，也是回复天赋，此为恒常法则。中国哲学提倡返本归根，就是要求主体返归本性，契合本体，由此又可以说，中国本体哲学是与主体哲学密切相关的，甚至可以说，本体哲学是为主体哲学所作的铺垫。

中国哲学本体论思想，从其思维方式来看，主要表现为统一性、实在性和辩证性诸特征。统一性思维，即倾向于从万物自身而不是万物之外（如天神）去探求能融摄万物的、无形的、统一的本体。实在性思维，多数哲学家都肯定本体是实在的，很少有主张本体是虚无的。辩证性思维，即强调本体与万物是源流、本末的辩证关系，不是一虚一实，一假一真，一有一无的截然对立的分离关系。

二、中国佛教本体论形成的途径

中国佛教本体论思想的形成，除直接渊源于印度佛教思想外，主要是深受中国固有思想文化的影响，尤其是中国固有的哲学本体论思想的影响。从中国佛教本体论思想内涵的全局来看，可以说，除了"天"以外①，中国固有哲学本体论的基本范畴、价值取向和思维理路，都极大地左右了中国佛教本体论的形成与演变。那么，中国佛教本体论是如何形成的呢？下面我们先作一概括性的总体说明，然后在分节说明中国佛教哲学本体论不同类型的内涵时，再作具体论述。

中国佛教本体论大体上是沿着以下途径形成的：

---

① 佛教认为天是六道众生之一，是佛教的护法神，自然被排除在万物本体之外。

（1）直接吸取中国固有哲学范畴为佛教本体论范畴，如汉代在译经时，有的译者就以“气”、“道”来作为表述宇宙万物的本体观念。

（2）以中国的相类范畴比附佛教的本体范畴，如印度佛教的重要范畴“空”，是指事物无自性、无实体、无主宰的意思，而中国人历来认为事物都是实在的，为了解决这个矛盾，有的中国佛教学者在翻译和解释“空”时，就用“无”来比附。而“无”的内容是自然无为，是超越相对的绝对，是形而上者，以“无”代“空”就改变了“空”的内涵。中国佛教学者还吸取魏晋玄学的本末体用观念，并联系到宇宙发生论，认为无或空是在宇宙之先，宇宙万物都是从无中产生出来的，这种看法背离“空”范畴的本义就更远了。换个角度也可以说，就是更富有中国民族特色了。

（3）主张真理与主体、本体与主体的一体化，也是中国佛教本体论形成的一个重要途径。印度佛教的“真如”范畴是万物缘起而生，本来如此，不增不减的意思，由此也以它表示最高真理。真如是对宇宙万物本质、本性（“法性”）的表述，由此也以它表示万物的本体。在中国人生哲学思潮的影响下，中国佛教学者不是停留在以真理说本体的层面上，而是日益认为真理、本体不是离开主体自身而存在的，把真理与主体、本体与主体统一起来，宣扬“真如心”观念。真如是客体，又是主体。后来有的禅宗学者又把真心（真如心）和自心等同起来，直接以主体的当下自心为本体，更鲜明地突出了主体的价值。与这种本体论理路相应，中国佛教学者也高唱返本归原的思想，追求主体与本体的合一。

（4）和中国哲学一样，中国佛教本体论也突出地高扬本体与现象相即的思想。如上所述，中国固有哲学重视客观事物的实在性，并侧重于从源流本末的视角来论述本体与现象的关系，强调两者的不离、一致。这一思维模式也对中国佛教学者发生了深刻的影响。如东晋十六国时，僧肇虽视现象为假，本体为空，但强调现象与本体相即，宣扬不真即空、动静相即的思想。唐代的天台宗人认为本体即具足现象，本体不离现象，本体即现象，竭力肯定现象，肯定现实。华严宗以理事论本体现象，主张本体即现象，现象即为本体。有的禅宗学者还从本末的角度来阐述理与事即本体与现象的相即关系。中国佛教的重要宗派几乎无一例外地都极为重视本体与现象的相即关系，并在一切事物本性皆空的思想基础上，肯定本体的绝对存在与现象的相对存在。

（5）创立富有层次性与圆融性的本体论思想。在中国固有哲学的整体思维和融通思维的影响下，中国佛教学者在探究宇宙、人生的本原和本质时，还把本体论分为不同层次并予以统一安排，融合为一个思想由浅到深、由低到高的本体论学说。唐代宗密的《原人论》就是这样的本体论作品。该书把儒、道、佛三教与佛教内部不同派别的本体论加以归纳分析，认为儒、道两家的本体论没有完全说明宇宙、人生的本原和本质问题，只是说出了部分真理，是属于低层次的本体论学说，佛教内部也有多种层次高下不同的本体论学说。宗密把各种不同的本体学说加以会通，并突出"真心本体"说的最高真理性，同时也肯定其他本体学说的相对真理性。

中国佛教本体论的典型学说，重要的有以气、道、无、性、理、心（真心、妄心）等范畴为标志的若干类型，下面我们就以这些范畴为纲来集中地论述中国佛教本体论的思想内容。

第三节　气本原说的认同与扬弃

东汉三国时代，中国佛教主要有两系：一是支谶和支谦的般若学，他们主张体证本体，提倡神与"道"合，故较为重视对"道"的比附会通。而安世高和康僧会的禅学，则继承了黄老道术，主张守意养气，求得神通，故较重视对"气"的吸取与运用。两晋以来，对于"气"的范畴，中国佛教学者继续从形神结构和因果报应说等角度加以运用，以强化佛教理论。到了唐代，宗密又从心与气两者关系的角度对气本论作了定位性的批判。

一、气与"四大"

佛教继承古印度固有的思想，把地、水、火、风"四大"看做构成物质现象的基本元素。"四大"也称为"四大种"。"大"，后又指体、相、用“三大”，认为地、水、火、风各有其体、相、用。“体”，体性。地的体性是坚硬，水的体性是湿润，火的体性是温暖，风的体性是流动。“相”，形相。地的形相如巍峨的群山，广阔的原野；水的形相如奔腾的江河，咆哮的海洋；火的形相如炎热的日光，炽热的岩浆；风的形相如滚滚寒流，凛冽寒风。“用”，作用。如地能保持一切，水能摄集一切，火能成熟一切，风能生长一切。“种”，因所有物理现象和生理现象即一切物质现象都依“四大”而生，故称。佛教认为，宇宙万有就是“四大种”的生灭变化。

佛教传入中国以后，中国佛教一方面认同了四大种说，一方面又把四大种统一于气或元气。如支谦译的《佛开解梵志阿飏经》云：“天地人物，一仰四气：一地，二水，三火，四风。人之身中，强者为地，和淖为水，温热为火，气息为风。生借用此，死则归本。”① 这是把地、水、火、风视为气的四种形态，并认为包括人在内的宇宙万物都是仰赖气而生成的，人死后又复归于气。康僧会编译的《六度集经》卷8《察微王经》云：“深睹人原始，自本无生。元气，强者为地，软者为水，暖者为火，动者为风。四者和焉，识神生焉。”② “识神”，此指心识、心灵。这是说，元气的强、软、暖、动四态就是地、水、火、风“四大”现象。人本来是无生的，由于“四大”和合才有生命，有心识、心灵的产生。该经认为，“四大”是元气，由此也可以说，人的神识是元气产生的。支谦讲的气和康僧会讲的元气基本意义相同，都指原始物质，是构成“四大”、世界万物和人身的本原。

中国古代思想家一般都认为包括人身在内的宇宙万物的生灭就是气的聚散，如《庄子·至乐》篇就说：“杂乎芒芴之间，变而有气，气变而有形，形变而有生。”“芒芴”，恍惚。认为人的形体是自然变化的产物，是由气而生成。这种气聚则生，气散则死的思想，深刻地影响了中国佛教界。有的中国佛教学者认为“四大”就是四气，气是

---

① 《大正藏》第1卷，262页中。

② 《大正藏》第3卷，51页中。

地、水、火、风四大元素的更根本的统一的始基。这样，就把“四大”说纳入了中国气本原说——以气为构成自然万物和人体生命的根本物质的思想框架之中。

二、气与因果报应及神不灭

有的中国佛教学者还进一步把因果报应和气联系起来，认为“气”是因果报应的潜在力量和内在根据。

东晋慧远在与人辩论因果报应问题时也赞同人是“禀气于两仪，受形于父母”① 的说法。他在《三报论》中更说：“倚伏之契，定于在昔，冥符告命，潜相回换。故令祸福之气，交谢于六府；善恶之报，舛互而两行。”② 不仅认为人是禀受气而生，而且还说人在六道中的轮回也决定于祸福之气。他认为，气具有祸福这类社会价值性质，或者说，人生的祸福是不同性质的气，归属于气。这是把气看做因果报应的根源了。晋宋之际著名诗人、学者颜延之笃信佛法，他在与当时著名天文学家、思想家何承天辩论因果报应问题时，在《释达性论》中明确指出：“凡气数之内无不感对，施报之道，必然之符。”③ 在《重释何衡阳》中，也大力宣扬“气数”说。“气数”的提法虽不同于“气”，但也是指与气相连的、必然的命运。颜氏认为，气数决定因果报应，决定祸福，是一种普遍的法则。又有大约同时代的罗含，作《更生论》云：“人物有定数，彼我有成分。有不可灭而为无，彼不得化而为我。聚散隐显，环转我无穷之途；贤愚寿夭，还复其物。自然贯次，毫分不差。”④ 显然他讲的“定数”与“气数”意义相通，也是为众生轮回流转说提供了循环论的论据。

承受因果报应的主体是不灭的神，那么，气与神是什么关系呢？这也是中国佛教学者所关注的问题。康僧会编译的《察微王经》除强调“四者和焉，识神生焉”外，还说：“识与元气，微妙难睹。”⑤

---

① 《答桓太尉书》，石峻等编：《中国佛教思想资料选编》第1卷，99页。
② 同上书，88页。
③ 《弘明集》卷4。
④ 《弘明集》卷5。
⑤ 《大正藏》第3卷，51页中。

又，三国时吴国陈慧在《阴持入经注》中解释“五阴种”时也说：“有识之灵及草木之栽，与元气相含，升降废兴，终而复始，轮转三界，无有穷极。”① 从这些话来看，识神与元气都是微妙而无形状可睹的，但两者又不相同。识神既由“四大”（四气）和合而生，又与元气相含而使众生在三界中轮回流转。这里，识神是气的派生物还是独立于气的存在，并没说清楚。慧远针对“夫禀气极于一生……既化而为生，又化而为死；既聚而为始，又散而为终。……固知神形俱化，原无异统，精粗一气”② 的观点，说：“夫神者何耶？精极而为灵者也。……圆应无生，妙尽无名，感物而动……感物而非物，故物化而不灭。”强调“神”是“非物”的精灵，初步划清了神与物的界限。他在《明报应论》中说：“推夫四大之性，以明受形之本，则假于异物，托为同体。”③ 进一步从“四大”中分离出“性”作为众生受形的“本”，“本”与“神”相通，“神”假于异物与之合为一体而存在，是永恒不灭的。慧远似是通过区分“四大”的形态与性质，来区别人的形体与精神的不同。

三、气与心

隋唐时代，中国佛教思想益臻成熟，一些佛教学者积极综合融通教内外不同派别的思想。如华严宗重要代表人物宗密，在其《原人论》、《圆觉经大疏钞》、《圆觉经略疏钞》中，就批判地总结了儒、道二教的气论，进而提出圆觉真心是宇宙人生最终本原的学说。

宗密说：“儒、道二教说人畜等类，皆是虚无大道生成养育。谓道法自然，生于元气。元气生天地，天地生万物。故愚智贵贱，贫富苦乐，皆禀于天，由于时命。故死后却归天地，复其虚无。”④ 认为儒、道二教是以大道和元气为天地和万物的本原。接着，宗密对元气

---

① 《大正藏》第33卷，10页上、中。

② 《沙门不敬王者论·形尽神不灭五》，石峻等编：《中国佛教思想资料选编》第1卷，85页。

③ 同上书，89页。

④ 《原人论》，《大正藏》第45卷，708页上。

论进行了批判，他提出了三个理由：一是“言皆从元气而生成者，则欻生之神未曾习虑，岂得婴孩便能爱恶骄恣焉？若言欻有自然便能随念爱恶等者，则五德六艺悉能随念而解，何待因缘学习而成？”① “欻生”，忽然而生，不是因缘而生。这是说，由无知觉无思虑的元气忽然生成的人，应当是无知觉无思虑的，如果说“欻生之神”自然地就能随念爱恶，那么，五德六艺就都不需要学习了。二是“若生是禀气而欻有，死是气散而欻无，则谁为鬼神乎？”② 这是说，气聚则生而有，气散则死而无，那么，鬼神是什么生成的呢？怎么会有鬼神呢？三是“且天地之气本无知也，人禀无知之气，安得欻起而有知乎？草木亦皆禀气，何不知乎？”③ 这是进一步强调说，天地之气是无知的，禀受其气的人也应是无知的，而事实上呢，人是有知的，可见气生成说是站不住脚的。宗密着重从有知的人类与无知的元气的矛盾的角度来批判元气生成人类等众生的观点。

那么，人是什么生成的呢？宗密强调人的最终本原是真心。他说：“谓初唯一真灵性，不生不灭，不增不减，不变不易，众生无始迷睡不自觉知……依如来藏故有生灭心相，所谓不生灭真心与生灭妄想和合。”④ 他依据《大乘起信论》的一心二门思想进行论述，认为众生本有其真实灵妙的本性，这个本性就是不生不灭真心，也即如来藏。只因众生执迷而不自觉自己的本性，于是而有了生灭心，真心与生灭心和合而为阿赖耶识，再辗转生成万物。进一步，宗密又说明人的生命的产生：“气则顿具四大，渐成诸根；心则顿具四蕴，渐成诸识。十月满足，生来名人，即我等今者，身心是也。”⑤ “四蕴”，受、想、行、识四种心理活动。他认为“气”是人身体之本，“心”是人心理之本。人是由身心两个方面和合而成的，身心各有所本。更进一步，宗密还推究了气和心的本原说，他说：“然所禀之气，展转推本，即混一之元气也。所起之心，展转穷源，即真一之灵心也。究实言之，心外的无别法，元气亦从心之所变，属前转识所现

①②③ 《原人论》，《大正藏》第45卷，708页中。

④⑤ 同上书，710页中。

之境。”① 认为气的本原是元气，心的本原是真心。元气又是心的变现，属于六转识变现的现象。由此看来，宗密把中国传统的“元气”范畴定性为“识所现之境”，这个“境”就是心识向外投射的现象。这就是说，宗密把元气从物质的自然变化转换为心理活动的表现，并从根本上排斥了气本原说。那么心又是怎样变成物质世界的呢？宗密说：“心既从细至粗，展转妄计乃至造业；境亦从微至著，展转变起乃至天地。……据此，则心识所变之境，乃成二分：一分即与心识和合成人；一分不与心识和合，即成天地、山河、国邑。”② 这是在心识变现外境说的基础上，把境分为有知觉的人和无知觉的物两类，用心识把精神世界与物质世界统一了起来。

综上所述，在汉代气论、元气论思潮的浸润、影响下，中国佛教一度以“气”来说明佛教的本体论学说，主要表现在三个方面：一是把佛教关于构成物质现象的四个基本元素（地、水、火、风“四大”）都说成是气，或者说是气或元气的四种形态，从而与中国哲学的气（或元气）本原说相协调。二是赋予气以祸福的属性，并把这些气作为因果报应的一种根源。三是企图探明气与人的精神现象的关系。由于物质与精神相互关系的复杂性，又使中国佛教学者难以全面揭示两者的关系。到了隋唐时代，气论思潮益趋降温，处于次要地位，代之而起的如来藏思潮和唯识思潮在佛教内部广为流行，终于有宗密《原人论》问世。宗密根据佛教的唯心立场，一方面指出了气本原说在阐明人类精神现象起源方面的局限，一方面又在一定意义上，肯定了气在形成人的肉体和外界事物方面的决定性作用，从而构成中国化佛教哲学本体论的一个重要内容。

第四节　道体说的牵附与会通

在黄老思想盛行的汉代，一些佛教学者竭力以“道”来比附佛教思想，为佛教在中国争取立足之地。两晋以来，中国佛教学者又吸取

①② 《原人论》，《大正藏》第45卷，710页下。

庄子道不离物的思维方式，来宣传佛教“道”的遍在性观念。到了唐代，虽然宗密撰《原人论》批判道法自然的思想，但是绝大多数禅宗学者还是大力吸取老庄思想，对道作了多方面的发挥，形成了丰富多彩的禅道思想。

一、以道家之“道”为佛教之“道”

牟子《理惑论》在解释释迦牟尼所体证的“道”时这样说：“道之言导也。导人致于无为。牵之无前，引之无后，举之无上，抑之无下，视之无形，听之无声，四表为大，蜿蜒其外，毫厘为细，间关其内，故谓之道。”① 此处的“无为”，是涅槃的意译。“致于无为”，即进入涅槃境界。“四表”，四方极远极远之处。在《理惑论》作者看来，引导人们最终涅槃成佛的乃是道，也就是说，佛是与道相契合的，佛是体道者。这里的“道”是无形无声，虚无恍惚的，也就是《老子》所讲的“无为”，或者说是“先天地生”的最初本原、本体。从理论思维的意义上看，这是以道家的道为佛教的道，以道家的本体为佛教的本体。又，魏晋玄学创始人之一何晏在《道论》中说：“有之为有，待无以生。事而为事，由无以成。夫道之而无语，名之而无名，视之而无形，听之而无声，则道之全焉。”② 牟子所论佛教的道与何晏所说的玄学家的道，两者在思想内涵和表述上，都可谓难以区分，如出一辙。

晋时著名的佛教学者孙绰撰《喻道论》也说：“夫佛也者，体道者也。道也者，导物者也。应感顺通，无为而无不为者也。无为，故虚寂自然；无不为，故神化万物。”③ 这里所讲的道与牟子及何晏所论也有异曲同工之妙，同是认为，释迦牟尼所体证的道，就是道家提倡的无为自然而化的道。这都说明，佛教传入中国以后，一些佛教学者把佛教教义等同于道家思想，以老庄学说的最终本体“道”作为佛教修持证悟的目标，以与“道”相契一体为成佛的标志。这

① 石峻等编：《中国佛教思想资料选编》第1卷，4页。

② 《列子·天瑞》篇注引，《诸子集成》(三)，3页。

③ 石峻等编：《中国佛教思想资料选编》第1卷，25～26页。

种以道家之道为佛教之道的哲学思想，是与当时中国知识界盛行的老庄思想密切相关的，同时，也是与老庄式的文化生活环境分不开的。

东晋刘宋时的竺道生在探讨成佛的基本问题时，也利用道家的“道”来说明佛教的最高境界。他说：“道之名者，在用能通。不及，无用也，未极则转进无常，极则常也。”① “极”，至极，最高境界。认为“道”在至极境界是恒常不变的。在至极境界，道“至像无形，至音无声，希微绝朕思之境，岂有形言者哉?”② 恒常的道，无形无声，超越人们的思维、语言的分别境界，是一种绝对的真实存在。他还说：“背道非实，名为凡夫。”③ 强调人与“道”相违背就是凡夫。只有不违背“道”，与“道”契合，才能超凡成圣。应当说，竺道生关于成佛的思路，也渗透着道家的思想因素。

如上所述，唐代宗密在《原人论》中批判了道本论，文说：“所言万物皆从虚无大道而生者，大道即是生死贤愚之本，吉凶祸福之基。基本既其常存，则祸乱凶愚不可除也，福庆贤善不可益也，何用老庄之教耶？又道育虎狼，胎桀纣，夭颜冉，祸夷齐，何名尊乎?”④ 认为老庄道家的大道说，是肯定生死贤愚、吉凶祸福都是不可避免、不可改变的，这样，老庄学说又有什么用呢？道养育虎狼暴君，夭祸贤良忠臣，又怎么值得尊崇呢？宗密认为“从虚无大道而生”的说法是不合乎人类社会实际的，他主张“真心”为众生和宇宙的本原。

二、从“道亦虚空”到“虚空为道本”

大乘佛教般若学在汉代时开始传入我国。般若，意为智慧。般若学的中心思想是“缘起性空”，认为一切事物和现象都是因缘和合而生，没有自性，也就是说，其本体是空的。这一点与中国道家所讲的本体“道”无形无为、虚无玄妙似有可附会之处。般若学者

① 《大般涅槃经集解》卷32，《大正藏》第37卷，489页下。
② 《法华经疏》卷上，《续藏经》第1辑第2编乙第23套第4册，396页。
③ 《大般涅槃经集解》卷54，《大正藏》第37卷，545页下。
④ 《大正藏》第45卷，708页中。

自汉代支谶起直至三国支谦都以般若学附和于道家的玄理，其中最突出的表现就是吸取道的范畴和道家的思想，宣扬“道亦虚空”说。

佛教表述本体的概念通常是用“如”、“真如”。支谶、支谦等人受道家思想的影响以“无”为“有”之本，进而又以“本无”来译“真如”。如支谶译的《道行般若经》第十四品和支谦改译的《大明度经》第十四品的品名，均将“真如品”定名为“本无品”。支谦还进一步宣扬“道亦空虚”的本体论。他译的《大明度经》卷1《行品》说：“夫体道为菩萨，是空虚也。斯道为菩萨，亦空虚也。”① 又译文原注有说：“师云，菩萨心履践大道。欲为体道，心为②道俱无形故，言空虚也。”③ 这都是说，菩萨心体悟了道，与道合一，由于道是无形的，菩萨的心神也当无形；因其无形，故是空虚。这样，菩萨体道是空虚，道亦是空虚。道家视无形为空虚，以淡泊无为为“至人”境界。这里，佛教的菩萨与道家的“至人”，佛教的道与道家的道都是相通的。可以说，在支谶、支谦的心目中，佛教的真如本体与道家的道本体两者并无二致，都是同为空虚、虚无。应当说，佛教的真如性空和道家的道微妙虚无确有表面的相似之处，但两者的实质并不相同。佛教的真如性空是标示事物的本质空无自性的，而道家的“道”则是说万物的本原是无形而实存的。

唐代的牛头法融禅师又提出了“虚空为道本”的命题。史载：“融大师问云：‘三界四生，以何为道本？以何为法用？’答：‘虚空为道本，森罗为法用。’”④ 这里把道与法（一切事物）对举，本与用对举，认为虚空是道本，森罗万象是法用。所谓虚空，就是佛经常说的空、性空、空性，是指万物无造作、无主宰、无实体的本性。所谓道是：“牛头初祖云：‘夫道者，若一人得之，道即不遍；若众人得之，道即有穷；若各各有之，道即有数；若总共有之，方便即

① 《大正藏》第8卷，478页下。
② “为”，疑为“与”字之误。
③ 《大正藏》第8卷，478页下。
④ 《宗镜录》卷77，《大正藏》第48卷，842页中。

空；若修行得之，造作非真；若本自有之，万行虚设。何以故？离一切限量分别故。'"① 这是说，"道"是离开一切限量和一切分别，是自然如如的本原、本体，也称"道本"。显然，这个道是来源于道家的本体概念。法融所讲的"虚空为道本"，是认为虚空是道的本体内涵。就此命题的思维形式来说，显然是受到了魏晋玄学"以无为本"说的启发，就此命题的思维内容来说，也是与"以无为本"说相呼应的，然就此命题的思维实质来说，则是般若学与道学两种不同思想的折中、调和。

三、道体遍在与无情有佛性

在思维框架上，庄子的道本体论还直接影响了中国佛教对草木山河的体性的看法，并形成了有别于印度佛教的佛性理论。

庄子认为，道是无所不在的，蝼蚁、瓦甓，甚至屎溺都存含道，这种道不离物、道在物中，也即本体遍于一切事物的思维定势影响至为深远。竺道生在无佛典根据的情况下，孤明独发，高唱一切众生皆有佛性，就与庄子的道无所不在的思想影响有关。隋代吉藏进一步明确提出草木也有佛性说，《大乘玄论·佛性义》云："若欲明有佛性者，不但众生有佛性，草木亦有佛性。……故肇法师云：'道远乎哉？即物而真！圣远乎哉？悟即是神也！'若一切诸法无非是菩提，何容不得无非是佛性？"② "菩提"，即道。这里吉藏论证草木也有佛性的根据，是道与一切事物相即的观念，实也受庄子的道本体普遍存在观念的影响。唐代湛然更鲜明地提出无情有佛性说，认为不仅草木有佛性。甚至连同瓦石以及山河大地也都有佛性。他说："万法是真如，由不变故；真如是万法，由随缘故。子信无情无佛性者，岂非万法无真如耶？"③ 这里是以万物都具有真如本体为论据，来证明无情也有佛性，同样也可见到庄子道本体遍在思想的深刻影响。此外，禅宗学者如牛头法融、南阳慧忠等人也都阐扬无情有佛性说，并明确以"道

① 《宗镜录》卷9，《大正藏》第48卷，463页中。

② 《大正藏》第45卷，40页中、下。又，吉藏所引《肇论·不真空论》原文为："道远乎哉？触事而真！圣远乎哉？体之即神！"

③ 《金刚錍》，《大正藏》第46卷，782页下。

无所不遍”为立论的根据。

印度大乘佛教十分重视探讨各类众生的成佛根据问题，有的派别主张一切众生都有佛性，有的派别则认为一部分众生没有佛性，但各派都没有论及草木瓦石有无佛性的问题，可以说是排斥草木瓦石有成佛的可能性。中国佛教学者主张草木瓦石也都有佛性，显然是和中国人的自然观有关，特别是和庄子的道体无所不在的本体论思想直接相关。

从本体论思想而言，中国佛教吸取道家范畴“道”为宇宙万物的本体，带来了佛教哲学思想的深刻变化：首先，在宇宙本体论方面，一是以无形而遍在的本原“道”为本体，这就改变了印度佛教的本体思想，使佛教本体论学说发生了变异，或者说为佛教本体论学说增加了新的内容。二是中国佛教竭力消弭印度佛教的“空”（空寂、空性）与中国道家的“无”（无形、无为）的差异，把二者混淆、沟通、协调、等同起来，这是融通中印本体论思想的重要尝试，推动了佛教本体论哲学的发展。其次，在成佛理论方面，一是以无为为涅槃，即视无为为成佛的理想境界、最高目标，这就发展了成佛境界和成佛内涵的学说。二是由于体道为佛的思想的阐扬，也极大地推动了佛教返本还原思潮的盛行。三是从道的遍在到佛性遍有，导致了草木也有佛性的新说形成，从而推动泛神论乃至无神论思潮的流传。

第五节　本无说的兴起与终结

自汉代至南北朝，“本无”是中国佛教用以表述宇宙本体的一个重要概念，其思想内涵经历了一个不断演变的过程。如上所述，在译经初期，支谶和支谦等人就把“本无”作为佛教“真如”的译语，以表示般若学的性空思想。到了东晋十六国时代，随着《道行》、《放光》、《光赞》等《般若》类经典的流行，研究《般若》的学者对性空思想进行了创造性的诠释，先后形成了六家七宗的不同异说，其中着重阐发以“无”为本体的本无宗是最具代表性的学派，影响也最大。这一时期，本无论思潮之所以盛行，是与道家思想、玄学清谈之风的影响密切相关的。后来，僧肇作《不真空论》等文，分析批判了本无学说，从理论上宣告了本无宗的历史终结。

一、东汉三国时代的本无思想

“本无”一词原是梵文的 tathatā 意译，后译为“如”、“真如”①，是表示万物本质和最高真理的术语，是关于大乘佛教般若学本体论和认识论的基本概念。那么，“本无”是什么意思呢？当时译出的《般若》类经典云：

> 如法无所从生……亦无所从来，亦无所从去……一切皆本无，亦复无本无。②
>
> 法中无所有，无所闻，无所得……设使有出者，但字耳；设有住止者，但字耳，但以字字著言耳。③
>
> 如法无所从生为随教，是为本无。无来原亦无去迹，诸法本无……一切皆本无，亦复无本无等，无异于真法中本无，诸法无本，无过去当来今现在。如来亦尔，是为真本无。④

以上这些表述“本无”意义的话，归纳起来有四层意思：一是依据缘起理论认为，一切事物都是无生（来）也无灭（去）的，这是本无的基本意义。二是说人们指称的万事万物只是语言文字概念的一种设施，是人类主观思维活动的表现，实际上事物的本与末均为空无所有，并没有自性（自体、实体）。三是认为过去、现在、未来三世都不存在实体化的本体。四是说即使是如来佛也是本无。再进一步概括说，本无是指事物本性空寂，本来是无，也就是空无自性，是性空。这是对视事物具有自性观点的否定，对三世实有观点的否定，是对事物真实本质、本来面目、原本状态的论定，是一种无实体、无本原的本体论，是阐述事物的本相、本性的本体论。

---

① 支谶译《道行般若经》第 14 品品名为《本无》，姚秦鸠摩罗什的异译本《小品般若波罗蜜经》第 15 品则译为《大如》，南朝宋代施护的译本《佛说佛母出生三法藏般若波罗蜜多经》第 16 品译为《真如》，此后“真如”一词一直为佛教学者所沿用。

② 《道行般若经·本无品》，《大正藏》第 8 卷，453 页中。

③ 《道行般若经·难问品》，《大正藏》第 8 卷，430 页上、中、下。

④ 《大明度经·本无品》，《大正藏》第 8 卷，493 页下～494 页上。

“本无”也即“自然”，如《道行般若经·泥犁品》说：“般若波罗蜜无所有。……人无所生。般若波罗蜜与人俱皆自然。”① 又说：“色之自然，故为色。……识之自然，故为识。”② 还说：“般若波罗蜜，于一切法悉皆自然。”③ 这里的“自然”是指“无所有”、“无所生”，是没有任何造作、任何外界影响，以及人类主观认识作用的一种本然状态，这也就是“本无”。“色”、“识”、“人”乃至“般若波罗蜜”都是“自然”，一切事物都是“自然”，都是无生无有、空无自性，非世俗认识可及的自然存在。

“无”和“自然”均取自于道家老庄的现成用语。《老子·四十章》说：“天下万物生于有，有生于无。”认为天下万物自有形体的天地而生，有形体的天地又生于无形体的道（“无”）。《老子·二十五章》说：“人法地，地法天，天法道，道法自然。”这个“自然”是指自然规律，自然而然，毫不做作的意思。《庄子·庚桑楚》也说：“万物出乎无有……而无有一无有。”“一”，统一。认为天下万物产生于“无有”，而“无有”又统一了无与有。《庄子·德充符》还说：“常因自然”，《庄子·应帝王》说：“顺物自然。”这都是在说一切要顺乎自然。此外，魏晋玄学家还鼓吹天地万物都“以无为本”，并用“自然”来说明本体。这一切都说明我国早期《般若》类经典的“本无”和“自然”的译文，确实是受到了道家、玄学家哲学的直接影响。

应当说，道家的“无”、“自然”，与般若学的“性空”、“自性空”，在某种意义上确有其相通之处，即在本体论上都含有超越形体和顺乎自然的意蕴。然而我们也不能不看到，道家的“无”是一种自然无为的作用方式或原理，与般若学“无自性空”思想是有本质区别的。佛教用“本无”来表示“性空”，就容易使人望文生义，产生误解，引发出以“无”（空）为本原，进而主张“无”（空）是产生万物

---

① 《大正藏》第8卷，441页上。

② 同上书，441页下。

③ 同上书，440页中。

的本原的思想。

二、本无宗的本体思想

东晋时代，中国佛教学者纷纷就般若学的核心思想性空论，进行深入探讨，自由讲论，独立发挥，激烈争辩，最终形成了般若学的不同学派——六家七宗。关于六家七宗的名称、代表人物及基本思想，史载不详，当代有关学者的看法也相去颇远。据现有史料来看，“六家七宗”的名称最早见于南朝刘宋昙济的《六家七宗论》。该论已佚，然梁宝唱的《续法论》曾经提到此书并加以引用。唐元康《肇论疏》卷上云：“梁朝释宝唱作《续法论》一百六十卷云，宋庄严寺释昙济作《六家七宗论》。论有六家，分成七宗。第一本无宗，第二本无异宗，第三即色宗，第四识含宗，第五幻化宗，第六心无宗，第七缘会宗。本有六家，第一家分为二宗，故成七宗也。”① 据此说，六家也即七宗。六家七宗的形成是中国佛学走上综合创新和独立发展的重要标志，也是佛教中国化的重要表现。

六家七宗中最有影响的是本无、即色和心无三家。僧肇在《不真空论》中所重点评论的也是这三家。② 就三家比较而言，本无派的思想影响最大；就本无派的本无宗和本无异宗比较而言，本无宗的思想影响更大，且最具本体论的意义。这里，我们要着重论述的就是本无宗的本体思想。

本无宗的代表人物，究竟是释道安还是竺法汰，历来说法不一，我们倾向于认为释道安是本无宗的代表者。③ 道安是东晋十六国时代著名的佛教学者和佛教领袖，长期致力于大乘佛教般若学的理论建设。史载道安曾撰有《本无论》，已佚，全文不可得知。现在就散见于《昙济传》中论及本无宗的片段引文，以及另外两书中直接引用的道安关于本无义的论述，加以评介。

《名僧传抄·昙济传》载：

---

① 《大正藏》第45卷，163页上。

② 详见《大正藏》第45卷，152页上。

③ 详见汤用彤：《汉魏两晋南北朝佛教史》第9章“释道安时代之般若学”，《汤用彤全集》第1卷，180～183页。

（昙济）著《七宗论》，第一本无立宗曰：如来兴世，以本无弘（原作佛）教，故方等深经，皆备明五阴本无。本无之论，由来尚矣。何者？夫冥造之前，廓然而已。至于元气陶化，则群像禀形。形虽资化，权化之本，则出于自然。自然自尔，岂有造之者哉？由此而言，无在元化之先，空为众形之始，故称本无。非谓虚豁之中能生万有也。夫人之所滞，滞在末（原作未）有，苟宅心本无，则斯累豁矣。夫崇本可以息末者，盖此之谓也。①

南朝陈慧达《肇论疏》云：

第三解本无者，弥天释道安法师《本无论》云："明本无者，称如来兴世，以本无弘教，故方等深经，皆云五阴本无。本无之论，由来尚矣。"须得彼义，为是本无。明如来兴世，只以本无化物。若能苟解无本，即异想（原作思异）息矣。但不能悟诸法本来是无，所以名本无为真，末有为俗耳。②

隋吉藏《中观论疏》卷2末云：

一者释道安明本无义，谓无在万化之前，空为众形之始。夫人之所滞，滞在末（原作未）有，若宅（原作诧）心本无，则异想便息。……详此意，安公明本无者，一切诸法，本性空寂，故云本无。③

上述三段引文，从内容、观点乃至文字都基本相同，甚至完全相同，似乎可以说是道安本无宗的基本思想。现在我们再来看看上述引文的思想要点：

（1）强调"本无"思想是从早期佛教到大乘佛教的基本教义，由来已久，源远流长，极为重要。

（2）着重从本体论和宇宙生成论的角度来论证和阐述本无论。认为宇宙于空无状态后，经由元气变化而形成万物是一个自然的过程。

---

① 《续藏经》第1辑第2编乙第7套第1册，9页。

② 《续藏经》第1辑第2编乙第23套第4册，429页。

③ 《大正藏》第42卷，29页上。

宇宙既无创造者，万物也非从虚空中产生。这是从两方面说明本无的涵义：一是追溯万物形成前的状态为廓然空无，是为本无；二是万物形成后的性状是“五阴本无”、“本性空寂”，是为本无。万物形成前的空无与形成后的空寂，是“本无”的密切相关的两层涵义。

（3）认为修证的途径应是崇本息末，也就是要宅心本无，悟解性空，息灭末有，消除异想。

从佛教般若学的哲学思维角度考察，上述引文所述道安的本无说还存在着以下一些令人困惑的问题：

宇宙万物冥造之前的廓然空无状态与元气陶化而生成万物，其间是如何连接与转化的？元气在廓然空无状态是否存在？

本无说以为“无”在“万化之前”，“空”是“众形之始”，这里的“先”、“前”、“始”都是一种时间观念。“无”相当于真如本体。这样说就等于肯定本体是在现象之前，现象是在本体之后了，进而还把“本无”与“末有”对举，视二者为真俗的差别。显然，这些说法是和般若学的“因缘所生法，我说即是空”的根本观点相矛盾的。

本无说还把中国道家的“无”与印度佛教的“空”等同起来，以为二者都在万象之先。实际上，如上面已经提过的，道家的无是指一种普遍的自然的或无为的原理、原则，而佛教的空，则是对万物自性的否定，是对万物本性、本质的判断，二者无论从立论的角度还是内容都是不同的。道安以中国的本原性本体“无”去理解甚至替代般若学本质性本体“空”，是不符合般若学性空学说的原义的，也是与般若学的思维方式相矛盾的。

僧肇在《不真空论》中对本无义提出过质疑和批评，说：“本无者，情尚于无多，触言以宾无。故非有，有即无；非无，无亦无。寻夫立文之本旨者，直以非有非真有，非无非真无耳，何必非有无此有，非无无彼无？此直好无之谈，岂谓顺通事实，即物之情哉？”①僧肇对本无义的批评虽是泛指，但其中也不乏对道安本无思想的批评。僧肇认为，本无宗以“非有”为无是对的，但以“非无”为无就

---

① 《大正藏》第45卷，152页上。

错了。应当说“非无”是有，是假有。否定真有、真无是对的，否认假有、假无就不对了。本无宗人也讲非有非无，但把非有非无都归结为无，偏重于无，僧肇认为，这样偏重于无就难以理解事物的存在和把握事物的真相了。僧肇站在般若中观的立场，强调万物的真相是“非有非真有，非无非真无”，也就是强调既要看到“非有”，又要看到“非无”，不偏不倚，远离两边。重复地说，“非有”是“非真有”，是无（空），“非无”是“非真无”，是有（假有），也就是要同时兼融，不落无与有、空与假有的任何一边。本无宗强调无而忽视有（假有），提倡“宅心本无”，而不是证悟“非有非无”中道实相，在僧肇看来，这种“好无之谈”是不合乎中道的，应当扬弃。经过僧肇这一番批评，本无说也就成为中国佛教哲学史上被翻过去的一页了。

从中印哲学思想交流的视角来考察，本无宗的思想是中印两种世界观、两种思维方式相撞、交融的产物。道安综合印度佛教般若性空思想与中国道家一系，尤其是魏晋玄学贵无思想的理论，形成了自己的本无说。从思想实质来看，道安的本无论实是魏晋玄学贵无论的翻版。

道安的“本无”本体论交织着宇宙生成论，认为万物生成前宇宙是廓然空无的状态，万物的生成是元气自然变化的结果。显然，这种思想不是来自于印度佛教，而是中国《老子》“有生于无”以及汉代宇宙论的思想。如上引《淮南子·天文训》说：“道始于虚廓，虚廓生宇宙。”认为天地未产生前，是虚无空廓的状态，在虚廓中形成了“道”。有了“道”，虚廓乃生成宇宙（时间空间）。王充的《论衡·自然》篇中也说：“夫天覆于上，地偃于下，下气丞上，上气降下，万物自生其中间矣。”① 十分明显，道安本无宗的宇宙生成论的运思理路、基本观点乃至所用概念术语，受到《老子》和汉代哲学著作的影响。

道安的以“无”为本原的本体论更与魏晋玄学极为一致。魏晋玄学家何晏、王弼继承并发展老庄思想，着力宣扬贵无论，史载：

---

① 《论衡》卷18，281页，上海，上海人民出版社，1974。

"何晏、王弼等祖述《老》、《庄》，立论以为：'天地万物皆以无为为本。'"[①] 这里的"以无为为本"，即"以无为本"，"以无为体"。王弼在《老子·四十章注》中也说："天下之物，皆以有为生。有之所始，以无为本。将欲全有，必反于无也。"[②] 认为天地万物是有形有象的存在，而有形有象的万物得以产生，又是由于"无"这个根本。要保全有形有象的万物，就必须反回去守住这个根本"无"。这是强调"无"为宇宙万有的本原、本体，把《老子》"有生于无"的思想进一步发展为"有以无为本"的思想了。所以，王弼还说："夫物之所以生，功之所以成，必生乎无形，由乎无名。无形无名者，万物之宗也。"[③] "无形无名"是指"道"，也就是"无"。"宗"，根本、原则。这是说，"无"是万物之所以生成、存在的根本或原则。王弼所讲的"无"是相对于"有"而言的，是超越现象、无形无象、不可言说的形而上者。王弼讲的本末、体用关系，是形上与形下的关系。道安主张以无为本，以有为末，提倡"宅心本无"，实是贵无说的佛教版。道安是一位"内外群书，略皆遍睹"[④]，即具有深厚中国固有文化素养的佛教学者，处在先秦道家、魏晋玄学思想广为流传的文化氛围之中，这样理解、消化、表述般若学的"空"论是很自然的事。"以斯邦人庄、老教行，与方等经兼忘相似，故因风易行也。"[⑤] 道安自己的这些话，也透露出当时中国佛教般若学沟通道家、玄学家学说的讯息。

为什么会出现道安本无宗这种文化现象呢？怎样评价道安的历史地位呢？对此，原是道安弟子，道安卒后又师事鸠摩罗什并参与《大品经》的译事的僧叡这样说："亡师安和上，凿荒途以开辙，标玄指于性空，落乖踪而直达，殆不以谬文为阂也。亹亹之功，思过其半，迈之远矣。"[⑥] 又说："自慧风东扇，法言流咏以来，虽曰讲肆，格义

① 《王戎传附王衍传》，《晋书》卷 43，第 4 册，1236 页，北京，中华书局，1974。

② 楼宇烈：《王弼集校释》上册，110 页。

③ 《老子指略》，此书据近人考定为王弼所作，引文见楼宇烈：《王弼集校释》上册，195 页。

④ 《道安传》，《高僧传》卷 5，《大正藏》第 50 卷，352 页下。

⑤ 《鼻奈耶序》，《大正藏》第 24 卷，851 页上。

⑥ 《大品经序》，《出三藏记集》卷 8，292 页，北京，中华书局，1995。

迁而乖本，六家偏而不即。性空之宗，以今验之，最得其实。然炉冶之功，微恨不尽。当是无法可寻，非寻之不得也。”① 他认为，道安的思想还是大致符合新译的般若性空的本义的，所以有不足之处，是因为有的印度佛教经文当时还没有传入，或者传入而没有译出，缺乏充分的经典文献资料，也就是我们通常所说的历史局限所致。应当说，这一评论大体上还是公允的、切合实际的。至于僧叡在评价中忽视了传统文化对道安的影响和作用，作为佛门学者来说，也在情理之中，是完全可以理解的。

① 《毗摩罗诘提经义疏序》，《出三藏记集》卷 8，311 页。

第二十六章

中国佛教的本体论（下）

第一节　法性实在论的确立与转向

法性，“法”，一切现象、存在。“性”，真实不变的本性。“法性”是指现象、存在的本性、本质。印度大乘佛教认为，法性是空，即一切现象、存在都是空无自性的。在中国传统观念的熏陶下，中国佛教学者对于“空”的理解往往偏离印度佛教，上述关于气、道、无（原理、原则）诸节的论述都表明了这一点。东晋慧远更认为，一切现象的本性都是实有的，并把这种实有的本性与人的精神、灵魂结合起来，为阐明众生轮回转世的主体和修持成佛的根据提供本体论的论证。慧远的观点受到当时的大译经家鸠摩罗什的批评后，中国佛教学者又转而强调法性是真理之所在，法性即是真如本体，并进而将这种真如本体与众生主体合而为一，把“真心”作为成就佛果的根源和一切现象、存在的本体。

一、慧远的法性实在论

史载东晋慧远曾作《法性论》，然原文已佚，仅在《高僧传》慧远的本传中保存了引用该文的两句话。现在我们只能以慧远现存著作中有关法性思想的资料为根据进行论述。从现存的有关资料来看，慧远对法性的论述比较简要，且在表述上前后不一，现将其所论法性的基本内涵归纳为以下四项：

法性是“不变”之性。在《高僧传》本传中提到慧远曾作《法性论》，并引其主要论点，即“至极以不变为性，得性以体极为宗”①两句话。“至极”和“极”，均指泥洹（涅槃），“性”指法性。意思是说，涅槃是以“不变”为其法性的，而要得到这种不变的法性，就应以体证涅槃为宗旨。从这两句话来看，慧远以为得到法性是获得解脱的最重要的关键，而涅槃法性是不变的，由此也可说，法性就是“不变”之性。法性的“性”就是“不变”。这里所谓的“不变”，不是指时间的长久，也非指寂灭空无，而是指实有的自性不变，这一点再结合下面的论述就清楚了。

法性是“己性”（自性）。慧远在庐山曾请僧伽提婆重译《阿毗昙心论》和《三法度论》，译成后均为文作序。《阿毗昙心论》是小乘早期说一切有部的大纲性著作。序文把该书前二品的思想归结为三个要点，其中一点就是“定己性于自然”，并说：“己性定于自然，则达至当之有极。”②“己性”即自性。“自然”，指自然因，即自种因、同类因。“至当之极”，指涅槃。意思是说，一切现象、存在的自性均取决于它自身的“种”、“类”。从同种、同类的角度来看，一切现象、存在的自性都是“不变”的，只有明白法性不变，才能通达涅槃境界。也就是说，涅槃以及各种不同的现象、存在，都各有自身实有不变的本性。值得注意的是慧远对物种种性不灭、物种相因思想的发展。《阿毗昙心论·行品》在解释“自然因”时说：“自然因者，谓彼自己相似，如习善生善，习不善生不善，习无记生无记，如物种随类相因。”③ 认为自然因是“自己相似”，如善恶相因乃至物种相因。慧远在《明报应论》中说：“推夫四大之性，以明受形之本，则假于异物，托为同体。”④ 认为构成人形体的根本是“四大”（地、水、火、风）

---

① 《大正藏》第 50 卷，360 页上。

② 《阿毗昙心序》，《出三藏记集》卷 10，378 页。

③ 《大正藏》第 28 卷，811 页下。

④ 石峻等编：《中国佛教思想资料选编》第 1 卷，89 页。

的自性，“四大之性”假于“神”，与“神”相合，成为不灭的永恒本体。这也就是说，四大有聚散，形体有生灭，“四大之性”则与“神”相融为一体而不灭。这是把“神”和“四大之性”统一起来，以神不灭论证“四大之性”的不灭，从而坚持了一切现象、存在自性不灭的理论立场。

法性是“法真性”。唐代元康《肇论疏》卷上引用了慧远论述法性的一段话：“自问云：‘性空是法性乎？’答曰：‘非。性空者，即所空而为名，法性是法真性，非空名也。’”① 这是说，性空与法性有本质上的不同：性空是把“性”空掉，由空而得名；法性是指“性”为有，为真，是“真法性”，即一切现象、存在真实具有的性，绝不是空名。慧远不赞成把事物的“性”空掉，以“空”名“性”，而强调事物的“性”真有实有，这是和大乘佛教般若性空思想相对立的。

法性是“无性之性”。慧远在《大智论抄序》中有一段论及宇宙万物最终本体的话，是这样说的：

> 有而在有者，有于有者也；无而在无者，无于无者也。有有则非有，无无则非无。何以知其然？无性之性，谓之法性，法性无性，因缘以之生。生缘无自相，虽有而常无。常无非绝有，犹火传而不息。夫然，则法无异趣，始末沦虚，毕竟同争（疑为净），有无交归矣。②

这是说，以有为有，有便被执著为有；以无为无，无便被执著为无。执著为有的有是非有，执著为无的无是非无。执著有和执著无都是不正确的，实际上，事物是非有非无的。为什么这样说呢？因为“无性之性”是一切现象、存在的本性，也即法性，法性是无性，只有有了一定的因缘条件，事物才得以产生。因缘所生的事物就是无自性的，这样，虽然是有但又是“常无”，虽是“常无”，却也不是断绝有。这就犹如薪火之喻一样，薪有烧尽之时，而火是永传不熄的。事物有生

① 《大正藏》第45卷，165页上。

② 《出三藏记集》卷10，390页。

有灭，而事物的本性是恒常存在着的。可见，一切事物都有其不灭的本性，这本性就是始终寂静的法性，就是有无最终所归融的本体——法性。这段话主要是说，事物的产生是因缘条件的作用，由因缘和合而生的事物是“无自相”的，是“常无”；但是“常无”并不断绝“有”，这就是“无性之性”，它存在于事物的生灭现象的内层，是不变的、永恒实在的。慧远从事物缘起的意义上来论述法性是“无性之性”，这一点是和大乘佛教般若性空思想相一致的。看来，这是他研读《大智度论》后的心得。同时，慧远又认为“无性之性”是实在的法性，如“火”存在于生灭无常的“薪”中一样，慧远如此强调法性的实有，依然是过去《阿毗昙心论序》中所说的“己性定于自然”的观点。这又背离大乘佛教般若性空思想了。

总之，慧远所讲的法性是规定事物性质的永恒不变的、真实存在的本性，是和生灭无常的现象有别的、内在的本质，是存在于事物之中、又对事物具有决定意义的本体。

慧远的法性本体论富有浓厚的宗教色彩，具有鲜明的宗教意义。它是和神不灭论以及涅槃境界说紧密联系着的。法性实在论为众生轮回流转的主体、众生成佛的根据和涅槃境界的不变性（超越生灭）提供了哲学本体论的理论基石。

二、鸠摩罗什对法性实在论的批评

慧远曾就法性问题向鸠摩罗什讨教，鸠摩罗什回答并批评了慧远的观点。

《大智度论》有这样的记载：“如、法性、实际……是三皆是诸法实相异名。”① 而佛经所论述的如、法性和实际的具体意义又各不相同。就此慧远请教鸠摩罗什，如、法性、真际（即实际）三说的异义何在？鸠摩罗什回答说：“所谓断一切语言道，灭一切心行，名为诸法实相。诸法实相者，假为如、法性、真际。”② 他认为一切事物的真实本相是不能以语言和思维来论述、表示的，只能是假设为如、法

① 《大智度论》卷32，《大正藏》第25卷，297页下。

② 《大乘大义章·次问如、法性、真际并答》，《大正藏》第45卷，135页下。

性、真际，这都是随时而定名的。什么是“如”呢？他说：“若如实得诸法性相者，一切义论所不能破，名为如。”① 如果能如实得知一切事物的性相，不为其他议论所破斥，是为“如”。什么是“法性”呢？“知诸法如相，性自尔故，如地坚性，水湿性……如是诸法性，性自尔，是名法性。”② 这是说，一切事物本来具有的自然的本质属性，是为“法性”。再进一步，什么是“真际”呢？“更不求胜事，尔时心定，尽其边极，是名真际。”③ 在定中体悟最高真理，进入最高境界，称为“真际”。为什么会有这三种说法呢？他又说：“真际为上，法性为中，如为下，随观力故，而有差别。”④ 由于众生的观照能力有强弱之分，工夫修养有高下之别，对于一切事物实相的把握也会有深浅的不同，故而有如、法性、真际的差别。可见，在鸠摩罗什看来，实相是不能表述的，只是根据佛教徒修行观照的具体情况而设定如、法性、真际这样三种认识和境界。如、法性、真际三个概念仅是说明实相的相对名称。这里，鸠摩罗什确立了一个认识法性的方法论标尺，即法性只是人为表述一切事物实相的一种名称，是佛教徒认识一切事物实相的一个阶段，只具有相对的意义，是不能执著的。

慧远提的另一个更为重要的问题，是关于“法性常住”的有无问题。他问“法性常住”究竟是无呢？还是有呢？如果说“法性常住”是如虚空一样的无，那就与有彻底断绝了关系，不应说“法性常住”；如果说法性是有且常住，则必然苟同于一切事物常住不灭的观点（“常见”）；如果法性是无而且常住，则又会堕入那种认为一切事物是断灭不相连续的观点（“断见”）；如果说“法性常住”是不有不无，那么就有一种不同于有，也不同于无的东西，这个东西又是什么呢？⑤ 对此，鸠摩罗什回答说：“诸法实相者，假为如、法性、真际。此中非有非无尚不可得，何况有无耶？以忆想分别者，各有有无之难耳。若随佛法寂灭相者，则无戏论。”⑥这是说，法性只是表述实相的

①②③④ 《大乘大义章·次问如、法性、真际并答》，《大正藏》第 45 卷，136 页上。

⑤⑥ 详见上书，135 页下。

一种言说，实际上，实相、法性都是“寂灭相”，是不可言说的，不能用心思计度，也即世俗认识所不能达到的。如果一定要用世俗认识的有无以及非有非无、异于有无来说明法性，忆想分别，那就是一种由言说分别而来的见解，即“戏论”。这里涉及两个根本性的分歧：一是慧远以中国固有思想，尤其是玄学家的有无思想论事物的本性，认为法性是实在的，而鸠摩罗什则依据佛教般若学的立场，强调事物是无定相的，事物本性是当体即空的。二是慧远不仅认为事物本性的真实存在，还认为佛说的法也都是有定性的，并死执佛教经典的各种说法，鸠摩罗什则认为佛说的法是无定性的，对佛说法不能死执。这些分歧说明，对于宇宙万物本性的看法，中国固有学说与印度佛教般若学，在思维方式上有着很大的差异：前者偏于肯定，后者偏于否定。

三、法性实在论的理论转轨

鸠摩罗什以法性为空的解说，虽然在理论上为尔后中国佛教各派学者所认同，但是中国佛教学者却并不热衷阐明法性是空这一论点，而是把法性和宇宙真理、心性主体、成佛根源乃至世界存在及其体性联系起来，继续变相地阐扬法性实在论。这从以下南朝佛教学者、《大乘起信论》、天台宗和华严宗的有关论述中，都可以得到充分的证明。

北凉时昙无谶译出的《大般涅槃经》[1] 引起了南北朝佛教学者的普遍关注，这是一部论述成佛的根据及其境界的重要佛典。经文论及法性问题时说：“涅槃义者，即是诸佛之法性也。”[2] 又说：“夫法性者，无有灭也。……善男子，不应说言如来身者是灭法也。善男子，如来灭法是佛境界，非诸声闻、缘觉所及。”[3] 对于经中的法性思想，南朝佛教学者竺道生、宝亮、僧亮等人在《大般涅槃经集解》中都有注释，他们把法性与涅槃联系起来，都认为法性是涅槃，是寂灭，而不是灭尽，不是断灭，同时，又对法性作了各自的发挥。如竺道生认为法性是唯一真实、永恒不变的存在：“法者，无复非法之义也。性

① 该经译出后传入南方宋地，由慧严、慧观、谢灵运等人加以重修，增加品数，史称《南本涅槃经》，昙无谶译本则称为《北本涅槃经》。

② 南本《大般涅槃经》卷3《长寿品》，《大正藏》第12卷，622页上。

③ 同上书，622页中。

者，真极无变之义也。”① 他还说：“法性照圆，理实常存。”② 把“法性”和“理”等同起来，都作为宇宙的最高真实。又如，宝亮说：“以法性为寿命故，所以长远也。有人解此灭相为断灭之灭，谓之不然。”③ 认为佛的法性是长远的寿命，是永恒的，不是断灭的。法瑶则明确地说：“夫法性者，即是法身者。若以灭尽为法性者，则为无所有，岂有法身乎?”④ 视法性为法身的常住本体，法性即法身。僧亮则从本末的角度发挥说：“推本以证末，是则有为横生灭耳。法性本来非有，故无灭也。如来亦本来非有，岂有灭也!”⑤ 法性是本，是超越生灭，是无灭的，现象是末，是有生灭的。这些论述都不是从空性论法性，而是从成佛的最高境界和宇宙的根本存在论法性，依然表现出深深扎根于中国佛教学者思想深处的有无本末思维方式的深刻影响。

《大乘起信论》把法性论引向真理论和主体论，认为法性即真如，而真如又与众生主体性合而为一，从而宣扬法性本体实在论。《大乘起信论》一开头就提出“法性真如海”⑥ 的观念，视法性与真如为同一意义的范畴，同是宇宙万物的真理、本性、本体。而真如又“名为如来藏”⑦，真如就是众生主体的真心。“唯一真心无所不遍”⑧，而“法性广大，遍一切众生，平等无二”⑨。“心真实故，即是诸法之性”⑩。真如即真心，真心即法性，真如、真心、法性是宇宙与人生的同一本体，分别表示宇宙与人生的最高真理，终极本原，真实本性。《大乘起信论》在把法性主体化之后，还指出法性具有“无悭贪”、“无染”、“无苦”、“无身心相”、“常定”、“体明”⑪ 的特性，这也就是真心的特性。《大乘起信论》把法性本体归结为真心本体，对

① 《大般涅槃经集解》卷9，《大正藏》第37卷，419页下。
② 同上书，420页上。
③ 同上书，419页下。
④⑤ 同上书，420页上。
⑥ 《大正藏》第32卷，575页中。
⑦ 同上书，579页上。
⑧ 同上书，580页上。
⑨ 同上书，581页上。
⑩ 同上书，581页中。
⑪ 同上书，581页上。

于尔后中国佛教的主要宗派如天台、华严、禅等，都产生了巨大而深远的影响。

天台宗一系的《大乘止观法门》（题为慧思作，后人疑为伪托）继承《大乘起信论》的思想，也以自性清净心与法性同义，说："此心（指一心）即是自性清净心，又名真如，亦名佛性，复名法身，又称如来藏，亦号法界，复名法性。"① 为什么说净心是法性呢？该书说："法者一切法，性者体别义。以此净心有差别之性故，能与诸法作体也。又性者体实不改义，以一切法皆以此心为体。诸法之相自有生灭，故名虚妄。此心真实不改不灭，故名法性也。"② 这是说，一切存在都有性和相两个方面，性是"体实不改"，而净心有差别之性，又是真实不改的，能作为一切存在的体性，所以净心也名法性。后来天台宗人还进一步提出"一念无明法性心"的观念，吊诡地宣扬法性与无明可在一念之间互相转化，把心的本质、本性，即法性心，与现象的心即念念生灭的妄心统一起来。智顗在《四念处》中说：

> 色心不二，不二而二。为化众生，假名说二耳。此之观慧，只观众生一念无明心。此心即是法性，为因缘所生，即空即假即中。……今虽说色心两名，其实只一念，无明法性十法界，即是不可思议一心，具一切因缘所生法。一句，名为一念无明法性心；若广说四句成一偈，即因缘所生心，即空即假即中。③

"一念心"，一瞬间的心思，"无明"是就十法界的差别相说，"法性"是就空如的最高真理说。合称即是"一念无明法性心"。这是说，世界存在即物质与精神同是超乎相对差别相状的一种绝对境界，只是为教化众生而区分为二。宇宙万有，物质与精神，是一心具足因缘所生的一切存在，也就是一念无明法性心。这段话包含了一个重要的思想：一念心具足了一切世间法，不论是一念的无明染心，还是一念的法性净心，都不离开一切世间法，都具足一切世间法，由此说无明与

---

① 《大乘止观法门》卷1，《大正藏》第46卷，642页上。

② 同上书，644页下。

③ 《四念处》卷4，《大正藏》第46卷，578页上、中、下。

法性是同体的关系，是一种不可思议的状态。湛然也宣扬染净不二的法门，说："若识无始即法性为无明，故可了今无明为法性。法性之与无明，遍造诸法，名之为染；无明之与法性，遍应众缘，号之为净。"① 这是天台宗的观心实践，它要求观一念心时，一边观心的无明，一边观心的法性，一边破无明，一边显佛性，也就是说达到观无明即法性，就呈现出了佛性。天台宗认为，法性、佛性是心，也是理（真理），同具一切世间法，心理合一，二而不二。由此可见，天台宗人对法性说作了两种转向，一是转向心，一是转向理，同时又把两者合而为一，以体现一切存在的本体意义。

华严宗又以法界说法性，认为法性不只是一切存在的本性，而且也是显示此本性的法界中的一切存在。法藏就法界作了这样的界说："法界是所入，法有三义：一是持自性义，二是轨则义，三对意义。界亦有三义：一是因义，依生圣道故。……二是性义，谓是诸法所依性故，此经上文云法界法性，辩亦然故也。三是分齐义，谓诸缘起相不杂故。"② 认为法界的涵义有三：一是法因，即法界是圣道、圣法赖以产生的根由；二是法性，是宇宙万有赖以存在的体性；三是法相，即宇宙万有的外在形相。法藏在把法界与法性、法性与法相沟通后，又进一步说："一、理遍于事门。谓能遍之理，性无分限；所遍之事，分位差别。一一事中，理皆全遍，非是分遍。何以故？以彼真理不可分故。是故一一纤尘皆摄无边真理，无不圆足。二、事遍于理门。谓能遍之事，是有分限；所遍之理，要无分限。此有分限之事于无分限之理，全同，非分同。何以故？以事无体，还如理故。是故一尘不坏而遍法界也。"③ 这里，理是无分限的、绝对的、平等的法性，事是有分限的、相对的、差别的事象。不可分的真理，即无分限的法性遍于一一事象中，为一切存在的体性。有分限的一一事象又在理中显现，事象与真理全同，也就是说，一切存在都是法性的显现，法性

① 《法华玄义释签》卷14，《大正藏》第33卷，919页上。
② 《华严经探玄记》卷18，《大正藏》第35卷，440页中。
③ 《华严发菩提心章》，《大正藏》第45卷，652页下～653页上。

就是一切存在。

由上可见，中国佛教学者往往是抽象地承认法性是空性的说法，实际上总是这样那样地通过创新性的诠释，以突出法性的实在性，曲折地阐扬了本体实在说。这是中印两国佛教在本体论学说上互有不同的一个突出例证。

第二节 “理”思想的拓展与演进

中国佛教学者沿着法性论的理路，借鉴中国固有哲学“理”范畴的涵义，逐渐把法性、真如、理三个概念等同起来，不仅视“理”为真理，且以“理”为宇宙人生的本体，众生证悟的根据与目标，强调悟理以成就佛果。中国佛教学者是怎样借鉴“理”范畴的涵义，又是怎样以“理”为宇宙人生本体的？我们将按照历史顺序，依次论述竺道生，以及天台、华严、禅诸宗“理”的思想，以说明中国佛教“理”思想的拓展与演进。

一、中国哲学“理”范畴简述

在论述中国佛教学者的“理”学说之前，我们先简述中国哲学“理”范畴。中国固有哲学“理”范畴涵义的演进，大体上经历了先秦、魏晋和宋明三个历史阶段，而中国佛教学者在南北朝隋唐时代对“理”的论述，则是上承先秦、魏晋的有关“理”的思维成果，下启宋明理学以“理”为世界最高本原的理本论的形成，构成为中国“理”思想史的一个重要环节。

中国“理”观念起源于先秦，其本来意义是条文、形式、模式、系统，后引申出自然规律与道德准则两种重要意义。魏晋时代一些玄学家对“理”作了进一步的阐发，如王弼在《周易注》既讲“必然之理”[1]，也讲“所以然之理”[2]，也就是既以“必然”讲“理”，又以

---

① 《周易注·上经·豫》：“明祸福之所生，故不苟说。辩必然之理，故不改其操。”见楼宇烈：《王弼集校释》上册，299 页。

② 《周易注·上经·乾》：“夫识物之动，则其所以然之理皆可知也。”见楼宇烈：《王弼集校释》上册，216 页。

"所以然"讲"理"。郭象在《庄子注》中也讲"必然之理"和"自然之理"，强调"物无妄然"，"不得已者理之必然者也"。讲"理"的必然是肯定事物的必然性，讲"理"的所以然、自然是肯定事物的规律性，对以"理"为万物的本原说开启了理论上的先导。中国古代先哲还以理与事对举，如《荀子·仲尼》篇云："福事至则和而理，祸事至则静而理。""和而理"，谦和而处之以理。"静而理"，安静而处之以理。意思是，福事至，则受之以谦，而处之以理；祸事至，则处之以静，而不违于理。这其间在概念运用上已将事与理对举。《易传·说卦》说："穷理尽性以至于命。""理"，道。"性"，本性。"命"，天命，即天生的性。强调穷究天地万物的理、性乃至于命。这是把理与性与命联系起来。郭象把体悟理与成圣人联系起来，他在《庄子·大宗师注》中说："夫理有至极，外内相冥，未有极游外之致而不冥于内者也，未有能冥于内而不游于外者也。故圣人常游外以弘内，无心以顺有，故虽终日挥形而神气无变，俯仰万机而淡然自若。""外"，外在表现。"内"，内在心性修养。这是讲体悟理是成就为圣人的途径、方式，认为无心于内，顺从于外，内外冥合，体得至极之理，即最高真理，也就成就为圣人。以上中国固有哲学关于"理"的论点，以及体理而成圣的实践途径，都给中国佛教学者以直接的思想启迪。

二、竺道生的理佛说

魏至南朝初期的佛教学者中，使用"理"字最多的人是竺道生。竺道生吸取中国固有的"理"的概念，用以阐释成佛的根据、途径、理想等佛教的根本问题，他认为"理"是宇宙和人生的根本，也是众生成佛的根本。① 竺道生的理论受到谢灵运的热烈肯定，谢氏称之为"新论"②。

---

① 附带说，此时中国佛教还论及"理"的常在不绝。如大力提倡佛教的后秦帝王姚兴在《通三世论》中说："三世一统，循环为用。过去虽灭，其理常在。……如火之在木。木中欲言有火耶？视之不可见。欲言无耶？缘合火出。……过去未来，虽无眼对，理恒相因。苟因理不绝，圣见三世，无所疑矣。"（《广弘明集》卷18）认为三世果报之"理"，犹如木中之火，木有灭，火永在，同样，过去、现在、未来三世不断轮回流转，皆因其理常在。这种三世轮回的"理"的论证，在思维方式上是与对"神"、"气"的永恒性论证一脉相连、息息相通的。

② 谢灵运（385—433），南朝宋诗人。他在《与诸道人辩宗论》中赞扬竺道生为"新论道士"，并阐发了竺道生的论说，故此处也兼及谢氏的相关论述。

史实也表明，竺氏的新论的确为中国佛教开发了新思维，开创了新风尚，开辟了新道路。竺道生所讲的和由谢灵运阐发的“理”，其意义约有以下四项：

（1）真理。竺道生说：“理不乖真”①，理是真实无虚妄的，是真理。又说：“真理自然”②，真理是本来如此，自然而然的。谢灵运还把真理与真知联系起来，他说：“假知者伏累故，理暂为用，用暂在理，不恒其知。真知者照寂故，理常为用，用常在理，故永为真知。”③“累伏”，断除烦恼。“照寂”，观照空寂本性。这是说，真知与假知不同，真知是真理的恒常的体现、作用，假知只是真理的短暂的体现、作用。真理是真知的基础，真理体现为真知。

（2）法性。如前所述，法性是指事物的本性，是东晋时代佛教学者探讨的重大理论问题。竺道生把“法性”与“理”沟通、等同起来，或者说是把法性理解甚至归结为“理”。他说：“法性照圆，理实常存。”④ 认为“法性”是圆融自在的，“理”是永恒常存的，法性与理实是内涵、意义相同的范畴。

（3）本体。竺道生说，真理是“不易之体，为湛然常照”⑤。这里的“体”即本体，意思是不变的本体，具有“湛然常照”的特征。谢灵运在《与诸道人辩宗论》中有“理归一极”⑥ 的话，竺道生说：“归极得本。”⑦“极”即本体，“一极”即独一无二的本体，话的意思是“理”回归或显理本体，实际上也是视“理”为本体。

（4）佛性。竺道生说：“善性者，理妙为善，返本为性也。”⑧ 善性之所以善是由于“理妙”，而返归本体是“性”，善性的实质是理，善性即本性即佛性，故理也就是佛性。

---

① 《妙法莲华经疏》，《续藏经》第 1 辑第 2 编乙第 23 套第 4 册，410 页。
② 《大般涅槃经集解》卷 1，《大正藏》第 37 卷，377 页中。
③ 《与慧璘的对论》，《广弘明集》卷 18。
④ 《大般涅槃经集解》卷 9，《大正藏》第 37 卷，420 页上。
⑤ 《大般涅槃经集解》卷 1，《大正藏》第 37 卷，377 页中。
⑥ 石峻等编：《中国佛教思想资料选编》第 1 卷，220 页。
⑦ 《大般涅槃经集解》卷 1，《大正藏》第 37 卷，381 页上。
⑧ 《大般涅槃经集解》卷 51，《大正藏》第 37 卷，531 页下。

在竺道生看来，“理”是一种真理，又是万物的本性、本体，也是众生的佛性（本性）。“理”具有普遍性的性格，而这性格又决定于“理”的唯一性特征。正因为“理”是“妙一”、“常一”，是无二的，所以才是遍在的。基于这种理解，竺道生还宣扬“理一万殊”的思想。竺道生在论及人们能接触、认识的对象时说：“三界之法耳，非实理也。”① 认为实理与有形相的三界存在是不同的。又说：“理无二实，而有二名。如其相有，不应设二；如其相无，二斯妄矣。”② “二名”，指真俗二谛。这是说，“理”是唯一无二的实相，设有真俗二谛之名。如果说理是有相，其相应是唯一的实相；如果说理是无相，则真俗二谛之名是虚妄的。他还说：“譬如三千，乖理为惑，惑必万殊。反则悟理，理必无二。如来道一，物乖谓三。三出物情，理则常一。如云雨是一，而药木万殊，万殊在乎药木，岂云雨然乎？”③ 这是说，“理”是“常一”，而“物”是“万殊”，犹如“云雨是一”，“药木万殊”一样。众生应从“乖理”的“万殊”，返归并体悟“无二”的“理”，以达到涅槃成佛境界。

竺道生阐扬了“穷理尽性”和“当理者是佛”的思想，把“理”与“佛”沟通起来，他说：“穷理尽性，势归兼济”④，“得理则涅槃解脱及断也”⑤，“既观理得性，便应缚尽泥洹”⑥。“理”是真实无二的真理，“性”是常存不变的法性，众生穷究理和得到理，也就返归性和体得了性，这也就意味着断除了一切烦恼和痛苦，进入了涅槃解脱的境界。由此竺道生还反复强调说：“佛以穷理为主”⑦，“当理者是佛”⑧，“佛为悟理之体”⑨。什么是成佛呢？成佛就是“当

① 《注维摩诘经》卷5，《大正藏》第38卷，377页下。
② 《大般涅槃经集解》卷32，《大正藏》第37卷，487页上。
③ 《妙法莲华经疏》，《续藏经》第1辑第2编乙第23套第4册，405页。
④ 《注维摩诘经》卷5，《大正藏》第38卷，375页上。
⑤ 《大般涅槃经集解》卷51，《大正藏》第37卷，533页上。
⑥ 《注维摩诘经》卷2，《大正藏》第38卷，345页中。
⑦ 《注维摩诘经》卷3，《大正藏》第38卷，353页下。
⑧ 《大般涅槃经集解》卷21，《大正藏》第37卷，464页上。
⑨ 《注维摩诘经》卷4，《大正藏》第38卷，360页上。

理”、“穷理”、“悟理”，就是对真理的深切悟证。“真理自然，悟亦冥符”①，所谓悟证就是主体直观地在冥冥中直接与真理相契合。由于这是运用超验的方法，与绝对常存的真理契合无间，因此是顿悟。竺道生说：“夫称顿者，明理不可分，悟语极照。”② 之所以是顿悟，是由于“理”的不可分，“理”之不可分，决定了只能是顿然的而不是逐渐的证悟。

由上可见，竺道生的理佛说是把中国固有的“理”、“穷理尽性”的观念，以及直观思维方式纳入佛教涅槃学的框架中，并加以整合重建的结果。这是一种佛教中国化的努力，是创造性的诠释。竺道生的理论创造，使中国佛教思想史和中国哲学史产生了以下重大变化：

“理”，作为真理被赋予了一切存在的本体、本性和众生成佛的内因、根源的新义，这就拓展了“理”的本体论涵义，后来经过华严宗和禅宗的再创造，更是推动了宋明理学理本论的产生。

“理”与佛性的沟通、等同，又必然从“理”的普遍性推衍出佛性的普遍性，竺道生的一切众生皆有佛性的思想成为了中国佛性论的主导思想。

“华人易于见理，难于受教”③，竺道生、谢灵运深切体察中国人的思维特性，提倡“悟理”而成佛，这就开辟了顿悟成佛的途径。顿悟也成为后来禅宗的主要的内在追求和基本的实践方式。

三、天台宗的理具说

在世界现象的缘起问题上，天台宗的创始人智𫖮与地论师、摄论师的观点不同，他认为：“若从地师则心具一切法，若从摄师则缘具一切法，此两师各据一边。”④ 此处，“心”指心的法性，也即本性。“缘”指阿赖耶识。这是说，地论师讲缘起，以法性为一切现象的本原，摄论师讲缘起，则认为一切现象的本原是阿赖耶识。他认为这两种观点都各有所偏：以法性为本原有自己生出一切即自生自的缺陷，

① 《大般涅槃经集解》卷 1，《大正藏》第 37 卷，377 页中。
② 《肇论疏》，《续藏经》第 1 辑第 2 编乙第 23 套第 4 册，425 页。
③ 谢灵运：《对法勖再答》，《广弘明集》卷 18。
④ 《摩诃止观》卷 5 上，《大正藏》第 46 卷，54 页上。

以阿赖耶识为本原则有他生的缺陷。因摄论师认为阿赖耶识是染污的，相对于清净的心性来说就是“他”，由阿赖耶识而生，就是他生。为了否定这两种理论，智𫖮提出了“理具”的观念，后来湛然、知礼等人又加以发展，从而形成了天台宗人的“理具一切法”、“理具三千”、“理具随缘”、“理具事造”和“理具成佛”等思想。这些思想既有修持论与境界论的涵义，也有存有论的涵义，这里的论述着重于后者，也兼及前者。

天台宗人讲的“理”有两层意义：一是真理，即“中道实相理”。所谓中道实相理是指中道圆满的真理。天台宗人认为，此“理”一面即空即假即中，不偏于任何一边，此为中道；一面又具足一切现象，内容充实，此为圆满。二是实性，即“如来藏理”，也即主体真心的真性、佛性。智𫖮说：“性是实性，实性即理性。极实无过，即佛性异名耳。”① “理”也就是内在的佛性。这两层意义密切不可分离，“理”即“性”，真理即实性、真性、佛性。

智𫖮阐扬了“理具一切法”的命题，他说：“中道之法，具一切法。”② 又说：“如来藏理，含一切法。”③ “中道之法”与“如来藏理”同是指真理具足了一切法，即一切现象。所谓“理具一切法”是说真理本身就具足一切现象，是本质地具足一切现象，真理与一切现象密不可分。智𫖮还说：“十法界谓六道四圣也，皆称法界……此十皆即法界，摄一切法。一切法趣，地狱，是趣不过当体即理，更无所依，故名法界，乃至佛法界亦复如是。”④ 意思说，从地狱至佛十法界，每一法界都含摄一切法，这是当体就是如此，原理上就是如此，并不是另有什么依持，有什么另外的根源。这也就是说，一切现象是先天地内在于理体之中，是随因缘而显现，一切现象既非自生，也非他生，而是自然而然地存在着；又，一切现象的存在，不是单一的存在，不是孤立的存在，而是作为互相联系，互相渗透的全体而存在

---

① 《摩诃止观》卷 5 上，《大正藏》第 46 卷，53 页上。
② 《摩诃止观》卷 4 上，《大正藏》第 46 卷，42 页中。
③ 《妙法莲华经玄义》卷 3 下，《大正藏》第 33 卷，714 页上。
④ 《妙法莲华经玄义》卷 2 上，《大正藏》第 33 卷，693 页下。

的。智𫖮所说的“理”是一切现象先天的依据、根源，具有本体的意义。

湛然在《法华玄义释签》中发挥了智𫖮《法华玄义》的思想，他以“色心不二”、“内外不二”、“因果不二”、“染净不二”、“自他不二”等“十不二门”来“直伸一理”。[①] 如他比喻说：“浊水清水，波湿无殊。清浊虽即由缘而浊成本有，浊虽本有而全体是清，以二波理通举体是用，故三千因果俱名缘起。迷悟缘起不离刹那，刹那性常，缘起理一。一理之内而分净秽，别则六秽四净，通则十通净秽，故知刹那染体悉净。”[②] 这是以水的清浊为喻说，犹如水波虽有清浊之分，湿性即无彼此之别一样，理是同一的，清浊染净都在同一理内。由于缘起而有清浊染净的区别，又由于相通而浊水全体是清，染法全体是净。湛然在这里强调，理与一切现象的关系是体与用的关系，理是体，举体起用即是一切现象的缘起。湛然还从感应的角度说：“众生由理具三千故能感，诸佛由三千理满故能应，应遍机遍欣赴不差。不然，岂能如镜现像？镜有现像之理，形有生像之性，若一形对不能现像，则镜理有穷形事不通，若与镜隔则容有是理，无有形对而不像者。”[③] “三千”，“一切法”，即万有。“理具三千”即“理具一切法”。“三千理满”是指佛具一切法的理是圆满遍于一切的。“机”，根机，指众生。这是说，由于众生“理具三千”和佛“三千理满”而有感应的关系，这种关系犹如镜子有显现像的“理”，形状有产生像的“性”是一样的道理。这是强调“理”是内在于一切事物中的，“理具一切法”是一切众生的本性使然。湛然从体用与感应的角度论证“理”的本体意义，是对智𫖮“理具”说的发展。

北宋时代，天台宗有山家、山外之分，知礼以正统自居，山家自称，他贬称见解不同的晤恩、智圆一派为山外。他认为对于真如缘起

---

① 详见《法华玄义释签》卷14，《大正藏》第33卷，918上～920页上。

② 同上书，919页上。

③ 同上书，919页中。

的涵义，别、圆二教理解不同，存在“别理随缘”（又称“一理随缘”、“但理随缘”）与“理具随缘”两说的对立，知礼说：

> 他宗明一理随缘作差别法，差别是无明之相，淳一是真如之相，随缘时则有差别，不随缘时则无差别；故知一性与无明合方有差别，正是合义，非体不二，以除无明无差别故。……应知不谈理具，单说真如随缘，仍是离义。……故知他宗极圆，只云性起，不云性具，深可思量。①

意思是说，别教所说的缘起的根源——真如，是超越差别的事相之外的，是和事相隔别的理体，而差别的事相是无明所作，并非真如理体所固有。关于“一理”，因别教所讲的真如，与千差万别的事相相反，为纯一之理，故称。“一理”或称“别理”、“但理”。因超然差别的事相之外，为一隔别的理，故称“别理”。又别教主张空、假、中三谛隔历，于空、假之外别立中道一理，称为“但中”，而此理因是“但中之理”，称为“但理”。知礼认为，别教是真如随缘变造事相、不随缘即与事相断离的隔历之谈，未臻圆极。圆教不同，是讲真如理体性具一切法，即本来就具有差别事相（包括种种恶法），理体与事相相即相融。真如既能不变而随缘，也能随缘而不变。真如缘起是举体随缘，举体不变，是为“理具随缘”。知礼揭示“别理随缘”说与“理具随缘”说的区别，反映了佛教不同派别对真如理体及其与事相的关系，即对本体及本体与现象的关系的观点分歧。

佛教经典讲心、佛、众生三无差别，山外派学者认为，心、佛、众生三者中，只有心是理，心是能变造的主体，而佛和众生是心所变造的别相，是事不是理。由此认为只是理具三千，而事不具三千。山家派则以为只是理具三千法是不够的，事也可造三千法。知礼继承湛然的“皆由理具方有事用”的思想，强调事造三千法，他说：“良由灸病得穴故，百疾自差；伐树得根故，千枝自枯。故云，任运摄得，

① 《十不二门指要钞》卷下，《大正藏》第46卷，715页中、下。

权实所现，以皆由理具方有事用故。只观理具三千俱空假中，故事用所造自然皆空假中。”① “事”，种种事相。“事用”即“事造”，变造。这是说，如灸病、伐树，只要抓住根本，就能解决问题一样，由“理具”而有“事用”，观照理具一切法俱是空假中，事用所造自然也都是空假中。在山家派看来，理具三千是指万有在本质上原来就依真如之理而一一都具足三千诸法，并不是由人等众生所造作的；不止于此，在理具的基础上，万有也都相互为缘，即众生心随染净诸缘显现而变造生起三千诸法，宛然呈森罗差别状。也就是说，在理具三千法以外，事也可造三千法。这合称为“事理三千”或“两重三千”。“皆由理具方有事用”，表现了由体而用的体用关系。理具与事用名虽异，体是一，并不是合有六千之法，而仍是三千之法。山家派的这一说法，意在强调世间与出世间一切事相，虽然森罗万象，千差万别，但又互相融摄，彼此统一，当下即是真实的理性，也就是说，一切事相都是理本体所具有的，都归结于理，统一于理。事相与理体是密不可分的。

此外，天台宗人还阐扬“理具成佛”说，认为一切众生从理上说，都具足觉悟，都具有成佛的可能、根据。这也是指一切众生都有佛性而言。又，智𫖮曾引用南岳慧思的话说：“能知如来秘密之藏，深觉圆理，名之为佛。”② 认为能够体悟佛法圆满真理就是佛。“理”是众生认知、觉悟的对象、目标，悟理是成佛的关键、标志。“理”的范畴在天台宗的哲学理论与宗教实践两方面都具有重要的意义。

四、华严宗的理体说

华严宗人和天台宗、法相唯识宗人的理路一样③，也把理（道理）、理则与真如联系起来，以真如为理体；又以体用与理事并举，

① 《四明十义书》卷上，《大正藏》第 46 卷，841 页中。

② 《妙法莲华经玄义》卷 7 上，《大正藏》第 33 卷，762 页下。

③ 玄奘翻译的《佛地经论》有：“真如理”（该论卷 1，《大正藏》第 26 卷，294 页下），“真如为体”（该论卷 3，《大正藏》第 26 卷，304 页下），“真如即是诸法实性”（该论卷 7，《大正藏》第 26 卷，326 页中）等译文，又真如与理、体、性的联系，也等于肯定理与体、性的联系，即以理为真如，为体，为性。

用体用范畴来表达普遍的理与个别的事的关系。法藏说："事虽宛然，恒无所有，是故用即体也，如会百川以归于海；理虽一味，恒自随缘，是故体即用也。如举大海以明百川，由理事互融故，体用自在。"① 理事圆融，体用相即，进而用即体，体即用，现象即本体，本体即现象。

华严宗人讲理和事以及理事关系又是和"法界"联系着的，是在四法界说的框架内论述的。"法界"的"法"原义是对人们行为的护持，"界"是要素的意思。印度佛教讲的法界是指世界一切现象各有自体，分界不同。同时，界也有性质的意思，玄奘在译经中就把法界写为法性，使法界又有本质、本体的意义。也就是说，法界这一概念通于现象和本质两个方面。与此相关，法界还作为法的根源而有宗教实践的本原的意义。如上一节所述，法藏在《华严经探玄记》卷 18 中就举出法界有三种意义：一是生圣道的因，二是一切现象所依持的体性，三是一切现象的不同分别界限。② 总的来说，法界主要是包括现象与本体两层意义。

从现象与本体两方面看，华严宗人认为可分为四法界，澄观作《华严法界玄镜》注释《华严法界观门》，文说："法界之相，要唯有三，然总具四种：一事法界，二理法界，三理事无碍法界，四事事无碍法界。今是后三，其事法界，历别难陈。"③ 宗密在《注华严法界观门》中更进一步解释四法界说："一、事法界；界是分义，一一差别，有分齐故。二、理法界；界是性义，无尽事法，同一性故。三、理事无碍法界；具性分义，性分无碍故。四、事事无碍法界；一切分齐事法，一一如性融通，重重无尽故。"④ 《华严法界观门》列出了"真空第一"、"理事无碍第二"、"周遍含容第三"⑤ 三种。即澄观、

① 《华严经义海百门·体用开合门第九》，《大正藏》第 45 卷，635 页上。

② 详见《大正藏》第 35 卷，440 页中。

③ 《华严法界玄镜》卷上，《大正藏》第 45 卷，672 页下。

④ 《大正藏》第 45 卷，684 页中、下。澄观和宗密认为《华严法界观门》为杜顺所作，然该文夹杂在法藏的《华严发菩提心章》里面，是否真为杜顺所作，尚有疑问。

⑤ 同上书，684 页下。

宗密所列四种的后三种，也称为“三法界”。澄观认为这三法界是主要的，但又补加上事法界，而成立四法界。事法界是指千差万别、森罗历然的现象界，是着眼于现象的特殊性、差别性而立的。理法界的“理”，是自性空、真空，理法界是指空理的世界，谓一切现象都是因缘和合而起，都无自性，这是就一切现象的普遍性、同一性而言，也就是从一切现象的共同本质而立的。理事无碍法界是说，理为事的本体，事为理的显现，理和事相即相入，互不相碍，圆融统一。事事无碍法界说，每一不同的特殊现象都显现同一的空理，事与事之间都通过此理而融通无碍。四法界说反映了对世界认识不断深化的辩证过程：由观现象（事）到观本体（理），即由观常识层面到观真理层面，再观两者的关系是统一而无矛盾，最后在综合理事统一的基础上，以理的同一，观照现象与现象之间的和谐、统一。这是华严宗对世界现象与本质之间关系的重要论说。

华严宗人讲的“理”有两层意义：一是真理，以与世俗常识相对；二是本质、本性、本体，以与现象相对。“理”具有真实性、平等性、绝对性的特性，归根结底是“空”，是空无自性，是自性的否定。空，空无自性就是理，就是真理，也是万有的本质、本性、本体。由于“空”是“理”的内涵，因此理是真实的、平等的、绝对的。华严宗人继承《般若经》和中观学说的“空”论，由空义说真理，说本体，说概念的无决定性，正是在此空无自性说的基础上，沟通了真理与常识、本体与现象、本体与作用的关系。

华严宗还宣扬“理成佛”的思想，法藏在《华严经探玄记》卷3说，有三种成佛：一是“位成佛”，进入初位即成佛；二是“行成佛”，成就各种修行而成佛；三是“理成佛”，“约理则一切众生并已成竟，更不新成，以余相皆尽故，性德本满故”①。认为从理上说，众生本来都有佛性，都可成佛，本来即是佛。理是众生成佛的根据。

五、禅宗的理事不二说

禅宗自菩提达摩始就提倡从理和行两方面切入禅道，后来慧

① 《大正藏》第35卷，166页中。

可主张理事兼融，直至慧能禅宗各派也都重视体悟理事圆融以成就佛果。在对待理事关系的问题上，有的派别偏于从理上体悟事，有的派别则偏重从事上体悟理。从对理事关系把握的不同进路，反映出了禅宗不同派别在认识一般与个别、本质与现象、根据与表现、本根与枝末的关系上的某些差异，从而丰富了中国佛教本体论哲学。

菩提达摩提倡从性理和修行两方面悟入佛道。《二入四行论》中所讲的“理入”①，是指在思想上深信众生具有同一的真性（佛性），只是为烦恼所染污，舍去染污回归真性，与道相冥合，即可成佛。该论在说明“四行”时说：“四名称法行，即性净之理也。”② 四行中的第四行为“称法行”，是合乎佛法（“性净之理”）的修持，是和“理入”相呼应的。可以说，菩提达摩所讲的“理”就是“性净之理”，性净之理是众生成佛的本原，返归性净之理是成佛的重要途径之一。据《续高僧传》本传载，菩提达摩的高足慧可跟随菩提达摩“从学六载，精究一乘，理事兼融，苦乐无滞”③。在修行上主张理与事两者兼融不偏。这里讲的理事与菩提达摩讲的理行涵义是相同的。

慧能以后的南岳与青原两大系，也都以理事圆融为修持的宗旨。五代法眼宗创始人清凉文益作《宗门十规论》，以理事为纲，评论临济、沩仰、曹洞、云门四大宗的同异时说：

> 大凡祖佛之宗，具理具事，事依理立，理假事明，理事相资，还同目足。若有事而无理，则滞泥不通；若有理而无事，则汗漫无归。欲其不二，贵在圆融。具如曹洞家风，则有偏有正，有明有暗；临济有主有宾，有体有用。然建化之不类，且血脉而相通。④

“偏正”，“偏”，代表事，指差别，个别的现象；“正”，代表理，指平等，普遍的真理。曹洞宗立“偏正五位”，是由偏正互相配合而

---

①② 《菩提达摩传》，《续高僧传》卷 16，《大正藏》第 50 卷，551 页下。

③ 《释僧可（慧可）传》，《续高僧传》卷 16，《大正藏》第 50 卷，552 页上。

④ 《续藏经》第 1 辑第 2 编第 15 套第 5 册，440 页。

构成的五种形式，也就是事与理相配合的五种形式，即正中偏、偏中正、正中来、偏中至、兼中到，以表示理事圆融无碍，平等即差别，个别现象与普遍真理不即不离，交流往复，而成一整体的究极世界。“主宾”，“主”，指老师；“宾”，指学生、弟子。宾主也表示理事，主即理，宾即事。临济宗设“四宾主”的教说，为客看主、主看客、主看主、客看客。这是通过宾主在说话中互换位置的形式，来考察听者能否理解理事关系。通过这四种显示禅机的不同方式，老师力使学人自觉邪正，归向正道。清凉文益认为，历代佛教禅宗的根本宗旨是理事关系，事由理而得以成立，理依靠事而得以显现，两者互相依持，如同目与足的关系一样，应当协同一致。如果只是有事而无理，就会滞碍拘泥不通达；如果只是有理而无事，理就会不着边际，无所归附。要使事理不二，贵在圆融无碍。比如，曹洞宗就讲偏正明暗，临济宗则讲主宾体用。具体的教化（“建化”）设施，显示禅机的方式虽有不同，但师资相承，法脉（“血脉”）是相通的。清凉文益一方面肯定禅门各家在理事圆融这一根本宗旨上的统一性，一方面也指出禅宗内部存在着表现理事圆融这一宗旨的不同形式，即有不同的门庭设施、教化方式。一部慧能以后的禅宗史表明，在对待理事关系问题上，相对而言，南岳一系比较偏重理，而青原一系则比较重视事，表现出两系在理事关系的视角与侧重点上有所不同。

南岳一系侧重于从主观方面去体会理与事的关系，重视由理体现事的理事相即关系。也就是说，众生以心净把握真理，从真理方面去观照、理解事物，就能从理上显现出个别的事来。理是全体，这样也就事事普遍存在着不易的真理。如此由理出发，以理为根据去见事，所见者无不是理，这叫做“触类是道”。南岳怀让禅师的大弟子马祖道一说：“森罗万象，一法之所印。凡所见色，皆是见心。心不自心，因色故有。汝但随时言说，即事即理，都无所碍。菩提道果，亦复如是。”① “一法”，指心。“心”，清净心，与“理”意义相通。他认为世界万物，都是心的印现。凡是见到种种现象，也就是见到心。心自

① 《江西道一禅师》，《景德传灯录》卷 6，《大正藏》第 51 卷，246 页上。

身没有形象，因种种现象而显现其存在。如此人们可以随时言说，所见的事都是理，理事相即，圆融无碍。成就佛果也是如此。马祖道一偏于从心方面讲色，也就是从理出发讲事。马祖弟子大珠慧海进一步发挥了理存于事中，并显现出事的思想。他批评当时不理解这种理事关系的“迷人”说：“能生万法，唤作法性，亦名法身。……迷人不知法身无象，应物现形，遂唤青青翠竹总是法身，郁郁黄花无非般若。黄花若是般若，般若即同无情，翠竹若是法身，法身即同草木。”① 慧海认为，法性、法身也就是理，它的形象是随种种事物而显现的，他批评说，如以翠竹黄花比拟法身般若，那么法身般若也就成了无情识的草木了，就着了迹象，也即把普遍的理混淆为个别的事了。慧海强调法身般若是随时随地显现的，决不限于翠竹黄花。他说：“解道者，行住坐卧，无非是道；悟法者，纵横自在，无非是法。”② 真正理解佛道的，行住坐卧，举手投足，都合乎佛道；真正领悟法身的，纵横自在，处处显现法身。马祖的法孙黄檗希运更进一步说：“理者真空，无碍之理。”③ “凡人多谓境碍心，谓事碍理，常欲逃境以安心，屏事以存理。不知乃是心碍境，理碍事。但令心空境自空，但令理寂事自寂，勿倒用心也。”④ 认为理是空，是无碍的，并由此强调在心与境、理与事的关系上，心、理是更重要的方面，是心决定境，理决定事，而不是相反。希运弟子义玄正是沿着上述理路，形成独特的门风，开创临济宗一派。

南岳法系的另一派沩仰宗创始人沩山灵祐、仰山慧寂师弟，也力主把以理显事作为修持的根本。沩山灵祐说：“以要言之，则实际理地不受一尘，万行门中不舍一法。若也单刀趣入，则凡圣情尽，体露真常。理事不二，即如如佛。”⑤ 主张单刀趣入，直指人心，显露真常心全体的大用，如此理与事不二，也就是如如佛了。

青原一系侧重于从客观方面去体会理与事的关系，以事为重点，

①② 《越州大珠慧海禅师》，《景德传灯录》卷6，《大正藏》第51卷，247页下。
③ 《黄檗希运禅师传心法要》，《景德传灯录》卷9，《大正藏》第51卷，270页下。
④ 同上书，272页中、下。
⑤ 《潭州沩山灵祐禅师》，《景德传灯录》卷9，《大正藏》第51卷，265页上。

强调通过个别的事来体会理，认为凡所触及的事相都是真理（空）的显现，这叫做“即事而真”，“触事而真”。首先运用由事见理理路的是青原行思的弟子石头希迁。希迁总结当时禅宗南北宗的禅法[①]，融会《肇论》“触事而真”[②] 等思想，撰《参同契》[③]，大力整合禅宗的修持方法，深入地阐发了理事关系的学说。《参同契》以理事为纲，也讲心物、本末，所讲的理事是与心（“灵源”）物（“枝派”）、本末相联系的，理相当于心、本，事相当于物、末。希迁还把理分为两种：性理与物理。[④] 强调事物及物理虽有差别，但应从性理方面去求得理事的贯通。希迁还说：“执事元是迷，契理亦非悟。”[⑤] 执著事相，或仅仅契理，都不是真正的悟解，应当把二者联系起来，了解理事二者的关系。在理事关系上，希迁注意事物及物理的差异性，又重视从性理上悟解理事的统一性，主张从个别的事上去体会统一的理。后来的曹洞、云门、法眼诸宗正是循着这一理路，创造出种种“接机”即点拨接化门徒的方法，体悟理事圆融的门径，从而形成各具特殊风格的门庭和门风。

曹洞宗是青原一系最具代表性的派别，此宗的“偏正五位”说，就是继承希迁从个别事相显现统一真理以说明理事不二的教学方式方法。如此宗创始者之一曹山本寂说：“正位即属空界，本来无物。偏位即色界，有万形像。偏中正者，舍事入理。正中来者，背埋就事。兼带者，冥应众缘，不随诸有，非染非净，非正非偏。”[⑥] 这是以“正”代表空、理，以“偏”代表色、事。认为“偏中正”是舍弃了事，“正中来”是违背了理，都是各有所执，只有“兼带”（“兼中到”），非偏非正，不执一边，才是空色不二，理事圆融的境界。曹洞宗人还以体用、主宾、君臣定正偏，如说：“正中偏者，体起

---

① 禅宗北宗比较偏于执著事相，南宗则偏重于理的方面。

② 《肇论·不真空论》，《大正藏》第45卷，153页上。

③ 《参同契》全文共44句220字，载《景德传灯录》卷30，《大正藏》第51卷，459页中。

④ 参见本书第十八章第三节。

⑤ 《参同契》，《大正藏》第51卷，459页中。

⑥ 《人天眼目》卷3，《大正藏》第48卷，313页下。又，“埋”疑为“理”之误。

用也。偏中正者，用归体也。兼中至，体用并至也。兼中到，体用俱泯也。”① 认为由体起用和由用归体都是偏执，只有体用并至再进而体用俱泯才是理事圆融的最高境界。此外，曹洞宗人还喜用“水中影”、“镜中影”比喻即事而真，如此宗的名著《宝镜三昧歌》云：“如临宝镜，形影相睹，汝不是渠，渠正是汝。”②“渠”，他。有形才有影，而形不是影，但有怎样的形也就有怎样的影。由形见影，就是比喻事上见理。影只能随形而现，理只能通过事才能体会到，理事是完全统一的，这也就是即事而真。

青原一系的法眼宗清凉文益，不仅对石头希迁的理事融通思想有深切的领会，而且对华严思想也深有研究，他以华严六相说从本末结构的角度来阐发理事圆融思想。“六相”，指总、别、同、异、成、坏。文益认为，六相是世间万物的形相，彼此间是圆融无碍的，应当用六相来贯通理事的关系。“此六相义，举一齐收。一一法上，有此六义。”③“不留意万象，明明无理事。”④ 强调应从个别事物上去把握六相关系，进而体会理事圆融的道理。他说：“理无事而不显，事无理而不消。事理不二，不事不理，不理不事。”⑤ 理不通过事不能显现，事没有理不能消解，只有从事中见理，以理统一、消解有差别的事，体悟理事不二，才是最高境界。文益还评论曹洞、临济的家风说：“偏正滞于回互，体用混于自然。”⑥ 认为讲偏正就会滞泥于回互之中，在两方互相交杂涉入的关系中兜圈子；讲体用则会纵任心性，不刻意去修善断恶而混同于自然之说，认为这都是对理事关系缺乏正确的认识。看来，文益对于法眼宗的宗眼是很自信的。

禅宗讲的理与事，是和众生的心性与行为不可分的，由此可以说，万物的体与用、本与末是圆融的，众生的心与行、性与相也是不二的。又由于众生的心性与理相通，也与世界万有的本体相通，因此

---

① 《人天眼目》卷3，《大正藏》第48卷，320页下。

② 同上书，321页上。

③④ 《人天眼目》卷4，《大正藏》第48卷，324页上。

⑤ 《大法眼文益禅师》，《景德传灯录》卷28，《大正藏》第51卷，448页下～449页上。

⑥ 《宗门十规论》，《续藏经》第1辑第2编第15套第5册，440页。

物我同源，物我一体。这也就是禅宗理事不二说的哲学实质。

就哲学思维而言，从中国佛教“理”思想的拓展与演进中，我们似可以得出以下的看法：

（1）中国佛教“理”思想的拓展与演进，主要是循着以下思维途径：一是将理与众生的心性相沟通，将理等同于众生的本性，进而把理与佛性等量齐观，最后宣扬理即佛，从而把理归结为众生成佛的本原、根据。二是将理与事物的本性（法性）相沟通，又把事物的本性与事物的形相对举，进而将理与事（事相）对举，而理与行并举也演成理与事对举。对理事关系的认识，是成佛至关重要的大问题。中国佛教学者着重探讨理事的性质的异同，理事的地位、功能、作用的区别，以及两者是否互相包含、融摄，有否对立、冲突等一系列问题，并形成了“理具一切法”、“理事无碍”等重要命题。

（2）从理事意义上说，理与事被赋予真理与事相、本体与作用、本质与现象、根据与表现、根本与枝末、清净与染污、空寂与幻有、主宰与附从等种种内涵。就理事关系来说，华严宗人将其归结为相遍、相成、相即与相害、相非两类关系，此宗和禅宗最终都把理事关系归结为无矛盾的圆融关系，从而为主体在主观上领会、体悟宇宙万有的整体境界，也即为直观和直觉的宗教实践提供理论根据。再就认识理事关系的途径来说，有的偏于从理切入，有的则偏于从事切入，这是对认识途径的多元性的确认。

（3）中国佛教通常从真理与本性两层意义上论“理”，本性又分为两种，一是众生的本性，即心性，一是无情识事物的本性，即法性，由此本性意义上的理也就有心性之理（性理）与事物之理（物理）两种。众生的性理包含正确认知和道德素养等内涵，与众生的主体意识活动（心）直接相关，是主观的。事物的物理不同，其结构与规律是自然的、客观的，它本身并不与众生的心、性理直接相关。中国佛教学者主张以性理去融会物理进而统摄万物，这是宗教实践的一种独特的主观进路。中国佛教学者糅合真理与本性为理的内涵，进而把理视为众生与事物的本体，成佛的根据，众生由凡夫转为圣人即成佛，其深厚根源即是理，世界事物千差万殊，其统一根据也是理。应当肯定地说，这确是中国佛教的本体论，是一种具有特殊色彩的本体论。

（4）印度佛教讲的“理”，一般是指理性、理论，印度佛典也很少用“真理”一词，通常是以真如、真谛、真际、实际、实相等词来表述真理。印度佛教认为真理是超越言语思虑，无法表述的。印度佛教也讲“事”，指的是事相，虚妄的现象。译经中理事两字并提是始自玄奘，如他翻译的《佛地经论》卷7说，众生修证到佛地，觉行圆满，此时就“一切理事皆悉平等”①，玄奘在译文中还把理事与性相、体用联系、配合起来。更为重要的是，南北朝中国佛教学者积极沟通真如与理、法（法性）的关系，并把理与佛性、理与佛联系起来，为众生成佛开辟出新道路、新天地。至于唐代华严宗和禅宗学人更是从理论上阐发了理与事的关系，并形成了理事圆融的新说。从中国佛教“理”思想的拓展与演进来看，中国佛教“理”的思想主要是中国佛教学者在固有思想影响下的创造，至于继承印度佛教思想的比重则是不多的，这似乎也是从以上论述中可以得出的一个客观看法吧？

第三节　心本原说的创立与发展

中国佛教的本体论思想最终归结为心本原说，心本原说是中国佛教本体论的最高形态，在中国佛教哲学史乃至整个中国哲学史上都占有重要的地位。我们将遵循历史与逻辑相统一的原则，论述中国佛教心本原说的创立与发展。

一、心本原说的提出

（一）心的涵义

在论述中国佛教心本原说之前，有必要先就中国哲学、印度佛教与中国佛教三者关于心涵义的诠说，再作一简要的说明。

中国哲学史上，最早提出关于心的诠说的是孟子。孟子认为，心是人的内在的认识作用和道德意识。孟子以心物对举，他既主张“尽心”，也强调外物的客观存在。在先秦时代，论心最详者当推荀子。

①《大正藏》第26卷，324页下。

荀子既肯定心的认识作用，又强调心具有自由意志。自汉至隋唐时代，除了佛教学者论心以外，儒家学者中论心比较突出的只有范缜，他在形神之辩时论及了心，但错误地以为心脏是专司“是非之虑”的“心”。宋代以来，儒家学者也纷纷论心，如张载、程颐、朱熹、陆九渊、王守仁、王夫之、戴震等人，对心都作出了重要的诠释，其中陆、王，尤其是王守仁更以心为宇宙万物的主宰、根本来阐发与建构自己的心学。从总体来看，中国固有哲学偏于从道德属性和道德修养的角度讲心，而对于心物关系的讨论是比较少的，以心为宇宙本原的思想只在宋明时代出现，且不占重要地位。

印度佛教很重视对心与色、心与物的考察，提出了色心不二与万法唯心等命题。印度佛教对心的诠说尤为细密、详尽。从哲学层面而言，印度佛教关于心的涵义主要有二：一是心识，如六识、八识说等。心识说偏于从主体分别、认知作用的角度论述心识对外物的虚妄执著和对众生命运的关键作用。其中大乘佛教瑜伽行派阐扬的“阿赖耶识”与“种子”的观念，虽也属主体存在的范畴，但也具有众生乃至宇宙万物的本原、本体的意义。二是如来藏心、真如心、真心，这是清净的、恒常的、不变的心，是众生的本体和成佛的根据。这两种涵义大体上是染心或净心两种不同的心论，体现了对心本质把握的不同价值判断和不同理论进路。印度佛教对心的这两种界说，对中国佛教产生了直接的影响，尤其是后者的影响更大。

中国佛教关于心的涵义，既和中国固有哲学、印度佛教各有相同之处，又有着重要的差别。中国佛教学者虽然接受了印度佛教关于心的论说，但他们是按照中国人的方式接受的，一般不以“六识”来说心，而是以心来泛指众生的精神主体，这个主体也是众生的本体，乃至宇宙万物的本体。展开一点说，中国佛教关于心的重要意义有：一是世界万物的本原，认为心作万有，万有皆空；二是真理，心与真理等同，所谓心真如，即是说心是真理，心具真理；三是觉性，心的本性、本质是觉悟，因此心就是觉性，就是智慧；四是真心与妄心，印度佛教着重从主体心的角度把心分为净心与染心，中国佛教则偏于从体用观念，把净染之心诠释为真妄之心，并且倾向于把心实体化为宇宙本体心；五是本心，本心的心指真心，真心是本来具有的，恒常不变的；六是平常心，这是说真心也是平常心、现实心，真心与众生的平常心，与众生的现实心是不一不二的。从以上的意义来看，我们认为，中国佛教学者一般认为心是精神主体、真理载体、智慧本体、人格本体。后三者也可说是众生本体、佛本体乃至宇宙本体。

（二）心本原说的提出

先秦时代，中国固有哲学是把心界定为认识作用、道德意识、道德情感、自由意志，并没有以心为宇宙本原的学说。佛教传入以后，大约自晋代以来，中国佛教学者逐渐视心为众生或宇宙万物的本原，宣扬心本原说。如东晋郗超的《奉法要》、慧远的《明报应论》、南朝宋人宗炳的《明佛论》，以及梁武帝萧衍的《立神明成佛义记》等，都纷纷阐发心为众生或宇宙本原的思想。此后，中国佛教学者不仅没有超出这一思想轨迹，而且愈演愈烈，后来居上，隋唐后的天台、唯识、华严、禅等诸宗，都构筑了各具特色的心本原论学说体系。中国佛教心本原论既为中国古代哲学，尤其是本体哲学平添了新的思维成果，又为宋明理学，尤其是理学本体论哲学提供了赖以形成的思想资源。

中国古代固有哲学长期以来没有自己的心本原说，印度佛教则强调破除包括心在内的一切万有的实体性，破除实体化的本体思想。印度佛教虽然也有心本体论，然而它偏于以妄心（如阿赖耶识）为本体，至于真心（如来藏心）一系的学说则并不盛行。那么，何以中国佛教重视阐扬心本原说呢？中国佛教学者是怎样提出和阐扬心本原说的呢？其间的理论机制又如何呢？这些都是中国佛教哲学中具有重要意义的问题。

中国佛教学者之所以阐发具有特色的心本原说，除了直接继承印度佛教的唯心思想以外，还和受到中国固有思维方式的影响有关。中国哲学探索世界本原和最高实体，例如，天、道、气（元气）、太极、太一、虚（太虚）等都曾被作为最高范畴，分别表示世界最终本原或最高最大实体。在这些最高范畴中，老庄以道为天地本原的思想，道的自然性、无为性、平等性、普遍性的内涵，都给中国佛教学者以重大启示，如宗密就以为心即是道。中国固有哲学追求宇宙本原的运思理路和思维定势，直接决定了中国佛教学者在探寻成佛根据和追求超越境界的同时，又热心探讨本体论的思维性格和理论结构。古代中国哲学探讨的主要问题是天人关系，可以称为“天人之学”，其主要内容是阐述天人合一论思想。中国哲学的这一基本特质无疑影响了中国佛教学者，推动他们从天人合一、主客合一的视野去阐发主体（能、心）与客体（所、物）的关系，有些学者更进而从主体性出发去理解和统一主客关系。中国哲学的体用思维强调，万物形质中有体有用，形质为体，形质之妙用为用，体用相即不离。这种思维方式对中国佛教学者探讨本体问题也是肯定发生了作用的。此外，重视阐发心本原说，也符合佛教解脱论的理论要求。佛教实质上是一种生命哲学，其旨趣在于解脱生死痛苦，而解脱的关键只能归结于主体，归结于心。如《十地经论》提出的“三界唯心”论点就是说众生解脱的关键所在是“心”，众生应当就“心”即人们的意识着眼去求解脱。后来又有唯识说，认为一切客观现象都与人的经验相联系，不能脱离人的意识而独立存在，形成了由心显现一切或随心变现的唯识现象学。中国佛教也是循着这种思路阐发心本原说的。

中国佛教心本原论确立的学理路径是“心”、“理”同一说，即心与理等同的理论。所谓理，指真理，就是“法性”（本质），就是客体性的原理、原则。中国佛教把真如、法性和理（真理）等同起来，认为理有不变、随缘二义。以理为万有产生的原因，把理视为宇宙万物的本体。天台、华严、禅诸宗还进一步把理与心看成为一回事。由此在理论上就带来两大变化：一是心即理，心等同于理，这样主体心就由染净之分变成真妄迷悟之别，既然心即是真心，个体主体之心也就扩大为宇宙心，并成为宇宙万物的最终本原了。二是理即心，真理与心等同，真理不仅是静态存在着的道理、准则、规范，而且也是可以思虑，引发行为，有动感的真理。这种富有能动性的真理也就主体化并发生作用，成为了宇宙的本原。可见，通过确定心与理的等同，从心与理的两个层面，都通向了宇宙本原论。

法相唯识宗人不赞同把心与理等同的说法，他们认为，所谓心，就是“法”，所谓理，就是法性，两者虽有联系，但并不相同。心是染净的依归，理则是迷悟的依归，染净与迷悟有别，心与理不完全等同。事实上，心理同一说把心与理完全等同起来，就在理论上出现了二重品格，即心所内含的个体性与理所表征的普遍本质如何定位、协调，成为了一个理论难题。心理同一说的个体性与普遍性、存在与本质的内在紧张，不时引发出天台、华严和禅诸宗关于心本原说的演变、分化和争辩。

以下我们分别依次论述东晋时代有关心无义的争辩与心本说的滥觞，《大乘起信论》的一心二门说，南北朝时代地论师和摄论师的心识本原说的歧义，以及隋唐天台宗的心本说（偏于妄心本原说），华严宗的真心本原说与禅宗的自心本原说。

二、东晋时代心有无义之争辩与心本体说之滥觞

东晋时代，佛教般若学盛行。当时般若学的理论中心是本末、有无的问题，如心与物，是有，是无？何者是本无，何者是末有？一群佛教般若学者，或说心无，或说物无，或说心物俱无，观点分歧，异说纷呈。当时的心无义就是论心的有无问题，史载，昙一、慧远与道恒辩论心无义十分激烈。[①] 据慧达《肇论疏》载："竺法温法师《心无论》云，夫有，有形者也。无，无像者也。有像不可言无，无形不可言有。而经称色无者，但内止（原作'正'，改）其心，不空外色。但内停其心，令不想外色，即色想废矣。"[②]"有"是指有形，"无"是指无像。若有像就不能说是无，若无形就不能说是有。佛经所谓色无，只是内止其心，不执外色，并非说色是真无（空）。强调有形是实有，有形色是真色。内止其心，心无色想，心是无（空）。可见心无义的宗旨是空心不空境。空心就是不起执心。这和玄学的"至人之心"的说法是一致的。又，元康《肇论疏》卷上引宝唱《续法论》，谓释僧镜作《实相六家论》，六家中有三家是论心之有无的，文云：

> 第三家，以离缘无心为空，合缘有心为有。第四家，以心从缘生为空，离缘别有心体为有。第五家，以邪见所计心空为空，不空因缘所生之心为有。[③]

---

① 详见《竺法汰传》，《高僧传》卷5，《大正藏》第50卷，354页下。

② 《续藏经》第1辑第2编乙第23套第4册，429页。

③ 《大正藏》第45卷，163页上。

从所载三家论点来看，对心的有无问题是各抒己见的，三家都从因缘和合而起的角度讲心的有无，但又见解不同。三家论心空，有三种不同观点：一是心离开因缘，是无心，是心空；二是心从缘生而起是自性空；三是以邪见计度心空是空。三家论心有，有两种观点，第三、第五两家都是以因缘和合而生起有心为心有，第四家则以离开因缘而别有心体为有，即心体是离缘而存在的。以上主心无义诸家讲的心，是心物对举而言的心，即指主体精神而言。心的有无问题就是关于人的主体精神的价值、意义的判断问题，也是与外境万物的关系问题。中国佛教学者的上述观点，大体上是承袭中国固有哲学的肯定心、物的存在和不起执心的思想。

但是，上述心无义说，由于不符合般若学二谛说的模式，而受到了批评。僧肇评论心无义说："心无者，无心于万物，万物未尝无。此得在于神静，失在于物虚。"① 心无义只是使心中无物，至于万物则未尝是空的。这也就是只从"无心"的角度而不是从万物本身去理解空。僧肇认为"无心于万物"，在主体精神上得到清净空寂，这是正确的；错误是在万物的空寂问题上，心无派没有肯定万物的空性，不理解万物既是"不真"（假有），又是"空"（虚无）。僧肇奉行的大乘佛教中观学派认为，万物从俗谛说是非空（有，假有，不真），从真谛说是非有（空），是两方面的统一。

从上述的心无义说及僧肇的评论可以看出，当时中国不少佛教学者都是以不起执心去理解心本身的，都肯定"无心于万物"是正确的。这也就逻辑地肯定了心的存在及其修养的重要性。"心"在中国佛教学者的心目中的地位是很高的，在中国佛教哲学中也是举足轻重的。在心无义流行时，东晋郗超就因果报应理论说："心为种本，行为其地，报为结实。犹如种殖，各以其类，时至而生，弗可遏也。"②"种"，物种。这是以物种不灭来比喻因果不失。郗超认为，心是众生的根本，是支配行为的，是引生果报的根源。这里包含了心是众生本

① 《肇论·不真空论》，《大正藏》第45卷，152页上。
② 《奉法要》，石峻等编：《中国佛教思想资料选编》第1卷，23页。

原的思想。至于参加心无义之争的慧远法师则是中国佛教史上阐扬神不灭论的重要代表人物，他着力宣扬灵魂不灭说。① 无疑地，在慧远看来，精神、灵魂正是人生的本原。迄至南北朝，中国佛教学者则是进一步明确地以心为宇宙的本原了。如南朝宋人宗炳著《明佛论》，宣扬“心作万有，诸法皆空”② 的思想。梁武帝萧衍撰《立神明成佛义记》，宣称：“夫心为用本，本一而用殊，殊用自有兴废，一本之性不移。……故知生灭迁变酬于往因，善恶交谢生乎现境，而心为其本，未曾异矣。以其用本不断故，成佛之理皎然；随境迁谢故，生死可尽明矣。”③ 这里本用对说，本用实即体用。梁武帝认为心为用本，即以心为本原、本体，强调殊用有兴废变化，而心本是不移不断的。这是从众生和成佛的角度阐明心是人生宇宙的本原、本体的思想。

三、《大乘起信论》的一心二门说

“一心二门”为《大乘起信论》所立的法门，是全书的总纲，其哲学宗旨是阐扬一心生万法说。一心即众生之心，二门为心真如门和心生灭门，也称真生二门。文云：“依一心法，有二种门。云何为二？一者心真如门，二者心生灭门；是二种门皆各总摄一切法。”④《大乘起信论》就一心（众生心）界定说：

> 摩诃衍者，总说有二种，云何为二？一者法，二者义。所言法者，谓众生心，是心则摄一切世间法、出世间法，依于此心显示摩诃衍义。何以故？是心真如相，即示摩诃衍体故；是心生灭因缘相，能示摩诃衍自体相用故。⑤

“摩诃衍”，大乘的教法。“法”，心，此指众生心。“义”，义理，真理。这是说，和小乘佛教以一切事物各有自体的学说不同，大乘佛

① 关于慧远神不灭论思想，详见《沙门不敬王者论·形尽神不灭五》，《弘明集》卷5；石峻等编：《中国佛教思想资料选编》第1卷，85～87页。

② 《弘明集》卷2。

③ 《弘明集》卷9。

④ 《大正藏》第32卷，576页上。

⑤ 同上书，575页下。

教是以一心即众生心为事物的自体，此心涵摄一切世间法和出世间法，依于此心显示摩诃衍，也就是说，此心即是大乘的义理，真理。心和真理是完全统一的。为什么这样说呢？因为此心有二相，即真如相和生灭相，前者显示大乘义理，后者显示大乘义理的自体相用。“体”，指真如，也即本体；“相”为能显现现象的特质；“用”，即力用，创生的大用。可见，《大乘起信论》所讲的众生心是真正的主体，它自身既是心，又是理（真如），称心真如，又称真如心。众生心，从主观方面看，是众生真正的主体，是众生求得解脱、成就佛果的根据；从客观方面看，又是宇宙万有的本原，世界现象、各种存在以及不同价值，都从它那里开出。众生心从两个门开出宇宙万法：从真如门开出清净的不生不灭法，从生灭门开出染污的生灭法。可以说，众生心是众生个体的心，也是绝对的心，是宇宙的心。

《大乘起信论》在界定“一心”后还着重从二门去规范、阐述“一心”的性质和功能。

关于心真如门，论云：

> 心真如者，即是一法界大总相法门体，所谓心性不生不灭。一切诸法唯依妄念而有差别。若离妄念，则无一切境界之相，是故一切法从本以来，离言说相，离名字相，离心缘相，毕竟平等，无有变异，不可破坏，唯是一心，故名真如。①

这里的“一法界”，“一”是整一、绝对，“法”指圣法，“界”是所依、所因的意思。“一法界”即是独一无二的绝对的世界。“大总相”，指真如心是一切法所合成的全体法界的总相，即宇宙万有的共相。“法门体”，是可容众生进入的法门实体。所谓心真如，就是宇宙万有得以成就的原因，总摄宇宙万有的总相，也是众生进入修持的法门，众生成就佛果的根据。心真如作为最高真实和绝对心体，其特点是不

① 《大正藏》第32卷，576页上。

生不灭，不增不减，不变不坏，毕竟平等，无差别相，真实如常。一句话，就是绝对无相。虽然真如是绝对的、无差别的，但是若依言说分别，真如又可分为两种：一为“空真如”。即真如远离迷心而空。也就是既无念（无虚妄心念）又离相（离一切差别相），是如实空。二是“不空真如”。真如自体具足无限清净的功德，是如实不空。由此看来，《大乘起信论》所讲的心真如是不变（不生不灭、不增不减、不变不坏）的、纯净（无妄念污染）的、无相（离一切差别相）的、既空（离相）又不空（具足功德）的心体，是涵摄一切存在、规范和标准而能创生的最高主体，它与一切染污现象无缘，但又是宇宙万有的终极本原。

关于心生灭门，《大乘起信论》云：

> 心生灭者，依如来藏故，有生灭心。所谓不生不灭与生灭和合，非一非异，名为阿梨耶识。此识有二种义，能摄一切法，生一切法。云何为二？一者觉义，二者不觉义。①

“生灭”，生起与灭尽。心生灭，即生灭心，是生灭法与整个染污的现实世界得以成立的根源。生灭心是依如来藏心（真如心）随着一定条件而起灭，形成生灭法乃至整个染污的现实世界。这也就是著名的如来藏缘起的思想。这生灭心是依如来藏而有的，而如来藏心是不生不灭的。如来藏心与生灭心相和合的和合物就是阿梨（赖）耶识。这种和合是一种既非同一又非差异的关系。阿赖耶识与生灭心相当，是融摄万法和生起万法的根源。阿赖耶识含有觉悟与迷妄不觉二义，众生应当排除阿赖耶识的不觉、无明，彰显阿赖耶识的本觉、佛性，以成就为佛。

《大乘起信论》强调生死流转的欲界、色界、无色界“三界”是唯心所作，是妄心所作：“三界虚伪，唯心所作。离心则无六尘境界。此义云何？以一切法皆从心起妄念而生，一切分别，即分别自心。心不见心，无相可得。当知世间一切境界，皆依众生无明妄心而得住

① 《大正藏》第32卷，576页中。

持。是故一切法，如镜中像，无体可得，唯心虚妄。以心生则种种法生，心灭则种种法灭故。”① 认为三界即众生所居的整个世界，表面似乎是存在的，实际是虚妄不真的。三界是妄心造作所现的境界、表象，若妄心不起分别造作，则三界也就归于空寂。这里讲的妄心是和真如心相对的生灭心，也即相当于阿赖耶识。“依如来藏故，有生灭心”，依托真如心而有妄心，心由不动变为动，由无念无相变为妄念诸相，造作世间一切境界，从这层意义上说，真如心是众生现实世间境界的终极本原。

《大乘起信论》认为，“一心”融摄一切法，遍于一切法，从出世间的佛三身（法身、应身、报身）来说，一心相当于“法身”，而法身能显现应身、报身的“色相”，由此该论还阐发了“色心不二”的思想。文说：

> 问曰：“若诸佛法身离于色相者，云何能现色相?”答曰：“即此法身是色体故，能现于色。所谓从本已来，色心不二，以色性即智故，色体无形，说名智身。以智性即色故，说名法身遍一切处。所现之色无有分齐，随心能示十方世界、无量菩萨、无量报身、无量庄严，各各差别，皆无分齐而不相妨。此非心识分别能知，以真如自在用义故。”②

这里的回答是说，法身是形色的本体，能显现色相。色是法身的显现，“色心不二”，没有差别。形色的自性就是智慧，形色自体没有形状，说之为“智身”。因为智慧的自性即是形色，所以说之为“法身遍一切处”。所显现的色相没有时空的限制，各种色相共同存在而不互相妨碍。这种情境不是一般心识所能分别了知的，它是真如自发的功用。《大乘起信论》提出“色心不二”、“色性即智”、“智性即色”的命题，把色和心、色和智视为互不相离的关系，为后来中国佛教的泛神论、唯灵论思潮提供了理论根据。

---

① 《大正藏》第 32 卷，577 页中。

② 同上书，579 页下。

从以上一心二门说的基本内容来看，《大乘起信论》是要确立一种唯心的本体论，从一心出发，展开为二门即本体与作用两个方面，把一心分为真如与无明、本觉与不觉、本质与存在、普遍与个体、超越与现象、绝对与相对、静止与运动、永恒与短暂、无限与有限、神圣与凡俗两个层次，也即分为形上与形下两个层次，以说明一心本体与众生、佛乃至于一切存有的关系，确定一心是众生、佛乃至一切存有的本原的地位。在一心二门的理论结构中，最值得注意者有二：一是真理与主体心的结合，心理合一，真理成为精神主体，或精神主体真理化。这也就是确立了一种具有神圣性、普遍性、绝对性、永恒性的精神主体，作为阐明世间和出世间的形成，以及众生修持成佛的理论基点。二是以真如心与生灭心，来说明世间或出世间形成的原因和过程，以及众生沉沦或解脱成佛的原因和过程。这里是探讨人类怎样超越有限的存在问题，其理路是不脱离现象界的层面，也就是在现实的生存中实现绝对的超越，不离自我而又超越自我。心包括了真如与生灭两个方面，这等于说真如心并不脱离生灭心而存在，从这层意义上看，它们的差别只是认识论意义而不是本体论意义。同时真如心又是唯一的实存，生灭心则属于虚妄，而且生灭心是依真如心而有，从这层意义上看，一心二门说是哲学一元论的，而且是属于本体论的。此外，一心二门说既有存有论的意义，又有实践论的意义，应当肯定，它主要是为了阐明佛教修持实践的，但它的精神实体生起万法的存有论思想也是鲜明地存在着的。

《大乘起信论》是吸取中国固有哲学的“性善”、“反求诸己”的思想和体用观念，继承印度佛教如来藏学说和阿赖耶识学说，加工整合而成的创作。此论作者为了从理论上圆满阐述如来藏与藏识、清净与污染、真实与虚妄、世间与出世间等关系，采用了调和的方法加以贯通说明。但是，为什么说人心本来是清净觉悟的？真心本觉是先在的、独立的？真心是绝对的理性，又是众生具体的心体，这两者是怎样结合在一起的？真心作为宇宙万物的本原，它与众生成佛的根据是如何统一的？究竟如何从不生不灭的本觉心生出世间现象？绝对的真如本体能否受熏？如何受熏？无明与真如不相分离，又与真如相对立，那么无明又从何而起？又如何熏习真如？等等。这些理论上的深刻难题、内在紧张，也导致了不同宗派间甚至同一宗派内部长期的争论，如华严宗赞成真如受熏说，而唯识宗则坚决反对。又如天台宗内部后来形成了分别从真如门或生灭门入手以契入真心觉性的不同派别对立等。

四、地论师与摄论师关于心识本原之论辩

在中国，印度佛教唯识思想的流传演为三系：南北朝的地论师学派、摄论师学派和唐代的法相唯识宗。由于地论师南北两道的分歧及与摄论师在第八识的性质判断上存在着差异，以致对以什么识为本原的问题产生了不同看法，出现了关于心识本原问题的争论。法相唯识宗批判了地论师和摄论师的思想，把阿赖耶识定位为本原识。

在第十一章“南北朝时代佛教三大心性论思潮”中，我们曾就地论师和摄论师关于第八阿赖耶识的真妄之辩作了论述，此处则论述双方关于什么是本原识的分歧。地论师南道派创始人慧光再传弟子慧远在所撰《大乘义章》卷 3 末《八识义》界定第八识说：

> 阿梨耶（即阿赖耶）者，此方正翻名为无没，虽在生死，不失没故。随义傍翻，名别有八：一名藏识，如来之藏为此识故，是以经言，如来之藏名为藏识，以此识中涵含法界恒沙佛法，故名为藏。又为空义所覆藏故，亦名为藏。二名圣识，出生大圣之所用故。三名第一义识，以殊胜故，故《楞伽经》说之以为第一义心。四名净识，亦名无垢识，体不染故，故经说为自性净心。五名真识，体非妄故。六名真如识，论自释言，心之体性无所破故，名之为真，无所立故，说以为如。七名家识，亦名宅识，是虚妄法所依处故。八名本识，与虚妄心为根本故。①

这是说，阿赖耶识即是如来藏自性清净心，亦即法性、法界、真如，该识含藏佛法，是众生成佛，进入涅槃境界的根据，也是“虚妄法所依处”，是虚妄心乃至虚妄现象的本原，总之，是一切法即世间法和

① 《大正藏》第 44 卷，524 页下～525 页上。

出世间法缘起的总根源。

在地论学派流传过程中，南道保持了纯粹的传统，而北道因受到《摄论》的影响，思想发生了变化。北道派把阿赖耶识分为真、妄两部分："真中分二：一、阿摩罗识，此云无垢，亦曰本净，就真论真，真体常净，故曰无垢，此犹是前心真如门；二、阿梨耶识，此曰无没。即前真心，随妄流转，体无失坏，故曰无没。"① 阿摩罗识为真，阿赖耶识为妄，两者和合一体为第八识。阿摩罗识也即摄论师正式提出的第九识。南北两道地论师在缘起法本原问题上的分歧是，南道地论师以阿赖耶识本性即是真如、佛性，是一切法的依持，生一切法。北道地论师既以阿赖耶识为一切法的依持，生一切法，又认为阿赖耶识虽和如来藏无别，但并不具足一切功德，佛性是成佛后取得的。这表现了两派在本体论思想上的差异。

对于摄论师在第八识之外另立第九阿摩罗识，圆测《解深密经疏》卷 3 就此说：

> 真谛三藏依《决定藏论》立九识义，如《九识品》说。言九识者，眼等六识，大同识论。第七阿陀那，此云执持，执持第八为我，我所，唯烦恼障，而无法执，定不成佛。第八阿梨耶识，自有三种：一、解性梨耶，有成佛义。二、果报梨耶，缘十八界。故《中边分别偈》云：根尘我及识，本识生似彼。依彼论等说，第八识缘十八界。三、染污阿梨耶，缘真如境，起四种谤，即是法执，而非人执。依安慧宗，作如是说。第九阿摩罗识，此云无垢识，真如为体，于一真如，有其二义：一、所缘境，名为真如及实际等；二、能缘义，名无垢识，亦名本觉。具如《九识章》引《决定藏论·九识品》中说。②

这里是叙述摄论师创始人真谛的"九识"说。前六识即眼识、耳识等，依眼、耳等六根，分别缘取色、声等六尘，此六识、六根、六尘

① 《大正藏》第 44 卷，530 页中。
② 《续藏经》第 1 辑第 34 套第 4 册，360 页。

合为十八界。第七阿陀那识，以第八识为“我”。第八识有三种，一种有成佛因素，一种是缘取十八界，再一种是染污性的。后者把万法区分为有、无、亦有亦无、非有非无四类，为法所缚。这是真谛依照唯识师安慧的说法。在心识作用方面，安慧只承认自证分为实有，见、相二分都非实有。与安慧同时代的护法则立相、见、自证和证自证四分说。真谛认为第九阿摩罗识是清净识，无垢识，是以真如为本体的。真如包括客观的所缘境和主观的能缘心，即实际和本觉两方面。所缘境和能缘心如此结合，在八识外建立第九识，作为一切法的本原，这是真谛学说的重要特点之一。

总起来说，在缘起理论方面，地论学派中的南道派是以真如为依持，北道派则以阿赖耶识为依持，摄论师也以阿赖耶识为依持，同时又以第九阿摩罗识为一切法的本原。第九识实是从第八识中的解脱性、清净性部分派生而出的，更侧重于从成佛的“本觉”根据上立说。后来，北道派与摄论学派同化相合，融成一派，至法相唯识宗的兴起而趋于衰微。南道派则因其思想为华严宗所吸取也终结了它的传承。

五、天台宗的心本说

如上所述，天台宗智者大师（智顗）并不赞成地论师的心具一切法和摄论师的阿赖耶识具一切法的观点，他提出了“理具一切法”的命题。在智顗看来，包括心或阿赖耶识在内的一切法都无自性。心如幻如化，不是实有的。从这层意义上说，心或阿赖耶识都不可说是具一切法。但是智顗又认为，心虽非实有，却也并不是一无所有，而且心的功能、作用极大，众生生死流转世界的生成，和众生觉悟成道进入涅槃境界，都系于心。从这层意义上看，则又可说心具一切法。且为了随顺因缘，教化众生也需要说心具一切法。如真理就含于心中，心是“理本”。“理具一切法”也即“心具一切法”。也就是说，心是“法本”，心是一切存在的根本。地论师和摄论师是各有所偏，前者偏于心（心的法性）具一切法，后者则偏于阿赖耶识具一切法。智顗不然，他通过确立心的两重性格和无住品格，来说明一念妄心和一念净心都具足一切法，阐发了颇具特色的心本论。

在《法华玄义》卷8上，智𫖮明确提出了心本说，文云：

> 心是法本者，《释论》云：一切世间中，无不从心造。无心无思觉，无思觉无言语。当知心即语本。心是行本者，《大集》云：心行大行遍行。心是思数，思数属行阴。诸行由思心而立，故心为行本。心是理本者，若无心，理与谁含？以初心研理，恍恍将悟，稍入相似，则证真实，是为理本。①

"法"，存在，现象界。"本"，根本、根基、本原。这是说，因众生一念心动而生起种种存在，故心是"法本"。由心而有思维，有思维而有语言，故心是"语本"。"行"，念虑。种种念虑都由心生起，故心是"行本"。"理"，即真理，心能包括真理，也能体证真理，故心是"理本"。智𫖮认为，心是存在、语言、念虑和真理的根本，也就是说，心是物质存在与精神存在的根本，是众生生死轮回流转和悟入真理成道解脱的根本。

如本章第一节所引，智𫖮非常强调心的两重性格，认为完整地说，"一念心"应当是"一念无明法性心"。"心"既有无明的一面，又有法性即明的一面。② 无明和法性是同一心体，一念心即具足一切因缘所生法，不论是一念无明染心还是一念法性净心，都具足一切法。也就是说，一切法是净是秽，端在一念心是无明或明（法性）。无明与明是同一事物显示出的两种不同意义，当一念心面对诸法时，若心无明则诸法都秽，若心明则诸法都净。

对于一念无明与法性的相即关系，智𫖮说："凡心一念，即皆具十法界。一一界悉有烦恼性相、恶业性相、苦道性相。若有无明烦恼性相，即是智慧观照性相。何者？以迷明，故起无明。若解无明，即是于明。《大经》云：无明转，即变为明。《净名》云：无明即是明。当知，不离无明而有于明。如冰是水，如水是冰。"③ 无明与法性是同一心体的两种"性相"，即两种不同的形相、状态，犹如同是水而

---

① 《大正藏》第33卷，778页中。

② 详见《四念处》卷4，《大正藏》第46卷，578页。

③ 《法华玄义》卷5下，《大正藏》第33卷，743页下。

表现为冰一样，是同一事物不同状态表现间的相即，所以无明即法性，法性即无明，无明与法性并非是两件截然分离的事物的相即。智𫖮还进一步直截了当地说："心是诸法之本，心即总也。别说有三种心：烦恼心是三支，苦果心是七支，业心是二支。苦心即法身，是心体；烦恼心即般若，是心宗；业心即解脱，是心用。"① 意思是说，一念无明心可分为烦恼心、苦果心和业心三种，每一种又可分为二支乃至七支，尽管如此，这三种心也分别即是法身、般若、解脱。也就是说，无明即明即法性，烦恼即般若即菩提，生死即解脱即涅槃。无明与法性是心的负面与正面的对立的表示方式，两者的性质是相反的对立的，两者的存在则是相即不相分离的。显然这是一种诡谲的相即关系，是一种二律背反。

智𫖮认为，心有无明心即妄心和法性心即净心之分，而心作为"法本"，无论是一念无明心，还是一念法性心都是具足一切法的。从智𫖮的著作来看，他比较重视无明心具足一切法的阐述。一念无明心具足一切法的典型表述，就是智𫖮在《摩诃止观》卷5上提出的"一念三千"说，文云：

> 夫一心具十法界，一法界又具十法界、百法界。一界具三十种世间，百法界即具三千种世间。此三千在一念心。若无心而已，介尔有心，即具三千。亦不言一心在前，一切法在后；亦不言一切法在前，一心在后。……若从一心生一切法者，此则是纵；若心一时含一切法者，此即是横。纵亦不可，横亦不可。只心是一切法，一切法是心故。非纵非横，非一非异，玄妙深绝，非识所识，非言所言，所以称为不可思议境。②

这里，"一心"、"一念心"均指妄心而言。"三千"是通过十法界、三

---

① 《法华玄义》卷1上，《大正藏》第33卷，685页下～686页上。

② 《大正藏》第46卷，54页上。又，文中"十法界"为地狱、饿鬼、畜生、阿修罗、人、天、声闻、缘觉、菩萨和佛。十法界互具为"百法界"。世间通常指五阴世间、众生世间和国土世间，为三种世间。此三种世间与"十如是"（表示诸法的普遍性相的十个形式概念，为如是相、如是性、如是体、如是力、如是作、如是因、如是缘、如是果、如是报、如是本末究竟等）互具，为"三十种世间"。

世间和十如是等交互相乘来表示宇宙整体。意思是说，众生只要猝然生起一念心，就可显现出“三千”境地、流连于“三千”境地。“一念三千”的境地是不可思议的，因为所显示的众生主体与宇宙客体不是生与被生、含与被含的关系，而是“非前非后”、“非纵非横”，同时顿显、同时俱起、同时沉降、同时寂静，是非一非异，两不相离的关系。这种关系难言难识，玄妙莫测，不可思议。这种一念与三千关系的实质，是色心关系，是色心不二的关系。天台宗九祖湛然也说：“总在一念，别分色心。……一切诸法无非心性。一性无性，三千宛然。当知心之色心，即心名变。变名为造，造谓体用。是则非色非心，而色而心。唯色唯心，良由于此。故知但识一念，遍见己他生佛。他生他佛尚与心同，况己心生佛，宁乖一念？故彼彼境法，差差而不差。”[①] 这是说，色心“总在一念”，色心是“心之色心”。心的变造是体用关系，由此而论定色心是不二的关系。作为境界说的一念三千命题，蕴含着重要的哲学内容，它是一种世界观，也是一种本体论。

关于一念法性心具足一切法的涵义，智𫖮说：“一念心即如来藏理。如故即空，藏故即假，理故即中。三智一心中具，不可思议。”[②] 这是说一念净心自身就是如来藏理，也就是即假即空即中的真理。这里所讲的一念净心不是一般凡夫的心，而是有相当造诣的修持者的心，心中所具的境界也不是一般凡夫视野中的世界，而是智慧世界，真理世界。智𫖮又说：“观一善心具十法界，十界交互具百法界，千性相等，十善即万法。约八正道即八万法门也。”[③] 善法即净心。这是说，一善心具足千性相之法，十善心就具有万法。这万法与八正道相配，就成了八万法门，也就是具足了种种教化的功德。

智𫖮还从无明心与法性心的无住品格的角度来论证“心是法本”的思想。他在《金光明经玄义》卷上说：

① 《十不二门·色心不二门》，《大正藏》第46卷，703页上。
② 《摩诃止观》卷1下，《大正藏》第46卷，10页中。
③ 《法华文句》卷2上，《大正藏》第34卷，21页上。

初，“从无住本立一切法”。夫三德者名秘密藏。秘密藏显由于三宝。三宝由三涅槃。三涅槃由三身。三身由三大乘。三大乘由三菩提。三菩提由三般若。三般若由三佛性。三佛性由三识。三识由三道。此“从法性立一切法”也。若“从无明为本立一切法”者，一切众生无不具于十二因缘。三道迷惑，翻惑生解，即成三识。从识立因，即成三佛性。从因起智，即成三般若。从智起行，即成三菩提。从行进趣，即成三大乘。乘办智德，即成三身。身办断德，即成三涅槃。涅槃办恩德利物，即成三宝。究竟寂灭，入于三德，即成秘密藏也。是为逆顺次第甚深无量义。①

著名的天台学者知礼在解释智颉上述思想时说：“初、约施教逆推，理显由事。二、约立行顺修，即妄归真。此二生起，初、从法性无住本立一切教法；二、从无明无住本立一切行法。”② “无住”，是没有任何执著、住著的心灵状态。以这种绝对自由、不为任何对象所拘囿的心灵为本来确立一切法，称为“无住本”。智颉和知礼的论述都是在说明：“从法性无住本”可逆推出一切教法之所由起，从“无明无住本”则可顺推出一切法的生灭流转。“法性无住本”与“无明无住本”实是“一念无明法性心”的不同面向和分流。换言之，所谓“从无住本立一切法”也就是指“无明心”与“法性心”都是无住，同立一切法，同为一切法作本，同是一切法的本原。

由上可见，天台宗人所讲的心是指众生的能动主体，妄心是经验的主体，净心则是超越的主体；天台宗人所讲的一切法是泛指存在的世界，即现象。天台宗人强调“心是法本”，就是肯定主体是现象界的根本，并通过妄心与净心分别都具一切法，以论证心本说。值得注意的是这一学说的特色，它突出地宣扬心与色、主体与存在的不二关系，强调两者同起同寂，同升同沉，同秽同净。心是能动的，色是被动的。虽然能动的心在作用时带动存在而起寂升沉秽净，但心与存在又是对等的，二者是相即不二的关系。这种关系确是令人不可思议！

① 《大正藏》第39卷，2页下。
② 《金光明经玄义拾遗记》卷2，《大正藏》第39卷，19页上。

从存有论的视角看，天台宗的“一念无明法性心”所具的理论架构与《大乘起信论》的“一心二门”的思想架构，有何同异之处呢？智者大师把心分为法性心与无明心，《大乘起信论》作者是把心分为真如心与生灭心，两者都把心分为真心与妄心，这是相同的，表明了中国佛教学者对心的涵义、性质的共同看法。此外，两者均以二种心来构筑存有论的架构，这也是一致的。但是也有两点差异：一是《大乘起信论》以如来藏自性清净心为超越意义的真心，真心因无明虚妄分别而随缘现起染净诸法，这也就是“一心开二门”的存有论结构；智者大师则以一念心为当下经验意义的主体活动，一念无明则一切法（“三千”）都秽恶，一念明（法性）则一切法都净善。可见，两者在结构存有论的运思和内涵方面都是有所不同的。二是《大乘起信论》的真如心与生灭心是染净对立上下隔绝的二门架构，而天台宗的法性心与无明心则是同体相依、当体相即的关系，不存在净心与妄心的间隔、鸿沟。

六、华严宗的真心本原说

唐代华严禅学者宗密作《原人论·序》说：“推万法穷理尽性，至于本源。”① 重视推究人生、宇宙的来源和本质。华严宗人继承《大乘起信论》“心理合一”的思想形态，以最高主体性和最高真理合一的真心为万法生起的本原，宣扬真心本原说。

华严宗的真心范畴有以下几项涵义：

“真如本觉”。法藏说：“言海印者，真如本觉也。妄尽心澄，万象齐现。犹如大海因风起浪，若风止息，海水澄清，无象不现。”② “海印”，即海印三昧，又称海印定。佛教称这是佛说《华严经》时所入的禅定，一种深沉的冥想境界。此时，过去、现在、未来一切法都同在一心中印现，一如渊深莫测的大海，湛然印现出一切景象。这里法藏是以真如本觉来说明海印三昧的境界。真如本觉是一种复合概念，真如是海印三昧境界的真理，本觉是心的能动的觉体。佛的海印

---

① 《大正藏》第 45 卷，708 页上。

② 《修华严奥旨妄尽还源观》，《大正藏》第 45 卷，637 页中。

三昧境界，就是真如（真理）与本觉（主体性）的合而为一，就是理与心的一体无间。真如本觉与《大乘起信论》的心真如相当，既是真理，又是主体性。澄观称本觉为“灵知之心”，宗密也称“本觉真心”。“灵”，即昭昭不昧，“觉”即“了了常知”。本觉就是主体心的思维、智慧、觉悟。华严宗人认为，海印三昧境界、真理与主体心是统一的，也就是说真心包括了真理与心两个方面。

心是“真源”。《华严经》卷10《夜摩天宫菩萨说偈品》云：“心如工画师，画种种五阴，一切世界中，无法而不造。如心佛亦尔，如佛众生然，心佛及众生，是三无差别。”① 据此，华严宗称主体心是能造者，世界中一切法，以及佛与众生是所造者，若心悟如来藏就是佛，心迷则为众生。心、佛、众生三者，由于缘起而有染净之别，但心的自体都是一样的，即都有真心在，从这层意义上说，三者在本质上是无差别的。可见，作为能造者的“心”，其本质是指真心而言。法藏说：“真该妄末，行无不修；妄彻真源，相无不寂。”②“真”，真如，“妄”，妄念。“妄末”，指虚妄现象，与妄末相对举的“真源”，指究极根源，真实本原，也即真如心，真心，是最高主体性与最高真理的合一。法藏认为，众生若还归真源，则一切相都寂灭，从而也就解脱得道了。

由上可知，华严宗人所讲的真心，其内涵是主体与真理两个方面，其功能是能造诸法，其定位是包括众生、佛等宇宙诸法的真源。

华严宗人继承《大乘起信论》的真如缘起说，提出了“性起”（“法性缘起”）的重要观念。认为宇宙万法的生起，都依于作为最高主体性的真心的体性。宗密界定性起的涵义说：

> 性起者，性即上句真界，起即下句万法。谓法界性全体起为一切诸法也。法相宗说真如，一向凝然不变，故无性起义。此宗所说真性，湛然灵明，全体即用，故法尔常为万法，法尔常自寂然。……一切诸法，全是性起。则性外更无别法。所以

① 《大正藏》第9卷，465页下。

② 《修华严奥旨妄尽还源观》，《大正藏》第45卷，637页下。

诸佛与众生交彻，净土与秽土融通。法法皆彼此互收，尘尘悉包含世界。相即相入，无碍镕融，具十玄门，重重无尽，良由全是性起也。……依体起用，名为性起。①

“真界”，真如，法界。“十玄门”，以十个方面来说缘起。所谓性起是称万法依真心真性而起，是真心真性的作用。这里的性即法性，真性，是理，又是心。宗密批评：“法相宗说真如，一向凝然不变”，即真如只是理，而不是心，真如就静止不动，不能显起万法。华严宗“所说真性，湛然灵明”，即真性不单是理，而且是心，能发挥功用，造起诸法。真心真性是体，依体起用，是为性起。

华严宗人强调真心能随缘成就染净诸法却又保持自身不变。法藏在《华严一乘教义分齐章》卷4说：“且如圆成，虽复随缘成于染净，而恒不失自性清净。只由不失自性清净故，能随缘成染净也。犹如明镜，现于染净，虽现染净，而恒不失镜之明净。只由不失镜明净故，方能现染净之相。以现染净，知镜明净；以镜明净，知现染净。……当知真如，道理亦尔。”② 真如心能现起相对的染净诸法，但不会为诸法所染而失去清净自性。也就是说，真如心是一绝对的清净的主体性。

如上所述，华严所讲的性起，是佛在海印三昧中的显示，是佛证得真心真性的表现，是未证得真心真性的众生所不能达到的境界。也就是说，华严宗的性起是佛的理想境界，是佛所成就的最高价值，也是众生应当努力追求的神圣目标。

从宇宙论哲学的角度考察，真心真性作为本体而生起功用，显现为全体染净现象，那么真心真性也就是宇宙万法的本原。宗密就以真心真性为本原来说明人的产生根源。他详细地描述了本原真心真性是怎样逐渐产生出人的生命的：

谓初唯一真灵性，不生不灭，不增不减，不变不易。众生无

① 《华严经行愿品疏钞》卷1，《续藏经》第1辑第7套第5册，399页。

② 《大正藏》第45卷，499页上、中。

始迷睡，不自觉知。由隐覆故，名如来藏。依如来藏故，有生灭心相。所谓不生灭真心与生灭妄想和合，非一非异，名为阿赖耶识。此识有觉不觉二义。依不觉故，最初动念，名为业相。又不觉此念本无故，转成能见之识及所见境界相现。又不觉此境从自心妄现，执为定有，名为法执。执此等故，遂见自他之殊，便成我执。执我相故，贪爱顺情诸境，欲以润我。瞋嫌违情诸境，恐相损恼。愚痴之情展转增长故，杀盗等心神，乘此恶业，生于地狱鬼畜等中。复有怖此苦者，或性善者，行施戒等心神，乘此善业，运于中阴，入母胎中，禀气受质，气则顿具四大，渐成诸根；心则顿具四蕴，渐成诸识。十月满足，生来名人，即我等今者，身心是也。①

“中阴”，众生生死轮回过程中从这一世到下一世的过渡阶段。“气”，指元气。“四大”，地、水、火、风。“四蕴”，受、想、行、识。这是以真心（如来藏）缘起为根本，结合中国固有的气的思想，来说明人的产生过程：如来藏→阿赖耶识（觉与不觉）→不觉→法执、我执→心神行善业→入胎禀气成人。人的终极本原是真心（如来藏），依真心而有根本识及其活动，随着其中不觉悟因素的发展，又形成各种执著，进而导致形成贪、瞋、痴三种基本烦恼，染污损害身心。若是心神（意识）作恶业，则生为畜生、饿鬼，甚至进地狱受惩罚，若心神行善业，则投入母胎中，由气逐渐变成眼、耳、鼻、舌、身，又由心逐渐形成各种心理现象，经过十月怀胎，诞生为人。这就是说，真心是人的肉体与精神的共同终极本原。

华严宗还宣扬绝对主体“真心”实有与现象世界虚妄的思想。法藏在《修华严奥旨妄尽还源观》中阐说的六种观法，前两种“摄境归心真空观”和“从心现境妙有观”②，都论及真如（真心）的真空和妙有这两种特性：认为从远离一切妄念执著，不生不灭，不增不减的层面看，真如是真空；从常住不变，即作为现象世界成立的依据

① 《原人论》，《大正藏》第45卷，710页中。

② 详见《大正藏》第45卷，640页上。

而真实有的层面看，是妙有。真空妙有，相即相依，不一不二。这是论定现象世界的本原真心既是真空又是妙有，而真空是就远离执著意义上说的，可以说，真空妙有说的实质是肯定真如（真心）的实有。

华严宗人一面肯定真心的实有，一面又强调现象界的虚妄。如智俨说："三界虚妄，唯一心作。"① 宗密也引用《大乘起信论》的话说："三界虚伪，唯心所作。离心则无六尘境界，乃至一切分别，即分别自心，心不见心，无相可得。故一切法如镜中相。"② 这是说，生死流转的欲界、色界、无色界三界，从现象上看似有实态，实质上是主观的心识向外投射的显现；若是主观的心识不起分别造作，三界当即归于空寂。所以说，现象世界是无自性的，虚妄不实的。宗密还明确指出，原始物质（元气）的根源是心："究实言之，心外的无别法。元气亦从心之所变，属前转识所现之境。"③ 元气是心识所变的境界之相，即是客观世界的现象。宗密还就心怎样变成物质世界解释说："心既从细至粗，展转妄计，乃至造业；境亦从微至著，展转变起，乃至天地。"④ 天地是心妄念执著而造业的结果，客观物质世界归根到底是主观心识作用所生起的现象。

宗密还以真心本原说为坐标，在《原人论》中对儒、道、佛三家的本原思想作了总结与批判。他批评儒、道二家的大道本原说和元气本原说是"迷执"，而佛教学说虽不像儒、道二家那样"迷执"，但也有"偏浅"之处，也应当批评。他把佛教分为人天教、小乘教、大乘法相教、大乘破相教和一乘显性教，认为前四种是"偏浅"的，并分别作了评论。⑤

（1）对人天教的批判。人天教认为，众生或生于人间，或堕为禽兽，这都是过去造"业"的结果。可是，谁是造业者，又谁是受业报者呢？如果是我身心造业，那死后是谁在受报呢？如果说是后身受报，

① 《华严一乘十玄门》，《大正藏》第45卷，518页中。

② 《禅源诸诠集都序》卷上之2，《大正藏》第48卷，405页下。

③④ 《原人论》，《大正藏》第45卷，710页下。

⑤ 详见《大正藏》第48卷，708页上～710页上。以下凡此处引文不另注明出处。

那“岂有今日身心造罪修福，令他后世身心受苦受乐？据此，则修福者屈甚，造罪者幸甚。如何神理如此无道？”宗密认为，人天教的因果报应一套道理过于粗陋，没有真正说明人生受苦和来世成佛的道理。

（2）对小乘教的批判。小乘教认为，身由地、水、火、风“四大”构成，心有受、想、行、识的精神现象。在宗密看来，这种说法是承认物质与精神都是实际存在，而和身心本无的道理相抵触，是不正确的。

（3）对大乘法相教的批判。大乘法相教认为，世界万物包括人类在内，都是“唯识所变，识为身本”。一切现象都是虚妄的，只有识是真实的。但是由识所变的一切现象既然是空的，能变的识怎么是不空的呢？宗密认为这是一个矛盾。在他看来，一切现象既然是虚妄的，识也应当是虚妄的。

（4）对大乘破相教的批判。大乘破相教指出法相教的理论矛盾是“所变之境既妄，能变之识岂真？”宗密认为指出这一点是很正确的，“心境皆空，方是大乘实理。”但是也还存在问题，心境皆空，知空者又是谁呢？破相教把一切都破光了，众生成佛就失去了主体，佛教的理想世界也被破除了。宗密强调说，真实的佛教世界就是通过虚幻的现实世界而显示出来，佛就存在于众生之中。破相教是“但破执情，亦未明显真灵之性”。破相教只是破除妄执，而没有讲显示真灵之性的佛理。这个“真灵之性”是人类和世界万物的最高本原，也是众生个人成佛的内在根据。宗密认为，华严宗是一乘显性教，阐明了破相教所没有讲的道理，代表了佛教的最高、最圆满的真理。

于此也可见，对人生、宇宙的终极本原的揭示、认识，是宗密评判儒、道、佛三教和佛教内部诸派的理论正误、高下的标尺。在宗密看来，关于本原的学说是佛教最高、最根本、最重要的学说，这显然是与中国固有的重视探索人生、宇宙根源的思想框架吻合一致的。应当指出，华严宗人的真如缘起论、真心本原说，是和印度《华严经》讲的“真如”、“唯心”思想不尽一致的。该经认为“真如”是不受熏染的，“唯心”是就众生解脱的关键在“心”这一意义上讲的。从总体上说，印度佛教不仅不宣扬真如缘起说，甚至还加以排斥；只有印度佛教中不占重要地位的如来藏说，才与真如缘起说有相通之处。

七、禅宗的自心本原说

禅宗继承《大乘起信论》的心说，进一步突出心是超越的主体性的思想观念，阐发心的体用学说，宣扬心是人生和宇宙的根源，也是禅的本原。禅宗的自心显万法的本原说，既有鲜明的宗教实践意义，也有一定的哲学本体论意义。这里我们着重论述的是后者。

禅宗典籍所讲的心、自心、真心、心性、自性、真性，其基本涵义是相同的，都是指主体性而言。值得注意的是，禅师们有时也把心与道、理、佛性、佛身结合起来视为一事。如有论云："心是道，心是理，则是心，心外无理，理外无心。心能平等，名之为理；理照能明，名之心。"① 理是心的平等无别，心是理的照明作用。这种心理合一的思想形态，标示真理与主体的合一，既使真理含有主体活动的意义，又使精神主体含有超越的意义，从而与理、心为单纯的空寂意义不同，具有不空的意义。临济宗创始人义玄对心作了这样的描述：

> 心法无形，通贯十方。在眼曰见，在耳曰闻，在鼻嗅香，在口谈论，在手执捉，在足运奔。本是一精明，分为六和合。②

这是说，心是无形无状的，它普遍地弥漫于宇宙全体之中。心即众生主体活动，表现为眼、耳等六个方面的和合、协调。众生的心是超越的主体性。

禅宗视自心为超越的主体性，以此作为成佛的根据，并全面地肯定自心，以之为人生与宇宙的根源：

> （弘忍）为说《金刚经》，至"应无所住而生其心"，慧能言下大悟：一切万法不离自性。遂启祖言：何期自性本自清净，何期自性本不生灭，何期自性本自具足，何期自性本无动摇，何期自性能生万法。③

---

① 《大乘开心显性顿悟真宗论》，《大正藏》第85卷，1278页中。

② 《镇州临济慧照禅师语录》，《大正藏》第47卷，497页下。

③ 《六祖大师法宝坛经·行由品第一》，石峻等编：《中国佛教思想资料选编》第2卷第4册，34页。

"自性"，此即自心。这是说自心是本自清净、本自具足、不生不灭的超越主体性。一切万法都不离自心而存在，自心能生起一切万法，自心是一切万法生起和存在的本原、本性。

禅宗还着重论述了心的本体与功用的关系问题。慧能说：

> 汝若欲知心要，但一切善恶都莫思量，自然得入清净心体，湛然常寂，妙用恒沙。①

"心体"、"妙用"，即心的体用。这是说，对一切事物不起善恶的分别，是体现心体的要诀。若能这样去做，心体就既能保持寂然的状态，又具有恒河沙数般的无量妙用。

如上所述，禅宗讲的心是超越的主体性，那么，心体又是指什么呢？在这方面禅宗内部各派的界说并不一致。如神会、宗密的荷泽一系强调"寂知指体"②，认为空寂之知是心体，是净心的体性。空寂之知即心灵不昧的灵知，相当于佛的智慧，是众生本来就具有的。这是说，心即超越主体性是以知为根本、本原。洪州宗一系则强调心体的空虚性、无限性，如唐末黄檗希运就说："心体如虚空相似，无有相貌，亦无方所。"③ "尽十方虚空界元来是我一心体，纵汝动用造作，岂离虚空？"④ "此心无始已来，不曾生，不曾灭……犹如虚空，无有边际，不可测度。"⑤ 这是说，心体犹如虚空一样，在时间上是无始无终，在空间上是无边无际，在大千世界中是唯一真实不虚的。希运还强调此心是不可言说的，是不得以知去解说的："此心不在内外中间，实无方所，第一不得作知解，只是说汝如今情量尽处为道，情量若尽，心无方所。此道天真，本无名字，只为世人不识，迷在情中，所以，诸佛出来说破此事。"⑥ 认为若是排尽迷情，心就不局限

---

① 《六祖大师法宝坛经·护法品第九》，石峻等编：《中国佛教思想资料选编》第2卷第4册，61页。

② 《圆觉经大疏钞》卷3之下，《续藏经》第1辑第14套第3册，279页。

③ 《黄檗断际禅师宛陵录》，《大正藏》第48卷，386页中。

④ 同上书，387页上。

⑤ 《黄檗山断际禅师传心法要》，《大正藏》第48卷，379页下。

⑥ 同上书，382页下。

在内外中间，就无方所，也不得作知解，反对荷泽宗人以知为心体的观点。在希运看来，心、心体是虚空的、无限的、真实的绝对本体。由上可知，禅宗讲的心体多指空寂的精神主体，对于这种精神主体，有的禅师强调其智慧性，有的则突出其虚空相。

作为人生与宇宙、禅修与成佛的本原的心体，又有哪些功用呢？心体与功用是什么关系呢？这主要有以下三个方面的内容：

（1）本原与迹象。心体作为本原能显示自身，在时空方面呈现为迹象。慧能说："于自性中，万法皆见（现）。"① "自性"即自心。意思是自心能显现万法，万法都是自心的显现。希运也说："山河大地，日月星辰，总不出汝心；三千世界，都来是汝个自己。"② 世界万物就是自己的心，就是自心的展现。众生若是起心，就会示现出种种事物："心生种种法生，心灭种种法灭。故知一切诸法皆由心造，乃至人天地狱六道修罗，尽由心造。"③ 这里说的"心生"、"心造"，是指心的表现、实化、成就的意思。其中，如山河大地、日月星辰是众生心起的显现，是心体由潜存状态转为实化状态，是心本原在空间的表现。再如人、天、地狱等是与自心的修持直接相关，是自心作用的不同结果与体现。此外，佛的法身与应身的关系，也突出地表现了本原与迹象的体用关系。法身作为觉悟的主体性，为了教化众生，示现为种种应身。应身的种种教化众生的活动，其源头来自佛的法身，法身是应身的本原。道一说："法身无穷，体无增减。能大能小，能方能圆，应物现形，如水中月，滔滔运用，不立根栽，不尽有为，不住无为。有为是无为家用，无为是有为家依。"④ 法身富于变化，应物现形，极为神秘。法身无为，是有为应身的所依。

（2）含藏与功用。心体既是显示迹象的本原，也是真理、功德、能力以及邪恶教说的含藏贮存之处。真理、功德、能力展现为种种功

---

① 《坛经》[20]。

② 《黄檗断际禅师宛陵录》，《大正藏》第48卷，385页下。

③ 同上书，386页中。

④ 《马祖道一禅师广录》，《续藏经》第1辑第2编第24套第5册，406页。

用，而对众生发挥教化、转化的作用，邪恶教说则使众生执迷不悟。慧能说："自性含万法，名为含藏识。思量即转识，生六识，出六门，见六尘，是三六十八。由自性邪，起十八邪；若自性正，起十八正。若恶用即众生，善用即佛。用由何等？由自性。"① "自性"即自心。自心包含一切法，一切法都是自心的起用。若自心是正是善，就表现出种种妙用；若自心是邪是恶，则会表现出种种执迷。众生表现如何，在迷在悟，都决定于自性，决定于自心。

（3）体用同一无别。禅宗还强调体与用是同一的东西，只是状态不同而已。体是本原、含藏、隐蔽的状态，用是迹象、功用、显现的状态。道一说："理事无别，尽是妙用，更无别理，皆由心之回转。……种种成立，皆由一心也。建立亦得，扫荡亦得，尽是妙用，尽是自家。非离真而有立处，立处即真，尽是自家体。……行住坐卧，悉是不思议用。"② 这里的"理"即体，"事"即用。理事无别，都是心的回转，即心的不同状态。行住坐卧也是本体的妙用，本体的显现。如前所引，希迁也说："灵源明皎洁，枝派暗流注，执事元是迷，契理亦非悟。"③ 这是从心物、理事关系来论体用关系。意思是说，心（灵源）是清净明洁的，由心生出的枝派（物）因为与心贯通不明显，所以是"暗流注"。但心物都是佛性的表现，本是一体，毕竟是贯通的。如果不了解心物的一体关系，执著于事物就会迷惑，仅仅契理（心）也不是真正觉悟，只有把两者联系贯通起来，才是真正的觉悟。

禅宗把心作为人生宇宙的本原，是和探求成佛的根源分不开的。禅宗追求生死不染，去住自由的理想境界，认为要达到这种境界，不应泛泛地走迂回曲折的道路，而应直截了当地把握成佛的根源。他们认为，这个根源就是众生的心地，就是自心、本心，而现实的日用云为，就是心地的纯任自然表现。由此禅师宣扬自心是佛的思想，如马

① 《坛经》[45]。
② 《马祖道一禅师广录》，《续藏经》第1辑第2编第24套第5册，406页。
③ 《参同契》，《景德传灯录》卷30，《大正藏》第51卷，459页中。

祖就说："汝等诸人各信自心是佛，此心即是佛心。……心外无别佛，佛外无别心。"① 此心指虚妄心，不是清净心。这是说，当前的实现凡心，就是成佛之所在。众生不应离开当前的生灭的妄心去追求成佛，而应使妄心经过圆融的禅修程序以成就为佛。希运进一步说："唯此一心即是佛"②，"性即是心，心即是佛，佛即是法"③。此心指清净心，清净心是成佛心，就是佛性，佛当是内在于、包含于此清净心中。清净心是成佛的内在根据，从这种意义上说，心也就是佛，就是佛法。

宋代正统儒家对佛教的心起万法的唯心论作出回应，张载批评说："释氏（佛教）不知天命，而以心法起灭天地，以小缘大，以末缘本，其不能穷而谓之幻妄，真所谓疑冰者与！"④ 张氏的批评得到了二程的赞同："释氏推其私智所及而言之，至以天地为妄，何其陋也！张子厚尤所切齿者此耳。"⑤ 明清之际的思想家王夫之也赞同张载的观点，在《张子正蒙·大心篇注》中说："释氏谓'心生种种法生，心灭种种法灭'，置之不见不闻，而即谓之无。天地本无起灭，而以私意起灭之，愚矣哉！"⑥ 张载、二程和王夫之都认为，佛教视世界为虚妄，如同夏虫疑冰，是不懂得自然界变化的必然性（天命）。佛教说天地万物是由于人心而有生灭，这是将小的东西（心）当作大的东西（天地）的本原，是把枝节的东西当作了根本的东西。张氏等人的评论带有一定的合理性，但是从认知的角度，以感性认识的大小来比喻和说明"物"与"心"的关系，显然过于粗疏，不能真正揭示"物"与"心"的多重关系，从而也难以说明天地万物的客观性质。

综上所述，我们可以就中国佛教的心本原说的哲学地位、理论进

---

① 《江西道一禅师》，《景德传灯录》卷6，《大正藏》第51卷，246页上。

② 《黄檗山断际禅师传心法要》，《大正藏》第48卷，379页下。

③ 同上书，381页上。

④ 《正蒙·大心》，《张载集》，26页，北京，中华书局，1978。又，末句，张载自注云："夏虫疑冰，以其不识。"意谓与夏虫不可语冰也。

⑤ 《程氏外书》卷7，《二程集》第2册，394页。

⑥ 《张子正蒙注》，130页，北京，中华书局，1975。又见《船山全书》第12册，153页，长沙，岳麓书社，1996。

路、基本内涵和主要特点作一简要的小结。

（1）中国佛教心本原说有一个演变和发展的过程，大体来说，它先是以气、道、本无、法性为本体，后来突出了理的本体意义，并将理与心结合起来（也有不结合的），最后确立以心为本体，为返本归原的宗教修持提供本体论的根据。隋唐时代的天台宗、法相唯识宗、华严宗和禅诸宗都以心（或识）为本原，就是中国佛教经过漫长探索，在本体学说上的最后归宿，这足见心本原说在中国佛教本体论哲学乃至整个中国本体论哲学中的地位。应当肯定，中国佛教学者是着重从宗教认识和实践的需要出发，论述心本原的，它的认识论和实践论的意义是主要的。但是，人并不能离开客观世界而孤立存在，也不能离开客观世界而获得解脱，事实上，心与物，心与外部世界的关系，也纳入中国佛教学者的哲学视野之中，构成为心本原说的重要内容，因此心本原说也具有宇宙本体论的意义。中国佛教心本原说，是以本原论本体，即在本原的意义上论本体。心是众生的本原、成佛的本原，乃至宇宙万法的本原，就是中国佛教心本原的全部哲学意义。

（2）中国佛教心本原说的理论架构与理论进路有二大系统：一是，一方面突出心与理结合，一方面又突出心的觉性内涵，借以构成众生普遍具有、永恒不变的真心本原说，后经过真心与妄心内在关系的解构，最后形成了以自心、平常心为本原的学说。《大乘起信论》和天台宗、华严宗、禅宗，是这一系的理论构造者和倡导者。二是，着重探讨深层潜意识——第八阿赖耶识的性质与功能。应当说，这都是人类哲学思维的重要成果，其间包括了本体思维的智慧与体验。

（3）中国佛教心本原说的基本内涵，在于阐明心与众生、心与佛、心与色或物（色与物相通而不相等）的三组关系。中国佛教学者认为，心作为本原、本体，有其功能、作用，这种体用关系表现为本原与迹象、含藏与功用，以及同一不二等多重关系，并分别在心与众生、佛、色或物的关系上，以这样或那样的形态表现出来。

（4）中国佛教心本原说与印度佛教、中国哲学的相关学说，既有相同之处，也有显著的差别。大体说来，中印佛教都重视心本原说的阐扬，也都倾向于破除心实体说，强调心的空无自性。但是，印度佛教偏于妄心本原说，中国佛教则着重阐发真心本原说；印度佛教重视心本原说的转换，中国佛教则较强调返归本原。中国佛教哲学同中国道家哲学一样，也重视本体论的探索，这是中国佛教受中国固有哲学影响的结果。中国佛教心本原说与陆王心学相近，陆王心学是吸收佛学以及儒、道学说的结果。从整个中国哲学史来看，中国佛教首创心本原说，且居于最重要的地位。中国佛教的独具特色的心本原说是值得认真深入总结的。

第五编　实践论

小　引

佛教是追求断除人生烦恼和解脱生死痛苦的宗教，是极富修行实践性的宗教。自释迦牟尼以来，历代佛教学者都十分重视探寻解脱的途径，设计周密的实践方法，从而形成了一套独具特色的佛教实践哲学。

戒、定、慧是佛教实践的三大纲领，是佛教徒成就佛果的根本途径和方法。佛教的一切法门都是戒、定、慧的具体展开，都尽摄于戒、定、慧范畴之内。戒学、定学和慧学，是佛教修行者必须修习的最基本的学问，被称为“三学”。戒学的“戒”，是禁制的意思，指皈依佛教的人所必须遵守的规则，即佛教的道德戒条。在“三学”中，戒是佛教修持实践的基础。小乘佛教根据佛教徒的不同类型，制定出五戒、八戒、十戒和具足戒。大乘佛教又制定出三聚净戒、十重戒和四十八轻戒等。戒的功用，一是消极方面，在于防非止恶；二是积极方面，在于促发善行。定学的“定”，是使心专注于某一对象而不散乱。佛教为防止心意散乱以求达到安宁的精神状态，提出了种种方法。小乘佛教有四禅定、四无色定、九想、八背舍等，大乘又提出九种大禅、百八三昧、百二十三昧等。慧学的“慧”，指能破除迷惑，观达真理的智慧。发此智慧而努力进修，称为慧学。慧学内涵丰富，有小乘修学四谛、十二因缘，大乘观照真如、实相等。戒、定、慧三学主要是从伦理实践、心理修养和智慧修学这三个方面来规范佛教修持实践的内涵，分别用以制身、定心和证真。佛教还强调主体的修持进程和提升次第——由戒生定，由定生慧，即持戒清净始可得禅定寂静，具有禅定寂静有助于开发智慧，从而揭示了佛教信徒修持实践中制身、定心和证真的依次推进和前后制约的内在逻辑关系。①

大乘佛教为了成就佛道又提出六种实践德目，称为“六度”（六波罗蜜），即布施、持戒、忍辱、精进、禅定、智慧。前五度可归于慈悲，为第六度般若智慧所统率，“般若波罗蜜为五波罗蜜作导”②，突出地强调般若智慧的导向作用。六度是三学的展开，布施、持戒、忍辱为戒学所摄，禅定即定学，智慧为慧学，精进是努力不懈地修习，通于三学所摄。六度实也不出三学的实践范围。

中国佛教信徒的修持实践，是在印度佛教三学的基础上，结合中国的具体情况加以发展而形成的，因而表现出了不同于印度佛教的特殊实践风格。这主要表现在以下三个方面：

戒学实践。由于中国和印度在地理环境、气候条件、政治体制、文化传统、生活状况以及风俗习惯等方面存在的种种差异，中国佛教学者对印度佛教戒学修持实践的内容，作了调整、改变与补充，形成了新的实践特征。这主要有三种情况：一是在仪规制度方面，为适应中国的具体情况，早在东晋时代，道安就首创僧尼规范三例③，此后中国佛教学者也时有在戒律之外别立禁约之举。到了中唐，禅宗兴盛，百丈怀海禅师更是制定了与律法不同的《百丈清规》作为禅宗寺院（丛林）的新例。元代，百丈山德辉禅师又奉朝廷之命，将《百丈清规》的不同本子重加厘定，名《敕修百丈清规》④，颁发全国。清规设有方丈、法堂、僧堂等制度，规定了禅僧的种种职务，制定对帝王圣寿万岁的祈愿及禅宗祖师忌辰的典礼等仪式，并确立具有重大革

① 修习上，佛教还有闻、思、修三慧说。闻于经典的教法而生闻慧，思维所闻所见道理而生思慧，修习禅定而生修慧。其间依闻慧而生思慧，依思慧则有修慧。

② 《小品般若经》，《大正藏》第8卷，544页中。

③ 《高僧传》卷5《释道安传》载：“安既德为物宗，学兼三藏，所制僧尼轨范，佛法宪章，条为三例：一曰行香定座上经上讲之法；二曰常日六时行道饮食唱时法；三曰布萨差使悔过等法。”（《大正藏》第50卷，353页中）

④ 《大正藏》第48卷，1109～1156页。

新意义的邀请大众劳作的“普请”制度等等。清规确定的中国禅宗寺院组织的规程和寺众日常行事的章规，典型地表现了中国佛教仪规制度的特点。二是在戒律的研习与传持方面，形成了弘扬《四分律》[1]学的律宗。印度佛教传到中国的有四部广律[2]，唐中宗支持律宗，明令禁用《十诵律》，因而使《四分律》成为中国古代影响最大的佛教戒律。律宗把佛教所有的戒归纳为两类：一是“止持”，即制止身口作恶业的戒法；二是“作持”，指随顺所受的戒法而积极修习善业。律宗融合了唯识学说，认为僧人受戒时在心理上所形成的防非止恶功能，就是阿赖耶识所藏的种子，种为“戒体”。律宗还认为，戒、定、慧三学是彼此互摄，圆融无碍的。三是在伦理准则与规范方面。儒家伦理在中国古代社会中居于主导的、支配的地位，佛教的出家出世伦理遇到了儒家伦理的强烈抗拒，因此，佛教自传入中国内地伊始，就采取协调的立场，并逐渐肯定和日益重视儒家的忠、孝伦理，后来有的佛教学者更宣扬孝是首要的戒条，从而使中国佛教伦理具有浓厚的儒家伦理色彩，正是在这一意义上，中国佛教伦理思想具有儒家化的特色。

定学实践。“定”是专注于一境，集中而不散乱的精神状态，定学是佛教修定之学。在中国，禅与定通常连用，禅定的意思是安静敛心，止息杂虑。定学是佛教修习的重要方面与中间环节，是区别于其他一些宗教的独特的修持模式和生活方式，大小乘经论都广为说示，种类繁多，方法繁杂。定学（禅学）随着佛教传入中国，在东汉至南北朝时曾译出多种禅经，禅定的思想和方法一直获得广泛的流传。隋唐时代成立的佛教诸宗派，都依其所奉持的教义而修行禅定。其中，依据印度佛教思想和中国固有思想并加以综合而创立的禅宗，更是把以定为重心的印度禅转化为定慧一体的中国禅，以“教外别传，不立文字，直指人心，见性成佛”[3] 为其宗旨，从而发展出一种特有的禅法、禅风，一种成为源于印度佛教禅法又大别于印度佛教禅法的新宗

① 《大正藏》第22卷，567页上～1014页下。
② 译出的四律是《十诵律》、《四分律》、《摩诃僧祇律》和《五分律》。
③ 郭天锡：《临济慧照玄公大宗师语录序》，《大正藏》第47卷，495页中。

派。禅宗作为典型的中国化佛教宗派，宣扬本心、本性是人的本质，是成佛的超越根据，提倡以参禅方法，彻见心性本原，成就佛果。慧能以后，禅宗逐渐衍化出沩仰、临济、曹洞、云门、法眼“五家”，临济又分化出黄龙、杨岐两派，合称“五家七宗”。禅宗各派的基本思想是相同的，但因接引学人方法和教学方法，亦即门庭施设的不同，又形成为各异的宗风。随着禅宗的长期流传，其禅风也带来流弊，由此后来的禅师又提倡信奉净土，同时修习禅与净土，从而又转入了禅净合一的信仰轨道。此外，天台宗的止观实践，也是中国禅的一支巨流，其中所保留的印度传统的禅法，比禅宗要丰富得多。

慧学实践。中国佛教与印度佛教一样，也十分重视慧学实践。南北朝时代，一些中国佛教学者纷纷创立学派，隋唐时代更创建宗派。他们热衷于探讨人生和宇宙的真实本质，探求成佛的根源、途径和方法，并从丰富的宗教实践中总结经验，形成理论，表现了出色的宗教智慧。就以富有理论色彩的天台、三论、法相唯识和华严诸宗来说，天台宗着重阐发“诸法即实相”论，认为一切事物当体即是真实本相，一切事物都是真实本相的显示。由此进而开展“圆融三谛”、“一念三千”、“三法无差”和“性具善恶”诸说。相应地，在观行上也提倡“一心三观”、“一念三千”和“三谛圆融”的观法。三论宗则阐扬诸法性空的“中道实相”论，强调一切事物既空无自性，又以假名说有，如此万物实为不离性空而又历然可见，虽有假名而仍是无得的中道实相。此宗还为此而立“破邪显正”和“四重二谛”的认识原理和方法。法相唯识宗不同，它以“三性”说来说明诸法实相，并强调世界现象都是“唯识所变（现）”，并提倡修持四重二谛观，以“转识成智”。华严宗与上述诸宗也有所不同，它着重阐发的是“法界缘起”论，以“四法界”、“六相”、“十玄”等法门来说明现象与本体、现象与现象的统一，并确立相应的观法。富有更多神秘性的净土宗和密宗，分别提出了独特的修持法门。净土宗的宗旨是，以修行者的念佛行业为内因，以阿弥陀佛的愿力为外因，内外因相应，即可往生西方极乐世界。此宗特别强调称名念佛的殊胜和彼岸世界的美好，对于民间下层大众极有影响力和吸引力。密宗提倡修持密法，手结印契，口诵真言，心观本尊，认为这样就能与如来相印合，实现即身成佛的崇高理想。至于分别与戒学实践或定学实践密切相关的律宗和禅宗，正如上面所述，也都在慧学实践方面有所建树，有所贡献。

从哲学理论的思维层面来考察，中国佛教的戒学实践主要是伦理学问题，它涉及伦理的目标与理想、伦理的准则与德目、伦理的理论机制与哲学基础、佛教伦理与儒家伦理的关系，以及伦理的宗教功能与社会作用等一些问题。我们还可以从现代的眼光来探讨佛教伦理的普遍意义，这也就是佛教伦理的特殊性与普遍性、传统与现代的关系问题。应当强调的是，挖掘、整理、弘扬佛教伦理方面的弃恶扬善等内容，对社会的精神文明建设是有积极作用的。中国佛教的禅定实践，从哲学理论上说，主要是证悟论，证悟是解脱论意义的体验、觉悟，不只是通常的心理调节，而是以佛教智慧的直觉契合真理，它涉及证悟的主体与对象、证悟的根据与内容、证悟的方式与方法，以及证悟与修持的关系等一系列问题。中国佛教慧学实践的内涵极为广泛，它包括对人生和宇宙的看法，也包含了佛教修持的理论规范，因而涉及人生论、心性论、宇宙论、认识论、方法论的思想。鉴于上面已经论述过中国佛教的人生论、心性论和宇宙论方面的内容，这里我们侧重于从认识论和方法论的角度来论述中国佛教的慧学实践，由此本编拟探讨和分析伦理道德实践的准则与德目，禅修实践的方式与方法，直觉思维的内容与特点，言诠与体悟、理性与信仰、体验与知解等关系，以及真理的层次性与局限性、真理的相对性与绝对性等问题。

根据以上所述，下面我们将围绕实践论这一主题，设六章依次论述中国佛教的伦理观、禅修论、直觉论、语言观和真理观。其中禅修论与直觉论的内容密切相关，本可以合在一起论述，考虑到禅修方法与直觉思维的重要性，又因禅修论内容极为丰富，特作分章论述。

本编开头一章，是从中国佛教伦理对印度佛教伦理的继承与发展出发，分别从人生论、果报论和心性论三个方面论证了中国佛教伦理旨趣的依据、伦理价值的基石和伦理自觉的根源，以求较完整地表述中国佛教伦理的理论基础、构架、机制和功能，在此基础上，分析了中国佛教的伦理原则和伦理德目。本章确认中国佛教具有浓厚的社会伦理色彩，揭示了中国佛教与儒家世俗伦理协调的方式，指出了佛教伦理思想为中国世俗伦理提供的新因素，并且探讨了中国佛教伦理的历史作用与现代价值。

鉴于禅修论在中国佛教实践中的重要地位，本编特以较多篇幅予以论述。全文先是界定关键词语禅、禅定与禅悟的意义，随后是依历史顺序论述汉晋、南北朝、隋唐以及宋代以后的禅法。文中论述了东汉期间印度大小乘禅学传入的情况，指出禅法因与神仙方术相通而流传，禅法与中国固有文化的融合、大小乘禅法的合流是汉晋期间禅学的发展趋势。关于南北朝禅学，着重介绍北方的从慧文经慧思到智𫖮、从菩提达摩到慧可再到僧璨等五系禅师的禅法，南方的蜀郡、荆州、衡阳、建康、天台等地禅师的修持实践，并通过对禅僧情况、南北两地禅学的关系的分析，进而指出南北朝禅师的多方面的创造性的学术活动，为新禅学体系的创立奠定基础。关于隋唐以及宋代以后的禅修论，着重论述天台宗和禅宗的禅修法门。文中在分析了天台宗止观的涵义与类别之后，着重论述圆顿止观法门——“一心三观”、“十乘观法”、“二十五方便”和“四种三昧”，指出这些都是具有细密性、有序性与完整性的禅修方法。论述禅宗的修持法门是“禅修论”的重中之重，约占一半以上的文字。文中第一节是略述道信与弘忍的东山法门及其影响。第二、三节是论南顿北渐、如来禅与祖师禅，均带有考辨的性质。文中运用文献资料，论证神秀一系的重渐修渐悟，而慧能一系则主顿悟渐修和无修顿悟，并从顿渐两说的理论根据、运思理路、禅修方式和终极境界等角度，分析了两者的异同。在禅宗史研究中，对于如来禅与祖师禅两个名称的涵义、两者禅法的差异，以及两者历史的分限等，异说纷纭，莫衷一是。本编设专节力图在充分理解古代禅师的有关用语及其思想本义的基础上，界定如来禅与祖师禅的涵义，指出两者的禅法区别与历史界限，并分析了祖师禅提出的思想背景及其流传的文化意义。随后是论述宋代以来流行的文字禅、看话禅、默照禅与念佛禅，着重是揭示这些禅法形态的内涵、关联、差别与特点。

“中国佛教的直觉论”一章是对中国佛教禅修等修持实践所作的思维方式方法的总结。为此，先就中国佛教直觉思维的重要词语——

观、照、证、悟作出界说，以厘清其涵义。然后重点论述中国佛教直觉思维的历史演变，叙述汉魏西晋的禅观与般若直观，东晋南北朝禅观与空观的融合，以及隋唐以来天台、华严、禅、净土诸宗的各具异彩的直觉方式。再后是从中国佛教直觉思维的演变中，简要地总结其发展过程、对象、途径和类型，以及不同于印度佛教和中国儒、道哲学直觉思维的主要特点。

与直觉论密切相关的中国佛教的语言观，颇具哲学特色，为了凸显其独特的内涵，我们就印度佛教语言观和中国儒家、道家、玄学家的语言观分别作了简要的叙述。随后是论述禅宗前的中国佛教语言观，即译经、转读、唱导涉及的语言观念，东晋时代道安、僧肇和竺道生三位著名佛教学者以及隋唐时代天台、三论和净土诸宗的语言观念。本章重点是分别从“不立文字”与“不离文字”两方面论述禅宗的语言观。一方面揭示了不立文字的涵义是重在不执文字，分析了不立文字说的哲学基础是体证与言说、心灵与言说、真理与言说的差异性理念，并就不立文字的重要禅修方式，诸如棒喝、体势、圆相、触境、默照，作了介说。再一方面是论述了支持不离文字说的三个重要理念：藉教悟宗、教禅一致和教禅一体，并就禅宗大师们在不立文字原则下，活用语言文字而创造出的机语、玄言、公案、偈颂、话头等语言类型，作了介说。

本编最后部分也是全书的最后一章是论述中国佛教的真理观，这章是从哲学理论的角度总结中国佛教对人生宇宙真实的看法。全章在概述印度佛教真理观之后，着重论述中国佛教真理观的内涵及其历史演变。文中叙述了鸠摩罗什、僧肇和竺道生的真理观，并强调其真理论说构成了中国佛教真理观的始点与基础。接着是介绍南朝时三论师系与成论师系在二谛的意义、内容、体性问题上的分歧和论争，并指出这场大论战的重大理论意义与历史意义。文中还比较充分地论述了三论宗吉藏的破邪显正说与四重二谛说、天台宗智顗的七种二谛说与三谛圆融说，以及唯识宗窥基的四重二谛说，最后是就中国佛教真理观的演变过程与走向、学说重心与特点作了简要的小结。

第二十七章

中国佛教的伦理观

什么是伦理？什么是道德？通常说，伦理是处理人际关系所应遵守的理论、准则，而道德是调整人与人之间关系的内心信念与行为规范，二者既有区别又密切关联。伦理与道德两词现在已作同义词使用。伦理道德是由社会决定的主观信念、规范，是提高人们素质和水准，维护人际关系和社会稳定的重要因素。

佛教伦理是佛教全部学说中的一个重要组成部分，是佛教实现解脱的基本信念和重要方法。和其他宗教一样，佛教的理论与实践也离不开伦理道德因素，佛教的信徒也离不开社会伦理道德之网，由此，佛教的创始者和继承者也都把伦理道德作为信徒获得美好许诺——解脱，实现人生理想——涅槃的前提和保障。

佛教是伦理道德色彩极为浓厚的宗教。在佛教的根本理论苦、集、灭、道“四谛”中，“道”谛即是实现人生理想“涅槃”的方法，是伦理的重要内涵。佛教戒、定、慧“三学”的戒学和定学，尤其是戒学实属于伦理道德修持的学说。

在佛教典籍中，除律藏外，其他的经藏、论藏也都包括了丰富的伦理道德思想。在佛教的长期发展过程中，为了不断地适应社会生活和宗教生活的需要，佛教伦理道德思想也不断地获得调整、完善，并形成了内涵十分丰富的体系。佛教伦理涉及人与佛的关系、人与人的关系以及人与自我的关系，其中心是按照佛教的要求，善待佛法、佛陀、僧人、众生、自我，并坚持自我的心性修养，以成就佛教理想境界。可见，佛教伦理一方面既是世俗伦理，另一方面又是超世俗伦理。

中国佛教伦理是印度佛教伦理的继承和发展。自佛教传入中国后，其伦理思想，由于受时代的变迁和中国社会政治、经济及文化的制约，因此在与中国固有伦理思想的冲突与融合中，不断地发生变异，以至既与中国固有伦理相合流，又对中国固有伦理产生重大影响，形成了一种既有别于印度佛教伦理，又不同于中国固有伦理的带有宗教性、民族性与地域性特征的佛教伦理。

为了较全面地揭示中国佛教伦理的内涵和特色，我们将着重论述以下几个重要问题：中国佛教伦理的理论基础、基本准则和重要德目，中国佛教伦理和世俗伦理的关系以及中国佛教伦理的历史作用与现代价值。

第一节　中国佛教伦理的理论基础

佛教伦理以追求人生解脱为出发点，以达到解脱境界为终极目的。这就是说，佛教伦理是奠立在佛教人生观和解脱观基础之上的，佛教的解脱理论，尤其是其中的人生价值论、因果报应论和心性论对佛教伦理起了主导和决定的作用。在佛教伦理中，佛教解脱论和伦理观是融为一体的，这样，一方面既为佛教伦理提供信仰基础、心理基础，为信徒的道德实践提供源泉、动力、信念、意志，另一方面又给佛教义理赋予了伦理意义，要求信徒在佛教道德实践中体验佛教义理，并实现其信仰价值。从佛教伦理的理论结构来看，它为佛教伦理提供的精神力量是强大的，理论基础是坚实的。以下结合中国佛教学者的理论创造，从佛教伦理内涵的旨趣、价值、自觉三个方面来论述中国佛教伦理的理论基础。

一、佛教伦理旨趣的根据——人生论

佛教伦理旨趣，主要是通过止恶修善以达到精神的寂灭境界。这

种伦理旨趣是由人生解脱论所决定的。由于生命不断变化（“无常”）的逼迫性，佛教认为人生是“苦”，人们经常处在身心苦恼焦虑的状态中。人的生老病死自然现象是“苦”，人的相互关系和主观追求等社会现象也是“苦”。当然，人生也有“乐”，但是，这种乐的感受是稍纵即逝，不能持久的，实质上是“苦”的一种特殊表现形态。在佛教看来，不仅人生的本质是“苦”，人所处的环境、所面对的世界也是“苦”。世俗的一切，其本质都是“苦”，这是佛教对人生和社会所作的最基本的价值判断。东晋的佛教学者郗超在《奉法要》中就引用经文说：“五道众生，共在一大狱中。”“三界皆苦，无可乐者。”①

佛教认为人生之所以痛苦，最直接的根源是由于有“生”，人有“生”就有“苦”，生命就是产生苦的原因和受苦的实体。既然如此，为了解除痛苦，就要“不生”、“无生”，也就是只有超越生死才能获得解脱。佛教进一步认为，人之所以有“生”，其原因在于“无明”和“贪欲”。无明是由于愚昧，不懂得佛教义理，贪欲主要是指爱欲、情欲和食欲。为了从无明和贪欲中解脱出来，佛教提倡戒、定、慧三学，以这三学作为全面对治凡人的无明和贪欲，求得人生解脱的方法。

如上所述，所谓戒学是防恶修善的道德修持实践，定学是摄散澄神、摈除杂念，以佛法观照世界的特殊心理训练，慧学是增长智慧的修习活动。佛教强调三学是教徒修行的实践纲领，并主张由戒生定，由定生慧。大乘佛教还提出以布施、持戒、忍辱、精进、禅定、智慧这“六度”来配三学，前三度都属于戒学的范畴。从三学的内容和实践次第来看，佛教对伦理道德的修持是何等重视！佛教强调伦理道德修持是解除人生痛苦的首要环节，对获得人生最终解脱具有决定性的作用。佛教在人生论、解脱论的基础上确立了伦理意义，也就是在人及其痛苦的起源、人生的本质、转变和理想的基础上，引申出了佛教信仰者的责任和义务、理念和规范，把伦理意义和人生意义结合起来，统一起来。这是极富理论深度的。

---

① 均见石峻等编：《中国佛教思想资料选编》第1卷，22页。

二、佛教伦理价值的基石——果报论

佛教伦理价值取向的奠基石是因果报应论。如第四章所引，郗超非常形象地描述了人的善恶与来生命运的因果关系，他说：

> 三界之内，凡有五道。一曰天，二曰人，三曰畜生，四曰饿鬼，五曰地狱。全五戒则人相备，具十善则生天堂。全一戒者，则亦得为人。人有高卑，或寿夭不同，皆由戒有多少。反十善者，谓之十恶，十恶毕犯，则入地狱。抵揬强梁，不受忠谏，及毒心内盛，徇私欺绐，则或堕畜生，或生蛇虺。悭贪专利，常苦不足，则堕饿鬼。其罪差轻少，而多阴私，情不公亮，皆堕鬼神。虽受微福，不免苦痛，此谓三途，亦谓三恶道。①

这是说，奉行十善的上天堂，奉持五戒或一戒的为人，由于持戒多少有别，人也就有地位尊卑不同和生命寿夭之分。违反十善者，下地狱。其他虽非十恶全犯，但只要有不善，则视情况或堕为畜生，或堕为饿鬼。一个人生前持戒或犯戒，行善或为恶，决定了下世生命形态的上升或下堕。善有善报，恶有恶报；善必受乐，恶必受苦，这是支配人生命运的法则。显然，因果报应理论内含着道德导向作用，突出了伦理价值取向对人生命运的意义，因而中国佛教学者都自觉地以因果报应论作为伦理价值的理论基石。

中国佛教学者还结合中国固有宗教思想阐发因果报应论，进而从多种角度论述因果报应论与伦理价值的关系。

首先，中国佛教学者把伦理价值的承担者、体现者，即伦理行为由众生转而主要定位在人类上面。印度人把人和其他动物都概括为“生物”。印度佛教以天、人、畜生、饿鬼等“众生”为伦理行为的主体。中国固有观念，尤其是儒家思想认为“人为万物之灵”，视人为万物的中心，高于禽兽，很难认同人的善恶道德标准能够适用于禽兽，很难认同人类以外的动物也能获得解脱。在早期佛教传入的梵文经典中，“生物”一词被译为“人”。直至唐代，中国佛教学者中，有

① 《奉法要》，石峻等编：《中国佛教思想资料选编》第1卷，17、18页。

的人也还在排斥印度佛教把人与其他动物同视为众生的观点。如法藏就说："若人弃舍此戒，虽居山苦行，食果服药，与禽兽无异。"① 认为佛教徒不奉持戒律，无异于禽兽。宗密在《原人论》一文中，也强调人是生物中最高等的存在，是唯一能心神交合的生灵。

其次，中国佛教学者通过"三报"说和神不灭论，从理论上强化伦理价值与因果报应的统一性。古时对因果报应说持异议的理由主要有两点：一是现实生活中存在着有目共睹的善人得祸，恶人得福的不公正现象，即理论与实际相矛盾；二是认为人死形体与精神俱灭，没有不灭的灵魂，并没有来生受报的事实令人眼见心服。东晋时佛学大师慧远"因俗人疑善恶无现验"作《三报论》，并撰《明报应论》、《形尽神不灭论》②，系统地阐发了因果报应论。他特别强调报应有三种："善恶始于此身，即此身受"的"现报"、"来生便受"的"生报"、"经二生、三生、百生、千生，然后乃受"的"后报"。生报后报说弥补了"现世受报说"的理论缺陷，说明了善人得祸，恶人得福乃是前世作业的结果，善人恶人所作所为将在来生或二生，甚至千生再受报应。善良的德行要求福乐生活作为报偿，恶劣丑行必有痛苦生活作为惩罚，这是道德律的必然。这虽在有限的现实生活中不能全部实现，但在三世轮回转生中却一定能实现。这种说法不仅在理论上自圆其说，而且无法用验证方法加以检验，从而也就在理论上把伦理价值与因果报应完全统一了起来。慧远还通过阐发精神与形体的区别来论证神不灭论，也就偏离印度佛教的"无我"说，从而巩固了来生受报的理论基础。

再次，中国佛教学者竭力把佛教的善恶报应和道教的延年益算（寿）思想结合起来，为佛教伦理添加了功利性。南北朝时，中国佛教出现了一批"伪经"、"疑经"，这些经典把中国固有文化思想与印度佛教义理结合起来，用民俗易于理解、接受的思想和语言规劝世人三皈依，信奉佛教，守戒持斋，去恶行善。经文有些说法改变了印度

① 《梵纲经菩萨戒本疏》卷1，《大正藏》第40卷，602页下。

② 石峻等编：《中国佛教思想资料选编》第1卷，85～91页。

佛教的伦理价值与因果报应论的内涵。例如南北朝隋唐时代广泛流传的《提谓经》说：

> 佛言：四时交代，阴阳易位，岁终三覆八校，一月六奏。三界皓皓，五处录籍，众生行异。五官典领，校定罪福。行之高下，品格万途。诸天帝释、太子使者、日月鬼神、地狱阎罗、百万神众等，俱用正月一日、五月一日、九月一日，四布案行，帝王臣民八夷、飞鸟走兽鬼龙行之善恶，知与四天王。月八日、十五日，尽三十日所奏，同无不均，天下使无枉错，覆校三界众生罪福多少，所属福多者即生天上，即敕四镇五罗大王司命，增寿益算，下阎罗王摄五官，除罪名，定福禄故，使持是三长斋，是为三覆①。八校者，八王日是也。②

"三覆"，"覆"，察看，三次巡察，时在三长斋月一、五、九三个月。"八校"，"校"，查对，八次核查，时在八王日（立春、春分、立夏、夏至、立秋、秋至、立冬、冬至）。"六奏"，六次奏闻，时在六斋日（每月八、十四、十五、二十三、二十九、三十共六日）。这是说，根据阴阳四时的运行，佛教护法神天帝释在斋日时派遣太子使者、四大天王等百万众神下降人间，探察众生的善恶行为，并与四大天王于每月六斋日所奏的关于众生的善恶行为相核对，使无枉错，然后天帝释根据众生的善恶行为，罪福多少，再分别给以报应。对行善而福多者，给以"增寿益算"，"算"，命数，年龄，"增寿益算"就是延年益寿，"即生天上"，上升为天神。《提谓经》说的"增寿益算"，"即生天上"，实际上就是中国道教所说的长寿成仙，这种说法十分符合中国人的求生、重生、乐生的愿望，同时也改变了佛教因果报应论的说法，使佛教伦理价值蒙上了世俗功利的思想色彩。

从纯理论思维的角度来考察，因果报应论为佛教伦理价值提供了深厚、牢固而周密的理论基础。这可从三个方面来说明：

---

① 原作"是故三覆"，据文义改。

② 转引自《法苑珠林》卷88，《大正藏》第53卷，932页下。

第一，佛教信仰者的伦理价值取向或道德选择，归根到底是一种行为的选择。当代行为主义心理学关于人类行为方式的研究表明，人们对其行为方式的选择是受其行为导致的结果所左右的，得到报偿的行为将会再次重复，受到惩罚的行为将趋于避免；人们总是选择那些将能得到最大报偿和最小惩罚，甚至不受惩罚的行为方案。佛教因果报应论宣扬行善将会得到解脱，甚至成就为佛，作恶则将下堕为畜生，甚至下地狱，两者的后果反差极为悬殊。也就是说，善恶报应说在规范行为的可行与不可行、行为的标准与价值方面，赋予了不同行为以不同的报应承诺，从而确立了行为与反馈的相对合理关系。这就唤起人们对自身命运的关怀，使人乐于从善而畏惧作恶。非常明显，这是符合人们道德选择的心理和动因的，是符合人类个体行为选择的一般规律的。

第二，因果报应论强调有因必有果，自己作业，自身受报，这就会使人们减少对现实的不满；同时，对人生的期待，也会由指望于外界、天神的赐予，转向自我内省，反求诸己，向内追求。由此在内心，在灵魂深处确立去恶从善的道德选择，这种选择进而就成为内在的自觉的强大的驱动力量、支配力量、约束力量、控制力量。这与外在的制约，外加的规范，服从外部影响、指令的道德选择是完全不同的。这种道德自律的压力和精神，既是道德选择的强大动力，又是道德选择的重要保证。

第三，佛教的三世报应说及与其相关的来世说，和一世报应说是不同的，它不仅从理论上自圆其说地解释了现实生活中触目可见的善人遭遇不幸，恶人享受欢乐的颠倒现象所产生的原因，而且还使人关注生死的安顿，关切来世的命运，增长自律心理，这就有助于激发佛教信仰者人心向善，追求善果。

佛教的因果报应论符合人们道德选择的心理基础，有利于主体道德自律的发扬，同时，还因其强调来世，也有助于提高果报理论的威慑作用。这样，佛教因果报应理论就成为民间广泛的信仰，“善有善报，恶有恶报，不是不报，时辰未到，时辰一到，马上就报”成为了民间的普遍信念。事实上，因果报应理论一直是维护中国人伦理价值的重要思想支柱之一。

三、佛教伦理自觉的本原——心性论

众生修持行善的伦理自觉问题，也就是道德起源论问题。佛教对这个问题给予很大的关注，并着重从心性论方面进行论证：心是善恶报应的基础，道德源于众生的本性。中国佛教更是强调开发个性，成就道德，实现解脱。

佛教十分重视心灵在善恶报应序列中的主导作用，《奉法要》说："心为种本，行为其地，报为结实。"[①] 这是以种植与结果为喻，说心如种子，报应是种子的果实，心是报应的本原。《奉法要》又展开说：

> 经云："心作天，心作人，心作地狱，心作畜生，乃至得道者，亦心也。"[②] 凡虑发乎心，皆念念受报。虽事未及形，而幽对冥构。夫情念圆速，倏忽无间，机动毫端，遂充宇宙。罪福形道，靡不由之，吉凶悔吝，定于俄顷。[③]

佛教通常以身、口、意三业为报应的根据，其中又特别重视心（"意"）的作用。这里引用《般泥洹经》的经文就是为了强调心是各种报应乃至得道的根源、基础。《奉法要》进而发挥这种思想，说人心的每一思虑、思念，即使没有付之行动，形成事实，也将在冥冥中产生报应。由此《奉法要》又说："是以行道之人，每慎独于心，防微虑始，以至理为城池"[④]，要求佛教修行者"慎独"，重视道德意识修炼，防微杜渐，不生任何恶念。这是说，心的善恶对因果报应具有决定性的作用，心善可以得道，心恶则"作畜生"，"下地狱"。由此可以说，心是非道德行为的基础，也是道德行为的基础，人应当努力做到心善，而只有心善才能得道。

佛教还进一步从心的本性来阐明伦理自觉的基础。自早期佛教以

---

① 石峻等编：《中国佛教思想资料选编》第1卷，23页。

② 此所引经文，原文是"人知正心，天上诸天，皆代人喜。当以降心柔弱自损，勿随心行。心之行，无不为。得道者，亦心也。心作天，心作人，心作鬼神、畜生、地狱，皆心所为也。"（《般泥洹经》卷上，《大正藏》第1卷，181页上）

③④ 石峻等编：《中国佛教思想资料选编》第1卷，18页。

来，为了说明众生成就正果的可能、原因，佛教的主流派就主张心性本净说，认为众生的心性是本来清净的，只因烦恼的污染而没有显露出来而已。心性本净是众生成就理想道德，进而获得解脱的内在根据。后来大乘佛教更提倡“如来藏”（自性清净心）说和佛性说，强调自性清净心或佛性是众生成佛的根据。中国佛教，尤其是禅宗更是肯定众生佛性的本然自足。慧能在《坛经》中说：“世人性本自净，万法在自性。”① “万法”是泛指精神与物质的存在。这里，慧能认为世人的自性是清净的，而且万法都在“自性”中，这自性就是“真如性”②，具有万法本体的意义。由此可以说，人的心性既是道德本性，又是道德本体，众生的内在道德本性与外在道德本体合而为一，为众生的伦理自觉、道德修养提供了坚实的基础。由此还可以说，慧能在道德起源问题上是个典型的性善论者。在慧能看来，众生先天具有性善的本性，人心本善是众生伦理自觉、道德修养的出发点，而佛教徒的修持就是在自心中明见善的本性，体认最高的伦理准则。佛教这种道德源于人的天赋本性的说法，与儒家代表人物孟子的“仁、义、理、智，非由外铄我也，我固有之也”（《孟子·告子上》）的道德规范源于本性说，是完全一致的。

中国禅宗还在“心性本净”、“心性本觉”说的基础上，把个性开发和伦理生活统一起来，强调宗教实践、道德修养是主体的内在本性开发，是自我意识活动，是精神自觉活动。禅宗认为，众生的个性渗透在纷繁世界和日常生活之中，要从现实世界和生活中发现人的真实本性，发现人的伦理自觉，发现人的无限价值。禅宗语录就是禅师们开发人的无限个性天地的记录，就是禅师们生发出生命奇光异彩的记录，也是禅师们佛教伦理自觉活动的记录。

以上我们分别揭示了中国佛教的人生理想与伦理旨趣、生命规律与伦理价值、心性思想和伦理自觉的内在思想联系，从而表明：中国佛教伦理是有其深厚广阔的理论根据的，其中的因果报应论，对中国

① 《坛经》[20]。
② 《坛经》[27]。

佛教伦理尤具重大作用；佛教理论以信仰方式融摄涵纳伦理道德规范，使佛教信仰者的生活和行为道德化、神圣化，从而使佛教伦理成为制约中国佛教信徒宗教实践的极其强大的力量，也成为影响中国民间道德实践的巨大力量。同时，也应看到，中国佛教的因果报应论及与其相关的三报论说是建立在神不灭论的基础上的，而神灭神不灭一直是个有争论的问题。佛教神不灭论曾受到儒家学者的批判与否定，无疑这也动摇了三报说的理论基础；又，佛教的心性本净说、本觉说，也不断受到佛教内外持性染说、性恶说者的质疑和挑战，由此也可以说，如何正确地解说人的本性，仍然是一个难度很大和未成定论的问题。

第二节　伦理原则与伦理德目

伦理原则是指伦理价值标准和行为基本准则，伦理德目是实践伦理原则的具体规则，即道德规范。印度佛教伦理原则奠定于小乘佛教时期，经大乘佛教时期的调整、补充和发展而最终定型。印度佛教伦理德目则在小乘佛教时期已基本定型，后在大乘佛教时期也有一定的发展。中国佛教继承了印度佛教的伦理原则和伦理德目，并结合中国的情况，又有所侧重，有所改革，有所发展。下面我们将要论述的就是这两方面的问题：印度佛教的伦理原则与伦理德目，中国佛教根据印度佛教思想对伦理原则和伦理德目所作的新发展。

一、三大伦理原则

小乘佛教从人生是苦的判断出发，强调排除自身的生理欲望，提倡出家苦行，以消除自我的痛苦。它提倡通过个人的去恶行善的修持来求得个人的解脱，而对社会群体的生活、民族的命运，往往持冷漠或冷酷的态度。大乘佛教继承、改造并发展了小乘佛教的伦理原则，它以普度众生为出发点，进而强调“众生平等”、“慈悲喜舍”、“自利利他”、“自觉觉人”、“方便随缘”，以个人解脱和众生解脱的统一为真正的解脱目标。中国佛教融会了印度大小乘佛教的伦理思想，它奉行的伦理原则主要是：

（一）去恶从善

“诸恶莫作，诸善奉行，自净其意，是诸佛教。”这是《法句经》中著名的“七佛通戒偈”[①]。此偈颂也多处散见于《增一阿含经》中，其中卷1《序品》解释了此偈颂的意义，说：“四阿含义，一偈之中尽具足诸佛之教及辟支佛、声闻之教。所以然者，诸恶莫作，戒具之禁，清白之行；诸善奉行，心意清净；自净其意，除邪颠倒；是诸佛教，去愚惑想。”[②]《法句经》的著名偈颂，代表了佛教戒律的根本精神，故称“通戒”，历来备受佛教信徒的尊崇。此偈从内容来看有两个层次：一是“诸恶莫作，众善奉行”，奉行去恶为善以保持思想清净和行为规范，这是尚有善恶相对立的属于世俗层次的伦理。佛教又称“诸恶莫作，众善奉行”是“有漏善”。“漏”是烦恼，即带有烦恼的善。二是“自净其意”，也就是清除内心的无明、烦恼，或者说是从内心消除善恶的对立，也称为“无漏善”。“自净其意”是在体悟自性清净的基础上，进而超越善恶的对立，达到更高的道德境界，这是超世俗的更高层次的伦理，是整个偈颂的核心。

佛教关于善恶的意义，是根据解脱论界定的。所谓善是符合佛教的教义、教规，能断除痛苦，招感正果，有利于解脱的品格、思想、言说、行为。反之，不符合佛教教义、教规，招感苦果，有碍于解脱的品格、思想、言说、行为，就是恶。也就是说，是否符合佛理，是否有利于解脱，是区分善恶的根本尺度。中国佛教后来又把是否合乎儒家伦理作为区分善恶界限的补充尺度。

佛教论述的善恶意义包含了三个层面：其一是道德层面，涉及人们的思想、行为的道德价值判断，这在佛教的戒律中有着最充分的体现；其二是心理层面，就是众生的本性，人的本性是善是恶的问题；其三是形而上层面，佛教以出世间的涅槃解脱境界为善，以世间的烦恼、无明、染污为恶。这里，我们将着重从道德层面论善恶，也兼及其他层面的意义。

---

① 《法句经》卷下，《大正藏》第4卷，567页中。

② 《大正藏》第2卷，551页上。

中国佛教学者认为，佛教的伦理与实践可以用一个“善”字概括之，代表之，如北宋契嵩曾会通儒释，说：

> 夫圣人之教，善而已矣。夫圣人之道，正而已矣。其人正人之，其事善事之。不必僧不必儒，不必彼不必此。彼此者情也，僧儒者迹也。①

这是说，佛教是一种善道，是教人为善，使人成为正人的。儒家也是如此，儒、佛之道是相同的，僧人和儒者只是形迹的不同罢了。明代以来，一些佛教学者还撰写劝善书，劝人为善。如明代弃官后信奉佛法的袁了凡写作《阴骘录》(《了凡四训》) 宣扬阴骘为支配人类的天，依人行为的善恶而定其祸福；阐发善恶行为与因果报应的关系，极力劝人为善。明代高僧云栖袾宏为便于佛教伦理道德的操作实践，又将《阴骘录》加以改写，撰《自知录》。全书分为善门、过门两门，详细叙述德目的分类和善恶功过的评价。上述两书一时广为流传，几乎家喻户晓，在民间影响相当广泛。

佛教所讲的善恶观有其特定的内涵，也有着普遍的意义，善恶观对培育人们反罪恶感的意识，对推动人心向善显然是有积极意义的。

(二) 平等慈悲

这是佛教关于人与人、人与其他生物关系的基本原则。平等是指对他人，对其他生物的尊重，慈悲是对他人，对其他生物的关怀。平等是慈悲的思想基础，慈悲是平等的道德体现。

平等与差别相对举，是无差别的意思。远在早期佛教时期，出身于刹帝利的释迦牟尼就反对婆罗门坚持的四种姓制度，主张婆罗门、刹帝利、吠舍和首陀罗“四姓平等”，宣扬种姓平等观。早期佛教讲的平等，一是四姓在出家修持和佛教僧伽内部的平等；二是四姓在业报轮回方面平等，不论种姓高低，一律按照自身作业的情况获得相应的果报。后来佛教经论还宣扬佛、法、僧三宝，以及心、佛、众生三法平等的思想，认为三宝和三法各自在本质上是无差别的、一致的。

---

① 《辅教篇》中，《镡津文集》卷2，《大正藏》第52卷，657页上。

佛教还强调众生一律平等，所谓众生平等，是指众生都具有佛性；众生无高低之别，不论亲怨，一视同仁；众生值得怜悯，对众生要有普遍的无差别的爱心。佛教典籍还宣扬“平等大悲”的思想，主张以普遍、平等无差别的悲心怜悯一切众生，不舍一切众生。

中国佛教也极力推崇佛教的平等思想，宋代僧人清远说：“若论平等，无过佛法。唯佛法最平等。”① 佛教的平等思想，尤其是众生平等思想，对古代中国盛行的不平等的等级制度是一种巨大的冲击，对上下有别、尊卑有序的封建礼制更是一种有力的挑战。佛教的众生平等思想，深受古代中国下层平民的欢迎；佛教众生平等的思想，当然也包括了男女平等的意义，这对生活在传统社会的妇女无疑是个极大的福音，因此更受广大妇女的热烈欢迎。可以说，佛教带来的众生平等的思想深刻地影响了中国的社会生活。

慈悲，按照佛教通常的解说，慈是慈爱众生并给予快乐，悲是悲悯众生并拔除其痛苦，二者合称为慈悲。慈悲就是“与乐拔苦”。但也有把慈解作拔苦，悲解作与乐的说法。二者在本质上并没有什么区别。慈悲实际上就是怜悯，就是同情，就是爱，就是爱的纯粹化。佛教认为，慈悲是由自爱出发最后归结为纯粹的爱。人都有自爱，进而有性爱、情爱、渴爱。由于对众生的强烈的渴爱，而产生出怜悯之心，不仅能感受自己的痛苦，也能感受他人的痛苦，由此能够以亲切的友爱关怀众生。佛教伦理的慈悲原则是奠立在缘起说和无我说之上的。按照缘起说，没有任何事物可以离开因缘而独立存在，同样，每个人都与其他众生息息相关。从三世因果关系来看，其他众生的某某在过去世可能就是自己的父母等亲人。这种人与人的密切相关性就是慈悲的出发点。又据缘起说引出的无我说，认为人并无具有实体的“我”存在，由此也就产生自、他一体的观念，进而也就自然生起“同体大悲”心了。

大乘佛教把慈悲分成三个层次：一是“小悲”，指把众生视如赤子，而“与乐拔苦”，这是凡夫的慈悲；二是“中悲”，指开悟“诸法

① 《古尊宿语录》卷33，下册，620页，北京，中华书局，1994。

无我”，即由一切无主宰无实体的体悟而引发的慈悲，是阿罗汉和初地以上的菩萨的慈悲；三是“大悲”，指由无分别心而生起的平等无差别的绝对慈悲，这是佛所有的，也称同体大悲，大慈大悲。这三种慈悲形成阶梯状，是在认知和思想境界依次提高后形成的。《大智度论》卷27强调大慈与小慈，大悲与小悲的区别说：

大慈与一切众生乐，大悲拔一切众生苦。大慈以喜乐因缘与众生，大悲以离苦因缘与众生。……小慈但心念与众生乐，实无乐事。小悲名观众生种种身苦心苦，怜悯而已，不能令脱。大慈者念令众生得乐，亦与乐事。大悲怜悯众生苦，亦能令脱苦。①

这是说，小慈、小悲仅仅是停留在心念、看法上，只是主观的同情、怜悯，而大慈大悲则能给予众生以实际的关怀、帮助，使众生得乐脱苦。《大智度论》还强调，大慈大悲是大乘佛教的最根本的伦理原则：

慈悲是佛道之根本。所以者何？菩萨见众生老病死苦、身苦、心苦、今世后世苦等诸苦所恼，生大慈悲，救如是苦，然后发心求阿耨多罗三藐三菩提。亦以大慈悲力故，于无量阿僧祇世生死中，心不厌没。以大慈悲力故，久应得涅槃而不取证。以是故，一切诸佛法中慈悲为大。若无大慈大悲，便早入涅槃。②

“阿耨多罗三藐三菩提”，无上觉悟。“阿僧祇”，极其漫长难以计数的时间。这是说，慈悲是佛道的根本，佛法中最重要的原则。菩萨之所以是菩萨，就是为了实践慈悲原则，以普度众生为己任。

中国佛教极度推崇慈悲精神，唐代释道世在《法苑珠林》中说：“菩萨兴行救济为先，诸佛出世大悲为本。”③ 中国佛教奉菩萨为理想人格的化身，以救度一切众生为最高愿望，正如《大乘起信论》所说：“众生如是，甚为可悯。作此思惟，即应勇猛立大誓愿，愿令我

① 《大正藏》第25卷，256页中、下。
② 同上书，256页下。
③ 《慈悲篇·述意部》，《法苑珠林》卷64，《大正藏》第53卷，774页中。

心离分别故，遍于十方修行一切诸善功德。尽其未来，以无量方便救拔一切苦恼众生，令得涅槃第一义乐。”① 中国佛教视慈悲为最主要的伦理原则，热心于尊奉以慈悲救济众生为本愿的观世音菩萨，并形成了以观世音菩萨为宗奉对象的佛教信仰。中国佛教的观世音信仰，不论在广度和深度上，都超过了对佛教创始者释迦牟尼佛的信仰。这一现象既反映了中国人民苦难的深重，同时也反映了中国人民对慈悲精神的向往与渴望。

中国佛教对慈悲伦理原则的实践，有两个显著的特点：一是慈悲的修持范围，主要侧重于布施和不杀生两个方面，再是由不杀生扩展为放生和禁绝肉食，奉行素食。二是慈悲修持的目的，突出地表现为报恩思想和福田思想。《法苑珠林》卷50《背恩篇·述意部》引《大智度论》云：“知恩者生大悲之根本，开善业之初门，人所爱敬，名誉远闻，死得生天，终成佛道。不知恩者甚于畜生也。”② 足见中国佛教对报恩的重视。中国佛教强调报四恩：父母恩、众生恩、国土恩和佛、法、僧三宝恩。父母有生身长养之恩。国土使人有所依附之恩。三宝有救度众生脱离苦海不思议之恩。众生恩是佛教所独有的，体现了众生平等、社会一体的思想。中国佛教由于重视布施，进而也重视福德的积累。印度佛教一面讲布施积累福德，一面又讲只有布施时不求果报，不想福田，才是真正的纯粹的布施，但中国佛教则热衷于通过布施成就福田。

佛教的平等慈悲观也就是一种博大之爱。这种博爱不只限于人类，而是涵盖一切有生之物；这种博爱以普度众生同得解脱为最高目标。这是一种伟大的爱、崇高的爱，是令人敬仰、感人至深的精湛思想。应当承认，佛教的博爱精神可能超过了儒家“仁爱”的范畴，具有更广泛的文化价值；同时也应当承认，佛教的平等慈悲思想与儒家的仁爱思想一样，在历史上也产生过多重作用，而且它的彻底的可行性，也不断受到现实生活的挑战。

① 《大正藏》第32卷，582页下。
② 《大正藏》第53卷，665页下。

（三）自利利他

这是大乘佛教区别于小乘佛教的重要伦理原则。“自利”，对自身有利，是指为自己的解脱而精进修行，由此所生善果自得其利。“利他”，对他人有利，是指为救济一切众生而致力行善。自利也就是自度，自我解脱；利他就是度他，普度众生。自利利他就是上求佛道、下化众生的菩萨道。“自觉觉他”是自利利他的同义语，指大乘菩萨自己觉悟又帮助其他众生觉悟。大乘佛教要求把自利利他结合起来，以达到圆满的涅槃境地。相对于大乘佛教这种自利利他的伦理原则，小乘佛教则偏重于自利方面。

大乘佛教的自利利他伦理原则是和它的“自他不二”[①] 的人我一体观密切相关的。大乘佛教认为，自己与他人并不是互相对立，而是相互融合的，在漫长的轮转过程中，他人常融入自己之中，而自己的解脱与他人的解脱也是难以分开的。因此，爱护自己的同时，也应爱护他人；度脱自己，也应度脱他人。个人只有在众生的解脱中才能得到解脱。佛教还讲“自他相换”，即把自己当成别人，把别人当成自己。认为自己固然要成佛，使别人成佛也是至关重要的。因此大乘佛教还以是否对他人有利作为区分善恶、大善大恶的标尺，认为对自己对他人都有利是善，对自己不利而对他人有利是大善，对自己对他人都不利是恶，对自己有利而对他人不利是大恶。由此也可见，大乘佛教的自利利他伦理原则的重心是利他，这是其慈悲思想的进一步发展。大乘佛教的自利利他的伦理原则，有助于佛教信仰者进一步关心世俗生活，有助于推动佛教伦理更具社会性与开放性。

此外，佛教伦理还有中道原则和方便原则等。中道就是离开二边的执著，奉行一种不偏不倚的中正之道。释迦牟尼创造佛教时所宣说的教法“八正道”，就是提倡佛教伦理的中道原则。八正道就是八种求趣涅槃的正确途径，与五戒一样，也是佛教最早制定的道德规范。八正道即：（1）“正见”，离开邪非的正确知解；（2）“正思维”，离开

① 湛然《法华玄义释签》卷 14 云：“自他不二门者，随机利他，事乃凭本。本谓一性，具足自他，方至果位，自即益他。”（《大正藏》第 33 卷，919 页中）

世俗主观分别的思索；（3）“正语”，纯正净善的语言；（4）“正业”，正当的活动；（5）“正命”，正当的生活；（6）“正精进”，正确的努力；（7）“正念”，正确的念法；（8）“正定”，正确的禅定。八正道既排斥纵欲的偏向，也排斥苦行的偏向，认为贪求欲乐的世俗生活和外道主张的各种苦行都是偏颇的行为，只有远离快乐主义与苦行主义，才能成就智慧，趣入涅槃。后来大乘中观学派进一步以远离一切分别、执著而达到无所得的境界为中道。这种伦理原则在理论思维形式上与儒家的中庸之道有近似之处，成为颇受中国佛教欢迎的伦理原则。

方便，即善权、谋变，这是佛教伦理的又一原则。这一原则主要决定于两种因素，一是时空的变化，二是众生的差别。众所周知，佛教戒律就是根据佛教徒的修持生活与实践而制定的，随着时间的推移，佛教流传地域的扩大，佛教戒律必须不断地补充和调整，以适应变化的时空条件。再是佛教教化对象的素质和条件千差万别，为了有针对性地进行有效的教化，就需要善巧权假，方便引导，也就是通过巧妙方便的方法，提高佛教信徒的道德和觉悟。中国佛教对印度佛教伦理思想、伦理德目、伦理生活所作的改变，就是这种方便原则的体现。方便原则实是使佛教戒律不断合乎时宜，佛教伦理思想得以持久流传的重要保障。

二、重要的伦理德目

佛教伦理德目即佛教道德规范，主要体现在佛教戒律上。戒，原义指行为、习惯、性格等，是以自发的努力为特征的，也就是出家的僧人发自内心的一种主观决意，自愿恪守戒规，具有自律性特征。律，含有调伏、灭除、善行等意思，也就是制伏、灭除各种恶行。律是为维护佛教教团的生活秩序而制定的，是佛教徒必须遵守的规范，具有超越佛教徒的个人意志而自外部强制奉行的他律性特征。中国佛教把戒与律连用，并多半视作僧伽规则而加以奉行。

佛典律藏的内容通常有两部分：一是教团的罚则，即僧众应遵守的禁止条文，和对违反者罪行轻重的说明，以及处罚的规定；二是教团的仪式、行法和僧众的生活礼仪、起居动作等具体的规范。中国僧人，如天台宗的创始人智𫖮，把消极禁止和积极奉行的戒律分别称为“止善”（止恶之善）与“行善”（行善之善）。律宗创始人道宣在解释戒律时又提出“止持”和“作持”的说法，以表明不应当作和应当作的戒律模式。诸恶莫作，相当于止持，诸善奉行，则相当于作持。

中国佛教没有形成统制僧众和寺院的教团，然而，中国僧众一般都重视戒律，认为遵守戒律是一切善行的根本。华严宗创始人法藏说：“一切菩萨无边大行，莫不皆以净戒为本。”[①] 道宣创立的律宗，就是以研习和传持戒律为宗旨的。他创宗所依持的《四分律》是部派佛教法藏部所传的戒律。他认为《四分律》的涵义和作用是通于大乘的，他将《四分律》融小归大，使之成为大乘戒律，并成为唐代以来佛教戒律的准绳。汉地佛教还流传菩萨戒，这样，大乘佛教的《梵网经》[②] 也成了中国佛教戒律的依据。在道宣律师开宗后不及百年，百丈怀海禅师又结合中国的具体情况创制出《百丈清规》，是为禅宗丛林制度。这种适应中国僧众生活方式的丛林制度，推动了戒律的中国化。

中国佛教各宗各派所奉行的戒律是不完全相同的，戒律也有男女、在家出家等区别，然从整体而言，主要是奉行五戒、十善、四摄和六度，下面我们将分别简要地加以评述。

（一）五戒

这是佛教最基本、最重要的戒规，具体指不杀生、不偷盗、不邪淫（或不淫）、不妄语、不饮酒。五戒中的首戒是不杀生，指不杀人，也指不杀鸟兽虫蚁，还指不乱折草木等，这是对一切生命的尊重。不杀生戒，不单指戒杀的行为，也指戒持杀生的器具。对社会有害的东西，如害虫害鼠，非杀不可，杀了，这也是慈悲心的体现。中国佛教特别反对战争和刑杀[③]，此外还提出断酒肉、吃素食、放生的主张。如南朝梁武帝作《断酒肉文》说，“酒为放逸之门”，“肉是断大慈

① 《梵网经菩萨戒本疏》卷1，《大正藏》第40卷，602页下。

② 有的佛教学者认为此经是中国人撰写的“伪经”。

③ 详见《杀生部》，《法苑珠林》卷73，《大正藏》第53卷，839页下～842页下。

种”，认为喝酒吃肉是生活放纵，断灭大慈心的表现，将得恶报。自梁武帝大力提倡断酒肉以来，素食成为僧人普遍的生活准则。不吃肉、不饮酒和不结婚是对中国汉地僧人持戒的最起码要求。戒杀、吃斋、念佛更成为净土宗僧人修持实践的程式。虽有个别的禅僧声言“酒为般若汤，鱼是水凌花”，“酒肉穿肠过，佛祖心中留”，但广大僧人并不赞同这种说法。中国僧人重视遵守戒律，恐怕是中国佛教迄今未致堕落的原因之一。中国佛教不杀生戒的思想根据，一是“万物一如”、“万物一体”的观念，认为万物一如，彼此平等，不能相互杀害；二是生死轮回观念把人与其他生命连在一起，认为其他众生是自己过去世的父母，戒杀与放生也是孝顺的表现。佛教不杀生，主张保护众生，是一种生命哲学。道教讲个人修道成仙，也是一种生命哲学。但道教追求个人的长生不死，而佛教的不杀生戒则是对一切生命的无限同情，体现了两种不同的追求和风貌。

不偷盗戒，是说对他人的东西，哪怕是一草一木，寸纸尺线，未得物主的允许，决不能擅自取用。不淫邪是指禁止居士发生不正当的男女关系，至于出家的僧人则是彻底地禁淫，若有犯者，永被逐出佛门。不妄语即不说谎话。不饮酒是为保持智慧，利于修持。郗超说：“不杀则长寿，不盗则常泰，不淫则清净，不欺则人常敬信，不醉则神理明治。”① 强调持五戒对佛教徒增进身心健康和提高道德素质大有益处。所谓不杀可以长寿云云，表现出中国佛教重视现实利益的倾向。从社会功能来看，不偷盗、不邪淫、不妄语，无疑有利于社会成员道德素质的普遍提高，有利于社会结构与社会秩序的稳定，有利于人类社会的生存和发展，因而可以说是具有普遍意义的道德规范。在阶级社会里，不杀生戒的社会作用是非常复杂的，该戒对农业生产也有消极的一面，然而从当今大自然生态环境不断遭到人类破坏，环境严重污染，稀有动物濒临灭绝等情况来看，佛教的不杀生戒对保护生态平衡、保护自然环境又有着直接的启示意义。

---

① 《奉法要》，石峻等编：《中国佛教思想资料选编》第1卷，16页。

（二）十善

这是五戒的扩展，即去掉不饮酒再增六戒而成。十善分为身、口、意三类。身业有三：不杀生、不偷盗、不邪淫（或不淫），与五戒同。口业有四：不妄语与五戒同；再是不两舌，即不搬弄是非，不挑拨离间；不恶口，即不说粗言秽语，不冷嘲热讽，不恶意攻击，不尖刻批评；不绮语，是指不花言巧语，不说淫秽的话，不唱艳曲情歌。意业有三：不贪欲，即对他人的财物、权位、妻室，不起占有的邪念；不瞋恚，指对他人不起忿恨之心；不邪见，即不违背佛教的见解。就十善的基本内容而言，可以说是提倡普遍的社会公德。

十善与五戒相比较，两者的基本精神是完全一致的，其中的四个戒规也是相同的。但也各有特点：十善比五戒更全面，它从思想、语言和行为三个方面明确地规定了不应当想什么，不应当说什么，不应当作什么。五戒偏重于身业，十善着重于意业和口业；五戒侧重于止恶，十善侧重于行善。

（三）四摄与六度

中国汉地流传菩萨戒，十分重视“菩萨行”。所谓菩萨行就是将以个人修持为中心的戒、定、慧“三学”，扩充为面对社会群体、具有丰富社会内容的“四摄”和“六度”。中国佛教认为，四摄和六度也是佛教徒对社会应尽的道德义务。

四摄的“摄”是引导的意思，四摄是修菩萨行者引导众生修持的四种方法：一为布施；二为爱语，指用佛教义理为众生说法；三为利行，指教导众生修持；四为同事，指深入众生之中，根据众生的具体情况进行教化。六度的“度”是济度、到彼岸的意思，六度是修习由生死此岸到达涅槃彼岸的六种途径和方法：一是布施，以度悭贪；二是持戒，以度毁犯；三是忍辱，对治瞋恚；四是精进，以防懈怠；五是禅定，避免精神散乱；六是智慧，以度愚痴。以上十项，除禅定和智慧外，其他都具有道德规范的意义。

四摄和六度中，最值得注意的是布施和忍辱。布施被定为四摄和六度之首，是菩萨行中最重要的修行方法，在大乘佛教的修持中具有重要的意义。布施是要求佛教徒以自己的财力、体力和智力去救助贫困者和满足需要者，其极端做法就是舍身，如投身喂虎等故事，就是这种舍身的典型。佛教典籍也赞扬世人和僧侣之间的互相布施，这样做的结果，一个是由于佛教寺院的财富剧增，寺院经济的空前发达，往往引发出与世俗地主阶级的矛盾；二是财力雄厚的寺院也从事一些社会福利事业，如设悲田养病坊（疗养所）、掘井、修路、造桥及植树造林等，有益于社会的生活。佛教还强调应以净心布施，不能带有利己动机。《大智度论》卷 11 说："清净心生，无诸结使，不求今世后世报，恭敬怜悯故，是为净施。"① 认为真正的布施，要去掉对布施者、受布施者和施物这三者的执著，这样才是真正成就布施之行。中国佛教则非常关心布施的福报，《理惑论》载："'今佛家以空财布施为名，尽货与人为贵，岂有福哉?'牟子曰：'……阴施出于不意，阳报皎如白日。况倾家财，发善意，其功德巍巍如嵩、泰，悠悠如江、海矣。怀善者应之以祚，挟恶者报之以殃，未有种稻而得麦，施祸而获福者也。'"② 强调布施对布施者会带来很大的功德、利益，具有鲜明的功利性，与印度佛教的净心布施思想有很大的差别。忍辱包括"生忍"和"法忍"。生忍是对众生要做到人瞋我不瞋，人恼我不恼。法忍是要认识一切存在都是性空的，心要不为内外一切事物所动。忍辱思想也深受中国佛教的欢迎，中国佛教寺院天王殿供奉大肚弥勒佛，其两旁对联的内容如"大肚能容，容天下难容诸事；开口便笑，笑世上可笑之人"，就是宣扬容忍无诤思想的。

从社会学的观点来看，大乘佛教提倡四摄、六度，而且突出布施和忍辱，反映了佛教对社会人际关系的重视，对人间社会的深切关怀。随着阶级社会的出现，国家的产生，不同阶级、阶层、集团乃至国家之间，简言之，即人与人之间的矛盾、对立、斗争逐渐成为令人焦虑的普遍的社会现象。是否可以说，大乘佛教的布施和忍辱思想，是为缓和乃至解决人间矛盾提供的一种方案呢?

---

① 《大正藏》第 25 卷，141 页上。

② 石峻等编：《中国佛教思想资料选编》第 1 卷，9 页。

第三节　中国佛教伦理与世俗伦理

长期以来，中国社会的经济是以分散的小农自然经济为基本形态，政治上是高度集权的专制主义国家，人伦上盛行以血缘关系为纽带，以突出嫡庶之分和长幼之序为特征的宗法制度。与这种社会相适应，儒家关于君臣、父子、夫妇、兄弟、朋友的纲常名教，忠孝节义等道德规范，就成为社会的伦理准则和伦理德目。与儒家的伦理不同，印度佛教伦理反映印度社会的人际关系，又以超越现实社会、追求精神解脱为目的。这种佛教伦理，对中国的儒家伦理观念、固有文化思想、民族心理和民风习俗是一种巨大的挑战，形成了中国和印度、世俗和宗教的两种伦理道德的尖锐矛盾。尤其是佛教的沙门不敬王者和不礼拜父母，与中国封建伦理的矛盾更为突出、严峻。儒家的伦理道德是在中国这块土壤上形成，又经汉代董仲舒等人神化为“源出于天”的神圣准则，符合了封建统治者的利益和需要，从而成为中国整个封建时代的统治思想和强大的社会习俗，它的支配地位是不可动摇的。任何外来的宗教伦理思想试图保卫本位观念，与儒家世俗伦理分庭抗礼，都是十分困难，也是不可能的。历史表明，中国佛教伦理必须适应儒家伦理，与儒家伦理相协调。可以说，中国佛教伦理虽然保持了宗教伦理的本色，但是与印度佛教伦理比较而言，其变异主要是调和、融合了儒家伦理，特别是在僧人与皇帝、父母的关系上，认同儒家伦理，在这方面，实际上是儒家化了。这是东方中印两大文明古国道德文明史上的一种文化交涉现象。

一、中国佛教与儒家世俗伦理协调的方式

中国佛教究竟是怎样与儒家世俗伦理相协调，并使自己的伦理思想儒家化的呢？通过研究中国佛教与儒家伦理的思想交涉史，可以发现，删改、比附、衍生和补益是中国佛教采用的四种基本方式。

（一）删改

印度佛经传入中国后，需要译成汉文，以广为流传。在早期的汉

译佛经中，人们就发现了儒家伦理的强烈影响。[1] 也就是从佛教传入中国伊始，在译经中就通过删改等方法来适应中国人的思考方式和伦理观念，以保持和儒家伦理的一致性。

在家庭伦理方面，首先是双亲和孩子的关系。印度佛典认为双亲与孩子的关系是双向的、平等的。孩子应支持双亲，双亲应安慰孩子；双亲先应养育、爱护孩子，然后是孩子尊敬、赡养双亲。中国佛教学者在翻译佛经时，对这方面的内容不仅有些话删而不译，而且还增添了体现父母绝对权威的言辞。如《长阿含经》卷 11［16］《善生经》的汉译本就比原本增加了“父母所为，恭顺不逆”，“父母正令，不敢违背”[2] 等语。关于夫妻关系，印度佛教主张丈夫支持妻子，妻子安慰丈夫，妻子的地位决不低于丈夫，甚至还提倡“丈夫侍候妻子”。而汉译本《尸迦罗越六方礼经》则改为“夫视妇”[3]，《中阿含经》卷 33［135］《善生经》改为丈夫“怜念妻子”[4]，淡化了丈夫对妻子的义务，强化了妻子对丈夫的依附性。再次，主仆关系，印度佛教提倡主人支持仆人，仆人爱护主人，认为地位高的人应当尊重、爱护地位低的人。这种观念与中国的封建等级制度严重相抵触，在汉译本中也都作了相应的修改。

在社会伦理方面，如两性关系，可以说是人类最基本的关系。印度人，包括印度佛教学者在内，常对两性关系作客观的细节描写。如《华严经·入法界品》讲述了善财童子邂逅惊俗艳世的美女婆须蜜多的情形，说善财童子要以她为师，婆须蜜多则对善财童子说，只要你拥抱我，亲吻我，就能离欲，提高入定的境界。对此，东晋的佛陀跋驮罗没有直译，而用音译“阿梨宜”（拥抱的意思）和“阿众鞞”（亲吻的意思）来掩盖这极富直露情怀的原文。[5] 还有一个典型的例子，

---

① 详见中村元：《儒教思想对佛典汉译带来的影响》，载《世界宗教研究》，1982（2），26～34 页。这里的论述参考了该文的论点和资料。

② 《大正藏》第 1 卷，71 页下。

③ 同上书，251 页中。

④ 同上书，641 页上。

⑤ 详见《大正藏》第 9 卷，717 页中。

敦煌写本《诸经杂缘喻因由记》第一篇，在叙述莲花色尼的出家因缘时，却把其中关键性的一节回避了，即莲花色尼出家前一嫁再嫁，以至于自己所生的孩子都不认识了，后来竟和自己的亲生女儿同时嫁给了自己亲生的儿子。莲花色尼发现后，羞愧难当而出家为尼。中国僧人认为这种乱伦的情节不宜出现在神圣的佛典里，也就断然把它删掉了。① 又如君臣关系，佛典中，时有表述印度古代某些共和政府民主精神的字句，翻译时也被删改了。据巴利文佛典载，释迦牟尼曾赞美跋耆族的共和政府。汉译本《长阿含经》卷 2 [2]《游行经》虽然也译出跋耆族经常举行会议，却把人与人之间的平等关系改为"君臣和顺，上下相敬"②，从而也就把共和政治改为君主政治了。

（二）比附

中国佛教富有折中融合的性格特征，以协调在教义的最终旨趣上与儒家、道家的一致性。中国佛教尤其热衷于以佛教伦理去比附儒家伦理，如以佛道比附仁道，以五戒比附五常、五行、五方、五星等，极力宣扬佛教伦理与中国政治伦理的共似、类同。

佛道与仁道。三国时代的译经家康僧会（？—280）编译的《六度集经》称："诸佛以仁为三界上宝，吾宁殒躯命，不去仁道也。"③"仁"本是儒家伦理最高、最基本的范畴，佛教并没有"仁"这一说法，但康僧会却把它作为佛教的最高、最重要的原则，把佛道说成了仁道。他还为最高统治者设计了一个佛教仁道政治纲领："则天行仁，无残民命；无苟贪，困黎庶；尊老若亲，爱民若子；慎修佛戒，守道以死。"④ 又说："绝杀尚仁，天即佑之，国丰民熙，遐迩称仁，民归若流。"⑤ 这是把佛教的"不杀生"与儒家的"仁"，加以比附贯通，进而把佛教伦理与儒家伦理融合起来，作为理想社会的政治伦理。

---

① 详见陈寅恪：《莲花色尼出家因缘跋》，载《清华学报》，1932（7），第 1 期，见《陈寅恪先生全集》下册，1429～1434 页，台北，里仁书局，1979。

② 《大正藏》第 1 卷，11 页上。

③ 《六度集经·戒度无极章》，《大正藏》第 3 卷，18 页下。

④ 同上书，18 页上。

⑤ 《六度集经·精进度无极章》，《大正藏》第 3 卷，33 页上。

五戒与五常。儒家的“仁、义、礼、智、信”五常与“三纲”相配合，是维护封建等级制度的道德教条。佛教将五戒与五常相提并论，视为同一性质的道德规范。北齐学者颜之推（531—约590年以后）就说：“内外两教，本为一体。渐极为异，深浅不同。内典初门，设五种禁，外典仁义礼智信，皆与之符。仁者，不杀之禁也；义者，不盗之禁也；礼者，不邪之禁也；智者，不淫之禁也；信者，不妄之禁也。”① “禁”，即戒，“五种禁”即五戒。颜之推是受佛教思想影响极深的儒家学者，在他看来，“五常”即“五戒”，两者是完全相符一致的。这就取消了佛教伦理与世俗伦理的界限。在中国佛教内部，虽也有人宣扬佛教与儒家在伦理上存在着差别，然其主流还是强调儒、佛伦理的一致。智顗不仅把佛教的“五戒”与儒家的“五常”视为同一，而且还认为“五戒”与儒家的“五经”也有相互对应之妙。说“五经似五戒：《礼》明撙节，此防饮酒；《乐》和心，防淫；《诗》风刺，防杀；《尚书》明义让，防盗；《易》测阴阳，防妄语”②。宋代契嵩撰《辅教篇》，也把佛教的“五戒”、“十善”说成和儒家的“五常”相一致，是“异号而一体”③。明代的智旭也宣扬“五戒即五常”④。以“五戒”比附“五常”，是中国佛教伦理的一个重要特点。

最有趣的是，中国佛教学者还依据儒家传统的阴阳五行和天人感应的思维方式，把“五戒”与五常、五行、五方、五星、五脏相配合、相比附，为佛教伦理寻找宇宙论和心理学的证明。据巴黎国家图书馆所藏伯希和掠取的敦煌本《提谓经》（3732页）载，其对应情况是：

五戒——五常——五行——五星——————五方——五脏

不杀生——仁————木———岁星（木星）——东方——肝

不偷盗——智————水———辰星（水星）——北方——肾

① 《颜氏家训·归心第十六》，《诸子集成》（八），29页。

② 《摩诃止观》卷6上，《大正藏》第46卷，77页中。

③ 见《大正藏》第52卷，649页上、中。

④ 《法语五·示吴劬庵》，《灵峰蕅益大师宗论》卷2之5，24页，江北刻经处，1875。下引《灵峰蕅益大师宗论》均同此版本。

不邪淫——义————金———金星——————西方——肺

不妄语——信————土———镇星（土星）——中央——脾

不饮酒——礼————火———荧惑（火星）——南方——心

《提谓经》的这一说法被广为引用，如智顗在《仁王护国般若经疏》卷2中，智旭在《灵峰宗论》卷2之5《法语五·示吴劬庵》中都详加援引，以确立“五戒”的合理性、权威性。

从以上佛教对“五戒”与“五常”的相配情况来看，基本上是两种配法，其中以“不杀”配“仁”、“不妄语”配“信”是一致的，其他就不同了。看来以“不盗”配“义”，“不邪淫”配“礼”，“不饮酒”配“智”比较恰当。应当承认，“五戒”与“五常”确有相通之处，反映了古代中、印思想家对维护人际关系的某些共同看法。“五戒”与“五常”的具体内涵及目的是不相同的。佛教的比附等于对儒家纲常伦理的全面肯定。一种外来思想，通过比附方法与本土思想求同，这不仅为两种思想的交流架起了桥梁，而且也为外来思想的流传开辟了广阔的道路。

（三）衍生

所谓衍生，是指中国佛教以中国社会的需要和儒家特别重视的传统伦理思想为取向，将印度佛教伦理的相关义理，加以引申、演义而阐发出的伦理思想，其中最突出的是阐扬了孝道思想。

印度佛教认为，人是受因果报应支配的，“父母自言，是我所生，是我之子。子非父母所致，皆是前世持戒完具，乃得作人”①。认为人是前世持戒的结果，父母并非是人受生之因，子女与生母只是短时的寄住关系。另外，在漫长的六道轮回中，一切众生都互为子女父母，众生与亲生父母怨亲难别。因而，佛教主张世俗父母与子女要各尽义务，并不要求子女一味服从父辈，尊重长者。佛教也宣扬与孝道一致的尊敬双亲的美德，但这只是美德之一，绝非首要的美德。大乘佛教为了普度众生，在修持上强调把出世间法与世间法结合起来，重视世俗伦理，但也没有改变小乘佛教确立的子女与父母关系的根本

① 《中本起经》卷上，《大正藏》第4卷，153页上。

观念。① 中国佛教学者敏锐地认识到佛法的权威高于孝道。对戒律有深刻研究的唐代道宣律师就说："父母七生，师僧累劫，义深恩重，愚者莫知。"② 意思是说，对父母应尽义务的时间为七世，而对师僧所应尽的义务则要长达累劫，认为师僧教导解脱之道，更为义深恩重。但是，古代中国是宗法社会，特别强调养亲、事亲、尊亲、孝亲，重视祖先崇拜。最高统治者也大力提倡孝道，如汉王朝就尊《孝经》为经典，宣扬以孝治国。自汉孝惠帝起，汉代绝大多数皇帝都在谥号前冠以"孝"字，这种对孝道的重视和提倡，就自然地形成为深远的历史传统和巨大的社会力量。这样，当印度佛教传入中国，僧人出家，辞亲割爱，子孙断绝，不拜祖宗，不事王侯，就被认为是违反自然人伦和政治伦理，以为背理伤情，莫此之甚。我国的早期佛教著作《理惑论》中，记载当时反佛教人士抨击佛教违反孝道的内容就有四处，儒家也一直以此为批判佛教的重要理由。

儒家重孝思想的巨大压力，迫使中国佛教不能不作出回应，不能不作出妥协。于是用孝的观点阐释佛经，编造重孝的"伪经"，撰写论孝的文章，以及每年的 7 月 15 日举行盂兰盆供，超度祖先亡灵，等等，竭力调和出家修行与孝亲的矛盾。在这方面特别值得说明的是，中国佛教学者是如何会通儒家伦理思想来阐发佛教孝道观念的，这主要是：

孝是宇宙的根本。唐代宗密在《佛说盂兰盆经疏》中开头就说："始于混沌，塞乎天地，通人神，贯贵贱，儒释皆宗之，其唯孝道矣。"③ 认为孝道是既超越时空又遍于时空，不受人神、等级、派别限制的宇宙真理和伦理规范。北宋契嵩引《孝经》文说："夫孝，天之经也，地之义也，民之行也。"④ 认为孝行是天经地义的，

① 一些有关阐扬报父母恩的佛教经典，如《父母恩重经》等，不少中国学者认为是中国人造的"伪经"。

② 《净心诫观法》卷下，《大正藏》第 45 卷，833 页中。

③ 《盂兰盆经疏》卷上，《大正藏》第 39 卷，505 页上。

④ 《孝论·原孝章第三》，《辅教篇》下，《镡津文集》卷 3，《大正藏》第 52 卷，660 页下。

是人们应有的德行。又说："夫道也者，神用之本也。师也者，教诰之本也。父母也者，形生之本也。是三本者，天下之大本也。"① 强调父母是每个人形生的大本，是天下"三本"之一。契嵩是从天地根本法则的高度来论证报答父母的孝道观念的。南宋虚堂说："天地之大，以孝为本。"② "以孝为本，则感天地，动鬼神。"③ 把孝视为宇宙的根本，说孝具有极大的感召力量。这是依据《孝经》的观点和中国天人合一的固有思想来阐扬孝道的意义，印度佛典则没有这样的观点。

孝为世俗社会和佛教的主旨。明代智旭作《孝闻说》，谓"世出世法，皆以孝顺为宗"④。又在《题至孝回春传》中说："儒以孝为百行之本，佛以孝为至道之宗。"⑤ 认为孝道是世间和出世间佛法的根本主旨，是儒者成圣的基础，佛徒得道的根本。智旭的观点可以说是通过修改印度佛教的旨趣来会通儒家伦理思想的一个典型。

孝为戒的宗旨。宗密说："经诠理智，律诠戒行。戒虽万行，以孝为宗。"⑥ 意思是说，戒行虽然众多，但都以孝为宗旨，也即把戒律内涵的本质归结为孝。契嵩也说："夫五戒有孝之蕴。"⑦ "夫孝也者，大戒之所先也。"⑧ 戒中有孝的蕴含，大戒应以孝为先，这是把戒与孝合二为一，以孝为戒，戒即是孝。戒是佛教的伦理德目，内涵丰富，中国佛教学者则把它统一于孝，这是为了与中国的重孝观念相协调而作出的根本性调适。

布施不如笃孝。康僧会说：布施"诸圣贤，不如孝事其亲"⑨。把"孝事其亲"，置于"布施圣贤"之上，强调孝亲比布施更为重要。

---

① 《孝论·孝本章第二》，《教辅篇》下，《镡津文集》卷3，《大正藏》第52卷，660页中。

②③ 《虚堂和尚语录》卷10，《大正藏》第47卷，1058页中。

④ 《孝闻说》，《灵峰蕅益大师宗论》卷4之2，4页。

⑤ 《灵峰蕅益大师宗论》卷7之1，14页。

⑥ 《盂兰盆经疏》卷上，《大正藏》第39卷，505页中。

⑦ 《孝论·戒孝章第七》，《辅教篇》下，《镡津文集》卷3，《大正藏》第52卷，661页中。

⑧ 同上书，660页中。

⑨ 《六度集经·布施度无极章》，《大正藏》第3卷，12页中。

契嵩也强调欲福不如笃孝的观念。[1] 印度佛教认为修行布施，是修道成佛的重要条件，而中国佛教则把孝置于其上。

三年心丧。中国礼制规定，父母亡故后，子女要身着丧服守丧三年。印度则没有这种传统习俗，印度佛教认为人生无常，即使是亲人之死也不应过分悲伤，不应影响修持。契嵩对此作了折中，他说："三年必心丧，静居修我法，赞父母之冥。"[2] 所谓心丧，是指古代老师去世，弟子不必穿丧服，只在心里悼念。契嵩认为，僧人父母去世，不必如俗人那样身着丧服，而是要以心服丧，静居修持，超荐亡故父母，这就是最好的悼念。这种心丧法，也是印度佛教所没有的。

契嵩的《孝论》是中国佛教学者阐发孝道的最重要的专著。《孝论·叙》云："夫孝，诸教皆尊之，而佛教殊尊也。"[3] 说佛教最为尊孝。他还说，佛教徒以出家修行的方式立身行道，也能荣亲耀祖，使祖先亡灵得到福报，从这层意义上可以说，佛教的孝是远远超过儒家的孝。我们认为，契嵩的这种说法是离印度佛教伦理思想更远，而距儒家伦理思想更近了。

由上可见，印度佛教虽然也提倡尊亲美德，但孝并不居重要地位。在中国佛教则把孝抬到了最高德行的高度。经过中国佛教学者的融会贯通，以孝道为核心，以孝为戒，戒即孝的独特佛教伦理格式，最大限度地调和了与儒家伦理的矛盾，并体现了中国佛教的民族特色，这也是中国佛教伦理区别于印度佛教伦理的要点之一。

（四）补益

从中外两种伦理思想的交涉视角来看，佛教伦理得以在中国流传，并为一些儒家学者如颜之推、柳宗元、刘禹锡等人所认同，为中国佛教信徒所奉行，这是与儒家伦理在哲学上的局限性及其一度发生的危机相关的。儒家强调伦理价值高于物质生活价值，提倡道德至

① 详见《孝论·孝行章第十一》，《辅教篇》下，《镡津文集》卷3，《大正藏》第52卷，662页上、中。

② 《孝论·终孝章第十二》，《辅教篇》下，《镡津文集》卷3，《大正藏》第52卷，662页中。

③ 《辅教篇》下，《镡津文集》卷3，《大正藏》第52卷，660页上。

上，影响极大，在中国封建社会的伦理道德领域居于支配地位。儒家的伦理学说自有其优长，如强调人的价值，宣扬仁义学说，提倡“和”为伦理道德的重要原则等；但儒家伦理也有其局限性，如对伦理价值的根据缺乏深刻的理论论证，强调等级观念等。自从董仲舒提倡“独尊儒术”以来，儒家的三纲五常思想就日益成为封建统治阶级制定法律和刑审的依据，实际上支配了人们的思想和言行，由于它是统治者所掌握的工具，因此对一些统治者本人也就失去了约束力，以至于东汉末年出现了“举秀才，不知书；察孝廉，父别居；寒素清白浊如泥，高第良将怯如鸡”① 的现象。这种社会道德危机为佛教伦理思想占据苦难人们的心灵提供了良好的契机，佛教也以其独特的伦理思想匡救儒家伦理的局限与流弊，弥补儒家伦理的缺失与不足，从而丰富了世俗伦理的内涵。

二、佛教伦理思想为中国世俗伦理提供的新因素

佛教伦理与中国世俗伦理是不同的类型，但它为后者提供了新因素：

（一）伦理价值的理论根据

确立伦理价值的理论根据对伦理实践有着重大的意义。孔子以伦理原则的普遍性来肯定伦理的价值，他说：“谁能出不由户，何莫由斯道也？”（《论语·雍也》）伦理原则是任何人都必须遵守的，所以具有最高价值。孟子认为伦理原则是人心之“所同然”，他说：“心之所同然者何也？谓理也，义也。”（《孟子·告子上》）理、义是伦理原则，这些原则是人心所共同肯定的。荀子与孟子不同，他在《礼记》、《荣辱》等篇中强调伦理原则是圣人为了人类的长远利益而确立的。应当承认，这些论述是有一定道理的，但也都比较抽象、肤浅，难以从灵魂深处激起实践伦理原则的自觉和热情。中国原来也有善恶报应的说法，但多是把报应落在本人或子孙身上，报应理论显得粗陋。佛教不同，它的善恶报应、三世轮回说，能给人们以心理补偿，符合人们行为心理的要求，且难以验证，为伦理价值提供了精巧圆融的理论

① 葛洪：《抱朴子》，《诸子集成》（八），127 页。

根据。佛教因果报应论显然在客观上有助于强化世俗伦理的作用。南朝梁代史学家萧子显曾说："儒家之教，宪章祖述，引古证今，于学易悟；今树以前因，报以后果，业行交酬，连璪相袭。"① 也看到了佛教因果报应说对儒家伦理思想的补充作用。

（二）平等原则

儒家讲仁爱、爱人，但爱的深浅又取决于血缘关系的远近。《孟子·离娄上》说："仁之实，事亲是也。"《中庸》说："仁者人也，亲亲为大。"仁爱的重点是血缘亲近之人。儒家强调人的等级差别，"贵贱有等，长幼有差"（《荀子·礼记》），不同人的服饰、棺椁都是不同的。到了宋代，朱熹宣称："凡有狱讼，必先论其尊卑上下、长幼亲疏之分，而后听其曲直之辞。凡以下犯上，以卑凌尊者，虽直不右，其不直者罪加凡人之坐。"② 强调尊卑上下、长幼亲疏在诉讼和法律上也是有区别的。与这种消极的等级观念不同，佛教主张众生平等，如上所述，这种平等观念无疑是对儒家伦理的一种巨大冲击，在民间产生的影响是极为深远的。

（三）慈悲观念

与平等原则密切相关，佛教还提倡大慈大悲、普度一切众生的博爱精神。应当说，虽然孔子也讲"己欲立而立人，己欲达而达人"（《论语·雍也》），但佛教的慈悲观念、博爱精神，比儒家的仁爱说，在思想上具有更大的感召力，在实践上具有更强的驱动力。

（四）不杀生戒

如前所述，不杀生是五戒中的首戒，作为佛教伦理的重要德目，是对世俗伦理的重大扩展，并在遏制残杀和战争方面起了一定的作用，如东晋十六国时佛图澄劝石勒要少行杀戮，经佛图澄的劝导，当时有不少将被杀戮的人免于一死。又如苻坚想要进攻东晋，朝臣因劝谏无效，就请道安乘机"为苍生致一言"，道安就向苻坚苦苦规劝，但苻坚弗听，后来终致败亡。此外，不杀生戒对保护野生动物和维护

---

① 《高逸传论》，《南齐书》卷54，946～947页，北京，中华书局，1972。

② 《戊申延和奏扎一》，《朱熹集》第2册，533页。

生态平衡也起了有益的作用。

就儒佛两家而言，儒家提供的主要是封建等级社会的伦理，带有现实性、等级性的特征。而佛教则是提供了关于整个人类社会的伦理，带有超越性、普遍性的特征。佛教以普遍的伦理原则和德目注入于中国世俗伦理之中，扩展和深化了世俗伦理的内涵，这对于提高和完善中国世俗伦理思想具有特殊的意义。

从以上佛教伦理中国化方式的论述中，我们可以进一步总结出佛教伦理中国化的特色：

佛教伦理中国化的内涵，主要是与中国儒家伦理思想调和、沟通、互补、融合，表现出较多的世俗性色彩。

佛教伦理的中国化方式中，删节、比附是佛教伦理与世俗儒家伦理的直接调和，衍生是以儒家伦理来补充佛教伦理，补益则是以佛教伦理来充实世俗伦理。衍生和补益，可以说是佛教伦理对世俗儒家伦理的间接调和。因是互补又可说是高级的调和，删改、比附则是低级的调和。

中国佛教伦理容受孝道，突出孝道，是由于孝道是中国世俗伦理的重心，具有不可动摇的维系家庭和社会的作用，符合中国社会的需要。佛教的因果报应、平等、慈悲等思想为世俗伦理所吸纳、践行，则是由于因果报应说的理论深度和平等、慈悲原则的普遍意义，符合人类的内在要求。可见，本土固有理论的主要规范与外来的深刻伦理思想，在伦理学说的整合过程中，都具有强大的生命力。

佛教伦理的命运，主要决定于是否符合社会发展的需要。佛教伦理中国化，归根到底是中国本土固有伦理及其实践者对佛教伦理的比较、鉴别、筛选、择取的过程，也是佛教伦理传播、调整、改造、创新的过程。这其间显示出来的佛教伦理的开放性和中国世俗伦理的包容性，推动了两种不同伦理思想的交流、融合，并结出了新的果实。

第四节　中国佛教伦理的历史作用与现代价值

在论述中国佛教伦理的理论基础、基本内涵和主要特色后，可以明确：中国佛教是肯定社会伦理，而不是排斥社会伦理的。下面，我们想从社会历史的角度，就中国佛教伦理的历史作用与现代价值作一简要的评述。

中国佛教伦理的历史作用，主要有三个方面：（1）有助于封建统治者推行封建伦理。如上所述，佛教在中国的流传过程，就是不断与儒家伦理相融合的过程，也就是配合中国儒家伦理向人们进行教化的过程。在古代社会，佛教伦理发挥了配合儒家伦理的辅助作用是非常明显的历史事实。同时，佛教伦理对某些崇佛的统治者的残暴行为，也起了一定的遏制作用。（2）中国佛教伦理成为广大平民的精神支柱。佛教在民间广为流传，影响极大。广大平民阶层把希望寄托于佛教，佛教伦理自然也就成为他们的行为准则，成为他们满足情感、平衡心理的支撑点，使他们苦难而平凡的一生得以安宁地度过。同时，在一定条件下，佛教伦理，尤其是众生平等的思想，有时也成为农民起义的驱动力。宋代以来，有的农民起义领袖就是打着“平等”的旗号起来反对封建统治的。（3）在近代反封建的斗争中，一批资产阶级改良派和民主派，纷纷从佛教中寻求改革社会的思想资源，如康有为在《大同书》中，把大同世界称为“极乐世界”，并以“去苦求乐”作为实现大同世界的标志，实际上就是以佛教的“慈悲救世”原则作为社会改良的工具。谭嗣同撰《仁学》一书，吸取佛教伦理观念以宣扬资产阶级的平等、博爱思想。章太炎在《东京留学生欢迎会演说辞》中，大声疾呼要“用宗教（指佛教）发起信心，增进国民的道德”，视佛教伦理是净化人心、培养美德的良方。历史表明，佛教伦理在中国历史上的作用是复杂而多重的，既有负面作用，也有正面作用，简单地肯定或否定都是不符合历史事实的。

中国佛教的伦理资源是否具有现代价值呢？我想回答应是肯定的。理由是，佛教伦理具有普遍意义的成分、方面，这些成分、方面对现代社会尤其是道德文明建设具有一定的积极作用。那么，中国佛教伦理中具有现代价值的成分、方面是什么呢？我想，以下四条是主要的。（1）去恶从善思想。在阶级对立的社会里，人们对善恶所作的判断，往往反差很大，但是佛教伦理德目中的如“不偷盗”、“不邪淫”、“不妄语”，应是人类生活的共同准则，这对维护现代社会的秩序，保持人际关系的稳定，推动家庭结构的巩固都是有益无害的。（2）平等慈悲思想。如前所述，这对当代社会消灭阶级对立、等级差异，对巩固和平，反对战争，对保护野生动物，保护生态平衡，都有不容忽视的积极意义。（3）自利利他思想。这种思想虽有其佛教的特定的宗教涵义，但它所内含的精神，即个人利益与他人利益的统一，或者说个人利益与集体利益的统一，在现代社会也应成为人们处理个人与他人、个人与集体关系的准则。事实表明处理好个人与他人或集体的关系，对于个人是重要的，对一个国家、社会也是极为重要的。（4）入世精神。大乘佛教主张普度众生，提倡入世精神。中国佛教也十分强调要“为出世而入世”，“以出世的精神做入世的事”，也就是要以一种超然的心态服务于现实社会。这种精神对我们淡泊名利，不惊荣辱，而又热爱事业，勤奋工作，即培养崇高的奉献精神也是有相当启迪意义的。

第二十八章

中国佛教的禅修论（上）

佛教的禅修学自汉代传入中国，在禅修实践能伴生神异功能和神通的宣传下，一时引起了中国佛教信徒纷纷修持禅法的巨大热情。禅修被视为获得解脱的主要手段，成为广大佛教信徒，尤其是出家僧众的基本修持形式。

从中国禅学发展史来看，中国佛教的禅法大致有两支：一支是自东汉安世高、支谶以来，中经鸠摩罗什、佛驮跋陀罗等人传入的小乘和大乘的禅法，至隋代智𫖮集其大成，创建了完整的禅修体系。这是一支依据经论所说的禅法。另一支是自菩提达摩以来，中经慧可、僧璨、道信、弘忍，到慧能再衍出五家七宗，即禅宗一系。这支是由藉教悟宗到教外别传，以心传心的禅法。禅宗以禅为主轴而又改变了印度佛教禅的形式，使禅学思想得到空前的发展，并成为唐代以后中国佛教的主流。大致正是在这一意义上，有的佛教学者称：中国的佛教特质在于禅，中国佛教的兴衰也在于禅。中国禅修实践的方式与方法、涵义与实质、走向与演变，都被赋予了浓厚的民族色彩，体现出鲜明的民族性格。中国禅修模式所包含的顿悟与渐悟、如来禅与祖师禅、文字禅、看话禅与默照禅，以及念佛禅等一些重大的理论和实践问题，都涉及认识论的领域，富有深刻的宗教哲学意义。

第一节　禅·禅定·禅悟

印度大部分地区的气温偏高，炎热的气候使人们需要以静制动，求得清凉。印度人民又是长于沉思、富于遐想、善于辩论的民族。自然的和人文的条件，推动了印度人创造出许多种宗教，宗教成为印度人不可或缺的生活内容。禅在印度诸宗教中得到广泛流传，是印度人宗教生活的重要特征。印度佛教也十分重视禅修，认为禅修是进入涅槃的“城门”。在佛教的全部修持中，禅是极为重要和极富特色的一环，是绝对不可缺少的。

“禅”是梵语 dhyāna 音译“禅那”的略称，汉译是思维修、静虑、摄念，即冥想的意思。用现代话简要地说，禅就是集中精神和平衡心理的方式方法。从宗教心理的角度来看，禅的修持操作主要是“禅思”、“禅念”和“禅观”等活动。禅思是修禅沉思，这是排除思想、理论、概念，以使精神凝集的一种冥想。禅念是厌弃世俗烦恼和欲望的种种念虑的禅修智慧。禅观是坐禅以修行种种观法，如观照真理，否定一切分别的相对性，又如观佛的相好、功德，观心的现象、本质等。禅具有多种功能，诸如，集中精神，即集中注意力，以为宗教修持提供稳定、良好的心理状态。调节心理平衡，带来宁静与快适的感受。这两项功能和我国气功的功能十分相近。再是化解烦恼，舍弃恶念，提升精神境界。禅还能产生灵感、智慧，有助于观照人生、宇宙的真实。此外，佛教还宣扬长期禅修能获得超常的能力，即神通力，与今人所谓“特异功能”相当。又禅修或可得见诸佛，得见诸佛而断诸疑惑，这后两项功能极富神秘主义的色彩。

与禅的涵义相应的梵语还有 Samādhi，音译三摩地、三昧等，汉译作定、等持等。“定”是令心神专一、不散不乱的精神作用，或指心神凝然不动的状态。一般地说，定是修得的，是禅修的结果。在中国有时“禅”也当作定的一个要素，被摄于定的概念之中。这样，通常是梵汉并用，称作“禅定”，禅定成为惯用语，被视为一个概念。实际上，禅定的主要内容是禅，是通过坐禅这种方式使心念安定、专一，其关键是静虑、冥想。至于中国禅宗的禅，则明显地向慧学倾斜①，带有否定坐禅的意味，强调由思维静虑转向明心见性，返本归原，顿悟成佛。这样，中国禅宗的禅和印度佛教的禅与定在意义上就迥异其趣了。

在中国佛教的修持实践中，与定相当的一个用语是“止”，通常止又与“观”对说，称为“止观”。止和观都是梵语的意译。止是静息动心，远离邪念，止灭烦恼，使心安住于一境。观是发起正智，观想事物的真性，也即使心灵直下契入所观的对象，与之冥合为一。如上所说，禅观就是通过坐禅以观照真理。止相当于定，观则相当于慧。所以，止观又称定慧、寂照。天台宗因特别注意止观双运的修持，故又名止观宗。

禅悟，是禅宗用语。从词义来说，禅的本义是静虑、冥想，悟与迷对称，指觉醒、觉悟。悟是意义的转化，精神的转化，生命的转化，含有解脱的意义。禅是修持方式，悟则是修持结果，两者是有区别的。但是，中国禅宗学人却把禅由坐禅静思变为日常行事，由心理平衡变为生命体验，从根本上改变了禅的内涵。中国禅宗学人还认为觉悟要由日常行事来体现，由生命体验来提升。禅与悟是不可分的，悟必须通过禅来获得，禅没有悟也就不成其为禅。没有禅就没有悟，没有悟也就没有禅。从这个意义上说，禅与悟之间不存在手段和目的的关系，或者若从禅包含了悟的意义上说，禅就是禅悟。这是与印度佛教所讲的禅大相径庭的。

一般地说，禅宗的禅修过程大约可分为四个阶段，最初是要“发心”，即有迫切的追求，强烈的愿望，以实现解脱成佛这一最高理想；其次是“悟解”，即了解佛教道理，开启智慧，觉悟真理；再次是“行解相应”，即修行与理解结合，也就是开悟后要进一步悟入，使自身生命真正有所体证、觉悟；最后是“保任”，保守责任，也就是在禅悟以后，还必须加以保持、维护，也就是巩固觉悟成果。

① 宗密《禅源诸诠集都序》卷上之1云：“禅是天竺之语，具云禅那，中华翻为思维修，亦名静虑，皆定慧之通称也。”(《大正藏》第48卷，399页上)

以上禅修过程中的开悟与悟入是禅悟的根本内容，也是禅宗人最为关切之处。开悟与悟入是悟的不同形态。开悟是依智慧理解佛教真理而得真知，也称“解悟”；悟入则是由实践而得以体证真理，主体不是在时空与范畴的形式概念下作用，而是以智慧完全渗透入真理之中，与客体冥合为一，也称“证悟”。证悟和解悟不同，它不是对佛典义理的主观理解，不是对人生、宇宙的客观认识，不是认识论意义的知解，而是对人生、宇宙的根本领会、心灵体悟，是生命个体的特殊体验。也就是说，证悟是对人生、宇宙的整体与终极性的把握，是人生觉醒的心灵状态，众生转化生命的有力方式。解悟与证悟作为觉悟的两种方式，实有很大的区别。禅宗学人中，有的解悟与证悟并重，有的重在解悟，有的则偏于证悟，甚至排斥解悟，他们都抓住心性本原，强调单刀直入，直指人心，见性成佛。禅宗学人在如何看待解悟与证悟的关系问题上，所持态度的不同，实是禅宗内部不同主张的重要根源之一。禅悟不仅有性质的区别，还有程度的不同。局部、浅易的觉悟称为小悟，全面、彻底的觉悟称为大悟。

禅悟的时间还有迟速、快慢之别，由此又有渐悟、顿悟之分。解悟与证悟都可分为渐悟与顿悟两类。渐悟是逐渐的、依顺序渐次悟入真理的觉悟。顿悟是顿然的、快速直下证入真理的觉悟。弘忍门下神秀与慧能两系，对禅悟修持的看法不同，因而形成了渐悟成佛说与顿悟成佛说的对立。

中国禅宗还大力开辟禅悟的途径和创造禅悟的方法。禅宗历史悠久，派别众多，开创的途径和方法繁复多样，五花八门。然概括起来，最可注意者有三：一是禅宗的根本宗旨是明心见性，禅悟的各种途径与方法，归根到底是为了见性。而性与“相”相对，相与“念”相连，念又与“住”（住著、执著）相关。慧能认为众生要见性，就应实行无相、无念、无住的法门，也就是不执取对象的相对相，不生起相对性的念想，保持没有任何执著的心灵状态。这是内在的超越的方法，是禅悟的根本途径。二是性与理、道相通，悟理得道也就是见性。而理、道与事相对，若能理事圆融，事事合道，也就可见性成佛了。由此如何对待和处理事与理的关系，就成为禅悟的又一重要问题。祖师禅的“触目是道”和“即事而真”，就是循着这一途径而产生的两类禅悟方法。这种禅悟的途径与方法的实质是事物与真理、现实与理想的关系问题，是强调事物即真理，从事物上体现出真理，强调现实即理想，从现实中体现出理想。三是禅悟作为生命体验和精神境界具有难以言传和非理性的性质，与此相应，禅师们都充分地调动语言文字、动作行为、形象表象的功能，突出语言文字的相对性、动作行为的示意性、形象表象的象征性，以形成丰富多彩的禅悟方法，这又构成了禅悟方法论的一大特色。

悟的境界是追求对人生和宇宙的价值与意义的深刻把握，也即对人生、宇宙的本体的整体融通，对生命真谛的体认。这种终极追求的实现，就是解脱，而解脱也就是自由。禅宗追求的自由，是人心的自由，或者说是自由的心态。这种自由不是主体意志的自由，而是意境的自由，表现为以完整的心、空无的心、无分别的心，去观照、对待一切，不为外在的一切事物所羁绊、奴役，不为一切差别所拘系、迷惑。自由的意义对禅宗来说，就是要超越意识的根本性障碍，这个障碍就是个体生命与万物、时间、空间的差别、隔阂、矛盾，以求在心态结构的深处实现个体与整体、短暂与永恒、有限与无限的统一，使人由万物、时间、空间的对立者转化为与万物、时间、空间的和谐者。

一般说来，禅宗的禅悟是排斥逻辑的，但排斥逻辑的禅悟是否还有特定的自身逻辑可寻呢？我们认为这种特定的逻辑是存在的。禅林盛传所谓“离四句绝百非”，“四句”即有、无、亦有亦无、非有非无，属于概念思考。“百非”，“非”，否定，百非，即多重否定。“离”、“绝”是超越的意思。禅宗认为，“四句”、“百非”都是言说的表现，而绝对真理是超越这种种表示的。绝对的真理就是“无”（“空”），“无”也是人生、宇宙的最高本体。这个“无”字是破除一切分别心的，是超越二元对立的根本；若能勘破一切差别、对立，参透这个“无”字（“空”字），也就解脱无碍而自由自在了。由此可见，超越——空无——自由，是禅悟的特定逻辑和本质。

第二节　汉晋禅学

一、禅法的传入

从汉译佛经的情况来看，早在东汉时代，小乘禅法就已传入中国。汉译创始人安世高（约 2 世纪）所译的佛经是以禅法典籍为主的，如大小《十二门经》、《修行道地经》、《明度五十计校经》和大小《安般守意经》都属于小乘禅法，其中的大小《安般守意经》是中土最初盛传的禅法。“安般”是梵语音译，汉译为数息观。“息”，呼吸。“数息”，计数呼吸的次数。“意”，意识。“守意”即令心驰神往的分散心思专注于禅定意境。数息观是一种静心的观照，用计数呼吸次数的办法来使心神安定，精神集中。数息观因与中土的养生长寿、神仙方术的呼吸吐纳相近，因而得以广泛地盛行起来。

比安世高稍晚的支娄迦谶（支谶）译出了大乘禅经《般舟三昧经》和《首楞严经》，推动了大乘禅法的流行。“般舟三昧”，梵语音译。“般舟”，意为佛立，故也称佛现前三昧，也就是念佛三昧。据说修这种三昧的人，只要在一定期间内，如每月的七日至九日、十日，在一定的场所往复回旋地行走，并步步声声，唯念阿弥陀佛，功夫久了，就能见诸佛出现在眼前。首楞严是佛的一种三昧。“首楞严”，梵语音译，意译为健行（健步如飞）、一切事竟。这种佛的三昧，力大无比，能勇猛地摧毁一切邪魔。

三国时的译经家康僧会作《安般守意经序》，反映了当时的佛教学者对禅法的理解。他着重宣扬数息观的功用，着力描述禅定的神异效果：“得安般行者，厥心即明，举眼所观，无幽不睹。往无数劫，方来之事，人物所更，现在诸刹。其中所有世尊法化，弟子诵习，无遐不见，无声不闻。恍惚仿佛，存亡自由，大弥八极，细贯毛牦，制天地，住寿命，猛神德，坏天兵，动三千，移诸刹，入不思议，非梵所测，神德无限，六行之由也。”① 从这里所描述的禅修者的神通、

① 《出三藏记集》卷 6，243～244 页。

神德来看，无异于中国传统神仙的属性和功能。这表明了中国的神仙方术与三国时佛教的互动关系。

西晋时代最主要的译经家竺法护重译小乘禅籍《修行道地经》，系统地介绍了有关瑜伽观行的大要。经中的《神足品》、《数息品》和《观品》集中地论述了禅定和观照的基本方法。《修行道地经》的禅法思想，在当时河西一带流传甚广，到了东晋中期以后，更对道安、支遁（支道林）等人的禅学思想产生了直接的影响。

二、东晋十六国时代禅法的多元融合

东晋十六国时代，一些僧人如竺僧先、帛僧光、竺昙猷、支昙兰等，都以习禅为业。更有一些佛教学者，如道安、支遁、鸠摩罗什、佛驮跋陀罗和慧远等，对禅法的规范和流传，对禅学的重整和发展，都作出了自己的贡献，推动了大小乘禅法的融合，以及禅学与中国固有思想的融合。

道安的亲教师佛图澄，史载其神通事迹颇多，以神变见称于世，而其神变又出于禅修。道安受佛图澄和康僧会的影响，也十分重视禅法。他宣扬禅修能发生种种的神异现象："得斯寂者，举足而大千震，挥手而日月扪，疾吹而铁围飞，微嘘而须弥舞。"① 这是说，禅修者达到寂灭境界后，举足而世界震撼，挥手则执取日月，猛一吹气，铁围山为之飞腾，轻轻嘘气，须弥山随之起舞。这番描述形象地说明了道安的禅法具有极大的神异性。道安还综合了自汉以来佛学的两大系统——禅学和般若学，并把两者融贯起来。道安说："般若波罗密者，成无上正。真道之根也。"② 又说："痴则无往而非徽，终日言尽物也，故为八万四千尘垢门也。慧则无往而非妙，终日言尽道也，故为八万四千度无极也。所谓执大净而万行正，正而不害，妙乎大也。"③ 道安在这里强调般若思想是一切修行的根本。认为愚痴与智慧决定了行为的垢正、邪净，般若智慧是禅修的指导，统率着具体禅观的修行。也就是说，禅修必须与般若智慧相结合。另外，由于道安的般若

① 《安般注序》，《出三藏记集》卷6，245页。

②③ 《合放光光赞略解序》，《出三藏记集》卷7，266页。

思想深受先秦道家“无为”说与魏晋玄学“本无”说的影响，因此他的禅法也明显地表现出本无思想的色彩，如他的《安般注序》云：“安般者，出入也。道之所寄，无往不因；德之所寓，无往不托。是故安般寄息以成守，四禅寓骸以成定也。寄息故有六阶之差，寓骸故有四级之别。阶差者，损之又损之，以至于无为；级别者，忘之又忘之，以至于无欲也。无为故无形而不因，无欲故无事而不适。无形而不因，故能开物；无事而不适，故能成务。成务者，即万有而自彼；开物者，使天下兼忘我也。”[①] “安般”，数息观。这一段话是说，禅修的真正目的就是要契入“无为”、“无欲”而“开物成务”。“开物”而“使天下兼忘我”，“成务”则“无事而不适”。就是说，禅修的最终目的是要达到忘我、适性、安乐的境界。显然，这里道家的思想跃然纸上，而禅法的神异性却淡化了。

支遁（支道林，314—366），是一位典型的杂糅佛老的清谈家型的僧人，他对清谈家最为宗奉的《庄子》，特别是其中的《逍遥游》篇持有独到的见解，深得当时名士的赞赏。在佛学方面，他专长于《般若》，也重视禅学。史载他在剡山时，“宴坐山门，游心禅苑”[②]，又曾撰写《安般经注》，文已不存。就现存的史料而言，支遁的禅学思想，主要体现在赞叹佛像、咏述禅趣的诗文中。如《咏禅思道人》[③]、《释迦文佛像赞》[④] 和《阿弥陀佛像赞》[⑤] 都系统地描述了数息观的过程和阶段，并强调作为禅定方法的数息观是佛陀解脱得道的途径。支遁还用庄子的思想和语言来解说禅修，如用“恬智交泯”[⑥] 来说明禅定实践与般若智慧的交互作用，就源于《庄子·缮性》篇的“知与恬交相养”的思想。《缮性》篇是论修心养性的，“知”通

① 《出三藏记集》卷 6，244 页上～245 页下。

② 《高僧传》卷 4《支道林传》，《大正藏》第 50 卷，348 页下。

③ 见《广弘明集》卷 30，四部丛刊影印本。

④ 见《广弘明集》卷 15，四部丛刊影印本。又见石峻等编：《中国佛教思想资料选编》第 1 卷，66～67 页。

⑤ 同上书，68～69 页。

⑥ 《阿弥陀佛像赞》，《广弘明集》卷 15，四部丛刊影印本。又见石峻等编：《中国佛教思想资料选编》第 1 卷，68 页。

"智","恬"指恬淡的性情。原义是说智慧与恬淡性情是互相渗透、互相涵养的。支遁将此转换为说明禅与智的相互促进关系,从而冲淡了禅法的神异色彩。应当肯定,支遁在中国的禅学史上是有重要地位的。

鸠摩罗什是著名的译经家,他译出的禅经《坐禅三昧经》和《禅法要解》,以及《无量寿经》、《首楞严经》、《金刚经》、《维摩诘经》,对中国禅学的发展都产生了重要的影响。这里我们就较为重要的《坐禅三昧经》的禅学思想略作论述。

《坐禅三昧经》系鸠摩罗什以自身宗奉的大乘中观思想为基础,又杂糅多家的禅法,整合编译而成,反映了鸠摩罗什本人对禅学的理解和看法。经文系统地介绍了小乘佛教止息邪心的五种观法"五门禅",也称"五停心观"①。这五种观法,一是不净观,观外界不净的样相,以泯除贪欲;二是慈心观,观一切众生,生慈悲心,以息瞋怒;三是十二因缘观,观因缘和合的道理,以远离愚痴;四是数息观,历数呼吸的次数,以治乱心;五是念佛观,勤念三身佛,以对治恶业障。通常原五门禅有一门是界分别观,观五蕴、十八界均是诸元素的和合,以纠正我执。而鸠摩罗什以念佛观取代界分别观,是为了适应当时念佛禅日益兴盛的总趋势。五门禅中的后两门最为中国僧人所重视,对此,鸠摩罗什也相应地作了较为详尽的介绍。鸠摩罗什还注意把习禅者的不同层次和禅学的不同要求结合起来。他把习禅者分为三类:"初习行",即初习禅者;"已习行",经过修习,有一定基础者;"久习行"②,历久习禅,多有体悟者。相应地,对不同层次的习禅者的要求也有不同。以修习慈心观为例,对初习行者,只要求他们把快乐与亲属、朋友共享;对于已习行者,要求他们把快乐给予其他一般的人("中人");对于久习行者,则更是要求他们把快乐给予自己所怨恨的人。③ 如此由易到难,由低到高,循序渐进,攀登至禅修

---

① 《大正藏》第15卷,271~277页。

② 同上书,272页上。

③ 详见上书,272页中。

的最高境界。

鸠摩罗什所强调的禅修宗旨是，以般若智慧观照诸法实相，也即观照一切事物的真实本相——性空，或者说是空与有（假有）的统一。经说："佛弟子中有二种人：一者多好一心求禅定，是人有漏道；二者多除爱著，好实智慧，是人直趣涅槃。"① 又说："当学求诸法实相，不有常不无常，非净非不净。"② 在鸠摩罗什看来，沉溺于禅定，是一种执著，是有缺陷的修行。而般若智慧要高于禅定修行，禅定的最高境界在于运用般若智慧去观照一切事物的空无自性。鸠摩罗什提倡的这种禅法称为实相禅。

鸠摩罗什编译的《坐禅三昧经》，虽然在禅定的修持方法和禅观的组织方法方面，基本上是承袭小乘说一切有部的禅学体系，但是又以大乘般若学为统率，强调在禅观中要用般若智慧去观照诸法实相，这就较为成功地实现了大小乘禅学的结合。在这一整合过程中，鸠摩罗什既揭示了大小乘禅学在修行目标和修持方法上的区别，又疏通了两者的关联。鸠摩罗什倡导的禅学深刻地影响了尔后中国禅学的发展轨迹与方向，在中国禅学思想史上具有重要的意义。如五门禅对天台宗的止观学说，念佛对道信、弘忍的东山法门，以及实相禅对慧能禅宗的影响都是巨大的。此外，鸠摩罗什的另一译经《禅法要解》中所强调的僧人修习佛法的四种依凭，即"依深义不依于语"、"依了义经不依非了义经"、"依智而不依识"、"依法不依人"③，表现了大乘禅学的批判精神与思辨精神。"四依"中的"依义不依语"、"依智不依识"，更是强调了领悟义理和依赖智慧的重要，突出了主体精神和自觉精神。这些思想对"不立文字，教外别传，直指心性，见性成佛"的禅门五家宗旨的形成，起了很大的推动作用。

佛驮跋陀罗（觉贤，359—429），禅师、译经家。来华后，因与鸠摩罗什的师承、教学、修习、学风不同，被逼由关中南下，在

---

① 《坐禅三昧经》卷下，《大正藏》第15卷，279页中。
② 同上书，281页下。
③ 《禅法要解》卷下，《大正藏》第15卷，296页中。

庐山和建康（今南京）从事翻译，译出《大方广佛华严经》等十多部经典。佛驮跋陀罗专精禅法，他译出的《修行方便禅经》，系统完备，对于禅修方法的介绍犹为详尽。《修行方便禅经》是说一切有部历代祖师相传的经典，后传至达摩多罗和佛大仙。佛驮跋陀罗即佛大仙的弟子。佛驮跋陀罗译出的禅经和所修持禅法与一切有部一脉相承，严谨纯一。现存《修行方便禅经》虽又名《达摩多罗禅经》，并以此经名入藏，但反映达摩多罗禅法的内容已无从可考，实际上只是介绍了佛大仙的渐修一法。全书论述五停心观、四无量观、阴观（五蕴观）、入观（十二处观），其中的数息观和不净观"二甘露门"的文字约占经文的三分之二，数息观更是占全书篇幅的一半以上。显然，二甘露门是全书的重点，而数息观更是重点中的重点。

《修行方便禅经》在禅观组织方式上的特点是，把修行的过程分为"四分"，即四个阶段："退"（减退）、"住"（停住）、"升进"（上升跃进）、"决定"（止观圆熟，牢不可摧）。修行的要求是离前二义而行后二义，远离退转，舍弃住缚，增益升进，成就决定。[1] 此经把二甘露门的修行内容分为"二道"，即两个层次：一是方便道，修行的内容可与教外其他流派共通，偏于修止得定；二是胜道（胜进道），着重证悟佛教教义，偏于修观得慧。[2] 整个禅修过程就是从二甘露门方便、胜进二道开始，远离退、住，力行升进、决定，进而观界分别，修四无量，观五蕴、十二处，以至畅明缘起，获得禅定的成就，达到禅定的境界。

与鸠摩罗什编译的《坐禅三昧经》相比较，《修行方便禅经》没有杂糅其他诸派的禅法，而是说一切有部的一部纯正的禅经。此经不一味地强调般若智慧的观照作用，更不是以慧代禅，而是主张智慧与禅定并重，智慧与禅定相结合，即在禅定的基础上修习智慧观照，使智慧观照融入于禅定修行中，并逐渐深化、提高。这就比《坐禅三昧

① 详见《大正藏》第15卷，301页中、下。

② 详见上书，301页下。

经》更为切实，更具层次性，也更富操作性。

慧远是东晋后期的佛教领袖，也是此前禅学的集大成者。他对当时流传的禅法，包括上面提到的安世高等人译出的禅经都有比较深入的研究。他推崇大小乘禅法，尤为赞扬《阿毗昙心论》和《修行方便禅经》的禅学思想，又归结为宗奉念佛三昧。慧远奉行的是以说一切有部禅学为基调，融合般若、净土思想的禅修方法。

念佛三昧是通过念佛把心思集中起来的冥想法，其具体法门，一般地说有三种：一是称名念佛，即口念佛名，如谓口念七万、十万声佛名，即可成佛；二是观想念佛，即静坐入定，观想佛的种种美好形象和崇高功德，以及佛所居住的庄严国土；三是实相念佛，即观照佛的法身“非有非无中道实相”之理。慧远修持的是念佛三昧中的观想念佛。慧远说：

> 诸三昧，其名甚众。功高易进，念佛为先。何者？穷玄极寂，尊号如来，体神合变，应不以方。故令入斯定者，昧然忘知，即所缘以成鉴。鉴明则内照交映而万像生焉，非耳目之所暨而闻见行焉。于是睹夫渊凝虚镜之体，则悟灵相湛一，清明自然；察夫玄音之叩心听，则尘累每消，滞情融朗。非天下之至妙，孰能与于此哉？①

慧远认为各种三昧中，功高又易进入境界的，当以念佛三昧为第一。因为如来佛穷通体极玄寂大道，他的体和神共同变化，感应而无方所。所以佛教徒修持念佛禅定，观想如来佛，就能忘却一切知虑，并以禅定中所观想的佛的相好和功德为明镜，使心灵湛然，烦恼殆尽，滞情消融。

慧远在理解、吸纳诸禅法的过程中，就禅经中的某些说法和鸠摩罗什的实相禅，曾向鸠摩罗什请教并多有辩难。对于如何理解禅修的内观境界问题，他问鸠摩罗什，念佛三昧所见佛的形相究竟是怎样的：“众经说佛形，皆云身相具足，光明彻照，端正无比……真法身

① 《念佛三昧诗集序》，石峻等编：《中国佛教思想资料选编》第1卷，98页。

者，可类此乎?”① 又问：“所缘之佛，为是真法身佛，为变化身乎?”② 这是问，说佛有三十二相、八十种好，法身佛是否也如此呢？在念佛三昧中所见的佛，究竟是法身佛，还是化身佛？慧远还问：

> 念佛三昧，如《般舟经》念佛章中说，多引梦为喻。梦是凡夫之境，惑之与解，皆自涯已还理了。而经说念佛三昧见佛，则问云，则答云，则决其疑网。若佛同梦中之所见，则是我相之所瞩，想相专则成定，定则见佛，所见之佛，不自外来，我亦不往，直是想专理会，大闻于梦了。疑夫我或不出境，佛或不来，而云何有解，解其安从乎？若真兹外应，则不得以梦为喻。神通之会，自非实相，则有往来，往则是经表之谈，非三昧意，复何以为通？又，《般舟经》云有三事得定：一谓持戒无犯，二谓大功德，三谓佛威神。为是定中之佛，外来之佛？若是定中之佛，则是我想之所立，还出于我了。若是定外之佛，则是梦表之圣人。然则成会之来，不专在内，不得令闻于梦明矣。③

从慧远的提问来看，他认为经文以梦境来比喻念佛三昧的见佛是不恰当的，见佛是神通之会，要依靠人的持戒或功德，以及佛的威神，而不是在梦境的幻象中所能见的。

鸠摩罗什在回答中强调，念佛三昧的见佛是由观佛色身转向观佛法身，进而再观诸法实相。至于梦中见佛之喻，只是引发修持者的信心，而且作为主观的梦境也是因缘和合而起的。佛身也是因缘而生，是无自性的，不能执著为客观实在。

慧远与鸠摩罗什之间的问答，反映了两位佛教学者在禅学思想上的分歧。鸠摩罗什以中观般若性空思想统率禅法，而慧远是以说一切有部的三世实有思想来理解禅定的境界、佛身的属性。慧远还作序赞扬佛驮跋陀罗译出的说一切有部的《修行方便禅经》，含蓄地批评了

① 《大乘大义章》卷上，《大正藏》第45卷，125页中。

② 同上书，127页上。

③ 同上书，134页中。又，引文内“疑夫我或不出境，佛或不来”，原为“疑大我或或不出境佛不来”，据文义改。

鸠摩罗什的禅法思想。这都表现了佛教内部不同派别间的思想分歧。再联系到慧远坚持的神不灭论思想，也可以说，慧远是以深厚的中国固有思想，尤其是肯定最高实在，肯定人与物的最终本原的思想，对印度佛教的大乘空宗思想作了不自觉的抵制和抗拒。

应当指出，慧远也是一位般若学者，他并不反对大乘般若中观学说，甚至在《修行方便禅经·序》等著作中也表达了大乘中观思想。可见他的思想是复杂的，他的禅学思想实是印度大小乘禅学思想与中国固有的实在论和有神论相融合而成的，以致有许多疑问、困惑。

综合上述，可就汉晋禅学得出这样的看法：（1）约在东汉中期，佛教小乘禅学和大乘禅学几乎是脚前脚后同时传入中国的。但从所译论述禅法的经典来看，较多的是小乘禅经。小乘禅经的派别法脉比较清楚，禅修的操作技术规定也比较具体。（2）汉晋期间，十二门禅①广为流传，然最受重视的禅法是数息观和念佛观，前者与健身、养生乃至神仙方术相通，后者因切近修持成佛的终极价值，因而得到广泛的流传。（3）多元融合是这一期间禅学的基本走向和总体趋势，这主要表现在两个方面：一是佛教大小乘禅学的交渗、合流。大小乘禅学也有分歧、对立，如鸠摩罗什门下对佛驮跋陀罗的排斥，慧远与鸠摩罗什的问答辩难。但是两者的合流是主要的，这既有禅学操作层面的融合，如鸠摩罗什把小乘禅法和大乘念佛禅糅合在一起；也有在指导思想与具体实践方面的统一，即以大乘般若智慧为禅修的指针，把大乘思想融入于禅修实践中，并追求大乘的理想境界。二是佛教禅学与中国固有思想文化的附会、融合。如康僧会等人与神仙方术合流的神异禅，也有支遁把禅学与玄学，即禅玄相融合的玄学禅，还有慧远综合印度佛教禅法和中国的实在论、有神论而成的念佛禅。

① 十二门禅，即十二门禅定，为四禅、四无量心、四无色定的合称。四禅为初禅、第二禅、第三禅、第四禅，是色界的四个冥想阶段，随着心理活动的逐次发展，逐步超越欲界的种种迷执，形成日渐提升的精神境界。四无量心，指慈、悲、喜、舍四种广大的利他心愿，以引导无量众生离苦得乐，进入觉悟之域。四无色定是空无边处定、识无边处定、无所有处定、非想非非想处定，这是超离物质（色界）系缚的四种境界，也就是修行这四定，一切物质性的束缚都被解除。

第三节　南北朝禅学

一、北朝禅学的五系

与南朝佛教比较而言，北朝佛教更侧重实践，尤其是禅观。一些本土的知名禅师往往师承外域来华禅师，尊奉某类佛典，诵经修禅，并形成相对稳定的传承关系和禅僧群体。他们分布于河西、长安、洛阳、邺城等由西到东的广阔地域，可谓禅法弥漫北土。

据现有资料可知，著名而有影响的北朝禅师，主要有以下五系：

第一系是从佛驮跋陀罗到玄高再到玄畅、法期等，此系的关键人物是北朝著名禅师玄高（402—444）。玄高早年赴关中从师佛驮跋陀罗，精通禅法。后西隐麦积山，有“山学百余人，崇其义训，禀其禅道”①。又从外国禅师学习禅法。此后居河北林阳堂山，徒众三百人。玄高实为西北禅学的宗师。应北魏王朝之请，玄高往魏都平城（山西大同）大弘禅化。后因赞助太子晃共参国事，被太武帝所杀。一年多后，太武帝下令毁佛。玄高修持的禅法是“出入尽于数随，往返穷乎还净”②，即所谓的数息观。《高僧传》本传还渲染玄高禅法的神灵性。玄高的重要弟子有玄绍、僧印、玄畅等人，其中日后影响最大的是玄畅。玄畅在玄高被杀后，南下潜逃扬州，后又赴荆州，西适成都，再转入岷山齐后山，结草为庵。史载，玄畅精于“三论”，更是较早弘扬《华严经》的禅师，他广泛地融合佛教“空”、“有”思想，以主导禅修活动，从而发展了玄高的禅法。③ 玄畅的弟子法期被赞为“特有禅分”，精于禅法，禅修功夫颇深。④

第二系是从佛陀禅师经道房到僧稠再到昙询等。此系的关键人物是北齐著名禅师僧稠（480—560）。佛陀禅师又称跋陀，天竺人，自西域来华，至魏平城。后随帝南迁，并在嵩山少室立少林寺，闻风响

① 《玄高传》，《高僧传》卷11，《大正藏》第50卷，397页上。

② 《习禅篇后论》，《高僧传》卷11，《大正藏》第50卷，400页下。

③ 详见《玄畅传》，《高僧传》卷8，《大正藏》第50卷，377页上、中。

④ 详见《法期传》，《高僧传》卷11，《大正藏》第50卷，399页上、中。

会者，达数百之众。少林寺以禅法驰誉北方。僧稠初从佛陀弟子道房，受止观法门，后又从道明禅师受十六特胜法，苦修得定，深有所证，获佛陀印可。佛陀赞扬他说："自葱岭以东，禅学之最，汝其人矣。"① 僧稠在嵩岳一带讲学，徒众甚多。后又应齐文宣帝之请，到邺城弘法。史载："帝躬举大贺，出郊迎之。稠年过七十，神宇清旷，动发人心……帝扶接入内，为论正理，因说三界本空，国土亦尔，荣华世相，不可常保。广说四念处法，帝闻之，毛竖流汗，即受禅道。……帝曰：佛法大宗，静心为本，诸法师等，徒传法化，犹接嚣烦，未曰阐扬，可并除废。"② 帝亲自郊迎，礼敬备至。帝在听闻僧稠说法后，认为禅修是佛法的大宗，立即从受禅道，并强调义理低于禅道，可以废除。文宣帝晚年还远赴辽东山寺坐禅，足见僧稠影响之大。由于僧稠在传播禅法上的突出贡献，道宣把他和菩提达摩并称，以表彰僧稠的重要历史地位。③

据《高僧传》本传载，僧稠修持的禅法，一是依《大般涅槃经·圣行品》所讲的"四念处法"修持。"念"，系念，观照。"念处"，内心静寂的观想作用。"四念处"就是观"身"不净，观"受"（感受）是苦，观"心"无常，观"法"无我，以此四观来破除世俗所持的"常、乐、我、净"的观念。文云："此身如是不净，假众因缘和合共成，当于何处而生贪欲？若被骂辱，复于何处而生瞋恚？……若他来打，亦应思维：如是打者，从何而生？……因手、刀、杖及以我身，故得名打，我今何缘横瞋于他？乃是我身自招此咎，以我受是五阴身故。"④ 意谓如被人辱骂痛打，是因有我身而招惹此咎。"四念处"就是通过摄念调心以求忍受一切痛苦烦恼，堪破一切常有我有，断除一切妄念欲想。二是修持"十六特胜法"。此为从数息观到观弃舍等十六种观法，是定性多的人修持的方法，因优胜于"四念处"等禅法，故名。实际上十六特胜法只是比较强调对禅定喜乐的感受，和体验喜乐感受

① 详见《僧稠传》，《续高僧传》卷16，《大正藏》第50卷，553页下。
② 同上书，554页上、中。
③ 详见《习禅篇后论》，《续高僧传》卷20，《大正藏》第50卷，596页下。
④ 《大正藏》第12卷，675页下。

的无常性，而内容并没有超出“四念处”禅法的范围。此外僧稠还“修死想”，《成实论》有《死想品》，“死想”是观想死的相状。“修死想”，是通过观想死状的种种不净秽，以灭除贪欲。史载：“稠以死要心，因证深定，九日不起。后从定觉，情想澄然。究略世间，全无乐者。”①

僧稠的弟子中有昙询等，昙询“化流河朔，盛阐禅门”②，在北朝传播禅法颇有影响，曾受到隋文帝的嘉勉、敬仰。

第三系是从勒那摩提到僧实，再到昙相等，其中北周著名禅师僧实（476—563）是此系的核心人物。勒那摩提，印度人，精于瑜伽师禅法。后来华，入洛阳译经。北周僧实来到洛阳，遇勒那摩提，从受禅法，得其心要。勒那摩提赞扬僧实：“自道流东夏，味静乃斯人乎！”③ 北周太祖礼请为国三藏。王朝上下，甚为敬重，遐迩闻名，声誉极隆。僧实偏于修持“九次调心”法。这也作“九次第定”，即“四禅”、“四无色定”和“灭心定”，合为九种禅定，为小乘古典禅法。“四禅”，即初禅、第二禅、第三禅和第四禅四禅定，是色界的四个冥想阶段。“四无色定”，即空无边处定、识无边处定、无所有处定、非想非非想处定四种禅定。这是无色界的四个冥想阶段。众生居住在三个界域：欲界、色界、无色界。欲界是具有淫欲和贪欲的众生所居，色界是离欲的清净物质世界，无色界是超越于物质之上的唯有精神的世界。这三界是依次上升的境界。修持以上八种禅定，就能依次提升境界，由超越欲界的种种迷执，进而解除种种物质性的系缚。“灭心定”是灭除一切意识作用、精神作用的禅定。这是“九次调心”法的最后阶段、最高境界。以上的九次定，由一定入他定，由低到高，由浅入深，最后达到灭绝一切心思活动的境界。这是超越淫欲和贪欲、超越物质、超越精神，即超越众生三界的圣者的境界。

---

① 《僧稠传》，《续高僧传》卷16，《大正藏》第50卷，553页下。
② 《昙询传》，《续高僧传》卷16，《大正藏》第50卷，559页中。
③ 《僧实传》，《续高僧传》卷16，《大正藏》第50卷，557页下。

道宣在总结北朝佛教禅师的地位与作用时说："使中原定苑剖开纲领"者，唯僧稠、僧实"二贤"[①]。认为唯有僧稠、僧实在中原一带佛教禅定领域中，具有总纲大要的开拓、示范作用。僧实有弟子昙相等，师徒授受，直至唐初，传灯不绝。

第四系是从慧文经慧思到智𫖮。慧文和慧思是北齐禅师，慧思晚年南下衡岳，智𫖮自离开慧思后，主要活动在沿江的庐山、荆州、建康以及浙江天台山。这一系全由中国禅师组成，是在禅法上极富创造性的一系，并由智𫖮开创了第一个中国佛教宗派——天台宗。这里要简述的是慧文和慧思的禅学思想，智𫖮的禅学思想则在下面"天台宗的圆顿止观法门"专节中，再作介绍。

慧文，北齐人，约生活在6世纪，具体生卒年不详，被尊为天台宗的初祖。据《续高僧传·慧思传》载，慧文是"聚徒数百，众法清肃，道俗高尚"[②] 的大禅师，门徒众多，曾受到隋文帝的嘉勉、敬仰，影响颇大。他风格严肃，极重视锻炼心思的集中，以求正确地观察事物的本质。他无师自悟，创造性地提出了新的禅观方法："一心三观"。慧文是怎样提出"一心三观"的呢？《大品般若经》讲三种智慧[③]："道种智"，是熟悉大小乘各种实践方法的智慧；"一切智"，是能看清一切现象的普遍真相的智慧；"一切种智"，是能辨别一切现象的具体自相的智慧。并讲如果具备这三种智慧，就能彻底灭除一切残余的烦恼，达到佛教的理想境界。龙树的《大智度论》卷27在解释这段经文时说，三种智慧虽是先后依次得到的，但三智实在"一心中得"[④]，最后是一齐具足，可以同时兼有的。慧文由此领悟出一种禅法，即三种智慧同时圆满具足于一心的"三智一心"观。慧文还进一步领会到一心中可以同时观照多方面的道理，他联系《中论》的《三是偈》[⑤]，

---

① 《习禅篇后论》，《续高僧传》卷20，《大正藏》第50卷，596页下。

② 《大正藏》第50卷，562页下。

③ 详见《摩诃般若波罗蜜经》卷1《序品》、卷21《三慧品》，《大正藏》第8卷，218页上～219页下、373页上～376页下。

④ 《大正藏》第25卷，260页中。

⑤ 详见《大正藏》第30卷，33页中。

认为“我说即是空”的“空”是真谛，“亦为是假名”的“假”是俗谛，“亦是中道义”的“中”是中道谛。并认为真谛讲一切现象的真相，俗谛讲各别实践的方法，中道谛讲一切现象的自相，相当于三种智慧的境界。偈说空、假、中三相都是真实，称为三谛。一心同时从空、假、中三个方面观察为“三谛一心”观。这样从“三智一心”观发展为“三谛一心”观，构成了慧文的“一心三观”禅法。慧文将这一禅法传给了慧思，慧思又传给智𫖮，智𫖮更开展为“一念三千”的“三谛圆融”观，成为天台一宗的教观中心。慧文是奠定这一学说基石的先行者。

慧思（515—577），早年出家，后往投慧文，从受禅法。他专诵《法华经》，约千遍以上，造就极深。后率众南下，在光州（今河南潢川县）大苏山游化，历时 14 年。后又继续南下，入南岳山弘法，世称南岳大师。慧思禅法的最大特点是，在慧文的“一心三观”的基础上，提出“实相”观。慧思亲承慧文的传授，重视在禅修上尽力于引发智慧，穷究实相。他的实相说的要点，来源于《法华经》。实相说的结构方法，则受《十地经论》和《大智度论》的启发。《法华经·方便品》提出佛的知见，即佛照见一切现象实相妙理的知见慧解，为一切智慧的标准，强调佛的知见不仅广大深远，而且能穷尽诸法实相，即圆满把握一切存在的真实本相。实相的内涵有十项，即如是相、性、体、力、作、因、缘、果、报、本末究竟等。① 慧思受《十地经论》解释方法的影响是十分明显的。该论解释《华严经》处处都用十法来表示圆满之意，又有十如是的文句：“诸佛正法如是甚深，如是寂静，如是寂灭，如是空，如是无相，如是无愿，如是无染，如是无量，如是上，此诸佛法如是难得”②，受此启发，慧思也用这种方法来解释《法华经》。慧思认为“十”表示圆满，含摄一切法。“如是”是表示非泛泛之谈，是肯定相、性等十项都真实不虚。《大智度论》把诸法分为两类：“别相”、“各各相”（自相）和“实相”（共

① 详见《大正藏》第 9 卷，5 页下。

② 《十地经论》卷 3，《大正藏》第 26 卷，141 页下。

相）。如地的坚硬，水的潮湿，火的炎热，风的流动，是各自的自相；若深入本质探求，则为“空”，为“实不可得不可破”，这是地、水、火、风四者的共相。[①] 慧思也说十如的各个方面是别相，十者都谓之“如”是共相，并在这种区分的基础上，把别相和共相两类合称为实相。由此，慧思建立起“十如”实相说，并以观照实相为禅观的中心内容。慧思专精《法华》，悟得法华三昧。法华三昧就是观照《法华》所开显的实相的真理。

同时，慧思也修持四念处，即以身、受、心、法四者为止观的对象，分别念身是不净、感受是苦、心是无常、法是无我。与此相关，慧思还提倡安乐行。安乐行是安乐又容易的修行。《法华经·安乐行品》称有四种修行方法是安乐的，即身、口、意三安乐行和誓愿安乐行。所谓四安乐行，就是在禅修时远离身体、言说、意志方面的种种过失，而誓愿普度众生，引导众生走上解脱之路。

慧思在大苏山传授禅法时，智觊曾前往问学。慧思很器重智觊，常命他代讲《大品般若经》，并特别指导智觊说，《般若》讲的“一心具足万行”是次第义，《法华》讲的“一法具足万行”才是圆顿义。《法华》所说的比《般若》更进一步，高于《般若》思想。慧思还与般若学者不同，他偏于以心法为中心观照诸法实相。这些对于后来智觊创立以《法华经》为中心的天台宗学说，尤其是“一念三千”和“圆融三谛”说，有着决定性的影响。

第五系是从菩提达摩到慧可再到僧璨。因达摩以《楞伽经》印心，故当时慧可与僧璨[②]都被称为“楞伽师”。此系后经唐代道信、弘忍再到慧能创立禅宗，是为中国佛教中拥有信徒最多、影响最大的佛教宗派。

菩提达摩，自印度航海来华，经广州到建康。传说达摩和梁武帝有一段对话，梁武帝笃信佛教，问即位后所做的建寺、写经、造像、度僧等事，能积多少功德？达摩却说无功德可言。武帝对这个答复不

---

① 详见《大智度论》第32卷，《大正藏》第25卷，297页中、下。

② 慧可最后几年和僧璨晚年都生活在隋代，为方便起见，将他们列入北朝时代论述。

能理解，彼此话不投机。达摩随即渡江北上入魏，在嵩洛一带传授禅法。有传说，达摩晚年遭遇毒害而死，也有说他手携只履西行返回印度，即所谓“只履西归”的传说。

菩提达摩的禅法以壁观——安心法门为中心。宗密说：“达摩以壁观教人安心，外止诸缘，内心无喘，心如墙壁，可以入道，岂不正是坐禅之法？”① “壁观”，是面壁而观，心如墙壁，外，诸缘不能入，内，心无不安。这是达摩传授的独特禅法。道宣对它评价甚高：“大乘壁观，功业最高，在世学流，归仰如市。”② 可见达摩禅法的影响是很大的。

达摩的禅法特点在于“藉教悟宗”，也就是先凭借言教以启发信仰，一俟信仰形成就脱离言教。达摩禅法的具体内容是以理入为主、行入为辅的“二入四行”法门。史载达摩称：“入道多途，要唯二种，谓理、行也。”③ 认为成就佛道的方法只有“理入”（对于教的理论思考）和“行入”（修行实践）两种。

关于“理入”，达摩说：“藉教悟宗，深信含生同一真性，客尘障故，令舍伪归真；凝住壁观，无自无他，凡圣等一，坚住不移，不随他教，与道冥符，寂然无为，名理入也。”④ “真性”，即是佛性，也即空性。“理入”有两层涵义：一是根据经教所说，深信人人都有真性，在“含生同一真性”的理论基础上，确立“舍伪归真”的信仰和决心；二是在树立信仰后，通过禅定“壁观”，令心安定，不生分别，不再依赖经教，心与道冥符。“理入”即悟理。也就是悟入“无自无他，凡圣等一”的“性净”之理，悟入“寂然无为”的“空性”之理。悟理的关键是“壁观”，也就是“安心”。菩提达摩特别重视“安心”，强调将心安住一处，也就是不起分别心，没有分别心，使心达到安定寂静的境界。相传有这样一个故事，慧可初见达摩，诉说自己内心很不安宁，乞求帮助“安心”。达摩说，你把不安的心拿来，我

① 《禅源诸诠集都序》卷上之2，《大正藏》第48卷，403页下。

② 《习禅篇后论》，《续高僧传》卷20，《大正藏》第50卷，596页下。

③④ 《菩提达摩传》，《续高僧传》卷16，《大正藏》第50卷，551页下。

好使你安心。慧可说，不安的心无处可找。达摩即说，我已经给你安心了。① 这个故事是说，不要把心作安与不安的区别，就是安心的意义。可见，菩提达摩的“藉教悟宗”的实质是重禅悟，轻经教，重内证，轻语言。

关于“行入”，“行”有“四行”，即有四项内容②：一是“报怨行”，人们对以往所作的业应有正确的认识，甘愿承受报应，毫无怨憎，并且努力修行，以显了真性。二是“随缘行”，人们应依随苦乐顺遂各种缘，保住真性，以渐进于道。三是“无所求行”，对于现实经验世界，不应有任何贪恋、追求。四是“称法行”，“称法”指与理法相称相应，理法即“性净之理”、“空性之理”。这是指与“性净之理”或“空性之理”相应的修行。“四行”是说在四种禅修实践中要做到无怨无憎，无喜无悲，无贪无求，符合理法。“行入”是在“理入”基础上进行的，并要求与壁观内证所得的“性净之理”或“空性之理”相应。达摩提倡“理入”与“行入”相结合，重视理论与实践的统一。

菩提达摩的“二入四行”说，把“言通”与“宗通”联系、统一起来，并最终归结为“宗通”，也就是把树立信仰与禅定修持、言说与内证、理论与实践联系、统一起来，并以超越言教的“悟宗”为根本目的。

慧可（僧可），虎牢人（今河南荥阳）。少为儒生，通老庄易学，后出家。年约 40 岁时，遇菩提达摩，即礼以为师，从学 6 年。禅学史籍上传有慧可“雪中断臂求法”的故事，说慧可向达摩求法时，达摩告诉慧可：求法的人，不以身为身，不以命为命。于是慧可就在门外立雪数宵，甚至断臂，以此表示虔诚和决心之大。精诚所至，达摩遂把 4 卷《楞伽经》授予了他，并鼓励说，若依此经修行，就可自得度世。慧可后到东魏的邺都，大弘禅法。由于异派学者的迫害，其说法被称为“魔语”。北周武帝灭佛后，慧可南下隐居舒州皖公山（今

① 详见《景德传灯录》卷 3，《大正藏》第 51 卷，219 页中。
② 详见《菩提达摩传》，《续高僧传》卷 16，《大正藏》第 50 卷，551 页下。

安徽潜山县），在此传法给僧璨。后又回邺都修禅传法。

据《续高僧传》卷16《慧可传》载，慧可承袭达摩重禅悟而轻经教的传统，是一位“专附玄理”、不拘文字的自由解经方法的倡导者，他的禅学思想的根本主旨是以“忘言忘念、无得正观为宗”①。现存慧可《答向居士来书》中的一首偈，基本上表达了他的禅学见解，体现了他“专附玄理”的思想风貌。偈云：

> 说此真法皆如实，与真幽理竟不殊。本迷摩尼谓瓦砾，豁然自觉是真珠。无明智慧等无异，当知万法即皆如。……观身与佛不差别，何须更觅彼无余?②

“摩尼”，宝珠。“无余”，无余涅槃。偈的第三、四句是说，犹如众生迷惑时，会视珍珠为瓦砾，一旦豁然觉醒，就会自知摩尼是珍珠一样，众生一旦觉悟，离开迷妄，也就立即明白自我的本性就是觉性。这是一种本性觉悟说，即把自觉解释为自性觉悟，认为自我本来就是有觉性的、是觉悟的。第五、六句是肯定无明（无知）与智慧无异，“万法”皆是“真如”。偈文末尾两句是说，众生自身与佛本无差别，不必去另求无余涅槃境界。如前已指出，慧可所奉持的《楞伽经》所讲的自觉圣智的“觉”字是指触觉，“自觉”是一种自我观证。而慧可把“自觉”解释为无须依靠别的因缘的自我觉悟，自觉圣智被解释为自性觉悟的绝对智慧。与此相应，慧可把般若性空之“理”作为“真如”本体，遍于众生之中，这既为众生具有自觉圣智提供本体论的根据，又把般若性空说与佛性论结合起来。由此慧可还进一步阐扬众生的心灵即是佛、众生身即是佛身、生死即是涅槃的思想。慧可这种不重言教的自由解经的方法，和直指生（众生）佛无差别的自性本觉说，凸现了达摩正传的心法，对后世禅宗产生了重大的思想影响。

僧璨的史料极少，今就托名僧璨所作的《信心铭》略作论述。

---

① 《法冲传》，《续高僧传》卷25，《大正藏》第50卷，666页中。

② 《大正藏》第50卷，552页中。

《信心铭》是在佛教清净心的思想基础上，吸取道家，尤其是《庄子》的齐物、逍遥思想而成。文云："至道无难，唯嫌拣择。"① "至道"，禅学的最高境界，实即人的心性的本真状态。意思是说，把握"道"的最根本之点就是不作任何分别。又云："万法齐观，归复自然"②，齐观万法是一体的，以回复到本来的状态。又云："不用求真，唯须息见。"③ 不必去求真，但必须息灭各种妄见。这也就是"一心不生，万法无咎"④。而要做到息灭妄见，一心不生，就要"任性"："放之自然，体无去住。任性合道，逍遥绝恼。"⑤ "性"，众生本性、真性。"任性"就是顺随本性的自然，就是"归复自然"。这是不作分别、非有非空、无去无来的心性本然，是人心冥合至道、断绝烦恼的理想境界。这种追求心灵的原初状态、心性的自然表露，以及任运自在的自然主义的禅修生活准则，越来越为后世大多数禅师所奉行。

二、南朝禅学的重镇

南朝宋初，一度盛传禅法，宋末以后，禅法趋衰。到了梁代，禅法虽略有起色，但直至南朝末年，由于北方禅师南下，才使习禅风气真正兴盛起来。禅法流行地区，大体上是沿着长江两岸的蜀郡、荆州（江陵）与衡阳、建康等地，此外浙江的天台山、四明山一带，也是禅修的重要基地。

长江上游的蜀地与北凉相近，故禅风颇盛，如宋初的智猛禅师就在此授禅。又如与凉州著名禅师玄高俱以禅学的"寂观"见称的酒泉慧览禅师，曾游西域，从罽宾达摩比丘咨受禅要，回国后在蜀地左军寺传授禅法。后应宋文帝之请，东下建康，复以传授禅法而著称于世。⑥ 再如陇西人僧隐，先从凉州玄高习禅，"学尽禅门，深解律要"⑦，玄高逝世后，僧隐游巴蜀，后又东下江陵，传播禅法，"禅慧之风，被于荆楚"⑧，影响颇大。又有法绪，高昌人，后入蜀，

① 《大正藏》第48卷，376页中。
②③④⑤ 同上书，376页下。
⑥ 详见《慧览传》，《高僧传》卷11，《大正藏》第50卷，399页上。
⑦⑧ 《僧隐传》，《高僧传》卷11，《大正藏》第50卷，401页中。

常处石室中，且禅且诵。[①] 还有僧副，时西昌侯萧渊藻出镇蜀郡，他也随往传法，“遂使庸蜀禅法，自此大行”[②]，对蜀地禅法的流行起了很大的作用。蜀地习禅与北凉的禅风直接相关，且由北地南下的禅师往往经蜀地而东下荆州、建康，蜀地成为禅学南下东移的中转站。

荆州是南朝时的军事重镇，其重要性仅次于都城所在地建康。地理位置的显要，吸引了不少禅师来此一带习禅传法。刘宋时，昙摩耶舍等人都来荆州传授禅法。曾被北齐主尊为国师的法常南下荆州、衡山等地传“寂定”之法。[③] 又有法京、智远师弟居荆州长沙寺禅坊弘法，声望颇隆。[④] 又上述法期在从智猛习禅后，下止江陵，在长沙寺禅修。还有慧命也由北而南，在荆州修禅定业，影响颇大。慧命撰写禅法论文多篇，其中所作《详玄赋》，就被《楞伽师资记》视作禅宗三祖僧璨的作品。史称他“与慧思定业是同，赞激衡楚”，但“词采高掞，命实过之，深味禅心，慧声遐被”[⑤]。认为慧命与慧思的禅法相同，但慧命文章的词采，要高出慧思一筹。从中国禅学发展史来看，慧思是南朝后期禅师中最可注意的人物。慧思最初跟随北齐慧文禅师习禅，获得传授后，从河北入河南光州大苏山，后又来到湖南南岳，前后逗留约10年光景，直至去世。慧思来到南方后，深感南方佛学界偏重义理、蔑视禅观的弊病，于是大力倡导白天谈论义理，夜里专心思维，走由定发慧、定慧双修的路子。史载：“江东佛法，弘重义门，至于禅法，盖蔑如也。而思慨斯南服，定慧双开，昼谈义理，夜便思择，故所发言，无非致远，便验因定发慧，此旨不虚，南北禅宗，罕不承绪。”[⑥] 慧思提倡的“定慧双开”法门，强调二者结合、并重，有助于克服北方佛教偏于习禅数学，南方佛教偏于探讨义

---

① 详见《释法绪传》，《高僧传》卷11，《大正藏》第50卷，396页下。
② 《释僧副传》，《续高僧传》卷16，《大正藏》第50卷，550页中。
③ 详见《释法常传》，《续高僧传》卷16，《大正藏》第50卷，556页中。
④ 详见《释智远传》，《续高僧传》卷16，《大正藏》第50卷，556页上。
⑤ 《慧命传》，《续高僧传》卷17，《大正藏》第50卷，561页中。
⑥ 《慧思传》，《续高僧传》卷17，《大正藏》第50卷，563页下～564页上。

理的倾向。如上所述，慧思的禅观是观照宇宙实相，契合终极境界，把禅修与智慧在更高的层次上内在地结合起来，对尔后中国禅学的走向影响深远。

建康是“六朝”的都城，南方的政治中心，也是南朝佛教寺院最集中、佛教思想最兴盛的都市。无疑地，建康一带也是南朝佛教禅修的重镇。有些禅师在城内的大寺里习禅、译经，有些禅师则在城外钟山、摄山等地宴坐修禅，形成了大小不等的禅师群体。例如，佛驮跋陀罗自长安南下，住庐山约一年后，即入建康，与其弟子，一代名僧慧观、宝云共住道场寺（斗场寺）。佛驮跋陀罗继续传授禅法，慧观作《修行地不净观经序》，宝云译《观无量寿经》，共同弘扬定业，时有“斗场禅师窟”之称。又如罽宾僧人昙摩蜜多，因“特深禅法”而为宋室后宫所尊，教授禅道，曾译出《禅经》、《禅法要》等，并在钟山建定林寺，是为当时的重要禅寺。北方达摩门下僧副，精定学，南游建康时，就住在定林寺。摄山有栖霞、止观等庙宇，会集了众多禅师在此习禅，时称此山为“四禅之境”，山僧为“八定之侣”①，足见摄山禅僧集团规模之大。

在中国的禅学史上，南朝建康一带禅学的历史影响主要表现在两个方面：

一是译出禅经与有关的佛典。北凉王沮渠蒙逊的从弟安阳侯沮渠京声，少时西渡流沙，至于阗，学梵文，后遇天竺高僧、时称“人中师子”的佛陀斯那，从其受《治禅病秘要法》，回河西后译出此经。公元439年，北凉被北魏灭亡后，沮渠京声投奔刘宋，应请重译此经。“禅病”是指参禅者在禅修过程中，因尚未体会参禅的真诀而产生的疾病。该书列举了十二种禅病和相应的对治方法。② 比如对治喜爱音乐的禅病，就要心想一手持乐器的天女，“眼生六毒蛇，从眼根出，入耳根中。复见二虫，状如鵄鸺，发大恶声，破头出脑，争取食

---

① 《摄山栖霞寺碑》，严可均编：《全上古三代秦汉三国六朝文》第4册，4076～4077页，北京，中华书局，1958。

② 详见《大正藏》第15卷，333页上～342页下。

之。……见女所执诸杂乐器，宛转粪中，诸虫鼓动，作野干鸣。所说妖怪，不可听采，如罗刹哭，因是厌离”①。说禅修者治疗喜爱音乐的病，应从心念中想象天女、乐器、音乐的污秽和丑恶，以达到厌离的目的，实际上这是一种精神自我控制法。该书有关身心疗法，是集古代印度、西域医学思想的重要成果，有其一定的积极意义。再如上面提到的，昙摩蜜多也译有禅经。而深刻影响禅学思潮变化的译经，有求那跋陀罗译的两部经：《胜鬘经》（《胜鬘师子吼一乘大方便方广经》）宣扬“如来藏缘起”说；《楞伽阿跋多罗宝经》（简称《楞伽经》4 卷本，443 年译出），强调要开发自心佛性如来藏，以成就佛果。这都为禅学提供了向内探求解脱之道的新途径、新方向，具有重大的理论意义和实践意义。这里顺便指出，公元 513 年，著名的译经家菩提流支在洛阳译出 10 卷本《入楞伽经》，上述求那跋陀罗译的 4 卷本《楞伽经》就是此经的略本。二种译本都是大乘瑜伽系的经典，是以阿赖耶识和如来藏，尤其是以后者来说明人生和宇宙的本原的。但 4 卷本以“性空”为涅槃境界，以“性空”之理为如来藏，而 10 卷本则视涅槃、一心和如来藏三者是相通而相等的。这样就在涅槃和如来藏是“性空”还是一心的问题上形成了分歧，并影响了尔后禅修的不同走向。

二是建康作为南方著名禅僧最集中的地方，由北方禅师和印度、西域僧人带来的禅风，与本地重义理的学风相融合，逐渐地形成了一种佛教新风：修习禅法与探求义理相结合。如三论宗的重要先驱、“摄岭师”僧朗对于龙树“三论”（《中论》、《百论》、《十二门论》）深有研究，又重视禅法，教人以无住、无得为旨归，把三论的中道思想应用于禅学。

此外，还有两位风采特异的禅师也值得注意。一位是宝志（？—514），甘肃兰州人。史载，他长年修习禅业，从无定式，居无定止，食无定时，发长数寸，手持锡杖（上挂剪刀和镜子），跣行街巷，时而赋诗，言如谶记，屡显神异。齐武帝谓其惑众，收容于建康。梁武

① 《大正藏》第 15 卷，338 页上。

帝即位后，则对他倍加崇敬。死后葬于钟山，墓侧立开善寺。后世称之为志公和尚。据《景德传灯录》卷29载，宝志作有《十四科颂》、《十二时颂》和《大乘赞十首》，宣扬即心即佛说，强调"一切无非佛事，何须摄念坐禅"①。因与唐以来禅宗思想一致，又被视为是后人托名之作。

另一位是傅翕（？—569），浙江义乌人，是在家的善慧大士（居士），也是禅师。他日间劳作，夜间修禅。后被梁武帝迎入京师，世称为傅大士。唐代道信禅师在所作《入道安心要方便法门》中，称赞傅大士的禅法"独举守一不移"②，并以此为修道方便五种法门的依据之一。又《景德传灯录》卷30载有傅大士的《心王铭》，强调自心的修持重在心性清净。然也有人疑为后世的伪作。

地处浙江东北部的天台山、四明山一带是继东晋以后南朝禅师的又一集中地。如释慧明，康居人，于齐建元中，与沙门共登赤城山，"栖心禅诵，毕命枯槁"③。释弘明，会稽山阴人。少年出家，于山阴云门寺诵《法华》，习禅定。《高僧传·本传》载，时有虎来室内，见明端然不动，久之而去。后住昭玄寺、百林寺，"训勖禅戒，门人成列"④，也可见当地习禅风气之盛。又有释慧实，颍川人，梁末游步天台，修头陀行，以宴坐为业。⑤ 南朝时这一带最重要的禅修活动者当属天台宗创始人智顗。智顗年18即投湘州果愿寺沙门法绪出家，后到光州大苏山投慧思禅师门下，修"法华三昧"。慧思游南岳，智顗则至金陵，宏开讲论，博得一代诸大德的敬服。此时智顗对禅观学说的组织已初见眉目，著有《小止观》、《次第禅门》等。北周破佛后，智顗同门人一起入天台山住了十年，后人称之为天台大师。陈末又回金陵，陈亡后游化两湖，回故里荆州，又往庐山，再重上天台山，不到两年就去世了。智顗本人成熟的禅观思想体现在他晚年的著

① 《十四科颂》，《景德传灯录》卷29，《大正藏》第51卷，450页下。
② 转引自《楞伽师资记》，《大正藏》第85卷，1288页上。
③ 《释慧明传》，《高僧传》卷11，《大正藏》第50卷，400页中。
④ 《释弘明传》，《高僧传》卷12，《大正藏》第50卷，408页上。
⑤ 详见《释慧实传》，《续高僧传》卷17，《大正藏》第50卷，569页上。

作《摩诃止观》里，该书本拟写作10章，实完成了7章，未成全璧。关于智顗天台宗的禅观思想，以下再论。

三、南北朝禅学的基本特点

以下我们从三个方面来综合说明南北朝两地禅学的基本特点。

（1）就禅僧的情况来说，有两个特点值得注意，一是有的禅僧是受王朝直接供养，礼遇甚隆，生活优裕；有的禅僧则是生活在山林，一衣一食，自给自养。由此形成禅僧也有上层和下层之分。上层的禅僧与王朝关系密切，地位显赫，名声隆盛。他们往往把禅法修持与政治活动和道德教化结合起来，以发挥安民抚众、巩固统治的作用。如僧稠建议北齐文宣帝高洋以佛道设教，引导四民，深得赏识。又如僧实，被西魏统治者视为“可宪章于风俗，足师表于天人”① 的模范人物，其言论也被尊为“世宝”。他们都是通过禅学的形式为社会政治服务，又通过王朝的支持来扩大禅学的影响。下层的禅僧，有潜心禅修、追求解脱者，也有原为流民，或与当局统治者不合作者。他们人数众多，是佛教禅修活动的群众基础和社会基础。在下层禅僧中，也有造诣极深的禅师，他们是中国禅学思想发展的重要代表人物。二是禅僧有分散的也有集中的，后者形成为共同生活、共同修禅的群体。在这些群体中，有的更是形成了师徒相承的传法系统。师承关系的形成，一方面引发出禅僧内部的相互排斥乃至倾轧现象，一方面又逐渐导致禅团内部不同派别的产生。

（2）就南北两地禅学的关系来说，正如僧传所载：“江东佛法，弘重义门”②，“佛化虽隆，多游辩慧”③。南方重义理，北方重实践，是当时佛教的历史事实。这是说，第一，北方禅学盛于南方；第二，南方禅学较多与义理之学相糅合，并非说南方禅学不兴盛，更不是说南方无禅学。南北佛教学风的不同，推动了两地的交流。北方禅师大批南下，弘扬禅法，直接推动了当时南方禅修的盛行。南方有的禅师

① 《僧实传》，《续高僧传》卷16，《大正藏》第50卷，557页下～558页上。

② 《慧思传》，《续高僧传》卷17，《大正藏》第50卷，563页下。

③ 《习禅篇后论》，《续高僧传》卷20，《大正藏》第50卷，596页上。

也专程北上取经，如摄岭三论学系的著名僧人慧布，尊奉“三论”，而又偏重于禅定。他北至邺都，向达摩门下的慧可禅师问学，求证其所见。又西至荆楚，与慧思讨论大义，也获得印可。慧布回到栖霞后，与寺内的禅众专习禅法，并请保恭禅师主持栖霞寺，指导禅修。又，南方的禅师之间也经常进行交流，如摄岭僧人与智𫖮的关系就很密切。禅师们频繁交流，一方面，使不同传承系统的禅学趋于契合，如后来天台宗、三论宗和禅宗诸家禅学，虽然学说渊源不同，禅修方法有异，但是在思想上仍有一脉相通之处。再一方面，是使义理与实践、教与禅逐渐走向合流，推动理论与实践融会成完整的体系，从而为佛教宗派的创立准备了条件。

（3）就中国禅学的形成来说，南北朝禅师通过多方面的创造性的学术活动，而为新禅学体系的创立奠定了基础：一是突破佛典神圣观念的束缚，独立地评判佛典的高下，选择自认为义理最高的经典作为修禅的依据。二是领悟而又不拘于佛典的文句，从中提出新的观点、新的命题、新的禅观方法。三是突破原有坐禅入定的藩篱，贬斥一味“宴坐”的禅法，拓展了禅修的新法门。四是在译出唯识系等经典的影响之下，中国禅学日益与心学相融合，偏重于主体“心”的修持，同时在此基础上构筑心性论、工夫论和境界论的禅学体系。这从前面所述的慧文、慧思、达摩、慧可等禅师的活动中，可以或看出其端倪，或看出其轮廓。中国化的禅学体系可谓呼之欲出了。

第四节　天台宗的圆顿止观法门

一、止观的涵义与类别

天台宗教义的根本特点是提倡教观双运，解行并重，止观不二。教观的“教”指教相，是把佛典中止观的涵义与类别的论说，就内容与形式两方面加以整理、分类、批判，从而探究其真髓；“观”即观心，是通过观心实践，体认、把握佛教的真髓。这是理论与实践互相补充、互相结合、互相完成的方法。解行的“解”，是指智解，是通过见闻学习来理解教义；“行”，修行，实践躬行教义。两者兼重并行。如上所述，止观的“止”是离邪念，绝分别，使心安住于一境的修持实践；“观”是发起正智，照见诸法。止观大体上相当于定慧。天台宗所说的教观、解行与止观密切关联，解和观同指智慧、理解方面；行和止同指修持实践方面。解行与止观相当。教观的观是一种观心实践，通过观心以体悟佛教教理，和止观的观相通。

天台宗特别注重止观的修习，该宗的创始人智觊说：

> 若夫泥洹之法，入乃多途，论其急要，不出止观二法。所以然者，止乃伏结之初门，观是断惑之正要；止则爱养心识之善资，观则策发神解之妙术；止是禅定之胜因，观是智慧之由藉。若人成就定慧二法，斯乃自利利人，法皆具足。……当知此之二法，如车之双轮，鸟之两翼，若偏修习，即堕邪倒。①

“结”，烦恼。这是说，止观是佛教的两种根本修持方法，是通往涅槃的必由之路。止是消除烦恼，修养心识，远离邪念，心专注于一境，观是断灭妄惑，策发神解，产生智慧。止观不能偏修，两者要并重双修。止观包含了佛教的一切理论和实践，囊括了一切佛法，止观是天台宗的根本教理和根本教法。

智觊师父慧思所传的止观有三种，称“三止观”。相应地，智觊也有论述三止观的三部专著。智觊门下章安灌顶在《摩诃止观》的序文中说：“天台传南岳三种止观：一渐次、二不定、三圆顿，皆是大乘，俱缘实相，同名止观。渐则初浅后深，如彼梯隥。不定前后更互，如金刚宝置之日中。圆顿初后不二，如通者腾空。”② “南岳”，指慧思。“渐次止观”是初持戒，次修禅定，最后修实相。由低到高，如登阶梯。智觊依此而说《释禅波罗蜜次第法门》。“不定止观”，是说在修持安般禅的“六妙门”即一数、二随、三止、四观、五还、六净的过程中，不依固定的先后次第，而是随顺众生的根机，酌情而

① 《修习止观坐禅法要》，《大正藏》第46卷，462页中。
② 《摩诃止观》卷1上，《大正藏》第46卷，1页下。

行。智顗依之说有《六妙门》。“圆顿止观”，初后不二，当下全部体得实相。智顗依之而撰《摩诃止观》。三种止观中的圆顿止观体现了智顗最成熟的思想，是智顗独特的观行体系，极为重要。天台宗还因以圆顿止观为教法，又名圆顿宗。

二、圆顿止观法门

智顗在《摩诃止观》卷1上说：

> 圆顿者，初缘实相，造境即中，无不真实。系缘法界，一念法界，一色一香，无非中道。己界及佛界、众生界亦然。阴入皆如，无苦可舍；无明尘劳，即是菩提，无集可断；边邪皆中正，无道可修；生死即涅槃，无灭可证。无苦无集，故无世间；无道无灭，故无出世间。纯一实相，实相外更无别法。法性寂然名止，寂而常照名观。虽言初后，无二无别，是名圆顿止观。①

这是说，圆顿止观的对象、境界是诸法实相，是“造境即中，无不真实”的中道实相。也就是说，一切诸法，无非中道。由此可以说，五蕴十二处（阴、入）即是真如，烦恼即是菩提，边邪即是中正，生死即是涅槃，一切诸法，即是纯一实相。诸法的“法性寂然”即是“止”，虽“寂而常照”即是“观”。止观“虽言初后”，但又“无二无别”，也就是在止观时，形成即空即假即中的境界。这就是圆顿止观的内容和意义。圆顿止观说，强调从生命的负面悟入真理，就烦恼、无明、生死而证入菩提、中道、涅槃。这也就是说，在智顗看来，像有的佛典所说那样，要先灭除、转化生命的负面东西，才得以悟入真理，获得解脱，是一种非圆顿的方法。天台宗的圆顿止观是奠立在一切众生都具有佛性说的基础之上的，智顗认为佛性具足一切善恶法的存在，佛性寂然是止，佛性寂然而起观照功能是观，观照离不开佛性，故也可以说观照的对象都是佛性的体现。根据这种佛性说，智顗认为众生也不需要离开诸法而另求真理，不需要离开生命的负面再悟

① 《摩诃止观》卷1上，《大正藏》第46卷，1页下～2页上。

入真理。

圆顿止观法门主要包括止观的对象和修持方法两个方面，而修持方法中最主要的是“一心三观”和“十乘观法”，此外尚有预备性的方法和修观的行仪等。

（一）一心三观

一心三观是指一心在同一时间里同时观察空、假、中三种实相（道理）。空观是观一切存在自性本空，假观是观一切存在是缘起假名，中观是观一切存在非空非假的中道实相。

“一心三观”是天台宗人止观学说的核心。智颉着重和“次第三观”对举来论述“一心三观”。他在晚年又与“别相三观”、“通相三观”相对说，借以突出“一心三观”的圆融性、圆满性、圆顿性。智颉强调，“一心三观”的每一观均可以统摄其他二观，如取空观，则一空一切空，一切皆空。同样，取假观，是一假一切假，一切皆假；取中观，也是一中一切中，一切皆中。空、假、中三者于一心中，无二无别，观空即观假、中，观假即观空、中，观中即观空、假。这都是有别于其他三观的。

智颉既把止观法门的观门分为“次第三观”和“一心三观”两个层次，同时又认为“次第三观”是“一心三观”历程的展现。他在《摩诃止观》卷 3 上说：

> 观有三：从假入空，名二谛观；从空入假，名平等观；二观为方便道，得入中道，双照二谛，心心寂灭，自然流入萨婆若海，名中道第一义谛观。此名出《璎珞经》所言。二谛者，观假为入空之诠，空由诠会，能所合论，故言二谛观。……从空入假，名平等观者，若是入空，尚无空可有，何假可入？当知此观为化众生，知真非真，方便出假，故言从空；分别药病，而无差谬，故言入假。平等者，望前称平等也。前观破假病，不用假法，但用真法，破一不破一，未为平等。后观破空病，还用假法。破用既均，异时相望，故言平等也。……中道第一义观者，前观假空，是空生死；后观空空，是空涅槃。双遮二边，是名二

空观。为方便道，得会中道。故言心心寂灭，流入萨婆若海。又初观用空，后观用假，是为双存方便。入中道时，能双照二谛。[1]

“萨婆若海”，智慧海。这里的二谛观、平等观和中道第一义谛观“三观”，语出《菩萨璎珞本业经》的《贤圣学观品》。[2] 二谛观就是观假空二谛，又名从假入空观。现象世界的各种事物由因缘和合而成，都无独立自性，是假有；从假有观其普遍的空的本性，是为从假入空观。平等观又名从空入假观，还名从空出假观。这是大乘人为了救度众生，决定不停住于空的境界，而从空的境界回到现实世界，是为从空入假，从空出假。同时，对此假有世界，又绝不执为实有，仍以其本性空而观其空。如此以空观假，又以假观空；以空破假，又以假破空；破假后是空，破空后是假，名为平等观。中道第一义观，中道即最高真理，也即第一义，中道第一义谛观即中观。这是既不偏执空或假，同时又超越空与假，如此观照世界，即能得到最高真理。否定对有生死的现实世界的执著，是生死空；否定对纯然是空的真理世界的执著，是涅槃空。这种二空观是“双遮”，是超越两方面偏执的中道第一义谛观。再换一个角度说，二谛观是以空来否定现实事物的自性，是肯定空；平等观是以空空来否定空的世界，还归于假，实即肯定假。这两种肯定是“双照”。这也是中道第一义的境界。可见，“次第三观”都是一心的观照，是主体性的作用，也就是“一心三观”。智顗的“次第三观”说是通过观空与观假的辩证关系，论述了具体与抽象、个别与一般、特殊与普遍、差异与同一、现象与本质、事物与本性、认识与真理等重大认识论的问题，表达了对宇宙万物的真实或真理的看法，以及如何体证真理的方法，具有重要的理论思维意义。然而智顗又主要是以空观为核心论述“次第三观”和“一心三观”的，这就难以全面地把握人生宇宙的真理了。

---

① 《大正藏》第46卷，24页中、下。

② 文云：“三观者，从假名入空二谛观，从空入假名平等观，是二观方便道，因是二空观，得入中道第一义谛观。”（见《大正藏》第24卷，1014页中）

智𫖮还在《维摩经文疏》卷21中，提出“通相三观”、“别相三观”和“一心三观”的“三观”说。① “通相三观”是在空、假、中三种观法中，任修一种即能成就其他两种观法，从而观得三谛的真理。“别相三观”则是分别观空、假、中三谛，即不是同时而是次第观三谛。智𫖮认为，“别相三观”不是究竟圆满的三观法。“通相三观”与“一心三观”则是一致的，但“一心三观”是一念心中而能圆观三谛，即当前一念作正观，观一心即空即假即中，这与通教于一观中圆解空、假、中三谛是不同的。此中区别的关键在于，天台宗人认为众生当前意识的一念中就显现出佛性，或说佛性不需要在破除无明后才得以显现，而是在当下的一念中即可显现。这种独特的佛性论正是“一心三观”的深层理论基础。

智𫖮还从一切存在的角度，把“一心三观”发展为“圆融三谛”说。“圆融三谛”是空、假、中三谛互相融会，同时成立，每一谛都同时兼具其他二谛。三谛同时为一心所观照，或者说，一心同时观照三谛。“一心三观”与“圆融三谛”实是天台宗人认识真理的两种角度，前者是着重从主体方面说，后者则是着重从客体方面说；前者是着重从方法方面说，后者则是着重从境界方面说。

智𫖮还在“一心三观”和“圆融三谛”两说的基础上，创立“一念三千”说。如前所述，所谓“一念三千”是说，人的当前一念心，就具有三千种法的内容。“三千”是表示宇宙现象界的全体。“一念三千”也就是一念心能显示出宇宙的全体。为什么说一念就具足三千种法呢？智𫖮认为，一念心既是妄心之所在，又是净心之所在，从差别相状言，是无明（染），从真如理体言，则是法性（净），所以一念心可说是“一念无明法性心”。智𫖮说：

> 念只是处，处只是念，色心不二，不二而二。为化众生，假名说二耳。此之观慧，只观众生一念无明心。此心即是法性，为因缘所生，即空、即假、即中。一心三心，三心一心。……今虽

① 详见《续藏经》第1辑第28套第2册，116页。

说色心两名，其实只一念无明法性十法界，即是不可思议一心具一切因缘所生法。一句，名为一念无明法性心；若广说四句成一偈，即因缘所生心，即空、即假、即中。[1]

这是说，无明与法性是同体的，一念心就具足三千种法，不论一念心是无明染心，还是法性净心，都不能离三千种法，都具足三千种法。而一念心具足一切因缘所生法，都是即空、即假、即中的。三千种法就是宇宙的全体，也就是宇宙的实相。天台宗的“一心三观”的意义，就在于教导众生于一念中体证、契入宇宙实相，以达到究竟解脱。

（二）十乘观法

这也是智𫖮提出的重要观法。因修行者若能完成这些观行，就能进入解脱境界，故称为“乘”。因有十种观法，故称“十乘观法”。《摩诃止观》全书的中心，即第七《正修止观章》，就论述观法的对象开为“十境”，次说正修的观法，又将其开为“十乘”。

十境[2]是：(1) 阴境。阴，指色、受、想、行、识五者。这五阴即当前的果报身，是最初观的对象，其中尤以识为重。在五阴中只就识阴即所谓介尔一念，运用三千三谛的观法进行观照，这是阴境，这一境最为重要，以下九境均由此而生。(2) 烦恼境。它在观阴境时生起，此时，当舍弃阴境而观烦恼境。(3) 病患境。由观阴境和烦恼境，引发出四大不调，以至引生病患，妨碍禅定，此时，应当观病患境。(4) 业相境。修习止观时，如果心中忽然呈现出以往所作的善恶诸业，则应当不喜不怖，静心观照，以消除之。(5) 魔事境。“魔事”，指障碍之事。修习止观时，如有障碍发生，破坏善业，妨碍禅定，此时，当以生死的觉悟观察魔事境。(6) 禅定境。修魔事观后，魔事已去，真理还未生起，而以往所修习的禅定纷纷现起，致使修行者贪著禅味，陷入定缚，损坏正行，此时即应观禅定境。(7) 诸见

---

① 《四念处》卷4，《大正藏》第46卷，578页上、中、下。

② 详见《摩诃止观》卷5上，《大正藏》第46卷，49页上、中、下。又《摩诃止观》只说到第七诸见境为止，以下三境，根据《正观章》的序说补齐。

境。因修持而生邪慧，形成种种不正确的见解，故应细心观察这些见解。(8) 上慢境。“慢”，高傲。观察诸见，息灭了错误见解，就认为已证得涅槃，于是生起大高傲心，停止了修持正行，此时就要观上慢心。(9) 二乘境。慢心止息后，又生起先世修习的二乘（声闻乘和缘觉乘）心，沉溺于小乘的空寂之境，不思进取，不能进入大乘的境地，故应观此二乘境界。(10) 菩萨境。二乘之心息灭后，又生起藏、同、别三教的菩萨境界，此时应观此境界，以最后生起圆教实相的慧解。

关于十乘观法，智𫖮在《摩诃止观》卷 5 上至卷 7 下有详尽的论述①，这里我们引用的是朝鲜高丽僧人谛观《天台四教仪》的简述。谛观说：

> 一、观不思议境，谓观一念心，具足无减，三千性相，百界千如；即此之境，即空即假即中，更不前后，广大圆满，横竖自在。……二、真正发菩提心，谓依妙境发无作四弘誓愿，愍己愍他，上求下化。……三、善巧安心止观，谓体前妙理，常恒寂然，名为定，寂而常照，名为慧。……四、破法遍，谓以三观破三惑。三观一心，无惑不破……五、识通塞，谓苦、集、十二因缘、六蔽、尘沙、无明为塞。道、灭、灭因缘智、六度、一心三观为通。若通须护，有塞须破。……六、道品调适，谓无作道品，一一调停，随宜而入。……七、对治助开，谓若正道多障，圆理不开，须修事助，谓五停心及六度等。……八、知位次，谓修行之人，免增上慢故。九、能安忍，谓于逆顺安然不动，策进五品，而入六根。十、离法爱，谓莫著十信相似之道，须入初住真实之理。②

据此论述，以下对十乘观法作一简要的说明。

“观不思议境”。“思议”，佛教通常指以分别心所作的相对性的思

① 详见《大正藏》第 46 卷，52 页中～101 页下。
② 《大正藏》第 46 卷，780 页下。

考，智𫖮则进一步以次第观诸法的空、假、中的观法为思议，观诸法的即空即假即中的圆顿观法为不思议。“观不思议境”，是说众生当下六根六尘相对所起一念的妄心，即介尔一念，就具足三千法数，“一念三千”，无有缺减，即心是一切法，一切法是心，非纵非横，非一非异，非识所思，非言所议，是不思议境；又于此境，念念即空即假即中，所观照的是三谛圆融，是不思议境。

“真正发菩提心”。这是菩萨所起的没有人为伪作的四弘誓愿：众生无边誓愿度，烦恼无量誓愿断，法门无尽誓愿学，佛道无上誓愿成。发此大心是为上求菩提，下化众生。

“善巧安心”。这是把心灵安放在法性上，体悟此心毕竟只是法性。然法性空寂，实无起灭，名为定止。观此心与法性相等，本来是空，空也不可得，由此当体显现出真理，是为慧（观）。这是以止观（定慧）为安心的方法，以空、假、中三谛为安心的处所。

“破法遍”。这是以三观的智慧彻照三谛，破一切惑（烦恼）。因空、假、中三观只在一心，一切诸法都在一心中具足，破心即一切惑皆破，故名“破法遍”。这和那种只用空观破见思惑，或者破见思、尘沙、无明三惑，而无明又没有全断，没有遍破，是不同的。

“识通塞”。因苦、集、十二因缘、六蔽、三惑等法能阻塞正道，名为“塞”。道、灭、灭因缘智、六度、一心三观等法能疏通实理，名为“通”。认识塞通，护通破塞，护持能通达妙理的智慧，破除障碍正道的情执，是为识通塞。

“道品调适”。“道品”即苦、集、灭、道四谛的道谛，是佛教的修行法。天台宗人以没有作为的自然的境地来解说四谛，认为四谛是自然地显示中道的实相，称“无作四谛”。道品内容很多，如三十七道品即是获得菩提智慧的三十七种修行法。所谓道品调适，就是通过三十七道品调护适当，随顺应机的众生，破除烦恼，契入妙理。

“对治助开”。“助”，指五停心、六度等助行。修禅者在正观时，烦恼忽起，障蔽正行，此时就应用五停心和六度等助行加以对治，以叩开解脱门，得见佛性。

“知位次”。知晓自己修禅的阶位次第，以免未得而以为得，未证而以为证，生起自满傲慢之心。

“能安忍”。对上述引文所讲的“五品”、“六根”，天台宗人有独特的解说。“五品”指五品弟子位，即五个修行阶段：随喜品、读诵品、说法品、兼行六度品、正行六度品。这是圆教修行者在菩萨修行的最初十个阶段（“十信”）以前必须经历的。“六根”，指六根清净位，此位是止观日渐有得，渐与法体相应，已接近正觉。“能安忍”的观法是，不为内外的荣辱毁誉所动，安然耐心地修行，步步策进，由修行五品而进入六根清净位。

“离法爱”。“法爱”，爱乐已得之法。上述引文所讲的“十信相似之道”，是指圆教的菩萨在修行最初的“十信位”，获得断惑果后，身心明净，对于境能够即空即假即中圆融。这种境界，天台宗人认为类似能发“初住”位以上的真正的智慧，故称“十信相似之道”。“初住”，指“十信”位后“十住”位中第一位“发心住”。① “离法爱”是说，修行者心生爱著，执取“十信相似之道”，就不能继续前进，必须破除这个法爱，才能进入真正的菩提位。

上述十境中以第一阴境最为重要。“十乘观法”中也以观不思议境为根本。天台宗人强调对于十境的每一境都要运用“十乘观法”，就修习观法者来说，上述十种观法，又因人而异。上根者只用第一种，中根者用第一种至第六种，下根者则十种并用，最后殊途同归，都能获得解脱。

（三）“二十五方便”和“四种三昧”

天台宗人认为，在修习“十乘观法”以前，需要修习浅显易行的实修法门“二十五方便”，称之为“加行”，是“正行”前的预备阶段。又，“一心三观”和“十乘观法”是天台宗止观修持实践的根本内容，相应地，天台宗人还就修习止观时所取的不同姿态，即从禅观的外在形式方面，提出了“四种三昧”说。智顗在《摩诃止观》卷 4 上、下的第 6《方便章》中论述了“二十五方便”，将“二十五方便”

① 大乘佛教称，菩萨修行有五十二个阶段，最初的十个阶段为“十信”，随后第十一个至第二十个阶段为“十住”。

分为五类：具五缘、呵五欲、弃五盖、调五事、行五法。五缘为：持戒清净、衣食具足、闲居静处、息诸缘务（缘务指生活、技能、学问等）、近善知识（亲近与佛教结缘者），具备五缘是入道的先决条件。五缘具备后，应当呵斥五欲。五欲指色、声、香、味、触。五欲摒弃后，应内净心神，弃绝五盖（盖即遮蔽智慧的烦恼），即舍弃贪欲、瞋恚、睡眠（心在黯昧状态）、掉悔（浮躁与追悔）和疑。烦恼既除，心神趋静，就应调节五事：即调食，令不饥不饱；调眠，令不节不恣；调身，令不宽不急；调息，令不涩不滑；调心，令不沉不浮。具足以上四项后，更应勤行五法：一是欲，欲离妄想颠倒，欲得禅定智慧；二是精进，精诚地不断努力修持；三是念，念想世间一切都可轻可贱，唯有禅定智慧可重可贵；四是巧慧，衡量世间乐和禅定智慧乐的得失轻重；五是一心，念慧分明，心知世间一切都可恶可舍，唯有功德可尊可贵。① 天台宗认为，只有以上二十五种修行的预备项目具足后，才能修持“十乘观法”。

智顗在《摩诃止观》卷2上第1《大意章》中，论述了“四种三昧”：（1）“常坐三昧”，又称“行三昧”，以90日为一期，独居静处，结跏正坐，一心系念法界，相续不断，以使精神保持集中。（2）“常行三昧”，也称“佛立三昧”，也以90日为一期，身常旋行不息，以阿弥陀佛为本尊，口常唱阿弥陀佛，心常念阿弥陀佛，脑海中常现阿弥陀佛的相好和净土相。（3）“半行半坐三昧”，即“方等三昧”与“法华三昧”两种，前者依《大方等陀罗尼经》，以7日为一期，后者依《法华经》，以21日为一期，具体方法相同，都是围绕佛像步行唱诵与坐禅交互进行。（4）“非行非坐三昧”，也称“随自意三昧”，不拘行住坐卧，随意修习止观。②

以上所述的三种修持方法，其核心方法是“一心三观”，具体方法是“十乘观法”，“二十五方便”为预备性修持方法，这三种修持方法构成了天台宗止观方法的主要内容，再连同禅观的形式“四

① 详见《大正藏》第46卷，35页下～48页下。

② 详见上书，11～15页。

种三昧”，则构成天台宗止观学说的基本内容。从上所述也可见，天台止观法门的三大特点：一是重视现实心灵的作用，二是强调主客体的圆融性，三是具体修持方法及其组织的细密性、有序性与完整性。

第二十九章

中国佛教的禅修论（下）

第一节　道信和弘忍的东山法门

道信，早年出家，后赴安徽舒州皖公山从僧璨学习禅法。僧璨圆寂后，道信南下江西吉州、江州一带传法，最后北上，到与江州隔江相望的湖北黄梅双峰山弘法 30 余年。弟子弘忍，生于黄梅，早年奉事道信，曾负责安排寺内禅众的劳动生产和生活，深得众望，后来赴双峰山以东约 30 公里的东山弘法。道信和弘忍的禅修生活与以往的禅师不同，一是定居，如道信在双峰山弘法 30 余年，聚徒达 500 多人。二是重视生活自给，提倡以禅指导日常生活，把劳动生产与禅修实践结合起来。道信和弘忍使禅僧生活方式和修持方式发生了重大的变化，史称他们的禅法为“东山法门”。

道信在《入道安心要方便法门》中说：“我此法要，依《楞伽经》诸佛心第一。又依《文殊说般若经》一行三昧，即念佛心是佛，妄念是凡夫。”① 这可以说是东山法门禅法的纲要，其中包含了心性理论和修行实践两个方面。总的说，东山法门的禅法就是静态渐修的坐

① 转引自《楞伽师资记》，《大正藏》第 85 卷，1286 页下。

禅、念佛和守心，其特质主要是外在的念佛和内在的守心，尤其是守心，最为偏重。

一、道信的“念佛即是念心”说

念佛是禅门的一种常用法门，它是以念诵、观想等方式使念佛人的心灵专注起来，并产生一种神圣的感受与对佛的崇敬心情。《入道安心要方便法门》引古训说：“古时智敏禅师训曰：学道之法，必须解行相扶，先知心之根原及诸体用，见理明净，了了分明无惑，然后功业可成。一解千从，一迷万惑。失之毫厘，差之千里。”① 这段话强调了理论与实践相结合的修持原则的重要，而在解知方面，特别重视知心的根源及其体用的意义。又说：“坐时当觉识心初动，运运流注，随其来去，皆令知之。”② 从《入道安心要方便法门》来看，所讲心的涵义有两个层次：一是从众生原初本有的角度来界定心，说心是明净心（清净心），二是从众生现实修持角度提出的念佛的心。对于明净心，道信又通过融合《楞伽》和《般若》两经，来肯定如来藏性与寂灭性相统一的特质。《楞伽经》是讲如来藏的，《文殊说般若经》是讲空的，然而，后者又认为真如与寂灭性是无异无别的；若能做到“观察分明，内外空净，即心性寂灭，如其寂灭，则圣心显矣”③。也就是说，清净与空寂本是一回事。

道信还分析了明净心的体用两个方面：心体是指心的体性，心体是清净无染的，与佛无异；心用是指心的明净作用，即产生与佛法相符合的觉悟。这种明净心体用说，为“念佛心”成佛说提供了理论依据和修持规范，为引导人们追求内心世界的明净空灵提供了方便法门。

如上所述，道信提出的“念佛心是佛，妄念是凡夫”命题，既把念佛心与妄念、佛与凡夫对立起来，也把念佛心与佛、妄念与凡夫统一了起来，具有重要的理论意义和实践意义。所谓念佛心是“系心一佛，专称名字”④，是排除一切妄念，专于念佛，心心相续，以求心

① 转引自《楞伽师资记》，《大正藏》第 85 卷，1288 页上。
② 同上书，1287 页中。
③ 《入道安心要方便法门》，转引自《楞伽师资记》，《大正藏》第 85 卷，1289 页上。
④ 《文殊说般若经》卷下，《大正藏》第 8 卷，731 页中。

中见佛。这实际上是主张念佛与念心的同一。道信的念佛是称名、观想等多种活动，念心就是观心。也就是一方面以念佛求生无量无边功德，一方面以观心灭尽妄念，求得心地清净。这两方面是同步的，甚至是同一的。这也就是“念佛心名无所念”①，是不作区别、无所执著的心，是心的本然。念佛心排除妄念、烦恼，不执著对象形相，其结果就会“忽然澄寂，更无所缘念”②。念佛心的佛是无形相的，念佛心的心也是无形相的，从修持的更高意义上说，念佛实是无所系念，连念佛心也不生起，只保持原本的净心，才是真念佛。这种无所念的念佛心，才是禅修成佛的基础：“身心方寸，举足下足，常在道场；施为举动，皆是菩提。”③ 身心的一切活动，都是成佛的道场，都体现了成佛的觉悟。所以，“离心无别有佛，离佛无别有心”④，念佛心是佛，真念佛时，佛与心的形相一同泯灭，佛与心相合相融，佛就是心，心就是佛。这也就是所说的“念佛即是念心，求心即是求佛”⑤ 的真谛。

道信以念佛与念心相合而一构成念佛心的观点，把众生的现实心与原本的清净心沟通起来，从而也就为从念佛过渡到成佛架起了桥梁。

二、从道信的“守一”到弘忍的“守心”

道信认为除了念佛净心外，坐禅摄心也是禅修的重要法门。在“摄心”中，他还特别重视“守一”。道信说：“守一不移者，以此空净眼注意看一物，无问昼夜时，专精常不动。其心欲驰散，急手还摄来。如绳系鸟足，欲飞还掣取。终日看不已，泯然心自定。”⑥ 又说：“守一不移，动静常住，能令学者明见佛性，早入定门。”⑦ 所谓守一不移，就是运用万物性空的眼光来观照事物，如此日夜不停，坚持不懈，就能心意集中，保持禅定状态，进而明见佛性。也就是说，守住一心的佛性，称为“守一不移”。道信还进一步提出坐禅观心的方法：

---

①②③④⑤ 《入道安心要方便法门》，转引自《楞伽师资记》，《大正藏》第85卷，1287页上。

⑥ 同上书，1288页中。

⑦ 同上书，1288页上。

初学坐禅看心，独坐一处，先端身正坐，宽衣解带，放身纵体，自按摩七八翻，令腹中嗌气出尽，即滔然得性，清虚恬静，身心调适，然安心神，则窈窈冥冥，气息清冷，徐徐敛心，神道清利，心地明净。观察分明，内外空净，即心性寂灭。如其寂灭，则圣心显矣。性虽无形，志节恒在。然幽灵不竭，常存朗然，是名佛性。见佛性者，永离生死，名出世人。①

这是说，坐禅观心是通过身体和心理两个方面的修持训练，以达到“内外空净”的境地；禅修者的心性进入这种“内外空净”的寂灭状态，就能圣心显现，佛性朗然，从而超越生死，成为“出世人”。

基于心本来不生不灭的观点，道信还提倡不假造作任运自然的修行方法：“亦不念佛，亦不捉心，亦不看心，亦不计心，亦不思维，亦不观行，亦不散乱，直任运。”② 既不着意于任何修行手段，也不有意处于不作修行，而是自然而然，随缘任运。道信认为，这样久而久之，就会“心自明净”。当有人问：“用向西方不?”意思是，是否要观想西方弥陀净土？道信回答说：“若知心本来不生不灭，究竟清净，即是净佛国土，更不须向西方。”③ 道信认为，对于了知自心本来清净的利根人来说是无须向西方的，“向西方”只是对钝根人的方便教法。

现题为弘忍述的《最上乘论》，在道信守一说的基础上，进一步强调“守心第一”，并说所守的心就是“守本真心”。《最上乘论》说：“此守心者，乃是涅槃之根本，入道之要门，十二部经之宗，三世诸佛之祖。”④ 守心是学佛和成佛的关键。至于守心的心，该论说：“夫修道之本体，须识当身心本来清净，不生不灭，无有分别。自性圆满清净之心，此是本师，乃胜念十方诸佛。”⑤ 认为心是“自性圆满清净心”。此心特点有三：本来清净、不生不灭、无有分别。《最上乘

① 《入道安心要方便法门》，转引自《楞伽师资记》，《大正藏》第85卷，1289页上。
② 同上书，1287页中。
③ 同上书，1287页下。
④ 《大正藏》第48卷，377页下。
⑤ 同上书，377页上。

论》还说，众生的自性圆满清净心是为妄念烦恼所覆盖而不得显现，只要凝然守心，妄念不生，清净心就会自然显现。又说："三世诸佛皆从心性中生。先守真心，妄念不生，我所心灭，后得成佛。"① "我所"，指为我所有的观念。守真心是众生成佛的起点、根据和关键。这里所讲的"守心"，实质上就是运用心灵自觉暗示的方法，使心灵进入清净空寂的境界，返归心性本原的状态，获得一种内在的体验与超越的感受。

道信和弘忍树立的东山法门有着共同的禅法、禅风，同时两人又各有所重。道信信奉《楞伽经》与《文殊说般若经》，尤为侧重后者而倡导"念佛"、"看净"（空无一物）。相对而言，弘忍则侧重于《楞伽经》和依魏译《楞伽经》所作的《大乘起信论》，更推崇"看心"和"守心"。道信和弘忍都信奉《楞伽经》，都以众生同具如来藏或佛性为理论基石，都以心性为本，倡导"即心是佛"说。所不同的是，弘忍比道信更强调"守本真心"，把守心的心明确地落实到《大乘起信论》的心真如门，更鲜明地在心性论上表现出返本归原的倾向。这就由达摩的通过壁观而与道冥合的禅法，转为修持看心和守心，强调在摄守人类心灵本原上着力用功，体现出更注重主体内在精神世界的转换与超越的风格。

道信和弘忍的禅风对后世的影响是深远的，尤其是弘忍，从一心说转而采用《大乘起信论》的染净二心说，阐扬妄心不起，真心不失的思想，强调"守本真心"，为后来的禅师们所继承、运用。有的后继者偏于息灭妄心，有的后继者重在直指真心，从而又形成了不同的流派。

第二节　南顿北渐

中国佛教所讲的顿渐是指修行者见道悟理的疾迟，即时间的快慢、过程的短长而言。而见道悟理包括修持和觉悟两个方面，也就是

① 《大正藏》第48卷，378页上。

既有修持的顿渐（顿修和渐修），又有觉悟的顿渐（顿悟和渐悟）。唐代禅学史上所谓的南顿北渐的顿渐是指顿悟与渐悟，为两种不同的觉悟方式和觉悟过程。顿悟是突然的、当下的觉悟，是不经次第、阶段而直下证入真理，契合真性的觉悟。渐悟是不断修习，渐次悟入，运用种种权宜方法，经历由低到高的阶段，进而把握真理，体悟真性。史载：

> 第五祖弘忍大师在蕲州东山开法，时有二弟子：一名慧能，受衣法，居岭南为六祖；一名神秀，在北扬化。其后神秀门人普寂者，立秀为第六祖，而自称七祖。其所得法虽一，而开导发悟有顿渐之异，故曰南顿北渐。①

由此看来，所谓南顿北渐，是指慧能与神秀分别在南北两地传法的殊异禅风，是在开导发悟上的疾迟之别。慧能与神秀二系也称南北二宗："天下散传其道，谓秀宗为北，能宗为南。南北二宗，名从此起。"②

南北顿渐的分立，始于神会对神秀一系禅法的抨击："师承是傍，法门是渐"③，此后更形成争夺法统的紧张："顿渐门下，相见如仇仇，南北宗中，相敌如楚汉。"④ 从南北二系势力消长的形势来看，在 7 世纪下半叶和 8 世纪上半叶，神秀一系的禅风，几乎笼罩了中国北方，其势力与影响远在慧能一系之上。只是在 8 世纪中叶，尤其是在 9 世纪中叶会昌灭佛后逐渐衰退，约至 9 世纪末趋于衰亡。慧能一系到了 8 世纪，在南方迅速发展起来，南岳怀让与青原行思等人尤其是临济、曹洞等"五家"，更把慧能禅宗推向一个新的阶段，更鲜明地张扬顿悟法门的禅风。南岳怀让与青原行思二脉作为慧能一系的主要代表，后来日益成为中国禅风的主流，一直延绵至今。

觉悟与修行密切相关，又有区别。觉悟的方式与过程有顿渐之

---

① 《荐福弘辩禅师》，《五灯会元》卷 4，上册，225 页。
② 《神秀传》，《宋高僧传》卷 8，《大正藏》第 50 卷，756 页上。
③ 《中华传心地禅门师资承袭图》，《续藏经》第 1 辑第 2 编第 15 套第 5 册，434 页。
④ 《禅源诸诠集都序》卷上之 1，《大正藏》第 48 卷，402 页中。

别，修行的方式与途径也有顿渐之分。一般而言，慧能一系偏于顿悟，神秀一系既讲渐悟也讲顿悟，但实际上是重在渐修渐悟。以下，我们将要论述的是南北二系“发悟”的根据、对象、方法和境界，并比较南顿北渐的异同。在此之前，我们还拟简要地追述一下晋宋之际的顿渐分野，并着重论述竺道生的顿悟说。

一、晋宋之际的顿渐分野

中国佛教的顿渐对立始于晋宋之际。东晋时的般若学者，一般都偏于以渐悟为基础的小顿悟说。他们把成佛的步骤、方法与菩萨修行的“十住”阶次联系起来，认为在菩萨修行的十个阶位中，达到了“七住”，也就是对“无生”① 法有了坚定的认识，就是彻悟了，然后再继续修持下去，就能成佛。这是渐进式的顿悟，称为小顿悟。如支遁、道安、慧远、僧肇等都持这种观点。竺道生不同，他认为“七住”内没有彻悟的可能，只有到“十住”的最后一念“金刚道心”，也就是具有了犹如金刚般坚固、锋利的能力时，一下子断尽一切妄惑，才能得到正觉，成就为佛。这叫大顿悟。竺道生的顿悟说，为一时的骇俗之论，是中国佛教学者创造的中国化新禅道。

竺道生把般若学和涅槃学结合起来，提出了顿悟成佛说。顿悟说的根据是一切众生皆有佛性，一切众生莫不是佛的思想。他说：“既云三乘是一，一切众生莫不是佛。”② 又说：“以神通力接诸大众，皆在虚空，所以接之者，欲明众生大悟之分皆成乎佛，示此相耳。”③ 竺道生认为，众生既具有佛性，且莫不是佛，那么，在大悟即顿悟时就能成佛。在竺道生看来，所谓成佛就是体悟真理。竺道生在《大般涅槃经集解》序文中说：“夫真理自然，悟亦冥符，真则无差，悟岂容易？不易之体，为湛然常照，但从迷乖之，事未在我耳。苟能涉求，便返迷归极，归极得本。”④ 慧达在《肇论疏》中也论及竺道生

① “无生”，意为因缘和合的一切事物无真实性，或者说，没有有自性的实在东西在生。

②③ 《见宝塔品注》，《法华经疏》卷下，《续藏经》第1辑2编乙第23套第4册，408页。

④ 《大般涅槃经集解》卷1，《大正藏》第37卷，377页中。

的大顿悟，说："第一竺道生法师大顿悟云，夫称顿者，明理不可分，悟语极照。以不二之悟，符不分之理。理智恚（此字意义不明）释，谓之顿悟。"① 这都是说，悟的对象是真理，而真理是完整不可分割的；悟的方式是冥符，冥符是直觉式的契合，是不二的。"以不二之悟，符不分之理"，这样，众生的觉悟只能是突然顿悟。竺道生说："佛理常在其心，念之便至矣。"② 又说："一念无不知者，始乎大悟时也。……以直心为行初，义极一念知一切法，不亦是得佛之处乎？"③ 由于众生本有佛性，佛理常在心中，因此众生的觉悟就在一念之间。在一刹那间豁然开解，无所不知，这就是大悟，就是顿悟。

慧达在《肇论疏》中还论述了竺道生对"悟"与"信"的界定，文说："见解名悟，闻解名信。信解非真，悟发信谢。理数自然，如果就（疑为熟字）自零。悟不自生，必藉信渐。用信伪（疑为伏字）惑，悟以断结。悟境停照，信成万品，故十地四果，盖是圣人提理令（疑为令字）近，使夫（疑为行字）者自强不见（应为息字）。"④ 这是说，竺道生认为，对佛理深有所得的见解是"悟"，听闻所得的佛教知识是"信"。悟解是真，信解是非真。然而悟解不能自然产生，必须依靠信解的积累，灭除妄惑，才能生悟。一旦发悟，顿成正觉，信解也就凋谢脱落了。这也就是说，竺道生认为修行是由信到悟的过程，由渐修到顿悟的过程，顿悟不是凭空而悟的。关于顿悟的境界，竺道生说："悟夫法者，封惑永尽，仿佛亦除，妙绝三界之表，理冥无形之境。形既已无，故能无不形，三界既绝，故能无不界。"⑤ 这是说，修持者一旦顿悟，就能超越物质界和精神界，达到无所不在的精神境界。

大顿悟说是竺道生把佛教般若学空观与涅槃佛性说加以整合的新成果，就其独创性来说，主要体现了与中国传统思维方式的结合。竺道生冥符"理"的顿悟说的理论进路，实是道家的复归自然，儒家的尽心知

① 《续藏经》第1辑第2编乙第23套第4册，425页。
② 《注维摩诘经》卷6，《大正藏》第38卷，389页上。
③ 《注维摩诘经》卷4，《大正藏》第38卷，365页上。
④ 《续藏经》第1辑第2编乙第23套第4册，425页。
⑤ 《注维摩诘经》卷2，《大正藏》第38卷，343页上。

天，亦即返本归原的思路。也就是说，顿悟说是在中国传统思维方式主导下的产物。这表明中国传统思维方式对中国佛教学者的深刻影响，也表明顿悟说既适应了中国民族性格，又符合中国佛教信徒的修持要求。

二、神秀一系：重渐修渐悟

神秀一系的禅法主渐修渐悟。神秀认为，戒行禅修都离不开心，并说众生的清净心是觉悟的基础。清净心是与染污心相对立而存在的，是透过超越的分解过程而显现的。在世俗生活中，由于众生本有的清净心为染污心所遮蔽，显示不出来，因而不能觉悟成佛。神秀强调，应该拂拭、排除染污心的作用、影响，也就是要制伏、泯灭一切情欲和世俗认识，以显示出清净心的光明、寂静，这是一方面。另一方面是，众生还应当观心，即直观内省，以观照、觉察清净心的存在，来实现心灵自觉，这也就是"看净"。这两方面的禅法就是离念看净，或除妄显净。此系认为，排除俗欲，离开妄念，克尽染心，显露净心，是一个渐进的过程，有一定的程序，需要次第修行，才能达到。也就是说，神秀一系是修持规范化、程式化的禅法，是渐进的觉悟方式。

神秀弟子张说在描述神秀一系禅风时说："其开［示禅］法大略，则专念以息想，极力以摄心。其入也，品均凡圣；其到也，行无前后。趣定之前，万缘尽闭；发慧之后，一切皆如。"① "息想"、"摄心"，是要杜绝一切心思活动。这就是说，通过坐禅习定，闭绝思虑，心地和平，禅定生慧，一切也就如理（真理）如法（佛法）了。宗密也把神秀禅法归结为"息妄修心宗"，并将其特点总结为"拂尘看净，方便通经"②。"尘"，即不净，也称客尘，尘垢。尘埃能附着于他物，使之污染，烦恼也能染污心灵，故以尘垢喻指烦恼。"拂尘"也是比喻。"看净"是静坐观看像虚空一样的净心。意思是说，像拂拭尘埃不使染污才能保持事物（如镜子）的洁净一样，修持者也只有不断排

① 《唐玉泉寺大通禅师碑》，石峻等编：《中国佛教思想资料选编》第2卷第4册，351页。

② 《圆觉经大疏钞》卷3下，《续藏经》第1辑第14套第3册，277页。文下解释云："拂尘者，即彼本偈云：'时时须拂拭，莫遣有尘埃'是也。意云众生本有觉性，如镜有明性，烦恼覆之，如境之尘。息灭妄念，念尽即本性圆明，如磨拂尘尽镜明，即物无不极。"

除烦恼，观看净心，才能保持心灵本性的明净。这是渐修的方法。慧能《坛经》所载神秀的偈句“身是菩提树，心如明镜台；时时勤拂拭，莫使有尘埃”①，正体现了“拂尘看净”的思想。“方便通经”是把禅修的方便法门与经教会通起来，即通过广泛援引和自由解说经典为禅法提供理论根据。

“息想”、“摄心”、“拂尘”，就是“离念”。神秀禅修的最主要法门就称为“离念门”。这是会通《大乘起信论》以“心体离念”为佛的本质而提出的。《大乘起信论》说：“所言觉义者，谓心体离念。离念相者，等虚空界，无所不遍，法界一相，即是如来平等法身。依此法身，说名本觉。”② 神秀一系就据此主张离念，以直观心灵的原本真实性。“念”，此指分别意识、念头，即“妄念”。“离念”就是不起念，消灭念，就是排除分别的意识、念头，如受赞叹不自喜，被打骂不怨恨等。离念也就是“无心”，心与虚空合体，无限广大，毫无执著，名“等虚空界”。离念也是恢复本觉，离念就是觉。总之，离念以后，心境虚空，广大无边。这就是“看净”，即观看一切事物都不可得。离念看净的结果，是“净心”。神秀在《大乘无生方便门》中说：“诸佛如来有入道大方便，一念净心，顿超佛地。”③ 所谓净心，就是对一切事物都不见不取不执著，能做到净心也就顿然达到佛地了。净心和离念是密切相连的，离念是“方便”、手段，净心是目的、目标。只有离念，才能净心。达到离念境地，就是净心的呈现。后来神秀的弟子普寂等人把神秀禅法发展为“凝心入定，住心看净，起心外照，摄心内澄”④ 之说。他认为入定看净是禅修的“方便”，也就是离念；外照内证是净心的体用。外照是因性起相，内证是摄相归性，体性与形相相即，是为净心的呈现，也就是进入佛地。

神秀还从“观心”的禅修角度出发，把念佛与“观心”融为一

① 《坛经》[6]。

② 《大正藏》第32卷，576页中。

③ 《大正藏》第85卷，1273页下。

④ 《荷泽神会禅师语录》[21]，石峻等编：《中国佛教思想资料选编》第2卷第4册，89页。

体，提倡“正念”念佛。他在《观心论》中说：

> 夫念佛者，当修正念。[了义]为正，不了义即为邪。正念必得往生净国，邪念云何达彼？佛者觉也，所为觉察心源，勿令起恶。念者忆也，谓坚持戒行，不忘精勤。了如来义，名为正念。故知念在于心，不在于言。……既称念佛之（之，原作云）名，须行念佛之体。若心无实，口诵空言，徒念虚功，有何成益？……念从心起，名为觉行之门；诵在口中，即是音声之相。执相求福，终无是乎。①

神秀强调，念佛在心不在口，应修正念，排除邪念。所谓念佛的正念是“觉察身心，勿令起恶”，“坚持戒行，不忘精勤”，这也就是把念佛与去恶从善，除妄显净的“观心”统一起来，神秀把念佛纳入了“观心”的禅修之中了。

神秀一系奉行以心为宗的禅法，不仅把念佛纳入“观心”之中，而且“方便通经”，涉及多种经论。相传神秀门下的“五方便”门②，就是依据五种经典，开显出五种方便法门：一是依《大乘起信论》而立的总彰佛体门，也称离念门。该论说心体离念而成佛。离念就无心，无心就无色，如此色心清净，是为佛体。二是依《法华经》开智慧门，讲经开示悟入佛之知见，通过无念，从定发慧，以开发众生本有的佛知见。三是依《维摩经》显不思议解脱门。因该经强调菩萨于不动中说法，定中有慧，是不思议，又说无思无想为解脱。四是依《思益经》说心不起离自性为正性门。该经说心不起即无心，无心即无境，要求从无心无境方面，即离开自性的视角去认识一切现象及本质（“正性”）。五是依《华严经》见不异门。该经讲一切存在是无异（无差别）的，若具有无差别的智慧，自然无碍解脱。“五方便门”的禅法表明，神秀门下对佛教经典，尤其是与《般若》相近的经典的重视，拓宽了依恃经典的种类，扩大了禅法的范围；突出“离念”在禅

① 《大正藏》第85卷，1273页上。
② 详见《圆觉经大疏钞》卷3之下，《续藏经》第1辑第14套第3册，277页。

修中的关键作用。由离念而无心，由无思无想而无色无境，由不异而无碍，由无碍而解脱，就是神秀一系禅修的基本理路。总之，这都是属于“渐”的禅修方法。

从上述神秀一系的禅法看来，虽然也有顿悟的思想，说一念顿超，悟在须臾，但更多地是讲渐修。他们强调离念，主张离妄乃真，而不是即妄而真，这就是认为禅修是一个渐入的过程。息想、摄心、拂尘，都是慢功，没有浪漫色彩。神秀一系主张运用种种方便，点滴领会，日积月累，逐渐贯通，最后豁然大悟。也就是说，神秀一系是采取渐修的修行方法，渐悟的觉悟方式，是在渐修、渐悟的基础上再跃入顿悟，或者说是积渐修渐悟为顿悟，这和慧能一系提倡的单刀直入、见性成佛的顿悟法门是不同的。

三、慧能和神会：主顿悟渐修

慧能的顿教主张，是针对神秀一系的渐教而建立的。他反复地对顿渐的意义及其根据作出重要的界说。他说：“法无顿渐”①，“法即一种”②，“法无不一”③，这里所讲的“法”是就认识论上的本性而言，指每个人的自心都有不变的真如本性。慧能话的意思是说，就禅修的最后根据，即每个人的自心都有真心来说，是无顿渐区别的，南北两宗都是一样的。从这层意义上说，“教即无顿渐”④，教法无顿渐的区别。他还明确地指出：“世人尽言南能北秀，未知根本事由。……法即一宗，人有南北，因此便立南北。”⑤ 认为自己与神秀的心性理论基本是相同的，只是人在南北两地，便立南北两系。那么，为什么又言顿渐呢？慧能说：“何以渐顿，法即一种，见有迟疾，见迟即渐，见疾即顿。法无渐顿，人有利钝，故名渐顿。”⑥ 又说：“法无顿渐，人有利钝，迷即渐契，悟人顿修，自识本心，自见本性。”⑦ 这是说，

① 《坛经》[16]。
② 《坛经》[39]。
③ 《坛经》[35]。
④ 《坛经》[36]。
⑤⑥ 《坛经》[39]。
⑦ 《坛经》[16]。

人有利钝迷悟之分，根机上下优劣之别，因而在彻见自心真性上也就有快疾迟慢的不同，这就是顿渐的根由。在慧能看来，所谓顿渐，就是见性的过程长短和时间快慢的区别。顿渐的区别实是由修行人的素质所决定的，利根，即素质高，悟道就快，钝根，即素质低，悟道就慢。慧能虽然强调人的素质高低对悟道的迟速起决定的作用，但又指出顿渐修证的基本准则——无相、无念、无住是相同的；另外，既有顿渐区别，相应地，修证方法也就有不同，慧能提倡“自性顿修”①，声称“惟传顿教法”②，这也就是说，慧能关注的是为利根人设计、提供的顿悟法门。

顿悟是慧能禅宗的根本法门，顿悟，悟什么呢？怎样悟呢？慧能提出了“于自心顿现真如本性”③ 的命题，认为顿悟的对象、内容是众生的真如本性。这种本性是含藏在众生自心里的。顿悟的方法是于自心顿现本性，也就是说，不是离开自心去觉悟，而是于自心上实现觉悟；不是改造本性后觉悟，而是本性显现就是觉悟。实现的方式是“顿现”，是顿然的，即刻就觉悟。《坛经》反复强调说：“若识本心，即是解脱”④，“见自本性，即得出世”⑤，此处所讲的“本心”与本性是同一涵义的概念，故此《坛经》也说：“识心见性，自成佛道。”⑥ 慧能把众生的自心、本性与佛道三者沟通、等同起来，强调顿现自心的本性即成佛道，这表明他所重视的是如何使迷失在世俗情欲和一般认识中的心灵由迷转悟，直见自我本性，快速地显现众生本来具有的与佛相同的心性。

以心性本净、见性成佛为思想基础，在修持实践方面，慧能淡化了“戒、定、慧”三学中戒的重要性，并把戒定位为“无相戒”。“无相”是不具有相对的形相，“无相戒”是以离开一切定相的、坚固不

① 《坛经》[41]。
② 《坛经》[36]。
③ 《坛经》[30]。
④ 《坛经》[31]。
⑤ 《坛经》[42]。
⑥ 《坛经》[30]。

坏的佛心为戒体的戒，是与禅合一的以见自性佛为内容的戒。慧能强调“以定惠（慧）为本”①，并对定慧作出新的解说。《坛经》云：“何名为禅定？外离相曰禅，内不乱曰定。”② 扩大了禅定的范围。王维《六祖能禅师碑铭》说：“定无所入，慧无所依。”③ “定”，并无固定形式，不限于坐禅，也不必念佛，只要心不散不乱，坐卧行住就都是定。“慧”，并无特定依恃，不是先有定而后有慧，定慧是一体的。这也就是“定惠（慧）等”④，定就是慧，慧就是定，实质上，这是否定了由定发慧，是以慧代定，突出了智慧在修持中的决定作用。《六祖能禅师碑铭》在叙述慧能的定慧思想后紧接着说：“大身过于十方，本觉超于三世。”⑤ “大身”，法身。这是以一心为法身，说此心的心量广大无边，犹如虚空。“本觉”，指众生先天具有的般若智慧，“超于三世”，就是顿悟。这是说，众生本来就具有般若智慧，人们只要一念心相应，就会实现顿悟。本觉的超越既不必要什么积累，也不受时间的限制。《坛经》云：“当起般若观照，刹那间，妄念俱灭，即是自真正善知识，一悟即知佛也。”⑥ 若能生起般若观照，刹那间妄念俱灭，就是真正趋入佛道的人，再一念悟就体知佛了。“前念迷即凡，后念悟即佛。”⑦ 这是慧能对众生的警告与期待，从这句话来看，可以说，坐禅、念佛、守心等一系列禅修方法，都只剩一念之转了，凡夫与佛的区别就在于一念之差，观念的转化成为禅修的根本。慧能为禅宗的顿悟说确立了基本观点。

慧能的禅修法门展现为“无念、无相、无住”三个方面。《坛经》云：

> 我此法门，从上以来，顿渐皆立无念为宗，无相为体，无住

---

① 《坛经》［13］。
② 《坛经》［19］。
③ 石峻等编：《中国佛教思想资料选编》第2卷第4册，75页。
④ 《坛经》［13］。
⑤ 石峻等编：《中国佛教思想资料选编》第2卷第4册，75页。
⑥ 《坛经》［31］。
⑦ 《坛经》［26］。

为本。何名为相？无相者于相而离相，无念者于念而不念，无住者为人本性。念念不住，前念今念后念，念念相续，无有断绝，若一念断绝，法身即是离色身。念念时中，于一切法上无住，一念若住，念念即住，名系缚。于一切上念念不住，即无缚也。此是以无住为本。善知识，但离一切相是无相，但能离相，性体清净，此是以无相为体。于一切境上不染，名为无念，于自念上离境，不于法上生念。若百物不思，念尽除却，一念断即死，别处受生。学道者，用心，莫不思法意，自错尚可，更劝他人迷，不自见迷，又谤经法，是以立无念为宗。即缘迷人于境上有念，念上便起邪见，一切尘劳妄念，从此而生。然此教门立无念为宗，世人离见，不起于念，若无有念，无念亦不立。无者无何事，念者念何物？无者离二相诸尘劳，念者念真如本性，真如是念之体，念是真如之用。自性起念，虽即见闻觉知，不染万境，而常自在。①

上引“无念为宗，无相为体，无住为本”是《坛经》的实践纲领，是渐顿两种法门都要遵守的禅修准则。宗、体、本分别有宗旨、体性、根本的意思，表示在修持中都具有重要的意义。无念是不起相对的念想、分别心。慧能认为，人心是活动的，也是需要活动的，念就是心的一种动相。但念有净念与妄念之分，所谓无念，不是不起念，而是心应不起虚妄分别的念想。无相是不具有相对的形相，不执取对象的相对相、差别相。无住是指没有任何住著、执著的心灵状态。《金刚般若波罗蜜经》云：“菩萨于法应无所住。”② “诸菩萨摩诃萨应如是生清净心：不应住色生心，不应住声香味触法生心，应无所住而生其心。”③ 强调不住著于任何对象、不执取任何对象。在禅修中不起妄念、不作分别相，不执取任何对象，这三者是密切联系的，同为般若智慧的要求、作用和表现，其实质是强调从主客体空寂的基础上实现

① 《坛经》[17]。
② 《大正藏》第8卷，749页上。
③ 同上书，749页下。

主客体合一，以实现精神的超越。这也就是慧能提倡的禅修的根本方法——顿法。

神会，是慧能晚年的弟子，荷泽宗的创始人，建立慧能禅宗的得力人物。他继承、弘扬和发展了慧能的顿悟法门，在禅宗史上占有重要的地位。

神会批评神秀一系的渐悟法门说，从菩提达摩以来“六代大师，一一皆言单刀直入，直了见性，不言阶渐”①。“性”，指佛性、本觉、净心。“见”，性的显现、发露。认为从菩提达摩以来，历代大师都讲一下子发露本性，顿时彻见佛性，不讲分阶段的渐悟。显然神会是打着历代大师的旗号，推行顿悟主张。神会讲的顿悟就是“直了见性”，围绕这一中心思想，他还从十一个方面详尽地阐发了顿悟的意义：

> 事须理智兼释，谓之顿悟。并不由阶渐，自然是顿悟义。自心从本以来空寂者，是顿悟。即心无所得者为顿悟。即心是道为顿悟。即心无所住为顿悟。存法悟心，心无所得，是顿悟。知一切法是一切法为顿悟。闻说空不著空，即不取不空，是顿悟。闻说我不著（著下脱我字），即不取无我，是顿悟。不舍生死而入涅槃，是顿悟。②

以上论述都是“直了见性”思想的展开和具体化，其思想要点有四：一不是渐进式、阶段式的悟；二是心空无所得，包括事理兼释、心无所住、不取不空和不取无我，都是无所得的意思；三是即心是道，“知一切法是一切法”，也就是心合乎道的意思；四是“不舍生死而入涅槃”，意思是即身成佛。在这些顿悟义中，“自心空寂”、“心无所得”占有突出的地位，也就是说，所谓“直了见性”主要是要直了显现心的空寂性，做到心无所得。这是融会般若学空观和涅槃学佛性说的思想表现。

与“不舍生死而入涅槃是顿悟”的思想相一致，神会还明确地提出今生顿悟成佛说。中天竺梵僧伽罗蜜多三藏弟子康智圆和神会之间

---

① 《答崇远法师问》，石峻等编：《中国佛教思想资料选编》第2卷第4册，112页。

② 《荷泽神会禅师语录》[21]，石峻等编：《中国佛教思想资料选编》第2卷第4册，87～88页。

有这样的对话："智圆问：'一切众生皆云修道，未审修道者一生得成佛道不?'和上答言：'可得。'又问：'云何可得?'答：'如摩诃衍宗，恒沙业障，一念消除，性体无生，刹那成道，何况一生而不得耶?'"① 神会认为大乘宗人，重重业障，一念消除，即顿悟佛道，今生成佛。这和印度佛教主张长期修习，逐渐成就佛道的思想，形成鲜明的对照。

怎样达到"直了见性"，实现顿悟呢？神会认为，应以"无念"为根本法门，从"无念"入手。宗密记述神会荷泽宗的教义说：

> 诸法如梦，诸圣同说。故妄念本寂，尘境本空。空寂之心，灵知不昧，即此空寂之知是汝真性。任迷任悟，心本自知，不藉缘生，不因境起。知之一字，众妙之门。由无始迷之故，妄执身心为我，起贪嗔等念；若得善友开示，顿悟空寂之知。……故虽备修万行，唯以无念为宗。②

神会提倡"无念为宗"，神会的禅也称为"无念禅"。神会说："不作意即是无念"③，"作意"，用心，注意，住心执取，是为虚妄。不作意即无妄念，也即无念。无念不是一切念都无，而是无妄念。神会在回答"何者是大乘禅定"时说："不用心［不看心］，不看静，不观空，不住心，不证心，不远看，不近看，无十方，不降伏，无怖畏，无分别，不沉空，不住寂，一切妄相不生，是大乘禅定。"④ 这里讲的大乘禅定和无念禅是一致的，可以说，不生一切妄相，就是无念。神会进一步还结合《金刚经》的无相理念来解释无念，他说："不取于相者，所为如如。云何所谓如如？无念。……是无者（无下脱念字），即是般若波罗蜜。……见无念者，名为实相。"⑤ 这是说无念即

---

① 《荷泽神会禅师语录·补遗》，石峻等编：《中国佛教思想资料选编》第2卷第4册，107～108页。

② 《禅源诸诠集都序》卷上之2，《大正藏》第48卷，402页下～403页上。

③ 《荷泽神会禅师语录·补遗》，石峻等编：《中国佛教思想资料选编》第2卷第4册，107页。

④ 同上书，108页。

⑤ 《荷泽神会禅师语录》［14］，石峻等编：《中国佛教思想资料选编》第2卷第4册，84～85页。

真如，即般若，见无念即为实相。这样，无念既是主体最高智慧，又是客体真实本相，是两者的合一。所以，神会又说："法无去来，前后际断，故知无念为最上乘。"① 由一切存在本性皆空，故知无念是成佛的最上乘禅法。此外，据宗密上述所论，神会一面说无念，一面又讲灵知，灵知是心的本体，般若直觉主体，是具有知觉即觉性的。宗密主张"知之一字"为"众妙之门"，视知为心体本有，重视智慧心体即灵知的发露，强调只有体认心之体（灵知）以后，才能用心体觉悟之光去观照事物的本质与作用，没有"忘言识体"的工夫，是无从观照事物的，众生的修持也失去了根本性的门径。

慧能和神会提倡顿悟，也讲渐修。《六祖能禅师碑铭》说：慧能"教人以忍"，并"以为教首"，就是教人忍耐，只正视自己的过失，不计较他人的错误，一心奉行"无相忏悔"，勤于修持。神会更发挥说："夫学道者须顿悟渐修。……譬如母顿生子，与乳渐渐养育，其子智惠（慧）自然增长。顿悟见佛性者，亦复如是。"② 这是说，修持者顿悟后还必须渐修，就如母亲生出婴儿后，还必须用乳汁一点一点喂养，婴儿才能长大，智慧也才会增长。宗密也说："真理即悟而顿圆，妄情息之而渐尽。"③ 认为顿悟真理后，还要逐渐修持以灭尽妄情。顿悟渐修说影响深远。明代禅师德清在《答郑岩中丞》中说："所言顿悟渐修者，乃先悟已彻，但有习气，未能顿净。就于一切境缘上，以所悟之理，起观照之力，历境验心，融得一分境界，证得一分法身，消得一分妄想，显得一分本智，是又全在绵密工夫，于境界上做出更为得力。"④ 又说："此之证悟，亦有深浅不同。若从根本上做工夫，打破八识窠臼，顿翻无明窟穴，一超直入，更无剩法，此乃上上利根，所证者深。其余渐修，所证者浅。"⑤ 这也是说顿悟后需继续渐修，以息尽习气，渐进于佛境。又，德清认为，在证悟上，顿悟为深，渐修为浅。这也是受慧能、神会思想影响的表现。

---

① 《京洛荷泽神会大师语》，《景德传灯录》卷 28，《大正藏》第 51 卷，439 页中。
② 《答崇远法师问》，石峻等编：《中国佛教思想资料选编》第 2 卷第 4 册，112 页。
③ 《圭峰宗密禅师》，《五灯会元》卷 2，上册，109 页。
④⑤ 《憨山老人梦游集》卷 2，《续藏经》第 1 辑第 2 编第 32 套第 2 册，113 页。

四、洪州、石头二宗和五家：倡无修顿悟

慧能以后，经门下南岳怀让、青原行思而各传马祖道一、石头希迁，分别形成洪州宗和石头宗，此后又经一二传而先后衍出沩仰、临济、云门、曹洞、法眼五家。这些后继禅家沿着慧能的“但行直心”，不“着法相”① 的禅修之路，日益将禅的意味渗透到日常生活之中，形成了一种随缘任运的态度。与这种禅修的态度相联系，不少禅师还把慧能的顿悟法门推向极端，提倡无修顿悟法门，成为了禅风的主流。他们一方面排斥曲折漫长的禅修之路，提倡直截了当地把握成佛的根源——本心，在教学与体证上重视返照、返本工夫，以求一悟而发明心地，并认为念起即落，念头歇了，直下便是本心的显露。一方面又强调本心不是空洞的，日常的行住坐卧、见闻觉知都是本心的流露、表现、作用，这样，随顺自然的平常行为，也就既是禅修的方法，又是禅修的境界。

马祖道一门下常用“顿悟法门”教人，如百丈怀海就和门下有这样的问答：“问：‘如何是大乘入道顿悟法要？’师曰：‘你先歇诸缘，休息万事，善与不善、世出世间，一切诸法并皆放却，莫记、莫忆、莫缘、莫念。放舍身心，全令自在。心如木石，口无所辩，心无所行。心地若空，慧日自现，如云开日出。’”② “歇诸缘”，主观不“攀缘”对象。“休息万事”，主观不涉及一切事物。这也就是不作记忆缘念，“心如木石”一般，不为万事所动，如此歇了念头，不被境惑，就能“心地若空，慧日自现”，显露心原，自是解脱。简言之，所谓顿悟就是妄想不起，显现本心。马祖道一的又一嗣法弟子大珠慧海著《顿悟入道要门论》载有：“问：‘欲修何法，即得解脱？’答：‘唯有顿悟一门，即得解脱。’云：‘何为顿悟？’答：‘顿者，顿除妄念；悟者，悟无所得。’”③ 强调只有顿悟法门才得解脱。所谓顿悟就是顿然泯除妄念，心一无所得，也就是返归、显露空寂的心原。慧海又展开说：“问：‘此顿悟门，以何为宗？以何为旨？以何为体？以何为用？’

---

① 《坛经》[14]。

② 《百丈怀海禅师广录》，《续藏经》第1辑第2编第24套第5册，411页。

③ 《续藏经》第1辑第2编第15套第5册，420页。

答：'无念为宗，妄心不起为旨，以清净为体，以智为用。'……'无念者无邪念，非无正念。'……'念有念无，即名邪念；不念有无，即名正念。念善念恶，名为邪念；不念善恶，名为正念。乃至苦、乐、生、灭、取、舍、怨、亲、憎、爱，并名邪念；不念苦、乐等，即名正念。'"① 说明顿悟法是以无念为宗，无念是无邪念，并不是无正念，所以无念也就是正念。正念不作有与无、善与恶等的对立分别，是破除对两边的执著，彻悟两边皆空，心无所得。正念也就是无念，就是顿悟，就是解脱。马祖道一另一弟子南泉普愿也以不起分别心为顿悟成佛的关键。史载："南泉和尚，因僧问云：'还有不与人说底法么？'泉云：'有。'僧云：'如何是不与人说底法？'泉云：'不是心，不是佛，不是物。'"② 南泉的三句"不是"，史称"南泉三句"。这三句是说，当前对心、佛、物不起分别的心，即是觉悟的表现，是成佛的所在。这是不能以言说来表达的。心、佛、物是对立的三极，是众生成佛要面对的三个基点：心，即我，是追求成佛的主体；佛是追求的理想目标；物，即世界，是众生的生存环境，也是成佛必须直面、认识、对待的对象。主观意识不起三者的分别，把对立的三极视为统一的存在，即心即佛即物，三者互不相离，有这样的顿悟就是佛。这是从哲学的高度确立心与佛、心与物的关系，进而统一三者的关系，具有重要的理论意义。

如前所述，马祖道一宣扬无妄想妄念，当下本心显现即是顿悟的思想，并进一步提出本心就是平常心的观点。他示众云："道不用修，但莫污染。……若欲直会其道，平常心是道。"③ 平常心即平常生活中所具有的根本心，也即见于平常的起居动作之心，是与禅道、真理一体的、不相离的。南泉普愿以此命题接化赵州从谂，故又作"赵州平常心是道"。史载："南泉因赵州问：'如何是道？'泉云：'平常心是道。'州云：'还可趣向否？'泉云：'拟向即乖！'"④ "趣向"，即造

① 《续藏经》第1辑第2编第15套第5册，421页。

② 《无门关》，《大正藏》第48卷，296页中。

③ 《景德传灯录》卷28，《大正藏》第51卷，440页上。

④ 《无门关》，《大正藏》第48卷，295页中。

作，违反了平常心的表现。相传赵州于言下顿悟，心如朗月。对此，慧开作颂云："春有百花秋有月，夏有凉风冬有雪；若无闲事挂心头，便是人间好时节。"① "平常心是道"这一命题，突出显示了平常的心与超越的道的内在统一，强调平常的行住坐卧，应机接物，都是真实的禅。日常生活中处处有禅，头头是道，物物全真。应该说，这是禅学思想的一大发展，为顿悟学说提供了新的理路和方法，影响很大。

马祖道一不仅高唱"平常心是道"，他还高扬"道不用修"的命题。②"道不用修"命题的意义是说：(1) 提倡"自识本心"，不假外求。(2) 强调"触类是道而任心"③。(3) 无视乃至排斥佛教的固定修持方式。下面略作论述。

禅学史上马祖道一点化大珠慧海的故事，生动地说明了自识本心，不假外求的禅法：

> 越州大珠慧海禅师，建州朱氏子。依越州大云寺智和尚受业。初参马祖，祖问："从何处来？"曰："越州大云寺来。"祖曰："来此拟须何事？"曰："来求佛法。"祖曰："我这里一物也无，求甚么佛法？自家宝藏不顾，抛家散走作么！"曰："阿那个是慧海宝藏？"祖曰："即今问我者，是汝宝藏。一切具足，更无欠少，使用自在，何假外求？"师于言下，自识本心。④

从这个故事来看，马祖道一的"道不用修"，就是不用"抛家散走"向外四处寻求，因为"自家宝藏""一切具足"。这个"自家宝藏"是什么呢？就是自我，就是自己的本心。马祖道一认为只要体认"自家宝藏"，"自识本心"，就是悟道，"我"也就是"佛"了。

"道不用修"，又可表述为"触类是道而任心"。马祖道一认为，人的各种行为（"触类"）也即扬眉、瞬目、弹指、举手、投足等，一

---

① 《无门关》，《大正藏》第 48 卷，295 页中。

② 获得马祖道一印可的丹霞天然禅师也提出了"无道可修，无法可证"的命题，见《丹霞天然禅师》，《五灯会元》卷 5，上册，263 页。

③ 《续藏经》第 1 辑第 14 套第 3 册，279 页。

④ 《大珠慧海禅师》，《五灯会元》卷 3，上册，154 页。

言一行都是佛性的表现、佛道的体现。所以他又提倡纵任心性，不必刻意去做修善断恶的佛事。《景德传灯录》卷6《大珠慧海传》载："有源律师来问：'和尚修道，还用功否？'师曰：'用功。'曰：'如何用功？'师曰：'饥来吃饭，困来即眠。'曰：'一切人总如是，同师用功否？'师曰：'不同。'曰：'何故不同？'师曰：'他吃饭时不肯吃饭，百种须索；睡时不肯睡，千般计较，所以不同也。'"① 这是说，禅修用功，就是在"饥来吃饭，困来即眠"的一切日常生活中用功，除却"百种须索"、"千般计较"，随顺心性，纯任本然。

石头希迁的大弟子天皇道悟点拨龙潭崇信的故事，也生动地说明了"道不用修"的禅法：

> 澧州龙潭崇信禅师，渚宫人也。其家卖饼。师少而英异，初悟和尚为灵鉴潜请居天皇寺，人莫之测。师家于寺巷，常日以十饼馈之。天皇受之，每食毕，常留一饼，曰："吾惠汝以荫子孙。"师一日自念曰："饼是我持去，何以返遗我邪？其别有旨乎？"遂造而问焉。皇曰："是汝持来，复汝何咎？"师闻之，颇晓玄旨，因投出家。……一日问曰："某自到来，不蒙指示心要？"皇曰："自汝到来，吾未尝不指汝心要。"师曰："何处指示？"皇曰："汝擎茶来，吾为汝接。汝行食来，吾为汝受。汝和南时，吾便低首。何处不指示心要？"师低头良久。皇曰："见则直下便见，拟思即差。"师当下开解。复问："如何保任？"皇曰："任性逍遥，随缘放旷。但尽凡心，别无圣解。"②

"保任"，禅悟后的保持、维护工夫。道悟以"遗饼"接机，开导崇信：从何处来，回何处去。又强调禅修的心要就是擎茶接茶，行食受食，直下即是，不用思索。也就是说，日常生活，平常举止，不假思索，不作计较，顺从自然，冥合本性，就是禅修，就是解脱。

"道不用修"，淡化甚至否定了佛教原有的修持方式、方法，乃至禅

---

① 《大正藏》第51卷，247页下。

② 《龙潭崇信禅师》，《五灯会元》卷7，中册，370～371页。

修的内容、目的，自然也就无视甚至排斥佛教的戒、定、慧“三学”。

戒律是对信徒的基本要求和规范，持戒是修行成佛的起点。但在宋代契嵩本和元代宗宝本的《坛经》中，有这样的记载：说慧能在得五祖弘忍的衣法后，离开黄梅南下，历尽艰辛，“后至曹溪，又被恶人寻逐，乃于四会，避难猎人队中，凡经一十五载，时与猎人随宜说法。猎人长令守网，每见生命，尽放之。每至饭时，以菜寄煮肉锅。或问则对曰：‘但吃肉边菜’”①。自南朝梁代以来，中国僧人都严格遵守不吃肉的素食规定。这里，《坛经》的“但吃肉边菜”一句，则表现了对于戒律的全新态度，实是破戒的宣言。“但吃肉边菜”的故事，敦煌本《坛经》和有唐一代其他禅宗文献，均未见记载，应属后代禅师所增添，为他们破戒制造历史根据。破戒的出现不是偶然的，自马祖以来，自然主义的修持态度，必然导致持戒的淡化。史载：“洪州廉使问曰：‘吃酒肉即是，不吃即是？’师曰：‘若吃是中丞禄，不吃是中丞福。’”② 马祖认为，廉使官人不必受吃与不吃酒肉的约束，只要任其自然，自由生活就是福禄。马祖道一后二传、沩仰宗创始人之一仰山慧寂更公开宣称“不持戒”。“问：‘和尚还持戒否？’师曰：‘不持戒。’曰：‘还坐禅否？’师曰：‘不坐禅。’公良久，师曰：‘会么？’曰：‘不会。’师曰：‘听老僧一颂：滔滔不持戒，兀兀不坐禅。酽茶三两碗，意在镢头边。’”③ 这是说，既不持戒，也不坐禅，勘破戒律禅定，一切任其自然，回归自我，就是禅修，就能成佛。

禅定是佛教的基本修持方式之一，坐禅是禅修的一个主要方式，历来为佛家所重视。但是，如上所述，自慧能始就宣扬“外离相为禅，内不乱曰定”，扩大了禅定的范围。他对坐禅也作出了新的界说：“何名坐禅？此法门中，一切无碍，处于一切境界上念不起为坐，见本性不乱为禅。”④ 以“杂念不起”、“本性不乱”为坐禅，突破了坐

---

① 《六祖大师法宝坛经·行由品第一》，石峻等编：《中国佛教思想资料选编》第2卷第4册，35页。

② 《江西马祖道一禅师》，《五灯会元》卷3，上册，130页。

③ 《仰山慧寂禅师》，《五灯会元》卷9，中册，534页。

④ 《坛经》[19]。

禅形式上的规定和要求。慧能弟子南岳怀让又进一步贬低、否定坐禅，著名的“怀让磨砖”的故事，就是排斥坐禅的，文云：

> 开元中有沙门道一，在衡岳山常习坐禅。师（怀让）知是法器，往问曰：“大德坐禅图什么？”一曰：“图作佛。”师乃取一砖，于彼庵前石上磨。一曰：“磨作什么？”师曰：“磨作镜。”一曰：“磨砖岂得成镜邪？”师曰：“磨砖既不成镜，坐禅岂得作佛？”一曰：“如何即是？”师曰：“如牛驾车。车若不行，打车即是，打牛即是？”一无对。师又曰：“汝学坐禅，为学坐佛？若学坐禅，禅非坐卧。若学坐佛，佛非定相。于无住法，不应取舍。汝若坐佛，即是杀佛。若执坐相，非达其理。”一闻示诲，如饮醍醐。①

这里以磨砖不能成镜为喻，说明坐禅也不能成佛。在南岳怀让看来，坐禅其实是一种取相、执著，而“禅非坐卧”、“佛非定相”，是不能执著的。怀让还以牛驾车，车不会动，牛会动为例，说明成佛在于自我，自识本心。怀让强调坐禅并不能成佛，反对坐禅，实是马祖道一“道不可修”主张的先导。马祖道一的门下百丈怀海，虽然也在法堂上坐禅，但是他又说：“自古自今，佛只是人，人只是佛。亦是三昧定。不用将定入定，不用将禅想禅，不用将佛觅佛。”② “人只是佛”，即心是佛，这就是三昧定，不必另行修持禅定。显然，自怀让以来，坐禅修定受到了很大的冲击。

慧学也是佛教修行者必须致力修习的最基本的学问之一，佛教历来重视理论思维和观照人生、宇宙真实的智慧。佛是佛教智慧的体现，佛教经典是佛教智慧的主要载体，看经、读经、念经，是佛教徒必修的功课，是增强信念、提升智慧的基本途径。依据《楞伽经》“宗通”和“说通”相对的说法，禅宗“五家”自居于教外别传，认为禅法的密意不能透过经典文字、语言教说来传达，只能用以心传心

---

① 《南岳怀让禅师》，《五灯会元》卷3，上册，127页。

② 《古尊宿语录》卷1，上册，16页。

的直接体验方式来传达。他们还认为，以文字言说来传达佛法，是教内系统；禅是以心传心，另有“心印”，属于教外系统，故是教外别传。应当指出，自菩提达摩以来，还是一直主张藉教悟宗的，并非与教绝缘。大约自马祖道一和石头希迁以后，一些禅师才以为依赖言教是远远不够的，至于寻章摘句地去理解言教，更是无从见到佛性，不能真正成佛的。由此他们还以激烈的言词贬斥言教，以启导禅修者反求自心，见性成佛。如百丈怀海说：“只如今求佛求菩提，求一切有无等法，是名运粪入，不名运粪出。只如今作佛见、作佛解，但有所见所求所著，尽名戏论之粪，亦名粗言，亦名死语。”① 认为求佛求菩提智慧等是“运粪入”，而真正解脱成佛是要“运粪出”，也就是排除种种的追求执著。怀海再传弟子、临济宗创始人义玄，更是明确地提出“不看经”的主张。史载：“师（临济义玄）与王常侍到僧堂，王问：‘这一堂僧还看经么?’师曰：‘不看经。’曰：‘还习禅么?’师曰：‘不习禅。’曰：‘既不看经，又不习禅，毕竟作个什么?’师曰：‘总教伊成佛作祖去!’”② 认为看经坐禅不是成佛的方法，而不看经不坐禅却能成佛作祖。相传龙潭崇信的大弟子德山宣鉴，因常讲《金刚般若》而被誉称为“周金刚”。他曾肩担《青龙疏钞》出蜀向不读经的禅师挑战，后经崇信开导点拨，彻悟到依赖言教不是自证，于是就烧掉了疏钞。③ 可见，马祖和石头以后的禅师是主张自由运用经典，绝不能为经典文字所拘束；认为文字言教，并不能知佛性，不能见本性，不能成佛，而只有直指人心，才能见性，才能成佛。这正如《黄檗山断际禅师语录》所云：“祖师西来，直指人心，见性成佛，不在言说。”④ 还应当指出的是，自马祖道一和石头希迁以来，禅宗顿悟法门和持戒、坐禅、读经等修持实践的实际运作情况是非常复杂的，绝不是说此后所有的禅师都一律不持戒、不坐禅、不读经了。在这个问题上，我们认为应当注意以下几点：

① 《古尊宿语录》卷 2，上册，24 页。
② 《临济义玄禅师》，《五灯会元》卷 11，中册，649 页。
③ 详见《德山宣鉴禅师》，《五灯会元》卷 7，中册，372 页。
④ 《大正藏》第 48 卷，384 页上。

第一，慧能一系的顿悟法门并不是笼统地排斥持戒、坐禅和读经的。一般而言，他们主张对守戒持灵活态度，并非主张绝对的不守戒。禅师们扩大了禅的范围，主张把禅渗透到日常生活之中，反对一味坐禅求佛，强调求佛要向自心内求，并不是简单地取消坐禅。禅师们主张不读经是反对寻章摘句地对待经典，并非根本不读经典，不尊崇经典。

第二，佛教传入至禅宗五家分门立户，已有八个多世纪的历史，持戒、坐禅、读经等传统修持方式，一直成为广大佛教徒的共识和自觉的实践，即使是五家的禅师们也是难以排拒，不可能轻易否定的。

从历史事实看来，如大珠慧海著《顿悟入道要门论》，其间引用经典在15种以上，看来他是一位博学的禅师。临济宗创始人义玄，曾广泛探究戒律及经论，深有所得。曹洞宗创始人之一洞山良价曾寻绎大藏，编撰有《大乘经要》一书（已佚）。云门宗创始人文偃对戒律和教义，造诣精深。又如曹洞宗天童正觉禅师提倡的默照禅，就是提倡以打坐为主要修习方式的禅法。正觉后经数传，至天童如净，更是强调“参禅即坐禅”的禅修宗旨，以至影响了其门下日本道元禅师进一步提出“只管打坐”的主张。于此可见，持戒、坐禅、读经，作为佛教的基本修持方式，仍为不少禅师们所运用。也就是说，此时禅宗虽标榜顿悟，事实上却是或明或暗地也在走渐悟的路子。

第三，自道信、弘忍以来，包括神秀在内，对于戒律威仪和经典研习已渐趋淡化。至于慧能一系，自马祖道一和石头希迁以来，尤其是五家成立以来，与顿悟法门相应，在修持方式上更是发生了重大的变化，不坐禅、不读经，更有甚者，还否定佛法，这种修持方式方法，一度成为禅门的风气。中国佛教史上的这一重要现象，也是值得我们深入研究的。

五、南顿北渐的异同

神秀一系“北渐”与慧能一系“南顿”有什么分歧，区别何在呢？两者是否也有共同之处呢？以下我们拟从顿渐两说的理论根据、运思理路、禅修方式和终极境界的视角，就上述问题作一小结。

南顿北渐两种见道成佛的方式，同是建立在心性论基础之上的，两者也都以众生本来具有的不变的真如本性为成佛的根据，也都认为众生因迷妄颠倒而不能觉悟，倘若能去掉迷妄颠倒，显现真性，就能得到解脱。就是说，两者在觉悟成佛的最后根据和基本思路方面是一致的。至于真性与妄念、佛性与人性的关系，以及如何显现真性，排除妄念，怎样看待现实表现这些问题，两者的看法和主张就不完全相同，甚至是完全不同的了。

关于真性与妄念、佛性与人性的关系，神秀一系认为，真性与妄念都是实在的，彼此是对立的；此系还把念与杂念等同起来，强调不起念，远离念，消除念。慧能和神会也主张真性与妄念的二元分别，但是与神秀一系不同，认为念有正念与妄念之分，妄念应该排除，而正念则不可无。再是神会认为，妄念是本来空寂，不待消灭的。至于马祖道一一系的禅师们更是强调众生的本性与表现是不相分离的、完全统一的，从而消除了佛性与人性的对立和界限。上述"南泉三句"即是强调泯灭心、佛、物三者的分别，以表示即心是佛的思想。这种本性与表现、佛性与人性趋于合一的思想，对于禅宗思想的理论根据和禅宗修持的方式方法，都带来了巨大变化，并产生了深刻的影响。

关于修持方式和觉悟方式，按照一般逻辑推论，顿悟前必须有渐修的积累，顿悟后也还必须继续修持。就历史事实而言，自菩提达摩以来，中经慧可、僧璨，直至道信、弘忍，实际上都是重视渐修，主张"拂尘"，以逐渐离开杂念，直至消灭杂念；提倡"看净"，观照净心，为此他们强调要长期坚持坐禅，以求看到净心——清净无垢的心灵。至于觉悟，神秀一系虽也有顿悟思想，但实际上是偏于强调循序渐进，强调觉悟要有阶段性，属于渐悟的一类。神秀一系比较忽视持戒和读经，而重视禅定，重视由定发慧。慧能、神会师弟则主张单刀直入，直了见性。认为了悟自心本性是一刹那的事，不需经过种种阶段，是顿然觉悟。由此在修持上也不重视禅定，而是强调"定慧等"，实际上是重在以慧摄定。慧能、神会，尤其是神会重知（智慧）与神秀重行（禅定），表现出禅修方式上的差异。慧能、神会认为顿悟后应通过渐修来巩固顿悟的成果，进而积累功德，成就为佛。马祖道一以来的禅宗僧人，在统一本性与念虑、佛性与人性的基础上，强调见闻觉知都是佛性的表现，从而提倡一种顺从自然，随缘任运的“无修”方式。至于五家禅宗更是强调走教外别传的道路，他们也批评神会的重“知”思想。这不仅有别于慧能、神会的主张，而且与神秀一系禅修方式的反差也更大了。

终极境界是直接与心性思想相关的。大体而言，神秀一系重在心性的“清净”，慧能在肯定心性“清净”的基础上，偏重于心性的“空寂”，马祖道一以来则又在心性“清净”、“空寂”的基础上，进一步强调心性的“自然”。与上述心性思想的变化大体相应，神秀一系认为，众生成佛是漫长遥远的事。慧能则认为，众生若认识本心，即得解脱。马祖道一以来的禅师进一步强调即心即佛。这其间的变化，又与上述禅师所奉持的典籍直接相关。神秀一系归旨于《楞伽经》，慧能、神会归旨于《金刚经》，马祖道一则依托于中国《老子》、《庄子》的自然主义来融合佛教的心性思想、空观思想。这种依恃典籍的变化也是很明显的。

第三节　如来禅与祖师禅

唐代华严禅的代表人物宗密禅师，在其名著《禅源诸诠集都序》中提出了禅分五等说，并以如来禅为最上乘禅。此后，沩仰宗创始人之一仰山慧寂，又有祖师禅高于如来禅的说法。从如来禅为最上乘禅的提出到祖师禅的崛起，这一过程集中地反映了慧能禅宗一系的分化与演变，具有深刻的思想文化意义。

中国古代禅师对如来禅与祖师禅涵义的指称并不一致，且又有的语焉不详，有的语意含混，以致影响了后人对如来禅和祖师禅两个名称的涵义、两种禅法的差异，以及两者历史的分限的理解和认识，论说五花八门，莫衷一是，直至今天仍困扰着对禅宗史的深入研究。本节拟在充分理解古代禅师的有关用语及其思想原义的基础上，试图探讨和厘清以上诸问题，以求对如来禅与祖师禅的再认识。

一、何谓如来禅

关于如来禅的涵义，有关佛典和佛教学者的论述，归纳起来约有以下几种比较典型的说法。

就现存的佛教文献来说，最早出现如来禅这一名称的经典，是南朝刘宋时求那跋陀罗译的《楞伽经》(《楞伽阿跋多罗宝经》)。该经卷2称禅有四种，并列举了愚夫所行禅、观察义禅、攀缘如禅、如来禅四种名目。[①] 这四种禅也称为凡夫所行禅、观察相义禅、攀缘如实禅、如来清净禅。[②] 据《楞伽经》讲，愚夫所行禅，是指声闻、缘觉和外道修行者了知“人无我”的道理，体察到人身的苦、无常、不净的相状，而进入“无想定”、“灭尽定”的境界。观察义禅，是既已懂得“人无我”的道理，也观察“法无我”的意义，是全面观察人空和法空的意义的禅。攀缘如禅，是谓若执著前二种禅境，分别二种“无我”，仍是虚妄之念；若能了知两种“无我”是虚妄之念，不令生起，契合于“如来藏心”，则为攀缘如禅。如来禅是“谓入如来地，行自觉圣智相三种乐住，成办众生不思议事”[③]。这里的“圣智”，是指圣者的智慧，佛的智慧。“自觉圣智”是自悟的如来智慧。这是说，如来禅是指已经获得如来智慧，成就了佛果，而住入如来地，受用禅乐、法乐，又示现不可思议的妙用以普度众生。《楞伽经》总结了禅的四个类型或四个层次，把“人无我”、“法无我”亦即空寂的思想与“如来藏心”统一起来，以具备自觉圣智的如来禅为止观的最高层次，又以契合“如来藏心”的攀缘如禅为阶梯，这就直接指示了佛家修持实际的究竟和源头——如来藏清净心，启发当时一些禅师另辟返归清净心的禅修途径。中国禅宗的思想实导源于此。[④]

自菩提达摩以来，中经慧可、僧璨、道信、弘忍，至慧能，据现存有关文献来看，他们几乎都没有论及如来禅。禅宗内部最早论及如来禅的是慧能的弟子神会。神会说：

---

① 详见《大正藏》第16卷，492页上。

② 同上。又菩提流支译《入楞伽经》称四种禅为愚痴凡夫所行禅、观察义禅、念真如禅、诸佛如来禅。(详见《大正藏》第16卷，533页上)

③ 《大正藏》第16卷，492页上。

④ 详见吕澂：《中国佛学源流略讲》附录《禅宗》，《吕澂佛学论著选集》(五)，2973页。

有无双遣，中道亡者，即是无念，无念即是一念，一念即是一切智，一切智即是甚深波若波罗蜜，波若波罗蜜即是如来禅。是故经云：佛言，善男子，汝以何等观如来乎？维摩诘言，如自观身实相，观佛亦然。我观如来，前际不来，后际不去，今即无住。以无住故，即如来禅；如来禅者即是第一义空。①

“波若”，即般若。神会以般若智慧为如来禅，这和《楞伽经》以具备自觉圣智为如来禅有相通之处，然而，神会所讲的智慧是有无双遣的般若中道，这和自觉圣智泛泛而谈的如来智慧又并不等同。神会还以无念、无住为如来禅，这与慧能的“无念为宗”、“无住为本”思想相呼应，实是肯定了慧能的禅法为如来禅。曾问学于慧能，并得其印可的玄觉禅师也说：“顿觉了如来禅，六度万行体中圆。梦里明明有六趣，觉后空空无大千。”② 这是说，顿悟了如来禅，一切修持方式方法也就圆融无碍，圆满成就了。这也就是以如来禅为禅法的究竟。而如来禅的内容就是梦幻里有六道轮回，觉醒后空无三千大千世界的般若思想。这点和神会的如来禅思想颇为一致。

《历代法宝记》云：“东京荷泽寺神会和上每月作坛场，为人说法，破清净禅，立如来禅，立知见立言说，为戒、定、惠（慧），不破言说，云：正说之时即是戒，正说之时即是定，正说之时即是惠（慧）。说无念法，立见性。”③ 清净禅是九种大乘禅法之一，是菩萨以上阶位长期修行后达到的禅境。这里是以顿悟说的立场，来称赞神会破神秀的清净禅而立如来禅。肯定神会的如来禅是立知见、立言说的，言说即是戒、定、慧，并强调知见、言说与顿悟是一致的。

宗密是历史上第一个对禅学史和禅宗史进行系统总结的佛教学者，他对禅法的内涵、类别、高下，对禅宗各派的传承系统、理论主旨、修行方法以及深浅得失都作了冷静而深入的评述。他把禅法分为

---

① 《荷泽神会禅师语录》[42]，石峻等编：《中国佛教思想资料选编》第 2 卷第 4 册，96 页。

② 《永嘉证道歌》，《大正藏》第 48 卷，395 页下。

③ 《大正藏》第 51 卷，185 页中。

五类，即五个层次，将如来禅置于最上等级。他在《禅源诸诠集都序》卷上之1中说：

> 禅则有浅有深，阶级殊等。谓带异计，欣上厌下而修者，是外道禅。正信因果，亦以欣厌而修者，是凡夫禅。悟我空偏真之理而修者，是小乘禅。悟我法二空所显真理而修者，是大乘禅。[以上四类，皆有四色四空之异也。] 若顿悟自心本来清净，元无烦恼，无漏智性，本自具足，此心即佛，毕竟无异。依此而修者，是最上乘禅，亦名如来清净禅，亦名一行三昧，亦名真如三昧，此是一切三昧根本。若能念念修习，自然渐得百千三昧。达摩门下展转相传者，是此禅也。①

宗密在这里把禅分为五等：第一外道禅，是把境分为上下两种，厌弃在下的经验世界，欣慕在上的超越世界。厌弃世间，企求摆脱现实的苦难，追求升天，希求天上的悦乐，把心定止于在上之境，从而造成一心的分裂。第二凡夫禅，没有外道禅的那种“欣上厌下”的分裂，此禅信仰因果报应，使心定止于善行以求善报。由于心定止于善行在先，希求获得果报在后，这样，心也有先后二境，同样存在难以定止下来的缺陷。第三小乘禅，知我为空，但不知法空，而将心定止于法上，也是有所偏。第四大乘禅，知我空，也知法空，能于一切境观其空，使心与境（空）冥合为一，但还不是最高层次的禅法。第五如来禅，宗密认为这当是最上乘禅。他指出，这种禅法的特质在于：肯定人人自心本来清净，本具佛性，本无烦恼，自心与佛毕竟无异；在这种基础上，众生经过禅修，若顿悟自心本来清净，使本来清净的自心得以呈现，众生也就是佛了。这是在强调如来禅的本原——清净本心，如来禅的修持方式——顿悟。修持这种顿悟清净本心的如来禅，既能直接把握修持的源头，又能顿然快速觉悟，与前面四种禅法相较，是最上等的禅法。宗密还认为凭借如来清净禅的修行，使心灵进入深沉的冥想境地，故如来清净禅也名为一行三昧。宗密主张禅教一

① 《大正藏》第48卷，399页中。

致，以教内所讲的一行三昧（真如三昧）为根本三昧，并视之为禅法中最高形态——如来清净禅。宗密还明确指出，如来清净禅是菩提达摩门下代代相传的禅法。

与分别禅法的形态层次相关，宗密还论述了禅宗内部分化和对立的事实："禅有诸宗……立宗传法，互相乖阻：有以空为本，有以知为源。有云寂默方真，有云行坐皆是。有云见今朝暮，分别为作，一切皆妄；有云分别为作，一切皆真。有万行悉存，有兼佛亦泯。有放任其志，有拘束其心。有以经律为所依，有以经律为障道。"① 这是说自菩提达摩以来，禅宗的多元化演变导致了内部不同派别的对立、纷争。宗密在《中华传心地禅门师资承袭图》中把禅宗分为牛头宗（法融）、北宗（神秀一系）、南宗（慧能一系），又由南宗分出荷泽宗（神会一系）和洪州宗（马祖道一一系）。在《禅源诸诠集都序》中，宗密又把禅宗分为由低到高的三宗：一是息妄修心宗，指北宗；二是泯绝无寄宗，指牛头宗；三是直显心性宗，指洪州宗和荷泽宗。宗密虽然把洪州宗和荷泽宗并列为禅宗的最高层次，但是又强调荷泽宗比洪州宗更高一筹。首先，宗密认为荷泽宗是慧能南宗的嫡系，而洪州宗则是傍出。他说："荷泽宗者全是曹溪之法，无别教旨。为对洪州傍出故，复标其宗号。"② 在荷泽宗人看来，马祖道一一系并非嫡传只能算是"傍出"，只有荷泽宗一系才是正统，才是南宗真正的代表。其次，在禅法的理论和实践方面，宗密认为，洪州宗承认真心或真性是众生成佛的本原，这是正确的，正因如此，与荷泽宗同被列为"直显心性宗"。但是，"洪州意者，起心动念，弹指动目，所作所为，皆是佛性全体之用，更无别用。全体贪、瞋、痴，造善造恶，受乐受苦，此皆是佛性"③。"朝暮分别动作，一切皆真。"④ 据此，宗密评论说："真心本体有二种用：一者自性本用，二者随缘应用。……今洪州指示能语言等，但是随缘用，缺自性用也。

① 《禅源诸诠集都序》卷上之1，《大正藏》第48卷，400页中、下。

② 《中华传心地禅门师资承袭图》，《续藏经》第1辑第2编第15套第5册，434页。

③ 同上书，435页。

④ 同上书，436页。

又，显教有比量显、现量显。洪州云心体不可指示，但以能语言等验之，知有佛性，是比量显也。荷泽直云心体能知，知即是心，约知以显心，是现量显也。洪州缺此。”[①] “比量”，由推论、推理而得的知识。“现量”，直接感知。宗密认为，洪州宗把一切行事，一切修持，乃至一切现象都等同于佛性本体，这是“随缘应用”，是“比量显”，也就是佛性需经过外缘而有的推知作用，而缺乏“自性本用”、“现量显”，即缺乏佛性的直接显现作用。也就是说，这种缺憾妨碍了对真心本体的认识、体悟，甚至会以现象代替本体，以为现象之外别无本体，从而导致在修持上误入歧途。宗密的这种批评，必然引发洪州宗人的强烈反弹。时移斗转，到了 11 世纪，洪州宗犹如燎原之火，传遍了大江南北，并自认为是慧能南宗的“嫡传”，而此时的荷泽宗却被说成为“傍出”。不仅如此，荷泽宗还受到了洪州宗人的强烈抨击，此后其地位与作用也益趋弱化。洪州宗人提出祖师禅以贬低如来禅，就是和禅宗内部这一分歧的历史背景直接相关的。

与宗密同时代的、曾获得马祖道一门人怀海印可的黄檗希运禅师也有对如来禅的论述，他说：“夫学道者，必须併却杂学诸缘，决定不求，决定不著。闻甚深法，恰似清风届耳，瞥然而过，更不追寻，是为甚深入如来禅，离生禅想。从上祖师唯传一心，更无二法。指心是佛，顿超等、妙二觉之表，决定不流至第二念，始似入我宗门。”[②] 希运在心即是佛的思想基础上，强调排除杂学诸缘，不求不著，顿入如来禅。希运对如来禅是充分肯定的，他对如来禅法门的解说和神会、宗密的思想也是一致的。

仰山慧寂（841—890）是由洪州宗分衍出来的沩仰宗创始人之一，他首先提出与如来禅相区别的祖师禅的名称，并把如来禅作为与祖师禅相对举、在层次上低于祖师禅的禅法，相应地，他还对如来禅的内涵作了新的解说。史载：

---

① 《中华传心地禅门师资承袭图》，《续藏经》第 1 辑第 2 编第 15 套第 5 册，437 页。
② 《黄檗希运断际禅师宛陵录》，《古尊宿语录》卷 3，上册，46 页。

师（仰山慧寂）问香严："师弟近日见处如何？"严曰："某甲卒说不得。乃有偈曰：'去年贫未是贫，今年贫始是贫。去年无卓锥之地，今年锥也无。'"师曰："汝只得如来禅，未得祖师禅。"①

从仰山慧寂、香严智闲师兄弟的对话内容来看，香严对贫的认识在时间上有从去年到今年，在内涵上由无地进到无锥的变化过程。就禅法来说，这种变化大约与渐悟方式相应。若这一解说得以成立，似可说仰山禅师是以渐悟指称如来禅，以顿悟为祖师禅的觉悟方式。仰山不仅把祖师禅与如来禅加以区别，而且还肯定祖师禅高于如来禅，这在中国禅宗史上是第一次。

自仰山以来，如来禅与祖师禅对举的观念日益为禅宗各派禅师所认同，一些禅师重视把握、区别两种禅法，如北宋临济宗杨岐派禅师法演（？—1104）就关注两种禅法的区别，常问门徒："还说得如来禅么？……还说得祖师禅么？"② 上述仰山慧寂区分如来禅与祖师禅的说法，后来成为了禅门的参禅公案。一些禅师通过参究仰山评论香严禅法这一话题以求禅悟，由此带来了众多的自由发挥甚至令人难以解读的说法。例如，禅宗史上有禅师就仰山"如来禅即许师兄会"的话，问云门文偃（864—949）"如何是如来禅？"文偃答"上大人"③。"大人"，伟大人格，通常是指佛。文偃的意思大约是说，如来禅是得大人之境的禅法，但还不是祖师禅。又如，临济宗石霜楚圆禅师对上述仰山的公案作了这样的开示："大众，还会么？不见道：'一击忘所知，更不假修持。''诸方达道者，咸言上上机。'香严恁么悟去，分明悟得如来禅，祖师禅未梦见在。"④ 这里的"一击忘所知"是联系到禅宗史上的"香严击竹"公案进行开示。这个公案是说香严拜沩山灵祐为师，一日灵祐对香严说："吾不问汝平生学

① 《袁州仰山慧寂禅师》，《景德传灯录》卷11，《大正藏》第51卷，283页中。
② 《法演禅师语录》卷中，《大正藏》第47卷，656页下。
③ 《云门匡真禅师广录》卷中，《大正藏》第47卷，554页下。
④ 《石霜楚圆禅师》，《五灯会元》卷12，中册，703页。

解及经卷册子上记得者，汝未出胞胎、未辨东西时，本分事试道一句来！吾要记汝。”① 灵祐对香严说，我不问你平日的学习心得，只想问你在未出世时的本来面目是什么样。香严连进数语，都不契理，又遍检所集诸方语句，也没有一言可以酬对，于是就焚烧所集语句，泣涕辞去。后偶于山中芟草，以瓦砾击竹作声，廓然省悟。便归堂沐浴，焚香遥礼沩山，赞云：“和尚大悲，恩逾父母。当时若为我说却，何有今日事也?”② 石霜楚圆禅师评论香严击竹省悟是“一击忘所知”，意思是，悟则悟了，但是仍有言语知解，悟得的只是如来禅，而不是祖师禅。

值得注意的是，后出的《坛经》北宋契嵩本和元代宗宝本对如来禅的界定和肯定。经载唐中宗李显神龙年间，中宗据神秀等人的荐举，派内侍薛简南下，驰诏迎请慧能进京。薛氏见到慧能后，二人有一段对话：

> 薛简曰“京城禅德皆云，欲得会道，必须坐禅习定，若不因禅定而得解脱者，未之有也。未审师所说法如何?”师曰：“道由心悟，岂在坐也！经云：若言如来若坐若卧，是行邪道。何故?无所从来，亦无所去，无生无灭，是如来清净禅。诸法空寂，是如来清净坐。究竟无证，岂况坐耶?”③

这段对话反映了宋代以来《坛经》增补者的观点，是针对神秀一系坚持坐禅方式而发的，并以心悟与坐禅相对立。增补者依据般若思想，强调不来不去、不生不灭就是如来清净禅，如此坚持诸法空寂，也叫如来清净坐。在增补者看来，慧能的禅法是如来禅，而坚持坐禅是邪道。这也反映了此时禅宗内部有些禅师对如来禅的推崇和对神会、宗密的如来禅观点的认同。上述“无所从来，亦无所去，无生无灭，是

---

① 《邓州香严寺智闲禅师》，《景德传灯录》卷 11，《大正藏》第 51 卷，283 页下～284 页上。

② 同上书，284 页上。

③ 《六祖大师法宝坛经·护法品第九》，石峻等编：《中国佛教思想资料选编》第 2 卷第 4 册，61 页。

如来清净禅”云云，在敦煌写本《坛经》原本（法海本）和惠昕本中都没有记载，而当代有些学者以此为据，谓慧能认为自己的禅法是最上乘的如来清净禅，看来这种说法是难以成立的。

从以上佛典和历代禅师对如来禅的论述来看，关于如来禅的意义，概括起来，重要的约有六说：（1）佛地的禅定，此为《楞伽经》所说。（2）般若波罗蜜、无住、第一义空。此为神会偏于以般若智慧来言如来禅。神会的如来禅重视立知见、立言说。（3）顿悟自心本来清净，宗密以此为如来禅。希运也持这一说法。（4）渐悟空无为如来禅，慧寂首创此说；慧寂并置如来禅于祖师禅之下，使如来禅的意义发生重要变化。（5）以立语言知见为如来禅。楚圆此说符合神会、宗密的界说，但含有贬义。（6）不来不去、不生不灭为如来禅，此为后出契嵩本和宗宝本《坛经》所言，其思想与神会对如来禅的界说是一致的。以上表明，如来禅的意义是多种的、复杂的、不断演变的。总体说来，禅宗内部先是以般若智慧和顿悟清净本心为如来禅的本质规定，祖师禅名称提出后，强调以主张渐悟和言说为如来禅的特征，并偏于贬斥。

二、何谓祖师禅

禅宗史上论及祖师禅的重要史料，除上面提到的仰山慧寂对香严智闲禅师的评论，后来还有香严禅师与仰山慧寂的又一段对话：“复有颂曰：‘我有一机，瞬目视伊。若人不会，别唤沙弥。’仰山报沩山，曰：‘且喜闲师弟会祖师禅也。’”① “机”是禅修时心灵产生的一种能力。“伊”指佛法。香严颂文的意思是说，我的心灵，眨眼间就能直觉到佛法。这种直觉是应缘接物，一如无心道人，是不存在知见又不废视听的。若不会这种禅法，就是如同未受具足戒的沙弥。香严禅师的颂文，这次得到了仰山慧寂的肯定，认为他是得到祖师禅的真传了。根据颂文“我有一机，瞬目视伊”就是祖师禅的立义，显然，仰山慧寂是以不作分别、当下顿悟为祖师禅的本质规定的。

石霜楚圆禅师发挥仰山慧寂的祖师禅说，进一步阐发祖师禅的长

① 《香严智闲禅师》，《五灯会元》卷 9，中册，537 页。

处，他说："且道祖师禅有什长处？若向言中取，则误赚后人，直饶棒下承当，辜负先圣。万法本闲，唯人自闹。"① "赚"，骗。认为如来禅"向言中取"，是误导甚至是欺骗后人，有负先圣。认为万法本来无事，只是庸人自扰。这就是说，祖师禅的长处是离开言语文字的，是靠自心体悟，当下即是。这里说的"万法本闲，唯人自闹"，即一切现成的思想，实是祖师禅的理论基础。

后来，修祖师禅的禅师还进一步提出过祖师关的说法，强调修禅者必须要参透祖师禅机的关门，领悟祖师禅法的关口。《无门关》云："参禅须透祖师关，妙悟要穷心路绝。祖关不透，心路不绝，尽是依草附木精灵。且道，如何是祖师关？只者一个无字，乃宗门一关也。"② 这里说祖师关的核心问题就在一个"无"字上，这个"无"字的内涵是什么呢？就是无一切相对相状，无一切相对差别，无一切相对格局。过祖师关，就是过"无"字关，就是离却言语知解，断绝思维活动，也就是"穷心路绝"，超越相对分别。只有这样，才能当下体证悟得，才算是进入了祖师禅的境界。

为了突出祖师禅的渊源有自，历史久远，禅门还提出"拈花微笑"的公案、"西天二十八祖"的说法和"祖师西来意"的机语。"拈花微笑"公案是说，"世尊昔在灵山会上，拈花示众。是时众皆默然，惟迦叶尊者破颜微笑。世尊云：'吾有正法眼藏，涅槃妙心，实相无相，微妙法门，不立文字，教外别传，付嘱摩诃迦叶'"③。这是一则在宋代以后才流传的故事。意思是说，有一次释迦牟尼在灵鹫山的说法会上手举一花，在场众人对释迦牟尼的动作茫然不知何意，独有摩诃迦叶发出会心微笑，表明他领悟了佛祖的奥意，与佛祖心心相通。释迦牟尼非常高兴，当即表示把正法传授给迦叶。这里的"正法眼藏"，是指体会正法的智慧宝藏。所说的"正法眼藏，涅槃妙心"是指佛的内证法门，也即不能以言说表达，只能以心传心的甚深微妙法

① 《石霜楚圆禅师》，《五灯会元》卷12，中册，703页。
② 《大正藏》第48卷，292页下。
③ 《无门关》，《大正藏》第48卷，293页下。

门。“拈花微笑”被祖师禅奉为“以心传心”的典型方式，是传授佛法真理的典范。中国禅师把创立佛教的教主释迦牟尼说成是“不立文字”、“教外别传”的创立者。实际上，不立文字、教外别传这种说法只是中国祖师禅法的要旨，是与释迦牟尼的法门迥异其趣的。

与拈花微笑的公案相应，中国禅师还提出“西天二十八祖”说。“西天二十八祖”是指印度依次传承禅法的有二十八位祖师，灵山法会上得释迦牟尼心印的迦叶被推为一祖，阿难是二祖，直至菩提达摩为二十八祖。[①] 菩提达摩是西天第二十八祖，同时又是东土初祖。菩提达摩后，依次相传为慧可、僧璨、道信、弘忍、慧能，总称为“东土六祖”。以上三十三位祖师连同佛祖释迦牟尼，统统被列为祖师禅的祖师。宋代以来，禅宗通过编排历代祖师的传授关系，以表示祖师禅自佛祖释迦以来，代代相承，法脉不绝，为祖师禅的源远流长制造了历史根据，同时，它的编排的虚拟性又为祖师禅的形成演变增添了历史迷雾。

菩提达摩既是从西方印度来中土传播禅法的初祖，他从西方印度传来了禅的密意，即是禅的真消息、真精神。“祖师西来意”究竟是什么呢？这个问话，成为了祖师禅开悟的机语，重要的公案。祖师禅认为，禅的真髓是强调人人具有成佛的心，而自心及其觉悟成佛，是要个人亲证，而不能以言诠来表示的。所以，禅师们对于“如何是祖师西来意”的提问，通常是给以似乎是不着边际的回答，以示不能把这一问题当作客观对象来考察，“西来意”只能意会，不能诠释，从而启发提问者转向自我内心的体悟。

在仰山慧寂以祖师禅与如来禅对举以前，马祖道一的门下庐山归宗寺智常禅师已将一味禅与五味禅相对扬，一味禅正是通向祖师禅的重要一环。史载：“师（智常）因小师大愚辞，师问：‘什处去？’云：‘诸方学五味禅去。’师云：‘诸方有五味禅，我这里有一味禅，为什不学？’云：‘如何是和尚一味禅？’师劈口便打，愚当下大悟，乃云：‘嗄！我会也，我会也。’师急索云：‘道！道！’愚拟开口，师又打，

① 详见契嵩：《传法正宗记》，《大正藏》第51卷，716～744页。

即时趁出。"① 这里所说的"五味禅"是指前述宗密禅师在《禅源诸诠集都序》卷1中所归纳列举的五种禅。智常禅师贬斥五味禅为五味驳杂不纯不净的禅，高扬一味禅是纯正无杂的最上乘的禅。智常禅师不让小师大愚开口，开口便打，就是在暗示禅是不可开口，不能言说的，这就是祖师禅的本质所在。智常的一味禅说，一直受到后来禅师的肯定和称道。"僧（大愚）后到黄檗，举前话。檗上堂曰：'马大师出八十四人善知识，问着个个屙漉漉地，只有归宗较些子。'"② "较些子"，较好一些。黄檗希运认为马祖道一的八十四位弟子中，唯有智常较好些，好在他能超越语言表述，而其他的人几乎是只会用语言文字表诠，这些言诠简直就像湿漉漉的一滩语言污秽。一褒一贬何其鲜明！宋代长灵守卓禅师评论说："私酝香醇价又轻，至今官路少人行。归宗一味如连苦，蹉过丛林几后生。"③ "连"，此指黄连。认为智常禅师的一味禅非常纯正，有如黄连，味虽苦涩，但能治病。意思说，修一味禅很艰苦，要付出加倍的努力，但结果是好的，有利于解脱痛苦，可惜的是一般人不易修持。一味禅的说法实为祖师禅出台的先导。

以上祖师禅禅师关于祖师禅意义的论述，概括起来其要点是：一是主张当下顿悟，凡提倡渐悟的，都不属于祖师禅；二是强调教外别传，不立文字，主张经教、知解和言诠的，不是祖师禅；三是提倡参透祖师关，斩断一切思念活动，凡参禅时心路不绝者，不算祖师禅；四是以心传心，师资相承，凡不属东土六祖系统和慧能一系的，不列入祖师禅。祖师禅的这些意义既是互相联系的，又是相对独立的，如凡提倡渐悟的，都不属于祖师禅，但又不等于凡主张顿悟的就都是祖师禅，只有既主张当下顿悟，又强调不立文字，教外别传的，才是祖师禅。教外别传，不立文字，是祖师禅最重要、最本质的核心规定，

① 《庐山归宗智常禅师》，《联灯会要》卷4，《续藏经》第1辑第2编乙第9套第3册，250页。

② 《庐山归宗智常禅师》，《五灯全书》卷5，《续藏经》第1辑第2编乙第13套第2册，125页。

③ 《颂古联珠通集》卷11，《续藏经》第1辑第2套第1册，66页。

是祖师禅与其他禅相区别的主要标尺。

三、如来禅与祖师禅的禅法区别

如来禅与祖师禅是既有联系又有区别的两种禅修形态，而祖师禅又是在如来禅的基础上形成的，也主要是针对如来禅提出的。那么，如来禅与祖师禅的主要区别点何在呢？根据祖师禅禅师的有关论说，并结合祖师禅的习禅表现可以看出，两者的主要区别点，大约有以下四个方面：

（一）藉教悟宗与教外别传——宗旨不同

如来禅禅师重视从佛教经典出发理解佛学和禅。他们或奉《楞伽》，或尊《般若》，或诵《金刚》，主张用经教发明心地，只是在构成信仰以后，才不再凭借言教。他们也主张“不离文字”，强调知解。如慧能是听闻经义后“言下大悟”的。慧能也重视说法，其弟子还集录《坛经》传世。祖师禅则以“教外”自居，打出“教外别传”的旗帜，以与“教内”依据经籍的诸教派相区别，也表示与禅宗内部藉教悟宗的宗旨不同。《佛果圜悟禅师碧岩录》［14］云：“禅家流，欲知佛性义，当观时节因缘，谓之教外别传，单传心印，直指人心，见性成佛。”① 在祖师禅看来，佛教的真髓，禅法的密意，不是任何经籍文字所能契合的，也不是任何教说所能表露的，只能是直接地以心传心的体验方式来传达。这是强调对语言文字的超越才能表现出真正的禅法和更高的理境。祖师禅认为，以文字言说来传达的佛学和禅法，是教内系统；以心传心则是在教之外，是教外别传。祖师禅的斗机锋，打手势，参话头，乃至棒喝等奇诡动作，甚至呵佛骂祖等超常言行，就是表示以心传心的种种不可言说的禅修形式和手段。

（二）真心体用与自心显用——禅源差别

禅源即禅的本原，指众生本来具有的真心、本性、佛性，这是最高主体性，是众生成佛的根据。如来禅与祖师禅都认同众生本来具有佛性，这一点是相同的，然而对佛性的体与用，或者说对真心、佛性作用的看法则不完全一致。如来禅强调真心的体与用的区别，强调真

① 《大正藏》第48卷，154页下。

心的用是依恃真心本体的作用，据此而预设一超越的分解，通过分解以显示超越的真心，显示真心本体的作用。祖师禅不同，它把真心、佛性和自心、自性等同起来，以自心、自性表示众生本来具有的超越的真心、佛性，全面地、充分地肯定自心、自性的意义和作用，认为语默动静，作恶造善，乃至全部贪、瞋、痴都是佛性的作用、表现。祖师禅强调作为真心、佛性的自心、自性的当前的觉悟，排除显示超越的真心、佛性的分解工夫。

（三）渐修顿悟与无修顿悟——方式歧异

自菩提达摩以来，如来禅并不排斥顿悟，而是主张通过渐修以达到顿悟的境界，为此提倡坐禅、看心、看净等渐修方式。祖师禅不讲渐修，而主张无修，所谓无修就是顺其自然，随缘任运，无修而修，修而无修。如前所引，王常侍拜访临济义玄，问堂上僧人是否看经、学禅，义玄回答说，既不看经，也不学禅，但能教他们成佛作祖。义玄是在自心显用、平常心是道的思想基础上，进一步主张无事是贵人，提倡不看经，不坐禅，而在日常行事中随时体悟禅的境界，提倡生活就是禅、无修即是修的平俗化的禅修模式。

（四）人格理想与艺术境界——境界分离

如来禅与祖师禅通过不同的禅悟方式而使个体生命意义飞跃，进入宗教境界、道德境界、哲学境界与艺术境界。如来禅与祖师禅都追求禅修成佛的境界，这点是相同的。然如来禅更偏重于宗教道德的修持，欲望的排除，观念的调整，人格的提升；而祖师禅则把终极理想落实在现实生活中，强调现实生命就是佛性的体现，主张在现实活动中获得情趣和美感，自得与满足，在感性直观中获得一种特殊的愉悦体验，即审美经验，从而在心灵的深处发挥、提升出一种灿烂的意识境界。

以上是我们根据有关的资料对如来禅与祖师禅的区别所作的概括，而从禅宗发展史来看，由于对祖师禅的界定不够明确，以致如来禅与祖师禅的区别，一直成为一些禅师的一大困惑。《潭州沩山灵祐禅师语录》在论及仰山慧寂勘定香严会祖师禅后，有这样的附录：“玄觉云：‘且道，如来禅与祖师禅是分不分？’长庆稜云：‘一时坐却。’云居锡徵云：‘众中商量，如来禅浅，祖师禅深。只如香严当时何不问如何是祖师禅，若置此一问，何处有也？’”① 这里把玄觉禅师和唐末五代长庆慧稜禅师，以及宋代云居清锡禅师的话组织在一起，表现出一种因难以区分如来禅与祖师禅而取消两者分别的倾向。文中玄觉禅师不知何许人，若指曾谒慧能，与慧能相问答而得印可，在慧能处留住一宿，翌日即离开的“一宿觉”，其生卒年为665—713年，远在仰山慧寂等禅师之前。又，时人认为“如来禅浅，祖师禅深”，清锡禅师认为，若香严当时向仰山问清什么是祖师禅，可能如来禅与祖师禅的关系就和现在的看法不一样了。

迄至明末，临济宗汉月法藏禅师还关注如何抉择如来禅与祖师禅，并就两者的界说作了明确的区分：“祖师禅者，透十法界之外，不堕如来之数，故曰出格。如来禅者，起于九种法界，堕在十法界之顶，犹是格内。欲知格内格外之分，须在一事一物上分清十法界诸种之见，直到极顶方是如来地位，祖师禅又从佛顶上透出。”② “十法界”，即地狱、饿鬼等“六凡”和菩萨、佛等“四圣”。汉月法藏禅师以十法界为格局，认为祖师禅是超出十法界的极顶佛的界限，而如来禅则以如来佛为目标，是在十法界之内。如来禅与祖师禅的区别就是“格内格外之分”。汉月法藏禅师把祖师禅视为在境界上超出或高于成佛的禅法，如此，在理论上必然带来困难：佛教以佛为觉悟者，为十界之最上等，也即达到了最高境界者，而“从佛顶上透出”的“出格”，应是高于佛的更高境界了，在佛教看来，这种境界是不存在的。通常禅宗讲超佛越祖是指超越佛与祖师的权威，显露众生自家本具的佛性，并不是说在成就的果位上超越佛，在达到的境界上高于佛。“出格”，是超越佛的境界，实际上也就游离于佛教之外了。此外，汉月法藏还认为，要达到格内格外之分，就必须在具体事物上分清十法界的不同知见、见解。汉月法藏的这一看法和传统的祖师禅反知见、

① 《大正藏》第47卷，580页下。

② 《三峰藏和尚语录》卷6，蓝吉富主编：《禅宗全书》第52册，621页，台北，文殊文化有限公司，1990。

反见解的主张也是不一致的。由此看来，汉月法藏禅师对如来禅与祖师禅的区分，虽然简要明快，但是并不符合以往禅宗祖师区分如来禅与祖师禅的主流界说。

当代太虚法师（1889—1947）在《中国佛学特质在禅》[①] 一文中，把菩提达摩至五家的禅分为三个发展阶段和三种禅修形态：从菩提达摩到慧能的禅为“悟心成佛禅”，慧能以后至五家禅宗之前为“超佛祖师禅”，五家禅宗称为“越祖分灯禅”。从名称的角度言，“悟心成佛禅”实即如来禅，而后两种禅均可称为祖师禅，因为祖师禅自然是“超佛”的，而“越祖分灯”也是祖师禅的分灯，并没有越出祖师禅法的轨道。把太虚法师提出的三种禅法名称归结为如来禅与祖师禅两种也未尝不可，这样也许更为简要、明确。不过，从历史的角度而言，太虚法师提出在菩提达摩至五家禅宗的禅法存在着三个阶段，可以看出其间的禅法的演变，又给人以重要的启示。

四、如来禅与祖师禅的历史界限

从中国禅法历史演变的角度来审视，如来禅与祖师禅的历史界限究竟应当如何确定？哪些派系和禅师属于如来禅？哪些派系和禅师属于祖师禅？尤其是从菩提达摩至慧能的归属应当作怎样的说明？研究这些问题对于廓清有关如来禅与祖师禅的歧义是很有必要的。

在禅宗学说史上，宗密禅师明确指出如来禅是禅法中最上乘禅，并认定从菩提达摩以下直至洪州宗均属如来禅。仰山慧寂提出了祖师禅的概念，他实际上还把重渐悟的神秀一系列入如来禅。在唐武宗会昌五年（845）灭佛以后，一些禅师更把教外别传、不立文字作为祖师禅的根本特征，从而更鲜明地表现了祖师禅与如来禅的区别。祖师禅禅师还有西天二十八祖、东土六祖说。由此，古代禅师通常认为祖师禅传承是指菩提达摩传入禅法始，经慧能，下及五家七宗，或是指慧能、马祖一系的禅法。也有近代禅师依据如来藏清净心的思想，把菩提达摩至慧能均归属于如来禅的。

---

① 见张曼涛主编：《现代佛教学术丛刊》第 2 册《禅学论文集》，1～111 页，台北，大乘文化出版社，1976。

当代学者对如来禅与祖师禅的历史界限的看法分歧也很大。除了认为两者等同不作区别的看法之外，重要的看法有：(1) 菩提达摩以前所传的禅，无论是小乘禅，还是大乘禅，都是如来禅，菩提达摩是禅宗的开山祖师，所传的是直指心源，见性成佛的禅法，是有别于如来禅的祖师禅。(2) 慧能以前所传的是如来禅，慧能、马祖一系，开出直指本心，见性成佛的顿悟的禅法，是为祖师禅。(3) 洪州宗、石头宗成立前是如来禅，提倡教外别传，不立文字，直指人心，见性成佛的洪州宗、石头宗是祖师禅，有的还认为只有禅宗五家才是真正的祖师禅。还有的学者从广义和狭义两方面界说如来禅与祖师禅[①]，认为广义的如来禅包括印度佛教的禅法及其在中国的传播，直至慧能南宗创立以前的禅法，狭义的如来禅则指神秀一系和宗密的禅法。广义的祖师禅是指慧能一系的禅法，狭义的祖师禅则指慧能本人的禅法以及保持慧能禅法风格的禅法，这主要是指荷泽宗神会和大珠慧海的禅法。这些分歧看法，反映了区分如来禅与祖师禅的根据不同，也反映了对有关禅师禅法的认识差异。这些分歧的焦点集中在慧能禅法的归属问题上。牟宗三先生在《如来藏与祖师禅》一文中，认为慧能是"将《般若经》与空宗之精神收于自心上来，转成存在地、实践地'直指本心，见性成佛'之顿悟的祖师禅"，而神会则是"以如来藏真心系统为背景而来的如来禅"[②]。对于牟先生的这种看法，唐君毅先生则持有鲜明的疑义和异议。[③]

划分如来禅与祖师禅的历史界限，是一个十分复杂的问题。我们认为，中国禅宗从如来禅到祖师禅是一个历史演变的过程，其间并不存在绝对的界限，但是，如来禅与祖师禅在禅修的途径、方式、方法以及风格上也确实存在着差别。如上所述，我们以为应从古代禅师的论述和实践中概括出区别点，这种区别点集中表现在是否主张在日常

---

① 详见董群：《祖师禅》，6～17页，杭州，浙江人民出版社，1997。

② 《现代佛教学术丛刊》第52册《禅宗思想与历史》，96页，台北，大乘文化出版社，1978。

③ 详见唐君毅：《致张曼涛的信》，《现代佛教学术丛刊》第52册《禅学思想与历史》，111～112页。

行事中随时体现佛性与禅境，尤其是，是否标榜“教外别传，不立文字，直指人心，见性成佛”的宗旨。就总体而言，凡是提倡这种宗旨的是祖师禅，而如来禅则是和这一宗旨不符合或基本上是不符合的。

应当指出的是，自菩提达摩始，禅门就已主张见性成佛了，他在《略辨大乘入道四行》中说，一切众生都具有清净的真心真性，只是在现实生活中，这真心真性为烦恼所蔽，不能显现罢了。他教人彻底排除虚妄的烦恼，回归本身自有的真心真性。菩提达摩提出了见性成佛的思想，但还没有明确提出直指人心的说法。慧能则进了一步，他宣扬“悟人顿修，自识本心，自见本性”①，“一切万法，尽在自身中，何不从于自心顿现真如本性”②。这种顿修、顿现的说法显然已有“直指人心，见性成佛”的思想，也就是提倡单刀直入的顿教。同时，慧能虽也讲“法以心传心”，但又多次重复强调自己闻说《金刚经》，言下大悟，顿见真如本性，以此来开导门人。③ 慧能并不排斥经教，这与禅宗后来的“教外别传，不立文字”的主张有所不同，而他的自识本心，自见本性的思想又与“教外别传，不立文字”的主张相通。所谓自识本心，自见本性，见性成佛，其思想实质是，直下以人的最高主体性的心灵为最后的根据，直截了当地指点出这主体性，这主体性就是人的最高本质，就是超越的成佛可能性。人若能在现实生活中当下彻见本性，即刻就成就为佛。按照这种思想的逻辑要求，成佛并不必依赖经论的权威，不必经过任何言说的分解方式，据此后来的禅宗五家又进一步提出了“教外别传，不立文字”的主张，并最终形成“教外别传，不立文字，直指人心，见性成佛”的禅修路线，至此祖师禅真正进入了成熟阶段。

根据以上判别如来禅与祖师禅的标准，以及由如来禅发展为祖师禅的历史进程，我们认为菩提达摩至沩仰、临济、曹洞、云门、法眼“五家”的禅法似可分为三个阶段：从菩提达摩至弘忍是如来禅，从

---

① 《坛经》[16]。

② 《坛经》[30]。

③ 详见《坛经》[2]、[9]、[31] 等。

慧能至禅宗五家形成前是由如来禅向祖师禅的过渡形态，五家的形成，标志着禅宗进入了祖师禅的历史阶段。

自菩提达摩来华传播禅法，经慧可、僧璨，至道信、弘忍，都提倡藉教悟宗，重视读经，坚持坐禅、念佛等修禅实践。如此通过渐修顿悟，以求成就佛果。宗密把这一系定为最上乘的如来禅，后来祖师禅禅师则又以这一系重视经教知见，实践渐修法门，而把它界定为如来禅。可以说，把从菩提达摩至弘忍界定为如来禅，不仅符合古代禅师对禅法形态的分疏的原义，也是符合禅宗演变历史实际的。至于有人把菩提达摩祖师西来传法，说成是祖师禅的肇始，说菩提达摩以后都是祖师禅，这是向前追溯祖师禅的传承系统，以为渊源愈久远，就愈正统、愈神圣、愈权威，这是片面的、不符合历史实际的说法。

为什么说从慧能至五家形成前是由如来禅向祖师禅的过渡形态呢？这是因为，从慧能至五家形成前的禅法背景复杂，很难直接归入如来禅或祖师禅的范畴。例如慧能，他的基本思想是性净顿悟，或者说是真心自悟；在修禅上，他重视藉教悟宗，也不笼统地排斥读经、念佛、禅定，这都是与如来禅相类似的。同时，慧能又主张自识本心，自见本性，顿悟成佛，还鼓吹“定慧等”，扩大了禅定的范围，并有把“定”融入于“慧”的倾向，这又是与祖师禅相近的。实际上，慧能的禅法是由如来禅向祖师禅的过渡，是祖师禅的先导。又，从慧能至五家形成共有四五代法系，这其间也存在不断演变的过程，也是祖师禅成分愈来愈多的过程。如黄檗希运明确说的：“祖师直指一切众生本心本体，本来是佛，不假修成。”① 又说：“祖师西来，唯传心佛。直指汝等心，本来是佛。”② 相比较而言，慧能较后继者较多如来禅色彩，而他的法嗣如马祖道一、百丈怀海、黄檗希运等则越来越富祖师禅的风格。至于有人把慧能说成是祖师禅，而把他的门下神会说成是如来禅，我们认为是不恰当的。实际上，慧能的单刀直入、直了见性的顿教法门应是神会举扬起来的，神会和慧能应同属从

① 《黄檗希运断际禅师宛陵录》，《古尊宿语录》卷 3，上册，40 页。

② 同上书，41 页。

如来禅向祖师禅的过渡阶段，同是兼具如来禅和祖师禅两种色彩的禅师。

一部禅宗史昭示人们：沩仰宗的问世，标志着祖师禅的形成。此后祖师禅禅师更日益鲜明地高举“教外别传，不立文字，直指人心，见性成佛”的旗帜，不持戒，不诵经，不念佛，不坐禅，强调任其自然，自性自度，动辄扬眉瞬目，举棒行喝，甚至超宗越格，呵佛骂祖。在唐末、五代和北宋时代，祖师禅蔚然成风，盛极一时，一度成为禅宗的主旋律，影响广泛而深远。直至明代文人在评论北宋时代亲炙禅法的两大著名诗人苏东坡和黄庭坚的禅法时，还说：“黄、苏皆好禅，谈者谓子瞻是士夫禅，鲁直是祖师禅，盖优黄而劣苏也。”① 子瞻和鲁直分别是苏东坡和黄庭坚的字。苏氏主禅净皆修，黄氏则嗣临济宗支派黄龙祖心禅师的禅法。从谈者的评论可看出，明代文人认为祖师禅高于士夫禅，在禅法上黄庭坚优于苏东坡。

禅宗五家都以日常行事为禅的生活，也主张不滞文字，离开言句，但是实践这些主张的具体方法，则是灵活多样、各不相同的。如，五代末期，在禅宗中影响极大的派系法眼宗，其创始人清凉文益就是重视经教，提倡认真看经的，他对《华严经》很有研究，并以《华严经》的理事圆融说为中心来讲禅。他既不凌空谈禅，又不滞著于文字，对当时祖师禅的缺陷和丛林的时弊起了一种补救作用。后来，约在两宋之际，从曹洞宗演化出的默照禅，提倡以打坐为主的寂默静照，并与从临济宗演化出来的看话禅相对峙，从此结束了祖师禅主导禅宗天下的历史。

五、祖师禅提出的思想背景及其流传的文化意义

祖师禅是中国佛教中唯一标榜“教外别传”的流派，是佛教中国化的最突出的典型。祖师禅的提出具有深刻的思想文化背景，祖师禅的流传具有重要的历史文化意义。

祖师禅既是禅宗禅法的逻辑发展，也是中国固有文化影响的结

---

① 袁衷等录：《庭帏杂录》卷下，11页，见《丛书集成初编》［0975］《郑氏规范》及其他二种，北京，中华书局，1985。

果。中国禅宗主流吸取了印度佛教的真心真性思想，进一步把真心与自心、真性与自性等同起来，强调生心起念，一举一动，善恶苦乐都是佛性的表现，突出了自心自性的作用与返归自心自性的意义。这就势必导向摆脱经教功能、排斥文字语言的禅修轨道。中国儒家倾向于人性本善，重视心性修养，中国道家认为人性本然，提倡返本归原。儒、道两家也都偏重于直觉思维，重视在现实生活中提升自我，实现理想。在这种文化背景下，具有中国固有文化素养的禅师们，就自觉不自觉地融合了中印两国的相关思想，创造出祖师禅禅法。祖师禅是在佛教的框架内融入了中国的民族文化、民族思维、民族性格、民族追求，呈现出强烈的主体自由思想和鲜明的世俗倾向，表现了异于印度佛教的重要特色。

自由批判和独立判教是祖师禅形成的又一重要思想文化背景。佛教是开放的、创新的体系，内部不同派别的自由论争，相互诘辩，不断推动了佛教学说的新发展。祖师禅的提出就是与慧能一系批判神秀一系的渐悟法门直接相关的，也是与洪州宗一系批判神会、宗密的重知见的禅法直接相关的，没有这种学术上的自由批判，也就没有祖师禅的出现。独立判教是中国佛教学者的一大优长，宗密禅师把佛教禅法判为五类或五等，后来洪州宗一系禅师又把宗密所判的五类禅，称为五味禅，把它贬斥为五种杂交的禅法，而与一味清净的禅相区别，其实一味禅就是祖师禅。所以，在一定意义上说，祖师禅也是判教的结果。从自由批判和独立判教而形成祖师禅的史实看，禅师的性格，一是具有反教条、反传统、反权威的批判精神；二是在佛教修持上追求快速、纯一，排拒缓慢、多杂，这就比较适应中国古代苦难深重的劳动者的需求，符合民众的愿望和民族的心理。从这一角度考察，祖师禅的形成和流传，对于了解中国民众宗教信仰取向和民族心理结构，是有着重要的意义的。

禅宗祖师地位的提高与民间祖先崇拜的影响，是祖师禅形成与流传的又一重要因素。禅门讲究传承、嗣法，即继承师传，嗣续法统，是禅宗的首要大事。没有师承关系，没有得到祖师印可证明，这样的禅师是没有地位的。从菩提达摩到弘忍的传承是一代一人，一代一位领袖，一位祖师只能印可一位弟子。慧能废除衣钵传授制度后，是由祖师用一定的方式，判定弟子是否得到正法，哪位弟子若获得祖师的印证，也就被认为得到了传授。这种传授制度，突出了祖师在传承过程中的权威性，推动了祖师信仰的形成。祖师作为佛法、禅门的代表，与佛已无实质的区别，祖师与佛祖平起平坐，互相转位，也就成为禅门的平常事了。祖先崇拜是中国固有的基本信仰与民间习俗，祖先崇拜影响了禅宗的祖师崇拜，如，寺院设祖师堂，安置祖师遗像，以供拜瞻。又立祖师忌，规定在祖师忌日时，举行法会，以示纪念。祖师的崇高地位、祖师信仰的流行和祖先崇拜的习俗，直接影响了祖师禅名称的确立与祖师禅的流传，从禅门视祖师与佛祖平等，甚至比佛祖更崇高的现象来看，这其间反映出的中国禅宗的民族主体意识是强烈的，所透露出的民间信仰习俗是浓郁的！

第四节　文字禅、看话禅与默照禅

北宋初期有临济宗人及其后又有云门宗人和曹洞宗人都先后采用偈颂（诗歌）等体裁，从文字上追求禅意，出现了由“不立文字”到文字禅的变化。其中，临济和曹洞两家最为兴盛，两家的家风又各有不同，临济尚机锋峻峭，曹洞主知见稳实；临济重直截自然，曹洞贵宛转周旋。约在两宋之际，两家的思想又发生显著的变化，出现了以临济宗大慧宗杲为代表的看话禅和以曹洞宗宏智正觉为代表的默照禅的对立。文字禅、看话禅和默照禅形成为宋代禅法的基本形态。又，自宋代以来，随着禅净融合思潮的发展，念佛禅也日益成为禅修的一种基本方法。自从这些禅法出现以后，中国的禅学思想就逐渐趋于停滞了。直至当代，又出现一些贴近时代生活的禅法，但都没有定型，尚难以从哲学上作出概括与总结。

一、绕路说禅的文字禅

禅宗自祖师禅出现以来，“不立文字”为其重要的宗旨。禅师们更加强调，禅不可言说，禅与文字无关。他们认为佛教经典只是开导众生、医治众生“疾病”的一种工具，人们对禅与佛理的知解和言说，都只是一种“方便”，甚至是客尘烦恼。但是禅师们又认为，佛理不可言说又需言说，禅不可言传又需言传，这种言说、言传既不能落入世俗的文字、语言的窠臼，又需要通过文字语言来表述、传达。于是在不立文字走向极端以后又转向于立文字了。此外，入宋以来禅宗的外部环境，即与政治界、文化界的关系也发生了变化。临济、云门和曹洞几个流派之所以能够继续存在，一个重要的原因就是有赖于当地的统治者和地方势力的支持、维护。一些著名而有文化的禅师经常与政界官僚、上层人士、文人学士交往周旋，逐渐适应了统治者和士大夫的需要，形成了符合中国主流文化精神的新禅风，而日渐丧失原来居住于山林，经常与山民、农夫联系所形成的朴素平实作风。这种新禅风的特点，就是在文字上对禅作出了进一步的解说，也就是出现了由不立文字到文字禅的转变。

文字禅是一个特殊的概念，它有独特的表现方法和固定的体裁。文字禅的禅师们在解说禅时，都是以不点破为原则，不是直截了当，而是辗转地说明，极力避免说破语中意趣，这种说禅法叫做“绕路说禅”。绕路说的文字缴绕，所云不知东西，犹如葛藤相互纠缠，牵扯不断，故也称文字禅为葛藤禅。文字禅主要是采用偈颂、诗歌等形式表达禅理，而非一般的语录文字作品。为了突出这种说禅的方法，禅师们都绞尽脑汁地在文字技巧上下工夫，从而走上了刻意追求文字，在文字上追求禅意的道路。

中国的禅宗史，一般是把临济宗的汾阳善昭（947—1024）推为文字禅新风的开创者。善昭所作的《颂古百则》和《公案代别》（《颂古代别》），汇集了古代若干的公案，分别用偈颂和“代别”加以陈述。“公案”本指公府内的案牍，此指古代禅师的言行记录，其中蕴含着开导弟子觉悟的经验，可以作为禅修者的范式，学习和修行的准则，是禅门的“古则”。用偈颂解说公案就称为“颂古”。善昭讲的“代别”是“代语”和“别语”的复合词。“代语”指代替他人下语，即公案中只有问话没有答语，或所答不合旨趣，而代为作答。“别语”指公案中已有答语，作者又另作别有涵义的答语。比起偈颂来，“代别”是解说、发挥古代祖师禅法的重要文体。稍晚于善昭的另一文字禅的重要代表人物是云门宗的雪窦重显（981—1053）。雪窦重显仿照善昭的作法，也作了《颂古百则》。自此后，凡有文化的禅僧纷纷研习颂古，从古则和颂文中体悟、发明禅意。雪窦重显去世后不久，临济宗杨岐派禅师圜悟克勤（1063—1135）又编著了《碧岩集》一书。该书是采用雪窦重显的《颂古百则》加以补充而成，全书内容分为五项，依次是“垂示”（总纲）、公案“本则”、重显“颂文”、“著语”（夹注）和“评唱”。“评唱”是阐说、评议古人机语的禅学思想，是全书的主体部分。此书的问世，把颂古之风推向了高潮，使禅风进一步发生重大变化。后来，曹洞宗人投子义青、丹霞子淳以及宏智正觉等人也都有“颂古”之作，文字优美，思想清新，影响颇大。

这里，略举“俱胝一指”一则公案为例，以见文字禅之一斑。俱胝是唐代的禅师，奉持一指头禅的禅法，他常以竖起一个手指的动作，来启导弟子开悟。故而禅门有“俱胝竖指”或“俱胝一指”的公案。汾阳善昭有颂文云：“天龙一指悟俱胝，当下无私物匪齐；万互千差宁别说，直教今古勿针锥。”① 雪窦重显的颂文是“对扬深爱老俱胝，宇宙空来更有谁？曾向沧溟下浮木，夜涛相共接盲龟”②。前一颂文的意思是，俱胝从天龙禅师学得一指头禅法，从竖一指的动作，悟得万物的真相。众生当下一念无私无我，万物就没有不齐一的，无私则齐物。体悟无私齐物的禅意，也就不分别事物的差异，不作针锥之别的计较了。后一颂文的“盲龟浮木”是《杂阿含经》③ 中的一个譬喻。意谓人生于此世，值佛闻法，如盲眼的海龟幸遇海中的浮木一样，机缘殊胜，弥足珍贵。颂文的大意是说，在对学人进行应对举扬禅宗宗旨方面，俱胝禅师深为可敬可爱，他用一指头禅法开导众生，犹如在夜幕笼罩下的波涛汹涌的大海中，投下浮木救度盲龟一样，那么及时、那么重要。这是赞誉俱胝的一指头禅法，是救度苦难众生的重要法门。从这个例子来看，颂文不仅有助于对公案的理解，

---

① 《汾阳无德禅师语录》卷中，《大正藏》第 47 卷，609 页上。

② 《佛果圜悟禅师碧岩录》[19]，《大正藏》第 48 卷，159 页下。

③ 详见《杂阿含经》卷 15，《大正藏》第 2 卷，108 页下。

也富有新意。

在中国禅宗史和文化史上，文字禅一方面重语言文字的作用，增添了阐发禅意的新形式，加强了禅宗与文人学士的交往与思想交流，从而推动了禅的发展，扩大了禅的影响；另一方面又使禅宗走上了一味追逐华词丽句的道路，减弱了对禅意的领悟，缩小了禅在下层平民间的影响。圜悟克勤的门下大慧宗杲认为，文字禅有负面影响，就将所藏的《碧岩录》刻版销毁，并另创看话禅，文字禅又面临着内部的挑战与弘传的危机。

二、参究话头的看话禅

文字禅历来把公案视为正面文章加以理解、发挥，而临济宗人大慧宗杲则认为，公案并不能反映祖师禅法的真面貌，从公案上不能真正体会出真消息。于是他转而主张采用另一种方法来运用公案，即从公案中提出某些语句作为题目来参究，以扫荡一切思量、知解，力求获得真正的禅悟。

宗杲创立的禅法，被称为“看话禅”，也称“看话头”。“看”，本指无声的注视，此指参看，参见，参究。“话”，话头的略称。就话头来说，话指公案，头是要领的意思。话头也即题目。通常话头是选自公案古则中的某些语句作为焦点来勉力参究。所谓看话禅就是从公案古则中拿出一则无意味语，让人不要就意识思维方面去穿凿，而是就此话头大发疑情，专心参究。

看话禅特别强调活句（活语）和死句（死语）的区别。强调要参活句，不参死句。洞山守初禅师说：“语中有语，名为死句；语中无语，名为活句。”① 德山缘密禅师也说：

> 上堂：“但参活句，莫参死句。活句下荐得，永劫无滞。一尘一佛国，一叶一释迦，是死句。扬眉瞬目，举指竖拂，是死句。山河大地，更无诸讹，是死句。”时有僧问：“如何是活句？”师曰：“波斯仰面看。”曰：“恁么则不谬去也？”师便打。②

① 慧洪：《林间录》卷上，《续藏经》第1辑第2编乙第21套第4册，299页。

② 《德山缘密禅师》，《五灯会元》卷15，下册，935页。

禅宗把语言、动作、境界等都称为“句”。这段话的意思是说，有解可参的，即通常有意路可通的语言、动作、境界是死句；反之，无解可参的，即超越语言、义理分别的奇诡语言、动作、境界，是活句。这是强调：对于文字语言一定要活学活用，要透过语言参究出真精神，不能拘执，滞于其中。

看话禅还宣扬必须经过“断”和“疑”才能达到“悟”境。所谓“断”，就是必须将心中的一切知识、观念，通通放下，甚至连世俗精神活动的主体“心”也一并休歇，然后以虚豁空寂的胸怀去参究话头。在宗杲看来，人们的思维卜度、知解成见，是以主体与客体的分离为前提的，这不仅不能达到真理性的认识，而且是参究真理的障碍。所谓“疑”就是疑问，疑情。看话禅禅师认为，信和疑是互补的，信有十分，疑有十分。疑有十分，悟有十分，也就是大疑大悟，小疑小悟，不疑不悟。参话头的工夫，贵在起疑情。禅师们所谓的疑情是在禅修过程中出现的疑问，是禅修者激发意志的契机。疑情首先是对无常的外界事物生起疑问，然后再把疑问投射到自己的生命上来，对自我的生命样态生起疑团，如，生命从何而来？死至何处？这个能追问的是个什么人？念佛是谁？如此疑情顿发，疑来疑去，疑到山穷水尽，无处可疑了，就会豁然疑团迸散，心花朗发，大悟现前，发现自己的本来面目。

宗杲特别热衷于赵州从谂“狗子无佛性”这一话头。《大慧普觉禅师语录》卷19云：“赵州狗子无佛性话，喜怒静闹处，亦须提撕，第一不得用意等悟。若用意等悟，则自谓我即今迷。执迷待悟，纵经尘劫，亦不能得悟。但举话头时，略抖擞精神，看是个什么道理。”①同书卷21又云：

> 常以生不知来处，死不知去处二事，贴在鼻孔尖上，茶里饭里，静处闹处，念念孜孜，常似欠却人万百贯钱债，无所从出，心胸烦闷，回避无门，求生不得，求死不得，当恁么时，善恶路头，相次绝也。觉得如此时正好著力，只就这里看个话头。僧问

① 《大正藏》第47卷，891页中、下。

赵州：狗子还有佛性也无？州云：无。看时不用搏量，不用注解，不用要得分晓，不用向开口处承当，不用向举起处作道理，不用堕在空寂处，不用将心等悟，不用向宗师说处领略，不用掉在无事甲里。但行住坐卧，时时提撕：狗子还有佛性也无？无！提撕得熟，口议心思不及，方寸里七上八下，如咬生铁橛，没滋味时，切莫退志，得如此时，却是个好底消息。①

“提撕”即参究。这里是要求以狗子无佛性为话头，在行住坐卧日常行事中，时时提撕，以破除对有无的执著。也就是说，说狗子有佛性，或狗子无佛性，都是落在相对相上，都不符合超越相对存在的佛性，不符合绝对的真理，都是偏执。若能不落相对有无的格局，也就符合禅的智慧，就能提升精神境界，自由自在。

看话禅反对从文字言句中求理解，认为参究话头就会自发地产生聪明智慧，这是对文字禅的矫枉过正，也是一种带有神秘主义的、非理性主义的倾向。看话禅形成后，参究赵州无、云门顾、柏树子、麻三斤、须弥山、平常心是道等等古公案，成为佛门禅风，历经元、明、清，以至今天，仍流行不绝。

三、守默观照的默照禅

曹洞宗人宏智正觉（1091—1157）认为临济宗宗杲的看话禅，滞于公案工夫，不利解脱。与看话禅相对立，他提倡默照禅的观行方法。“默”指沉默专心坐禅；“照”是以智慧观照原本清净的灵知心性。默照禅就是守默与般若观照相结合的禅法，是基本上以打坐为主的修习方式。宏智正觉本人就“昼夜不眠，与众危坐”②，坚持宴坐入道的修持方式。

宏智正觉强调，默与照是禅修不可缺少的两个方面，两者应当结合、统一起来。他说：“缄默之妙，本光自照。”③ 默是照的体（本），照是默的用，体用融合为一。他在《默照铭》中也说：“默默忘言，昭昭

① 《大正藏》第47卷，901页下～902页上。
② 《正觉宏智禅师塔铭》，《续藏经》第1辑第2编第29套第5册，455页。
③ 《宏智禅师广录》卷9，《大正藏》第48卷，109页中。

现前。……妙存默处，功忘照中。……默唯至言，照为普应。”①他还说：“照中失默，便见侵凌。……默中失照，浑成剩法。默照理圆，莲开梦觉。百川赴海，千峰向岳。如鹅择乳，如蜂采花，默照至得，输我宗家。宗家默照，透顶透底。”②这是说，默即有照，照体现默，默照相即；照中不能失默，默中不能失照，只有默照宛转回互，相辅相成，才是理圆无碍。只有默照理圆，才能透顶透底，完全觉悟，终至解脱。

宏智正觉还把默照修持与体用学说结合起来，提出了以“四借”③法来启导学人的禅修要路。“四借”法是：（1）“借功明位”，“功”指用，“位”指体，这是透过现象界万物的作用以明确其本体。（2）“借位明功”，以万物的本体明确其作用。（3）“借借不借借”，万物的本体与作用共忘，空寂无物。（4）“全超不借借”，超越第三的空位，进入一念不存的自由境界。这也是默照禅修持的过程。

在唯心论和般若学的思想基础上，宏智正觉以“心空”为默照禅追求的目标。他说：“一切诸法，皆是心地上妄想缘影”④，认为一切现象、形相，都是心的产物。心是万法的本体，也是解脱的枢纽。他说：“你但只管放，教心地下一切皆空，一切皆尽，个是本来时节。”⑤“心空”就是“心地下一切皆空，一切皆尽”，就是“本来时节”，就是众生和宇宙的本来面目。为了达到“心空”境界，宏智正觉特别注重这样几点：首先，参究“空劫前事”。《正觉宏智禅师塔铭》云：“盖师初以宴坐入道，淳以空劫自己示之，廓然大悟。其后诲人，专明空劫前事。”⑥“淳”，子淳，宏智正觉禅师的师父。所谓“空劫前事”也就是静坐观照“如何是空劫以前自己”⑦。佛教认为，

---

① 《宏智禅师广录》卷 8，《大正藏》第 48 卷，100 页上、中。

② 同上书，100 页中。

③ 同上书，99 页中、下。

④ 《宏智禅师广录》卷 5，《大正藏》第 48 卷，60 页下。

⑤ 同上书，60 页中。

⑥ 《续藏经》第 1 辑第 2 编第 29 套第 5 册，455 页。

⑦ 《释正觉传》，《大明高僧传》卷 5，《大正藏》第 50 卷，915 页上。又，《大慧普觉禅师语录》卷 21《示吕机宜（舜元）》中评默照禅：“一味以空寂顽然无知，唤作威音那畔空劫以前事。”（《大正藏》第 47 卷，901 页下）

世界经历成、住、坏、空四个阶段不断循环的过程，每循环一次，称为一“大劫”。“空劫”是“唯有虚空”的阶段，也就是世界出现前的空寂时代，此时天地未开，混沌一片，无一切对待差别，是为本来面目。宏智正觉提倡观照空劫前的状况，以便“心空”冥合空劫前的本来面目。其次，“彻见离微”。宏智正觉说：“默照之道，离微之根；彻见离微，金梭玉机。”① “离微”②，指法性的体用。“离”是离开诸相而寂灭无余，是法性的体，“微”是微妙不可思议，是法性（现象存在的本性）的用。话的意思是说，默照是彻见法性体用的根本途径，能彻见法性体用，也就机用自在。宏智正觉认为，遵循默照之道，就能彻见人生宇宙一切现象存在的本原，也就能显示般若智慧的微妙作用，灭除烦恼，获得解脱。再次，“不对缘而照”。宏智正觉在《坐禅箴》中说：

> 佛佛要机，祖祖要机，不触事而知，不对缘而照。不触事而知，其知自微；不对缘而照，其照自妙。③

认为诸佛和祖师的禅修秘要是“不触事而知”和“不对缘而照”，如此必知微照妙。对于“不对缘而照”，宏智正觉还展开说：“真实做处，唯静坐默究，深有所诣。外不被因缘流转，其心虚则容，其照妙则准；内无攀缘之思，廓然独存而不昏，灵然绝待而自得。”④ “不对缘”是既不为外缘所流转，也不为内缘所左右；既不受外界事物所影响，也没有内在感觉思维活动，如此就能心虚照妙，不昏自得，廓然忘象，皎然莹明，进而面对一切事物，也就无纤毫芥蒂的障碍，获得圆通自在。以上三点也可说是默照禅的特征。

十分明显，宏智正觉的默照禅是渊源于菩提达摩的壁观安心法

---

① 《宏智禅师广录》卷8，《大正藏》第48卷，100页中。

② 《宝藏论·离微体净品》云：“无眼无耳谓之离，有见有闻谓之微；无我无造谓之离，有智有用谓之微；无心无意谓之离，有通有达谓之微。又离者涅槃，微者般若。般若故繁兴大用，涅槃故寂灭无余；无余故烦恼永尽，大用故圣化无穷。”（《大正藏》第45卷，147页上）

③ 《宏智禅师广录》卷8，《大正藏》第48卷，98页上、中。

④ 《宏智禅师广录》卷6，《大正藏》第48卷，73页下。

门，以及神秀的长坐不卧禅法，是对菩提达摩和神秀坐禅法门的回归。但是在观照的对象与内容方面，默照禅与神秀的禅法又有很大的差别。宏智正觉批评神秀禅法说："菩提无树镜非台，虚净光明不受埃。照处易分雪里粉，转时难辨墨中煤。"① 这是说，神秀的"身是菩提树，心如明镜台"的说法，犹如区分"墨中煤"一样荒谬。宏智正觉认为，本心虚净光明，不受尘埃污染，而神秀主张观心看净，拂拭尘埃，是自寻烦恼。在宏智正觉看来，并没有身、心一类的特定照观对象，观照时应当"照与照者，二俱寂灭，于寂灭中能证寂灭者是尔自己。若恁么，桶底子脱去，地水火风，五蕴十八界，扫尽无余"②。不仅要扫除一切的观照对象，而且观照者自身也要寂灭。不是基于原罪意识的宗教救赎，而是基于本心虚净的心灵超越。从这方面看，默照禅又是继承了石头希迁以来的禅法宗旨，并将其推向身心彻底空寂的极致。

看话禅的倡导者宗杲激烈地批评了默照禅，他说：

> 近年以来，有一种邪师说默照禅，教人十二时中是事莫管，休去歇去，不得做声，恐落今时，往往士大夫为聪明利根所使者，多是厌恶闹处，乍被邪师辈指令静坐，却见省力，便以为是，更不求妙悟，只以默然为极则。③

又说："有般杜撰长老……教一切人如渠相似，黑漆漆地紧闭却眼，唤作默而常照。"④ 宗杲认为，默照禅只会使人增加心头的迷雾，虚生浪死，无有了期，永远不能觉悟，不得解脱。宗杲还认为，默照禅源自菩提达摩的"外息诸缘"、"内心无喘"的禅法，但"外息诸缘，内心无喘，可以入道，是方便门；借方便门以入道则可，守方便而不舍则为病"⑤。说达摩禅只是入道的方便手段，把方便手段视为究竟

---

① 《宏智禅师广录》卷 4，《大正藏》第 48 卷，37 页中。
② 《宏智禅师广录》卷 5，《大正藏》第 48 卷，70 页下。
③ 《大慧普觉禅师语录》卷 26，《大正藏》第 47 卷，923 页上。
④ 《大慧普觉禅师语录》卷 27，《大正藏》第 47 卷，925 页上。
⑤ 《大慧普觉禅师语录》卷 25，《大正藏》第 47 卷，919 页上。

方法是不对的。宗杲不是笼统地反对坐禅，他认为坐禅是入道的手段，不能作为究竟的方法，更不能视为唯一的目的。宗杲对默照禅的批判，表现了看话禅与默照禅的差别与对立。

默照禅虽受到宗杲的批判，在流传上也没有看话禅那样广泛久远，但也非常盛行。宏智正觉住浙江天童寺垂30年，四方学者闻风而至，多逾1 200人，该寺遂为一代习禅中心，一时影响至为巨大。

第五节　念佛禅

唐末五代法眼宗禅师延寿，召集天台、华严、唯识诸宗僧人，博览探究，并互相切磋，彼此质疑，编成《宗镜录》100卷，调和了禅教之间和教内各家之间即各宗派的义理宗旨。延寿又撰《万善同归集》6卷，高扬禅净双修一致之道。这是隋唐佛教宗派成立以来，佛教宗派义理的第一次大规模的整合、重建，突出了禅净的地位和禅净双修的方向。自宋代以来，念佛禅几乎席卷整个中国禅门，宋、元、明、清历代一些著名禅师，直至当代的虚云、圆瑛，都奉行禅净双修的路线。禅净双修成为宋以来中国汉地佛教修持的基本方法之一，念佛禅则成为与这种修持方法相应的基本修持形态之一。中国禅宗的修持轨道又一次发生了转向。

延寿在所著《万善同归集》中引证唐代慈愍三藏之说云："慈愍三藏云：'圣教所说正禅定者，制心一处，念念相续，离于昏掉，平等持心。若睡眠覆障，即须策勤念佛诵经，礼拜行道，讲经说法，教化众生，万行无废，所修行业，回向往生西方净土。'"① 据此延寿进而主张禅定与念佛相结合，修持万行，往生净土。慈愍三藏慧日，曾赴印度参访，回国后倡导有别于善导一系的净土法门。他反对禅家视净土为引导愚心的"方便说"，排斥禅徒的空腹高心，主张教禅一致、戒净并行、禅净双修，提倡念佛往生，强调一切修持都回向往生净土。延寿继慧日遗风，大力弘扬禅净双修。他说："犹清珠下于浊水，

① 《万善同归集》卷上，《大正藏》第48卷，963页下。

浊水不得不清，念佛投于乱心，乱心不得不佛。既契之后，心佛双亡。双亡，定也。”① 认为念佛有助于禅定，念佛是禅定的一种方法，两者是完全统一的。他还作“念佛四料拣”偈，云：

有禅无净土，十人九蹉（一作错）路；阴境若现前，瞥尔随他去。……无禅有净土，万修万人去；但得见弥陀，何愁不开悟。……有禅有净土，犹如戴角虎；现世为人师，来生为佛祖。……无禅无净土，铁床并铜柱；万劫与千生，没个人依怙。②

在禅与净的四组关系中，延寿认为有禅无净土，十人有九人堕于魔道。无禅有净土，则万无一失，必能出离生死。也就是说，净土要比禅更高，净土是修行的方法，也是修持的归宿。延寿强调禅净双修是最高修行层次，在现世为人师表，在来生成就最高理想人格。

禅门历来倡言“唯心净土”，认为“净土”是“净心”的表现，离心无独立的“净土”存在。净土宗则弘扬“西方净土”，这是以阿弥陀佛为教主的极乐世界，是远离人心、远离世俗社会的彼岸世界。延寿竭力调和这两种净土，他的《万善同归集》中的“圆修十义”，从理事、权实、二谛等十个方面圆融各种不同教义。延寿认为“唯心净土”，心外无法是“理”，寄形极乐世界（“西方净土”）是“事”，而“理事无阂”，“唯心净土”与“西方净土”圆融无碍。佛说二谛，“西方净土”属于俗谛，而无俗不真，与“唯心净土”是一致的。延寿调和两种净土，是为了肯定“西方净土”，是把“西方净土”理念融入禅宗理论和实践之中，以往生“西方净土”作为禅修的终极目标和最高理想。

延寿的禅净双修思想对禅宗各派都产生了深刻的影响。云门宗人、宋代天衣义怀提倡禅净兼修，义怀之嗣慧林宗本、长芦应夫和居士杨杰等也都既主参禅，又重念佛。应夫门下宗颐尝论禅净关系，

① 《万善同归集》卷上，《大正藏》第 48 卷，962 页中。
② 《净土指归集》卷上，《续藏经》第 1 辑第 2 编第 13 套第 1 册，68 页。

言云：

> 念佛不碍参禅，参禅不碍念佛。法虽二门，理同一致。上智之人，凡所运为不著二谛。下智之人各立一边，故不和合，多起纷争，故参禅人破念佛，念佛人破参禅，皆因执实谤权，执权谤实，二皆道果未成，地狱先辨。须知根器深浅，各得所宜，譬如营田人岂能开库，开库人安可营田。若教营田人开库，如跛足者登山，若教开库人营田，似压良人为贱，终无所合也。不若营田者且自营田，开库者且自开库，各随所好，皆得如心。是故念佛参禅各求宗旨，溪山虽异，云月是同，可谓处处绿杨堪系马，家家门户透长安。①

话的意思是，念佛与参禅，两种修行方法虽然不同，但二者的宗旨是一致的。修行方法的运用与众生根器有直接关系，上智人兼修禅净，下智人可参禅或念佛各持一种，殊途同归，皆得成佛。这也就是说，既可禅净双修，又可参禅念佛，各究尽一门，这都是要根据众生的不同条件来决定的。

宋代以来，临济宗人也不乏提倡禅净双修者。如死心悟新禅师深得参禅的本旨，同时又大力劝修念佛。他也说："清珠下于浊水，浊水不得不清。念佛投于乱心，乱心不得不佛。佛既不乱，浊水自清，浊水既清，功归何所？良久云：'几度黑风翻大海，未曾闻道钓舟倾。'"② 这与延寿的说法一致，也是强调以念佛定心，把念佛纳入禅定，提倡念佛禅。到了元代，提倡禅净兼修的临济宗著名禅师益趋增多，如中峰明本，他一面为看话禅辩护，一面大力提倡禅净融合，认为净土之外没有禅，净土和禅都是心，两者体同名异。他作《观念阿弥陀佛偈》，令病人念阿弥陀佛，以祈求轻安。偈文云："阿弥陀佛真金色，相好端严无等伦。白毫宛转五须弥，绀目澄清四大海。光中化佛无数亿，化菩萨众亦无边。四十八愿度众生，九品咸令登彼岸。"③

---

① 转引自《净土简要录》，《续藏经》第1辑第2编第13套第2册，106～107页。
② 《续古尊宿语要》卷1，《续藏经》第1辑第2编第23套第5册，430页。
③ 《幻住庵清规》，《续藏经》第1辑第2编第16套第5册，500页。

提倡念阿弥陀佛，以求往生西方净土。中峰明本法嗣天如惟则禅师也兼弘净土教。他说："永明悟达摩直指之禅，又致身极乐上品，以此解禅者之执情，为末法劝信。余谓其深有功于宗教者，此也。"① "永明"，即延寿。这是充分肯定延寿禅净双修主张的重要性。他还阐发了禅净同一说："参禅为了生死，念佛亦为了生死。参禅者直指人心，见性成佛。念佛者达惟心净土，见本性弥陀。既曰本性弥陀，惟心净土，岂有不同者哉?"② 强调禅与净都是为了了脱生死，两者目的相同；念佛是"达惟心净土，见本性弥陀"的门径，两者方法一致。惟则所著《净土或问》中力说禅者有念佛之必要，并申说念佛应以称名念佛为上。他说：

> 念佛者或专缘三十二相，系心得定，开目闭目，常得见佛。或但称名号，执持不散，亦于现身而得见佛。此间现见多是称佛名号为上。……称名无管多少，并须一心一意，心心相续，如此方得一念灭八十亿劫生死之罪。……十念者每晨面西，正立，合掌，连称阿弥陀佛，尽一气为一念，如是十气为十念……十气连属令心不散，专精为功，名十念者是藉气束心也。尽此一生，不得一日暂废。③

认为称名念佛高于观想念佛，是灭罪往生的最有效方法。元末被喻为狮子王的临济宗人楚石梵琦，崇信华严圆教，宣扬教禅一如，谓："教是佛口，禅是佛心，未了之人听一言，只这如今谁动口，便向个里会得，坐断天下人舌头，更分什么禅，拣什么教。"④ 他作净土诗，云：

> 遥指家乡落日边，一条归路直如弦。空中韵奏般般乐，水上花开朵朵莲。杂树枝茎成百宝，群居服食胜诸天。吾师有愿当垂接，不枉翘勤五十年。……一寸光阴一寸金，劝君念佛早回心。

---

① 《净土或问》，《净土十要》卷6，《续藏经》第1辑第2编第13套第4册，376页。
② 《天如惟则禅师语录》卷2，《续藏经》第1辑第2编第27套第5册，415页。
③ 《净土或问》，《净土十要》卷6，《续藏经》第1辑第2编第13套第4册，383页。
④ 《楚石梵琦禅师语录》卷9，《续藏经》第1辑第2编第29套第1册，79页。

直饶凤阁龙楼贵，难免鸡皮鹤发侵。鼎内香烟初未散，空中法驾已遥临。尘尘刹刹虽清净，独有弥陀愿力深。①

竭力赞扬西方净土的殊胜和弥陀愿力的深厚。

宋代曹洞宗真歇清了与默照禅创始人宏智正觉同为丹霞子淳的高弟。他主张“但念阿弥陀佛，求生西方极乐”②。又说：“捷径法门，惟有念佛。功高易进，念佛为先。若不念佛而求出离者，终无所获。普劝清信一心念佛，求愿往生，决不误矣。”③ 清了认为念佛是修持往生西方净土的捷径。他还批评大慧宗杲的看话禅，说：“而今一般底将依师语、相似语、格则语、合头语口传心授，印板上次第排布，参来参去，参得一肚皮禅，三年两岁依前忘却。到处争胜负，彼此人我，无明亘天。”④ 又说：“你而今只管将古人言句玄妙公案筑在肚皮里，将谓平生参学事毕，殊不知尽是顽涎涕唾，古人唤作运粪入，污汝心田。”⑤ 指斥看话禅参究公案，口传心授，以为大悟，实际上尽是邪见，污染心性。同时，清了又主张“直将阿弥陀佛四字做个话头，二六时中，自晨朝十念之顷，直下提撕”⑥。也就是以阿弥陀佛四字为话头，以念佛代公案，提倡“看话念佛”，形成为看话禅的一种新形式，也即禅净融合的一种特殊形态。又，明末曹洞宗人无明慧经根据一般禅家的“唯心净土，自性弥陀”的旨趣，说：“念佛人要心净，净心念佛净心听，心即佛兮佛即心，成佛无非心净定。”⑦ 又说：“念即佛，佛即念”⑧，“念佛心即净土”⑨。他强调众生本具佛性：“清清净净一灵光，刹刹尘尘不覆藏。万万千千都失觉，多多少少弗思量。明明白白无生死，去去来来不断常。是是非非如作梦，真

① 《净土资粮全集》卷1，《续藏经》第1辑第2编第13套第3册，213～214页。

② 《戒杀文》，《归元直指集》卷上，《续藏经》第1辑第2编第13套第2册，136页。

③ 《归元直指集》卷上，《续藏经》第1辑第2编第13套第2册，125页。

④ 《真歇清了禅师语录》卷下，《续藏经》第1辑第2编第29套第3册，319～320页。

⑤ 同上书，325～326页。

⑥ 《净土简要录》，《续藏经》第1辑第2编第13套第2册，107页。

⑦⑧⑨ 《念佛法要》，《无明慧经禅师语录》卷4，《续藏经》第1辑第2编第30套第1册，32页。

真实实快承当。”[①]“灵光”即佛性，清净无染，灵照而放光明。劝告众生顿见佛性，成就佛果。慧经在强调念佛的同时，也倡导看话禅，他说：“参学之士，道眼未明，但当看个话头。”[②]一如大慧宗杲的家风，又表现出曹洞与临济合流的趋势。

与慧经同时代的明末佛教四大师袾宏、真可、德清、智旭，进一步淡化了宗派立场，他们几乎都提倡禅净双修，并程度不同地主张会归净土。四大师中德清因恢复禅宗祖庭曹溪有功，被称为曹溪中兴祖师，是当时禅门巨匠。但德清也极力倡导禅净一致，他说：“参禅看话头一路，最为明心切要。……是故念佛参禅兼修之行，极为稳当法门。”[③]对于看话头，他强调“古人说参禅提话头，都是不得已。公案虽多，唯独念佛审实的话头，尘劳中极易得力”[④]。提倡念佛话头的禅修。对于坐禅念佛，他也提出了新解：

> 所云坐禅，而禅亦不属坐。若以坐为禅，则行住四仪又是何事？殊不知禅乃心之异名，若了心体寂灭，本自不动，又何行坐之可拘？苟不达自心，虽坐亦剩法耳。定亦非可入，若有可入，则非大定。所谓“那伽常在定，无有不定时”，又何出入之有？[⑤]

“那伽”，此指佛。佛的行住坐卧都在定，据此，那伽亦谓“常在定”。这是说禅是心，不能拘泥于坐。大定也不可入，佛就并无出入而常在定。又说：“今所念之佛，即自性弥陀，所求净土，即唯心极乐。诸人苟能念念不忘，心心弥陀出现，步步极乐家乡，又何必远企于十万亿国之外，别有净土可归耶？”[⑥]教人念佛时彻悟自性，成就唯心极

---

① 《示建阳傅居士谒》，《续藏经》第1辑第2编第30套第1册，30页。
② 《无明慧经禅师语录》卷1，《续藏经》第1辑第2编第30套第1册，3页。
③ 《示刘存赤》，《憨山老人梦游集》卷5，《续藏经》第1辑第2编第32套第2册，134页。
④ 《答郑崐岩中丞》，《憨山老人梦游集》卷2，《续藏经》第1辑第2编第32套第2册，112页。
⑤ 《答许鉴湖锦衣》，《憨山老人梦游集》卷15，《续藏经》第1辑第2编第32套第3册，206页。
⑥ 《示优婆塞结念佛社》，《憨山老人梦游集》卷2，《续藏经》第1辑第2编第32套第2册，117页。

乐净土。也就是提倡念佛与禅合而为一。

当代禅宗泰斗虚云和尚（1840—1959），身承五宗，长期参禅，深有体悟。他不仅对禅门五家宗派同样尊重，而且也提倡禅净双修。他说："参禅念佛等等法门，本来都是释迦老子亲口所说，道本无二，不过以众生的夙因和根器各各不同，为应病与药计，便方便说了许多法门来摄化群机。"① 又说："于动散之时，则持名念佛。静坐之际，则一心参究'念佛是谁'。如斯二者，岂不两全其美。"② 虚云在提倡禅净双修的同时，还认为"参禅、念佛、持咒等一切法门，皆教众生破除妄念，显自本心。佛法无高下，根机有利钝。其中以念佛法门比较最为方便稳妥"③。表现出当代禅门大师对持名念佛的充分认同和高度肯定。

当代禅门又一高僧圆瑛（1878—1953）的禅修宗旨是教宗兼弘，侧重禅净，归心净土。他也认为禅净是针对众生不同根机而设施的不同法门，禅宜于上根人修持，念佛则智愚老少咸宜，而念佛达到极致，则与禅悟无异。圆瑛提倡禅净双修，禅修时系心于佛，即守定阿弥陀佛的话头参究，实际上是把禅修融进净土，为归心净土提供修持基础。

---

① 《参禅与念佛》，净慧编：《虚云和尚开示录》，24页，北京，书目文献出版社，1999。

② 《致马来亚麻坡刘宽正居士函》，《虚云老和尚年谱法汇》增订本，679页，台北，修元禅院倡印本，1997。

③ 《复兴洲卓义成居士》，《虚云老和尚年谱法汇》增订本，680页。

第三十章

中国佛教的直觉论

佛教的主旨是教化众生超越生死轮回，求得解脱，成就佛果。与这种价值追求相应，佛教采用的一种重要修持方式就是直觉，或者说，佛教探讨人生和宇宙的真实本质，追求人生的理想境界，最终是以体验式的直觉来实现的。佛教戒、定、慧“三学”中的定与慧其实质就是直觉。禅定离不开直觉方法，智慧离不开直觉思维，直觉在佛教整个修持中占有极其重要的地位。前两章所述的禅修论，就是中国佛教直觉论的重要内容，而本章则是侧重于总结禅修等实践的思维方式方法。直觉思维要求达到的境界是“心行处灭，言语道断”①。“心行”，心之所行，识的作用，即思虑。“心行处灭，言语道断”是最高的绝对真理，无相的绝对境界，并非相对的思虑和语言所能凑泊的。由此直觉与语言、直觉与思虑的关系，也成为直觉论的重要内容。中国佛教尤其是禅宗继承印度佛教的直觉方法，又参照中国儒、道的直觉思维，着重对直觉以及直觉与语言的关系作了独特的阐发，发展和丰富了直觉论。为了论述方便起见，本章先就中国佛教的直觉思维展开论述，至于直觉与语言的关系问题则留待下章探讨。

---

① 《大智度论》卷 2，《大正藏》第 25 卷，71 页下。

第一节　中国佛教直觉思维重要词语的界说

直觉是现代用语，指人类的一种普遍心理现象，一种不需经过分析、推理，而对客体直接洞察、完整把握的认识能力和思维方式。中国佛教学者经常使用的与直觉涵义相类似的重要术语大致有观、照、证、悟等，厘清这些术语的涵义，对中国佛教的直觉思维方式方法的界说有着重要的意义。中国佛教的天台、华严、禅诸宗对以上术语多有论述，涉及直觉的主体、对象、形式、境界等多方面的内容，值得我们认真总结。

一、观

众生主体以佛教智慧观察世界，观照真理，主体心灵直接契入所观的对象，并与之冥合为一，而无主客能所之别，谓之观；或主体观照本心，反省本心，体认本心，也称为观。观是佛教智慧的观照作用，是一种冥想，也即直观，直觉。一般来说，佛教的观与通常认识上的感性、理性活动不同，与知识上的分判、理解也不同。观的对象是什么呢？有心、法、佛等多类对象。观心即观照主体自身的精神。心有本质与现象之别，故通常观心又分为观现象的心和观本质的心两种。“法”，泛指一切存在。观法即观照一切存在的不同现象与真实本性。佛教十分重视对法的现观，也就是运用智慧对现前的境加以直观。佛教般若学一系非常强调当下观照对象的普遍、绝对的真实本性，也就是空性。观佛是心上升起对佛的念想，专心念想佛身的相好和佛的功德，以进入深沉的冥想境地，即佛境。由于所观的对象不同，观的类型、层次也不同。相对而言，在各种观法中，中国佛教比较重视内观，即是以内省来观照。内观实是观照内观者自身，是自观自心的本性。再者，中国佛教也重视观空。观空的方法很多，最重要的是纵观事物的前后延续、横观事物的彼此依存和直观事物的当下体性，通过这种种方法来观事物的空性。观空是佛教直观修持的首要的、基本的方法，也是中国佛教修持所要求达到的根本性、终极性的境界。

二、照

与观紧密相连的是照。照即照鉴，照见。印度佛教说，佛、菩萨具有洞然照见众生和万物的大用。中国佛教则把最高真理、终极本体“真如”和主体的心联系起来，说真如也有观照万物的妙用。真如本体是空寂的，由此中国佛教又把照与寂连用，从而有寂照和照寂之说。寂，寂静，指真如本体的空寂状态。寂照，即寂体（真如本体）的观照作用。照寂，即观照的内容归结为空寂的真如本体。禅宗人尤为重视照在禅修中的功用，如曹洞宗就提倡默照禅。默，静默专心打坐。照，以智慧照见自身的灵知心性。这是强调通过兀兀坐定，无念无想，专注于默然观照，以洞见清净本性，契合最高真理。临济宗提倡“四照用”的教学方式，照，洞照，以显其体，即对客体的认识；用，激发，以呈其用，指对主体的认识。四照用就是运用四种观照主客体的方式①，以分别破除视主体、客体为实有的世俗观点。中国佛教所言的照寂、寂照、默照以及照用，虽然具体说法有别，但是就其照的途径、方式来说，实际上都是一种直觉思维。

三、证

修持主体直接觉知、体悟真理称为证。证是主体冥合真理而有所觉悟，也称作证入、证悟、证会、证契等，这些术语的意义都是相同的。又，证是一种主体自身的体验，由此还有自证、亲证、内证之称。主体智慧契合真理，证入果位，称为证果，如罗汉、菩萨、佛就是不同层次的证果。小乘佛教按照修证果位的过程，把证分为两种：一是依次第修行而达到罗汉果位，为“次第证”，一是当即就断灭各种迷惑，即超越次第而证得罗汉果位，为“超越证”。前者近于渐悟，后者近于顿悟。佛教还从修证内容的不同，把证分为“事证”和“理证”。在戒、定、慧“三学”中，修戒的称为事证，修定、慧二学的称为理证。证不是认识论意义上的知解、证明，而是以直觉直契真理。证的动机与目的，不是求知，而是求得解脱。

① 详见《人天眼目》卷1，《大正藏》第48卷，304页上。

四、悟

与迷对称，悟是指从迷惑、迷妄、迷失、迷误的状态中解脱出来，觉悟到人生和宇宙的真实——佛教的最高真理。也就是说，悟有悟到真理的意义，也有脱却迷惑的意义。与悟相同的词语有解悟、证悟等。佛教把学习理论与修持实践相区别，也把解悟与证悟加以区别。解悟是理论上解知佛教真理，证悟则是实践上体验佛教真理。佛教要求修持者从解悟提升到证悟，证悟是解悟的升华、目的。东晋后期以来，中国佛教内部有顿悟成佛与渐悟成佛两说，前者主张不经次第、阶段而直接证入真理，是顿然觉悟；后者则主张长期修习，通过不同阶段的艰苦努力而逐步悟入真理，是渐次觉悟。后来禅宗又高扬极具特色的“禅悟”法门。禅宗内部也经过顿悟和渐悟的激烈辩论，终至顿悟说以压倒之势成为禅宗的主流学说。

此外，佛教讲的般若、现量、觉与直觉也有情况不等的关联。般若有多种类别，就其意义而言，主要有主客观两层：就客观而言，般若即是性空；就主观而言，般若即是智慧，特别是指观照诸法缘起无自性——空的智慧。这是一种觉悟的慧观，而非一般的知解，从本质上说，是超越感性认识和理性认识的一种神秘直觉。现量，是佛教逻辑用语。“量”是尺度的意思，即认知对象的手段。现量是以排除思考分别的认知能力，去认知对象的自相，是一种直接觉知，即直觉。至于觉，涵义很多，主要指觉悟和感受的主体而言。中国佛教学者则侧重于从觉察和觉悟两重意义上使用觉字。佛教主张觉察事物要直接把握事物的实相，觉悟是要直接契合最高真理，从这个角度来看，觉也包含了直觉的意义。

从上述内容来看，观、照、证、悟四字是中国佛教表述直觉思维的主要用语，相比较而言，其中的观、照多富直观动态色彩，证、悟则鲜明地显示出直觉客观意义。同时，观、照和证、悟在直接契合对象，冥符最高真理方面，是完全一致的，因此，观、照和证、悟是相通的。也就是说，佛教的直观和直觉两者是二而一、一而二的，可统称为直觉思维方式。从中国佛教发展史来看，大体上有一个由重“观”到重“悟”的相对过程，或者说，佛教的教门（禅宗以外诸宗派）比较重视观，佛教的宗门禅宗则比较重视悟。了解观与悟，对了解中国佛教的修持方式和直觉方法有着特殊的重要意义。

第二节　中国佛教直觉思维的历史演变

中国佛教的直觉思维方式方法的演变，大体上经历了三个阶段：一是汉魏西晋时代，这时主要是受印度佛教禅学和般若学两个系统的影响，表现为以移植为主，修持各式各样的禅观和般若直观；二是东晋十六国南北朝时代，主要是流行禅观与般若直观相融合的直觉修持方式；三是隋唐时代以来佛教诸宗阐扬各具特色的直觉方式方法，尤其禅宗更是拓展了禅悟的修持方式，极富创造性。

一、汉魏西晋的禅观与般若直观

汉魏西晋时代，翻译禅法典籍的佛教学者主要有安世高、支娄迦谶和竺法护。所译典籍中影响较大的有《安般守意经》、《般舟三昧经》、《首楞严三昧经》和《修行道地经》等。从这些禅典的内容来看，当时流行的重要禅法有数息、相随、止、观"四禅"，般舟（念佛）三昧，首楞严（健行）三昧，以及观身（自身）、观法（事物）等多种禅观。禅法包含了一系列的修行方法，其中如四禅中的"数息"即专心细数呼吸次数的方法，是入禅的基本技巧。"相随"是意念与呼吸相随，即把意念集中在呼吸上。"止"是止息一切思虑，使心专注于某一处，如专注于鼻子、眼等。"观"是观自身或观外物。就四禅的相互关系来说，其中的"观"应是直觉思维，其他三项是进入直觉思维前的准备工夫。佛教禅法的种类很多，直觉思维内容也很丰富，除观身、观法外，还有能见诸佛现前的禅定，此种禅定是一种观佛的直觉思维。观身、观法和观佛构成为此时禅法中的主要对象与方法，其主要特点是直觉对象比较具体，直觉方法比较简易。

般若经典是传入中国最早的佛教典籍之一。依据篇幅、品数的多寡，般若经典可分为《大品》、《小品》两类。自东汉至东晋译出的是《小品》类般若经，此类经典在汉魏西晋时期译出并广为流传的主要是《道行般若经》（支娄加谶译）和《放光般若经》（竺叔兰、无罗叉译)。《小品》般若经的中心思想是“缘起性空”，认为一切现象都是因缘和合而起，其本性是空寂的，强调大乘佛教信徒应当学习般若智慧，观照缘起事物的性空。《放光般若经》卷1《放光品》云：

> 菩萨摩诃萨欲住内空、外空、大空、最空、空空、有为空、无为空、至竟空、无限空、所有空、自性空、一切诸法空、无所猗空、无所有空，欲知是空事法者，当学般若波罗蜜。①

“内空”，指眼、耳、鼻、舌、身、意“六根”空。“外空”，指色、声、香、味、触、法“六境”空。“大空”，指八方上下皆空。“最空”，又作“第一义空”，谓涅槃是空。“空空”，谓一切法的空皆空。“有为空”，一切有生灭变化的“有为法”皆空。“无为空”，一切无生灭变化的“无为法”（如虚空、涅槃等）亦空。“至竟空”，也作“毕竟空”，谓诸法毕竟不可得。“无限空”，又作“无始空”，指一切法无前后空。“所有空”，谓所有一切存在皆空。“自性空”，谓一切事物自性空寂。“一切诸法空”，谓一切有为法和无为法皆空。“无所猗空”，又作“无所得空”，谓诸法无自性，无决定相可得，故空。“无所有空”，指不存在亦空。这十四种“空”，囊括了众生自身、客观世界、宇宙空间、时间、各类事物、现象和存在、世间认识、最高真理、涅槃境界等，强调这一切都是空。《放光般若经》卷18《信本际品》说：“一切诸法性皆空”②，在般若学看来，一切现象都是空，都是本性空寂的。故此，修行者要把握人生和宇宙的真实，就要直观人生和宇宙的本性——空，就要观诸法皆空之理（空理）。佛教所讲的本性与我们现在说的“本质”是相通的，所谓本性空，也可以说，从本质上看一切现象都没有能够决定自身永恒存在的真实本性，可见本性空实际上就是本质空。由此也可以把般若直观称为本质直观，即是直接契合无主宰、无实体的本质（空）的直观。这种直观把本质归结为空，可知本质直观也就是空观。观想和观照“空”是般若思维的根本

① 《大正藏》第8卷，3页上、中。

② 同上书，131页下。

内容、特征和目的。

佛教般若学强调，般若作为观照空理的智慧，是与世俗的一般知解迥然不同的，它是一种慧观，一种直觉，一种契合一切事物本性空寂、本质空寂的睿智的直觉。般若直观——空观，不仅为汉魏西晋时代中国佛教学者所奉行，而且对尔后中国佛教的修持实践、思维模式以及认识论、真理论都发生了极其广泛而深远的影响。

二、东晋南北朝禅观与空观相融合的直觉方式

汉魏西晋时代禅法和般若空观是并行流传的，与此不同，东晋时代的道安则把禅法融合贯穿于般若之内。后经鸠摩罗什、慧远等人的不断整合，把源于小乘佛教系统的禅学和大乘佛教的般若思想结合起来，并形成了大小乘融合为一的禅法。也就是说，在禅观与般若空观相联系相融合的基础上，进一步实现了大小乘禅法的融会贯通。禅观与空观的融贯，构成为东晋以来中国佛教的重要实践和基本风格。

道安按照其亲教师佛图澄的修持路子，非常重视禅定止观和般若义理的研究。他为东汉安世高所译的有关禅观的《阴持入经》、《修行道地经》和《大十二门经》作注、写序，又留心般若，辗转找到竺法护译的《光赞般若》的残本，并与《放光般若》作比较研究，写出《合〈放光〉〈光赞〉随略解》，此书今已佚失，仅存序文。道安还以《放光般若》解释《道行般若》，在《道行经序》中，他说："千行万定，莫不以成。"① 他认为佛教修持方式方法纵有千行万定，最终都不出乎止观二行，即禅智两个方面；而千行万定，止观二行又都是借助于般若得以成就的，显然这是以止观二行统摄千行万定，又以般若统摄止观二行，从而把禅法融贯于般若空观之中了。

道安的弟子慧远著有《念佛三昧诗集序》和《庐山出修行方便禅经统序》等文，提倡修持念佛三昧的观想念佛，并进一步把禅法、般若观照和专注净土境界结合起来。念佛三昧是一种修持禅定的方式方法，观想念佛是静坐入定，观想佛的形象、功德、境界。佛驮跋陀罗

① 《出三藏记集》卷7，263页。

（觉贤）译出的《修行方便禅经》对慧远启发很大，他吸取该经的禅定与智慧并重的思想，强调禅定与智慧是修持身、口、意三业的根本："夫三业之兴，以禅智为宗。"① 在慧远看来，禅定缺乏智慧就不能清净寂灭，智慧没有禅定就不能深入观照。禅与智是互不相离，相济相成的。念佛三昧，是具有般若智慧的念佛。慧远同时代人琅玡王齐之的念佛三昧诗云："至哉之念，注心西极。"② 指出念佛的目的是心向西方净土，表现了禅法与净土思想的结合，这和慧远的《念佛三昧诗集序》思想以及阿弥陀佛净土信仰是完全一致的。慧远的念佛三昧是禅观、般若空观、净土观三者相融合的直觉思维方式，体现了佛教直觉思维的丰富内涵和深刻意蕴。

鸠摩罗什译出的大乘佛教中观学派龙树、提婆的《中论》、《百论》等经典，为中国佛教直觉思维内涵带来了新变化。龙树一系学说是建立在般若一系经类基础之上的，相比较而言，龙树的中观学说与般若思想还是有所不同的。般若经典虽然反对"恶趣空"，但是思想上又偏于讲"空"。中观学派则在般若空观的基础上突出地阐扬"中道"思想，明确提倡中观，主张观照既不偏空，也不偏有，而是观照亦空亦有，非空非有的中道实相。龙树一系强调人对事物的认识都是假名，所谓的"有"是假名而有。此系用假名说来对治小乘佛教视佛说一切法为实在的说法，强调要看到空和有两个方面，认为这样才合乎中道，也即真正把握了宇宙的实相。这也就是以假名成性空和不坏假名而说实相之义的中道说。龙树的中道观是对般若空观的重要发展。鸠摩罗什在禅学方面还译出《首楞严三昧经》和《禅经》等。他指出："定有二种：一者观诸法实相，二者观法利用。"③ 认为禅定有两种，既要观照诸法的亦空亦有，非空非有的实相，又要观照诸法的功用、作用，既善知实相，又善于利用，两者并重，不可偏废。鸠摩罗什不仅融合了大小乘禅法，而且融合了禅法与般若中观，从而推动

---

① 《庐山出修行方便禅经统序》，《出三藏记集》卷 9，343 页。

② 《晋王齐之念佛三昧诗》，《广弘明集》卷 30 上，四部丛刊影印本。

③ 《禅法要解》卷上，《大正藏》第 15 卷，290 页中。

了中道直觉思维方式的发展。

鸠摩罗什的弟子竺道生进而把般若学与涅槃学结合起来，阐扬直觉智慧，提出了顿悟的直觉方式。竺道生的顿悟学说奠立在两个理论支点上，一是理不可分说，二是佛性本有说。他认为，因理不可分，故说顿；因佛性在我，故说悟，两说结合而立顿悟说。或者说，真如本体①，在宇宙曰理，在众生曰佛性。契合真如本体，要求顿悟；唯有顿悟，才能契合真如本体。

理，即真理，宇宙真理。竺道生对理有两个重要解释：解释之一是"真理自然"②。真理是"不易之体，为湛然常照"③。所谓真理自然，是说真理如其实际，湛然常照，不变不易。解释之二是"理不可分"④，真理自然无妄，无相无别，唯一无二，本不可分。竺道生就众生佛性本有的论点说："善性者，理妙为善，返本为性也。"⑤"无我本无生死中我，非不有佛性我也。"⑥"善性"即佛性。佛性是理妙，是本体。佛性与生死不相离，众生迷惑，不知佛性本有，众生返本，即见佛性。

关于顿悟，竺道生说："夫真理自然，悟亦冥符。真则无差，悟岂容易？不易之体，为湛然常照，但从迷乖之，事未在我耳。"⑦意思是说，悟是与理冥符，理既不可分，悟也不能二，不能有阶差。又，如上引"返本为性"，也是强调见性为自证本体，自悟本性，与渐进的证悟不同。在竺道生看来，众生的悟是真理的自然显发，佛性的整体呈现，只能是顿悟。竺道生所讲的顿悟就是以直觉智慧，直指理体，直见本性（佛性），不分阶段，一悟顿了，与理相契，本性显现，顿悟成佛。

竺道生不仅反对依次逐渐证悟成佛的说法，而且还明确提出"忘

---

① 竺道生云："万法虽异，一如是同。""一如"即真如，即本体。

②③ 《大般涅槃经集解》卷1，《大正藏》第37卷，377页中。

④ 《肇论疏》卷上，《续藏经》第1辑第2编乙第23套第4册，425页。

⑤ 《大般涅槃经集解》卷51，《大正藏》第37卷，531页下。

⑥ 《大般涅槃经集解》卷3，《大正藏》第38卷，354页中。

⑦ 《大般涅槃经集解》卷1，引竺道生经题序，《大正藏》第37卷，377页中。

象息言”的主张。他说：“夫象以尽意，得意则象忘；言以诠理，入理则言息。”[①] 又说：“象者理之所假，执象则迷理；教者化之所因，束教则愚化。”[②] 竺道生认为，一切事象都是“意”、“理”的假象，一切语言都是表达理的工具，佛教运用语言是借助语言的方便来教化众生，是权宜之法，若一味执著事象，征名责实，固守教化，就不能得意入理，是与顿悟相违背的。这也就是竺道生所谓的“彻悟言外”与“象外之谈”的直觉方法。

由上可见，竺道生的顿悟说是典型的直觉论。在他看来，直觉的对象在宇宙为真理，在众生为佛性，真理和佛性同为本体，是本体在不同界域的别名。也就是说，竺道生讲的直觉对象与内容是实相（本体）。直觉的方式是顿悟，直觉的方法是忘象息言。竺道生直觉论的特点一是直接性，不分阶段，直入实相，冥符本体；二是完整性，体悟完整真理，呈现完整佛性。直觉的境界是顿入涅槃，成就佛果。由此，顿悟也是众生成佛的途径、方式。总之，般若学宣扬宇宙实相，理不可分，涅槃学主张直指人心，自见本性。竺道生将二者加以熔铸整合，倡导直入理体，直见佛性，觉悟得道，顿悟成佛，这也就是竺道生直觉论的基本理路。

鸠摩罗什的另一弟子僧肇提出了般若无知的命题，从佛教认识论的角度，对佛教般若直觉的对象、直觉的性质、直觉的思维形态及作用作了系统的阐明。

僧肇继承印度佛教的认识论，也把认识分为两类，一类是“无分别”的知，一类是“有分别”的知。前者称为“无知”，后者则称为“惑取之知”。前者是佛教般若，也即“圣智”或真智的内涵，后者则是世俗的认识观念。僧肇就“般若无知”解释说，佛教圣智对宇宙万物不进行区别、比较，乃至执著，这样的知就是般若无知，这是无区别、非惑取的知。这种知的最大特点是不去分别纷繁复杂的种种现象，而是直接观照万物的统一实相，是一种直观智慧。为什么说般若

---

① 《竺道生传》，《高僧传》卷7，《大正藏》第50卷，366页下。

② 《龙光寺竺道生法师诔并序》引，《广弘明集》卷23，四部丛刊影印本。

是无知的呢？僧肇说，般若所观照的对象“真谛”，是无相的：“圣人以无知之般若，照彼无相之真谛。”① “真谛自无相，真智何由知？”②既然般若观照的对象是真谛，而真谛是无相的，那么，般若不可能就无相而有知而只能是无知。真谛又为什么说是无相呢？僧肇进而说：“今真谛曰真，真则非缘。真非缘，故无物从缘而生也。故经云：不见有法无缘而生，是以真智观真谛，未尝取所知。智不取所知，此智何由知？然智非无知，但真谛非所知，故真智亦非知。”③ 真谛作为宇宙万物的真实本体，是“非缘”，是非由因缘和合而成，是无物从缘而生起。“无物”也就是无“所知”的内容，也就是“非所知”。由于真谛作为本体是“非缘”、“非所知”，因而也就是“无相”，即无生灭相，无所有相。“取相”是有知，既然观照的对象真谛是无相，般若就不会有知。僧肇以真谛的无相来论证般若的无知。

僧肇还从体用一如的角度来论述这个问题。他强调，般若直观是观照宇宙万物的本质，因此也就能真正认识宇宙万物的现象。僧肇说：“夫有所知则有所不知，以圣心无知，故无所不知。不知之知，乃曰一切知。”④ 意思是说，知与不知是相对而言的，有所知就会有所不知。般若不对万物作分别认识，而是直觉万物的共同本质（空性），不对现象加以分别，直觉本质是“无知”，又是“无所不知”。因为般若无知，所以无所不知，不知之知才称作“一切知”。般若直观的表现形态是无知，其功用是一切知。僧肇又说：“内有独鉴之明，外有万法之实。万法虽实，然非照不得。内外相与以成其照功，此则圣所不能同，用也；内虽照而无知，外虽实而无相，内外寂然，相与俱无，此则圣所不能异，寂也。”⑤ 他认为，圣人独自观照万物，主客体相互作用，观照功用各有不同，是“用”；圣人观照万物而无知，万物虽缘起而无相，无知无相，两者俱无，内外寂然是共同的，这是“寂”。圣人用般若观照万物，实为无相无知，是为用即寂，寂即用，

---

① 《肇论·般若无知论》，《大正藏》第45卷，153页下。

②③ 同上书，154页上。

④ 同上书，153页上。

⑤ 同上书，154页下。

寂用一如。这也是般若中观的中道思想。僧肇在《不真空论》中还说："道远乎哉？触事而真！圣远乎哉？体之即神！"① 认为所有生灭差别现象都是真理的体现，通过观照事物，体悟实相，就能得道成圣。僧肇的直觉理论直接影响了隋唐时代的天台宗、三论宗、华严宗、禅宗的观法与觉悟方式。

此外，南北朝时代北方的楞伽师一系把唯识、如来藏、般若和禅法融合起来，一方面强调"心"的作用，重"安心"，另一方面突出般若观照，不重语言、思维的作用。菩提达摩提出"安心壁观"的禅观方法，主张面壁而观，心如壁立，静心禅思，以达到与道冥符。慧可继承菩提达摩禅法，"专唯念惠（慧），不在话言"②，重在观想，不重语言，也就是以"忘言、忘念、无得正观"③ 为宗旨。无所得的正观就是忘言息念，贵在得意合道。僧璨在传为其所著的《信心铭》一文中，提倡"万法齐观"④ 的方法。认为宇宙万法与"真如法界"为"一即一切，一切即一"⑤ 的关系，万法与其本体不二，"万法一如"⑥。据此，禅修者可以"万法齐观"，"不用求真"⑦，不作"有"、"空"的分别，只要顺之自然，心地就能呈现本真，自然合道。僧璨的直觉方式与庄子的自然主义哲学是相通的。楞伽师系的禅思方式成为日后慧能禅宗禅观的直接思想来源。

三、隋唐以来中国佛教诸宗的直觉方式

隋唐以来，天台、华严、禅、净土等中国佛教诸宗派，综合并发展此前中国佛教直觉思维的成果，纷纷就宇宙实相、人生真谛、佛教真理、得道境界的直觉把握方式提出新命题、新观念、新学说，内涵丰富而深邃，其中以天台宗、华严宗和禅宗的直觉方式尤为丰满、深刻。

（一）天台宗的两种直觉方式：心观和观心

心观，也称一心三观、圆融三观。这是以同一心灵为直觉主体修

---

① 《大正藏》第45卷，153页上。

②③ 《法冲传》，《续高僧传》卷25，《大正藏》第50卷，666页中。

④ 《大正藏》第48卷，376页下。

⑤ 同上书，377页上。

⑥⑦ 同上书，376页下。

持观空、观假、观中，也就是既观一切法本性空，又观一切法都为缘起假名，还观一切法非空非假。这三观就是一心的直觉表现，是主体性的直觉作用。这种直觉的对象有三个层面：本质空、假名、本质空与假名的圆融。直觉的目的是远离本质空与假名两者对立状态，以达到圆融两者的不偏不倚的中正之境。这里值得注意的是，天台宗的心观不仅是观照现象界的本质空，也观照现象界的假名（有），还要观照两者的联结。天台宗人强调，一心直观这三种对象既是同时进行的，也是圆融的，三者相互融会，不分先后，在观任何一面时都同时兼观其他两面。可见其直观内容不是单一的，而是复杂的、浑一的。这是对般若学龙树一系的中观思想和直觉论的重要发展。

天台宗强调，佛教的观照与通常意义上的认识、理解是不同的，是一种佛教智慧的作用。此宗宣扬与一心三观相应的佛教智慧有三种。智𫖮说：

> 若因缘所生一切法者，即方便随情道种权智；若一切法一法，我说即是空，即随智一切智；若非一非一切，亦名中道义者，即非权非实一切种智。①

智𫖮讲的三种智慧，一是观世间因缘所生的种种法为“道种智”（“道种权智”），二是观一切法的真空为“一切智”，三是观前两者以合乎中道为“一切种智”。道种智是观照世间的种种法的特殊内容，一切智是观照种种法的普遍本质，一切种智是观照既普遍又特殊、真妄圆满相融的境界。这三种智的性质可分为两类，一是道种智，这种智具有知解的意义。因要理解种种法的特殊、具体、个别、相对的一面，就要把法作为现象来观照、理解。但这只是一种方便，是对一切法非本质性的把握，是次要的。二是一切智和一切种智。一切智不是以主客对待的思维格局，不是在时间、空间形式条件下的范畴、概念的思辨作用，而是当下直接地把握种种法的本质、本性，体悟这种本质、本性即是空。这是一种智慧的直觉作用。一切种智是在更高的层次上

① 《摩诃止观》卷5上，《大正藏》第46卷，55页中。

直接观照空有不二、真妄交融的直觉作用。三智说表明，天台宗人认为直觉与知解是有联系的，也表明天台宗人是以直觉为主、知解为伴，以直觉为高、知解为低，其思维方式本质上是直觉的。

观心，在天台宗人看来，既是最可行同时也是最重要的一种修持方式。观心就是以心为观照对象，修持主体通过观照己心以明心的本性。天台宗人对所观的心和观心所达到的境界作了独特的论述。智𫖮在阐发获得觉悟的四种修行方法（“四念处”）时说：“此之观慧，只观众生一念无名心。此心即是法性，为因缘所生，即空、即假、即中……即是不可思议一心，具一切因缘所生法。一句，名为一念无明法性心；若广说四句，成一偈，即因缘所生心，即空、即假、即中。”① 修持者所观的心的具体内涵是什么呢？智𫖮认为有现象心和本质心两个方面，就现象心来说，是一念心，无明心，妄心，染心，此心的特点是执著现象世界的生灭差别；就心的本质、本性来说则是法性心。法性是现象存在的本性，也就是空性、空。法性心就是真心。天台宗人所谓观心就是观“一念无明法性心”，就是把一念的无明心（妄心）和法性心（真心）融会、统一起来进行观照。为什么无明心和法性心可以统一起来观照呢？在智𫖮看来，一念心就具足全部世间法，而无明心和法性心都离不开世间法，同是对世间法的看法、态度，只是看法、态度的内容不同而已。一念心迷于法性为无明，破无明则为法性，法性不能离无明而另行生起。在此意义上可以说两者是同体的关系。而要求得无明心与法性心的统一，关键在于就一念心观其即空、即假、即中的状态。这种一念心即是无明心与法性心的统一状态，智𫖮说这是以不可思议之心达到的不可思议之境。

智𫖮认为，一心同时即观心无明，又观心法性，或者说，一念妄心当体即假、即空、即中，从而所观的心也就显示出佛性，呈现为佛性。他说：“若观心即是佛性，圆修八正道，即写中道之经。明一切法悉出心中，心即大乘心，即佛性，自见己智慧与如来等。”② 认为若能

① 《四念处》卷 4，《大正藏》第 46 卷，578 页上、中、下。

② 《摩诃止观》卷 3 下，《大正藏》第 46 卷，31 页下。

观心即是佛性，也就破无明，显法性，进而也就能观无明即法性，烦恼即菩提，生死即涅槃。此佛性既是心，也是即空、即假、即中的中道之理，是心、理合一，能、所合一。佛性是真理，也是心主体，是两者的合一。这是在佛性思想基础上把直觉主体与直觉内容统一起来。

后来，智𫖮的继承者对观境的心是真心还是妄心产生了不同的看法，并在宋代形成了山家和山外两派。山家派提倡“妄心观”，认为心是凡夫日常第六识作用的妄心，观心的目的就是观此妄心，再将此妄心转化为理心，认为只有就此妄心才能彰显三千三谛的妙理。由此山家派强调观照的直接对象是无明妄心，也即日常起灭的刹那心，真心（理心）不是观照的对象，而是观照的结果。山外派则主张“真心观”。此派认为心是宇宙万物的本体，也就是实相真如的理心“真心”。又认为观心的目的是观得真如理心，依妙解而定妙行。所谓妙解是理解圆融三谛之理，所谓妙行是依妙解的修行实践，最后依妙解妙行而得的理心“真心”，就构成为观照的直接对象，而妄心则不是观照的直接对象。

与山家山外两派上述主张相关的还有“心具三千”与“色具三千”的不同看法。山家派主张妄心观，又宣扬色心不二说，此说的主要观点是，直觉智慧观照的对象是一念，一念又分为色法与心法两面，而色法与心法各自又都具足三千法，是为二者不二，虽二而一。山家派强调，心法能造而融摄一切，色法也能造而融摄一切，此为“色具三千”说。山外派不同，此派依据真心观等说，认为唯有心是能造，众生甚至佛都是所造，从而立“心具三千”说，以反对色法也圆具三千的说法。

总之，在天台宗人看来，心观和观心两种观法是统一的、不矛盾的。心观的心是能观的心，是观照的主体，观心的心是所观的心，是观照的对象，也是观照的境界。心既是能观的主体，又是所观的客体，心是主客体的统一。天台宗人的心观是以心同时表现为空观、假观、中观，观心是观心当体即空、即假、即中，由此看来，空、假、中三谛圆融是心观与观心的共同特质，也是心观与观心的统一基础。又，观心即空、即假、即中，也即显示佛性，这佛性是理。由此，心观与观心又是心、理的统一，是直觉主体与直觉境界的统一。

（二）华严宗的三重观

华严宗的直观方法是奠立在宇宙观——“四法界”说的基础上的。“法界”，所观的境，也即指宇宙。华严宗人认为，整个宇宙都统一于一心，若从宇宙的现象与本体的角度观察，法界可分别为四个层次：事法界、理法界、理事无碍法界、事事无碍法界，共四法界。事法界是现象存在的界域，“事不独立故，法界宗中无孤单法故，若独观之，即事情计之境，非观智之境故”①。事法界不是独立存在的，如果孤立地观照它，只能陷入妄情执著，故不是智慧观照的境界。“今以对能观之智，故唯三重。此三但是一道竖穷，展转玄妙，非初法界外别有第二第三，既不旁横，故云三重。”② 这是说，就能观的智慧而言，有三重观门。三重观不是三者旁横并列的，而是依次纵向深入的。三重观指真空观、理事无碍观和周遍含容观，也称“法界三观”，分别与四法界中的后三法界相对应。这是华严宗观门的枢要，在这些观门中包含了对宇宙万法的真实的看法，也即对真理的看法，体现了华严宗直觉思维的特征。

1. 真空观

此观门依“理法界”而立。所谓理法界，是统摄万物的理体，即本体。物质世界森罗万象，林林总总，而其理体是如如不动，永恒不变的。理法界是超出人的思维与言诠的，勉强定名为空，真空。所谓真空观，就是观宇宙万物是缘起性空，其本性或本体是空。此空就是理法界，空就是理，真空就是真理。换句话说，宇宙万物的真理内涵就是空，就是真空。平常人所见的千差万别的事物，都是妄情遍计所致，应当把宇宙万物归于平等（无差别）的空性，观其真空妙体。具体说，真空，既不是断灭空（虚无的空），也不是离色空，而是空与有的统一，真空与妙有融合无间。法藏《华严发菩提心章》于真空观立四句来说明③：

（1）会色归空观。这是在观时把一切物质现象都会归于空性。因

①② 《注华严法界观门》，《大正藏》第45卷，684页下。

③ 详见《大正藏》第45卷，652页中。

为一切物质现象都是因缘和合而生，本无自性，即以色会归空，色即是空。具体说，又展开为四门：一是色非断空门。断空，即断灭空，指一切事物断灭后而空。色并不是断灭空，而是本性即空，举体而空。二是色非真空门。此处“色”指色相，实色，如青、黄等是。这是说，色相（实色）不是真空，色体（性）才是真空。三是色空非空门。“非空”指真空。这是总结前二门，谓实色和断空都是非真空。四是色即是空门。一切物质现象都是无自性的，必定是不异于真空的，此为色即是空。以上四门，是着重通过否定断灭空和以实色为真空的观点，进而肯定一切物质现象无自性（空）的会色归空观。

（2）明空即色观。会色归空观是以空理为本位，把一切物质现象都会归于空。明空即色观则以色为本位，显明空不能离开色而独立自存，空是即于色而为空。具体说，也展开为四门：一是空非幻色门。此处空指断灭空，断灭空不是幻色，而是非色。真空与幻色则互不相碍。法藏在《般若波罗蜜多心经略疏》中说：“以色是幻色，必不阂空；以空是真空，必不妨幻色。若阂于色，即是断空，非真空故。若阂于空，即是实色，非幻色故。”① 幻色是缘起无自性的色，真空是缘起无自性的空；两者是缘起的一体二面，相即无碍。二是空非实色门。这是讲真空不即是实色。实色是有事相的色，真空与实色是相碍的。三是空非空色门。这是综合前二门，讲真空既不是断灭空，也不是眼前实色。四是空即是色门。空指真空。一切物质现象都是无自性的，都是真性空，所以真空不异色，空即是色。

以上两句八门所论，只是角度不同，道理是一致的：色即是空，空即是色，二者不一不二。以下第三观就同时齐观“色与空”，明确肯定“色空无碍”。

（3）色空无碍观。《华严发菩提心章》云：“谓色举体不异空，全是尽色之空故，即色不尽而空现。空举体不异色，全是尽空之色故，即空即色而空不隐也。”② 这是阐明空与色的无碍关系，强调一切物

① 《大正藏》第33卷，553页上、中。
② 《大正藏》第45卷，652页下。

质现象全体不异真空，物质现象是幻相而真空现。真空体性不异物质现象，真空穷尽物质现象的本性而不隐。色是幻色非是实色，空是真空非是断空。由此，现色不碍于空，现空不碍于色，观色可以见空，观空可以见色，齐观色空二法，无障无碍。

（4）泯绝无寄观。“泯绝”，离一切相。“无寄”，无语言文字可寄托。泯绝无寄就是心灵不应住著于任何法上，如果生心动念，就不能体悟真理。也就是说，必须达到心境俱灭的不可思议的境地，才能证见真空理体。

以上四句，是阐述物质现象和空性、空理的关系以及理论和实践的关系问题。《华严发菩提心章》强调这是由浅入深、由解境到行境的系统修持过程。前两句是破除妄情迷执以明正解，第三句是由解趋行的转折，第四句是真正的行法。“行由解成，行起解绝”，最后归结为行，以泯绝无寄为最高境界。从直观真理的视角来看，最重要的是会色归空观和明空即色观，尤其是会色归空，把一切物质现象的本性归结为空，也就是以空为物质现象的真实本质，为真理的内涵，这是华严宗人法界观的基础。

2. 理事无碍观

理，有本体和真理的意义；事，指现象，事法。所谓理事无碍观，就是对本体与现象、真理与事法圆融关系的观察体认。从宇宙观来说，就是真如性起万象，万象都是真如随缘而起，都以真如为性，如水为波，波即为水。真如与万象圆融无碍。从直觉论来说，就是表示普遍的真理与特殊的事象互不相碍，或者说是观平等（无差别）的真理与差别的事法炳然而存，两者相遍、相成、相违、相即、相非而圆融无碍。下面，我们着重从直觉论的角度来论述。

《华严发菩提心章》称理事圆融无碍观有十门[1]：一、理遍于事门；二、事遍于理门；三、依理成事门；四、事能显理门；五、以理夺事门；六、事能隐理门；七、真理即事门；八、事法即理门；九、真理非事门；十、事法非理门。十门中，一、二门为理事相遍，三、

---

① 详见《大正藏》第45卷，652页下～653页下。

四门为理事相成，五、六门为理事相违，七、八门为理事相即，九、十门为理事相非。也就是说，从理看事，有成、有坏，有即、有离；从事看理，有显、有隐，有一、有异。从十门来看，一、二门所讲的理事互遍，构成其他八门不同形态的基础，也包含了最为丰富的直觉论内容，具有最为重要的意义。又，三至十门也都比较好懂，一、二门则较深奥难解，以下着重论述一、二门。

《华严发菩提心章》云："理遍于事门，谓能遍之理，性无分限，所遍之事，分位差别，一一事中，理皆全遍，非是分遍。何以故？以彼真理不可分故。是故，一一纤尘皆摄无边真理，无不圆足。"① 这是说，能遍的真理不可分割，所遍的事法则有分位差别，然真理遍于一切事法中，一一事法中真理都全遍在，无不圆满具足。

关于理是有"分限"，还是无"分限"，理在各个具体事物中是"分遍"，还是"全遍"，这是涉及理事无碍观的理论前提问题，也是直觉论中的重要哲学问题。法藏在《华严经明法品内立三宝章》卷下《理事分无门第五》中，对这个问题作了专门论述：

> 问："如此理事，为理无分限事有分限耶？为不耶？"答："此中理事，各有四句：且理，一、无分限，以遍一切故；二、非无分限，以一法中无不具足故；三、具分、无分一味，以全体在一法，而一切处恒满故；……四、俱非分、无分，以自体绝待故，圆融故，二义一相非二门故。事中，一、有分，以随自事相有分齐故；二、无分，以全体即理故；……三、俱，以前二义无碍具故，具此二义，方是一事故；四、俱非，以二义融故，平等故，二相绝故。由上诸义，是故理性不唯无分故，在一切法处，而全体一内；不唯分故，常在一中，全在一外。事法不唯分故，常在此处，恒在他方处；不唯无分故，遍一切而不移本位。又，由理不唯无分故，不在一事外；不唯分故，不在一事内。事不唯分故，常在此处而无在也；不唯无分故，常在他处而无在也。是

① 详见《大正藏》第45卷，652页下～653页上。

故，无在不在，而在此在彼，无障碍也。”①

这是说，对理的有无分限问题，要从多种角度去看。从每一事物都存在着完整的理这一意义说，理可以说是有分限的；从理的普遍存在的意义上说，理可以说是无分限的；综合上面的两种意义，又可以说理既有分限，又无分限；而理作为一种绝对的、圆融的存在，还可以说是非有分限，也非无分限。对于具体事物的有无分限问题，也作如是观。法藏的这种说法和前述“能遍之理，性无分限”的观点是一致的，其实质都是强调要直观到理是一个整体，遍于一切事物，宇宙万物都是理的完整体现。

关于事遍于理门，《华严发菩提心章》云：“谓能遍之事，是有分限；所遍之理，要无分限。此有分限之事于无分限之理，全同，非分同。何以故？以事无体，还如理故。是故一尘不坏而遍法界也。如一尘一切法亦然。”② 这是说，事相有分限差别，真理平等无限。由于事相是无实体的，因此每一事相都能遍于理性，有分限的事相与无分限的真理全同非分同。《华严发菩提心章》还以大海和小波为喻说：“如全大海在一波中，而海非小；如一小波匝于大海，而波非大。同时全遍于诸波，而海未异；俱时各匝于大海，而波非一。又，大海全遍一波时，不妨举体全遍于诸波；一波全匝大海时，诸波亦各全匝，互不相碍。”③ 这是以大海喻真理，小波喻事相。比喻的意思是，真理在一事相中，仍是无分限的；一事相周遍于真理，仍是有分限的。真理完全周遍于一切事相，而真理本身并无差异；一切事相同时周遍于真理，而各种事相是有差异的。又真理周遍一事相时，并不妨碍它同时周遍一切事相；一事相完全周遍真理时，其他各种事相也分别同时完全周遍于真理，互不妨碍。

那么，真理既然周遍于微小的事相，为什么说又不是小呢？既然和一微小的事相不同，又为什么说真理是全体周遍于一微小的事相呢？又，一微小事相既然周遍于真理，为什么不是大呢？如果不

① 《大正藏》第45卷，624页中。

②③ 同上书，653页上。

同于真理一样广大，又怎么能周遍于真理呢？这是关于真理与事相相互关系中涉及两者本质的又一哲学问题。《华严发菩提心章》对此回答说：

> 理事相望，各非一异，故得全收而不坏本位。先理望事，有其四句：一、真理与事非异故，真理全体在一事中；二、真理与事非一故，理性恒无边际；三、以非一即是非异故，无边理性全在一尘；四、以非异即是非一故，一尘理性无有分限。次以事望理，亦有四句者：一、事法与理非异故，一尘全匝于理性；二、事法与理非一故，不坏于一尘；三、以非一即非异故，一小尘匝无边真理；四、以非异即非一故，匝无边理而尘不大。①

这是以非异、非一、非一即非异、非异即非一四种关系，来说明理与事的关系。由于是非异，真理全体在一事相中，一微小的事相也完全周遍于真理。由于是非一，真理恒无边际，不损害任一微小的事相。又由于非一即是非异，无分限的真理全体在一微小的事相中，一微小的事相周遍无分限的真理。还由于是非异即非一，一微小事相的真理无有分限，一微小事相周遍无有分限的真理而不为大。

这里，还有一个问题，无有分限的真理全体周遍于一微小事相时，其他事相是有真理呢，还是无真理呢？若果有真理，那就不是真理的全体遍于一微小事相；若果无真理，那就不是真理全体能周遍一切事相。义理相违，应如何解释呢？这是与上一问题相关的又一重要哲学问题。对此，《华严发菩提心章》回答说：

> 以一理性融故，多事无碍故，故得全在内，而全在外，无障无碍。是故各有四句，先就理四句者：一、以理性全体在一切事中时，不碍全体在一尘处，是故在外即在内；二、以全体在一尘中时，不碍全体在余事处，是故在内即在外；三、以无二之性，各全在一切中故，是故亦在内亦在外；四、以无二之性非一切

① 《大正藏》第45卷，653页上。

故，是故非内非外。前三句明与一切法非异，此之一句明与一切法非一，良为非一非异故，内外无碍。次就事四句者：一、一事全匝于理时，不碍一切事法亦全匝，是故在内即在外；二、一切事法各匝于理时，不碍一尘亦全匝，是故在外即在内；三、以诸事法同时各匝故，是故全在内亦全在外，无有障碍；四、以诸事法各不坏故，彼此相望，非内亦非外。①

意思是，理在一为内，在多为外，事是一为内，是多为外。一多皆理，内外皆全，非有多理，令事各遍。由此，理与事的关系是既在内又在外，是非内也非外，彼此无障无碍，圆融自在。这是关于观照真理的整体性、一体性、遍在性的重要论述。

以一、二门为基础的理事无碍十个观门，其中心思想是，从事物来看，千差万别，彼此不同，从真理来看，万事万物都是真理的体现，都存在着同一的真理，由此理即事，事即理，理事圆融，无障无碍。

从哲学思维来考察，理事无碍说的要点在于：理是作为一个整体遍满于一切事之中，同时也包含于每一个事之中；由理遍于一切事可知，每个事外有理，同时又每个事中有理。这就是说，理对事既是外在的，又是内在的，是外在即内在，内在即外在。理作为整体，事作为部分，由上述又可知整体存在于部分之中，部分存在于整体之中，是整体即部分，部分即整体。理作为普遍性，事作为个别性，同样是普遍性存在于个别性中，个别性存在于普遍性中，是普遍性即个别性，个别性即普遍性。应当肯定，这些都是辩证的抽象思维的理论成果。

3. 周遍含容观

“周遍”，无所不在；“含容”，无所不摄。周遍含容观是说宇宙一切事法都是真如（理）随缘而起，故一切事法都具足真如的体性，而互不相碍。也就是说，所观的对象相互周遍地包摄，圆融无碍。这相

① 《大正藏》第45卷，653页上、中。

当于四法界中的事事无碍法界，是宇宙的最高层次，也是观法的最终目标。

《华严发菩提心章》称周遍含容观也有十门[①]：一、理如事门；二、事如理门；三、事含理事门；四、通局无碍门；五、广狭无碍门；六、遍容无碍门；七、摄入无碍门；八、交涉无碍门；九、相在无碍门；十、普融无碍门。十门中最重要的是前二门，后八门是前二门的展开。“理如事门”是“谓事法既虚，相无不尽。理性真实，体无不现。此则事无别事，即全理为事”[②]。事虚理实，事是理的显现，故事无别事，以理为事。“事如理门”是“谓诸事法与理非异，故事随理而圆遍，遂令一尘普遍法界。法界全体遍诸法时，此一微尘亦如理性。全在一切法中，如一微尘。一切事法亦尔”[③]。这是说，由第一门可知事法与真理无异，事法虽有分限，但与其理无异而能随真理遍通圆融。一一事法，即使是一微尘，也都如真理一样普遍广大，圆融无碍。第三“事含理事门”是一、二门的综合，以显示事既是事法，又含真理的两重性格。第四至九门是专论事与事的关系，即通过通局、广狭、遍容、摄入、交涉、相在以显示事与事的圆融关系。第十门是最后总结说明。

周遍含容观的要点有二：第一，它是建立在理事无碍观的基础上的。千差万别的事都是同一空理的显现，都包含同一的空理，也就是依理成事，理遍于事，理如事，理即事，由此进而从理体上推论不同事之间因同一真理而圆融无碍。也就是说，事与事的无碍是由于理与事的无碍，事事无碍的真理论基础是理事无碍。第二，事事无碍是华严宗人观门的最高境界，其间包含了以宇宙万法圆融为最高真实，也即追求以宇宙万物的和谐、圆融为最高真理的思想。

华严宗的三重观以真空观为基点，理事无碍观为中心，最后以周遍含容观为归宿。这是通过观照人生所面临的空与有（色）、理与事、事与事三大矛盾，以求把握宇宙的真实，获得精神的解脱。在三重观

① 详见《大正藏》第45卷，653页下～654页上。

②③ 同上书，653页下。

中，不讲真空，没有空理，就难以推导出理事无碍观，也不能进而成立事事无碍观。然华严宗人在观法上的兴趣和特色是讲理事无碍和事事无碍，也就是在“空”的基础上，突出了对“事”（“有”）的肯定，而这种肯定方式是圆融。对“事”和圆融的肯定，是华严宗对佛教直觉论的重要贡献。

（三）禅宗直指心性的直觉方式

禅宗自慧能以来流传久远，派别众多。若追溯到禅宗的先驱者菩提达摩禅师，则历史更为久远，派别更多。从达摩以来历代禅师的直觉思维方式的内容来看，一般说来，直指人心，见性成佛，即通过直觉式的禅修，发现自我，回归自我，是居于主导、支配地位的直觉思维。然而，禅宗的修持是一个不断演变、发展的过程，各派所直指的人心既有真妄之别，禅修方式的风格也不尽相同。下面我们将依照历史顺序来论述几个重要禅师和禅宗重要派别的直觉思维的基本内容。

1. 菩提达摩的直觉真性说

在《略辩大乘入道四行》一文中，达摩禅师阐扬了这样一种理论：众生一律具有内在的真性，体验、显发这种真性，乃是觉悟的根本，成佛的关键。他倡导的“理入”就是要求众生直接契入真性之理，也就是以真性为对象，直觉真性。他认为众生的真性平时为妄想覆盖，不能显发，为了显发真性必须修心，令心舍妄归真。他提出的修心方式是“壁观”，也即是在内心深处修持直观，这种直观要修得像耸立的墙壁那样坚不可摧，以此来扫荡各种各样的差别相，舍尽一切妄想，而与真性冥合。菩提达摩所说的直觉对象、方式、内容、目的，实为日后禅宗鲜明地提出单刀直入，直指人心，见性成佛，也即直觉心性的本原的主张提供了理论根据。

2. 道信、弘忍东山法门的“念心”、“守心”直觉方式

东山法门的禅法特别重视“心”在禅修中的关键作用，提倡“念心”、“守心”的内证方式。值得注意的是，此法门同时强调“念心”便是“念佛”，“守心”便是“守真心”。道信提倡《文殊说般若经》的“一行三昧”，即一心念佛的三昧，是一种通过念佛进而把心思集中起来的冥想法门。道信在《入道安心要方便法门》中说：“离心无

别有佛，离佛无别有心，念佛即是念心，求心即是求佛。”① 他说的念心是常修六念，即念佛、法、僧、戒、施和天。道信是依据大乘佛教的“即心即佛”思想，把念心与念佛两种修持统一起来，实质上是突出了念心的意义，同时又把念心的常修六念归结为念佛。这是一种观照自我心灵、忆念和观想佛的功德相统一的直觉方式。

守心即守住真心，就是不失真心，也就是要求保持清净空寂的心灵境界。为此，道信提倡于静处坐禅，“直观自心”，以求达到这样的境界：“即知自身犹如水中月，如镜中像，如热时炎，如空谷响，若言是有，处处求之不可见；若言是无，了了恒在眼前。诸佛法身，皆亦如是。”② 这是要求直观身心的非有非无、亦有亦无，即守住一心的真如，直观一心的佛性本体，从而为成佛提供坚实的基础。

3. 神秀的拂尘看净说

神秀的《观心论》以观心一法总摄诸法，又认为自心起用有两种差别，心既是众善之源又是万恶之本；常乐既由自心生，三界轮回也从自心起。③ 他把心分为净心和染心。神秀既强调心的功能有净染之别，这就如后来宗密所评述的那样，必然要求修行者“当知凡圣功用不同，外境内心各有分限，故须依师言教，背境观心，息灭妄念”④。观心就是要息妄，换句话说，也叫做“拂尘看净”⑤。“拂尘”，拂拭尘埃，是一个比喻，“看净”是看心净。意思是只有经常拂拭心，擦净心，不使尘埃沾染、玷污，才能保持心的清净明朗。在神秀看来，心有染净之别，观心禅修是一面排除染心，一面保持净心；排除染心是手段，保持净心是目的。只有排除染心才能保持净心，若径直地孤立地观照净心，是不能保持净心的。可见神秀直观自心的重点在于离开妄心（“离念”），这是一种对自心的反省、分解、超越的工夫，与只讲主体直接冥符净心的直觉思维是不同的。

---

① 转引自《楞伽师资记》，《大正藏》第 85 卷，1287 页上。

② 同上书，1288 页下。

③ 详见《大正藏》第 85 卷，1273 页上。

④ 《禅源诸诠集都序》卷上之 2，《大正藏》第 48 卷，402 页中。

⑤ 《圆觉经大疏钞》卷 3 下，《续藏经》第 1 辑第 14 套第 3 册，277 页。

4. 慧能的顿见本性说

慧能大力宣扬念念生起般若观照，以顿见人的清净本性的禅门直觉思维。他在《坛经》中说：“世人性净，犹如清天，惠（慧）如日，智如月，知惠（慧）常明。于外著境，妄念浮云盖覆，自性不能明。”① 又说：“汝若不得自悟，当起般若观照，刹那间妄念俱灭，即是自真正善知识，一悟即知佛也。”② 他认为人的本性是清净的，其清净有如清天，智慧是常明的，其明净如同日月，但由于本性被种种妄念所覆盖而不能自悟。若起般若观照，刹那间就会妄念俱灭，顿见真如本性，当即自成佛道。这也就是“于自心顿见真如本性”③。与神秀的拂尘看净说不同，虽然慧能也承认心被妄念所覆盖，但他认为不需要拂拭尘埃，排离妄念的工夫，不需经过繁复的修持阶段，而是要直截了当地从迷妄状态中顿见本性，直下证入佛的境地。在慧能看来，众生之所以能够顿然证入佛境，就在于般若观照具有独特的佛教智慧直觉的作用。与此相关，慧能还把“无念为宗，无相为体，无住为本”④ 三者组成一个新的系统来阐发般若观照的要求和内容。“无念”是对“百物不思”，即对各种对象不加思念、思索，“无相”是不执取对象的差别相，“无住”是不住著于任何对象。“三无”的实质是般若空观。在慧能看来，运用“三无”来展开般若空观，众生会当即息灭妄念，顿见本性，悟入佛境也即可成为现实。慧能顿见本性的直觉思维特色是，把般若空观转移、安置到众生本性上来，也就是在“三无”基础上以众生本性为般若直觉的直接对象，这是中国佛教史上直觉思维对象的重要转型。

神会继承了慧能的无念、无相、无住的思想，并进一步突出无念的地位与作用。神会认为，无念是真空实相，无念与真如没有差别，无念只是真如的不同功用而已，众生的修持是要把无念的修持和宇宙人生的本体直接相沟通，以求无念与真如的契合无间。据此，神会也

① 《坛经》[20]。
② 《坛经》[31]。
③ 《坛经》[30]。
④ 《坛经》[17]。

把无念称为圣人法。神会从本体论的角度来论证、阐发无念直觉论，是其思想的重要特色。

宗密又继承神会的无念法，并提出以“真心无念”为修行妙门的禅法。他说：“觉诸相空，真心无念。念起即觉，觉之即无。修行妙门，唯在此也。”① 这是说，觉察现象世界空而不实，真心就处于没有妄想的自如状态。心在与现象世界的接触中会产生缘虑的作用，当缘虑一起，心体立即觉察到缘虑是无自性的、空的（“觉之即无”），而不产生任何杂念，是为“真心无念”。这就是说，宗密认为修行的妙门在于觉察现象世界的空寂本质，若能如此，绝对真心就会自然显现，也就能成就正果了。显然，宗密是以直觉现象世界的本质（空寂）为无念的内容和境界的，并强调无念直觉思维就是真心的显发，真心的作用，这是他结合华严心学对禅宗直觉思维的发展。

5. 慧能以后禅师的“触目是道”说和“即事而真”说

慧能以后，经南岳怀让、马祖道一形成洪州宗，又经青原行思、石头希迁而形成石头宗，两宗又分别衍化出以临济宗和曹洞宗为代表的五宗。据法眼宗创始人文益在《宗门十规论》中的总结，临济、沩仰、曹洞、云门四宗的宗旨是相同的，都以理事圆融为中心，文益自己也持这种主张。② 至于表现理事圆融这一中心的形式，则各宗有所不同。从直觉方式的视觉来看，大体上可以说，有些禅师偏于从理的方面来体悟事的本质，主张“触目是道”、“触类是道”；有些禅师则较多地偏于从事的方面来体悟真理，宣扬“即事而真”、“触事而真”。下面我们来分析一下这两种不同直觉方式的路向、特点。

慧能以后，一些禅师张扬最多的直觉修持内容、方式是“触目是道”、“触目菩提”、“触目会道”、“触目皆如”、“触目皆是”、“触目皆真”、“触目无非佛事”、“触目无非正觉”、“触目无非道场”等。这里的“触目”即目光所到。上面几个命题的大致意思是，目光所及，即是悟道，即是真如，即是真理，即是佛道，也就是说，修持者主观视

① 《禅门师资承袭图》，《续藏经》第1辑第2编第15套第5册，436页。

② 详见《续藏经》第1辑第2编第15套第5册，440页。

线所及，无不是觉悟、真理、佛道之所在。这些禅师也常以“如何是触目菩提”来启导、考核学人。荷泽禅师宗密又把此类修持概括为“触类是道”。“触类”，指修持者的各类思想行为，“道”即佛道。意思是禅修者的任何一种思想、行为，如起心动念、弹指謦咳、扬眉瞬目和举手投足等等的心理活动和行为举止，无一不是佛性的表现，无一不合乎佛道。

“触目是道”这种禅修方式，是建立在众生佛性本有的思想基础上的。据《祖堂集》卷2《惠能》传载：“时薛简闻师（指慧能）所说，豁然便悟。礼师数拜曰：弟子今日始知佛性本自有之，昔日将谓太远，今日始知至道不遥，行之即是。今日始知涅槃不远，触目是菩提。”① 认为众生由于佛性本有，因此在修持时就能达到触目是菩提的思想境界。保唐无住禅师更明确地说：“触目皆如，无非见性也。”② 所谓触目是道，无非是直见本性，也就是直接契合事物的空性（理），这也是众生本有佛性的显现。

“即事而真”，也作“触事而真”，都是说凡所触及的现实的事相、境界，均为真如或真理的显现。如上所述，早在东晋十六国时期，僧肇就在其名著《不真空论》中说：“不动真际，为诸法立处，非离真而立处，立处即真也。然则道远乎哉？触事而真。圣远乎哉？体之即神。”③ 认为真际与诸法不相离，道与事不相离，圣与凡不相离，强调触事就是得道，触事即显现真理。慧能以后的一批禅师依据三界唯心、自心即佛的心学学说，又在僧肇的思想基础上进而阐发“即事而真”的直觉修持方式。

《景德传灯录》卷5《永嘉玄觉》云：“三乘悟理，理无不穷。穷理在事，了事即理。故次第八明事理不二，即事而真，用祛倒见也。”④ 认为悟彻事与理不相离，穷通理在于事，了悟事即合乎理，也就是觉悟到所触及的每一事象，都是真理的显现，这样就能祛除颠

---

① 《祖堂集》，49页上，北京，全国图书馆文献微缩复制中心，1993。
② 《景德传灯录》卷4，《大正藏》第51卷，235页上。
③ 《大正藏》第45卷，153页上。
④ 《大正藏》第51卷，241页下。

倒的见解。这里强调的是从直觉事象中了悟事象都是真理的体现，以此排除把真理与事象对立起来的看法。

有些禅师很重视教导弟子从眼前的事象切入，参禅悟道。如《景德传灯录》卷25《钟山道钦》载："师上堂曰：'道远乎哉？触事而真！圣远乎哉？体之则神！'我寻常示汝，何不向衣钵下坐地直下参取，须要上来讨个什么？"① 强调禅修应该向自身参悟，不要搞得神乎其神，非得上堂另讨个修持方法。《五灯会元》卷17《黄龙慧南》也载："上堂'道远乎哉？触事而真！圣远乎哉？体之即神！'乃拈拄杖曰：'道之与圣，总在归宗拄杖头上。汝等诸人，何不识取？若也识得，十方刹土，不行而至。百千三昧，无作而成。'"② "归宗"，此指江西庐山南麓归宗寺，时慧南为归宗寺住持。慧南告诫他的弟子说，道并非远不可及，圣也非高不可攀，道与圣不是在什么遥远神秘的地方，而是近在咫尺，就在身边，就在眼前，就在归宗的手杖头上。这里也是强调应在眼前的事象上悟道，即事而真。

禅宗还倡导现证，并以此解读"触事而真"的内涵。

> 今劝未省之人，观听直入。犹谷中闻响，终无异音，似镜里见形，更非他质，分明可验。自绝思量，现证无疑，复谁前后。可谓"圣远乎哉？体之即神！道远乎哉？触事而真矣！"③

认为要从观听直入，断绝思量，现证悟道。

《宗镜录》卷24云："若无妙观，日用不知，若能了知，则见一切万法皆具一心，不思议圆顿之理。故肇法师云：'圣远乎哉？体之即神！道远乎哉？触事而真！'可谓心境俱宗矣。"④ "宗"，不可言说的最后消息，最高境界。意思是说，通过妙观日用而了知万法具于一心，显现不可思议的圆顿之理，这就是"触事而真"，也可谓心与境

---

① 《大正藏》第51卷，411页上。

② 《五灯会元》卷17，下册，1107页。又，"土"字据《续藏经》本改。

③ 《宗镜录》卷39，《大正藏》第48卷，649页下。

④ 《大正藏》第48卷，553页上。僧肇所云是："道远乎哉？触事而真！圣远乎哉？体之即神！"

都进入了不可言说的境界。僧肇所言“触事而真”的“真”是指真如，空性，真理，侧重于就事法的真实本质而言，而禅师则把事法归结于心和理，转向主体自心证悟真实，并强调主体自心与圆顿之理的共通，这是和僧肇的直觉论有所不同的。

从上述可知，禅宗的“触目是道”和“即事而真”两种直觉方式，越来越强调自心的意义、作用，或把直觉方式归结为自心的外观，或把直觉方式归结为自心的内现。正是由于把直觉的方式和内容奠立在自心的基础上，禅修者主体就能在主观范畴内圆融事理，进入事理圆融的境界。

（四）净土宗的十六观门

中国佛教的念佛法门原有三种：一是口称佛名的称名念佛；二是观想佛的相好和功德的观想念佛；三是观照佛的佛身非有非空中道实相的实相念佛。东晋庐山慧远以次的净土古师大都修持观想念佛和实相念佛。到了北魏昙鸾，便同时提倡上述三种法门。后又经过道绰和善导，尤其是善导，在阐扬净土经典中影响最大的《观无量寿佛经》的十六观门时，突出地倡导称名一门。此后，称名念佛——口念南无阿弥陀佛，便逐渐形成为中国佛教净土宗的主要念佛法门了。这里，我们将简要论述富有浓厚直觉色彩的净土宗十六观门。

净土宗根据《观无量寿佛经》强调，观想阿弥陀佛极乐世界依正①庄严的十六观门，是往生西方极乐净土的门户。具体说这十六观门是：（1）日想观：修观者西向正襟危坐，由观想日落的景象开始，进而观想西方极乐世界。（2）水想观：起初观想西方茫茫大水，继观水结坚冰，晶莹剔透，如琉璃铺地。（3）地想观：观想西方极乐大地，清净庄严，了了分明。（4）树想观：观想极乐净土的宝树，婆娑多姿，美妙殊胜。（5）八功德水想观：“八功德水”是指澄净、甘美等八种殊胜的功德水。观想宝树掩映下的八功德水宝池中的出水荷花，又观想摩尼水汩汩流注其间，开演微妙的佛法。（6）楼想观：观想宝池周围绵延无尽的琼楼玉宇，观想楼阁中无量诸天作伎乐，说法

① 依正，依报与正报，都是果报。此处的依报是指佛国土，正报则是指佛身。

庄严。(7)华座想观：观想极乐世界阿弥陀佛的七宝莲花台座，庄严神妙。(8)像想观：观想莲华上座的阿弥陀佛以及观音、势至两菩萨的圣像庄严美妙。(9)遍观一切色身想观（佛身观）：从观色身相好，进而观佛心慈悲，功德法身，即由像观转而正观阿弥陀佛的相好庄严；作此想观又可见一切诸佛的美妙庄严姿态。(10)观音观：观想作为阿弥陀佛左边胁势的观音菩萨身相庄严。(11)势至观：观想作为阿弥陀佛右边胁势的大势至菩萨身相庄严。(12)普观想观：观想行者自生极乐世界莲花座上，莲花开时，普观佛菩萨遍满净土，依正庄严。(13)杂想观：不能作以上10至12观想的众生，则作杂想观，想观阿弥陀佛现遍满空虚的大身，或丈六的小身，都是真金色身。再观观世音和大势至菩萨的现身在任何地方都是同一身相，只是两大菩萨的首像各不相同。(14)上辈生想观：净土教认为，修行者依其自身的罪业与修行的不同，分为上、中、下三辈，三辈又各分为上、中、下三品，总为九品，即九个等级。上辈生想观即观想发菩提心的上品人上品上生、上品中生、上品下生三种往生的行相。(15)中辈生想观：观想善人中品上生、中品中生、中品下生三种往生的行相。(16)下辈生想观：观想恶人下品上生、下品中生、下品下生三种往生的行相；并指出下下品五逆恶人虽造作恶业，然临终遇善知识，而知具足十念称南无阿弥陀佛，也得以往生。① 以上十六观中的前七观是观佛的依报，次六观是观佛的正报，后三观是观三辈九品的往生行相。

从这十六观门来看，净土宗人的直观对象和内容有两类：一是佛，一是众生。直观正是连接众生与佛的桥梁。观佛又分两方面：佛土与佛身。观想佛土是通过观想日、水、地、树、宝楼、华座来体认其美妙庄严。观想佛身，主要是观想西方三圣——阿弥陀佛、观世音菩萨、大势至菩萨的形相庄严，并要求观行者观想自生极乐世界，自见佛菩萨的依正庄严。由此可知，直观西方彼岸的极乐世界与救世主的庄严形象，成为净土宗人的主要修行方式。至于观想九个不同等级

① 详见《大正藏》第12卷，341页下～346页中。

众生的往生行相，这是与道德修持密切相关的，是善恶不同报应的体现。值得注意的是，称名念佛原是佛教日常的宗教仪式，虽具有直觉和引发崇拜的功用，但长期以来并不作为佛教的修行方法。《观无量寿佛经》的十六观中说，教导下品恶人在临终时称念南无阿弥陀佛，也能往生西方净土，这也只是救急救难的方便。善导等净土宗人则突出称名念佛是唯一的念佛法门和根本的修持方式，这是净土教门直觉思维方式的重大而深刻的变化，这种变化深入到中国广大民众之中，深刻地影响了下层佛教信徒修持方式和理想归宿的选择。

第三节　中国佛教直觉思维的主要特点

综上所述，中国佛教的直觉思维内容丰富，异彩纷呈。在中国哲学史上，中国佛教对直觉思维展示之充分是超过其他任何哲学派别的。从中国佛教直觉思维的历史演变中，我们可以简要地总结其发展过程、对象、途径和类型，以及不同于印度佛教和中国儒、道哲学直觉思维的主要特点。

中国佛教直觉思维在不断融会整合的过程中发展演变和日益中国化。早期是禅观与般若直观并行流传，随后是两者的融合，后来又相继融合了净土观门、佛性思想，在隋唐时代，更是经过综合创新，形成了天台、华严、禅等宗派的各富特色的直觉方式。

中国佛教思维的对象纷繁而众多，然概括起来，主要是众生、心、理和佛四类，在四类中又以后三类为主。观心，有观妄心与观真心之别，还有观真性、观佛性、观自性之说。对于理的直觉，一般地说就是观空（空性），在佛教看来，真理是宇宙真实本质（空）的反映，那么观照真理也就是体悟空理。但自南朝竺道生以来，尤其是天台、华严、禅诸宗则往往把理与佛性结合起来作为观照的对象。至于观佛，中国佛教则偏重于从诸佛中选择西方三圣，特别是其中的阿弥陀佛作为主要的观照对象。

中国佛教直觉思维的途径、类型是丰富多彩的，如有内观与外观，静观与动观（结合日常行为观照），横观、纵观与直观，空观、假观与中观等。又，就内观而言，有观心、念心、守心之别；就外观而言，则有对外界事物进行观照的，也有联结主体的日常生活与客观对象进行体悟的。此外，还有长期对峙的顿悟与渐悟，等等，不一而足。

中国固有哲学也拥有丰富的直觉思维资源。如道家老子提倡“玄览”（《老子·十章》），强调要以深刻的静观去合乎“道”。庄子也主张运用“心斋”（《庄子·人间世》）、“坐忘”（《庄子·大宗师》）、“忘己”（《庄子·天地》）的直觉方法与“道”合一。儒家孟子认为“万物皆备于我”（《孟子·尽心上》），并进而提出“尽心知性知天”（同上）的学说，认为彻底发挥主体心的作用，就能悟知性命天道。《庄子·外物》篇还提出“得意忘言”说，《周易·系辞》也主“言不尽意”说，后来三国时魏国玄学家王弼在其《周易略例·明象》中还提出了“得象忘言”、“得意忘象”说。中国固有哲学的直觉论与印度佛学的直觉论是相通的，中国佛教学者把两种直觉论融合起来，创造出新的直觉方式，从而不仅发展了印度佛教的直觉论，也丰富了中国固有哲学的直觉论。可以说，中国佛教重视观空是区别于中国固有哲学直觉论的根本特点，而中国佛教重视把自心与真理、本体结合起来进行观照，以及鲜明的圆融直觉思维，则是有别于印度佛教直觉论的主要特色所在。

还值得提出的是，从中国佛教直觉思维内容来看，直觉思维是与分析思维对立的，但这种对立又不是绝对的。这从佛教三种般若智慧、解悟与证悟、渐悟与顿悟的关系，以及拂尘看净等主张中都是不难看出的。

第三十一章

中国佛教的语言观

语言是社会成员与他人交际、交流的工具，而文字是表现、记录语言的符号系统，没有离开语言而独立发展的文字。由什么样的语言来称呼事物，并非由事物本质和特性决定，而是社会成员主观选择、长期约定俗成的结果。语言作为人类社会交流、生存与发展的根本性条件，一方面在社会生活中发挥了极为重要的作用，一方面又由于人与人、言与意、意与象、名与实等之间存在种种差异和矛盾，语言交流也势必存在种种困难和局限。

佛教教人解脱生死痛苦，追求超越境界，它是在“语言、体悟、境界”的整体脉络中使用语言、规范语言、定位语言、崇拜语言和排拒语言的。佛教以语言为工具，记录、传播、弘扬佛法，而如何透过语言符号表达自身的超越性体验，并使他人能够领会这种超越性体验，却是佛教修持和佛教传播中根本性的课题。佛教宣称“语言道断”，也即终止语言在体悟阶段和进入最高境地的功效。通过语言而超越语言，运用语言而排拒语言，这就是佛教语言观的基本模式。

佛教在长期的发展与演变过程中，逐渐将字母、语言、名称与事物或神灵建立起某种神秘的联系，并带来了人们对语言的迷信与崇拜，这方面最具代表性的有密教、净土宗等。禅宗有些禅师视佛教经典为“鬼神簿”、“拭疮疣纸”，是强烈排拒语言的先锋，但同时又是灵活运用语言的典范，为语言学发展作出了特殊的贡献。

本章将依历史的顺序论述中国著名佛教学者和佛教宗派，尤其是禅宗的语言观，探讨中国佛教对语言功能的看法及其“语言游戏”的重要规则和语言现象的宗教意义。在论述中国佛教语言观前，我们先简要地回顾一下印度佛教和中国固有学派的语言观。

第一节　印度佛教语言观略述

印度佛教创始人释迦牟尼十分重视语言的性质与功能、运用与效果，把言说视为众生修行的一个重要方式。他把众生的生活实践或一切行为，分为三类，即身体的动作、口部的言说、意识的思维，也就是身、口、意的作业，称为“三业”。三业各有善恶之分，口业也有正与妄、善与恶之别。佛教提倡口善业，反对口恶业。释迦牟尼提出的修行实践的总目“八正道”中有一项就是“正语”，即要求修行者言说要符合佛教道德标准和道德规范。在佛教徒必须遵守的最基本的五禁戒中，有一戒便是“不妄语”，即不得胡言乱语，言不及义，讲虚假狂妄之言。印度佛教还进一步把身、口、意三业细化为十业，其中口业就占四项。这四项又分为善、恶两类。口四恶业为妄语、两舌（搬弄是非）、恶语（谩骂）、绮语（猥亵冗谈），与此相反的，则为口四善业。显然，口四业强调的是和谐人际关系和提升信仰的重要意义，是佛教修持的重要道德规范。

部派佛教对语言与其所表述的意义的关系，以及语言自身有无实体的问题，众说纷纭。有的部派佛教认为：“佛亦有不如义言……诸经有不如义而说虚言。”① “佛所说经非皆了义。”② 有的部派佛教则认为：“佛所说一切三藏……悉皆如义，无有虚言……佛所说经皆是了义。”③ “义”，义理。“了义”，佛教的彻底义理，佛教真理。“不了

① 《总料简章》，《大乘法苑义林章》卷1，《大正藏》第45卷，245页上。
② 同上书，246页上。
③ 同上书，245页中～246页上。

义”，经验的相对的道理，方便权说的义理。从引文来看，部派佛教对佛所说法是否都是佛教义理有两种截然相反的看法。一种是说佛和诸经所说的并非都是“了义”，也有些是虚言，是“不了义”；另一种认为佛所说的都合乎佛教义理，没有虚言，都是了义。持后一种说法的部派佛教还认为，治佛法的一项重要原则“依了义不依不了义”所指的“不了义”，是指佛教以外“外道”所说的不了义经，并非是说佛教内部有不了义。

佛教教法是使众生生起正解，那么佛经所说的教法，佛所说的经典以何物为体？也即教体或经体是什么？部派佛教的共同看法是，都认为声（声音）、名（事物之名）、句（语句）、文（字）是教法之体即教体。但对声、名、句等的有漏（漏，烦恼）、无漏、假实，则有不同说法。据唐代窥基在《大乘法苑义林章》中的论述，部派佛教关于教体共有六说：一、无漏实有的声、名、句；二、无漏而假立的声、名、句；三、有漏无漏的声；四、通于有漏无漏的假、实之声、名、句；五、实有的名、句、文；六、有漏的声上假取屈曲能诠的名、句。[①] 从以上六种教体看来，语言的性质存在着有漏与无漏、假立与实有的区别。

部派佛经中，对语言性质的不同看法，以说一切有部和经量部最具代表性。说一切有部以实在论的立场，主张“法体恒有”，即认为万物都具有永不消失的实体，强调作为万法的一类名、句、文也是实有的，语言文字即使离开声音也还有表诠的作用。说一切有部强调语言既不是物质的东西，也不是意识和心理状态；语言不是伴随心灵而起，而是依物质现象和精神现象的分位，由人思想造作而成。说一切有部认为，语言的要素有名身、句身、文身三种。身是集合的意思。名身，描述诸法自性；句身，描述诸法差别；文身是名与句的依附和基础，三者共同构成语言。说一切有部认为，语言是世界构成的实在要素之一。[②] 经量部以心物二元的立场，否定说一切有部的万物实有

① 详见《大正藏》第45卷，251页中、下。

② 详见《分别根品》第2之3，《阿毗达摩俱舍论》卷5，《大正藏》第29卷，29页上、中、下。

的论说，认为只有心与四大“地、水、火、风”是实有的，而语言是非实有的，是假有。经量部认为，“名”等语言是“假声体实有”，而声本身并没有诠表的作用，“名”只是通过不完满的、嘈杂的声音曲折地表述事物的假名。①

在佛教史上，一般被视为由小乘空宗向大乘空宗过渡的著作《成实论》认为，宇宙万物都是无实体的假象，是假名。此论还把假名分为两种：“假名二种：一因和合假名，二法假名。”②“假”是权宜施设的意思。“假名”，虚假空名。“因和合假名”，如人，系五蕴因缘和合而有，人是假名。“若坏众生，是假名空。”③ 众生是假名，其坏灭即为空，是为假名空。也就是说，举凡事物就其形成而言，都为因缘和合的事物，都是假名，最终都归于空。“法假名”，就事物本质而言，万法从众缘而生，本无自性，无实体，但有名称，是为“法假名”。《成实论》的假名说有两层意思：一是，人和法都是假名，即一切因缘和合的东西都是以虚设的名目来表示的假名；二是，客观上并不存在与虚设空名相应的实在东西。假名这两层意义，是对语言实有说的进一步否定。

大乘佛教普遍否定语言的实在性，但同时又强调离不开语言的教化作用。大乘佛教般若学派（空宗）的般若学说，对语言文字的空性多有论述，在阐发语言文字的空性方面，可谓独树一帜。

般若学派认为，以般若智慧观照空理，是把握宇宙人生实相（空性）的根本途径和方法。这种观照是无需语言、排斥语言的。《放光般若经》卷1云：“菩萨行般若波罗蜜，不见诸法之字，以无所见，故无所入。”④“般若波罗蜜”通过智慧到达彼岸。意思是说，般若观照是不见一切事物的名称（字），是以无所见，无所入，而冥合空理。《大般若经》云：“我曾于此不说一字，汝等不闻。……甚深般若波罗蜜多文字言说皆远离故。由此于中说者、听者及能解者皆不可得。”⑤

① 详见《总料简章》，《大乘法苑义林章》卷1，《大正藏》第45卷，251页下。
② 《灭尽定品》，《成实论》卷13，《大正藏》第32卷，345页上。
③ 《灭法心品》，《成实论》卷12，《大正藏》第32卷，333页上。
④ 《大正藏》第8卷，4页下。
⑤ 《大般若经·初会第二十三〈诸天子品〉》，《大正藏》第5卷，454页中。

又云："我于诸法都无所见，是故我今默无所说。……甚深般若波罗蜜多，不可宣说，不可显示，不可戏论。"① 这是说，般若是远离文字言说的一种智慧直觉观照，在观照时对一切事物都无所见，无所入，也不可说，不可解，不可显示；故此，佛对此是"不说一字"，"默无所说"。

同时，《大般若经》又从假施设的角度来论说般若："云何般若解知诸法，谓诸法异，名言亦异。然一切法不离名言，若解诸法，若知诸法，俱不可说；然顺有情所知而说，故名般若。"②《大般若经》强调，指称万物、表述万物的差异，又离不开名言，佛正是顺应众生了解万物的需要而说，这也是般若。后来把这种般若称为"文字般若"，是专为显示般若空理的文字言说。因其方便众生分别诸法，认识现象世界，又称为"方便般若"。由此可见，般若学主张究极的真理（普遍的空理）不可说，缘起诸法（假有）则可言说，这也是佛教著名的真俗二谛说立论的重要根据之一。

大乘佛教中观学派创始人龙树继承与发展了般若性空思想，提出远离空、有（假名）两端，以臻于超越的理境，形成了独特的般若中观学说。龙树把语言、定义与对象联系起来，否定语言的实在性，他说："相法无有故，可相法亦无；可相法无故，相法亦复无。……是故今无相，亦无有可相；离相可相已，更亦无有物。"③ "相"、"法相"，指事物的相状、现象。"可相"、"可相法"，表示现象（对象）的名称、概念、定义。龙树认为，现象不是实有（空）的，指称现象的名言也是空的；指称现象的名言是空，现象也是空。既然现象是空的，指称现象的名言也是空的，当然也就一切皆空了。现象及其指称的名言都是空，也就更没有其他实体性的东西了。从语言学角度来看，这是从现象的空性和名言对现象的不可表述两个方面论证语言的空性、假有。同时，龙树在缘起性空思想基础上，又把空

① 《大般若经·第十六会〈般若波罗蜜多分〉之五》，《大正藏》第7卷，1090页下。
② 《大般若经·第十六会〈般若波罗蜜多分〉之一》，《大正藏》第7卷，1068页上。
③ 《观六种品》，《中论》卷1，《大正藏》第30卷，7页下。

和假名联结起来，说："众因缘生法，我说即是无（空），亦为是假名，亦是中道义。"[①] 又说："空则不可说，非空不可说，共不共叵说，但以假名说。"[②]"非空"，缘起有。"叵说"，不可说。这是从假名形成的角度来说，一切由因缘和合而成的事物，本无自性，是空；由因缘和合而呈现出的事象，人们以名字指称之，分别之，这是假名。观照事物要兼顾空和假名两个方面，不执一端，以合中道。这也就是空、非空以及空与非空三个层面，从本质上看都不可言说，定要言说的话，只能是假名而已。龙树还说："菩萨因是陀罗尼，分别破散诸字，言语亦空，言语空故名亦空，名空故义亦空，得毕竟空。"[③]"陀罗尼"，意为总持，总体把握，也即记忆术。由记忆一法一文一义，来联想、总持一切法一切文一切义，不使散失。龙树所说的意思是由总持文义，而分别破字，由字空而语言空，而名空，而义空，最后归结为毕竟空。龙树的般若中观思想是在缘起性空思想基础上对假名的意义、作用的否定与肯定。

最高真理是语言难以表达的，但弘法又需要借助语言来表达，为此，佛教对语言的表达通常采用两种方式：正面的肯定式与反面的否定式。前者是通过显示事物的属性来诠释事物"是什么"，称为"表诠"。后者是通过排除事物的属性来诠释事物"不是什么"，称为"遮诠"。佛教尤其是般若学系统，认为语言只能表示相对的现象，作用是有限的。最高真理是超越多种相对现象之上的绝对者，必须通过"遮诠"，即通过"不"、"非"、"无"、"离"、"绝"等否定式的表述来表示最高真理。如龙树就以"不生亦不灭，不常亦不断，不一亦不异，不来亦不出"[④] 来显示绝对的真理，显示绝对真理的中道。同时，也有一些重要佛教经典除阐述"遮诠"方式外，也阐述"表诠"方式，对如何运用语言宣传佛法，提供了多种途

① 《观四谛品》，《中论》卷4，《大正藏》第30卷，33页中。

② 《观如来品》，《中论》卷4，《大正藏》第30卷，30页中。

③ 《大智度论》卷48，《大正藏》第25卷，409页中。"陀罗尼"，指记忆术外，又指真言、密语、咒文。

④ 《中论·观因缘品》，《大正藏》第30卷，1页中。

径和方式。

同样阐发性空之理的《思益梵天所问经》谓，佛根据众生的水平、能力、根机的不同，以五种力用而有五种说法方式，称为“五力”。文云：“何谓如来所用五力？佛言：一者言说，二者随宜，三者方便，四者法门，五者大悲。”① “言说”，是说三世、世间出世间、有漏无漏、有为无为等法，是契合真理的言说。“随宜”，佛随宜而作种种变通的说法，以净法垢法为例，对不了解垢法本性的，是以“垢法说净”；对贪恋净法的，则以“净法说垢”。又如说生死即涅槃，或说涅槃即生死，也是随宜说法。“方便”，如说布施得大富，持戒可升天等等，是灵活善巧的说法，易于使众生发心，勤奋精进，努力修持，尽早脱离苦海。“法门”，是说一切诸法皆是所入的解脱门。如眼、耳、鼻、舌、身、意是解脱门，色、声、香、味、触、法也是解脱门，其他法也都是解脱门。此经强调“如来于一切文字中，示是解脱门”②。“大悲”，如来为使众生信奉佛教真理，生起三十二种大悲，针对不同众生的不同执著，广为说法，以救度众生。“五力”说肯定了语言文字的说法功能和宣说佛法的灵活运用方式。

《妙法莲华经》则称“诸佛亦以无量无数方便、种种因缘譬喻言辞而为众生演说诸法”③。重视采用譬喻、象征等文学语言和文学手法来宣扬佛法，与重视采取否定式语言的文风显示出不同的风格。但是这些形象的言辞也只是表述、把握佛法的方便手段，从根本上说，还是“止止不须说，我法妙难思”④。佛法不仅不可言传，也是难以思议的。《妙法莲华经》认为，宇宙万物的本来面目不是众生通过语言所能把握的，“唯佛与佛乃能究尽诸法实相”⑤。只有具足智慧的佛与佛才能直接体悟了知、究极穷尽宇宙人生的真实本相。也就是说，语言在“究尽诸法实相”体悟最高真理方面是苍白无力的。

---

① 《大正藏》第15卷，40页下。

② 同上书，41页中、下。

③ 《方便品》第2，《妙法莲华经》卷1，《大正藏》第9卷，7页中。

④ 同上书，6页下。

⑤ 同上书，5页下。

《维摩诘所说经》从探求最高真理的方法论角度论及表达真理的方式说：

> 问："文殊师利，何等是菩萨入不二法门？"文殊师利曰："如我意者，于一切法，无言无说，无示无识，离诸问答，是为入不二法门。"于是文殊师利问维摩诘："我等各自说已，仁者当说，何等是菩萨入不二法门？"时维摩诘默然无言。文殊师利叹曰："善哉！善哉！乃至无有文字语言，是真入不二法门。"①

"二"指两端，如有与无、生与灭等。"不二法"是远离有无、生死等，超越一切相对的两端的绝对境地、最高真理。"门"，门径，方法。怎样悟入"不二法门"呢？从上述引文来看，"默然无语"，"无有文字语言"为真正悟入不二法门的门径。这是从佛教方法论的角度强调，对于绝对境地、最高真理来说，用语言文字来表达是无济于事的。

阐扬众生佛性与涅槃成佛学说的《大般涅槃经》把语言分为七种，文云：

> 如来说法为众生故，有七种语：一者因语，二者果语，三者因果语，四者喻语，五者不应说语，六者世流布语，七者如意语。②

佛就现在的因来说未来的果是"因语"，就现在的果说过去的因是"果语"，就一事说过去的因与未来的果是"因果语"，巧说譬喻是"喻语"，只为教化特定众生而说的与理不相应的语言，为"不应说语"，随顺世间流行的语言为"世流布语"，佛为教化众生，方便而说，悉如其意，为"如意语"。这七种语言是对佛经所运用的语言类型所作的总结，表现出对佛教语言多重性、灵活性的肯定。《大般涅槃经》一面认为宇宙万法是由因缘和合而显现，是"可说"，"有因缘

① 《入不二法门品》第9，《维摩诘所说经》卷中，《大正藏》第14卷，551页下。
② 《迦叶菩萨品》第12之3，《大般涅槃经》卷36，《大正藏》第12卷，574页上。

故，亦可得说”[1]。一面又认为就宇宙万法的本质而言是“不可说”：“不生生不可说，生生亦不可说，生不生亦不可说，不生不生亦不可说，生亦不可说，不生亦不可说。”[2] 这同样是根据缘起法理论，说“生”即是“不生”（“无生”），“不生”即是“生”，“生”与“不生”不可分割。为什么“生”与“不生”都不可说呢？因为无自性，不可执著，是为“不可说”。“生”与“不生”不可说，也就是“不生生”、“生生”、“生不生”、“不生不生”都不可说，这是强调宇宙万法的本质、实相是不可言说的，涅槃最高境地是不可言说的。

宣扬唯识思想的《解深密经》，联系阿赖耶识种子学说来论证言说的作用，阐发了“言说随觉”和“言说习熏”等命题。[3] 所谓“言说随觉”是说，言说是分别觉知对象的媒介，由言说而觉知对象，觉知对象由言说而显现。所谓“言说习熏”是指，由言说而带来的习熏，即言说产生的作用、影响。人由第六识发出言说，又听闻他人的言说，所有这些言说都熏附于阿赖耶识的种子上面，留下了习气、习惯，影响以后的行为，这也称为“名言种子”。这是强调言说会渗透、影响心理的深层，然后再转而影响未来的行为。“言说习熏”是对语言功用的新说，是对早期佛教口业说的新发展。《解深密经》还把唯识说所说的遍计所执性与语言沟通起来，强调语言不能表示最高真理。此经认为，无论是有为法，还是无为法，都是“本师假施设句。若是本师假施设句，即是遍计所执，言辞所说。若是遍计所执，言辞所说，即是究竟种种遍计，言辞所说，不成实故，非是有为……非是无为”[4]。“本师”，释迦如来。《解深密经》认为，有为法、无为法都是佛方便教化众生而假施设句，这些言辞是空的，不真实的。《解深密经》还认为，佛教的最高真理（“胜义谛”）是“内证无相之所行，不可言说绝表示，息诸诤论胜义谛，超过一切寻思相”[5]。内在体验，

①② 《光明遍照高贵德王菩萨品》第10之1，《大般涅槃经》卷21，《大正藏》第12卷，490页中。

③ 详见《无自性相品》第4，《解密深经》卷2，《大正藏》第16卷，694页下。

④ 《胜义谛相品》第2，《解深密经》卷1，《大正藏》第16卷，688页下～689页下。

⑤ 同上书，690页上。

证悟真理是无相，不可言说，绝诸表示，息诸净论，超越一切寻思的境相。只有言语道断，才能契合最高真理。对于把握最高真理来说，言说不但无济于事，且还是妨碍内证，冥合真理的外在障碍。

宣说唯心思想的《楞伽经》，也赞同“一字不说”的观点。经文说：“我从某夜得最正觉，乃至某夜入般涅槃，于其中间，乃至不说一字，亦不已说当说。”① 这是讲佛自身的证悟，说佛经过长期的修持，最后于某夜觉悟，乃至于某夜进入涅槃境界，这是一种自证之道，是任何语言文字无法说明的，也没有用一字来说明。这也可以引申说，佛虽教化近五十年，天天说法，开示八万四千法门，但是就如何获得佛法的究极而言，是不须言说，不能言说，也即是超越语言的。

公元7世纪后半叶，印度佛教内部兴起了密教，提倡秘密地修持佛法，其方式之一是秘密地宣说教理（“语密”，“口密”），从而在语言运用上又开辟了新的途径。

密教修持语密，就是口诵“真言”。真言即是所谓真实而无虚假的语言，是含有深奥佛理和特殊灵力的秘密语言，也称为咒语、密语、陀罗尼等。早在大乘佛教的显教经典中，就有载录咒文的“陀罗尼品”。中国人翻译印度佛典时，对真言一般也都不作翻译，而是直接采用其原来语音。密教认为，念诵或书写真言，能得到与真言相应的功德：一方面是消除罪障，祛除厄运，一方面是得到开悟，即身成佛。

佛教有“四十二字门”和“五十字门”等说，密教最为重视此类法门并加以发展。四十二字门是一种以四十二个梵文字来表示般若空观的法门。②《大智度论》卷48云：“四十二字是一切字根本，因字有语，因语有名，因名有义。菩萨若闻字，因字乃至能了其义。”③ 认为四十二个字是一切字的根本，总摄了一切语言，修持四十二法

① 《一切佛语心品》之3，《楞伽阿跋多罗宝经》卷3，《大正藏》第16卷，498页下。

② 详见《大智度论》卷48、89，《大正藏》第25卷，407页下～409页中、685页上、686页下。

③ 《大正藏》第25卷，408页中。

门，就可体悟诸法实相。五十字门的五十个字是梵语的四十六个母音字和子音字，另外四个是较为罕用的字。密教认为，五十字门是绝对不变的，它遍满了三世十方，其作用与四十二字门一样，是同类的重要修持法门。

梵文字母有形（书体）、音（发声）、义（意义）三要素。密教在字的形、音、义基础上，进而立“字相”与“字义”二门。字相是按通俗的语源而观照其意义，字义是顺着字相对梵字的内在意义作深入的观解。这就是说，字有轻重的差别，对字应当作浅显与深秘两种不同的解释，字相为轻，属一般的解释，字义为重，唯密教所独有。这也是密教的真言观法。

例如，密教最为重视的“阿”字。“阿”字是梵语字母之首，也是母音之首，古代印度认为这是一切音韵与语言之根本。密教进一步认为，人们开口成音，必有阿字声，离开阿字声，就没有言说；又书写运笔，始必有“、”，称为“阿点”，由此又以阿字为众字之母。据此引申，密教还认为佛教和“外道”的一切教法都是由阿字产生的。密教强调，语言文字是实在的，阿字是语言文字的根本。就阿字的字相即原来的字义而言，因在文法上作否定词用，故阿字有无、非、不等否定的意义。就字义即宗教哲学的涵义而言，阿字的意义是本不生、不可得。阿（a）是 Ādi 和 Anutpāda 两字的第一个字母，因前一字是原初的意思，后一字是不生的意思，所以，阿字含有原初不生的意思。密教由此引申认为阿字有“本不生”的意义，本不生即本来不生，也就是空。密教宣扬阿字是万物的根源，本不生是万物的体性。也就是说，万物的本原即是自身，除自身之外，并没有其他生起的原因。万物本来存在，表现本来面目，也就是本来不生，就是本来空寂。

密教提倡阿字观，并以此为最重要的观想法门。所谓阿字观，就是把宇宙人生、万事万物都作阿字来观想。其主要观想方法是，画一轮明月，在月轮中写有阿字；再在其中或下方画莲花，修持者面对此图像上的阿字，默默端坐，专心观想，以求体悟宇宙万有的自体是本来不生，即空的道理，了知自身的本原，由此开显众生本具的佛性，菩提心，成就福智，进而求得解脱，即身成佛。这可说是突出文字修持功能的典型。

从以上的简要论述来看，印度佛教语言观是与其教化众生的需要相适应的，也是与其宗教修持实践融为一体的，而且还是与佛教流派的历史演变密切相关的。佛教不同流派弘法和修持的需要，决定了这些派别对语言的看法和运用。早期佛教的因果报应思想与八正道修持方式，要求把语言分为正妄两类，并提倡正语，正确运用语言。部派佛教在教理与实践上产生分歧，相应地对语言是实还是空也形成了对立的观点。与般若空观——中观修持相一致，大乘空宗在语言观上大力宣扬假名说，大乘有宗则与转识成智的修持相呼应而高扬言语熏习说。至于密教则以秘密修持文字语言为重要的解脱途径。可以说，印度佛教对语言进行了多方面的运用，对语言现象进行了多角度多方位的探讨，形成了内涵丰厚、极富特色的语言观。

就理论思维角度来看，印度佛教语言观中最值得关注的是语言类型、语言性质与语言功能等问题。

印度佛教重视对语言类型的区别，区分的重要标准是道德准则、果报法则和不执著原则，由此而有正语与妄语、因语、果语，以及方便语、喻语与否定语（遮诠）等不同类别，以适应修持实践的需要。在诸多语言类别中，佛教为了体现不执著原则而大量运用的比喻语言与否定语言，分别对文学语言和哲学语言作出了重要的贡献。

对语言性质的探讨，主要从五个方面展开：一是从道德价值出发判别出正与妄、善与恶等不同性质的语言。二是从语言现象自身，如声音的实或空，有漏或无漏区别其不同性质。三是从语言与其指称的对象是否一致，来判断语言的真假。四是从语言与其反映的真理是否符合，来判断语言的真假。五是从语言能否穷尽意义来论定语言的真假。

关于语言的功能，印度佛教也有充分的论述，区分了语言发挥作用与不能涉足的领域。归结起来，其语言作用表现在：一是在世俗领域，语言利于人们识别事物和彼此交流共处。二是佛教经文作为文字般若便于教化众生。三是语言是造业的因，内含产生果报的作用，犹如种子会结果一样。四是如密教，以语密为根本性的修持方式之一。同时，印度佛教认为，在以下三个领域佛教语言是无能为力的：一是证悟体验方式，即直觉修持是排斥语言参与的。二是佛教经典文字表述背后的究极义理是文字所不能穷尽的，也即佛教的最高真理是非语言文字所能契合的。三是佛教的终极境界也非语言文字所能凑泊。

总之，印度佛教一方面充分运用语言，一方面又坚定地排拒语言，这种看似矛盾的现象，正是教化众生、修持实践和追求超越境界的多重需要的反映。

第二节　中国儒家、道家、玄学家的语言观略述

与印度的声音语言不同，中国使用的是形象语言。中国语言是通过形象符号来模仿、模拟自然，以象征、显示世界，进而认识、把握对象。也就是说，形象语言表示主客关系的一体相即，主体运用形象语言以整体地把握对象。由于主客是统一的，形象语言就成了象、言、意三层结构体。中国形象语言中，语言的结构法则、语言与所指对象的关系以及语言与使用者的关系也是统一的，即语法学、语义学和语用学三者是合而为一的。语用虽有外在的语法制约，但内在的“意”是主客交融而呈现的形象，“意”既为“象”，而“言”又是形象的，就是说，“意”可变成“象”和“言”，也可变成“无象”和“无言”。与此相应，中国形象语言对名词、动词、助语的形态不加分别，而是要求主体通过语用环境、条件的差异去领会、体验语义。

中国和印度都是世界上最早研究语言的国家。先秦时期的名家和墨家对名言、概念都有过精辟的研究，而对后来影响最大，特别是对中国佛教语言观产生深广影响的当数儒家、道家以及后来的魏晋玄学家。

一、儒家重社会功能的语言观

儒家从人本主义立场出发，重视分别语义性质和发挥语言功能的作用。强调语言的运用是个人生命存在的形式及社会存在和发展的条件，从而密切地结合社会政治、伦理道德、为人处世来阐发其语言观

念，形成了以论述语言社会功能为中心的语言观。

孔子提出了“知言以知人”的观点。他说：“不知言，无以知人也。”（《论语·尧曰》）领会、分辨不了说话人所表达的意思，就不可能真正认识说话的人。也就是说，知其言可知其人，强调语言能反映一个人的品德和修养。孟子发挥说：“何谓知言？曰诐辞知其所蔽，淫辞知其所陷，邪辞知其所离，遁辞知其所穷。——生于其心，害于其政；发于其政，害于其事。”（《孟子·公孙丑上》）孟子认为所谓知言，就是能辨别出四种语言的涵义。这就是，要善于通过片面偏颇之辞，体会出被遮掩掉的另一面；透过夸张的不实之词，识破其隐含着的假和空；通过邪说，能分析出所背离的正道；通过闪烁其词，而抓住它的理屈所在，也就是能听出语言的弦外之音，含藏之意，才是真正知其言。同时，孟子又将知言与知政、知事联系起来，认为这四种语言施之于政则害政，施之于事则害事。由知言而知人，发展到知言而知政，知言而知事。《论语·子路》篇载文，鲁定公问孔子，是否有这样的语言，一句话可使国家兴盛，一句话也可使国家衰亡。孔子回答说，不能这样简单地讲一言兴邦，一言丧邦。但如果国君懂得做国君的艰难，因而谨慎处理国事，这也接近于一句话可使国家兴盛；如果国君说话不正确又无人帮助纠正，这也接近于一句话可使国家衰亡。孔子认为语言对于政治的清明昏暗，国家的兴衰存亡是至关重要的。

孔子要求语言合乎道德，语言与行为一致。《论语·宪问》篇云：“有德者必有言，有言者不必有德。”意思是说，有道德的人，一定能说出有意义有价值的语言，而能说出有价值的语言的人，未必就有道德。《论语·学而》说：“巧言令色，鲜矣仁！”《论语·卫灵公》说：“巧言乱德。”孔子认为花言巧语不仅是不道德的，而且还会造成道德的混乱。《论语·卫灵公》篇又提倡“言忠信”，诚而有信。《论语·学而》篇提倡同朋友交往，要“言而有信”，也就是说话要言而由衷，言而有信，一言既出，驷马难追。孔子还主张“言必信，行必果”（《论语·子路》），强调言行一致。又说：“君子耻其言而过其行”（《论语·宪问》），孔子赞赏少言多做，反对只说不做，言行不一。孟子也提倡“言语必信”（《孟子·尽心下》）。同时又说：“大人者，言不必信，行不必果，唯义所在。”（《孟子·离娄下》）“大人”，指道德高尚的人。孟子说的“义”即合乎道理。他认为德性高尚的人，说话倒不一定句句信守，行为不一定要事事兑现，只要言行符合道理，依理而行就是了。

对有道德的“仁人”、“君子”的言论，孔子要求在内容方面“非礼勿言”（《论语·颜渊》），在态度上要求谨慎，说：“仁者，其言也讱”（《论语·颜渊》），“君子欲讷于言而敏于行”（《论语·里仁》），“君子……敏于事而慎于言”（《论语·学而》），“讱”、“讷”，意为迟钝。这里的迟钝是指语言谨慎，孔子主张“慎言”。同时，孔子也强调语言要生动有文采。《左传·襄公二十五年》载有孔子的一段话：“《志》有之：‘言以足志，文以足言。’不言，谁知其志？言之无文，行而不远。”孔子借用《志》的话来说明，内心的志向、主张，一定要用语言把它表达出来，而且要表达得有文采，这样才能影响深远。这里讲的是言与志、言与文的关系，就是语言与思想内容、语言与表述形式的关系，强调了语言文采对强化语言功能的重要作用。这是一个很重要的语言观念，影响很大。

二、道家语言观的四要点

道家学说是追求自然而然地合乎大道的生命哲学，为了体悟宇宙整体存在及其规律，实现终极追求，道家就宇宙整体存在及其规律、差别存在、意识三者与思想语言的关系进行了深入的揭示，构成了与儒家风格迥异的语言观，对佛教语言观的影响之大也远在儒家之上。

道家语言观的要点归结起来大致有以下四个方面：

其一，道不可名。《老子》开宗明义就提出“道”与“名”的对立范畴，说：“道，可道，非常道；名，可名，非常名。”（《老子·一章》）“道”，宇宙的普遍规律。“名”，名称，概念。意思是说，道，如果可以解释、说明的话，它就不是恒常的普遍的法则；名，可以称呼出来的话，就不是恒常持久的称呼。老子说，道是不可言的，是无以名状的。所以《老子·四十一章》又说：“‘大音希声，大象无形。’道隐无名。”大的声音是听不到的，大的形象是看不见的，道是隐微无名的。《庄子·秋水》也说："可以言论者，物之粗也；可以意致者，物之精也；言之所不能论，意之所不能察致者，不期精粗焉。"认为能够用语言加以议论的，是那些粗犷的事物；可以意会的，是那些精致的事物；至于既不能议论，又不能意会的，不在精粗之内，不能以精粗论之。这里所说的"不期精粗"，就是指大道而言的。《庄子·知北游》说："无始曰：'道不可闻，闻而非也；道不可见，见而非也；道不可言，言而非也。知形形之不形乎？道不当名。'"这是说，道是超乎闻听、视见、言说之外的，它以无形而主宰着有形之物，它是妙不可言的。这种说法与《老子·二十五章》所说的"吾不知其名，字之曰道"是完全一致的。这都是说，语言对宇宙的普遍规律是难以名状，不可表达的。

其二，"名止于实"与"所言者特未定"。庄子说："名者，实之宾也。"（《庄子·逍遥游》）"实"，物的客观规定。这句话揭示了名与实的关系，肯定了"名"从属于"实"。《庄子·至乐》也说："名止于实，义设于适，是之谓条达而福持。""止"，限。"名止于实"，名符其实。这是说，名称要符合实际，义理得当，是为心情畅顺，幸福常在。庄子在名从属于实的基础上，肯定了名表达相对事物的功能、作用，同时又强调语言的不确定性。他说："夫言非吹也，言者有言，其所言者特未定也。……道隐于小成，言隐于荣华。"（《庄子·齐物论》）庄子认为，说话就有实际内容，并非吹气，然而所说的内容是"特未定"，即是不确定的，可以改变的。在名词、概念、言说与客观实际事物之间的关系问题上，庄子既肯定了语言功能的一面，又指出其局限的一面。

其三，"意之所随，不可言传"与"言者在意，得意忘言"。《庄子·天道》篇云：

> 世之所贵道者，书也，书不过语，语有贵也。语之所贵者，意也，意有所随。意之所随者，不可以言传也，而世因贵言传书。世虽贵之，我犹不足贵也，为其贵非其贵也。故视而可见者，形与色也；听而可闻者，名与声也。悲夫！世人以形色名声

为足以得彼之情！夫形色名声果不足以得彼之情，则知者不言，言者不知，而世岂识之哉！

“随”，从，指向。“彼”，指道。“情”，实质。这段话的主要意思是说，语言之所以值得珍贵，在于它所表达意义，而意义是有其指向的，意义所从出的是道，道是不可用语言来表达的。道无形无名，人们从形色名声中是无法获得道的实情的。《庄子·天道》篇揭示了“言”与“意”的矛盾，怀疑甚至否定言达意的功能。与《天道》篇的观点不同的《庄子·外物》篇又说：“筌者所以在鱼，得鱼而忘筌；蹄者所以在兔，得兔而忘蹄；言者所以在意，得意而忘言。”“筌”、“蹄”，分别是捕鱼和捕兔的工具。这里以得鱼兔而忘筌蹄为比喻，说明语言的功能在于表达意义，意义表达出来便可忘掉语言。这是肯定语言为得意的手段、工具，并不否定语言表达意义的作用。同时，又强调言说的最终目的是得意，因此，得意后忘言应是很自然的事情，这就是“得意而忘言”。先秦时代《周易大传·系辞上》与《庄子》上述两篇观点相通又有所不同，该篇借孔子之口说的：“书不尽言，言不尽意”，就认为文字不能完全表达语言，语言又不能完全表达意义。这种说法并非完全否定语言的表达功能，而是认为语言文字不能穷尽表达意义，说明任何表达都是相对的。由于言不尽意，因此，该文紧接着又说：“圣人立象以尽意。”圣人常采用象征自然变化和人事休咎的卦爻等形象符号来表达意义。

其四，“三言”。《庄子·天下》篇就庄子的学说与用语特点说：“以天下为沈浊，不可与庄语。”认为和浑浑噩噩的人讲庄重而深奥的言论，是不可能被接受的。怎样以恰当的语言方式去表达普通语言难以表达的形上之道，使不可名不可言的东西也能名言呢？为此庄子提出“三言”说。“三言”既是他本人文论观点和论述特色的自白，也是阐明真理的重要手段。

所谓“三言”，就是“以卮言为曼衍，以重言为真，以寓言为广”（《庄子·天下》）。“卮言”，矛盾的语言，是破除相对以到达绝对的语式。“重言”，古人所重之言。“寓言”，寄寓他人他事而说的话。庄子的“三言”说，是把所用的语言分为三类，运用卮言来推衍，引用重言令人信为真实，使用寓言来推广道理。“三言”一直为后来的学者所重视。“三言”的特色是揭示矛盾、合理推论、借物取譬，寄言于事。尤其是“寓言”，寓抽象于形象之中，使抽象哲理与具体形象互融。也就是说，语言中含有哲理，含有玄意，含有形上智慧。这种语言方式直接影响了中国佛教，尤其是禅宗，禅宗一般讲话都避免直截了当，而要求含有禅机、深意，以便考察人，开导人，也便于合禅道，得解脱。

三、魏晋玄学家的“得意忘象”、“得象忘言”说

魏晋时代，会通儒、道思想的玄学流行于世。魏晋玄学的重要内容之一是言意之辨，其观点分为：“言不尽意”、“言尽意”和“得意忘言”三派，而主流是“得意忘言”论。魏晋玄学开创者、“得意忘言”论的主要代表人物王弼以道家思想诠释儒家典籍《易》，他援引《庄子·外物》篇的“得意而忘言”的说法，并加以引申，在《周易略例·明象章》中，论述了意、象、言三者的关系，进一步提出“得意忘象”、“得象忘言”的命题。文说：

> 夫象者，出意者也。言者，明象者也。尽意莫若象，尽象莫若言。言生于象，故可寻言以观象。象生于意，故可寻象以观意。意以象尽，象以言著。故言者所以明象，得象而忘言。象者所以存意，得意而忘象。犹蹄者所以在兔，得兔而忘蹄；筌者所以在鱼，得鱼而忘筌也。然则，言者象之蹄也，象者意之筌也。是故，存言者，非得象者也；存象者，非得意者也。象生于意而存象焉，则所存者乃非其象也。言生于象而存言焉，则所存者乃非其言也。然则，忘象者乃得意者也，忘言者乃得象者也。得意在忘象，得象在忘言。故立象以尽意，而象可忘也。①

“意”，卦爻辞义理。“象”，卦爻图像。“言”，卦爻辞。这段话的思维理路和内涵有四点：首先，论言象的产生，谓“言生于象”，“象生于

① 转引自楼宇烈：《王弼集校释》下册，609页。

意”，强调言以“意”为本。其次，论言象的功能，文云“寻言以观象”，“寻象以观意”，肯定言、象的表达、观照功能。再次，论言象的性质，称“言者象之蹄”，“象者意之筌”，认为言是观象的工具，象是观意的工具，这种工具是手段性、指向性、过渡性的，也可以说是只有象征意义，没有实质意义。最后，论言象的命运，谓“得意在忘象，得象在忘言”，告诉人们形象是帮助理解道理的，把握了道理，形象就应当忘却；语言是帮助说明形象的，把握了形象，语言就应当忘却。“得意忘象忘言”，这是王弼的结论，这个结论包含了言象最终被舍弃的命运。

王弼在易学发展史上首次揭示了义理派与象数派的分歧，强调了义理的重要意义。王弼的“得意”说成为魏晋时期的普遍方法，对理解典籍、融通儒道、规范行为，乃至文学艺术创作都具有方法论的指导意义。①“得意”说也深刻地影响了中国佛教学者，如竺道生就鲜明地主张以忘象忘言的得意方法为言说与把握佛道的要领。

第三节　禅宗前中国佛教语言观要略

中国佛教语言观有其自身的历史演变的过程，以禅宗作为分界的话，可划分为禅宗前、禅宗后两个阶段。禅宗前中国佛教语言观，又可分为译经、转读、唱导涉及的语言观，东晋时期著名佛教学者的语言观以及隋唐时期天台、三论和净土三宗的语言观。以下就这三方面加以简要论述。

一、译经、转读、唱导涉及的语言观

译经和讲习是佛教传播义理的两种基本方式和主要途径。印度梵语、西域胡语和中国汉语的巨大差异，给佛典翻译带来了重重困难，也为讲习尤其是转读、唱导带来了新的变化。中国佛教学者在突破翻译中的语言障碍和推广转读、唱导的流行过程中，都表现出了某种独

---

① 详见汤用彤：《魏晋玄学论稿·言意之辨》，《汤用彤全集》第4卷，22～40页，石家庄，河北人民出版社，2000。

特的语言观念。

（一）译经

佛教史传家赞宁在所著《宋高僧传》卷3中总结出了翻译“六例”①。这“六例”依次为：（1）“译字译音”。即译经时，有译字不译音、译音不译字、音字俱译、音字俱不译的四种不同情况。（2）“胡语梵言”。谓佛典的语言有胡语梵言之别，印度各地的梵语各不相同，同为胡语也有差别，还有亦胡亦梵的语言。（3）“重译直译”。直接从胡语译为汉语的，称直译。由梵语译为胡语，再由胡语转译为汉语的，是重译。还有一种是译者经胡国译出佛典，后再来华翻译，译语中夹带胡语，为亦直译亦重译。（4）“粗言细语”。印度语言有口语和书面语文言，释迦牟尼说法多用口语，以利信众接受。又释迦牟尼的言音有“全声”与“半声”两类，全声是言音分明而典正，称为细语，半声是模糊而讹僻，称为粗语。这是说佛典文本的语言也有粗细之别。（5）“华言雅俗”。佛典译成汉语也有典雅和通俗之别。（6）“直语密语”。梵语涉及世俗的为直语，涉及真如实相的是密语。“六例”总结了汉译佛典的来源、语本、翻译方式和译文差异，区分了译本的语言类别，表现了中国佛教学者对翻译中语言问题的重视。

如前所述，东晋时代佛教领袖道安法师在《摩诃钵罗若波罗蜜经抄序》中，着重揭示了汉译佛经中遇到的语言障碍，提出“五失本三不易”之说。②“五失本”，依次指文法不同；文体差异；原典多重复语，汉译则略之；原典文中有夹注 ，汉译则略去；原典于叙事转换时，常反腾前辞，汉译则除去重复部分。由于这五种情况而丧失佛典本义，为“五失本”。“三不易”，世俗不同，如何使古适今，适应时代，一不易也；圣凡天隔，要使佛的微言适合后世凡夫的根机，二不易也；佛离世间久远，译经者又是平凡之辈，出现讹误在所难免，三不易也。从道安的说法来看，中国佛教学者更重视语言简练，不喜重复；中国佛教学者也深切体会到由于时代、地域、习

① 详见《大正藏》第50卷，723页下～724页上。

② 详见《出三藏记集》卷8，290页。

俗差异带来语言转换的困难，强调语言必须适应当代人们的实际情况和需要，也就是佛典语言必须适应世俗人的情况，以便传播佛教思想。由此也可以说，重视语言的当代化，地域化，大众化，是道安的重要语言观。

唐代译经大家玄奘法师提出“五种不翻”说。① 所谓五种不翻，是指在梵文译为汉文时，有五种情况只作音译，不予意译。具体说：(1)“秘密故”如“陀罗尼”一词是佛的秘密语，神秘难测，不作意译。(2)“涵义多故”，如“薄伽梵”，一词多义，不可任选一义作意译。(3)“此无故”，如阎浮树，中国没有，而无法对应的，保留原音。(4)“顺古故”，如意思为无上正等正觉的“阿耨多罗三藐三菩提”，从前已经音译，就沿袭前人的规式，不再作意译。(5)“生善故”，如“般若”、“释迦牟尼”、“菩提萨埵”等，不分别译为智慧、能仁、大道心众生等，为什么不译呢？玄奘认为，如般若等能生崇敬、信念，般若译为智慧等则会生轻贱、浅薄。玄奘法师重视佛经梵语原义的秘密性和生善功能，是重视语音的宗教功能的突出表现。

(二) 转读

转读通常即指读诵经典。也有把咏经称为转读，歌赞称为梵音，以相区别的。从是否完整诵读一大部佛经来区别，如诵读《大般若经》，自始至终全部诵读，称为真读，只诵读全经初中数行而转回经卷，称为转读。《高僧传》卷13云：“转读之为懿，贵在声文两得。若唯声而不文，则道心无以得生；若唯文而不声，则俗情无以得入。”② 这是肯定转读的可贵之处在于声文俱得，回环往复的诵读，既能通过文字产生道心，又能通过优美的声音使人身心投入，产生共鸣。历代巧于讽诵经文，即善于转读的经师，都十分讲究诵经的声法，如“帛法桥，中山人。少乐转读而乏声，每以不畅为慨。于是绝粒忏悔，七日七夕，稽首观音，以祈现报。同学苦谏，誓而不改。至

① 详见周敦义：《翻译名义序》，《大正藏》第54卷，1055页上。

② 《高僧传》卷13，《大正藏》第50卷，415页中。

第七日，觉喉内豁然，即索水洗漱，云：‘吾有应矣。’于是作三契经，声彻里许，远近惊嗟，悉来观听”①。这是经师重视音声的一个生动例子，表明中国僧人已充分认识到，诵读佛经的语言声音技巧对自身修持和引导世俗众生进入佛门的意义和价值。

（三）唱导

“唱导者，盖以宣唱法理，开导众心也。”② 唱导就是讲经说法，是通过宣唱佛法，来化导众生的浅显的教导方法。佛教每年举行法会和斋会时，经师要升座唱导，由此历代都涌现出一批著名的唱导师。

《高僧传》卷13全面地总结了唱导师的素质要求，文云：

> 夫唱导所贵，其事四焉：谓声、辩、才、博。非声则无以警众，非辩则无以适时，非才则言无可采，非博则语无依据。至若响韵钟鼓则四众惊心，声之为用也。辞吐后发，适会无差，辩之为用也。绮制雕华，文藻横逸，才之为用也。商榷经论，采撮书史，博之为用也。③

唱导师应具备的四个条件是：“声”，音声朗朗，抑扬铿锵，以引发听者警觉，洗涤尘心。“辩”，口齿清晰，表达准确，应变有方。“才”，出口成章，文采飞扬。“博”，博通经论史书，善于旁征博引。这里除第四条是关于广博知识外，其他三项均是讲音声韵调的宗教功能和语言词采的重要意义。可以说，这也是对一般演说家、辩论家的基本素质要求的精辟概括。

除了上述的四个条件外，唱导还要求“适以人时”④，即因材施教的意思，也就是要善于针对不同对象作有针对性的唱导，如对出家众、统治者、一般庶民和山野村民，从唱导内容到表述方式都不能一概而论，而要灵活机动有所区别。

在中国，唱导法会还逐渐演变为“俗讲法会”，唱导师也被称为

---

① 《大正藏》第50卷，413页中、下。

②③④ 《高僧传》卷13，《大正藏》第50卷，417页下。

化俗法师。俗讲对象主要是世俗民众，内容是通俗解说佛教义理，盛行于唐代、五代。俗讲后来又衍化为以说唱故事为主的“讲经变文”，从而开启出宋元话本——中国白话文学的先河。从语言观来看，这是佛教语言通俗化、世俗化的生动表现和必然结果。佛教语言向世俗化发展是中国佛教语言的一大特色。

二、东晋时代著名佛教学者的语言观

东晋前，中国僧人视佛经如同金科玉律，认为其绝对不可侵犯。与汉儒治经相类，后来更逐渐形成了死守佛典文句的依语滞文的学风。到了东晋，一些佛经学者对这种学风进行了批评，并着重论及了言与理，即语言与义理、真理的关系问题，还直接涉及了语言本质问题。

道安除总结出佛典翻译的“五失本三不易”说外，还及时地吹响了批判恪守文句习气的号角，他在《道行经序》中说：“考文以征其理者，昏其趣者也；察句以验其义者，迷其旨者也。何则？考文则异同每为辞，寻句则触类每为旨。为辞则丧其卒成之致，为旨则忽其始拟之义矣。若率初以要其终，或忘文以全其质者，则大智玄通，居可知也。”① 揭示了文与理、句与义、辞与旨、文与质的矛盾，指出考文征理、察句验义的方法会导致佛经根本旨趣的迷惑。道安主张“忘文全质，大智玄通”。道安强调语言文字具有相对性、局限性，决不可执著黏滞。与道安同时代的支遁也说：“至理冥壑，归乎无名。无名无始，道之体也。……理冥则言废。”② 强调理、道都是无名的，从根本上说言说是不能把握理的，悟理就要废言。

僧肇从认识论、本体论角度阐述了名号，即名相概念的问题，提出了“假号”说，认为名相概念不能反映、表诠客观的真实性，并进而否认语言文字的真实性。僧肇论述的要点是：

（1）“诸法假号不真”③。“诸法”，万物。“号”，名号；“假号”，

---

① 《出三藏记集》卷7，263页。

② 《大小品对比要抄序》，《出三藏记集》卷8，299页。

③ 《肇论·不真空论》，《大正藏》第45卷，152页下。

也作假名。“不真”，不真实，指“假号”。意思是，事物都是由假号勾画出来的，是假的、是非真实的存在，其本性是空的。此说既是强调事物本身的非真实，也认定名相概念的虚假性。

（2）“言迹”不能表达“至理”。僧肇在《答刘遗民书》中说：“夫言迹之兴，异途之所由生也。而言有所不言，迹有所不迹，是以善言言者，求言所不能言；善迹迹者，寻迹所不能迹。至理虚玄，拟心已差，况乃有言？恐所示转远，庶通心君子有以相期于文外耳。”① “迹”，迹象，形象。这是从语言、形象与最高真理的关系来说明，语言或其他形象都是不能完全表达最高真理的虚妙玄奥内容的，强调理解、把握真理不应受语言或形象的局限，要悟理于语言文字之外，虚心玄照。

（3）“般若义者，无名无说。”② 在僧肇看来，佛教智慧般若的意义，是既无名称，也无从论说的。佛教的智慧以及禅定之名也是外加的。③ 这就是说，佛教智慧、精神活动，都是非语言文字所能表达的。

（4）“名无得物之功，非名也。”④ 僧肇认为，名并没有反映、表诠事物的功能，它是非名，假名。又说：“夫有也无也，心之影响也；言也象也，影响之所攀缘也。”⑤ 所谓有、无，都是心的影响，即心产生出来的虚妄不真的分别，语言、形象则是主观虚假的分别，是有、无所附着的对象、工具。也就是说，在僧肇看来，语言文字、名相概念本身只是个假号、假名而已，是虚假不真的。

僧肇从多方面论证语言文字的虚假性，但同时也肯定了语言文字的工具性，他说：“言虽不能言，然非言无以传。是以圣人终日言，而未尝言也。”⑥ 认为语言文字虽不能真正表达真理，然不通过语言又无从传教；由此佛虽终日讲说，而实际上又未尝说也。

---

① 《肇论》，《大正藏》第45卷，157页上。
② 《肇论·般若无知论》，《大正藏》第45卷，153页下。
③ 详见《肇论·答刘遗民书》，《大正藏》第45卷，156页上。
④ 《肇论·不真空论》，《大正藏》第45卷，152页下。
⑤ 《肇论·答刘遗民书》，《大正藏》第45卷，156页上。
⑥ 《肇论·般若无知论》，《大正藏》第45卷，153页下。

竺道生[①]从鸠摩罗什学习多年，对般若中观学说深达玄奥，他深刻地体会到语言文字只是诠表教理的工具，决不可恪守执著。如前已引，他鲜明地指出："夫象以尽意，得意则象忘。言以诠理，入理则息言。自经典东流，译人重阻，多守滞文，鲜见圆义。若忘筌取鱼，始可与言道矣。"[②] 这是从方法论的高度，结合中国固有哲学的言、象、意关系的观点，强调"言以诠理，入理言息"，是学佛的根本方法和途径，只有懂得废言契理的道理，才可与言佛道。

三、天台、三论、净土诸宗的语言观

(一) 天台宗的"可说"与"不可说"观

天台宗继承和发扬印度佛教的"四悉檀"说，从万物生成的角度来区分佛经的可说与不可说，界别语言运用领域与非语言运用领域，并阐发语言运用的不同方法。

关于"四悉檀"的内容，《大智度论》卷1云："有四种悉檀：一者世界悉檀，二者各各为人悉檀，三者对治悉檀，四者第一义悉檀。"[③] "悉檀"是梵语 Siddhānta 的音译，意为立教的宗旨、原则、方式。顾名思义，"四悉檀"就是佛化导众生，并使之成就佛道的四个范畴，四种方法。"世界悉檀"，是指随顺世间之法，以世间的语言、观念解说万物因缘和合的道理，令世人喜悦而得世间正智。"各各为人悉檀"，佛根据不同众生的根机、能力即素质的高低，而相应采用不同的语言，说不同的法，以使不同的众生都能向善。类似我们所说的"因材施教"。"对治悉檀"，针对众生有贪、瞋、痴等不同的烦恼，作不同说法，如对贪者说以慈悲心，对痴者教以因缘观，以智慧断除众生的恶病。"第一义悉檀"，"第一义"指最高真理。这是指排除一切论说语言，直接以最高真理来说明诸法实相，令众生契入真理，获得觉悟。四悉檀中世界、为人、对治三个悉檀是"可说"，第

---

① 竺道生系东晋南朝人，为论述方便，在此略论。

② 《竺道生传》，《高僧传》卷7，《大正藏》第50卷，366页下。

③ 《大正藏》第25卷，59页中。

一义悉檀为"不可说"。

天台宗的先驱慧思对悉檀作了新的解释，《妙法莲华经玄义》卷1下云："南岳师例大涅槃，梵汉兼称。悉是此言，檀是梵语。悉之言遍，檀翻为施。佛以四法遍施众生，故言悉檀也。"① 南岳慧思把悉檀两字拆开来分别作解，说"悉"是遍的意思，作汉语解，檀是梵语 dāna 的音译，意为布施。悉檀是佛以四法普遍施于众生的意思。这是中国僧人自由解说梵语悉檀，改变原义的一例。

天台宗创始人智觊结合龙树《中论》学说与《涅槃经》思想来说明四悉檀的不可说与可说。《摩诃止观》卷5上云："龙树云：不自、不他、不共、不无因生。《大经》(《涅槃经》)：'生生不可说，乃至不生，不生不可说。有因缘故，亦可得说，谓四悉檀因缘也。'"② 《涅槃经》中有不生生、生生、生不生、不生不生"四不可说"③。智觊认为龙树《中论》的"四不生"与《涅槃经》的"四不可说"是对应的、一致的，四不生即四不可说，四不可说即四不生。这是从诸法的"无生"来论证不可说。同时，因诸法因缘和合而生，故又可说，即从有因缘生来论证可说。也就是说，智觊是从佛教的诸法缘起无自性的根本理论出发，就诸法因缘和合而生，即诸法"无生"，无自性角度讲，不可说，就因缘和合而生，有因缘，有现象角度讲，是可说，从而把语言的功用确定在因缘的所生法上，也就是肯定语言对现象世界的解说功能。

智觊在《妙法莲华经玄义》卷1下，还举出不可说与可说两种第一义悉檀，文云："不可说者，即是诸佛辟支佛罗汉所得真实法。引偈曰：'言论竟尽，心行亦讫；不生不灭，法如涅槃。说诸行处，名世界[法]，说不行处，名第一义。'二约可说者，一切实，一切不实，一切亦实亦不实，一切非实非不实，皆名诸法之实相。佛于如是等，处处经中说第一义悉檀相。"④ 智觊把第一义悉檀又分为两种：

① 《大正藏》第33卷，686页下。
② 《大正藏》第46卷，54页下。
③ 详见《大正藏》第12卷，490页中、下。
④ 《大正藏》第33卷，687页上。

一种是诸佛等所得真实法，如涅槃，是不可说，不可思议的，为不可说。第二种是诸法实相为可说。龙树《中论·观法品》云："一切实，非实，亦实亦非实，非实非非实，是名诸佛法。"① 文中所引"一切实，非实，亦实亦非实，非实非非实"四句，归结了事物是否存在的四种可能的完整的判断形式。这四句也就是诸法实相，就是佛法内容。佛经中说诸法实相，就是说第一义悉檀，是为可说。这里，智𫖮又把不可限定于佛等的主观体悟，独自亲证，至于诸法实相即都是可说的。

由上可知，天台宗人认为无生不可说，佛等亲身体悟的境界不可言说，一切因缘所生法以及诸法实相则是可说的。

（二）三论宗的"教有言说，理不可说"观

三论宗的集大成者吉藏，在所著《二谛义》卷上中说：

> 教有言说，理不可说。理既不可说，云何得悟？所以得悟理者，必假言说。为是故，说有无，说非有无，并是教，皆令悟理也。②

"教"，言教。"理"，真理。吉藏认为，真理是不可言说的，佛教以语言诠释的教法，是令众生体悟真理的方便，言教不具有真理的意义，言教不是真理。为什么说"理不可说"、言绝于理呢？吉藏运用体用观念来说明这个问题。他说："一切实，不实，亦实亦不实，非实非非实，此之四门皆是实相方便。游心四门，便入实相，故以四门为用，不四为体。"③ "四门"即文中的实、不实等四句。吉藏认为四句是悟入实相（理）的方便，是"用"，而"不四"即超绝四句的实相是"体"。体非用，用非体。理不可说，言说与理不相干。吉藏进一步展开论述说：

> 竖超四句故，四句心亡；横绝百非故，百非心断。在心既尔，言语亦然。四句之言不能言，百非之说不能说也。又，非但

① 《大正藏》第30卷，24页上。
② 《大正藏》第45卷，90页中。
③ 《中观论疏》卷8末，《大正藏》第42卷，124页上。

> 实相不可言，即言亦是实相故，虽言无言。……若有言，体即是本有，名之为常，常不可言。今因缘言，言无自体，故无言，以虽言即本来不言故。业品云："诸业本不生，以无定性故。"亦应言：诸言本无言，以无定性故也。在言既尔，心行亦然。一者实相绝四句，四句，心不能缘；二者，即缘是实相，虽遍缘万法，亦常是四绝也。①

"百非"，彻底否定，即一切文字言说皆非实在，不可执著。上面的引文的要点有二：一是从体方面说，实相不可言，也就是理不可说，要超四句绝百非。二是从用的方面说，由因缘而有言，但言无自体，言无定性，言本不言，正是在虽言而无言的意义上说，"言亦是实相"。言是实相，即言是无言。实相无言，言即实相，用归结为体，言说实是无言。

三论宗以外的佛教其他各派，大都认为佛说的真俗二谛是境，是理，而吉藏的说法是"二谛唯是教门，不关境理"②。二谛非境，非理，乃是方便教门。吉藏还进一步说，最高真理（"至道"）远离真俗二谛，以二谛为境，和以二谛为教，都是偏执，他说：

> 至道未曾真俗，即末学者遂守二谛是教，还是投语作解。由来二谛是理为理见，今二谛为教复成教见。若得意者，境之与教皆无妨也。以真俗通理，故名为教；真俗生智，即名为境。如来说二谛，故二谛为教；如来照二谛，即二谛为境。然二谛未曾境、教，适时而用之。③

在吉藏看来，"至道未曾真俗"，"二谛未曾境、教"，把二谛视为"境"、"理"和"教"，只是"适时而用"的方便设施，绝不能执著。

吉藏一面强调"理不可说"，一面又肯定言教的意义，他说："无名相法，为众生故，假名相说。欲令众生因此名相悟无名相，盖是垂

① 《中观论疏》卷8末，《大正藏》第42卷，126页中。
② 《大乘玄论》卷5，《大正藏》第45卷，15页上。
③ 《中观论疏》卷2末，《大正藏》第42卷，28页下～29页上。

教之大宗，群圣之本义。所以无名相中假名相说者，如大品云：一切众生皆是名相中行，今欲止其名相故，借名相令悟无名相矣。”① 诸法本无名相，但因众生都执著名相，所以诸佛假名相以使众生悟无名相。也就是通过言说使众生体悟无言的实相。

吉藏认为，言教的意义在于引导众生“入理”，即悟入真理，具体说有三种意义：“一者破除迷倒，谓遮闭众非；二能显于正理，则开通无滞；三发生观解。”② 这就是说，如来说教能破除众生种种颠倒妄见；言教本身虽不是理境，但能表显正理；由悟理进而能发生合乎真理的观解。这是对言说功能的充分肯定。

吉藏认为言教与解脱是既相对立又互为统一的。他批评了把“理无言”与“教有言”视为互相对立互相排斥的观点，他说：

> 如（《维摩诘经》）天女之诘身子：“汝乃知解脱无言，而未悟言即解脱。”既云言即解脱，亦应解脱即言。言即解脱，虽言无言；解脱即言，虽无言而言。言而无言，非定有言；无言而言，非定无言。故非言非无言，亦非理非教，名心无所依，乃识理教意也。③

吉藏认为，只有心不依于“言”也不依于“无言”，才能了解言（虽言无言）即解脱的意思；只有心不依于“教”也不依于“理”，才能真正认识理、教的意义。吉藏还宣扬“文字即解脱”的观点：“言说文字即解脱，解脱不内、不外、不两中间；文字亦尔，不内、不外、不两中间。故文字即解脱。”④ 解脱不是在名言之外的非名言之域，修持者以“不内、不外、不两中间”的无分别无所得的心态对待语言文字，语言文字就是解脱之道。

从吉藏所述来看，三论宗的语言观是，一方面明确主张真理本身不可言说，一方面又充分肯定言说的教化作用和解脱意义。

---

① 《法华游意》，《大正藏》第 34 卷，642 页中、下。

② 《十二门论疏》卷上本，《大正藏》第 42 卷，175 页中。

③ 《胜鬘宝窟》卷上本，《大正藏》第 37 卷，5 页中、下。

④ 《二谛义》卷下，《大正藏》第 45 卷，112 页下。

（三）净土宗称名念佛的语言意义

印度佛教《阿含经》、《法华经》等都宣扬称念诸佛、菩萨的名号，能够祛除苦恼，消灭罪障。净土类经典更是宣传口念“南无阿弥陀佛”，能超越生死往生西方极乐世界。佛教传入中国后，中国僧人视称名念佛为专注思维、便于观想的修持方式。后来净土宗人则进一步把念佛解释为称名，把众多念佛法门限定于称名，强调称名念佛是往生净土最好的修持行为，从而凸现出佛教某些语言的宗教功能和意义。

称名念佛，即称念“南无阿弥陀佛”六字名号，也可称念“阿弥陀佛”四字洪名。“南无”梵语音译，读为“那摩”，意为归命、归敬、归依等，即是把个人身心性命归于佛，归顺佛的教诲。“阿弥陀佛”的殊胜体性是“无量光”，光明无量；“无量寿”，寿命无尽。阿弥陀佛是西方极乐世界的教主。

净土类经典《无量寿经》宣扬，称名念佛的巨大功能、作用、效果内在地包含在阿弥陀佛的本愿中。所谓本愿是指阿弥陀佛时为法藏菩萨未成佛果前为救度众生所发的宏大誓愿，共为四十八愿。[①] 在四十八愿中，涉及称名念佛给众生带来重大利益的有第十八、十九和二十愿。第十八是念佛往生愿，谓众生如发心往生，修持十念念佛，即可往生。第十九愿是临终接引愿，说众生发愿欲往生佛国，则在临终时，佛必飘然而至，前来接引。第二十愿是系念定生愿，称众生闻佛名号，只要系念佛国，欲生佛国，则果愿必遂。这三愿互相配合，吸引众生，告示众生，佛国并非远不可及，高不可攀，只要诚心诚意念佛就能往生佛国。《佛说阿弥陀经》也说：“若有善男子、善女人，闻说阿弥陀佛，执持名号，若一日，若二日，若三日，若四日，若五日，若六日，若七日，一心不乱，其人临命终时，阿弥陀佛与诸圣众现在其前；是人终时心不颠倒，即得往生阿弥陀佛极乐国土。”[②] 在这里，“阿弥陀佛”一词被高扬为极具救世的伟力。称念阿弥陀佛名

---

① 由于梵本和诸译本的不同，又有作四十六愿、三十六愿或二十四愿者，一般来说以四十八愿说影响最大。内容详见《无量寿经》上，《大正藏》第12卷，267页上～269页中。

② 《大正藏》第12卷，347页中。

号的神妙之处就在于反复口诵后，便会产生出难以想象的定力作用，使人在濒临死亡的痛苦中保持“一心不乱”，在弥留之际“心不颠倒”，而且此时能与佛互相感应，互相沟通，顺顺利利地被接引到西方极乐世界。往生净土竟如此之简单，众生能不趋之若鹜吗？阿弥陀佛四字洪名的宗教作用真是无法估量！

南北朝北魏时代弘传净土教的著名僧人昙鸾，出家学佛后，曾问学于陶弘景，学习仙术，后又转而精修净业。他把佛教的净土思想、杂密咒术和道教方术结合起来，阐明佛名号的实质意义，他说：“释迦牟尼佛在王舍城及舍卫国，于大众之中说无量寿佛庄严功德，即以佛名号为经体。”① “无量寿佛”即阿弥陀佛。“以佛名号为经体”，即以具有庄严功德的阿弥陀佛名号为《无量寿经》的体性、根本，强调了阿弥陀佛名号的实质意义和神圣意义。昙鸾进而还把阿弥陀佛名号视为咒语。他在回答“称佛名号亦何能满愿耶？”这个问题时说：“名即法者，诸佛菩萨名号、般若波罗蜜及陀罗尼章句、禁咒音辞等是也。”② 昙鸾把佛名号等殊胜的语言文字视同为咒。他在《往生论注》卷下还列举了包括中国固有咒语在内的例子③，如说，通常用火熨木瓜可治转筋（抽筋），但只口呼“木瓜”之名也可治愈。又如道教学者葛洪在《抱朴子内篇·登涉》曾说：“祝曰：临兵斗者，皆阵列前行。凡九字，常当密祝之，无所不辟。”④ “祝”通“咒”。“阵”应为“陈”。“前行”应为“在前”。葛洪以九字为禳灾避祸、克敌制胜之要道。昙鸾也以“临、兵、斗、者、皆、列、陈、在、前”九字为制胜的咒术。昙鸾就以此类例子来证明佛名号同样具有咒语的神秘意义和神通作用，也就是肯定了某些宗教语言的神秘功能和神通效应。

唐代道绰在昙鸾一系净土思想的基础上，宣扬称名念佛是修持佛教的“正学”，其他都是“兼学”。他说：“计今时众生，即当佛去世后第四五百年，正是忏悔、修福、应称佛名号时者。若一念称阿弥陀

---

① 《往生论注》（又作《无量寿经优婆提舍愿生偈注》）卷上，《大正藏》第40卷，826页中。

②③ 详见《往生论注》卷下，《大正藏》第40卷，835页下。

④ 转引自王明：《抱朴子内篇校释》，277页，北京，中华书局，1980。

佛，即能除却八十亿劫生死之罪。一念既尔，况修常念？即是恒忏悔人也。又若去圣近，则前者修定、修慧是其正学，后者是兼；如去圣已远，则后者称名是正，前者是兼。何意然者？实由众生去圣遥远，机解浮浅暗钝故也。”① 意思是说，当今是佛灭后的第四个五百年，距佛在世已相当久远，众生的素质浮浅而愚钝，修持方法应以忏悔、修福及称佛名号为“正学”，而定学、慧学应是“兼学”；又称念阿弥陀佛名号本身就是忏悔、修福，由此，称名念佛便是主要的修持方法。道绰把称名念佛的功能提高到可以忏悔灭罪，修得福报的高度。此外，道绰还宣扬修持称名念佛也能摆脱烦恼，延年益寿。② 道绰把称名念佛与个人的寿命、福祉直接联系起来，宣扬佛教殊胜语言具有个人功利的现实功能，在信众中产生了重要的影响。

唐代的善导，是净土宗的实际创始人，他继承昙鸾、道绰的净土思想，并进一步排斥观想念佛，主张专称弥陀佛名。善导强调佛的本愿是劝众生称名念佛，认为“一切善恶凡夫得生者，莫不皆乘阿弥陀佛大愿业力为增上缘”③。“增上缘”，此指众生往生西方极乐世界的有利条件。善导宣扬众生乘借阿弥陀佛大愿力，坚持称名念佛，可得五种增上利益因缘：“一者灭罪增上缘，二者护念得长命增上缘，三者见佛增上缘，四者摄生增上缘，五者证生增上缘。”④ 这是说，众生只要称念阿弥陀佛的名字，就能获得五种利益：灭除生死重罪、一切业障；得到阿弥陀佛、观音菩萨、大势至菩萨的佑护；借阿弥陀佛的愿力而得以见佛；在生命将尽时，乘愿力而得往生；还保证死后的凡夫，乘佛的愿力，来世一定往生。前二者是现世利益，后三者是来世利益。善导比前人更胜一筹，他把称名念佛与众生的实际利益结合起来，把眼前利益与长远利益结合起来，从而打动了众生的心，有力地推动了净土法门的流行。

---

① 《安乐集》卷上，《大正藏》第 47 卷，4 页中。
② 详见《安乐集》卷下，《大正藏》第 47 卷，16 页上。
③ 《观无量寿佛经疏》卷 1，《大正藏》第 37 卷，246 页中。
④ 《观念阿弥陀佛相海三昧功德法门》，《大正藏》第 47 卷，24 页下～28 页中。

第四节　禅宗的“不立文字”语言观

禅宗的终极关怀是明心见性，彻见本来面目，也就是体悟“父母未生时”的本来状态。这种修持的根本目的，决定了以禅悟为其基本的修持方式。禅悟的禅是追求心灵超越的主观感受，心理体验，是回归理想精神家园的内在价值形态，是复杂的精神文化现象。禅悟就是实现心灵的超越，就是超越经验、知识、理性、逻辑的主观体验，其内容或者说是自我本性的发现，或者说是本有佛性的呈现，或者说是对佛教真理的彻悟，总之是对禅的终极理想的自我验证。禅悟的独特修持觉悟方式，决定了它是超越思维、推理的，是排斥语言文字的，“不立文字”构成为禅宗作为佛教特殊一系的本质要求。

然而，语言文字毕竟是人类传达思想、意志、情感的最普通的方式，禅师在传达禅理、禅法乃至禅悟时，也难以全面地、彻底地排拒语言文字的功用，由此有些禅师也强调不能离开文字，主张“不离文字”。从禅宗的历史来看，禅师们始终是在“不离文字”与“不立文字”的两边摇摆、游离，有的禅师偏于“不立文字”，有的禅师则偏于“不离文字”。当只注重讲经说法，研析经教义理，忽视禅修实践时，往往强调“不立文字”，而当禅修流于主观随意、庸俗空泛时，则又偏重“不离文字”。从菩提达摩来中国传播禅法至明清时代，禅宗的语言观大体上是经历了由“不离文字”到高唱“不立文字”，再到回到“不离文字”的演变过程。从禅师的禅修实践来看，“不立文字”与“不离文字”并非是绝对对立的，多数禅师是在“不立文字”的基础上讲“不离文字”，只有少数禅师认为两者是对立的，互相排斥的。为了论述的方便，下面我们从“不立文字”与“不离文字”两个方面来论述禅宗的语言观。

一、重在不执文字的“不立文字”说

究竟“不立文字”是什么涵义，“不立文字”说的哲学理论基础是什么，禅师们又是如何实践“不立文字”的修持方式的，这是探讨禅宗“不立文字”说的几个重要问题。

禅宗主流的基本理路是“教外别传，不立文字，直指人心，见性成佛”①，“不立文字”是其中的一层内涵，是与其他三句话紧密联系着的一个环节。四句话的中心意思是说，禅意不能通过语言文字来表达，与借语言文字来表达佛法的言教系统不同，禅宗是教外别传，是直接地以心传心。这是标示禅宗传法的特质，不等于彻底破除言教。禅宗认为，佛教有重内证自悟的宗门与重经典言说的教门之分别，禅宗自奉为宗门，不重教门。在禅宗看来，语言文字不具有实体性、真实性、指代性、权威性，并不能传达禅意，甚至还可以说是传达禅意的障碍：主体的内在心性、纯主观的心理体验是语言文字难以传递的；宇宙实相，佛法真理是语言文字无法表达的；禅悟的终极境界是语言文字无从表述的，在这些方面语言文字都是无能无力的，甚至是一种障碍。可见，禅宗所说的“不立文字”，其中包括运用文字时不要为文字所蔽的意思。禅宗著述在其他语境中所表述的“不用文字”、“不假文字”、“不着文字”、“不拘文字”、“不执文字”等说法，表明“不立文字”不是不要文字，更不是取消文字，而是重在不执著文字。

禅宗通过对宗通与说（言）通、言与心、言与理关系的分析，以及对语言文字本性的揭示，来论证“不立文字”说。

宗通与说通。如前所释，“宗”，指宗旨。“说”，指言说。“通”意为通达。“宗通”是通过自我内证而体悟佛教的根本旨趣，“说通”是以语言文字解说佛教的根本旨趣。《楞伽阿跋多罗宝经》卷3云：

> 佛告大慧：“一切声闻、缘觉、菩萨有二种通相，谓宗通及说通。大慧！宗通者，谓缘自得胜进相，远离言说文字妄想，趣无漏界自觉地自相；远离一切虚妄觉想，降伏一切外道众魔，缘自觉趣光明晖发，是名宗通相。云何说通相？谓说九部种种教法，离异、不异、有、无等相，以巧方便，随顺众生，如应说法，令得度脱，是名说通相。”②

① 《临济慧照玄公大宗师语录·序》，《大正藏》第47卷，495页中。
② 《大正藏》第16卷，499页中、下。

这是说，“宗通”是远离言说文字，远离思维活动的自觉内证，而“说通”则是以言说文字为方便工具，为众生说法。禅宗据此强调释迦牟尼创立的佛教，除言教外，还有教外别传，不立文字的“正法眼藏”，“眼”，此指智慧，“正法眼藏”就是体悟正法的智慧的宝藏，是释迦牟尼甚深微妙的内证之法，也即宗通。禅宗提倡以内证悟得正法，悟得禅理，强调内证法门是有别于言教的，主张在言教之外另传内证之法，即一种不同于言教系统的独特的觉悟方式。可以说，佛教“宗通”与“说通”的说法，开启了禅宗“不立文字”语言观的先河。

言与心。“心”，众生个体的心灵，精神，是最高主体性。禅宗讲的“心”是指心性，即佛心，佛性。禅宗认为心灵的传递、接受、体验是非言说性的，是超越语言的。如第二十九章第三节已提到的，宋代以来，在禅林中流行一则著名的“拈花微笑”公案，就关系到佛教的传播方式和佛教真理的会通方式，佛教修持经验的沟通方式，涉及语言与心灵的关系等问题。这一公案的“以心传心”方式是释迦牟尼与弟子迦叶尊者之间心灵对心灵的传递，也就是个体对个体的传递，是一个人对一个人的单传心印。这种个体心灵之间传递佛教经验、佛教真理，其间逻辑地包括了这样两项规定：一是“以心传心”只存在于“我与你”之间，是直接的传递，而不是间接的非位格性的“我与他”的沟通；二是佛教经验、佛教真理不能离开心灵而存在，离开心灵的经验、真理是不存在的、无效的。“以心传心”何以可能？禅宗把这种可能归结为心灵的内在宗教体验，也即个体主观对真理的体悟。这种体验、体悟是超越日常经验和思维活动的，也是非语言文字所能涉及和表述的。

禅宗大师对个体间心灵的直接传递作了论证。慧能说：“若大乘者，闻说《金刚经》，心开悟解，故知本性自有般若之智，自用智惠观照，不假文字。”① “智惠”即智慧。慧能认为，人的本性具有般若智慧，禅悟是自我的般若智慧观照，是不假文字的。这是说，个体的内在智慧活动，心开悟解，不是知识的增长，而是心灵的直接体悟，是

---

① 《坛经》[28]。

与文字无关的。大珠慧海禅师也说："经是文字纸墨，性空，何处有灵验？灵验者，在持经人用心，所以神通感物。试将一卷经安著案上，无人受持，自能有灵验否?"① 经典文字是用纸墨书写而成，本身并没有灵验，只有用心体悟才有灵验，文字性空，人心灵验，要成就佛果，必须通过内心的体验才能达到。《五灯会元》卷 4《赵州从谂禅师》载：

> 上堂："至道无难，唯嫌拣择。才有语言是拣择，是明白。"……问："至道无难，唯嫌拣择。如何是不拣择?"师曰："天上天下，唯我独尊。"②

"拣择"，区分，选择。从谂认为语言是分别、择取事物的工具，把握佛道最忌执著语言。怎样做到不拣择呢？"天上天下，唯我独尊"，也就是在天地间要突出主体自心的自主作用，而置其他包括语言在内于不顾。语言与自心的功用不同，只有自心的体悟才能成就佛道。上述禅师通过揭示语言文字的机械性、规定性、拣择性，高扬心灵的智慧性、灵验性、主体性，从而在禅悟体验中破除语言文字的价值，肯定心灵体悟的作用。

言与理。《曹溪大师别传》记载了这样一个故事：比丘尼无尽藏虔诚奉佛，对佛教经典语言持传统观念，常诵《涅槃经》，然始终对经中义理不甚了了。于是请求慧能给她解说经义，"尼将经与读，大师曰：'不识文字。'尼曰：'既不识字，如何解释其义?'大师曰：'佛性之理，非关文字；能解，今不识文字何怪?'"③ 一般佛教信徒认为，佛法依靠佛陀确立，真理可以诉诸文字，一切教理都包含在佛教经典之中，佛经是佛教至高无上的典据和权威，只有反复念诵，才能通达佛法，进而获得开悟。比丘尼无尽藏就代表了这种认识。但是慧能不同，他认为佛性之理与文字毫无关系，是否能理解佛经与识字与否无关。慧能认为，机械地照字背诵，依文解义，并不能真正获得

① 《越州大珠慧海和尚语》，《景德传灯录》卷 28，《大正藏》第 51 卷，442 页下。
② 《五灯会元》卷 4，上册，202～203 页。
③ 《续藏经》第 1 辑第 2 编乙第 19 套第 5 册，483 页。

真理。他曾对法达说过：

> 法达，法即甚达，汝心不达……法达，心行转《法华》，不行《法华》转，心正转《法华》，心邪《法华》转，开佛知见转《法华》，开众生知见被《法华》转。①

佛法不是推理的知识，佛法真理并不能透过佛教词语的理解、概念的分析而寻获，佛法真理的获得不是依靠理性的推论，而是赖于个人的亲证，赖于个人的体验。悟解义理的关键在于心，在于心悟。由此也可见，在慧能禅宗看来真理是个人的、主观的，是具体的、活泼的，把真理客体化、抽象化、知性化、概念化，而成为文字论题、语言陈述，是与真理大相径庭的。

继承慧能的思想，百丈怀海禅师也强调读经看教一定要自由独立地掌握语言：

> 夫读经看教，语言皆须宛转归就自己。但是一切言教，只明如今鉴觉自性，但不被一切有无诸境转，是汝导师。能照破一切有无诸境，是金刚慧。即有自由独立分。若不能恁么会得，纵然诵得十二《韦陁典》，只成增上慢，却是谤佛，不是修行。但离一切声色，亦不住于离，亦不住于知解，是修行读经看教。②

这是说，经教讲观照、体悟清净自性，是不被有无诸境影响、支配的。修行者读经看教，也要把言教转为自身的直觉智慧，转为心灵体验，也就是超越语言，自由独立地彻见本性，体悟真理。若不如此，只会念诵经典，沉溺于知解，就不是修行，而是谤佛。怀海并不反对读经看教，但强调要正确对待言教，不执著语言。可以说，怀海的语言观是通过不离语言文字，因为经教中含有教导修行者明心见性的思想，而归结为不立语言文字，因为明心见性是修行者独自的内在体验，是超越语言文字的。

大珠慧海禅师则结合中国传统的“得意忘言”观念来阐明意与

① 《坛经》[42]。
② 《百丈怀海禅师》，《五灯会元》卷3，上册，135～136页。

言、理与教的关系，《大珠禅师语录》卷下云：

> 僧曰："何故不许诵经，唤作客语？"师（慧海）曰："如鹦鹉只学人言，不得人意。经传佛意，不得佛意，而但诵，是学语人，所以不许。"曰："不可离文字语言，别有意耶？"师曰："汝如是说，亦是学语。"曰："同是语言，何偏不许？"师曰："汝今谛听，经有明文，我所说者，义语非文；众生说者，文语非义；得意者越于浮言，悟理者超于文字，法过言语文字，何向数句中求；是以发菩提者，得意而忘言，悟理而遗教，亦犹得鱼忘筌，得兔忘蹄也。"①

慧海认为自己说的是"得佛意"的"义语"，是与众生"不得佛意"的"客语"、"学语"、"文语"有区别的。他强调佛经虽能传达佛意，但佛经不是佛意，经文不是佛理，应当得意而越于浮言，悟理而超于文字。

文字性空。上面论述"言与心"的关系时，我们引用了大珠慧海的文字性空无灵验的观点，就文字性空的本质，慧海又进一步论证："经论是纸墨文字，纸墨文字者，俱空；设于声上建立名句等法，无非是空。"② "名"，名称，名相。"句"，语句。这是说，由纸墨文字形成的经典论著是性空的，而名称、语句乃至文字又是建立在音声基础上，音声是人为的，带有主观性、任意性，由音声形成的语句、文字本身并无实体，并无自性，语言文字本身是性空的。

禅宗的"不立文字"语言观，是与其禅修原则相适应的：修行应在自心上下工夫，着重开发自身的直觉智慧，以培养、发现、回归清净心性，而不是迷著经教，拘泥文字，陷于知解和妄念的窟穴中而不得自拔，不得觉悟，不得解脱。"不立文字"语言观是禅宗修持实践的必然要求。

禅宗排斥传统的教宗、教理、教学，高扬"教外别传，不立文字"，为此相应地创立了若干截断理路，解构语言，取代文字，直指人心的手段，开发出一系列传达禅定思想、意志与境界的方式，其中重要的有：

---

① 石峻等编：《中国佛教思想资料选编》第2卷第4册，200页。

② 同上书，191页。

（一）棒喝

“棒”，棒打。“喝”，叱喝。棒喝是禅师教化、接引学人的重要手段和方式，其特点是以截断其言诠理路，破除其知见迷妄，或考察其悟性，检验其悟境，以达到启示学人，使之转迷为悟的目的。

一般来说，常以棒打为教是始于德山宣鉴（782—865），喝的经常施用是始于临济义玄，由于德山、临济分别善用棒喝，故有“德山棒，临济喝”之称。史载：“德山棒如雨点，临济喝似雷奔。”① 可见其机锋峭峻，显大机用，一时被视为禅宗门风的代表。

德山少年出家，贯通大小乘诸经论，因不赞成南方盛行的直指人心，见性成佛的禅法，遂荷担《青龙疏钞》出蜀，欲与南方禅师辩难，不料与龙潭崇信禅师的问答之间，豁然顿悟，于是将《青龙疏钞》堆于法堂前，付之一炬。德山在接受“不立文字”宗旨后，更创造了棒打这一参禅方式。《景德传灯录》卷15载：“师（德山）寻常遇僧到参，多以拄杖打。”② 《五灯会元》卷7《德山宣鉴禅师》载：“上堂：‘问即有过，不问犹乖。’有僧出礼拜，师便打。僧曰：‘某甲始礼拜，为什么便打？’师曰：‘待汝开口，堪作什么？’”③ 又载：“示众曰：‘道得也三十棒，道不得也三十棒。’”④ 在德山看来，僧人参禅只要开口就该打，无论是道得还是道不得都该打，他认为一有了语言，禅理就成为抽象化、分别化的符号，会妨碍、破坏自我心灵的体验。棒打就是使参学者惊醒，转向自心，见性成佛。德山的棒打不仅有破除经典义理神圣性的意义，也有破除诸佛和祖师权威性的意义，“德山老人寻常只据目前一个杖子，佛来亦打，祖来亦打”⑤。德山极端化的棒打的初衷在于教化参学者由念诵经文转向心性修持，由崇拜佛、祖转向“独尊”自我，高扬主体性、自主性，以实现心灵的

① 《碧岩录》[87]，《大正藏》第48卷，212页上。

② 《大正藏》第51卷，318页上。

③ 《五灯会元》卷7，中册，374页。

④ 同上书，373页。

⑤ 《朗州德山宣鉴禅师》旁注引岩头语，《景德传灯录》卷15，《大正藏》第51卷，318页上。

转化、内在的超越。

史载临济义玄向黄檗希运三度发问，三度被打。临济离开黄檗，往参大愚禅师，经点化，于言下大悟。后又回去见黄檗，也打黄檗一掌。①临济义玄既经常施用叱喝，也同时施用棒打。棒喝交施，构成了临济宗门风的主要特征。临济宗有所谓的四喝八棒的说法。②“四喝”是“有时一喝如金刚王宝剑，有时一喝如踞地金毛师子，有时一喝如探杆影草，有时一喝不作一喝用”③。“如金刚王宝剑”，是比喻一喝如一刀，能斩断种种情解。“如踞地金毛师子”，威势振立，百兽恐悚，喻能喝破修持者要弄的伎俩。“如探杆影草”，是探测学人有无师承和觉悟程度。“不作一喝用”，是指虽在一喝之中而实出一喝之外，卷舒自在，玄妙难测。这都说明，“喝”这个极为通俗而简单的声音在不同的语境中有不同的象征意义，能发挥一般语言无法达到的特殊功效。

“八棒”，据《五家宗旨纂要》载是：“一触令支玄棒”，宗师下令，学人不知回避，且支离玄旨，宗师便打，为罚棒。“二接机从正棒”，宗师应接学人，顺其根机，当打而打，谓之从正棒，不在赏罚之列。“三靠玄伤正棒”，学人来参，宗师故作玄妙，反伤正理，直下便打，为罚棒。“四印顺宗旨棒”，宗师拈示宗旨，学人对答相应，宗师便打，以示印证，为赏棒。“五取验虚实棒”，一见学人便打，以辨验其修行的虚实，无关赏罚。“六盲枷瞎棒”，不辨学人来机，盲目乱打，此为宗师之过。“七苦责愚痴棒”，学人资质愚痴，不堪策进，宗师勉强棒打，促其上进，亦非赏罚之类。“八扫除凡圣棒”，宗师对学人道得也打，道不得也打，道得道不得也打，直令学人凡情圣解一并扫除，是为最高的正棒。棒有不同类别，应机接化，灵活施用，以利学人觉悟。

棒喝方式的施用，对中国禅的形成与发展有着重要的作用。棒喝貌似戏剧性的行为，实质上是在于否定佛教经典、偶像权威，以及语言文字的权威，是一种把“不立文字”的宗旨推向极端的行为。从语

---

① 详见《临济义玄禅师》，《五灯会元》卷11，中册，642～643页。

② 详见《五家宗旨纂要》卷上，《续藏经》第1辑第2编第19套第3册，257～259页。

③ 《镇州临济慧照禅师语录》，《大正藏》第47卷，504页上。

言学的视角来看，棒喝既是对语言的解构，也是一种特殊的语言，是通过肢体活动曲折地表现出来的言说方式。

（二）体势

“势”，姿势，表情，动作。禅师在教学和修持实践中，以各种各样的姿势来体现“不立文字”的旨趣，传达禅意。这种形体的作势，可称为“体势”。① 禅宗对体势的运用有一个由自发到自由的发展过程。起初是随机运用，而自南岳怀让以来，洪州宗及其派生的沩仰宗和临济宗都自觉地以体势代替语言文字，成为禅门禅修和传达禅意的又一种风尚、习惯和模式。

禅宗的体势，如扬眉瞬目、拳打脚踢、拈槌竖拂、作女人拜以及指月、举一指等等的表情、姿态、动作，依随不同的场景，因时制宜地灵活运用。史载，沩山灵祐和弟子仰山慧寂相见的情景：“沩山一日见师（仰山）来，即以两手相交过，各拨三下，却竖一指。师亦以两手相交过，各拨三下，却向胸前仰一手覆一手，以目瞻视沩山，休去。”② 这是无言的对话，类似哑语，是以动作交流禅意，其深意只有师徒两人会通，心照不宣。根据沩仰宗禅法的思想推论，“两手相交”可能是暗示理事交融，“各拨三下”，可能是暗示认识上的理——事——理事不二的三分结构，“竖一指”，可能暗示如如佛，至于“向胸前仰一手覆一手”，可能是暗示理事归结于主体的清净心。又，临济宗有“四大势”和“八大势”之说，两者内容相似。“四大势”是“第一正利大势，从正接人，以此利物，不作高远；第二平常大势，用处寻常，拈来便是，不存奇特；第三真假大势，借假明真，意在言外，不拘一定；第四本分大势，作用自然，毫无勉强，不生枝节。”③ “八大势”是“天真”、“秘密”、“平常”、“直示”、“呈似”、“收放”、“权设”、“省悟”八种势。④ 这是对各种体势，就其特点、性质加以

① 上述棒喝也属体势的形态，因其集中于棒打与叱喝，且异常突出，故单独论列。此处所讲的体势是除棒喝以外的形体动作。

② 《仰山慧寂禅师》，《五灯会元》卷9，中册，530页。

③ 《五家宗旨纂要》卷上，《续藏经》第1辑第2编第19套第3册，259页。

④ 详见上书，259～260页。

总结归类，从而也表明禅宗的体势确实含有特定的禅意。

禅宗还探讨了势与心的关系，《越州大珠慧海和尚语》载：

> 僧问："未审托情势、指境势、语默势，乃至扬眉动目等势，如何得通会于一念间?"师（慧海）曰："无有性外事。用妙者，动寂俱妙；心真者，语默总真；会道者，行住坐卧是道。为迷自性，万惑兹生。"①

体势与心念的关系是禅僧最为关注的问题之一，慧海认为两者关系的关键在于禅修者自性的迷悟。若自性悟，各种体势都是心性的自然体现，都是佛性的自然呈现，行住坐卧，日常动作都合乎佛道②；若自性迷，则会万惑滋生，动作失常，破坏禅法，不得觉悟。

禅宗的体势含有象征性、暗示性的意义，具有表达个体禅经验的表意功能，是一种独特的无声的肢体语言。它与世俗的肢体语言和哑语的约定俗成性质并不相同，具有鲜明的随意性、独创性，是正常的思路难以理解的。禅宗一方面使这种无声的肢体语言获得淋漓尽致的发展，展现出人类在"不立文字"的旨趣制约下禅的思想、情感、经验的交流形式，一方面也是对有声语言更自觉的否定，对佛经传统言说方式更自觉的排拒，对语言更自觉的解构。

（三）圆相

禅宗接化学人的又一方式是作圆相。一般来说，圆相象征真理圆满，境界圆成。其方式一是以笔墨画圆圈；二是以手指、拂子、拄杖和如意等，于空中或在地上画圆圈。禅宗自马祖道一以来，有时就喜好作圆相以示禅理③，后来作圆相更成为沩仰门庭设施的重要标示。然据禅门传说，圆相之始作者是和马祖师父怀让同为慧能门下的南阳慧忠国师（? —775），慧忠将九十七种圆相传给侍者耽源应真，再由耽源传给仰山慧寂。此外，为了不落言诠，曹洞宗也结合《周易》的

---

① 《景德传灯录》卷28，《大正藏》第51卷，443页中。

② 这也是禅师们常说的"触类是道"。

③ 史载："马祖令人送书到，书中作一圆相。师发缄，于圆相中作一画，却封回。"（《杭州径山道钦禅师》，《景德传灯录》卷4，《大正藏》第51卷，230页上）

卦象，以圆相示意，表达禅理。

《五灯会元》卷9《仰山慧寂禅师》云：

> （仰山）初谒耽源，已悟玄旨。后参沩山，遂升堂奥。耽源谓师（仰山）曰："国师当时传得六代祖师圆相，共九十七个，授于老僧。"乃曰："吾灭后三十年，南方有一沙弥到来，大兴此教，次第传受，无令断绝。我今付汝，汝当奉持。"遂将其本过与师。师接得一览，便将火烧却。耽源一日问："前来诸相，甚宜秘惜。"师曰："当时看了便烧却也。"源曰："吾此法门无人能会，唯先师及诸祖师、诸大圣人方可委悉，子何得焚之？"师曰："慧寂一览，已知其意。但用得不可执本也。"源曰："然虽如此于子即得，后人信之不及。"师曰："和尚若要重录不难，即重集一本呈上，更无遗失。"源曰："然。"耽源上堂，师出众，作此○相以手拓呈了，却叉手立。源以两手相交，作拳示之。师进前三步，作女人拜。源点头，师便礼拜。①

仰山从耽源接过九十七个圆相画本，看后当即付之一炬。后又答应重集一本呈耽源，但只作○相呈上，并获耽源点头认可。这里强调了仰山"用得不可执本"的观点，表明他已悟得作圆相的玄旨。

所谓"九十七圆相"，是在讲话时用手画一圆圈，再于圈中写一个字，如写牛、佛等字，或画一个图案。后人明州五峰良和尚总结仰山圆相共有六义："良曰：总有六名，曰圆相，曰暗机，曰义海，曰字海，曰意语，曰默论。"② 这是从六个名称即六个不同角度表示圆相的丰富涵义。"圆相"是体，后五名是其用。"暗机"，暗藏机锋。"义海"，所含义理，广大无际。"字海"，圆相中可书写各种不同的字。"意语"，相当于表意语言。"默论"，沉默的玄论。六名说总结了圆相的意义，概括了圆相的作用，其间所涉及的圆相这一特殊符号形式与真理、文字、意义、论说的关系，丰富了佛教语言观。

① 《五灯会元》卷9，中册，527页。

② 《圆相因起》，《人天眼目》卷4，《大正藏》第48卷，321页下。

曹洞宗人吸取《周易》的卦象来充实本宗的“君臣五位”法。“五位”是以理为正位，事为偏位，依偏正回互原则相配合而构成的“正中偏”、“偏中正”、“正中来”、“偏中至”、“兼中到”五种形式，即五位，又以君臣关系为例来说明，称“君臣五位”。此禅法的旨趣在于说明禅理的不同层面，禅修的不同境界。曹洞宗人还以“五相”来表示五位。五相是以圆相为基础的五种形相，依上述五位的次序分别为◓◒⊙○●，不同圆相各有相应的定位与象征意义，从而使圆相取得了固定的格式，成为相对的不可言说、只能意会的确定符号。

法眼宗人倾心于华严六相义，认为“此六相义，举一齐收，一一法上，有此六义”①。“六相”即总、别、同、异、成、坏。华严宗以六相圆融来说明缘起实相，法眼宗人也认为六相的关系是举一齐收，每一法上，都有六相，六相是交互相渗，圆融无碍的。该宗也以圆相来表示六相义，即画一小圆相，中间写一“总”字；再在小圆相外画一圆相，在此大小圆相中间的“总”下写一“别”字，再由左往右依次写“同、异、成、坏”四字②，以示六相圆融。法眼宗认为华严六相是体悟宇宙实相的重要禅修法门，为此还以圆相以及在圆相中写的六个字来象征六相圆融的意义，这种做法本身也表明，法眼宗人一面坚持“不立文字”的旨趣，一面又有难以离开文字的苦衷。

运用“象”是禅宗“不立文字”，开辟悟境的重要手段和方式。“象”，指形象，表象，如中国先秦时代创造的《周易》卦象，象征天地间自然现象与人事社会现象，并据以测定自然界与人事的凶吉变化。禅宗大师仿效中国先圣立象以尽意的先例，结合佛经圆融、圆满、圆通、圆觉等观念，着重运用圆相来象征禅法、禅理、禅境，排拒传统的佛经言说方式，表现“不立文字”的禅悟旨趣，从而丰富了图像语言的内容。

---

① 《华严六相义》，《人天眼目》卷 4，《大正藏》第 48 卷，324 页上。

② 圆相为：
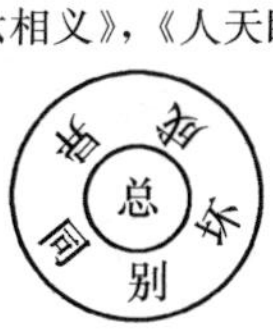

（四）触境

“境”，对象。禅宗依据佛教的“三界唯心”、“唯识所变”的基本思想，也强调境是心之所造，禅之表象。禅宗以为成佛的关键在于心，而见境即是见心，心悟也可通过触境来获得，由此外界事物成为禅家参禅修持的又一依托，触境也成为禅宗开悟的又一重要法门。禅门常讲的“触类是道”、“即事而真”、“触境皆如”、“是境作佛”，都是触境开悟法门的总结。

《五灯会元》卷3《百丈怀海禅师》云：“师侍马祖行次，见一群野鸭飞过。祖曰：‘是什么?’师曰：‘野鸭子。’祖曰：‘什处去也?’师曰：‘飞过去也。’祖遂把师鼻扭，负痛失声。祖曰：‘又道飞过去也。’师于言下有省。”① 这是以眼前飞过去的野鸭为题材而展开的对话。马祖通过扭怀海的鼻子，启发他，迷或悟正在于此，怀海也由此有所省悟。这是触境开悟的一个典型的例子。又如上面提到的马祖另一门下大珠慧海总结的“指境势”，“指境”即触境，指境是传达禅意、开悟禅心的重要方式。马祖的又一弟子兴善惟宽禅师与学人有这样一段对话：“僧问：‘如何是道?’师曰：‘大好山。’曰：‘学人问道，师何言好山?’师曰：‘汝只识好山，何曾达道?’”② 惟宽认为，道就是山，山就是道，道和山浑然一体，不可分割，问者不懂此理，就山论山，就道论道，这只是识山而不达道。也就是说，在惟宽看来，山河大地，一草一木，宇宙间的一切事物，都是佛道，禅者应在日常生活中触境悟道。

曹洞、云门、法眼诸宗也都强调从境上得悟，如《五灯会元》卷15《云门文偃禅师》载：“上堂拈拄杖曰：‘天亲菩萨无端变作一条楖栗杖。’乃画一画曰：‘尘沙诸佛尽在这里葛藤。’便下座。……蓦拈拄杖画一画，曰：‘总在这里。’又画一画曰：‘总从这里出去也。’”③ 这是通过拈拄杖画一画为“境”，称诸佛和祖师尽在拄杖头上说法，

---

① 《五灯会元》卷3，上册，131页。

② 《兴善惟宽禅师》，《五灯会元》卷3，上册，166页。

③ 《五灯会元》卷15，下册，928页。

佛法“总在这里”，要从“这里”（“境”）得悟。禅宗的触境是破除言教说法，要求禅修主体直接从所接触的对象开悟得道，这是体现“不立文字”旨趣的又一重要禅悟方式。

（五）默照

禅法重视坐禅，结跏趺坐，收摄精神，心念专一，以求证悟，这是禅修的基本修行方式，长期以来为中国禅僧所奉行。迄至唐代，慧能高扬性净自悟的禅法，打坐这一修行方式便不再是禅宗参禅的主流。到了宋代，曹洞宗人宏智正觉禅师又标举坐禅，提倡默照禅，强调通过打坐来默契最高真理。宏智正觉在为自己居室“净乐室”所作铭文中有言：“取实之铭，无得而言。善哉摩诘，入不二门。”① 《维摩诘经》一书曾以维摩诘居士默然无言表示不二法门。宏智正觉推崇维摩诘，认为无有文字语言，是真入不二法门。他的默照禅也表现出一种强烈排斥语言文字的倾向。

宏智正觉禅师在阐发默照禅的禅法时说：“默默忘言，昭昭现前。鉴时廓尔，体处灵然。”② 这是说，默照禅是默照相即，摄心打坐，息虑内观，彻见本原。默照的过程是忘言，也就是无言的。又说：“妙存默处，功忘照中……默惟至言，照为普应。应不堕功，言不涉听。”③ “默”是唯一的真正语言，这种默然之言是无声之言，与听无关，是根本无从听到的。道家讲“至游”，即不知所适漫无边际的外游。宏智正觉视默照禅如同至游，说：“道人至游，了无方所。何辨从来，何求止住。去来迹绝，言诠句灭。”④ 作为坐禅直觉观照的默照，犹如道人悠乎缥缈，了无踪迹，于坐禅直接观照时，神乎其中，灭尽言诠。宏智正觉还教人“不要作道理，咬言句，胡棒乱喝，尽是业识流转”⑤。“业识”是导致众生在迷惑的世界中流转的作用。意思是说，阐说道理，言说文句，乃至棒喝，都是业识的作用，是不利于

---

① 《净乐室铭》，《宏智禅师广录》卷 8，《大正藏》第 48 卷，100 页中、下。
② 《默照铭》，《宏智禅师广录》卷 8，《大正藏》第 48 卷，100 页上。
③ 同上书，100 页上、中。
④ 《至游庵铭》，《宏智禅师广录》卷 8，《大正藏》第 48 卷，98 页下。
⑤ 《宏智禅师广录》卷 5，《大正藏》第 48 卷，60 页中。

解脱生死大事的。在宏智正觉看来，默然静坐，直觉观照是“言语道断”，排除语言作用的。但是宏智正觉也不是笼统地反对一切言说，他说：“在语也妙，在默也妙，说时常默，默时常说，便能超四空出三界。”① “四空”，指法相空、无法空、自法空、他法空四种空义。“三界”，即欲界、色界、无色界，为众生所居的世界。宏智正觉认为，语和默都要合乎禅宗的玄妙旨趣，若能如此，语默相即相入，也就能转凡成圣，超出凡夫流转世界，而获得解脱。

二、不立文字原则下的“不离文字”说

禅宗的思想是不断发展、演变的，就禅与教关系的思想来说，大体上先是藉教悟宗，约在晚唐五代北宋则不立文字之风席卷禅林，盛极一时。自北宋中叶以来，不离文字，以语言活用、文字创作为实践形式的参禅活动又转而成为禅门的普遍现象。禅宗自创立以来，禅与教的关系问题一直是一个不断受到关注、不断展开讨论的热门话题，不立文字与不离文字两种主张、两种声音一直是相伴而存在的。禅宗语言观的长期演变和持久论辩，极大地推进了对语言本质认识的深化。

这里，我们围绕禅宗不离文字的语言观，侧重论述两个问题：禅宗不离文字说的思想支撑点；禅宗在不立文字旨趣指导下的语言实践方式，即在语言实践方面是怎样不离文字，又不违背不立文字精神的。

不离文字与不立文字的对立，实质上是对禅教关系看法的分歧。对禅教关系的看法，决定了禅师对语言文字的立场。支持不离文字说的重要理念有三：藉教悟宗、教禅一致和教禅一体。

（1）藉教悟宗。“教”，指以语言文字来表示的义理体系。“宗”，宗旨，禅宗指不可言诠的内在真性。藉教悟宗就是借着佛经的教义，以悟入禅宗的宗旨。如前所述，菩提达摩提出了两种悟入佛道的途径，即理入和行入。理入是在原理方面悟入，其方法是“藉教悟宗”，即借掌握佛教经典义理而悟入禅宗的旨趣，以体证众生生命中本来具足的真性。② 菩提达摩虽然重视禅悟，但也肯定语言文字的功能，认

---

① 《宏智禅师广录》卷5，《大正藏》第48卷，58页中。

② 详见《楞伽师资记》有关记载，《大正藏》第85卷，1285页上。

为离开经教文字要悟入真性是不可能的。慧能继承了达摩的思想，认为佛法是为不同根机的众生而设的，他说：

> 一切经书，及诸文字，小大二乘，十二部经，皆因人置，因智惠（慧）性故，故然能建立。若无世人，一切万法，本元不有，故知万法本因人兴，一切经书，因人说有，缘在人中有愚有智。①

意思是说，人的根性有愚智之别，智慧高超的人，可以不假文字而顿悟成佛，而缺乏智慧的愚人则需要经过经典文字的学习、理解才能有所觉悟。五代末的延寿进一步强调说，一切众生，由凡入圣，必须学习和把握佛教义理：

> 若因言悟道，藉教明宗，谛入圆诠，深探佛意，即多闻而成宝藏，积学以为智海。从凡入圣，皆因玄学之力；居危获安，尽资妙智之功。言为入道之阶梯，教是辩正之绳墨。②

他强调语言文字是入道的必经阶梯，经教、经典是检验证悟的标尺，一切众生不分愚智，都要学习经典言教。由此看来，藉教悟宗说充分肯定了语言文字的重要作用，同时也强调学习言教探求佛意，是为了悟道明宗。

（2）教禅一致。禅门中的一些禅师认为，根据佛教经论而建立的宗派，与传承心法，教外别传的禅宗是对立的，即教宗与禅宗是对立的，但也有些禅师如宗密、延寿则强调教禅一致，认为两者是统一的。宗密说："经是佛语，禅是佛意，诸佛心口必不相违。"③ 认为诸佛的言教与心意是互相吻合不相违背的，教（经）与禅是一致的。又说："达摩受法天竺，躬至中华……欲令知月不在指，法是我心，故但以心传心，不立文字，显宗破执，故有斯言，非离文字说解脱也。"④ 认为菩提达摩的禅法只是引导禅修者破除对文字的执著，并

① 《坛经》[30]。
② 《万善同归集》卷中，《大正藏》第48卷，974页中、下。
③④ 《禅源诸诠集都序》卷上之1，《大正藏》第48卷，400页中。

不是要离开文字另求解脱。他还把当时的教归纳为三教，禅归纳为三宗，以三教对应三宗，把教与宗相应地统一起来。① 延寿继承宗密的思想，进而把提倡顿悟的禅宗和宣扬圆修的《华严》结合起来，构成为自身佛教学说的基础。他还引用南阳慧忠国师的话："禅宗法者，应依佛语一乘了义，契取本原心地，转相传授，与佛道同。"② 强调要依据佛经义理契合、发明本原心性，从而与佛道相通。宗密强调经典所载的是佛语，延寿强调依据佛语发明心地是通向佛道的根本。宗密与延寿都是把经教置于重要的地位，表明了对语言文字功能的高度重视与充分肯定。可以说，在宗密、延寿看来，不立文字是以不离文字为前提的。由于延寿努力阐扬教禅一致的思想，不仅使禅宗的思想发生了较大的变化，而且也为其他宗派所接受。

（3）教禅一体。宋代以来，在教禅一致说的基础上，一些禅师还反对离开语言文字说禅的倾向，进一步提出教禅一体说，强调教禅本为一体，语言文字即是禅。北宋临济宗黄龙派禅僧慧洪（1071—1128）著有《石门文字禅》30卷和《临济宗旨》等，他评论当时禅宗的学风说："禅宗学者，自元丰以来师法大坏，诸方以拔去文字为禅，以口耳受授为妙。"③ "元丰"，宋神宗年号（1078—1085），慧洪抨击北宋后期以排除文字，离开文字为禅的做法是师法大坏，完全违背了禅宗的宗旨。他还就心与语言的关系提出了新解："心之妙不可以语言传，而可以语言见。盖语言者，心之缘，道之标帜也。标帜审则心契，故学者每以语言为得道浅深之候。"④ 认为心的微妙是难以言传，而又可以语言表现的。因为语言即是心的所缘，也是佛道的标帜。语言审慎周密则与心相契合，故学者也以所说语言作为禅师得道深浅的表征。慧洪区分"言传"与"言见"，进而强调心可言见，视言为心的表现，言与心契，则言与心一体，教与禅一体。此说推进了

① 详见《禅源诸诠集都序》卷上之2，《大正藏》第48卷，402页中。

② 《宗镜录》卷1，《大正藏》第48卷，418页下。

③ 慧洪（德洪觉范）：《题隆道人僧宝传》，《石门文字禅》卷26，10页，《四部丛刊》据明万历丁酉年（1597）径山兴盛万寿禅寺本影印，上海，上海商务印书馆，1919。

④ 《题让和尚传》，《石门文字禅》卷25，11页，四部丛刊影印本。

对语言与心灵的关系，以及语言表意功能的认识。

明末佛教四大师之一真可，立志恢弘禅宗。他非常重视语言文字的作用，说："凡佛弟子，不通文字般若，即不得观照般若；不通观照般若，必不能契会实相般若。"① 认为通晓文字般若，是获得观照般若，进而契会实相般若的前提、关键，也就是说，不通经教，不可能证悟。真可不赞成不立文字，以心传心的说法，认为自龙树菩萨至圆明禅师都是"即文字语言而传心"②，慧能是"即心而传文字语言"③，传心与传文字语言是相辅相成，不可分割的。在真可看来，文字与禅的关系犹如波与水的关系："文字，波也；禅，水也。如必欲离文字而求禅，渴不饮波，必欲拨波而觅水，即至昏昧，宁至此乎？"④ 水波是起伏不平的水面，波就是水，水波一体。离开文字而求禅，等于离波而求水，可谓昏昧之极。真可以波喻文字，也就是认为文字是禅的呈现，文字就是禅。真可还在《石门文字禅·序》中说："盖禅如春也，文字则花也。春在于花，全花是春；花在于春，全春是花。而曰：禅与文字，有二乎哉？故德山、临济，棒喝交驰，未尝非文字也；清凉、天台，疏经造论，未尝非禅也。"⑤ 春有百花开，百花在春开，春是花，花是春。禅如春，文字如花。春与花不二，禅与文字不二。所以德山宣鉴、临济义玄，棒喝齐施，未尝不是文字；清凉国师澄观、天台大师智顗，注疏撰论，也未尝不是禅。真可把禅与文字等同起来，不仅把文字的作用提升到前所未有的高度，而且也无限制地扩大了文字禅的范围。

直至近代，欧阳竟无居士（1871—1943）也说：

> 自禅宗入中国后，盲修之徒以为佛法本属直指本心，不立文字，见性即可成佛，何必拘拘名言？殊不知禅家绝高境界，系在利根上智道理凑泊之时，其于无量劫前，文字般若熏种极久；即见道以后，亦不废诸佛语言，见诸载籍，非可臆说。而盲者不知，

① 《法语》，《紫柏老人集》卷1，2页，钱塘许灵虚重刊本，1910。

②③④ 《礼石门圆明禅师文》，《紫柏老人集》卷14，27页。

⑤ 《紫柏老人集》卷14，2页。

徒拾禅家一二公案为口头禅，作野狐参，漫谓佛性不在文字之中，于是前圣典籍，先德至言，废而不用，而佛法真义浸以微矣！①

抨击不立文字，废除先言的参禅是盲修，是野狐禅。

从藉教悟宗到教禅一致，再到教禅一体，使语言文字与心灵体验、佛经言说与禅宗证悟的关系的辩论得以深入展开，表明禅林中一部分禅师越来越强调语言文字的作用。这其间，藉教悟宗说是由不离文字再归结到不立文字，偏重于证悟，偏重于不立文字；教禅一致说是主张不离文字与不立文字并行不悖，相对而言比较侧重于经教，侧重于不离文字；教禅一体说则主张不离文字而得禅的心印，强调经教对禅的极端重要性，认为文字即是禅，或者说文字是禅的表现、形式。

禅宗又是怎样在不立文字的宗旨指导下，实践不离文字，运用语言文字来参究禅理的呢？从禅宗的大量著作来看，禅宗大师们是充分发挥了自由自在地运用语言又不囿于其中的才能，创造出了机语、玄言、公案、偈颂、话头等互相重叠、交叉的语言类型、方式，构成了一座灿烂辉煌的语言殿堂，令人眼花缭乱的语言迷宫。可以说，禅宗把中国的艺术语言推向了一个新的顶峰，禅宗语言极大地丰富了中国艺术语言的宝库。

（1）机语。禅家修持的根本旨趣是要直截了当地把握到成佛的根源——众生本来具有的本心。但只说本心又比较空洞、空泛，于是再从心思的外在表现即语言、行动等方面来讲，由此又形成了修持实践的种种新的形式，其中重要的有“机锋”、“机用”，相应地还讲“机境”。机锋是以含蓄的语言，试验对方是否理解。机用是善于掌握运用语言的原则与能灵活地运用语言。机境是语言表达的主题与境界。② 所谓“机语”，就是禅家机锋、机用、机境所表现出来的语言

① 《唯识抉择谈》，黄夏年主编：《欧阳竟无集》，90 页，北京，中国社会科学出版社，1995。

② 详见吕澂：《中国佛学源流略讲》第 9 讲《南北宗禅学的流行》，《吕澂佛学论著选集》（五），2807 页。

句式，是接引、启发学人开悟和讨论、交流禅法的语句。《镇州临济慧照禅师语录》载："被学人拈出个机权语路，向善知识口角头撺过，看尔识不识?"① "机权语路"即机语。《五灯会元》卷20云，教忠弥光禅师"谒圆悟禅师于云居，次参黄檗祥、高庵悟，机语皆契"②。机语是禅家独立创造的语言艺术，独具特色的言说方式，是不离文字又不立文字的生动表现。

禅家机语的常见形式是问答之间的语言紧张与怪谲、矛盾与冲突，表现为答非所问、答问背反、故作误答、循环回答，等等。例如，"问：'如何是佛?' 师曰：'干屎橛'"③。这是答问背反，回答的是反话，用秽语来比喻最高最神圣的佛祖，以截断问者的语路，返本归源，自求解脱。又，"僧问：'如何是祖师西来意?' 师曰：'一寸龟毛重七斤'"④。这种回答不仅是答非所问，而且本身也是荒谬绝顶的，是超出日常规范之外的话语，禅宗称此为"出格词"、"格外语"。出格词的运用，是把问题推向荒诞，以截断学人的情识测度，使之转向禅悟。再如，"问：'柏树子还有佛性也无?' 师曰：'有。''几时成佛?' 师曰：'待虚空落地时。' 曰：'虚空几时落地?' 师曰：'待柏树子成佛时'"⑤。这是一种绕来绕去兜圈子的循环回答，以此种方式破除学人对语言的执著和迷信，进而跃入言语道断的直觉体证真性的境界。

（2）玄言。禅门的沩仰、临济诸宗认为禅学不是"义学"而是"玄学"。义学是指关于佛教教义的学问，玄学则是玄妙的体证之学。玄学的语言不是直截了当地表情达意的一般语言，而是含有玄意的玄妙语言。玄言也是机语，因禅师对此另多有论述，故分出论列。关于玄言，最重要、最有影响的是临济义玄的"三玄门"说。《庄子》把所用的语言分为卮言、重言、寓言三类，临济受此启发，也主张讲话

① 《大正藏》第47卷，500页上。
② 《五灯会元》卷20，下册，1328页。
③ 《云门文偃禅师》，《五灯会元》卷15，下册，929页。
④ 《南台勤禅师》，《五灯会元》卷15，下册，969页。
⑤ 《赵州从谂禅师》，《五灯会元》卷4，上册，206页。

要讲三句，如同三关，作为测试、教导、接引学人的方式。他说："一句语须具三玄门，一玄门须具三要，有权有用。"① 临济关于三玄门和三要的具体解说，史无记载。大约的意思是，话要讲活，要话中有话，言中有玄，含有玄意，言外有旨，蕴藏禅理，以让学人领会语句中的权实照用。后人对三玄三要的说法不一，一般来说，三玄指"体中玄，句中玄，玄中玄"②。"体"，体证，"体中玄"，体证中显现的玄奥。"句中玄"，言说中显现的玄意。"玄中玄"，真理自身显现的玄妙。所谓三要，据汾阳善昭说是："言中无作造"，"千圣入玄奥"，"四句百非外，尽踏寒山道"③。意思是说，第一要为言说没有分别造作，第二要为千圣直入玄奥，第三要为言语道断。总之，玄言是要求言中有玄意，在不离文字中贯彻不立文字的玄旨，以利于教化，也利于证悟。

（3）公案。禅门自延寿大力阐扬教禅一致思想以来，日益重视教的作用，但是真正作为典据的，不是一般的佛教经论，而主要是古来有德高僧的言说、动作等的记录，以记录中的一些问题作为禅修的指示，参究的对象。这些问题犹如存放经年的档案，称之为"公案"。大力倡导参究公案的汾阳善昭说："夫参玄大士，与义学不同，顿开一性之门，直出万机之路。……心明则言垂展示，智达则语必投机。了万法于一言，截众流于四海。"④ 认为参禅是语必投合机缘，能于一言中直截了当地了悟万法。也就是通过参究公案语录以把握佛理，体悟本心。禅门有"一千七百条葛藤"之说，即公案的总数为一千七百则，实际上常用的是五百则左右。参究公案始自晚唐五代，至宋代，公案禅成为了禅门禅法的主流，禅师的语言文字也都围绕着公案这一主轴而开展。

公案禅的流行，进一步地推动了禅宗语言观的实践转向，并形成了如下一些特点：第一，重新回到用语言说禅，即由不能说，回

① 《镇州临济慧照禅师语录》，《大正藏》第47卷，497页上。

② 《碧岩录》[15]，《大正藏》第48卷，155页下。

③ 《人天眼目》卷1，《大正藏》第48卷，302页上。

④ 《汾阳无德禅师语录》卷下，《大正藏》第47卷，619页中。

到绕路说禅。参究公案，需要在语言文字上作更进一步的解说，但又不能直截了当地说，不能一语点破语言文字中的真意，这就要求用迂回曲折的方法，在运用语言文字的技巧上下工夫，使语言文字带有玄味，即用含蓄隐晦的语言来绕路说禅。这一方面表现了禅家坚持不立文字的初衷，一方面也是直接地肯定了语言是通向禅意和禅理的桥梁，从而也间接地肯定语言含有意义和真理的功能。第二，由尊崇佛教经论的权威，转向突出中国禅宗祖师语录的价值。从语录中衍化出的公案被禅门视为权威的法范，印证的符信，究竟的指点，其意义远远在印度佛教经论之上。这是中国佛教史、中国语言学史上高扬民族主体性和语言本土化的突出事例。第三，公案语言内容方面的突出特点是"机缘"语言所占比重最大。也就是公案内容多是乘机说法或应机接物的内容，其语言生动地体现了公案禅的具体情境，展现了师徒或宾主之间多姿多彩的问答，表现了参禅方法与经验的具体情景。例如，《碧岩录》第 9 则："举僧问赵州：'如何是赵州？'州云：'东门、西门、南门、北门。'"① 赵州是多意的指称，而僧是问赵州从谂的境界，赵州从谂则答以东、西、南、北四门，答非所问。据说这是暗示赵州境地是由发心、修行、菩提、涅槃四门而至的机语。问答既平常又反常，具体又隐晦，既富启发性又颇费揣摩。这与正面表述为主的其他佛教经典文字的内容是很不相同的。第四，公案语言形式方面的突出特点是口语化，通俗化。大部分公案的语言是用唐宋时代的方言记录下来的，其中有大量的口语、白话、俗话、谚语等，通俗浅显，又多采用反逻辑的言说方式，隐晦含蓄，从而与佛教的经论文字、义学的逻辑语言、印度的话语形成了强烈的反差。公案语言还增添了日常生活用语，淡化了语言的说教色彩。这是中古汉语特征的表现，也是本土平民特色的表现。

参究公案必然要阐释公案，随着参究公案的盛行，阐释公案日益向两个方向发展，这就是偈颂和话头。

① 《大正藏》第 48 卷，149 页上。

（4）偈颂。随着公案禅的流行，一些禅师越来越讲究陈述公案禅的文字技巧，重视文辞、文采，追求文字的优美、华丽，于是采用偈颂即诗歌的体裁，曲折地解说公案的涵义。“从纯形式的角度看，禅宗的偈颂在格式、声律、辞藻、对偶、意象等方面都与诗歌完全一样，有古体，也有近体，有五言古诗、七言歌行，也有五绝、五律、七绝、七律，因此常被人们称为‘诗偈’或‘歌颂’。”① 临济、云门、曹洞诸宗一些有文化的禅师纷纷采用偈颂这种形式来解说公案。偈颂体裁是禅宗文字禅形成的主要标志。《汾阳无德禅师语录》、《碧岩录》、《空谷集》、《从容（庵）录》、《无门关》等一系列陈述公案的著作，构成为文字禅的主流。

禅家采用偈颂体裁，并非偶然。从语言观角度来看，与具有概念化、逻辑性、说教式等特点的经论文字不同，偈颂则主要是由非逻辑的意象语言组成，具有强烈的象征性与模糊性，鲜明的暗示性与体悟性，以及优美的韵律感，这不仅体现了中土的文化色彩，也有利于据此坚持“不立文字”的原则，还适应文人的爱好从而使禅法易于传播。②

偈颂体裁的流行，进一步使禅风发生重大变化。禅师通过偈颂来表现自身的觉悟与境界，把生命体悟哲学与诗歌语言融合起来，这不仅引发了禅宗语言实践方式的深刻变化，也使禅风发生了重大变化，并分别为禅哲学和禅文学的发展开辟了新的天地。

（5）话头。如前所述，临济宗人大慧宗杲不满文字禅，他转而采用不同的方式来运用公案，即选取公案古则中的某些无意味语作为参究的对象，这称为“看话头”或“看话禅”。从语言观和语言实践形式来看“看话头”，其思想要点是：第一，认为公案文字并不直接反映古德的真面貌，若把公案文字直接当作具有意义的“有意语”，必然会堕入名相分别、情识知解的泥潭，是无法达到证悟目的的。第二，强调“话头”只是一种语言形式，一种启悟工具。在大慧宗杲来

① 周裕锴：《禅宗语言》，95页，杭州，浙江人民出版社，1999。

② 详见上书，95～96页。

看，语言只是感性形式，并无表意指义的功能，参话头并非是参究其内容，“此事决定不在言语上”①，“此事决定离言说相，离心缘相，离文字相”②。要超越语言文字，扫除分别知见，摧破知觉情识，专心以公案语句为题目，时时提撕，不得放下，以至大发疑情，不断追寻心性本原，以求彻悟本性，获得解脱。第三，与上相联系，还强调“话头”只是无解之语，是“活句”。凡是有解可参之语言，可从字面上理解其意义的句子，是“死句”。主张但参活句，莫参死句。第四，受《老子》“有生于无”思想的影响，一些禅师也重视以“无”字为话头来参究，还参究“父母未生前本来面目”等，表明看话禅与《老子》在思想与语言上的联系与相通。第五，“看话”的过程是一个非理性的直觉体悟过程，也是一个解构语言的过程，表现出强烈的非理性主义与语言解构主义的特征。

总之，禅家是通过制造语言的紧张、矛盾、冲突，开掘语言的多重涵义，迂回言说，以语句为参究题目，以及以诗歌形式表现禅意，从而充分展示了语言艺术天才。禅家运用语言，“不离文字”，是以“不立文字”为原则的，但是以偈颂说禅则带有偏重文字的色彩，由此也表现出禅门“不离文字”参究实践的不同走向。禅宗创造与运用禅语言，一方面充分而深刻地暴露了直觉体悟与语言文字的矛盾和关联，为探讨和总结直觉和语言的关系提供了丰富的资料；一方面又有力而全面地推动了中国语言的艺术化，尤其是为以禅语为诗、以俗语为诗，以及以禅喻诗，更是提供了大量的文学语言资源，从而对中国文学史、思想文化史的发展作出了重要的贡献。

① 《普说》，《大慧普觉禅师语录》卷13，《大正藏》第47卷，863页中。
② 《答吕舍人》，《大慧普觉禅师语录》卷28，《大正藏》第47卷，931页下。

第三十二章

中国佛教的真理观

真理是对客观事物及其规律的正确反映，佛教真理观作为解脱论、修持实践论的一部分，有着与通常的真理观显著不同的特色。在用语上，佛教常常用真如、真际、实际、真实际、实相、谛、真谛、第一义、第一义谛、胜义谛、胜境谛、圆成实性、中道等来表述真理；在内容上，主要以是否合乎缘起性空的宇宙观和是否有利于人生解脱成佛为判别真理的根本标准，对于客观事物及其规律，也是以这一根本标准为判断的准绳。从印度佛教发展过程来看，其真理学说的核心内容是真俗二谛说，即相对的两种实在的认识学说，这被认为是佛说法的根本方法，也是不少佛教派别组织学说的基本方法。印度佛教的二谛说，对于中国思想界来说，可谓闻所未闻的新鲜理论。中国佛教学者结合和适应中国社会实情和文化传统，继承和发展了印度佛教的真理观，以指导和推动中国佛教实践的发展。本章着重论述中国佛教真理观的内涵及其历史演变，为此先简述印度佛教真理观的概况，以利于总结和认识中国佛教在真理观上的演变与发展。

第一节　印度佛教真理观概述

释迦牟尼创立佛教的动机和目的，是基于对生命的体验形成一种广大的悲愿，以教化和救度世人，而不是寻求客观的知识，探索外部世界的真理。他要教化人，就要向人宣扬人生解脱的真理，而人生的解脱又离不开对外部世界的认识。这种佛教立场和教化需要，决定他不是着重从主观认识与客观世界的一致性和有用性的知识中寻找真理，而是侧重从宗教伦理实践即遵奉行为规范中寻求真理，由此而提出了四谛和三法印的真理论。后来，部派佛教阐发了真俗二谛说，即出世间真理与世间真理的区分与关系的学说。随后，大乘佛教中观学派进一步探寻一切事物的真实的、常住不变的本性——“诸法实相”，以此为统一的、最高的真理。“诸法实相”成为了大乘佛教的标帜。

一、早期佛教的四谛和三法印说

四谛即四个真理，也称四圣谛，意为四个神圣的真理。四谛为苦谛、集谛、灭谛、道谛。苦谛是说一切皆苦，世间的现实都是烦恼、痛苦。如人有生、老、病、死，以及怨憎者相会、相爱者别离、求不得等种种痛苦。佛教认为，人的生理和情感这些层面的痛苦还是次要的，主要是精神层面的痛苦，即人生的无常、非我（空）和由此而形成的精神逼迫性是最大的痛苦。集谛是说痛苦由妄执、烦恼等种种原因积集而成。灭谛是指断除痛苦的原因，超越现实的无常世界，而达到寂灭的境地，也即觉悟的世界。道谛是达到寂灭境界的方法、道路，即修行实践。相传四谛是释迦牟尼成道之后，于鹿野苑为五比丘初转法轮的说法，是佛教的基本义理，为解脱生死的根本方法。从四谛的内容来看，它属于宗教真理，偏重于对人生宇宙的价值判断，而且由世间说到出世间，强调以出世间为终极归宿。四谛说为佛教的真理观奠定了基本框架。

三法印是佛教的三项根本佛法，是提供生命体悟，印证各种说法是否合乎佛说，从而体现佛教思想特征的三条真理。在巴利语经典中，并没有三法印的说法，在汉译《杂阿含经》卷 10 中则有十分近似的说法：“一切行无常，一切法无我，涅槃寂灭。”[①] 三法印的正式

① 《大正藏》第 2 卷，66 页中。

表述是：诸行无常，诸法无我，涅槃寂静。“行”，此指由种种条件积集而成、生灭变化的物事。“法”，存在。诸行无常，指一切世间由种种因缘和合而成的物事，都是无常而生灭变化的。诸法无我是说，包括有为无为的世间一切存在、现象，都是无独立的自性，也就是空的。涅槃寂静是出离生死的寂静境界。三法印中前两条就认识现象的现实层面而言，后一条是人生最后的理想归宿。三法印与四谛的思想是完全一致的，不同的是以命题的形式出现，且更富有哲学意蕴。无常、无我、涅槃实是佛教对人生宇宙的现实与理想的基本认识，构成为佛教真理的核心内涵。

二、部派佛教的二谛说

早期佛教着重阐说四谛，几乎不论及真俗二谛，仅在《增一阿含经》卷3中出现过“二谛”这个词，但没有说明内容。[①] 又《中阿含经》卷7《分别圣谛经》中称：“真谛不虚，不离于如，亦非颠倒，真谛审实。”[②] 这里所讲真谛与圣谛义同，全经也着力解说四圣谛——苦圣谛、苦习谛、苦灭谛和苦灭道谛，即四谛说，并未与俗谛对举并用。

部派佛教开始探索真俗二谛与苦、集、灭、道四谛的关系，并对二谛的意义作出不同解说，兰菊竞美，蔚为壮观。对真俗二谛与苦、集、灭、道四谛的关系，部派佛教各派的看法分歧颇大，大约有这样一些看法：有主张苦、集为世俗谛，灭、道为胜义谛；有主张苦、集、灭为世俗谛，以道谛为胜义谛；有主张苦、集、灭、道四谛均为世俗谛，以空、非我为胜义谛；还有主张四谛各具世俗与胜义二谛。[③] 这表明部派佛教把苦、集、灭、道四谛归结为真俗二谛的倾向，也表明佛教真理与世俗真理的关系，成为了佛教理论的重大问题。

部派佛教对二谛意义的解说，虽然所说不一，但是，主要观点是

① 详见《大正藏》第2卷，561页上。
② 《大正藏》第1卷，468页中。
③ 详见《阿毗达磨大毗婆沙论》卷77，《大正藏》第27卷，399页下。

认为，由各种要素和合而成的事物，人们给予了假名，而为常识所认可的，为世俗谛；构成事物的要素，其本质恒常不变，这是殊胜智慧分析后所得的认识，称为胜义谛。《阿毗达磨俱舍论》卷22《分别贤圣品第六之一》云：

> 谛有二种：一世俗谛，二胜义谛。如是二谛，其相云何？颂曰："彼觉破便无，慧析余亦尔。如瓶、水世俗，异此名胜义。"论曰：若彼物觉彼破，便无彼物，应知名世俗谛。如瓶被破为碎凡时，瓶觉则无，衣等亦尔。又若有物以慧析除彼觉便无，亦是世俗，如水被慧析色等时，水觉则无，火等亦尔。即于彼物未破析时，以世想名施设为彼，施设有故，名为世俗。依世俗理说有瓶等，是实非虚，名世俗谛。若物异此，名胜义谛。谓彼物觉彼破不无，及慧析余彼觉仍有，应知彼物名胜义谛，如色等物碎至极微，或以胜慧析除味等，彼觉恒有，受等亦然，此真实有故名胜义。依胜义理说有色等，是实非虚，名胜义谛。①

这是说，如瓶、衣等物，一旦毁坏、破碎，就不能称为瓶、衣等物。又如水、火等系由色、香、味等要素构成，若以殊胜智慧分析，实不能称为水、火等。瓶、衣、水、火等都是人为施设的假名，世间一般常识认为是实而非虚的，称为世俗谛。至于色、香、味等构成万物的要素，即使"碎至极微"，其本质是恒常不变，真实存在的，这是依殊胜义理说，称为胜义谛。这是把真理分为世间常人的真理和出世间的佛教真理两个层次，从胜义谛来看，世俗谛只是假名，是无恒常真实本质的。

与上面观点相近的一种观点是，以世间约定俗成的道理为世俗谛，佛教神圣智慧洞见的真理为胜义谛。《阿毗达磨大毗婆沙论》卷77《结蕴第二中十门纳息第四之七》载："随顺世间所说，名是世俗；随顺贤圣所说，名是胜义。大德说曰：宣说有情、瓶、衣等事，不虚

---

① 《大正藏》第29卷，116页中。

妄心所起言说是世俗谛；宣说缘性缘起等理，不虚妄心所起言说是胜义谛。"[①] 这也就是说，依常识说世间事物是世俗谛，而依佛教缘起理论认为事物由各种要素和合而成是胜义谛。

《成实论》卷 11《立假名品》以真俗说二谛，并以假名为俗谛，以构成万物的要素和涅槃境界为真谛："佛说二谛，真谛俗谛。真谛谓色等法及泥洹，俗谛谓但假名无有自体，如色等因缘成瓶，五阴因缘成人。"[②] "泥洹"，即涅槃。"五阴"，即五蕴。这里认定由色等因缘合成的瓶，由色、受、想、行、识五蕴和合而成的人，属于俗谛，而色、受、想等构成事物的要素（五蕴），超越生死的涅槃，都是真谛，更鲜明地体现出佛教真理观的内容与特色。

部派佛教的二谛说，从根本上说，是以关于现象的真理为俗谛，以关于本质的真理为真谛，前者是世间的常识，后者是佛教的真理。这为对世界及其认识的二重化提供了独特的认识基础。

三、大乘佛教的实相说

在小乘佛教的四谛说和二谛说以及《般若经》二谛思想[③]的基础上，大乘佛教进一步阐扬了实相说。所谓实相，相当于在修持实践中观照和信解的对象，对实相的解说，就是宇宙真理观。中观学派以中道解说实相，也就是以二谛相即来解说实相：从真谛来看是空，从俗谛来看是有；既看到空，也看到有，同时又不著两边。中观学派奠基人龙树说："众因缘生法，我说即是无（空），亦为是假名，亦是中道义。未曾有一法，不从因缘生，是故一切法，无不是空者。"[④] 为什么说因缘所生的事物都是"无"（空）呢？"空"为什么又是"假名"

① 《大正藏》第 27 卷，400 页上、中。

② 《大正藏》第 32 卷，327 页上。

③ 佛教《般若经》强调宇宙万法的当体性空，破除由于假名认识所执著的实在，所以也重视阐扬二谛思想。它把第一义谛的内涵解释为事物本质的"性空"和主体认识的"无分别"。它强调世谛的功用是："以众生自不知诸法如幻如化，以是故，菩萨摩诃萨于无量阿僧祇劫行六波罗蜜，成就众生净佛国土，得阿耨多罗三藐三菩提。……菩萨摩诃萨行般若波罗蜜，以方便力故，教众生远离是相著。"（《摩诃般若波罗蜜经》卷 24，《大正藏》第 8 卷，398 页中、下）龙树的中观则是发扬性空而无碍于缘起的中道精神。

④ 《观四谛品》，《中论》卷 4，《大正藏》第 30 卷，33 页中。

和“中道”呢？对此，青目作这样的解释：“众缘具足，和合而物生；是物属众因缘，故无自性，无自性故空。空亦复空。但为引导众生故，以假名说。离有、无二边，故名为中道。是法无性故，不得言有；亦无空故，不得言无。”① 这是说，事物由因缘和合而生，事物属于因缘而无自性，即无自身内在的真实不变的本性、本质，无自性即是空。所以说，凡是因缘所生的事物，都是空。在龙树看来，“空”（无自性）就是诸法实相，一切事物的真相，这也称为“真如”，即如其本来状态的真实相。实相，真如，就是一切事物的真实本相，也就是真理，就是最高的普遍真理。

一切因缘和合的事物既是无（空），也是假名。“假”是施设的意思，假名即人为施设的名目、名称、名字。假名是指述因缘和合的无自性的，即虚假不实的东西；假名在客观上并没有实在的东西与之相应，实是虚假的名称。《摩诃般若波罗蜜经》卷 24 云：“一切和合法皆是假名，以名取诸法，是故为名。”②《中论》卷 4《观如来品》也云：“空则不可说，非空不可说，共不共叵说，但以假名说。”③ “共不共”的“共”指空非空，“不共”指非空非非空。这是说，诸法空、非空、空非空和非空非非空四种情况都不应说，不可说，但诸法从因缘和合而呈现为现象，在时空中存在，为引导众生，以假名来指述、分别。这样，一切因缘和合的事物既是无（空），又是假名（有），是空与假名、无与有的统一体。

一切因缘和合的事物既是空，又是假名，空与假名，即无与有是对立的两极。若偏于空，只见否定，易陷于虚无主义；若偏于假名，只见现象，又易为世俗所囿。只有不落于无与有两端，远离无与有两端，才符合事物的实相，这就是中道。中道也就是实相，就是最高真理。中道实相就是大乘佛教中观学派的真理观。

为了阐明宇宙万物空无自性的中道实相论，龙树在《中论》卷 1

① 《观四谛品》，《中论》卷 4，《大正藏》第 30 卷，33 页中。
② 《大正藏》第 8 卷，398 页中。
③ 《大正藏》第 30 卷，30 页中。

《观因缘品》一开头就说："不生亦不灭，不常亦不断，不一亦不异，不来亦不出。能说是因缘，善灭诸戏论；我稽首礼佛，诸说中第一。"① 这是认为，宇宙万物都由因缘聚散而有生灭等现象发生，实际上从无自性的本质来看，既没有自性的生，也没有自性的灭。如说有生有灭，则落于两边。离此两边而说不生不灭，则是中道之理。不生、不灭、不常、不断、不一、不异、不来、不出，合称"八不"。前二不即不生、不灭是八不之本，后六不是补充说明不生、不灭的意义的。又不灭从不生而有，不生（因缘和合而生，无自性的生）更是根本。生、灭、常、断等只是世间的相对概念，视之为实有则是邪执。"八不"是用"不"来否定世俗的八种执著，以彰显中道实相这一佛教的绝对真理，称"八不中道"。八不中道从宇宙生成论的高度论证一切缘起事物无生性空的原理，为中道实相论奠定了理论基础。

大乘佛教在宣扬真谛的同时，也相当重视俗谛。《仁王般若经》卷上《二谛品》就宣扬二谛相即，真俗不二的思想②，真谛俗谛相即不二，两者虽有差别，但并不相离。万物空性必假于缘起事物上显现；不安立世间真理，不依世间真理，也就不能得到出世间真理。龙树也肯定俗谛的重要性，他说："诸佛依是二谛，而为众生说法。若人不能如实分别二谛，则于甚深佛法，不知实义。……若不依俗谛，不得第一义，不得第一义，则不得涅槃。"③ 这是说，佛是以真俗二谛为众生说法。对于二谛，一是要了解二者的不同，否则就不能了知超越俗谛的真谛。二是不依俗谛，也不能了知真谛，即无法证得涅槃。

一度与中观学派相对立的大乘佛教瑜伽行派，着重宣扬万法唯识的真理观，同时也认为识自身是非实在的，是本性空。识性空也是真理观。瑜伽行派继承与发展了部派佛教的二谛说，如《辩中边论》卷

① 《大正藏》第30卷，1页中。

② 详见《大正藏》第8卷，829页上、中、下。

③ 《观四谛品》，《中论》卷4，《大正藏》第30卷，32页下～33页上。

中把世俗谛和胜义谛各分为三种[①]，三种世俗谛是假世俗（假名）、行世俗（造作活动）、显了世俗（圆成实性），三种胜义谛是义胜义（真如）、得胜义（涅槃）、正行胜义（圣道）。这是进一步区分了二谛的类型，深化了二谛的内涵。

从学术发展史来看，大乘佛教中观学派提出实相论的真理观，推进了佛教的真理学说，这主要表现为：一是针对小乘佛教的三法印而立一法印，以显示诸法实相而涵括了三法印的内蕴，这反映了中观学者在探索宇宙的统一本质上的努力和抽象理论思维水平的提高。二是小乘佛教一般只主张“我空”（“人空”），不讲“法空”，即只认为众生生命是由五蕴假合而成，并无恒常不变的、主宰性的自我。中观学派不同，不仅认为“我空”，也主张“法空”，即一切事物都由因缘和合而成，都无永恒不变的自性。“我空”，“法空”，一切皆空，即宇宙的实相，也即宇宙的最高真理。这就是说，空的学说和空观都更加彻底了。三是重视在理论上把真谛与俗谛、空与有（假名）统一起来，在方法上把实相与名言统一起来，进而在实践上把涅槃与世间统一起来，开辟了佛教理论与实践的新天地。

第二节　鸠摩罗什、僧肇和竺道生在中国佛教真理观上的奠基性作用

佛教真理观大约是随着佛典的翻译而输入中国的，而大乘佛教根本教理的移植和弘扬，当归功于东晋十六国时期的大译经家鸠摩罗什。中国佛教真理观的确立，也应首推鸠摩罗什。在译籍上，鸠摩罗什主要弘扬的是根据般若经典而建立的龙树一系的大乘中观学说。他通过翻译而确立的真理观要点有二：一是“三假”说，二是实相论。他根据龙树诠释《大品般若经》的论著《大智度论》的思想，在翻译《大品般若经》时，把第七品定名为《三假品》，从而

① 详见《大正藏》第31卷，469页中、下。

不仅表现出该品的中心思想，也表现出全经思想的核心，构成了空观——真理观。所谓三假，一是“法假”，谓诸法即种种事象都是因缘和合而生，并无实在的自性。二是“受假”，“受”指对法有所取，受假是说发展到以五蕴和合而成众生的阶段，众生也是积聚假而已。三是“名假”，指一切法的名称，都是虚假施设，并没有与之相应的客观实在。译者突出假名一义为全经的骨干，以对治小乘视佛说一切法为实在的说法，和把三假执为实有的偏颇；强调如能了解一切法都是依据假名（概念），假名并无实在自性，也就了解空，了解“三假”的过程，这也就是认识性空即真理的过程。鸠摩罗什还译出以《中论》为代表的“四论”①。“四论”的主题就是实相论。所谓实相，相当于“境”。龙树对境的论述，就是中道实相。所谓中道，就是中正之境，具体指空与假名（有）相即。用中道来解释实相，就是以二谛相即来解释实相。也就是说，从真谛来看是空，从俗谛来看是有（假名），或者说，既要看到空，也要看到有，同时又不著空、有两边。这就是以假名成性空又不坏假名而说实相，是为龙树一系的宇宙真理观。鸠摩罗什曾撰有《实相论》二卷，今已佚。他认为佛学是以“实相”命宗，他的佛学也被人称为实相宗。鸠摩罗什阐扬“三假”说和实相论，论述了大乘佛教真理的根据、构成、内容、标准等内容，可谓奠定了中国佛教真理观的理论基础，其影响是极其深远的。

鸠摩罗什门下号称三千，人才济济，其中对中国佛教真理观作出理论贡献的，主要是杰出的入室弟子僧肇和竺道生。僧肇的《肇论》重视从认识论角度论述般若实相的学说，他结合批判割裂体用、动静、有无的理论倾向，以缘起性空（实相）、立处皆真（空）为中心思想阐述了体用、动静、有无的辩证关系。他的《般若无知论》通过般若智慧论体用关系，《物不迁论》依即动即静论体用一如，尤其是《不真空论》更从假名非真论现象（有），立处皆真论本体（空，无），具有重要的宇宙论、真理论的意义。《不真空论》云：“欲言其有，有

① “四论”为龙树所撰的《中论》、《十二门论》、《大智度论》和提婆所撰的《百论》。

非真生（因缘所生）；欲言其无，事象既形（显示现象）。象形不即无，非真非实有。然则不真空义，显于兹矣。”① 意思是说，有是指有事象，无是指无自性。事象不是真生，即非是有。但既已呈现，也不能说是无。事象非无，自性非有。事象非无是不真，自性非有是无（空），非有非无，故称为不真空。不真与空是同一体的两个方面，由真体起用，即用即体，所以又说：“不动真际，为诸法立处，非离真而立处，立处即真也。”② 诸法建立之处并非离开真（空），建立之处即是真（空），是为不真空，法性空。不真空就是诸法实相，就是宇宙真理。僧肇的“不真空”、“立处即真”，是大乘佛教真理观的新命题，推进了真俗二谛相即学说的新发展，对于以后天台宗、三论宗、禅宗乃至华严宗的真理观，都产生了巨大的影响。

竺道生融会贯通佛教不同派别、不同经典的学说，视野广阔，不囿旧说，多有新解。他注重对法身、顿悟、涅槃佛性等大乘佛学基本问题的探讨与论述，也撰有《二谛论》（已佚），直接阐述真理问题。如前所述，在现存的竺道生著作中，“理”是一个几乎贯穿他整个佛教学说的基本范畴。“理”作为真理，与法性、佛性、本体都具有相通乃至相同的涵义。关于真理的特性，竺道生认为不仅是真实不妄、本来如此的，而且是不可分的。③ 慧达在《肇论疏》中转述竺道生顿悟学说云：“竺道生法师大顿悟云，夫称顿者，明理不可分，悟语极照。以不二之悟，符不分之理。理智恚（此字意义不明）释，谓之顿悟。”④ 这是说，真理玄妙一体，无有差别，不可分割。悟是极照，与真理冥合为一。理既不可分，悟也必须是顿。在竺道生看来，对于宇宙真理，要么证悟它，要么没有证悟它，没有中间状态；要么与它合一，要么没有与它合一，不能分阶段逐步与它合一。也就是说，要么得到全部真理，要么得不到全部真理，而不能得到部分真理；要么

① 《肇论》，《大正藏》第45卷，152页下。

② 同上书，153页上。

③ 竺道生说：“理不乖真”（《妙法莲花经疏》，《续藏经》第1辑第2编乙第23套第4册，410页）；又说：“真理自然”（《大般涅槃经集解》卷1，《大正藏》第37卷，377页中）。

④ 《肇论疏》卷上，《续藏经》第1辑第2编乙第23套第4册，425页。

得到绝对真理，要么得不到绝对真理，而不能得到相对真理。可见竺道生的“理不可分”说是基于佛教的本体论与体用学说的一种绝对真理论。竺道生拓展了真理的本体论涵义，确定了真理的整体不可分的特性，为顿悟说提供了真理论的基础，从而影响了华严宗和禅宗的思想，并经过华严宗和禅宗而影响了宋代理学。

鸠摩罗什与其弟子僧肇、竺道生的真理论说，构成中国佛教真理观的始点与基础。

第三节　三论师系与成论师系在二谛问题上的歧异

大乘般若三论（《中论》、《百论》、《十二门论》）学流行晋代，三论学一系自鸠摩罗什、僧肇始，后相继经僧朗、僧诠、法朗，至隋代由吉藏创立三论宗。此宗以二谛为学说的骨干，着力阐扬诸法性空的中道实相论。二谛是表述佛理（真谛）与常识（俗谛）之间的区别和联系以及佛教内部各派说法的差异和矛盾的真理论。三论系统依据二谛论，认为一切万有只是因缘和合而生，都无自性，即毕竟空无所得，但为引导众生而用假名来说有，这就是中道。

《成实论》盛于宋、齐之际，而自南北朝至唐代初年弘传《成实论》学者，被称为“成实师”。《成实论》系中印度诃梨跋摩著，由鸠摩罗什译出。此论以接近于大乘的教义批判各部派——尤其是批判说一切有部的毗昙而写成。梁代是成实学派最兴盛的时代，光宅寺法云、庄严寺僧旻、开善寺智藏及其门下龙光寺僧绰是该学派的最著名的代表人物，《成实论》思想在三论、《涅槃》、禅学、《摄论》各系统的学者之间有着广泛的影响，后由于唐初唯识学兴起，“成实师”学派才趋于消失。

《成实论》的学说与大乘教义相近，实不相同。“成实师”的二谛说与三论系的二谛说，虽有某些近似之处，实是相互抵触，由此引发了三论学者对成实师学说的批判。宋、齐时长于佛理的周颙作《三论宗》（已佚），批判成实师之说。约在梁、陈时代，三论系与成论系又大起争执，彼此论辩，互相攻击。据梁昭明太子萧统《解二谛义令旨并答问》[1] 载，萧统就二谛问题与佛门大德二十二家往返议论，足见盛况之一斑。现存比较集中记载当时有关二谛问题论辩的文献有萧统的《解二谛义令旨并答问》和吉藏的《二谛义》、《大乘玄论》等。双方论辩的主要问题是二谛的意义、内容、体性以及与中道的关系，涉及佛教教理和世俗认识以及两者关系的广泛认识领域。

一、二谛意义

成实师偏重于从境（境界）和理（道理）的方面来确立二谛的意义。法云在询问萧统时说："圣人所知之境此是真俗？"[2] 僧旻也有近似的询问："若境即真境，何不智即真智？"[3] 吉藏在评介成实师二谛观时说：

> 他明二谛是天然之境，有此二理。而二谛名境，复名理者，会二谛生二智，名之为境；而道理有二谛故，名之为理。道理有此二理，道理有此二境。[4]

这都是说，在成实师看来，真俗二谛都是指境和理而言。出世间者认识到的真实是真谛，世间人认为真实的为俗谛。二谛密切相关，都是在同一境上所见到的理，只是所见不同而已。也就是说，二谛有实在的境、理，实有其体。说真说俗完全是在境界或道理上的分别。

三论学者完全不同意成实师对二谛是境的定位，主张二谛是言教。吉藏说："摄岭、兴皇以来，并明二谛是教。所以山中师手本《二谛疏》云：'二谛者，乃是表中道之妙教，穷文言之极说，道非有无，寄有无以显道，理非一二，因一二以明理。'故知二谛是教也。"[5] "摄岭"，即摄山，今南京栖霞山，此指"摄岭师"僧朗。"兴皇"，即兴皇寺，此指兴皇寺法朗，是吉藏出家皈依师父。"山中师"，指僧诠，是法朗的师父。僧诠手本《二谛疏》是讲，三论学者一直认

① 《广弘明集》卷21。又见石峻等编：《中国佛教思想资料选编》第1卷，328～335页。
② 《解二谛义令旨并答问》，石峻等编：《中国佛教思想资料选编》第1卷，334页。
③ 同上书，335页。
④ 《二谛义》卷中，《大正藏》第45卷，93页下。
⑤ 《二谛义》卷上，《大正藏》第45卷，86页中。

为二谛是显明道理的言教。吉藏在解释二谛是教时说：“有两种二谛：一于谛，二教谛。于谛者如论文，诸法性空，世间颠倒谓有，于世人为实，名之为谛。诸贤圣真知，颠倒性空，于圣人是实，名之为谛。此即二于谛。诸佛依此而说，名为教谛也。”① 又说：“二谛有二种：一于二谛，二教二谛。道理未曾有二不二，于二缘故有二谛。又随顺众生故说有二谛。”② 吉藏认为，二谛只是分别对于圣人或世人为谛（真理），对于圣人来说是谛的，则对于世人来说便不是谛；反之，对于世人来说是谛的，则对于圣人来说便不是谛。也就是说，真俗二谛对于凡圣不能同时为谛。吉藏强调，性空真理，只呈现于圣人心中，而在呈现时，圣人只见真谛，不见俗谛。但为化度众生，随顺众生心意而讲所见为实有，这是为众生说俗谛。但圣人也对众生说，要知俗谛外还有真谛。说二谛实是圣人为教化众生而立的教说，有时依真说，有时又依俗说，说真说俗，都只是圣人说法的方便。实际上，本来并无真俗二谛，只是为教化众生的方便区分为二而已。所以，在三论学者看来，所谓二谛实是言教二谛，非境理二谛。

二、二谛内容

成实师和三论学者在二谛内容的表述上有近似之处，实际上存在重大差别。《成实论》卷2说：“论有二门：一、世界门，二、第一义门。以世界门故说有我……第一义门者，皆说空无。”③ 同书卷12又说：“五阴实无，以世谛故有，所以者何？佛说诸行尽皆如幻如化，以世谛故，有非实有也。又经中说第一义空……第一义者，所谓色空无所有，乃至识空无所有。是故若人观色等法空，是名见第一义空。”④ “世界门”，即世谛。“第一义门”，即真谛。这是说，凡认为世界上的万事万物，以及色、受、想、行、识“五蕴”等，都是实有的，为世间真理。认为一切事物以及构成事物的要素（五蕴），都是

① 《二谛义》卷上，《大正藏》第45卷，86页下。
② 《二谛义》卷下，《大正藏》第45卷，107页上。
③ 《大正藏》第32卷，248页上。
④ 同上书，333页上。

虚幻不实的，空的，是出世间真理。成实师发挥了《成实论》的思想，以“三假为世谛，三假空为真谛”[1]。“三假”，即三种假名：“一者，因成假，以四微成柱，五阴成人，故言因成；二者，相续假，前念自灭，续成后念，两念接连，故言相续假；三者，相待假，如君臣、父子、大小，名字不定，皆相随待，故言相待假。”[2] 因成假是说，一切有体积的事物，如柱是色、香、味、触四种感觉因素（四微）的集合，人是色、受、想、行、识“五蕴”（五阴）构成，所以是假的。相续假是指，一切事物在时间上是相续的，前念后念，似成一体，但并不实在，是假的。相待假是讲，一切事物都在一定环境、空间中形成，如君与臣、父与子，以及事物的大与小，都是互相依待、互相比较而成，实也是假象。一切假名，不外乎这三种。三种假名中，在成实师看来，第一种因成假最为根本。“三假空”，也即“四忘”，“四离”，也就是离有、离无、离亦有亦无、离非有非无，这也就是真谛。

在三论学者看来，《成实论》和成实师的二谛说，尤其是讲真谛空的内容是不彻底的，仍属小乘的说法。吉藏全面地分析了双方所讲“空”的区别：

> 虽同辨二空，二空不同，略明四种：一者，小乘拆法明空，大乘本性空寂。二者，小乘但明三界内人、法二空，空义即短；大乘明三界内外人、法并空，空义即长。三者，小乘但明于空，未说不空；大乘明空，亦辨不空。故《涅槃》云：声闻之人但见于空，不见不空；智者见空及以不空。空者，一切生死；不空者，谓大涅槃。四者，小乘名为但空，谓但住于空；菩萨名不可得空，空亦不可得也。故知虽明二空，空义有异，故分大小。[3]

四种不同中，最主要是第一种，即拆法空与本性空的区别。小乘是通过分析的方法，即分解事物是众多不同要素构成，进而灭除一切事物

---

① 《大乘玄论》卷 1，《大正藏》第 45 卷，22 页中。
② 同上书，18 页中。
③ 《三论义玄》，《大正藏》第 45 卷，4 页上、中。

以显空无所有来说明空，大乘是认为事物本性即空，当体即空。吉藏说成实师的二谛是“鼠娄栗二谛”①。谓犹如老鼠食栗，食尽栗肉而残余空壳，以喻空性不空。吉藏尖锐地指出，成实师所讲的真谛实际上是俗谛：“诸法有拆法空，并是世谛。何者？今就性空非性空以判二谛。性空为第一义谛，非性空为世谛，汝拆法空，非性空故，是世谛。汝谓是第一义故，堕在失处。”② 在吉藏看来，成实师的二谛说内容只有世谛，并无真谛。

三、二谛体性

体性，即本质。二谛是同体（一体）还是异体？是否相即？这也是佛家内部探索、论辩极为热烈的问题。吉藏说：“二谛体亦为难解，爰古至今，凡有十四家解释。”③ 体，体性。二谛体性问题历来解说很多，为南北朝隋唐中国佛教的理论热点。吉藏又说：“此三师释，摄一切人。何者？开善与庄严，明一体，龙光，明异体。释虽众多，不出一异。故此三人，摄一切人也。”④ 吉藏认为，二谛体性的问题，诸家解说虽多，但不出一体与异体两种观点，其代表人物是三人，开善寺智藏和庄严寺僧旻持一体说，龙光寺僧绰则主异体说。

《二谛义》卷下载：“庄严云：缘假无可以异空，故俗即真。四忘无可以异有，故真即俗。虽俗即真，终不可以名相为无名相。虽真即俗，终不可以无名相为名相故，二谛不异，为相即也。”⑤ “四”，四句，如指有、无、亦有亦无、非有非无。“四忘”，忘四句，即假名空。话的意思是，就假名不异空来说，俗谛即真谛。就假名空不异有来说，真谛即俗谛。同时，真俗二谛，前者无相，后者有相，二谛体一而显现的用是有区别的。僧旻是横论二谛的体相，主张互为说，认为二谛是互为其体，是体一而用二，所以这种

---

① 《二谛义》卷下，《大正藏》第45卷，115页上。

② 《二谛义》卷上，《大正藏》第45卷，85页上。

③ 《二谛义》卷下，《大正藏》第45卷，107页下。

④ 同上书，105页中。

⑤ 同上书，105页上。

相即是不异的即。

关于开善寺智藏的二谛一体说，《二谛义》卷下谓："开善解云：假无自体，生而非有，故俗即真。真无体可假，故真即俗。俗即真，离无无有。真即俗，离有无无。故不二而二，中道即二谛。二而不二，二谛即中道。"① 智藏和僧旻不同，是竖依万物生起的次第，来说明二谛一体。认为万物是假名无自体，是空，所以俗谛即是真谛。真谛无体，是空即可假，所以真谛即是俗谛。二谛彼此不能相离，离真即无俗，离俗即无真。二谛同出一源，同以不二中道为体。也就是说二谛各各与中道相即，可见智藏讲的"即"是即是的即。和僧旻不讲中道不同，智藏归二谛于中道一谛，而立三种中道。吉藏《大乘玄论》卷2引智藏《成实论疏》云：

> 二谛中道，云何谈物耶？以诸法起者，未契法性也。既未契故有，有则此有是妄有，以其空故，是俗也。虚体即无相，无相即真也。真谛非有非无而无也，以其非妄有故，俗虽非有非无而有，以其假有故也。与物举体，即真故，非有。举体即俗故，非无。则非有非无，真俗一中道也。真谛无相，故非有非无，真谛中道也。俗谛是因假，即因非即果故，非有。非不作果故，非无。此非有非无，俗谛中道也。②

智藏以有为俗谛，无为真谛。而所言的有是非有非无的有，所言的无是非有非无的无。所以，言有，是俗谛中道；言无，是真谛中道；毕竟是真俗二谛一体的中道，是为第三种中道。

僧绰是智藏的弟子，但他不赞成智藏的说法，主张二谛体异说。《二谛义》卷下云：

> 次龙光解二谛相即义，此师是开善大学士，彼云：空色不相离，为空即色，色即空。如《净名经》云：我此土常净。此明净土即在秽土处故，言此土净。非是净秽混成一土。何者？净土是

① 《大正藏》第45卷，105页上。
② 同上书，26页上。

> 净报，秽土是秽报。净土净业感，秽土秽业感。即有净报秽报，净业秽业故不得一，但不相离为即也。①

又云："龙光亦尔，本开善学士，广难开善二谛一体义。二谛若一体，烧俗即烧真。俗生灭真即灭生。既有可烧不可烧异，生灭无生灭、常无常异故，二谛不可一体，故彼明异义也。"② 僧绰认为，真俗二谛并不同体，在相上，世谛就有生灭、无常等相，真谛则是无生灭、无常等相，因此不能说二者一体，只能说二者互不相离。这种不相离，犹如《维摩诘经》中讲的净土一样，同一净土，所见不同，佛所见为净土，众生所见为秽土。这是由于业感不同，能感的业有染有净，只是所感的果同在一处不相离而已，并非净土秽土混成一土。僧绰主张二谛是异体的，二谛是由彼此相持、相依而构成相即，所以僧绰所言的"即"是不离的即。

三论学者对成实师的二谛相即说持否定的立场，他们抓住成实师学说的义理架构，尤其是以理境的实然层面确立二谛的基础理论，批判了成实师的理论观点，并系统地提出了三论系的二谛相即观。

三论学者着重从两方面批评成实师的二谛相即说：一是从体性是实是空来说，指出成实师所讲的二谛体，不论是同体或异体，都肯定有个实体的存在，这等于说万有是有真实自性的，从而与性空说相悖；二是从二谛确立的意义上说，指出成实师完全是在境界或道理上分别二谛，如此真俗势必形成对立的界畔，而不可能有纯粹的相即。如吉藏责难说：

> 今难，若二谛各体，如牛角，并违诸经论，不足难也。今问开善：色即空时，为色起时，空与色同起故，言色即空？为当色未起，已有此空故，言色即空耶？若使色未起时，已有即色之空者，即空本有，色即始生，本与始为异，云何相即？本有是常，始有无常，常无常异，不得即也。……若言一体者，俗即真时，

① 《大正藏》第45卷，105页上、中。

② 同上书，106页下。

俗应是常，二谛但常。若真即俗时，真应无常，二谛俱无常。若是一体而言俗无常真常者，我亦言一体故俗常真无常。[①]

这是说，龙光僧绰的二谛异体说，犹如牛头上的两只角，互不相干，直接违背了佛教义理，不值一驳。今着重问难开善智藏：以色即空来说，是空与色同时生起呢？还是色未生起时已有空存在？若是前者，空就不是常而是无常了，这是不符合经教的。若是后者，空为本有，色为始生；空是常，色是无常。作为实有的境界，本有与始起、常与无常又怎能相即呢？这是从宇宙论方面提出的问难。再从真理论方面，按照成实论师智藏的二谛同一实体的思想，真俗相即，就会出现二谛俱常、二谛俱无常和俗谛常真谛无常的三种矛盾，乃至谬误，因而是不能成立的。

在吉藏看来，成实论师所讲的二谛不是相即而是相碍：

若是由来人，二谛即有碍。三假为世谛，四忘为第一义谛。三假不得为第一义，四忘不得为世谛。第一义不得有名相，世谛不得无名相。所以大师云：彼作两橙解义：闻说诸法空，即内置真谛橙中；闻说诸法有，即内置世谛橙中。世谛不得空，真谛不得有，如此有无皆碍。[②]

"由来人"，指成实论师。"大师"，法朗。这是引法朗的两橙譬，指斥成实论师真谛空和世谛有是分隔对立，彼此有碍的。

那么，二谛相即应该怎样解说呢？吉藏说：

龙光二谛异体，开善一体。今明二谛非一非异，离四句为体。亦明非一非异，非不相离即，非即是即，离四句为即。[③]

"离四句"，"四句"此指实、非实、亦实亦非实、非实非非实[④]，

---

① 《大乘玄论》卷1，《大正藏》第45卷，21页下。又见《二谛义》卷下，《大正藏》第45卷，105页下。

② 《二谛义》卷上，《大正藏》第45卷，85页中。

③ 《大乘玄论》卷1，《大正藏》第45卷，21页下。

④ 《中论·观法品》云："一切实，非实，非实亦非实，非实非非实，是名诸佛法。"(《大正藏》第30卷，24页上)

这四句被认为穷尽了语句的所有形式，凡可用语言文字描述的事物均不出这四句范围。“离四句”，即远离概念思考。这是说，二谛既非一体，也非异体；即非不相离即，也非即是即，而是远离概念思考为体，远离概念思考为即。在三论学者看来，二谛并非存有论意义的实有所诠，是为教化众生而讲的。二谛是对缘假说的方便，借以显示事物实相的无得、性空。这种显示的方便，虽是相待的二谛，但所显示的实相终归于不二。所以，吉藏又说：“只洗净如此二谛一体、异体，毕竟无遗，即是二谛相即义。”[①]真俗二谛都是假名，本无二物称为“空”“有”，从根本上说没有“即”或“不即”。只有洗尽二谛一体异体之谈，才是真正的二谛相即义。

如上所述，开善智藏在论述二谛体时，提出了三种中道：俗谛中道、真谛中道、真俗二谛一体中道。三论学者根据《中论》的“三是偈”：“众因缘生法，我说即是无（空），亦为是假名，亦是中道义”[②]，把缘起和性空都看成是假名，二者合起来成为中道。吉藏评论成实师的三种中道说：

> 他有有可有，则有生可生；则有生可生，则有灭可灭。有生可生，生不由灭；有灭可灭，灭不由生。生不由灭，生非灭生；灭不由生，灭非生灭。生非灭生故，生是自生；灭非生灭故，灭是自灭。自生则是实生，自灭则是实灭。实生实灭，则是二边，故非中道。[③]

这是说成实师讲的生灭是现象界的实生实灭，生与灭，有与无，都受指谓对象的限定，互不交叉，互不等同，彼此分立，相互隔别，不能构成中道。

三论学者先后也立有新、旧二义的三种中道。吉藏叙述僧诠所立旧义三种中道云：

---

① 《二谛义》卷下，《大正藏》第45卷，106页中。

② 《观四谛品》，《中论》卷4，《大正藏》第30卷，33页中。

③ 《中观论疏》卷1末，《大正藏》第42卷，11页上、中。

约八不明三种中道，言方新旧不同，而意无异趣也。山中师（僧诠）对寂正作之。语待不语，不语待语，语不语并是相待假名。故假语不名语，假不语不名不语。不名不语不为无，不名语不为有，即是不有不无世谛中道。但相待假故，可有说生，可无说灭，故以生灭合为世谛也。真谛亦然。假不语不名不语，假非不语不名非不语。不名非不语，不为非不无，不名不语，不为非不有；则是非不有非不无真谛中道也。相待假故，可有说不灭，可无说不生，即是不生不灭故合为真谛也。二谛合明中道者，假语不名语，假不语不名不语。非语非不语，即是非有非不有、非无非不无二谛合明中道也。生灭不生灭合明，类此可寻也。①

旧义三种中道是以“生灭合”为世谛中道，“不生不灭合”为真谛中道，“生灭不生灭合”为二谛合明中道。这是奠基于“相待假名”的理论立场上的，即认为佛说二谛乃至一切义理，都是施教假立的方便，是统一的，非对立的。佛关于万有实相的言说，集中体现在“生灭”、“断常”、“一异”、“去来”四对概念中，这些概念也是相待而不对立的。如“生灭”作为“相待假名”，离“生”无“灭”，离“灭”无“生”，“生”“灭”相待而立，所以，“生”“灭”可以合而有中道义，为世谛中道。至于“不生”与“不灭”、“有”与“无”、“真”与“俗”，也可同理类推。这样，以“不生不灭”为内涵的真谛，和以“生灭不生灭”为内涵的二谛合明，也都有中道义。三种中道说与历来的真俗二谛说相比较，可谓大异其趣，即认为世谛并不是众生分别的境界，而是佛教化众生的方便慧境。真谛则是真实慧境，由此产生的方便、真实二种智慧，是成就佛果的根本。

新义三种中道是以“不生不灭”为世谛中道，“非不生非不灭”为真谛中道，“非生灭非不生灭”为二谛合明中道。② 新义以旧义的真谛中道为世谛中道，相应地其他二种中道的内涵和表述也作了调整，其实“言方新旧不同，而意无异趣”，都是基于“相待假名”立

① 《大乘玄论》卷 2，《大正藏》第 45 卷，27 页中、下。

② 详见《大乘玄论》卷 2，《大正藏》第 45 卷，27 页下。

言，只是新义在旧义的“生灭”、“不生不灭”、“生灭不生灭”的论述基础上翻转一重，推进一层而已。

二谛相即问题表面上是探讨真谛俗谛的关系，实质上涉及认识对象是实有的还是虚空的，真理内容是客观的还是主观的问题，这是真理论中两个根本问题。成实论师偏于承认认识对象的实有性和真理的客观性，而三论学者则彻底否定认识对象的实有性，并强调真理的随机性、主观性。

第四节　吉藏的破邪显正说与四重二谛说

三论宗创始人吉藏，在对成实师等派别的批判过程中，除了论述二谛是言教非境理和真俗二谛的关系外，还提出有别于其他教派的破邪显正说与四重二谛说，从而阐发了极富特色的真理方法论与真理层次论。

一、重在无所得的破邪显正说

吉藏三论宗的破邪显正是探寻、显示真理的方法，是方法论与真理观相融合的学说，在整个三论宗学说中占有突出的地位，吉藏强调破邪显正是自宗的理论纲领，并就邪正的区别、破立的关系以及破立的方法，都作了明确的论述。

吉藏在《三论玄义》中开宗明义地说：“论虽有三，义唯二辙：一曰显正，二曰破邪。破邪则下拯沉沦，显正则上弘大法。故振领提纲，理唯斯二也。”① 认为《中论》、《百论》、《十二门论》的义理只有两方面：显正与破邪，这也就是应当提挈的纲领。抓住了显正与破邪，就能拯救众生，弘扬大法。

邪正的区别何在？吉藏说：“就说教意中，凡有二意：一者破邪；二者显正。佛欲断如此等诸邪见，即破邪也；令知佛法故，谓显正也。”② “邪”，指邪见；“正”，指正理，即佛法。又说：“邪既无量，

① 《大正藏》第45卷，1页上。
② 《中观论疏》卷1末，《大正藏》第42卷，16页上。

正亦多途，大略为言，不出二种，谓有得与无得。有得是邪，须破；无得是正，须申。”① 这是进一步明确“邪”与“正”的区别在于是“有得”还是“无得”，凡“有得”就是邪见，就是“邪”；“无得”才是佛法，才是“正”。“有得”即有所得，多是指在存有论上执著实有本原，肯定实体存在；“无得”即无所得，是指万有自性不实而不执为实有。三论宗人认为，从“外学”、小乘到大乘，凡到了最后主张有少分所得的，都归入有得邪执。“外学”包括印度和中国的佛教以外的学说，就中国来讲是指儒、道两家，其中最重要的是道家。如道家的以无为本，有生于无的“本无论”就被认为是执著无为本原的邪见。佛教内部，如小乘执诸法实有，大乘地论、摄论诸师称有“真心”、“藏识”，同于实体，都是邪见。总之，一切有所得均属邪见，通通在遣破之列。三论宗人又把“正”开为体用二正。这是说“正”即正理是无所得，而无所得是离诸情执，绝诸名字，言语道断，心行处灭，是为实相的理体，称为“体正”。为了令证入涅槃的众生悟此无所得的理体，于无名相中，强设名相，说真俗二谛。这真俗二谛，就是诠显无所得理的言教，称为“用正”。《三论玄义》云：

> 教有多门，理唯一正……但欲出处众生，于无名相法，强名相说，令禀学之徒，因而得悟，故开二正：一者体正，二者用正。非真非俗，名为体正。真之与俗，目为用正。所以然者，诸法实相，言亡虑绝，未曾真俗，故名之为体。绝诸偏邪，目之为正，故言体正。所言用正者，体绝名言，物无由悟。虽非有无，强说真俗，故名为用。此真之与俗，亦不偏邪，目之为正，故名用正也。②

就是从体用两面论述正理。

破立的关系如何？三论宗人提出了与其他宗派不同的观点。吉藏

① 《大乘玄论》卷5，《大正藏》第45卷，68页下。
② 《大正藏》第45卷，7页中。

《中观论疏》卷1末在论述破邪与显正的涵义后说："此是对邪所以说正，在邪若去，正亦不留。至道论门，未曾邪正。"① 这几句话包含了三层意思：一是邪与正是相对而言的，是因对邪而说正。二是邪去，正不留，这即"只破不立"，"无依无得"。吉藏在《大乘玄论》卷5中讲到龙树的"破而不立"的传统方法，说："今论不尔，唯破不立。所以然者，论主出世，唯为破颠倒断常，更无所立。"② "论"，指《中论》。"论主"，指龙树。这是强调龙树的方法论是"唯破不立"，把一切都归于"无依无得"。这与其他宗派的破邪显正论是大异其趣的。通常所谓破邪显正是破斥邪见，彰显正理，即破邪之外另须显正。在三论宗人看来，这是增加有所得，是戏论。吉藏说：

> 他论有破有立，则有破别有所申。今论唯破不立，则唯破不申。所有然者，若经若论，唯破颠倒虚妄，更无所申。本由病故有教。在病既除，教药亦尽。……他论有破有立，此乃是增有所得。非唯不能申，亦不能破。自是有得，何能破他?③

吉藏认为，破邪之外，无别显正，破邪即显正，既已破除邪见，无所得的真理自然显露出来。三论宗的方法论是着眼于无所得，无所得是不留一点执著为他人所破，也是相对于有得的偏见而言。三是悟入最高真理的法门是没有邪正分别的。分别邪正是教化众生的方便，从佛法本身来论是非邪非正，即不存在邪正之分的。这也是第二层意思"在邪若去，正亦不留"的理论根据。

三论宗人对于破邪显正的种类与方法、破邪的方式都作了论述，其中最富创造性和思辨性的是"四重四句"说。吉藏说："实相虽绝四句之言，要因四句之言方得悟入实相。"④ 四句涵括了可描述事物的全部范围。四句为方便，绝四句为实相，四句是有所得，绝四句是无所得。由四句到绝四句，就是破邪显正的过程。四句有四重，通过

---

① 《大正藏》第42卷，16页上。
② 《大正藏》第45卷，69页下。
③ 《大乘玄论》卷5，《大正藏》第45卷，69页下～70页上。
④ 《中观论疏》卷8末，《大正藏》第42卷，126页下。

四句的重重否定，就能体证真理，悟入实相。

四重四句是：

单四句：一有，二无，三亦有亦无，四非有非无。①

复四句：一有：既有“有”又有“无”；二无：既无“有”又无“无”；三亦有亦无：既有“有”与“无”，又无“有”与“无”；四非有非无：既非有“有”与“无”，又非无“有”与“无”。②

重复四句：一有：有复四句；二无：无复四句；三亦有亦无：亦有四句，亦无四句；四非有非无：非有四句，非无四句。③

竖深四句：一有：依次否定单四句、复四句、重复四句后，仍以为窈冥之中有妙理存在；二无：无此妙理存在；三亦有亦无：亦有此妙理，亦无此妙理；四非有非无：非有此妙理，非无此妙理。④

所谓“单四句”是四句的基本表述式，是径直描述事物、现象的存在与不存在。“复四句”是对单四句的四个语句的描述与否定。“重复四句”是对复四句的四个语句的否定。“竖深四句”也称“鉴深四句”，是次第渐深地对前三个四句否定后，对妙理的多方否定。四重四句的名目相同，即：一有，二无，三亦有亦无，四非有非无，但名目虽同，内容与意义却不同。如复四句的第一句“有”是指有“有”和有“无”，即“有”与“无”对立统一的“有”。第二句“无”是指不存在“有”与“无”对立状态的“无”。四重四句是对违背、偏离无所得正理的各派有所得见解的抽象、概括，四句中的每一句多是有所指的。⑤ 如单四句分别指说一切有部的三世一切“有”论，方广道人的“无”尘“无”识说，瑜伽行派的“无”尘“有”识论，以及执著非“有”、“无”的愚痴论。又如《摄论》师讲三自性、三无性，主张“无有性，无无性”，既否定“有”，又否定“无”，是堕于复四句的第二句“无”。

四重四句说的中心思想是，强调超绝四句和悟入实相的内容是丰

---

① 详见《净名玄论》卷1，《大正藏》第38卷，855页下。

② 详见《净名玄论》卷1。又见《维摩经义疏》卷1，《大正藏》第38卷，913页上。

③④ 详见《维摩经义疏》卷1，《大正藏》第38卷，913页上。

⑤ 详见《净名玄论》卷1，《大正藏》第38卷，857页上～858页下。

富的、多重的，在操作上是一个由浅入深、依次否定的过程。具体说，其思想要点有三：一是认为诸法实相，最高真理是没有邪正之分的，是非语言文字所能表述的，是无所得的，无论是说"有"说"无"，还是说"亦有亦无"，说"非有非无"，都是有所得的邪见，都是应当否定的。二是对于邪见的否定是一个由浅到深、由粗到细、由低到高的过程，只有通过重重否定，彻底破除残存的微细执著，才能体悟最高真理。三是破除邪见，实质上就是不生心动念。吉藏在《维摩经义疏》卷1中论述"竖深四句"后说："故知，生心动念，即便是魔。若怀无所寄，方为法尔。"① 生心动念，就是邪魔。怀无所寄，断绝一切心念，超绝四句，才能真正悟入实相。

二、意在言亡虑绝的四重二谛说

和上述偏于存在、不存在、亦存在亦不存在、非存在非不存在的状态表述，进而一一加以否定的四重四句相较，四重二谛是就真俗二谛所包含的有空、二不二、非二非不二的意义的互相对比，由粗到细，依次否定，可以说是破邪显正的又一重要模式。三论学者僧诠、法朗一系强调真俗二谛是言教上的差别，并注意到二谛的次第性，吉藏更在《大乘玄论》卷1和《中观论疏》卷2末等文中把二谛论发展为四重，《大乘玄论》卷1云：

> 何故作此四重二谛耶？答：对毗昙事理二谛，明第一重空有二谛。二者，对成论师空有二谛，汝空有二谛是我俗谛，非空非有方是真谛，故有第二重二谛也。三者，对大乘师依他、分别二为俗谛，依他无生、分别无相不二真实性为真谛。今明，若二若不二，皆是我家俗谛，非二非不二，方是真谛，故有第三重二谛。四者，大乘师复言，三性是俗，三无性非安立谛为真谛。故今明，汝依他、分别二，真实不二，是安立谛。非二非不二、三无性非安立谛，皆是我俗谛，言亡（亡，原作忘）虑绝方是真谛。②

---

① 《大正藏》第38卷，913页上。

② 《大正藏》第45卷，15页下。

根据吉藏的表述，我们对四重二谛作简要的说明：

第一重有是俗谛，空是真谛。这一重是针对毗昙师的事、理二谛——以事为俗，以理为真，但是以实有实空而立的。毗昙师主实有实空的二谛，即空之外实有有，有之外实有空。吉藏标有空并举，强调俗谛的有是由于真谛的空，真谛的空是由于俗谛的有，而有既是由空的有，即不是实有，空既是由有的空，即不是实空，以破斥毗昙师的实有实空二谛说。

第二重有、空都是俗谛，非空非有才是真谛。成论师以法有为俗谛，法空为真谛，但是如此把有空分作两极，没有了解有空都应否定的道理，仍属常识性的看法。也就是说，为破有而说空，诸法不曾是有，也不曾是空，空有都是世俗的情虑，所以是俗谛。了知不曾是有，也不曾是空，也就是离开有空（非有非空），才是真谛。

第三重有、空是二，非有非空是不二，二和不二都是俗谛，非二非不二才是真谛。有、空为二，非有非空为不二，意为非有非空是与有、空相对的。但三论宗人认为，为破有、空所以说非有非空，既不曾是有是空，又何曾是非有非空，所以有、空与非有非空，二与不二也还是相对的常识，是俗，只有超越这种相对，非二非不二才是真。这是针对一般大乘师有所得而言，具体说是联系大乘有宗的三性（遍计所执性、依他起性、圆成实性）学说，针对摄论师等以依他起性（依他）、偏计所执性（分别）二为俗谛，以圆成实性即依他无生、分别无相不二真实性为真谛而立。认为把二和不二分为两方来看还是俗谛，非二非不二，也即二而不二，不二而二才是真谛。

第四重是讲前三重的二、不二、非二非不二三种二谛都是教门，也都是俗谛，言亡虑绝才是真谛。地论师不讲三性而讲三无性，认为三性是俗，三无性是真。吉藏认为，讲三性或三无性等等，都属于语言、思虑领域，没有超出有所得的范围，都是俗谛，只有悟入不涉语言不关思虑的境界才是真谛。

吉藏的四重二谛说和四重四句说一样，都是为破斥凡夫、小乘和大乘摄论师、地论师的有所得见而立，是极富针对性的。四重二谛说与四重四句说在立论的角度方面有所不同，但两者的思路结构与思想观点是一致的。四重二谛的第一重与单四句相应，第二重既与单四句相应，也与复四句相应，第三重与复四句相应，第四重则与竖深四句相通。四重二谛说是多重立体架构，其基本关系有二：一是真俗二谛内部的关系，二是前后重二谛的关系。真谛和俗谛是对立统一的关系，既互相依存，又互相排斥，且互相转化。在吉藏看来，俗非真，真非俗，然俗非真不俗，真非俗不真，真俗互不相碍，俗以真为义，真以俗为义。从认识论角度来考察，这是对常识与真理、相对真理与绝对真理的辩证关系的合理阐述。吉藏认为多重二谛的结构是前一重的真即后一重的俗，后一重的真即更后一重的俗，是递次否定的，人们对真理的认识具有真俗二谛依次递进的四个层次。这是对认识主体的认识能力、认识过程和认识结果所作的具有认识论意义的多层次阐述，触及真理认识的二重性以至多级性问题，触及认识过程是由现象到本质，由一级本质进到二级本质以至无穷的逐渐深化的过程，这也是极富辩证色彩的。

四重二谛最后归结为言亡虑绝的自我掏空、空寂灭尽的宗教境界，然吉藏又说：

> 横绝百非，竖起四句，名为诸法实相，即是中道，亦名涅槃者。以超四句，绝百非，即是累无不寂，德无不圆。累无不寂，不可为有。德无不圆，不可为无。非有非无，则是中道。中道之法，名为涅槃。又德无不圆，名为不空。累无不寂，称之为空。即是智见空及以不空，亦名佛性。以众生横起百非，竖生四见，隐覆实相故，名为佛性。若知百非本空，四句常寂，即佛性显，称之法身。《楞伽经》出法身五名，谓真如、法性、实际、法界、法身。①

以智见空和不空，知百非本空，四句常寂为佛性，进而与真如、实相、法身沟通，把主体的空观和本性（佛性）联结起来，这不仅体现

① 《中观论疏》卷10末，《大正藏》第42卷，160页上。

了三论宗真理观的宗教情结和宗教归宿，也表明了中国佛教由空转向佛性（有）的关怀现实、关切心性的思想特色。

第五节　智𫖮的七种二谛说与三谛圆融说

智𫖮重视判教，也关注当时的二谛问题的争论，他提出七种二谛说，并在此基础上又提出三谛圆融说，形成了内涵丰富和特色鲜明的佛教真理论。

一、与判教相结合的七种二谛说

智𫖮对南朝后期围绕“二谛”问题的争论极为关切，他说诸家的“二谛”说是“古今异执，各引证据，自保一文，不信余说”①。认为各家各有佛典根据，各持自己的主张，排斥其他说法，是不对的，因为“经论异说，悉是如来善权方便”②。智𫖮为了调和、统一诸家异说，对二谛提出了特殊的见解，并与“化法四教”③ 的判教理论相结合，以说明佛的说法内容即“四教”的接引贯通关系。智𫖮认为，二谛有四正二谛和过渡性的三种二谛、互相接引，层层升进，最后归结为最高最圆满的真实。

智𫖮提出以佛性与真理的关系为基准来区分二谛的类别。他把二谛分为理外和理内二种：“理外二谛”指真理在佛性之外，真理与佛性分为两截；“理内二谛”是真理在佛性之内，真理与佛性相合为一。这两种二谛又各分相即与不相即的两种，共成四种二谛。“理外不相即二谛”强调生灭观，认为色空分离，色灭了才是空。“理外相即二谛”则强调无生观，认为色空不离，色中便有空。“理内不相即二谛”强调无量观，认为真谛与俗谛有无量相状。“理内相即二谛”则强调

①② 《法华玄义》卷2下，《大正藏》第33卷，702页中。

③ “化法四教”，是智𫖮对佛说法内容的判释，分为四种：藏教、通教、别教、圆教。藏教以生灭的观点看四谛，指原始佛教与小乘教。通教主空，以空义观因缘法的有，有是假有、幻有，指般若思想，也摄中观和唯识，为大乘教的开始阶段。别教是佛特别为菩萨而设的教说，肯定佛性，为菩萨实现己身与众生成佛的理想阐明根源，指如来藏系统的经典而言。圆教则和别教须以无量的观行来逐渐开显佛性的说法不同，认为就当前意识的一念中就能显现佛性，是化最上利根的人，故名圆教。

无作观，主张远离生灭造作，真证圆实之理。智顗还以上述四种二谛的顺序来分别诠释藏、通、别、圆四教的教义。① 此外，再有三种被接（接引）二谛，合为七种二谛。《法华玄义》卷 2 下言七种二谛云：

所言七种二谛者：一者，实有为俗，实有灭为真；二者幻有为俗，即幻有空为真；三者，幻有为俗，即幻有空、不空共为真；四者，幻有为俗，幻有即空不空、一切法趣空不空为真；五者，幻有、幻有即空皆名为俗，不有不空为真；六者，幻有、幻有即空皆名为俗，不有不空、一切法趣不有不空为真；七者，幻有、幻有即空皆为俗，一切法趣有、趣空、趣不有不空为真。②

这里讲的七种二谛是：

第一种藏教的二谛，以实生实灭的实有为俗谛，以灭了实有归于空无为真谛，也即“析色为空”，为小乘教的说法。智顗认为，此说虽对破除执著诸法为实有的世俗认识有积极作用，但以实有时无真，灭有时无俗，二谛实不能同时并存，因而二谛义也是不能成立的。

第二种通教的二谛，不是“析色为空”，而是色当体即是空，色本来就是空无自性的，如此有非实有，而是幻有，幻有是俗谛，幻有即空是真谛。这是通于声闻、缘觉、菩萨等三教的说法。

第三种别接通（别入通）的二谛，也以幻有为俗谛，又认为仅以空为真，是只见“空”不见“不空”，这种偏于空寂的空，为“但空”，空应当含有不但空之意，因此，主张以空、不空共为真谛。这是别教接于通教所说的二谛。

第四种圆接通（圆入通）的二谛，同样以幻有为俗谛，又以空、不空共为真谛，虽见中道之理，但实无功用，因为“空”破“有”执，“不空”只是表示不能执著于“空”而已，并没有立一切法的作用。所以，进而主张以幻有为俗谛，“幻有即空不空，一切法趣空不空”为真谛。这里“不空”即“如来藏”，含藏一切法，或者说具有

① 详见《四教义》卷 2，《大正藏》第 46 卷，728 页上、中。

② 《大正藏》第 33 卷，702 页下。

含藏一切法的功用、作用。这是圆教接于通教所说的二谛。

第五种别教的二谛，是以说有说空为俗谛，说不有不空的不二中道为真谛。这不二中道就是如来藏自性清净心的不有不空“但中”之理。“但中”谓“空”、“假”是现象层面，“中”是本体层面，中与空、假是互相分立的，非圆融无碍的，此中谛为“但中”。

第六种圆接别（圆入别）的二谛，也是和别教一样以说有说空为俗谛，但真谛则与别教不同，认为只以不有不空为真谛，还只是“中理”（中道），还不能表明它具一切法，只有说不有不空的中道而又“一切法趣不有不空”即具足一切法才是真谛。这是圆教接于别教的二谛。

第七种圆教的二谛，和别教、圆接别的二谛一样，也以说有说空为俗谛，但在真谛方面，认为不仅“中”具有一切法，“有”与“空”也同样具一切法，主张以“一切法趣有、趣空、趣不有不空”为真谛。圆教的二谛是说，在有、空之外，别立中道，有、空、中三谛隔别，是不圆满的，只有三谛相即，圆融无碍，才是圆满的。也就是说，真与俗是相对而不异，不同而同，真即是俗，俗即是真。故也称“不思议二谛”。智顗在一种吊诡的模式下弥合真谛与俗谛的差异，实质上是把一切归结为一念心所具足：若一念心是无明，则一切是俗；若一念心是法性，则一切是真。真与俗不二而二，具在一念心。

智顗的七种二谛说是佛教真理观的新创造，具有鲜明的特色：一是与判教结合，对佛教各派的学说和不同经典的教义，给予真理论的说明与定位，从而调和了彼此之间的差异和矛盾。二是引入如来藏、佛性的观念，充实“不空”、中道的内容，把二谛说和佛性说、心性说结合起来。三是把真俗二谛的二分法逐渐转为有、空、不有不空（中）三谛的三分法，即在二谛的基础上演化为三谛，在二分法的基础上开展为三分法。四是强调圆融，以真俗二谛圆融，有、空、中三谛圆融为最高、最圆满的真理。

二、三谛圆融说与中道佛性化

（一）三谛的提出

从上述七种二谛说来看，智顗认为佛教义理是经历了由二谛发展到三谛的过程，佛教真理是不断发展的。他用三谛来评述后五种二谛说，表明三谛说与二谛说是密切相关的，三谛说是在二谛说基础上的展开。智𫖮在《四教义》卷2中就三谛名义的来源和三谛的涵义说：

> 三谛名义，具出《璎珞》、《仁王》二经。[①] 一者有谛，二者无谛，三者中道第一义谛。所言有谛者，二十五有世间，众生妄情所见，名之为有……无谛者，三乘出世之人所见真空，无名无相故名为无……中道第一义谛者，遮两边，故说名中道……最上无过，故称第一义。[②]

"二十五有"，"有"，此指生命存在的样态，也即众生流转轮回的二十五个界域。所谓有谛，是依凡夫所见而言，真谛是依三乘所见无（空）而言，中道第一义谛，是就佛所见不有不无而言。智𫖮在《四教义》中所言有、无、中三谛，与智𫖮惯称的空、假、中三谛略有不同：一是假谛与有谛内容有异，假谛侧重于万物是因缘所生法，无有自性，是假名施设而立；有谛则是针对凡夫不明因缘法，视法为实有的情况而言，两者是有差异的。二是有、无、中三谛的有、无二谛，"有"代表实有、实性，"无"表示空无、无自性，两者是对立的；而空、假、中三谛的"假"、"空"、"中"是非对立的，互为一体的。

空、假、中三谛是透过不同层面、角度来描述缘起法，这与龙树《中论》著名偈文直接相关。偈云："众因缘生法，我说即是无（空），亦为是假名，亦是中道义。"[③] 偈文的原义是说因缘生法，并将因缘生法与空、假名、中道等同起来，从多种角度看因缘生法。智𫖮发挥此偈的思想，说：

> 《中论》偈云："因缘所生法，我说即是空"，此即诠真谛。

① 此二经学者多疑为伪作。又二经论三谛名义，见《菩萨璎珞本业经》的《佛母品》和《因果品》，《仁王般若波罗蜜经》的《二谛品》和《受持品》，详见《大正藏》第24卷，1018页中～1019页中；《大正藏》第8卷，829页中、833页中。

② 《大正藏》第46卷，727页下。

③ 《大正藏》第30卷，33页中。

“亦名为假名”，即诠俗谛也。“亦是中道义”，即诠中道第一义也。此偈即是申摩诃衍诠三谛之理。①

我们认为上述《中论》的偈文蕴含着二谛或三谛两种可能：若认为“假名”和“中道”是表示“空”的，即只有“因缘所生法”和“空”二谛；若视空、假、中三者并列相即，则可解为三谛。智𫖮继承慧文的“三谛一心”观，以真、俗、中三谛解说偈文。他还在《摩诃止观》卷 3 上说：“从假入空，名二谛观；从空入假，名平等观。二观为方便道，得入中道，双照二谛。心心寂灭，自然流入萨婆若海，名中道第一义谛观。”② “萨婆若海”，智慧大海。这里，智𫖮把大乘中观思想中的真谛变成为“方便道”，真谛沦为与俗谛同等的方便法门，并且在空、假二谛之上，加上一个更高的“中道”，这一更高的“中道”，是不离两边、不即两边的，是综合的超越的真理。智𫖮的三谛说自觉地发展了大乘中观的真理观，是佛教真理观史上的里程碑式的创造与贡献。

（二）三谛的类别

智𫖮通过“七种二谛”的论述，提出了“五种三谛”说，《法华玄义》卷 2 下云：

却前两种二谛，以不明中道故。就五种二谛得论中道，即有五种三谛。约别入通，点非有漏非无漏，三谛义成：有漏是俗，无漏是真，非有漏非无漏是中；当教论中，但异空而已，中无功用，不备诸法。圆入通三谛者，二谛不异前，点非漏非无漏具一切法，与前中异也。别三谛者，开彼俗为两谛，对真为中，中理而已，云云。圆入别三谛者，二谛不异前，点真中道具足佛法也。圆三谛者，非但中道具足佛法，真、俗亦然；三谛圆融，一三三一。③

① 《四教义》卷 2，《大正藏》第 46 卷，728 页上。又智𫖮在《维摩经玄疏》卷 3 也有相同文字的论述，见《大正藏》第 38 卷，535 页上。

② 《大正藏》第 46 卷，24 页中。

③ 《大正藏》第 33 卷，704 页下～705 页上。

这是说，藏、通二教只有二谛，不明中道之理，不成三谛。其余五种都讲中道，得五种三谛。别入通和圆入通是通过对二谛的双非或双非双照，设为中谛，而立三谛义。别、圆入别和圆三者则开二谛说的俗谛为俗、真，以二谛说的真谛为中谛，成三谛义。展开说是：

别入通三谛，指通教的人接入别教，听闻非有漏非无漏的说法，进而以有漏为俗谛，以无漏为真谛，以非有漏非无漏为中道。这个中道是从通教所说的真俗二谛来领悟的中谛，是理论的推演，仅具“双非”之义，不具备诸法，是为“但中”。

圆入通三谛，指通教的人接入圆教，了知真俗二谛与“别入通”无异，但听闻非有漏非无漏的说法时，进一步领悟到中道谛具足一切法，即兼具“双非”、“双照”之义，是为与“但中”不同的“不但中”的中道。

别教三谛，别教的人从二谛中的俗谛开出真俗二谛——以幻有为俗谛、幻有即空为真谛，以二谛中的真谛为中谛，这个真谛只是“理”而已，不具备诸法。

圆入别三谛，别教的人接入圆教，所了解的真俗二谛与别教三谛的真俗二谛是相同的，然其所领悟的中道具足诸法。

圆教三谛，此圆教的人既了解中谛具佛法，又了解所领悟的真俗二谛也都具有佛法，三谛圆融，开为三谛，实为一谛，虽是一谛，不妨开为三谛，一即三，三即一。

五种三谛是别入通至圆教五种由浅而深的修行阶段的三谛。虽分为五种，实际上只有“别三谛”和“圆三谛”两种，别三谛也称“隔别三谛”，圆三谛也称“圆融三谛”。此两种三谛的最大区别是，别三谛的中谛只是“理”而已，不具足诸法，也即与诸法是隔别的，“理”与诸法即本体界与现象界隔别，是不圆融的三谛。圆教三谛不仅中谛具足诸法，而且真俗两谛也具足诸法，换句话说，万有的每一法都具足空、假、中三谛，三谛相即，融通无碍。

（三）三谛的圆融

在智𫖮的真理论系统中，圆融三谛是最殊胜、最圆满、最高的真理，是宇宙诸法实相的根本内容，也是天台宗整个教观的基本宗旨。

智𫖮是如何提出与论证圆融三谛的？圆融三谛的内涵是什么？有何特点？又有什么理论价值？这些是我们要探讨和论述的问题。

如前所述，圆融三谛说是天台宗先驱慧文的“一心三观”说[①]的继承与发展。智𫖮继承慧文的“一心三观”说，又吸收鸠摩罗什所传的三论一系思想，尤其是《中论》三是偈和僧肇的《不真空论》的“立处即真”思想，进一步提出“圆融三谛”说。在智𫖮看来，《中论》的三是偈就包含着空、假、中相即的精神，因为因缘所生法而无自性，即是“空”；诸法虽空，但有显现的相状，这是“假”；这些都不待造作，而是本来如此，又成为“中”。[②] 从一切法存在的意义上说，诸法是“立处即真”，所立之处都表现真理，都不离开空，空、假、中三层义理在任何境界上都是相即存在的，所以三谛是圆融的。

智𫖮还提出“三轨”说来呼应和论证圆融三谛说。“三轨”，三种规范，是理解事物的三种意义，也即事物实相的三个方面，故也称“三法”。三轨是真性轨（法的本质）、观照轨（法的认识）、资成轨（法的作用），分别与中、空、假相配合。《妙法莲华经玄义》卷5下云：

> 圆教三法者，以真性轨为乘体。不伪名真，不改名性，即正因常住，诸佛所师谓此法也。……观照者，只点真性，寂而常照，便是观照，即是第一义空。资成者，只点真性，法界含藏诸行无量众具，即如来藏。三法不一异……亦一亦非一，亦非一非非一，不可思议之三法也。[③]

这是联系修持实践来讲三轨，指出“真性”是本体，即“中”，“观照”是认识“空”，“资成”是“假”，即通过无量法门发挥作用，以认识法的本质（真性），获得解脱。“观照”和“资成”都以“真性”为对象和归宿，三法不异，互不相碍。三轨是诸法实相同时存在的三

① 参见本书第二十八章第三节。

② 详见《摩诃止观》卷1下，《大正藏》第46卷，7页中、8页下。

③ 《大正藏》第33卷，742页中、下。

个方面，空、假、中三者也并非次第关系，而是同时存在，相即无碍的。

天台宗宗经《法华经》的《方便品》宣扬“诸法实相”是佛所成就的第一稀有难解之法，唯有佛与佛才能究尽诸法实相。龙树在《大智度论》卷 32 中说“三法印”（诸行无常、诸法无我、涅槃寂静）时，又称广说有四法印（加“一切皆苦”），略说则是一种实相印。①探究“诸法实相”，深受大乘中观学派的重视。智𫖮的师父慧思认为《法华经》所列的十项都用“如是”来形容，又概括了诸法的一切相，所以，他就明确地提出以“十如是”为“诸法实相”。所谓诸法实相就是诸法如是相、如是性、如是体、如是力、如是作、如是因、如是缘、如是果、如是报、如是本末究竟等共十项。这“十如是相”说是在慧文“一心三观”的基础上的重大发展。智𫖮又进一步在慧思“十如是相”说的基础上提出了“三转读法”，从空、假、中三个方面对《法华经》的“十如是”经文进行了崭新的诠释，宣扬《法华经》是讲三谛圆融，最得大自在的，借以论证自己提出的“圆融三谛”理论。《妙法莲华经玄义》卷 2 上云：

> 今经用十法摄一切法，所谓诸法如是相、如是性、如是体、如是力、如是作、如是因、如是缘、如是果、如是报、如是本末究竟等。……天台师（智𫖮）云：依义读文，凡有三转。一云：是相如、是性如，乃至是报如；二云：如是相、如是性，乃至如是报；三云：相如是、性如是，乃至报如是。若皆称如者，如名不异，即空义也；若作如是相、如是性者，点空相性，名字设施，逦迤不同，即假义也；若作相如是者，如于中道实相之是，即中义也。分别令易解故，明空、假、中。得意为言，空即假、中。约如明空，一空一切空；点如明相，一假一切假；就是论中，一中一切中。非一二三，而一二三，不纵不横，名为实相。②

① 详见《大正藏》第 25 卷，297 页下。
② 《大正藏》第 33 卷，693 页中。

智𫖮的三转读有两层意思：一是分别从空、假、中三方面解释“十如是”经文，意为诸法实相的内涵有空、假、中三个层面，而经文“如是相、如是性”，只是空的名字施设，只是假的一层意义。同时，对空、假、中的意义也作了明确的界定，空是就“如”的“不异”而言，假是就空的假名施设而言，中是就“如于中道实相之是”而言，如此三分说是为了令人易于理解。二是更为重要的，要“得意为言”，了解空、假、中三者的关系，三者只是认识角度不同，其实是同时具有的。若约“如”而言空，如即不异，也即空，故一切皆空，假、中也是空。若约“相”而言，则一切事相都是假名施设，故一切皆假，空、中也是假。若约“是”而言中，是为中道之理，则一切皆是，故一切皆中，空、假也是中。空、假、中三者的关系，是三者皆无自性（“非一二三”），三者都是因缘法的显现（“而一二三”），既不偏于空，也不偏于假（“不纵不横”），此即是中道。也就是以“即空即假即中”的方式认识、理解诸法，就是真正悟得实相。智𫖮对经文读法的变化，是一种新的诠释方式，新的诠释方式意味着新的思想创造。

智𫖮还通过对“十如是”中“本末究竟等”的新解说来论证圆融三谛说。他说：“若作‘如’义，初后皆空为‘等’；若作‘性’、‘相’义，初后相在为‘等’；若作‘中’义，初后皆实相为‘等’。今不依此‘等’，三法具足为‘究竟等’。”① 这是说，《法华经》所说的“本末究竟等”是，从起初的“相”至末后的“报”都是究竟平等的。从智𫖮的解说来看，他不仅把“如”、“性”、“相”等义分别阐释为空、假、中三者从起初至末后的平等，而且认为只有空、假、中三谛圆满具足，相即无碍，才是真正的究竟平等。也就是说，只有三谛圆融，才是最高真理。

从上可知，智𫖮圆融三谛说的内涵有两个要点：

一是空、假、中是每一法的德用差别，即每一认识对象都有空、假、中三个面相或三重意义，也就是说，三谛不外是从三方面诠显一

① 《妙法莲华经玄义》卷2（上），《大正藏》第33卷，694页上。

法，所以一切诸法，皆具三谛。《摩诃止观》卷5上云：

> 若解一心一切心，一切心一心，非一非一切。一阴一切阴，一切阴一阴，非一非一切。一入一切入，一切入一入，非一非一切。一界一切界，一切界一界，非一非一切……乃至一究竟一切究竟，一切究竟一究竟，非一非一切，遍历一切皆是不可思议境。①

“阴”、“入”、“界”，即五阴（五蕴）、十二入（十二处）、十八界。“究竟”，最高境界。“不可思议”，不可思虑、不可言说。这里列举了心、五阴，乃至最高境界，以说明一切诸法都是不可思议的境界。这个不可思议境就表现为即空即假即中的三谛圆融。如，“一心一切心”是假谛，“一切心一心”是空谛，“非一非一切”为中谛，三谛同为心的三个方面，心的三重意义，三谛是心的不可思虑言说的最高境界。

二是空、假、中三谛是相即互具、圆融无碍的。《摩诃止观》卷1下云：“若谓即空即假即中者，虽三而一，虽一而三，不相妨碍。三种皆空者，言思道断故；三种皆假者，但有名字故；三种皆中者，即是实相故。但以空为名，即具假中，悟空即悟假中，余亦如是。”②这段话有三层意思：第一，三谛不离、互具、相即。“即空即假即中”的“即”是不可分离的意思，空、假、中三谛是不可分地关联着的。所谓空，不离假、中，所谓假，不离空、中，中也如此。所谓空，即具假、中，所谓假，即具空、中，中也如此。三谛互具互融，空谛即假谛、中谛，假谛即空谛、中谛，中谛即空谛、假谛。即三各具三，三三相即。三谛而一谛，一谛而三谛，互不相碍。第二，从断绝语言思维方面说，空、假、中皆空；从假名施设言，空、假、中皆假；从实相角度看，空、假、中皆中。空、假、中三者是观照、诠释的角度不同而已，实际上是同为实相，是互不相异的。第三，悟空即悟假、中，悟假即悟空、中，悟中即悟空、假。

---

① 《大正藏》第46卷，55页上、中。

② 同上书，7页中。

智𫖮还把三谛束为“一实谛”，他在《妙法莲华经玄义》卷8下说：“一实谛即空即假即中，无异无二，故名一实谛。”[①]“一实谛”的“一”非数目义，而是绝对义。“一实谛”意为唯一真实之理，绝对真理。“即空即假即中，无异无二”，三谛圆融就是“一实谛”。

如何证悟“一实谛”，进入圆融三谛的境界？智𫖮竭力强调心的宗教实践的功能、作用，宣扬心是使人远离邪见、契接正见，进而悟入最高真理的根本。他在《妙法莲华经玄义》卷8上说：“心是绳墨，若观心得正语，离邪倒说。观心正，则勉邪行。心无见著，则入正理。”[②]认为若心正没有知见上的执著，就能悟入“正理”（佛教真理）。又说：

> 心是法本者，《释论》云：一切世间中，无不从心造。无心无思觉，无思觉无言语，当知心即语本。心是行本者，《大集》云：心行大行遍行。心是思数，思数属行阴。诸行由思心而立，故心为行本。心是理本者，若无心，理与谁含？以初心研理，恍恍将悟，稍入相似，则证真实，是为理本。[③]

“法”，存在。“语”，言语。“行”，念虑。“理”，正理。这是从心是存在的根本、言说的根本、念虑的根本，最后一直说到心是真理的根本，因为真理只能包含在心中，心能探寻真理，证悟真理，故心为理本。心又怎样契证悟入真理呢？同上书卷5上说：“此心常寂常照，用寂照心，破一切法，即空即假即中。”[④]“寂”，寂静。“照”，观照。寂与照是心的两种状态。所谓“常寂常照”是寂中有照，照中有寂，即寂即照，即照即寂。寂照心能破除对诸法的封执，直觉对象的本质，同时照见一切诸法的空、假、中相即互融的性格。智𫖮在《摩诃止观》卷1下也说：“一念心起即空即假即中者，若根若尘，并是法界，并是毕竟空，并是如来藏，并是中道。”[⑤]这是说，一念心起就

---

① 《大正藏》第33卷，781页中。
② 同上书，778页中。
③ 《大正藏》第33卷，778页中。
④ 同上书，733页上。
⑤ 《大正藏》第46卷，8页下。

直入证悟三谛圆融，若如此，“法界”、“毕竟空”、“如来藏”、“中道”就都相即互具，圆融无碍。总之，心是证悟三谛圆融的枢纽和关键。

（四）圆融三谛说的特点与价值

综上所述，我们似可以把圆融三谛说的思想特点与理论价值概括为以下四项：

第一，智𫖮提出的“圆融三谛”说是佛教真理观的里程碑式的飞跃。印度佛教持二谛论。中观学派立“中观”论，但也主张真俗二谛，它所讲的“中道”是“观”不是“谛”。中国三论学者发展了中观学派的二谛思想，但始终没有开出三谛来。慧文提出了“三谛一心”的“一心三观”论，但没有展开论说。智𫖮不仅继承慧文的思想，从二谛开出三谛，增加了中谛，而且对中谛作了独创性的阐发，他在《天台四教仪》中说：“不空即中道。分二种，谓但不但。若见但中，别教来接；若见不但中，圆教来接。”① “但中”是只能观中道，不能同时观空与假的观法。“不但中”是不但观中道，同时还能观空与假，也就是即空即假即中的真理观。在智𫖮看来，中观学派的中道作为真理是与一切诸法隔开的，其中观是“但中”，而非“不但中”。智𫖮的中谛说既为中观的观法提供真理论根据，也拓展了真理论的范围，深化了真理论的内涵，具有重大的认识论意义。

第二，三分法的阐扬是佛教认识方式和思维方式的重大变革。三谛圆融说在认识上主张同时观照空、假、中的实相，在思维上运用正、反、合的模式，这种三分法构成为三谛圆融说的方法论特征。中观学派也讲空、假、中，它所讲的中虽也是对空、假的综合，但主要是对空、假的扬弃，是“否定之否定”。也就是说，中是通过否定的方式扬弃空、假，从这种意义上讲，空、假相对于中来说是俗谛，只有扬弃了空、假的中才是真谛。三论宗人吉藏正是循着这条思路，提出了以重重否定为特征的“四重二谛”说。中观一系认为在认识地位上中高于空、假。智𫖮的圆融三谛说则不然，认为空、假、中三者不仅没有认识地位高下层次的不同，也没有证悟时间先后次第的差别，

① 《大正藏》第46卷，778页上。

三谛之间是三而一，一而三的关系。就“中”来说，既是对空、假的否定，又是对空、假的肯定，也是三谛平等的综合。同样，空、假也分别具有空、假、中三者，也有肯定、否定和综合。这就是说，三谛圆融是三次重复的正、反、合。这种正、反、合是相即互具的，合具正、反，正具反、合，反也具正、合。正、反、合三者是平等的，正、反虽被合所扬弃，但也有存在的价值。这和中观一系以否定为特征的单向式的正——反——合的思维模式是不同的。应当承认，智𫖮的三分法是在二分法基础上的发展，对于认识方式和思维方式的深化、完善有重要的理论意义。

第三，一时性、直入性、完整性和互含性构成圆融三谛直觉方法的新特点。智𫖮的圆融三谛作为一种修持的观法，实质上就是直觉的方法。圆融要求直觉，直觉才能圆融，圆融就是直觉。圆融三谛观的规定性是：（1）时间上的同时性，即在同一时间内证悟空、假、中，而不是有次第地先观空，再观假，最后观中，其间并无时间的间隔，也就是无阶段无过程的顿然而悟。（2）操作上的直入性，即主体超越思虑言语，直接渗透到对象的本质，契入空、假、中的本性。这是主体心灵的体悟、证悟，不是对客观事物的一般认识活动，或者说是一种特殊的宗教认识实践活动。（3）内容上的整体性与互含性。空、假、中三概念不是分别孤立的而是整体地构成证悟内容，空、假、中之所以能够构成为一个统一的整体，是由于三谛之间存在不可分离的关系，存在相互包含的关系。这种整体性和互含性，也是智𫖮直觉内容的新特点。

第四，对空、假的肯定和中道佛性化，形成了与传统佛教真理内涵的鲜明差异。中观学派提倡中观，如上所述，它主张远离空、有（假有）等一切极端或相对性，以臻于超越的理境，但它又讲“空亦复空”，即是以“否定的否定”形式显示的肯定。智𫖮吸取这一中道思想，又作了新的发挥。他提出的圆融三谛说，强调“即空即假即中”，也就是认为，最高真理不只是中，而且应当包含空和假，即最高真理应当完整地包含空、假、中三面。而修持时观照最高真理，也不应当只观中，而应当同时观空和观假。与中观学派偏于否定空、假的中道思想不同，智𫖮强调假是以空来否定的，空是以假来否定的，否定空与假，同时也就是肯定空与假，由此比较偏于肯定空、假的意义。智𫖮和中观学派中道思想的又一不同是，他以佛性等同于中道，视中道佛性为真理。《妙法莲华经玄义》卷6下云："佛性即中道。"①中道作为真理，等同于佛性，而佛性既是具足一切诸法的功能（不离开一切诸法），又是常住不变性而为成佛的根据（生起坚强的悲愿），这样也就使作为真理的中道增添了新涵义。《摩诃止观》卷3下又说："心即是佛性。"② 更是通过把佛性与心的等同，进一步把中道与心等同起来，使真理与精神主体、精神活动结合起来。正如前所引，智𫖮讲一念心起即契入三谛圆融境界，这就把"毕竟空"与"如来藏"、空与有混为一体了。智𫖮把真理与佛性、心等同起来，是强调真理就在佛性中，就在心中，强调佛性就具有真理，心就具有真理，这就冲淡了以空性为真理内涵的传统观念，并把对真理的追求、对佛法的修持，转到佛性显现、心性修养的轨道上来了。这是中国佛教真理论的一次重大转型，也是智𫖮对佛教思想中国化所作的重大努力和创造性贡献。

三论宗和天台宗都阐扬中道佛性说，这一学说对宋明时代陆王心学的"心即理"说是有启示作用的。

第六节　窥基的四重二谛说

唯识宗实际创始人窥基，着重继承瑜伽行派一系的二谛学说，综合《瑜伽师地论》卷64、《显扬圣教论》卷6所说四种世俗③和《成唯识论》卷9所说四种胜义④的名称与义理，在所著《大乘法苑义林章》卷2"二谛义"中全面地论述了四重二谛论。他说："《瑜伽》、

① 《大正藏》第33卷，761页中。

② 《大正藏》第46卷，31页下。

③ 分别详见《大正藏》第30卷，653页下～654页上；《大正藏》第31卷，507页中～509页下。

④ 详见《大正藏》第31卷，48页上。

《唯识》二各有四。……二谛有无体异，事理义殊，浅深不同，诠旨各别，故于二谛各有四重。亦名名事二谛、事理二谛、浅深二谛、诠旨二谛。”① 依世俗（俗）胜义（真）二谛有无、事理、浅深、诠旨的义理分别，把它各开作世间、道理、证得、胜义四重，从低到高，由浅到深，合为八谛。世俗谛是凡夫所见的理境，胜义谛则是佛所证的理境。世俗谛四重是：世间世俗谛，道理世俗谛，证得世俗谛，胜义世俗谛。胜义谛四重是：世间胜义谛，道理胜义谛，证得胜义谛，胜义胜义谛。

四重真俗二谛的内涵有一定的交叉，具有一定的对应关系。今先列表以明相互关系，后再逐项分述之。

第一重	世间世俗谛：我、瓶等	
	世间胜义谛	五蕴、十二处、十八界
第二重	道理世俗谛	
	道理胜义谛	四谛、因果
第三重	证得世俗谛	
	证得胜义谛	我、法二空所显真如
第四重	胜义世俗谛	
	胜义胜义谛：一真法界	

第一重：《瑜伽师地论》以我、瓶等为例，谓此只是假名而已，并无实体存在，但凡夫视为实有，是世间世俗谛。《成唯识论》认为五蕴、十二处、十八界由因缘和合而成，必会崩坏，故称“世间”，然圣者超越世间世俗谛，悟知其实际的体用，不同于有名无体无用的假法，故称“胜义”，合名为“世间胜义谛”。窥基综合以上二论，而以“有”“无”体异立二谛之别，称为“名事二谛”。“名”，指有名无实的幻相存在；“事”，指有名有实的现象存在。

第二重：《瑜伽师地论》谓五蕴、十二处、十八界是依主客观诸法的义理，把它归类而区别为蕴、处、界，故称作“道理”；又五蕴、

① 《大正藏》第45卷，287页中。

十二处、十八界事相不同，差别易知，故称为“世俗”，合称“道理世俗谛”。《成唯识论》谓苦、集、灭、道四谛，是依迷悟因果的差别而安立的，称作“道理”；又是超越前二重世俗谛，称为“胜义”，合称“道理胜义谛”。窥基以“事”与“理”意义相殊立二谛之别，称为“事理二谛”。

第三重：《瑜伽师地论》称，佛以方便安立知、断、证、修的苦等四谛，以说明迷、悟、染、净的因果差别，能令修行者趋入涅槃，证得圣果，称为“证得”；又须凭借言说以知因果的差别相状，故称“世俗”，合称“证得世俗谛”。《成唯识论》谓我空与法空二空真如须由圣者的智慧观照才能彰显其实理，而不是凡夫所能了知的；这是超越了前三重世俗谛，称为“证得胜义谛”。窥基依道理的浅深立此二谛之别，称为“浅深二谛”。

第四重：《瑜伽师地论》谓，二空真如是圣者智慧自内所证，为了随顺引生这种智解，而假借二空之名，以世俗言语表诠其道理，称“胜义世俗谛”。《成唯识论》卷9云：“胜义胜义，谓一真法界。”[1]“一真法界”的“一”非数目义而是绝对义，“真”，真实不虚，“法界”则融摄一切法。意为一实的真如，极致的真理，万事万法都是此法界的显现。《成唯识论》谓“一真法界”是超越言语思虑的绝对境界，是难言的胜义，为圣者的无分别智所证悟，超越前四重世俗谛，故重复叫做“胜义胜义谛”。窥基依“言诠”与“超言诠”立二谛之别，称为“诠旨二谛”。

窥基在论述四重二谛时还强调说，世俗谛“理应名隐显谛。隐覆空理，有相显现。如结手巾为兔等物，隐本手巾，兔相显现”[2]。世俗谛实是隐覆真理，显现有相，如把手巾结扎为兔子，本来的手巾掩覆了，而显现出兔子的相貌。然有无不虚，即称为谛。胜义谛是“前之三种名安立胜义，第四一种非安立胜义”[3]。这是说，胜义有境界和道理两重意义，前三种是殊胜智慧认识真理的境界，第四种是废诠

① 《大正藏》第31卷，48页上。

②③ 《大正藏》第45卷，287页下。

谈旨的，是依道理立义。又因在此理事不谬，即称为谛。

以上为四重二谛的基本内容，其中四世俗谛的二、三、四三重世俗谛分别与对应的四胜义谛的一、二、三三重胜义谛本是同一的，只是从真俗两面观照而有所别。四世俗谛中的世间世俗谛是“唯俗非真”，而四胜义谛中的胜义胜义谛则是“唯真非俗”。这也就是说，四重二谛中既有真俗相对区别的意义，又有真俗绝对对立的意义。窥基一方面竭力沟通世俗真实与佛教真实、世间认识与佛教真理的同一关系，一方面又坚持世间世俗认识与佛教最高真理的根本区别。

小　结

从上述中国佛教真理观的演变过程来看，它大约可划分为三个阶段：一是在东晋十六国时代，由鸠摩罗什传入大乘佛教中观学说，弘扬宇宙万象是“假”和宇宙实相是“空”的真理观。其弟子僧肇更提出“不真空论”命题，从体用关系阐扬不真（假）即空的真理观。鸠摩罗什的另一弟子竺道生提出“理不可分”的思想，这都为中国佛教真理观奠定了基调。二是南朝三论师一系与成实论师一系展开围绕二谛问题的论辩，就二谛的意义、界说，二谛的内容，尤其是对空的理解，以及二谛的体性，即真谛和俗谛是同体还是异体的问题，发表不同的看法，异说纷呈。这是中国佛教史上关于真理观的空前规模的大论战，这场持久的论辩是对中国佛教学者的认识论理论训练和哲学思维锻炼，极大地推进了佛教真理学说的规范化、深入化、中国化，推动了中国佛教学者创新思维的发展，进而阐发了极富个性和特色的独创性的真理学说，从而为中国化宗派的形成，准备了人才和理论的条件。三是隋唐时代，此时一些佛教学者相继提出各具异彩的真理学说，尤其是一些长于思辨的宗派创始人，如三论宗吉藏、天台宗智𫖮和法相唯识宗窥基等人，更是关注探索诸法实相——宇宙真理，就真理的内容和体悟真理的方法，著书立说，阐扬新解，成为创立宗派学说的重要内容。真理观的阐发与宗派的创立是互动互补、不可分开的，是同步前进、相得益彰的，隋唐时代以后，佛教真理观就未见新的重要的突破了。

中国佛教真理观的演变过程表明，其理论走向有三：一是更富层次化。如吉藏提出四重二谛说，智顗讲七种二谛，窥基也提出四重二谛说，这大体上是通过否定之否定的方式，由低到高，由浅入深，以显现最深层、最高级的真理。二是三分化。二谛论可谓是真理的二分化，天台宗人提出三谛，则是真理的三分化，它增添了观察实相或真理的新视角，拓展了真理的内涵，形成了新的真理论体系。三是圆融化。中国佛教学者不仅重视真理的内涵结构诸要素的圆融，而且寻求与阐明真理与客体“事”、真理与主体“佛性”的圆融，为真理的圆融性展示了丰富的内容。这些走向体现了中国佛教真理观的演变轨迹和发展趋势。

中国佛教真理学说的重心是般若系统的空假二谛论。鸠摩罗什传译提供的三假说和实相论，就是空假二谛的真理观，僧肇的“不真空论”是空假二谛的中国式表述。南朝时二谛说成为论辩的焦点，表明二谛论在佛教真理学说系统中的核心地位。隋唐佛教宗派二谛多重化是二谛层次结构的展开，天台宗的三谛说也是在二谛说基础上的伸展，是增添一种既综合又超越空假二谛的中谛，中谛实质上仍是讲空假二谛关系的，是将空假二谛的圆融关系也作为真理性规定加以固定化。从宗教真理观来看是论述佛教真理与世间认识的关系；从哲学世界观、认识论来看是论述色与空、事与理，也即物理现象、世界事象与其本性、本质的关系。这是中国佛教真理观的基本内容，也是中国佛教方法论的基本内容。

中国佛教真理观有什么特点？这要通过考察中国佛教真理与世间真理以及与印度佛教真理的差异，才能揭示出来。

世间真理是人们通过观察、研究、分析、实验等多种方法而获得的对客观事物的正确认识，是由事实、实践检验其正确性的。佛教真理不同，佛教作为一种特定的宗教，是以追求人生的解脱为旨趣，偏重于对人生的本质、本性、意义、价值、命运、法则、理想、实践的探求，其真理是与人生的解脱直接相联系的，这就决定了佛教真理与宗教实践、心性修炼、人生体验是不可分开的，也就是说，佛教对人生宇宙的真理性认识是为了人生解脱而作的价值判断，而真理的获得是修持的结果，是修持者内在觉悟的表现，也就是一种宗教体验。佛教真理就是宗教体验的内容。可见，世间真理是客观真理，而佛教真理则虽也有对客观对象“境”的认识成分，但这种认识也是就人生的解脱价值意义上判定的，从而也就富有宗教的主观真理的色彩。这是两种真理在定性、定位上的差异。就真理的内容而言，与世间真理重视求实，以实际情况和客观规律为内容不同，佛教以缘起性空，追求空寂为真理的基本内容，也就是以排斥任何客观实体，排斥任何主观执著的“空”为真理。就获得真理的方法而言，佛教不提倡分析、实验，而是主张直觉，认为语言、思维只是认识真理的方便，从根本上说，只有言亡虑绝，超越语言和思维，才能体悟真理，才能与真理冥符。

中国佛教真理与印度佛教真理同为佛教真理，中国佛教真理直接源于印度佛教真理，同以缘起性空、般若二谛为真理的基本内容，但是中国佛教学者对佛教真理有所发展，相对而言，这些发展就构成了在真理观上中国佛教区别于印度佛教的特点。如上所述，这些特点是：（1）二谛说更富层次化，深化了真理的层次结构思想；（2）阐扬三谛说，这是继承、超越二谛，拓展了真理论的新内涵；（3）从吉藏的破邪显正到智𫖮的圆融三谛，表现出真理圆融论越来越成为中国佛教真理观的重要内容。中国佛教学者提出颇富特色的佛教真理论，与他们深受中国传统的思维方式的影响是分不开的。特别是中国的“和而不同”、“中庸”、“中和”的思想方法，对于天台宗人提出三谛圆融、中道实相是有启示的。再者，中国传统思想重视客观，重视实际，重视现实，这对于天台宗人重视空与有的协调也是有影响的。

结 语

中国佛教哲学在当代社会，在世界现代化进程中，还有没有价值？若果有，又有什么样的现代价值？这是研究中国佛教哲学应当回答的问题。传统只有经过价值重建才富有鲜活的生命力，我们又需要通过怎样的现代转换工作，以建构中国佛教哲学的现代价值，进而发挥其现代作用？这是研究中国佛教哲学现代价值应该说明的问题。

佛教，作为对人类的终极关怀提供的解脱之道，是一个庞大复杂的信仰体系、哲学体系，也是价值体系。佛教逐渐成为亿万人民的精神信仰，已延续 2500 多年，在中国也有 2000 多年的漫长历史，这表明佛教的持久活力与恒久价值。但是，我们也应当看到，佛教在未来社会如何重建价值，发挥作用，既是一个艰巨而重大的理论问题，又是一个严肃而迫切的实践问题。

佛教的命运决定于对社会的关怀，佛教的现代价值决定于对 21 世纪人类社会的作用。自从人猿相揖别以来，人类社会取得了空前的进步。当代人类在不断取得进步的同时，又拥有毁灭地球、毁灭自然的手段。人类社会的进步应归功于人类自身，人类社会的问题也出自人类自身，威胁人类社会生存和发展的敌人也是人类自身。同时我们还应当看到，现代化涉及物质生活、制度和思想观念诸多层面，当前人类社会存在的信仰危机、道德堕落、良心丧失等负面现象，表明人文精神的严重失落，这为具有宇宙整体理念、追求生命超越的宗教人文精神的佛教哲学，提供了调整人的心灵，进而调整人与人的关系，人与自然的关系的空前的历史契机。

我们认为，要对中国佛教哲学进行重估、重建，阐发其现代价值，就需要深入分析当代人类社会的基本特点，以及未来社会的基本走向；需要深入厘清中国佛教哲学资源，揭示其对当前和未来的社会具有真实意义的基本理念和基本原则；需要把佛教哲学基本原理与社会实际结合起来，进而对当代人类社会的基本矛盾的解决方向、方法提供有意义的参照意见。这也正是我们在结语部分要论述的内容。

一、21 世纪人类社会的基本特点与基本矛盾

自从 18 世纪 60 年代“工业革命”以来，以机械化、电气化为特点，以工业化为标志的现代化，在世界各国的发展极不平衡，有的国家已完成或基本完成工业化，实现从农业社会向工业社会的转变，有的则取得了进展，也有少数国家仍处于传统农业社会。20 世纪 70 年代以来，世界发展又发生重大转折，知识经济崛起，工业经济衰落。一些发达国家进入非工业化的发展轨道，工业部门向知识产业转移，工业社会向知识社会转变。知识社会与过去以资本和资源为财富来源的情况不同，知识成为了核心生产要素，比资本、土地等其他传统生产要素具有更高的附加值。知识经济时代的来临，标志着以知识化取代工业化的新现代化，将日益主导未来人类社会的发展。

自 20 世纪 60、70 年代以来，中国现代化的进程取得了举世瞩目的伟大成就。沿海一些发达地区已经完成工业化，并开始了知识化的进程，西部地区的开发正在如火如荼地展开，工业化和知识化的协调发展，必将加快中国现代化的步伐。

知识经济与工业经济在生产、流通和分配等环节上都有重大的差别，知识经济的特点是信息化、网络化和全球化。工业经济和知识经济的发展，尤其是知识经济及其全球化等特点，给人自身、人与人、民族与民族、国家与国家，以及人与自然的关系，都带来了广泛和深刻的影响，推动了人类社会矛盾的新发展。

由于现代化的巨大成就，人们生活的物质条件不断完善，生活方式不断更新。当今世界，物质财富和人们物欲同步快速增长，有人在追求外在物质财富时往往忽略自身的内在价值和精神生活，甚至在富裕、舒适的生活中丧失了人性和价值。物质生活提升，精神生活下降；科学知识增多，道德素养欠缺。这种丰富的物质生活与匮乏的精神生活的反差现象将普遍而长期地存在。精神的空虚，心灵的贫困，是一种人文精神危机，一种价值危机。它成为了当今人类进步的重大障碍，也成为了人类社会诸多问题的根源之一。人们的欲望、需要是受一定的价值观念支配的，如果人们的欲望、需要长期停留在物质享受的层面上，就会形成恶性消费，同时又带来恶性开发，从而影响社会的可持续发展；同时也带来精神生活的低迷，国民素质的下降，从而影响人自身的全面发展。

由于工业经济的成就和知识经济的发展，不同国家、不同地区的经济正在走向全球化。经济全球化推动了世界经济的发展，也似乎预示着全人类休戚与共、祸福相依的时代的来临。但是，跨国企业掌控了当前经济全球化，这些企业的迅速扩张，造成了贫富差距的增大。尤其是经济全球化对发展中国家既带来发展机遇，也造成巨大冲击，南北贫富差距日益扩大。发达国家拥有全球生产总值的86%和出口市场份额的82%，而占世界人口绝大多数的发展中国家，仅分别占有14%和18%。[①] 富者愈富，贫者愈贫。历史和现实已经反复证明，贫富悬殊的世界是一个不稳定、不安全的世界。贫富不均、强弱不等的格局，一方面使富者、强者易于异化为霸权主义者，一方面贫者、弱者也易于产生不满和仇恨，从而构成为社会动荡不安、纷争不已的重要根源。

在缺乏正常的国际社会政治经济文化新秩序制约的情况下，经济全球化还将带来或增加一系列社会紧张。诸如，人们为争取工作岗位而展开的竞争，为争取优秀人才而造成的人才竞争。又如，不同国家在经济全球化深入发展的形势下，竭力争取发展本国经济，从而使国与国之间的竞争加剧。此外，由于历史或现实的原因造成的种族冲突

① 详见江泽民：《在联合国千年首脑会议上的讲话》，载《光明日报》，2000-09-07（1）。

和民族抗争，彼伏此起，层出不穷，有时甚至演成局部战争。

经济全球化进程的加速和全球信息网络化的形成，必将加速推动东西方文明和价值观的碰撞和交融，也必将使不同宗教的交往和会遇日益频繁。宗教与宗教之间的会遇，一方面是有助于彼此的对谈、交流、沟通、了解、尊重、关怀，一方面是某些极端基本教义派的宗教狂热，唯我神圣，唯我独尊，排斥“异端”，排除异己，挑起教派冲突、宗教纷争，甚至诉诸暴力，以求一逞。宗教常常与现实的国际斗争和冲突相交织，是国际关系和世界政治中的一个重要因素。如何转换极端基本教义派的理念，化解宗教冲突，也是摆在世界宗教徒面前的一项重大课题。

现代科学技术空前进步，人类在科学的宏观方面已推进到180亿光年之遥的宇宙，在科学的微观方面已日益揭示出基因的秘密。科学技术是一把“双刃剑”，它可以用来为人类造福，如果人们的人文精神被扭曲，不能理智地利用科学技术，它也可以毁灭人类。人类在征服自然、改造自然方面取得的成就越来越巨大，与此同时，自然界也在增大报复人类的力度，生态失衡、环境污染、气温升高、人口爆炸、能源危机、食品短缺等诸多难题，也正在日益困扰人类。这是21世纪人类社会的又一重大矛盾。人类将地球和大自然作为征服对象，付出了巨大的代价。人类，也不得不努力进一步寻找和开发新的科学技术来缓解因开发自然所带来的负面作用，并大力提倡人文理念，增强保护自然环境的意识，以维护人类与自然的协调关系。

二、中国佛教哲学的基本理念

结合21世纪发展趋势来审视，我们认为中国佛教哲学适应人类社会需要的理念是比较多的，其中最为重要的是以下几个基本理念。

（一）缘起

佛教有一个专门的颂，称为“法身偈”，常刻在佛像、佛塔的内部或基座上，内容是：“若法因缘生，法亦因缘灭；是生灭因缘，佛大沙门说。”① “佛大沙门”是对佛陀的尊称。这是宣扬宇宙万法依

① 《佛说初分说经》卷下，《大正藏》第14卷，768页中。

因缘而生灭，包括物质方面的外境与精神方面的心识，都由“缘”即原因或条件的和合而生起，缘集则法生，缘去则法灭。这是缘起论的基本思想。缘起是佛教最基本的观念，最根本的教理，显示佛教对宇宙与人生、存在与生命的根本看法。缘起思想是佛教的具体教说和重要理念，是因果、空有、中道、平等、慈悲、解脱等的哲学基础。换句话说，佛教的各种具体教说和重要理念都是缘起思想的展开。缘起论有别于无因论、偶然论、神造论和宿命论，是对宇宙万物的生成演变和世界的本来面目的比较合理的论说。缘起论是佛教独特的世界观，是佛教区别于其他宗教、哲学的最大特色和根本特征。

佛教缘起思想自身包含着两个重要的理念，这就是“关系”和“过程”，缘起思想是一种关系论、过程论的世界观。

《杂阿含经》卷 10 云：“此有故彼有，此生故彼生。……此无故彼无，此灭故彼灭。”① “此”和“彼”是在互动关系中构成的不可分割的整体，也就是说，任何一个事物都是在众多条件的规定下，在一定关系的结合中，才能确定其存在。事物不能自我形成和孤立独存；事物在关系中确定，在关系中存在，事物是关系的体现。《杂阿含经》卷 12 说：“譬如三芦，立于空地，展转相依，而得竖立。若去其一，二亦不立；若去其二，一亦不立。”② 这是说，由相依互存而得缘起，缘起就是因缘条件的相依互存，就是不同条件组成的相依互存的关系。这种缘起事物是关系的思想，包含了事物是和合共生的理论、互相联系和同一整体的理念。中国佛教进一步发展了缘起论，如天台宗的“性具”说、“十界互具”说，华严宗的“性起”说、“事事无碍”说、“一即一切，一切即一”说，都强调一事物与其他事物之间是互相涵摄而不碍的，事物之间是共同为缘的缘起关系。从理论思维层面而言，这是对宇宙共同体原理的朴素而天才的猜测。

① 《大正藏》第 2 卷，67 页上。
② 同上书，81 页中。

缘起是一种关系，也是一个过程。事物既然由原因或条件的组合而生起，是缘集则成，缘去则灭，也就是说，缘起是一个过程。佛教认为，由于宇宙万物是缘起，因此都有生、住、异、灭四相，是一个不断变异的过程。人也同样，处在生、老、病、死和生死流转的过程之中。应当承认，这种过程理念包含了运动、变化、发展的思想，应视为辩证思维的表现。

（二）因果

缘起讲因缘和合而生起“果”，缘起法所说的也就是因缘与果的关系。能生结果者为原因，由原因而生者为结果。就时间言，因在前，果在后，是因果异时；就空间言，如上面讲到的束芦相倚，是因果同时。因果是在前后相续的演变中，彼此关涉的和合中存在。有原因必有结果，有结果必有原因。一切事象都依因果法则而生灭变化。这种因果律是佛教用来说明世界一切事物相互关系的基本理论。

基于缘起法则，佛教进一步阐发了因果报应的思想，以解说各类众生的身心活动与结果的关系。这种思想，在伦理方面就展示为善有善报、恶有恶报，即善因乐果、恶因苦果之说。这一学说为广大信徒的去恶从善的道德修持提供了坚实和有效的思想基础。

佛教认为，众生的身心活动不仅会给自身的生命带来果报，而且还会为生命生存的空间、环境带来果报，由此又把果报分为“正报”和“依报”两类。所谓正报是指依过去的业因而招感的众生的身心，也即具体的生命存在，是直接的果报主体，正体。所谓依报是指依过去的宿业而招感的众生生命存在所依止的外物、环境，包括衣物、房宅、国土山河，乃至整个环境世界。简言之，正报指众生，众生世间；依报指众生所依托的处所，即国土世间。与依报相关，佛教还认为，时代背景、生活环境、国土、山河等是多数众生所共同招感的果报，称为“共报”。佛教的这些果报思想，表现了对主体世界与客体世界、主观世界与客观世界相互联系的缘起关系的洞察、体认，表现了对种种众生共同活动的结果的关注，表现了对自然环境、生活环境、生态环境的关怀。

天台宗人还从修持实践的角度，提出“因果不二”[1] 说，宣扬在因位的人与在果位的佛，在本质上并无差别，鼓励凡夫修持成佛。又提出了“依正不二”[2] 说，认为就佛来说，佛身是正报，佛土是依报，佛身与佛土不二，正报与依报不二，两者共摄“一念三千”，而归于一心。这是从境界论的层面，阐发理想人格、神格与理想境界的一致性。

（三）中道

这是超越有无（空）、一异、苦乐、爱憎等二边之极端、偏执，而不偏于任何一方的中正之道。中道是佛教的根本立场和基本特色。释迦牟尼反对婆罗门教的神我说，在理论上提出“此有彼有，此生彼生”，“此无彼无，此灭彼灭”的缘起法则，由此而强调“离于二边，处于中道”[3]，也就是依缘起说不有不无，不一不异，不常不断，不来不去。在实践上，释迦牟尼提出“八正道”，既反对快乐主义，也反对苦行主义，提倡不苦不乐的中道行，即人的思维、言语、行为、意志、生活等，都应当合理适度，持中不偏。

空与有是佛教对宇宙人生的两种基本看法，佛教教法可以说不出空、有二义，在释迦牟尼后，佛教内部逐渐演化为空有两宗。在小乘佛教，俱舍一系是有宗，成实一系为空宗。大乘佛教也分为两大系统，中观学派即空宗，瑜伽行派是有宗。空有两宗都认同缘起性空的基本理论立场，只是随着这一基本理论的展开，相对而言，空宗比较强调诸法性空的一面，有宗则比较强调诸法作为缘起现象的有的一面。

关于空的论定，是基于缘起说。由于万法是缘起的，是在关系中确定的，因此是“无我”性，即没有自性，没有实体性，也就是本性、本质是空的。这是空的本义。与此相联，万法既然是在关系中确立的，也必然是一个互动的变化过程，具有“无常”性，生灭无常，

---

① 详见《十不二门》，《大正藏》第46卷，703页中、下。

② 详见上书，703页下～704页上。

③ 《杂阿含经》卷12，《大正藏》第2卷，85页下。

也是空。由此也可以说，由缘起而性空，缘起即性空，缘起与性空是同义语。由此又可以说，由缘起而性空，空是否定构成万法的恒久的实体存在，否定万法的实体性。这是对万法无自性、无实体状态的表述，空不是纯然虚无。空是空却、排除对实体的执著，空本身不是实体。中观学派讲空，还含有否定一切成见、定见的意思。在中观学派看来，一切分别、见解都是相对的，是不可能符合绝对的最高真理的。就道理来说，空是一种理，是最高的绝对的真理，体悟、把握空理，具有空智，就进入空境，即理想的寂灭境界。

空大别为人空与法空两种。人空又名我空，是主体的人无自性；法空，是客体的法无自性。关于诸法有无实体问题，即对缘起与实有、事物与自性、现象与本质的联系与区别的看法，是一个非常复杂的问题。虽然从整体来说，佛教各派都认同缘起性空说，但是部派佛教的说一切有部就主张法体恒有，在一定意义上承认事物存在的各种要素的实在性。大乘瑜伽行派提出诸法的遍计所执、依他起和圆成实三性论，认为在依他起性的诸法之外，另有圆成实性的真如实体。中国佛教天台宗、华严宗认为依他起性的诸法之相与其所依的实体是统一的，诸法即实相，排除在诸法之外另有实体之说。天台宗、三论宗又有小乘佛教主“析空”与大乘佛教主“体空”之说。[①] 析空是指分析事物的构成要素，最后从中找不到该物自己，该物并无实体存在，只是假名，是空。体空是不对事物进行析散，而是认定当体性空。中国佛教学者肯定体空说优胜于析空说。

与从缘起法的本质一面论定空不同，从缘起法的现象一面论定则是有。诸法都是依因仗缘而生，表现为千差万别、纷纭繁杂的现象。这些现象呈现在人们的面前，且在时空中各有其独特形相和持续性质，并产生特定的作用和影响，这是有。有与空（无）对扬，表示现象、存在之意。佛教对于有，还作假有、实有、妙有的区分。假有是指虚假不实的有，是虚假地施设种种名相以指述具体事物。通常所讲现象世界，都属于假有。实有是真实的有，但如说一切有部主“三世

---

① 详见《大乘玄论》卷1，《大正藏》第45卷，18页下。

实有”，瑜伽行派则持诸法实性常存，两者的实有意义也并不相同。至于妙有，有的佛教学者以实有真如本体为妙有，有的佛教学者则以破除执著空后所见的不空为妙有。

从上述可知，就缘起法的现象一面看是存在，是有，就缘起法的本质一面看是非存在，是空（无）。有与空是对一事物的两面看法。一切现象的有，当体即是空；空是现象有的空，离有以外没有空。智𫖮说：“一色一香，无非中道。”① “一色一香”即一草一花。一切平凡事物，都体现着最高真理的中道。智𫖮又说：“中以不二为义，道是能通为名。”② 中道是远离对立状态，远离有（常）空（断）二边，契合有空不二的最高真理。中道是不偏不倚的正见，有见（常见）与空见（断见）是褊狭的边见。中道是要排除有空二执的谬误见解。如有见会陷于灵魂不灭说，空见则会堕于诸法皆无的虚无主义，以致破坏佛法，危害更大。中道说要求看到现象与本质两方面，确立两端不离不二的思维框架，这是提倡两点论，不走极端，重视观察事物的全面性，防止片面性，包含了辩证思维的合理因素。

（四）平等

本书第二十七章“中国佛教的伦理观”曾就“平等慈悲”作为佛教修持实践的伦理准则进行过论述，这里从现代价值的角度再作评述。

佛教是宣扬和提倡平等的宗教，其平等的涵义概括起来有四个层次：

(1) 人与人之间的平等。《增一阿含经》卷 37 云：“我法中有四种姓，于我法中作沙门，不录前名，更作余字，犹如彼海，四大江河皆投于海而同一味，更无余名。”③ 认为古印度社会的婆罗门、刹帝利、吠舍和首陀罗“四种姓”应是平等的，反对以种姓、等级论人的贵贱高下，强调以道德的高低、智慧的深浅论人的成就大小，主张提

① 《摩诃止观》卷 1 上，《大正藏》第 46 卷，1 页下。

② 《维摩经玄疏》卷 2，《大正藏》第 38 卷，525 页下。

③ 《大正藏》第 2 卷，753 页上。

升道德、智慧的修持素质以进入人生理想境界。佛教的四种姓平等的主张，体现了人权平等的思想，是古印度反对种姓歧视和阶级压迫的特殊的人权运动，是与现代社会的人权平等的要求相一致的。

（2）众生平等。众生，指有生命的存在。佛教通常以十界中佛以外的从菩萨到地狱的九界，尤其是从天到地狱的六道为众生。佛教认为不同众生虽有其差别性，但众生的生存、生命的本质是平等的，还特别强调一切众生悉有佛性。《涅槃经》称："一切众生悉有佛性。一阐提人谤方等经，作五逆罪，犯四重禁，必当得成菩提之道。须陀洹人、斯陀含人、阿那含人、阿罗汉人、辟支佛等，必当得成阿耨多罗三藐三菩提。"① 从理论上肯定一切众生皆有佛性，即在成佛的原因、根据、可能性上是平等的。佛教讲众生虽以人类为重点，但众生平等的思想则是对人类中心主义的警告和排斥。

（3）众生与佛的平等。佛教宣传生佛不二、生佛一如的思想，认为众生与佛在本质上都具足真如佛性，迷妄的众生并不灭其真如佛性，觉悟的佛也并不增加其真如佛性。就同样具有成佛的可能、基础这一意义来说，众生与佛是平等不二的。这与有的宗教视人神为二，称人是神所造或从神流出的说法是迥异其趣的。

（4）众生与无情的平等。"无情"，即无情感意识，不具精神性的东西。如中国佛教天台宗就宣扬"无情有性"说，认为草木花卉、山川大地都有真如佛性，大自然的花香树绿、风动水流，都是佛性的体现。在同样具有佛性这一点来说，无情之物与众生并无本质区别，彼此是平等无二的。应当说，这是对自然界生物和无生物的尊严的确认，是对自然界万物的敬重、悲切和摄护。

佛教的平等观是基于缘起的学说，是建立在因果平等上的。众生与佛同具真如佛性，是在成佛的原因方面平等；众生与佛都能成就佛果，进入最高理想涅槃境界，是在结果方面的平等。众生与佛因果平等，无有差别。佛教的这一因果平等思想是就可能性而非现实性，就可然性而非已然性而言；是为其解脱论提供理论根据的。

---

① 《大正藏》第12卷，574页下～575页上。

佛教的平等观体现了生命观、自然观与理想价值观的统一。佛教强调宇宙间一切生命的平等，关爱生命，珍惜生命，尊重生命；又主张无情有性说，敬畏自然，珍爱自然，摄护自然；还宣扬众生与万物以解脱为终极目标，以进入清净、美妙、庄严的佛国净土为最高理想。这都表现了佛教平等观意义的广泛性、普遍性和神圣性。

近现代平等观重视天赋人权的平等、人在法律面前的平等，这与佛教提倡人在解脱方面的平等，实可构成互补的关系。由此看来，晚清间康有为、谭嗣同等人，高举佛教平等大旗，推行变法维新运动，也绝不是偶然的。

（五）慈悲

佛教在缘起、平等的理念基础上，认为在宇宙生态大环流中，一切众生可能曾经是我们的亲人，山河国土则是我们生命的所依，我们应当怀着平等的心态，报恩的情愫，慈悲的心愿，给予众生以快乐，拔除众生的痛苦。慈悲就是对众生的平等、深切、真诚的关怀和爱护。

佛教宣扬“三缘慈悲”的思想，把慈悲的对象定为三种，进而归结为三类慈悲。

> 悲有三种：一、众生缘悲，缘苦众生，欲为济拔。……观诸众生十二因缘生死流转，而起悲心。……二、法缘悲，观诸众生俱是五阴因缘法数，无我无人，而起悲心。……三、无缘悲，观诸众生五阴法数毕竟空寂，而起悲心。……慈亦有三：一、众生缘慈，缘诸众生，欲与其乐。二、法缘慈，缘诸众生但是五阴因缘法数，无我无人，而起慈心。三、无缘慈，观一切法毕竟空寂，而起慈心。①

这是相对地分别以众生、诸法和空理为对象而起的三类慈悲，是奠立在缘起性空思想基础上的慈悲分类。

在三类慈悲中，以“无缘慈悲”为最高的类别。《大智度论》卷

① 《大乘义章》卷14，《大正藏》第44卷，743页中。

40 云：“慈悲心有三种：众生缘、法缘、无缘。凡夫人，众生缘；声闻、辟支佛及菩萨，初众生缘，后法缘；诸佛善修行毕竟空，故名为无缘。”① 佛教提倡的“无缘大慈”、“无缘大悲”，是对对象不起区别的绝对平等的慈悲，是体悟真如平等的空理而生起的慈悲。

慈悲是佛教的特殊理念，它与有些流派提倡的仁爱、博爱相通又不尽相同，慈悲是不受等级、阶级的限制的，也是排除狭隘的偏私性的。佛教的慈悲还富有实践性，重视对人的关怀、对人间的关怀、对社会的关怀，由此而大力从事社会福利、民间公益事业，在历史和现实社会中都发挥了滑润剂的作用，为弱势群体，为下层劳苦大众缓解了困难，减少了痛苦，带来了希望。

（六）解脱

佛教以解脱为众生的终极理想。《金光明经玄义》卷上云：“于诸法无染无住，名为解脱。”② 解脱是没有染污，没有执著，是得“大自在”，即自由自在的境界，也称涅槃。佛教认为众生有许多烦恼，如三毒“贪”（贪欲）、“瞋”（瞋恚）、“痴”（愚痴），就是三种基本的烦恼，妨碍善根成长，使众生在生死苦域中流转，永无尽期。解脱就是要从烦恼痛苦和生死流转的束缚、困境中脱却开来，获得解放，获得超越，获得自由，进入理想境界。

佛教高度重视解脱之道，如早期佛教以八正道为实现解脱的道路。后来的佛教宣扬以观照真理、体悟真理为解脱之道。佛教还宣扬“一切唯心造”，认为众生的轮回流转或涅槃解脱都决定于心，强调改造人心，完善心灵，提升人性。由此佛教还从伦理道德、知解智慧等方面设计了一系列修持方法。如佛教的五戒、十善等规定，为众生去恶从善的修持提供了指南。又如法相唯识宗的转识成智说，对转变不同识为相应的智慧都作了具体的论述。再如禅宗宣传转迷开悟说，主张从心为外物主宰的迷妄状态，转化为心主宰外物的觉悟状态。这是要求在心上做工夫，以转舍心的迷妄，开启心的觉悟。

---

① 《大正藏》第 25 卷，350 页中。

② 《大正藏》第 39 卷，3 页上。

中国佛教还强调解脱不是孤立的，解脱不只是个人的事，只有自我觉悟与他人觉悟同时完成，才能获得真正解脱。与此相应，中国佛教追求的理想人格是菩萨、佛，特别是菩萨。菩萨以悲愿与智慧两个方面化度众生，成就广大众生的普遍解脱。中国佛教历史上形成的五台、普陀、峨眉、九华四大名山，昭示了文殊、观音、普贤、地藏四大菩萨的形象与精神，也是佛教普度众生与期盼众生解脱的象征。

三、中国佛教哲学的现代价值

以上论述表明，人与自我、人与人、人与自然的三组基本矛盾在当代人类社会，有的改变了形式，有的则是更加尖锐了。中国佛教哲学的现代价值在于，其重要原理日益得到充分阐发，并经创造性诠释后其作用开始彰显；把佛教哲学思想运用于缓解人类社会的基本矛盾，必将有助于提升人类的精神素质，减少人类的现实痛苦，满足人类的新需要，进而促进人类社会的和平共处和共同发展。

（一）关注人与自我的矛盾，提升人的精神境界

佛教以其人生的解脱之道，对人在宇宙中的地位、人的本质、价值、理想等，都有系统的论述，其中的无我观和解脱观更是对于世人的自我观念的转化、心理的调节、心灵的完美，具有参照、借鉴意义。

佛教根据万法和合而生的缘起论，提出了无我观。无我的“我”是指常住、整一而有主宰作用的自体（本体），这个永远不变的本体，就是我。佛教否定有实体的我、灵魂的存在，排除有我的观念。无我是佛教的基本观念。无我观的主要内容是无我执、无我见、无我爱、无我慢等。佛教所讲的我执是指执著我为实有，即对于自我的执著。我见是执著有实我的虚妄见解。我爱是对自我的爱执，也即我贪。我慢是指以自我为中心的傲慢心态。由我执必然带来我见、我爱和我慢。佛教认为我执是万恶之源，烦恼之本，主张无我，无我执。无我执要求消除在认识、欲望和心理诸方面的偏执、错误，用现代眼光来诠释，无我观包含着精神生活高于物质生活、人格价值高于生命价值、社会利益高于个人利益等思想。当前，社会上有的人成为了生理需求、物质欲望的奴隶，奉行拜金主义、享乐主义、极端个人主义，

甚至贪污腐化、盗窃走私、吸毒卖淫……这是人性的扭曲，人格的堕落，人类的悲哀。佛教的无我观有助于缓解对现实境遇的执著，对治物欲横流，淡化享受，淡泊名利，提高精神境界。

佛教解脱观的实质是生命意义的超越，精神境界的提升。这种对超越和提升的追求，使人能以长远的终极的眼光客观而冷静地反思人生的历程、审视自身的缺陷，并不断地努力规范自己，提高境界；也有助于在个人心理上产生安顿、抚慰、调节、支撑、激励等诸多功能，从而缓解甚至消弭人的种种无奈、焦虑、烦躁、悲伤和痛苦。

佛教认为解脱是个人的业报，是善业所得的乐果。一个人若能遵循因果法则，就会确立向上的价值取向，自觉地克服反道德的心理因素，使自己人心向善，除恶为善，从而有助于净化人心，完美人生，扩而大之，也有助于提升社会道德，完善社会秩序。

（二）协调人与人的矛盾，维护世界和平

这里讲的人与人的关系，也就是人与他人、人与社会、人与民族、人与国家的关系。从世界范围来看，当前人与人的关系重要问题有二：一是由于民族、宗教、领土、资源、利益冲突等因素引发的局部动乱冲突，此起彼伏，某些地区的人民正在遭受战争的苦难；与此同时，不仅上述传统安全问题没有解决，更有甚者，近年来恐怖主义等各种非传统安全问题又日趋严峻。二是南北贫富差距更加扩大，世界上还有相当一部分人生活贫困，甚至衣不蔽体，食不果腹，饥寒交迫，难以度日。从理论层面来看，佛教的一些基本理念，对于化解这些问题，也具有一定的现实意义。

上述两个问题中，和平与和平共处是最大的问题。众所共知，20世纪的两次世界大战，人类自戕，残杀生灵数以千万计，如果21世纪再重演世界大战，人类有可能同归于尽。要避免战争，就要消除产生战争的根源，而根源之一即是不懂得人类共依共存、自利利他的缘起之理，不重视沟通、和解，视他人为仇敌，不尊重他人生命。佛教的平等理念强调人人本性的平等、人格的平等、尊严的平等。平等意味着尊重，意味着和平。佛教的人我互相尊重的思想，有助于人类和平共处，追求共同理想，建设人间净土。和平来自对人我平等的深切体认，和平从平等中确立，建立在平等基础上的和平是真正的、巩固的和持久的和平。佛教的慈悲思想体现了对他人的同情、关爱，也是远离战争，呵护和平的。佛教的慈悲济世和“五戒”、“十善”均以“不杀生”为首。杀生被认为是最大的罪过，要堕入地狱。佛教强烈地反对杀生，突出地表现了佛教尊重生命、尊重他人的崇高品格。自从太虚法师大力倡导人间佛教以来，中国佛教一直关注世界和平，渴望世界和平，呼吁世界和平，维护世界和平已成为当代佛教弘法的重要内容之一。佛教在推动和维护世界和平问题上发挥了独特的、不可替代的重要作用。

南北贫富悬殊问题，一部分人的生活贫困问题，不仅直接关系到弱势群体和下层劳苦大众的生存，还将因此而构成动乱的根源，并直接威胁到地区和平与世界和平。佛教的平等慈悲观念对化解这些问题提供了指针。佛教一贯重视慈悲济世，帮助人解除痛苦，给人以快乐。佛教的布施是重要的修持法门，即以慈悲心而施福利于人，施与他人以财物、体力和智慧，为他人造福成智。当前两岸佛教都着力发扬菩萨“不为自身求安乐，但愿众生得离苦”的大慈大悲精神，充分发挥佛教的慈善救济的功能，扶贫济困，施医送药，赞助“希望工程”，教化失足者和罪犯，等等，使受救济者既得到物质的援助，也得到精神的提升。

此外，一些人的自私自利、损人利己、贪瞋愚痴、欺瞒诈骗等思想行为，也严重影响了现代人际关系的和谐与诚信。在这方面，佛教的道德规范，如“十善”的不杀生、不偷盗、不邪淫、不妄语、不两舌、不恶口、不绮语、不贪欲、不瞋恚、不邪见，都具有直接的对治意义。应当说，佛教“五戒”中的前四戒，即不杀生、不偷盗、不妄语和不邪淫，似可以作为当代人类正在探讨建立的普世伦理的重要参照。

可以预见，若能高扬佛教的去恶从善、平等慈悲、自利利他的伦理准则，以及相关的具有社会伦理意义的道德规范，使之普及于民众之中，渗透到各类人际关系之中，必将有助于缓解人与人之间的冷漠、对立乃至敌对的关系，有助于建立人与人之间的友爱、和谐与诚信的关系。

（三）调适人与自然之间的矛盾，促进共同发展和可持续发展

现代人类社会面临的最大问题是和平与发展。如果说，维护世界和平需要协调人与人之间的关系，那么，共同发展、可持续发展则不仅要协调人与人之间的关系，而且还要调适人与自然之间的关系，使人类赖以生存与延续的自然生态环境得到全面的良好的保护。大量事实表明，在现代化的进程中，人类有时也会走上一条与自然相抵触的道路，对自然界的过度开发，甚至是野蛮的掠夺，正严重地破坏人与自然的和谐，改变人类生息长养的生存环境，从而也就严重威胁到人类自身的生存。

当前有识之士已经意识到环境问题的严重性、迫切性、尖锐性，但是在认识深度上有待提高，在价值取向上有待调整，而在这些方面，佛教哲学思想也有一定的参照价值。

首先，作为佛教哲学基石的缘起论，强调一切事物都是由众多原因、条件和合而成，任何事物都不是孤立存在的。中国佛教天台宗、华严宗还宣扬宇宙万事万物的互相依存、互相渗透、互相圆融的思想。应当肯定，这都是精微的思想，对宇宙和人类社会的认识有着独特的意义。比如，人类生存的地球村，由大地、海洋、天空以及各种动植物等所构成，如果大地退化，海洋毒化，臭氧层日益变薄，动植物种群不断消失，地球母亲的存在也就成问题了，人类也就难以生存了。我们认为，佛教的缘起论和有机整体论的世界观，可以为当代的环境哲学提供理论基础。

其次，佛教的依正果报论，强调众生生命的生活环境，包括山河大地、国土家园，以至整个环境世界，都是众生行为带来的报应。佛教还宣扬“心净则国土净”的思想，提倡报国土恩。这其间包含的主体与环境不可分离，主体精神活动引起主体与环境的变化的思想，环境的改善有待于众生主体主观世界的净化的观点，以及尊重自然、善待自然的情怀，都是具有启发性的。

再次，佛教基于缘起论而高唱的尊重他者、尊重异类、尊重生命，众生一律平等、众生悉有佛性、众生皆能成佛的众生平等观，从

根本上承认他类生命的生存权利，这不仅和那种滥杀异类，任意糟蹋环境，破坏生态平衡的行径不同，也有别于那种以为保护环境是人类对弱者的怜悯、恩赐的观点。佛教的众生平等观，既和“人类中心主义”不同，也有别于“环境中心主义”、“生物中心主义”。基于众生平等的理念，佛教还提倡素食、放生等行为，这既有益于人们的身体健康、精神康泰、清心少欲、澄心静虑，也有利于保护濒临灭绝的物种，维护生态平衡。可见，若将佛教众生平等的理念应用、落实于生态学，无疑将有助于建立完整的生态伦理学说。

最后，佛教的理想论是以众生升入极乐世界为最佳理想境界。极乐世界，被描绘为环境优美、空气清新、草木茂盛、鸟语花香，这体现了佛教对理想生态的设定，蕴含着丰富的生态学内容。自古名山僧建多。佛教徒历来喜好依山傍水建筑寺庙，寺庙与山水融为一体，山明水秀，青松翠柏，梵殿宝塔，肃穆幽静。即使是建立在喧嚣闹市里的庙宇也是花木葱郁，清净幽雅。可以说，佛教是重视环保、摄护生态的楷模。

总之，当今人类社会的现代化及其引发的基本矛盾的变化，关乎整个人类的命运和世界的发展，值得我们高度重视。如何处理好人与自我、人与人、人与自然的关系，既涉及社会、经济、制度，也涉及科学技术，又涉及人类的心智。佛教虽然有其因袭讹传、穿凿附会的谬误思想，佛教哲学也不能解决人类社会的基本矛盾与诸多具体问题，但是它可以从某些方面提供世俗社会政治、经济、法律所缺乏的解决思路，这就是高度重视人自身的心灵建设，以调整人的价值取向，改变人的心态，转换人的意识，提升人的智慧，从而有助于人类社会诸多矛盾、问题的解决。由此，我们还想再次强调，佛教哲学要充分发挥其社会功能，就需要深入挖掘自身的思想资源并作出应机应时的阐释，需要不断加强对现代社会的关注，需要对社会新出现的重大问题作出及时的应对。我们认为，佛教哲学无疑是具有现代价值的，而佛教哲学价值在现代社会的真正落实和充分展示，关键在于人们的努力，也有待于人们的努力。

征引与参考书目

一、佛教典籍

长阿含经. 大正藏. 第 1 卷（大正藏，全称为《大正新修大藏经》，日本高楠顺次郎等编，昭和五十四年（1979）再版，下列《大正藏》均同此版本。）

中阿含经. 大正藏. 第 1 卷

般泥洹经. 大正藏. 第 1 卷

佛说箭喻经. 大正藏. 第 1 卷

佛开解梵志阿颰经. 大正藏. 第 1 卷

增一阿含经. 大正藏. 第 2 卷

杂阿含经. 大正藏. 第 2 卷

缘起经. 大正藏. 第 2 卷

（吴）康僧会编译. 六度集经. 大正藏. 第 3 卷

中本起经. 大正藏. 第 4 卷

法句经. 大正藏. 第 4 卷

百喻经. 大正藏. 第 4 卷

大般若波罗蜜多经（初会）. 大正藏. 第 5，6 卷

文殊说般若经. 大正藏. 第 8 卷

般若波罗蜜多心经. 大正藏. 第 8 卷

放光般若经．大正藏．第 8 卷
道行般若经．大正藏．第 8 卷
小品般若经．大正藏．第 8 卷
大明度经．大正藏．第 8 卷
摩诃般若波罗蜜经．大正藏．第 8 卷
小品般若波罗蜜经．大正藏．第 8 卷
金刚般若波罗蜜经．大正藏．第 8 卷
法华经．大正藏．第 9 卷
大方广佛华严经．大正藏．第 9，10 卷
佛说无量寿经．大正藏．第 12 卷
佛说阿弥陀经．大正藏．第 12 卷
佛说观无量寿佛经．大正藏．第 12 卷
胜鬘师子吼一乘大方便方广经．大正藏．第 12 卷
大般涅槃经．大正藏．第 12 卷
佛说般舟三昧经．大正藏．第 13 卷
维摩诘所说经．大正藏．第 14 卷
佛说弥勒大成佛经．大正藏．第 14 卷
阴持入经．大正藏．第 15 卷
修行道地经．大正藏．第 15 卷
禅秘要法经．大正藏．第 15 卷
治禅病秘要法．大正藏．第 15 卷
禅法要解．大正藏．第 15 卷
大方等如来藏经．大正藏．第 16 卷
佛说佛地经．大正藏．第 16 卷
解深密经．大正藏．第 16 卷
大乘入楞伽经．大正藏．第 16 卷
楞伽阿跋多罗宝经（楞伽经）．大正藏．第 16 卷
大乘密严经．大正藏．第 16 卷
四十二章经．大正藏．第 17 卷
大毗卢遮那成佛神变加持经．大正藏．第 18 卷

大佛顶如来密因修证了义诸菩萨万行首楞严经．大正藏．第19卷
那先比丘经．大正藏．第32卷
仁王般若波罗蜜经．大正藏．第8卷
菩萨璎珞本业经．大正藏．第24卷
梵网经．大正藏．第24卷
妙好宝车经．大正藏．第85卷
父母恩重经．大正藏．第85卷
大乘起信论．大正藏．第32卷
众贤．三法度论．大正藏．第25卷
龙树．大智度论．大正藏．第25卷
世亲造，金刚仙释．金刚仙论．大正藏．第25卷
亲光．佛地经论．大正藏．第26卷
天亲．十地经论．大正藏．第26卷
五百大阿罗汉等．阿毗达磨大毗婆沙论．大正藏．第27卷
法胜．阿毗昙心论．大正藏．第28卷
众贤．阿毗达磨顺正理论．大正藏．第29卷
世亲．阿毗达磨俱舍论．大正藏．第29卷
龙树．中论．大正藏．第30卷
龙树．十二门论．大正藏．第30卷
提婆．百论．大正藏．第30卷
弥勒．瑜伽师地论．大正藏．第30卷
无著．显扬圣教论．大正藏．第31卷
天亲．佛性论．大正藏．第31卷
天亲．大乘百法明门论．大正藏．第31卷
护法等．成唯识论．大正藏．第31卷
世亲．唯识三十论颂．大正藏．第31卷
世亲．辨中边论．大正藏．第31卷
世亲．摄大乘论释．大正藏．第31卷
无著．摄大乘论．大正藏．第31卷

无著．摄大乘论本．大正藏．第 31 卷
究竟一乘宝性论．大正藏．第 31 卷
天亲．发菩提心经论．大正藏．第 32 卷
大域龙．因明正理门论．大正藏．第 32 卷
商羯罗主．因明入正理论．大正藏．第 32 卷
诃梨跋摩．成实论．大正藏．第 32 卷
世友．异部宗轮论．大正藏．第 49 卷
（唐）法藏．般若波罗蜜多心经略疏．大正藏．第 33 卷
（唐）圆测．解深密经疏．续藏经．第 1 辑第 34 套．上海涵芬楼据大日本续藏经影印，1923（下列《续藏经》均同此版本）
（唐）法藏．华严经探玄记．大正藏．第 35 卷
（唐）澄观．大方广佛华严经疏．大正藏．第 35 卷
（唐）澄观．大方广佛华严经随疏演义钞．大正藏．第 36 卷
（唐）李通玄．新华严经论．大正藏．第 36 卷
（唐）李通玄．略释新华严经修行次第决疑论．大正藏．第 36 卷
（梁）宝亮等．大般涅槃经集解．大正藏．第 37 卷
（隋）慧远．无量寿经义疏．大正藏．第 37 卷
（唐）善导．观无量寿佛经疏．大正藏．第 37 卷
（宋）知礼．观无量寿佛经疏妙宗钞．大正藏．第 37 卷
（后秦）僧肇．注维摩诘经．大正藏．第 38 卷
（隋）吉藏．维摩经义疏．大正藏．第 38 卷
（隋）智顗说，（唐）湛然略．维摩经略疏．大正藏．第 38 卷
（唐）一行．大毗遮那成佛经疏．大正藏．第 39 卷
（唐）宗密．佛说盂兰盆经疏．大正藏．第 39 卷
（唐）法藏．梵网经菩萨戒本疏．大正藏．第 40 卷
妙法莲华经疏．续藏经．第 1 辑第 2 编乙第 23 套
（唐）澄观撰述．华严经疏钞玄谈．续藏经．第 1 辑第 8 套
（唐）宗密．圆觉经大疏钞．续藏经．第 1 辑第 14 套
（东晋）慧远问，罗什答．鸠摩罗什法师大义（大乘大义章）．大正藏．第 45 卷

（后秦）僧肇．肇论．大正藏．第45卷
（陈）慧（惠）达．肇论疏．续藏经．第1辑第2编乙第23套
（唐）元康．肇论疏．大正藏．第45卷
（隋）慧远．大乘义章．大正藏．第44卷
（隋）智颢．妙法莲华经玄义．大正藏．第33卷
（隋）智颢．金光明经玄义．大正藏．第39卷
（隋）智颢．妙法莲华经文句．大正藏．第34卷
（隋）智颢．维摩经玄疏．大正藏．第38卷
（隋）智颢．维摩经文疏．续藏经．第1辑第28套
（隋）智颢．请观音经疏．大正藏．第39卷
（隋）智颢．四念处．大正藏．第46卷
（隋）智颢．观音玄义．大正藏．第34卷
（隋）智颢．摩诃止观．大正藏．第46卷
（隋）智颢．四教义．大正藏．第46卷
（隋）智颢．修习止观坐禅法要．大正藏．第46卷
（唐）湛然．法华玄义释签．大正藏．第33卷
（唐）湛然．十不二门．大正藏．第46卷
（唐）湛然．止观义例．大正藏．第46卷
（唐）湛然．金刚錍．大正藏．第46卷
（唐）湛然．止观辅行传弘决．大正藏．第46卷
（宋）知礼．观音玄义记．大正藏．第34卷
（宋）知礼．十不二法门指要钞．大正藏．第46卷
（宋）知礼．四明十义书．大正藏．第46卷
（宋）知礼．金光明经玄义拾遗记．大正藏．第39卷
（宋）智圆．请观音经疏阐义钞．大正藏．第39卷
（陈）慧思．大乘止观法门．大正藏．第46卷
（高丽）谛观．天台四教仪．大正藏．第46卷
（隋）吉藏．法华游意．大正藏．第34卷
（隋）吉藏．胜鬘宝窟．大正藏．第37卷
（隋）吉藏．净名玄论．大正藏．第38卷

（隋）吉藏．中观论疏．大正藏．第 42 卷
（隋）吉藏．十二门论疏．大正藏．第 42 卷
（隋）吉藏．三论玄义．大正藏．第 45 卷
（隋）吉藏．大乘玄论．大正藏．第 45 卷
（隋）吉藏．二谛义．大正藏．第 45 卷
（北魏）昙鸾．往生论注（无量寿经优婆提舍愿生偈注）．大正藏．第 40 卷
（唐）道绰．安乐集．大正藏．第 47 卷
（唐）善导．观念阿弥陀佛相海三昧功德法门．大正藏．第 47 卷
（唐）怀感．释净土群疑论．大正藏．第 47 卷
（明）大佑集．净土指归集．续藏经．第 1 辑第 2 编第 13 套
（明）道衍编．净土简要录．续藏经．第 1 辑第 2 编第 13 套
（明）成时评点节要．净土十要．续藏经．第 1 辑第 2 编第 13 套
（明）袾宏校正．净土资粮全集．续藏经．第 1 辑第 2 编第 13 套
（明）宗本集．归元直指集．续藏经．第 1 辑第 2 编第 13 套
（唐）智俨．华严经内章门等杂孔目章．大正藏．第 45 卷
（唐）智俨．华严五十要问答．大正藏．第 45 卷
（唐）智俨．华严一乘十玄门．大正藏．第 45 卷
（唐）法藏．华严一乘教义分齐章（五教章）．大正藏．第 45 卷
（唐）法藏．修华严奥旨妄尽还源观．大正藏．第 45 卷
（唐）法藏．华严策林．大正藏．第 45 卷
（唐）法藏．华严发菩提心章．大正藏．第 45 卷
（唐）法藏．华严经明法品内立三宝章．大正藏．第 45 卷
（唐）法藏撰，（宋）净源述．金师子章云间类解．大正藏．第 45 卷
（唐）澄观．答顺宗心要法门．续藏经．第 1 辑第 2 编第 8 套
（唐）澄观．华严法界玄镜．大正藏．第 45 卷
（唐）宗密．禅源诸诠集都序．大正藏．第 48 卷
（唐）宗密．原人论．大正藏．第 45 卷
（唐）宗密．注华严法界观门．大正藏．第 45 卷

（唐）宗密．华严经行愿品疏钞．续藏经．第 1 辑第 7 套
（唐）窥基．成唯识论述记．大正藏．第 43 卷
（唐）窥基．成唯识论掌中枢要．大正藏．第 43 卷
（唐）窥基．大乘法苑义林章．大正藏．第 45 卷
（唐）慧沼．成唯识论了义灯．大正藏．第 43 卷
（唐）慧沼．能显中边慧日论．大正藏．第 45 卷
少室六门．大正藏．第 48 卷
（唐）僧璨．信心铭．大正藏．第 48 卷
（唐）弘忍．最上乘论．大正藏．第 48 卷
（唐）法融．绝观论．见任继愈主编．中国佛教丛书·禅宗编．（一）．南京：江苏古籍出版社，1993
（唐）法海集．敦煌本坛经．见石峻等编．中国佛教思想资料选编．第 2 卷第 4 册．北京：中华书局，1983（下列《中国佛教思想资料选编》第 2 卷第 4 册，均同此版本）
（元）宗宝编．六祖大师法宝坛经．见中国佛教思想资料选编．第 2 卷第 4 册
观心论．大正藏．第 85 卷
大乘无生方便门．大正藏．第 85 卷
荷泽神会禅师语录（并补遗）．见中国佛教思想资料选编．第 2 卷第 4 册
马祖道一禅师广录．续藏经．第 1 辑第 2 编第 24 套
（唐）慧海．大珠禅师语录．见中国佛教思想资料选编．第 2 卷第 4 册
（唐）慧海．顿悟入道要门论．续藏经．第 1 辑第 2 编第 15 套
（唐）裴休集．黄檗山断际禅师传心法要．大正藏．第 48 卷
（唐）裴休集．黄檗断际禅师宛陵录．大正藏．第 48 卷
（唐）慧然集．镇州临济慧照禅师语录．大正藏．第 47 卷
（唐）文益．宗门十规论．续藏经．第 1 辑第 2 编第 15 套
（唐）慧光释．大乘开心显性顿悟真宗论．大正藏．第 85 卷
（唐）玄觉．永嘉证道歌．大正藏．第 48 卷

百丈怀海禅师广录．续藏经．第1辑第2编第24套

（南唐）泉州招庆寺静筠法师．祖堂集．全国图书馆文献缩微复制中心，1993

（宋）道原纂．景德传灯录．大正藏．第51卷

（宋）宗绍编．无门关．大正藏．第48卷

（宋）重显颂古，克勤评唱．佛果圜悟禅师碧岩录．大正藏．第48卷

（宋）普济著，苏渊雷点校．五灯会元（上、中、下）．北京：中华书局，1984

（宋）延寿集．宗镜录．大正藏．第48卷

（宋）延寿．万善同归集．大正藏．第48卷

（宋）蕴闻编．大慧普觉禅师语录．大正藏．第47卷

（宋）正觉颂古，（元）行秀评唱．万松老人评唱天童觉和尚颂古从容庵录．大正藏．第48卷

（宋）仁勇等编．杨岐方会和尚语录．大正藏．第47卷

（宋）慧泉集．黄龙慧南禅师语录．大正藏．第47卷

（宋）才良等编．法演禅师语录．大正藏．第47卷

（宋）智昭集．人天眼目．大正藏．第48卷

（宋）侍者等编．宏智禅师广录．大正藏．第48卷

（宋）赜藏主编集，萧萐父，吕有祥点校．古尊宿语录．北京：中华书局，1994

（宋）师明集．续古尊宿语要．续藏经．第1辑第2编第23套

（宋）楚圆集．汾阳无德禅师语录．大正藏．第47卷

（宋）慧洪集．林间录．续藏经．第1辑第2编乙第21套

（宋）守坚集．云门匡真禅师广录．大正藏．第47卷

（宋）慧洪．石门文字禅．四部丛刊影印本．上海：上海商务印书馆，1919

（元）德辉重编．敕修百丈清规．大正藏．第48卷

（元）贤重编．无明慧经禅师语录．续藏经．第1辑第2编第30套

门人祖光等编．楚石梵琦禅师语录．续藏经．第1辑第2编第29套

德初等编．真歇清了禅师语录．续藏经．第1辑第2编第29套

善遇编．天如惟则禅师语录．续藏经．第1辑第2编第27套

（明）瞿汝稷集．指月录．续藏经．第1辑第2编乙第16套

（明）语风圆信，郭凝之编．潭州沩山灵祐禅师语录．大正藏．第47卷

联灯会要．续藏经．第1辑第2编乙第9套

三峰藏和尚语录．见蓝吉富主编．禅宗全书．第52册．台北：文殊文化有限公司，1990

（宋）法应集，元普会续集．颂古连珠通集．续藏经．第1辑第2编第20套

（清）超永编．五灯全书．续藏经．第1辑第2编乙第13套

（清）性统编．五家宗旨纂要．续藏经．第1辑第2编第19套

净慧重编．赵州禅师语录．河北省佛教协会，1993

虚云老和尚年谱法汇．增订本．台北：修元禅院倡印，1997

净慧编．虚云和尚开示录．北京：书目文献出版社，1992

张锡厚校辑．王梵志诗校辑．北京：中华书局，1983

（梁）宝唱等．经律异相．大正藏．第53卷

（唐）道世．法苑珠林．大正藏．第53卷

（新罗）元晓．涅槃宗要．大正藏．第38卷

（宋）契嵩．镡津文集．大正藏．第52卷

（宋）法云编．翻译名义集．大正藏．第54卷

（元）刘谧．三教平心论．大正藏．第52卷

（元）明本．幻住庵清规．续藏经．第1辑第2编第16套

（明）仁潮．法界安立图．续藏经．第1辑第2编乙第23套

（明）传灯．性善恶论．续藏经．第1辑第2编第6套

（明）袾宏．云栖法彙．金陵刻经处，1899

（明）真可．紫柏老人集．钱塘许灵虚重刊本，1878

（明）德清．憨山老人梦游集．江北刻经处，1879

古歙门人成时编．灵峰蕅益大师宗论．江北刻经处，1875
（明）镇澄．物不迁正量论．续藏经．第1辑第2编第2套
周叔迦佛学论著集．北京：中华书局，1991
印顺主编．太虚大师全书．第47册．上海：上海大法轮书局，1948
印顺．妙云集．台北：正闻出版社，1992
印顺．中国禅宗史．南昌：江西人民出版社，1999
赵朴初．佛教常识问答．法音文库．中国佛教协会，1990
（梁）僧祐撰，苏晋仁，萧錬子点校．出三藏记集．北京：中华书局，1995
（梁）僧祐．弘明集．大正藏．第52卷
（唐）道宣．广弘明集．大正藏．第52卷
（唐）道宣．大唐内典录．大正藏．第55卷
（梁）慧皎．高僧传．大正藏．第50卷
（唐）道宣．续高僧传．大正藏．第50卷
（宋）赞宁等．宋高僧传．大正藏．第50卷
（明）如惺．大明高僧传．大正藏．第50卷
（梁）宝唱．比丘尼传．大正藏．第50卷
（梁）宝唱．名僧传抄．续藏经．第1辑第2编乙第7套
（陈）慧思．南岳思大禅师立誓愿文．大正藏．第46卷
（唐）净觉集．楞伽师资记．大正藏．第85卷
（唐）慧立本，彦悰笺．大唐大慈恩寺三藏法师传．大正藏．第50卷
（宋）契嵩编．传法正宗记．大正藏．第51卷
（宋）志磐．佛祖统纪．大正藏．第49卷
（宋）宗晓编．四明尊者教行录．大正藏．第46卷
历代法宝记．大正藏．第51卷
（元）怀则．天台传佛心印记．大正藏．第46卷
（清）续法．五祖圭峰大师传．见石峻等编．中国佛教思想资料选编．第2卷第2册，北京：中华书局，1983

石峻等编．中国佛教思想资料选编．1～3卷．北京：中华书局，1981～1992

方广锠主编．藏外佛教文献．1～6辑．北京：宗教文化出版社，1995～1998

季羡林等校注．大唐西域记校注．北京：中华书局，1985

黄夏年主编．欧阳竟无集．北京：中国社会科学出版社，1995

二、儒、道等著述

尚书正义．李学勤主编．十三经注疏（二）．北京：北京大学出版社，1999（下列《十三经注疏》均同此版本）

毛诗正义．李学勤主编．十三经注疏（三）

周振甫．周易译注．北京：中华书局，1991

杨伯峻．春秋左传注．北京：中华书局，1981

杨伯峻．论语译注．北京：中华书局，1980

杨伯峻．孟子译注．北京：中华书局，1960

中庸．见四书集注．长沙：岳麓书社，1985

朱谦之．老子校释．新编诸子集成．第1辑．北京：中华书局，1984

（清）王先谦．庄子集解．新编诸子集成．第1辑．北京：中华书局，1987

（清）孙诒让．墨子闲诂．诸子集成．第4册．北京：中华书局，1986（下列《诸子集成》均同此版本）

（清）王先谦．荀子集解．诸子集成．第2册

（清）王先慎．韩非子集解．诸子集成．第5册

（清）苏舆．春秋繁露义证．新编诸子集成．第1辑．北京：中华书局，1992

汪荣宝．法言义疏．新编诸子集成．第1辑．北京：中华书局，1987

高诱注．淮南子．诸子集成．第7册

（汉）王符．潜夫论．上海：上海古籍出版社，1978

（汉）王充．论衡．上海：上海人民出版社，1974

杨伯峻. 列子集释. 北京：中华书局，1979

楼宇烈. 王弼集校释. 上，下. 北京：中华书局，1980

颜之推. 颜氏家训. 诸子集成. 第 8 册

李文公集. 上海涵芬楼借江南图书馆藏明成化乙未刊本影印，1919

屈守元，常思春主编. 韩愈全集注. 成都：四川大学出版社，1996

王右丞集（须溪先生校本）. 上海涵芬楼影印元刊本，商务印书馆，1919

（宋）周敦颐. 太极图说自注. 见（清）张伯行辑太极图详解. 北京：学苑出版社，1990

张载集. 北京：中华书局，1978

王孝鱼点校. 二程集. 北京：中华书局，1981

朱熹集注. 四书集注. 长沙：岳麓书社，1985

郭齐，尹波点校. 朱熹集. 卷 47，70. 成都：四川教育出版社，1996

钟哲点校. 陆九渊集. 北京：中华书局，1980

吴光等编校. 王阳明全集. 上海：上海古籍出版社，1992

（明）刘宗周. 刘子全书. 浙江萧山王宗炎等人刊，1835

（明）黄绾. 明道篇. 北京：中华书局，1995

（清）黄宗羲原著，全祖望补修，陈金生、梁运华点校. 宋元学案. 北京：中华书局，1986

（清初）王夫之. 周易外传. 北京：中华书局，1977

（清初）王夫之. 张子正蒙注. 北京：中华书局，1975

孙通海点校. 陈献章集. 北京：中华书局，1987

（清）戴望. 管子校正. 诸子集成. 第 5 册

王明编. 太平经合校. 北京：中华书局，1979

王明. 抱朴子内篇校释. 增订本. 新编诸子集成. 第 1 辑. 北京：中华书局，1985

太上洞渊神咒经. 正统道藏. 第 10 册. 台北：艺文印书馆，

1977（下列《正统道藏》均同此版本）

太极真人敷灵宝斋戒威仪诸经要诀．正统道藏．第 16 册

太真玉帝四极明科经．正统道藏．第 5 册

太上洞玄灵宝三元品戒功德轻重经．正统道藏．第 11 册

太上洞玄灵宝智慧定志通微经．正统道藏．第 4 册

唐玄宗御制道德真经疏．正统道藏．第 19 册

（北魏）寇谦之．云中音诵新科之诫（老君音诵诫经）．正统道藏．第 30 册

（齐，梁）陶弘景．真诰．正统道藏．第 34 册

（唐）吴筠．玄纲论．正统道藏．第 39 册

（唐）孟安排集．道教义枢．正统道藏．第 41 册

（唐）成玄英．道德真经玄德纂疏．正统道藏．第 22 册

（唐）王玄览撰，王大霄编．玄珠录．正统道藏．第 39 册

（唐）通玄．道体论．正统道藏．第 38 册

（唐）吕洞宾．敲爻歌．藏外道书．第 6 册．成都：巴蜀书社，1994（下列《藏外道书》均同此版本）

（唐，五代）杜光庭．道德真经广圣义．正统道藏．第 24 册

（宋）张君房编．云笈七签．正统道藏．第 37 册

（宋）张伯端撰，王沐浅解．悟真篇浅解．外三种．北京：中华书局，1990

（宋）萧应叟．元始无量度人上品妙经内义．正统道藏．第 3 册

（宋）张伯端．悟真篇拾遗．正统道藏．第 4 册

（宋）曾慥编撰．道枢．正统道藏．第 34 册

萧天石主编．白玉蟾全集．道藏精华．第 10 集．台北：自由出版社，1980（下列《道藏精华》均同此版本）

萧天石主编．钟吕传道全集．道藏精华．第 1 集

道门经法相承次序．正统道藏．第 41 册

（金）王重阳．重阳立教十五论．正统道藏．第 53 册

（金）王重阳．重阳真人授丹阳二十四诀．正统道藏．第 43 册

（金）王喆．重阳全真集．正统道藏．第 43 册

（金）朱象先．古楼观紫云衍庆集．正统道藏．第 32 册
（元）牧常晁．玄宗直指万法同归．正统道藏．第 40 册
（元）李道纯．中和集．正统道藏．第 7 册
张三丰先生全集．藏外道书．第 5 册
（明）何道全．随机应化录．正统道藏．第 40 册
（明）陆西星．方壶外史．藏外道书．第 5 册
（清）娄近垣．阐真篇．龙虎山志．卷 11．藏外道书．第 19 册
（清）傅金铨编．心学．藏外道书．第 11 册
（清）养真子．养真集．藏外道书．第 10 册
（南朝宋）刘义庆．世说新语．诸子集成．第 8 册
苏东坡全集．北京：中国书店，据世界书局 1936 年版影印，1986
（宋）李昉等编．太平广记．北京：中华书局，1961
（宋）陈善．扪虱新话．上海：上海商务印书馆据儒学警悟本校印，1920
（明）袁衷等录．庭帏杂录．丛书集成初编．[0975]．北京：中华书局，1985
（清）严可均编．全上古三代秦汉三国六朝文．第 4 册．北京：中华书局，1958
（西汉）司马迁撰．史记．北京：中华书局，1959
（东汉）班固撰，（唐）颜师古注．汉书．北京：中华书局，1975
（南朝宋）范晔撰，（唐）李贤等注．后汉书．北京：中华书局，1965
（东晋）袁宏撰．后汉纪．江西蔡学苏重刊本，1879
（晋）陈寿撰，（宋）裴松之注．三国志．北京：中华书局，1959
（唐）房玄龄等撰．晋书．北京：中华书局，1974
（梁）沈约撰．宋书．北京：中华书局，1974
（梁）萧子显撰．南齐书．北京：中华书局，1974
（唐）姚思廉撰．梁书．北京：中华书局，1973
（唐）姚思廉撰．陈书．北京：中华书局，1974

（唐）李延寿撰．南史．北京：中华书局，1975
（北齐）魏收撰．魏书．北京：中华书局，1974
（唐）李百药撰．北齐书．北京：中华书局，1972
（唐）令狐德棻等撰．周书．北京：中华书局，1974
（唐）李延寿撰．北史．北京：中华书局，1974
（唐）魏征等撰．隋书．北京：中华书局，1973
（后晋）刘昫等撰．旧唐书．北京：中华书局，1975
（清）董诰等编．全唐文．卷231，327，587，610等．北京：中华书局，1983
（宋）司马光主编．资治通鉴．北京：中华书局，1976

三、近人论著

汤用彤．汉魏两晋南北朝佛教史．汤用彤全集．第1卷．石家庄：河北人民出版社，2000（下列《汤用彤全集》均同此版本）
汤用彤．论中国佛教无“十宗”．汤用彤全集．第2卷
汤用彤．魏晋玄学论稿．汤用彤全集．第4卷
陈寅恪．陈寅恪史学论文选集．上海：上海古籍出版社，1992
陈寅恪先生全集．台北：里仁书局，1979
吕澂．印度佛学源流略讲．吕澂佛学论著选集（四）．济南：齐鲁书社，1991（下列《吕澂佛学论著选集》均同此版本）
吕澂．中国佛学源流略讲．吕澂佛学论著选集（五）．
梁启超．饮冰室合集（2）．北京：中华书局，1989
刘晴波主编．杨度集．长沙：湖南人民出版社，1986
梁漱溟．印度哲学概论．上海：商务印书馆，1919．又见梁漱溟全集．第1卷．济南：山东人民出版社，1989
熊十力著．新唯识论．北京：中华书局，1985
任继愈主编．中国佛教史．1～3卷．北京：中国社会科学出版社，1981～1988
任继愈．汉唐佛教思想论集．北京：人民出版社，1994
季羡林．佛教与中印文化交流．南昌：江西人民出版社，1990
中国佛教协会编．中国佛教．1～4册．上海：上海知识出版

社，1989
郭朋. 中国佛教思想史（上、中、下）. 福州：福建人民出版社，1994
黄心川. 印度哲学史. 北京：商务印书馆，1989
巫白慧. 印度哲学——吠陀经探义和奥义书解析. 北京：东方出版社，2000
王明. 道家和道教思想研究. 北京：中国社会科学出版社，1984
汤一介. 佛教与中国文化. 北京：宗教文化出版社，1999
多罗那他著，张建木译. 印度佛教史. 成都：四川人民出版社，1988
冉云华. 中国禅学研究论集. 台北：东初出版社，1990
冉云华. 宗密. 台北：东大图书公司，1988
杨惠南. 吉藏. 台北：东大图书公司，1989
张曼涛主编. 现代佛教学术丛刊. 台北：大乘文化出版社，1976
牟宗三. 佛性与般若. 修订版. 台北：学生书局，1989
丁文江，赵丰田编. 梁启超年谱长编. 上海：上海人民出版社，1983
杜继文，魏道儒. 中国禅宗通史. 南京：江苏古籍出版社，1993
杨曾文. 唐五代禅宗史. 北京：中国社会科学出版社，1999
葛兆光. 中国禅思想史——从六世纪到九世纪. 北京：北京大学出版社，1995
葛兆光. 七世纪至十九世纪中国的知识、思想与信仰. 上海：复旦大学出版社，2000
赖永海. 中国佛性论. 上海：上海人民出版社，1988
陈士强. 佛典精解. 上海：上海古籍出版社，1992
潘桂明. 智顗评传. 南京：南京大学出版社，1996
洪修平. 中国佛教文化历程. 南京：江苏教育出版社，1995
顾伟康. 文化交融与历史选择. 上海：上海知识出版社，1990
董群. 祖师禅. 杭州：浙江人民出版社，1997
周裕锴. 禅宗语言. 杭州：浙江人民出版社，1999

吴学昭．吴宓与陈寅恪．北京：清华大学出版社，1992

［印］德恰托巴底亚耶著，黄宝生等译．印度哲学．北京：商务印书馆，1980

［英］渥德尔著，王世安译．印度佛教史．北京：商务印书馆，1987

［英］查尔斯埃利奥特著，李荣熙译．印度教与佛教史纲．第1卷．北京：商务印书馆，1982

［英］查尔斯埃利奥特著，李荣熙译．印度教与佛教史纲．第2卷．高雄：佛光出版社，1991

［荷］许里和著，李四龙、裴勇等译．佛教征服中国．南京：江苏人民出版社，1998

［俄］舍尔巴茨基著，立人译．大乘佛学．北京：中国社会科学出版社，1994

［俄］舍尔巴茨基著，立人译．小乘佛学．北京：中国社会科学出版社，1994

［俄］舍尔巴茨基著，宋立道、舒晓炜译．佛教逻辑．北京：商务印书馆，1997

［日］中村元等著，余万居译．中国佛教发展史．台北：天华出版事业股份有限公司，1984

［日］玉城康四郎主编，李世杰译．佛教思想．（一）（二）．台北：幼狮文化事业公司，1985

［日］柳田圣山．禅与中国．北京：三联书店，1988

［日］忽滑谷快天著，朱谦之译．中国禅学思想史．上海：上海古籍出版社，1994

［日］阿部正雄著，王雷泉、张汝伦译．禅与西方思想．上海：上海译文出版社，1989

［日］镰田茂雄著，关世谦等译．中国佛教通史．1～4卷．高雄：佛光出版社，1985～1993

［日］川田雄太郎等著，李世杰译．华严思想．台北：法尔出版社，1989

主要人名索引

C

D

F

G

H

J

K

L

M

O

P

Q

R

S

T

W

X

Y

Z

后　记

2002年5月1日，时针指向18时整，我终于在本书“结语”部分画上了最后的句号，此时此刻我感到犹如参加一场马拉松赛跑，到达了终点，备感轻松，也备感疲惫。我站起来伸展双臂，凭窗远望，校园芳草凝绿，百花争艳，远处吊车在转动，北京电视台大楼高耸云端……微生薄植，幸遂夙愿。我自言自语：我解放了，我解脱了。

1994年1月5日，我为《瞭望》新闻周刊写了一篇文章《佛学研究的现代化和佛教中国化》（载该刊1994年2月21日第7～8期第26、27页），文章最后一段是这样写的：“撰写《中国古代哲学问题发展史》的姊妹篇，即在思路和体裁方面与它近似的中国佛教哲学著作，是我长期以来的一个心愿。近7年来我正在着重研究中国佛教哲学思想，从中国人的佛教著作出发，力图从中梳理出中国佛教的重要哲学问题，勾勒中国佛教哲学体系，阐述中国佛教哲学思想的历史演变；在此基础上，又与印度佛教哲学思想，中国固有的儒、道哲学思想加以比较，以凸现其独具的异彩。我想，对中国佛教文化核心的哲学进行系统的整理研究，必将有助于从根本上把握中国传统文化的重要组成部分——佛教文化，也有助于更全面地总结中国哲学的丰富内涵。”这段话表述了本书的写作缘起，即在《中国古代哲学问题发展史》完稿之后，撰写在思路和体裁上相似的中国佛教哲学著作。斗转星移，岁月迁流。从1988年开始转向重点研究中国佛教哲学思想，到我完书之际，已跨过20世纪，进入了2002年。计算起来，本书从设计到完稿前后历时近15载之久矣。写到这里，顿生一丝苦涩和无奈。在初下决心写作本书时，我雄心勃勃，想写出一本比以往所著都有所提高的著作，并计划用7年到8年的时间完成，如今几乎拖长了一倍时光，令人怅惘，令人感慨。在这15年间，甘于寂寞，淡泊名利，雨窗月牖，阅读思索，孜孜矻矻，未敢懈怠。但是，从1988年开始，添了一些社会兼职，开会多了，命题约稿多了，杂事多了，应酬多了，90年代后，尤其是近几年，这种情况更加突出。我的研究时间被肢解了，我只能是见缝插针地写作，实在难以穷7年到8年之力完成书稿。于是我及时调整心态，规范自己，切忌浮躁，潜心钻研。既珍惜和抓紧时间，又不预设完稿时间，唯求顺其自然，水到渠成。

平时我很少申请研究课题，在写作过程中，我申请的“中国佛教心性思想史”课题，被列入1996—1998年的国家教委人文社会科学研究项目。但是我后来又想到，若将心性思想部分单独结集出版，必将对《中国佛教哲学要义》一书的出版形成冲击：或者此书因缺少心性思想而显得残缺不全，或者因列入心性思想而部分重复，这两者都是不足取的。于是我打消了单独出版的设想，还是将心性思想列入《中国佛教哲学要义》统一出版。这是我首先想说明，并对教育部的支持表示感谢的。

还要说明的是，本书写作时间漫长，其中若干章节的内容，在出版之前，已经在《中国社会科学》、《历史研究》、《哲学研究》和《世界宗教研究》等学术刊物发表，使我得以听取反馈、加工修改和减少错误。在此向这些出版单位一并表示感谢。

我要向中国人民大学图书馆领导和有关员工表示我深深的谢意。承图书馆诸君大力支持，提供方便，设有专桌，使我得以伏案写作，无间寒暑。可以说，我的科研成绩是和图书馆的支持分不开的。

我还要特别感谢内人郑品安。她热心支持我建言立论，又操劳家务，养育儿女，尽心尽力，尽善尽美，令我没齿难忘。《颜氏家训·

文章》篇有云："学为文章，先谋亲友；得其评裁，知可施行，然后出手。"最先读本书初稿的是亲人品安，她与我推敲文字，斟酌观点，抄写誊清，后又电脑打字，手足胼胝，备历劳苦。女儿方园也多次代我抄写和打印书稿。亲人的恩情，我当永生相报。

我还应感谢已故石峻教授，他对本书的前三编多有諟正，益我良多。还有研究生俞学明、黄德远、王公伟、张力力、邱环、王玮，也曾分别为我抄写或电脑打印个别章节，统此申谢。

本书原为人民出版社的约稿，后因中国人民大学决定加强人文社会科学书籍出版的力度，要求本校教师提供书稿，我当表示责无旁贷；又考虑到人民出版社稿源丰沛，于是将本书交本校出版社出版。在此我再次向人民出版社表示歉意，并感谢该社的宽容、大度。

最后，还应向中国人民大学出版社的王霁、周蔚华、徐莉和李艳辉诸位表示我的谢意，也对友人宋立道研究员、杨宗元女士表示我的谢意，感谢他们对我的鼓励和支持，感谢他们为使本书早日问世所做的一切努力。

限于学识，本书必有挂一漏万，详略失序，乃至舛误之处，深企教正。

方立天

2002年5月2日

于中国人民大学

科研楼A座407室

重印附言

《中国佛教哲学要义》（以下简称《要义》）问世后，一些同行专家学者和一些师长学友多予肯定认同，教育部有关单位和中国人民大学领导也以不同形式给我以关怀鼓励，这都是对我的巨大鼓舞。人道有情，所有这一切在我的平静心境中兴起了一层波澜，我获得了一种充实感，而这些感受又转化为激励自己继续前进的驱动力。

我想借本书重印的机会，表达我对学界挚友的感激之情。人在世就是一个缘，人生就是因缘变化无常的过程。我深切地体会到，在一个人的学术生涯中，同行之间的切磋互助，是多么重要，正是学友间相互支持、和谐共处的殊胜因缘，促进我在学术上取得一点点成果。

我过去有一个不知是好还是不好的习惯，就是除非讲课需要，一般从不回头看自己已出版的著作，而总是喜欢继续写点新的东西。这次不同，我特意请韩焕忠、邱环、戴继诚三位博士生帮助我重校引文与注释，我自己也重读了一遍《要义》，并对已经发现的问题一一作了改正。在此，也对韩、邱、戴诸君的费心尽力表示衷心感谢。

一些关心我的朋友，善意地劝我放缓工作节奏，使我感到非常温暖。然我长年来，读书写作，久已成习，故也乐此不疲。又有朋友热心地问我，《要义》出版后再写些什么？这确是我近几年不断思考的问题。我曾设想过两个方案：一是写一部“中国佛教哲学史”，但左思右想，这在近期可能与《要义》会有较多重复，似不可取；二是历史地研究儒、道、佛三教关系，通过对三教关系的多视角、多层次的研究，拓展佛教文化研究的深度与广度，提升佛教研究的水准与品位。这是我一心向往想做的题目，不过事情的结果往往决定于多种条件，我能要求和把握的，只是驽马奋蹄，功在不懈。

方立天

写于中国人民大学科研楼

2003 年 8 月 8 日

图书在版编目（CIP）数据

中国佛教哲学要义：全2册/方立天著. —北京：中国人民大学出版社，2012.5
（方立天文集；5）
ISBN 978-7-300-15682-8

Ⅰ.①中… Ⅱ.①方… Ⅲ.①佛教哲学-研究-中国 Ⅳ.①B948

中国版本图书馆CIP数据核字（2012）第088860号

方立天文集　第五卷

中国佛教哲学要义（上下）

Zhongguo Fojiao Zhexue Yaoyi

出版发行	中国人民大学出版社		
社　　址	北京中关村大街31号	邮政编码	100080
电　　话	010－62511242（总编室）		010－62511770（质管部）
	010－82501766（邮购部）		010－62514148（门市部）
	010－62515195（发行公司）		010－62515275（盗版举报）
网　　址	http://www.crup.com.cn		
经　　销	新华书店		
印　　刷	涿州市星河印刷有限公司	版　　次	2012年7月第1版
开　　本	720 mm×1000 mm　1/16	印　　次	2024年11月第4次印刷
印　　张	65.75 插页6	定　　价	930.00元(全十卷十二册)
字　　数	994 000	本卷定价	238.00元